Isabel Niemöller

Das Kadiamtsprotokollbuch von Mardin 247

Islamkundliche
Untersuchungen

Band 341

Isabel Niemöller

Das Kadiamtsprotokollbuch von Mardin 247

Edition, Übersetzung und kritischer Kommentar

DE GRUYTER

Dieses Buch ist die überarbeitete Fassung der an der Ludwig-Maximilians-Universität München angenommenen Dissertation der Autorin.

Die Faksimiles zum Text sind als Supplement Material auf der Internetseite abrufbar: https://www.degruyter.com/view/title/569534

ISBN 978-3-11-067509-2
e-ISBN (PDF) 978-3-11-067514-6
e-ISBN (EPUB) 978-3-11-067520-7

Library of Congress Control Number: 2020940950

Bibliografische Information der Deutschen Nationalbibliothek
Die Deutsche Nationalbibliothek verzeichnet diese Publikation in der Deutschen Nationalbibliografie; detaillierte bibliografische Daten sind im Internet über http://dnb.dnb.de abrufbar.

Umschlagabbildung: Ausschnitt aus Blatt 13 des Kadiamtsprotokollbuchs 247 von Mardin
Druck und Bindung: CPI books GmbH, Leck

www.degruyter.com

meinem Vater
Heinz Hermann Niemöller

Inhaltsverzeichnis

Editorischer Teil

Danksagung

Zunächst möchte ich allen danken, die mich bei dieser Arbeit unterstützt haben. Hinsichtlich des arabischen Teils danke ich für die Hilfe durch Adel El-Sheimi und Dr. Mohamed Abd el-Rahim. Vor allem geht mein Dank an Prof. Dr. Andreas Kaplony, der mir unermüdlich Hilfestellung gab. Des Weiteren gilt mein Dank auch Prof. Dr. Christoph Herzog, der mir immer mit Rat zur Seite stand. Für die Literaturhinweise, Hilfe zur Entzifferung und nicht zuletzt zur Beschaffung der Quelle und Inspiration zu dieser Arbeit danke ich besonders Prof. Dr. Christoph Neumann. Nicht zu vergessen geht ebenso mein besonderer Dank an Dr. Dr. Dr. Peter Riedlberger, der mich in vielen strategischen Fragen zur Realisierung dieser Arbeit beriet. Auch bedanke ich mich bei Daniel Wadsworth, der mir bei den statistischen Fragestellungen Hilfestellung gab und bei Felix Wadsworth, der mir in vielen historischen Fragestellungen Ratschläge gab.

https://doi.org/10.1515/9783110675146-001

Ausspracheregelung

Im Kommentarteil sowie im editorischen Teil erfolgt die Umschrift der osmanischen Wörter in lateinischer Schrift nach den Vorgaben der Ausspracheregeln von Eleazar Birnbaum.[1] Anbei die Ausspracheregelung zu den Buchstaben, die vom Deutschen abweichen:

Umschriftbuchstabe	Aussprache
c	deutsches dsch
ç	deutsches tsch
ġ	nicht gerolltes r
ı	dumpf ausgesprochenes i
j	französisch ausgesprochen (wie z.B. Jean)
ş	deutsches sch
y	deutsches j
z	stimmhaftes s (wie z.B. Sonne)

1 Vgl. Birnbaum, Eleazar: „The Transliteration of Ottoman Turkish for Library and General Purposes“, in: Journal of the American Oriental Society, Bd. 87, Nr. 2 (1967), S. 122–156.

Kommentarteil

1 Einleitung

Die vorliegende überarbeitete Fassung meiner Dissertation, die ich an der Ludwig-Maximilians-Universität in München erstellte, befasst sich mit der Analyse des Kadiamtsprotokollbuchs von Mardin 247 aus der Staatsbibliothek von Ankara – im Folgenden als „Sicill" bezeichnet – das einen Überblick an juristischen, notariellen, aber auch provinzbezogenen und somit auch politischen Angelegenheiten der Region um Mardin während der Jahre 1757 bis 1759 liefert.[2] Es handelt sich um 70 Doppelfoliae, zu einem Drittel in arabischer und zu ca. zwei Dritteln in osmanischer Sprache gehalten, wobei die Einträge nur abschnittsweise chronologisch aufgeführt sind. Kaufverträge, Kaufbestätigungen[3] sowie Testamentsvollstreckungs- bzw. Unterhaltsregelungen liegen in arabischer Sprache vor, während sämtliche weiteren Texte wie Klagen, Amtseinsetzungen, Anordnungen oder Nachlasssachen in osmanischer Sprache gehalten sind. Eine Ausnahme bilden Eheverträge, die teils in arabischer, teils auch in osmanischer Sprache eingetragen sind. Die osmanische Sprache schien somit in der Region von Mardin lediglich als Amtssprache fungiert zu haben, da sie nur bei Texten von Allgemeininteresse eingesetzt wurde, wohingegen bei Privatvereinbarungen stets die arabische Sprache verwendet wurde.

Das Original der Quelle ist laut Aussage der Staatsbibliothek von Ankara nicht mehr vorhanden. Offenbar wurden die Seitenoriginale nachträglich mit arabischen Zahlen – somit also noch in der osmanischen Zeit – nachnummeriert, aber falsch gebunden. So ergeben sich erhebliche Leseschwierigkeiten aus dem schlechten Zustand sowie aus der handwerklich schlechten Restauration der Quelle. Das Sicill wurde nachträglich zu knapp gebunden, wobei dadurch bei fast jedem Recto-Text der Zeilenanfang und entsprechend beim Verso-Text das Zeilenende nicht mehr lesbar ist. Daher bitte ich darauf zurückzuführende Fehler zu entschuldigen.

Auch wechselte gelegentlich der Schreibduktus, der grundsätzlich in *Divani kırması* gehalten war, woraus sich schließen lässt, dass das Sicill von verschiedenen Schreibern erstellt wurde. Wie in Kapitel 4 genauer dargelegt, sind die einzelnen Einträge nur abschnittsweise chronologisch aufgeführt. Das Quellenmaterial dieser Region ist zwar ausreichend vorhanden, jedoch sind viele Jahre

2 Millikütüphane Başkanlığı, Ankara, Abteilung Mikrofiche, Inventar-Nr. 247, Mikrofiche-Nr. 7176, 70 Seiten.
3 Lediglich ein einziger Text (3/e), eine Kaufbestätigung, ist in osmanischer Sprache gehalten.

https://doi.org/10.1515/9783110675146-002

leider nur lückenhaft abgedeckt.[4] Seit den 1980er-Jahren wurden v.a. in der Türkei vermehrt Sicills transliteriert, was sich in den Jahren ab 2000 noch deutlich steigerte.[5] Nicht nur in der Forschergruppe um İbrahim Özcoşar bzw. Veysel Gürhan, die in dieser Arbeit häufig erwähnt werden, sondern auch in anderen Regionen der Türkei wurde die Quellenforschung bzw. Quellenanalyse insbesondere seit dieser Zeit stark vorangetrieben.[6]

Genauere Aussagen über die mikropolitische bzw. mikrosoziale Situation in der damaligen Zeit zu treffen wird zwar angestrebt, kann aber wegen mangelnder Datendichte nicht immer zufriedenstellend gelingen. Deshalb soll über den Schwerpunkt des editorischen Teils der Arbeit die Reihe der bereits transliterierten Kadiamtsprotokollbücher komplettiert werden. Zusätzlich sollen lediglich nachgeordnet mit Hilfe der Prosopographie von beteiligten Personen sowie einiger u.a. statistischer Analysemethoden Teilbewertungen und Anregungen für weitere Forschung geliefert bzw. Forschungslücken ergänzt werden, um in der weiteren Forschung die mikrosoziale und mikropolitische Gesamtsituation besser einschätzen zu können.

Der editorische Teil der transliterierten und übersetzten Texte des Sicills bildet die Grundlage zum Kommentarteil, wobei zur leichteren Auffindung der Texte eine tabellarische Übersicht sämtlicher Einträge mit Kurzbeschreibung vorausgeht.[7] Hierbei wird sehr bewusst – auch wenn es den Lesefluss etwas erschwert – ganz nah am Text übersetzt, um auch deutschsprachigen Wissenschaftlern[8] die Möglichkeit zu bieten, sich mit der Komplexität der osmanischen Sprache vertrauter zu machen, um so die Transliteration besser nachvollziehen zu können und zu eigenen Untersuchungen anzuregen. Zum besseren Verständnis werden

---

4 Vgl. Gürhan, Veysel: *XVIII. Yüzyılda Mardin şehri*, Ankara 2012, S. 4–7.

5 Vgl. Gürhan (2012), S. 17–18; siehe auch Özcoşar, İbrahim; Kankal, Ahmet et al.: *183 nolu Mardin şer'īye sicili belge özetleri ve Mardin*, Istanbul 2007; Taş, Kenan Z.; Kankal, Ahmet (Hrsg.): *195 nolu Mardin şer'īye sicili belge özetleri ve Mardin*, Istanbul 2006; Özcoşar, İbrahim; Kankal, Ahmet et al.: *248 nolu Mardin şer'īye sicili belge özetleri ve Mardin*, Istanbul 2007.

6 Vgl. Taş, Hülya: *XVII Yüzyılda Ankara*, Ankara 2004.

7 Die in der Transliteration und Übersetzung fehlenden Texte wurden bereits in der Arbeit „Jurisdiktion als Mikrogeschichte“ transliteriert und übersetzt. Vgl. Niemöller, Isabel: *Jurisdiktion als Mikrogeschichte, Transkription, Übersetzung und Kommentierung von Auszügen aus dem Kadiamtsregister 247 der Stadt Mardin um 1760*, Berlin 2013, (Islamkundliche Untersuchungen, Band 312).

8 Der Leseerleichterung halber wird in dieser Arbeit grundsätzlich das generische Maskulin verwendet.

gelegentlich innerhalb des Textes in mit Klammern versehenen Begriffen in Kursivschrift oder in Fußnoten die Sachverhalte genauer erläutert. Nur bei zu stark fragmentierten Texten wird lediglich der grobe Sachverhalt wiedergegeben. Eine Kurzprosopografie über mindestens zwei Mal in der Quelle erwähnte Personen wird in Kapitel 12 – wenn auch lückenhaft – erstellt, um Vernetzungen in der Region von Mardin darzustellen. Die Titel der Personennamen werden wie in den Zeugenauflistungen den Personennamen vorangestellt.

Die Methode der Kurzprosopographie stellt eine deutliche Neuerung in der Sicill-Forschung dar, die meines Erachtens auch bei den anderen Quellentransliterationen intensiviert werden könnte. So könnten die Zeugen, die in den bereits von der Forschergruppe um İbrahim Özcoşar transliterierten Quellen nicht namentlich erwähnt werden, im Nachhinein, falls beispielsweise die betreffenden Einträge zeitlich nahe an den Eintragsjahren des Sicills liegen, untersucht werden, um die von mir erstellte Prosopographie zu vervollständigen und im Idealfall ein klares Bild über die Vernetzung der Gesamtgesellschaft von Mardin zu liefern.[9] Im Kommentarteil wird versucht, bei signifikanter Anzahl von Fällen über die Methode der Prozentualisierung der Verteilung bestimmter Kriterien oder auch über das Ermitteln von Häufungen bestimmter Personennamen innerhalb der Quelle hierzu Details zu erfahren, wobei bei nicht signifikanter Anzahl absolute Zahlen angegeben werden.

Wie schon in meiner Vorgängerarbeit „Jurisdiktion als Mikrogeschichte" erwähnt, lag die Stadt Mardin an der Handelsroute zwischen Diyarbekir und Nuṣaybīn und verfügte außerdem über eine Handelsroute zur Stadt Urfa *(Ruhā)*. Insofern war die Stadt für die osmanische Zentralverwaltung von handelsstrategischer Wichtigkeit. Auch militärstrategisch lag sie auf der Grenze zwischen dem osmanischen und persischen Einflussbereich, weshalb die Region häufig direkt oder indirekt in kriegerische Auseinandersetzungen verwickelt war und somit in sozialer wie auch in wirtschaftlicher Hinsicht recht fragil war. Erst ab dem 17. Jh. unterstand sie osmanischem Herrschaftseinfluss, nachdem sie im Jahr 1638 den Persern abgenommen worden war. Nach mehreren Kriegen fiel Mardin an die Provinz Diyarbekir (1734–1735 und 1747–1751), unterstand aber gleichzeitig der Kontrolle der Paschas von Bagdad, was sich in zahlreichen Einträgen wiederspiegelt.[10]

---

9 So könnten in folgenden transliterierten Kadiamtsprotokollen die Zeugennamen, die hier noch nicht erwähnt werden, nachgeliefert werden, um Kurzprosopographien zu erstellen und im Idealfall mit der meinigen zusammenzufassen: Vgl. Özcoşar (2007a); Taş (2006); Özcoşar (2007b).

10 Vgl. Niemöller (2013), S. 11–18.

Die Stadt befand sich darüber hinaus im Einflussgebiet nomadischer Stämme, die die osmanische Zentralverwaltung über Steuerpachtverträge zu sedentarisieren versuchte; auch dieses spiegelt sich in den Einträgen des Sicills wieder. Ein Großteil dieser Stämme war arabischer Provenienz, was durch die Verwendung des Arabischen in vielen Einträgen des Registers belegt wird. Gleichzeitig zeigen sich sprachlich auch persische Einflüsse.[11] Aber auch die Kooperation mit teilweise sedentarisierten Stämmen wie demjenigen der kurdischen Millī, der mehrere Unterstämme umfasste, spielte in Mardin noch lange über die beobachtete Zeitspanne hinaus eine wichtige Rolle.[12] Gleichzeitig mussten selbige Stämme ebenso konsequent von der osmanischen Zentralverwaltung kontrolliert werden, was in mehreren Texten des Sicills reflektiert wird.[13] Die Grenzlage zum persischen Herrschaftseinfluss, der Einfluss der nomadischen Stämme, aber auch die klimatische Situation in dieser Zeit waren Ursache für die Fragilität der Region. So herrschten als Folge der kleinen Eiszeit in Ost-Anatolien wie auch im östlichen Mittelmeerraum Kälte, Wassermangel und häufig Dürre vor.[14] Zugleich bestätigt die Erwähnung von Nahrungsmittelknappheit und Plagekatastrophen in Text 25/b (JUR) die klimatischen Auswirkungen der kleinen Eiszeit.[15] Auch wird in einigen Reiseberichten die Gegend um Mardin als recht unwirtlich und wüstenartig beschrieben.[16]

Diese Gemengelage der geographischen, politischen und klimatischen Bedingungen, die regelmäßig wirtschaftliche Einbußen bewirkte und die jeweiligen Interessen von Stämmen und sesshafter Bevölkerung zuweilen heftig aufeinanderprallen ließ, rief notorisch erhebliche Einnahmedefizite im Steuerwesen hervor.[17] So versuche ich neben Transliteration und Übersetzung der Einträge des Sicills ebenfalls, soweit es möglich ist, anhand dieser Quelle die damalige politisch-soziale Situation der Region darzustellen und zu interpretieren.

---

11 Vgl. Niemöller (2013), S. 12.

12 Vgl. Ekinci, Mehmet Rezan: *Osmanlı Devleti Döneminde Milli Aşireti XVIII.–XIX. YY.*, Elaziğ 2017, S. 51–52, S. 108–122 vgl. auch Salzmann, Ariel: *Tocqueville in the Ottoman Empire: Rival Paths to the Modern State*, Leiden 2004, S. 132; vgl. auch Gürhan (2012), S. 148–168.

13 So zum Beispiel in Text 44/b.

14 Vgl. White, Sam: The Climate of Rebellion in the Early Modern Ottoman Empire, Cambridge 2011, S. 135–137.

15 Vgl. Niemöller (2013), S. 60–61.

16 Vgl: Hachicho, Mohamad, Ali: „English Travel Books about the Arab near East in the Eighteenth Century“, in: *Die Welt des Islams*, Bd. 9, Heft 1/4 (1964), S. 1–206.

17 Vgl. Salzmann (2004), S. 133–134.

2 Vorgehensweise

Die Texte des Sicills behandeln ein relativ breites Spektrum an juristischen, notariellen sowie auch provinzbezogenen Angelegenheiten. Hinsichtlich der juristischen Fallstrukturen handelt es sich vor allem um zivilrechtliche Streitigkeiten, häufig bezogen auf die Nutzung von Stiftungen oder vertragsrechtliche Dinge. Bei den notariellen Schriftstücken geht es vor allem um Kauf- oder Pachtverträge, die im Folgenden verallgemeinernd als „Kaufverträge" bezeichnet werden, aber auch um nachlassbezogene Regelungen oder Heiratsverträge. Unter den Einträgen, die die Provinz betreffen, finden sich vor allem Erlasse, hierbei häufig Antworten auf Bittschriften *(ʿarżuḥāl)*, steuererhebungsbezogene Schreiben, Aufforderungen zur Bereitstellung von Mitteln sowie Umlageverzeichnisse und Ausgabenverzeichnisse für Feldzüge.[18] Des Weiteren finden sich Texte über Amtseinsetzungen von Richtern, Standesbeamten, Verwaltern von Stiftungen *(mütevellī)*, Steuereintreibern *(mütesellim)*, Sancak-Gouverneuren *(mutaṣarrıf)*, Muftis, Lehrern *(müderris)*, Moschee-Predigern *(ḫaṭīb)*, Buchhaltern von Stiftungen *(muḥāsebeci)* sowie Verwaltern von Gerichtssprengeln *(ḳāʾimmaḳām)*[19] oder Gouverneuren *(voyvoda)*. Hierbei lassen sich auch die häufigen Personalwechsel der Verwaltungsfunktionäre und weiterer Verantwortlicher in der Provinz nachweisen, aber auch Vernetzungen zwischen den Amtsinhabern aufzeigen und somit Rückschlüsse auf die politische Stabilität der Region ziehen. Es finden sich im vorliegenden Sicill insgesamt 262 Einträge, die sich thematisch grob vereinfacht folgendermaßen zusammensetzen:

Tabelle 1: Übersicht aller Textgattungen

Anordnungen und Erlasse, Şartnāme-Schreiben	**83 Texte, Thema v.a. Steuern, einige steuerbezogene Texte bezügl. Stiftungen**
Amtsübertragungen und Privilegientitel	37 Texte
Klagen und gerichtliche Bestätigungen	19 Texte
Stiftungen	5 Texte
Nachlassverzeichnisse	31 Listen
Verträge	78 Texte

18 Vgl. Text 25/d.

19 Der Begriff „ḳāʾimmaḳām" war erst ab der Tanzimat-Zeit eine übliche Bezeichnung für Gouverneure von Gerichtssprengeln, die aber – wie im Sicill zu lesen – offenbar schon im 18. Jahrhundert gebräuchlich war. Vgl. Bayerle, Gustav: *Pashas, Begs, and Effendis: A historical* Dictionary *of Titles and Terms in the Ottoman Empire*, Istanbul 1997, S. 90.

https://doi.org/10.1515/9783110675146-003

Hierbei ist zu beachten, dass das gesamte Sicill als Untersuchungsgrundlage dient, d.h. auch die Texte, die schon in meiner früheren Arbeit „Jurisdiktion als Mikrogeschichte" besprochen wurden. Der Einfachheit halber werden diese Textnummern ohne Angabe einer Fußnote lediglich mit der Markierung „(JUR)" versehen. Die Seitenangabe zu diesen Texten findet sich im Kapitel 2.

Graphisch stellen sich die Verteilungsverhältnisse der Textgattungen wie unten angegeben dar, wobei im Sicill vor allem Texte über Anordnungen und Vertragstexte ins Gewicht fallen und daher zunächst die Beziehung dieser beiden Textgattungen im Kapitel 4.2 noch genauer untersucht werden soll, um Rückschlüsse auf die soziale oder politische Situation ziehen zu können. Ansonsten werden die weiteren Textgattungen in den weiteren Kapiteln ebenfalls genauer betrachtet:

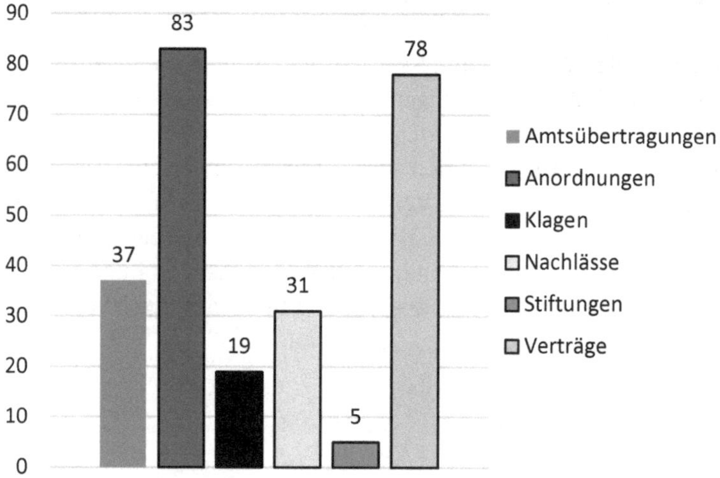

Abbildung 1: Verteilung der Textgattungen

Ziel ist es, mikrogeschichtliche Zusammenhänge möglichst nahe an den Texten zu ermitteln und diese dahingehend zu interpretieren. Dies erfolgt beispielsweise durch das Zusammenstellen einheitlicher Kriterien innerhalb bestimmter Textgattungen. So kann man z.B. bezogen auf Kaufverträge nach bestimmten Auf-fälligkeiten filtern und somit beispielsweise über Namen der Verkäufer und Käufer, Anwesengröße, Preis, Namen von Beurkundungszeugen *(şühūd ül-ḥāl)* und Vertretungsbestätigungszeugen oder der Datierung von Einträgen Rückschlüsse auf die damaligen politischen oder sozialen Verhältnisse ziehen. Weiterhin wird versucht, Querverbindungen zwischen den verschiedenen Texteinträgen und somit über sämtliche Textgattungen hinweg über Filtern bestimmter Personennamen oder weiterer Kriterien wie der Datierung etc. zu finden, um hierbei weitere Erkenntnisse über die soziale und mikrohistorische Situation zu gewinnen.

Die soziale Struktur der Region von Mardin könnte sich v.a. über Kaufverträge sowie über die Texte zum Thema Nachlassangelegenheiten, Heiratsverträge, streitige Verfahren, gerichtliche Bestätigungen, aber auch Stiftungsangelegenheiten ermitteln lassen, wohingegen sich die regional-politische Gesamtsituation v.a. über steuerbezogene Texte, Anordnungen und darunter auch vertragliche Spezifikationen *(şarṭnāme)* nachvollziehen lassen könnte. Zum Schluss wird versucht, anhand sämtlicher Protokolleinträge hinsichtlich der an den jeweiligen Sachverhalten beteiligten Personen biographische Angaben zu ermitteln. Aus diesem Grund besteht Kapitel 12 aus einer prosopographischen Liste sämtlicher mindestens zwei Mal im Sicill erwähnten Personen mit Hinweis auf die jeweilige Nummerierung der Originaleinträge.

3 Juristische Grundlagen

Als grundlegender juristischer Maßstab galt im Osmanischen Reich vorrangig hanafitisches Recht, das auf den Rechtsgelehrten Abū Ḥanīfa (699–767) zurückgeht und im Osmanischen Reich als eine Art Staatsrechtsschule verstanden werden kann.[20] In Mardin wurde bereits im 16. Jahrhundert neben der hanafitischen auch nach der schafiitischen Rechtsschule *(meẕheb)* Recht gesprochen.[21] Diese Tradition schien sich zumindest bis ins 18. Jahrhundert erhalten zu haben. So ist z.B. aus Text 50/a, einem sehr umfangreichen Stiftungseinnahmen- und Stiftungsausgabenregister von den Einnahmen eines schafiitischen Inspektors *(muʿid)* aus diversen Läden zu erfahren. Aus Text 66/b entnimmt man, dass die

20 Vgl. Niemöller (2013), S. 12. Vgl. auch Tamdoğan, Işık: „Sulh and the 18th Century Ottoman Courts of Üsküdar and Adana“, in: *Islamic Law and Society*, Bd. 15 (2008), S. 55–83. Rechtsschulen wurden ebenso in den eroberten Regionen des Osmanischen Reiches „hanafitisiert“, vgl. Aykan, Yavuz: *Rendre la Justice à Amid, Procédures, acteurs et doctrines dans le contexte ottoman du XVIIIème siècle*, Leiden 2016, (The Ottoman Empire and its Heritage, Politics, Society and Economy, Bd. 60). S. 167–168.

21 Vgl. Niemöller (2013), S. 12. Vgl. auch Göyünç, Nejat: *XVI. yüzyılda Mardin sancağı*, İstanbul 1969, S. 75.

https://doi.org/10.1515/9783110675146-004

Bezahlung schafiitischer Lehrer, die im großen Stiftungskomplex der Ḳāsim Padışāh-Stiftung tätig waren, genauso hoch ausfiel wie die der hanafitischen Lehrer. Allerdings erkennt man an der Auswahl der Fetvā-Autoren in den Einträgen streitiger Verfahren im Sicill die eigentliche Schwerpunktsetzung der Hohen Pforte auf die hanafitische Rechtsschule, da selbst in der vom politischen Zentrum weit entfernten Region von Mardin ausschließlich auf Rechtsgutachten von Muftis der hanafitischen Rechtsschule Bezug genommen wird. In unten aufgeführter Tabelle stehen sämtliche in den jeweiligen Einträgen des Sicills erwähnte Fetva-Autoren unter Angabe der jeweiligen Textnummer:

Tabelle 2: Fetva-Autoren

Autor	Bezugstext
Abū Ḥanīfa (gest. 767 n.Chr.)[22]	(Text 17/a (JUR))
Qadikhan Fakhr al-Din al-Hasan b. Mansur al-Farghani (gest. 1196 n.Chr.)[23]	(Text 17/a (JUR))
Sakızî Sâdık Mehmed Efendi, seine Schrift „Surrat al-Fatāwi" (gest. ca. 1649 n.Chr.)[24]	(Text 6/f)
Abu 'l- Layth al-Samarḳandī (gest. 983/984 n.Chr.)[25]	(Text 2/d)
Mollah Muhammed b. Feramerz (Mollah Hüsrev): Dessen Werk „Durar al-Ḥikam" (gest. 1480 n.Chr.)[26]	(Text 2/d)
Burhān al-Dīn İbrāhīm b. Muḥammad b. İbrāhīm, bekannt als al-Ḥalabī, stellte das Werk „Fatāwā Tātārkhāniyya" zusammen, auf das gelegentlich in den Texten Bezug genommen wird (gest. 1549 n.Chr.)[27]	(Text 6/f, 24/a)

Die hier aufgeführten Fetvā-Autoren, auf die im Sicill Bezug genommen wird, sind dieselben, die auch Yavuz Aykan in seiner Dissertation „Rendre la justice à Amid" erwähnt.[28] Seine Arbeit, die die Rechtspraxis in der Region Diyarbekir

22 Vgl. Schacht, J.: „Abū Ḥanīfa al-Nuʿmān", in: *EI*², online im Internet: http://dx.doi.org/10.1163/1573-3912_islam_SIM_0194.

23 Vgl. Aykan (2016), S. 238.

24 Vgl. Aykan (2016), S. 241.

25 Aus dem Buch Khizānat al-Fiḳh des hanafitischen Rechtsgelehrten Abu 'l-Layth al-Samarḳandī, vgl. Schacht, J.: „Abu 'l-Layth al-Samarḳandī", in: *EI*², online im Internet: http://dx.doi.org/10.1163/1573-3912_islam_SIM_0224.

26 Vgl. Aykan (2016), S. 240.

27 Eigentlicher Name: Burhān al-Dīn İbrāhīm b. Muḥammad b. İbrāhīm, der das Werk „Fatāwā Tātārkhāniyya" zusammenstellte, vgl. Schacht, Joseph.: „al-Ḥalabī", in: *EI*², online im Internet: http://dx.doi.org/10.1163/1573-3912_islam_SIM_2642.

28 Vgl. Aykan (2016), S. 236–242.

untersucht, stellt eine überaus wichtige Grundlage dar, auf die wegen der regionalen Gemeinsamkeiten hier häufig Bezug genommen wird. Aykan hat sehr ausführlich die Rechtspraxis in der Provinz Diyarbekir beschrieben, die – wie sich in der Quelle des Sicills von Mardin zeigt – mit der Rechtspraxis in der Region Mardin vollständig übereinstimmt. So wurden beispielsweise auch in Mardin streitige Verfahren meistens über Vergleiche geregelt. Ebenso sind keine Einträge über Verhängungen drastischer Hadd-Strafen[29] im Sicill von Mardin zu finden. Oberflächlich betrachtet scheinen sich hier die Einträge v.a. auf das Scheriatsrecht und weniger auf das vom Sultan auferlegte und nicht im Scheriatsrecht verankerte säkulare Recht *(ḳānūn)* zu beziehen. Aykan kam bei genauerer Untersuchung spezifischer Rechtsfälle jedoch zu der Erkenntnis, dass die sich auf das Scheriatsrecht beziehenden sultanischen Fetvas durchaus von der sultanischen Ḳānūn-Gesetzgebung beeinflusst sind.[30] So sollte wohl das Einbinden von säkularem Recht in die Fetvas, die als eine übergreifende rechtliche Klammer fungieren, dazu dienen, eine gemeinsame Rechtsgrundlage zu schaffen und Übertretungen zu verhindern. Dies könnte auch bei den Einträgen des Sicills der Fall gewesen sein. Auch ist anzumerken, dass hier in mehreren Texten explizit das Gewohnheitsrecht *(ʿurf)* erwähnt wird. Das Gewohnheitsrecht steht in dieser Quelle ausschließlich im Zusammenhang mit Verantwortlichkeiten gegenüber dem Staat, d.h. mit Steuerzahlungmodalitäten, Bereitstellen von Mitteln oder dem Vorbereiten von Feierlichkeiten.[31] Das bedeutet, dass das Gewohnheitsrecht dazu gedient haben könnte, die Durchsetzung von Ḳānūn-Gesetzgebung erleichtert zu haben.

Zusammenfassend kann man feststellen, dass die juristische Situation der hier untersuchten Region der von Yavuz Aykan in seiner Arbeit „Rendre la justice à Amid“ beschriebenen juristischen Situation in Diyarbekir gleicht, weshalb die juristische Thematik in den Hintergrund treten soll und als Vergleichsmaßstab vor allem dessen Ergebnisse eingesetzt werden sollen. Vielmehr liegt der Fokus dieser Arbeit auf der Untersuchung und Kommentierung sozialgeschichtlicher und politischer Hintergründe der Region um Mardin und dem Ermitteln von Vernetzungen der im Sicill erwähnten Personen untereinander.

---

29 Strafen für Vergehen, die im Koran sanktioniert sind, vgl. Carra de Vaux, B. et al.: „Ḥadd“, in: *EI²*, online im Internet: http://dx.doi.org/10.1163/1573-3912_islam_SIM_2586.

30 Vgl. Aykan (2016). S. 5.

31 So zum Beispiel in den Texten 18/a, 26/e, 29/c, 39/b, 55/c, 60/d, 61/b, 61/c und 69/d.

4 Zeitliche Einordnung der Protokolleinträge

Zunächst ist es sinnvoll, sich vor der inhaltlichen Untersuchung der Texte einen allgemeinen Eindruck über die Situation im beobachteten Zeitraum zwischen den Jahren 1757 und 1759 zu verschaffen. Hierzu soll als erstes die Anzahl der Protokolleinträge hinsichtlich ihrer Datierungsjahre im Untersuchungszeitraum verglichen werden. Dabei ist zu beachten, dass das jeweilige Datum, wenn es mit keiner präzisen Zeitangabe, sondern lediglich mit einer Dekadenangabe datiert ist, auf maximal 10 Tage gerundet und zur Kenntlichmachung mit der Markierung „(D.)" versehen wird.[32]

Beim Vergleich mit weiteren Sicills von Mardin, wie in untenstehender Tabelle dargelegt, stellt man fest, dass sich die Zeitpunkte der Einträge teilweise überschneiden und nicht mit den fortlaufenden Sicill-Nummern korrelieren.

Tabelle 3: Vergleich aller Eintragsjahre mit anderen Sicills von Mardin[33]

Sicill-Nummer	Erstes Eintragsjahr	Letztes Eintragsjahr	Bemerkung
183	1763	1894	abschnittsweise chronologisch
195	1598	1903	abschnittsweise chronologisch
247	1751	1766	abschnittsweise chronologisch
248	1689	1746	nicht chronologisch

In folgender Tabelle 4 wird der Zeitraum der häufigsten Einträge angezeigt. Hier überschneiden sich die Zeitpunkte der Einträge nur noch im Jahr 1759.

32 Dekaden werden jeweils mit dem 01., 11. oder 21. des jeweiligen Monats angegeben. Die Markierung (D.) steht für „Dekadendatierung".

33 Vgl. Özcoşar (2007a); Özcoşar, (2007b); Taş (2006). Die Daten wurden aus diesen drei Arbeiten ermittelt.

https://doi.org/10.1515/9783110675146-005

Tabelle 4: Vergleich der häufigsten Eintragsjahre mit anderen Sicills von Mardin[34]

Sicill-Nummer	Erstes Eintragsjahr	Letztes Eintragsjahr
183	1889	1893
195	1759	1765
247	1757	1759
248	1689	1690

Zusammenfassend kann man feststellen, dass bei allen vorliegenden Kadiamtsprotokollbüchern eine klare Eintragssystematik fehlt, und die Chronologie bei näherer Betrachtung der einzelnen Kadiamtsprotokollbücher lediglich im Groben eingehalten wird. Insofern ist es sinnvoll, das Sicill vor allem nach häufig vorkommenden Textgattungen zu untersuchen.

Das Sicill besteht isgesamt aus 254 lediglich abschnittsweise in grober chronologischer Reihenfolge verzeichneten Einträgen, wovon 20 Einträge undatiert sind. Die datierten Einträge reichen vom 28.03.1751[35] bis zum 02.12.1766.[36] Aus dem Jahr 1751 bis zum 15.08.1756 finden sich lediglich 6 Einträge, wobei es sich hierbei vorwiegend um Amtsübertragungen handelt. Man kann leider nicht feststellen, ob alle Einträge, die vor dem 15.08.1756 datiert wurden, lediglich Nachträge waren und wohl deswegen auch in keiner Weise chronologisch eingeordnet worden sind, oder ob die Einträge, wie in den anderen aufgeführten Sicills zu erkennen ist, einfach nur lückenhaft dokumentiert sind. Ab dem 24.11. 1756, d.h. ab Beginn des Jahres 1757 bis zum Jahr 1759 wurden zahlreiche Einträge getätigt. Insofern wird faktisch nur der Zeitraum 1757 bis 1759 untersucht, wobei hierbei in die Jahre 1757, 1758 und 1759 eingeteilt wird, um einen Trend herauslesen zu können.

34 Vgl. Özcoşar (2007a); Özcoşar (2007b); Taş (2006). Die Daten wurden aus diesen drei Arbeiten ermittelt.

35 Ein einziger wesentlich früherer Eintrag stammt aus dem Jahr 1746 (Text 67/c), wobei dieser nicht in den Berechnungen erfasst ist, da es sich eindeutig um eine Abschrift einer früheren Privilegientitelerteilung für einen Buchhalter der Ḳāsim Padışāh-Stiftung handelt. Laut nachfolgendem Text 67/d, vom 02.12.1758 (D.) sollte er weiterhin als Buchhalter tätig sein. Daher diente dieser Eintrag lediglich zur rechtlichen Absicherung.

36 Aus dem Jahr 1766 gibt es nur einen einzigen Eintrag von denjenigen mit klar lesbarer Datierung (Text 44/b), wobei dieser möglicherweise auch bei der Restauration des Kadiamtsprotokollbuchs falsch zusammengefügt wurde (der Protokolleintrag vor diesem Eintrag, Text 43/a endet mit dem 11.03.1758 (D.)).

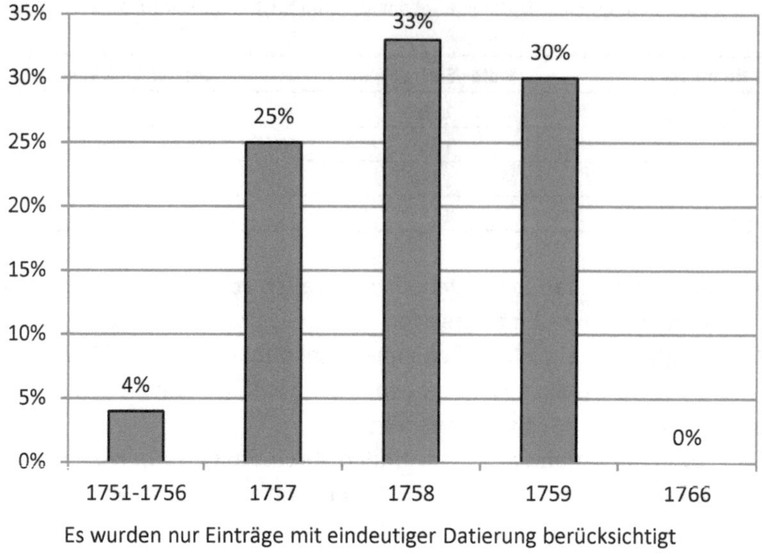

Abbildung 2: Verteilung der Einträge zwischen den Jahren 1751 und 1766

Folgende Kriterien sollen nun untersucht werden: Der Überblick über Zu- bzw. Abnahme sämtlicher Protokolleinträge pro Jahr, der Überblick über Zu- bzw. Abnahme aller Kaufverträge pro Jahr und der Überblick über Zu- bzw. Abnahme aller Anordnungen pro Jahr im Untersuchungszeitraum der Jahre 1757 bis 1759. Diese thematische Einteilung dient dazu, einen Trend hinsichtlich der wirtschaftlichen Aktivität im Vergleich zur politischen Kontrolle und Einflussnahme herauslesen zu können. Auch wenn dies nur einen Trend auf theoretischer Basis darstellt, kann dieser zur Interpretationsunterstützung der sozialgeschichtlichen und auch politischen Entwicklung der Region dienen.

Der Vollständigkeit halber sind in obenstehendem Histogramm die Einträge aller Jahre dargestellt, also auch der Jahre 1751 bis 1756[37] und 1766[38], wobei diese Jahre wegen zu geringer Zahl der Einträge, d.h. wegen statistischer Irrelevanz ignoriert werden. Man stellt hierbei fest, dass sich die Eintragshäufigkeit zwischen den Jahren 1757 und 1758 deutlich steigerte und schließlich im Jahr 1759 wieder zurückging.

37 Ein Eintrag zum Jahr 1756 (Ernennung eines Vorbeters) findet sich in Sicill 195. Vgl. Taş (2006), S. 60.

38 3 Einträge zum Jahr 1766 finden sich in Sicill 195. Vgl.: Taş (2006), S. 25; S. 30; S. 31.

4.1 Überblick über Kaufverträge im Untersuchungszeitraum

Mit Hilfe der Verteilung der Kaufvertragseinträge pro Jahr lässt sich überblickshalber ein Eindruck über die wirtschaftliche Situation gewinnen. Die Verteilung der Anzahl der Kaufvertragseinträge der Jahre 1757, 1758 und 1759 sieht man in untenstehendem Balkendiagramm, wobei wiederum die Jahre 1751 bis 1756 und 1766 wegen kaum vorhandener Einträge, d.h. wegen Irrelevanz in den folgenden Untersuchungen grundsätzlich nicht mit eingeschlossen werden. Wie hieraus zu erkennen ist, wurden im Jahr 1757 die meisten Kaufverträge abgeschlossen. Im Jahr 1758 verringerte sich diese um rund 10% und im Jahr 1759 um weitere 24%.

Aykan erklärt am Beispiel der in der Nähe von Mardin gelegenen Stadt Aintab (heute Gaziantep), dass schon im 16. Jahrhundert das Bedürfnis der Einwohner von Aintab stark gewachsen ist, Verträge vor Gericht schriftlich zu fixieren und dass diese Praxis in muslimisch geprägten Gesellschaften Usus wurde.[39] Daher schließt man aus diesen Prozentangaben, dass die Verkaufsaktivität und daher recht wahrscheinlich auch die wirtschaftliche Aktivität über die Jahre abgenommen haben musste und beim Vergleich der drei genannten Jahre ihren Tiefpunkt im Jahr 1759 fand.

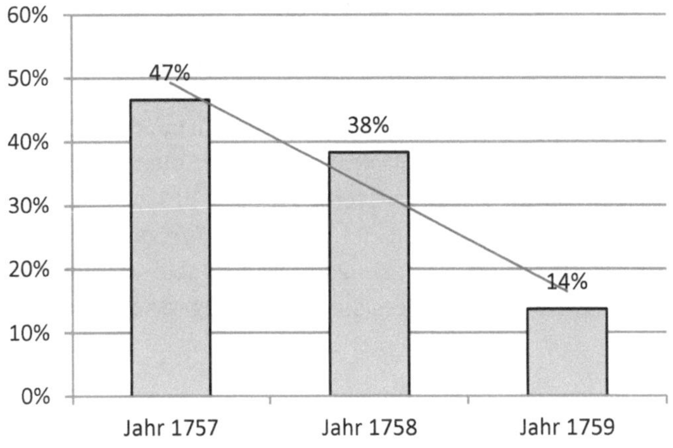

Abbildung 3: Jährliche Verteilung der Verträge[40]

39 Vgl. Aykan (2016). S. 11–12.

40 Die Anzahl der Verträge sank von einem Anteil von 47% auf 14% aller Einträge.

Tatsächlich hat es in der Mitte des 18. Jahrhunderts eine Reihe von Naturkatastrophen gegeben, worunter auch im August des Jahres 1758 eine Hungersnot in der Provinz Diyarbekir fiel.[41] Gleichzeitig werden im Eintrag 25/b (JUR),[42] datiert auf den 26.06.1757, ebenso eine Hungersnot und Heuschreckenplage sowie Rebellionen und Plünderungen im Sancak Mardin erwähnt. Darüber hinaus erfährt man gleichfalls aus Text 26/a (JUR) von Reiseunsicherheiten.[43] Diese Erwähnungen decken sich zeitlich mit den von Ariel Salzmann erwähnten Naturkatastrophen, welche gefolgt von Plagen, Hunger und Krankheiten den allmählichen Rückgang der Zahl der Vertragseinträge ab dem Jahr 1758 erklären könnten. So wurde die Region Aleppo von einem extremen Kälteeinbruch im Winter 1757/1758 mit einer darauffolgenden Dürreperiode im Jahr 1758, die mit hohen Ernteausfällen verbunden war, heimgesucht.[44] Auch wird berichtet, dass im Jahr 1757 ein enormer Kälteeinbruch in die Region des nördlichen Tigris Einzug hielt, der sogar zum Überfrieren des Tigris führte.[45] Man kann davon ausgehen, dass Mardin von dieser Katastrophe ebenso betroffen gewesen ist, zumal es in einem vergleichbaren Breitengrad und über 1000 m über dem Meeresspiegel liegt.

Dieser Katastrophe folgte in der Region eine Heuschreckenplage und eine Fiebererkrankungswelle mit vielen Todesfällen. Die Lebensmittelpreise wurden in Mardin, Diyarbekir und Umgebung so stark erhöht, dass Massen ihrer Bewohner in die Stadt Mossul flohen, die noch über Lebensmittel verfügte. Die Flüchtlinge mussten jedoch im Frühjahr 1757 Mossul wieder verlassen und erlagen mehrheitlich den Strapazen der Flucht.[46] Dass die Jahre zwischen 1757 und 1759 krisengebeutelt gewesen sein mussten, deckt sich weiterhin mit der Beobachtung, dass im gesamten Sicill auffallend wenig Heiratsverträge vorhanden sind, was auf eine sehr angespannte wirtschaftliche Situation hinweist. So finden sich hier insgesamt nur vier Heiratsverträge, diese in Text 4/g, datiert auf den 26.09. 1757, Text 5/f, datiert auf den 29.10.1757, Text 6/c, datiert auf den 11.11.1757 und in Text 67/f, datiert auf den 28.12.1759, wobei in allen Heiratsverträgen außer in Text 67/f die aufgeschobene Brautgabe recht niedrig

41 Vgl. Salzmann (2004), S. 135.

42 Die in meiner Vorgängerarbeit „Jurisdiktion als Mikrogeschichte" und im editorischen Teil dieser Arbeit vor die jeweiligen Textnummern der Einträge vorangestellte Ziffer „247" wird im Kommentarteil grundsätzlich nicht angegeben.

43 Vgl. Niemöller (2013), S. 93–94.

44 Vgl. Marcus, Abraham: The Middle East on the Eve of Modernity, Aleppo in the Eighteenth Century, New York 1989, S. 123.

45 Vgl. Issawi, Charles (Hrsg.): The Fertile Crescent 1800–1914, a Documentary Economic History, New York 1988, S. 96.

46 Vgl. Issawi (1988), S. 96.

ausfällt.[47] Auffallend ist zudem, dass zwischen Herbst 1757 und Dezember 1759 kein einziger Heiratsvertrag eingetragen wurde, was auf eine Verschärfung der Krise hinweist. Bei fast allen Heiratsverträgen handelt es sich um die Verheiratung von minderjährigen Frauen, was abgesehen von traditionellem Usus auch ein Indiz für wirtschaftliche Engpässe in den Familien sein könnte. Dieser Punkt kann allerdings wegen der geringen Anzahl der Einträge hier nicht weiter untersucht werden.[48]

Zudem muss man mit einer Wertung sehr vorsichtig sein, da ein anderer Grund für die wenigen Heiratseinträge im Sicill sein kann, dass die Heiratsvertragseinträge angeblich in einem anderen Register dokumentiert sind, was allerdings hier nicht nachgeprüft werden kann. Eine andere Fragestellung hierzu wäre ebenso, warum die betreffenden Familien die Heiratsverträge überhaupt vor Gericht abgeschlossen hatten, zumal eine Niederschrift vor Gericht hierfür nicht zwingend erforderlich war.[49] War hierbei die soziale Vernetzung nicht ausreichend intakt, um eventuell auftauchende Probleme intrafamiliär zu regeln?

Bei genauerer Betrachtung der einzelnen Verträge erkennt man mögliche Gründe für den gerichtlichen Eintrag: So handelt es sich laut Text 4/g um die Heirat einer möglicherweise muslimischen Tochter in eine Familie namens Kaplan, die vermutlich ursprünglich anderer religiöser Herkunft war. Allerdings ist diese Annahme nicht ganz sicher, da der Name Kaplan auch rein türkischer Herkunft sein könnte und nicht immer ausschließlich auf christlich/jüdische Herkunft verweist. Bei Text 5/f handelt es sich um die Bestätigung des Todes des ersten Mannes der Braut, ohne dessen Todesfeststellung eine zweite Heirat der Braut nach hanafitischem Recht nicht möglich gewesen wäre. Ursache des Eintrags von Text 6/c könnte gewesen sein, dass die Herkunft der Familie des Bräutigams aus einer anderen Stadt – in diesem Fall Diyarbekir – war und noch dazu der Preis der aufgeschobenen Brautgabe recht hoch lag (200 Ġuruş). Im letzten Fall, Text 67/f, handelt es sich um die gerichtliche Niederschrift von Schulden.

---

47 So in Text 4/g, aufgeschobene Brautgabe über 25 Ġuruş, 5/f, aufgeschobene Brautgabe über 5 Guruş, und Text 67/f, aufgeschobene Brautgabe über 25 Ġuruş (dieser Text ist der einzige, in dem die Zustimmung des Vormunds fehlt). In Text 6/c beläuft sich aufgeschobene Brautgabe auf 200 Ġuruş.

48 In Text 6/c handelt es sich um eine minderjährige Frau und einen minderjährigen Mann, eine Ausnahme bildet eine Wiederverheiratung einer Witwe.

49 Kurz, Marlene: *Das Sicill aus Skopje*, Wiesbaden 2003, S. 36.

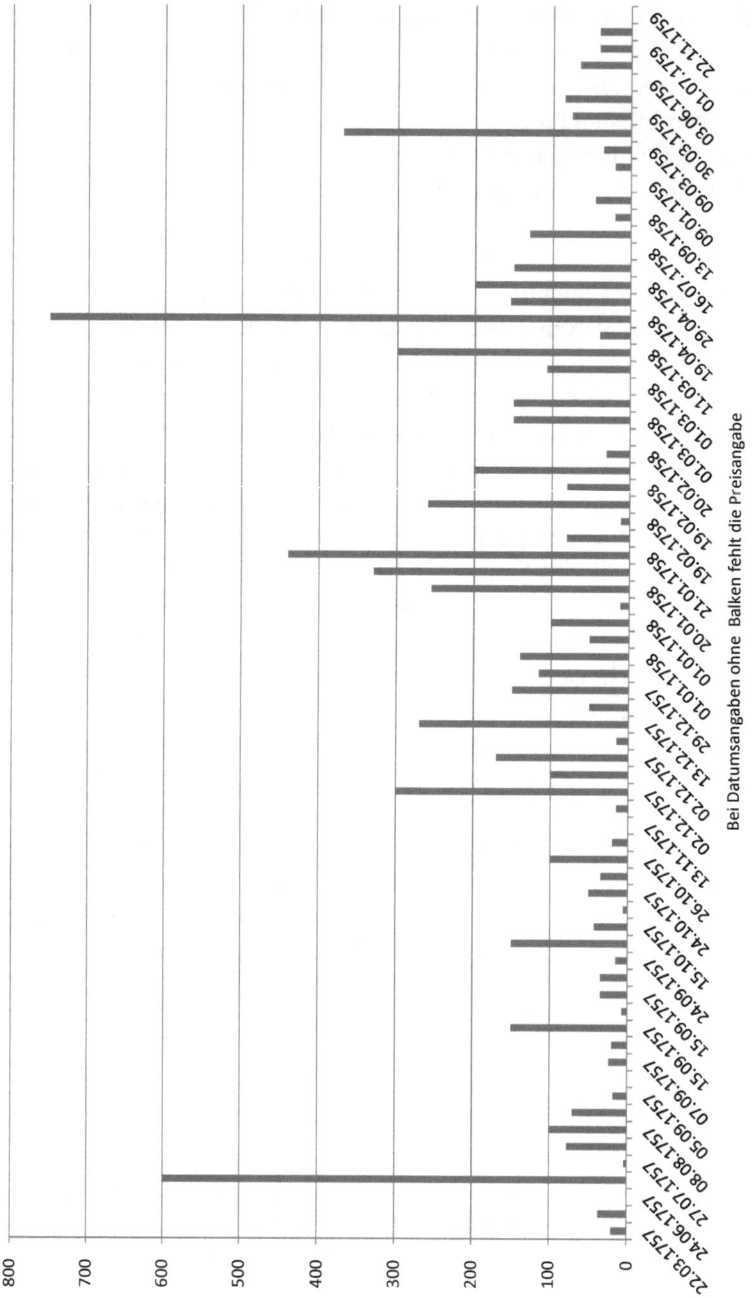

Abbildung 4: Preisverteilung bei aufsteigend sortierter Datierung bzgl. Häuser/Gärten in Ġuruş

So könnte in allen vier Fällen der Grund für die gerichtliche Niederschrift die juristische Absicherung gewesen sein, die immer dann notwendig wurde, wenn die Familien nicht stabil und verlässlich untereinander vernetzt waren und sich somit sozial nicht hinreichend gegenseitig absichern konnten. Trotz dieser Besonderheiten sieht man hier insgesamt, dass die Region im Jahr 1759 schwer an den Spätfolgen der beschriebenen Katastrophen zu tragen hatte und daher in diesem Jahr die geringste Anzahl von Kaufvorgängen und nur ein einziger Heiratsvertrag dokumentiert wurden. Noch dazu stand die Region um Mardin im Interessenkonflikt zwischen dem Osmanischen Reich und den Pashas von Bagdad, die weitgehende Autonomie genossen. Zudem hatte sich die Bevölkerung zwischenzeitlich durch die zahlreichen Kriege stark verringert und war daher aus pragmatische Gründen möglicherweise zum Umsiedeln genötigt.[50] So könnte auch dies ein weiterer Grund für den starken Rückgang der Zahl von Heiratsverträgen und Kaufabschlüssen gewesen sein.

Auch hinsichtlich der Kaufpreishöhe der im Sicill aufgeführten Kaufverträge lässt sich die Steigerung der Krisenhaftigkeit der beobachteten Jahre erkennen. So erschließt sich aus Abb. 4 bei Betrachtung sämtlicher Verkaufsvorgänge hinsichtlich der Preisverteilung bei aufsteigend sortierter Datierung, dass ab dem Jahreswechsel zum Jahr 1758 im Durchschnitt wesentlich mehr Verkaufsabschlüsse mit relativ hohem Kaufpreis zu verzeichnen waren, die dann allmählich zum Jahr 1759, abgesehen von zwei Ausreißern, beständig zurückgingen.

Hinsichtlich des Verkaufs von Gärten zeigt sich an Abb. 5 abgesehen von einem Ausreißer ein beständiger Rückgang der Kaufpreishöhe.

Ein abweichendes Bild zeigt sich in Abb. 6 beim Verkauf von Häusern: Bis Ende des Jahres 1757 wurden abgesehen von einem Ausreißer ausschließlich Häuser mit niedrigem Kaufpreis verkauft. Danach stiegen die Preise zwischen Ende 1757 und Anfang 1758 stark an, bevor sie mit einer Ausnahme wieder stark absanken.

50 Vgl. Salzmann (2004), S. 136.

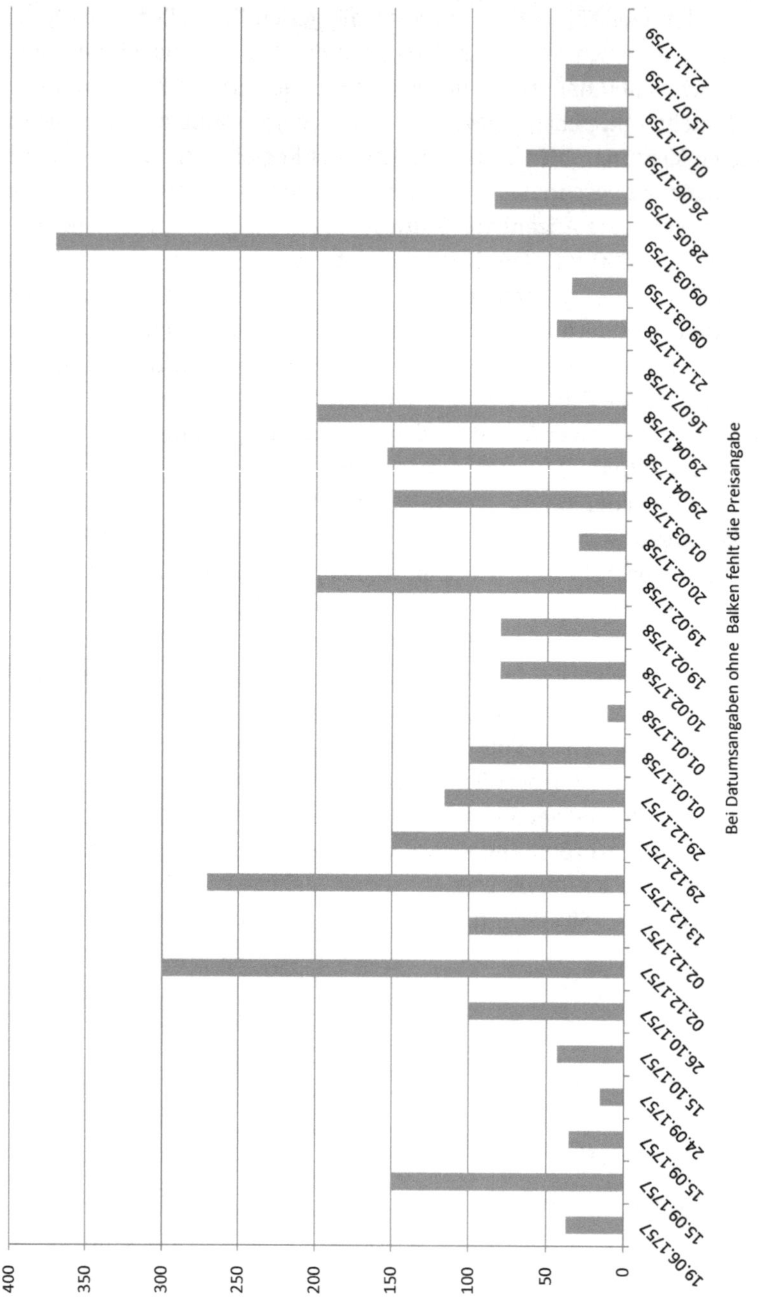

Abbildung 5: Preisverteilung bei aufsteigend sortierter Datierung bzgl. Gärten in Ġuruş

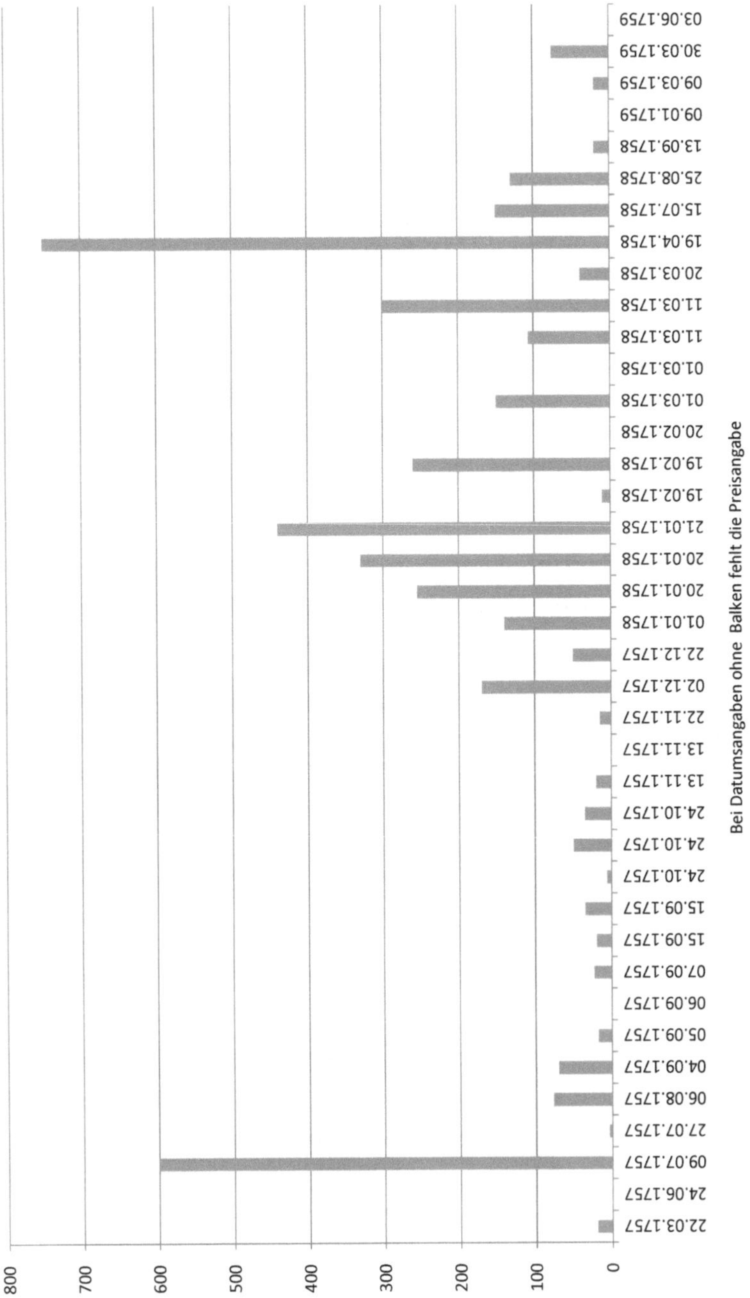

Abbildung 6: Preisverteilung bei aufsteigend sortierter Datierung bzgl. Häuser in Ġuruş

Man stellt fest, dass zum Jahreswechsel 1957/58 die Häuserpreise anstiegen, wohingegen die Gartenpreise in vergleichbarem Maße sanken. Dies belegt, dass offenbar die Bewirtschaftung von Gärten in dieser Zeit nicht besonders attraktiv und lukrativ war. Dass vor allem die Jahre 1758 und 1759 Krisenjahre gewesen sein mussten, belegen exemplarisch auch Text 18/c, datiert auf Oktober 1758 und Text 19/e, datiert auf den 15.07.1759. Hier verkaufte dieselbe Person, ein gewisser Hūca İfyā veled-i Kaspār eṣ-Ṣarrāf, weder mit Verlust noch mit Gewinn eine Weinstockpflanzung, die er nur einige Monate vorher zum gleichen Preis erworben hatte. Auch diese beiden Texte erhärten die Vermutung, dass insbesondere die Jahre 1758 und 1759 von mehrerlei Krisen in Form von Kriegen, Klimakatastrophen, Heuschreckenplagen, Hunger und Seuchen gezeichnet waren. Auch seine christliche Religionszugehörigkeit könnte dem Verkäufer in einer ohnehin angespannten Gesamtsituation noch zusätzliche Probleme bereitet haben, was aber eine plausible Vermutung bleiben muss.

4.2 Verhältnis zwischen Anordnungen und Kaufverträgen im Untersuchungszeitraum

Anhand der Verteilung sämtlicher Anordnungen zwischen den Jahren 1757 und 1759 kann man sich einen Überblick über politische Kontrollversuche in dieser Region verschaffen. Die Zunahme der Einträge spiegelt den verstärkten Versuch der Hohen Pforte wieder, die Kontrolle über die Region zu gewinnen. Daher sieht die Verteilung der Einträge der Jahre 1757, 1758 und 1759 im Untersuchungszeitraum folgendermaßen aus:

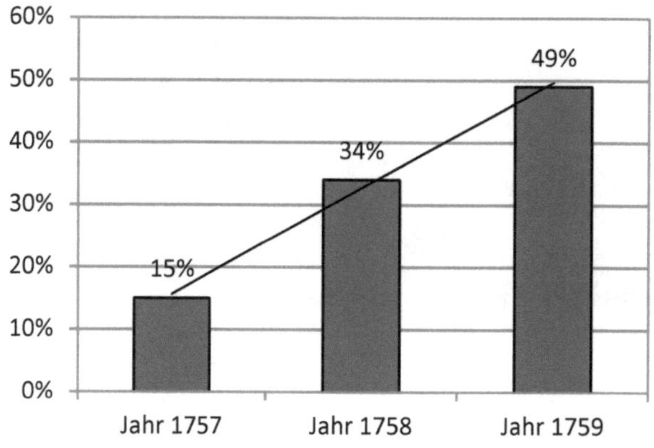

Abbildung 7: Jährliche Verteilung der Anordnungen

Sehr gut lässt sich die Anzahl von Anordnungen und Kaufverträgen in den Jahren 1757, 1758 und 1759 im Vergleich zueinander mit Hilfe eines kombinierten Balkendiagramms darstellen, da hier die umgekehrten Trendlinien deutlich zu erkennen sind.

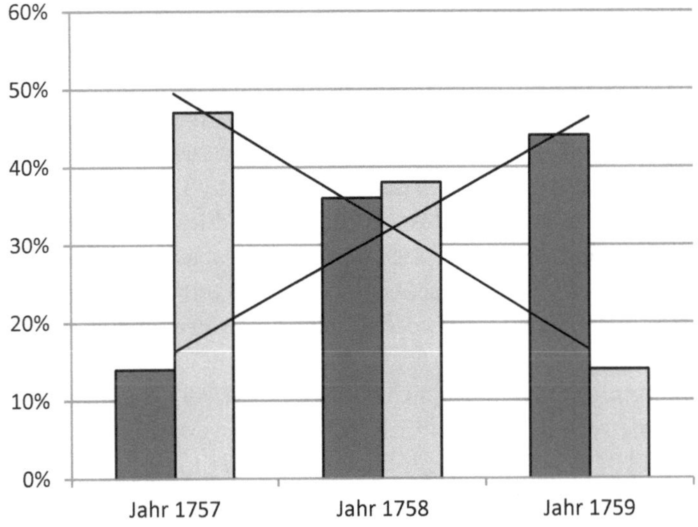

Abbildung 8: Anordnungen pro Jahr verglichen mit Verträgen pro Jahr

Hierbei zeigt sich, dass die Trendlinien zwischen Anordnungen[51] und Verträgen pro Jahr im Untersuchungszeitraum 1757 bis 1759 mehr oder weniger in gleichem Verhältnis gegenläufig sind. Was die übergeordneten politischen Ereignisse in dieser Zeitspanne anbetrifft, so hatte im Jahr 1746 der Friedensschluss zwischen Nādir Şāh und Maḥmūd I stattgefunden.[52] Dies lässt darauf schließen, dass Maḥmūd I bzw. seine Nachfolger ʿOs̱mān III und Muṣṭafā III – gestärkt durch den Friedensschluss mit Persien – versuchten, die Region wirtschaftlich wiederzubeleben, die durch Kriege, Naturkatastrophen, Plagen, Krankheiten und Hunger sehr ausgezehrt war. Andererseits wurde Mardin ab dem Jahr 1723 von den Pashas von Bagdad verwaltet und die Entrichtung der Steuerpacht vom lokalen

51 Dazu zählen auch Amtsübertragungen, *Şarṭnāmes* und Erlasse.

52 Vgl. Aktepe, M. Münir et al.: „Maḥmūd", in: *EI*², online: http://dx.doi.org/ 10.1163/1573-3912_islam_COM_0630.

Voyvoda kontrolliert, weshalb Maḥmūd I und seine Nachfolger auf die Pashas von Bagdad, die weitgehend autonom waren, angewiesen waren.[53]

Die Region war deswegen sehr fragil, da sie immer im Fokus der persisch-osmanischen Herrschaftskonflikte stand. Erschwerend kam hinzu, dass sie regelmäßig Ziel vagabundierender Stämme war. Es bot sich trotz zahlreicher Versuche des Osmanischen Reiches, die Gegend zu besiedeln, wenig innere Sicherheit.[54] Dies erklärt die stetige Zunahme der Anordnungen innerhalb der untersuchten Jahre 1757 bis 1759. Die vergleichsweise zahlreichen Kaufverträge im Jahr 1757 könnten gleichzeitig auf eine Beruhigungsphase der Region in diesem Jahr hindeuten. Dies würde mit der Feststellung von Suavi Aydın in seiner Arbeit „Mardin Aşiret-Cemaat-Devlet" zusammenpassen, der angibt, dass sich ab dem 17. Jahrhundert die die Zahl der Überfälle arabischer Stämme und Jesiden verringerte und sich die Lage beruhigt habe, wobei auch Dörfer wieder instand gesetzt wurden.[55] So wurde im 18. Jahrhundert von seiten der Obrigkeit versucht, das Land – sei es durch Sesshaft-Machung von Nomaden oder durch bereits anderweitig sesshafte Gruppierungen – zu besiedeln.[56]

Auch im vorliegenden Sicill finden sich zum Thema Wiederinstandsetzung und Besiedelungsanreize Andeutungen in verschiedenen Texten. So berichtet Text 1/c (JUR) vom 13.03.1756 über den Eintrag einer Langzeitpachturkunde für die Bewirtschaftung eines brachliegenden Gartens. Dem folgt ein weiterer Eintrag 14/d (JUR) hinsichtlich einer Urkunde zu einer Langzeitpacht *(istiḥkār)*, datiert auf das Jahr 1755 oder 1756.[57] Über Mittel wie Langzeitpacht wurde versucht, wie mehrfach im Sicill erwähnt, brachliegende Flächen wieder zu bestellen oder verfallene Mühlen wieder instand zu setzen. Dies stellte einen Versuch dar, um gegen gleichzeitige Abwanderung als Reaktion auf Katastrophen – wie beispielsweise in Text 25/b (JUR) vom 26.06.1757 Plagen und Hungersnöte erwähnt wurden – anzukämpfen.[58] Aus diesem Eintrag erfährt man ebenso von Steuernachlässen, um die Bevölkerung zu entlasten. Inwiefern weitere Besiedelungspolitik

---

53 Vgl. Bugday, Korkut: *Evliyā Çelebis Anatolienreise; aus dem dritten Band des Seyāhatnāme*, Leiden 1996, S. 337. Die Bezeichnung „Voyvoda" tauchte ab dem 17. Jh. auf, dieser hatte Abgaben auf den Domänen einzutreiben und besaß die Dörferaufsicht.

54 Vgl. Salzmann (2004), S. 131–134.

55 Vgl. Aydın, Suavi: *Mardin Aşiret-Cemaat-Devlet*, Istanbul 2000, S. 168–178.

56 Vgl. Sievert, H.: Zwischen arabischer Provinz und Hoher Pforte. Beziehungen, Bildung und Politik des osmanischen Bürokraten Rāgib Meḥmed Paşa (st. 1763), (Kultur, Recht und Politik in Muslimischen Gesellschaften, Bd. 11), Würzburg 2008, S. 236–239.

57 Hier ist nur eine ungefähre Datumsangabe möglich. Vgl. Niemöller (2013), S. 41–43.

58 Auch in Text 3/a, 16/c und 50/a werden Langzeitverpachtungen erwähnt.

betrieben wurde, indem beispielsweise Kaufanreize geboten oder Stiftungseigentum privatisiert wurde, wird im Kapitel 6 eingehend besprochen.

5 Soziales Profil

5.1 Vorbedingungen

Das Sicill besteht fast zu einem Drittel aus Niederschriften von Kaufverträgen von Häusern und Bewirtschaftungsgärten. Diese sind ausschließlich in arabischer Sprache gehalten. Obwohl nach den hanafitischen Grundsätzen Niederschriften zu Verträgen nicht unbedingt erforderlich sind, waren Niederschriften von Kaufverträgen, wie im vorliegenden Sicill zu sehen ist, nicht unüblich. Rechtliche Absicherungsgründe mögen hier wohl bei den Vertragsparteien die Ursache gewesen sein, dass diese vor dem Kadi, der auch als Notar fungierte, den Vertrag schlossen.[59] Da die Kaufverträge von Häusern im Sicill insgesamt den weitaus größten Anteil darstellen, erschließt sich der damalige Trend, dass Häuser als Eigentum zu besitzen auch in Mardin weit verbreitet war. Die Käufer waren in der Mehrzahl einzelne Personen – meistens Männer – und in selteneren Fällen zwei Personen. Bei den Verkäufern traten hingegen häufiger mehrere Teilhaber, meistens im Rahmen des Verkaufs von Erbe auf. Ein gleiches Bild zeigte sich schon im 17. Jahrhundert am Beispiel der anatolischen Städte Ankara und Kayseri.[60] Dieses Verkäuferverhalten steuerte somit der Eigentumszerklüftung durch Anteile entgegen. Am Beispiel der nicht weit von Mardin entfernt gelegenen Stadt Aleppo zeigte sich der Trend im 18. Jahrhundert, über Hauseigentum zu verfügen, um keiner Mietzahlung unterworfen zu sein, wodurch der Mietmarkt stark begrenzt war.[61] Offenbar wurden die Kaufverträge ohne Makler abgewickelt, da der Ausdruck ثمن المثل *(s̱aman al-mis̱l)*, der auf einen Makler hinweist, in den Vertragstexten grundsätzlich fehlt.[62] Durch die Untersuchung von Käufer- und Verkäuferprofil soll nun versucht werden, Rückschlüsse auf eventuelle Besiedelungstendenzen ziehen zu können.

59 Vgl. Aykan (2016), S. 9.

60 Faroqhi, Suraiya: Men of Modest Substance. House Owners and House Property in Seventeenth-Century Ankara and Kayseri, Cambridge 1987, S. 151–152.

61 Vgl. Marcus (1989), S. 191.

62 Der Ausdruck ثمن المثل s̱aman al-mis̱l galt als Hinweis, dass bei Kaufangelegenheiten ein Makler involviert war, vgl. Marcus (1989), S. 188–192.

https://doi.org/10.1515/9783110675146-006

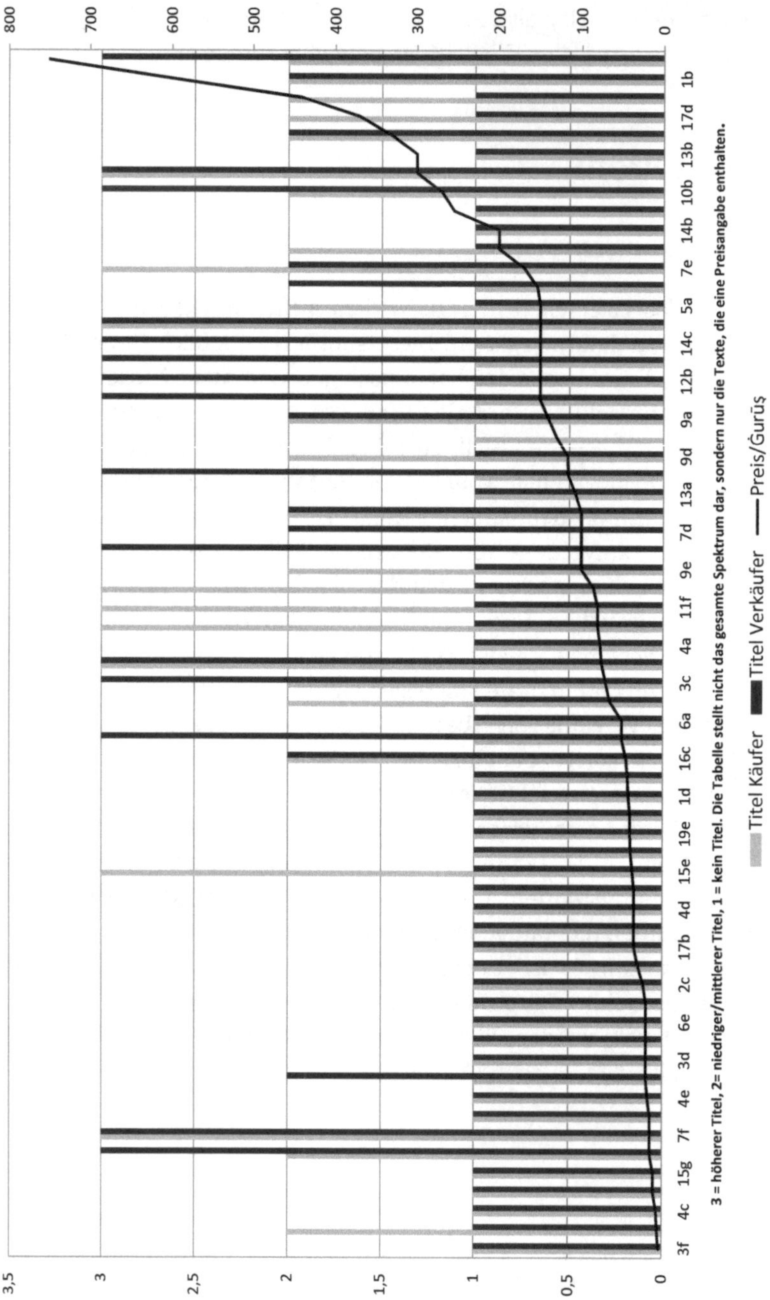

Abbildung 9: Titelverteilung hinsichtlich Käufer und Verkäufer nach Preis sortiert

5.2 Sozialer Rang bei Kaufverträgen

Zunächst sollen alle Vertragstexte nach Titelrang von Käufern und Verkäufern gefiltert werden. Der Titelrang ist lediglich in drei Stufen gegliedert und entspricht nur einer ungefähren sozialen Rangstufe der jeweiligen dem Personennamen beigefügten Titel.[63] Er lässt sich leider nicht genauer definieren und kann nur mit Hilfe der Zusammenstellung von Titelbeschreibungen aus der Arbeit von Gustav Bayerle im Groben ermittelt werden.[64]

In Abb. 9 zeigt sich, dass in der Region von Mardin sehr häufig Käufer und Verkäufer gleichwertige bzw. rangähnliche Titel besitzen, was darauf hinweist, dass die Verkaufsabschlüsse vorzugsweise innerhalb der gleichen sozialen Schicht abgeschlossen wurden. Möglicherweise geschah dies einerseits aus sozialen Absicherungsgründen, wobei zum anderen dies auch eine Folge der begrenzten Informationsmöglichkeiten war, d.h. Verkaufsangebote kursierten vor allem innerhalb des eigenen Netzwerkes bzw. der eigenen sozialen Schicht. Gleichzeitig kann dies auch am Haustyp oder an der Lage im jeweiligen Viertel gelegen haben, warum der soziale Rang von Käufern und Verkäufern relativ ähnlich war. Hinsichtlich der Anzahl von Käufern und Verkäufern mit Titel unterliegt die Anzahl der Verkäufer (Anzahl: 27) nur unwesentlich gegenüber der Anzahl der Käufer (Anzahl: 31). Auch bezüglich der Anzahl von Käufern und Verkäufern ohne Titel gibt es keinen allzu großen Unterschied. So liegt die Anzahl der Käufer ohne Titel (Anzahl: 39) nur knapp unterhalb der Anzahl der Verkäufer ohne Titel (Anzahl: 44), wie zusammenfassend in untenstehender Tabelle dargestellt wird. Hierbei werden – ebenso in den folgenden Tabellen – zur Verdeutlichung der Verteilung auch bei fehlender Signifikanz zusätzlich Prozentangaben verwendet:

Tabelle 5: Titelwert bei Käufern / Verkäufern bei nach Titeln gefilterten Verträgen[65]

Titelwert Käufer (Anzahl insgesamt 70)	**Anzahl**	**Prozent**
3	11	16%
2	20	29%
1	39	56%

63 Dieses umfasst Namenstitel wie ḥāc, beşe, beg, efendī, seyyid o.ä. Bei Frauen wird nur der Titel aus der Familie väterlicherseits berücksichtigt.

64 Bayerle, Gustav: Pashas, Begs and Effendis: A Historical Dictionary of Titles and Terms in the Ottoman Empire, Istanbul, 1997.

65 3 = höherer Titel, 2 = niedriger/mittlerer Titel, 1 = kein Titel. Die Gesamtanzahl ist abweichend, da nur volle Namensangaben berücksichtigt wurden.

Titelwert Verkäufer (Anzahl insgesamt 71)	Anzahl	Prozent
3	17	24%
2	10	14%
1	44	62%

Hier zeigt sich, dass der Großteil der Käufer und Verkäufer nicht aus den Reihen von Personen mit Titel stammt. Dies bestätigt, dass es sich bei der Gegend um Mardin um ein Randgebiet des Osmanischen Reiches bzw. um eine Region handelte, die sich nicht als wirtschaftliches Zentrum verstand.

Nun soll der Anteil von Nicht-Muslimen bei Käufern und Verkäufern ohne Titel betrachtet werden: Auffällig ist, dass – wie in unten dargestellter Tabelle zu sehen – deutlich mehr nicht-muslimische Käufer im Vergleich zu Verkäufern zu verzeichnen sind:[66]

Tabelle 6: Vergleich zwischen christlichen Käufern und christlichen Verkäufern[67]

Nicht-muslimische Käufer	Nicht-muslimische Verkäufer
24 Nicht-Muslime von 39 Käufern ohne Titel insgesamt, d.h. 62%	16 Nicht-Muslime von 44 Verkäufern ohne Titel insgesamt, d.h. 36% (davon 5 Frauen, von denen 3 sich selbst vertraten)

Leider reicht das Zahlenmaterial für eine Signifikanz nicht aus, um eine generelle Aussage zu einer bestimmten Tendenz festzustellen. Trotzdem zeigen sich folgende Auffälligkeiten, um einige bestimmte Vermutungen anzustellen zu können: Einerseits, dass von den Käufern ohne Titel in den drei untersuchten Jahren 62% Nicht-Muslime und von den Verkäufern ohne Titel nur 36% Nicht-

66 Die nicht-muslimische Herkunft der Männer lässt sich durch die arabische Bezeichnung für „Sohn" „ولد *(veled)*" ermitteln (muslimische Männer werden mit „ibn" gekennzeichnet), vgl. Bayerle, Gustav: *Ottoman tributes in Hungary: according to sixteenth century Tapu registers of Novigrad*, Paris 1973, S. 19; vgl. Göcek, Fatma Müge; Baer, Marc David: „Social Boundaries of Ottoman Womens's Experience in Eighteenth-Century Galata Court Records", in: *Women in the Ottoman Empire: Middle Eastern Women in the early Modern Era*, hrsg. von Madeline C Zilfi, Leiden 1997, S. 48–65. Bei weiblichen Personen wird keine solche Unterscheidung gemacht. Die christliche Herkunft der Frauen im Sicill lässt sich allerdings u.a. am Ausdruck „mütemekkine" erkennen oder durch verwandtschaftliche Beziehungen erschließen. So wurde die Bezeichnung „Tochter", die auf Arabisch „بنت *(bint)*" lautet, für Frauen jeglicher Religionszugehörigkeit angewendet.

67 Die Gesamtanzahl ist abweichend, da nur volle Namensangaben berücksichtigt werden.

Muslime waren, sowie, dass das Verhältnis nicht-muslimischer Käufer zu nicht-muslimischen Verkäufern 24 zu 16 betrug. Unter Vernachlässigung der Bevölkerungsgruppe der Juden, die im Jahr 1564 noch ca. 250 Personen und im Jahr 1834 nur noch ca. 50 Personen umfasste, kann man davon ausgehen, dass es sich auch in dem hier untersuchten Zeitraum vorwiegend um Christen gehandelt haben muss. Daher werden im Folgenden die Nicht-Muslime in dieser Arbeit verallgemeinernd als „Christen“ bezeichnet.[68]

Zwischen den Jahren 1564 und 1834 sank der prozentuale Anteil der Christen um rund ein Viertel auf 51,6% ab, wohingegen der Anteil der Muslime einen Anstieg um das 2,5-fache, d.h. auf 47,6% erfuhr.[69] Dies deckt sich – wie aus obiger Tabelle ersichtlich – mit einem deutlichen Überhang an muslimischen Käufern im Vergleich zu christlichen Käufern. Der zahlenmäßige Überhang an christlichen Käufern im Vergleich zu christlichen Verkäufern lässt aber die Vermutung zu, dass es trotz der insgesamten Abnahme immer noch einen gewissen Ausgleich durch den Zuzug von Christen gegeben haben musste. Es könnte auch die Konsequenz dessen sein, dass möglicherweise die Ansiedlung von Muslimen nicht in der gewünschten Form funktionierte. Die Finanzkraft war bei Christen wie Muslimen recht breit gestreut, wobei offenbar trotz der steuerlichen Höherbelastung der Christen beide Religionsgemeinschaften wirtschaftlich relativ gleichrangig gewesen zu sein schienen: 57% der Käufe von christlichen Käufern erfolgten im Preissegment bis 100 Ġuruş und 43% im Preissegment zwischen 100 und 300 Ġuruş. Bei den muslimischen Käufern mit oder ohne Titel verhielt es sich folgendermaßen: 58% der Käufe erfolgten im Preissegment bis 100 Ġuruş und 40% im Preissegment zwischen 100 und 300 Ġuruş.

Nun sollen in folgender Tabelle die Kauf-Beziehungen der Bevölkerungsschichten bzw. Religionsgemeinschaften untereinander dargestellt werden:

68 Vgl. Aydın (2000), S. 135.

69 Vgl. Aydın (2000), S. 135. Auch aus Text 26/f des Kadiamtsprotollbuchs von Mardin erfährt man indirekt von einer Zunahme der muslimischen Gemeinschaft zumindest im Viertel Şeyḫ Emīn üd-Dīn.

Tabelle 7: Muslimisch-christliche Käuferbeziehungen bei allen Verkaufsvorgängen[70]

Käufer	Verkäufer	Anzahl	Prozent
Christlich	Christlich	12	17%
Christlich	Muslimisch ohne Titel	4	6%
Christlich	Muslimisch mit Titel	7	10%
Muslimisch ohne Titel	Christlich	1	1%
Muslimisch mit Titel	Christlich	1	1%
Muslimisch ohne Titel	Muslimisch ohne Titel	10	14%
Muslimisch ohne Titel	Muslimisch mit Titel	6	8%
Muslimisch mit Titel	Muslimisch mit Titel	13	18%
Muslimisch mit Titel	Muslimisch ohne Titel	15	21%

Bezüglich Verkaufspreisen ab 100 Ġuruş gab es insgesamt 36 Verkaufsvorgänge. Hierbei erwarben in 6 Fällen Christen Objekte bzw. Gärten mit höherem Kaufpreis von muslimischen Verkäufern mit Titel. Dies macht 17% aller Verkaufsvorgänge aus, bei denen es um Verkaufsgegenstände mit höherem Kaufpreis geht. Es fällt zudem auf, dass nur 2% der muslimischen Käufer von christlichen Verkäufern Objekte bzw. Ländereien erwarben. Möglicherweise spielte hier Misstrauen gegenüber Christen eine nicht unerhebliche Rolle. Umgekehrt kauften Christen hingegen in 16% der Fälle von Muslimen, fast genauso häufig, wie sie von Angehörigen ihrer eigenen Religionsgruppe etwas erwarben (17%). Dies kann natürlich auch darauf zurückzuführen sein, dass das Angebot seitens der christlichen Verkäufer möglicherweise begrenzt war.

Ein starkes Misstrauen gegenüber Christen spiegelt sich auch in anderen Texten des Sicills wieder. So erfährt man beispielsweise aus Text 15/b, dass ein Christ namens Ḥācadūr veled-i Ḫıżırū ed-Denkçi sein Haus gegen ein Haus eines gewissen Seyyid Yūşī Çelebi gegen Aufpreis eintauschte. Auffallend ist hierbei eine ungewöhnlich hohe Anzahl an Beurkundungszeugen von 16 Personen, darunter 10 Personen mit Titel, was für ein starkes Bedürfnis nach sozialer Absicherung seitens Ḥācadūr veled-i Ḫıżırū ed-Denkçi spricht. Auch von staatlicher Seite herrschte Argwohn gegenüber Christen, der möglicherweise das Misstrauen der muslimischen Bevölkerung gegenüber Christen noch verstärkte. So wird laut Text 41/a, einem Fermān aus Istanbul, unter Strafandrohung Christen und Juden das Falschmünzen strengstens verboten. Der Anteil von muslimischen Käufern ohne Titel (23%) lag verglichen mit dem Anteil der muslimischen Käufer mit Titel (40%) deutlich niedriger.

70 Insgesamt 69 Vorgänge.

5.2.1 Prozentuale Verteilung von Christen und Muslimen bei Kaufverträgen

Bei den vorliegenden Vertragseinträgen handelt es sich überwiegend um Haus- oder Gartenerwerb. Beides wurde laut der Anzahl der Einträge gleichermaßen oft getätigt, wie es auch in den zwei folgenden Tabellen dieses Kapitels dargestellt ist. Beim Vergleich der Vertragsbeziehungen der Religionsgemeinschaften untereinander in den Verträgen zum Hauserwerb zeigt sich, wie in untenstehender Tabelle ermittelt ist, dass kein einziger muslimischer Käufer von einem christlichen Verkäufer ein Objekt erwarb. Umgekehrt erwarben christliche Käufer in 36% von all ihren Verkaufsvorgängen auch von Muslimen Objekte. Bei den muslimischen Käufern ist der größte Anteil unter den Muslimen ohne Titel zu finden, insgesamt 36%. Ein deutlich kleinerer Anteil an Käufern ist unter Muslimen mit Titel zu finden, insgesamt 22%. Insgesamt gesehen tätigten in 14 Fällen, d.h. zu 40%, Christen den Kauf eines Objekts, wohingegen in 21 Fällen, d.h. zu 60%, Muslime Objekte erwarben.

Tabelle 8: Muslimisch-christliche Käuferbeziehungen hinsichtlich Hauserwerb[71]

Käufer	Verkäufer	Anzahl	Prozent
Christlich	Christlich	9	25%
Christlich	Muslimisch ohne Titel	0	0%
Christlich	Muslimisch mit Titel	5	14%
Muslimisch ohne Titel	Christlich	0	0%
Muslimisch mit Titel	Christlich	0	0%
Muslimisch ohne Titel	Muslimisch ohne Titel	9	25%
Muslimisch ohne Titel	Muslimisch mit Titel	4	11%
Muslimisch mit Titel	Muslimisch mit Titel	5	14%
Muslimisch mit Titel	Muslimisch ohne Titel	3	8%

Bei der Beurteilung der Anteile der Religionsgemeinschaften hinsichtlich des Gartenerwerbs zeigt sich in nachstehender Tabelle, dass in nur drei Fällen muslimische Käufer von christlichen Verkäufern Ländereien erwarben. 18% aller Käufer waren christliche Käufer, die von Muslimen Ländereien erwarben. Im Vergleich dazu betraf der Anteil von innerchristlichen Verkaufsvorgängen 12%. Auch an diesen Zahlen bemerkt man, dass möglicherweise muslimische Käufer gegenüber christlichen Verkäufern Misstrauen gehegt haben. Umgekehrt waren die christlichen Käufer vermutlich wegen mangelnden Angebots dazu genötigt,

71 Gesamtsumme aller Verkaufsvorgänge hinsichtlich der Häuser: 35.

von muslimischen Verkäufern Land zu erwerben. Man stellt insgesamt fest, dass bei den 34 Verkaufsvorgängen in 10 Fällen, d.h. zu 29%, Christen Ländereien erwarben, im Vergleich dazu bei muslimischen Käufern in 24 Fällen, d.h. zu 71%. Der Anteil von muslimischen Käufern ohne Titel betrug lediglich 9%, wohingegen der Anteil der muslimischen Käufer mit Titel bei 62% lag.

Tabelle 9: Muslimisch-christliche Käuferbeziehungen hinsichtlich Gartenerwerb[72]

Käufer	Verkäufer	Anzahl	Prozent
Christlich	Christlich	4	12%
Christlich	Muslimisch ohne Titel	3	9%
Christlich	Muslimisch mit Titel	3	9%
Muslimisch ohne Titel	Christlich	1	3%
Muslimisch mit Titel	Christlich	2	6%
Muslimisch ohne Titel	Muslimisch ohne Titel	1	3%
Muslimisch ohne Titel	Muslimisch mit Titel	1	3%
Muslimisch mit Titel	Muslimisch mit Titel	8	24%
Muslimisch mit Titel	Muslimisch ohne Titel	11	32%

Grundlage zur Bewertung dieser Zahlen ist die Tatsache, dass im Zeitraum zwischen 1564 und 1834 der prozentuale Anteil der Christen um rund ein Viertel auf 51,6% absank, wohingegen der Anteil der Muslime um das 2,5-fache, d.h. auf 47,6% anstieg.[73] Dies deckt sich mit einem deutlichen Überhang an muslimischen Käufern im Vergleich zu christlichen Käufern. Im Detail verglichen liegt der prozentuale Anteil von Christen, die Häuser erwarben, bei 39%, sowie die Anzahl von Christen, die Ländereien erwarben, bei 30%. Dies zeigt, dass die Christen deutlich weniger stark als die muslimische Bevölkerung im Agrarsektor tätig und möglicherweise stärker in Handel und Dienstleistung involviert waren, wohingegen sich im Agrarsektor vor allem Muslime mit Titel hervortaten. Im Handelssektor waren laut den Einträgen im Sicill insgesamt 82% aller Ladenbesitzer Muslime, aber immerhin 18% nicht-muslimisch bzw. christlich.[74]

Dies deckt sich auch mit der Feststellung von Nejat Göyünç, dass Christen vor allem in den Städten und weniger auf dem Land lebten.[75] Auch in anderen anatolischen Städten wie beispielsweise Ankara oder Kayseri waren Nicht-Muslime schon im 17. Jahrhundert v.a. Handwerker, reichere Händler oder auch

72 Gesamtsumme aller Verkaufsvorgänge hinsichtlich der Gärten: 34.
73 Vgl. Aydın (2000), S. 135.
74 So in den Texten 41/b und 50/a.
75 Vgl. Göyünç (1969), S. 82.

Steuerpächter.[76] Die Prozentverteilung zwischen Muslimen und Christen bei den Käufern von Objekten oder Ländereien ist relativ ähnlich. Insofern weist dies alles darauf hin, dass sich die demographische Verschiebung zu Ungunsten des christlichen Bevölkerungsanteils bereits vollzog, ohne jetzt im Detail auf die Hintergründe dieser Tendenz einzugehen. Suavi Aydın beschreibt zudem in seinem Beitrag „Confusion in the Cauldron" Mardin als eine Stadt mit muslimisch-christlich gemischter Bevölkerung, die stark durch eine muslimische Elite v.a. arabischer Herkunft geprägt ist.[77] So erfährt man u.a. aus einem Buyuruldu[78] (Text 19/a (JUR)), datiert auf den 08.06.1759, von einer Fortsetzung eines zuvor begonnenen Moscheebaus.[79] Laut Text 26/f wurde eine Minbar-Errichtung genehmigt mit der Begründung, dass die muslimische Religionsgemeinschaft zahlreich sei. Christen und andere Religionsgruppen finden im Sicill lediglich bei der Thematik Ungläubigensteuer *(cizye)* Erwähnung. Auch dies deckt sich mit der Tatsache, dass eine Islamisierung der Region favorisiert wurde und der christliche Bevölkerungsanteil im 18. Jahrhundert abnahm.

5.2.2 Verteilung Frauen–Männer bei sämtichen Verkaufsvorgängen

Laut der vorliegenden Quelle waren 10% aller Käufer Frauen. Bei fünf von sieben Verkaufsvorgängen handelt es sich bei den Käuferinnen um sozial höhergestellte Frauen. Dabei handelt es sich zwei Mal um eine gewisse Emīne Ḫātūn bint Ḫalīl Çelebi, sowie um drei weiterer Frauen mit dem Namenszusatz „Ḫātūn". Eine weitere Käuferin aus einer höhergestellten sozialen Schicht ist Tochter eines gewissen Süleymān Çelebi. Lediglich bei zwei Käuferinnen handelt es sich um Frauen von vermutlich sozial niedrigerem Rang.

In einem Fall musste es sich um eine wohlhabende Käuferin gehandelt haben: So erwarb beispielsweise laut Text 17/d, datiert auf den 10.01.1759 (D.), ein gewisser ʿÖmer Celebi bin Halīl Celebi in Vertretung für seine Schwester, zuvor erwähnte Emīne Ḫātūn einen bewässerten Garten zu einem stattlichen Preis von 370 Ġuruş. Emīne Ḫātūn taucht in Text 17/f, datiert auf den 30.03.1759

76 Faroqhi (1987), S. 135.
77 Vgl. Aydın, Suavi; Verheij, Jelle: „Confusion in the Cauldron: Some Notes on Ethno-religious Groups, Local Powers and the Ottoman State in Diyarbekir Province, 1800–1870", in: *Social Relations in Ottoman Diyarbekir, 1870–1915*, hrsg. von Joost Jongerden und Jelle Verheij, Leiden 2012, S. 15–54.
78 Heyd, U.: „Buyuruldu", in: *EI*^{2}, online im Internet: http://dx.doi.org/10.1163/1573-3912_islam_SIM_1571.
79 Vgl. Niemöller (2013), S. 54–55.

(D.), erneut als Käuferin auf. In diesem Text bestätigte jener Seyyid ʿÖmer Çelebi ibn üs-Seyyid Ḫalīl Çelebi mit anderen Zeugen, dass an selbige Emīne der Mann ihrer verstorbenen Schwester auch Anteile eines Hauses verkaufte. Ansonsten sind die Gründe des jeweiligen Kaufs nicht zu ermitteln.

Bei den Verkäufern macht der Anteil 31% Frauen aus, wobei beim zahlenmäßigen Anteil von dreiundzwanzig Frauen vier Frauen Töchter von Vätern mit Titel sind, die somit aus einer gehobeneren sozialen Schicht stammen.[80] In vier Fällen sind die Verkäuferinnen nicht-muslimischer Religionszugehörigkeit. In weiteren vier Fällen handelt es sich bei den Verkäuferinnen um minderjährige Töchter, wobei der Grund hier sehr wahrscheinlich die Bestreitung ihres Unterhalts war. Zwei weitere Fälle[81] handeln von einem christlichen Bewohner namens İylū veled-i ʿAmmū el-Ḳalʿa Muravī, der zwei recht teure und stattliche Häuser jeweils von seinen zwei Söhnen erwarb und beide Söhne jeweils ihre Gattinnen, die als Verkäuferinnen auftraten, vertraten. Dieser Fall wird allerdings noch ausführlicher in Kapitel 7.1 besprochen. In drei weiteren Einträgen verkauften mehrere Geschwister, u.a. auch Frauen.

In Text 9/a, datiert auf den 01.01.1758, wird angegeben, dass eine gewisse Ġazāle, Tochter von (...) in eigener Vertretung sowie İbn ül-Ḥāc Kīlān in eigener Vertretung sowie in Vertretung zweier weiterer Verwandter vermutlich im Zuge einer Erbauseinandersetzung das letzte Drittel eines Anwesens an Ḫalīfe Beşe Bin Ḥaytam ed-Dayrī verkaufte, wobei auf diesen Text in Kapitel 7.1 noch näher eingegangen wird. Da der prozentuale Anteil von Frauen als Käuferinnen nur ein Drittel des prozentualen Anteils der Verkäuferinnen ausmachte und gleichzeitig die Käuferinnen größtenteils aus angesehenen Familien stammen, lässt sich unter Berücksichtigung der Krisenjahre 1757–1758, in denen großteils die Verkäufe stattfanden, daraus schließen, dass v.a. die Verkäuferinnen möglicherweise nicht selten auf Grund von wirtschaftlichen Engpässen verkaufen mussten, wohingegen das Kaufmotiv der sehr wenigen Käuferinnen sich leider nicht erschließen lässt.

80 Zweimal Seyyid, einmal Ḥāc, einmal Çelebi.
81 Text 13/a und 13b.

5.3 Landwirtschaft: Anbaumethoden und klimatische Bedingungen

Alle Arten von Gärten wie z.B. Obst- oder Weingärten in Form von Eigentum oder Besitz waren im Gegensatz zum Mīrī-Land vom regulären Zehnten ausgenommen. In der osmanischen Epoche galt als Mīrī-Land, d.h. als steuerpflichtiges Land grundsätzlich jegliches zum Ackerbau geeignete Land. Zudem konnte reines Ackerland nicht als Eigentum erworben werden, Gärten hingegen schon. Vermutlich wurde, um diesen regulatorischen Engpass zu umgehen, im 17. und 18. Jh. der sogenannte Zwischenfruchtbau recht populär, d.h. es wurde zwischen Obst- oder Olivenbäumen beispielsweise Getreide angebaut, was neben den wirtschaftlichen auch ökologische Vorteile bot.[82] Dem vorliegenden Textmaterial des Sicills konnte diese Besonderheit lediglich indirekt entnommen werden.

So könnte der Zwischenfruchtbau auch Hintergrund einiger Texte sein, bei denen es wie beispielsweise laut Text 19/b um Streitigkeiten hinsichtlich der tagesbezogenen Aufteilung von Ackerbau geht. Möglicherweise wurden für die verschiedenen Anbausorten auch daher unterschiedliche Wassernutzungsrotationen der Ländereien vereinbart. Obwohl das präzise Flächenmaß der Verkaufs-Grundstücke leider nicht ermittelt werden kann, lässt sich allein anhand der Preissummen annehmen, dass Kaufpreise bewässerter Gärten höher als diejenigen nicht bewässerter Gärten waren. Dies ist sicher darauf zurückzuführen, dass die Instandhaltung sehr aufwändig war und diese andererseits in der semiariden Region, die damals irrigationstechnisch nicht besonders gut entwickelt war, möglicherweise besonders begehrt waren.[83] In immerhin 50% aller im Sicill aufgeführten Verkaufsvorgängen von Anbauflächen handelt es sich um den Verkauf von bewässerten Gärten. Trotz der dort fehlenden Größenangaben der Flächen kann man auf Grund der im Durchschnitt relativ hohen Preise und der Häufigkeit des Verkaufs von bewässerten Gärten entnehmen, dass diese Anbauform in der Region von Mardin recht attraktiv gewesen sein musste und Rückschlüsse auf das damalige semiaride Klima ziehen.

Wie Sam White bereits erwähnte, kam man in neueren Studien zum Schluss, dass als Folge der kleinen Eiszeit in Ost-Anatolien, aber auch im östlichen Mittelmeerraum Kälte, Wassermangel und häufig Dürre vorherrschte.[84] Diese semi-

82 Vgl. Tabak, Faruk: *The Waning of the Mediterranean*, 1550–1870, Baltimore 2008, S. 266–267. vgl. Johansen, Baber: *The Islamic Law on Land Tax and Rent*, London 1988, S. 26–27.
83 Bewässerungssysteme waren im südostanatolischen Raum zumindest im 16. Jh. nicht allzu hochentwickelt. Vgl. White (2011), S. 66–68.
84 Vgl. White (2011), S. 135–137.

ariden Klimaverhältnisse im 18. Jh. steigerten sicherlich die Attraktivität von Bewässerungskanälen in der damaligen Zeit, wobei v.a. die Texte des vorliegenden Sicills mit dem Thema „Wasserrecht“ den damaligen Wassermangel bestätigen.[85] Gleichzeitig bestätigt die Erwähnung von Nahrungsmittelknappheit und Plagekatastrophen in Text 25/b (JUR) die klimatischen Auswüchse der kleinen Eiszeit.[86] Auch wurde in einigen Reiseberichten die Gegend um Mardin als recht unwirtlich geschildert. So beschrieb der Orient-Reisende Eliot Eliot im Jahre 1750 die Gegend von Nuṣaybīn, die unweit von Mardin liegt, als trockene Wüste.[87]

5.4 Titelverteilung bei landwirtschaftlichen Flächen

Rund die Hälfte aller Verkaufsvorgänge betrafen landwirtschaftliche Flächen. Etwa ein Drittel der Käufer und zwei Drittel der Verkäufer von landwirtschaftlichen Flächen wie Weingärten o.ä. besitzen keinen Titel.[88] Hier stellt sich die Frage, ob wirtschaftliche Engpässe häufige Verkaufsursachen gewesen sein könnten, wobei gleichzeitig die Tendenz bestand, aus Rationalisierungsgründen Grundbesitz in Großgrundbesitz umzuwandeln und diesen in Zeiten der Not günstig zu erwerben. In Kapitel 5.2.1 wurde schon festgestellt, dass vorwiegend Personen mit Titel Agrarflächen erwarben.[89] Allerdings lässt sich wegen der geringen Anzahl von nur 35 Verkaufsvorgängen und fehlender Flächenangaben der Anbauflächen nur bedingt eine Aussage treffen, ob die Tendenz dahin ging, dass vermehrt Personen mit Titel und somit Personen höherer sozialer Rangstufe Land erwarben und gleichzeitig in größerem Umfang versucht wurde, Grund und Boden günstig zu erwerben. Dennoch kann als Vergleich hierzu auch die Großgrund-Entwicklung im nahegelegenen syrischen Raum hinzugezogen werden, Hierzu könnte das Beispiel Damaskus dienen.[90] Eine vergleichbare Entwicklung

85 Siehe hierzu Text 19/b, 5/d und 6/e.
86 Vgl. Niemöller (2013), S. 60–61.
87 Vgl: Hachicho (1964), S. 1–206.
88 Titelverteilung im Vergleich zwischen Käufern und Verkäufern folgendermaßen: Käufer: 18 Personen mit Titel, Verkäufer: 9 Personen mit Titel bei 30 Verkaufsvorgängen hinsichtlich der landwirtschaftlichen Flächen.
89 Der Anteil von muslimischen Käufern ohne Titel betrug 9%, wohingegen der Anteil der muslimischen Käufer mit Titeln bei 62% lag.
90 Vgl. Issawi (1988), S. 330.

der Konzentration von einflussreichen Familien und u.a. deren Kontrolle auf Stiftungen gab es aber auch in der nahe Mardin gelegenen Stadt Aleppo.[91]

Bei den Verkaufsvorgängen wird im Sicill beispielsweise ein gewisser Ḥāc ʿAbdullāh Aġa bin Şeyḫmūsā Aġa sechs Mal als Käufer erwähnt, was einem Fünftel aller Verkaufsvorgänge entspricht und bestätigt, dass die Tendenz dahin ging, dass einflussreiche Personen oder auch Notabeln im großen Stil Land aufkauften.[92] In einem Fall (Text 7/b) kaufte Ḥāc ʿAbdullāh Aġa bin Şeyḫmūsā Aġa el Ġarasī zuerst zu einem besonders niedrigen Preis einen bewässerten Garten von einem gewissen Seyyid ʿAbdullāh bin (...) für nur 15 Ġuruş ab. Der Verkauf erfolgte mit elf Beurkundungszeugen, wobei acht Personen Titel besaßen. Einer davon war sogar Ḫalīl Beg, ein Anführer des Stammes der Mişkī. Dies bestätigt die Annahme, dass Ḥāc ʿAbdullāh Aġa sich sozial absichern wollte. Danach kaufte er – wie aus Text 9/d zu erfahren ist, Anteile einer Mühle auf. Es ist zu vermuten, dass er vorhatte, mit Hilfe der Mühlen-Nutzung einen Zugang zum Wasser zu besitzen, um noch mehr bewässerte Gärten zu erwerben. Dies tat er auch. Dieselbe Person kaufte vier weitere Male einen bewässerten Garten, darunter – wie in Text 14/e (JUR) erwähnt – einen bewässerten Garten zum stattlichen Preis von 200 Ġuruş.[93] In Text 9e wird ein weiterer Verkauf beschrieben, in welchem derselbe Käufer einen bewässerten Garten für 100 Ġuruş erwarb. Ḥāc ʿAbdullāh Aġa kaufte somit – wie in Kapitel 7.3 noch genauer erläutert wird – in mehreren Fällen Grund.[94]

Ein ähnlicher Trend ist bei zwei Kaufverträgen, in denen ein christlicher Bewohner namens Hūca İskander veled-i Yūsuf als Käufer auftrat, zu bemerken. Er erwarb laut Text 7/g datiert auf den 29.12.1757, eine Weinstockpflanzung für den Preis von 150 Ġuruş, wobei sechs Beurkundungszeugen, davon zwei Personen mit Titel anwesend waren. Offenbar besaß er laut Text 7/g schon weiteren Grund und Boden. Danach erwarb er laut Text 12/b, datiert auf den 02.03.1758, d.h. ca. drei Monate später, einen weiteren Teil eines Weinstockpflanzungsgebietes ebenfalls zu einem Preis von 150 Ġuruş, der an sein eigenes Gebiet angrenzt. Auch Hūca İskander veled-i Yūsuf versuchte sich ebenso wie Ḥāc ʿAbdullāh Aġa bin Şeyḫmūsā Aġa – wenn auch in kleinerem Maßstab – zu vergrößern und bestätigt einen gewissen Trend, Anbauflächen in Großgrundbesitz umzuwandeln.

91 Vgl. Meriwether, Margaret L.: The Kin Who Count: Family and Society in Ottoman Aleppo, 1770–1840, Austin 1999, S. 56–58.
92 Text 7/b, 9/e, 14/e, 69/e, 69/f: Kauf von bewässerten Gärten, 9/d: Kauf von Mühlen-Nutzung.
93 Vgl. Niemöller (2013), S. 28–30.
94 Text 7b, 9/d und 9/e.

6 Stiftungen

In untenstehender Tabelle findet sich ein kurzer Überblick über alle Texte im Sicill, in denen Stiftungen erwähnt oder auch eingehender besprochen wurden. Aus dieser ist zu entnehmen, dass insgesamt 18 Stiftungen erwähnt wurden, was darauf hinweist, dass die Einrichtung von Stiftungen in der Region von Mardin eine gängige Investitionsform gewesen sein musste. Die in der Tabelle genannten Stiftungen sind abgesehen von den Ḳāsim Pādışāh-Stiftungen mit einer kurzen Vorgangsbeschreibung der jeweiligen Texte, in denen sie erwähnt werden, aufgeführt.[95]

Tabelle 10: Kurzsachverhalte zu den im Sicill erwähnten Stiftungen

Stiftung	Text	Vorgangsbeschreibung der jeweiligen Texte
ʿAbdullāh bin ʿİvād-Stiftungen	11/f, 12/a	Verkauf von Nutzbäumen etc., deren Fläche vom Verwalter der ʿAbdullāh bin ʿİvād-Stiftungen verpachtet ist (Text 11/f, 12/a).
ʿAlī Aġa-Stiftungen	7/f, 14/d	Verkauf eines Stiftungsladens, dessen Fläche vom Verwalter der ʿAlī Aġa-Stiftungen langzeitverpachtet ist (Text 7/f); gerichtliche Prüfung dieser Langzeitpacht-Urkunde (14/d).
Cāmiʿ Şehīd-Stiftungen	5/a	Verkauf eines Ladens, dessen Fläche vom Verwalter der Cāmiʿ Şehīd-Stiftungen langzeitverpachtet ist.
Cihāngīrīye Stiftungen	38/d, 70/a	Einsatz des Bevollmächtigten *(vekīl)* der Cihāngīrīye Stiftungen (Text 38/d); Einnahmenaufstellung der Cihāngīrīye Stiftungen (Text70/a)
Ḥāc Ṣāliḥ el-Ḥiṣārī-Stiftungen	4/b	Im Vertragstext über einen verkauften Garten wird erwähnt, dass der Stiftungsverwalter der Ḥāc Ṣāliḥ el-Ḥiṣārī-Stiftungen eine Fläche der Ḫunzūvān-Stiftung langzeitverpachtet hat.
Ḫātūnīye-Medrese-Stiftung[96]	11/e	Beiläufige Erwähnung der Ḫātūnīye-Medrese-Stiftung
Haus als Familienstiftung	17/a (JUR)	Annullierung der Stiftung

95 Die Ḳāsim Pādışāh-Stiftungen stellen hierbei eine Ausnahme dar, da sie überproportional oft im Sicill Erwähnung finden und noch in diesem Kapitel besprochen werden.

96 Gehört zum Stiftungskomplex der Sitti Radvīyye medresesi, vgl. Altun, Ara: „Hatuniye Medresesi", in: *Türkīye Vakfı İslam ansiklopedisi*: Bd. 16 (1997), S. 503–504.

https://doi.org/10.1515/9783110675146-007

Stiftung	Text	Vorgangsbeschreibung der jeweiligen Texte
Ḫunzūvān-Stiftung	4/b	Die Ḫunzūvān-Stiftung wird in einer Lagebeschreibung eines Vertragstextes über einen verkauften Garten erwähnt.
Ḳāsim Pādışāh-Stiftungen	1/c (JUR),3/a, 19/f, 29/d, 30/a, 30/b, 38/a, 36/d, 37/a, 37/c, 38/e, 43/a, 39/c (JUR), 62/d, 66/b, 67/b, 67/c, 67/d, 68/a	Die Ḳāsim Pādışāh-Stiftungen werden in diesem Kapitel noch genauer besprochen.
Nāṣireddīn-Stiftungen	33/c (JUR)	Berāt-Erteilung für den Kadi der Nāṣireddīn-Stiftungen
Reyḥānlı-Moschee	14/a	Eintrag über die Umwandlung eines Ladens in einen Stiftungsladen der Reyḥānlı-Moschee
Şehīdīye-Medrese und Moschee-Stiftung	61/f	Berāt-Erteilung für das Amt der Şehīdīye-Medrese und der Moschee-Stiftung
Şeyḫ Dāūd-Stiftung	19/b	Lagebeschreibung von landwirtschaftlichem Gebiet in der Nähe der Şeyḫ Dāūd-Stiftung
Şeyḫ Emīneddīn-Moschee des Stiftungsgründers Ḥāc İsḥāḳ	26/f, 26/g	Minbar-Errichtung (Text 26/f); Berāt-Erteilung für den Prediger *(ḫaṭīb)* der Moschee (Text 26/g)
Stiftung der el-Ḥāc-Ḳāsim-Moschee	17/f	Lagebeschreibung von einem Haus, das in der Nähe der Stiftung der el-Ḥāc-Ḳāsim-Moschee liegt
Stiftung der Muẓafferīye Medrese	61/e, 62/a	Berāt-Erteilungen für Ämter der Muẓafferīye Medrese
Sulṭān ʿİsā-Stiftung mit Zincīrīye Medrese	57/a, 57/b, 62/b	Berāt-Erteilungen für Ämter der Sulṭān ʿİsā-Stiftung
Yūsuf Celebi-Moschee-Stiftungen	16/c	Verkauf einer Weinstockpflanzung, deren Fläche vom Verwalter der Yūsuf Celebi-Moschee-Stiftungen verpachtet ist.

Der gemeinnützige Zweck einer religiösen Stiftung, der schon vor dem Islam seinen Platz gefunden hatte, entwickelte sich im islamischen Recht erst mit der Zeit, zumal der Begriff der Stiftung als solcher im Koran nirgends Erwähnung findet. Im Islam wurde der Begriff „Stiftung“ wesentlich weiter gefasst als in anderen Kulturen, da der Begriff „Wohlfahrt“ im Islam eine breit ausgelegte Definition erfährt.[97] Nach dem modernen islamischen Recht gab es ursprünglich zwei

97 Vgl. Hoexter, Miriam: „The Waqf and the Public Sphere“, in: *The Public Sphere in Muslim Societies*, hrsg. von Miriam Hoexter, S.N. Eisenstadt und Nehemia Levtzion, New York 2002, S. 122; S. 138.

Stiftungsformen, einmal die Familienstiftung *(vaḳf ahlī)* und Stiftungen für Moscheen und andere öffentliche Notwendigkeiten *(vaḳf ḫayrī)*, wobei es diese Unterscheidung im klassischen islamischen Recht noch nicht gab.[98] So stellt die Familienstiftung *(vaḳf ahlī)* eine Stiftungsform dar, die nach älterem Diskurs als nicht gemeinnützig gilt, sondern allein dem Wohle der Familie dient. Außerdem ermöglicht sie dem Stifter, Erbregelungen individuell zu handhaben. Hierbei stellte Joseph Schacht in seiner Arbeit „Law and Justice" fest, dass die rapide Verbreitung von Stiftungen dem Bedürfnis der muslimischen Mittelschicht entstammte, Töchter und nicht nur sie, sondern auch deren Nachkommen von der Erbfolge auszuschließen, d.h. unter Umgehung der koranischen Erbregelungen die Anwendung des vorislamischen patriarchalischen Systems fortzuführen.[99]

So handelt Text 17/a (JUR), ein Klageprotokoll, von einer Frau, die über eine Familienstiftung vom Erbe ausgeschlossen werden sollte und dagegen klagte.[100] Allerdings sieht man im neueren Diskurs die Darstellung der Familienstiftung *(vaḳf ahlī)* als eine nicht gemeinnützige Stiftung als überholt an, da man nun davon ausgeht, dass auch bei einer Familienstiftung in kleinerer Reichweite der Stifter die Familienstiftung aus uneigennützigen Gründen eingerichtet hat. Daher unterscheidet man inzwischen nicht mehr zwischen „vaḳf ahlī" und „vaḳf ḫayrī", sondern betrachtet nun sämtliche religiöse Stiftungen grundsätzlich als „vaḳf ḫayrī", da die grundsätzliche Konstruktion dieser beiden Einrichtungen vergleichbar ist.[101] Wenn auch eine Stiftung wegen ihrer Unwiderrufbarkeit von staatlicher Seite nicht konfisziert werden konnte, war die Stiftungsurkunde hingegen kündbar.[102] Schlussendlich sollten religiöse Stiftungen nach osmanischer Vorstellung einen gemeinnützigen Charakter im Sinne islamischer Glaubens- und Wertvorstellungen haben, wobei das Osmanische Reich die Gründung von religiösen Stiftungen in hohem Maße förderte.[103] Das Osmanische Reich setzte das

98 Peters, R. et al.: „Waḳf", in: *EI²*, online im Internet: http://dx.doi.org/10.1163/1573-3912_islam_COM_1333.

99 Schacht, Joseph: „Law and Justice", in: Cambridge History of Islam, Bd. 2, hrsg. von P.M Holt, Ann K.S. Lambton, und Bernard Lewis, Cambridge 1970, S. 561. Auch der Rechtsgelehrte Abu Yusuf sah in der starken Verbreitung von Stiftungen im 8. Jahrhundert einen Sieg des vorislamischen Patriarchats; vgl. auch Barnes, John Robert: *An Introduction to Religious Foundations in the Ottoman Empire, Leiden* 1986, S. 12.

100 Leider ist aus dem Text nicht zu ermitteln, an wen genau vererbt werden sollte. Vgl. Niemöller (2013), S. 37–40.

101 Singer, Amy: Constructing Ottoman Beneficience, an Imperial Soup Kitchen in Jerusalem, New York 2002, S. 31.

102 Vgl. Barnes (1986), S. 41.

103 Vgl. Barnes (1986), S. 1–2.

Stiftungswesen einerseits zum Mittel der Islamisierung in erobertem nicht-muslimischem Land ein, wobei es andererseits mit dieser Institution seine Steuereinnahmen generieren konnte. Wie aber im Folgenden noch genauer spezifiziert wird, war sicherlich ein weiteres Ziel des Staates, mit Hilfe von Stiftungen die allgemeine Wirtschaft zu beleben.

Da die Popularität von Stiftungsgründungen unter osmanischer Herrschaft sehr groß war, ist anzunehmen, dass die steuerliche Belastung für den Stiftungsgründer offenbar niedriger gewesen sein musste als die Besteuerungshöhe von Vermögen, das nicht in Stiftungen umgewandelt wurde.[104] Auch konnten Stiftungsbesitzer zumindest in Rumelien und Anatolien von den Bewohnern, die auf dem Stiftungsgelände zur Wertschöpfung beitrugen, in zweifacher Form Steuern eintreiben, d.h. eine für die Osmanische Zentralverwaltung und eine für sich selbst, weshalb Stiftungsgründungen häufig aus diesem wirtschaftlichen Grund angestrebt wurden.[105] Das Stiftungswesen war insofern eine geeignete und übliche Möglichkeit des Stiftungsgründers und seiner Nachfolgebegünstigten, Steuervorteile zu genießen, wobei gleichzeitig das Osmanische Reich danach strebte, staatliche Ländereien *(mülk)* in Stiftungen umzuwandeln, um als Gegenleistung das Land vom Stiftungsgründer intensiv bewirtschaften zu lassen.

So bot die Osmanische Zentralverwaltung den Anreiz, über Stiftungen staatliches Eigentum in Stiftungen zu verwandeln, welches für den starken Zuwachs religiöser Stiftungen *(evḳāf)* verantwortlich war.[106] Gerade vor dem Hintergrund, dass viele Flächen in der Gegend von Mardin im 18. Jahrhundert brachlagen, diente diese Methode der Revitalisierung der Region. Auch an den Einträgen des Sicills fällt auf – wie aus Tab. 11 zu entnehmen ist –, dass Stiftungen häufig Erwähnung finden und daher eine gängige Investitionsform gewesen sein mussten. Gleichzeitig besaß der Staat die Möglichkeit, bei sogenanntem Missbrauch dieser zuvor erwähnten Begünstigungen – selbst wenn der Ausdruck „Missbrauch“ staatlicherseits nur zum Vorwand gedient haben sollte – die Zubilligung solcher Vorteile jederzeit zu kündigen.[107] Nachdem somit die Gefahr bestand, dass der Privilegientitel eines Stifters auch annulliert werden konnte, wenn bei Machtantritt eines neuen Sultans die Stiftungen überprüft wurden, versuchte der Stifter hingegen, seine Stiftung für sich und seine Nachkommen unter Vermeidung der erbrechtlichen Bestimmungen oder auch der Konfiszierung durch die osma-

104 Vgl. Peters, R. et al.: „Waḳf“, in: *EI²*.
105 Vgl. Barnes (1986), S. 39.
106 Vgl. Barnes (1986), S. 40.
107 Vgl. Barnes (1986), S. 41.

nische Zentralverwaltung zu erhalten. So ließ sich der Pächter über die Möglichkeit eines Zeitvertrags bei Bezahlung einer erhöhten Pacht eine Langzeitpacht *(istiḥkār)* urkundlich bestätigen, welche garantierte, dass die Stiftung innerhalb einer festgelegten Zeitdauer nicht rückgängig gemacht werden konnte.[108] Nur in einem einzigen Text (Text 3/a) wurde auch ein Zeitraum einer Langzeitpacht angegeben: Dieser war auf 99 Jahre festgelegt und wie zu folgern ist, ging nach Ablauf der 99 Jahre der gepachtete Grund und Boden wieder an die Stiftung zurück. Leider ist diese konkrete Festlegung einer Langzeitpacht auf 99 Jahre weder in weiteren Texten des Sicills noch in sonstiger Literatur zu finden. Doch kann man davon ausgehen, dass der lange Zeitraum von 99 Jahren dem Pächter einen Investitionsanreiz geboten haben musste.

Das Mittel der Langzeitpacht ist in vielen Texten des Sicills erwähnt.[109] So stellte das Langzeitpacht-Modell vermutlich eine Variante des İcāreteyn-Modells dar, das ca. ab dem Jahr 1591 im Osmanischen Reich üblich war. Dieses bestand aus einer Anzahlung, die dem tatsächlichen Wert der Fläche oder des Objektes entsprach *(icāre-i mūʿaccele)* und einer weiteren deutlich geringeren Miete als die der Anzahlungssumme zum Jahresende *(icāre-i müʾeccele)*. Es diente ebenso als Mittel zur Wiederinstandsetzung von brachliegenden Flächen oder verfallenen Gebäuden.[110] Im Sicill finden sich hierzu mehrere Texte, die darauf hinweisen, dass häufig bei Kaufverträgen auch ein Langzeit-Pachtvertrag von Stiftungsgrund im Kaufvertrag miteingeschlossen war. Langzeitpachtverträge waren staatlicherseits gleichzeitig zum Besiedelungsanreiz gedacht. Beispielsweise wird in Text 1/c (JUR) und 14/d das Ziel des Bewirtschaftens von brachliegenden Flächen erwähnt.[111]

Hinzu kommt, wie auch aus weiteren Eintragsbeispielen zu entnehmen ist, dass neben der Langzeitpacht Grund und Bäume separat verkauft wurden.[112] Dies könnte damit zusammenhängen, dass die reine Anbaufläche samt Wasser ursprünglich Miri-Land war, welches dann aber in Stiftungsgrund umgewandelt wurde und der Osmanischen Zentralverwaltung wenigstens einen – wenn auch niedrigeren – Steueranteil lieferte. Darauf gepflanzte Bäume oder Weinstöcke waren wiederum Privateigentum. Dem Eigentümer bzw. Pächter bot dies den Vorteil, dass ihm eine geringere Besteuerung auferlegt wurde, da ein Teil des

108 Vgl. Doumani, Beshara: *Family History in the Middle East: Household, Property, and Gender*, New York 2003, S. 189; vgl. auch Niemöller (2013), S. 16–18.

109 So z.B. die Texte 1/c, 3/a, 4/b, 5/a, 7/f, 10/b, 11/f, 12/a, 14/d und 16/c.

110 Vgl. Barnes (1986), S. 52–55.

111 Vgl. Niemöller (2013), S. 41–44.

112 Um Langzeitpachtverträge und um getrennten Verkauf von Grund und Bäumen handelt es sich z.B. in Text 10/b, 11/f, 12/a und in Text 16/c.

Besitzes sein Eigentum war. Von staatlicher Seite konnte so über das Mittel des Stiftungsgrunds wiederum verhindert werden, ursprünglich staatseigenes Miri-Land in reines Privateigentum umzuwandeln.[113]

Ein ähnliches kombiniertes Modell zwischen Eigentum und Pacht findet man auch beim Verkauf von Läden, deren Grund häufig langzeitverpachtet ist. Verweise zu den Einträgen über die erwähnten verschiedenen Langzeitpachtmodelle finden sich in Tab. 11. Über diese kombinierten Eigentumsmodelle konnte ein Kompromiss zwischen Eigentum, Besitz oder Pachtgrund und Besteuerung gefunden werden. Andererseits zeigt sich bei diesem Konstrukt ebenfalls, dass der eigentliche Zweck von Stiftungsgrund aufgeweicht wurde, indem man Stiftungsgrund in Kaufverträge implementierte. Wie soll man bei einer derartigen Kombination den Stiftungszweck vom Eigentum herauslösen?

Diese Entwicklung bestätigt auch Halil Inalcik. Er stellt hierbei fest, dass schon im 16. Jahrhundert die religiösen Stiftungen ihre eigentliche Bedeutung verloren, da sie wegen ihres religiösen Zweckes zwar von Steuererleichterungen profitierten, aber gleichzeitig den eigentlichen Stiftungszweck nicht mehr erfüllten.[114] Trotz der Religion, die hierbei als sozial-ethische Norm diente, entwickelten sich Stiftungen zu einem Prototyp von Eigentum, welches individuell weitergegeben werden konnte und einer geringeren Besteuerung unterworfen war. Religiöse Stiftungen, die zu Beginn der osmanischen Herrschaft vom osmanischen Staat und dessen Bediensteten genutzt wurden, waren im Laufe des 18. Jahrhunderts außerdem mehr und mehr für weitere Personengruppen zugänglich, wodurch die Macht des Sultans bzw. der osmanischen Zentralverwaltung geschwächt wurde und sich gleichzeitig Raum für von ihr unerwünschte Entwicklungen wie z.B. Korruption bot.[115] So verwalteten beispielsweise in Städten wie Damaskus oder Jerusalem häufig Familien lokal angesehener Notabeln, die dort eine wichtige soziopolitische Rolle spielten, wichtige Familienstiftungen.[116]

Eine ähnliche Entwicklung hat vermutlich in Mardin stattgefunden. Da im islamischen Recht die Definition der Begünstigten einer religiösen Stiftung nur vage ausgelegt war, führte dies dazu, dass einerseits von Seiten der osmanischen Herrscher gewünscht eine Einbindung von sozial höhergestellten Personen in

---

113 Vgl. Inalcik (1994), S. 106.

114 Vgl. Inalcik, Halil: *The Ottoman Empire: The Classical Age 1300–1600*, London,1973, S. 150; vgl. auch Niemöller (2013), S. 16–18.

115 Vgl. Quaetert, Donald: The Ottoman Empire 1700–1922, Cambridge 2000/2005, S. 35.

116 Baer, Gabriel: „The Waqf as a Prop for the Social System (Sixteenth-Twentieth Centuries)“, in: *Islamic Law and Society*, Bd. 4, Nr. 3 (1997), S. 269; S. 288.

das Stiftungssystem zur Erhöhung der Loyalität gegenüber dem Herrscher erfolgte, dies aber ebenfalls zu unerwünschtem Missbrauch führte.[117] Als sehr markantes Beispiel hierfür dient das im Sicill häufig angesprochene Problem von unrechtmäßigen Postenschaffungen und Ausübungen als Stiftungsverwalter in den bei Mardin gelegenen Ḳāsim Pādişāh-Stiftungen bei gleichzeitig fehlendem Stiftungszweck, was noch später erörtert wird.[118]

Die Ḳāsim Pādişāh-Stiftungen sind nach einem ca. im Jahr 1503 n.Chr. verstorbenen Akkoyunlu-Herrscher von Mardin namens Ḳāsim bin Cihāngīr – auch Ḳāsim Pādişāh genannt – benannte Stiftungen.[119] In den Einträgen des Sicills werden diese Stiftungen grundsätzlich mit dem Namen „Ḳāsim Pādişāh" bezeichnet. Ungewöhnlich ist bei diesen Stiftungen, dass diese zu gleichen Anteilen hanafitisch und schafiitisch ausgerichtet waren und sich offensichtlich in manchen Bereichen nicht – wie staatlicherseits bevorzugt – ausschließlich die hanafitische „Staatsrechtschule" durchgesetzt hatte.[120] Bei Durchsicht der Namen der Stiftungs-Ladenbesitzer zeigt sich, dass auch einige ihrer Ladeninhaber Christen waren (82% muslimische Ladenbesitzer, 18% nicht-muslimische Ladenbesitzer), zumal Mardin schon seit jeher über einen nicht unerheblichen Anteil von christlichen Bewohnern verfügte. Rechtliche Begründung der Einbindung von Christen bzw. Zimmis in den Betrieb einer islamisch geprägten religiösen Stiftung war sicherlich der Umstand, dass laut islamischem Recht Nutznießer einer islamischen religiösen Stiftung auch Zimmis sein konnten.[121]

Eine vergleichbare Einbindung von Christen in islamisch geprägten religiösen Stiftungen zeigt sich am Beispiel Zypern zur Zeit der osmanischen Eroberung, das auf eine christlich geprägte Geschichte verweist.[122] Laut den Einträgen des Sicills hatten die Ḳāsim Pādişāh-Stiftungen eine beträchtliche Größe gehabt, nachdem in Text 41/b und 50/a eine umfassende Kostenaufstellung allein für die Medrese der Ḳāsim Pādişāh-Stiftungen – ein architektonisch imposanter Bau –

---

117 Vgl. Peri, Oded: „Waqf and Ottoman Welfare Policy. The Poor Kitchen of Hasseki Sultan in Eighteenth-Century Jerusalem", in: *Journal of the Economic and Social History of the Orient*, Bd. 43 (2000), S. 167–186.

118 So z.B. in Text 19/f, 29/d, 30/a, 30/b, 36/d, 37/c, 43/a und Text 66/b.

119 Vgl. Göyünç (1969), S. 13–14.

120 Vgl. Noyan, Saadettin: *Yıldızlara yakın şehir Mardin*, Ankara 2005, S. 138–140; siehe auch in Text 66/b.

121 Die hanafitischen Rechtsschule war die einzige islamische Rechtsschule, gemäß welcher auch Zimmis als Stiftungsverwalter akzeptiert wurden. Vgl. Peters, R. et al.: „Waḳf", in: *EI²*.

122 In den wenigen islamisch geprägten religiösen Stiftungen in Zypern kamen sogar in seltenen Fällen auch christliche Stiftungsverwalter zum Einsatz, vgl. Jennings; Ronald C.: *Christians and Muslims in Ottoman Cyprus and the Mediterranean World, 1571–1640*, New York 1993. S. 42.

zu finden ist. Auch sind bei insgesamt 13 Einträgen zur Vergabe von Privilegientiteln bei Stiftungsämtern laut 5 Einträgen (38%) Privilegientitel für Ämter der Ḳāsim Pādişāh-Stiftungen vergeben worden, was die Größe der Stiftung bestätigt. Auch im Defter „998 Numaralı Muhâsebe-i Viâyet-i Diyâr-i Bekr ve ʿArab ve Zü'l-Kâdiriyye Defteri (937/1530)" erfährt man von beachtlichen Einnahmen der Ḳāsim Pādişāh-Stiftungen. Hier werden als Gesamterträge von Dörfern 141 082 Aḳçe pro Jahr angegeben, wobei in diesem Einträgen Aḳçe als Währung nur vermutet werden kann, da keine Währungsangabe verzeichnet ist.[123] In Text 43/a werden ebenfalls die Stiftungserträge der Ḳāsim Pādişāh-Stiftungen aufgeführt, wobei hier der Umsatz lediglich geschätzt werden kann, da die Summen nur teilweise zu ermitteln sind. Es wird jedoch nach Abzügen von Ausgaben von einem Rest von 115 516 Aḳçe berichtet, was auf einen sehr hohen Umsatz hinweist. Wie schon zuvor schon erwähnt, war wegen der vagen Definition der Begünstigten in einer islamischen Stiftung offenbar häufig Missbrauch die Folge. Auch die Unübersichtlichkeit auf Grund der enormen Größe der Stiftungen mag hierzu beigetragen haben. Mehrere Texte berichten nacheinander folgend von Gesuchen des Stiftungsverwalters, der sich über unberechtigte Posten- und somit Gehälterschaffungen mit Hilfe von ʿAskerī-Priviliegientiteln in den Ḳāsim Pādişāh-Stiftungen beschwerte. Fünf Erlasse aus dem Zeitraum zwischen dem 05.09.-1757 und dem 19.01.1759 hierzu weisen darauf hin, dass man diesem Missbrauch offenbar nicht Herr wurde.[124]

Auch sonst musste es bei der Vergabe von Privilegientiteln Unregelmäßigkeiten gegeben haben. So sind im Sicill sieben Berāt-Erteilungen zu Posten in den Ḳāsim Padışāh-Stiftungen zu finden, wobei drei Priviliegientitel aus dem Jahr 1756 und früher stammen und sie höchstwahrscheinlich deswegen nochmals aufgeführt wurden, um zur Begründung einer Berāt-Erneuerung zu beweisen, dass der Inhaber schon zu einem früheren Zeitpunkt einen Privilegientitel für den entsprechenden Posten innehatte. Auch Text 38/e, datiert auf den 01.07.1747, der eine alte Abschrift einer Berāt-Erteilung für İsmaʿīl, dem Stiftungsverwalter *(mütevellī)* der Ḳāsim Padışāh-Stiftungen ist, soll bestätigen, dass İsmaʿīl, der laut mehreren Einträgen des Sicills mehrere Gesuche stellte, der rechtmäßige

---

123 Vgl. T.C. Başbakanlık Devlet Arşivleri Genel Müdürlüğü: 998 Numaralı Muhâsebe-i Vilâyet-i Diyâr-i Bekr ve ʿArab ve Zü'l-Kâdiriyye Defteri (937/1530), Ankara, 1998, S. 22.

124 So in Text 30/a, datiert auf den 06.09.1757 (D.), Text 30/b, undatiert, Text 29/d, datiert auf den 28.10.1757, Text 38/a, datiert auf den 11.03.1758 (D.) und Text 66/b, datiert auf den 20.01.1759 (D.). Ebenso in Text 3/a, datiert auf den 27.07.1757, einer Klage wegen der Wegnahme eines Langzeitpachtanrechts.

Verwalter der Stiftung war. So wird ebenso in zwei miteinander zusammenhängenden Texten, Text 37/a, datiert auf den 11.03.1758 und in Text 37/c, datiert auf den 11.03.1758, berichtet, dass versucht wurde, auf unberechtigte Weise die Stiftungsverwaltung der Ḳāsim Pādişāh-Stiftungen an sich zu reißen. Text 19/f, datiert auf den 10.07.1759, handelt von einer richterlichen Anordnung zur Prüfung der Stiftungsangelegenheiten, was die Absicht der Hohen Pforte, Unregelmäßigkeiten zu bekämpfen, belegt. In diesem Text wird besonders anschaulich von mehreren vergeblichen Versuchen berichtet, über Buyuruldus die Kontrolle über die Stiftung wieder zu erhalten.

Auch in anderer Hinsicht wurde finanziell betrogen. Text 43/a, datiert auf den 11.03.1758, berichtet davon, dass ein Vorgänger des Stiftungsverwalters İsmaʿīl versucht hatte, unberechtigt Gelder einzutreiben, indem er vermutlich von den Ladenmietern offiziell weniger an Miete als die Standardmiete verlangte, aber sich inoffiziell einen zweiten Betrag in die eigene Tasche bezahlen ließ, worauf der Ausdruck „ṭamʿ-ı ḫāmından nāşī" im Originaltext anspielte. Text 66/b, datiert auf den 19.01.1759 (D.), handelt von einer nochmaligen Aufforderung aus Istanbul mit der Aufstellung einer Kostenberichtigung, die Schaffung von Stiftungsposten zu unterbinden.

All dieses zeigt, dass Unregelmäßigkeiten und Missbrauch häufig ein Problem darstellten und dadurch der Stiftungszweck aufgeweicht wurde. Die enorme Größe der Ḳāsim Padışāh-Stiftungen bestätigt den damaligen Trend, sehr große Stiftungen zu bilden, um auf diese Weise durch Steuerminderung persönlichen Reichtum zu generieren, obwohl dieses Phänomen sich erst ab dem Jahr 1800 deutlicher zeigte.[125] In der Kostenaufstellung für die Ḳāsim Padışāh-Stiftungen findet sich laut den Texten 41/b und 50/a, die beide zusammengehören, neben der Einnahmenaufstellung der Jahrespacht diverser Läden, Mühlen und Gärten der Ḳāsim Pādışāh-Medrese die Ausgabenaufstellung für Prediger, Imame, Muftis, und Lehrer *(müderris)* sowie für weitere Verantwortliche von religiösen Ämtern, die über die Pachteinnahmen bezahlt wurden. In der Einnahmenaufstellung der Texte 41/b und 50/a erscheinen auch sieben Stiftungsdörfer, deren auf sie umgelegte Gebühren insgesamt nur 100 Ġuruş betrugen.[126] Drei der

125 Vgl. Arsuzi-Elamir, Dalal: Arabischer Nationalismus in Syrien: Zakī al-Arsūzī und die arabisch-nationalistische Bewegung an der Peripherie Alexandretta/Antakya 1930–1938, Münster 2003, S. 16; vgl. auch Niemöller (2013), S. 16–18. Vgl. auch: Doumani, Beshara: „Endowing Family: Waqf, Property Devolution, and Gender in Greater Syria, 1800 to 1860", in: Comparative Study of Society and History 40, Nr. 1 (1998), S. 3–41.

126 Folgende Dörfer wurden besteuert: Şümrüḳ, Ḥarzem, İbrāhīmīye und Selāḥ. Die weiteren Dörfer, die verlassen waren, waren folgende: Ḳızıl Kend zusammen mit Ḥābūşī, Abū Ḳutāb und Maltepe.

sieben angegebenen Dörfer waren verlassen und wurden daher mit dem Begriff „ḫālī" in der Kostenaufstellung markiert. Eigentümlicherweise wurde von diesen Dörfern der ungewöhnlich hohe Steuersatz des „Vierten" verlangt. Der abgeführte Steuerbetrag war wiederum unbedeutend gering, was Rückschlüsse auf die wirtschaftliche Schwäche dieser Dörfer ziehen lässt. So kann es sich hierbei nicht etwa um eine Höherbesteuerung, die auf Grund höherer Produktivität angesetzt wurde, gehandelt haben, die beispielsweise in dieser Region durch Bewässerungsbau erzielt werden konnte. Bewässerungsbau war auch insofern auszuschließen, da unterhalb der Kostenaufstellung eine Naturalienabgabe in Form von Weizen erwähnt wurde, einer Nutzpflanze, die nicht mit Hilfe von Bewässerungsbau angebaut wird. Es muss sich hier also um maßlose Besteuerung gehandelt haben, um unter anderem die Einnahmen zur Schaffung von Posten beziehungsweise von Gehältern zu finanzieren, unter welcher die Dörfer zu leiden hatten. Insgesamt stellt man fest, dass die Konstruktion der Steuereinnahmen für die Osmanische Zentralverwaltung mit gleichzeitiger Steuerbegünstigung der Stiftungsnutznießer zum Nachteil der Bewohner oder Steuerzahler geriet, was zum Niedergang von Stiftungen oder auch zu brachliegendem Boden führte.

7 Juristische Prozedur und soziales Profil

In den folgenden Kapiteln soll anhand der Vertragstexte aber auch anhand der Einträge zu Klageverfahren kurz die juristische Praxis in der Region von Mardin beleuchtet werden. Dabei decken sich hierbei die Beobachtungen zur Jurisdiktion in der vorliegenden Quelle vollständig mit den Feststellungen, die Yavuz Aykan in seiner Dissertation getroffen hat.[127] Deshalb wird in Kapitel 7.4 nur sehr oberflächlich das Thema der Klageverfahren angesprochen, da Yavuz Aykan in seiner oben genannten Arbeit die in der Region Diyarbekir übliche juristische Praxis hierzu schon ausführlich untersuchte und seine Feststellung mit den meinigen immer übereinstimmten. Auch liegen in der vorliegenden Quelle lediglich 19 Textbeispiele zu diesem Thema vor. Die Anzahl von Texten, die sich mit Klagefällen befassen, die nach deutschem Rechtsverständnis strafrechtlichen Fällen entsprechen, ist derart verschwindend gering, dass man diese auch nicht als repräsentativ ansehen kann. Auch in den untersuchten Quellen in der Dissertation von Veysel Gürhan mit dem Titel „XVIII. Yüzyılda Mardin şehri" finden

127 Vgl. Aykan (2016).

https://doi.org/10.1515/9783110675146-008

sich nicht allzu viele Verbrechensfälle. So fand er 45 verbrechensrelevante Einträge in 12 Sicills, die ungefähr das gesamte 18. Jahrhundert abdeckten. Darunter befanden sich 13 Fälle von Tötungsdelikten, der Rest handelte von Körperverletzungen.[128] Trotzdem kann der Grund für die geringe Zahl der Einträge nicht ermittelt werden. Daher wird im Folgenden vielmehr versucht, über den Abgleich der sozialen Rangstufe von Beurkundungs- und Vertretungsbestätigungszeugen in Bezug auf die soziale Herkunft der Vertragspartner oder auch der Streitparteien und durch die genaueren Untersuchungen zu den jeweiligen Sachverhalten Rückschlüsse auf die soziale Struktur der Vertragspartner oder auch Streitparteien zu ziehen.

7.1 Prozentuale Verteilung des sozialen Rangs bei Beurkundungszeugen in Vertragstexten

Die Kaufverträge in meiner untersuchten Quelle besitzen die Gemeinsamkeit, dass in der Regel in diesen zwischen 5 und 18 Beurkundungszeugen aufgeführt sind, mit der Besonderheit, dass bei christlichen Verkaufspartnern meistens auch ein bis zwei christliche Personen unter den Beurkundungszeugen zu finden sind. Bei Durchsicht aller Vertrags- und Klagetexte fällt formal auf, dass bei insgesamt 21 Texten, bei denen Vertretungsbestätigungszeugen im Texteintrag aufgeführt werden, diese in zehn Fällen in derselben Reihenfolge wie im Text auch in der Liste der Beurkundungszeugen unterhalb der Texte angegeben sind.[129] Sie befinden sich immer an exponierter Stelle, d.h. entweder am Anfang oder am Ende der Auflistung, manchmal auch beides, wenn der fehlende Platz es nicht anders zuließ. In sechs Fällen ist nur anhand der Platzverhältnisse beim Text zu ermitteln, dass am Rand der Liste der aufgeführten Beurkundungszeugen die Vertretungsbestätigungszeugen wahrscheinlich gestanden haben müssten, aber durch den allmählichen Zerfall der Texte nicht mehr zu lesen sind.[130] Eine Ausnahme bilden fünf Texte, bei denen es sich beim Käufer um dieselbe Person handelt: Hier

128 Vgl. Gürhan (2012), S. 2–3; S. 195.

129 Die Texte hinsichtlich der angesprochenen zehn Fälle sind Text 2/b, 2/c, 4/e, 4/h, 5/d, 12/d, 13/a, 31/b, 1/d und 18/b.

130 Bei Text 13/d und 15/g ist unklar, ob Vertretungsbestätigungszeugen unter den Beurkundungszeugen stehen, bei Text 10a, 11/a, 11/e und 17/d kann dies eher ausgeschlossen werden.

sind in drei Fällen bei den Beurkundungszeugen nur teilweise die Vertretungsbestätigungszeugen aufgeführt.[131] Bei zwei weiteren Texten sind sämtliche Beurkundungszeugen nicht nur identisch, sondern werden auch in der gleichen Reihenfolge angegeben. Die Vertretungsbestätigungszeugen hingegen werden in beiden Texten innerhalb des Textes auch in der gleichen Reihenfolge aufgeführt, erscheinen aber nicht bei den unterhalb des Textes angegebenen Beurkundungszeugen.[132] Trotz dieser Ausnahmen scheinen die Vertretungsbestätigungszeugen – wie schon oben beschrieben – in der Regel einen festen Platz an exponierter Stelle innerhalb der Beurkundungszeugenliste gehabt zu haben. Hierbei zeigt sich der Hang der osmanischen Verwaltung, Rangfolgen meistens zu beachten. Gelegentlich bemerkt man aber auch eine gewisse Nachlässigkeit vor allem bei Vorgängen, die in irgendeiner Form miteinander in Zusammenhang stehen, wie zuvor verdeutlicht wurde.[133]

Trotz des Versuchs, sämtliche Vorgänge auf wenige Aspekte zu reduzieren, um die Kaufverträge statistisch zu erfassen, ist es sehr schwer, eine klare Beziehung zwischen der Zeugenanzahl der Beurkundungszeugen, aber auch hinsichtlich der Zeugen zur Bestätigung von Vertretungen *(vekālet)* festzustellen. Es wird aber sichtbar, dass bei rechtlich anfechtbaren Fällen, beispielsweise bei besonders günstigen oder teuren Verkäufen höchstwahrscheinlich zur sozialen Absicherung mehr Zeugen geladen wurden. Yavuz Aykan stellte in seiner Dissertation fest, dass die Beurkundungszeugen *(şühūd ül-ḥāl)* sich aus rechtschaffenen Personen aus verschiedenen Rängen und Klassen zusammensetzten, um die Legitimität des Vorgangs gegenüber der Öffentlichkeit zu untermauern.[134] So werden unterhalb der Texte in absteigender Rangfolge die wichtigsten Beurkundungszeugen namentlich genannt. Der Begriff „und Weitere" *(ve ġayruhum)* bzw. „und weitere Anwesende" *(ve ġayruhum min el-ḥużżār)*, welcher besagt, dass

---

131 Die fünf Texte sind Text 7/b, 7/c, 7/d, 9/d und 9/e. Hier geht es um die Texte 7b (datiert auf den 24.09.1757 (D.)), 9/d (datiert auf den 01.01.1758 (D.)) und 9/e (datiert auf den 01.01.1758 (D.)), wobei die Vertretungsbestätigungszeugen aus Text 9/d, die nicht unter den Beurkundungszeugen aufgeführt wurden, sich teilweise unter den Beurkundungszeugen von Text 7/b und 9/e fanden.

132 So in Text 7/c und 7/d.

133 Die Rangfolge wird im gröberen Maßstab immer exakt eingehalten, z.B., dass bei Auflistungen in zahlreichen Texten des Sicills grundsätzlich folgende Abstufung zu erkennen ist: Der Überschrift „Faḫr ül-ʿulemaʾ", nach der die entsprechenden Personennamen angegeben sind, folgt, falls vorhanden, die Überschrift „faḫr ün-naṣiḥīn" bzw. „faḫr ül-müderrisīn", der danach wiederum – falls vorhanden – die Überschrift „fahr ul-āʿyān" bzw. eşbāh folgt.

134 Vgl. Aykan (2016), S. 91; S. 107.

noch weitere nicht namentlich erwähnte zufällige bzw. weniger wichtige anwesende Beurkundungszeugen vor Ort waren, fehlt im Sicill bei Vertragstexten grundsätzlich.[135] Wahrscheinlich waren bei diesen auf Grund von mangelndem öffentlichen Interesse keine weiteren Personen anwesend. Dieser Ausdruck erscheint in dieser Quelle ausschließlich bei Klagen, gerichtlichen Bestätigungen, Nachlassangelegenheiten, Erlassen oder Eheverträgen.

Viele Beurkundungszeugen lassen sich im Sicill am Beispiel von Kaufverträgen bezüglich Grunderwerb seitens Ḥāc ʿAbdullāh Aġa finden, der als Mehrfachkäufer von landwirtschaftlichen Flächen in mehreren Einträgen erscheint. Laut Text 14/e (JUR) erwarb er unter Bezeugung von achtzehn Beurkundungszeugen einen bewässerten Garten zu 200 Ġuruş, wobei nur fünf der Zeugen Titel besaßen. Dass in den Einträgen, in denen Ḥāc ʿAbdullāh Aġa als Käufer erscheint, relativ viele Beurkundungszeugen ohne Titel zu finden sind (Mittelwert 57%), belegt wiederum eine gewisse soziale Durchlässigkeit. Bei allen weiteren Verkaufsvorgängen von landwirtschaftlichen Flächen rangiert der Anteil der Beurkundungszeugen ohne Titel im Mittel bei 46%. Vielleicht wurde – wie an vorangegangenem Beispiel zu sehen – eine ähnliche Form wie die der Şahādat al-lafīf-Zeugenpraxis gehandhabt, wie es im 16. und 17. Jahrhundert in Marokko üblich war, d.h. dass man als Ausgleich zum Mangel an Zeugen mit Titel eine größere Zahl an Zeugen ohne Titel beibrachte.[136]

Wie Claude Cahen feststellte, haben sich im islamischen Recht im Laufe seiner Entwicklung die Zeugen zu einer Instanz von bürgerlichen und angesehenen Personen entwickelt, bei denen der Eine oder Andere seine Funktion als Şāhid sogar als Einstieg für seine Kadi-Karriere nutzte.[137] Auch im vorliegenden Sicill bildet sich dieser Trend ab. So tauchen bei insgesamt 646 Namen von Beurkundungszeugen in 40 Fällen Zeugennamen doppelt, in 12 Fällen dreifach und in 21 Fällen mindestens vier Mal auf. Diejenigen Zeugen, die in mehr als sechs Fällen als Beurkundungszeugen erscheinen, besaßen meistens eine Amtsbezeichnung wie Lehrer, Nachlassgerichtsschreiber, Mufti o.ä., beziehungsweise hielten eine Stammesanführerfunktion inne. Nur bei zwei Beurkundungszeugen war kein Beruf zu ermitteln. Jedoch waren gerade diese zwei Personen sehr häufig als Beurkundungszeuge im Sicill aufgeführt, was darauf schließen lässt,

135 Eine Ausnahme bildet der Vertragstext 9/a, bei dem es sich um den Verkauf von Anteilen eines Haus-Drittels handelt, wobei offensichtlich mehrere Personen involviert und daher an dem Verkaufsvorgang interessiert sind.

136 Vgl. Peters, R.: „Shāhid“, in: *EI*², online im Internet: http://dx.doi.org/10.1163/1573-3912_islam_SIM_6761.

137 Vgl. Cahen, Claude: À Propos des Shuhûd, in: *Studia Islamica*, Nr. 31 (1970), S. 71–79.

dass sie ihre Funktion als Zeuge mehr oder weniger professionell ausübten.[138] Die Länge der Liste der Zeugen des Kadis bzw. des Gerichts ist beachtlich, was einerseits auf eine sehr gute Vernetzung des Kadis bzw. des Gerichts hindeutet, aber andererseits auch darauf zurückzuführen ist, dass höchstwahrscheinlich manche Zeugen von den Vertragsparteien dem Kadi vorgeschlagen worden waren.[139]

Vor allem an der Betrachtung von einzelnen Fällen lässt sich gut erkennen, warum bestimmte Zeugen geladen wurden: So handelt Text 3/f vom 28.07.1757 (D.) von einem gewissen ʿAbdülʿazīz bin Ḥāc Yūsuf, einem Verkäufer eines Brunnens, wobei zusätzlich darauf hingewiesen wird, dass diesem kein Anrecht am Brunnen mehr verbleiben soll. Der Käufer war ein christlicher Bewohner namens İylū veled-i Riḥtvān, der den Brunnen für 4 Ġuruş erwarb. ʿAbdülʿazīz bin Ḥāc Yūsuf trat dann laut Text 4/a vom 07.08.1757 (D.) als Beurkundungszeuge auf, in dem selbiger İylū veled-i Riḥtvān das gesamte Anwesen samt dem für 4 Ġuruş erworbenen Brunnen an jemand anderen verkaufte. ʿAbdülʿazīz bin Ḥāc Yūsuf könnte hier also zur Erhöhung der Glaubwürdigkeit als Beurkundungszeuge geladen worden sein. Genauso gut könnte er aber ein guter Geschäftspartner gewesen sein.

Eine weitere Betrachtung soll dahingehend durchgeführt werden, ob oder wie stark die Anzahl der Beurkundungszeugen mit ihrem jeweiligen eigenen sozialen Rang mit dem sozialen Rang des Käufers bzw. Verkäufers korreliert. Dazu wird die Summe der Anzahl der Beurkundungszeugen mit Titel prozentual mit der Gesamtsumme der Beurkundungszeugenanzahl verglichen und in Beziehung zum sozialen Stand des Käufers bzw. Verkäufers gebracht.[140] Da bei den Käufern bzw. Verkäufern eine Unterteilung in mehrere Titelränge wegen der zu geringen Anzahl nicht aussagekräftig wäre, werden die folgenden Histogramme lediglich zwischen „Käufer bzw. Verkäufer hat keinen Titel“ bzw. „Käufer bzw. Verkäufer hat einen Titel“ unterschieden:

---

138 So bei Monlā Muṣṭafā Bin Ḳāsim Çelebi, der 14 mal als Beurkundungszeuge im Sicill erscheint und Seyyid Meḥmed bin Ḳara Ḥasan, der dort 17 mal als Beurkundungszeuge erscheint, siehe Kapitel 12.

139 Vgl. Cahen (1970), S. 71–79.

140 Maßstab für den sozialen Rang ist, ob der Käufer oder Verkäufer einen Titel oder keinen Titel besitzt.

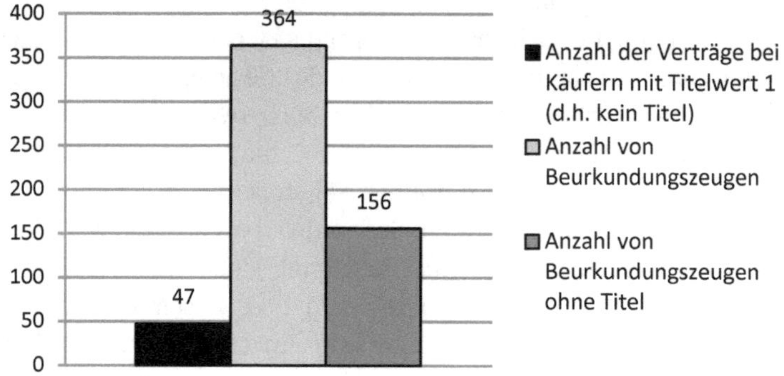

Abbildung 10: Gesamtanzahl von Beurkundungszeugen und Beurkundungszeugen ohne Titel bei allen Vertragstexten, bei denen Käufer Titelwert 1 (d.h. kein Titel) besitzen

Man sieht, dass bei einem Käufer ohne Titel durchschnittlich 7,7 Beurkundungszeugen geladen sind und die Summe der Anzahl der Beurkundungszeugen ohne Titel 43% der Summe der Anzahl aller Beurkundungszeugen ist.[141]

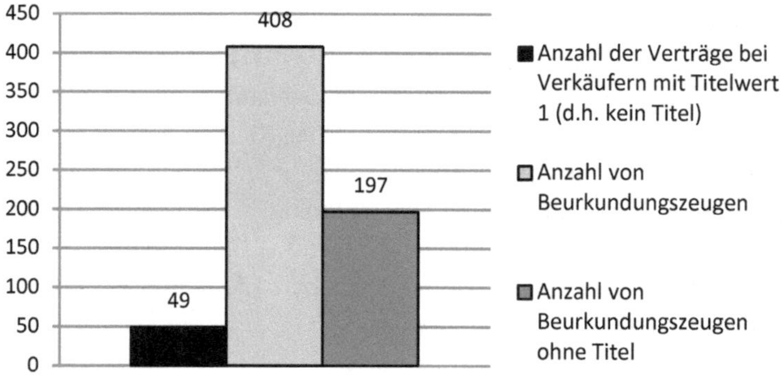

Abbildung 11: Gesamtanzahl von Beurkundungszeugen und Beurkundungszeugen ohne Titel bei allen Vertragstexten, bei denen Verkäufer Titelwert 1 (d.h. kein Titel) besitzen

So sind bei einem Verkäufer ohne Titel durchschnittlich 8,3 Beurkundungszeugen geladen und die Summe der Anzahl der Beurkundungszeugen ohne Titel beläuft sich auf 48% der Summe der Anzahl aller Beurkundungszeugen.[142] Im

141 Hierzu teilt man die Gesamtsumme aller Beurkundungszeugen von 353 Personen durch 47 (die Anzahl der Verträge von Käufern mit dem Titelwert 1).

142 Hierzu teilt man die Gesamtsumme aller Beurkundungszeugen von 408 Personen durch 49 (die Anzahl der Verträge von Verkäufern mit dem Titelwert 1).

Durchschnitt liegt in obigen Histogrammen bei Käufern bzw. Verkäufern ohne Titel die Anzahl von Beurkundungszeugen bei 7,7 bis 8,3 Personen sowie der Prozentsatz der Summe der Anzahl der Beurkundungszeugen ohne Titel zwischen 43% und 48%.

Nun wird hinsichtlich der Käufer und Verkäufer mit Titel die Summe der Anzahl der Beurkundungszeugen ohne Titel prozentual mit der Gesamtsumme der Beurkundungszeugenanzahl verglichen:

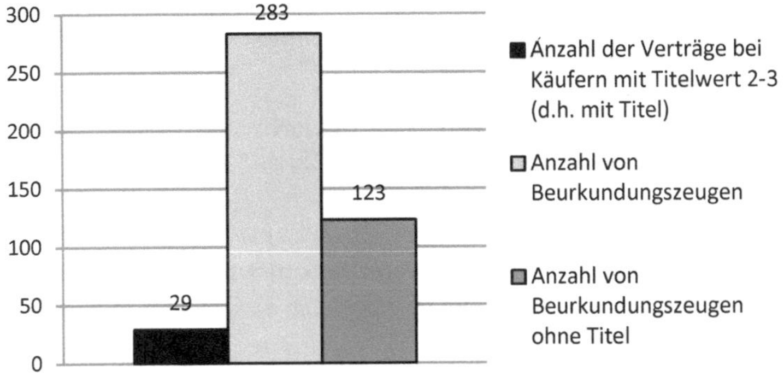

Abbildung 12: Gesamtanzahl von Beurkundungszeugen und Beurkundungszeugen ohne Titel bei allen Vertragstexten, bei denen Käufer Titelwert 2–3 (d.h. mit Titel) aufweisen

Danach ergibt sich, dass bei einem Käufer mit Titel durchschnittlich 9,8 Beurkundungszeugen geladen sind und die Summe der Anzahl der Beurkundungszeugen ohne Titel 43% der Summe der Anzahl aller Beurkundungszeugen ist.[143] Hieraus ersieht man, dass bei einem Verkäufer mit Titel durchschnittlich 9,1 Beurkundungszeugen geladen sind und die Summe der Anzahl der Beurkundungszeugen ohne Titel 32% der Summe der Anzahl aller Beurkundungszeugen ist. Somit liegt im Durchschnitt bei Käufern bzw. Verkäufern mit Titel die Anzahl von Beurkundungszeugen bei 9,1 bis 9,8 Personen sowie der Prozentsatz der Summe der Anzahl der Beurkundungszeugen ohne Titel zwischen 32% und 43%.

Bei all diesen Vergleichen erkennt man, dass bei Käufern bzw. Verkäufern, die keinen Titel besitzen, die Anzahl aller Beurkundungszeugen im Durchschnitt

143 Hierzu teilt man die Gesamtsumme aller Beurkundungszeugen von 283 Personen durch 29 (die Anzahl der Verträge von Käufern mit dem Titelwert 2–3).

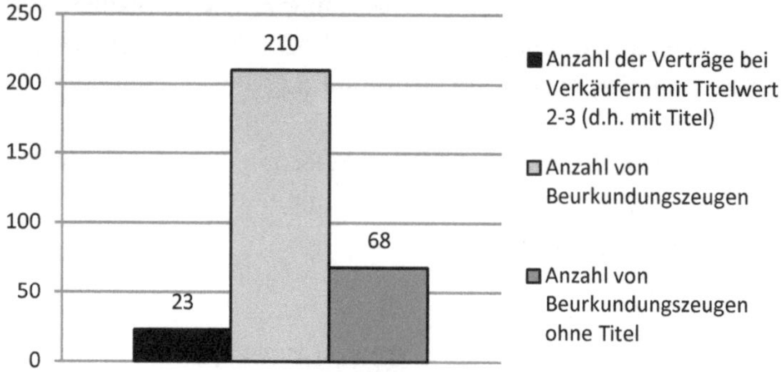

Abbildung 13: Gesamtanzahl von Beurkundungszeugen und Beurkundungszeugen ohne Titel bei allen Vertragstexten, bei denen Verkäufer Titelwert 2–3 (d.h. mit Titel) besitzen

sogar etwas geringer ist, als die Anzahl aller Beurkundungszeugen bei Käufern bzw. Verkäufern mit Titel. Auch der Anteil von Beurkundungszeugen ohne Titel bei Käufern bzw. Verkäufern mit Titel ist im Vergleich zu der Anzahl von Beurkundungszeugen ohne Titel bei Käufern bzw. Verkäufern ohne Titel etwas niedriger. Da bei Käufern bzw. Verkäufern mit Titel allerdings sich die Summe der Beurkundungszeugen ohne Titel auf immerhin 32 bis 43 Prozent beläuft, lässt dies die Frage zu, ob dies ein Zeichen dafür ist, dass Personen ohne Titel gleiches Ansehen wie Personen mit Titel genossen bzw. einen ähnlichen sozialen Rang besaßen. Auch der Umstand, dass im Durchschnitt bei Käufern und Verkäufern ohne Titel die Anzahl der Beurkundungszeugen etwas geringer ist, bestätigt, dass das gesellschaftliche Gefüge sozial durchlässig gewesen sein muss.

Um die genaueren Gründe für die Unterschiede bei der Anzahl der Beurkundungszeugen mit bzw. ohne Titel bei den jeweiligen Fällen zu erfahren, muss man jedoch auf den jeweiligen Einzelfall eingehen und somit die Gewichtung des jeweiligen Vertragsabschlusses ermitteln. Erhärtet wird die Vermutung, dass die Höhe der Anzahl der Beurkundungszeugen der individuellen Fallbeschaffenheit unterlag, weil es hinsichtlich der einzelnen Rechtsvorgänge unter dem Gesichtspunkt des aufsteigend sortierten Preises keine korrelierende Beziehung zur Anzahl der Beurkundungszeugen mit Titel und ohne Titel gibt, wie sich in untenstehendem Histogramm zeigt. Hierbei wird nur unter dem Gesichtspunkt der Preiszunahme und nicht unter dem Gesichtspunkt der Flächenmaßzunahme sortiert, da das verkaufte Anwesen oder die Fläche grundsätzlich nicht mit einem genauen Flächenmaß beziffert wurde und daher lediglich über den Verkaufspreis nur im Ungefähren ermittelt werden kann, ob die Anzahl der Beurkundungszeugen mit der Angemessenheit des Haus- oder Grundstückspreises zusammenhängen könnte.

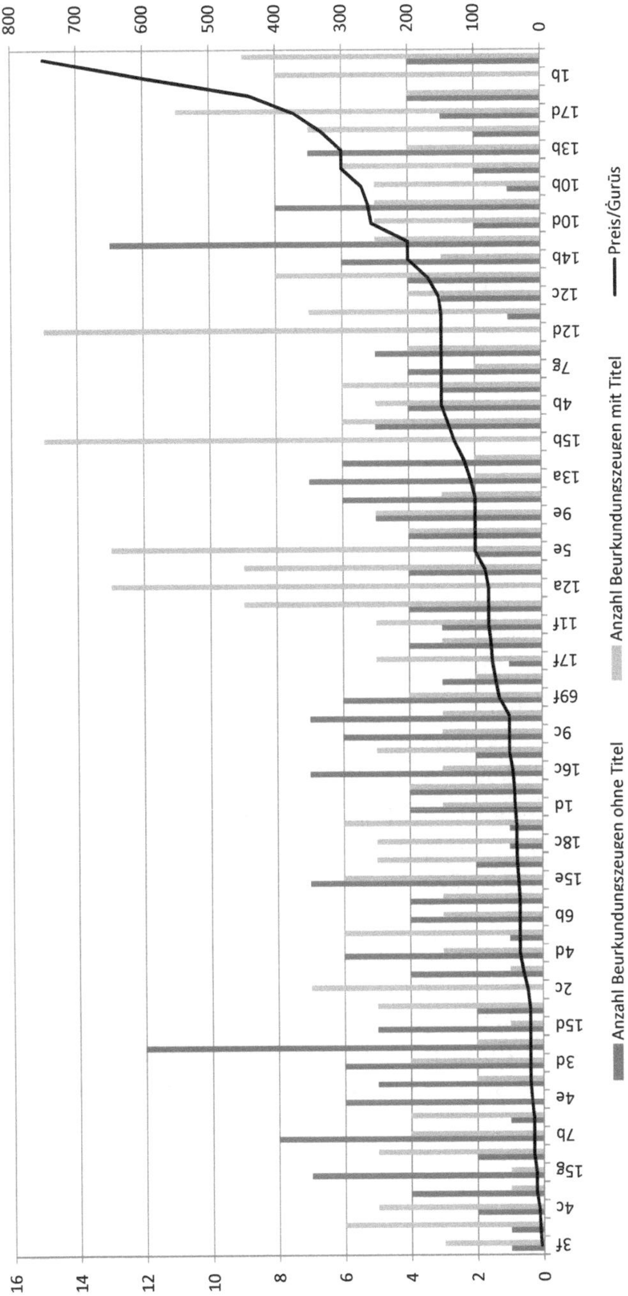

Abbildung 14: Beziehung von Beurkundungszeugen ohne Titel zu Beurkundungszeugen mit Titel bei aufsteigend sortiertem Preis

Obwohl in obenstehendem Histogramm keine direkt korrelierende Beziehung zur Anzahl der Beurkundungszeugen mit Titel und ohne Titel vorhanden ist, erkennt man, dass bei Vorgängen ab dem Preis von 270 Ġuruş die Anzahl der Beurkundungszeugen mit Titel überwiegt, was darauf schließen lässt, dass wegen des höheren Preises höchstwahrscheinlich aus sozialen und somit auch aus juristischen Absicherungsgründen erhöhter Wert auf Beurkundungszeugen mit Titel gelegt wird. Auf hierauf bezogene Texte wird in diesem Kapitel gesondert eingegangen. Insgesamt gesehen besitzen laut obigem Histogramm 35% aller Beurkundungszeugen keinen Titel. Auch unter aufsteigender zeitlicher Sortierung ist kein Trend hinsichtlich der Zu- oder Abnahme der Zahl von Beurkundungszeugen ohne Titel zu erkennen.

Aus all diesen Filtermodellen lässt sich somit ableiten, dass der Kadi je nach individueller Fallbeschaffenheit, vielleicht auch je nach Reputation der Vertragsparteien die Anzahl der Beurkundungszeugen mit Titel und derjenigen ohne Titel variieren ließ. Auch bemerkt man, dass in wenigen Fällen einige Beurkundungszeugen – auch jene ohne Titel – bei zwei bis drei weiteren Vertragsabschlüssen aufgeführt wurden. In diesen Fällen lud womöglich der Kadi – und zwar nicht selten bei mehrfachen Verkaufs- oder Kaufabschlüssen derselben Personen – auch den einen oder anderen Beurkundungszeugen, der schon im vorangegangenen Verkaufs- oder Kaufabschluss urkundlich bezeugte.[144] Dieses diente sicherlich neben verwaltungsvereinfachenden Gründen auch zur besseren juristischen Absicherung des Vertragsabschlusses, d.h. die Gefahr eines möglichen späteren Widerspruchs wurde somit verringert. Ein weiterer Grund für den Rückgriff auf dieselben Beurkundungszeugen könnte auch eine Vernetzung innerhalb der Vertragsparteien gewesen sein, die somit dem Kadi aus eigenem Interesse bevorzugte Zeugen vorschlugen. Ein solches Vorgehen kann aber nicht nachgewiesen werden.

Nun soll die Anzahl der Zeugen bei Vertragsabschlüssen über Objekte mit hohem Kaufpreis untersucht werden, wobei folgende Texteinträge besonders auffallen: Aus Text 13/d erfährt man von einem gewissen ʿAbdullāh, Sohn eines freigelassenen Sklaven von Ḥāc Ḥuseyn Aġa, der offenbar trotz seiner Sklavenabkunft zu Reichtum gelangte, ein Haus mit zwei angrenzenden Sommerwohnungen samt zwei Brunnen und Wirtschaftsbereichen zu einem auffallend hohen Preis von 750 Ġuruş von drei Verkäufern namens Dāūd Aġa, seinem Bruder Muṣṭafā Aġa und Meḥmed Emīn bin Berber Meḥmed Aġa erwarb. Unter den dreizehn

144 In den Texten 36/a und 45/b, indem es um dieselbe Nachlasssache geht, erscheinen 4 gemeinsame Beurkundungszeugen, wobei in Text 45/b zusätzlich neben dem Naib von Nuṣaybīn drei Gerichtsschreiber höchstwahrscheinlich zur Absicherung aufgeführt sind.

Beurkundungszeugen befinden sich lediglich zwei Zeugen ohne Titel. Der Preis des zuvor erwähnten Hauses samt Wohnungen ist mit Abstand der höchste von sämtlichen Objektpreisen im Sicill. Normalerweise entstammten, wie im Histogramm in Abb. 9 schon dargestellt wurde, meistens Käufer und Verkäufer aus einer ähnlichen sozialen Schicht. Der angesprochene Fall stellt somit eine Ausnahme dar, die bestätigt, dass der Sohn eines freigelassenen Sklaven eines Aġas gute Kontakte zu anderen Personen der Klasse der Aġas zu haben schien. Auch bestätigt dies, dass gelegentlich Sklaven, ehemalige Sklaven oder auch Sklavenabkömmlinge finanzielle bzw. soziale Aufstiegschancen besaßen.[145]

Aus Text 4/f vom 04.07.1757 ist zu erfahren, dass ein gewisser İsmaʿīl Çelebi bin Ḥāc Maḥmūd, auch „Bin Ḥāc Kīlān" genannt, für den Sohn seines verschollenen Bruders den Nachlass in Form eines Haus-Drittels zu verwalten erhielt. Vier Beurkundungszeugen – alle mit Titel – werden hier aufgeführt. In einem weiteren Text (Text 1/b (JUR), datiert auf den 09.07.1757 (D.)) erfährt man über eine Gerichtsbestätigung, dass derselbe İsmaʿīl Çelebi bin Ḥāc Maḥmūd bei diesem Vorgang Verkäufer ist, der an einen gewissen Ḫalīfe Beşe[146] Bin Ḥaytam ed-Dayrī einen stattliches Haus zu 600 Ġuruş verkaufte.[147] Es werden acht Beurkundungszeugen, allesamt mit Titel, aufgeführt, wobei drei Beurkundungszeugen mit denjenigen aus Text 4/f identisch sind. Der Grund für die Ladung teilweise identischer Beurkundungszeugen könnte darin gelegen haben, dass es sich um zwei miteinander zusammenhängende Vorgänge handelte, die zeitlich nur knapp 14 Tage auseinanderlagen und daher die Ladung der teilweise identischen Zeugen aus einer gewissen Bequemlichkeit erfolgte. Hierbei ist nicht auszuschließen, dass aber auch juristische Absicherungsgründe vorgelegen haben könnten.

Text 9/a, datiert auf den 01.01.1758, handelt vom Erwerb sämtlicher Anteile eines weiteren Hauses mit Nebengebäuden zu einem Preis von 140 Ġuruş durch denselben Ḫalīfe Beşe Bin Ḥaytam ed-Dayrī. Die Verkäufer waren ein gewisser ʿAbdullāh Çelebi, Sohn von İsmaʿīl Çelebi bin Ḥāc Maḥmūd alias „Bin Ḥāc Kīlān" und seine Großmutter. ʿAbdullāh Çelebi vertrat hierbei u.a. seinen Vater, jenen bereits erwähnten İsmaʿīl Çelebi Bin Ḥāc Maḥmūd, der schon zuvor das hoch-

145 So ist auch in Text 26/b, einer Verzichtsbestätigung zum Kauf einer Sklavin zu lesen, dass ungewöhnlicherweise sogar ein Sklave namens ʿAbdullah mit der näheren Angabe „ġulām-ı imām Efendi-i mūmā ileyh" unter den Beurkundungszeugen zu finden ist. Der Ausdruck „ġulām" steht hier wohl für Sklave, da der Name ʿAbdullah ohne weitere Abkunftsbezeichnung darauf hinweist, dass er Sklave gewesen sein muss. Auch dies bestätigt eine gewisse soziale Durchlässigkeit. Siehe auch Text 13/d, 17/e und 69/f. Vgl. Zilfi, Madeline C.: *Women and Slavery in the late Ottoman Empire. The Design of Difference*, Cambridge 2010, S. 144.

146 Janitscharentitel.

147 Vgl. Niemöller (2013), S. 20–21.

preisige Haus an Ḫalīfe Beşe Bin Ḥaytam ed-Dayrī verkauft hatte. Bei den 11 Beurkundungszeugen finden sich fünf Zeugen ohne Titel, wobei keine dieser Zeugen in Text 1/b (JUR) bzw. in Text 4/f zu finden sind. Alle drei Texte handeln davon, dass eine Person aus dem Kreis der Janitscharen mit dem militärischen Titel „Beşe" von einer Person aus einer ähnlichen sozialen Schicht das hochpreisige Haus erwarb. Dass in Text 9/a fast die Hälfte der Beurkundungszeugen keinen Titel besitzen, spricht wiederum für eine gewisse soziale Durchlässigkeit.

In den Texten 13/a und 13/b (JUR) geht es um zwei Verkaufsvorgänge mit der gleichen Datierung, in denen İylū veled-i ʿAmmū el-Ḳalʿa Muravī, offensichtlich ein Christ, von den Frauen seiner Söhne jeweils ein offenbar mittelgroßes Haus aufkaufte. Die Frauen wurden jeweils von den Söhnen vertreten, wobei die Vertretung ungewöhnlicherweise von drei Zeugen – alle mit Titel – bestätigt wurde. Nachdem normalerweise zwei Vertretungsbestätigungszeugen nach islamischem Recht hierzu genügen, weist dies darauf hin, dass sich entweder der Verkäufer juristisch besonders gut absichern wollte oder aber auch der Kadi zur Absicherung drei Vertretungsbestätigungszeugen anforderte. Ob dies an seiner christlichen Religionszugehörigkeit oder an der Besonderheit des Falles lag, ist nicht zu ermitteln. Die jeweiligen Vertretungsbestätigungszeugen sind identisch. In Text 13/a, in dem es sich um einen Verkaufspreis von 107 Ġuruş handelt, sind sämtliche neun Beurkundungszeugen identisch mit neun der elf Beurkundungszeugen, die in Text 13/b (JUR) aufgeführt sind, wobei es sich in diesem Text um einen Verkaufspreis von mehr als 300 Ġuruş handelt. Hier liegt die Vermutung nahe, dass wegen der gleichen Vertragsdatierung für beide Vorgänge aus verwaltungsvereinfachenden Gründen dieselben Zeugen geladen wurden, wie es häufig im Sicill zu ersehen war.

Text 7/c, datiert mit Dezember 1757, handelt vom Verkauf eines bewässerten Gartens im Rahmen eines Grundstücktauschs zu 300 Ġuruş. Verkäufer ist Seyyid İsmaʿīl Çelebī bin Seyyid Manṣūr, der in Vertretung von seiner Mutter unter Bestätigung von vier Zeugen – allesamt mit Titel – verkauft, wobei Ḥasan Aġa bin Yūsuf Çelebi sowie seine Ehefrau Ḳadira Ḫātūn bint Dervīş Aḥmed die Käufer waren. Auf diesen Text wird in Kapitel 7.3 noch näher eingegangen. Laut Text 17/d vom 09.03.1759 (D.) kauft ein gewisser ʿÖmer Çelebi bin Ḫalīl Çelebi in Vertretung für seine Schwester Emīne Ḫātūn einen bewässerten Garten zu 370 Ġuruş von den Kindern von Manṣūr und Bāşı bint Cumʿa Murād. Es finden sich vierzehn Beurkundungszeugen, darunter lediglich drei Zeugen ohne Titel. Absolut gesehen ist der Preis des bewässerten Gartens sehr hoch, jedoch kann man wegen der fehlenden Flächenangabe die tatsächliche Angemessenheit der Preishöhe nicht ermitteln. Die hohe Zeugenanzahl könnte hier indirekt zur juristischen Absicherung der Interessensvertretung der minderjährigen Verkäufer gedient haben.

Zusammenfassend lässt sich feststellen, dass es bei den gleichen Formalien immer kleinere Abweichungen im Detail gibt. Natürlich lässt sich im Nachhinein nicht mehr eruieren, ob beispielsweise die Verwendung von identischen Zeugen bei verschiedenen Vorgängen eher zur Vermeidung von späteren Unklarheiten bei Rückfragen oder Anfechtungen diente oder nur aus allgemeinem Misstrauen gegenüber einen Personenkreis oder einer Religionsgruppe oder lediglich aus verwaltungsvereinfachenden Gründen erfolgte. Da aber alle jene Vorgänge, bei denen man diese Auffälligkeit beobachtet, zeitlich sehr nahe beieinander liegen, lässt sich zugleich vermuten, dass der tatsächliche Grund eher letzterer war. Nicht selten gibt es im vorliegenden Sicill Querbeziehungen zwischen mehreren Texten, so zum Beispiel die Tendenz einiger Personen, mehrere Grundstücke oder Anwesen aufzukaufen, die in Kapitel 12 noch genauer beleuchtet werden.

7.2 Prozentuale Verteilung des sozialen Rangs bei Beurkundungszeugen in nicht-vertragsbezogenen Texten

Inwieweit bei juristisch relevanteren Texten oder auch das Verwaltungs- und Allgemeininteresse betreffenden Texten im Sicill sich hinsichtlich des Titelrangs der Beurkundungszeugen soziale Durchlässigkeit abzeichnet, kann man über die Titelverteilung bei Beurkundungszeugen überprüfen, indem man unter Ausschluss von Vertragseinträgen alle weiteren Texte, in denen Beurkundungszeugen erscheinen, in den Vergleich miteinbezieht, der somit wie folgt aussieht:

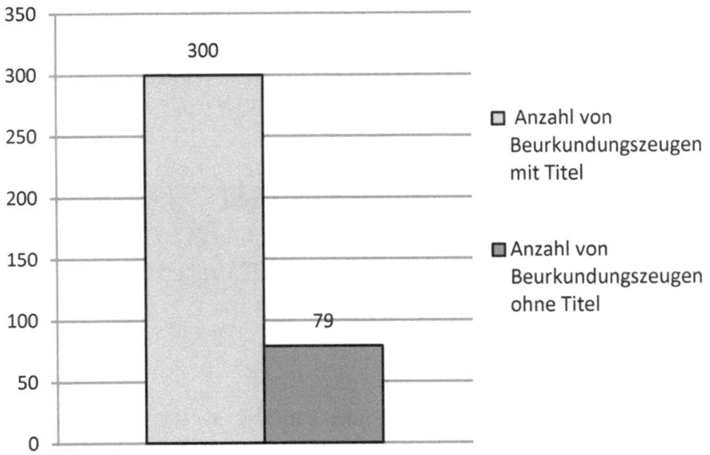

Abbildung 15: Titelverteilung bei Beurkundungszeugen in allen Textgattungen außer Vertragstexten

An obigem Histogramm erkennt man, dass 79% der Beurkundungszeugen Personen mit Titel sind und nur 21% keinen Titel besitzen. Zwei Dinge lassen sich hieraus ableiten: Der Anteil an Beurkundungszeugen mit Titel ist bei anderen Rechtsvorgängen außer denjenigen der einvernehmlichen Vertragsabschlüsse wesentlich höher als bei Beurkundungszeugen, die in Vertragstexten erscheinen. Hier zeigt sich der Umstand, dass der Kadi in diesen Fällen wegen Anfechtbarkeit oder Allgemeininteresse bei den jeweiligen Einträgen die Zeugen selbst vorgeschlagen haben musste, zumal sehr häufig Amtspersonen wie Muftis oder ähnliche Funktionsträger entsprechend ihrem Rang an oberer Stelle in der Liste der Beurkundungszeugen des jeweiligen Eintrags zu finden sind, was bei Verträgen grundsätzlich nicht der Fall ist.[148] Es könnte aber auch darauf hinweisen, dass Mardin von einer starken Elite geprägt war.[149]

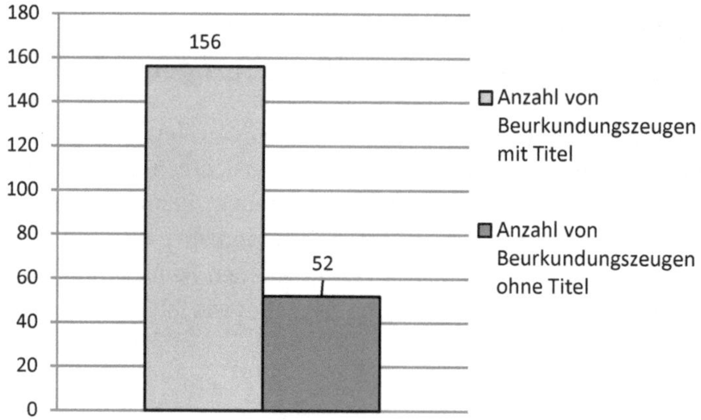

Abbildung 16: Titelverteilung bei Beurkundungszeugen mit dem Zusatzvermerk „şühūd ül-ḥāl“

Ein ähnliches Bild hinsichtlich der prozentualen Unterschiede im Vergleich zwischen Beurkundungszeugen mit und ohne Titel ergibt sich bei denjenigen Texten des Sicills, bei denen zusätzlich der Ausdruck „şühūd ül-hāl“ hinzugefügt ist. Dieser Zusatzvermerk ist hier fast ausschließlich bei Einträgen in Verbindung

148 R. C. Jennings beschreibt am Beispiel des Gerichts der Stadt Kayseri die Zusammensetzung der Beurkundungszeugen aus Männern mit einem speziellen Interesse am Fall, Experten und zufällig Anwesende. Vgl. Jennings; Ronald C.: „Limitations of the Judicial Powers of the Kadi in 17th c. Ottoman Kayseri“, in: *Studia Islamica*, Nr. 50, S. 151–184.
149 Vgl. Aydın (2012), S. 15–54.

mit Nachlassauflistungen und bei Heiratseinträgen zu finden.[150] Bei allen anderen Texten, in denen Beurkundungszeugen aufgeführt sind, fällt dieser Ausdruck weg. Zwei Ausnahmen stellen lediglich Text 19/b, eine Klage zweier Personen mit dem Titel „Şeyḫ" wegen eines Streits um Wasserrecht und Text 26/b, eine Verzichtserklärung zum Kauf einer Sklavin dar, in denen der Ausdruck „şühūd ül-hāl" zu lesen ist, dar. Bei diesen Texten haben 75% der Beurkundungszeugen Titel und 25% keine Titel, wie sich in Abb. 16 zeigt.
Der Ausdruck „şühūd ül-hāl", der normalerweise nichts anderes als „Beurkundungszeuge" bedeutet, muss in diesem Fall möglicherweise für amtliche Zwecke zur besonderen Markierung gedient haben. Grund hierfür ist höchstwahrscheinlich die aufgeschobene Brautgabe *(mehr-i müʾeccel)*. Diese musste nach hanafitischem Recht spätestens nach der Scheidung, aber auch nach dem Tode des Gatten von den Erben noch entrichtet werden, und wurde in der Regel erst nach dem Tod des Ehegatten ausgezahlt.[151] Die beiden zuvor erwähnten Ausnahmen, Text 19/b und 26/b, stellten wohl ebenfalls Sachverhalte dar, die zu einer nochmaligen Überprüfung mit dem Ausdruck „şühūd ül-hāl" markiert wurden.

7.3 Vertretungsbestätigungszeugen

Auch im Falle einer Vertretung *(vekālet)* des Käufers oder Verkäufers ist die Anzahl der Zeugen, die eine Vertretung bestätigten, unterschiedlich. Meistens sind es zwei, im Falle von Minderjährigen gibt es gar keine und in wenigen Fällen werden drei bis sieben Zeugen angegeben. So wurden von insgesamt 21 Vertretungsfällen in sieben Fällen mehr als zwei Zeugen zur Bestätigung beigebracht. Meistens war die soziale Herkunft von Käufer bzw. Verkäufer und deren Vertretungsbestätigungszeugen identisch. Im Falle der Vertretungsbestätigung von christlichen Käufern bzw. Verkäufern wurden jedoch ausnahmslos Vertretungsbestätigungszeugen mit Titel beigebracht.[152] Dies erfolgte wahrscheinlich zur juristischen Absicherung, da vermutlich Misstrauen gegenüber christlichen Vertragspartnern bestand. Eine genauere Betrachtung der Texte des Sicills, in denen eine Vertretungsbestätigung zwischen drei und sieben Zeugen erwähnt wurde, soll im Folgenden vorgenommen werden.

---

150 Ausnahmen ohne den Zusatz „şühūd ul-hāl" stellen lediglich eine Nachlassauflistung in Text 8/a und eine Nachlassauflistung bezgl. des Nachlasses eines freigelassenen Sklaven (Text 65/b und c) dar.

151 Kurz (2003), S. 35.

152 So in den Texten 4/h, 13/a und 13/b.

So fällt beispielsweise in dem auf Dezember 1757 datierten Text 7/c auf, dass zur Bestätigung der Vertretung der Verkäuferin, Zuleyḫā Ḫātūn bint Şīt Çelebi, durch ihren Sohn Seyyid İsma'īl Çelebi bin Seyyid Manṣūr, der ebenso seinen Anteil eines bewässerten Gartens verkaufte, vier Vertretungsbestätigungszeugen geladen wurden, was recht ungewöhnlich ist, da es in der Regel lediglich zweier Vertretungsbestätigungszeugen bedurfte. Sämtliche Vertretungsbestätigungszeugen führen Titel.[153] Auch unter den acht Beurkundungszeugen finden sich nur zwei Zeugen ohne Titel, wahrscheinlich aus dem Grunde, dass Käufer und Verkäufer denselben höheren sozialen Rang hatten. Da man aber die Größe des betreffenden Grundstücks nicht feststellen kann, kann nicht ermittelt werden, ob der für die Region um Mardin sehr hohe Preis adäquat ist. So verkauften Zuleyḫā und ihr Sohn den bewässerten Garten zu 300 Ġuruş an Ḥasan Aġa bin Yūsuf Çelebi. Sie erhielt die eine Hälfte, ihre beiden Brüder die andere Hälfte des Verkaufspreises. Man sieht nur an den auffallend vielen Vertretungsbestätigungszeugen, dass offenbar versucht wurde, sich juristisch abzusichern. Merkwürdig ist, dass dieselbe Frau namens Zuleyḫā Ḫātūn bint Şīt Çelebi gemeinsam mit ihrem Sohn Seyyid İsma'īl Çelebi bin Seyyid Manṣūr laut Text 7/d, der auf den 03.12.1757 (D.) datiert ist und daher zeitnah zum Eintrag von Text 7/c liegt, als Käuferin auftrat und zum Preis von 100 Ġuruş einen Weingarten dem Vater desselben Ḥasan Aġa bin Yūsuf Çelebi abkaufte, der in Text 7/c als Käufer erwähnt wird.

Drei der vier in Text 7/c aufgeführten Vertretungsbestätigungszeugen bestätigten laut Text 7/d zwar nicht mehr die abermalige Vertretung der Mutter Zuleyḫā durch ihren Sohn Seyyid İsma'īl, aber dafür die Vertretung des Verkäufers, d.h. des Vaters von Ḥasan Aġa bin Yūsuf Çelebi. Auch die Beurkundungszeugen sind in beiden Texten identisch und in der selben Reihenfolge aufgeführt. Sicherlich war dem Kadi die Verbindung dieser beiden Vorgänge bewusst, weshalb er auch auf eine zweite Vertretungsbestätigung der Mutter in Text 7d verzichtete. Hier handelt es sich also offenbar um einen abgesprochenen Grundstückstausch. Weder in Text 7/c noch in Text 7/d werden die Vertretungsbestätigungszeugen in den Reihen der Beurkundungszeugen erwähnt. Der Hintergrund dieser Absprache ist leider nicht zu ermitteln, dennoch haben wahrscheinlich zum Abwenden von juristischen Zweifeln relativ viele Zeugen die jeweilige Vertretung bestätigt. Dass noch dazu diese Zeugen zur Bestätigung der jeweiligen Vertretung identisch waren, weist darauf hin, dass der Kadi Kenntnis über den Hintergrund und Zusammenhang zwischen beiden Vorgängen besessen haben musste und möglicherweise durch die Auswahl derselben Zeugen aufkeimende Zweifel verhindern

153 Ein Vertretungsbestätungszeuge trug den Titel „Seyyid“ die weiteren drei Vertretungsbestätigungszeugen den Titel „Çelebi“.

wollte, insofern als ein Zeuge zu zwei ähnlichen Sachverhalten später sicherlich eine einheitliche Sichtweise beibehält, welches bei unterschiedlichen Zeugen nicht unbedingt gegeben ist. Da die beiden Vorgänge zeitlich nah beieinanderliegen, kann die Auswahl derselben Zeugen allerdings auch einen verwaltungsvereinfachenden Grund gehabt haben.

Eine weitere Auffälligkeit findet sich in Text 7/b, der auf den 25.09.1757 (D.) datiert ist. Laut diesem wurde von Hāc ʿAbdullāh Aġa bin Seyḫmūsī Aġa ein bewässerter Garten für nur 15 Ġuruş gekauft. Die Vertretung der Verkäuferpartei – zwei Töchter und ein Sohn eines gewissen Şeyḫ Dāūd – wurde durch fünf Zeugen bestätigt, die alle wiederum unter den Beurkundungszeugen zu finden sind. Die Anzahl der Beurkundungszeugen beläuft sich auf insgesamt elf, wobei acht Zeugen einen Titel besitzen. Wahrscheinlich dienten die vielen Vertretungsbestätigungszeugen wiederum zur juristischen Absicherung, da der Preis des bewässerten Gartens auffallend niedrig war. In zwei weiteren Texten, bei denen derselbe ʿAbdullāh Aġa als Käufer auftritt, werden in Text 9d, der einen Verkauf von Mühlen-Nutzungs-Anteilen beschreibt und auf den 02.01.1758 (D.) datiert ist, ebenfalls fünf Zeugen zur Bestätigung der Schwester des Verkäufers erwähnt, bei welchen allerdings höchstens ein Vertretungsbestätigungszeuge in den Reihen der Beurkundungszeugen zu finden ist. Allerdings sind drei der Vertretungsbestätigungszeugen identisch mit den Vertretungsbestätigungs- und Beurkundungszeugen in Text 7/b und zwei identisch mit den Vertretungsbestätigungs- bzw. Beurkundungszeugen in Text 9/e. In diesem Text, bei dem es sich um den Verkauf eines bewässerten Gartens handelt und der ebenfalls auf den 02.01.1758 (D.) datiert ist, werden ebenfalls fünf Zeugen zur Bestätigung einer Vertretung der drei Töchter und der Mutter des Verkäufers aufgeführt, wobei sich die Vertretungsbestätigungszeugen auch in den Reihen der Beurkundungszeugen finden.

Überraschend ist also, dass in allen drei Fällen (Text 7/b, 9/d und 9/e) der überwiegende Teil der Zeugen zur Bestätigung der jeweiligen Vertretung identisch ist. Auch hier handelt es sich wahrscheinlich um eine zusätzliche juristische Absicherung. Da Hāc ʿAbdullāh Aġa bin Seyḫmūsī Aġa in sechs Fällen als Käufer auftrat, dem Kadi wahrscheinlich schon hinlänglich bekannt war und die Vorgänge in Text 9/d und 9/e fast zur gleichen Zeit erfolgten, hat der Kadi wahrscheinlich auch aus verwaltungsvereinfachenden Gründen keinen Wert darauf gelegt, ausschließlich unterschiedliche Zeugen zur Vertretungsbestätigung beizubringen. In zwei weiteren Texten 13/a und 13/b (JUR), die schon in Kapitel 7.1 kommentiert wurden, handelt es sich um einen christlichen Käufer, der von den Ehefrauen seiner beiden Söhne, die durch drei identische Vertretungsbestätigungszeugen mit Titel vertreten wurden, zwei relativ teure Anwesen erwarb.

In Text 11/e wird vom Kauf eines Hauses zu einem Preis von 260 Ġuruş seitens eines gewissen Seyyid Ḥuseyn berichtet. Einer der vier Verkäufer ist Lehrer der Ḫātūnīye-Medrese namens Seyyid Muḥammad Efendi, der die Vertretung der Schwester der beiden anderen Verkäufer, Seyyid Maḥmūd Çelebi und seines Bruders Seyyid Süleymān, übernimmt, wobei alle drei Geschwister Kinder von Seyyid Muṣṭafā bin ül-Ḥāc Riżvān sind. Die Vertretung wird hier ebenfalls von drei Zeugen – alle mit Titel – bestätigt. Wohlmöglich reichte die Reputation des Lehrers der Ḫātūnīye-Medrese nicht aus, dass eine Bestätigung der Vertretung der Tochter von Ḥāc Riżvān mit den üblichen zwei Zeugen genügte. Das verkaufte Haus schien relativ groß gewesen zu sein, was sich im Verkaufspreis widerspiegelt. Weiter ist auffällig, dass zu diesem Vorgang dreizehn, also relativ viele Zeugen des Sachverhalts aufgelistet sind, und dass sechs Zeugen Titel besaßen.

Zusammenfassend lässt sich feststellen, dass die Anzahl der Zeugen, die eine Vertretung bestätigten, in den Einträgen des Sicills zwischen zwei und fünf Zeugen variiert. Wie in den genannten Beispielen beschrieben, kann man vermuten, dass eine möglichst hohe Anzahl von Vertretungsbestätigungszeugen und in bestimmten Fällen die bewusste Auswahl von Vertretungsbestätigungszeugen mit Titel – wie am Beispiel von christlichen Käufern bzw. Verkäufern zu sehen ist – über die soziale Absicherung indirekt zur juristischen Absicherung diente. Wie auch am Beispiel des vorliegenden Sicills zu beobachten ist, wurden im Regelfall zwei Zeugen zur Bestätigung einer Vertretung benötigt. Die oben kommentierten Textbeispiele weisen darauf hin – wie auch schon Yavuz Aykan in seiner Arbeit andeutete, dass einige Verkaufsvorgänge lediglich abgesprochene Tauschvorgänge waren und nur dazu dienten, dass diese Vorgänge durch die Niederschrift fixiert und somit unanfechtbar wurden.[154] Die sehr unterschiedliche Anzahl der Beurkundungszeugen und Vertretungsbestätigungszeugen weist darauf hin, dass der Kadi die Zeugenanzahl gemäß der Reputation der Parteien, oder aber auch zur juristischen Absicherung der Vorgänge variieren ließ. Weiterhin waren bei zusammenhängenden Vorgängen die Vertretungsbestätigungszeugen meistens identisch. Dies könnte einerseits zur juristischen Absicherung gedient haben oder wurde aus bürokratischen Vereinfachungsgründen vom Richter in dieser Form gehandhabt.

154 Vgl. Aykan (2016), S. 91; S. 114; S. 121.

7.4 Klagen *(daʿvā)*

Bei den im Sicill aufgeführten Klagen handelt es sich um Privatklagen, die nach Anhörung der Beteiligten, gegebenenfalls der Vorladung von Sachverhaltszeugen und Abwägung der unterschiedlichen Fetvas der hanafitischen Rechtsgelehrten der Kadi nach Erteilung seines Urteils zum Abschluss brachte. Wie schon eingangs erwähnt, wurden Klagen, die im Sicill protokolliert wurden, meistens über den Weg des Vergleichs *(ṣulḥ)* geregelt, wobei der Kadi die hierzu ein Urteil fällende Instanz darstellte. Keine einzige Klage endete mit Belegung einer Partei mit einer Hadd-Strafe.[155] Nach dem Urteilsspruch wurden Abschriften *(ḥüccet)* an die gewinnende Partei ausgestellt und eine zweite im Kadi-Archiv aufbewahrt.[156] So dienten Niederschriften in Form von Abschriften und Privatvereinbarungen *(temessük)* in einem Kadiamtsprotokollbuch zur Absicherung der Prozessgewinner.[157]

Lediglich drei Texte, die sich mit Strafen befassen, werden im vorliegenden Sicill erwähnt, wobei keine Klageprotokolle hierzu zu finden sind.[158] So handelt es sich laut Text 56/a und 56/b um bestimmte Personen, die sich der Prostitution schuldig gemacht haben, die daraufhin vertrieben und ihre Habe von der osmanichen Zentralverwaltung konfisziert wurden. Die Vertreibung der Prostituierten im Vorfeld der Konfiszierung ihrer Habe wurde höchstwahrscheinlich allein durch die Nachbarschaft veranlasst, um die moralische Integrität ihres Viertels wiederherzustellen. Möglicherweise waren die Motive der Nachbarschaft zur Vertreibung der Prostituierten ähnlich wie in der nicht allzu weit von Mardin entfernt gelegenen Stadt Aleppo: Hier kontrollierten oder verjagten die Bewohner aus Furcht vor Kollektivbestrafung schon im Vorfeld Missetäter, um nicht selbst eine Kollektivstrafe zu erhalten.[159] In den beiden genannten Texten stellte somit nur die Konfiszierung *(müsādere)* des Eigentums der Prostituierten die Form der Bestrafung seitens der osmanischen Zentralverwaltung dar.[160]

---

155 Carra de Vaux, B. et al.: „Ḥadd", in: *EI*[2], online im Internet: http://dx.doi.org/10.1163/ 1573-3912_islam_SIM_2586.

156 Vgl. Aykan (2016), S. 48.

157 Vgl. zu Dominanz von Hüccets und Temessüks hinsichtlich der Verkaufsabschlüsse: Aykan (2016), S. 77; S. 107; S. 152.

158 Siehe Text 56/a, 56/b und 23/c.

159 Marcus (1989), S. 116–118.

160 Murphey, Rhoads: „Hybridity in Ottoman Legal Tradition as a Source of Flexibility in Governing the Empire: An Overview with Particular Reference to the Application of the Ruler's

Ein weiterer Text, der sich mit einer Strafandrohung befasst, ist Text 23/c, laut welchem ein gewisser ʿAbdullāh Çāvīş, der im Dienst der Begs von Cezīre stand und sich offenbar der Räuberei schuldig gemacht hatte, auf Befehl des Ketḫüdas von Bagdad gefangengenommen werden und sein Besitz konfisziert werden sollte. Auch hier wird die Strafe nicht konkretisiert. Ausgestellt wurde dieses Schreiben allerdings von ʿÖmer, dem damaligen Ketḫüda von Baġdād, weshalb davon auszugehen ist, dass der Kadi an dieser Entscheidung gar nicht beteiligt war.

Bei Betrachtung aller übrigen Klagen im Sicill stellt man fest, dass abgesehen von den drei zuvor erwähnten Fällen, die von einer Bestrafung handelten und bei denen eine Mitwirkung des Kadis bei der Urteilsfindung nicht zu ermitteln ist, der Kadi über umfassende Entscheidungsgewalt verfügte. Diese drei Klagen stellen 16% sämtlicher Fälle dar, die sich mit Rechtssprechung befassen und v.a. Klagen darstellen, bei welchen der Kadi in die Urteilsfindung offenbar nicht eingebunden war, wobei wegen der niedrigen Anzahl der Klageprotokolle die Signifikanz leider nicht ausreicht. Dennoch deckt sich diese Prozentverteilung mit Haim Gerbers Feststellung, dass in den Protokollen der Kadiamtsregister ab dem 17. Jahrhundert zunehmend der Kadi die Vollstreckungsinstanz darstellte und nur in 20% der Fälle kein Urteil vom Kadi gefällt wurde bzw. das Strafmaß nicht erwähnt wurde. Vor dem 17. Jahrhundert fällte der Kadi laut Gerber überhaupt keine Urteile und übte auch keine Urteilsvollstreckung aus, sondern stellte nur den Sachverhalt dar. Er führt die Kompetenzmehrung des Kadis auf eine Veränderung der Symbiose von Scharia und Ḳānūn zurück, die er noch mit weiteren Beispielen belegt und auf die weiter einzugehen den Rahmen dieser Arbeit sprengen würde.[161] Ebenso decken sich die Beobachtungen in den Klageprotokollen des Sicills mit denjenigen, die Yavuz Aykan in seiner erwähnten Dissertation machte, die sich umfassend mit der Rolle des Kadis und der Rechtsprechung im 18. Jahrhundert am Beispiel Diyarbekir befasst. Daher ist es nicht erforderlich, auf dieses Thema einzugehen.[162]

Exectutive Judicial or örfi Powers“, in: *Imperial lineages and legacies in the Eastern Mediterranean. Recording the imprint of Roman, Byzantine and Ottoman Rule*, hrsg. von Rhoads Murphey, New York 2017, S. 35–48.

161 Vgl. Gerber, Haim: State, Society, and Law in Islam; Ottoman Law in Comparative Perspective, New York 1994, S. 65–72.

162 Vgl. Aykan (2016).

8 Nachlass und Unterhalt von Minderjährigen

Leider lässt sich mit dem vorliegenden geringen Material an Nachlassfällen statistisch nichts ermitteln, wohingegen sich trotzdem einige Aussagen an Hand der Einzelbetrachtung der Nachlassfälle treffen lassen.[163] Auch im Sicill finden sich lediglich dreizehn Nachlassfälle, weshalb der gleiche Weg hier eingeschlagen werden soll. Zunächst werden überblickshalber sämtliche im Sicill erwähnte Nachlassangelegenheiten mit Angabe der Textnummer zu den entsprechenden Fällen angegeben.

Tabelle 11: Chronologisch aufsteigend Textnummern mit Kurzsachverhalten bzgl. Nachlässen

Text	Datum	Inhaltszusammenfassung
28/a	05.10.1757	Der Verstorbene, Seyfī Aġa bin ʿAbdullāh, Gefolgsmann des Voyvoda von Mardin, ʿÖmer Aġa, hinterließ keine Erben und einen Nachlass von 385,5 Ġuruş.
27/a	03.10.1757	Der Verstorbene, Darkazanlı Mollā Meḥmed aus Diyarbekir, verfügte über einen Nachlass von 8 Ġuruş.
8/a	02.12.1757 (D.)	Der Verstorbene, Monlā Ḫalīl, der aus Maḥāsim stammte, lebte in Mardin und verfügte über einen Nachlass von 100 Ġuruş. Eine Nachlassregelung erfolgte nach Bekanntwerden der Erben.
27/b	08.03.1758	Der verschuldete Verstorbene, Mollā ʿÖmer bin Mollā Ḫalīl besaß einen Nachlass von 83,5 Ġuruş und hatte Schulden in Höhe von 217 Ġuruş.
36/a, 45/b	15.03.1758 bzw. 16.08.1758	Der verstorbene Gefolgsmann *(çuḳadar)* namens Uzun Muṣṭafā Aġa, der aus Bagdad kam, hinterließ einen Nachlass im Wert von 460 Ġuruş, Schuldscheine im Wert von 500 und 700 Ġuruş, sowie seine Mutter und seine Frau mit minderjährigen Kindern.
68/b, 62/c, 65/a (Klage der Gattin des Verstorbenen wegen eines freigelassenen Sklaven), 65/b, 65/c 64/d, 64/e	13.11.1758	Der bewegliche Nachlass des aus Bagdad stammenden und in Kirkuk verstorbenen ʿAlī Beg, ehemaliger Sklave von Meḥmed Efendi, Voyvoda von Mardin, wurde nach Bagdad gebracht und verkauft. Der Erlös von 416 Rūmī Ġuruş ging an den Erben ʿAbdullāh Beg, den leiblichen Sohn von Meḥmed Efendi, seinem ehemaligen Herrn (Text 68/b, datiert auf den 13.11. 1758). ʿAlī Beg hatte noch seine Frau, seine Tochter und Mutter als weitere Erben, wobei der Gesamtnachlasswert in Höhe von 3161 Ġuruş

163 Vgl. hierzu auch Neumann, Christoph K.: „Arm und Reich in Qaraferye“, in: *Der Islam* Bd. 73 (1996), S. 259–312.

https://doi.org/10.1515/9783110675146-009

Text	Datum	Inhaltszusammenfassung
		nach Abzügen immerhin noch 2645 Ġuruş betrug und laut Text 65/c vom 01.06.1759 an diese verteilt wurde.
15/f (JUR), 16/a,	17.11.1758	Der Verstorbene, Monlā Muṣṭafa Bin Ḥāccī Ḳāsim, der aus Urfa stammte und in Mardin wohnte, hinterließ fünf Erben (Mutter und Geschwister) und verfügte über einen Nachlass von 396,5 Ġuruş.
54/b, 54/c, 54/f, 58/d, 59/b, 59/c, 59/d, 59/e, 60/b, 60/c 64/c	23.10.1758	Der verstorbene Leibwaffenträger und zur Eintreibung von Kanzleigebühren *(ḳalemīye)* Beauftragte namens ʿArab Paşazāde Meḥmed Beg starb auf dem Weg von Bagdad nach Istanbul, wobei er Kanzleigebühren und eigenen Nachlass von 1332,5 Ġuruş mit sich führte.
68/a	25.11.1758	Der verstorbene Verwalter der Ḳāsim Padışāh-Stiftungen namens İsmaʿīl hinterließ einen einzigen Erben und besaß einen Nachlass von 274 Ġuruş.
22/c	08.09.1759	Der Verstorbene, ʿOs̱mān Aġa bin Ḳara ʿOs̱mān, der aus Kütahya stammt, war Bölükbaşı des Valis von Mossul und besaß einen Nachlass von 29,5 Ġuruş.
20/c	02.09.1759	Der Verstorbene, Ḥāc Meḥmed Bin Seyyid Aḥmed hinterließ drei Erben, dessen Nachlass von 40 Ġuruş über eine Vormundschaftsregelung unter ihnen aufgeteilt wurde.
33/d	09.09.1759	Der aus Harput stammende verstorbene Süleymān ʿAlemdār bin Receb hinterließ vier Erben und besaß einen Nachlass von 945,5 Ġuruş.
63/b	20.11.1759	Der Verstorbene ʿAbdülbāḳī Efendi bin Meḥmed Çelebi war Kadi von Nuṣaybīn. Er hatte zwei unmittelbare Erben und sechs mittelbare Erben. Er hinterließ einen Nachlasswert von 338 Ġuruş neben einem als Stiftung geführten Haus und einem zur Hälfte als Stiftung geführten Garten.

Wie obiger Tabelle zu entnehmen ist, finden sich fünf Nachlassfälle, bei denen es um einem Nachlasswert unter 100 Ġuruş geht, und neun Nachlassfälle, bei denen es sich um einen Nachlasswert ab 100 Ġuruş handelt. Darüber hinaus werden in sieben Fällen Vormundschaftsregelungen besprochen.

Drei Nachlassfälle stechen dabei besonders hervor: Zum einen der Fall des aus Bagdad stammenden und in Kirkuk verstorbenen ʿAlī Beg, der ehemals Sklave von Meḥmed Efendi, Voyvoda von Mardin, war und dessen Gesamtnachlass sich auf ungefähr 3161 Ġuruş belief (Text 65/c). Hierbei ist neben dem auffallend hohen Nachlasswert durchaus bemerkenswert, dass auch der Verstorbene, der selbst früher Sklave war, wiederum Sklaven besaß, die er offenbar zu seinen Lebzeiten freigelassen hatte. Die Rechtmäßigkeit deren Freilassung wurde in einer Klage seitens der Witwe des Verstorbenen (Text 65/a) angezweifelt. Die Klage wurde abgewiesen.[164]

Ein weiteres sehr markantes Beispiel ist dasjenige des Leibwaffenträgers namens ʿArab Paşazāde Meḥmed Beg, der auf dem Weg von Bagdad nach Istanbul verstarb und einen hohen Betrag von Kanzleigebühren sowie einen eigenen Nachlass über 1332,5 Ġuruş mit sich geführt hatte. Die schleppende Rückerstattung dieser Gebühren trug wahrscheinlich zur Absetzung des damaligen Voyvodas von Mardin, ʿÖmer Aġa, bei. In Text 64/c, der leider nicht datiert ist, aber vermutlich dem Kontext nach zuletzt geschrieben wurde, stellt sich die Brisanz des Sachverhalts unmissverständlich dar: Sämtliche ausstehenden Beträge samt Eigentum und Dinge des Verstorbenen sollten mit seinem Hausrat nun konfisziert und nach Istanbul verbracht werden.[165]

Der dritte Eintrag (Text 33/d) handelt von dem aus Harput stammenden Verstorbenen Süleymān ʿAlemdār bin Receb, der vier Erben und einen Nachlass von 945,5 Ġuruş hinterließ. Auch dieser Verstorbene mit dem Titel „ʿalemdār" stand wahrscheinlich im Dienste der Obrigkeit, wobei jedoch hierzu keine weiteren Angaben zu finden sind. Bei seinen Verwandtschaftsbeziehungen fällt auf, dass dessen Frau vermutlich Tochter eines konvertierten Sklaven war.[166] Vergleichsweise bescheiden zeigt sich hingegen der Reichtum des verstorbenen Kadis von Nuṣaybīn, ʿAbdülbāḳī Efendi bin Meḥmed Çelebi mit seinem Nachlass

---

164 Nach abgewiesener Klage (Text 65/a, datiert auf den 28.05.1759) erfolgte ein Fermān zur genauen Prüfung des Nachlasses (Text 65/b, datiert auf den 02.06.1759) und eine endgültige Nachlassaufstellung (Text 68/b, datiert auf den 13.11.1758). Text 64/d und 64/e handelten von einer auf diesen Nachlassfall bezogene Vormundschaftsregelung.

165 Die Texte, die vom Nachlass von ʿArab Paşazāde Meḥmed Beg handelten, sind Text 54/b, vom 23.10.1758, 54/c, ein Bemerkungszusatz zu Text 54/b datiert auf den 28.10.1758, des Weiteren Text 58/d, 59/b, 59/c, 59/d, 59/e, 60/b, abwechselnd mit dem 21.01.1759 datiert bzw. undatiert und Text 60/c, vom 03.04.1759. Alle Einträge, abgesehen von Text 54/b und 54/c, sind aufeinander folgend abgefasst. Ein weiterer Text hierzu ist 64/c, bei dem es sich um eine Beschlagnahme handelt. Der Name des Verstorbenen kann nicht ermittelt werden, allerdings müsste dem Kontext nach dieser Text höchstwahrscheinlich zu diesem Sachverhalt gehören.

166 Ob Faṭme, die Frau des Verstorbenen mit der Abkunftsangabe „bint ʿAbdullah" tatsächlich Tochter eines Sklaven war, ist deswegen wahrscheinlich, da der Name ʿAbdullah im 18. Jahrhundert bei freien Bürgern relativ unpopulär war (dieses erschließt sich aus Namensvergleichen innerhalb des Sicills). Eine klare Angabe, ob es sich beim Vater dessen Frau tatsächlich um einen Sklaven handelt, erkennt man jedoch nur daran, wenn es sich um eine eigenständig genannte Person namens ʿAbdullah ohne die weitere Abkunftsangabe „bin" oder „bint" handelt. Die älteste Tochter von Süleymān ʿAlemdār bin Receb war offenbar mit einem Bruder ihrer Mutter namens Meḥmed *(Meḥmed bin ʿAbdullah)* verheiratet.

von lediglich 338 Ġuruş (Text 63/b). In ähnlicher Höhe finden sich Nachlasswerte weiterer Gefolgsmänner oder auch Stiftungsverwalter.

Bei der Aufstellung der Nachlasswerte sticht hervor, dass ausschließlich der Nachlass von Notabeln konfisziert wurde und zudem das Nachlassvermögen der zwei Begs ʿAlī Beg und ʿArab Paşazāde Meḥmed Beg auffällig hoch war. Hintergrund der Konfiszierung (*müṣādere*) der Habe von verstorbenen Notabeln, die im Dienst des Sultans standen, ist die administrative Gleichsetzung der „Diener des Sultans" (*ḳul)* mit herkömmlichen Sklaven, deren Habe nach ihrem Tod üblicherweise von ihrem Besitzer konfisziert wurde.[167] Hinsichtlich der Reʿāya finden sich im Sicill keine Nachlasslisten, sondern lediglich acht Einträge zu Nachlassregelungen, wobei diese von der Regelung zur Versorgung Minderjähriger handeln und keine Konfiszierungen darstellen.[168] Bei den Funktionsträgern und Notabeln legte die osmanische Zentralverwaltung offenbar viel Wert auf die Konfiszierung des Nachlasses, wobei die Gründe häufig wirtschaftlicher Art waren, da – wie am einzelnen Fall der jeweiligen Quellen im Sicill betrachtet – auch häufig Schulden gegenüber dem Staat oder anderen Personen der Grund einer Konfiszierung war.[169]

9 Steuern

Im Folgenden wird zunächst ein kurzer chronologischer Abriss über die Inhalte der jeweiligen steuerbezogenen Einträge aus dem Sicill gegeben, die im Nachfolgenden kommentiert werden.

---

167 Erdem, Y. Hakan: *Slavery in the Ottoman Empire and its Demise, 1800–1909*, London 1996, S. 6; vgl. auch Murphey (2017), S. 35–48.

168 Zum Thema der Versorgung von Minderjährigen siehe Texte 10/f, 6/d, 13/e, 13/f, 35/c, 15/a, 17/e und 57/f.

169 Vgl. Neumann, C. K.: „Birey olmanın alameti olarak tüketim kalıpları: 18. Yüzyıl Osmanlı meta evreninden örnek vakalar", in: *Tarih ve toplum yeni yaklaşlar*, Bd. 8 (2009), S. 7–47. Vgl. auch Bosworth, C.F. et al.: „Raʿiyya", in: *EI*², online: http://dx.doi.org/10.1163/1573-3912_islam_COM_0905.

https://doi.org/10.1515/9783110675146-010

Tabelle 12: Chronologisch aufsteigende Textnummern mit steuerbezogenen Kurzsachverhalten

Eintrag	Vorgangsbeschreibung	Bemerkung
Text 25/b (JUR), v. 26.06.1757[170]	Buyuruldu zur Annullierung von Proviantbereitstellungsverpflichtung seitens Mardin wegen Knappheit und Plagen bzgl. Feldzug gegen Jesiden[171]	Hinweis auf Knappheit, Krieg und Plagen
Text 25/d, datiert auf den 07.01.1757	Ausgabenaufstellung bzgl. Übergabe von 6025 Ġuruş Jahressteuer für Passierende und zur Bestrafung von Millī Ḥuseyn Aġa,[172] unter Erwähnung von Meldereitern, Trommlern etc.	Hinweis auf Krieg gegen Anführer von Millī-Stamm
Text 26/a (JUR), datiert auf den 03.07.1757[173]	Ernennungsurkunde zur Übergabe der Ausgabensumme von 6025 Ġuruş Jahressteuer für Passierende und zur Bestrafung von Millī Ḥuseyn Aġa	Hinweis auf Krieg gegen Anführer von Millī-Stamm
Text 29/a, im August 1757	Fermān zur Eintreibung von Friedenshilfsgeldern über 20 000 Ġuruş in zwei Ratenzahlungen in der Provinz von Diyarbekir	Hinweis auf Krieg wegen Einforderung von Friedenshilfsgeldern
Text 29/b (JUR), datiert auf den 15.09.1757[174]	Anordnung zu Fermān über Eintreibung von Friedenshilfsgeldern. Die erste Ratenzahlung an Friedenshilfsgeldern, gerechnet bis zum Jahr 1171 soll mittels eines Beauftragten *(mübāşir)* nach Diyarbekir geschickt werden.	Hinweis auf Krieg wegen Einforderung von Friedenshilfsgeldern
Text 29/c datiert auf den 24.09.1757	Mektūb zu Fermān bzgl. Eintreiben von Friedenshilfsgeldern über 10000 Ġuruş durch İbrāhīm Paşa.	Hinweis auf Krieg wegen Einforderung von Friedenshilfsgeldern
Text 30/c, datiert auf den 22.10.1757	Nişān-ı şerīf: Steuer-Berāt-Erteilung zur Cizyeeintreibung gerechnet bis zum Jahr 1172.[175]	

170 Vgl. Niemöller (2013), S. 60–61.

171 Jesiden befanden sich während der osmanischen Herrschaft außerhalb des Millet-Systems, da ihre Religion nicht zu den Buchreligionen zählte. Die Folge dieses Ausschlusses vom Millet-System war wohl, dass sie eine abgeschlossene Gesellschaft bildeten, die Überfälle etc. verübte. Zwischen 1767 und 1809 wurden acht Mal Feldzüge der osmanischen Pashas durchgeführt; vgl. Noyan (2005), S. 122–130.

172 Vermutlich Anführer des kurdischen Millī-Stammes, eines Volkstammes in Mardin, der einige lokale Führungspersonen hervorbrachte; vgl. Göyünç (1969), S. 46.

173 Vgl. Niemöller (2013), S. 62–63.

174 Vgl. Niemöller (2013), S. 63–64.

175 Insgesamt 2344 zu verteilende Steuerscheine, d.h. 240 hohe, 1594 mittlere und 520 niedrige Scheine; Umrechnungskurs: für die hohe 11 Ġuruş, für die mittlere 5½ Ġuruş und für die niedrige Klasse 2¾ Ġuruş.

Eintrag	Vorgangsbeschreibung	Bemerkung
Text 32/f, datiert auf den 02.01.1758	Verpflichtungs- und Dankeserklärung zu Steueraufschub.	Hinweis auf Krieg wg. Einforderung von Friedenshilfsgeldern, Zahlungsrückstand
Text 32/b (JUR), datiert auf den 27.12.1757[176]	Buyuruldu zur Übergabe von immer noch fehlenden 1000 Ġuruş Friedenshilfsgeldern, daher Entsendung von Beauftragten.	Hinweis auf Kriege wegen Einforderung von Friedenshilfsgeldern, Zahlungsrückstand
Text 32/c, nicht datiert	Mektūb zur Übergabe von fehlenden Friedenshilfsgeldern gerechnet bis zum Jahr 1171 mit geforderter Menge Reis.	Zahlungsrückstand
Text 32/d, datiert auf den 09.01.1758	Buyuruldu zur Übergabe von Friedenshilfsgeldern über 1000 Ġuruş, die aus dem Jahr 1749 stammen.	Aufforderung, Altschulden zu begleichen
Text 32/e, datiert auf den 16.01.1758	Eintrag von Zahlungsanweisung einer eingegangenen Cizye-Steuernachzahlung von 1000 Ġuruş, die über die Cizye-Steuererhebung, gerechnet bis zum Jahr 1172, eingesammelt werden sollen (Bezug auf 69/d und 58/a).	
Text 34/a, datiert auf den 16.02.1758	Umlage- und Ausgabenverzeichnis über Ausgabenberechnung für Poststationen für Mardin und Nuṣaybīn, umgelegt auf Dörfer und Stämme, insges. 18810 Ġuruş, verrechnet mit Ausgaben für Poststationen etc. (Text 34/a bezieht sich auf Text 35/a (JUR)).	
Text 35/a (JUR), datiert auf den 16.02.1758	Richterliche Anordnung zu Steuereintreibung: Steuern über insges. 36258 Ġuruş. Hier wurden 18810 Ġuruş als umgelegte Jahressteuer bezahlt. 15427 Ġuruş blieben für Betreiben der Poststationen übrig, zuzügl. Restzahlung von 2021 Ġuruş, d.h. insges. 17448 Ġuruş, die noch als Jahressteuer zu zahlen waren.	Zahlungsrückstand
Text 35/c und 35/d, vom 01.03.1758	Şarṭnāme über İltizām-Vergabe für das Betreiben der Poststationen	Sicherstellung von Steuergelderübergabe
Text 46/b, datiert auf den 31.03.1758 (D.)	Gesuch von Muḥarrem bin Ḥaydar, Anführer des Millī-Stamms, Timārbesitzer und Inhaber eines Berāt über 16 500 Aḳçe. Zahlungswidersetzung der Bewohner des Dorfes Pāzār-ı Zānḳraṭ (Şeyḫ Zūlī-Stamm) bei einer Halbpachtregelung. Laut Urteil	Eintreibung des Zehnten und weiterer Gebührenanteile, d.h. Abgabenüberlastung der Bewohner. Hinweis auf Kooperation

176 Vgl. Niemöller (2013), S. 65–66.

Eintrag	Vorgangsbeschreibung	Bemerkung
	hinterzogen die Bewohner Pachtgebühren. Muḥarrem bin Ḥaydar erhielt Recht.	mit Anführern von Millī-Stamm
Text 26/d, datiert auf den 26.04.1758	Steuerpacht-Vergabe *(iltizām)* für Wachsherstellung an (...) İlyās Çelebi. Um Wucherpreise zu verhindern, wurde der Preis fixiert.	
Text 69/d, datiert auf den 11.10.1758	Richterliche Anordnung zu Nachzahlung von Friedenshilfsgeldern bzgl. Fermān zur Einforderung von Friedenshilfsgelder über 20000 Ġuruş, die an den Vali von Diyarbekir, ʿAbdullāh Paşa, gerichtet ist (erste Rate: 10 000 Ġuruş + 1000 Ġuruş).	Hinweis auf Krieg wegen Einforderung von Friedenshilfsgeldern. 1000 Ġuruş Friedenshilfsgelder wurden noch nicht bezahlt, deswegen erneut laut Text 58/c gefordert.
Text 69/c, datiert auf den 14.10.1758	Buyuruldu zur Nachforderung von 1000 Ġuruş Friedenshilfsgelder vom Gerichtssprengel von Mardin in zwei Raten, an den Voyvoda von Mardin gerichtet	Hinweis auf Krieg wegen Einforderung von Friedenshilfsgeldern, Zahlungsrückstand
Text 55/c, datiert auf den 06.11.1758	Richterliche Anordnung zu Steuer-Erlass; erste Ratenzahlung von Friedenshilfsgeldern: eingetragene 1000 Ġuruş, an Nuʿmān Paşa, Vali von Diyarbekir gerichtet	Hinweis auf Krieg wegen Einforderung von Friedenshilfsgeldern, Zahlungsrückstand.
Text 55/b, datiert auf den 08.11.1758	Buyuruldu zu Fermān bzgl. erster Ratenzahlung von Friedenshilfsgeldern, u.a. an den Vali von Diyarbekir gerichtet	Hinweis auf Krieg wegen Einforderung von Friedenshilfsgeldern, Zahlungsrückstand
Text 58/c, datiert auf den 23.02.1759	Richterliche Anordnung zur Nachzahlung von Friedenshilfsgeldern über 20 000 Ġuruş, u.a. an den Voyvoda von Mardin gerichtet. Es fehlen für die zweite Rate 1000 Ġuruş, (bezieht sich auf Text 69/d).	Hinweis auf Krieg wegen eindringlicher Einforderung von Friedenshilfsgeldern, Zahlungsrückstand
Text 58/a, datiert auf den 28.02.1759	Auflistung von Umlagegeldern. 21 120 Ġuruş Umlagesumme; 22 120 Ġuruş Ausgaben, davon 1000 Ġuruş noch übrig, Ausgaben für Arbeiten an Poststationen insgesamt 19 000 Ġuruş.	
Text 58/b, 28.02.1759	Buyuruldu zum Eintreiben von zweiter Rate von Friedenshilfsgeldern, u.a. an den Voyvoda von Mardin gerichtet. (Ermahnung bezogen auf Text 58/c).	
Text 0003, vom 24.03.1758, 04.09.1758 und 19.03.1759	Übergabeprotokoll von Cizye-Geldern mit Verpflichtungserklärung zu fehlenden Geldern	Erwähnung von Fehlbeträgen
Text 23/a, datiert auf den 01.07.1759	Fermān an den Nachfolger des ehemaligen Vali von Diyārbekir wegen Austausch der Kanzleigebühren der Abgabeneinheit des	

Eintrag	Vorgangsbeschreibung	Bemerkung
	Sancak Ḫābūr nach Diyarbekir und der dort lebenden arabischen Bevölkerung sowie umgekehrt.[177]	
Text 23/b (JUR), ohne Datum[178]	Fermān (vermutlich an den Vali von Bagdad) wegen Austauschs der Kanzleigebühren der Abgabeneinheit des Sancak Ḫābūr nach Diyarbekir und der dort lebenden arabischen Bevölkerung sowie umgekehrt.	
Text 39/d, datiert auf den 07.08.1759	Nişān-ı şerīf, Steuer-Berāt-Erteilung mit Korrektur der zu berechnenden Jahre wegen Cizye- Eintreibung.	Ein Monat wurde wegen Unterschied zwischen Gregorianischem und Hicra-Kalender unterschlagen.
Text 45/a, undatiert	Nişān-ı şerīf, Steuer-Berāt-Erteilung wegen Cizye-Eintreibung ab dem 30.03. 1767, an Vali von Bagdad ʿÖmer Paşa übertragen: (231 hohe, 1602 mittlere und 521 niedrige Scheine, insges. 2344 Scheine).	Gleicher Umrechnungskurs wie bei Text 30/c.
Text 21/a, datiert auf den 12.08.1759	Nişān-ı şerīf, Steuer-Berāt-Erteilung wegen Cizye-Eintreibung ab dem 25.08.1759, mit insgesamt 2344 Cizye-Scheinen (230 hohe, 1594 mittlere und 520 niedrige Scheine).	In Text 30/c ist die gleiche Anzahl Scheine angegeben, vielleicht vergeblicher Versuch, Cizye-Steuer einzutreiben. Gleicher Umrechnungskurs wie bei 30/c.
Text 63/a, datiert auf den 10.11.1759	Umlageverzeichnis und Steuergelderaufstellung über 9415 Ġuruş Umlagesumme, an den Vali von Diyarbekir ʿAbdullāh Paşa Efendi gerichtet. Es wurde nun alles, auch die fehlenden 1000 Ġuruş Friedenshilfsgelder abbezahlt.	9415 Ġuruş Ausgaben, offenbar Abrechnung von Restposten. Hinweis auf Krieg gegen den Stamm der Millī Maḥmūd.

Die Themenkomplexe der steuerbezogenen Texte bilden zum größten Teil Einträge, die sich mit der Jahressteuer bzw. dem Betreiben von Poststationen beschäftigen, Einträge, welche die Kopfsteuer zum Thema haben und vor allem ein sehr großer Anteil an Einträgen, deren Thema Friedenshilfsgelder sind. Die Friedenshilfsgelder wurden ab der zweiten Hälfte des 18. Jahrhunderts eingeführt, um den

177 Übergangsperiode zwischen Abtritt des Vali Nuʿmān Paşa und Antritt von ʿAbdullah Paşa im Jahr 1759.

178 Vgl. Niemöller (2013), S. 58–60.

Unterhalt von Söldnerheeren und die Haushalte der Provinzverwalter zu finanzieren und mit dieser Steuer gleichzeitig – allerdings vergeblich – illegale Abgaben *(bād-ı hevā)* zu unterbinden.[179] Das Einfordern von Friedenshilfsgeldern weist, wie auch schon in vorangehender Tabelle immer wieder erwähnt, auf kriegerische Auseinandersetzungen hin, zu deren Kostenbegleichung die Aufwände über diese Steuerart ausgeglichen wurden. Vor allen in den Jahren 1758 und 1759 versuchte die Hohe Pforte offenbar mit größten Schwierigkeiten, ausstehende Forderungen beglichen zu bekommen. Großer Wert wurde hierbei auch auf den Erhalt der Infrastruktur gelegt. Eine wichtige Rolle spielte hierbei die Unterhaltung von Poststationen, die sowohl für den Steuertransfer als auch für die Proviant- und Nachschubversorgung bei Kriegen unabdingbar waren.

So sah die osmanische Zentralverwaltung beispielsweise kriegerische Auseinandersetzungen mit dem Iran – worauf der Satz "şarḳ cānibine sefer ẓuhūr ėder ise" (dt.: in Richtung Osten einen Feldzug führen) in Text 35/c, datiert auf den 01.03.1758, hinweist – als immer noch nicht gebannt an.[180] Auffällig ist bei Text 34/a, der die Ausgaben der Poststationen ausweist, dass die Nahrungsmittelmengen wesentlich geringer ausfielen, als beispielsweise im Jahr 1638, als Hilfstruppen aus der Krim für den Bagdad-Feldzug versorgt werden mussten.[181] Die zu organisierenden Kriege, die in dieser Umlage- und Kostenaufstellungsliste erwähnt wurden, mussten insofern von deutlich kleinerem Ausmaß gewesen sein. Dies beweist auch der Vergleich zur Bezahlung der Menzilcis: So erhielten diese im mazedonischen Raum im Jahr 1663 50 000 Ġuruş als Steuerpacht *(iltizām)*, im Jahr 1806 aber immerhin noch 30 000 Ġuruş. Hingegen fiel die Höhe einer Steuerpacht für Menzilcis im Raum Mardin deutlich niedriger aus. Beispielsweise wird in Text 35/d erwähnt, dass ein Menzilci eine Steuerpacht über 12 450 Ġuruş erhielt. Dies zeigt, dass die Region in der damaligen Zeit offenbar für die osmanische Zentralverwaltung politisch und wirtschaftlich vergleichsweise weniger wichtig war.

Die Folge davon waren sicherlich – wie in Text 36/b beschrieben – Nachlässigkeiten bzw. Korruption, die die Hohe Pforte mit drastischen Maßnahmen zu bekämpfen versuchte, indem sie nicht nur die Menzilcis, sondern auch die Nā'ibs zu bestrafen androhte. Hierbei ist anzumerken, dass der Begriff „iltizām" im Sicill

179 Vgl. Kurz (2003), S. 28–29.
180 Vgl. Neumann, Christoph K.: „Political and diplomatic developments", in: *The Later Ottoman Empire, 1603–1839*, Bd. 3, hrsg. von Suraya N. Faroqhi, Cambridge 2006, S. 44–62.
181 Vgl. Polat, Süleyman: „Kırım'dan Bağdat'a: 1638 Bagdat Seferinde Yardcı Kır kuvvetlerinin Menzil ve iaşe Organizasyonu", in: *Karadeniz Araştırmaları*, Nr. 42 (2014), S. 85–109. Siehe Ausgabentabellen für Poststationen.

nicht wie sonst üblich gleichbedeutend wechselweise mit dem Begriff „muḳāṭaʿa“ verwendet wird, sondern alleinig „Steuerpacht“ bedeutet. Der Begriff „muḳāṭaʿa“ hingegen wird hier ausschließlich als Abgabeneinheit verstanden (so beispielsweise in Text 26/d und 61/c).[182]

Das Thema der Umlagegelder für die Jahressteuer bzw. das Instandhalten der Poststationen behandeln drei Texte. Diese sind Text 34/a, datiert auf den 16.02. 1758, sowie Text 58/a, datiert auf den 28.02.1759 und Text 63/a, datiert auf den 10.11.1759. So wird in Text 34/a, ebenso wie in Text 58/a die Berechnung der Ausgaben für die Poststationen von Mardin und Nuṣaybīn dargelegt. Die – verglichen zu anderen im Sicill verzeichneten – relativ hohen Ausgaben für die Poststationen wurden hierbei auf die umliegenden Stämme und Dörfer umgelegt und sollten erstattet werden. Aus einem weiteren auf Text 34/a bezogenen Eintrag, Text 35/a (JUR), datiert auf den 16.02.1758, erfährt man von noch ausstehenden Verbindlichkeiten des Vilāyets von immerhin 17448 Ġuruş, die sich auf die Arbeiten an den Poststationen *(menzil)* beziehen und die als eine noch ausstehende Jahressteuer im Defter registriert sind. Ein Jahr später erhöhten sich die Ausgaben auf 19 000 Ġuruş.[183] An den hohen Geldsummen zeigt sich, dass das Instandhalten der Poststationen nach wie vor ein vitales Interesse der Hohen Pforte zur Kontrolle der Region war, wobei sie hohe Schulden billigend in Kauf nahm.

Zu Beginn des Jahres 1758 gab es laut Text 34/a einen regen Meldereiter-Austausch zwischen Hoher Pforte und Region, wobei alle Gesandten auch mit Proviant versorgt und bezahlt werden mussten. Im Sicill ist aus den Kostenaufstellungen hierzu zu entnehmen, dass die Region um Mardin im beobachteten Zeitraum immer noch von kriegerischen Auseinandersetzungen beherrscht war. So handelt beispielsweise Text 63/a, datiert auf den 10.11.1759 von Umlagekosten der Jahressteuer, die sich auf den Feldzug gegen den kurdischen Stamm der Millī Maḥmūd[184] beziehen, wobei auch aus Text 44/a von drohenden Rebellionen

---

182 Der Ausdruck „muḳāṭaʿa“ bedeutete im ursprünglichen Sinne „eine Steuereinnahmenquelle vergeben“ und wurde später als Abgabeneinheit einer zu vergebenden Steuereinnahmenquelle verstanden, welches sich mit der Lesart im Sicill deckt. Vgl.Öncel, Fatma: „Land, Tax and Power in the Ottoman Provinces: The Malikane-Mukataa of Esma Sultan in Alasonya (c.1780–1825)“, in: *Turkish Historical Review*, Bd. 8, Nr. 1 (2017), S. 54–74.

183 Vgl. Kostenaufstellung für Ausgaben für Poststation von Mardin und Nuṣaybīn in Text 58/a, datiert auf den 28.02.1759.

184 Als rebellisch geltender Stamm, vgl. Türkay, Cevdet: *Osmanlı İmperatorluşunda Oymak, Aşiret ve Cemaatlar*, Istanbul 2001, S. 500; vgl. Text 25/d, Text 26/a (JUR).

kurdischer Stämme zu erfahren ist, die die Region offenbar bereits destabilisierten.[185] Auch wurden in einigen weiteren Einträgen im Sicill Knappheit und Plagen ebenso wie diverse Feldzüge gegen Jesiden oder auch Bestrafungsaktionen gegenüber einem gewissen Millī Ḥuseyn Aġa, der ein Anführer eines rebellischen Millī-Stammes war, erwähnt. All diese genannten kriegerischen Umstände erklären, warum die osmanische Zentralverwaltung trotz allem das Interesse besaß, die Poststationen in der Region von Mardin instand zu halten.[186]

Aus Text 35/c und 35/d, beide auf den 01.03.1758 datiert, entnimmt man, dass die osmanische Zentralverwaltung sehr stark daran interessiert war, die Poststationen professionell verwalten zu lassen und entsprechende Vertragsnehmer zum Betreiben der Poststationen über die Vergabe von Steuerpachten *(iltizām)* zu verpflichten.[187] Hierzu vergab die osmanische Zentralverwaltung, obwohl ab dem Jahr 1695 als eine neue Steuerpachtvariante die Steuerpacht auf Lebenszeit *(malikāne)*, eingeführt wurde, weiterhin zeitlich begrenzte Steuerpachten.[188] Ziel war es, auf diese Weise Verfehlungen der Steuerpächter besser kontrollieren zu können. Wie man aus einigen Texten des Sicills erfährt, hatte die osmanische Zentralverwaltung mit Steuerbetrug an strategisch wichtigen Orten wie den Poststationen zu kämpfen.

Auch wenn, wie in Text 35/c und 35/d des vorliegenden Sicills beschrieben, die Menzilcis ein İltizām erhielten, hatten Meldereiter ihnen offenbar häufig vier Mal so hohe Gebühren zu bezahlen. Stattdessen erhielten sie aber nur in schleppendem Tempo Lastpferde, wie man aus Text 36/b, 26.10.1757 (D.), erfährt. Üblicherweise hatten die Meldereiter, wenn sie nicht eine Ausnahmegenehmigung *(enʿām ḥükmi)* erhielten, eine festgelegte Miete *(ücret)* für den umgehenden Erhalt von Lastpferden zu entrichten, wobei die sogenannte Miete später von den lokalen Behörden, als Reisespesen an die Meldereiter wieder ausgezahlt und

---

185 Text 44/a handelt von der Einsetzung des Wesirs von Bagdad und Basra namens ʿÖmer Paşa, um die politisch kritische Lage wegen der Bedrohung durch kurdische Stämme zu stabilisieren.

186 In Text 25/d, datiert auf den 07.01.1757, wird in der Ausgabenaufstellung ein Feldzug gegen einen Anführer des Millī-Stammes namens Ḥuseyn Aġa erwähnt. Plündernde Jesiden werden in Text 25/b (JUR), datiert auf den 26.06.1757, einem Buyuruldu an den Voyvoda von Mardin erwähnt. Gemäß dem Buyuruldu wurde auf das Bereitstellen von Vorräten auf Grund von Hungersnöten, Knappheit und Plagen verzichtet. Vgl. Niemöller (2013), S. 61–63; vgl. auch Aydın (2000), S. 168–169.

187 Hier die Steuerpacht-Vergaben zum Gesamtwert von 26 450 Ġuruş, vgl. Text 35/d und 35/e, jeweils datiert auf den 01.03.1758.

188 Diese wurde ab dem Jahr 1695 eingeführt, vgl: Çizakça, M.: „Tax-farming and Financial Decentralization in the Ottoman Economy, 1520–1697", in: Journal of European Economic History, Bd. 22 (1993), S. 219–250.

letztlich über Steuern auf die Bevölkerung umgelegt wurde.[189] Dabei besaßen Meldereiter normalerweise umfangreiche Rechte, etwa dass diese selbst Leuten, denen sie unterwegs begegneten, bei Bedarf deren Pferde abnehmen durften, um diese für sich zu verwenden.[190] Hingegen schien in den Poststationen der Region Mardin wegen einer steigenden Anzahl an Meldereitern oder auch wegen Räuberei zu wenig Lastpferde bereitgehalten worden zu sein, weswegen – wie auch in Text 35/d beschrieben – es häufig üblich war, dass die Menzilcis den Reʿāya einfach Tiere ohne Entschädigung wegnahmen, wenn der Bestand an Transporttieren knapp wurde.[191]

Man erfährt also von einer Vielzahl von Bedrohungsszenarien, gegen die sich die Osmanische Zentralverwaltung zu schützen versuchte. Der Umstand, dass vor allem Friedenshilfsgelder in umfänglichem Maße eingefordert wurden, bestätigt umso mehr die Tatsache, dass sich die Hohe Pforte dennoch häufig in wahrscheinlich kleineren militärischen Verwicklungen in der Region um Mardin befand.[192] Aus Text 29/b (JUR), datiert auf den 15.09.1757, erfährt man von einer ersten Ratenzahlung der Friedenshilfsgelder. Gegen Ende des Jahres 1757 hat sich die wirtschaftliche Lage offenbar immer noch nicht sichtbar gebessert. Dies liest man aus Text 32/f, datiert auf den 02.01.1758, der in Verbindung mit einem Geschenk eine Verpflichtungs- und Dankeserklärung seitens der Stadt Mardin zum gewährten Steueraufschub darstellt.

Aus Text 32/b (JUR) vom 27.12.1757 entnimmt man jedoch einem Buyuruldu aus Diyarbekir, der an den Kadi von Mardin gerichtet ist, dass die Provinz Mardin die fehlenden Friedenshilfsgelder immer noch nicht nach Istanbul geschickt hat und diese unverzüglich *(bir gün ve bir sāʿat muḳaddem)* nach Istanbul gesandt werden sollten. Schließlich entnimmt man präziser aus Text 36/d, datiert auf den 11.03.1758 (D.), aus welchem Zeitraum die noch ausstehende Cizye-Steuer von 1000 Ġuruş stammt: Es handelt sich um Schulden aus dem Jahr 1736. Dies belegt einerseits, dass die Region eine sehr lange Zeit zumindest wirtschaftlich und möglicherweise daher auch politisch fragil war, andererseits die bürokratische Hartnäckigkeit und Präzision der hohen Pforte. Zwei Monate zuvor wurde schon

189 Vgl. Kurz (2003), S. 140–148. Vgl. auch Eintrag 34/a hinsichtlich der Umlagegelder für Meldereiter.

190 Auch in Text 35/e ist zu lesen, dass Meldereiter den Leuten einfach Lastpferde wegnahmen. Der Grund hierzu war die Berechtigung der Meldereiter *(tatar/ulak)*, Leuten bei Bedarf Pferde wegzunehmen – wobei die Leute sich selbst darum kümmern mussten, ihre Tiere wieder zurückzuerhalten. Vgl. Zdraveva, Milka: „The Menzil service in Macedonia, Particularly Around Bitolj, in the Period of Turkish Domination", in: *Études balkaniques*, Nr. 2 (1995), S. 82–88.

191 Zdraveva (1995), S. 82–88.

192 Vgl. auch Gürhan (2012), S. 183–188.

einmal laut Text 32/e vom 16.01.1758 hierzu nachgehakt. Um die noch ausstehende Ratenzahlung ging es auch in Text 55/c vom 06.11.1758. Auch Ende 1758 und Anfang 1759 wird diese Summe von 1000 Ġuruş immer wieder in die jeweilige Abrechnung eingebracht (Text 69/d, 69/c und 58/c). Letztlich wurde erst am 10.11.1759 laut Text 63/a dieser seit langem ausstehende Posten abbezahlt.

Ein weiterer Teil der Steuereinnahmen wurde durch die Einbindung von Stammesanführern in das staatliche Steuersystem generiert. Diese erhielten vom Staat, um neue Einnahmequellen zu erschließen und deren Loyalität sicherzustellen, beispielsweise Privilegientitel in Form einer Steuerpacht *(iltizām)*, wobei dies zu Lasten von schwächeren Stammesverbänden ging. Text 46/b, datiert auf den 31.03.1758 (D.), bei dem es sich um einen Fermān aus Istanbul handelt, schildert die Gesuchstellung eines Mannes namens Muḥarrem bin Ḥaydar, Anführer des Millī-Stammes und Inhaber eines Steuerprivilegientitels *(berāt)* über eine Pfründe *(timār)*[193] in Höhe von 16 500 Aḳçe. Der Stamm der Şeyḫ Zūlī, der ihm untergeben war, sollte neben den Zehnten auch den Vierten[194] an Steuern bezahlen, wobei er sich weigerte, dies zu tun. Im 16. Jahrhundert war der Şeyḫ Zūlī-Stamm noch gänzlich von Steuern befreit gewesen, was sich laut diesem Text offenbar radikal geändert hatte.[195] Es muss sich hierbei vermutlich um eine Halbpacht-Regelung mit daraus resultierender erhöhter Besteuerung gehandelt haben. Hinweis dafür ist der Ausdruck „müşterik", der zwar eigentlich „Teilhaber" bedeutet, aber in diesem Kontext nur im Sinne von „ortakçı" d.h. Teilpächter verstanden werden kann. Im Falle dieses Gesuchs erhielt Muḥarrem bin Ḥaydar mit seinem Gesuch Recht. Auch entnimmt man diesem Text, dass die Hohe Pforte zu dieser Zeit das Entstehen von immer wieder neuen Abgabenarten billigte. Im Osmanischen Reich wurden – wie auch an diesem Eintrag zu erkennen – über Halbpachtregelungen Stämme dazu eingesetzt, die Produktion zu steigern, in dem diese Brachland kultivierten, wobei sie gleichzeitig besonders hoch besteuert wurden. Dieser Umstand führte dazu, dass häufig der beabsichtigte Anreiz für die Kultivierung wieder zunichte gemacht wurde. Ähnliches hat Halil Inalcik beschrieben, nämlich dass unbewohnte Ländereien an Eliteangehörige vergeben

---

193 Diese Pfründe dienten Anfang des 16. Jahrhunderts fast ausschließlich dem Militär, wurden dann aber in Steuerpachten für Zivilisten umgewandelt. Später wurde die Steuerpacht auf Lebenszeit eingeführt *(malikāne)*, die mit Immunitätsprivilegien und politischer wie polizeilicher Machtzunahme verbunden war. Vgl. hierzu Kurz (2013), S. 7.

194 Auch der Steuer-Vierte wurde in diesem Text mit dem Euphemismus der „Zehnten-Abgabe" bezeichnet.

195 Laut älteren Quellen galt dieser Stamm, der Anfang des 17. Jh. noch das Dorf Şeyḫ Zūlī bewohnte, das zwischen Mardin und Diyarbekir lag, als steuerbefreit. Vgl. Göyünç (1969), S. 36.

wurden, was zu Farmpacht und in der Folge auch zur Ausnutzung der Bauern führte.[196]

Text 62/e, vom 03.09.1759, bei dem es sich um einen Fermān aus Istanbul handelt, spiegelt anschaulich wieder, wie Istanbul versuchte, auch über staatliche Domänen, in diesem Fall einem Hauptfalkner einer Falken-Domäne bei Diyarbekir, immer wieder neue Formen von Abgaben zu generieren. In diesem Fall handelt es sich um eine Sonderbesteuerung von Personen, die auf einer Falken-Domäne lebten, aber seit einer bestimmten Zeit keine Falken an die Hohe Pforte brachten. Bei dieser speziellen Abgabe wurden Zimmis doppelt so stark belastet wie die Muslime. Ferner wurden in diesem Text alle möglichen Sondersteuern z.B. Windgebühren *(bād-ı hevā)* mit dem Zusatz „und weiterer" erwähnt, was darauf hinweist, dass es üblich war, immer wieder neue Abgabenarten zu generieren. Andererseits wurden beispielsweise in Text 37/b, einer Anordnung, Windgebühren verboten. Auch in Text 67/e, bei dem es sich um eine Amtseinsetzung zum Stellvertreter *(ḳā'immaḳām)* handelt, wurde hierzu der Stellvertreter, dessen Funktion eher niederrangig war, von Mardin bei seiner Amtseinsetzung eindringlich gewarnt, solche Sondersteuerarten mit erfindungsreichen Bezeichnungen wie „Amtsübertragungsgebühr" *(tevcīhīye)*, „Inspektionsreisen-Gebühr" *(devrīye)* oder „Brautgebühr" *('arūsīye)* einzutreiben.[197] Gleichzeitig schienen laut den Texten 46/b und 62/e diese Sondersteuern von der Verwaltungsseite akzeptiert worden zu sein. Im Gegensatz zur Feststellung von Haim Gerber, dass Steuer-Überhöhungen im Osmanischen Reich nicht sehr häufig gewesen seien, entnimmt man dem Sicill ganz das Gegenteil, wobei die osmanische Zentralverwaltung offenbar keine eindeutige Haltung zu dieser Problematik einnahm. Vermutlich musste sie ein Gleichgewicht zwischen den Partikularinteressen einzelner Steuerpächter und ihrem eigenen Interesse schaffen.[198]

Was den formalen Aufbau von Umlageverzeichnissen anbetrifft, lassen sich folgende Dinge feststellen: Bei den drei verglichenen Texten mit den Umlageverzeichnissen weicht nur in geringfügiger Form die Reihenfolge der Orte und Stämme ab. In Text 34/a, datiert auf den 16.02.1758, werden noch 11 Stämme aufgeführt. In dieser Auflistung erscheint noch der Stamm der Şeyḫānlı Aḥmed, der allerdings ein Jahr später schon nicht mehr erwähnt wird. Es werden insgesamt 37 Dörfer und 2 Gutshöfe aufgeführt. Ein Jahr später werden in Text 58/a

---

196 Vgl. Inalcik (1994), S. 121.

197 37/b, datiert auf den 19.05.1758 (D.) teilweise ähnlich 67/e, datiert auf den 14.08.1759. Die Funktion des Ḳā'immaḳāms war eher niederrangig, vgl. Herzog, C.: *Osmanische Herrschaft und Modernisierung im Irak*, Bamberg 2012, S. 48; S. 52.

198 Gerber (1994), S. 164.

vom 28.02.1759 dieselben 37 Dörfer und Gutshöfe sowie 10 Stämme in fast identischer Reihenfolge aufgeführt. Lediglich der Stamm Şeyḫānlı Aḥmed wird nicht mehr erwähnt. Nachdem auf diesen Stamm ein eher durchschnittlicher Betrag von 100 Ġuruş umgelegt wurde, kann man weniger davon ausgehen, dass er wegen zu großer Einkommensschwäche nicht mehr angegeben und berechnungstechnisch mit einem anderen Stamm zusammengelegt wurde. Viel eher ist zu vermuten, dass er weggezogen war, da eine Zusammenlegung im Umlageverzeichnis Erwähnung gefunden hätte.[199]

Darauf folgend werden in Text 63/a, datiert auf den 10.11.1759, wieder in gleicher Reihenfolge wie in Text 58/a dieselben 10 Stämme, 39 Dörfer und 2 Gutshöfe aufgeführt. In Text 58/a sind die Dörfer Narlice und ʿAbandūr enthalten, die in Text 63/a nicht mehr erscheinen. Dafür kommen in diesem Text Dörfer namens ʿÖmer Şeyḫū, Davd Alī (...) und Tel (...) hinzu. Man bemerkt also, dass in diesem relativ kurzen Zeitrahmen relativ schnell Dörfer wegen zu großer Einkommensschwäche d.h. auch möglicherweise wegen Bevölkerungsschwundes zusammengefasst wurden, vollständig verschwanden oder auch wieder neu aufgebaut wurden, was für eine starke Fluktuation oder auch für Folgen von kriegerischen Zerstörungen und Umsiedlung bzw. Wiederaufbau sprechen könnte. Im Durchschnitt betrachtet stagnierte im beobachteten Zeitraum von 3 Jahren die Anzahl der Dörfer und Stämme.

Nun soll die auf die Dörfer umgelegte Jahressteuer verglichen werden. Im Sicill zeigen sich untenstehend – wie schon zuvor erwähnt – drei Textbeispiele, wobei ein Text hiervon (Text 63/a) eine Nachberechnung darstellt.

Tabelle 13: Abrechnungszeiträume der zu vergleichenden Jahressteuertexte

Textnummer	Abrechnungsdatierungen	Abrechnungszeitraum
34/a	24.07.1757 – 10.02.1758	ca. 7 Monate Abrechnungszeit
58/a	28.02.1759 – 28.02.1760	12 Monate Abrechnungszeit
63/a	28.02.1759 – 01.03.1760	8 Monate Abrechnungszeit, Nachberechnung

In untenstehendem Histogramm wird die auf die jeweiligen Dörfer entfallende unterschiedliche Höhe an Steuergeldern dargestellt.

199 Eine Zusammenlegung findet namentliche Erwähnung z.B. in Text 63/a: Der Stamm Şeyḫānlı Meḥmed wurde mit den Steuerhäusern von Birinfān zusammengelegt (maʿ ḫānāt-ı Birinfān), da die Umlagesumme von Birinfān wohl zu gering war und zusammen nur 70 Ġuruş betrug. Ein Jahr zuvor betrug die Umlagesumme für den Stamm Şeyḫānlı Meḥmed alleine noch 100 Ġuruş.

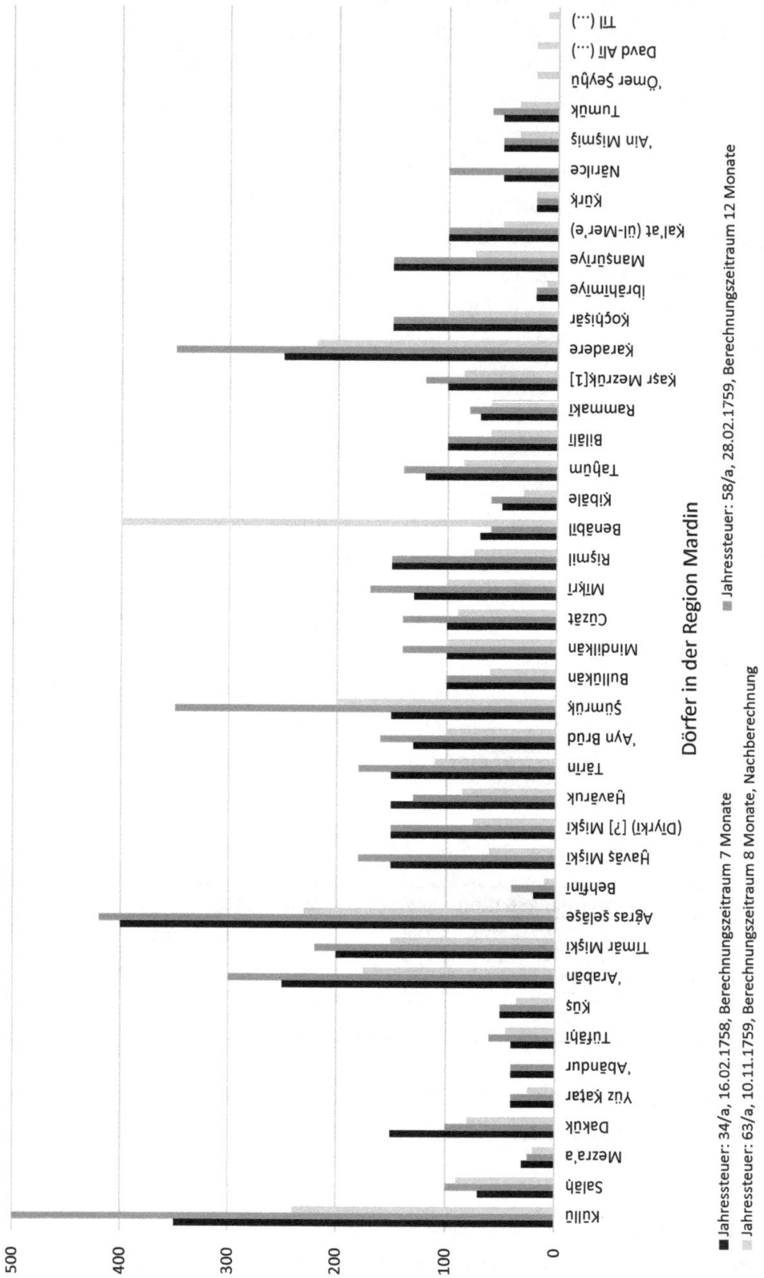

Abbildung 17: Jahressteuer im Vergleich berechnet in Ġuruş

Das Histogramm zeigt, dass bei der Berechnung der Jahressteuer in Text 34/a die Dörfer Kullū, ʿArabān, Aġras s̱elās̱e und Ḳaradere als wirtschaftlich besonders leistungsfähig identifiziert werden können. Bei der darauffolgenden Jahressteuerberechnung in Text 58/a liegt der Mittelwert des Steuerprozentsatzes bei 119%. Dies besagt, dass bei einer immerhin fünf Monate längeren Berechnungszeit in der Regel ein nur unwesentlich höherer Betrag verlangt wurde als bei der vorangegangenen Besteuerung. Lediglich die Dörfer Kullū, Şümrüḳ und Karadere wurden etwas höher belastet, weshalb dies für eine nach wie vor wirtschaftlich stärkere Leistungsfähigkeit dieser Dörfer spricht. Die wirtschaftlich leistungsfähigen Dörfer ʿArabān und Aġras s̱elās̱e wurden hingegen laut der Berechnung in Text 58/a kaum mehr belastet als bei der vorangegangenen Steuerberechnung in Text 34/a, was die Vermutung erhärtet, dass im Jahr 1759 v.a. aus klimatischen Gründen alle Dörfer einen deutlichen Ertragsrückgang hinnehmen mussten.

Ende 1759 forderte die osmanische Zentralverwaltung allerdings trotzdem Steuern nach, wie aus Text 63/a, datiert auf den 10.11.1759, ersichtlich. Die mit Abstand höchste Nachberechnung erfuhr das Dorf Benābil (571%), das allerdings steuerlich und somit auch wirtschaftlich in keiner Weise hervorstach. Wenn man schließlich diese Steuerverteilung in Beziehung zu den 240 Jahre zuvor eingetragenen Erträgen einzelner Dörfer in dem Register „998 Numaralı Muhâsebe-i Vilâyet-i Diyâr-i Bekr ve ʿArab ve Zü'l-Kâdiriyye Defteri (937/1530)“ setzt, zeigt sich beim Vergleich der wirtschaftlichen Leistungsfähigkeit einiger dieser Dörfer untereinander, dass beispielsweise im Gegensatz zum Jahr 1758 die Dörfer Salāḥ und Ḳoçḥiṣār im Jahr 1530 noch wirtschaftlich besonders leistungsfähig waren. Hingegen war im Jahr 1758 das Dorf Ḳoçḥiṣār wirtschaftlich nur mittelmäßig leistungsfähig und das Dorf Salāḥ wirtschaftlich völlig bedeutungslos. Die Dörfer Benābil, Ḳibāle, Tüfāḫī (wahrscheinlich später Tüfāḫīye genannt) und Ḳūş rangierten sowohl im Jahr 1530 als auch im Jahr 1758 untereinander verglichen wirtschaftlich in einem vergleichbaren Bereich, das Dorf Tārīn hingegen war im Gegensatz zum Jahr 1758 im Jahr 1530 wirtschaftlich noch besonders schwach und erfuhr im Jahr 1758 einen deutlichen Aufschwung.[200]

---

200 So erscheint beispielsweise das Dorf Salāḥ in dieser Quelle aus dem Jahr 1530 mit Einnahmen über 20324 Ġuruş als Steuerpfründe *(ḫāṣṣe)* (S. 13) und als Stiftungsdorf der Ḳāsim Padışāh-Stiftung mit Einnahmen über 4310 Ġuruş (S. 22), das Dorf Benābil mit Einnahmen über 5910 Ġuruş (S. 49), das Dorf Ḳibāle mit Einnahmen über 4948 Ġuruş (S. 49), das Dorf Tüfāḫī mit Einnahmen über 8456 Ġuruş (Tüfāḫīye, S. 49), das Dorf Ḳūş mit Einnahmen über 9708 Ġuruş (S. 49), das Dorf Tārīn mit Einnahmen über 2032 Ġuruş (Ṭārīn, S. 14) und das Dorf Ḳoçḥiṣār mit Einnahmen über 19623 Ġuruş als Steuerpfründe (S. 13). Vgl. T.C. Başbakanlık Devlet Arşivleri Genel Müdürlüğü: *998 Numaralı Muhâsebe-i Vilâyet-i Diyâr-i Bekr ve ʿArab ve Zü'l-Kâdiriyye Defteri (937/1530)*, Ankara, 1998, S. 13; S 22; S. 34; S. 49.

Dass die osmanische Zentralverwaltung unentwegt mit dem Problem zu kämpfen hatte, zu wenig Steuern einzunehmen, zeigt sich ebenso in den Texten bezüglich der Besteuerung der nicht-muslimischen Untertanen *(ẕimmī)*. So handelt es sich in Text 30/c vom 22.10.1757 um das Thema der noch ausstehenden Cizye-Eintreibung. Ein gleichlautender Eintrag (Text 21/a, 12.08.1759) folgt.[201] In allen drei Texten geht es um die Verteilung fast gleicher Anteile von Steuerscheinen, um denselben Umrechnungskurs und um dieselben Warnungen vor Steuerbetrug. Dieser schien den Texten zufolge üblich gewesen zu sein, wobei verschiedene Aspekte des Steuerbetrugs wie gezielte Fehleinstufung der Cizye-Pflichtigen, Suchen nach Gründen der Steuerbefreiung, indem man sich diversen steuerbefreiten Berufsgruppen zuschreibt, aber auch möglicherweise bewusste Steuer-Fehleinstufungen seitens der Vorsteher der Reʿāya *(ḳocabaşı)* zum Nachteil einiger Reʿāya vorgenommen wurden. Die Praxis der Fehleinstufung könnte damit zusammengehangen haben, dass die Vorsteher unter Umständen selber korrupt waren.[202] Gleichzeitig wurde in den Texten nämlich auch von korrupten Praktiken seitens der Steuereintreiber *(cizyedār)* berichtet.

Ein weiterer gleichlautender Text (Text 39/d, datiert auf den 07.08.1758) weist zusätzlich auf die zusätzliche Monatsanpassung hin, um angepasst an die 12 Monate des Hicra-Kalenders keinen Monat zu unterschlagen und so die volle Monatsanzahl abrechnen zu können. Verlustig gegangene Monate sollten wieder ausgeglichen werden, wobei zukünftig das Abrechnungsjahr mit dem Monat Muharrem beginnen sollte. Auch dies war wohl ein Versuch seitens der Region, Steuergelder zu hinterziehen. Da alle drei Texte vollkommen gleichlautend, aber unterschiedlich datiert waren, ist davon auszugehen, dass die Cizye-Steuer nicht eingetrieben werden konnte und deswegen erneut Erlasse herausgegeben wurden, wobei die osmanische Zentralverwaltung gleichzeitig gegen verschiedenste Formen von Betrug vorzugehen versuchte.

Immer wieder ist aus den Texten zu erfahren, dass Posten nicht bezahlt und immer wieder Nachforderungen mit mehr oder weniger Nachdruck erhoben wurden. So hat man nach Durchsicht der Texte den Eindruck, dass die Hohe Pforte zwar große Schwierigkeiten hatte, die Kontrolle zu behalten, aber noch keinen völligen Kontrollverlust erlitt, da sie selbst nach langer Zeit ihre Forderungen

---

201 Ein weiterer Text 45/a ist gleichlautend allerdings zur Hälfte unvollständig und somit auch nicht datiert.

202 Normalerweise war der Kocabaşı dafür verantwortlich Kopfsteuerscheine, die in hohe, mittlere und niedrige eingeteilt waren, gemäß der richtigen Steuerklasse nach Zahlung ihrer Steuer an die Reʿāya zu vergeben. Stattdessen wurden sie offenbar, wie z.B. in Text 21/a zu lesen ist, gemäß völlig unangemessener Steuerklassen an die Reʿāya verteilt; vgl. Kurz (2003), S. 78.

immer wieder erneuerte. In nur einem einzigen Text wurde eine Verpflichtung zur Proviantbereitstellung tatsächlich annulliert, da die Region von Knappheit, Krieg und Plagen zu stark geschwächt war.[203] Sehr viele der erwähnten Texte zum Thema der Besteuerung spiegeln wider, dass die Region im beobachteten Zeitraum offenbar finanziell stark zu kämpfen hatte und sich wirtschaftlich nicht wirklich erholen konnte. Ein weiterer Beleg für die Anfälligkeit der Region liefert die Tendenz zur Zerklüftung der Einnahmen über Unterverpachtungs- bzw. Halbpachtmodelle, die zu Abwanderung und zur Entstehung von Brachland führten.

Bei all den erwähnten Texten sticht hervor, dass in der Region von Mardin ein hohes Maß an Korruption vorgelegen habe musste. Die bereits erwähnten Texte mit dem Thema der Jahressteuer zum Unterhalt der Poststationen bestätigen, dass die Gegend um Mardin bzw. um Nuṣaybīn sehr unsicher war und dass die Osmanische Zentralverwaltung bemüht war, über die Poststationen neben staatlicher Kontrolle auch die Handelsrouten zu sichern. So schildert beispielsweise auch Eliot Eliot in seinem Reisebericht, dass gerade in der Mitte des 18. Jahrhunderts die Gegend um Mardin wegen Räuberei und Beduinenüberfällen sehr unsicher war und zudem auch klimatisch arid und somit hinsichtlich der Versorgung krisenanfällig war.[204]

Die fragile Sicherheitslage wird aber auch in einer Vielzahl von weiteren Protokollen des Sicills angesprochen. So wird beispielsweise auch in einem Erlass (Text 31/b, datiert auf den 01.04.1758) bestätigt, in welchem gefordert wurde, dass bei einem Transport von Geldern von Diyarbekir nach Bagdad diese von Scharfschützen bewacht an sichere Orte verbracht werden sollen. Dies weist auch – wie im Werk von Suavi Aydın „Mardin Aşiret-Cemaat-Devlet“ erwähnt – auf die Angliederung von Mardin an Bagdad ab dem Jahr 1647 hin. In Aydins Arbeit wird ebenfalls – identisch mit Eintragungen im Sicill – erwähnt, dass Bagdad u.a. gegen den Millī-Stamm, aber auch gegen die Jesiden militärisch vorging.[205] Auch aus anderweitigen Quellen ist zu erfahren, dass die Handelsrouten in der Region durch türkische, kurdische und arabische Stämme bedroht, und insbesondere die Anführer des kurdischen Millī-Stammes schwer zu kontrollieren waren.[206] Um rebellische Stämme wie beispielsweise denjenigen der Millī zu einer Kooperation mit der Obrigkeit zu bewegen, hat die Hohe Pforte – wie auch am Beispiel von Text 46/b geschildert – immer wieder versucht, die Anführer der Stämme in das politische System einzubinden. Auch in der weiteren Literatur, die

---

203 Vgl. Niemöller (2013), S. 60–61.
204 Vgl. Hachicho (1964), S. 1–206.
205 Vgl. Aydın (2000), S. 164.
206 Vgl. beispielsweise Salzmann (2004), S. 67.

sich mit der Region beschäftigt, erfährt man über die Tendenz zum Einbinden regionaler Anführer.[207]

Ebenso zeigt sich in der Quelle, inwiefern Schlüsselpersonen wie Millīzāde Muḥarrem Beg – ein Anführer des Millī-Stammes – vom Staat eingebunden wurden. Zu dieser Person finden sich noch nähere Angaben in Kapitel 12. Auf der anderen Seite war das Misstrauen der Hohen Pforte gegenüber den Stämmen sehr groß. So handelt Text 57/c vom 23.01.1759 von einem Buyuruldu zu einem Gesuch eines Anführers des Stammes der Sürekçi, dem die Hälfte der zu zahlenden Miri-Geldern erlassen wurde. In diesem ist ausdrücklich zu lesen, dass dieser Eintrag zur Absicherung diente, damit der Stammesanführer die Gelder nicht doppelt einfordert und die Hälfte selbst einbehält.

10 Amtswechsel der Provinzverwalter

Ein weiterer Beleg der instabilen politischen Situation ist auch der sehr rasche Wechsel der Provinzverwalter, wie aus untenstehender Tabelle ersichtlich ist. Ein zusätzlicher Grund des raschen Wechsels von Provinzgouverneuren war sicherlich auch die ab dem Ende des 16. Jahrhunderts beginnende Umstrukturierung der Provinzkavallerie in ein stehendes Heer, woraufhin die ursprünglich für die Provinzkavallerie zuständigen Begs sich vermehrt auf Provinzverwalter-Stellen bewarben. Deshalb versuchte die osmanische Verwaltung diesen Druck durch kürzere Amtszeiten der Provinzverwalter in Verbindung mit längeren Wartezeiten zu entlasten.[208]

Das Entgegenkommen der Verwaltung gegenüber den Bewerbern hatte sicherlich auch das Ziel, die freigewordenen militärischen Kräfte durch das Einbinden in das Staatssystem zu binden und dadurch zu kontrollieren. Gleichzeitig ist auch zu sehen, dass die Voyvodas und Valis sich in der Region in den Funktionen häufig untereinander abwechselten, wie beispielsweise bei Nuʿmān Paşa, der wechselweise als Vali in Diyarbekir, Mossul und Rakka amtierte, festzustellen ist. In untenstehender Tabelle sind die Amtierungszeiträume der jeweiligen Vali von Diyarbekir, Bagdad und Mossul anhand der Datierungen der jeweiligen Erlass-Texte des Sicills angegeben, in der sich eine rasche Fluktuation zeigt:

207 Vgl. Aydın (2000), S. 168–169.
208 Vgl. Kurz (2003), S. 26.

https://doi.org/10.1515/9783110675146-011

Tabelle 14: Chronologie der Amtswechsel der Provinzverwalter[209]

Vali/Voyvoda	Ort	Bemerkung	Text	Datierung
Süleymān Paşa	Bagdad u. Basra	Wiedereinsetzung zum Vali	69/a	28.05.1759 (D.)
Süleymān Paşa	Bagdad u. Basra	Vali	19/f	10.07.1759
Süleymān Paşa	Bagdad u. Basra	Vali	21/a	12.08.1759
ʿÖmer Paşa	Bagdad u. Başra	Ernennung zum Vali	44/b	Ca. 1766
İbrāhīm Paşa	Diyarbekir	Vali	29/a	Ca. Aug. 1757
İbrāhīm Paşa	Diyarbekir	Vali	29/c	24.09.1757
ʿAbdullāh Paşa	Diyarbekir	Vali	34/a	16.02.1758
ʿAbdullāh Paşa	Diyarbekir	Vali	36/a	15.03.1758
ʿAbdullāh Paşa	Diyarbekir	Vali	45/b	16.08.1758
Nuʿmān Paşā	Diyarbekir	Vali	55/c	06.11.1758
Nuʿmān Paşā	Diyarbekir	Vali	58/c	23.02.1759
Nuʿmān Paşā	Diyarbekir	Vali	18/a	10.04.1759
Nuʿmān Paşā	Diyarbekir	Vali	60/d	22.04.1759
Nuʿmān Paşā	Diyarbekir	als Vali nicht mehr im Amt	19/f	10.07.1759
ʿAbdullāh Paşa	Diyarbekir	Vali	63/a	10.11.1759
	Mossul:			
Nuʿmān Paşa	Mossul	Vali	22/c	08.09.1759
Nuʿmān Paşa	Mossul	als Vali abgetreten	64/b	16.12.1759 (D.)
Nuʿmān Paşā	Raḳḳa	Vali	55/a	vor dem 16.08.1758 (D.)
Ḥuseyn Paşa	Rūhā	Vali	63/a	10.11.1759
ʿAbdürraḥmān Beg	Mardin	Voyvoda, unehrenhafte Entlassung	25/a	29.06.1757
ʿÖmer Aġa	Mardin	Amtseinsetzung zum Voyvoda, Übergangslösung bis zu seinem Eintreffen in Mardin	25/a	29.06.1757
ʿÖmer Aġa	Mardin	Voyvoda	28/a	05.10.1757
ʿÖmer Aġa	Mardin	Voyvoda	27/a	03.10.1757
ʿÖmer Aġa	Mardin	Voyvoda	32/d	09.01.1758
ʿÖmer Aġa	Mardin	Voyvoda	32/e	16.01.1758
ʿÖmer Aġa	Mardin	Voyvoda	36/a	15.03.1758
ʿÖmer Aġa	Mardin	Voyvoda	0003	24.03.1758
ʿÖmer Aġa	Mardin	Voyvoda	45/b	16.08.1758
ʿOs̱mān Aġa	Mardin	Voyvoda, Eingeständnis von ʿÖmer Aġa, der unehrenhaft	57/e	18.10.1758

209 Aufgeteilt in die Städte Bagdad u. Basra, Diyarbekir, Mossul, Rakka, Rūhā und Mardin.

Vali/Voyvoda	Ort	Bemerkung	Text	Datierung
		entlassen wurde, und Veranlassung von dessen Vermögensrückgabe.		
ʿÖmer Aġa	Mardin	Amtierte laut diesem Text noch als Voyvoda, obwohl unehrenhaft entlassen (erstes Schreiben zur Nachlasssache von ʿArab Paşazāde Meḥmed Beg).	54/b	23.10.1758
Leerfeld	Mardin	Angabe von Voyvoda ausgelassen	55/c	06.11.1758
ʿOs̱mān Aġa	Mardin	Wurde zum Nachfolger des unehrenhaft entlassenen ʿÖmer Aġa zum Voyvoda berufen. Zwischenlösung über Vekil Yaʿḳūb Paşazāde ʿAlī Beg.	55/d	15.12.1758
ʿOs̱mān Aġa	Mardin	Ab dem 15.12.1758 zum Voyvoda berufen	56/c	15.12.1758
ʿOs̱mān Aġa	Mardin	Unter Erwähnung von unehrenhafter Entlassung von ʿÖmer Aġa zum Voyvoda berufen, allgem. Warnung an Untertanen, ihm zu gehorchen.	56/d	18.12.1758
ʿOs̱mān Aġa	Mardin	Zusatzbemerkung zu Text 54/b einer Nachlasssache von ʿArab Paşazāde Meḥmed Beg, dass ʿÖmer Aġa als Voyvoda nicht mehr im Amt ist und ʿOs̱mān Aġa sein Amtsnachfolger ist. ʿÖmer Aġa wurde trotzdem mit einer Eloge bedacht.	54/c	24.01.1759
ʿÖmer Aġa	Mardin	Wurde in diesem Fermān zur Nachlasssache von ʿArab Paşazāde Meḥmed Beg noch als Voyvoda bezeichnet, obwohl nicht mehr im Amt.	58/d	21.01.1759
ʿÖmer Aġa	Mardin	Wurde in Schreiben zur Nachlasssache von ʿArab Paşazāde Meḥmed Beg als Voyvoda bezeichnet, obwohl nicht mehr im Amt.	59/b	kein Datum
ʿÖmer Aġa	Mardin	Wurde in Schreiben zur Nachlasssache von ʿArab Paşazāde Meḥmed Beg als Voyvoda bezeichnet, obwohl nicht mehr im Amt.	59/c	21.01.1759

Vali/Voyvoda	Ort	Bemerkung	Text	Datierung
ʿÖmer Aġa	Mardin	Wurde in Schreiben zur Nachlasssache von ʿArab Paşazāde Meḥmed Beg als Voyvoda bezeichnet, obwohl nicht mehr im Amt.	59/d	kein Datum
ʿÖmer Aġa	Mardin	Wurde in Schreiben zur Nachlasssache von ʿArab Paşazāde Meḥmed Beg als Voyvoda bezeichnet, obwohl nicht mehr im Amt.	59/e	21.01.1759
ʿÖmer Aġa	Mardin	Wurde in Schreiben zur Nachlasssache von ʿArab Paşazāde Meḥmed Beg als Voyvoda bezeichnet, obwohl nicht mehr im Amt.	60/b	kein Datum
ʿOs̱mān Aġa	Mardin	Angabe im Text, dass ʿOs̱mān Aġa früher schon einmal Voyvoda in Mardin war und Nachfolger von ʿÖmer Aġa wird, Ankündigung zur Rechnungsprüfung und Warnung, keine Gelder zu veruntreuen.	55/e	13.03.1759
ʿOs̱mān Aġa	Mardin	Voyvoda	60/c	03.04.1759
ʿOs̱mān Aġa	Mardin	Inzwischen zum Voyvoda berufen.	54/f	26.04.1759

An dieser Tabelle ist abzulesen, dass der Wechsel der Valis in Diyarbekir alle paar Monate stattfand. Gelegentlich wurde ein Vali auch nach Ablauf seiner jeweiligen Amtszeit in weitere Städte der Region berufen, wie am Beispiel von Nuʿmān Paşā zu erkennen ist. Er startete seine Karriere vor dem 15.08.1758 in Raḳḳa und wechselte im Zeitraum um den 06.11.1758 nach Diyarbekir. Am 10.11.1759 wurde er von ʿAbdullāh Paşa abgelöst, der bis ca. den 16.08.1758 in Diyarbekir als Vali schon im Amt war. Nuʿmān Paşa wird wiederum kurze Zeit später in Text 22/c, datiert auf den 08.09.1759, als Vali von Mossul erwähnt, der allerdings zwei Monate später wieder abgetreten ist.

Noch unruhiger schienen die Amtswechsel der Voyvodas von Mardin verlaufen zu sein, da sie häufig unehrenhaft entlassen wurden: Am 29.06.1757 wurde ʿAbdürraḥmān Beg als Voyvoda von Mardin unehrenhaft entlassen und ʿÖmer Aġa als neuer Voyvoda eingesetzt. Genauso erging es diesem allerdings knapp ein Jahr später.[210] Zuletzt wird er noch in Text 54/c, datiert mit dem 24.01.1759, als amtierender Voyvoda erwähnt. Kurz danach wurde auch er unehrenhaft entlassen und durch ʿOs̱mān Aġa abgelöst. In Text 57/e, datiert auf den 18.10.1758, wird protokolliert, dass ʿÖmer Aġa seine Verfehlungen eingestand, wobei festgelegt wurde, dass über die Rückabwicklung sämtlichen Vermögens minutiös Buch geführt und die Steuererhebung dem amtierenden Vali unterbreitet werden sollte. In einigen Texten des Sicills war immer wieder von Unregelmäßigkeiten die Rede, die offenbar zur Absetzung von ʿÖmer Aġa führten. Ausschlaggebend für seine Entlassung war höchstwahrscheinlich auch die Nachlasssache des in der Nähe von Mardin verstorbenen Leibwaffenträgers ʿArab Paşazāde Meḥmed Beg. So handeln mehrere Einträge im Sicill von dessen finanziell äußerst wichtigen Nachlasssache, bei der es darum ging, neben seiner Erbsachenregelung auch einen hohen Betrag von Kanzleigebühren *(ḳalemīye)*, die der Verstorbene mit sich führte, nach Istanbul zu schicken.[211]

Obwohl laut Text 54/c schon ʿOs̱mān Aġa als Voyvoda von Mardin angekündigt wurde, wurde ʿÖmer Aġa als Voyvoda mit voller Eloge in den Texten 58/d, 59/b, 59/c, 59/d, 59/e und 60/b, die alle auf den 21.01.1759 datiert waren, sowie in Text 60/c vom 03.04.1759, und die sich alle ausschließlich mit der Nachlasssache von ʿArab Paşazāde Meḥmed Beg befassten, angeredet. Diese Anschreiben überschnitten sich in der Datierung mit dem Datum der Einsetzung von ʿOs̱mān Aġa als Voyvoda von Mardin, von der zwar ab dem 28.10.1758 die Rede war, jedoch es fast fünf Monate bis zu seiner tatsächlichen Amtsaufnahme benötigte.[212] Es könnten somit taktische Gründe der Hohen Pforte gewesen sein, ʿÖmer Aġa immer noch als zuständigen Voyvoda in den Schreiben, die sich mit dem Nachlass von ʿArab Paşazāde Meḥmed Beg befassten, angeredet zu haben, damit

210 Nachprüfbar anhand der in der Tabelle stehenden Textnummern im Sicill. Einen umfassenden Überblick über den Wechsel der Voyvoda zwischen den Jahren 1625 und 1805 findet man in der Arbeit von Veysel Gürhan. Vgl. Gürhan (2012), S. 78–83.

211 Text 54/b, datiert auf den 23.10.1758, 54/c, ein Bemerkungszusatz zu Text 54/b, datiert auf den 24.01.1759, des Weiteren die Texte 58/d, 59/c, 59/e, alle datiert auf den 21.01.1759, Text 59/b, 59/d und 60/b, alle undatiert, und Text 60/c, datiert auf den 03.04.1759, sind alle, abgesehen von Text 54/b und c, aufeinanderfolgend abgefasst.

212 In dieser Zeit wurde offenbar das Amt des Voyvodas vertretungsweise über die Valis von Bagdad und Diyarbekir übernommen. Beispiel hierfür ist auch Text 66/b ein Fermān, datiert auf den 20.01.1759, aus dem zu entnehmen ist, dass das Amt des Voyvodas von Mardin vom Vali von Bagdad und Vali von Diyarbekir interimsweise zwar übernommen wurde, allerdings keine Namen der Valis hierbei erwähnt wurden. Dieses belegt eine allgemeine Unsicherheit der osmanischen Zentralverwaltung hinsichtlich der Ämterverteilung der Provinzgouverneure sowie außerdem eine Verwaltungskonkurrenz zwischen Diyarbekir und Bagdad.

er sich hierzu noch in der Verantwortung sah und damit zu verhindern, dass er diese Gelder noch unterschlagen könnte.[213]

Möglicherweise besaß die Hohe Pforte andererseits auch relativ wenig Kontrolle über die Entwicklung in Mardin, zumal die Einsetzung ʿO̱smān Aġas als Voyvoda von Mardin angekündigt wurde, aber offenbar noch Uneinigkeiten bestanden. Dieses belegt beispielsweise Text 55/c, ein richterliches Schreiben aus Diyarbekir vom 06.11.1758: In diesem Text wurde ein Leerfeld an Stelle des Namens des Voyvodas stehen gelassen, obwohl vereinbart wurde, dass ʿO̱smān Aġa der Nachfolger werden sollte. Ein anderer Grund für die nur kurzen Amtsperioden war allerdings ebenso der Versuch der osmanischen Zentralverwaltung, Korruptionsstrukturen aufzubrechen sowie wichtige lokale Stammesanführer in politische Ämter einzubinden.[214]

11 Erlasse und Amtsübertragung

Untenstehend sind die Prozentanteile der Einträge von Amtsübertragungen über den beobachteten Zeitraum von 1756 bis 1759 dargelegt.

Tabelle 15: Prozentualer Zuwachs an Amtsübertragungen

Jahr	Anzahl Einträge	Prozent
1756	5	7%
1757	9	13%
1758	20	29%
1759	35	50%

Danach nahmen über die beobachteten drei Jahre Erlasse und Amtsübertragungen rapide zu. Hierbei umfasste zum Jahre 1759 der Anteil der Texte, deren Thema Amtsübertragungen war, 50% aller Eintragungen. Konkret handelt es sich bei den insgesamt 35 Einträgen mit dem Thema Erlasse/Amtsübertragung bei 11 Einträgen (31%) um Amtsübertragungen an Richter *(nāʾib)* und bei 3 Einträgen (9%) um Amtsübertragungen an Muftis. 13 Einträge (37%) hatten Berāterteilungen im Allgemeinen oder Berāterneuerungen von Stiftungsämtern zum Thema, wobei in letzteren laut 5 Einträgen Privilegientitel für Ämter der Ḳāsim Pādişāh-

213 Text 57/e.
214 Aydın (2000), S. 150–153.

https://doi.org/10.1515/9783110675146-012

Stiftungen vergeben wurden. Zunächst sollen die Amtsübertragungen an Richter sowie danach die Amtsübertragungen an Muftis genauer untersucht werden. Ziel ist es zu überprüfen, warum es zu Abweichungen von der im Osmanischen Reich üblichen ungefähr jährlichen Rotation von Richtern und Muftis kam.

11.1 Amtswechsel von Richtern *(nā'ib)*

Richter wurden untenstehender Tabelle zufolge v.a. ab Mitte 1758 alle ein bis zwei Monate neu eingesetzt. Obwohl bekannt ist, dass die Anzahl der Nā'ibs von der Größe des Gerichtssprengels und der Bevölkerungsanzahl abhängt, wurden sie höchstwahrscheinlich im beobachteten Zeitraum in Mardin ausgewechselt und nicht etwa zusätzlich eingesetzt.[215] Dennoch ist dies lediglich zu vermuten, da außer bei der Vergabe von Posten in einer Stiftung im Sicill grundsätzlich keine Entlassungsprotokolle zu finden sind. Aus der Dissertation von Yavuz Aykan, die sich umfassend mit der Thematik der Nā'ib-Besetzung in der Region um Diyarbekir befasst, geht hervor, dass die Ernennung und Absetzung von Nā'ibs wie auch von Muftis dem Kadi von Diyarbekir vorbehalten war.[216] Dieser leitete auch Anordnungen von Istanbul nach Mardin weiter.[217]

Der Nā'ib von Mardin war neben seiner notariellen und richterlichen Funktion auch für stiftungsbezogene Anordnungen, Nachlassaufstellungen oder auch das Zusammenstellen von Umlageverzeichnissen zuständig.[218] Höchstwahrscheinlich wurde deswegen ein „Kadi" von Mardin nie persönlich im Sicill erwähnt, da im 18. Jahrhundert höherrangige Kadis Richterämter in den entlegenen Provinzen nie selbst ausübten, sondern über ihr Arpalık-Gehalt – arpalık bedeutet wörtlich „Gerstengeld" – einen Nā'ib in Mardin finanzierten.[219] Die Chronologie sämtlicher im Sicill vorliegender Amtsantrittsankündigungen der Nā'ibs findet sich hier:

215 Vgl. Kurz (2003), S. 40–41.
216 Vgl. Aykan (2016), S. 50–51.
217 Wie z.B. aus Text 39/b ersichtlich.
218 So bei Nachlassaufstellungen (Text 27/a u.a.), Erstellen von Umlageverzeichnissen (Text 34/a), Anordnungen für Lohnerhöhungen bei Stiftungen (Text 62/d), Bauvorhaben an stiftungsgetragenen Moscheen (Text 26/f), oder auch Ernennungen für Moscheeämter, sofern die Zuständigkeit für die entsprechende Stiftung, der die Moschee angegliedert ist, der Stadt Mardin oblag.
219 Vgl. Aykan (2016), S. 42.

Tabelle 16: Chronologie der Amtswechsel der Nāʾibs von Mardin[220]

Nāʾib	Bemerkung	Text	Datierung
Seyyid Meḥmed Bin Ḥāc ʿÖmer	Seyyid Meḥmed war als Nāʾib tätig. Laut Text 14/d, datiert auf ungefähr Januar1756, übte er diese Tätigkeit bis mindestens zu diesem Zeitpunkt auch aus.	62/d	15.08.1756
Ḥāc Maḥmūd	Ḥāc Maḥmūd sollte als Nāʾib ab dem 17.09.1757 neu eingesetzt werden.	26/c	15.09.1757
Seyyid ʿOs̱mān Efendi	Seyyid ʿOs̱mān Efendi sollte als Nāʾib ab dem 13.12.1757 neu eingesetzt werden.	32/a	13.12.1757
Ḥāc Maḥmūd	Ḥāc Maḥmūd sollte als Nāʾib ab dem 10.02.1758 neu eingesetzt werden, davor war er aber mindestens bis Ende Oktober 1757 als Nāʾib tätig (so laut Text 28/a, vom 05.10.1757, Text 27/a, vom 03.10. 1757 und Text 5/e, vom 26.10.1757).	33/b	10.02.1758
Seyyid ʿAbdürraḥīm Efendi	Seyyid ʿAbdürraḥīm Efendi sollte am 04.10. 1758 interimsweise das Amt des Nāʾibs übernehmen, bis der schon ausgewählte Nāʾib eintrifft.	54/a	04.10.1758
Seyyid Muṣṭafā Efendi	Seyyid Muṣṭafā Efendi sollte ab dem 02.11. 1758 Nāʾib von Mardin werden, unterzeichnete aber in keinem der weiteren Kadiamtsprotokolle. Er wurde aber, wie aus Text 38/d vom 01.07.1757 hervorgeht, als Beauftragter *(vekīl)* für eine Stiftung eingesetzt.	54/e	02.11.1758
Seyyid ʿOs̱mān Efendi	Seyyid ʿOs̱mān Efendi sollte ab dem 31.12.1758 das Amt des Nāʾibs übernehmen.	55/f	31.12.1758
İbrāhīm Efendi	İbrāhīm Efendi sollte ab dem 30.01.1759 das Amt des Nāʾibs übernehmen.	56/e	30.01.1759
Seyyid ʿOs̱mān Efendi	Seyyid ʿOs̱mān Efendi sollte ab dem 28.02.1759 das Amt des Nāʾibs übernehmen.	57/d	28.02.1759
Seyyid ʿAbdürraḥīm Efendi	Seyyid ʿAbdürraḥīm Efendi sollte ab dem 26.06.1759 das Amt des Nāʾibs übernehmen.	19/c	26.06.1759
Seyyid ʿAbdürraḥīm Efendi	Seyyid ʿAbdürraḥīm Efendi sollte ab dem 25.08.1759 das Amt des Nāʾibs übernehmen.	20/b	25.08.1759
Seyyid ʿAbdürraḥīm Efendi	Seyyid ʿAbdürraḥīm Efendi sollte ab dem 24.09.1759 das Amt des Nāʾibs übernehmen.	20/d	24.09.1759

In dieser Tabelle fällt auf, dass manche Amtsübertragungsankündigungen sich in den Texten des Sicills mehrfach wiederholen. So wurde Ḥāc Maḥmūd zweimal hintereinander als Nāʾib eingesetzt. Hierzu erfährt man aus Text 26/c vom 15.09. 1757, dass er offenbar schon einmal früher als Nāʾib tätig war, aber nun erneut zum Nāʾib der Stadt Mardin eingesetzt werden sollte. Wenige Monate später sollte

220 Niyābet ist das Amt des Nāʾibs.

er nochmals zum Nāʾib eingesetzt werden.[221] Bei Durchsicht der weiteren Protokolle entnimmt man, dass Ḥāc Maḥmūd – wie vom Kadi von Diyarbekir beabsichtigt – sehr häufig als Nāʾib unterschrieb.[222] Zuletzt wurde er in Text 61/f, einem Schreiben aus Istanbul, das ungefähr auf Januar 1759 datiert war, als richterlicher Verantwortlicher erwähnt. So hatte er das Amt des Richters spätestens bis zum 26.06.1759 inne.[223] Insofern hat man den Eindruck, dass die kurz aufeinanderfolgenden beiden Amtseinsetzungsankündigungen aus Diyarbekir eine Form des Nachdrucks darstellen sollten, damit die Amtseinsetzung gewissenhaft vollzogen wird, zumal Ḥāc Maḥmūd zwischen den beiden Amtseinsetzungsterminen schon als Nāʾib amtierte. In diesem Fall könnte es möglich gewesen sein, dass die Verwaltung von Mardin diese Aufforderungen verschleppen und ihnen nicht umgehend nachkommen wollte.

Nachfolger von Ḥāc Maḥmūd war dann Seyyid ʿAbdürraḥīm Efendi, wie aus Text 24/a hervorgeht. Dieser sollte das Amt als Interims-Nāʾib am 04.10.1758 laut Text 54/a antreten. Er begann offenbar seine Karriere in Mardin zunächst als Gerichtsschreiber und stieg nach seiner Amtsperiode als Interims-Nāʾib zwischenzeitlich zum leitenden Gerichtsschreiber auf.[224] Am 26.06.1759 musste Seyyid ʿAbdürraḥīm Efendi wie aus Text 19/c zu erfahren ist, zum ersten Mal als Nāʾib eingesetzt worden sein. Die beiden weiteren Schreiben (Text 20/b und 20/d, datiert auf den 25.08.1759 und 24.09.1759) müssten kurzfristige Wieder-Einsetzungs-Schreiben gewesen sein, da sie erwähnen, dass Seyyid ʿAbdürraḥīm Efendi schon im Amt sei.[225] Nach dem letzten Ernennungsschreiben findet sich im Sicill nur ein einziges Schreiben, in welchem er als amtierender Richter unterschrieb.[226] Auch hier wurden diese mehrfachen Ernennungsschreiben von Diyarbekir – möglicherweise auf Grund von Einwänden oder Verzögerungsversuchen

221 Siehe Text 33/b, datiert auf den 10.02.1758.

222 So in Text 5/e, datiert auf den 26.10.1757, 6/c (datiert auf den 11.11.1757), 27/a (datiert auf den 03.10.1757), 28/a (datiert auf den 05.10.1757), 34/a (datiert auf den 16.02.1758), 36/a (datiert auf den 15.03.1758) und Text 50/a (undatiert).

223 Siehe Amtseinsetzung von Seyyid ʿAbdürraḥīm Efendi am 26.06.1759 (Text 19/d). Siehe auch Text 24/a, datiert auf den 16.09.1759, in dem er als ehemaliger Richter erwähnt und als momentaner Richter Seyyid ʿAbdürraḥīm genannt wird.

224 Dies unter der Annahme, dass es sich beim Namen „Seyyid ʿAbdürraḥīm Efendi", der in Text 32/e, 45/b und 65/c auftaucht, um dieselbe Person handelt, da keine zeitlichen Überschneidungen bei den jeweiligen Amtspositionen vorliegen.

225 Auch in Text 24/b, ein auf den 08.10.1759 datierter Buyuruldu, wird möglicherweise er mit der Fortsetzung seines Amtes betraut, wobei sein Name leider nicht lesbar ist.

226 So in Text 63/a, datiert auf den 10.11.1759.

seitens der Verwaltung der Stadt Mardin – immer wieder erneuert, zumal in den jeweiligen Ernennungsschreiben keine Befristung erwähnt wird.

Aus Text 32/a, datiert auf den 13.12.1757, erfährt man von der Amtseinsetzung von Seyyid ʿOs̱mān Efendi, der ab dem 13.12.1757 sein Amt als Nāʾib durchführen sollte, obwohl er laut Text 25/d, datiert auf den 07.01.1757, schon zu diesem Zeitpunkt als Kadi bezeichnet wurde. Daher ist anzunehmen, dass er schon um dem 08.01.1757 als Nāʾib tätig gewesen sein musste. Ein gutes halbes Jahr später zum Zeitpunkt des 01.08.1757 erscheint er allerdings unter den Beurkundungszeugen in Text 2/d als Berater *(naṣīḥ)*. Er amtierte offenbar zwischen den beiden Amtsperioden Ḥāc Maḥmūds als Nāʾib und erscheint unterschriftlich in früher datierten Texten als Berater des Nāʾibs von Mardin, wobei er zeitgleich als Prediger *(vāʿiẓ)* tätig war.[227] Laut Text 55/f, datiert auf den 31.12.1758, sollte er erneut zum Nāʾib von Mardin eingesetzt werden, welches zwei Monate später nochmal bekräftigt wurde.[228] Er war aber danach weiterhin lediglich als Berater des Nāʾibs von Mardin tätig.[229] Auch laut Text 19/f, datiert auf den 10.07.1759, wurde eine Anordnung des Kadis von Amid an den Haupt-Gerichtsschreiber ʿAbdullāh Efendi und nicht etwa an Seyyid ʿOs̱mān Efendi gerichtet. Tatsächlich übte er erst Ende 1759 wieder sein Amt als Nāʾib aus.[230]

Ein weiterer Kandidat für das Amt des Nāʾibs war İbrāhīm Efendi, der vom 09.06.1758 bis zum 23.10 1758 als Nachlassgerichtsschreiber in Mardin tätig gewesen war.[231] In Text 17/d vom 10.01.1759 (D.) ist zu lesen, dass er inzwischen zum leitenden Gerichtsschreiber avancierte. Am 30.01.1759 sollte er laut Text 56/e vom 30.01.1759 als Nāʾib der Stadt Mardin eingesetzt werden, erscheint aber dann merkwürdigerweise in zwei weiteren Texten lediglich als Nachlassgerichtsschreiber.[232] Er ist den Texten zufolge nie als Nāʾib zum Einsatz gekommen. Dafür erscheint er aber als Käufer von Anteilen landwirtschaftlicher Flächen, indem er von einem verschuldeten Verkäufer u.a. Anteile von Weinstock-Flächen und einem Obstgarten erwarb.[233] Zu diesem Vorgang ist allerdings eine Klage protokolliert (Text 24/a), aus der zu erfahren ist, dass der Verkäufer dieser Flächen İbrāhīm Efendi mehrfach mit Klagen vor dem Divān von Bagdad überzog, dabei

---

227 War laut Text 38/d, datiert auf den 01.07.1757 und Text 2/d, datiert auf den 01.08.1757 als Berater *(naṣīḥ)* tätig gewesen.

228 Siehe Text 57/d, datiert auf den 28.02.1759.

229 So in Text 58/a, datiert auf den 28.02.1759, Text 60/d, datiert auf den 22.04.1759 und in Text 65/b, datiert auf den 02.06.1759.

230 Wie aus Text 63/a, datiert auf den 10.11.1759, ersichtlich.

231 Siehe Text 35/c, datiert auf den 28.06.1758 (D.), 54/b, datiert auf den 23.10.1758.

232 Siehe Text 65/a, datiert auf den 28.05.1759 (D.) und Text 67/f, datiert auf den 28.12.1759.

233 Siehe Text 12/a, datiert auf den 10.02.1758 (D.) und Text 11/f, datiert auf den 20.02.1758 (D.).

aber verlor.[234] İbrāhīm Efendi ist im Gegensatz zu Ḥāc Maḥmūd, Seyyid ʿAbdürraḥīm Efendi und Seyyid ʿOs̱mān Efendi nicht mehr mit Nachdruck vorgeschlagen worden. Die Klage hat ihm, obwohl er den Prozess nach mehreren Instanzen gewonnen hat, möglicherweise sein Ansehen in der Bevölkerung gekostet, weshalb er nicht eingesetzt wurde.

Aus Text 54/e ist schließlich zu erfahren, dass auch ein gewisser Seyyid Muṣṭafā Efendi ab dem 02.11.1758 Nāʾib von Mardin werden sollte. In zeitlich darauffolgenden Texten wurde Seyyid Muṣṭafā Efendi genauso wie vor seiner Ernennung zum Nāʾib von Mardin jedoch weiterhin als Imam erwähnt.[235] Auch sonst ist kein Eintrag im Sicill zu finden, in welchem er als Nāʾib bezeichnet wird. Dies zeigt, dass es nie zu einer tatsächlichen Amtsausübung als Nāʾib kam. Diyarbekir pochte nicht wie in den drei anderen Fällen auf seine Amtsausübung als Nāʾib. Vielmehr entschied sich Diyarbekir für den nachfolgenden Kandidaten Seyyid ʿOs̱mān Efendi, der zuvor schon besprochen wurde.

Text 37/b vom 19.05.1758 (D.) verdeutlicht sehr gut die unklaren Zuständigkeiten der Nāʾibs in Mardin. In diesem Text erfährt man, dass das Amt des Stellvertreters *(ḳāʾimmaḳām)* an einen Amtsvorgänger übertragen wurde, um irreguläre Gebührenforderungen *(bād-ı hevā)* zu unterbinden. Hierbei fällt auf, dass dieser ohne Namen erwähnt wurde, obwohl er dem Kadi von Amid namentlich bekannt gewesen sein müsste, nachdem üblicherweise auch kleine Beamte bei Amtsübertragungen namentlich genannt wurden. Es könnte hier der Fall gewesen sein, dass man sich weder darüber einig war, einen zuverlässigeren Amtsvorgänger wiedereinzusetzen, noch, dass man in der Wahl der Person zu einem Entschluss kommen konnte. Zuständig für dieses Vorgehen war der Nāʾib der Stadt Diyarbekir, unterstützt von einem gewissen Seyyid Aḥmed, Vorsteher *(naḳīb)* der Stadt Amid. Offenbar gab es einige Unregelmäßigkeiten in Mardin, wobei der Nāʾib zwar unterzeichnete, aber von Seyyid Aḥmed, dem Vorsteher von Diyarbekir, bei diesem Vorgehen unterstützt wurde. Ein ähnlicher Sachverhalt findet sich in Text 67/e vom 14.08.1759. Hier soll das Amt des Ḳāʾimmaḳām an Seyyid Şeyḫī Çelebi übertragen werden, der offenbar ebenfalls schon zuvor im Amt war. Hintergrund ist hier ebenfalls der Versuch, irreguläre Gebührenforde-

---

234 In diesem Text lautet sein vollständiger Name İbrāhīm Efendi bin Ḥāc İsḥaḳ.

235 So erscheint er zum Beispiel laut Text 26/b, datiert auf den 08.08.1757 als Anwesender bei einem Sklavenkauf bei den Beurkundungszeugen *(şühūd ul-ḥāl)*. Später tauchte er als Begünstigter in einer Auszahlungsliste von Umlagekosten auf (Text 34/a, datiert auf den 16.02.1758). Schließlich wurde der İmām Muṣṭafā Efendi zur Vertretungsperson *(mübāşir)* für die Rechnungsprüfung ernannt (so in Text 57/e vom 18.10.1758 und Text 55/e vom 13.03.1759).

rungen zu unterbinden. Als Verantwortlicher für den Sachverhalt hat der Vorsteher – vermutlich der Stadt Diyarbekir –, ein gewisser ʿAbdülbāḳī unterzeichnet.

Verwaltungstechnisch wich man im Falle der Nicht-Besetzung des Nāʾib-Postens häufig auf den Nāʾib des Nachbarortes aus, in diesem Fall war dies der Nāʾib des Ortes Nuṣaybīn.[236] In anderen Fällen wie am Beispiel von Text 60/d und Text 58/a zu sehen, fungierte auch der Berater *(naṣīḥ)* des Nāʾibs als Unterzeichnender. Aus der gesamten Chronologie der Amtsnachfolge lässt sich ableiten, dass Diyarbekir häufig mit einem gewissen Nachdruck wiederholt bestimmte Kandidaten zum Nāʾib ernannte, wobei Mardin hingegen sich mit der Umsetzung der Ernennung umso mehr Zeit ließ. Dies deutet darauf hin, dass die Region vor allem im Jahr 1759 besonders schlecht zu kontrollieren war und daher die Verwaltung von Diyarbekir in immer kürzeren Abständen Nāʾibs und Muftis auswechselte. Gleichzeitig weist dies auf ein Bemühen Mardins um Autonomie beziehungsweise, wie aus vorangegangenem Beispiel zu entnehmen, auf ein Streben nach unkontrollierter Besteuerung bzw. Korruption hin.

Auch die Nāʾibs waren – wie aus mehreren Einträgen des Sicills von Mardin zu erfahren ist – häufig in Korruption verstrickt, was einen erheblichen Störfaktor für die osmanische Zentralverwaltung darstellte. So erfährt man beispielsweise aus Text 36/b, einem Fermān, der auf den 25.10.1757 datiert ist, dass die Zentralverwaltung Korruptionsvernetzungen zwischen den Menzilcis der Poststationen und dem Nāʾib zu durchbrechen versuchte, indem die osmanische Zentralverwaltung bei laxer Kontrolle der Menzilcis durch den Nāʾib nicht nur die Menzilcis, sondern auch den Nāʾib mit harten Strafen zu belegen drohte. Auch in mehreren unterschiedlich datierten Steuer-Berāt-Erteilungen (Text 21/c, datiert auf den 08.09.1759, Text 30/c, datiert auf den 22.10.1757 und Text 39/d, datiert auf den 07.08.1758), erfährt man von Androhungen drakonischer Strafen gegenüber den Nāʾibs, was den Verdacht hinsichtlich deren Verstrickung in Korruption erhärtet.

11.2 Amtswechsel von Muftis

In folgendem Histogramm findet sich die Verteilung der Muftis in den Einträgen des Sicills, die entweder in den Texten erwähnt werden oder unterschriftlich als Mufti erscheinen. Die wichtigste Person stellt in den verglichenen Einträgen Seyyid Aḥmed Efendi dar, wobei Genaueres zu seiner Person im Kapitel 12 erläutert wird. Im beobachteten Zeitraum amtierte er als Mufti von Mardin mit Unterbrechungen im Zeitraum zwischen dem 08.01.1757 und dem 01.06.1759.

---

236 Siehe Text 14/a und 45/b.

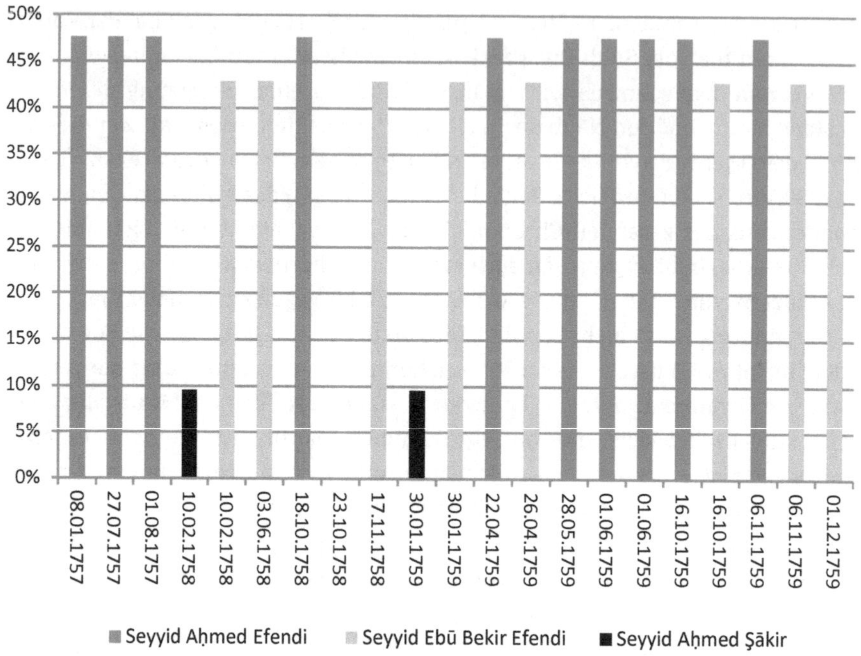

Abbildung 18: Amtswechsel dreier Muftis nach aufsteigendem Datum sortiert[237]

Laut Text 62/f, datiert auf den 16.10.1759 und ebenso laut Text 62/g vom 06.11. 1759 wurde er als Mufti wiedereingesetzt, als sein Vorgänger Ebū Bekir Efendi auf einer Reise nach Istanbul verstarb. Merkwürdigerweise wurde aber schon in Text 57/e vom 18.10.1758 Ebū Bekir Efendi neben Aḥmed Efendi, dem derzeitigen Mufti, als ehemaliger Mufti erwähnt, was erkennen lässt, dass eine gewisse Uneinigkeit hinsichtlich der Leitung des Mufti-Amts vorlag. Seyyid Aḥmed Efendi war offenbar demzufolge zwischen Juni und Oktober 1759 nicht als Mufti im Amt. Auffallend ist sein hohes Einkommen: Er bezog laut Text 50/a für sein Amt als zeitgleich tätiger Lehrer *(müderris)* ein Gehalt von 120½ Ġuruş, als Vorbeter *(duʿāgū)* 250 Ġuruş und ein weiteres Gehalt als Aufseher *(müfettiş)*, was nicht ermittelt werden kann, aus Läden und Mühlen. Offenbar war er gut mit dem

237 Prozentangabe auf der Y-Achse gibt die Häufigkeit der Amtsfunktion des jeweiligen Muftis an, d.h. dass z.B. Seyyid Aḥmed Efendi in 21 Texten 10 Mal erwähnt wurde und daher eine Erwähnungshäufigkeit von 48% besitzt. Analoge Berechnung erfolgt für Seyyid Ebū Bekir Efendi und Seyyid Aḥmed Şākir.

Anführer des Stammes der Millī, Millīzāde Muḥarrem Beg, der zeitweise Stiftungsverwalter der wichtigen in Mardin befindlichen Ḳasim Pādişāh-Stiftung war, vernetzt, welches sich durch den Eintrag 3/a belegen lässt. Aus diesem Text ergibt sich nicht nur eine Vernetzung zwischen den beiden Personen, sondern der Hinweis auf Korruption, da Muḥarrem Beg als Stiftungsverwalter unberechtigterweise an Seyyid Aḥmed Efendi eine Langzeitpachturkunde vergab.

Seyyid Ebū Bekir Efendi ist ein weiterer Mufti von Mardin, der im beobachteten Zeitraum häufig in den Texten des Kadamtsprotokollbuchs von Mardin als Mufti erwähnt wird und aus Mardin stammte. Sein Vorgänger Aḥmed Şākir Efendi wurde laut Text 36/c vom 10.02.1758 (D.) als amtsunfähig eingestuft, woraufhin Ebū Bekir Efendi als Mufti laut Text 38/c, datiert auf den 03.06.1758, eingesetzt wurde. Laut Text 61/d vom 30.01.1759 wurde Ebū Bekir Efendi wiederum als unfähig betrachtet, woraufhin Seyyid Aḥmed Şākir Efendi wieder als Mufti eingesetzt werden sollte. In Text 57/e, datiert auf den 18.10.1758, wurde Ebū Bekir Efendi neben ʿAbdullāh Efendi bereits unter den Beurkundungszeugen als ehemaliger Mufti erwähnt, erscheint aber unter den Beurkundungszeugen in Text 16/a, datiert auf den 17.11.1758 und Text 54/b, datiert auf den 23.10.1758, wieder als amtierender Mufti. Seine Einkünfte sind nicht zu ermitteln, nur gemäß Text 70/a, der vermutlich unvollständig ist, erhielt er 14 Ġuruş Einkommen aus den Einkünften einer Mühle. Wie aus Text 62/f vom 16.10.1759 zu entnehmen ist, verstarb schließlich Ebū Bekir Efendi, als er sich von Istanbul aus zu einem wiederholten Amtsantritt als Mufti in Mardin aufmachte.

Eine weitere wichtige Person, die allerdings als Mufti im beobachteten Zeitraum nicht mehr tätig war und daher auch im Histogramm nicht erscheint, war Azharī Seyyid ʿAbdullāh Efendi. Dieser wurde als ehemaliger Mufti erwähnt und musste insofern ein offizielles Amt als Mufti innegehabt haben.[238] Er erscheint häufig in der Auflistung der Beurkundungszeugen unter der Gruppe der Lehrer *(müderris)*, nie aber unter der Gruppe der Muftis. Dennoch war er laut den Einträgen im Sicill eine wichtige Person, wobei seine genauen Amtsstationen im Kapitel 12 genauer beschrieben werden. Auch sein Verdienst war nicht unerheblich. Er erhielt ein Einkommen von 39 Ġuruş aus Mühleneinnahmen und 132 ½ Ġuruş aus Läden.

Offenbar verliefen auch die Amtswechsel der Muftis recht unruhig. Bezeichnend dafür sind die bereits zuvor erwähnten Texte, in denen über den Amtswechsel zwischen Seyyid Aḥmed Şākir Efendi und Seyyid Ebū Bekir Efendi, die jeweils wegen Unfähigkeit abgesetzt werden sollten, berichtet wurde, wobei man sich letztendlich für Seyyid Ebū Bekir Efendi entschied. Seyyid Aḥmed Şākir

238 So in den Texten 13/e und 13/f, beide auf den 24.04.1758 datiert.

Efendi taucht im Sicill in keinen weiteren Einträgen auf. Ein weiterer Hinweis auf Unklarheit über die Zuständigkeiten ist in Text 57/e, datiert auf den 18.10.1758, zu lesen, in dem drei Personen in ihrer Funktion als Mufti unterzeichneten. So unterschrieb hierbei einerseits der amtierende Mufti Seyyid Aḥmed Efendi, andererseits auch sein Vorgänger Seyyid Ebū Bekir Efendi sowie sein weiterer Vorgänger, Seyyid ʿAbdullāh Efendi. Dieses zeigt, dass auch hier eine gewisse Uneinigkeit hinsichtlich des Mufti-Amtes vorlag.

Bei der Verteilung der Muftis über eine aufsteigende Abfolge der Eintragungszeitpunkte zwischen dem 08.01.1757 und dem 01.12.1759 – wie in oben aufgeführtem Histogramm dargestellt – bildet sich die sehr unruhige Abfolge der Amtsdurchführung beim Amt des Muftis klar ab. Die Muftis von Mardin wurden ungefähr alle 10 Monate ausgewechselt. Von den drei Amtsträgern war zum größten Teil Seyyid Aḥmed Efendi (zu ca. 47%). und Seyyid Ebū Bekir Efendi (zu ca. 43%) in den beobachteten drei Jahren immer wieder in abwechselnder Form tätig. An letzte Stelle trat Seyyid Aḥmed Şākir Efendi (zu ca. 10%). Am Histogramm von Abb. 18 zeigt sich ebenfalls, dass Muftis alle paar Monate ausgetauscht wurden und sich hierbei eine bestimmte Gruppe von Muftis offenbar miteinander abwechselte, was auf eine starke Vernetzung untereinander hinweist und ebenso aufzeigt, dass die Verwaltung sicherlich Schwierigkeiten gehabt haben müsste, wenn sie für diese Region einen geeigneten Mufti aus einem anderen Personenkreis einsetzen wollte.

12 Vernetzung lokaler Personen

Im Folgenden finden sich Eintragsverweise sämtlicher Personen, die mindestens in zwei Texteinträgen Erwähnung finden. Bei einigen Personen gelingt es auch, anhand zahlreicher Erwähnungen in den Einträgen des Sicills eine Kurzprosopographie zu erstellen, die weiteren Untersuchungen dienlich sein kann. Ziel ist es hierbei, die Vernetzung der Personen und die Zusammenhänge zwischen den Vorgängen deutlich zu machen.

https://doi.org/10.1515/9783110675146-013

Tabelle 17: Vernetzung lokaler Personen

Name	Kurzsachverhalt
ʿAbbās bin ʿAbdīn el-Ḳātirçi	Seine Nachlassangelegenheiten werden in den Texten 11/f, 12/a 24/a behandelt. Er war verschuldet, wobei seine Familie eine landwirtschaftliche Anbaufläche verkaufen musste.
ʿAbdüllaṭīf Efendi ibn Ṭalḥa Çelebi	Erscheint als Beurkundungszeuge in den Texten 17/f, 65/a und 36/a. Sein Sohn war Niẓāmeddīn Efendi bin ʿAbdüllaṭīf Efendi, der neben ihm als Beurkundungszeuge in Text 17/f aufgeführt ist.
ʿAbdüllaṭīf Efendi	War als Kopfsteuerschreiber tätig. In Text 45/b und 65/c, zwei Nachlasssachen, erscheint er als Beurkundungszeuge. Erscheint auch in Text 57/e, der von der Schuldenanerkenntnis des früheren Voyvodas von Mardin, ʿÖmer handelt, als Beurkundungszeuge. Demzufolge müsste er einen recht hohen Stellenwert in der gesellschaftlichen Rangstufe gehabt haben. Er erhielt laut Text 39/d pro Woche 4 Ġuruş als Kopfsteuerschreiber.
ʿAbdū veled-i Yūsuf	Aus Text 2/a vom (D.) folgt, dass er Teilhaber eines Anwesens war und sich die Teilhaberschaft gerichtlich bestätigen ließ. In Text 11/d vom (D.) erscheint er als Beurkundungszeuge. Hier taucht ein Verwandter seiner Teilhaber namens Hana veled İyşuʿ als Verkäufer eines Anwesens auf.
ʿAbdürraḥman Beg	War Voyvoda von Mardin. Wurde laut 25/a vom 29.06.1757 wegen Unregelmäßigkeiten entlassen und wurde ab diesem Datum in den weiteren Texten mit Eulogien als „ehemaliger Voyvoda von Mardin" bezeichnet. Der Entlassungszeitpunkt überschneidet sich mit den Datierungen der Texte 25/b (JUR) und 26/a (JUR): Laut Text 25/b (JUR) vom 26.06. 1757 und Text 26/a (JUR) vom 03.07.1757 noch im Amt.
ʿAbdullāh	Erhält laut Text 50/a 15 Ġuruş als Vorbeter *(duʿāgū)* aus der Mühle „esyāb-ı cedīde". In Text 25/c, einem Erlass aus Istanbul vom 23.03. 1756 (D.), wird erwähnt, dass er jährlich als Vorbeter ein Müdd Weizen von den Dörfern zu erhalten hat.
ʿAbdullāh Beg bin İsmaʿīl Aġa	Erscheint als Beurkundungszeuge bei dem in Text 0003 vermerkten Übergabeprotokoll von Cizye-Geldern, sowie als Beurkundungszeuge in Text 10/c, einer gerichtlichen Bestätigung eines Unfalls. Erscheint ebenso als Beurkundungszeuge in den Texten 68/a und 19/b, zwei Nachlassangelegenheiten. Sein Bruder war Maḥmūd Beg, der als Beurkundungszeuge in Text 19/b aufgeführt ist.
ʿAbdullāh Beg ibn Meḥmed Efendi	War Sohn des Voyvodas von Mardin, Meḥmed Efendi und wird als Begünstigter in der Nachlasssache des verstorbenen ʿAlī Beg ibn ʿAbdullāh in Text 68/b, datiert auf den 13.11.1758, erwähnt. Ebenso wird er als Begünstigter in derselben Nachlasssache in Text 62/c (einem undatierten Erlass aus Bagdad), in Text 65/a vom 28.05.1759 (D.), in Text 65/b vom 02.06.1759 und in Text 65/c vom 01.06.1759 angegeben.
ʿAbdullāh bin ʿAbbās	War laut Text 12/a Verkäufer einer landwirtschaftlichen Fläche, darüber hinaus wird er als Kläger in Text 24/a erwähnt.

Name	Kurzsachverhalt
ʿAbdullāh Beg bin İsmaʿīl Aġa	Erscheint als Beurkundungszeuge in den Texten 0003, 10/c, 19/b, und 68/a. Sohn von İsmaʿīl Aġa, dem Anführer des Stammes Dekkori *(mīr-i ʿaşīret Daḳūrī)* und wird zusammen mit İsmaʿīl Aġa unter den Beurkundungszeugen in Text 9/a erwähnt.
ʿAbdullāh Çāvīş	Sein Haus und Inventar sollte laut der Abschrift eines Erlasses aus Bagdad (Text 23/c, undatiert) konfisziert werden, da er anscheinend mehrere Verfehlungen begangen hatte. In Text 18/b erscheint er als Verkäufer eines Gartens mit einem Gewässeranteil zu 85 Ġuruş, mit Bestätigung von 13 Beurkundungszeugen. Der Grund der hohen Zeugenanzahl, darunter viele Notabeln, war womöglich seine als nicht integer angesehene Person.
ʿAbdullāh Efendi	Erscheint in Text 3/a, einer Klage, datiert auf den 27.07.1757, als Fetvā-Schreiber *(kātib-i fetvā)* und als Vertreter eines widerrechtlichen Nutznießers eines İltizām einer Stiftung, der den Prozess verlor. Erst in Text 64/d vom 01.06.1759 taucht er wieder als Beurkundungszeuge in der Funktion eines Fetvā-Schreibers auf, ebenso erscheint er in Text 19/b, einer Klage vom 26.06.1759 (D.) als Beurkundungszeuge in derselben Funktion.
ʿAlī Beg ibn ʿAbdullāh	War laut Text 65/a und 65/b ehemaliger Sklave von Meḥmed Efendi, der zeitweise Voyvoda von Mardin war und ein stattliches Erbe hinterließ. Offenbar in seiner sozialen Karriere steil aufgestiegen.
ʿArab Paşazāde Meḥmed Beg	Wurde zur Entgegennahme von Kanzleigebühren nach Bagdad gesandt und verstarb unterwegs, wobei seine umfangreiche Nachlasssache in den Texten 54/b, 54/c, 58/d, 59/b, 59/c, 59/d, 59/e, 60/b, 60/c und vermutlich auch in Text 64/c behandelt wurde (Name des Verstorbenen in Text 64/c ist nicht zu ermitteln).
ʿİsā bin Ṭavārū	Taucht in den Texten 12/b und 7/g als Beurkundungszeuge auf, und erscheint in Text 9/e als Verkäufer eines bewässerten Gartens. Bruder von Mūsā bin Ṭavāru, der ebenfalls als Beurkundungszeuge in den Texten 12/b und 7/g aufgeführt ist.
Aġa-yı Ġarabān[239] Maḥmūd Aġa	Erscheint als Beurkundungszeuge in den Texten 57/e und 68/a.
Aḥmed Efendi bin Ḥāc Muṣṭafā Efendi	Erscheint als Beurkundungszeuge in den Texten 3/d (JUR), 5/d und 6/b, wobei er laut Text 6/b als Bruder von Maḥmūd Efendi bin Ḥāc Muṣṭafā Efendi, der ebenfalls als Beurkundungszeuge in Text 6/b erscheint, erwähnt wird. War laut Text 3/d (JUR) Bruder von Monlā Maḥmūd. Aḥmed Efendi steht jeweils an oberster Stelle, was auf einen angesehenen sozialen Stand hinweist.
Azharī Seyyid ʿAbdullāh Efendi	In Text 25/d vom 07.01.1757 erscheint er bei den Beurkundungszeugen unter der Gruppe der Religionsgelehrten *(ʿulemā)* und taucht in Text 5/e

239 Ort bei Mardin. Vgl. Halaçoğlu, Yusuf: *Anadolu'da Aşiretler, Cemaatlar, Oymaklar (1453–1650)*, Ankara 2009, S. 2582. Der Übersetzung nach müsste der Name Ġarabān ein Stammesname sein, der nach diesem Ort bezeichnet ist.

Name	Kurzsachverhalt
	vom 26.10.1757 unter den Beurkundungszeugen als Azharī-Lehrer auf. Weiter erscheint er in den Texten 13/e und 13/f, beide vom 24.04.1758, unter den Beurkundungszeugen als ehemaliger Mufti. Auch in Text 57/e vom 18.10.1758 wird er unter den Beurkundungszeugen bereits als ehemaliger Mufti erwähnt. Aus Text 37/c, einem Klageprotokoll vom 11.03.1758 (D.), erfährt man, dass er die Gelder einer Stiftung, deren Verwaltung er gemeinsam mit anderen widerrechtlich an sich gerissen hatte, illegal einbehielt. Er wird hierbei aber nur mit dem Namen „Azharī ʿAbdullāh" bezeichnet, weshalb es möglich ist, dass es sich hierbei um eine andere Person handelt. Er taucht jedenfalls auch in später datierten Texten immer an exponierter Stelle als Beurkundungszeuge auf, was darauf schließen lässt, das er trotzdem als anerkannte Person galt. So ist er beispielsweise in Text 16/a vom 17.11.1758 bei den Beurkundungszeugen unter den Religionsgelehrten *(ʿulemā)* und in Text 60/d vom 22.04.1759 als Lehrer *(müderris)* zu finden. Ebenso erscheint er als Beurkundungszeuge in Text 54/b vom 23.10.1758 als Lehrer wie auch in Text 54/f vom 26.04.1759, wobei in beiden Texten die Nachlasssache von ʿArab Paşazāde Meḥmed Beg behandelt wird. In Text 70/a wird er als Empfänger von 39 Ġuruş aus Mühleneinnahmen sowie in Text 50/a als Empfänger von Einnahmen über 132½ Ġuruş aus Läden erwähnt. Laut Text 19/f vom 10.07.1759 wurde er als leitender Schreiber *(baş kātibi)* zur Prüfung einer Stiftungsüberprüfung beauftragt.
Bekir Çelebi Şeyḫī Zāde	Beurkundungszeuge in Text 13/g und 15/b.
Benderzāde el-Ḥāc Meḥmed Aġa	Erscheint als Beurkundungszeuge in Text 45/b und Text 36/a, zwei Nachlassangelegenheiten. Laut Text 65/b war seine Tochter Medīne Ḫātūn bint ül-Ḥāc Meḥmed Aġa mit ʿAlī Beg ibn ʿAbdullāh, einem wohlhabenden befreiten Sklaven und Aġa des inneren Palastes verheiratet. Text 64/e schreibt, dass seine Tochter Medīne Ḫātūn unter seiner Aufsicht ihre minderjährige Tochter versorgen musste.
Circis veled-i ʿAmūn	Taucht in Text 12/e vom 02.03.1758 (D.) als Beurkundungszeuge auf und erscheint in Text 16/e vom 10.03.1759 (D.) als Verkäufer eines sehr günstigen Anwesens, das eine wahrscheinlich ledige oder verwitwete nicht-muslimische Frau an ihn verkaufte.
Ḥāc ʿAbdülḳādir bin İlyās Aġa	Beurkundungszeuge in den Texten 1/a (JUR), 5/d, 7/e, 7/f und 45/b.
Ḥāc ʿAbdullāh Aġa bin Şeyḫmūsā Aġa	Kaufte in sechs Fällen[240] landwirtschaftliche Flächen. Sein Bruder ʿAlī bin Şeyḫmūsā Aġa taucht in Text 17/f im Zusammenhang mit einer Bezeugung eines Kaufvertrags mit dem Verkäufer, dem verstorbenen sultanischen Stallmeister ʿAlī Aġa ibn ʿAbdullāh auf.

240 Laut Text 7/b, 9/e, 14/e, 69/e, 69/f: Kauf von bewässerten Gärten, laut Text 9/d: Kauf von Mühlen-Nutzung.

Name	Kurzsachverhalt
Ḥāc İsḥāḳ	Erscheint als Beurkundungszeuge in Text 13/a und 13/b (JUR), zwei Einträgen zweier zusammenhängender Kaufverträge, in denen die Beurkundungszeugen zum größten Teil identisch sind. Er bekam laut Text 26/f und 26/g aus Istanbul die Erlaubnis, eigenfinanziert eine Kanzel in einer Moschee zu errichten.
Ḥāc İsmaʿīl bin Ḥāc Murteżā	Beurkundungszeuge in Text 17/d. Er wird in Text 5/c als eine von zwei sich vergleichenden Parteien in einer Erbsache erwähnt.
Ḥāc Maḥmūd	War Nāʾib von Mardin (so laut den Texten 5/e, 6/c, 27/a, 28/a, 34/a, 36/a, 50/a und Text 61/f). Laut Text 26/c vom 15.09.1757 sollte er das Amt des Nāʾibs übernehmen. Ebenso sollte er laut Text 33/b vom 10.02.1758 das Amt des Nāʾibs übernehmen. Er hielt das Amt des Nāʾibs spätestens bis zum 26.06.1759.[241] Weitere Erläuterungen hierzu in Kapitel 11.1.
Ḥāc Meḥmed bin Seyyid Ḥasan Ḥarīnī	Wird als Beurkundungszeuge in Text 10/b aufgeführt sowie als Käufer in Text 11/c erwähnt.
Ḥāc Muṣṭafā Aġa	War oberster Gefolgsmann *(baş çuḳadar)* des Valis von Diyārbekir ʿAbdullāh Paşa, über den aus Text 36/a und 45/b zu erfahren ist, dass er für die treuhänderische Verwahrung von Geldern in einer Nachlasssache verantwortlich war.
Ḥāc Nuʿmān Bin Seyyid Aḥmed	Wird als Beurkundungszeuge in Text 3/c (JUR) aufgeführt. In den Texten 6/a, 6/e und 11/c wird er unter den Beurkundungszeugen gemeinsam mit seinem Sohn Seyyid Aḥmed, aufgeführt.
Ḥāc Süleymān Aġa	Erscheint in Text 0003 unter den Beurkundungszeugen in seiner Funktion als Schatzmeister *(ḫazīnedār)*, auch findet man ihn unter den Beurkundungszeugen in den Texten 27/a und 36/a, die zwei Nachlassangelegenheiten behandeln.
Ḫalīfe bin Ḥaytam	Erscheint als Beurkundungszeuge in den Texten 7/e, 10/b und 11/c.
Ḫalīl Aġa bin ʿAlī Ketḫüda	Erscheint als Beurkundungszeuge in Text 14/b (JUR) und in Text 15/b, in dem eine Tauschangelegenheit behandelt wird.
Ḫalīl Aġa bin İbrāhīm Aġa	Erscheint als Beurkundungszeuge in den Texten 9/d, 9/e, 13/e und 13/f.
Ḫalīl Beg, Anführer der Mişkī	Erscheint als Beurkundungszeuge in Text 7/b und 9/e sowie als Garant bei Abgabenübergabe in Text 0003. In den Texten 7/b, 9/d und 9/e, die Kaufvorgänge mit Hāc ʿAbdullāh Aġa bin Şeyḫmūsā Aġa behandeln, erscheint er als Vertretungsbestätigungszeuge. Er wird unter den Beurkundungszeugen in Text 36/a, einer Nachlassaufstellung an mittlerer Position aufgeführt, weshalb er als besonders vertrauenswürdige Person gegolten haben musste. Weiterhin erscheint er an mittlerer Position als Beurkundungszeuge in Text 33/a (JUR), einem Timārverzicht. Sein

241 Siehe Amtseinsetzung von seinem Nachfolger Seyyid ʿAbdürraḥīm Efendi am 26.06.1759 (Text 19/d). Siehe auch Text 24/a, datiert auf den 16.09.1759, in welchem er als ehemaliger Richter erwähnt wird und als momentaner Richter Seyyid ʿAbdürraḥīm erwähnt wurde.

Name	Kurzsachverhalt
	Bruder war – wie aus Text 0003 und Text 33/a (JUR) zu entnehmen ist – Murād Beg.
Ḥasan Aġa bin Melik Maḥmūd	Bruder von Ḥuseyn Çelebi, der als Vertretungsbestätigungszeuge in Text 7/d erscheint. Er wird als Beurkundungszeuge in den Texten 10/e und 7/e aufgeführt.
Ḥasan Aġa bin Yūsuf Çelebi	Erscheint in Text 7/c als Käufer und vertrat laut Text 7d seinen Vater, der als Verkäufer auftrat. Vermutlich war er ein Bruder von Seyyid Meḥmed bin Yūsuf Çelebi, der als Vertretungsbestätigungszeuge in Text 9/d auftrat.
Ḥasan Bin ʿAlī Beşe	Erscheint als Beurkundungszeuge in den Texten 7/b und 14/e (JUR).
Ḥasan bin Berber ʿAlī	Erscheint als Beurkundungszeuge in den Texten 7/c, 7/d und 10/e.
Ḥasan merdüm Vāʿiẓ Efendi	Erscheint als Beurkundungszeuge in den Texten 7/g, 9/a, 15/a und 17/a (JUR).
Hūca İskander veled-i Yūsuf	Taucht in Text 7/g datiert auf den 29.12.1757, als Käufer einer Weinstockpflanzung auf, die er für den Preis von 150 Ġuruş erwarb. Offenbar hatte er im Westen schon einen weiteren Grundbesitz. Ca. 3 Monate später erwarb er laut 12/d vom 02.03.1758 (D.) einen weiteren Teil eines Weinstockpflanzungsgebietes ebenfalls zu einem Preis von 150 Ġuruş, das an sein eigenes Gebiet angrenzt. In beiden Fällen tauchen die Brüder Mūsā und ʿİsā bin Ṭavārū sowie Seyyid ʿOs̱mān bin Seyyid Ḥasaf als gemeinsame Beurkundungszeugen auf. Siehe auch Kap. 5.4.
İbrāhīm bin Bābā Yusuf	Beurkundungszeuge in den Texten 1/d, 3/e und 6/b.
İsmaʿīl Aġa ibn İbrāhīm	War mindestens zwischen dem 01.07.1747 und dem 25.11.1758 Verwalter der Ḳasim Pādişāh-Stiftungen. In folgenden Texten wird er als Verwalter der Ḳasim Pādişāh-Stiftungen erwähnt: So in Text 3/a (sein Name ist nur unvollständig zu lesen), 38/c und Text 38/e, eine alte Abschrift aus Istanbul, die auf den 01.07.1747 datiert ist (Anrede Seyyid İsmaʿīl). Aus Text 30/b (undatiert, Anrede İsmaʿīl), Text 30/a (Anrede İsmaʿīl), datiert auf den 06.09.1757 (D.), Text 29/d (Anrede İsmaʿīl), datiert auf den 28.10.1757 und Text 38/a, datiert auf den 11.03.1758 (D.), erfährt man, dass er ein Gesuch *(ʿarżuḥāl)* wegen unberechtigten Gehaltsforderungen unterbreitete (ebenso in den Texten 36/d, 38/a und 66/b). Auch in Text 37/c, datiert auf den 11.03.1758, ist davon die Rede, dass er ein Gesuch gestellt hat, da offenbar jemand anderes die Stiftungsverwaltung an sich riss. Aus Text 43/a, datiert auf den 11.03.1758 (D.), erfährt man von Unregelmäßigkeiten, die auf einen Mültezim unter seiner Verwalter-Aufsicht der Stiftungen (Anrede İsmaʿīl) zurückzuführen waren. Aus Text 50/a, der leider undatiert ist, erfährt man von einer Zuwendung *(tevcīh)* an ihn *(mütevellī İsmaʿīl Aġa)* bzgl. der Miete von Ak und Ḳasimīye, vermutlich zweier Mühlen, von jährlich 60 Ġuruş. Text 19/f, eine richterliche Anordnung aus Diyarbekir vom 10.07.1759 handelt von einer Überprüfung einer Klage streitiger Parteien und der Prüfung der Vornahme von Reparaturen durch einen Nāʾib, wobei er immer

Name	Kurzsachverhalt
	noch als Stiftungsverwalter erwähnt wird. Text 23/d vom 07.09.1759 handelt von seinem Verzicht auf das Amt des Stiftungsverwalters der Ḳasim Pādişāh-Stiftungen und der Übergabe dieser Stiftungen an den neuen Verwalter Seyyid İbrāhīm. Er starb laut Text 68/a (Anrede İsmaʿīl Aġa ibnu İbrāhīm) am 25.11.1759 auf einer Reise nach Istanbul und hinterließ ein Erbe von 274 Ġuruş, wobei fälschlicherweise als Jahresangabe „1758" stand. Weiteres zu seiner Person in Kapitel 6.
İsmāʿīl Aġa mīr-i ʿaşīret Daḳūrī[242]	War Anführer des Stammes der Dekkori und erscheint als Beurkundungszeuge bei Nachlassaufstellungen in Text 45/b und 36/a sowie bei einer Ausgabenaufstellung in Text 25/d. Ebenso taucht er unter den Beurkundungszeugen in Text 57/e, der von einem Geständnis von ʿÖmer, damals ehemaliger Voyvoda von Mardin, handelt, und als Beurkundungszeuge in Text 60/d, dessen Thema die Ankündigung einer Zeremonie ist, auf. Ebenso erscheint er in folgenden Texten als Beurkundungszeuge: So in Text 1/a (JUR) (Klage), 9/a (Kaufvertrag) und in Text 32/e (Eintrag einer Zahlungsanweisung). Sein Sohn war ʿAbdullāh Beg *(ʿAbdullāh Beg bin İsmaʿīl Aġa)*, der als Beurkundungszeuge in den Texten 0003, 10/c, 19/b, und 68/a erscheint. Er wird zusammen mit İsmaʿīl Aġa unter den Beurkundungszeugen in Text 9/a erwähnt. Sein weiterer Sohn war Maḥmūd Beg (Beurkundungszeuge in Text 19/b). In den Texten 25/d, 32/e, 36/a und 45/b wird İsmāʿīl Aġa unter den Beurkundungszeugen zusammen mit einer hochrangigen Person namens Millīzāde Muḥarrem Beg erwähnt. Ebenso erscheint er in den Texten 36/a, 57/e und 60/d zusammen mit einer weiteren sozial hochrangigen Person namens Aḥmed Beg, dem Anführer der Mişkī *(Mişkī Begi Aḥmed Beg)*, sowie in den Texten 57/e und 60/d mit einer weiteren sozial hochrangigen Person, dem Lehrer *(müderris)* Seyyid Hindī Efendi. Die gemeinsame Erwähnung unter den Beurkundungszeugen mit diesen Personen weist darauf hin, dass diese Personen untereinander gut vernetzt gewesen sein müssen. Auch weist dies auf seine eigene sozial hochrangige Stellung hin.
İsmaʿīl bin Manṣūr	Erscheint als Beurkundungszeuge in Text 10/e und als Hausverkäufer in Text 6/b.
İsmaʿīl Çelebi bin Seyyid Manṣūr	Wird in Text 7/c als Verkäufer eines regenwasserbewässerten Gartens zu 300 Ġuruş und in Text 7/d als Käufer eines Weingartens zu 100 Ġuruş erwähnt.
İylū veled-i ʿAmmū el-Ḳalʿa Muravī	Wird als Käufer in den Texten 13/a und 13/b (JUR) erwähnt.
Maḥmūd Efendi bin Ḥāc Muṣṭafā Efendi	Erscheint in den Texten 2/b, 6/b und 11/c als Beurkundungszeuge und ist laut Text 5/d Verkäufer eines Anwesens. Maḥmūd Efendi ist der Bruder von Aḥmed Efendi bin Ḥāc Muṣṭafā Efendi (siehe Text 6/b).

242 Stamm der Dekkori.

Name	Kurzsachverhalt
Maḥmūd Efendi (bin Şeyḫ Sebʿa bzw. Şeyḫ Sebʿazāde)	Erscheint als Beurkundungszeuge in den Texten 4/b, 7/a, 7/c, 7/d und 15/b. Laut Text 7/c war er Bruder von Mollā Meḥmed bin Şeyḫ Sebʿa und von Seyyid Aḥmed bin Şeyḫ Sebʿa.
Mārdīnli Süleymān Aġa	Erscheint als Beurkundungszeuge in den Texten 54/f und 57/e.
Meḥmed Aġa bin Ṣāliḥ Ketḫüda	Erscheint in Text 18/b als Käufer eines Gartens zusammen mit seinen Brüdern Maḥmūd und ʿAbdülḳādir. Des Weiteren erscheint er als Beurkundungszeuge in Text 65/a, einer Klage.
Meḥmed bin Zekeryā	Erscheint als Beurkundungszeuge in Text 2/b und als Verkäufer in Text 2/c.
Mişkī begi Ḫalīl Beg	War laut Text 0003 zur Übergabe von Geldern beauftragt. Erscheint als Beurkundungszeuge in Text 33/a (JUR) neben seinem Bruder Murād Beg. Wird auch als Beurkundungszeuge in Text 36/a aufgeführt.
Mişkī begi Murād Beg	War laut Text 0003 zur Übergabe von Geldern beauftragt. Erscheint als Beurkundungszeuge in Text 33/a (JUR) neben seinem Bruder Ḫalīl Beg.
Mişkī Begi Aḥmed Beg	War Anführer des Stammes der Mişkī und erscheint als Beurkundungszeuge in den Texten 36/a, 60/d und 57/e, einem Schuldanerkenntnis von ʿÖmer Aġa, ehemaliger Voyvoda von Mardin. Er sollte laut Text 37/a, dem Protokoll einer Klage vom 11.03.1758 (D.) eine Stiftungsangelegenheit überprüfen. In genannten Texten wird er als Beurkundungszeuge zusammen mit einer hochrangigen Person namens İsmaʿīl Aġa, dem Anführer des Stammes der Dekkori *(mīr-i ʿaşīret Daḳūrī)*, genannt. Ebenso ist er in den Texten 57/e und 60/d als Beurkundungszeuge mit einer weiteren sozial hochrangigen Person, dem Lehrer *(müderris)* Seyyid Hindī Efendi aufgelistet. Die gemeinsame Erwähnung mit diesen Personen weist auf seinen hohen sozialen Rang sowie auf eine gute Vernetzung dieser Personen untereinander hin.
Monlā Ḥasan bin Monlā Meḥmed	War als Imam von Ġaras tätig. Er erscheint als Beurkundungszeuge in Text 7/b, datiert auf den 25.09.1757, in welchem er noch nicht als Imam von Ġaras erwähnt wird. Zwischen dem 25.09.1757 und dem 24.04.1758 übernahm er das Amt des Imams von Ġaras. So wird er bereits in den Texten 13/e und 13/f, welche sich um Vormundschaftsregelungen, beide auf den 24.04.1758 datiert, handeln, als Imam von Ġaras erwähnt (ebenso in Text 16/d , einem Kaufvertrag, datiert auf den 16.01.1759). Er hatte einen Sohn namens Aḥmed, der als Beurkundungszeuge in Text 35/b (Vormundschaftsregelung) erwähnt ist, sowie einen weiteren Sohn namens Ḥuseyn (Beurkundungszeuge in Text 5/c, Kaufvertrag)
Mollā Ḥuseyn bin Ḥāc Ġāzī	Erscheint als Beurkundungszeuge in Text 7/c und 7/d.[243]
Mollā Meḥmed	Erscheint als Beurkundungszeuge in den Texten 7/c und 7/d, in denen erwähnt wird, dass er der Bruder von Maḥmūd Efendi ist.

243 Wird mit dem Namen „Mollā Ḥuseyn ibn ul-Ġāzī“ aufgeführt und müsste derselbe Zeuge namens Mollā Ḥuseyn bin Ḥāc Ġāzī, der in Text 7/c aufgeführt wurde, sein.

Name	Kurzsachverhalt
Monlā Bekir Bin Monlā Yasīn	Erscheint als Vertretungsbestätigungszeuge in Text 7/b und 9/e und als Beurkundungszeuge in Text 14/d.
Monlā Ḥuseyn Bin Şaʿbān	Erscheint als Beurkundungszeuge in den Texten 1/a (JUR) und 12/d.
Monlā İbrāhīm bin Seyyid ʿAbdürraḥīm	War als Nachlassgerichtsschreiber *(kātib-i ḳassām)* tätig und erscheint als Beurkundungszeuge in Text 2/d, einer Klage, datiert auf den 01.08. 1757. Er ist laut Text 3/f Sohn von Seyyid ʿAbdürraḥīm, Gerichtsschreiber (كاتب محكمة)[244], wobei er und sein Vater beide als Beurkundungszeugen in Text 3/f aufgeführt sind. Monlā İbrāhīm hat einen Sohn namens Monlā Ismaʿīl, der als Beurkundungszeuge in Text 5/a aufgeführt ist. Ein weiterer Sohn von ihm war „Monlā İlyās", der in Text 5/d als Beurkundungszeuge erscheint. Monlā İbrāhīm ist Beurkundungszeuge in Text 5/f, einer Heiratsangelegenheit und Beurkundungszeuge in den Texten 3/a, 4/a, 10/c, 12/b und 17/a (JUR).
Monlā ʿİmādeddīn bin Üveys Ḳapuncizāde	Erscheint als Vertretungsbestätigungszeuge in Text 5/d und als Beurkundungszeuge in Text 7/a.
Monlā ʿİsā bin Seyyid ʿAlī	Erscheint als Vertretungsbestätigungszeuge in Texten 6/d und 57/f.
Monlā Maḥmūd Şeyḫ Sebaʿazāde	Erscheint als Vertretungsbestätigungszeuge in Text 1/b (JUR), wobei er laut diesem Bruder von Aḥmed Efendi Bin Şeyḫ Sebaʿazāde war. Ebenso erscheint er als Vertretungsbestätigungszeuge in Text 65/a.
Monlā Meḥmed bin ʿAlī eş-Şarābī	Erscheint als Beurkundungszeuge in den Texten 4/f und 1/b (JUR).
Monlā Muṣṭafā Bin Ḳāsim Çelebi	War als Beurkundungszeuge in auffallend vielen Texten meistens in mittlerer Position aufgeführt. So beispielsweise in den Texten 1/a (JUR), 3/a, 5/e, 11/f, 14/a, 17/a (JUR), 17/d, 20/a, 32/e und 33/a (JUR). Auch ist er als Beurkundungszeuge von Heiraten und Brautgaben in den Texten 4/g und 5/f aufgeführt, sowie als Sachverhaltszeuge in Text 2/d, einer Klage, gelistet. Dies deutet darauf hin, dass er diese Tätigkeit professionell ausübte, bzw. zumindest dem Gericht wohlbekannt war. Möglicherweise war dieselbe Person auch Beurkundungszeuge in Text 17/c, wobei hier der Name nur mit „Monlā Muṣṭafā Bin Ḳāsim" und somit möglicherweise unvollständig wiedergegeben wurde.
Monlā ʿÖmer bin Yaḥyā	Erscheint als Beurkundungszeuge in den Texten 4/f und 7/a.
Monlā ʿOs̱mān bin Maḥmūd Beşe	Erscheint als Beurkundungszeuge in Text 65/c und als Sachverhaltszeuge in Text 65/a.
Monlā Yūsuf bin Seyyid ʿAbdürraḥīm Efendi	War laut Text 6/d, in welchem er als Beurkundungszeuge erscheint, Prediger (خطيب) der Zincīrīye, wobei dessen Vater Seyyid ʿAbdürraḥīm Efendi Gerichtsschreiber (كاتب محكمة) war. Er erscheint als Beurkundungszeuge in den Texten 5/e, 10/f, 11/f, 12/a, 17/c, 17/d, 17/e,

244 Begriff in Klammern grundsätzlich in arabischer Schreibweise, wenn der Originaltext in arabischer Sprache gehalten ist.

Name	Kurzsachverhalt
	18/b, 20a (in Text 20/a ohne den Titel „Monlā“ aufgeführt) und 65/c wobei er immer gemeinsam mit seinem Vater verzeichnet war. Nur in Text 35/b erscheint er als Beurkundungszeuge ohne den Vater.
Muḥarrem Beg aus dem Stamm der Millīzādeler	War wahrscheinlich zunächst ein Anführer des Stammes der Millī und wurde im Jahr 1764 zum Vertreter *(vekīl)* des Voyvodas von Mardin ernannt, wobei auf diese Weise der Stamm der Millīzādeler eine führende Rolle in der Stadt Mardin übernahm.[245] In Text 3/a, einem Klagetext wird berichtet, dass er offenbar zu Unrecht eine Langzeitpachturkunde dem damaligen Mufti von Mardin, Seyyid Aḥmed Efendi als Steuerpacht *(iltizām)* gegeben hatte, der wiederum diese an einen weiteren Angehörigen der Klasse der Religionsgelehrten *(ʿulemāʾ)* weitergab. In Text 28/b, datiert auf den 28.07. 1756, wird berichtet, dass ihm als Steuerpacht gegebene Dörfer wieder abgenommen wurden. Laut Text 25/a, datiert auf den 29.06.1757, wurde selbiger Muḥarrem Beg zum Mütesellim in der Übergangszeit zwischen der Absetzung des Voyvodas von Mardin ʿAbdürraḥmān Beg und der Ankunft seines Nachfolgers ernannt. Er erscheint als Beurkundungszeuge in den Texten 1/a (JUR) und 32/e. In Text 46/b, datiert auf den 31.03.1758 (D.), erscheint er als Gesuchstellender, allerdings mit der Abkunftsangabe „bin Ḥaydar“. Er taucht als Beurkundungszeuge in Text 36/a, einer Nachlasssache, datiert auf den 15.03.1758, auf. Ebenso erscheint er als Beurkundungszeuge in Text 38/d, datiert auf den 01.07.1757, bei einer Vekīl-Einsetzung nur mit dem Namen „Muḥarrem Beg“, wobei es sich wahrscheinlich um dieselbe Person handelt. Als Beurkundungszeuge erscheint er ferner in den Texten 25/d, 36/a, 45/b und 54/b. Er hat einen Bruder namens ʿO̱smān Beg *(birāder Millīzāde)*, der neben ihm in Text 33/a (JUR) als Beurkundungszeuge erwähnt wird. In den Texten 25/d, 32/e, 36/a und 45/b wird er unter den Beurkundungszeugen mit einer hochrangigen Person namens İsmaʿīl Aġa, dem Anführer des Stammes der Dekkori *(mīr-i ʿaşīret Daḳūrī)*, genannt, sowie in den Texten 25/d und 54/b zusammen mit dem sozial hochrangigen Lehrer *(müderris)* Seyyid Hindī Efendi erwähnt. Die gemeinsame Erwähnung unter den Beurkundungszeugen mit diesen Personen weist sowohl auf seinen hohen sozialen Rang als auch auf die gute Vernetzung hin.
Mūsā bin Ṭavārū	Erscheint in den Texten 12/b und 7/g neben seinen Bruder ʿİsā bin Ṭavārū als Beurkundungszeuge.
Muṣṭafā bin Ḫalīl Mīrū	Erscheint als Beurkundungszeuge in den Texten 2/d, 3/a 16/e, 17/e, 17/a (JUR), 27/a und 35/b. Ebenso erscheint er als Ehevertrags-Beurkundungszeuge in Text 67/f.
Muṣṭafā Çelebi bin Ḥāc Ḥuseyn	Erscheint als Beurkundungszeuge in den Texten 10/a und 10/b.

245 Vgl. Göyünç (1969), S. 46.

Name	Kurzsachverhalt
Muṣṭafā Çelebi bin İsḥāḳ Çelebi	Erscheint als Beurkundungszeuge in den Texten 1/a (JUR) und 9/a. Möglicherweise dieselbe Person, die in Text 17/c auch als Beurkundungszeuge erscheint. Hier ist allerdings der Name nur mit „Muṣṭafā bin İsḥāḳ Çelebi" unvollständig wiedergegeben.
Muṣṭafā Efendi	War laut Text 26/b als Imam tätig und erscheint als Beurkundungszeuge in Text 26/b. Er reiste laut Text 34/a nach Bagdad wofür er Umlagegelder erhielt. Laut Text 50/a erhielt er 15 Ġuruş aus Hammam-Einnahmen. In Text 57/e, datiert auf den 18.10.1758, der vom Eingeständnis des damals ehemaligen Voyvodas von Mardin, ʿÖmer Aġa, handelt, wird angegeben, dass Muṣṭafā Efendi gemeinsam mit einem Aġa des inneren Palastes namens Aḥmed Çavuş Aġa die Rechnungsbücher von ʿÖmer Aġa prüfen sollte. Auch Text 55/e, datiert auf den 13.03.1759, handelt von einem Buyuruldu, dass er die Rechnungsbücher bei der Voyvoda-Entlassung von ʿÖmer Aġa prüfen sollte.
Mūṣullı İsmaʿīl Aġa bin ʿAlī Aġa	Erscheint als Beurkundungszeuge in den Texten 64/d und 65/a und war scheriatsrechtlicher Vertreter *(vekīl)* bei der Nachlassübergabe der Nachlasssache des ehemaligen Sklaven ʿAlī Beg laut Text 62/c, 65/b und 65/c. Laut Text 14/a hatte er Grundbesitz.
Naʿmr veled-i Acmīl	Erscheint als Beurkundungszeuge in den Texten 13/a und 13/b (JUR), bei denen zwei Söhne in getrennten Vorgängen zwei Anwesen an ihren Vater verkauften.
ʿÖmer Aġa	War ungefähr im Zeitraum zwischen dem 29.06.1757 bis Ende Oktober 1758 Voyvoda von Mardin. In folgenden Texten wird er als Voyvoda erwähnt: So in Text 0003, 25/a, 27/a, 28/a, 32/d, 32/e, 36/a, 45/b, 54/b, 54/c, 58/d, 59/b, 59/c, 59/d, 59/e und 60/b. In folgenden Texten wird seine unehrenhafte Entlassung erwähnt: So in Text 55/d, 55/e, 56/c und Text 56/d.[246] Weiteres hierzu in Kapitel 10.
ʿÖmer Paşa	War Wesir von Baġdād und Baṣra (wird laut Text 44/a, 44/b und 45/a mit dem Titel „Wesir von Baġdād und Baṣra" angeredet).
ʿOs̱mān Aġa	War in der Zeit zwischen dem 01.10.1758 und Anfang November 1759 laut folgenden Texten Voyvoda von Mardin: So in Text 23/d, 24/a, 24/b, 54/f, 54/c, 55/d, 55/e, 56/c, 56/d, 57/e, 60/c, 60/d, 61/b, 62/g, 63/a, 65/b, 65/c und Text 68/a.[247] Weiteres in Kapitel 10.
ʿOs̱mān bin Süleymān Beşīr	War laut Text 4/d Käufer einer Weinstockpflanzung und laut Text 2/c Käufer von Anteilen eines Anwesens.
ʿOs̱mān Çelebi ibn el-Tiryāki bzw. Tiryākizāde	Erscheint als Beurkundungszeuge in den Texten 3/a (Klage) und 7/e.
Paşazāde ʿAbdülḳādir Beg ibnu ʿOs̱mān	War zusammen mit seinem Neffen ʿAlī Beg Kläger laut Text 2/d und erscheint jeweils zusammen mit seinem Neffen ʿAlī Beg als Beurkundungszeuge in den Texten 25/d, 57/e und 60/d.

246 Siehe Tabelle 14: Chronologie der Amtswechsel der Provinzverwalter

247 Siehe Tabelle 14: Chronologie der Amtswechsel der Provinzverwalter.

Name	Kurzsachverhalt
Paşazāde ʿAlī Beg	War Neffe von Paşazāde ʿAbdülḳādir Beg ibnu ʿOs̱mān. Er erscheint als Beurkundungszeuge in den Texten 25/d, 57/e, 60/d, 64/d, 65/a, 65/c und Text 66/a. Laut den Texten 56/a und 56/b, die sich um eine Hausratskonfiszierung von Prostituierten handeln, amtierte als Steuereintreiber *(mütesellim)* von Mardin.
Ramażān bin Dervīş	Erscheint als Beurkundungszeuge in den Texten 7/c und 7/d.
Receb bin Hārūn	Erscheint als Beurkundungszeuge in den Texten 4/b und 15/b.
Ṣāliḥ bin Yaḥyā	Erscheint als Beurkundungszeuge in den Texten 13/c, 15/b und 15/d (JUR). War laut Text 65/a als Sachverhaltszeuge bei Klage hinsichtlich einer Nachlassangelegenheit anwesend.
Ṣāliḥ Çelebi	Erscheint in Text 3/f unter den Beurkundungszeugen als Moscheeverwalter. Auch wird er unter den Beurkundungszeugen in Text 4/a erwähnt, wobei er hier lediglich als Verwalter bezeichnet wird. Er war möglicherweise, wie in Text 50/a mehrfach aufgeführt, auch Besitzer mehrerer Läden, wobei dies allerdings auch verschiedene Personen sein könnten.
Şeyḫ Maḥmūd bin Şeyḫ Meḥmed	Erscheint als Beurkundungszeuge in den Texten 12/f und 13/d.
Şeyḫ Sebaʿ ʿAbdullāh Beg	Erscheint als Beurkundungszeuge in den Texten 7/c und 7/d.
Şeyḫ Süleymān bin ül-Ḥāc Meḥmed	Erscheint als Beurkundungszeuge in den Texten 3/c (JUR) und 16/c.
Şeyḫmūsā bin ʿAlī Ketḫüda	Erscheint als Beurkundungszeuge in den Texten 14/c und 15/b.
Şeyḫmūsā Çelebi ibn ül-Ḥāc Ḫıżır	War laut Text 14/a Kaffeehausbesitzer und laut Text 17/d einer von zahlreichen Beurkundungszeugen (Verkauf von teurem bewässerten Garten), in der Rangstufe an hinterer Stelle aufgeführt, was darauf hinweist, dass sein sozialer Rang entsprechend niedriger ist.
Şeyḫmūsā Çelebi ibn Şeyḫ ül-ʿAṭṭāreyn bzw. ʿAṭṭārān	Erscheint als Beurkundungszeuge in den Texten 7/e (mit dem Namen „Şeyḫmūsā Çelebi ibn Şeyḫ ül-ʿAṭṭāreyn“) und 10/b (mit dem Namen “Şeyḫmūsā Çelebi bin Şeyḫ ʿAṭṭārān“).
Seyyid ʿAbdülḳādir bin Dervīş Aḥmed	Erscheint als Beurkundungszeuge in den Texten 3/d (JUR) und 5/f. Als Vertretungsbestätigungszeuge in den Texten 7/d und 17/c erwähnt.
Seyyid ʿAbdürraḥīm Efendi	War Gerichtsschreiber, der zum Hauptgerichtsschreiber aufgestiegen ist. Er sollte laut Text 54/a, datiert auf den 04.10.1758, ab Datierungszeitpunkt interimsweise das Amt des Nāʾibs übernehmen bis der schon ausgewählte Nāʾib eintrifft. Weiterhin handeln drei Texte davon, dass Mardin von der Verwaltung von Diyarbekir dazu aufgefordert wurde, ihn als Nāʾib einzusetzen, so in Text 19/c, datiert auf den 26.06.1759, Text 20/b, datiert auf den 25.08.1759 und Text 20/d vom 24.09.1759.[248]

248 Auch laut Text 24/b, ein mit dem 08.10.1759 datierter Buyuruldu, wird möglicherweise er mit der Fortsetzung seines Amtes betraut, wobei sein Name leider nicht lesbar ist.

Name	Kurzsachverhalt
	Genauere Details zu seinem Tätigkeitsverlauf finden sich im Kapitel 11.1. In folgenden Texten erscheint er unter den Beurkundungszeugen als Gerichtsschreiber: So in den Texten 4/a (datiert auf den 07.08.1757 (D.)), 5/e (datiert auf den 26.10. 1757), 32/e (datiert auf den 16.01. 1758), 10/f (datiert auf den 21.01.1758 (D.)) und in Text 11/f (datiert auf den 20.02.1758 (D.)), wobei er in Text 11/f wahrscheinlich nur irrtümlich als Gerichtsschreiber bezeichnet wurde. In den folgenden Texten erscheint er unter den Beurkundungszeugen als oberster Gerichtsschreiber: So in den Texten 6/d (datiert auf den 31.01.1758 (D.)), 12/a, (datiert auf den 10.02.1758 (D.)), 45/b (datiert auf den 16.08.1758), 16/a (datiert auf den 17.11.1758), 17/d (datiert auf den 10.01.1759 (D.)), 17/e (datiert auf den 28.03.1759), 18/b (unleserliches Datum), 64/d (datiert auf den 01.06.1759) und in Text 65/c (datiert auf den 01.06.1759). Nur in zwei Texten wird er tatsächlich als Nā'ib von Mardin erwähnt, wobei allerdings der Beobachtungszeitraum nur bis Ende 1759 geht. So wird er in Text 24/a, datiert auf den 16.09. 1759, als Nā'ib erwähnt und auch laut Text 5/f, datiert auf den 29.10. 1757, wickelte er als Nā'ib eine Verlobung ab. Er erhielt laut Text 70/a 7 Ġuruş aus Mühlen-Einnahmen von den Cihāngīrīye-Stiftungen.
Seyyid ʿAbdullāh	War laut Text 62/a, datiert auf den 26.09.1758, Verwalter *(mütevellī)* der Stiftung der Muẓafferīye Medrese, der das Amt abtreten wollte. Laut Text 67/b, datiert auf den 22.12.1758, war er schon seit einiger Zeit Prediger *(duʿāgū)* der Ḳāsim Padışāh-Stiftungen, dessen Privilegientitel *(berāt)* erneuert wurde. Hier könnte es der Fall sein, dass es sich um verschiedene Personen handelt.
Seyyid Aḥmed	Sohn von Ḥāc Nuʿmān Bin Seyyid Aḥmed, der zusammen mit seinem Vater als Beurkundungszeuge in den Texten 6/a, 6/e und 11/c aufgeführt wird.
Seyyid Aḥmed bin Seyyid Yūsuf	Erscheint als Beurkundungszeuge in den Texten 4/c und 12/b.
Seyyid Aḥmed Efendi	Amtierte mit Unterbrechungen als Mufti von Mardin im Zeitraum zwischen den 08.01.1757 und dem 01.06.1759. Er erscheint als Beurkundungszeuge in den Texten 2/d, 25/d, 54/f, 57/e, 60/d, 64/d, 65/a und Text 65/c. Laut Text 3/a, datiert auf den 27.07.1757, der von einer Klage handelt, erhielt Aḥmed Efendi als Stifungsinspektor und Mufti von Mardin laut Kläger unberechtigterweise ein İltizām vom Stiftungsverwalter der Ḳasim Pādişāh-Stiftung, Millīzāde Muḥarrem Beg. Seyyid Aḥmed Efendi verlor die Klage.[249] Er bezog laut Text 50/a für sein Amt als halbzeitig tätiger Lehrer *(müderris)* ein Gehalt von 120½ Ġuruş, als Vorbeter *(duʿāgū)* 250 Ġuruş und ein weiteres Gehalt als Aufseher *(müfettiş)*, was nicht ermittelt werden kann und die er allesamt über den

249 Dies weist klar auf eine Vernetzung bzw. korrupte Verstrickung zwischen dem Stiftungsverwalter und Seyyid Aḥmed Efendi hin.

Name	Kurzsachverhalt
	Gewinn aus Läden und Mühlen erhielt. Laut Text 62/f, datiert auf den 16.10.1759 und ebenso laut Text 62/g, datiert auf den 06.11. 1759, wurde er als Mufti wiedereingesetzt, als sein Vorgänger Ebū Bekir Efendi auf einer Reise nach Istanbul verstarb. Merkwürdigerweise wird aber schon in Text 57/e, datiert auf den 18.10.1758, Ebū Bekir Efendi, neben Aḥmed Efendi, dem derzeitigen Mufti, als ehemaliger Mufti erwähnt, was erkennen lässt, dass eine gewisse Uneinigkeit hinsichtlich des Mufti-Amtes vorlag. Aḥmed Efendi war offenbar demzufolge zwischen Juni und Oktober 1759 nicht als Mufti im Amt. Siehe Kapitel 11.2.
Seyyid Aḥmed Şākir Efendi	War laut Text 36/c, datiert auf den 10.02.1758 (D.), Mufti in Mardin, wobei berichtet wird, dass er als amtsunfähig eingestuft wurde und Ebū Bekir Efendi als Mufti eingesetzt wurde. Laut Text 61/d, datiert auf den 30.01.1759, wurde Ebū Bekir Efendi wiederum als unfähig betrachtet, woraufhin Seyyid Aḥmed Şākir Efendi als Mufti wiedereingesetzt werden sollte. Siehe Kapitel 11.2.
Seyyid Aḥmed Efendi Şeyḫ Seba'zāde	Erscheint als Beurkundungszeuge in den Texten 2/d, 4/b und 56/a.
Seyyid Aḥmed Şeyḫ Seba'zade (bzw. bin Şeyḫ Seba)	Erscheint als Beurkundungszeuge in den Texten 7/c und 7/d.
Seyyid 'Alī bin Ḳara Ḥasan	War laut Text 13/c Bruder von Seyyid Meḥmed bin Ḳara Ḥasan, der neben ihm als Beurkundungszeuge aufgeführt wird. Ebenso erscheint er als Beurkundungszeuge in Text 13/d.
Seyyid Ebū Bekir Efendi	War Mufti und stammte aus Mardin. Sein Vorgänger Aḥmed Şākir Efendi wurde laut Text 36/c, datiert auf den 10.02.1758 (D.), als amtsunfähig eingestuft, woraufhin Ebū Bekir Efendi als Mufti laut Text 38/c, datiert auf den 03.06.1758, eingesetzt wurde. Laut Text 61/d, datiert auf den 30.01.1759, wurde Ebū Bekir Efendi wiederum als unfähig betrachtet, woraufhin Seyyid Aḥmed Şākir Efendi wieder als Mufti eingesetzt werden sollte. In Text 57/e, datiert auf den 18.10. 1758, wurde Ebū Bekir Efendi neben 'Abdullāh Efendi bereits unter den Beurkundungszeugen als ehemaliger Mufti erwähnt, erscheint aber unter den Beurkundungszeugen in Text 16/a, datiert auf den 17.11.1758 und Text 54/b, datiert auf den 23.10.1758, wieder als Mufti. Laut Text 62/f, datiert auf den 16.10.1759, verstarb unterwegs Ebū Bekir Efendi, als er sich von Istanbul aus zu seinem Amt aufmachte, woraufhin Aḥmed Efendi als Mufti wiedereingesetzt wurde. Er erhielt laut Text 70/a 14 Ġuruş Einkünfte aus einer Mühle (siehe Kapitel 11.2.
Seyyid Ḫalīl bin Mīrū Çelebi	War Bruder sowohl von Mollā Bekir, der als Beurkundungszeuge in Text 5/c aufgeführt ist, als auch Bruder von İsma'īl Çelebi, der als Beurkundungszeuge in Text 12/d erwähnt wird. Mollā Bekir war laut Text 14/c Verkäufer eines Anwesens, in welchem wiederum Seyyid Ḫalīl bin Mīrū Çelebi als Beurkundungszeuge erscheint.

Name	Kurzsachverhalt
Seyyid Hindī Efendi	War als Lehrer *(müderris)* tätig. Erscheint als Beurkundungszeuge in den Texten 16/a (Nachlasssache), 25/d (Auflistung von Auszahlungsgeldern), 57/e (Schuldanerkenntnis des damals ehemaligen Voyvoda von Mardin, ʿÖmer Aġa), 60/d (Anordnung von Feierlichkeit), 2/d (Klage), 3/b (Kaufvertrag) und in Text 5/e (Kaufvertrag). Die hohe Bedeutung vieler Protokolle in Verbindung mit seiner Positionierung an exponierter Stelle in den Zeugenlisten der Protokolle weist auf seinen höheren sozialen Rang hin. Er erscheint als Beurkundungszeuge in den Texten 57/e und 60/d zusammen mit einer hochrangigen Person namens İsmaʿīl Aġa, dem Anführer des Stammes der Dekkori *(mīr-i ʿaşīret Daḳūrī)* und einer weiteren hochrangigen Person namens Aḥmed Beg, dem Anführer des Stammes der Mişkī *(mīr-i Mişkī)*. Ebenso erscheint er als Beurkundungszeuge zusammen mit einer weiteren hochrangigen Person namens Millīzāde Muḥarrem Beg in den Texten 25/d und 54/b. Diese Verbindungen weisen auf seinen sozial hohen Rang, sowie auf eine gute Vernetzung unter diesen Personen hin.
Seyyid İbrāhīm Efendi bin Ḥāc İshaḳ	War als Nachlassgerichtsschreiber *(kātib-i ḳassām)* tätig und kaufte laut Text 11/f vom 20.02.1758 (D.) einen Anteil von Weinstockpflanzungen und weiteren Flächen, wobei der Verkäufer ʿAbdīn el-Ḳātirçi war, der den Anteil seines verstorbenen Sohnes ʿAbbās verkaufte. In Text 12/a vom 10.02.1758 (D.), wird von einem weiteren Anteilsverkauf berichtet. Diesmal verkauft ein Sohn des verstorbenen ʿAbbās namens ʿAbdullāh bin ʿAbbās weitere Anteile der besagten Fläche zu achtzig Ġuruş. In beiden Fällen handelt es sich um dieselbe Familie des Verkäufers einem gewissen ʿAbdīn el-Ḳātirçi, dessen Sohn ʿAbbās verstarb und offenbar Schulden hinterließ, die beglichen werden mussten. Wie schon in Kapitel 11.1 erwähnt, wurde İbrāhīm Efendi bin Ḥāc İsḥaḳ laut Text 56/e, datiert auf den 30.01.1759, zum Nāʾib vorgeschlagen und erscheint in den Texten 15/a, 17/d, 35/b, 45/b, 54/b und Text 65/a unter den Beurkundungszeugen, sowie außerdem in Text 67/f unter den Beurkundungszeugen für eine Verheiratung *(şühūd ʿalā ʾl-ʿaḳd)* als Nachlassgerichtsschreiber. Diese Funktion hatte er nachweislich zumindest zwischen 10.02.1758 und 28.05. 1759 inne. Der oben erwähnte Verkauf der Anpflanzung fiel in den Zeitraum der Kälteeinbrüche zwischen 1757 und 1758.[250] Nachdem der Verkäufer ʿAbdullāh bin ʿAbbās (siehe Text 12/a) 1½ Jahre später, wie in Text 24/a, datiert auf den 16.09.1759, erwähnt wird, die Rechtmäßigkeit des Verkaufs laut Text 12/a im Nachhinein mittels einer Klage anzweifelte, die Klage dann zwar abgewiesen wurde aber İbrāhīm Efendi bin Ḥāc İsḥaḳ auch nicht zum Nāʾib aufsteigen konnte, erhärtet sich der Verdacht, dass der Verkäufer aus Gründen der Not den Verkaufspreis deutlich herabsetzten musste und im Nachhinein den Vorgang rückgängig machen wollte. Dies hinterließ

250 Vgl. Marcus (1989), S. 123.

Name	Kurzsachverhalt
	wahrscheinlich – wie in Kapitel 11.1 schon erwähnt – Kratzer am Karriereaufstieg von İbrāhīm Efendi zum Nā'ib.
Seyyid İbrāhīm Ḫalīfe Bin Seyyid ʿAbdürrahīm	Laut Text 33/c (JUR), datiert auf den 19.07.1756 (D.), war er Inhaber eines Privilegientitels mit der Berechtigung von den Nāṣireddīn Şehīd-Stiftungen als Kadi Gehalt zu erhalten. Aus einem weiteren Text hinsichtlich der Verleihung eines Privilegientitels (Text 57/b), datiert auf den 23.12.1758, ist zu erfahren, dass er inzwischen mit einem Gehalt von täglich 2 Aḳçe von den Sulṭān ʿİsā-Stiftungen als Imam tätig war.
Seyyid İbrāhīm Ḫalīfe ibn üs-seyyid ʿAbdürraḥīm	Aus Text 33/c (JUR), datiert auf den 19.07.1756 erfährt man von seiner Tätigkeit als Kadi in einer Stiftung und Fehlern während seiner Amtszeit mit der darauffolgenden unberechtigten Entlassung sowie seiner Wiedereinsetzung.[251] Aus Text 57/b, datiert auf den 23.12.1758, erfährt man von seiner Amtseinsetzung als Imam.
Seyyid İsmaʿīl bin Manṣūr	Erscheint als Beurkundungszeuge in Text 10/e vom 21.01.1758 (D.) und erscheint als Hausverkäufer in Text 6/b vom 26.10.1757 (D.). Ebenso wird er als Vertretungsbestätigungszeuge in Text 2/c, datiert auf den 21.09.1757 (D.), aufgeführt. Ein gewisser Seyyid İsmaʿīl Çelebi bin Seyyid Manṣūr, der wahrscheinlich dieselbe Person ist, taucht in Text 7/c als Verkäufer eines bewässerten Gartens zu einem stattlichen Preis von 300 Ġuruş auf. Laut Text 7/d kaufte er weiterhin einen Weingarten zu 100 Ġuruş.
Seyyid Meḥmed	War als leitender Gerichtsdiener *(muḥżırbaşı)* tätig und wird mit der gleichen Amtsbezeichnung *(ser-i muḥżırān)* als Beurkundungszeuge in den Texten 15/a, 35/b, 65/c und 6/d aufgeführt.
Seyyid Meḥmed bin Ḳara Ḥasan	Erscheint als Beurkundungszeuge in den Texten 2/d, 3/a, 3/e, 5/e, 9/a, 11/f, 12/d, 15/b, 16/e, 17/c, 17/e, 57/f und Text 19/b. Ebenso erscheint er als Beurkundungszeuge in Text 5/f, der von der Verheiratung einer Minderjährigen handelt, in Text 22/c einer Nachlasssache, in Text 54/b, der von der Nachlasssache von ʿArab Paşazāde Meḥmed Beg handelt und in Text 56/a, einer weiteren Nachlassangelegenheit. Zudem erscheint er als Vertretungsbestätigungszeuge in Text 65/a. Insofern war er vermutlich eine angesehene Person und höchstwahrscheinlich beruflich in seiner Funktion als Zeuge tätig.
Seyyid Meḥmed Efendi ibn ül-Ḥāc ʿÖmer Efendi	War laut Text 13/d als Müderris der Ḫātūnīye tätig. Erscheint als Beurkundungszeuge in den Texten 2/d, 12/c und in Text 13/d. Laut Text 10/a, datiert auf den 21.01.1758, war er Verkäufer eines sehr teuren Anwesens zu 440 Ġuruş, sowie laut Text 11/e gemeinsam mit Maḥmūd Çelebi bin Seyyid Muṣṭafā und dessen Bruder Seyyid Süleymān Verkäufer eines weiteren Anwesens zu 260 Ġuruş .

251 Vgl. Niemöller (2013), S. 52–54.

Name	Kurzsachverhalt
Seyyid Meḥmed ibn ül-Ḥāc ʿÖmer	War laut Text 62/d, datiert auf den 15.08.1756, als Nāʾib von Mardin tätig gewesen. Laut Text 14/d, datiert mit Januar 1756,[252] übte er diese Tätigkeit bis mindestens zu diesem Zeitpunkt auch aus.[253]
Seyyid Muṣṭafā Efendi	Sollte laut Text 54/e, datiert auf den 02.11.1758, ab diesem Zeitpunkt Nāʾib von Mardin werden, unterzeichnete aber in keinem der weiteren Kadiamtsprotokolle. Er wurde aber, wie aus Text 38/d, datiert auf den 01.07.1757, hervorgeht, als Beauftragter *(vekīl)* für eine Stiftung eingesetzt. Weitere Details in Kapitel 11.1.
Seyyid ʿOs̱mān bin Seyyid Ḥasaf bzw. Hassu[254]	Erscheint als Beurkundungszeuge in den Texten 7/g und 12/b.
Seyyid ʿOs̱mān Efendi	Sollte laut Text 32/a, datiert auf den 13.12.1757, ab diesem Zeitpunkt zum Nāʾib eingesetzt werden, war aber laut einer Gehaltsauflistung in Text 25/d, datiert auf den 07.01.1757, schon als Kadi mit der Berufsbezeichnung „Prediger" *(vāʿiẓ)* tätig. Er wird in Text 38/d, datiert auf den 01.07.1757 und in Text 2/d (datiert auf den 01.08. 1757), einer Klage, als Beurkundungszeuge mit der Amtsbezeichnung „Berater" *(nāsiḥ)* aufgeführt. Auch Text 55/f vom 31.12.1758 handelt von seiner Amtsübertragung zum Nāʾib (er wird in diesem Text mit vollem Titel und ebenfalls mit der Amtstitel „Berater" *(nāṣiḥ)* bezeichnet). Ebenso handelt es sich laut Text 57/d, datiert auf den 28.02.1759, um eine Amtsübertragung zum Nāʾib. Er amtierte laut Text 57/e vom 18.10.1758 und Text 58/a vom 28.02.1759 als Berater des Nāʾibs von Mardin (hier wird er lediglich mit „Seyyid ʿOs̱mān" benannt), dies ebenso laut Text 60/d vom 22.04.1759 und laut Text 65/b vom 02.06.1759. Des Weiteren wird er in Text 65/a vom 28.05.1759 (D.) als Beweiszeuge erwähnt. Er übte sein Amt als Nāʾib um den 08.01.1757 bis spätestens Anfang Dezember 1757 sowie dann erst ab Ende 1759 wieder aus (wie aus Text 63/a, datiert auf den 10.11.1759, ersichtlich). Weitere Details zu seiner Ämterfolge auch in Kapitel 11.1.
Seyyid Receb Paşa	War Mutaṣarrıf von Mossul, der laut Text 34/a und 35/a (JUR), datiert auf den 16.02.1758, Gelder übergab.
Süleymān Çāvīş Aġa	War laut Text 26/b Schatzmeister der Jahressteuer von Baġdād *(Baġdād sālyānecisi)*; In diesem Text taucht er als Beurkundungszeuge auf. Ebenso als Beurkundungszeuge in Text 36/a und in Text 0003.
Uzun Muṣṭafā Aġa	Wohlhabender verstorbener Gefolgsmann *(çuḳadar)*, der laut Text 36/a mit 700 Ġuruş sowie 500 Ġuruş verschuldet war. Aus Text 45/b erfährt man, dass er Erben hinterließ.

252 Datum nicht gut lesbar.

253 Ob dies tatsächlich dieselbe Person wie Seyyid Meḥmed Efendi ibn ül-Ḥāc ʿÖmer Efendi ist, läßt sich nicht erschließen.

254 Schlecht lesbar.

Name	Kurzsachverhalt
Ya'ḳūb Paşazāde 'Alī Beg	Einer der Emire von Mardin, der laut Text 55/d als Vekīl nach Absetzung des Voyvodas 'Ömer Aġa während der Zeit, als der Nachfolger 'Os̱mān Aġa noch nicht zur Amtsausübung bereitstand, amtierte.
Yūsuf bin 'Abdullāh	Erscheint als Beurkundungszeuge in den Texten 12/c und 15/c.
Yūsuf bin Ḥāc Meḥmed (ibn ül-Kūla)	Erscheint als Beurkundungszeuge in den Texten 13/a und 13/b (JUR).
Zekeryā Çelebi bin 'Alī Ṣā'ıġ	Erscheint als Beurkundungszeuge in den Texten 12/e und 11/c.

13 Untersuchungsergebnis

Da das Sicill viele Texte aufweist, die im breiteren historischen Zusammenhang weniger aussagekräftig waren, sollte in dieser Arbeit versucht werden, unter Filtern von Eintragszeitpunkten, Namenshäufigkeiten etc. mikrohistorische Erkenntnisse über den beobachteten Zeitraum zu gewinnen. Dabei wurde hier bewusst kein bestimmtes Ziel gesetzt, um Erklärungsverzerrungen aus dem Wege zu gehen. Sicherlich gibt es immer mehr Gesichtspunkte innerhalb der Texte, die auch unter Bezug von Vergleichsquellen auf bestimmte Sachverhalte hin untersucht werden könnten, allerdings würde es den Rahmen dieser Arbeit sprengen. Daher habe ich mir Grenzen setzen müssen, unter welchem Aspekt ich diese Arbeit beleuchte, und versuchte, über das Mittel der Strukturuntersuchung nahe am Text Auffälligkeiten zu entdecken. Insofern waren meine Hauptfragestellungen Folgende: Welche Arten von Einträgen häufen sich wie oft im beobachteten Zeitraum? Wer waren die Beteiligten? Inwieweit waren die Beteiligten vernetzt? Was spiegeln die Einträge in Hinblick auf die damalige politische, klimatische und soziale Situation wieder?

Man kann diese Arbeit auch als ein präzise kommentierendes Nachschlagewerk verstehen, da – wie vor allem aus Kapitel 12 zu entnehmen ist – zahlreiche Querverbindungen zwischen Personen und Vorgängen anhand der Texteinträge ermittelt werden konnten. Insgesamt stellt diese Arbeit – wie schon in Kapitel 0 angesprochen – einen Baustein und Beitrag zur weiteren Abklärung der politisch-sozialen Gesamtsituation dar, die über die in den letzten Jahren vermehrt betriebene Sicill-Forschung noch erfolgen kann. Es überrascht einen sicherlich nicht, dass sich die Krisenhaftigkeit der Region im beobachteten Zeitraum auch in den Einträgen des Sicills darstellt. So ließen sich wie z.B. in der Anzahl bzw. Zu- oder Abnahme bestimmter Textgattungen Rückschlüsse auf die damalige instabile politische Situation ziehen. Dies zeigt sich z.B. an der Abnahme von Kauf-

https://doi.org/10.1515/9783110675146-014

verträgen innerhalb der beobachteten Jahre oder auch an den nur in sehr geringer Zahl vorliegenden Heiratsverträgen. Auch aus zahlreichen Anmerkungen in mehreren Texten wird ersichtlich, dass die Region politisch recht instabil war. Immer wieder wird auf Unsicherheiten und kriegerische Auseinandersetzungen hingewiesen.[255] Hinzu kommt, dass das gehäufte Vorkommen von Einträgen in Bezug auf die Eintreibung bzw. Nachzahlung von Friedenshilfsgeldern militärische Operationen bzw. Kriege vermuten lässt. Auch Korruption spielt in vielen Einträgen des Sicills eine wichtige Rolle. Zahlreiche Erlasse thematisieren das Problem von Steuerhinterziehungen oder von korruptem Verhalten von Steuereintreibern oder anderen Amtspersonen bis hin zum Voyvoda.[256] Selbst in Bezug auf das Stiftungswesen erfährt man von einer völligen Verzerrung des eigentlichen Stiftungszwecks durch Korruption und Schaffung von Ämtern, die das Osmanische Reich einzugrenzen versuchte.

Weiterhin erfährt man anhand vieler Texte der untersuchten Quelle vom Versuch des Osmanischen Reiches, politischer Instabilität mit Besiedelungsanreizen und dem Einrichten und Instandhalten von Poststationen *(menzil)* entgegenzuwirken. Auch die vielen Texte, die von Steuern, aber auch von Amtseinsetzungen beziehungsweise von Erteilungen oder Erneuerungen von Privilegientiteln handeln, weisen auf den Versuch des Osmanischen Reiches hin, die Kontrolle über die von Istanbul – dem politischen Zentrum des Osmanischen Reiches – sehr entfernt gelegene Region von Mardin zu behalten. Dass dies schwierig war, belegen auch die diversen Versuche der Verwaltung von Diyarbekir, Ämter von Richtern *(nāʾib)* oder auch von Muftis zu besetzen. Vor allem bei der Amtseinsetzung von Richtern fällt auf, dass die Neu- oder Wiederbesetzung von Ämtern nur innerhalb eines bestimmten Personenkreises ablief. Dies belegt einerseits eine starke Vernetzung unter diesen, vielleicht sogar auch unter den lokalen Eliten Mardins und spiegelt somit eine lokale Eigenständigkeit der untersuchten Region wieder. Andererseits deutet dieser Umstand auch auf Korruption hin. Eine weitere Auffälligkeit in der Quelle war, dass beispielsweise ein Stammesanführer des in Mardin wichtigen Stammes der Millī mit den Religionsgelehrten *ʿulemāʾ* im Bereich der Korruption zusammenarbeitete. Dies ergibt sich aus Text 3/a, einem Klagetext, in welchem der Anführer des in Mardin bedeutenden Stammes der Millī, Millīzāde Muḥarrem Beg, der das Amt des Stiftungsverwalters der in Mardin

255 So in Text 44/a, 25/b, 25/d, 26/a, 63/a.

256 So auch in mehreren unterschiedlich datierten Steuer-Berāt-Erteilungen zu erfahren (Text 21/c, datiert auf den 08.09.1759, Text 30/c, datiert auf den 22.10.1757 und Text 39/d, datiert auf den 07.08.1758): Hier werden Androhungen von drakonischen Strafen gegenüber sämtlichen Verwaltungsverantwortlichen ausgesprochen.

wichtigen Ḳasim Pādişāh-Stiftung innehatte, unrechtmäßigerweise die Langzeitpachturkunde nicht an den eigentlichen Berechtigten, sondern u.a. an den Mufti von Mardin vergab. sein Auch die Kontrolle der Stiftungen stellte für die Hohe Pforte eine Herausforderung dar, da einerseits von Seiten der osmanischen Herrscher eine Einbindung von sozial höhergestellten Personen in das Stiftungssystem gewünscht war, um die Loyalität gegenüber dem Herrscher zu erhöhen, gleichzeitig aber zur Aufweichung des eigentlichen Stiftungszwecks führte. Zudem führte die Doppelbesteuerung der Stiftungsbewohner zu deren starker finanzieller Belastung.

Auf der anderen Seite entnimmt man dem vorliegenden Sicill, dass in den beobachteten drei Jahren keine größeren Kriege oder Revolten stattgefunden haben. Grund hierfür kann gewesen sein, dass eine starke Vernetzung zwischen den Eliten gleichzeitig ein gewisses Maß an Stabilität und Berechenbarkeit gewährt zu haben schien. Besonders die Patronage *(intisāb)*, welche in Bezug auf die Vernetzung einiger in der Prosopographie über die im Sicill erwähnten Personen erkennbar ist, verstärkte diese Stabilität und stellte gleichzeitig ein deutliches Hindernis der staatlichen Kontrolle dar. Diese Vernetzungen unter der Personen bzw. Funktionsträgern der Stadt Mardin, die sich in Texten zu Sachverhalten, die von öffentlichem Interesse waren, relativ gut innerhalb der Beurkundungszeugen ermitteln lassen, sind in den Einträgen nicht zu übersehen, da bestimmte Namen immer wieder in der gleichen Reihenfolge in der Liste der Beurkundungszeugen unterhalb einiger Texte des Sicills aufgeführt sind.[257] So kann man beispielsweise davon ausgehen, dass Personen, die öfters unter den Beurkundungszeugen gemeinsam erwähnt wurden, nicht etwa rein zufällig gemeinsam vor Ort waren, sondern untereinander gut vernetzt gewesen sein mussten. Beispielsweise erscheint ein gewisser Millīzāde Muḥarrem Beg, ein Anführer des Stammes der Millī unter den Beurkundungszeugen zusammen mit İsmaʿīl Aġa, dem Anführer des Stammes der Dekkori *(mīr-i ʿaşīret Daḳūrī)*.[258] Insofern mussten nicht nur diese beiden Personen, sondern auch deren Stämme relativ gut miteinander ausgekommen sein. Die Einbindung von Stammesanführern in derartige Vorgänge bestätigt außerdem den Versuch der Hohen Pforte, Stammes-

---

257 Wenn mehrere nicht aufgelistete Beurkundungszeugen vor Ort waren, erkennt man dies am Zusatz „ve ġayruhum“ bzw. „ve ġayruhum min el-ḥużżār“, wobei die aufgeführten Personen die wichtigsten darstellten.

258 So in den Texten 25/d, einer Ausgabenaufstellung, 36/a, einer Nachlassaufstellung und Text 45/b, ebenfalls einer Nachlassaufstellung.

anführer und ihre Angehörigen in das politische System einzubinden. Ausgeprägte Vernetzung zeigt sich auch bei einigen weiteren sozial hochrangigen Personen, die im Kapitel 12 genauer besprochen werden.[259]

Aber nicht nur die Einbindung von Stämmen war das Ziel der Osmanischen Zentralverwaltung. Diese versuchte gleichzeitig über Anführer-Personen wie Millīzāde Muḥarrem Beg, die mit dem Staat kooperierten, andere rebellische Stämme der Millī zu kontrollieren. Vor allem erkennt man dieses daran, dass die Person Millīzāde Muḥarrem Beg sich auffallend häufig unter den Beurkundungszeugen von zahlreichen Erlassen fand, auch in denjenigen, in welchen gleichzeitig von einem Konflikt mit anderen Persönlichkeiten des Millī-Stammes oder mit weiteren Millī-Unterstämmen berichtet wird.[260] Seine Person wird in der Kurzprosopographie dieser Arbeit, Kapitel 12, eingehender besprochen. Diese Vorgehensweise der osmanischen Zentralverwaltung spricht für ein eher ausgleichendes Vorgehen unter Einsatz der lokalen Vernetzungsstrukturen.

Auch sind häufig die Söhne von bestimmten wichtigen Personen oder auch Stammesanführern unter den Beurkundungszeugen zu finden, was auf besonders starke familiäre Vernetzungsstrukturen hinweist.[261] Ein weiterer Beweis für starke Vernetzung und auch einer gewissen sozialen Durchlässigkeit zeigen einige Eintragsbeispiele, aus denen sich der soziale Aufstieg von konvertierten Sklaven und deren Eingliederung in höhere sozialen Ränge erschließen lässt.[262]

---

259 Vernetzungsstrukturen zeigen sich auch bei weiteren sozial hochrangigen Personen, wie es am Beispiel des Lehrers Seyyid Hindī Efendi erkennbar ist. Dieser erscheint in zwei die Öffentlichkeit betreffenden Texten zusammen mit İsma'īl Aġa, dem Anführer des Stammes der Dekkori *(mīr-i 'aşīret Daḳūrī)* und Aḥmed Beg, dem Anführer des Stammes der Mişkī *(mīr-i 'aşīret Mişkī)* unter den Beurkundungszeugen (so in den Texten 57/e, einem Schuldversprechen von 'Ömer, damals ehemaliger Voyvoda von Mardin, und Text 60/d, einer richterlichen Anordnung zur Festvorbereitung zur Geburt einer Prinzessin). Gleichzeitig wird Seyyid Hindī Efendi in zwei weiteren Texten zusammen mit Millīzāde Muḥarrem Beg erwähnt (so in den Texten 25/d, einer Ausgabenaufstellung und Text 54/b, einer Nachlassauflistung).

260 So beispielsweise als Beurkundungszeuge in Text 25/d, einer Ausgabenaufstellung, in der eine Bestrafungsaktion gegen Millī Ḥuseyn Aġa erwähnt wird, ebenso als Beurkundungszeuge in Text 63/a, einer Aufstellung von Umlagegeldern u.a. zur Bereitstellung von Vorräten für den Feldzug gegen den Stamm der Millī Maḥmūd; genaue Ausarbeitung zum Stamm der Milli vgl. Ekinci (2017).

261 So zum Beispiel die Söhne von İsmā'īl Aġa, dem Anführer des Stammes der Dekkori, namens 'Abdullah Beg und Maḥmūd Beg.

262 Beispiele zum sozialen Aufstieg von Sklaven oder auch deren Vernetzungen mit Personen anderer sozialer Schichten finden sich in folgenden Texten: Eine Verheiratung eines Christen mit der Tochter eines Sklaven wird beispielsweise in Text 10/f erwähnt. Hier wird berichtet, dass eine gewisse Seyyidī bint 'Abdullah mit einem Christen oder Juden namens Ḳuṣṣār İshāk veled-i Yuṣuf verheiratet war. In Text 13/d wird angegeben, dass ein gewisser 'Abdullah bin 'Abdullah,

Aber auch bei weiteren Einträgen stellt sich die Frage, ob einige konvertierte Sklaven bzw. deren Familien in die Klasse der freien Bürger übergegangen sind. Die Antwort erschließt sich aus Namensvergleichen innerhalb des Sicills: So ist bei eigenständig genannten Personen der Name „ʿAbdullāh" mit der Abkunftsangabe „bin" in den Texten nur sehr selten zu finden, was dafür spricht, dass der Name „ʿAbdullāh", der häufig für konvertierte Sklaven vergeben wurde, bei den freien Bürgern in der Region von Mardin im 18. Jahrhundert recht unpopulär war.[263] Wesentlich häufiger findet man dagegen Personen, die von Vätern namens „ʿAbdullāh" abstammen. So erschließt sich einerseits daraus, dass in der Väter-Generation (d.h. bei den genannten Vätern namens ʿAbdullāh) die Anzahl der im Sicill erwähnten konvertierten Sklaven noch wesentlich höher gewesen sein musste als bei der Generation der Söhne (d.h. bei eigenständig genannten Personen namens ʿAbdullāh ohne Abkunftsangabe). Es zeigt sich somit an den vorliegenden Einträgen, dass konvertierte Sklaven v.a. in der zweiten Generation mit ihren Familien sich nicht selten relativ schnell aus dem Sklaven-Status lösen konnten.

Ein weiteres Thema dieser Arbeit ist der Versuch, über die Kadiamtsprotokollbucheinträge Erkenntnisse über das Sozialgefüge in der Region von Mardin zu gewinnen. Aufschluss hierüber ließ sich besonders gut aus den Kaufverträgen ermitteln. Hier zeigt sich, dass ein Großteil der Vertragspartner nicht aus einer sozial hochrangigen Schicht stammte. Dies kann damit auch damit zusammengehangen haben, dass es sich bei der Region um Mardin um ein Randgebiet des Osmanischen Reiches handelte. Auch spiegeln sich in den Texten die unterschiedlichen Berufsausrichtungen der verschiedenen Religionsgruppen sowie deren soziales Klima wieder. So waren beispielsweise Christen weniger stark im Agrarsektor als im Handel vertreten. Anhand der Verteilung von muslimischen und nicht-muslimischen Käufern und Verkäufern – im konkreten Fall Christen und Juden – ist auch zu erkennen, dass ein starkes Misstrauen der Muslime gegenüber diesen Religionsgruppen im Kaufverhalten vorgelegen haben musste. Muslime kauften beispielsweise in der Regel keine Anwesen oder Flächen von Christen oder Juden. Das offensichtliche Misstrauen auf muslimischer Seite ge-

---

Freigelassener von Ḥāc Ḥuseyn Aġa, den Kauf eines sehr teuren Anwesens tätigte. In Text 26/b ist ein Sklave unter den Beurkundungszeugen aufgeführt. In mehreren Einträgen wird ein gewisser ʿAlī Beg, ein wohlhabender ehemaliger Sklave von Meḥmed Efendi, der zeitweise Voyvoda von Mardin war, erwähnt (so in Text 64/d, 64/e,65/a, 65/b, 65/c). Siehe auch Text 17/e und 69/f.

263 Wenn der Name „ʿAbdullah" ohne die Abkunftsangabe „bin" erwähnt wird, weist dies darauf hin, dass es sich um einen konvertierten Sklaven gehandelt haben muss.

genüber diesen beiden Religionsgruppen wurde von staatlicher Seite höchstwahrscheinlich geschürt. Dies ist daran zu erkennen, dass in einigen Erlasstexten aus Istanbul Christen und Juden nicht selten im Negativen erwähnt werden, sei es, dass es sich um Steuerflucht der Zimmis hinsichtlich der Cizye-Steuer handelt oder dass diese als „Profiteure von Kursmanipulationen" benannt wurden.[264]

Vor allem bei Texten zu Sachverhalten, die von öffentlichem Interesse waren, spiegelt sich bei den Beurkundungszeugen relativ gut wieder, dass die Region Mardin von einer muslimischen Elite innerhalb einer muslimisch-christlichen Bevölkerung geprägt war, wobei diese muslimische Elite mehrheitlich aus Türken sowie Kurden und Arabern bestand.[265] So bietet diese Arbeit die Möglichkeit, abgesehen vom Versuch einer mikrogeschichtlichen Situationsbeschreibung der Region von Mardin in den drei beobachteten Jahren, kleine Abweichungen von der geschichtlichen Norm ausfindig zu machen. Gleichzeitig dient sie aber auch als mikrohistorische Ergänzung zur vor wenigen Jahren erschienenen makrohistorischen Untersuchung der Stadt Mardin anhand von Kadiamtsregistern wie beispielsweise derjenigen von Veysel Gürhan.[266] Vor allem aber ist es das Ziel dieser Arbeit, zu weiteren Untersuchungen zu dieser Region anzuregen, wobei anhand meiner Zusammenfassung von inhaltlichen Bezügen oder auch personenbezogenen Vernetzungen innerhalb der jeweiligen Texte hoffentlich ein kleiner Beitrag hierzu geschaffen werden konnte.

---

264 Das gleiche galt auch der jüdischen Bevölkerung, die in den jeweiligen Texten immer zusammen mit Christen erwähnt wurde.

265 Vgl. Aydın (2012), S. 15–54. S. 24–25. Vgl. auch Aydın (2000), S. 119–121.

266 Gürhan (2012).

Editorischer Teil

1 Vorbemerkung

Das Kadiamtsprotokollbuch von Mardin 247 aus der Staatsbibliothek von Ankara beinhaltet sämtliche juristische, notarielle, aber auch provinzbezogene Dinge der Region um Mardin.[1] Es umfasst 70 Doppelfoliae, die zu einem Drittel in arabischer und zu ca. zwei Dritteln in osmanischer Sprache gehalten sind, wobei die Einträge nur abschnittsweise chronologisch sind. Wie bereits erwähnt, wurden die Originale mit arabischen Zahlen, somit also noch in der osmanischen Zeit, nachnummeriert, aber falsch gebunden. So folgt im Original nach Text 38/e Text 43/a, weiterfolgend fortlaufend bis zu Text 46/b, welchem Text 39/a angegliedert wurde. Ab Text 39/b folgen die weiteren Texte fortlaufend bis zu Text 41/b, gefolgt von Text 0003, der nicht zugeordnet werden kann. Danach folgt Text 50/a fortlaufend bis zu Text 70/a, dem 70/b und 70/c folgen, wobei diese Texte höchstwahrscheinlich Textfragmente anderer Herkunft sind.

Die Faksimiles des Sicills sind in derselben Reihenfolge wie oben aufgeführt als Datei im Format PDF online unter https://www.degruyter.com/view/title/569534 frei verfügbar. Hier ist oberhalb jeder Doppelfolia ihre jeweilige Seitenzahl und neben bzw. oberhalb des jeweiligen Textes der Doppelfolia von rechts oben nach links unten zusätzlich eine jeweilige Textnummer *(a,b,c etc.)* angegeben (siehe Kapitel 4.6).

Transliteration und Übersetzung erscheinen in ihrer ursprünglichen und eigentlichen Abfolge, wobei bei falscher Seitennummerierung die Transliteration und Übersetzung mit der Nummerierung des Originals und einem entsprechenden Hinweis versehen wird. Leider mussten bei den meisten Texten sehr viele Worte oder Satzbestandteile ermittelt werden, da bei der Restauration des Originals die Seiten in der Mitte zu eng zusammengeheftet wurden, sodass die fehlenden Worte lediglich aus dem Zusammenhang erschlossen werden konnten. Teilweise wurden auch Textfragmente falsch zusammengefügt, worauf ich in den jeweiligen transliterierten Texten hinweise.

Klammerregeln in Transliteration und Übersetzung

Osmanischer bzw. arabischer Text:

(aaa)	Unleserliches Wort oder Textstelle, ergänzt mit Vorschlag
(...)	Unleserliches Wort, Lücke oder fehlender Text ohne Vorschlagsergänzung
(... ...)	Unleserliche Textstelle, die mehrere Wörter umfassen, ohne Vorschlagsergänzung

---

1 Millikütüphane Başkanlığı, Ankara, Abteilung Mikrofiche, Inventar-Nr. 247, Mikrofiche-Nr. 7176, 70 Seiten.

https://doi.org/10.1515/9783110675146-015

[?]	Grammatikalische Unsicherheit oder Leseunsicherheit
[؟]	dito in arabischen Texten
[!]	Falsch geschriebenes Wort (im Text richtig aufgeführt mit der im Originaltext falsch geschriebenen Version als Fußnotenergänzung)
____	Lücke im Originaltext, in der ein Name stehen sollte
[...]	Vergessenes Wort
[aaa]	Eigener Vorschlag von im Originaltext vergessenem oder fehlendem Wort
< >	Durchgestrichene Passage
<< >>	Versehentlich doppelt oder falsch geschriebene Wörter
(aaa)	Eigene Anmerkungen

Übersetzung:

(aaa)	Eigene Ergänzung für unleserliches Wort oder Passage im Originaltext
(...)	Fehlende Übersetzung bei unleserlichem Wort, Lücke oder fehlendem Text im Originaltext
(... ...)	Fehlende Übersetzung bei mehreren im Originaltext nicht lesbaren Wörtern
____	Lücke im Originaltext, in der ein Name stehen sollte
[...]	Vergessenes Wort
[aaa]	Eigener Vorschlag von im Originaltext vergessenem oder fehlendem Wort
< >	durchgestrichene Passage
(aaa)	Eigene Anmerkungen

Die Transliteration erfolgt nach Redhouse Istanbul[2] angepasst mit den Transliterationsregeln von Eleazar Birnbaum.[3] Auch die Transliteration fester osmanischer Wendungen wie beispielsweise der Salutatio einer Urkunde bleibt der Transliterationsregel von Birnbaum unterworfen, wobei ich in diesem Fall bei arabischen Abschnitten die Pausalform außer in Verbindung mit Präpositionen, die den Genitiv nach sich ziehen, verwende.[4] Der besseren Lesbarkeit halber wird der lange Vokal ي nicht wie bei Birnbaum mit einem Längenstrich über einem „i", sondern lediglich mit einem Längenstrich über einem „ı" *(ī)* transliteriert. Im Osmanischen werden bei zu ermittelnden Wortbestandteilen die Klammern – wenn erforderlich – auch innerhalb eines Wortes gesetzt. Wegen der besseren Lesbarkeit werden hingegen die Klammern im Arabischen allerdings nur außerhalb eines Wortes gesetzt. In der Übersetzung werden zu Gunsten der Leseerleichterung nur die im Originaltext vorhandenen Auslassungen von ganzen

2 Alkım et al. (Hrsg): Redhouse Turkish/Ottoman-English Dictionary, Istanbul 1999.

3 Vgl. Birnbaum (1967), S. 122–156.

4 Daher steht in der Transliteration z.B. nicht mümehhid-i bünyānı 'd-devleti sondern mümehhid-i bünyān üd-devlet.

Wörtern oder Sätzen mit entsprechenden Klammern versehen. Wörter wie buyurdum ki, olduḳdan ṣoñra etc., die im Originaltext zusammengesetzt geschrieben sind, werden in der Transliteration ebenso wiedergegeben. Gängige arabische/osmanische Begriffe wie Mufti oder Imam, die ebenso im Deutschen gebräuchlich sind, werden in der Übersetzung nicht transliteriert.

Zur Beibehaltung der Namenskongruenz werden auch in den arabischen Übersetzungen Namensverbindungen mit „veled" mit der osmanischen Bezeichnung „veled-i" übersetzt. Sämtliche Eigennamen werden der besseren Identifizierbarkeit halber einheitlich nach den Vorgaben von Eleazar Birnbaum wiedergegeben. Da Personennamen sehr häufig in abweichender Schreibweise erscheinen, wie z.B. İsmaʿīl" statt „İsmāʿīl" etc., werden diese in der Form transliteriert oder wiedergegeben, wie sie in der Quelle erscheinen. Arabische Passagen in osmanischen Texten wie z.B. Fetvās oder Legalisierungsformeln werden zur besseren Lesbarkeit in arabischer Schrift wiedergegeben. Arabische Zahlen werden aus technischen Gründen und der einheitlichen Lesbarkeit halber auch in den Originaltexten in dem im westlichen Raum üblichen arabischen Zahlenformat dargestellt. Häufig werden im Originaltext dieses Sicills – wie im Arabischen üblich – Substantive mit „Ta marbūṭa" endend statt im Osmanischen mit dem Buchstaben „t" endend geschrieben (d.h. beispielsweise شهادة statt der osmanischen Schreibweise شهادت). In der Umschrift werden diese Worte grundsätzlich mit dem Buchstaben „t" endend umgeschrieben (d.h. *„şehādet"* statt *„şehāde")*. Da die Schreiber in den arabischen Texten der untersuchten Quelle die Nunation auf dem Buchstaben Alif oder Ta-marbūṭa überaus häufig sehr unterschiedlich handhabten, habe ich eine Korrektur unterlassen und den Buchstaben Alif oder Ta-marbūṭa – wenn grammatikalisch erforderlich – unabhängig von der Schreibweise im Originaltext mit Nunation versehen.

2 Kurzzusammenfassung der Sicill-Einträge

Im Folgenden finden sich zur besseren Orientierung innerhalb der Einträge im Überblick und in gleicher Reihenfolge die Eintragsnummern mit Kurzinhaltsangabe und Seitenangabe sämtlicher transliterierten und übersetzten Kadiamtsprotokollbucheinträge. Der Vollständigkeit halber werden zusätzlich mit einer kurzen Inhaltsangabe die nicht transliterierten und übersetzten Texte des Pro-

https://doi.org/10.1515/9783110675146-016

tokollbuchs aufgeführt, die ich in meiner Arbeit „Jurisdiktion als Mikrogeschichte" bereits transliteriert und übersetzt habe. Hier wird neben der Kurzinhaltsangabe in Klammern die Abkürzung „JUR" gesetzt.[5]

Textnummer	Datum	Kurzbeschreibung	Seite
0003	24.03.1758, 04.09.1758, 19.03.1759	Übergabeprotokoll von Cizye-Geldern mit Verpflichtungserklärung zu fehlenden Geldern	141
1/a	20.06.1757	Klage einiger Goldschmiede wegen einer noch ausstehenden Auszahlung des Goldschmied-Vorstehers an sie, die sie verloren (JUR).	34–37
1/b	09.07.1757 (D.)	Gerichtliche Bestätigung, dass İsma'īl Çelebī Bin Ḥāc Maḥmūd ein Haus an Ḫalīfe Beşe Bin Ḥaytam el-Dayrī veräußerte (JUR).	20–21
1/c	13.03.1756	Gerichtliche Bestätigung einer Langzeitpacht und Urkundenausstellung an Ṭopuz ʿOs̱mān bezüglich des zu den Ḳāsim Pādışāh-Stiftungen liegenden Gartens „Āşıḳ Bāġi" (JUR).	41–42
1/d	unlesbar	Gerichtliche Bestätigung einer Erbschaftsregelung	144
2/a	06.09.1757 (D.)	Kaufvertrag	145
2/b	15.09.1757(D.)	Kaufvertrag	146
2/c	21.09.1757 (D.)	Kaufvertrag	148
2/d	01.08.1757	Klage	149
3/a	27.07.1757	Klage	155
3/b	24.11.1756 (D.)	Gerichtliche Bestätigung eines Kaufvertrags	158
3/c	11.01.1757	Kaufvertrag zwischen dem Käufer Ḥāc ʿAlī Bin Seyyid Aḥmed und dem Verkäufer Seyyid Ādem Bin Ḥāc Maḥmūd, der in Vertretung von Ḥamīda Bint Seyyid Ḳāsim S̱ābit an den Käufer Anteile eines Hofes verkaufte (JUR).	22–23
3/d	22.03.1757 (D.)	Kaufvertrag zwischen dem Käufer ʿAlī Bin ʿAbdullāh und der Verkäuferin, seiner Schwiegermutter namens Fāṭime Bint ʿAbdullāh, die an den Schwiegersohn ein Haus verkaufte (JUR).	23–24
3/e	03.06.1759	Gerichtliche Bestätigung eines Kaufvertrags	159
3/f	28.07.1757 (D.)	Kaufvertrag	161
4/a	07.08.1757 (D.)	Kaufvertrag	162
4/b	15.09.1757 (D.)	Kaufvertrag	163
4/c	15.09.1757 (D.)	Kaufvertrag	164
4/d	29.09.1757	Kaufvertrag	165

5 Vgl. Niemöller (2013); Die Seitenzahl hierzu wird jeweils nebenstehend angegeben.

Textnummer	Datum	Kurzbeschreibung	Seite
4/e	13.09.1757 (D.)	Kaufvertrag zwischen Käufer Ḥasan Bin Yusuf Çipo und Verkäufer Murād Bin Meḥmed, der in Vertretung seiner Mutter Ca'iza Bint ʿAbdāl eṣ-S̱ābit an den Käufer eine Grotte samt Hof verkaufte (JUR)[6]	24–25
4/f	04.07.1757	Gerichtliche Bestätigung eines Vergleichs	166
4/g	26.09.1757	Ehevertrag	167
4/h	15.09.1757 (D.)	Kaufvertrag	168
5/a	15.10.1757 (D.)	Kaufvertrag	169
5/b	15.10.1757 (D.)	Kaufvertrag	171
5/c	24.10.1757	Gerichtliche Bestätigung eines Vergleichs	172
5/d	25.10.1757 (D.)	Kaufvertrag	173
5/e	26.10.1757	Kaufvertrag	175
5/f	29.10.1757	Ehevertrag	178
6/a	25.10.1757 (D.)	Kaufvertrag	179
6/b	26.10.1757 (D.)	Kaufvertrag	180
6/c	11.11.1757	Ehevertrag	181
6/d	31.01.1758 (D.)	Nachlassklage zur Versorgung von minderjährigem Waisen	182
6/e	13.11.1757 (D.)	Kaufvertrag	184
6/f	Leer	Verschiedene Fetvas, kein Bezug zu Text vorhanden	185
6/g	13.11.1757 (D.)	Kaufvertrag	186
6/h	Leer	Gerichtliche Bestätigung von Vergleich	188
7/a	23.11.1757 (D.)	Kaufvertrag	189
7/b	25.09.1757 (D.)	Kaufvertrag	190
7/c	Ca. 12/1757	Kaufvertrag	192
7/d	03.12.1757 (D.)	Kaufvertrag	193
7/e	03.12.1757 (D.)	Kaufvertrag	195
7/f	Ca. 12/1757 (D.)	Kaufvertrag	196
7/g	29.12.1757	Kaufvertrag	197
8/a	Ca. 12/1757 (D.)	Nachlassauflistung	198
9/a	01.01.1758	Kaufvertrag	210
9/b	29.12.1757	Kaufvertrag	212
9/c	23.12.1757 (D.)	Kaufvertrag	214
9/d	02.01.1758 (D.)	Kaufvertrag	215
9/e	02.01.1758 (D.)	Kaufvertrag	217
10/a	21.01.1758	Kaufvertrag	219
10/b	Ca. 01/1758	Kaufvertrag	220
10/c	21.01.1758 (D.)	Gerichtliche Bestätigung von Klageverzicht	221
10/d	21.01.1758 (D.)	Kaufvertrag	222

6 Hier wurde der Text 4/e irrtümlicherweise mit 4/d bezeichnet. Vgl. Niemöller (2013), S. 24–25.

Textnummer	Datum	Kurzbeschreibung	Seite
10/e	21.01.1758 (D.)	Kaufvertrag	224
10/f	21.01.1758 (D.)	Gerichtliche Bestätigung e. Nachlasssache	225
11/a	20.02.1758	Kaufvertrag	227
11/b	20.02.1758 (D.)	Kaufvertrag	228
11/c	21.01.1758 (D.)	Kaufvertrag	229
11/d	20.02.1758 (D.)	Kaufvertrag	230
11/e	20.02.1758 (D.)	Kaufvertrag	231
11/f	20.02.1758 (D.)	Gerichtliche Bestätigung von Kaufvertrag	233
12/a	10.02.1758 (D.)	Kaufvertrag	235
12/b	02.03.1758 (D.)	Kaufvertrag	238
12/c	30.04.1758 (D.)	Kaufvertrag	239
12/d	02.03.1758 (D.)	Kaufvertrag	239
12/e	02.03.1758 (D.)	Kaufvertrag	242
12/f	03.12.1757 (D.)	Gerichtliche Bestätigung von Vergleich	242
13/a	11.03.1758 (D.)	Kaufvertrag	244
13/b	11.03.1758 (D.)	Kaufvertrag zwischen Käufer İylū veled-i ʿÖmer el-Ḳalaʿt Murāvī und Verkäufer Şemmās el-Yeşūʿ veled-i İylū, der seine Frau Meryem Bint Aṣlū eṣ-Ṣābit vertrat. Kaufgegenstand war ein Haus (JUR).	25–27
13/c	21.03.1758 (D.)	Kaufvertrag	246
13/d	20.04.1758 (D.)	Kaufvertrag	247
13/e	24.04.1758	Vormundschaftsregelung	249
13/f	24.04.1758	Vormundschaftsregelung	250
13/g	17.07.1758 (D.)	Kaufvertrag	251
14/a	30.04.1758 (D.)	Gerichtliche Bestätigung bzgl. Umwandlung von Laden in Stiftung	252
14/b	30.04.1758 (D.)	Kaufvertrag, laut welchem die Käufer Māġū und sein Bruder Milkūn eine Weinstock-pflanzung an İbrāhīm, (...) und İshāk, die Söhne von Ḳura el-Yeşūʿ verkauften (JUR).	27–28
14/c	Ca. 07/1758	Kaufvertrag	254
14/d	Ca. 01/1756	Gerichtliche Prüfung einer Langzeitpacht-Urkunde für Seyyid Receb Bin Ġarīb, Abubekir Bin Ḥüseyin Şaʿbān, Seyyid Cumʿa Bin Seyyid Ḥüseyin und Seyyid Ḫān Ḳaplān, die eine verfallene Mühle pachteten, wobei die Mühle nach Wiederaufbau ihnen gehören sollte (JUR).[7]	42–44

7 Originaltext schlecht lesbar und daher fälschlicherweise als Übereignung von einer instandgesetzten Mühle und dem dazugehörigen Grund verstanden. Vermutlich handelte es sich hier

Textnummer	Datum	Kurzbeschreibung	Seite
14/e	20.02.1758 (D.)	Kaufvertrag zwischen Käufer Ḥāc ʿAbdullāh Aġa Bin Şeyḫ Mūsā Aġa el-Farsī und den Verkäufern Behlūl und Abū Zeyd und deren zwei Schwestern Ḥanīfe und ʿĀīşe, allesamt Kinder von İbrāhīm Bin Receb, sowie Fāṭime Bint Ḫişmān. Kaufgegenstand ein bewässerter Garten (JUR).	28–30
15/a	Ca. 07/1757	Vormundschaftsregelung	256
15/b	26.08.1758 (D.)	Vertrag über Tauschabkommen	257
15/c	19.09.1757 (D.)	Klage wegen offenstehender Schulden eines Unterstamms	259
15/d	14.09.1758 (D.)	Kaufvertrag zwischen Käufer ʿO̱smān Bin Cemāleddīn und Verkäufer Muṣṭafā Bin Bahāeddīn, der für zwei Minderjährige zur Bestreitung ihres Unterhalts ein verfallenes Haus an den Käufer veräußerte (JUR).	30–32
15/e	19.06.1757 (D.)	Kaufvertrag zwischen Käufer Mollā Şeyḫmūsā Bin Maḥmūd el-ʿArabānī und Verkäufer Kurcū Bin Şāhīn. Kaufgegenstand eine Weinstock-pflanzung mit Obstbäumen und Brunnen (JUR).	32–34
15/f	05.11.1758	Gerichtliche Bestätigung, dass für die Hinter-bliebenen des Verstorbenen Monlā Muṣṭafa Bin Ḥāccī Ḳāsim, seine Mutter Besne Bint Ḳoç, seine Vollgeschwister Üveys und Meḥmed sowie deren Schwestern Faṭime und ʿĀişe, Üveys zur Durchführung der Nachlassübergabe bestimmt wurde (JUR).	46–47
15/g	22.11.1758 (D.)	Kaufvertrag	260
16/a	17.11.1758	Aufstellung des Nachlasses des Bürgers aus Urfa Monlā Muṣṭafā Bin Ḥāc Ḳāsim.[8]	262
16/b	Leer	Nachlassübergabeprotokoll in Nachlasssache v. Monlā Muṣṭafā Bin Ḥāc Ḳāsim (JUR).	49
16/c	21.11.1758 (D.)	Kaufvertrag	267
16/d	10.01.1759 (D.)	Kaufvertrag	269
16/e	10.03.1759 (D.)	Kaufvertrag	270
17/a	28.02.1759 (D.)	Klage zu unberechtigter Stiftungsgründung, um Ḫānım Bint Bekir an Erbe nicht beteiligen zu müssen. Die Stiftung wurde annulliert (JUR).	37–40
17/b	10.03.1759 (D.)	Kaufvertrag	271

aber um eine kombinierte Pacht von Grund und gleichzeitiger Übereignung einer Mühle nach Instandsetzung. Vgl. Niemöller (2013), S. 24–25.

8 Text hierzu wurde schon in „Jurisdiktion als Mikrogeschichte“ transliteriert und übersetzt. Vgl. Niemöller (2013), S. 47–49.

Textnummer	Datum	Kurzbeschreibung	Seite
17/c	20.03.1759 (D.)	Gerichtliche Bestätigung eines Vergleichs	272
17/d	10.01.1759 (D.)	Kaufvertrag	274
17/e	28.03.1759	Vormundschaftsregelung; annullierter Text	276
17/f	30.03.1759 (D.)	Gerichtliche Bestätigung eines Kaufvertrags	278
18/a	10.04.1759	Buyuruldu zu Durchführung e. Zeremonie	279
18/b	unlesbar	Kaufvertrag	282
18/c	Ca. 10/1758	Kaufvertrag	283
18/d	12.12.1758 (D.)	Abschrift zur Erneuerung eines großherrlichen Privilegientitels für Seyyid ʿAbdülḳādir für das Amt des leitenden Gerichtsschreibers, ausgestellt in Konstantinopel (JUR)	50–51
18/e	28.03.1751 (D.)	Abschrift eines großherrlichen Privilegientitels für Seyyid ʿAbdülḳādir zur Nachbesetzung eines Postens für den Standesbeamten, ausgestellt in Konstantinopel (JUR)	51–52
18/f	08.06.1759	Buyuruldu und Schreiben des Großwesirs zur Fortführung des Imamats durch Süleyman Efendi bis zum Eintreffen eines Fermāns	284
19/a	08.06.1759	Buyuruldu und Schreiben des Großwesirs zur Entlohnung von Arbeitern für Moscheebau, der auf Grund von Unsicherheiten unterbrochen werden musste (JUR)	54–55
19/b	26.06.1759 (D.)	Klage	286
19/c	26.06.1759	Amtseinsetzung von Seyyid ʿAbdürraḥīm Efendi zum Nāʾib	289
19/d	22.12.1758 (D.)	Abschrift eines großherrlichen Fermāns zum Antrag verschiedener Seyyids, denen unrechtmäßig trotz Nachweis einer Seyyid-Abstammung eine Schafsteuer abverlangt wurde. Ausgestellt in Konstantinopel (JUR).[9]	55–58
19/e	15.07.1759	Kaufvertrag	290
19/f	10.07.1759	Amtseinsetzung von Seyyid ʿAbdullāh Efendi zum Nāʾib für Ḳāsim Padīşāh-Stiftung.	291
20/a	26.07.1759	Gerichtliche Bestätigung eines Vergleichs	292
20/b	25.08.1759	Amtseinsetzung von Seyyid ʿAbdürraḥīm Efendi zum Nāʾib	295
20/c	02.09.1759	Nachlassauflistung des Nachlasses von Ḥāc Meḥmed bin Seyyid Aḥmed[10]	296

9 „resm“ wurde missverständlich mit „Anzahl“ übersetzt, weshalb der Sinn verfehlt wurde.

10 Text hierzu wurde schon in „Jurisdiktion als Mikrogeschichte“ transliteriert und übersetzt. Vgl. Niemöller (2013), S. 49–50.

Textnummer	Datum	Kurzbeschreibung	Seite
20/d	24.09.1759	Amtseinsetzung von Seyyid ʿAbdürraḥīm Efendi zum Nāʾib	299
21/a	12.08.1759	Nişān-ı şerīf, Steuer-Berāt-Erteilung, ausgestellt in Istanbul	300
22/a	Ca. 06/1759	Großherrlicher Befehl wegen Schulden an Tatar Meḥmed Aġa, ausgestellt in Istanbul	309
22/b	14.08.1759	Buyuruldu zum großherrlichen Befehl wegen Schulden an Tatar Meḥmed Aġa	311
22/c	08.09.1759	Nachlassauflistung des Nachlasses von Nuʿmān Paşa	312
23/a	01.07.1759	Fermān an den Nachfolger des ehemaligen Valis von Diyārbekir zum Austausch zum Austausch der Kanzleigebühren der Abgabeneinheiten Ḫābūr und der Abgabeneinheit der in Diyarbekir lebenden arabischen Bevölkerung, ausgestellt in Konstantinopel	315
23/b	Leer	Fermān (vermutlich an den Vali von Bagdad) zum Austausch der Kanzleigebühren der Abgabeneinheiten Ḫābūr und der Abgabeneinheit der in Diyarbekir lebenden arabischen Bevölkerung, ausgestellt in Konstantinopel (JUR)	58–60
23/c	Leer	Mektūb vom Ketḫüda von Bagdad wegen Räuberei durch ʿAbdullāh Çāvīş	317
23/d	07.09.1759	Buyuruldu und Schreiben des Großwesirs zur Amtsübertragung der Stiftungsverwaltung an Seyyid İbrāhīm	318
24/a	16.09.1759	Revisionsklage	320
24/b	08.10.1759	Buyuruldu zur Amtswiedereinsetzung von Ḥāc Maḥmūd als Nāʾib	323
25/a	29.06.1757	Amtsübertragung an Muḥarrem Beg als Mütesellim	324
25/b	26.06.1757	Buyuruldu an den Voyvoda von Mardin wegen des Erlassens vom Bereitstellen von Vorräten auf Grund von Hungersnöten, Knappheit und Plagen (JUR)	60–61
25/c	23.03.1756 (D.)	Nişān-ı şerīf, Erteilen eines Privilegientitels an ʿAbdullāh in Form von Gehalt als Gebetsrezitator	325
25/d	07.01.1757	Ausgabenaufstellung	326
26/a	03.07.1757	Urkunde zur Übergabe der Ausgabensumme laut Text 25/d an ʿAbdürraḥman Beg (JUR)	62–63
26/b	08.08.1757	Verzichtsbestätigung wg Kauf von Sklavin	330
26/c	15.09.1757	Amtswiedereinsetzung von Ḥāc Maḥmūd Efendi zum Nāʾib	332

Textnummer	Datum	Kurzbeschreibung	Seite
26/d	26.04.1758	Steuerpachtvergabe *(iltizām)* für Wachsherstellung an (...) İlyās Çelebi	332
26/e	05.05.1757	Erlass wegen Übergabe von Pflaumen an Vorratskammern des Palastes in Istanbul	333
26/f	02.12.1756	Erlaubnis von Istanbul zu Minbar-Aufbau nach Gesuchstellung	335
26/g	27.11.1756	Nişān-ı şerīf, Amtseinsetzung von Seyyid İbrāhīm Ḫalīfe zum Prediger der Şeyḫ Emīneddīn-Moschee	336
27/a	03.10.1757	Nachlassaufstellung des Nachlasses von Darkazanlı Mollā (Meḥmed)	337
27/b	08.03.1758	Schuldenaufstellung in Nachlasssache von Mollā ʿÖmer bin Mollā Ḫalīl	341
28/a	05.10.1757	Nachlassaufstellung des Nachlasses von Seyfī Aġa bin ʿAbdullāh	344
28/b	28.07.1756	Anordnung zur Prüfung und Neuvergabe eines İltizām	350
29/a	Ca. 08/1757	Fermān zur Eintreibung von Friedenshilfsgeldern	350
29/b	15.09.1757	Anordnung zu Fermān über Eintreibung von Friedenshilfsgeldern (JUR)	63–65
29/c	24.09.1757	Mektūb zu Fermān bzgl. Eintreibung von Friedenshilfsgeldern	352
29/d	28.10.1757	Erlass zu Gesuch des Verwalters der Ḳāsim Pādışāh-Stiftungen, ausgestellt in Istanbul	353
30/a	06.09.1757 (D.)	Erlass zu Gesuch des Verwalters der Ḳāsim Pādışāh-Stiftungen, ausgestellt in Istanbul	355
30/b	Leer	Mektūb zu Erlass zu Gesuch des Verwalters der Ḳāsim Pādışāh-Stiftungen	358
30/c	22.10.1757	Nişān-ı şerīf, Steuer-Berāt-Erteilung, ausgestellt in Istanbul	359
31/b	01.04.1758	Fermān zu Eskortierung von Geldtransport	368
32/a	13.12.1757	Amtseinsetzung von Seyyid ʿOs̱mān Efendi zum Nāʾib	369
32/b	27.12.1757	Buyuruldu zur umgehenden Übergabe von noch ausstehenden Friedenshilfsgeldern über 1000 Ġuruş (JUR)	65–66
32/c	Leer	Mektūb zur Übergabe von Friedenshilfsgeldern	370
32/d	09.01.1758	Buyuruldu zur Übergabe von Friedenshilfsgeldern	371
32/e	16.01.1758	Eintrag von Zahlungsanweisung einer eingegangenen Cizye-Steuernachzahlung	373
32/f	02.01.1758	Verpflichtungserklärung und Dankeserklärung zu Steueraufschub	374

Textnummer	Datum	Kurzbeschreibung	Seite
33/a	19.01.1758	Richterliches Protokoll eines Timār-Verzichts eines gewissen Muṣṭafā und Übergabe dessen an ʿAbdürrahmān bin İsmaīl (JUR)	66–68
33/b	10.02.1758	Amtseinsetzung von Ḥāc Maḥmūd Efendi zum Nāʾib	375
33/c	19.07.1756 (D.)	Nişān-ı şerīf zu Privilegientitelerteilung an Seyyid İbrāhīm bin üs-Seyyid ʿAbdürraḥīm, der als Richter unberechtigter Weise entlassen wurde (JUR).	52–54
33/d	09.09.1759	Nachlassaufstellung des Nachlasses von Süleymān ʿAlemdār bin Receb	376
33/e	Leer	Vermerk zu Abgabenarten	379
34/a	16.02.1758	Umlage- und Ausgabenverzeichnis[11]	380
35/a	16.02.1758	Richterliche Anordnung zu Steuereintreibung über 36258 Ġuruş (JUR)	69–70
35/b	28.06.1758 (D.)	Vormundschaftsregelung	390
35/c	01.03.1758	Şarṭnāme bzgl. Betreiben von Poststation	391
35/d	01.03.1758	Şarṭnāme bzgl. Betreiben von Poststation	393
36/a	15.03.1758	Nachlassaufstellung von Uzun Muṣṭafā Aġa	395
36/b	26.10.1757 (D.)	Fermān zur Bereitstellung von Poststations-Lastpferden	402
36/c	10.02.1758 (D.)	Amtseinsetzung von Seyyid Ebū Bekir Efendi zum Mufti	405
36/d	11.03.1758 (D.)	Erlass zur Annullierung von geschaffenen Gehältern bei Ḳāsim Padışāh-Stiftung	406
37/a	11.03.1758 (D.)	Erlass zum Untersagen von Einmischung in Stiftungsangelegenheit der Ḳāsim Padışāh-Stiftung	408
37/b	19.05.1758 (D.)	Anordnung zum Verbot von Windgebühren	410
37/c	11.03.1758 (D.)	Erlass zu Rechnungsprüfung und zur Verhinderung von Einmischung in Angelegenheiten der Ḳāsim Padışāh Stiftung	412
38/a	11.03.1758 (D.)	Erlass zu Gesuch des Verwalters der Ḳāsim Pādışāh-Stiftungen, ausgestellt in Istanbul	415
38/b	unlesbar	Widerrufener Berāt, zu schlecht lesbar	417
38/c	03.06.1758	Buyuruldu zur Amtseinsetzung von Seyyid Ebū Bekir Efendi zum Mufti	417
38/d	01.07.1757	Eintrag von Bevollmächtigung zum Stiftungsverwalter der Cihāngīrīye Stiftungen	418

11 Text hierzu wurde schon in „Jurisdiktion als Mikrogeschichte" transliteriert und übersetzt vgl. Niemöller (2013), S. 68–69.

Textnummer	Datum	Kurzbeschreibung	Seite
38/e	01.07.1747	Erteilung eines Privilegientitels, ausgestellt in Istanbul	419
43/a	11.03.1758 (D.)	Erlass zu Abgabenbemessung bei Ḳāsim Pādışāh-Stiftungen, ausgestellt in Istanbul	420
44/a	Leer	Amtswiedereinsetzung von ʿÖmer Paşa als Wesir von Bagdad und Basra	424
44/b	Ca. 1766	Amtswiedereinsetzung von ʿÖmer Paşa als Wesir von Bagdad und Basra	426
45/a	Leer	Nişān-ı şerīf, Steuer-Berāt-Erteilung (unvollständig)	428
45/b	16.08.1758	Nachlassaufstellung von Uzun Muṣṭafā Aġa mit Verkaufspreisen	431
46/b	31.03.1758 (D.)	Gesuch von Muḥarrem bin Ḥaydar wegen Zahlungsverweigerung an ihn als Timār-besitzer	439
39/a	31.03.1758	Letzter Abschnitt von Text 46b	440
39/b	30.03.1758	Abschrift eines Privilegientitels zum Anrecht an Pflaumenlieferung nach Istanbul	443
39/c	06.12.1757	Abschrift eines großherrlichen Privilegientitels an Şeyḫ Muṣṭafā für den Erhalt von Gehalt für das Amt des Gebetsrezitators aus den Einnahmen der Dörfer und Feldern der Ḳāsim Pādişāh-Stiftung. Ausgestellt in Istanbul (JUR)	44–45
39/d	07.08.1758	Nişān-ı şerīf Steuer-Berāt-Erteilung mit Korrektur der zu berechnenden Jahre, ausgestellt in Istanbul	445
41/a	17.07.1758 (D.)	Fermān wegen Kursanpassung, ausgestellt in Istanbul	456
41/b	15.09.1757	Einkünfte der Ḳāsim Pādışāh Stiftung, Abgaben von Läden	460
50a	Leer	Einkünfte u. Ausgaben der Ḳāsim Pādışāh Stiftung, Abgaben von Läden, Gärten, Dörfern, Auszahlung an Bedienstete	464
54/a	04.10.1758	Amtseinsetzung von Seyyid ʿAbdürraḥīm Efendi zum Nāʾib	498
54/b	23.10.1758	Nachlassauflistung von ʿArab Paşazāde Meḥmed Beg	499
54/c	24.01.1759	Treuhänderische Hinterlegung des Nachlasses von ʿArab Paşazāde Meḥmed Beg	508
54/d	Leer	Nachlassangelegenheit von ʿAbdullāh Aġa *(schlecht lesbar)*	509
54/e	02.11.1758	Amtseinsetzung von Seyyid Muṣṭafā Efendi zum Nāʾib	509

Textnummer	Datum	Kurzbeschreibung	Seite
54/f	26.04.1759	Buyuruldu zur Nachlasssache von ʿArab Paşazāde Meḥmed Beg wegen Übergabeabsicherung	510
55/a	16.08.1758 (D.)	Fermān zur Ratenzahlung von Friedenshilfsgeldern, ausgestellt in Istanbul	512
55/b	08.11.1758	Buyuruldu zu Fermān bzgl. Ratenzahlung von Friedenshilfsgeldern	513
55/c	06.11.1758	Richterliche Anordnung zu Steuer-Erlass	514
55/d	15.12.1758	Amtsübertragung zur Vertretung des Voyvoda-Amts an Yaʿḳūb Paşazāde ʿAlī Beg	515
55/e	13.03.1759	Buyuruldu zur Überprüfung der Rechnungsbücher bei Voyvoda-Wechsel	516
55/f	31.12.1758	Amtseinsetzung von Seyyid ʿOs̱mān Efendi zum Nāʾib	518
56/a	18.01.1759	Richterliche Anordnung zur Konfiszierung von Eigentum bei Prostitution	519
56/b	20.01.1759	Richterliche Anordnung zur Konfiszierung von Eigentum bei Prostitution	522
56/c	15.12.1758	Amtsübertragung zur Durchführung des Voyvoda-Amts an ʿOs̱mān Aġa	524
56/d	18.12.1758	Anordnung zur Befolgung der Anordnungen des neu eingesetzten Voyvodas ʿOs̱mān Aġa	526
56/e	30.01.1759	Amtseinsetzung von İbrāhīm Efendi zum Nāʾib	527
57/a	02.01.1759	Amtseinsetzung von Seyyid Yūsuf bin Seyyid ʿAbdürraḥīm Ḫalīfe zum Prediger der Sulṭān ʿİsā-Stiftung	528
57/b	23.12.1758	Fermān zur Erteilung eines Privilegientitels an Seyyid İbrāhīm Ḫalīfe ibn üs-Seyyid ʿAbdürraḥīm als Imam der Sulṭān ʿİsā-Stiftung	529
57/c	23.01.1759	Buyuruldu zum Erlassen von Mīrīgeldern	530
57/d	28.02.1759	Amtseinsetzung von Seyyid ʿOs̱mān Efendi zum Nāʾib	531
57/e	18.10.1758	Schuldversprechen von ʿÖmer, damals ehemaliger Voyvoda von Mardin	532
57/f	Ca. 1758/59	Vormundschaftsregelung und Nachlassregelung	534
58/a	28.02.1759	Auflistung von Umlagegeldern	535
58/b	28.02.1759	Buyuruldu zum Eintreiben von zweiter Rate von Friedenshilfsgeldern	539
58/c	23.02.1759	Richterliche Anordnung zur Nachzahlung von Friedenshilfsgeldern	540
58/d	21.01.1759	Fermān zu Mektūb des Großwesirs zur Nachlasssache von ʿArab Paşazāde Meḥmed Beg wegen bei ihm befindlichen Kanzleigebühren, ausgestellt in Istanbul	541

Textnummer	Datum	Kurzbeschreibung	Seite
62/c	Leer	Schreiben zur Nachlassregelung für den Sohn von Meḥmed Efendi, ʿAbdullāh Beg	568
62/d	15.08.1756	Nişān-ı şerīf, Berāt-Erteilung an Seyyid ʿAbdürraḥīm zum Vorbeter, ausgestellt in Istanbul	570
62/e	03.09.1759	Erlass zum Gebühreneinsammeln in Falkner-Domäne von Ḥāc Meḥmed, ausgestellt in Istanbul	571
62/f	16.10.1759	Amtseinsetzung von Seyyid Aḥmed Efendi zum Mufti	573
62/g	06.11.1759	Buyuruldu zur Amtseinsetzung von Seyyid Aḥmed Efendi zum Mufti	574
63/a	10.11.1759	Umlageverzeichnis und Aufstellung von Steuergeldern	575
63/b	20.11.1759	Nachlassaufstellung des verstorbenen Kadis von Nuṣaybīn, Seyyid ʿAbdülbāḳī Efendi bin Meḥmed Çelebi	581
64/b	16.12.1759 (D.)	Fermān zur Eskortierung nach Zypern, ausgestellt in Istanbul	588
64/c	Leer	Nachlassangelegenheit, vermutl. zur Nachlasssache von ʿArab Paşazāde Meḥmed Beg	590
64/d	01.06.1759	Vormundschaftsregelung	592
64/e	Ca. 06/1759	Vormundschaftsregelung	594
65/a	28.05.1759 (D.)	Klage wegen Nachlasssache von ʿAlī Beg ibn ʿAbdullāh	595
65/b	02.06.1759	Fermān zu Nachlasssache von ʿAlī Beg ibn ʿAbdullāh	598
65/c	01.06.1759	Nachlassaufstellung vom verstorbenen ʿAlī Beg bin ʿAbdullāh	601
66/b	20.01.1759 (D.)	Fermān zu Einnahmen und Ausgaben von Ḳāsim Padışāh-Stiftung	609
67/a	21.07.1759	Buyuruldu zur Proviantbereitstellung	616
67/b	22.12.1758	Nişān-ı şerīf, Privilegientitelerneuerung für Seyyid ʿAbdullāh als Vorbeter, ausgestellt in Istanbul	618
67/c	01.06.1746 (D.)	Nişān-ı şerīf, Privilegientitelerteilung für Seyyid Faḥd Ḫalīfe als Buchhalter der Ḳāsim Padışāh-Stiftung, ausgestellt in Istanbul	619
67/d	02.12.1758 (D.)	Nişān-ı şerīf, Privilegientitelerneuerung für Seyyid ʿAbdullāh Ḫalīfe als Buchhalter der Ḳāsim Padışāh-Stiftung, ausgestellt in Istanbul	620
67/e	14.08.1759	Amtseinsetzung von Seyyid Şeyḫī Çelebi zum Stellvertreter *(ḳāʾimmaḳām)*	621
67/f	28.12.1759	Ehevertrag	622

3 Texteinträge

247/0003
(Randnotiz) (ceste ḥisbet)
(1) cizye evrāḳı maʿrifet-i şerʿle vażʿ olınan kisesinden iḫrāc ve kisesi yine marifet-i şerʿle mühürlendiği bu maḥalla ḳayd şüde

aʿlā kāğıd	ʿaded
	38 defʿaten
	60 defʿaten
evsaṭ kāğıd	ʿaded
	100 defʿaten
	300 defʿaten
ednā kāğıd	ʿaded
	40 defʿaten
	44 defʿaten

Fī ġurre-ʾi m [Muḥarrem el-ḥarām] sene 1172

(Randnotiz) (ceste ḥisbet)
(...) biñ yüz yetmiş üç senesine maḥsūben cizye evrāḳından maʿrifet-i şerʿle vażʿ olınan kisesinden (iḫrāc) (2) ve kisesi yine maʿrifet-i şerʿle mühürlendiği bu maḥalla ḳayd şüd

aʿlā kāğıd	ʿaded 90
evsaṭ kāğıd	ʿaded 200
ednā kāğıd	ʿaded 200

(1) İbrāhīm Çāvīş Aġa meclis-i şerʿde[12] ḥāżır olub şöyle iḳrār-ı tāmm ve taḳrīr-i kelām eyleyüb menzilçi (el-Ḥāc Ebū Bekir Beg) (2) ile Mişkī begi Murād Begiñ yedlerinden māl-ı mevācibden taʿyīn olınan on beş biñ üçyüz (ġuruşı) (3) aḫẕ ve ḳabż eyledim dėdiginde bu maḥalla ḳayd şüde
fī 14 b[Receb el-mürecceb] sene 1171

sābıḳan Mārdīn voyvodası ʿAbdürraḥmān Beg ḥavālesinden

(...) Mişkī Begi
ʿAbdullāh Beg bin İsmaʿīl Aġa
Cemelzāde Muṣṭafā Aġa
baş oṭabaşı Ḳara Meḥmed Aġa
Kūla İlyās Çelebi
ve ġayruhum min el-ḥużżār

12 şerʿe

https://doi.org/10.1515/9783110675146-017

Bağdād sālyāneçisi Süleymān Çāvīş Aġa
(1) menzilçi el-Ḥāc Ebū Bekir Beg nām kimesne meclis-i şer'de Mişkī[13] begi es-Seyyid Ḫalīl ve birāderi es-Seyyid Murād Beg maḥżarlarında biṭ-ṭav' (eṣ-ṣāf) (2) iḳrār-ı tāmm ve taḳrīr-i kelām eyleyüb bundan aḳdem iḥtisāb ḫāneniñ mīrī akçesi kusūrı için beş (... ...) (3) merḳūm es-Seyyid Ḫalīl Begiñ kefāletiyle ben ve merḳūm Murād Beg ḥālā Mārdīn voyvodası sa'ādetlü 'Ömer Aġa dāme (mecduhuya) (4) temessük vėrüb lakin ḳabl el-edā Mārdīnden bir aḫar yėre varub ġā'ib oldum ise hālā yedimde (... ...) (5) (...) (me)nsūb olan emlāk ve emvāliñ bey'ine merḳūm Ḫalīl Begi ve birāderi Murād Beg el-merḳūmı kendi ṭar(aflarından) (6) (vekī)l muṭlaḳ naṣb ve ta'yīn eyledim dėdiginde vekālet ḫuṣūṣı için olan iḳrār ve i'tirāfı (...)
ḥurrire fī 20 b [Receb el-müreccеb] sene 1172
el-Ḥāc İlyās ibn ül-Ḥāc Bekir
Mollā İbrāhīm kātib ḳassām
Levend Ramażān bin Şeyḫmūsā
tüfenkçi başı 'İsā Aġa
Aḥmed Beg bin Ḥasan Beg
ḫazīnedār el-Ḥāc Süleymān Aġa
ve ġayruhum min el-ḥużżār

247/0003
(Randnotiz) (einzeln gezählt)
Die gemäß dem Scheriatsrecht aus der Kiste, in die sie hineingelegt wurden, herausgenommenen und außerdem durch das Gericht hier gestempelten Cizye-Scheine werden verzeichnet:

Hoher Schein	Anzahl
	38 in Einem
	60 in Einem
Mittlerer Schein	Anzahl
	100 in Einem
	300 in Einem
Niedriger Schein	Anzahl
	40 in Einem
	44 in Einem

Am Ersten des [geheiligten Muḥarrem] im Jahre 1172.

13 Der Stamm der Müşkī bzw. Mişkī war in Diyarbekir und Rakka ansässig, vgl. Türkay (2001), S. 511.

(Randnotiz) (einzeln gezählt)
Die gemäß dem Scheriatsrecht gerechnet bis zum Jahr 1173 aus der Kiste, in der sie hineingelegt wurden, herausgenommenen und außerdem durch das Gericht hier gestempelten Cizye-Scheine werden verzeichnet:

Hoher Schein	Anzahl 90
Mittlerer Schein	Anzahl 200
Niedriger Schein	Anzahl 200

İbrāhīm Çāvīş Aġa, der bei der Gerichtsversammlung anwesend war, gab solch eine vollständige Bestätigung ab und machte folgende Aussage: „Ich habe zusammen mit dem Relaisstationsvorsteher *(menzilci)* (Ḥāc Ebū Bekir Beg) von Murād Beg, dem Anführer der Mişkī, die festgelegten 15 300 Ġuruş der benötigten Gelder entgegengenommen." Dies wurde an dieser Stelle eingetragen.

Im Monat des 14. [geschätzten Receb] des Jahres 1171
Vom Schuldschein des früheren Voyvodas von Mardin ʿAbdürraḥmān Beg.

(...) Anführer der Mişkī
ʿAbdullāh Beg bin İsmaʿīl Aġa
Cemelzāde Muṣṭafā Aġā
Hauptwächter *(baş oṭabaşı)* Ḳara Meḥmed Aġa
Kūla İlyās Çelebi
und weitere Anwesende

Jahressteuereintreiber von Baġdād, Süleymān Çāvīş Aġa
Der Relaisstationsvorsteher namens Ḥāc Ebū Bekir Beg gab in Anwesenheit des Anführers der Mişkī[14] Seyyid Ḫalīl und seines Bruders Seyyid Murād Beg in klarem Gehorsam eine vollständige Bestätigung ab und machte folgende Aussage: „Für die früheren Fehlbeträge der Steuer-Akçe des Marktaufseheramtes habe ich und erwähnter Murād Beg dem derzeitigen Voyvoda von Mardin, dem glücklichen ʿÖmer Aġa – möge (sein Ruhm) andauern – fünf (...) unter Garantie von Seyyid Ḫalīl Beg als Zahlungsanweisung gegeben, aber wenn ich vor der Bezahlung von Mardin aus andernorts hingehen sollte und ich abwesend sein sollte, bestimme ich zum Austausch der derzeit in meinen Händen befindlichen (...) und der damit verbundenen Besitztümer und Gelder erwähnten Ḫalīl Beg und seinen Bruder Murād Beg zu den uneingeschränkten Bevollmächtigten." Indem er dies sagte, bestätigt er die Vertretungsangelegenheit.

14 Der Stamm der Müşkī bzw. Mişkī war in Diyarbekir und Rakka ansässig, vgl. Türkay (2001), S. 511.

Eingetragen am 20. [geschätzten Receb] im Jahre 1172.

Ḥāc İlyās ibn ül-Ḥāc Bekir
Mollā İbrāhīm Nachlassgerichtsschreiber
Kanonier *(levend)* Ramażān bin Şeyḫmūsā
Vorsteher der Pistolenhersteller ʿİsā Aġa
Aḥmed Beg bin Ḥasan Beg
Schatzmeister Ḥāc Süleymān Aġa
und weitere Anwesende

247/1/d

(1) (اشترى) الله ويردى ولد اباحد قلآيلى باللوكالة عن قبل اخته لعلى (2) (بنت) اباحد بمال
مؤكلته لنفسها من البائع عمته عين بنت مراد فباعته ما هو لها و ملكها (و يدها و تحت) (3)
(تصرفها) و منتقل اليها بالشراء الشرعى و ذلك جميع بيت الانبوب[15] و اسفله طبقة (...) (4)
(...) الكنيف الواقعين فى محلة زراقة المحدودين قبلةً ينتى الى ملك (اباحد) (...) (5) (...)
ابراهيم قلآيلى و شمالاً الى الطريق و غرباً الى ملك اباحد بجملة الحدود (وكافة المرافق) (6)
(و) الحقوق بثمن مقبوض قدره و نصابه اثنى و اربعون غروشاً بيعاً (و اشتراءً صحيحين
شرعين) (7) (باتين) مشتملين على الاجاب و القبول والقبض و الاقباض (و الرؤية و الرضى
من الطرفين) (8) (تحريراً) فى اليوم الثانى عشرة من شهر ذالقعدة الشريفة سنة (...)

(... ...)
مصطفى بن الخاج خضر
ابراهيم بن بابا يوسف
حسن ولد صفر
كرپو ولد معلّم
كولو ولد غالو

247/1/d

Allāhverdi veled-i Abāḥad Ḳalāylī, der seine Schwester Laʿle (Tochter) von Abāḥad vertrat, (tätigte) mit dem ihn anvertrauten eigenen Geld seiner Mandantin den (Kauf), wobei seine Tante väterlicherseits ʿAyn bint Murād die Verkäuferin war. Sie verkaufte ihm alles, was ihr gehörte und sie (zur Verfügung) hatte. Er übergab ihr beim rechtmäßigen Kauf den gesamten Lagerraum, darunter ein Stockwerk (...) und das Abort, die im Viertel Zarrāḳa liegen. Im Süden grenzen sie mit allen Grenzen an den Besitz von Abāḥad (...) İbrāhīm Ḳalāylī und im Norden an den Weg und im Westen an den Besitz von Abāḥad. (Für alle Einrichtungen und) Rechte wurde der ausdrückliche, umfassende und mit Annahmebestäti-

15 Niedriger Raum, wahrscheinlich Lagerraum.

gung beider Parteien abgewickelte (scheriatsrechtlich korrekter Kauf) und Verkauf zu einem erhaltenen festgesetzten Mindestpreis von insgesamt 42 Ġuruş nach der Vorstellung und mit Zustimmung beider Parteien durchgeführt. (Eingetragen) am 12. Tag des Monats des edlen Ẕī 'l ḳaʿde im Jahre (...).

(... ...)
Muṣṭafa bin Ḥāc Ḫıżır
İbrāhīm bin Bābā Yūsuf
Ḥasan veled-i Ṣafar
Karpū veled-i Muʿallim
Kūlū veled-i Ġālū

247/2/a

(1) لما كانت الدار الواقيعة في محلة الكولاسيّة المشتملة على بيت كبير و بخارى[16] و جب الماء و حوش (2) و بيت اخر صغير المحدودين قبلةً و شمالاً و غرباً ينتهى الى الطريق و شرقاً الى ملك (ورثة) (3) الخاج حسن و جميع الخرابة ايضاً الواقية في محلة المزبورة المحدودة قبلةً ينتهي الي (4) ملك عبدو و شرقاً الى ملك ورثة الخاج حسن و شمالاً و غرباً الى الطريق بجملة (5) الحدود و كافة المرافق و الحقوق مشاعاً مشتركا بين جرجس ولد عبدو و (اصلآن) (6) ولد ايشوع و عبدو ولد يوسف المنتقل اليهم بالارث فحضروا مجلس الشرع الشريف (7) و محفل الدين المنيف و طلبوا لقسمة و افراز حصصهم برضايهم من المشتملات (المذكورات) (8) فاخذ جرجس المرقوم فى مقابل حصته بيت الكبير و البخارى و نصف الحوش و نصف (9) جب المآء و حق المجآز في حوش عبدو و اخذ اصلآن المزبور ايضاً فى (10) مقابل حصته جميع الخرابة [و] ربع[!][17] جب الماء و هواء سطح البيت الكبير و (البخارى) (11) و اخذ عبدو المذكور ايضاً فى مقابل حصته بيت الصغير و ربع جب الماء (12) و نسف الحوش و حق المجاز فى حوش جرجس المزبور و رضى كل واحد فيما (بعد) (13) اخذ من المشتملات المذكورات[!][18] و ابراء كل واحد منهم <فيما اخذ> ذمّت الآخر من (14) جهت المقاسمة المذكورة قسمتاً و اقتسآماً صحيحاً شرعياً حرر فى <اليوم> (اواخر من) (15) شهر ذالحجة الشريفة سنة سبعين و مائة و لف

منلا حسين بن شعبان
زيتو بن ابراهم چلبي
مصطفى بن خمورچي على
الخاج حسن بن عبد الله
بحدو ولد يحيى
مراد ولد آحو
اخيه حنا

16 Im anatolischen und asiatischen Raum typischer Ofen, der sich mitten im Raum befindet und in den folgenden Texten mit „Ofen“ übersetzt wird.

17 بع

18 المذكورة

247/2/a

Die Wohnstätte, die im Viertel Kūlāsıya liegt, umfasst ein großes Haus, ein Ofen, einen Brunnen, einen Hof und ein weiteres kleines Haus, welches im Süden und im Norden und im Westen durch den Weg begrenzt ist und im Osten an den Besitz (des Erbes) von Ḥāc Ḥasan grenzt. Die gesamte Ruine, die ebenfalls im erwähnten Viertel liegt, grenzt im Süden an den Besitz von ʿAbdū, im Osten an den Besitz des Erbes von Ḥāc Ḥasan und im Norden und Westen an den Weg mit allen Begrenzungen. Die gesamte Einrichtung und die Rechte unterliegen gemeinsam Circis veled-i ʿAbdū und (Aslān) veled-i İşūʿ sowie ʿAbdū veled-i Yūsuf, wobei ihnen dies erblich übergeben wurde und sie in der ehrwürdigen Gerichtsversammlung anwesend waren. Sie verlangten die Aufteilung von (erwähntem) Inhalt in ihre Anteile zu ihrer Zufriedenheit. So erhielt erwähnter Circis als Gegenwert seines Anteils das große Haus und den Ofen, sowie den halben Hof, den halben Brunnen und ein Durchgangsrecht im Hof von ʿAbdū. Erwähnter Aslān erhielt ebenso als Gegenwert seines Anteils die gesamte Ruine, ein Viertel des Brunnens, den großen Pavillion und den (Ofen). Erwähnter ʿAbdū erhielt ebenso als Gegenwert seines Anteils das kleine Haus, ein Viertel des Brunnens, den halben Hof sowie ein Durchgangsrecht im Hof von erwähntem Circis. Jeder einzelne stimmte zu, nahm danach den erwähnten Inhalt und sprach einander von Schulden hinsichtlich der erwähnten scheriatsrechtlich korrekten Aufteilung frei. Eingetragen in der (letzten Dekade) des Monats des edlen Ẕī 'l-ḥicce im Jahre 1170.

Monlā Ḥuseyn bin Şaʿbān
Zeytū bin İbrāhīm Çelebi
Muṣṭafā bin Ḫamurçi ʿAlī
Ḥāc Ḥasan bin ʿAbdullāh
Beḥdū veled-i Yaḥyā
Murād veled-i Āḫū[19]
Sein Bruder Ḥanā

247/2/b

(1) اشترى عثمان چلبى بن سليمان چلبى بالوكالة عن قبل اخته رحمة بنت سليمان المزبور (2) (بمال) موكلتة المرقومة لنفسها دون غيرها من البائة منه رضية بنت يوسف فباعته (3) بلوكالة عن قبل زوجها حسين بن احمد الثابت وكالتها عنه بالشهادة اسمعيل بن (4) حسين بشير و يحيى بن صآلح بشير المنتقل اليه بالشراء و ذلك جميع الدار الواقية في (5) محلة الزراقة المشتملة علي بيت ذي صفة شرفية و مطبخ و نصف الحوش المحدودين (6) قبلةً الي البدن و شرقاً [الى]

19 Assyrischer Name

الطريق[!][20] و شمالاً [الى ملك] الحاج محمد و غرباً الى ملك الوكيل المزبور بجملة (الحدود) (7) بثمن مقبوض قدره ثلثون غروشاً و نصف قرش بيعاً و اشتراءً صحيحين و (الروية) (7) و الرضى من الطرفين حرر في اوائل شهر محرم الحرام سنة احد و سبعين و مائت و الف

محمود افندى بن حاج مصطفى (افندى)
منلا حسين بن مصطفى
محمد بن زكريا
سليمان بن حسين بشير
رجب بن فرحات
يحيي بن صالح بشير[21]
اسمعيل بن حسين بشير

247/2/b

Osmān Çelebi bin Süleymān Çelebi tätigte in Vertretung für seine Schwester Raḥma, Tochter von erwähntem Süleymān mit dem (Geld) seiner Mandantin und keinem anderen den Kauf. Die Verkäuferin dessen ist Rażīa bint Yūsuf. Sie verkaufte ihm in Vertretung für ihren Mann Ḥuseyn bin Aḥmed unter zeugenschaftlicher Bestätigung der Vertretung seitens İsmaʿīl bin Ḥuseyn Beşīr und Yaḥyā bin Ṣāliḥ Beşīr, wobei es ihm zum Kauf übergeben wurde. Dies ist das gesamte Haus, das sich im Viertel Ez-Zarrāḳa befindet, wobei dies die zum Haus gehörende Eingangshalle, eine Küche und den halben Hof umfasst. Sie grenzen im Süden an die Festungsmauer, im Osten [an] den Weg, im Norden [an den Besitz von] Ḥāc Meḥmed und im Westen an den Besitz von erwähntem Vertreter mit allen (Grenzen). Zum festgesetzten Preis von 20 Ġuruş und einem halben Ġuruş wurde der einwandfreie Verkauf und Kauf nach der (Vorstellung) und mit Zustimmung beider Parteien durchgeführt. Eingetragen in der ersten Dekade des Monats des geheiligten Muharrems im Jahre 1171.

Maḥmūd Efendi bin Ḥāc Muṣṭafā (Efendi)
Monlā Ḥuseyn bin Muṣṭafā
Meḥmed bin Zekeryā
Süleymān bin Ḥuseyn Beşīr
Receb bin Ferḥāt
Yaḥyā bin Ṣāliḥ Beşīr

(Zweite Reihe)
İsmaʿīl bin Ḥuseyn Beşīr

20 طريق
21 صالح بن يحيي بشير

247/2/c

(1) (اشترى) عثمان بن سليمان بشير بماله لنفسه من البائعان منه محمد و يسين (2) (بن) زكريا
فباع محمد اصآلة عن نفسه <بالوكالة عن قبل اختيه زهرة و عائشة (3) (...) بنات زكريا و
فاطمة بنت صآلح الثابت وكالته عنهما بالشهادة سيد اسمعيل (4) (بن) منصور و اسمعيل بن
حسين بشير و باع يسن المرقوم اصآلة عن نفسه المنتقل (5) (...)> خميع حصته و هى اربعة
عشر سهم من اصل اربعة و ستون سهماً و باع (بالوكالة) (6) (...) زهرة و عائشة و زينب بنات
زكريا المرقوم الثابت وكالته عنهن بالشهادة (السيد) (7) (اسمعيل بن منصور) و اسمعيل بن
حسين بشير و ذلك جميع حصصهن و هى لكل وحدة (منهن) (8) سبع اسهام من اصل المذكور و
باع ايضاً بالوكالة عن قبل امه فاطمة بنت صآلح الثابت (وكالته) (9) بشهادة الشهدان المرقومان
و ذلك جميع حصتها و هي ثمانية اسهم من اصل المذكور و باع (يسين) (10) المزبور ايضاً
اصالة عن نفسه جميع حصتيه و هي اربعة عشر سهم من اصل المرقوم مآ هو (للاصيلان) (11)
المرقومان و المؤكلات المزبورات و ملكهم و منتقل اليهم بالطريق الارث و ذلك جميع سهامهم
المذكورة (من) (12) بيت الازج و داخله مغارة و (...) الواقيعين في محلة الزراقة المحدودين
قبلةً [الي] ملك يحيى [و] شرقاً و (13) شمالاً [الى] الطريق[!][22] [و] غرباً [الى] (...) بجملة
الحدود بثمن المقبوض قدره ثلاث و عشرون غروشاً و نصف (القرش بيعاً و) (14) اشتراءً
الصحيحين و الرضى من الطرفين حرر فى اواخر شهر ذى الحجة الشريفة سنة سبعين و (ومائة
و ألف)

منلا (...) صآلح
منلا محمد بن الحج عمر
اسمعيل بن يحيى
اخيه خضر
خليل بن سيد بكر
سيد اسمعيل بن منصور
اسمعيل بن حسين بشير

247/2/c

ʿOsmān bin Süleymān Beşīr tätigte mit seinem eigenen Geld den Kauf, wobei die beiden Verkäufer von ihm Meḥmed und Yasīn bin Zekeryā sind. Meḥmed verkaufte, indem er sich selbst vertrat, <und der seine Schwestern Zahra, ʿĀīşe (...), die beiden Töchter von Zekeryā und Fāṭime bint Ṣāliḥ vertrat, verkaufte, wobei die Vertretung der beiden durch die Bezeugung von Seyyid İsmaʿīl bin Manṣūr und İsmaʿīl bin Ḥuseyn Beşīr bestätigt wurde. Erwähnter Yasīn verkaufte, indem er sich selbst vertrat, wobei das Übergebene>[23] seine gesamten 14 Anteile von insgesamt 64 Anteilen. Er tätigte den Verkauf in Vertretung für (...), Zahra, ʿAişe und Zeyneb, die Töchter von erwähntem Zekeryā, wobei die Bestätigung der Vertretung von ihnen unter Zeugenschaft von (Seyyid İsmaʿīl bin Manṣūr) und

22 طريق
23 Irrtümlich eingefügter Text in spitzen Klammern.

İsmaʿīl bin Ḥuseyn Beşīr erfolgte. Dieses umfasst ihre sämtlichen Anteile, wobei jede Einzelne (von ihnen) sieben Anteile von den erwähnten Gesamtanteilen besaß. Er verkaufte ebenso in Vertretung für seine Mutter Fāṭime bint Ṣāliḥ, wobei die Vertretung durch die beiden Zeugen bestätigt wurde, ihre sämtlichen Anteile, die 8 Anteile von den erwähnten Gesamtanteilen umfassen. Erwähnter (Yasīn) verkaufte ebenso, indem er sich selbst vertrat, seine gesamten Anteile, welche 14 Anteile von den erwähnten Gesamtanteilen sind, die von den (beiden sich selbst Vertretenden) und den erwähnten Vollmachtgeberinnen stammen, und ihren Besitz, wobei sie dieses über den Weg der Erbschaft erhielten. Dies sind die gesamten erwähnten Anteile (des) kuppelförmig überdachten Hauses und innen der Grotte und (...), die im Viertel Zarrāḳa liegen und im Süden [an] den Besitz von Yaḥyā, im Osten [und] im Norden [an] den Weg und im Westen [an] (...) mit allen Grenzen angrenzen. Zu einem eingenommenen Preis von 23 Ġuruş und einem halben Ġuruş wurde der einwandfreie Verkauf und Kauf zur Vorstellung und mit Zustimmung beider Parteien durchgeführt. Eingetragen in der letzten Dekade des Monats des geehrten Ẕī l'ḥicce im Jahre (1)07(0).

Monlā (...) Ṣāliḥ
Monlā Meḥmed bin ül-Ḥāc ʿÖmer
İsmaʿīl bin Yaḥyā
Sein Bruder Ḥıżır
Ḫalīl bin Seyyid Bekir
Seyyid İsmaʿīl bin Manṣūr
İsmaʿīl bin Ḥuseyn Beşīr

247/2/d

(1) (Nuṣaybīn) ḳasabası sükkānından Mūsā Aġa bin Kenʿān Aġa nām kimesne meclis-i şerʿ-i ḫaṭīr-i lāzim üt-tevḳīrde medīne-ʾi Mārdīn sükkānından (2) (bāʿis̱)ey 'l-kitāb faḫr ül-āʿyān Paşazādelü ʿAlī Beg ve ʿamūcazādesi ʿAbdülḳādir Beg ibnu ʿOs̱mān nām kimesneler maḥżarlarında (3) (ü)zerlerine daʿvā ve taḳrīr-i kelām eyleyüb ḳasaba-ʾı meẕkūre ḳażāsında vāḳiʿ Çanḳırevī degirmeni dėmekle maʿrūf olan (4) (as)yāb merḥūm Yaʿḳūb Paşanıñ vaḳfı olub ḳadīm ül-eyyāmdan berü ṣuyı cārī[!][24] arḳdan cereyān ėtmiş iken (5) (bun)dan aḳdem ḫaṣmān-ı merḳumān ile ber vech-i iştirāk sābıḳan Mārdīn voyvodası necābetlü ʿAbdürraḥmān Beg meẕkūr olan (6) (ḫarā)be asyābı aʿlā vech ül-itmām bināʾ[!][25] ve iʿmāreti baʿd et-tekmīl irs̱en baña ve şurekālarıma intiḳāl ėdüb yine Nuṣaybīn ḳażāsında (7) (...) nām

24 çārı
25 binā

mevżiʿde vāḳiʿ ʿİsā Degirmeni dėmekle maʿrūf olan asyābıñ ʿarḳında nehr-i kebīrden cereyān ėden iki göz[26] (8) (s)uyını otuz altı sene muḳaddem ʿamūcam Yūsuf Aġa bin Begzāde Aġa iştirā ve mez̠kūr ʿİsā Degirmeni ḳurbında (9) (me)rḥūm Ṣādıḳ Aġa ṭapusıyla iki göze ḥāvī müceddeden binā᾽ ve taʿmīr eyledigi asyāba icrā ve tārīḫ-i mez̠kūrdan (10) (bu ā)na degin z̠ikr olan ʿarḳında cereyān ėden ṣuyıla iʿmāl olunub mülk-i mevrūs̠umuz oldıġı ḥasebiyle (yine) (11) (ş)urekālarım bir ḳaç sene muḳaddem mez̠kūr Yūsuf Aġanıñ degirmenine müceddeden bir aḫır göz ilḥāḳ ve binā᾽ ve taʿmīr ėdüb (12) (el-)ḥālet haẕihi üç göze ḥāvī olmaġın sālif üz̠-z̠ikr olan Çanḳırevī asyābıñ iʿmālı nehr-i kebīriñ (13) (s)uyından mez̠kūr ʿİsā degirmeni arḳında cereyān ėden ṣuda iştirākı olmayub z̠ikr olan (14) (ar)ḳdan iʿmāl oluna gelmemiş iken ḫaṣmān-ı merḳumān ʿAlī Beg ve ʿAbdülḳādir Beg Çanḳırevī degirmenlerini (15) (ʿİs)ā degirmeni arḳında cereyān ėden sudan iʿmāl ėtdirdiklerinden mez̠kūr asyābımıza bil-küllīye żarar lāḥiḳ (16) (o)lub taʿṭīline bādī olmuşdur merḳūmāndan şerʿiyle su᾽āl ve kendülerini menʿ ve Çanḳırevī degirmenlerine (17) (ḳa)dīm cārī olan arḳdan i᾽māl ėtdirilmesi maṭlūbımdır dėdiginde ġıbb es-su᾽āl cevāblarında mez̠kūr (18) (z̠ikr) (o)lan Çanḳırevī degirmeni ve yuḳarusunda vāḳiʿ Ḳaya degirmeni dėmekle maʿrūf olan ḫarābe asyāb (19) (ceddi) aʿlāmız merḥūm Yaʿḳūb Paşanıñ vaḳfı olub ḥāla yedimizde olan senedāt ve ḳassām (20) (de)fterinde muḳayyed olduḳlarından mā᾽adā Yaʿḳūb Paşanıñ degirmenleri oldıġını[!][27] ilā-l᾽ ān beyn en-nās (21) (m)eşḥūr ve mütevātir olub bināen ʿalā z̠ālik mez̠ḳūr Ḳaya degirmeniñ ṣuyı nehr-i kebīrden iḫrāc olunub (22) (mez̠)ḳūr ʿİsā degirmeniñ arḳından Yūsuf Aġanıñ asyābını iʿmāl ėden arḳıñ ṣuyı ile müşterek (23) (o)lmaġla bundan aḳdem Ḳaya degirmenimiziñ ṣūyını Çanḳırevi degirmenimize sevḳ ve icrā ve ol vechile (24) (i)ʿmāl ėdegelmişizdir deyü defʿle cevāb vėrecek defʿ-i meşrūhını[!][28] müddeʿī-᾽i merḳūm Mūsā Aġa (25) (i)nkār ėdecek ḫaṣmān-ı merḳūmāndan defʿ-i meşrūḥına[!][29] mūvāfıḳ ve muṭābıḳ beyyine-᾽i mübeyyine-᾽i (26) şerʿīye ṭaleb olunduḳda aḥrār-ı ricāl-ı müslimīnden Mārdīn vāʿiẓi ve faḫr ün-nāṣiḥīn es-Seyyid ʿOs̠mān (27) (E)fendi ibnü 's-Seyyid ʿÖmer Efendi ve yine Mārdīn sükkānından Velī Çelebi ibnü ʿAlī ve 's-Seyyid Zekeryā Çelebi ibnü (28) (Ḥ)useyn Çelebi nāmūn kimesneler meclis-i şerʿe li-ecl iş-şehādet ḥāżırūn olub tesāmuʿla (29) (is)stişhād olunduḳlarında vāḳiʿ ʿİsā degirmeni ḳurbında vāḳiʿ olan Ḳaya degirmeni merḥūm (30) (Y)aʿḳūb Paşanıñ vaḳfı oldıġına

26 Maßeinheit zur Angabe der Größe einer Mühle, vgl.: Özcan, Ruhi: „Arşiv belgeleri diliyle su değirmenleri (Âsiyâb)", in: *Ankara Üniversitesi Osmanlı Tarihi Araştırma ve Uygulama Merkezi Dergisi*, Nr.: 40, (2016), S. 195–203.

27 oldıġı

28 meşrūhelerini

29 meşrūhelerine

semā'an şāhidleriz ve şehādet daḫī ėderiz deyü herbiri (31) (e)dā-'ı şehādet-i şer'īye ėdüb ba'd ri'āyet-i şerā'iṭ il-ḳabūl[30] şehādetlerī mesmū'e ve maḳbūle (32) (o)lduḳdan ṣoñra aṣl-ı vaḳf[31] tesāmu'la şehādet ėtmek şer'an cā'iz oldığına ḫasmān-ı merḳūmān (33) (fetv)ā-yı şerīfe ibrāz eyleyüb mażmūn-ı munīfesi ḳırā'at olunduḳda

فالصحيح جواز(34) (على اصل) الوقف لانه يبقى بعد انقضاءِ قرون

Ḫizāneden[32] menḳūl ve

يجوز الشهادة بالتسامع (35) (فِي حَقّ اصل) الوقف

Dürerden[33] menḳūl ve muṣarraḥ olmağın feḥvā-yı celīlesi mūcibince mārr üz-ẕikr (36) (o)lan Ḳaya degirmeni merḥūm Ya'ḳūb Paşanıñ vaḳfı oldığı ba'd eṡ-ṡübūt[!][34] (yine aḥrār-ı) (37) (ric)āl-ı müslimīnden Mollā Muṣṭafā bin Ḳāsim Çelebi ve Şeyḫ Süleymān bin ül-Ḥāc Meḥmed nāmān-ı kimesneler (38) (mecli)s-i şer'e li-ecl is-şehādet ḥażırān olub esr ül-istişḥād fī 'l-ḥaḳīḳa meẕkūr Ḳaya degirmeniñ (39) (ar)ḳı merḳūm 'İsā degirmeni arḳına mülāṣıḳ ve maḥall-ı mecrāsı ve eṡeri andan oldığı maḥallında (40) ('ayn)en bil-'ayn müşāhede ve mu'āyenemiz oldığına şāhidleriz ve şehādet ėderiz deyü herbiri (41) (edā)-'ı şehādet-i şer'īye ėdüb ba'd ri'āyet-i şerā'iṭ il-ḳabūl <...> maḳbūle olub (42) (mūce)bince fīmāba'd 'İsā degirmeni arḳından olan Ḳaya degirmeniñ (ṣuyıla) (...) (43) (ta'a)rruż ve müdāḫele ėtmemege müdde'ī-'i meẕbūr Mūsā Ağaya tenbīh birle mā hüve el-vāḳi' işbu (44) (veṡīḳa-'ı en)īḳe biṭ-ṭaleb ketb ve terḳīm olındı ḥurrire fī l'yevm el-ḫāmis 'aşr şehr-i Ẕī 'l-ḳa'de sene seba'īn (44) (ve m)i'e ve 'elf

faḫr ül-'ulemā'
Seyyid Aḥmed Efendi el-müftī bi-Mārdīn
faḫr ün-nāṣiḥīn
Seyyid 'Oṡmān Efendi
faḫr ül-müderrisīn

---

30 Der Satzbestandteil „بعد رعايتِ شرائطِ القبول" folgt der arabischen Grammatik hinsichtlich der Verkettung von Genitiven: Bei mehreren Substantiven in einer Genitivkette führt nur das letzte Substantiv einen Artikel mit sich (d.h. alle Glieder außer dem letzten führen den Status Constructus), vgl. Krahl, G. (Hrsg.): *Lehrbuch des modernen Arabisch*, Berlin 2005, S. 99.

31 „Aṣl-ı vaḳf": kleinere Stiftung mit weniger Kapital, aber auch mit „Stiftungsurkunde" zu übersetzen. Vgl. Filan, Kerima: „Women Founders of Pious Endowments in Ottoman Bosnia", in: *Women in the Ottoman Balkans: Gender, Culture and History*, hrsg. von Amila Buturovic und Irvin Cemil Schick, London 2007, S. 99–126.

32 Aus dem Buch K͟hizānat al-Fiḳh des hanafitischen Rechtsgelehrten Abu 'l-Layth al-Samarḳandī. Vgl. Schacht, J.: „Abu 'l-Layth al-Samarḳandī", in: *EI*².

33 Werk von Mollah Muhammed b. Feramerz (Mollah Hüsrev) mit dem Titel „Durar al-Hikam". Vgl. Aykan (2016), S. 180; S. 240.

34 ṡübūb

Seyyid Hindī Efendi
müderris Seyyid Meḥmed Efendi ibn ül-Ḥāc ʿÖmer Efendi
ʿAzīzzāde Efendi
Maḥmūd Aġa
ḳarr-ı baş imāmı Seyyid Aḥmed Efendi
Şeyḫ Sebaʿzāde Aḥmed Efendi
Maltepeli Çuḳadar (...) Muṣṭafā Beg

(Zweite Zeile unten von rechts nach links)
(...) bin ʿAbdullāh ve (...) Efendi
Monlā İbrāhīm kātib-i ḳassām
Muṣṭafā bin Ḫalīl Mīrū
Seyyid Meḥmed bin Ḳara Ḥasan
ve ġayruhum min el-ḥużżār

247/2/d

Jemand namens Mūsā Aġa bin Kenʿān Aġa, einer der Bewohner der Stadt Nuṣaybīn klagte in der ehrwürdigen Gehorsam erheischenden Gerichtsversammlung gegen die beiden anwesenden Beantragenden dieser Urkunde – Exzellenz der Notabeln – Paşazādelü ʿAlī Beg und sein Cousin väterlicherseits ʿAbdülḳādir Beg ibn ʿOsmān und behauptete Folgendes: „Früher hat der ehemalige Voyvoda von Mardin, der edle ʿAbdürraḥmān Beg, die in erwähnter Stadt liegende unter dem Namen „Çanḳırevī-Mühle" bekannte Mühle, wobei schon seit je her das Wasser durch den Bewässerungskanal floss und sie eine Stiftung des heimgegangenen Yaʿḳūb Paşa war, die erwähnte (baufällige) Mühle nach vollständigem Aufbau und Instandsetzung *(unsererseits)* in Teilhaberschaft mit den beiden erwähnten Prozessgegnern mir und meinen Teilhabern mit Erbrecht übertragen. Darüber hinaus hat vor 36 Jahren mein väterlicher Onkel Yūsuf Aġa bin Begzāde zwei Mühleneinheiten Wasser, die vom großen Fluss kommen und im Bewässerungskanal der unter dem Namen ʿİsā-Mühle bekannten Mühle fließen und die an einer Stelle namens (...) im Gerichtssprengel von Nuṣaybīn liegen, gekauft und die in der Nähe der erwähnten ʿİsā-Mühle liegende, mit einer Pachturkunde[35] des heimgegangenen Ṣādıḳ Aġa, die zwei Mühleneinheiten enthielt, erneut wieder aufgebaute und in Stand gesetzte Mühle *(Çanḳırevī-Mühle?)* betreiben lassen und seit der erwähnten damaligen Zeit bis jetzt das im erwähnten Bewässerungskanal fließende Wasser verwendet. Daraufhin haben erneut meine Partner *(d.h. die Prozessgegner)*, da es sich um unseren vererbbaren Besitz handelt, vor einigen

35 ṭapu

Jahren der erwähnten Mühle von Yūsuf Aġa *(Çanḳırevī?)* erneut eine weitere Mühleneinheit *(Wasser)* hinzugefügt, aufgebaut und instandgehalten. Weil nun drei Mühleneinheiten enthalten waren, hatte der Betrieb der Çanḳırevī-Mühle mit dem Wasser, das im Bewässerungkanal der ʿİsā-Mühle fließt und vom großen Fluss kommt, nichts zu tun. Dadurch, dass das Wasser vom Bewässerungskanal nie genutzt wurde und weil die erwähnten beiden Prozessgegner ʿAlī Beg und ʿAbdülḳādir Beg ihre Çanḳırevī-Mühle nicht durch das im Bewässerungskanal der ʿİsā-Mühle fließende Wasser versorgen ließen, war infolgedessen der vollständige Verfall unserer erwähnten Mühle *(d.h. ʿİsā-Mühle?)* die Folge, weswegen sie aufgegeben wurde. So verlange ich eine scheriatsrechtliche Befragung der Erwähnten und ihnen dies zu untersagen und fordere, dass sie ihre Çanḳırevī-Mühle über den seit alters her üblichen Bewässerungskanal betreiben lassen".[36] Sie behaupteten zu der Fragestellung Folgendes: „Wobei bis jetzt den Leuten allgemein bekannt war, dass die (erwähnte) Çanḳırevī-Mühle und die oberhalb von ihr liegende Ḳaya-Mühle – bekannt unter dem Namen „verfallene Mühle" – (...) eine Stiftung des verstorben Yaʿḳūb Paşa ist und abgesehen davon, dass sie in den in unseren Händen befindlichen Grundbuchauszügen und im Nachlassregister eingetragen sind, es sich um die Mühlen unseres großartigen Vorfahren Yaʿḳūb Paşas handelte, wurde auf Grund dessen das Wasser der erwähnten Ḳaya-Mühle vom großen Fluss entnommen. Weil das Wasser vom Bewässerungskanal erwähnter ʿİsā-Mühle zusammen mit dem Wasser, das aus der Mühle von Yūsuf Aġa kam, gemeinsam verwendet wurde, wurde zuvor das Wasser unserer Ḳaya-Mühle unserer Çanḳırevi-Mühle zugeleitet und wir haben sie auf diese Weise schon immer betrieben".[37] Indem sie dies zurückwiesen und als der erwähnte Kläger Mūsā Aġa die zuvor erwähnte Zurückweisung bestritt und man von den erwähnten Prozessgegnern einen zur zuvor erwähnten Zurückweisung passenden scheriatsrechtlichen Beweis forderte, waren von der Klasse unparteiischer muslimischer Männer der Prediger *(vāʿiẓ)* von Mardin, Stolz der Ratgeber- Seyyid O̱smān Efendi, Sohn von Seyyid ʿÖmer Efendi und darüber hinaus von den Bewohnern von Mardin Velī Çelebi ibnu ʿAlī und Seyyid Zekeryā Çelebi ibnü Ḥuseyn Çelebi zur Bezeugung in der Gerichtsversammlung anwesend. Indem sie bei der gegenseitigen Anhörung Zeugnis ablegten, dass „wir bereitwillig bezeugen, dass die der ʿİsā-Mühle benachbart gelegene Ḳaya-Mühle eine Stiftung des

36 Wegen der vielen Lücken am Textrand lassen sich die eigentlichen Besitzverhältnisse nur vermuten. Es ist dem Text zumindest zu entnehmen, dass der Kläger behauptete, dass seiner Mühle, wahrscheinlich der ʿİsā-Mühle, zugunsten der Çanḳırevī-Mühle das Wasser abgegraben wurde. Der Beklagte widersprach dieser Behauptung.

37 ḳassām defteri

heimgegangenen Yaʿḳūb Paşa ist und diese Bezeugung auch durchführen", legte jeder seine scheriatsrechtliche Zeugenaussage ab. Nachdem nach Einhaltung der Regeln der Aufnahme einer Zeugenausnahme ihre Zeugenaussagen angehört und akzeptiert worden sind, wurde, damit die in gegenseitiger Anhörung bezeugte Stiftung rechtsgültig wurde, den erwähnten Prozessgegnern das ehrwürdige Rechtsgutachten dargelegt, indem sein erhabener Inhalt vorgetragen wurde: „Richtig ist die Gültigkeit einer Stiftungsurkunde weil sie nach Ablauf von Jahrhunderten bestehen bleibt", aus Ḫizāne[38] übertragen, sowie „es ist eine gegenseitige Anhörung der Zeugenaussage zur Richtigkeit einer Stiftungsurkunde erlaubt", aus Dürer[39] übertragen. Damit dieses in Kraft gesetzt wurde, dass entsprechend dem erhabenen Rechtsgutachten die oben erwähnte Ḳaya-Mühle eine Stiftung des heimgegangenen Yaʿḳūb Paşa ist, waren nach der Urteilsfestsetzung darüber hinaus zur Bezeugung seitens der unparteiischen muslimischen Männer Personen namens Mollā Muṣṭafā bin Ḳāsim Çelebi und Şeyḫ Süleymān bin ül-Ḥāc Meḥmed in der Gerichtsversammlung anwesend. Indem sie bekundeten, dass „wir bezeugen und Zeugnis darüber ablegen, dass wir genau vor Ort prüfen, dass der Bewässerungskanal von erwähnter Ḳaya-Mühle in der Tat mit dem Bewässerungskanal der ʿİsā-Mühle zusammenfließt und dass die Stelle seines Kanals und seine Wegeführung von dort an weiterführt", legte jeder seine gesetzliche Bezeugung ab und akzeptierte die Einhaltung der Regeln einer Zeugenaufnahme, wobei ihre Zeugenaussagen angehört und akzeptiert wurden. Entsprechend diesem wurde erwähnter Kläger Mūsā Aġa ermahnt, dass mit dem Wasser vom Bewässerungskanal der ʿİsā-Mühle, das von der Ḳaya-Mühle kommt (...) er diesem nicht entgegentreten und widersprechen soll. Was den Sachverhalt anbetrifft, wurde dieses vortreffliche Dokument auf Antrag niedergeschrieben.
Eingetragen am 15. Tag des Monates Ẕī 'l-ḳaʿde im Jahre 1170.

Notabeln der Rechtsgelehrten:
Seyyid Aḥmed Efendi, Mufti von Mardin
Notabeln der Berater:
Seyyid ʿOsmān Efendi
Notabeln der Lehrer:
Seyyid Hindī Efendi
Müderris Seyyid Meḥmed Efendi ibn ül-Ḥāc ʿÖmer Efendi
ʿAzīzzāde Efendi
Maḥmūd Aġa

38 ḫizānat al-fiḳh
39 durar al-Ḥikam

Niedergelassener Hauptimam Seyyid Aḥmed Efendi
Şeyḫ Seba'zāde Aḥmed Efendi
Çuḳadar aus Maltepe (...) Muṣṭafā Beg

(Zweite Zeile unten von rechts nach links)
(...) bin 'Abdullāh ve (...) Efendi
Monlā İbrāhīm, Nachlassgerichtsschreiber
Muṣṭafā bin Ḫalīl Mīrū
Seyyid Meḥmed bin Ḳara Ḥasan
und weitere Anwesende

247/3/a

(1) medīne-'i Mārdīn ḳażāsına tābi' Ġaras sükkānından bā'iṡ ül-kitāb 'Alī bin Ṭopuz 'Oṡmān meclis-i şer'-i ḫaṭīr-i lāzim üt-te(vḳīrde) (2) ḥāla Ḳasim Pādişāh evḳāfı mütevellīsi vekīli faḫr ül-ā'yān Millīzāde Muḥarrem Beg nām kimesne maḥżarında üz(erine) (3) da'vā eyleyüb vaḳf-ı meẕḳūruñ evḳāfından olub Ġaras-ı evsaṭda vāḳi' Āşıḳ Bāġı dėmekle ma'r(ūf) (4) olan bağçe ḫāli ve ḫarābe iken ḳırḳ elli seneden berü senevī on beş ġuruş icāre ile babam (Ṭopuz) (5) 'Oṡmān el-merḳūm istiḥkār ṭarīḳiyle icāre-'i ṭavīle ile vaḳf-ı meẕḳūruñ mütevellīsinden alub ḫāli ve ḫar(ābe) (6) olan yėrlerini ta'mīr ve Ġaras isticār ėdüb vefāt ėdinceye degin istiḥkār vechi üzer(e) (...) (7) ve taṣarrüfünde ḳalub fevt ile münḥal olmağla dört ġuruş izdiyād ile tecdīd-i 'uḳde (ben) (8) ve ḳarındaşım Ḫalīfe ṭālibān ve ġāribān oldığımız ḥasebiyle vaḳf-ı merḳūmuñ mütevellīsi İsma'īl (Ağa) (9) daḫī ṭoḳsan ṭoḳuz sene mürūrına degin otuz üç 'aḳd ile ikimize senevī on ṭoḳuz (ġuruş) (10) icāre ile tecdīd-i 'aḳd ėdüb ve tecdīd-i 'aḳdına nāṭıḳ ḫatmıyla maḫtūm yedimize istiḥkār (11) teẕkeresi vėrüb taḥt-ı istiḥkārımızda iken vekīl-i mūmā ileyh altmış ṭoḳuz tārīḫinde bāġç(e-'i) (12) meẕkūre yedimizden nez' ve müfettiş-i vaḳf Mārdīn müftīsi fażıletlü es-Seyyid Aḥmed Efendi(yi) (13) iltizāma vėrüb ol dāḫī senevī yirmi beş ġuruş icāre ile Ġaras sükkānından Monlā (...) (14) oğlu Meḥmede iltizāma vėrüb mütevellī vekīl-i[!][40] mūmā ileyh ve mültezim-i müşār ileyh es-Seyyid Aḥmed Efendi(niñ) (15) vekīl-i şer'isi olan fetvā kātibi 'Abdullāh Efendiden su'āl ve icrā-yı ḥaḳḳ olunması maṭlūbım(dır) (16) dėdiginde ġıbb es-su'āl cevāblarında öteden berü bağçe-'i meẕkūre iltizām ṭarīḳiyle mer(ḳūm) (17) 'Alīnıñ babasını mezbūr Ṭopuz 'Oṡmānıñ icāresinde olub vefāt ėdinceye degi(n) (18) beher sene ber vech ül-iltizām mutaṣarrıf olub icāre-'i tavīle ile istiḥkārında oldığına inkā(r) (19) ile mücāb olıcaḳ müdde'ī-'i mezbūrdan da'vā-yı meşrūḥesine mūvāfıḳ-ı beyyine-'i şer'īye ṭaleb olunduḳ(da) (19) aḥrār-ı ricāl-ı müslimīnden niżāmī

40 vekīli

çuḳadar Monlā ʿAlī ve Ġaraslī Bekir bin Meḥmed nāmān kimesneler meclis-i (20) şerʿe li-ecl iş-şehādet ḥażırān olub istişhād olunduḳlarında vāḳiʿan ẕiḳr olınan (21) bağçe yirmi seneden mütecāviz icāre-ʾi tavīle ile senevī on beş ġuruş icāre maḳṭūʿan (22) merḳūm Ṭopuz ʿOs̱mānıñ istiḥkārında olub ve vefāt ėdinceye degin istiḥkār vechi ü(zere) (23) mutaṣarrıf olmağın baʿd vefātihi yine istikār ṭarīḳiyle vaḳf-ı mezbūruñ mütevellīsi İsmaʿī(l Aġa) (24) el-merḳūm senevī on ṭoḳuz ġuruş icāre ile müddeʿī-ʾi mezbūr ve ḳarındaşı Ḫalīfe el-merḳū(m) (25) üzerlerine icāre-ʾi ṭavīle ile tecdīd-i ʿaḳd-ı istiḥkār eyledigine şāhidleriz ve şeh(ādet) (26) daḫī ėderiz deyü herbiri edā-ʾi şehādet şerʿīye ėdüb baʿd riʿāyet-i şerāiṭ (27) il-ḳabūl şehādetleri mesmūʿe ve maḳbūle olub mūcibince ṣıḥḥat-ı istiḥkāra ḥükm ve bāġ(çe-ʾi) (28) meẕkūreyi[!][41] müddeʿī-ʾi mezbūr ve ḳarındaşı Ḫalīfe el-mezbūra teslīme tenbīh birle mā hüve el-vāḳ(ıʿ) (29) (işbu) ves̱īḳa biṭ-ṭaleb ketb ve terḳīm olındı ḥurrire fī 'l-yevm el-ʿaşr min şehr-i Ẕī 'l-ḳa(ʿde) (3) eş-şerīfe sene sebaʿīn ve miʾe ve ʾelf

(obere Reihe)
Monlā (İbrāhīm) kātib-i ḳassā(m)
Monlā Muṣṭafa bin Ḳāsim Çelebi
Monlā İsmaʿīl bin ʿÖmer Efendi el-ḫaṭīb
ʿAlī Beşe bin Ḥāc Yūsuf
ibnuhu Ḥabaş
(… …)

(untere Reihe)
Seyyid Meḥmed (bin) Ḳara Ḥasan
Muṣṭafa bin Ḫalīl Mīrū
Muṣṭafa Aġa bin Ḫıżır Çelebi
aḫīhi Ḥasan
ʿOs̱mān Çelebi Tiryākīzāde

247/3/a

Der Beantragende der Urkunde ʿAlī bin Ṭopuz ʿOs̱mān, der einer der Bewohner des an den Gerichtssprengel der Stadt Mardin angeschlossenen [Ortes] Ġaras war, klagte in der in der ehrwürdigen und Gehorsam erheischenden Gerichtsversammlung gegenüber den anwesenden derzeitigen Bevollmächtigten des Stiftungsverwalters der Ḳasim Pādişāh-Stiftung – Ruhm der Notabeln – namens Millīzāde Muḥarrem Beg: „Als der in der Mitte von Ġaras liegende Garten, der unter

41 meẕkūreʿ-yi

dem Namen Āşıḳ Bāġ[42] bekannt ist und der zu der Stiftung erwähnter Stiftungen gehört, brachlag und nicht bestellt wurde, hatte seit 40 bis 50 Jahren mein Vater, erwähnter (Ṭopuz) ʿOs̱mān für eine jährliche Pacht von 15 Ġuruş über dem Wege einer Langzeitpacht[43] mit einer langdauernden Pacht vom Verwalter der Stiftung, erwähnte Stiftung übernommen und die brachliegenden Flächen wieder bestellt und Ġaras gepachtet. So stand sie weiterhin über die Langzeitpacht bis zu seinem Tod zu seiner Verfügung. Da der Posten durch seinen Tod frei wurde und ich und mein Bruder Ḫalīfe eine Vertragserneuerung mit einem Aufschlag von 4 Ġuruş erhofften und wünschten, hat der Verwalter erwähnter Stiftung, İsmaʿīl (Aġa) per Vertrag für 33 Jahre[44] bis zum Ablauf von 99 Jahren für uns beide mit einer Pacht von jährlich 19 (Ġuruş) den Vertrag erneuert und uns hierzu eine gesiegelte Langzeitpachturkunde gegeben. Obwohl er sich in unserer Langzeitpacht befand, hat erwähnter Bevollmächtigter im Jahr [11]69 den erwähnten Garten uns entzogen und dem Stiftungsinspektor und Mufti von Mardin, dem tugendhaften Seyyid Aḥmed Efendi als Steuerpacht *(iltizām)* gegeben. Dieser gab es wiederum für eine jährliche Pacht von 25 Ġuruş einem der Bewohner von Ġaras, Meḥmed dem Sohn von Monlā (...) als Steuerpacht. So verlange ich dieses Mal von erwähntem Bevollmächtigten des erwähnten Stiftungsverwalters und von erwähntem scheriatsrechtlichen Vertreter des Vertragsnehmers *(mültezim)* Aḥmed Efendi, dem Rechtsgutachtenschreiber ʿAbdullāh Efendi, eine Befragung und Recht durchzusetzen". Als bei der Befragung sie *(d.h. die Beklagten)* mit in ihren Antworten bestritten, dass der erwähnte Garten als *iltizām* dem Vater des erwähnten ʿAlī, dem erwähnten Ṭopuz ʿOs̱mān, in Pacht gegeben, bis zu seinem Tode an jedes Jahr an ihn verpachtet gewesen und mit einer Langzeitmiete verpachtet worden sei und als von oben erwähntem Kläger für die zuvor erwähnte Klage ein geeignetes Beweismittel gefordert wurde, traten aus der Klasse freier muslimischer Männer der Gefolgsmann von Recht und Gesetz Niẓāmī Çuḳadar, Monlā ʿAlī, und der Einwohner von Ġaras, Bekir bin Meḥmed in der Gerichtsversammlung zur Bezeugung auf. Bei der Bezeugung sagten sie, dass „wir bezeugen, dass in der Tat erwähnter Garten über 20 Jahre mit einer langdauernden Pacht und einer festgelegten jährlichen Pacht von 15 Ġuruş sich bis zu seinem Tod in der Langzeitpacht von erwähntem Ṭopuz ʿOs̱mān befand. Erwähnter Stiftungsverwalter İsmaʿīl (Aġa) hat nach seinem Tod erneut per Langzeitpacht ihn *(d.h. den Garten)*

42 Übersetzt „Garten der Liebenden".
43 istiḥkār
44 Hier ist der Sinn nicht eindeutig: Der Ausdruck „otuz üç ʿaḳd ile" heißt eigentlich „mit 33 Verträgen". Im übertragenen Sinn könnte er „Vertrag über eine Verpachtung über 33 Jahre" bedeuten, da im Folgenden immer nur von einem einzelnen Vertrag gesprochen wird.

mit jährlich 19 Ġuruş Pacht an erwähnten Kläger und seinem Bruder, erwähnten Ḫalīfe durch Erneuerung des Langzeitpacht-Vertrages vermietet." Jeder legte dementsprechend seine scheriatsrechtliche Bezeugung ab. Nach Einhaltung der Regeln einer Zeugenaufnahme sind ihre Zeugenaussagen angehört und akzeptiert worden, worauf auf die Gültigkeit der Verpachtung geurteilt und diese Urkunde was den Sachverhalt anbetrifft und mit der Anweisung, den erwähnten Garten an erwähnten Kläger und seinen Bruder Ḫalīfe zu übergeben, auf Verlangen verfasst und niedergeschrieben wurde.
Eingetragen am 10. Tag des Monats des edlen Ẕī 'l-ḳaʿde im Jahr 1170.

Monlā (İbrāhīm) Nachlassgerichtsschreiber
Monlā Muṣṭafa bin Ḳāsim Çelebi
Monlā İsmaʿīl bin ʿÖmer Efendi Prediger
ʿAlī Beşe bin Ḥāc Yūsuf
Sein Sohn Ḥabaş (... ...)

(Reihe unten)
Seyyid Meḥmed (bin) Ḳara Ḥasan
Muṣṭafa bin Ḫalīl Mīrū
Muṣṭafa Aġa bin Ḫıżır Çelebi
Sein Bruder Ḥasan
ʿOs̱mān Çelebi Tiryākīzāde

247/3/b

(1) عن ذكر ما هو انه (حضر مجلس الشرع الشريف و محفل الدين) (2) المنيف الحنيف الرجل المذكور ياغوب (3) الذمى و اقر و اعترف فى مواجهة (باعثون الكتاب) (4) ابراهيم و عبد المسيح و حنّا و بطرس بان ما فى يدى (5) و ملكى و هو جميع الدار الواقعة فى محلة القصيص المحدودة (6) قبلةً و شرقاً الى الطريق و شمالاً الى ملك اسهاك الذمى (7) و غرباً الى ملك ورثة شماس ايليا بجملة الحدود (8) و كافة المرافق و الحقوق مع ما تحوى الدار المذكورة (...) (9) من الفرش و البسط و الايوان[!][45] مع سرماية الدكان (10) و ما يطلق عليه اسم المال الذى ينسب الىّ[!][46] و يعرف (11) لى ليس لى بل هو ملك لابراهيم و عبد المسيح (12) و حنّا و (13) على طريق الملكيته كيفما (يشأون و يختارون) (14) بطرس المسفورون (فليتصرفوا) اقرارا و تصديقاً صحيحاً شرعياً و جرى و حرر (15) ذلك فى اوائل شهر ربيع الاول سنة سبعين (16) و مائة و الف
فخر (المدرسين)
السيد هندى (افندى)

45 الاوانى
46 الى

السيد حسن الخطيب بجامع (...)
الحاج يوسف بن الحاج اسمعيل
حسن چلبى بن على چلبى
(... ...)

247/3/b

Was den Sachverhalt anbetrifft, waren in der ehrwürdigen und erhabenen religionsgetreuen Versammlung der erwähnte Mann namens Yaġūb eẕ-Ẕimmī anwesend und bestätigte gegenüber den (Veranlassern des Schreibens) İbrāhīm, ʿAbdülmasīḥ, Ḥanā und Butros, dass das in ihrem Besitz befindliche gesamte Haus, das im Viertel Ḳaṣīṣ liegt und im Süden und im Osten an den Weg, im Norden an den Besitz von İshāk eẕ-Ẕimmī und im Westen an den Besitz des Erbes des christlichen Diakons Evliyā mit allen seinen Grenzen liegt und die gesamte Einrichtung und die Rechte, die das erwähnte Haus umgeben, (...) die Teppiche und der Ivān[47] sowie den Ladenvorrat und das als Besitzanteile Bezeichnete, welches an mich gerichtet ist und als das meinige verstanden wird, gehört nicht mir, sondern ist Eigentum von erwähntem İbrāhīm, ʿAbdülmasīh, Ḥanā und Butros, damit sie über den Weg ihres Eigentums (verfügten) so wie sie es scheriatsrechtlich korrekt beurkundet (wünschten und wählten) und daher dies in der ersten Dekade des Monats des ersten Rebīʿ im Jahre 1170 durchgeführt und eingetragen wurde.

Exzellenzen (der Lehrer):
Seyyid Hindī (Efendi)
Seyyid Ḥasan, Gebetsrezitator der (...) Moschee
Ḥāc Yūsuf bin ül-Ḥāc İsmaʿīl
Ḥasan Çelebi bin ʿAlī Çelebi
(... ...)

247/3/e

(1) (med)īne-ʾi Mārdīn sākinelerinden Fāṭime bint ʿAbdullāh nām-ı avret meclis şerʿ ḫaṭīr-i lāzim üt-tevḳīrde (2) (me)dīne-ʾi mezbūre sākinlerinden rāfiʿ ül-kitab dāmādı ʿAlī bin ʿAbdullāh maḥżarında (3) (bi)ṭ-ṭavʿ eṣ-ṣāf iḳrār-ı tāmm ve taḳrīr-i kelām eyleyüb Zarrāḳa maḥallesinde vāḳiʿ (4) (ḳı)bleten el-Ḥāc Ḥasan Efendi vereṣesi mülki ve şarken el-Ḥāc ʿAbdū mülki ve şimālen (5) (ve) ġarben ṭarīḳihi müntehī ve maḥdūd olan dār ḳırḳ sehm iʿtibārıyla olub (6) beş sehmı benim ve on dört sehmı merḳūm ʿAlīniñ şirāʾen mülkī olub ve yedi (7) <<ve yedi>> sehmı ḳızım ʿĀişe bint Ḥuseyn Çarṭūnuñ mülkī olub ve baḳīye ḳalan (8) on dört sehm

47 Vermutlich Sommerraum mit einem offenen Fenster, im Folgenden mit „Iwān" übersetzt.

mezbūre ʿĀīşeye birāderi Aḥmed bin Ḥuseyn Çarṭūdan (9) şirā ṭarīḳiyle mülk olub aṣl-ı mesʾeleden yirmi bir sehm mezbūre ʿĀīşeniñ (10) ve on dört sehm zevci mezbūr ʿAlīniñ mülki ḳalub keyfamā yeşānı ve yaḫtārāni (11) ber vech-i mülkīyet żabṭ ve taṣarrüf eylesinler dėdikde baʿd et-taṣdīḳ il-muʿteber (12) iş-şerʿi mā vaḳʿ işbu veṣīḳa biṭ-ṭaleb ketb ve terḳīm olındı ḥurrire fī 'l-yevm (13) es-sebaʿ min şehr-i Şewwāl el-mükerrem sene iṣnā ve sebaʿīn ve miʾe ve ʾelf

Seyyid Meḥmed bin Ḳara Ḥasan
Ḥasan bin ʿAbdullāh
Ṭaha bin üs-Seyyid Receb
İbrāhīm bin Bābā Yūsuf
ve ġayruhum min el-ḥużżār

247/3/e

Eine der Anwohnerinnen von Mardin, die Ehegattin namens Fāṭime bint ʿAbdullāh gab in der ehrwürdigen und Gehorsam erheischenden Gerichtsversammlung in Anwesenheit des vor Gericht ladenden,[48] einem aus den Reihen der Bewohner der erwähnten Stadt, ihrem Schwiegersohn, ʿAlī bin ʿAbdullāh in klarem Gehorsam eine vollständige Bestätigung ab und sagte Folgendes aus: „Das betreffende Haus, das sich im Viertel Zarrāḳa befindet und südlich der Besitz des Erbes von Ḥāc Ḥasan Efendi, im Osten der Besitz von Ḥāc ʿAbdū, im Süden und Osten an seinen Weg angrenzt, hat 40 Anteile. 5 Anteile gehören mir, 14 Anteile sind durch Kauf in Besitz von erwähntem ʿAlī, 7 Anteile in Besitz meiner Tochter ʿĀīşe bint Ḥuseyn Çarṭūn und der verbleibende Rest von 14 Anteilen wurde zum Besitz von erwähnter ʿĀīşe über den Weg des Kaufs von ihrem Bruder Aḥmed bin Ḥuseyn Çarṭūn. Auf Grund dieses Umstands blieben 21 Anteile bei ʿĀīşe und 14 Anteile bei erwähntem Ehemann ʿAlī so wie sie es wollten und wählten, wobei sie diesen verwalten und über den Besitz verfügen sollen.“ Nach der rechtsgültigen Übergabe wurde, was den Sachverhalt anbetrifft, dieses Dokument niedergeschrieben.
Eingetragen am 7. Tag des Monats, dem geehrten Şewwāl im Jahre 1172.

Seyyid Meḥmed bin Ḳara Ḥasan
Ḥasan bin ʿAbdullāh
Ṭaha bin üs-Seyyid Receb
İbrāhīm bin Bābā Yūsuf
und weitere Anwesende

48 rāfiʿ ül-kitāb

247/3/f

(1) عی ذكر ما هو انه (2) اشترى ايلو ولد رختوان (3) بماله لنفسه دون غيره من (4) البائع
منه عبد العزيز بن الحاج يوسف (5) فباعه ما هو له و منتقل اليه بالارث من ابيه (6) و ذلك
جميع جب[!][49] الماء الواقع فى محلة قصيص الذى (7) هو داخل مطبخ المشترى المرقوم و هو
من جملة مشتملات[؟] (8) داره بجملة الحدوده و حقوقه بثمن مقبوض قدره (9) و نصابه اربع
غروشاً باعاً و اشترا صحيحين (10) شرعين باتين مشتملين على الايجاب و قبول (11) و
القبض و الاقباض و الرؤية و الرضى من الطرفين (12) و لم يبق البائع المرقوم من الجب
المذكور مع مائه حق من (13) حقوق بوجه من الوجوح و سبب من الاسباب حرر فى (14) >>
فى << اواسط شهر ذى القعدة سنة سبعين و مائة و الف
سيد عبد الرحيم افندى كاتب محكمة
ابنه منلا ابراهيم
صالح چلبى المتولى بجامع (...) الله
اخيه شيخموسى (غرسى)
و غيرهم

247/3/f

Was den Sachverhalt anbetrifft, tätigte İylū veled-i Riḥtvān mit seinem eigenen Geld und keinem anderen den Kauf. Der Verkäufer ist ʿAbdülʿazīz bin ül-Ḥāc Yūsuf. Er verkaufte, was ihm gehörte und ihm erbgemäß von seinem Vater übertragen wurde. Dieses umfasst den gesamten Brunnen, der im Viertel Ḳaṣīṣ liegt, in welchem sich die Küche von erwähntem Käufer befindet und die zu seinem Haus mit all seinen Grenzen und Rechten gehört, wobei der einwandfreie Verkauf und Kauf zum entgegengenommenen und festgesetzten Preis von 4 Ġuruş zur Vorstellung und mit Zustimmung beider Parteien durchgeführt wurde. Dem Verkäufer verblieb mit keinem Recht, in keiner Weise und aus keinem Grund der erwähnte Brunnen samt Wasser.
Eingetragen in der mittleren Dekade des Monats Ẕī 'l-ḳaʿde im Jahre 1170.

Seyyid ʿAbdürraḥīm, Gerichtsschreiber
Sein Sohn Monlā İbrāhīm
Ṣāliḥ Çelebi, Verwalter der (...) (llāh)-Moschee
Sein Bruder Şeyḫ Mūsā (Ġarasī)
und Weitere

---

49 الجب

247/4/a

(1) أشترى عبدو ولد غريبجان و ابنائِه غريبجان و كركو و سيمو بمالهم لنفسهم دون غيرهم على ان يكون (2) المبيع الآتى ذكره بطريق المرابع[!][50] بينهم من البائع منهم ايلو ولد رختوان فبايعهم ما هو له و (ملكه) (3) وبيده و تحت تصرفه و منتقل اليه بطريق الشراء و ذلك جميع الدار الواقعة فى محلة (القصيص) (4) المشتملة على بيت ذى ثلاثة مصلية و داخله بخارى ذى مصلية و مطبخ قريش (5) و جبين ماء الواحد هو داخل المطبخ المذكور و حوش المحدودين قبلةً ينتهى الى ملك (6) شماس نيرسيس و شرقاً الى ملك ورثة ايليا القواف و شمالاً الى طريق و غرباً الى ملك (7) فرسو بجملة الحدود و كافة المرافق و الحقوق بثمن مقبوض قدره و نصابه سبع و سبعون (8) غروشاً بيعاً و اشتراءً صحيحين شرعين باتين مشتملين على الايجاب و القبول (9) و القبض و الاقباض و الرؤية و الرضى من الطرفين حرر فى اواخر شهر ذى القعدة (10) سنة سبعين و مائة و الف

السيد عبد الرحيم افندى كاتب محكمه

ابيه منلا ابراهيم

عبد العزيز بن الحاج يوسف

صالح چلبى المتولى

احيه شيخموسى

اسمعيل بن رمضان

جرجس ولد خنا

خنا ولد جرجس

247/4/a

(1) ʿAbdū veled-i Ġaricān und seine Söhne, Ġaricān, Kirkū und Sīmū tätigten mit ihrem eigenen Geld und keinem anderen den Kauf, wobei das erwähnte übergebene Verkaufte in vier Anteile aufgeteilt wurde. Der Verkäufer von ihnen war İylū veled-i Riḫtvān. Er verkaufte ihnen, was ihm gehörte, er zum Eigentum hatte, zur seiner Verfügung stand und ihm über den Weg des Kaufs überlassen wurde. Dieses umfasst das gesamte Haus, das sich im Viertel (Ḳaṣīṣ) befindet. Dieses umfasst ein Haus mit drei Feuerstellen, in welchem sich ein Ofen mit einer Feuerstelle befindet, eine Käserei und zwei Brunnen, wobei der eine sich in der erwähnten Küche befindet, und einen Hof, welches alles im Süden an den Besitz des christlichen Diakons Nīrsīs, im Osten an den Besitz des Erbes von İyliyā el-Ḳavāf, im Norden an einen Weg und im Westen an den Besitz von Farsū mit allen Grenzen angrenzt. Der einwandfreie rechtmäßige und ausdrückliche Verkauf und Kauf aller Grenzen, Einrichtungen und Rechte wurde zum entgegengenommenen und festgesetzten Preis von 77 Ġuruş unter Annahme, zur Vorstellung und unter Zustimmung beider Parteien durchgeführt.
Eingetragen in der letzten Dekade des Monats Ẕī 'l-ḳaʿde im Jahre 1170.

---

50 المرابعة

Seyyid ʿAbdürraḥīm Efendi, Gerichtsschreiber
Sein Sohn Monlā İbrāhīm
ʿAbdülʿazīz bin ül-Ḥāc Yūsuf
Ṣāliḥ Çelebi, Verwalter
Sein Bruder Şeyḫ Mūsā
İsmaʿīl bin Ramażān
Circis veled-i Ḥānnā
Ḥānnā veled-i Circis

247/4/b

(1) عن ذكر ما هو انه اشترى السيد محمد بن عباس بماله لنفسه دون غيره من البائعان (2) منه السيد اباس و اخيه السيد اسمعيل ابنى حسن جميل فباعه ما هو لهما (3) و ملكهما وبيد و تحت تصرفهما و منتقل اليهما بالشراء و ذلك البستان (4) السقية و العذية الواقيعة فى وادى باغ غرا المحدودة قبلةً و شمالاً و غرباً (5) الى الطريق و شرقاً الى وقف الخنزوان الاتى ارضها مستحكرة من (6) المتولى الاوقاف الحاج صالح الحصارى باجرة معلومة فى كل سنة قرش (6) و ربع بجملة الحدود و كافة المرافق و الحقوق بثمن مقبوض قدره و نصابه (7) مائة و حمسون غروشاً بيعاً و اشتراء صحيحين شرعين باتين (8) مشنملين على الايجاب و القبول و القبض و الاقباض و الرؤية و الرضى (9) من الطرفين حرر فى اوائل شهر محرم الحرام سنة احدى و سبعين و مائة و الف

محمود افندى
شيخ سبع زاده
احمد چلبى كاتب احتساب
ابنه مرتضى
عبد الكريم البقال
خليل چلبى بن ابراهيم چلبى
كوسه عمر
دمود ريژو
رخب بن هارون
سيد خليل بن درباش
و غيرهم من الحضار

247/4/b

Was den Sachverhalt anbetrifft, tätigte Seyyid Meḥmed bin ʿAbbās mit seinem eigenen Geld und keinem anderen den Kauf. Die zwei Verkäufer von ihm sind Seyyid ʿAbbās und sein Bruder İsmaʿīl, die zwei Söhne von Ḥasan Cemīl. Sie verkauften ihm was ihnen gehörte, sie zum Eigentum hatten und zu ihrer Verfügung stand über den Kauf überlassen wurde. Dieses sind der mit einem eigenen Kanalsystem bewässerte Garten und der durch Regenwasser bewässerte Garten im Tal Bāġ ʿAzā, der im Süden, im Norden und im Westen durch den Weg und im Osten an die Stiftung Ḫunzūvān mit allen Grenzen begrenzt ist, wobei dessen

Grund vom Stiftungsverwalter der Ḥāc Ṣāliḥ el-Ḥiṣārī-Stiftungen mit einer bekannten Miete von 1¼ Ḳırş langzeitverpachtet ist. Der umfassende, einwandfreie, rechtmäßige und ausdrückliche Verkauf und Kauf zum festgesetzten Preis von 150 Ġuruş mit allen Einrichtungen und Rechten wurde unter Annahme, Zustimmung und zur Vorstellung beider Parteien durchgeführt. Eingetragen in der ersten Dekade des Monats des geheiligten Muḥarrem im Jahr 1171.

Maḥmūd Efendi Şeyḫ Seba'zāde
Aḥmed Çelebi, Berechnungsschreiber
Sein Sohn Murteżā
'Abdülkerīm el-Baḳḳāl
Ḫalīl Çelebi bin İbrāhīm Celebi
Kūse 'Ömer
Damūd Rijū
Receb bin Hārūn
Seyyid Ḫalīl bin Derbaş
und weitere Anwesende

247/4/c

(1) اشترى عمسيح ولد دلهود و ايفيا ولد اصلان بمالهما لنفسهما دون غيرهما على ان (يكون) (2) المبيع الآتى ذكره بطريق مناصفة بينهما من البائع منهما عبد الرحمن بن (سليمان) (3) فبايعهما ما هو له و منتقل اليه بالشراء و ذلك جميع الدكان (الجقاكة)[؟] الواقعة فى (محلة) (4) باش اعلى المحدودة قبلةً [الى] طريق [و] شرقاً [الى] (ماغكية)[؟] [و] شمالاً [و] كذلك غرباً [الى ملك] البائع المرقوم (بثمن) (5) مقبوض قدره سبعة غروشاً و نسف قرش بيعاً و اشتراءً و رضى من (الطرفين) (6) حرر فى اوائل شهر محرم الحرام سنة احدى و سبعين و مائة و الف (...)

خضر بن عبد العزيز
ابنه محمد
سيد احمد بن سيد يوسف
الحاج خضر بن عبد القدر
داود چلبى بن الحاج الياس
اخيه سليمان چلبى
اخيه عبد الله چلبى
اخيه احمد چلبى

247/4/c

'Amsīh veled-i Dāhūd und İyfyā veled-i Aṣlān tätigten mit ihrem eigenen Geld und keinem anderen den Kauf. Das erwähnte übergebene Verkaufte wurde unter ihnen beiden hälftig aufgeteilt. Der Verkäufer war 'Abdürraḥmān bin (Süleymān). Er verkaufte ihnen, was ihm gehörte und was ihm durch Kauf überlassen wurde. Dieses umfasst den ganzen (Caḳāka)[?]-Laden (...), der im (Viertel) Baş Āʿlā liegt und der im Süden [an] einen Weg, im Osten [an] von (Māġkīya)[?] (und) im Norden sowie im Westen [an den Besitz] des erwähnten Verkäufers angrenzt, wobei der Verkauf und Kauf zum festgesetzten Preis von 7 Ġuruş und einem halben Ḳırş unter Zustimmung (beider Parteien) durchgeführt wurde. Eingetragen in der ersten Dekade des Monats des geheiligten Muḥarrem im Jahr 1171.

(...)
Ḫıżır bin ʿAbdülʿazīz
Sein Sohn Meḥmed
Seyyid Aḥmed bin Seyyid Yūsuf
Ḥāc Ḫıżır bin ʿAbdülḳādir
Dāud Çelebi bin ül-Ḥāc İlyās
Sein Bruder Süleymān Çelebi
Sein Bruder ʿAbdullāh Çelebi
Sein Bruder Aḥmed Çelebi

247/4/d

(1) اشترى عثمان بن سليمان بشير بالوكالة عن قبل اخته رحمة بنت سليمان المرقومم بمال (مؤكلته) (2) لنفسها من البائع منه فوزى ولد ياغوب فرسون فباع ما هو له و ملكه الى (3) حين صدور هذا البيع منه و ذلك جميع غرس العنب الواقع فى الوادى بحر (4) الطلور المحدود قبلةً الى ملك حسن زينى و شرقاً الى الطريق و شمالاً الى (5) ملك قسطل و غرباً الى ملك مراد بجملة الحدود بثمن مقبوض قدره و (نصابه) (6) خمس و ثلاثون غروشاً بيعاً و اشتراءً و الرضى من الطرفين (حرر فى) (...) (7) شهر محرم سنة احدى و سبعين و مائة و الف

(...) بن (...)
اسمعيل غازى زاده
ولى الطراشلى
حسن بن زينى
سيد حسين بن سيد على
حسن بن شامى
اسمعيل بن حسين
اخيه سليمان
مصطفى بن على (...)

247/4/d

ʿOs̱mān bin Süleymān Beşīr tätigte in Beauftragung seiner Schwester Raḥma, Tochter von erwähntem Süleymān mit dem eigenen Geld (seiner Auftraggeberin) und keinem anderen den Kauf. Der Verkäufer von ihm ist Fauzī veled-i Yaġūb Farsūn. Er verkaufte was ihm gehörte und was er bis zum Erlass dieses Verkaufs zum Eigentum hatte. Dies umfasst die gesamte Weinstockpflanzung, die im Tal Baḥr üt-Ṭūr liegt und im Süden durch den Besitz von Ḥasan Zīnī, im Osten an den

Weg, im Norden an den Besitz von Ḳasṭīl und im Westen an den Besitz von Murād mit allen Grenzen angrenzt. Der Verkauf und Kauf wurde zum entgegengenommenen und festgesetzten Preis von 35 Ġuruş unter Zustimmung der beiden Parteien durchgeführt. Eingetragen am (...) Monat Muḥarrem im Jahre 1171.

(...) bin (...)
İsma'īl Ġāzīzāde
Velī eṭ-Ṭarāşlı
Ḥasan bin Zīnī
Seyyid Ḥuseyn bin Seyyid ʿAlī
Ḥasan bin Şāmī
İsma'īl bin Ḥuseyn
Sein Bruder Süleymān
Muṣṭafā bin ʿAlī (...)

247/4/f

(1) عن ذكر ما هو انه اقام و نصب الحاكم الشرع الشريف الوآقع حطة اعلى الكتاب عامله الله
(2) (بتوفيقة) المستطاب طوبى له و حسن مأب الرجل المدعو اسمعيل چلبى بن حاج محمود (3)
(...) على ابن اخيه احمد بن كيلان چلبى الغائب منذ مدة طويلة ليرى مصآلحه (4) (و يدعى
حقوقه) حفظا ما عاد و منتقل اليه بالارث الشرعى من مواريثه و هو جميع الثلث (5) (...) من
جميع الدار الواقعة فى محلة زراقة المروفة بدار الحاج كيلان چلبى (6) (الذى) لا حاجة لتحديدها
لشهرتها بين الاهالى و (...) (7) (...) القيام بمصالح الغائب المرقوم (...) ثلث الدار المرقومة
(8) (على) النسق (المسطور كما هو) الواجب عليه نصباً و قبولاً صحيحاً شرعيا جرى (9) ذلك
و حرر فى اليوم السادس عشر من شهر شوال المعظم سنة سبعين و مائت (10) و الف
منلا محمد بن على الشرابي
احمد افندى الخطيب
اخيه محمود افندى
منلا عمر بن يحيى
سيد محمد بن سيد محمود

247/4/f

Was den Sachverhalt anbetrifft, führte der Richter des erhabenen Scheriatsrechts die hohe Unterschrift mit Hilfe Gottes, (seiner Zustimmung) und Billigung zu seiner Seligkeit und Zufriedenheit durch. Der geladene Mann ist İsma'īl Çelebi bin Ḥāc Maḥmūd und [in Vertretung für] ʿAlī, Sohn seines Bruders Aḥmed bin Kīlān Çelebi, der seit langer Zeit abwesend ist. Zugunsten eines Ausgleichs und der (Einklagung seiner Rechte) ging an ihn von seinem Nachlass über das scheriatsrechtliche Erbe zur Aufbewahrung Folgendes zurück und wurde ihm Folgendes überlassen: Dieses umfasst das gesamte Drittel (...) des gesamten Hauses, das im erwähnten Viertel Zarrāḳa liegt, was auch unter dem Namen „Haus des

Ḥāc Kīlān Çelebi" bekannt ist, wobei die Bekanntmachung seiner Begrenzung unter den Einwohnern (...) nicht erforderlich ist. Zur Durchführung der Interessen des erwähnten Abwesenden (...) (...). Ein Drittel des (...) des erwähnten Hauses hat er, wie es seine Aufgabe war, unter (genauer) Anordnung unter der (erforderlichen) korrekten scheriatsrechtlichen Festsetzung angenommen.
Durchgeführt am 6. Tag des Monats des geehrten Şevvāl im Jahre 1170.

Monlā Meḥmed bin ʿAlī eş-Şarābī
Aḥmed Efendi, Rezitator
Sein Bruder Maḥmūd Efendi
Monlā ʿÖmer bin Yaḥyā
Seyyid Meḥmed bin Seyyid Maḥmūd

247/4/g
sākin-i mahalle-ʾi Mişkī

المرأة بنفسها	الرجل بنفسه
mehr-i müʾeccel	25 ġuruş

yalñız yirmi beş ġuruşdur

شهود على العقد و المهر
منلا مصطفى بن قاسم چلبى
قپلان بلوقباشى بن كالو
الحاج صالح بن حسين بابامى
داود بن بكر الطاووسى
عيسى بن حسين كيكى
مصطفى بن خليل ميرو
(...) على بن (عثمان)
(1) إذن لمولانا السيد عبد الرحيم افندى المكرم (2) بان يعقد نكاح البنت الباكرة عائشة بنت
حسين على خاطبها ابراهيم بن قپلان (3) بمهر مسمى و بمحضر من الشهود و بان لا يكون
بينهما مانع شرعى و بحسب ولايتى و الرضى من الطرفين
فى 12 م [مهرم الحرام] سنة 1171

fetvā-yı şerīfe mūcibince nikāḥı ʿaḳd olındı
min el-ġafr ül-Ḥāc Maḥmūd en-nāʾib bi-medīne-ʾi Mārdīn

247/4/g
Bewohner des Viertels Mişkī

Für den Mann	Für die Frau
Aufgeschobene Brautgabe	25 Ġuruş

Nur fünfundzwanzig Ġuruş

Zeugen der Verheiratung und der Brautgabe:
Monlā Muṣṭafā bin Ḳāsim Çelebi
Ḳaplān Bölükbaşi bin Kālū
Ḥāc Ṣāliḥ bin Ḥuseyn Bābāmī
Dāvūd bin Bekir Ṭavūsī
'Isā bin Ḥuseyn Kīkī
Muṣṭafā bin Ḫalīl Mīrū
(...) 'Alī bin ('Os̱mān)

Erlaubnis für unseren Mevlānā Seyyid 'Abdürraḥman Efendi für den Vertragsabschluss der Verheiratung der jungfräulichen Tochter 'Aişe bint Ḥuseyn mit dem Bräutigam İbrāhīm bin Ḳaplan mit der genannten Brautgabe unter Anwesenheit der Zeugen, auf dass ihnen kein scheriatsrechtliches Verbot oder ein Verbot der Vormundschaft obliegt, unter ihrer beiderseitigen Zustimmung. Am 12. im [geheiligten Muḥarrem] im Jahre 1171.
Gemäß dem erhabenen Rechtsgutachten wurde die Ehe geschlossen.
Möge Hāc Maḥmūd, dem derzeitigen Nā'ib von Mardin, verziehen werden.

247/4/h

(1) عن ذكر ما هو انه (2) اشترى رزقو ولد (...) (بماله) (3) لنفسه دون غيره من البائع منه (...) (4) ولد عامون فباعه بالوكالة عن قبل (سيدة) (5) بنت روزقو الثابت وكالة عنها بشهادة ملا خضر (بن) (6) حسين و قاسم چلبى بن الحاج حسين ما هو لمؤكلتة المرقومة (7) و ملكها و بيدها و تحت تصرفها و منتقل اليها بالارث الشرع (8) و ذلك اربع اسهم من اصل ثلاثة عشر سهماً من الجميع الدار الواقعة (9) فى محلة الكولاسية المشتلملة على منظرة[51] و اسفلها طبقة و معصرة و نصف (10) جب ماء[!][52] و حق المجاز على عادة القديم المحدودين قبلةً ينتهى (11) الى ملك خاتم و شرقاً و شمالاً الى الطريق و غرباً الى ملك ورثة (...) (12) حنا بجملة الحدود و كافة المرافق و الحقوق بثمن مقبوض قدره (13) و نصابه خمس و ثلاثون غروشاً و صرّة دراهم مجهولة (14) باتين مشتملين على ايجاب و القبول و القبض و القباض (15) والرؤية و الراضى من الطرفين حرر فى اوائل شهر محرم سنة احدى (16) [و] سبعين و مائة و الف

الحاج محمد بن شيخ مصطفى
الحاج سليمان بن عبد الله
ابنه ملا محرم
احمد بن خضر
ملا خضر (...)
(Äußerste Ecke)
قاسم چلبى بن (الحاج حسين)

51 Vgl. Gürhan (2012), S. 175.
52 ماء

247/4/h

Was den Sachverhalt anbetrifft, tätigte Rūzkū veled-i (...) mit seinem eigenen Geld und keinem anderen den Kauf. Sein Verkäufer ist (...) veled-i ʿAmūn. Er verkaufte ihm in Vertretung für (Seyyide) bint Rūzkū unter zeugenschaftlicher Bestätigung von Monlā Ḫıżır (bin) Ḥuseyn und Ḳāsim Çelebi bin ül-Ḥāc Ḥuseyn, was seiner Mandantin gehörte, sie zum Eigentum hatte, ihr zur Verfügung stand und ihr scheriatsrechtlich erbmäßig übergeben wurde. Dieses umfasst 4 Anteile von insgesamt 13 Anteilen des gesamten Hauses, welches im Viertel Kūlāsiya liegt, und das ein Gästezimmer, darunter ein Stockwerk und eine Ölpresse, einen halben Brunnen und ein Wegerecht nach alter Gewohnheit umfasst. Dieses alles grenzt im Süden an den Besitz von Ḫātim, im Osten und im Norden an den Weg und im Westen an den Besitz des Erbes von (...) Ḥanā mit allen Grenzen. Alle Einrichtungen und Rechte wurden zum festgesetzten Preis von 35 Ġuruş und einem Beutel mit einer unbekannten Anzahl von Dirhams unter Annahme, Entgegennahme und Zustimmung der beiden Parteien übergeben. Eingetragen in der ersten Dekade des Monats Muḥarrem im Jahre 1171.

Ḥāc Meḥmed bin Şeyḫ Muṣṭafā
Ḥāc Süleymān bin ʿAbdullāh
Sein Sohn Monlā Muḥarrem
Aḥmed bin Ḫıżır
Monlā Ḫıżır (...)
(Äußerste Ecke)
Ḳāsim Çelebi bin ül-Ḥāc Ḥuseyn

247/5/a

(1) عن ذكر ما هو انه اشترى الحاج احمد بن سيد مصطفى بماله لنفسه دون غيره من البائعة منه (...) (2) ميران بنت ابراهيم فباعته ما هو لها و ملكها و بيدها و تحت تصرفها و منتقل (اليها) (3) بطريق الارث و المقاسمة و ذلك جميع الدكّان الواقعة فى سوق الغزل التى (ارضها) (4) مستحكرة من متولى اوقاف جامع الشهيد باجارة معلومة فى كل سنة غرش (واحد) (5) و احدى و عشرين قطعة على ان يكون كل مائة و عشرين قطعة عبارة عن غرش (6) واحد المحدودة قبلةً ينتهى الى السوق الخفافين وشرقاً الى ملك فاطمة بنت (7) الحاج احمد و شمالاً الى طريق و غرباً الى ملك ورثة الحاج كوزى بجملة (الحدود) (8) و كافة المرافق و الحقوق بثمن المقبوض قدره و نصابه مائة و خمسون (9) غروشاً و صرّة دراهم مجهولة العدد بيعاً و اشتراءً صحيحين (شرعين) (9) باتين مشتملين على الاجاب و القبول و القبض و القباض و الروئة (10) و الرضى من الطرفين حرر فى اوائل شهر صفر الخير سنة احدى و سبعين (11) و مائة و الف

السيد عبد الباقى (افندى) ابن سيد محمد چلبى
ملا اسمعيل بن ملا ابراهيم
على بن حمد الخاتونى

على چلبى بن الحاج (...)
ملا (...)
(...) عبد القادر بن الياس اغا
(Unten)
عبد الله اغا بن جمعة الصفار
شيخموسى بن محمد قاپونجى زاده
(...) بن الحاج حسين
(... ...)
و غيرهم من الحضار

247/5/a

Was den Sachverhalt anbetrifft, tätigte Ḥāc Aḥmed bin Seyyid Muṣṭafā mit seinem eigenen Geld und keinem anderen den Kauf. Die Verkäuferin von ihm war (...) Mīrān bint İbrāhīm. Sie verkaufte was ihr gehörte, sie zum Eigentum hatte und ihr zur Verfügung stand und ihr über den Weg der Erbteilung übergeben wurde: Dieses ist der gesamte Laden, der im Ġazal-Markt liegt, (dessen Fläche) vom Verwalter der Cāmiʿ Şehīd-Stiftungen mit einer bekannten Pacht von jährlich (einem) Ḳırş und 21 Geldstücken langzeitverpachtet ist, wobei 120 Geldstücke einem Ḳırş entsprechen. Im Süden grenzt er an den Markt der Schuhmacher, im Osten an den Besitz von Fāṭime bint ül-Ḥāc Aḥmed, im Norden an einen Weg und im Westen an den Besitz des Erbes von Ḥāc Kūzī mit allen (Grenzen). Die gesamten Einrichtungen und Rechte wurden zum entgegengenommenen und festgesetzten Preis von 150 Ġuruş und einem Beutel mit einer unbekannten Anzahl von Dirhams übergeben, wobei der ausdrückliche, umfassende und (scheriatsrechtlich) einwandfreie Verkauf und Kauf unter Annahme, Entgegennahme und Zustimmung beider Parteien erfolgte. Eingetragen in der ersten Dekade des Monats des glückbringenden Ṣafar im Jahre 1171.

Seyyid ʿAbdülbāḳī (Efendi), Sohn von Seyyid Meḥmed Çelebi
Monlā Ismaʿīl bin Monlā İbrāhīm
ʿAlī bin Ḥamad el-Ḫatūnī
ʿAlī Çelebi bin ül-Ḥāc (...)
Monlā (...)
(...) ʿAbdülḳādir bin İlyās Aġa
(Unten)
ʿAbdullāh Aġa bin Cumʿa eṣ-Ṣafār
Şeyḫmūsā bin Meḥmed Ḳapuncī Zāde
(...) bin ül-Ḥāc Ḥuseyn
(... ...)
und weitere Anwesende

247/5/b

(1) اشترى خليل و محمد و ابراهيم و حسن ابناء ابراهيم بمالم على ان يكون المبيع (الآتى ذكره)
(2) بطريق المرابعة بينهم من البائعين منهم فاطمة بنت مصطفى و سليمان بن (...) (3) و اسمة
و فرحة بنتى خليل چومر فباعت فاطمة المزبورة اصآلة عن (نفسها) (4) و بالوصآية عن قبل
بنتها خديجة ما هو للاصيلون المرقمون و (للصغيرة) (5) المزبورة و منتقل اليهم بالارث و انما
جوز بيع حصة (الصغيرة) المرقومة لضرورة (6) نفقتها و ذلك جميع غرس العينب الواقع في
عقار قرية رشمل (المحدودة) (7) قبلةً [الى ملك] حسن و شرقاً و غرباً [الى ملك] المشتريون و
شمالاً [الى] طريق بجملة (الحدود) (8) بثمن مقبوض قدره ثلاثة و اربعون غروشاً و الرضى
من (الطرفين) (9) حرر فى اوائل شهر صفر الخير سنة احدى و سبعين و مائة و الف
حاج صالح بن بابامى
شيخ حسن بن شيخ يوسف
حسين كتخدا بن حسن
شيخموسى بن هويدو
حاج خليل بن محمد
سيد على بن شامى
حسين بن منلا حسن
(Zweite Reihe)
احمد بن عمر

247/5/b

Ḫalīl, Meḥmed, İbrāhīm und Ḥasan, die Söhne von İbrāhīm, tätigten mit ihrem Geld den Kauf, wobei das übergebene Verkaufte unter ihnen geviertelt wird. Ihre Verkäufer sind Fāṭime bint Muṣṭafā, Süleymān bin (ʿAbdū) sowie Esma und Farḥa, die beiden Töchter von Ḫalīl Çumar. Erwähnte Fāṭime verkaufte, indem sie sich (selbst) vertrat und als Testamentvollstreckerin für ihre Tochter Ḫadīce, was erwähnten sich selbst Vertretenden und der erwähnten (Minderjährigen) gehörte und ihnen über das Erbe überlassen wurde. Noch dazu war der erwähnten (Minderjährigen) der Verkauf eines Anteils für die Notwendigkeit ihrer Ausgabenbestreitung erlaubt. Dieses umfasst die gesamte Weinstockpflanzung im Grundbesitz des Dorfes Rişmil, welches im Süden an [den Besitz von] Ḥasan, im Osten und im Westen an [den Besitz der] Käufer und im Norden [an] einen Weg mit allen Grenzen angrenzt. Es wurde zum entgegengenommenen und festgesetzten Preis zu 43 Ġuruş unter Zustimmung der (beiden Parteien) verkauft.
Eingetragen in der ersten Dekade des Monats des glückbringenden Ṣafar im Jahre 1171.

Ḥāc Ṣāliḥ bin Bābāmī
Şeyḫ Ḥasan bin Şeyḫ Yūsuf
Ḥuseyn Ketḫüda bin Ḥasan
Şeyḫmūsā bin Havidū
Ḥāc Ḫalīl bin Meḥmed

Seyyid ʿAlī bin Şāmī
Ḥuseyn bin Monlā Ḥasan
(Zweite Reihe)
Aḥmed (...) ʿÖmer

247/5/c

(1) medīne-ʾi Mārdīn sākinelerinden Vesīle bint ül-Ḥāc Murteżā nām ḫātūn meclis-i şerʿ-i ḫatīr-i lāzim (2) üt-tevḳīrde yine medīne-ʾi mezbūre sükkānından baʿiṣ ül-kitāb ḳarındaşı el-Ḥāc İsmaʿīl bin ül-Ḥāc (3) Murteżā el-merḳūm nām kimesne müvācehesinde biṭ-ṭavʿ eṣ-ṣāf iḳrār-ı tāmm ve taḳrīr-i kelām eyleyüb bundan (4) aḳdem müteveffiye olan vālidem Emīne Ḫātūn bint İsḥaḳ Beg ve iki müteveffā olan ḳarındaşlarım (5) Yaʿḳūb ve Ḫalīl ibney ül-Ḥāc Murteżā nām müteveffāların̄ cüzʾi ve küllī metrūkāt ve muḫallefāt (6) ve menḳūlātlarından ban̄a iṣābet ve intiḳal ėden ḥiṣṣe-ʾi irṣīye-ʾi şerʿīyemi merḳūm (7) ḳarındaşım żabṭ ve üzerine važʿ-ı yed eylediginden daʿvāya taṣaddī eyledigimde beynimizde (8) müslimūn-ı muṣliḥūn tavassuṭ ėdüb eṣ-ṣulḥ-ı ḫayr feḥvāsınca ʿan inkārını on (9) sekiz ġuruş akçe üzerine muṣālaḥa eylediklerinde ben daḫī[!][53] ṣulḥ-ı mezkūrı ḳabūl ve bedel-i (10) ṣulḥ olan on sekiz ġuruş ḳarındaşım el-Ḥāc İsmaʿīl ül-merḳūmun̄ yedinden temāmen (11) ve kāmilen aḫẕ ve ḳabż ve ẕimmetini mīrāṣa müteʿallıḳ ʿāmmeten deʿāvīden ibrā-ʾı ʿāmm (12) ve isḳāṭ-ı tāmm eyledim dėdiginde ġıbb et-taṣdīḳ el-vicāhī el-muʿteber üş-şerʿī mā hüve (13) el-vāḳiʿ işbu veṣīḳa biṭ-ṭaleb ketb ve terḳīm olındı ḥurrire fī 10 ṣ [Ṣafar] sene 1171

(...) Efendi el-ḫaṭīb
ibnühü Mollā Anis
Ṣālıḥ Çelebi el-mütevellī bin Dāūd Çelebi
İbrāhīm Çelebi bin (Kāvān)[?]
Mollā Ḳāsim imām-ı Ḥarameyn
Seyyid Ḥāsan bin Seyyid Dāūd
Mollā Bekir bin Mīrū Çelebi
ve ġayruhum min el-ḥużżār

247/5/c

Eine der Anwohnerinnen der Stadt Mardin, die Ehefrau namens Vesīle, Tochter von Ḥāc Murteżā, gab erneut in der ehrwürdigen und Gehorsam erheischenden

53 bendaḫī

Gerichtsversammlung in Anwesenheit von jemanden aus den Reihen der Einwohner erwähnter Stadt, ihrem Bruder namens Ḥāc İsmaʿīl, Sohn von erwähntem Ḥāc Murteżā, dem Veranlasser dieses Schreibens in klarem Gehorsam eine vollständige Bestätigung ab und sagte Folgendes aus: „Nachdem früher mein Bruder den mir zustehenden und zu vermachenden rechtlichen Erbteil von sämtlichem Nachlass und sämtlichem Erbe sowie die beweglichen Güter von meiner verstorbenen Mutter Emīne Ḫātūn bint ül-Ḥāc Bekir und meinen zwei verstorbenen Brüdern Yaʿḳūb und Ḫalīl, den beiden Söhnen Ḥāc Murteżās, genommen und beschlagnahmt hatte und ich eine Klage veranlasste, wurde zwischen uns über muslimische Mittelsmänner ein Ausgleich geschaffen. Indem sie entsprechend dem Vergleich *(ṣulḥ)* nach seiner Zurückweisung mit 18 Ġuruş Aḳçe ausgeglichen haben, habe ich wiederum erwähnten Vergleich angenommen und habe das Vergleichsgeld von 18 Ġuruş von meinem Bruder Ḥāc İsmaʿīl vollständig entgegengenommen und entlaste ihn vollständig von seinen Verpflichtungen hinsichtlich jeglicher in Verbindung mit dem Erbe stehenden Klagen.“ Nach der rechtsgültigen, vor Augenzeugen durchgeführten Bestätigung wurde dieses Dokument, was den Sachverhalt anbetrifft, auf Antrag hin niedergeschrieben.
Eingetragen am 10. Ṣafar im Jahre 1171.

(...) Efendi Gerichtsschreiber
Sein Sohn Mollā Anis, der Verwalter
Ṣāliḥ Çelebi bin Dāūd Çelebi, Verwalter
İbrāhīm Çelebi bin (Kāvān)[?]
Mollā Ḳāsim, Imam von Mekka und Medīna[54]
Seyyid Ḥāsan bin Seyyid Dāūd
Mollā Bekir bin Mīrū Çelebi
und weitere Anwesende

247/5/d

(1) (اشترى) مصطفى چلبى بن الحآج خضر و احمد چلبى بن الحاج على بمآلهمآ دون غيرهما على ان يكون (2) (المبيع الآتى) ذكره بطريق المنآصفة بنهما من البائع محمود افندى فباع بالوكالة عن قبل شهربان (3) (بنت عبد) الله الثابت وكالة عنها بشهادة اخيه احمد افندى بن الحاج مصطفى افندى و منلا (4) (عماد الدين) بن ويس ما هو لمؤكلته المزبورة و منتقل اليها بالارث و ذلك تسعة و تسعون سهماً (5) (من اصل) مائتى و ستة عشر سهماً من جميع بيت الازج[55] ذى مصلية داخل الايوان و بيت صغير ايضاً (6) و حق المجاز فى الحوش على العادة القديمة و حق شرب الماء من العين و الجب الواقيعين فى (7) (محلة الزراقة) المحدودين قبلةً و غرباً الى ملك

54 ḥarameyn
55 Vermutlich kuppelförmig überdachtes Haus.

المشتريان المزبوران و شرقاً الى ملك الحاج الياس (8) (و شمالاً) الى الطريق بجملة الحدود
بثمن مقبوض قدره ستة غروشاً و الرضى من الطرفين (9) (ثم لما) تم امر البيع ابراء الوكيل
المزبور بحسب وكالته من جهة مهر مؤكلته المزبورة و من جميع دعاويها (10) (معلقة) للارث
ذمت المشتريان المرقومان ابراء صحيحاً شرعياً حرر فى اواسط شهر (صفر) (11) (الخير)
سنة احدى و سبعين و مائة و الف

(Obere Reihe)

احمد افندى بن الحاج مصطفى افندى
منلا عماد الدين بن ويس
قاپنجى زاده محمد چلبى
على چلبى بن الحاج فارس
(منلا) مصطفى (...) زكريا (چلبى)

(Untere Reihe)

الحاج عبد القادر بن الياس اغا
منلا الياس بن ابراهيم
اخيه درويش

247/5/d

Muṣṭafā Çelebi bin ül-Ḥāc Ḫıżır und Aḥmed Çelebi bin ül-Ḥāc ʿAlī (tätigten) mit ihrem Geld und keinem anderen (den Kauf), um das erwähnte (übergebene Verkaufte) zwischen ihnen hälftig aufzuteilen. Der Verkäufer ist Maḥmūd Efendi. Er verkaufte in Vertretung für Şehribān (bint ʿAbd)ullāh, was der erwähnten Mandantin gehörte und ihr erbmäßig hinterlassen wurde, wobei die Vertretung für sie zeugenschaftlich durch seinen Bruder Aḥmed Efendi bin ül-Ḥāc Muṣṭafā Efendi und Monlā (ʿİmādeddīn) bin Üveys bestätigt wurde, die 99 Anteile von (insgesamt) 216 Anteilen des gesamten Gewölbehauses, das mit einer Feuerstelle im Iwān ausgestattet ist, ebenso ein kleines Haus, ein Wegerecht im Hof nach alter Gewohnheit und ein Wasserrecht für die Quelle und den Brunnen. Sie liegen im (Viertel Zarrāḳa) und sind im Süden und im Westen an den Besitz der beiden erwähnten Käufer, im Osten an den Besitz von Ḥāc İlyās (und im Norden) an den Weg mit allen Grenzen begrenzt. [Er verkaufte] zum entgegengenommenen und festgesetzten Preis von 6 Ġuruş unter Zustimmung der beiden Parteien. Nach Verkaufsabwicklung wurde die Entlastung des Vertreters gemäß seiner Vertretung hinsichtlich der Mitgift seiner erwähnten Mandantin und dem gesamten (anhängigen) Prozess zum Erbe der Schulden gegenüber den beiden erwähnten Käufern als scheriatsrechtlich korrekt eingestuft. Eingetragen in der mittleren Dekade des Monats des glückbringenden Safar im Jahre 1171.

(Obere Reihe)
Aḥmed Efendi bin ül-Ḥāc Muṣṭafā Efendi
Monlā ʿİmādeddīn bin Üveys
Ḳapunci Zāde Meḥmed Çelebi

Ahmed Çelebi bin ül-Ḥāc Fāris
(Monlā) Muṣṭafā (...) Zekeryā Çelebi

(Untere Reihe)
Ḥāc ʿAbdülḳādir bin İlyās Aġa
Monlā İlyās bin Monlā İbrāhīm
Sein Bruder Dervīş

247/5/e

(1) (عن) ذكر ما هو انه لمّا اثبت الشفعة اخذ (2) (جبراً) و قهراً سليمان بلوكباشى بن رسول
(3) (بهرامكى) بماله لنفسه دون غيره من البائع منه بكداش بلكباشى بن عبدى فباعه الذى (4)
(...) بماله لنفسه دون غيره من البائع منه توما ولد ملكو بوجود الايجاب و القبول (5) الطرفين
بثمن معيّن نصفه مقبوض و نصف الاخر غير مقبوض و هو قدر ذلك الثمن (6) (نصابه) مائة
غروشاً و ذلك جميع البستان السقية و العذية الواقعة فى وادى حمزة (7) (...) المحدودة قبلةً
ينتهى الى ملك سليمان بلوكباشى المرقوم و شرقاً الى الجبل و شمالاً الى ملك (8) (...) و غرباً
الى الدره بجملة الحدود و كافة المرافق و الحقوق بثمن مقبوض قدره و نصابه (9) (عن قبول)
الثمن المذكور مائة غروشاً بيعاً و اشتراءً صحيحاً شرعياً و قد تسلم سليمان بلوكباشى (10)
(المرقوم) جميع البستان المذكورة بحكم الشفعة تسليماً جبرياً و قهرياً و لم يبق لبكداش (11)
(بلوكباشى) المزبور و لتوما ولد ملكو المرقوم فى البستان المذكورة دعوى و لا (مطالبة) (12)
(بوجه) من الوجوه و السبب من الاسباب فبعت البستان المرقومة ملكاً خالصاً لسليمان (13)
(بلوكباشى) المزبور فليعترف[!][56] فيها كيفماً يشآء و يختار و حرر فى اليوم الثانى عشر (14)
(شهر) صفر الخير سنة احدى و سبعين و مائة و الف و جميع غرس العنب الواقع فى جبل
الزناوى (15) (و الوادى) المذكور المحدود قبلةً الى ملك موخو الذمى و شرقاً الى ملك سليمان
بلوكباشى (16) (و شمالاً [الى] البيار و غرباً الى ملك شيخموسى بجملة الحدود

(Erste Reihe)
فخر المدرسين
الحاج عبد الله افندى الازهرى
فخر المدرسين السيد هندى افندى
السيد عبد الرحيم افندى كاتب المحكمة
ابنه منلا يوسف
عبد الفتاح افندى
ابن طه افندى
عبد الرحمن (افندى)
(Zweite Reihe)
ولى چلبى القهوه جى
قباط اغا بن عبد الله
منلا مصطفى بن قاسم چلبى

56 فليتعرف

الحاج خضر الحلاق بن عبد القادر
السيد محمد بن قره حسن
كنجك على بن عثمان
(منلا) احمد بن (...)(الدايشى)
(Dritte Reihe)
مصطفى بن خضر بك
منلا عبد اللطيف بن منلا عمر
و غيرهم من الحضّار
(Randnotiz)
و الغرس المذكور المكتوب اخر الوثيقة هو داخل فى البيع لكن وقع الشهود[!][57] فى قيده فقيد فى اخرها
(Legalisierungsformel)
نمقه منى و انا الفقير اليه عز شأنه الحاج محمود النائب بمدينة[58][!] ماردين المحروسه (5) عفو له
(Stempel)

247/5/e

Was den Sachverhalt anbetrifft, bestätigte Süleymān Bölükbaşı bin Resūl (Behrāmkī) ein Vorkaufsrecht und nahm [den Besitz] unter Ausübung von Zwang mit seinem eigenen Geld und keinem anderen. Sein Verkäufer ist Bekdāş Bölükbaşı bin ʿAbdī. Er verkaufte ihm, was ihm (...) mit seinem eigenen Geld und keinem anderen. Dessen Verkäufer, Tūma veled-i Milkū verkaufte unter Zustimmung und Annahme der beiden Parteien zum festgesetzten Preis eine Hälfte unter Einnahme und die andere Hälfte ohne Einnahme *(von Geld)* unter Festsetzung eines (vorgeschriebenen) Preises von 100 Ġuruş den gesamten durch ein eigenes Kanalsystem bewässerten Garten und den durch Regenwasser bewässerten Garten im Tal Ḥamza (...), der im Süden an den Besitz von erwähnten Süleymān Bölükbaşi, im Osten an den Berg, im Norden an den Besitz von (...) und im Westen an ed-Dere[59] mit allen Grenzen angrenzt. Sämtliche Einrichtungen und Rechte wurden zum entgegengenommenen und festgesetzten Preis (unter Annahme) des erwähnten Preises zu 100 Ġuruş zum einwandfreien, rechtmäßigen Verkauf und Kauf (erwähntem) Süleymān Bölükbaşı, dem bereits der gesamte erwähnte Garten nach dem Urteil zum Vorkaufsrecht in Form einer erzwungenen Übergabe übergeben wurde, übereignet. Es verbleiben erwähntem Bekdaşı (Bölükbaşı) und erwähntem Tūmā veled-i Milkū in keiner Weise und aus keinem Grund Rechte und (Forderungen) an erwähntem Garten. Erwähnter Garten wurde als einwandfreier Besitz an erwähnten Süleymān (Bölükbaşı) verkauft, um dann anerkannt

57 الشهو

58 In osmanischer Schreibweise: بمدينهء.

59 Türkischer Name; es könnte ein Bach oder Tal gemeint sein, wenn es kein Eigenname ist.

zu bekommen, wie er es wünschte. Eingetragen am 12. Tag (des Monats) des glückbringenden Safar im Jahr 1171. Und die gesamte Weinstockpflanzung, das auf dem Berg ez-Zanāvī liegt und das erwähnte (Tal) grenzt im Süden an den Besitz von Mūḫū eẕ-Ẕimmī, im Osten an den Besitz von Süleymān Bölükbaşı und im Norden [an] Bayyār und im Westen an den Besitz von Şeyḫmūsā.[60]

(Erste Reihe)
Exzellenzen der Lehrer:
Ḥāc ʿAbdullāh Efendi el-Azharī
Exzellenzen der Lehrer: Seyyid Ḥindī Efendi
Seyyid ʿAbdürraḥīm Efendi, Gerichtsschreiber
Sein Sohn Monlā Yūsuf
ʿAbdülfattāḥ Efendi
Sein Sohn Ṭaha Efendi
ʿAbdürraḥman (Efendi)
(Zweite Reihe)
Velī Çelebi el-Ḳaveci
Ḳubāt Aġa bin ʿAbdullāh
Monlā Muṣṭafā bin Ḳāsim Çelebi
Ḥāc Ḫıżır el-Ḥallāḳ bin ʿAbdülḳādir
Seyyid Meḥmed bin Ḳara Ḥasan
Küçük ʿAlī bin ʿOs̱mān
(Monlā) Aḥmed bin (...) ed-Dāyşī
(Dritte Reihe)
Muṣṭafā bin Ḫıżır Beg
Monlā ʿAbdüllaṭīf bin Monlā ʿÖmer
und weitere Anwesende
(Randnotiz)
Die erwähnte Pflanzung, die am Ende des Dokuments geschrieben ist, geht in den Verkauf mit ein, jedoch findet sich die Bezeugung im Eintrag, wobei sie an dessen Ende eingetragen ist.
(Legalisierungsformel)
Geschrieben wurde es von mir, wobei ich derjenige bin, der Seiner – mächtig sei sein Ansehen – bedarf. Ḥāc Maḥmūd, Nāʾib der beschützten Stadt Mardin. Möge ihm verziehen werden.

60 Dies ist vermutlich die Hinzufügung des vergessenen Teils des Verkaufsgegenstands.

247/5/f

(1) ثبت موت زوج فاطمة بنت ابراهيم المحلمى و هو مصطفى (2) بن مراد الساكن فى قرية هفيدى قبل تاريخ التذكرة (3) بسنتين بشهادة منلا احمد بن ابراهيم و محمد بن (4) سيد على الساكنان فى قرية اكفر علاق

(Unten rechts)

(1) وكيل الزوجة المرقومة (2) ابوها ابراهيم المرقوم (3) (...) بن رجب (4) بشهادة شعبان الرشملى

و سيد احمد بن ابراهيم المحلمى

(Unten links)

و الزوج هو عبد الله بنفسه

mehr-i mü'eccel

ġuruş beş buçuḳ

yalñız beş buçuḳ ġuruşdur

شهود الحال

منلا ابراهيم كاتب قسام

سيد محمد بن قره حسن

سيد عبد القادر بن درويش احمد

مراد بن رجو الكبابجى

منلا مصطفى بن قاسم چلبى

و غيرهم من الحضار

(1) (إذن) لمولانا السيد عبد الرهيم افندى المكرم (2) (بان يعقد) نكاه المرأة الثيبة فاطمة بنت ابراهيم على خاطبها عبد الله بن خليل بمهر مسمى و غيرهم من الشهود (3) (و بان لا يكون) بينهما مانع شرعى و إذن الولى و الرضى من الطرفين

فى 15 ص [صفر] سنة 1171

247/5/f

Muṣṭafā bin Murād, der im Dorf Hafīdī zwei Jahre vor Datierung des Dokuments lebte, bestätigte den Tod des Ehemannes von Fāṭime bint İbrāhīm el-Maḥallemī unter Bestätigung von Monlā Aḥmed bin İbrāhīm und Meḥmed bin Seyyid ʿAlī, die beide im Dorf Akfar ʿAllāḳ leben.

(Unten rechts)

Vertreter der erwähnten Ehefrau ist ihr Vater, erwähnter İbrāhīm (...) bin Receb unter Zeugenschaft von Şaʿbān er-Rişmilī und Seyyid Aḥmed bin İbrāhīm el-Mahallemī.

(Unten links)

Der Ehemann ist ʿAbdullāh selbst.

Aufgeschobene Brautgabe: 5½ Ġuruş

Nur 5½ Ġuruş

Zeugen der Angelegenheit:

Monlā İbrāhīm Nachlassgerichtsschreiber

Seyyid Meḥmed bin Ḳara Ḥasan
Seyyid ʿAbdülḳādir bin Dervīş Aḥmed
Murād bin Racū el-Kebābci
Monlā Muṣṭafā bin Ḳāsim Çelebi
und weitere Anwesende

(Erlaubnis für) Mevlānā Seyyid ʿAbdürraḥīm Efendi (für den Vertragsabschluss) der Verheiratung der deflorierten Frau Faṭime bint İbrāhīm mit ihrem Bräutigam ʿAbdullāh bin Ḫalīl mit der genannten Brautgabe unter Zeugenschaft weiterer Personen, (auf dass) zwischen ihnen (kein) scheriatsrechtliches Hindernis und die Erlaubnis des Vormunds (vorliegt), unter Zustimmung der beiden Parteien. Am 15. [Ṣafar] des Jahres 1171.

247/6/a

(1) اشترى عبد الوهاب بن شيخموسى بمآله من البآئعين منه شيخموسى و شعبو ابنى الحاج حسين و (...) (2) بنت اصلان و حجية بنت الحاج حسين المرقوم المنتقل اليهم بالارث و ذلك (جميع) (3) الدار الواقعة فى محلة الزراقة المشتملة على بيت قريش[!][61] كبير و بيت [!][62] قريش صغير (4) ومطبخ المحدودين قبلةً [الى] ملك عيسى الديرى و شرقاً الى ملك مصطفى بن الحاج قاسم و (شمالاً) (5) الى ملك رجب و غرباً الى الطريق بثمن مقبوض قدره و نصآبه خمسون غروشاً و (الرضى) (6) من الطرفين تحريراً فى اواسط شهر صفر الخير سنة احدى و سبعين و مائة و الف

مصطفة (بن) الحاج (قاسم)
الحاج عبد القادر بن الحاج يوسف
اخيه الحاج زكريا
سيد رمضان بن سيد خزوم
الحاج نعمات بن سيد احمد
ابنه سيد احمد
بكر بن خليل الصفار

247/6/a

ʿAbdülvahāb bin Şeyḫmūsā tätigte mit seinem Geld den Kauf, wobei seine Verkäufer Şeyḫmūsā und Şaʿbū, die Söhne von Ḥāc Ḥuseyn, (...), Tochter von Aslān und Ḥüccīye, Tochter von erwähnten Ḥāc Ḥuseyn, sind und ihnen erbmäßig Folgendes übergeben wurde: Dieses ist das gesamte Haus, das im Viertel Zarrāḳa liegt. Es besteht aus einer großen und einer kleinen Käserei und einer Küche, welche im Süden an [den Besitz von] ʿĪsā ed-Dīrī, im Osten an den Besitz von Muṣṭafā bin ül-Ḥāc Ḳāsim, (im Norden) an den Besitz von Receb und im Westen

61 كبير ist im Originaltext قريش vorangestellt.
62 صغير ist im Originaltext قريش vorangestellt.

an den Weg grenzt. Es wurde zum entgegengenommenen und festgesetzten Preis zu 50 Ġuruş (unter Zustimmung) der beiden Parteien [veräußert]. Eingetragen in der mittleren Dekade des Monats des glückbringenden Ṣafars im Jahre1171.

Muṣṭafā (bin) ül-Ḥāc (Ḳāsim)
Ḥāc ʿAbdülḳādir bin ül-Ḥāc Yūsuf
Sein Bruder Ḥāc Zekeryā
Seyyid Ramażān bin Seyyid Ḫuzūm
Ḥāc Nuʿmāt bin Seyyid Aḥmed
Sein Sohn Seyyid Aḥmed
Bekir bin Ḫalīl eṣ-Ṣafār

247/6/b

(1) اشترى مقصى ابراهيم بن مرزا من البائع منه اسمعيل بن منصور فباعه المنتقل اليه (...)
(2) و ذلك جميع البيت الواقع فى محلة الزراقة الذى نصفه ازج[63] و نصفه الاخر (قريش) (3)
المحدود قبلةً الى ملك المشترى و شرقاً [الى ملك] سيد ابدال و شمالاً ايضاً [الى ملك] المشترى
(و) (4) (...) البائع بجملة الحدود بثمن قدره و نصابه خمس و ثلاثون غروشاً و الرضى (من
الطرفين) (4) تحريراً فى اواسط شهر صفر الخير سنة احدى و سبعين و مائة و الف
احمد (افندى) بن الحاج (مصطفى) افندى
اخيه محمود افندى
سيد ابدال بن سيد عثمان
محمود بن اسمعيل رقانة
عبد النبى بن عبد الله
(Von rechts nach links)
(...) يوسف بن حروبى
ابراهيم بن بابا يوسف
و غيرهم من الحضار

247/6/b

Maḳṣī İbrāhīm bin Mirzā tätigte den Kauf, wobei sein Verkäufer İsmaʿīl bin Manṣūr ist. Er verkaufte ihm, was ihm (...) überlassen wurde. Dieses umfasst das gesamte Haus, welches im Viertel Zarrāḳa liegt, dessen eine Hälfte ein Gewölbe und seine andere Hälfte (eine Käserei) ist, die im Süden an den Besitz des Käufers, im Osten [an den Besitz von] Seyyid Abdāl, und im Norden ebenso [an den Besitz des] Käufers (...) mit allen Grenzen angrenzt. Der Verkauf erfolgte mit allen Grenzen zum definitiven und festgesetzten Preis von 35 Ġuruş unter Zustimmung der beiden Parteien. Eingetragen in der mittleren Dekade des Monats des glückbringenden Ṣafars im Jahre 1171.

63 Vermutlich Gewölbe.

Aḥmed (Efendi) bin ül-Ḥāc (Muṣṭafā) Efendi
Sein Bruder Maḥmūd Efendi
Seyyid Abdāl bin Seyyid ʿOs̱mān
Maḥmūd bin İsmaʿīl Raḳāna
ʿAbdünnabī bin ʿAbdullāh
(Von rechts nach links)
(...) Yūsuf bin Ḥarūbī
İbrāhīm bin Bābā Yūsuf
und weitere Anwesende

247/6/c (rechter Abschnitt)

ولّى الزوجة ابيها ابراهيم چاويش اغا

(linker Abschnitt)

وكيل الزوج[!][64] و وليه عمّه محمد اغا بن الحاج ابراهيم الامدى

mehr-i müʾeccel
ġuruş 200
yalñız ikiyüz ġuruşdur
meblaġ-ı mez̲ḳūra vekīl-i merḳūm Meḥmed Aġā kefīl olub ve vaḳtında edāsına kendi taʿahhüd eyledigi bu maḥ[alla] ḳa(yd şüde)

شهود الحال

Cemel oġlu Mārdīnli Muṣṭafā Aġa
ʿÖmer oṭabaşı oġlu Mārdīnli Muṣṭafā Çelebi
Ḫānci Çāvīş Aġa
Süleymān Çāvīş Aġa Baġdād sālyānecisi

و غيرهم من الحضّار

(1) اذن لمولانة السيد عبد الرحيم افندى المكرم (2) ان يعقد نكاه البنت الباكرة الصغيرة عائشة خاتون بنت ابراهيم چاويش اغا (3) على خاطبها مصطفى اغا بن احمد اغا الامدى الصغير[!][65] بمهر مسمّى و بمحضر (4) من الشهود و بان لا يكون بينهما مانع شرعي[!][66] و اذن الولى و الرضى (5) من الطرفين

فى 28 ص [صفر] سنة 1171

من الغفر الحاج محمود النائب بمدينة[!][67] ماردين

247/6/c (rechter Abschnitt)
Vormund der Ehefrau: ihr Vater İbrāhīm Çāvīş Aġā.

64 الزوّج
65 الصّغير
66 شرعّي
67 In osmanischer Schreibweise بمدينهء.

(linker Abschnitt)
Vertreter des Ehemannes, wobei sein Vormund sein Onkel väterlicherseits, Meḥmed Aġa bin Ḥāc İbrāhīm el-Āmīdī ist.
Aufgeschobene Brautgabe
Ġuruş: 200
Nur 200 Ġuruş
Es wurde (hier eingetragen), dass der erwähnte Vertreter Meḥmed Aġa für die erwähnte Summe bürgt und zum fälligen Zeitpunkt die Zahlung durchführt.
Zeugen der Angelegenheit:
Mārdīnli Muṣṭafā Aġa, Sohn von Cemel
Mārdīnli Muṣṭafā Çelebi, Sohn des Oṭabaşı ʿÖmer
Ḫānci Çāvīş Aġa
Jahressteuer-Eintreiber von Baġdād Süleymān Çāvīş Aġa
und weitere Anwesende

Erlaubnis für Mevlānā ʿAbdürraḥīm Efendi für den Vertragsabschluss der Verheiratung der minderjährigen Jungfrau ʿAişe Ḫātūn bint İbrāhīm Çāvīş Aġa mit dem minderjährigen Bräutigam Muṣṭafā Aġa bin Aḥmed el-Āmīdī mit der genannten Brautgabe unter Anwesenheit der Zeugen, auf dass zwischen ihnen kein scheriatsrechtliches Hindernis und die Erlaubnis des Vormunds vorliegt, unter Zustimmung der beiden Parteien. Am 28. [Ṣafar] im Jahre 1771.
Möge Ḥāc Maḥmūd, dem Nāʾib der Stadt Mardin, verziehen werden.

247/6/d

(kursivierter Originaltext)
(1) عن ذكر ما هو انه اقام (2) ونصب الحاكم الشرع الشريف (3) الواقع خطه اعلى الكتاب عامله (4) الله بتوقيعة المستطاب طوبى له و حسن(5) مأب المرءة المدعوة سندس بنت سيّد مصطفة الآمدى وصية على ابنها محمد سعيد بن حسن (6) اغا المتوفى الصغير القاصر عن درجة البلوغ (7) لترى مصالحه و تدعى حقوقه و تضبط و تحفظ (8) ما عاد و انتقل اليه بالارث الشرعى من متروكات و مخلفات (8) ابيه[!][68] حسن اغا المتوفى المذكور و هى اى الوصية المزبورة (9) قبلت الوصاية المرسومة و تعهدت بها و التزمت باداء مراسمها (10) على النسق المسطور كما هو الواجب عليها نصباً و قبولاً صحيحاً (11) شرعياً جرى ذلك و حرر فى اواخر شهر جماذى الاول سنة احدى و سبعن (12) و مائة و الف
(Rechte Seite)
السيد عبد (الرحيم افندى) باش كاتب محكمة
ابنه السيد منلا يوسف خطيب زنجيرية
منلا ابراهيم كاتب قسام

68 ابييه

مخضر باشى سيد محمد
اسمعيل بن مرتضى
كتحدا على بن عثمان
و غيرهم من الحضار

(Linke Seite)

(1) (ġ)ıbb et-taṣd(īḳ-ı) (2) vicāhī mā hüve el-vāḳi' işbu (3) (veṣīḳa) biṭ-ṭaleb ketb ve terḳīm olındı (4) (taḥrīren) fī evāḫir-i şehr-i Ṣafar ül-ḫayr sene iḥdā ve seba'īn ve (5) mi'e ve 'elf

جمال اوغلو على باشه
ملا صوم بن ملا بكر
شيخانلى ملا محمد بن حسن
ترياكى زاده عثمان چلبى
ملا ابراهيم بن شيخانلى حسن
سيد محمد بن (سيد) محمود

(Linke Seite von oben nach unten)

ملا على بن سيد عبدالله
ملا عسي بن سيد على
و غيهم من الحضار

247/6/d

Was den Sachverhalt anbetrifft, führte der Richter des erhabenen Scheriatsrechts seine hohe Unterschrift des Dokuments mit Hilfe Gottes zu seinem Gelingen, seinem Wohl und Glück durch. Geladen ist Sindis bint Seyyid Muṣṭafā el-Āmidī, die Vormund ihres minderjährigen Sohnes Meḥmed Sa'īd, Sohn des verstorbenen Ḥasan Aġa ist, um seine Interessen wahrzunehmen, seine Rechte einzuklagen, seine Erträge einzunehmen und aufzubewahren und das rechtmäßige Erbe vom Nachlass seines verstorbenen Vaters, welcher Ḥasan Aġa ist, an ihn zu übergeben. Zugunsten eines Ausgleichs klagte sie seine Rechte ein, wobei an ihn zum Erhalt und zur Aufbewahrung Folgendes zurückging und ihm über das scheriatsrechtliche Erbe von seinem Nachlass von seinem Vater Ḥasan Aġa, das heißt dem erwähnten Verstorbenen Folgendes überlassen wurde: Dies besagt, dass erwähnte Testamentvollstreckerin die beschriebene Treuhänderschaft, die ihr aufgetragen ist, annahm und ihre Vorschriften nach der klaren Anordnung durchführte, wie es ihre Aufgabe war, was die scheriatsrechtlich korrekte Beauftragung und Annahme anbetraf. Dieses wurde durchgeführt und eingetragen in der letzten Dekade des glückbringenden Ṣafar im Jahre 1171.

(Rechte Seite)

Seyyid 'Abdür(raḥīm Efendi), leitender Gerichtsschreiber
Sein Sohn Seyyid Monlā Yūsuf, Prediger der Zincīrīye
Mollā İbrāhīm, Nachlassgerichtsschreiber

Leitender Gerichtsdiener Seyyid Meḥmed
İsma'īl bin Murṭeżā
Ketḫüda 'Alī bin 'Oṣmān
und weitere Anwesende
(Linke Seite)
Nach persönlicher Übergabe vor Augenzeugen wurde dieses (Dokument) auf Anforderung niedergeschrieben. (Eingetragen) in der ersten Dekade des Monats des glückbringenden Ṣafar im Jahr 1171.

'Alī Beşe, Sohn von Cemel
Monlā Ṣūm bin Mollā Bekir
Şeyḫānlı Mollā Meḥmed bin Ḥasan
Teryākīzāde 'Oṣmān Çelebi
Mollā İbrāhīm bin Şeyḫānlı Ḥasan
Seyyid Meḥmed bin (Seyyid) Maḥmūd
(Linke Seite von oben nach unten)
Mollā 'Alī bin Seyyid 'Abdullāh
Mollā 'İsā bin Seyyid 'Alī, und weitere Anwesende

247/6/e

(1) (اشترى) جرجس ولد كنعان بماله من البائع منه بشرو ولد اميرخان فباعه المنتقل (2) (اليه بالشراء) و ذلك جميع بيت الازج و المطبخ القريش و حق شرب الماء فى جب (3) (الماء) (و القريش) و الحوش قبلةً [ينتهى الى] طريق [و] شرقاً [الى ملك] داهود [و] شمالاً [الى ملك] بحدو حتى [و] غرباً [الى ملك] بحدو الذمى (4) (بجملة) الحدود بثمن مقبوض قدره عشرون غروشاً و الرضى من الطرفين و للمشترى (5) (المزبور) و هو جرجس ولد كنعان قبل صدور البيع قد كان له هواء سطح بيت الازج (6) (المزبور) باقرار البائع المرقوم و هو بشرو ولد اميرخان تحريراً فى اوائل شهر ربيع (7) (الاول) سنة احدى و سبعين و مائة و الف
الحاج نعمات بن سيد احمد
ابنه سيد احمد
حسين البعير
ابنه مدلح
يوسف بن غردو دايشى
احمد بن (الحاج) الياس
(...) اويس ولد يعقوب
عمسيح ولد داهود
بوغوس ولد كرابيد
اخيه انتون
اخيه كرابيد
نورى ولد مركينة

شماس ميخائل ولد مركينة
بشرو ولد كوركيس

247/6/e

Circis veled-i Kanʿān (tätigte) mit seinen Geld den (Kauf), wobei sein Verkäufer Beşerū veled-i Emīr Ḫān ist. Er verkaufte was (ihm kaufmäßig) überlassen wurde. Dieses umfasst das gesamte kuppelförmig überdachte Haus, die Käserei, ein Wasserrecht am Brunnen, (eine Käserei) und einen Hof, die im Süden an einen Weg, im Osten [an den Besitz] von Dāhūd, im Norden [an den Besitz] von Beḥdū Ḥatay (und) im Westen [an den Besitz] von Beḥdū eẕ-Ẕimmī mit allen Grenzen (angrenzen). Es wurde zum angenommenen und festgesetzten Preis von 20 Ġuruş unter Zustimmung beider Parteien durchgeführt. Vor dem Erlass des Kaufs gehörte dem (erwähnten) Käufer (...), wobei dieser Circis veled-i Kanʿān ist, das Vordach des (erwähnten) kuppelförmig überdachten Hauses unter Bestätigung des erwähnten Verkäufers, wobei dieser Beşerū veled-i Emīr Ḫān ist. Eingetragen in der ersten Dekade des Monats des (ersten) Rebiʿ im Jahre 1171.

Ḥāc Nuʿmāt bin Seyyid Aḥmed
Sein Sohn Seyyid Aḥmed
Ḥuseyn el-Baʿīr
Sein Sohn Mudliḥ
Yūsuf Ġardū Dāyiş
Aḥmed bin (ül-Ḥāc) İlyās
(...) Üveys veled-i Yaʿḳūb
ʿAmsīḥ veled-i Dāhūd
Būġūṣ veled-i Karābīd
Sein Bruder Antūn
Sein Bruder Karābīd
Nūrī veled-i Markina
Der christliche Diakon Mīḫāʾil veled-i Markina
Beşerū veled-i Kūrkīs

247/6/f

(1) (...) mülk-ı dārende bir divar (Mauer) taʿmīr ėdüb ḳonşusı olan ʿAmru taʿmīr-i meẕkūruñ menʿ ėtmege şerʿan ḳādir (2) (olur mu) Allāh aʿlam olmaz
(ان) كل من تصرف فى خالص ملكه لا يمنع منه فى الحكم صرة[69] (3)

---

69 Abkürzung für „Surrat al-Fatawi" aus dem Buch von Sakızî Sâdık Mehmed Efendi (gest. ca. 1649?). Vgl. Aykan (2016), S. 241. Am Anfang und am Ende der Fetvā befindet sich hier eine Fetvāmarkierung.

(4) (...) ṣūretde şerʿ īle görülüb ḥükm ve faṣl olınan daʿvānın[!][70] tekrāren istimāʿī şerʿan cāʾiz olur mu (5) Allāh aʿlam olmaz
(6) لا تسمع الدعوى بعد لحوق الحكم بها تاتارخانية [71]

247/6/f
Kann, (wenn) der Eigentümer eines Eigentums eine Mauer errichtete, derjenige, der sein Nachbar wird, die Errichtung von Erwähnter scheriatsrechtlich untersagen? Ich denke nein.
(Fetvā-Markierung) Niemandem, der über seinen eigentlichen Besitz verfügt, kann dies durch ein Urteil verwehrt werden. Ṣurra *(Fetvā-Markierung)*
(Kann) (...) in der Abschrift scheriatsrechtlich überprüft werden und ist eine erneute Anhörung des Urteils und der Klage scheriatsrechlich erlaubt? Ich denke nein.
(Fetvā-Markierung) Die Klage wird nach Einholung des Urteils nicht angehört.[72] Tatarḫānīye *(Fetvā-Markierung)*[73]

247/6/g
(1) (عن) ذكر ما هو انه اشترى حسين بشه بن عمر بن صارجه حسين بماله لنفسه دون غيره من البائع منه ابيه (2) (عمر بن صارجه المرقوم) فباعه ما هو له و ملكه و بيده و تحت تصرفه و منتقل اليه بالارث الشرعى و ذلك (3) (جميع) الدار الواقعة فى محلة باب الجديد المشتملة على حجرة ذى ثلاث صنف و داخلها (4) (بخارين) و مطبخ و ايوان و كنيف و جب ماء[!][74] و حوش المحدودين قبلةً بطريق و شرقاً (5) (الى) ملك اسمعيل بن حسين وشمالاً الى ملك شماس ياغوب و غرباً الى ملك ورثة (6) (...) قصركى بجملة الحدود و كافة المرافق و الحقوق بثمن مقبوض قدره و نصابه (7) (مائة) و ثلاثون غروشاً بيعاً و اشتراءً صحيحين شرعين باتين مشتملين (8) (على) الاجاب و لاقبول و القبض و القباض و الرؤية و الراضى من الطرفين (9) (حرر) فى اوائل شهر ربيع الاول سنة احدى و سبعين و مائة و الف
مصطفى بن عبد الله چلبى اغا زاده
الحاج يوسف بن الحاج يونس الحمد
ابنه عمر على بشه
شيخموسى بن عبو النعلچه چى
عبد ال بن مرزا دابشى

70 daʿvānıñ
71 Eigentlicher Name: Burhān al-Dīn İbrāhīm b. Muḥammad b. İbrāhīm, stellte Werk „Fatāwā Tātārkhāniyya“ zusammen. Vgl. Schacht, Joseph.: „al-Ḥalabī“, in: *EI*².
72 Im Sinne von „Eine Revisionsklage ist nicht möglich“.
73 Vermutlich Markierung, die nur in diesen Text am Anfang und am Ende des Fetvā-Zitats eingesetzt wurde.
74 جب ما

طه ابن الزرده
(...) بن مراد (...)
(Von rechts nach links)
ابراهيم چلبى بن بكر افندى
سليمان چلبى بن الحاج الياس
عبد الرحمن بن قاسم بك
(Zeile darunter von links nach rechts)
احمد ابن الوارث
على بن عبد اللطيف ابن (الدهلكى)[؟]
حسن بن احمد (غصيبة)[؟]
محمد بن عمر صارجه
و غيرهم من الحضار

247/6/g

Was den Sachverhalt anbetrifft, tätigte Ḥuseyn Beşe bin ʿÖmer bin Ṣārica mit seinem eigenen Geld und keinem anderen den Verkauf. Sein Verkäufer ist sein Vater, erwähnter (ʿÖmer bin Ṣārica). Er verkaufte ihm, was ihm gehörte, er zum Eigentum und zur Verfügung hatte und ihm über das scheriatsrechtliche Erbe überlassen wurde. Dieses umfasst das (gesamte) Haus, das im Viertel Bāb el-Cedīd liegt und aus einer Kammer mit drei gemauerten Steinbänken besteht. In ihm befinden sich (zwei Öfen), eine Küche, ein Iwān, ein Abort, ein Brunnen und ein Hof, wobei diese nach Süden an einen Weg, nach Osten [an] den Besitz von İsmaʿīl bin Ḥuseyn, im Norden an den Besitz des christlichen Diakons Yāġūb und im Westen an den Besitz des Erbes von (...) Ḳaṣrakī mit all ihren Grenzen angrenzen. Der einwandfreie rechtmäßige und ausdrückliche Verkauf und Kauf aller Einrichtungen und Rechte wurde zum entgegengenommenen und festgesetzten Preis von (1)30 Ġuruş (unter) Annahme, zur Vorstellung und unter Zustimmung beider Parteien durchgeführt.
Eingetragen in der ersten Dekade des Monats des ersten Rebiʿ im Jahre 1171.

Muṣṭafā bin ʿAbdullāh Çelebi Aġazāde
Ḥāc Yūsuf bin ül-Ḥāc Yūnus ül-Ḥamd
Sein Sohn ʿÖmer ʿAlī Beşe
Şeyḫmūsā bin ʿAbū Naʿlçeçi
Ṭaha ibn üz-Zarde
(...) bin Murād (...)
(Von rechts nach links)
İbrāhīm Çelebi bin Bekir Efendi
Süleymān Çelebi bin ül-Ḥāc Ilyās
ʿAbdürraḥmān Ḳāsim Beg

(Zeile darunter von links nach rechts)
Aḥmed, der Sohn des Erbenden
ʿAlī bin ʿAbdüllaṭīf ibn (üd-Dahlakī)[?]
ʿAlī bin Aḥmed (Ġasība)[?]
Meḥmed bin ʿÖmer Ṣārica
und weitere Anwesende

247/6/h

(1) medīne-ʾi Mārdīn (2) ḳażāsına tābiʿ Ḫabbāze (3) ḳaryesi sükkānından Mollā ʿİsā bin (4) Şeyḫ Daūd nām kimesne meclis-i şerʿ-i şerīf-i (5) enverde yine medīne-ʾi mezbūre sükkānından Keremī (6) Saliḥ bin Maḥmūd nām kimesne maḥżarında biṭ-ṭavʿ eṣ-ṣāf (7) iḳrār-ı tāmm eyleyüb Bāb el-Cedīd maḥallesinde vāḳiʿ ḳıbleten ve şimālen (8) ṭarīḳ ve şarḳen Seyyid ʿAlī vereṡesi mülki ve ġarben Şeyḫānlı Mollā İbrāhīm mülkine (9) müntehī ve maḥdūd olan dārıñ ṡülüṡi müteveffiye olan vālidem Fāṭime bint Seyyid Ḥasanıñ (10) mülkidir deyü bundan aḳdem daʿvā ve iṡbātına ḳādir olmadıġımdan[!][75] şerʿan muʿārażadan (11) beni menʿ ve defʿ ėdüb bu defʿa daḫī yine daʿvāya sālik olub beyyine ve burhānım (12) olmadıġından daʿvāmdan keff-i yed ėdüb zīrā merḳūm Ṣāliḥiñ pederi merḳūm (13) Maḥmūd yirmi seneden mütecāviz taṣarrüf-i emlāk[!][76] ile meẕkūr olan dārı (14) cümle[!][77] ḥudūd ve ḥuḳūḳıyla mutaṣarrıf olub vefātından soñra müteveffā (15) olan oġlu Muṣṭafā ve oġlu mezbūr Ṣāliḥ daḫī on beş seneden berü (16) (...) ber vech-i mülkīyet mutaṣarrıfān olub taṣarrüflerini daḫī vālidem ve ben (17) (...) bināʾen ʿaleyh daʿvām sāḳıṭe olmaġla merḳūm Ṣāliḥ ve şurekāsınıñ (18) (... ...) olmaġın fīmābaʿd mezbūr Ṣāliḥ ve şurekāsıyla dār (19) ḫuṣūṣundan yaña vechen min el-vücūh ve sebeben min el-esbāb daʿvā (20) (ve ḥaḳḳ) ve ḫuṣūmetim ḳalmayub baʿd ezīn (21) (...) (olur) isim ʿind el-hükkām (22) (...) deyü (... ...)

247/6/h

Im Dorf Ḫabbāze, welches dem Gerichtssprengel von Mardin angeschlossen ist, gab einer der Bewohner namens Mollā ʿİsā bin Şeyḫ Daūd in der ehrwürdigen, erleuchteten Gerichtsversammlung erneut in Anwesenheit des Bewohners der erwähnten Stadt namens Keremī Saliḥ bin Maḥmūd in klarem Gehorsam eine vollständige Bestätigung ab und machte folgende Aussage: „Ein Drittel des Hauses, das im Viertel Bāb el-Cedīd liegt und im Süden und Norden vom Weg, im

75 olmadıġdan
76 melāk
77 cümle-ʾi

Osten das Erbe von Seyyid ʿAlī und im Westen vom Besitz von Şeyḫānlı Mollā İbrāhīm begrenzt ist, war der Besitz meiner verstorbenen Mutter Fāṭime bint Seyyid Ḥasan. Weil es mir ehedem scheriatsrechtlich nicht möglich war, eine Klage zu führen und zu untermauern, wurde ich mit meiner Klage abgewiesen. Dieses Mal strengte ich auch wieder eine Klage an, aber da es mir an Beweisen mangelte, habe ich meine Klage zurückgezogen. Denn der Vater von erwähntem Ṣāliḥ, erwähnter Maḥmūd, hatte mehr als 20 Jahre die Verfügung über das Eigentum, das erwähnte Haus mit all seinen Grenzen und Rechten. Nach seinem Tod besaßen es der verstorbene Sohn Muṣṭafā und der erwähnte Sohn Ṣāliḥ nochmal für weitere 15 Jahre erneut als Eigentum. Da meine Mutter und ich deren ihren Besitz (...)[78] und ich deswegen meine Klage fallen ließ und da erwähnter Ṣāliḥ und (...) seiner Partner (...), strenge ich gegen erwähnten Ṣāliḥ und seine Partner hinsichtlich der Angelegenheit des Hauses in keiner Weise und aus keinem Grund irgendeine Klage an, noch verbleibt irgend ein Streit oder mache ich sonst irgendwelche Ansprüche geltend.“ (... ...)[79]

247/7/a

(1) اشترى يوسف بن على بماله من البائع منه اليآس بن زين العرب فباعه اصآلة عن نفسه[!][80]
و (بالوصآية) (2) عن قبل اولاد بنته الصغار و هم احمد و اموش و شنشوله اولاد خضر و ذلك
بعد ما نصب من (3) الشرع عليهم وصياً ما هو له و للصغار المرقومون و ملكهم و منتقل
بالارث و ذلك جميع بيت (4) و ربع الحوش و ربع المطبخ الواقعين فى محلة الزراقة المحدودين
قبلةً ينتهى الى ملك البائع (و شرقاً) (5) الى ملك ورثة احمد بشه و شمالاً الى الطريق و غرباً
ايضاً الى ملك البائع و انما جوز بيع (6) الصغار المرقمون لضرورة نفقتهم بجملة الحدود بثمن
مقبوض قدره خمسة عشر (غروش) (7) و الرضى من الطرفين حرر فى اواسط شهر ربيع
الاول سنة احدى و سبعين و مائة و (الف)

مدمود افندى
شيخ سبعة زاده
اخيه احمد افندى
عبد النبى الديرى
منلا عمر بن يحيى
حسين بن مصطفى
منلا عماد الدين بن ويس

78 Möglicherweise hatten der Kläger und seine Mutter deren Besitz anerkannt.
79 D.h. auf eine Klage wurde seinerseits verzichtet, vermutlich wurde ein Ausgleich geschaffen, Sinn wegen schlechter Lesbarkeit nur ermittelbar, restlicher Text unlesbar.
80 نسفه

247/7/a

Yūsuf bin ʿAlī tätigte den Kauf. Sein Verkäufer ist Şemmās bin Zīn el-ʿArab. Er verkaufte in eigener Vertretung und in Vertretung für die minderjährigen Söhne seiner Tochter. Diese sind Aḥmed, Amūş und Şunşūle, die Söhne von Ḫıżır. Dieses umfasst, was für sie scheriatsrechtlich treuhänderisch bestimmt wurde und ihm und den erwähnten Minderjährigen gehörte und ihnen erbmäßig überlassen wurde. Dieses umfasst das gesamte Haus, ein Viertel des Hofes, ein Viertel der Küche, die im Viertel Zarrāḳa liegen. Im Süden grenzt es an den Besitz des Verkäufers, (im Osten) an den Besitz des Erbes von Aḥmed Beşe, im Norden an den Weg und im Westen ebenso an den Besitz des Verkäufers. So ist den erwähnten Minderjährigen der Verkauf zum entgegengenommenen festgesetzten Preis von 15 (Ġuruş) unter Zustimmung der beiden Parteien mit allen Grenzen zur Notwendigkeit der Bestreitung ihrer Ausgaben erlaubt. Eingetragen in der mittleren Dekade des Monats des ersten Rebiʿ im Jahre (1)171.

Maḥmūd Efendi Şeyḫ Sebaʿzāde
Sein Bruder Aḥmed Efendi
ʿAbdünnabī ed-Dīrī
Monlā ʿÖmer bin Yaḥyā
Ḥuseyn bin Muṣṭafā
Monlā ʿİmādeddīn bin Üveys

247/7/b

(1) اشترى الحاج عبد الله اغا بن شيخموسى اغا بماله من البائع منه السيد عبد الله بن (...) (2) فباع [81][!]اصآلة عن نفسه و بالوكالة عن قبل عائشة و فاطمة و اخيهما محمد (اولاد) (3) شيخ داود الثابت وكالة عنهم بشهادة خليل بك بن مصطفى بك و منلا (بكر) (4) بن منلا يسين و سيد يسين بن بلال و شعبان اغا بن سيد شعبان و قاسم بن (5) سيد بكر ما هو للاصيل المرقوم للمؤكلتان و المرقومتان و للمؤكل المزبور (6) و ملكهم و يدهم و تحت تصرفهم و منتقل اليهم بالطريق الارث الشرع و ذلك (7) جميع البستان السقية الواقعة فى عقار قرية غرس الادنى المحدودة قبلةً (8) الى ملك كور جمعة و شرقاً الى الطريق و شمالاً الى ملك مشترى و غرباً الى النهر (9) بجملة الحدود بثمن مقبوض قدره و نصابه مائة و خمسة[!][82] عشر غروشاً و الرضى (10) من الطرفين حرر فى اواسط شهر محرم سنة احدى و سبعين و مائة و الف

خليل بك ميرى مشكى
شعبان اغا بن السيد شعبان
رمضان المتولى ابن عثمان
عثمان بن عمر شكر بشه

81 اصآلةً
82 خمس

حسن بن على بشه
احمد بن خليل
(Untere Reihe)
حمزة بن شفدو الجنازى
منلا حسن بن منلا محمد
منلا بكر بن منلا يسين
سيد يسين بن بلال
قاسم بن سيد بكر

247/7/b

Hāc ʿAbdullāh Aġa bin Şeyḫmūsā Aġa tätigte mit seinem Geld den Kauf. Sein Verkäufer ist Seyyid ʿAbdullāh bin (...). Er verkaufte sich selbst vertretend und in Vertretung von ʿĀīşe und Fāṭime sowie ihrem Bruder Meḥmed, (die Kinder von) Şeyḫ Dāūd unter Bestätigung seiner Vertretung für sie durch die Zeugenschaft von Ḫalīl Beg bin Muṣṭafā Beg und Monlā (Bekir) bin Monlā Yasīn sowie Seyyid Yasīn bin Bilāl, Şaʿbān Aġa bin Seyyid Şaʿbān und Ḳāsim bin Seyyid Bekir, was dem sich selbst Vertretenden, den beiden erwähnten Mandantinnen und dem erwähnten Mandanten gehörte und zu ihrer Verfügung stand und ihnen erbmäßig überlassen wurde. Dieses umfasst den gesamten bewässerten Garten auf dem Grund des Dorfes Ġaras el-Ednā, welcher im Süden an den Besitz von Kur Cumʿa, im Osten an den Weg, im Norden an den Besitz des Käufers und im Westen an den Fluss mit allen Grenzen angrenzt. Dies erfolgte zum entgegengenommenen und festgesetzten Preis von 115 Ġuruş unter Zustimmung der beiden Parteien. Eingetragen in der mittleren Dekade des Monats des geheiligten Muḥarrem des Jahres 1171.

Ḫalīl Beg Anführer der Mişkī
Şaʿbān Aġa bin Seyyid Şaʿbān
Ramażān, Verwalter und Sohn von ʿOs̱mān
ʿOs̱mān bin ʿÖmer Şeker Beşe
Ḥasan bin ʿAlī Beşe
Aḥmed bin Ḫalīl
(Untere Reihe)
Ḥamza bin Şafdū el-Cenāzī
Monlā Ḥasan bin Monlā Meḥmed
Monlā Bekir bin Monlā Yasīn
Seyyid Yasīn bin Bilāl
Ḳāsim bin Seyyid Bekir

247/7/c

(1) اشترى حسن اغا بن يوسف چلبى و زوجته قدرة خاتون بنت درويش احمد على (2) ان يكون المبيع الآتى ذكره نصفه لقدرة خاتون و نصفه الاخر لحسن اغا و اخيه محمد چلبى (3) المرقوم من البائع منه السيد اسمعيل چلبى بن سيد منصور فباعه اصالة عن نفسه و (بالوكالة) (4) عن قبل امّه زليخا خاتون بنت شيت چلبى الثابت وكالة عنها بشهادة حسين چلبى بن ملك (5) محمود و سيد عبد القادر بن درويش احمد و مصطفى چلبى اخيه و اسمعيل بن بكر چلبى (غازى) (6) زاده ما هو لهما و ملكهما و بيدهما و تحت تصرفهما و منتقل اليهما بطريق (7) الارث و الشرآء و ذلك جميع البستان السقية والعذية المعروفة ببستان (8) (القمعور)[؟] الواقع فى ارض الرشاد المحدودة قبلةً و شرقاً تنتهى الى الطريق و شمالاً (9) الى [ملك] بكر اوغلى الامدى و غرباً الى ملك رمضان بن مصطفى الجوزى بجملة (الحدود) (10) و كافة المرافق و الحقوق بثمن مقبوض قدره و نصابه ثلاثومائة (غروش) (11) بيعاً و اشتراءً صحيحين شرعيين باتين مشتملين على الايجاب و (القبول) (11) (و القبض و) القباض و الرؤية و الرضى من الطرفين حرر فى اواخر شهر ربيع (...)[83] (12) [سنة احدى] و سبعين و مائة و الف

السيد (احمد) شيخ (سبعة زاده)
اخيه محمود افندى
اخيه منلا محمد
ملا حسين بن الحاج غازى
شيخ سبعة عبد الله بك
ابنه عمر
حسن بن بربر على
رمضان بن درويش
سيد عبد الدائم بن سيد قاسم
و غيرهم من الحضار

247/7/c

Ḥasan Aġa bin Yūsuf Çelebi sowie seine Ehefrau Ḳadira Ḫātūn bint Dervīş Aḥmed tätigten den Kauf, wobei vom erwähnten übergebenen Verkauften bei der besagten Übergabe die eine Hälfte an Ḳadira Ḫātūn und die andere Hälfte an erwähnten Ḥasan Aġa und an seinen Bruder Meḥmed Çelebi gingen. Der Verkäufer hierzu ist Seyyid İsmaʿīl Çelebi bin Seyyid Manṣūr. Er verkaufte in eigener Vertretung und (in Vertretung) für seine Mutter Zuleyḫā Ḫātūn bint Şīt Çelebi unter Bestätigung ihrer Vertretung durch Zeugenschaft von Ḥuseyn Çelebi bin Melik Maḥmūd, Seyyid ʿAbdülḳādir bin Dervīş Aḥmed, Muṣṭafā Çelebi, sein Bruder, und İsmaʿīl bin Bekir Çelebi (Ġāzī)zāde, was ihnen beiden gehörte, sie zum Eigentum hatten, ihnen zur Verfügung stand und ihnen erbmäßig und mittels Kauf überlassen wurde. Dieses umfasst den gesamten durch ein eigenes Kanalsystem bewässerten und einen Regenwasser-bewässerten Garten, der unter dem Namen Bustān (el-Ḳamʿūr)[?] bekannt ist und der in Arż ür-Raşād liegt, wobei er im

83 الاول oder الاخر

Süden und im Osten an den Weg, im Norden an [den Besitz] von Bekiroğlu el-Amidī und im Westen an den Besitz von Ramażān bin Muṣṭafā el-Cūzī mit allen (Grenzen) angrenzt. Alle Einrichtungen und Rechte wurden zum festgesetzten und umfassenden Preis von 300 (Ġuruş) wobei Verkauf und Kauf unter Bestätigung, Annahme und Zustimmung der beiden Parteien scheriatsrechtlich korrekt erfolgten. Eingetragen in der letzten Dekade des Monats des (...) Rebiʿ im (Jahre) 117(1).

Seyyid (Aḥmed) Şeyḫ Sebaʿ(zade)
Sein Bruder Maḥmūd Efendi
Sein Bruder Mollā Meḥmed
Mollā Ḥuseyn bin ül-Ḥāc Ġāzī
Şeyḫ Sebaʿ ʿAbdullāh Beg
Sein Sohn ʿÖmer
Ḥasan bin Berber ʿAlī
Ramażān bin Dervīş
Seyyid ʿAbdüddāʾim bin Seyyid Ḳāsim, und weitere Anwesende

247/7/d

(1) (اشترى سيد) اسمعيل (2) (چلبى بن سيد منصور)[!][84] اصالة عن نفسه (3) (بالوكالة) عن قبل امّه زليخا خاطون (4) (بنت شيت) چلبى بمالهما لنفسهما على عن يكون (5) (المبيع) الآتى ذكره بطريق المناصفة بينهما من البائع (6) (منه) حسن اغا بن يوسف چلبى فباعه بالوكالة عن قبل ابيه يوسف (7) (چلبى) بن محمد چلبى المرقوم[!][85] الثابت وكالة عنه بشهادة حسين چلبى بن ملك محمود (8) (و) سيد عبد القادر بن درويش احمد و اخيه مصطفى چلبى ما هو لمؤكله المرقوم و ملكه (9) (و تحت) تصرفه و منتقل اليه بطريق العمارة و ذلك جميع غرس العينب الواقع من قرب ترب الشمسية (10) (المحدود) قبلةً و شرقاً ينتهى الى الطريق و شمالاً الى الدره و غرباً الى ترب الشمسية بجملة الحدود و كافة (11) المرافق و الحقوق بثمن مقبوض قدره و نصابه مائة غروشاً بيعاً و اشتراءً صحيحين (12) شرعين باتين مشتملين على الايجاب و القبول و القبض و الاقباض و الرؤية و الرضى (13) من الطرفين حرر فى اواخر شهر ربيع الاول سنة احدى و سبعين و مائة و الف

(Von links nach rechts)

السيد احمد بن شيخ سبعة
اخيه محمود افندى
اخيه ملا محمد
ملا حسين ابن الغازى

---

84 Es handelt sich wahrscheinlich um den selben Verkäufer wie in Text 7/d, d.h. um اسمعيل چلبى بن سيد منصور, hier fälschlicherweise: اسمعيل بن چلبى بن سيد منصور

85 Vermutlich falsche Syntax, hier fälschlicherweise: يوسف چلبى المرقوم بن محمد چلبى

شيخ سبعة عبد الله بك
ابنه عمر
حسن بن بربر على
(Von rechts nach links zweite Reihe)
رمضان بن درويش
سيد عبد الدائم بن سيد قاسم
و غيرهم من الحاضرين

247/7/d

(Seyyid) İsmaʿīl (Çelebi bin Seyyid Manṣūr) (tätigte) in eigener Vertretung und in Vertretung für seine Mutter Zuleyḫā Ḫātūn bint Şīt Çelebi mit ihrer beider eigenen Geld den (Kauf). Was das erwähnte übergebene (Verkaufte) anbetrifft, wurde es unter ihnen beiden über den Weg der Halbierung aufgeteilt. Der Verkäufer hierzu ist Ḥasan Aġa bin Yūsuf Çelebi. Er tätigte den Verkauf in Vertretung für seinen Vater, erwähntem Yūsuf (Çelebi) bin Meḥmed Çelebi, wobei die Bestätigung der Vertretung unter Zeugenschaft von Ḥuseyn Çelebi bin Melik Maḥmūd, Seyyid ʿAbdülḳādir bin Dervīş Aḥmed sowie seinem Bruder Muṣṭafā Çelebi erfolgte. Er verkaufte was seinem erwähnten Mandanten gehörte, ihm zur Verfügung stand und ihm über den Weg des Baus überlassen wurde. Dieses umfasst den gesamten Weingarten, welcher in der Nähe von Tirb üş-Şamsīya liegt und im Süden und im Osten an den Weg, im Norden an Dere und im Westen an Tirb üş-Şamsīya mit allen Grenzen angrenzt. Der umfassende scheriatsrechtlich korrekte Kauf und Verkauf aller Einrichtungen und Rechte erfolgte unter Bestätigung und Annahme zum entgegengenommenen und festgesetzten Preis von 100 Ġuruş unter Zustimmung der beiden Parteien.

Eingetragen in der letzten Dekade des Monats des ersten Rebīʿ im Jahre 1171.
(Von links nach rechts)
Seyyid Aḥmed bin Şeyḫ Sebaʿ
Sein Bruder Maḥmūd Efendi
Sein Bruder Mollā Meḥmed
Mollā Ḥuseyn ibn ül-Ġāzī[86]
Şeyḫ Sebaʿ ʿAbdullāh Beg
Sein Sohn ʿÖmer
Ḥasan bin Berber ʿAlī
(Von rechts nach links zweite Reihe)
Ramażān bin Dervīş
Seyyid ʿAbdüddāʾim bin Seyyid Ḳāsim
und weitere Anwesende

86 Müsste derselbe Zeuge wie Mollā Ḥuseyn bin Ḥāc Ġāzī in Text 7/c sein.

247/7/e

(1) (اشترت) رحمة خاتون بنت الحاج عمر و صالحة خاتون بنت الحاج امين بطريق المناصفة من البئآع منهما الحاج داود بن منلا على (2) (منتقل) اليه بالارث و الهبة و ذلك جميع الدار الواقعة فى محلة الزراقة المشتملة على حجرة ذى صفتين (3) (و داخلها) بخارى و اوطة و آخور و ثلاثة ارباع المطبخ و ثلاثة ارباع الكنيف و ثلاثة ارباع (4) (جبين) الماء و ثلاث ارباع الحوش قبلةً [ينتهى الى] ورثة كدمو الذمى و شرقاً [الى ملك] الحاج محمد و شمالاً [الى] طريق و تمامه (5) (غرباً) (...) عبد الرحيم چلبى بجملة الحدود بثمن مقبوض قدره مائة و ستون غروشاً و الرضى من الطرفين (6) (حرر فى) اواخر شهر ربيع الاول سنة احدى و سبعون و مائة و الف

(Von links nach rechts)

حسين چلبى بن الحج عمر

حآج محمد ابن الوانى

مصطفى بن الحآج عمر

سيد كنعان بن الحآج احمد الرجبى

خليفة بن حيتم

مصطفى (بن) يحيى

(Untere Reihe)

عثمان چلبى ابن الترياكى

شيخموسى چلبى ابن شيخ العطارين

احمد اغا بن يوسف اغا الدزدار

حسن اغا بن ملك محمود

حاج عبد القادر بن الياس اغا

(...) ابن (...)

247/7/e

Raḥma Ḫātūn bint ül-Ḥāc ʿÖmer und Ṣāliḥa Ḫātūn bint ül-Ḥāc Emīn (tätigten) über den Weg einer Halbierung[87] (den Kauf). Ihr Verkäufer ist Ḥāc Davūd bin Monlā ʿAlī, dem erbmäßig und als Geschenk Folgendes (überlassen wurde). Dieses umfasst das gesamte Haus, das im Viertel Zarrāḳa und welches aus einer Kammer mit zwei gemauerten Steinbänken, (in welcher) sich ein Ofen und ein Stall, drei Viertel einer Küche, drei Viertel eines Aborts, drei Viertel eines Brunnens und drei Viertel eines Hofes befinden. Im Süden (grenzt es) an das Erbe von Kadmū eẕ-Ẕimmī, im Osten an [den Besitz] von Ḥāc Meḥmed, im Norden [an] einen Weg und die gesamte (westliche Seite) an (...) von ʿAbdürraḥīm Çelebi mit allen Grenzen. Der Kauf erfolgte zum entgegengenommenen und festgesetzten Preis von 160 Ġuruş unter Zustimmung der beiden Parteien. (Eingetragen) in der letzten Dekade des Monats des ersten Rebīʿ im Jahre 1171.

87 D.h. zu gleichen Anteilen.

(Von links nach rechts)
Ḥuseyn Çelebi bin ül-Ḥāc ʿÖmer
Ḥāc Meḥmed ibn ül-Vānī
Muṣṭafā bin ül-Ḥāc ʿÖmer
Seyyid Kanʿān bin ül-Ḥāc Aḥmed er-Recebī
Ḫalīfe bin Ḥaytam
Muṣṭafā bin Yaḥyā
(Untere Reihe)
ʿOsmān Çelebi ibn üt-Tiryākī
Şeyḫmūsā Çelebi ibn Şeyḫ ül-ʿAṭṭāreyn
Aḥmed Aġa bin Yūsuf Aġa, Festungskommandant *(dizdār)*
Ḥasan Aġa bin Melik Maḥmūd
Ḥāc ʿAbdülḳādir bin İlyās Aġa
(...) ibn (...)

247/7/f

(1) (اشترى) سيد خليل بن سيد عثمان و سيد ابراهيم بن محمد چلبى على عن يكون المبيع الآتى ذكره بطريق المناصفة (2) (من) البائع منه احمد اغا بن يوسف اغا فباعه المنتقل اليه بالارث الشرعى و ذلك جميع الدكان (3) (...) فى سوق الدقيق المحدودة قبلةً الى وقف على اغا و شرقاً و شمالاً و غرباً الى الطريق الذى (ارضه) (4) مستحكرة من المتولى اوقاف على اغا باجارة مقدرة فى كل سنة ستة عشر قطعة بجملة (5) (الحدود بثمن) مقبوض قدره خمسة عشر غروشاً و الرضى من الطرفين تحريراً فى اواخر شهر ربيع (6) (...) سنة احدى و سبعين و مائة و الف

(Von links nach rechts)
الحاج اسمعيل افندى خطيب جامع الكبير
شيخموسى چلبى بن داهود چلبى
على بن عبد اللطيف
سيد احمد بن ورآث
حآج عبد القدر بن الياس اغا

247/7/f

Seyyid Ḫalīl bin Seyyid ʿOsmān sowie Seyyid İbrāhīm bin Meḥmed Çelebi (tätigten den Kauf), wobei hierbei das erwähnte übergebene Verkaufte hälftig geteilt wurde. Der Verkäufer ist Aḥmed Aġa bin Yūsuf Aġa. Er verkaufte, was ihm über das scheriatsrechtliche Erbe überlassen wurde. Dieses umfasst den gesamten Laden (...) im Mehl-Markt, der im Süden an die Stiftung von ʿAlī Aġa und im Osten, Norden und im Westen an den Weg mit all seinen Grenzen angrenzt und (dessen Grund) vom Verwalter der ʿAlī Aġa-Stiftungen zu einer geschätzten jährlichen Pacht von 16 Anteilen langzeitverpachtet ist. Der Verkauf erfolgte zum festgesetzten und entgegengenommenen Preis von 15 Ġuruş unter Zustimmung beider Parteien. Eingetragen in der letzten Dekade des Monats des (...) Rebiʿ 1171.

(Von links nach rechts)
Ḥāc İsmaʿīl Efendi, Prediger der Großen Moschee
Şeyḫmūsā Çelebi bin Dāhūd Çelebi
ʿAlī bin ʿAbdüllaṭīf
Seyyid Aḥmed bin Virāṣ
Ḥāc ʿAbdülḳādir bin İlyās Aġa

247/7/g

(1) (اشترى) (2) هوجة اسكندر (3) ولد يوسف بماله من (4) البائعان منه سيد مصطفى (5) بن سيد محمود و ابنه ملا رمضان (6) المنتقل بالشراء و ذلك جميع غرس (7) العنب الواقع فى وادى حمزة بيك المحدود (8) قبلةً [ينتهى الى ملك] احمد بن سيدو و شرقاً [الى ملك] رمو الديشى و شمالاً (9) [الى] ورثة خضر بك و غرباً [الى ملك] البائعان بالجملة الحدود بثمن (10) مقبوض قدره مائة و خمسون غروشاً و الرضى من الطرفين (11) تحريراً فى اليوم السابع عشر من شهر ربيع الاخر (12) سنة احدى و سبعين و مائة و الف

احمد افندى بن واعظ افندى
موسى بن طوارو
اخيه عيسى
سيد عثمان بن سيد حسف
احمد الحلاق
حسن مردم[88] واعظ افندى

247/7/g

Hūca İskander veled-i Yūsuf (tätigte) mit seinem eigenen Geld den (Kauf). Seine Verkäufer waren Muṣṭafā bin Seyyid Maḥmūd und sein Sohn Monlā Ramażān, wobei ihnen über dieses durch Kauf überlassen wurde. Dieses umfasst die gesamte Weinstockpflanzung, welche im Tal Ḥamza-Beg liegt. Im Süden grenzt sie [an den Besitz von] Aḥmed bin Seyyidu, im Osten [an den Besitz von] Ramū ed-Dayşī, im Norden [an das] Erbe von Ḫıżır Beg und im Westen [an den Besitz] der beiden Käufer mit allen Grenzen. Der Verkauf erfolgte zum entgegengenommenen und festgesetzten Preis von 150 Ġuruş unter Zustimmung der beiden Parteien. Eingetragen am 17. Tag des Monats des letzten Rebīʿ des Jahres 1171.

Aḥmed Efendi bin Vāʿiẓ Efendi
Mūsā bin Ṭavārū
Sein Bruder ʿİsā
Seyyid ʿOs̱mān bin Seyyid Ḥasaf

88 Müsste auch hier die Bedeutung von „Angehöriger“ haben. Vgl. Röhrborn, Klaus: *Untersuchungen zur osmanischen Verwaltungsgeschichte*, Berlin 1973, (Studien zur Sprache, Geschichte und Kultur des Islamischen Orients, Bd. 5), S. 66.

Aḥmed el-Ḥallāḳ
Ḥasan, Angehöriger von Vāʿiẓ Efendi

247/8/a

(1) defter oldur ki Mārdīn ḳalʿesinde sākin-i Maḥallemī 'l-aṣıl Monlā ʿÖmer bin Monlā Ḫalīl müteveffā olub verāṡeti z(evcesi) (2) ʿĀīşe bint Meḥmed Beşe ve dūn el-bulūġ oġlu ʿAdīle <<ve vālidesi ʿĀīşe bint Meḥmed>> ve birāderleri Muṣṭafā (ve) (...) (3) ve hemşīreleri ʿAlīye ve Mekīye ve Ḳamarī ve Emīne ve Fāṭimeye ḥaṣrı lede 'ş-şerʿ il-enver ẓāhir ve nümāyān olduḳ(dansoñra) (4) ṣaġīr olanlarıñ üzerlerine maʿrifet-i şerʿle vaṣī naṣb ve taʿyīn olınan ʿĀīşe bint Meḥmed ül-merḳūm maʿ(rifetiyle) (5) müteveffā-yı merḳūmuñ metrūkāt ve muḫallefātını ẕeyl-i defterde mesṭūr ül-esāmī olan müslimīn ḥużūrunda (ʿaded) (6) ve ḳıymet ile taḳvīm olunub vech-i ātī üzere defteridir ki ẕikr ve beyān olunur taḥrīren fī evāḫir-i Rebīʿ (...) (7) sene iḥdā ve sebaʿīn ve miʾe ve ʾelf

müteveffā-yı merḳūmuñ ʿaṭṭārīye dükkanında mevcud olub Ḳula oġlu el-Ḥāc Aḥmediñ emāneti beyānındadır.

fişek	deste 55	
siyāh ḳurşun	baṭman 200	
biber	ḳıyye 2 ½	direm 100
beyāż barud	ḳıyye 4 ½	

Vaṣīye olan müteveffā-yı mezbūruñ vālidesi ʿĀīşe bint Meḥmed ve birāderleri müteveffā Muṣṭafānıñ müvācehesinde (...) (2) bin ʿAlī ve Ṣāliḥ bin ʿÖmer Çelebi şehādetleriyle baʿd et-taḥlīf iş-şerʿi ṡübūt bulub merḳūm Ḥāc Aḥmede m(aʿrifet-i)] (3) şerʿle teslīm olunduġu işbu defterde ḳayd şüd

müteveffā-yı merḳūmuñ ʿaṭṭārīye dükkanında yine mevcūd olub ʿArbū Oġlu Monlā Meḥmediñ emāneti beyānındadır

pūlād çaḳmaḳ	ʿaded 500
çaḳı[!][89] kebīr ve ṣaġīr	ʿaded 660
sīye ḳaşıḳ deste[!][90]	ʿaded 2½
(zenāne dirāḳ şimşār)[?] ve gayri	ʿaded 11150

vaṣīye olan müteveffā-yı merḳūmuñ vālidesi ʿĀīşe bint Meḥmed ve birāderleri Muṣṭafānıñ müvācehesinde (2) es-Seyyid ʿAbdürraḥmān bin ül-Ḥāc Yaḥyā ve

89 çāḳū
90 ḳāşuḳ deste

Şemd bin ʿAbdullāh şehādetleriyle s̱übūt bulub mezbūr (3) Monlā Meḥmede ma-ʿrifet-i şerʿle dükkānından iḫrāc ve kendüye teslīm olunduğunu[!][91] işbu defterde (4) beyān şüd

bunlar daḫī müteveffā-yı merḳūmuñ dükkanında mevcūd olan ʿaṭṭārīye eczā ve ḫurdavātī beyānındadır

çit (müraḫḫama)[!][92]	ʿaded 29	ḳıymet	para 70
saḳallı kāğıd	keffe 4		
ve saḳalsız	ṭabaḳa 10	ḳıymet	para 50
kettān telli	külef 19		
(...) ḳuşağı[!][93]	ʿaded 1	ḳıymet	para 40
cenvī ka(ğıd) ḫuzme	ʿaded 1	ḳıymet	para (...)
tesbīḥ beyāż	ʿaded 4		
ve siyāḥ	ʿaded 16	ḳıymet	para 45
Londra ʿaraḳçīn	ʿaded 27		
ve Londra ʿarab ʿaraḳçīn	ʿaded 8		
ve yarım iskerlāt	ʿaded 1	ḳıymet	para 110
āyine (...)		ḳıymet	(...)
ġazal-ı ṣārid nāmında būncuk	ʿaded 30		
ve fett (...)	deste 9		
ve (cān) (...)	direm 185	ḳıymet	para 70
mercāne-ı kez̲āb	ʿaded 2		
ve şemʿ-i ʿasel	direm 600	ḳıymet	para 42
(...)		ḳıymet	(...)
bendegi	ḳıṭaʿ 3		
ve bilazik	ʿaded 300	ḳıymet	para 30
pūlād ig	ʿaded 57		
ve çuḳa ḥamāylı[!][94]	ʿaded 5	ḳıymet	para 40
çig ḳahve	direm 30	ḳıymet	para 5
ḳahve kisesi	ʿaded 2		
ve (...)		ḳıymet	para 50
çūvāldūz	ʿaded 50		
ve meded ignesi	ʿaded 100	ḳıymet	para 25
tel küpe	çift 6		
ve igne	kāğıd 8		
ve sīm yüzük	ʿaded 2		
ve küpe	ʿaded 1	ḳıymet	para (88)
sīm	direm 2		

91 olunduğu
92 müraḥama
93 ḳūrşāğı
94 hamāylu

ve çubuḳ[!][95] imāme(si)	ʿaded (...)	ḳıymet	para 5
beyaż kemik (mīldān)	ʿaded 60		
ve maḳat	ʿaded 2	ḳıymet	para 12
cevz-i bevā	ʿaded 21		
ve kisbetān-ı ṣarı	ʿaded 76		
ve ṭanbūre-i telli	deste 1	ḳıymet	para 115
vedaʿ	ʿaded 100		
ve (buncuk)		ḳıymet	para (...)
(...) siyāt baḳır	ʿaded direm 110	ḳıymet	para 10
mazı	ḳıyye 2½	ḳıymet	para 15
miyāne	direm 800	ḳıymet	para 8
bezr-i ḫıyār	direm 100	ḳıymet	para 8
deve kükürdı	baṭman	ḳıymet	para 5
kişniş[!][96]	ḳıyye 1	ḳıymet	para (...)
boş ʿulbe	ʿaded 20	ḳıymet	para 120
aġır fiyāt	direm 200		
ve ḫurde demir	ḳıyye 3	ḳıymet	para 23
girde ḳılıç	ʿaded 1		
ve ḳarabina	ʿaded 1		
ve demir şiş	ʿaded		
ve demir (...)		ḳıymet	para 20
acı ṣaḳız	400		
ve zāc	direm 200	ḳıymet	para 14
ṣābūn ṭopraġı	baṭman 1	ḳıymet	para 30
ṣaḳız	direm 100		
ve dude	direm 25		
ve merdāne dirak[!][97]	ʿaded 8		
ve ig(ne) (...)		ḳıymet	para 21
(bvkrh)	ʿaded 50		
ve ṣaġīr āyene	ʿaded 39	ḳıymet	para 45
(yykh)	ʿaded 3		
ve yüzerlik ṭuḫmī[!][98]	direm 200		
ve çifte bıçaḳ	ʿaded 1	ḳıymet	para 11
şemʿ-i ʿasel ve pūlād	direm 75	ḳıymet	para 15
ṣaġīr çaḳı[!][99]	ʿaded 5	ḳıymet	para 5
maḫlūl elvān ipek	direm 170	ḳıymet	para 160
mabrūm elvān ipek	direm 60	ḳıymet	para 60
beyāż teneke	ṭabaḳa 2½	ḳıymet	para 5

95 çubuġ
96 kişnīç
97 diraġ
98 ṭuḫmī
99 çaḳu

pīş taḫta ve kebīr (...)	ʿaded 20	ḳıymet	para (10)
taḫta ṣandūḳ	ʿaded 3		
ve ṣabūn ʿabāsī	ʿaded	ḳıymet	para 40
barud elegi	ʿaded 2		
ve fişek ālāḳī	deste 1	ḳıymet	para 5
piştov ve ba(rud) cemʿan			
(ḳż)	ʿaded 2		
ve dirhem terāzūsu	ʿaded 2		
ve maḫlūṭ dirhem (nvkīlrī)	ḳıyye 1½	ḳıymet	para 24
ḳarḳaşūn ṭāresi	ʿaded 2		
ve (ḥntvf)	ḳıyye 2		
ve (dġrcḳā)	ʿaded 4	ḳıymet	para 15
(...) tuḫmī[!][100]	ḳıyye		
ve ṣaġīr cers	ʿaded 110		
ve dükkān demir şiş	ʿaded 2	ḳıymet	para 42
siyāh barud	ḳıyye 20	ḳıymet	para 400
zār ve zenbād	direm 7		
ve göz dermānı	direm 13	ḳıymet	para 7
(...) ve ḥamre	direm 25		
ve ṣarı ṣīr	direm 90	ḳıymet	para 34
ṣandal-ı aḥmar	direm 50		
ve (...) ṣarı ve siyāh	direm 100	ḳıymet	para 15
Ḥalab surmesi	ḳıyye 2½		
ve (ḳsnī)	direm 45	ḳıymet	para 45
(...)rān ve biber	direm 50		
ve eşyā[101]	direm 50	ḳıymet	para 21
siyāh ṣīr	direm 170		
ve zencefil	direm 350		
ve baḳḳam	direm 25	ḳıymet	para 29
havācıvā	direm 40		
ve (ḳymr)	ḳıyye 1		
ve yüzerlik tuḫmı[!][102]	direm 200	ḳıymet	para 8
(...)	direm 10		
ve şibitt[!][103] tuḫmı[!][104]	direm 100	ḳıymet	para 8
civa	direm 70		
ve gāh-ı hindī	direm 6	ḳıymet	para 21
kemmūn	direm 100		
ve ḫıyār-ı şenber	direm 150	ḳıymet	para 18

100 ṭūḫūmī
101 eşyāʿ
102 ṭūḫmī
103 sebt
104 ṭūḫmı

şem'-i 'asel	direm 100	ḳıymet	para 6
(...)	direm 20?		
ve şeker ḫamīresī	direm 200		
ve ḳırmızı şeker	direm 75	ḳıymet	para 32
göz ṭaşı	direm 450		
ve cennet üs-sevdā	direm 200		
ve behmen aḥmar	direm 40	ḳıymet	para 25
baḳır zād	'aded 24	ḳıymet	para 20
(...)	direm 25		
(...) (vfūflī ve l'bt üẓ-ẓhrī)	direm 200	ḳıymet	para 23
zerḳūn[!][105]	direm 800		
ve (yānsūn)	direm 100	ḳıymet	para 32
'araḳ ül-mashalī	direm 100		
ve çesme	direm 25	ḳıymet	para 13
(...) el-'usfūr	direm 25		
ve 'araḳ ül-fetli	direm 200	ḳıymet	para 17
dem ül-aḫveyn	direm 25		
ve lāden	direm 25		
ve māmīs̱ā	direm 40	ḳıymet	para 6
ḳırfa	direm 25		
ve ḳāḳūre	direm 25	ḳıymet	para 13
(...) tuḫmı[!][106]	direm 50		
ve 'avd ül-ḳarḥ	direm 250	ḳıymet	para 16
'anzarut[!][107]	direm 40		
ve sināmekī	direm 50	ḳıymet	para 7
(ḥslbān)	direm 45		
miyāne tuḫmı[!][108]	direm 100	ḳıymet	para 12
şeker	direm 15		
ve (...)	direm 150		
ve dār filfil[109]	direm 10	ḳıymet	para 23
ḫıżrım nāmında buncuḳ	'aded 500		
ve zübd ül-baḥr	direm 50	ḳıymet	para 18
çam ṣaḳızı	direm 50		
ve (...)	direm 100	ḳıymet	para 4
(...) ve çivid[!][110]	direm 20		

105 zerīḳūn
106 ṭūḫūmı
107 'anzarūd
108 ṭūḫūmı
109 Unreife weibliche Knospen der Chavica roxburghii oder offizinarum. Vgl. Redhouse, Sir James W: Turkish and English Lexicon, Beirut 1996, S. 880.
110 çūyed

ve yeñi[!][111] behār	direm 75	ḳıymet	para 26
ġaslī	direm 100		
ve ḥınnā	direm 600		
ve ṣābūn	(...) 3	ḳıymet	para 14
çuban düdügi	ʿaded 17		
iplik beyāż	direm 25	ḳıymet	para 12
diraḳ[!][112]	ʿaded 5		
ve ṣaġīr ḳanṭār	ʿaded 1		
ve sünbüle	direm 20	ḳıymet	para 9
emlec	direm 35		
ve (şçmh)	baṭman 2		
ve miyāne ṭūḫmı	direm 600	ḳıymet	para 200
Gülestān	cild 1		
Fārsī kitābı	cild 1	ḳıymet	para 15
Şāfiʿī	cild 1		
ve Şāhidīye	cild 1		
ve evraḳ-ı Ḳurʾān	cild 1	ḳıymet	para 9
ḫurdavāt ve ḥaṣır varaḳ	para 200		
ṣaġīr terāzī		ḳıymet	para 12

ve vālidesi yanında olan eşyālar beyānındadır

(...) elvān ipek	direm 240	ḳıymet	para 32
çit döşek	ʿaded 2	ḳıymet	para 100
ṣaḥan	ʿaded 2		
ve naʿlbegi	ʿaded 2		
ve sīnī	aded 1	ḳıymet	para 100
baḳır ṭabaḳ	ʿaded 1		
ve faḫūr ṭabaḳ	ʿaded 3	ḳıymet	para 30
(...) fincān	ʿaded (...)	ḳıymet	para 20
sīm zar	ʿaded	ḳıymet	para 50
ḳarabina	ʿaded 1		
ve ṭapa	ʿaded 1	ḳıymet	para 100
tefsīr-i Ḳurʾān	cild 5	ḳıymet	para 120
kitāb ve evrāḳ-ı şüyey	cild 5	ḳıymet	para 50

(...) olan düyūnātī defteri mūcibince beyānındadır

(...) ʿAmsū	para 15
Ḳalʿalı ʿAbdullāh Çāvīş	deyn-i para 15
der ẕimmet-i ẕimmī Berhū veled-i Mūsā Mühavver	para 300
cemʿan yekūn	4149

111 yengi
112 diraġ

yalñız dört bin yüz ḳırḳ ṭoḳuz paradır	
ḥesāb	ġuruş 103
maṣārifāt	ġuruş
resm-i ḳāżī efendi	2
ʿaṭṭārlar şeyḫine ücret	½
ḳassām kātibine	1
ḥāfiẓe ücret	1
muḥżır başiye ve ḳaydīye	0 para 15
el-bāḳī baʿd el-isḳāt	ġuruş 98½ para 14
dükkānında nuḳūd	ġuruş 1½
yalñız yüz ġuruş on dört paradır	ġuruş 100 para 14

Şeyḫ Meḥmed Çelebi
ʿaṭṭārān Aḫīzāde Aḥmed Efendi
İsmaʿīl bin Ḳāṭırcī Ḥasan
Ṣālıḥ ṭopçızāde
ʿalemdār Seyyid Zekeryā

247/8/a

Der Sachverhalt ist Folgender: Der in der Festung von Mardin lebende ursprünglich aus Maḫallemī stammende Monlā Ḫalīl verstarb. Nachdem als seine Erben seine Frau ʿĀīşe, Tochter von Meḥmed Beşe, ihr minderjähriger Sohn ʿAdīl, seine Brüder Muṣṭafā und (…) sowie seine Schwestern ʿAlīye, Mekīye, Ḳamarī, Emīne und Fāṭime gemäß dem erleuchtenden Scheriatsrecht offenkundig und bekannt wurden, wurde hinsichtlich der Minderjährigen gemäß dem Scheriatsrecht durch die als Vormund eingesetzte und ernannte erwähnte ʿĀīşe, Tochter von erwähntem Meḥmed gemäß dem Scheriatsrecht das Erbe und den Nachlass des erwähnten Verstorbenen in Anwesenheit der im Registeranhang aufgelisteten Namen muslimischer Personen mit (Anzahl) und Wert eingetragen, die im Folgenden erwähnt und erklärt wird. Aufgezeichnet in der letzten Dekade des (…) Rebīʿ im Jahre 1171.

Folgendes war in den Gewürzläden des erwähnten Verstorbenen vorhanden: Das Treuhandvermögen von Ḳula Oğlu Ḥāc Aḥmed wurde angegeben.

Patrone	Bund 55	
Schwarze Gewehrkugel	Baṭman 200	
Pfeffer	Ḳıyye 2½	Dirham 100
Weißes Schießpulver	Ḳıyye 4½	

In Anwesenheit des Vormunds ʿĀīşe bint Meḥmed, Mutter des Verstorbenen und des Bruders des Verstorbenen, Muṣṭafā, wurde er unter Zeugenschaft von (…) bin ʿAlī und Ṣāliḥ bin ʿÖmer Çelebi nach scheriatsrechtlicher Vereidigung eingesetzt.

Es wird in dieses Register eingetragen, dass es erwähntem Ḥāc Aḥmed übergeben wird.
Darüber hinaus war folgendes in den Gewürzläden des erwähnten Verstorbenen vorhanden. Das Treuhandvermögen von ʿArbū Oğlu Monlā Meḥmed wurde angegeben.

Stählernes Steinschloss	Anzahl 500
Großes und kleines Taschenmesser	Anzahl 660
Schwarzer Löffel zum Mörsern	Anzahl 2½
(Schutzschild aus Buxus für Frauen)[?] und Weiteres	Anzahl 11150

In Anwesenheit des Vormunds ʿĀīşe bint Meḥmed, Mutter des Verstorbenen und ihrem Bruder Muṣṭafā wurde er unter Zeugenschaft von Seyyid ʿAbdürraḥmān bin ül-Ḥāc Yaḥyā und Şemd Bin ʿAbdullāh eingesetzt. Es wurde in diesem Register angegeben, dass es aus seinen Läden herausgenommen und erwähntem Monlā Meḥmed übergeben wurde.
Darüber hinaus wurden diese in den Läden des erwähnten Verstorbenen vorhandenen Teile und Kleinteile des vorhandenen Gewürzladens angegeben:

Gefütterter Chintz	Anzahl 29	Preis	Para 70
Rauhes Papier	Bogen 4		
Glattes Papier	Lagen 10	Preis	Para 50
Flachsfaden	Garnitur 19		
Mustergürtel	Anzahl 1	Preis	Para 40
Genoeser (Papier)-Packen	Anzahl 1	Preis	Para (...)
Weiße Gebetskette	Anzahl 4		
und eine schwarze[113]	Anzahl 16	Preis	Para 45
Londoner ʿArakçīn[114]	Anzahl 27		
und Londoner arabischer ʿArakçīn	Anzahl 8		
und (...) Scarlet-Stoff[115]	Anzahl 1	Preis	Para 110
Spiegel (...)		Preis	(...)
Wilde Gazellen genannte Glasperlen	Anzahl 30		
und Fragment (...)	Bund 9		
und Cān[116] (...)	Dirham 185	Preis	Para 70
Falsche Korallen	Anzahl 2		

113 Gegenstände, die vorwiegend mit den Begriffen „mit“ oder „und“ versehen sind, sind im Original immer gemeinsam mit den in der Tabelle vorangegangenen Gegenständen aufgelistet (daher Kleinschreibung des beginnenden Wortes in der Tabelle zur Kennzeichnung).

114 Kappe aus Leinen, unter einem Turban getragen.

115 Altes purpurnes venetianisches Breitgewebe.

116 Waffe

und Honigwachskerze	Dirham 600	Preis	Para 42
(...)		Preis	(...)
Fessel	Stück 3		
und Armreif	Anzahl 300	Preis	Para 30
Stählerne Spindel	Anzahl 57		
und Breitgewebe für Schultergürtel	Anzahl 5	Preis	Para 40
Ungerösteter Kaffee	Dirham 30	Preis	Para 5
Kaffekiste	Anzahl 2		
und (...)		Preis	Para 50
Packnadel	Anzahl 50		
und Hilfsnadel	Anzahl 100	Preis	Para 25
Ohrring aus Draht	Paar 6		
und Nadel	Karte 8		
und silberner Ring	Anzahl 2		
und Ohrring	Anzahl 1	Preis	Para (88)
Münze	Dirham 2		
und Tschibukpfeifenmundstück	Anzahl (...)	Preis	Para 5
weißes Hemd (...)	Anzahl 60		
und Schuster-Ahle	Anzahl 2	Preis	Para 12
kleine indische Walnuss	Anzahl 21		
und gelbes Gewänderpaar	Anzahl 76		
und Ṭanbūra-Saite[117]	Bund 1	Preis	Para 115
Kaurimuscheln	Anzahl 100		
und (Glasperlen)		Preis	Para (...)
Geflickter Kupfertrichter	Anzahl Dirham 110	Preis	Para 10
Gallapfel	Ḳıyye 2½	Preis	Para 15
Miyāne-Perle[118]	Dirham 800	Preis	Para 8
Gurkensamen	Dirham 100	Preis	Para 8
Gelbbrauner Schwefel	Baṭman	Preis	Para 5
Koriander	Ḳıyye 1	Preis	Para (...)
Leere Dose	Anzahl 20	Preis	Para 120
Festpreise	Dirham 200		
und Eisenaltwaren	Ḳıyye 3	Preis	Para 23
Rundes Schwert	Anzahl 1		
und Donnerbüchse	Anzahl 1		
und eiserner Spieß	Anzahl		
und eiserne (...)		Preis	Para 20
Hartgummi	400		
und Zinksulfat	Dirham 200	Preis	Para 14
Seifenblatt	Baṭman 1	Preis	Para 30

117 Eine Ṭanbūra ist eine kleinere Laute.

118 Mittlere Perle einer Halskette.

Harz	Dirham 100		
und Raupe	Dirham 25		
und Schutzschild für Männer	Anzahl 8		
und Nadel (...)		Preis	Para 21
(...)	Anzahl 50		
und kleiner Spiegel	Anzahl 39	Preis	Para 45
(...)	Anzahl 3		
und Steppenrautensamen	Dirham 200		
und Messerpaar	Anzahl 1	Preis	Para 11
Wachskerze und stählernes Messer	Dirham 75	Preis	Para 15
Kleines Messer	Anzahl 5	Preis	Para 5
Verwaschen farbene Seide	Dirham 170	Preis	Para 160
Seide mit eingewebten Farben	Dirham 60	Preis	Para 60
Weißblech	Lage 2½	Preis	Para 5
Münzbrett und großes (...)	Anzahl 20	Preis	Para (10)
Kistenbrett	Anzahl 3		
und ʿAbāsī-Seife	Anzahl	Preis	Para 40
Schießpulver-Sieb	Anzahl 2		
und Kartuschenteile	Bund 1	Preis	Para 5
Pistole zus. mit Schießpulver			
(Ḳż)	Anzahl 2		
und Dirham-Waage	Anzahl 2		
und verschiedene Dirhem (...)	Ḳıyye 1½	Preis	Para 24
(...) Taragewicht	Anzahl 2		
und (...)	Ḳıyye 2		
und (...)	Anzahl 4	Preis	Para 15
(...) (tuḫmī)	Ḳıyye		
und kleine Glocke	Anzahl 110		
und eiserner Ladenspieß	Anzahl 2	Preis	Para 42
Schwarzes Schießpulver	Ḳıyye 20	Preis	Para 400
Membran und Schmirgel	Dirham 7		
und Augenmedikament	Dirham 13	Preis	Para 7
und Rosen-(...)	Dirham 25		
und gelber Knoblauch	Dirham 90	Preis	Para 34
Rote Sandale	Dirham 50		
und (...), schwarz und gelb	Dirham 100	Preis	Para 15
Khol aus Aleppo	Ḳıyye 2½		
und (...)	Dirham 45	Preis	Para 45
(...) und Pfeffer	Dirham 50		
und Sachen	Dirham 50	Preis	Para 21
Schwarzer Knoblauch	Dirham 170		
und Ingwer	Dirham 350		
und Blauhholz	Dirham 25	Preis	Para 29
Schminkwurz	Dirham 40		
und (...)	Ḳıyye 1		

und Steppenrautensamen	Dirham 200	Preis	Para 8
(...)	Dirham 10		
und Dillsamen	Dirham 100	Preis	Para 8
Quecksilber	Dirham 70		
und indisches Stroh	Dirham 6	Preis	Para 21
Kumin	Dirham 100		
und indischer Goldregen	Dirham 150	Preis	Para 18
Wachskerze	Dirham 100	Preis	Para 6
(...)	Dirham 2(...)		
und (...) Zucker	Dirham 200		
und roter Zucker	Dirham 75	Preis	Para 32
Kupfersulfat	Dirham 450		
und „schwarzes Paradies“	Dirham 200		
und roter Behen	Dirham 40	Preis	Para 25
Bearbeitetes Kupfer	Anzahl 24	Preis	Para 20
(...)	Dirham 25		
(...)	Dirham 200	Preis	Para 23
Rotes Blei	Dirham 800		
und (...)	Dirham 100	Preis	Para 32
Reinigungsfaser	Dirham 100		
und Nadelöhr	Dirham 25	Preis	Para 13
Spatzen-(...)	Dirham 25		
und gedrehte Faser	Dirham 200	Preis	Para 17
Rattan	Dirham 25		
und Gummiharz	Dirham 25		
und roter Feuermohn	Dirham 40	Preis	Para 6
Zimt	Dirham 25		
und Kardamom	Dirham 25	Preis	Para 13
(...) Samen	Dirham 50		
und Anthemis pyrethrum	Dirham 250	Preis	Para 16
Gummiharz	Dirham 40		
und Alexandrinische Senna	Dirham 50	Preis	Para 7
(...)	Dirham 45		
mittelgroße Samen	Dirham 100	Preis	Para 12
Zucker	Dirham 15		
und (...)	Dirham 150		
und Dār Filfil[119]	Dirham 10	Preis	Para 23
Große Ḫıżrım-Glasperle	Anzahl 500		
und Meeschaum[120]	Dirham 50	Preis	Para 18

119 Unreife weibliche Knospen der Chavica roxburghii oder offizinarum, vgl. Redhouse Beirut S. 880.

120 Seemoos, poröses Meeresprodukt, z.B. Schwamm.

Pinienharz	Dirham 50		
und (...)	Dirham 100	Preis	Para 4
(...) und Indigo	Dirham 20		
und neue Gewürze	Dirham 75	Preis	Para 26
Gewaschenes	Dirham 100		
und Henna	Dirham 600		
und Seife	(...) 3	Preis	Para 14
Hirtenflöte	Anzahl 17		
Weißes Garn	Dirham 25	Preis	Para 12
Schutzschild	Anzahl 5		
und kleine Balkenwaage	Anzahl 1		
und Ähre	Dirham 20	Preis	Para 9
Indische Stachelbeere	Dirham 35		
und (...)	Baṭman 2		
und mittelgroße Samen	Dirham 600	Preis	Para 200
Gülıstān[121]	Band 1		
Persisches Buch	Band 1	Preis	Para 15
(...) ṣafʿitisch	Band 1		
und Ṣāhidīye	Band 1		
und Koranseiten	Band 1	Preis	Para 9
Kleinteile und Binsenblatt			Para 200
Kleine Waage		Preis	Para 12

und die bei seiner Mutter befindlichen Dinge werden erklärt:

(...) Bunte Seide	Dirham 240	Preis	Para 32
Chintz-Matratze	Anzahl 2	Preis	Para 100
Kupferschale	Anzahl 2		
und kleine Untertasse	Anzahl 2		
und Sīnī[122]	Anzahl 1	Preis	Para 100
Kupferteller	Anzahl 1		
und sehr großer Teller	Anzahl 3	Preis	Para 30
(...) Tasse	Anzahl (...)	Preis	Para 20
Silberne Membran	Anzahl	Preis	Para 50
Donnerbüchse	Anzahl 1		
und Laufbürste	Anzahl 1	Preis	Para 100
Koranauslegung	Band 5	Preis	Para 120
Buch und kleinere Blätter	Band 5	Preis	Para 50

Die Schulden von (...) werden anhand ihres Registers erklärt:

121 Name eines der berühmten Bücher von Saʿdī. Vgl. Redhouse Beirut, S. 1563.

122 Große runde Kupfer- oder Messingplatte, die auf einen Dreifuss gesetzt als Tisch dient (größer als ein Tepsi), vgl. Kurz (2003), S. 872.

(...) ʿAmsū	Para 15
Der aus Ḳalʿa stammende ʿAbdullāh Çāvīş	Schulden in Para 15
Schulden des Untertanen Berhū veled-i Mūsā Muhavver	Para 300
Insgesamt	4149
Nur viertausendeinhundertneunundvierzig Para	
Summe Ġuruş	103
Ausgaben	Ġuruş
Gebühren für den Richter Efendi	2
Lohn für Gewürzhändler-Ältesten	½
Für den Nachlassgerichtsschreiber	1
Lohn für den Wächter	1
Gebühr für den leitenden Gerichtsdiener und Eintragungsgebühr	0 Para 15
Rest nach Kürzung	Ġuruş 98½ Para 14
Den Läden verbleibende Gelder	Ġuruş 1½
Nur huntert Ġuruş und vierzehn Para	Ġuruş 100 Para 14

Şeyḫ Meḥmed Çelebi
ʿAṭṭārān Aḫīzāde Aḥmed Efendi
İsmaʿīl bin Ḳāṭırcī Ḥasan
Ṣālıḥ Ṭopçızāde
ʿAlemdār Seyyid Zekeryā

247/9/a

(1) اشترى خليفة بشه ابن حيتم الديرى بماله لنفسه من البائعان منه غزالة بنت (عيسى)[؟] (2) و عبد الله چلبى ابن اسمعيل چلبى المعروف بابن الحاج كيلان فباعت غزالة (المرقومة) (3) اصالة[123][!] عن نفسها جميع حصتها و هى ماية و سبع و تسعون سهماً (من) (4) اصل ثلاث مائة و ثلاث و تسعون سهماً المنتقل اليها بطريق (الارث) (5) من ابنها احمد بن كيلان چلبى و باع عبد الله چلبى المزبور بالوكالة عن (6) قبل ابيه اسمعيل المرقوم و ذلك جميع حصة مؤكله المزبور و هى (تسعة) (7) و اربعون سهماً من اصل المذكور و باع عبد الله چلبى المرقوم ايضاً (8) بالوكالة عن جانب رقية بنت كيلان چلبى المزبور و ذلك جميع (9) حصة مؤكلة المرقومة و هى مائة و سبعة و اربعون سهماً من (10) اصل المذكور المنتقل اليهما بطريق الارث الشرعى من احمد المزبور (11) الثابت وكالة عنهما بشهادة على بشه بن الحاج يونس الجمل و (محمد بك) (12) بن خالد بك و محمود بشه الدلال و ذلك جميع سهامهم المذكورة من (13) الثلث الشائع من جميع الدار الواقعة فى محلة الزراقة المشتملة على (14) حجرة ذى ثلاثة صنف و داخلها بخارين و منظرة ازج فوقانيه (15) و داخلها بخارى و مطبخ ازج[124] و جب مآء و اوطة تحتانيه و ثلاث (16) اواخير ازج و يزلق المحدودين قبلةً و شمالاً ينتهى الى الطريق و (17) شرقاً الى ملك ورثة محمود چلبى و غرباً الى ملك ورثة صولاق و مصطفى اغا (18) بجملة الحدود و كافة

123 اصآلةً

124 Vermutlich Gewölbeküche.

المرافق و الحقوق بثمن مقبوض قدره (19) و نصابه مائة و اربعون غروشاً بيعاً و اشتراءً
صحيحين (20) شرعين باتين مشتملين على الايجاب و القبول و القبض (21) و القباض[!][125] و
الرؤية و الرضى من الطرفين وتدرك الوكيل المزبور (22) و مؤكله المرقوم و مؤكلة المزبورة
و الاصيلة المذكورة[!][126] فى كل دعوى (23) تصدر على المبيع تدركاً صحيحاً شرعياً حرر فى
اليوم العشرين (24) من شهر ربيع الاخير سنة احدى و سبعين و مائة و الف
اسمعيل اغا ميرى عشيرة[!][127] دقورى
ابنه عبد الله بك
ابراهم افندى كاتب قسام
عبد الرحمن اوطه باشى
ابنه احمد الدانيالى
مصطفى چلبى بن اسحاق چلبى
محمد بن قرة حسن
حسن مردم واعظ افندى
(Von rechts nach links)
على بشه ابن الحاج يونس الجمل
محمد بك ابن الطوغانچى
محمود بشه الدلال
و غيرهم من الحضار

247/9/a

Ḫalīfe Beşe ibn Ḥaytam ed-Dīrī tätigte mit seinem eigenen Geld den Kauf. Seine zwei Verkäufer sind Ġazāle bint (Isā)[?] sowie ʿAbdullāh Çelebi, Sohn von İsmaʿīl Çelebi, bekannt unter dem Namen İbn ül-Ḥāc Kīlān. (Erwähnte) Ġazāle verkaufte in eigener Vertretung ihre gesamten Anteile, wobei dieses 197 Anteile von insgesamt 393 Anteilen sind, die ihr (erbmäßig) durch ihren Sohn Aḥmed bin Kīlān Çelebi überlassen wurden. Erwähnter ʿAbdullāh Çelebi verkaufte in Vertretung für seinen Vater, erwähnten İsmaʿīl Folgendes: Dieses sind sämtliche Anteile seines Mandanten, wobei diese 49 Anteile von den erwähnten Gesamtanteilen sind. Erwähnter ʿAbdullāh Çelebi verkaufte ebenso in Vertretung für Ruḳye, Tochter von erwähntem Kīlān Çelebi Folgendes: Dieses sind sämtliche Anteile der erwähnten Mandantin und zwar 147 Anteile von den erwähnten Gesamtanteilen, die ihnen beiden über das scheriatsrechtliche Erbe von erwähntem Aḥmed überlassen wurde. Die Bestätigung der Vertretung von ihnen beiden erfolgte durch Zeugenschaft von ʿAlī Beşe bin ül-Ḥāc Yūnes el-Cemel sowie (Meḥmed Beg) bin Ḫālid Beg und dem Makler Maḥmūd Beşe. Dieses umfasst ihre sämtlichen erwähnten Anteile des gemeinsamen Drittels des Hauses, das im Viertel Zarrāḳa

125 الاقباض
126 المذكور
127 عشيرت

liegt und aus einer Kammer mit drei gemauerten Steinbänken besteht, in dem sich zwei Öfen befinden. Darüber liegt ein Gästezimmer mit Gewölbedecke, in dem sich ein Ofen und eine Gewölbeküche befinden. Darüber hinaus gibt es einen Brunnen, eine darunterliegende Kammer, drei Gewölbeställe und eine Sommerwohnung. Sie grenzen im Süden und im Norden an den Weg, im Osten an den Besitz des Erbes von Maḥmūd Çelebi und im Westen an den Besitz des Erbes von Şulāḳ Muṣṭafā Aġa mit allen Grenzen. Der umfassende scheriatsrechtlich korrekte und ausdrückliche Kauf und Verkauf erfolgte mit allen Einrichtungen und Rechten zum entgegengenommenen und festgesetzten Preis von 140 Ġuruş unter Bestätigung, Entgegennahme sowie unter Zustimmung der beiden Parteien. Der erwähnte Vertreter, sein erwähnter Mandant, seine erwähnte Mandantin und erwähnte sich selbst Vertretende setzte bei jedem Anspruch den Vorabverkauf scheriatsrechtlich korrekt herab.[128]
Eingetragen am 20. Tag des Monats des letzten Rebīʿ im Jahre 1171.

İsmaʿīl Aġa, Anführer des Stammes Dekkori
Sein Sohn ʿAbdullāh Beg
İbrāhīm Efendi Nachlassgerichtsschreiber
ʿAbdürraḥmān Oṭabaşı
Sein Sohn Aḥmed ed-Dānyālī
Muṣṭafā Çelebi bin İsḥāḳ Çelebi
Meḥmed bin Ḳara Ḥasan
Ḥasan Angehöriger von Vāʿiẓ Efendi
(Von rechts nach links)
ʿAlī Beşe ibn ül-Hāc Yūnes el-Cemel
Meḥmed Beg ibn ül-Ṭuġançı
Maḥmūd Beşe, der Makler
und weitere Anwesende

247/9/b

(1) عن ذكر ما هوانّه اشترى كبخ عثمان و اخيه سيد محمد ابنى سيد عبد القادر بمالهما (لنفسهما) (2) دون غيرهما على ان يكون المبيع الآتى ذكره بطريق المناصفة بينهما من البائع منهما (مرتضى) (3) بك بن خالد بك المعروف بابن طوغانجى فبايعهما ما هو له و ملكه و بيده و تحت تصرفه و (منتقل) (4) اليه بطريق الشراء و ذلك جميع البستان السقية و البيارة و غرس العنب الواقعين فى (5) (...) فى وادى باب الجوز المحدودين قبلةً ينتهى الى ملك على و شرقاً الى الطريق (6) و شمالاً الى ملك عبد الوهاب و غرباً بالطريق و فى الطريق الجبل بجملة الحدود و (كافة) (7) المرافق و الحقوق بثمن مضبوض قدره و نصابه مائة و ستة عشر

128 Im Sinne von Skonto.

(غروشاً) (8) بيعاً و اشتراءً صحيحين شرعين باتين مشتملين على الاجاب و (القبول) (8) و القبد و القباض و الرؤية و الرضى من الطرفين حرر فى اليوم (السابعة) (9) عشرين من شهر ربعة الاخر سنة احدى و سبعين و مائة و الف

حاج (مصطفى بن) على جاور
محمد بن الياس (الصفار)
اخيه شعبان
اسمعيل بن الوانى
حسين الچولچى بن مراد
عبد ال بن مرزا (الدايشى)
حسن بن اميرحاج
محمد بك بن خالد بك
ابنه مصطفى
و غيرهم من الحضار

247/9/b

Was den Sachverhalt anbetrifft, tätigten Kabḫ ʿOs̱mān und sein Bruder Seyyid Meḥmed, die beiden Söhne von Seyyid ʿAbdülḳādir, mit ihrem eigenenen Geld und keinem anderen den Kauf, wobei das erwähnte übergebene Verkaufte unter ihnen hälftig aufgeteilt wurde. Ihr Verkäufer ist (Murteżā) Beg bin Ḫālid Beg, bekannt unter dem Namen İbn Ṭuġanci. Er verkaufte ihnen beiden was ihm gehörte, er zum Eigentum hatte und zu seiner Verfügung stand, was ihm durch Kauf (überlassen wurde). Diese sind der gesamte bewässerte Garten, die Plantage und die Weinstockpflanzung, die im (...) Bāb el-Cevz-Tal liegen. Im Süden grenzen sie an den Besitz von ʿAlī, im Osten an den Weg, im Norden an den Besitz von ʿAbdülvahāb und im Westen an den Weg und an den Bergweg mit allen Grenzen. Der umfassende scheriatsrechtlich korrekte und ausdrückliche Kauf und Verkauf aller Einrichtungen und Rechte erfolgte zum entgegengenommenen und festgesetzten Preis von 116 (Ġuruş) unter Bestätigung, Annahme und Zustimmung beider Parteien. Eingetragen am 1(7). Tag des Monats des letzten Rebīʿ im Jahre 1171.

Ḥāc (Muṣṭafā bin) ʿAlī Cāvūr
Meḥmed bin İlyās (eṣ-Ṣafār)
Sein Bruder Şaʿbān
İsmaʿīl bin ül-Vānī
Ḥuseyn el-Çulçi bin Murād
ʿAbdāl bin Mirza (ed-Dayşī)
Ḥasan Beg bin Emirḥāc
Meḥmed Beg bin Ḫālid Beg
Sein Sohn Muṣṭafā
und weitere Anwesende

247/9/c

(1) (اشترى) بغدو ولد بوزو من البائع منه السيد اسحق بن محمد (...) فباعه ما هو له و منتقل اليه (2) (بالشراء) و ذلك جميع الدار الواقعة فى محلة الزراقة المشتملة على بيت ازج و مطبخ و كنيفان (3) (...) سطح البائع المرقوم و نصف جب الماء المحدودين قبلةً ينتهى الى (4) ملك البائع و شرقاً الى ملك غردو بن محمد الدايشى و شمالاً الى الطريق و غرباً (4) (الى) ورثة محمد بثمن مقبوض قدره خمسون غروشاً و الرضى من الطرفين حرر فى (5) (اواسط) شهر ربيع الآخر سنة احدى و سبعين و مائة و الف

غردو بن محمد الدايشى

الحاج محمد بن يوسف الكولة

اخيه الحاج احمد

اسمعيل الكبابچى

ابنه حمزة

(اسمعيل) بن (قاسم)

(Von rechts nach links)

(...) بن چوقدار عبدى

سليمان بن عبد الله

ابنه يسين

247/9/c

Bağdū veled-i Būzū (tätigte den Kauf). Sein Verkäufer ist Seyyid Şeyḫmūsā bin Meḥmed (...). Er verkaufte ihm was ihm gehörte und ihm (durch Kauf) überlassen wurde. Dieses umfasst das gesamte Haus, das im Viertel Zarrāḳa liegt und aus einem kuppelförmig überdachten Haus, einer Küche, zwei Aborten (...) Dach des erwähnten Verkäufers und einem halben Brunnen besteht. Im Süden grenzen sie an den Besitz des Verkäufers, im Osten an den Besitz von Ġardū bin Meḥmed ed-Dayşī, im Norden an den Weg und im Westen (an) das Erbe von Meḥmed. Der Verkauf erfolgte zum entgegengenommenen und festgesetzten Preis von 50 Ġuruş unter Zustimmung der beiden Parteien. Eingetragen in der mitteren Dekade des Monats des letzten Rebīʿ im Jahre 1171.

Ġardū bin Meḥmed ed-Dayşī

Ḥāc Meḥmed bin Yūsuf el-Kūla

Sein Bruder Ḥāc Aḥmed

İsmaʿīl el-Kebābçı

Sein Sohn Ḥamza

(İsmaʿīl) bin (Ḳāsim)

(Von rechts nach links)

(...) bin Çuḳadar ʿAbdī

Süleymān bin ʿAbdullāh

Sein Sohn Yasīn

247/9/d

(1) (اشترى حاج) عبد الله اغا بن شيخموسى اغا بماله لنفسه دون غيره من البائعين منه كلش و اخيه على ابنيى محمد (2) (...) و ابن عمهما شيخموسى بن عمر كوتك المرقوم فباع كلش المرقوم اصالة عن نفسه جميع حصته (3) (ستة) و خمسون سهماً من اصل مائتى و ثمنيون سهم و باع بالوكالة عن قبل اخته عائشة (4) (بنت عمر) كوتك المرقوم الثابت وكالة عنها بشهادة الحاج يوسف بن سيد عبدال و منلا بكر(5) (بن منلا) يسين و سيد محمد بن يوسف چلبى و شعبان اغا بن شعبان و سيد يسين بن بلال و ذلك (6) (حصتها) و هى ثمانية و عشرون سهماً من اصل المذكور المنتقل اليهما بالارث من ابيهما (7) (بالتخارج) من امّهما غزالة و باع على المرقوم ايضاً اصآلة عن نفسه و ذلك جمبع حصته (8) (و هى) ستة و خمسون سهماً من اصل المذكور المنتقل اليه ايضاً بالارث من ابيه و بالتخارج (9) (امّه) غزالة المزبورة و باع شيخموسى المرقوم ايضاً اصآلة عن نفسه جميع حصته و هى (10) (سبعون) سهماً من اصل المذكور و باع ايضاً بالوكالة عن قبل اختيه كورى و مدينة (11) (بنتى كوتك) المرقوم الثابت وكالة عنهما بالشهادة الشهود المذكورين و ذلك جميع حصتيهما (12) (عن واحدة) منهما خمسة و ثلاثون سهماً ايضاً من اصل المذكور المنتقل اليهم بالارث (13) (من) عمر المرقوم و ذلك جميع سهامهم المذكورة و هى باعتبار الايام يومين و ثلث يوم (14) (من اصلى) اثنتى[!] [129] عشر يوماً من جميع الطاحونة الواقعة فى عقار كسمةء بربر فى غرس الادنى (15) (و لا حاجة) لتحديدها لشهرتها عند الاهالى و الجيران بطاحونة كوتك بجملة الحدود (15) (و كافة) المرافق و الحقوق بثمن مقبوض قدره و نصابه مائة و ستة عشر غروشاً و نصف (16) (و) عشرون قطعة فقبض كلش المرقوم اصالة عن نفسه و بالوكالة عن قبل اخته عائشة (17) (...) و قبض على المرقوم اصالة عن نفسه من الثمن المذكور ستة و ستون غروشاً (18) (...) قطعة و هى ثمن سهامهم المرقومة و هى باعتبار الايام يوم و ثلث من اصل (19) (اثنتى) عشر يوما و قبض ايضاً شيخموسى اصالة عن نفسه و بالوكالة عن قبل اختيه كورى (20) (و مدينة) المزبورتان من الثمن المذكور خمسون غروشاً و هى سهامهم المذكورة و هى (20) (باعتبار) الايام يوم واحد من اصل اثنتى[!] [130] عشر يوماً بيعاً و اشتراءً صحيحين شرعين باتين (21) (مشتملين) على الاجاب و القبول و القبض و القباض و الرؤية و الرضى من الطرفين (21) (حرر فى اواخر) شهر ربيع الاخر سنة احدى و سبعين وماية و الف

منلا شيخموسى بن صوف

داود الكيلي

محمد بن منلا عبد الله الغرسى

عثمان[!][131] بن شكر

عمر بن كورت حسن

حبش بن احمد پيرى

خليل اغا بن ابراهيم اغا

محمد بن سيد حسن

مصطفى بن محمود بكداش

(سيد) يسين بن (...)

129 اثنى
130 اثنى
131 عثما

247/9/d

Ḥāc ʿAbdullāh Aġa bin Şeyḫmūsā Aġa (tätigte) mit seinem eigenen Geld und keinem anderen den (Kauf). Seine Verkäufer sind Kaleş und sein Bruder ʿAlī, die beiden Söhne von Meḥmed (...), sowie der Sohn ihres Onkels väterlicherseits, erwähnter Şeyḫmūsā bin ʿÖmer Kūtuk. Erwähnter Kaleş verkaufte sich selbst vertretend sämtliche 5(6) Anteile von insgesamt 280 Anteilen. Er verkaufte in Vertretung für seine Schwester ʿĀīşe, (Tochter) von erwähntem (ʿÖmer) Kūtuk, wobei ihre Vertretung durch Zeugenschaft von Ḥāc Yūsuf bin Seyyid ʿAbdāl, Monlā Bekir (bin Monlā) Yasīn, Seyyid Meḥmed bin Yūsuf Çelebi, Şaʿbān Aġa bin Şaʿbān und Seyyid Yasīn bin Bilāl bezeugt wurde. Diese ihre Anteile sind 28 Anteile von den erwähnten Gesamtanteilen, die ihnen beiden erbmäßig von ihrem Vater überlassen und ihnen von ihrer Mutter Ġazāle abgetreten wurden. Erwähnter ʿAlī verkaufte ebenfalls sich selbst vertretend all seine 56 Anteile von den erwähnten Gesamtanteilen, die ihm ebenfalls erbmäßig von seinem Vater und abtretungsweise von seiner Mutter, erwähnter Ġazāle überlassen wurden. Erwähnter Şeyḫmūsā verkaufte ebenfalls sich selbst vertretend all seine (70) Anteile von den erwähnten Gesamtanteilen. Ebenso verkaufte er in Vertretung für seine beiden Schwestern Kūrā und Medīne, die (beiden Töchter) von erwähntem (Kūtuk) mit Bestätigung der Vertretung von ihnen beiden durch Zeugenschaft von erwähnten Zeugen. Dieses sind ihrer beider sämtlichen Anteile (...) (von je) 35 Anteilen, die ihnen ebenfalls erbmäßig (von) erwähntem ʿÖmer überlassen wurden, wobei diese sämtlichen erwähnten Anteile 2⅓ Tagen (von insgesamt) 12 Tagen *(Nutzungszeit)* der gesamten Mühle entsprechen, die in dem Grundstück Ḳisme-ʾi Berber in Ġaras el-Ednā liegt, wobei die Bekanntmachung der Lagebeschreibung der Kūtuk-Mühle mit allen Grenzen unter den Einwohnern und Nachbarn nicht erforderlich ist. Sämtliche Einrichtungen und Rechte wurden zum entgegengenommenen und festgesetzten Preis von 116½ Ġuruş und 20 Münzen von erwähntem Kaleş, der sich selbst und seine Schwester ʿĀīşe vertrat, entgegengenommen. Erwähnter sich selbst vertretender ʿAlī nahm von erwähntem Wert 66 Ġuruş und (...) Münzen, wobei dies der Preis für ihre erwähnten Anteile ist, entgegen. Diese sind von den geschätzten Tagen 1⅓ Tage von insgesamt 12 Tagen. Ebenso nahm Şeyḫmūsā sich selbst vertretend und in Vertretung für seine erwähnten Schwestern Kūrā (und Medīne) von erwähntem Wert 50 Ġuruş und ihre erwähnten Anteile entgegen. Diese sind von den geschätzten Tagen ein Tag von insgesamt 12 Tagen, wobei der umfassende scheriatsrechtlich einwandfreie Verkauf und Kauf unter Bestätigung, Annahme und Zustimmung der beiden Parteien erfolgte.
Eingetragen in der letzten Dekade des Monats des letzten Rebīʿ im Jahre 1171.

Monlā Şeyḫmūsā bin Ṣūf
Dāūd el-Kīlī

Meḥmed bin Monlā ʿAbdullāh el-Ġarasī
ʿOs̱mān bin Şeker
ʿÖmer bin Kurt Ḥasan
Ḥabaş bin Aḥmed Pīrī
Ḫalīl Aġa bin İbrāhīm Aġa
Meḥmed bin Seyyid Ḥasan
Muṣṭafā bin Maḥmūd Bekdāş
(Seyyid) Yasīn bin (...)

247/9/e

(1) (اشترى) الحاج عبد الله اغا بن شيخموسى اغا من الباعان منه ابو زيد بن بهلول تاتار الخبازى و عيسى بن (2) (طوارو) فباع ابو زيد المرقوم اصالة عن [نفسه] و بالوكالة عن قبل اخواته و هن مريم و زليخا و رحيمة و شريفة (3) (بنتي) بهلول و عن جانب امّه خديجة بنت محمود الثابت وكالة عنهم بشهادة منلا بكر بن منلا (4) (يسين) و شيخموسى بن تاتار و السيد خليل بك مير مشكى و شيخموسى بن يسين و جمعة اغا بن احمد اغا و حاج (5) (يوسف بن) سيد ابدال و محمد بن يوسف چلبى و باع عيسى بن طوارو بالوكالة عن امه المازى (6) (...) الثابت وكالة عنها بشهادة الشهود المذكورين ما هو للاصيل المزبور و المؤكلات (7) (المزبورات) و منتقل اليهم بالارث و ذلك جميع البستان السقية و العذية الواقية فى عقار قرية (8) (...) المحدودة قبلةً [ينتهى الى] الطريق و شرقاً الى النهر و شمالاً [الى ملك] خليل بن محمد و غرباً [الى] جبل بجملة الحدود (9) (بثمن) مقبوض قدره ستون غروشاً و (بغل يوز)[؟][132] ثمنه اربعون غروشاً قد بلغ مائة غروشاً (10) (بالقبض) و الاقباض و الرضى من الطرفين تحريراً فى اواخر شهر ربيع الاخر سنة احدى و سبعين (11) (و مائة) و الف

خليل بك مير مشكى
منلا بكر بن منلا يسين
شيخموسى بن تاتار
شيخموسى بن يسين
جمعة اغا بن احمد اغا
حبش بن احمد پيرى
عثمان بن عمر
عمر بن شكر بشة
(...) محلمى
(Zweite Reihe)
خليل اغا بن ابراهيم اغا (...)

132 Der Ausdruck „بغل يوز" bedeutet womöglich „zum Erreichen von Hundert", wobei „يوز" der osmanische Begriff für „Hundert" ist.

247/9/e

Ḥāc ʿAbdullāh Aġa bin Şeyḫmūsā (tätigte den Kauf). Seine zwei Verkäufer sind Abū Zeyd bin Behlūl und ʿİsā bin (Ṭavāru). Erwähnter Abū Zeyd verkaufte (sich selbst) vertretend und seine Schwestern Meryem, Zuleyḫā, Raḥīma und Şerīfe, (die Töchter) von Behlūl sowie seine Mutter Ḫadīce bint Maḥmūd vertretend, wobei die Bestätigung der Vertretung durch Zeugenschaft von Monlā Bekir bin Monlā (Yasīn), Monlā Şeyḫmūsā bin Tātār, Seyyid Ḫalīl Beg, Anführer der Mişkī, Şeyḫmūsā bin Yasīn, Cumʿa Aġa bin Aḥmed Aġa, Ḥāc (Yūsuf) (bin) Seyyid Abdāl sowie Meḥmed bin Yūsuf Çelebi erfolgte. ʿİsā bin Ṭavāru verkaufte in Vertretung für seine Mutter Elmāzā (...), wobei die Bestätigung ihrer Vertretung durch Zeugenschaft der erwähnten Zeugen erfolgte, was dem erwähnten sich selbst Vertretenden und den (erwähnten) Mandantinnen gehörte und ihnen erbmäßig überlassen wurde. Dieses ist der gesamte durch ein eigenes Kanalsystem bewässerte und durch Regenwasser bewässerte Garten auf dem Grundstück des Dorfes (...), welches im Süden an den Weg, im Osten an den Fluss, im Norden [an den Besitz] von Ḫalīl bin Meḥmed und im Westen an den Berg mit all seinen Grenzen angrenzt. Der Verkauf wurde zum entgegengenommenen und festgesetzten (Preis) von 60 Ġuruş, wobei (zum Erreichen von 100) seines Preises noch 40 Ġuruş fehlen, um sich auf 100 Ġuruş zu belaufen, unter Zustimmung der beiden Parteien durchgeführt. Eingetragen in der letzten Dekade des Monats des letzten Rebīʿ im Jahre 1171.

Ḫalīl Beg, Anführer der Mişkī
Monlā Bekir bin Monlā Yasīn
Şeyḫmūsā bin Tātār
Şeyḫmūsā bin Yasīn
Cumʿa Aġa bin Aḥmed Aġa
Ḥabaş bin Aḥmed Pīrī
ʿO̱smān bin ʿÖmer
ʿÖmer bin Şeker Beşe
(...) Maḥallemī[133]
(Zweite Reihe)
Ḫalīl Aġa bin İbrāhīm Aġa (...)

133 Mit Assyrern, Kurden und Arabern gemischter Stamm in der Gegend Midyat und Dargeçit, vgl. Aydın (2000), S. 12.

247/10/a

(1) اشترى حآج محمد بن منلا حسين و ابنه حآج حسين بمالهما دون غيرهما على ان يكون
المبيع (الآتى ذكره)
(2) بطريق المناصفة بينهما من البائعان منه محمد افندى بن الحاج عمر افندى <و(3) (... ...)
بن حآج محمد افندى> و خضر بن احمد الوطى فباع محمد افندى المزبور بالوكالة عن قبل (...)
(4) على و فاطمة بنت احمد الوطى الثابت وكالة عنهما بشهادة منلا اسمعيل بن الحاج (...) (5)
و شعبان بن كور عبدو فباع خضر المزبور بن احمد الوطى اصالة عن نفسه ما (هو للاصيل)
(6) المرقوم و المؤكلاتان المزبورتان المنتقل بالارث و ذلك جميع الدار الواقعة فى (محلة) (...)
(7) المشتملة على حجرة ذى صفتين و مطبخ صغير و داخل الحجرة جب مآء و تحته بند و
(منظرة) (...) (8) مصليتين <...> و كنيف و يازلق فوقانيين و تحتهم آخور و معبر و بيت
(صغير) (9) و كنيف المحدودين قبلةً و شمالاً [الى] طريق و شرقاً الى ملك ورثة حاج عبد
القادر (...) (10) و غرباً [الى] ملك منلا اسمعيل بثمن مضبوض قدره اربعمائة و اربعون
غروشاً و صرة (دراهم) (11) مجهولة العدد بئعاً و اشتراءً صحيحين و الرضى من الطرفين
تحريراً فى اليوم الاحدى (12) عشر من شهر جماذى الأول سنة احدى و سبعين و مائة و الف
شيخ يوسف (بن) شيخ سعد (الدين)
اخيه شيخ محمود
مصطفى چلبى بن حآج حسين
محمد مردم حآج حسين
قاسم بن محمد الحمال
رمضان بن عثمان
مصطفى ابن الصوفى
(Unterste Zeile)
حآج محمد بن حآج عبد القادر

247/10/a

Ḥāc Meḥmed bin Monlā Ḥuseyn sowie sein Sohn Ḥāc Ḥuseyn tätigten mit ihrem eigenen Geld und keinem anderen den Kauf, wobei (das erwähnte übergebene) Verkaufte unter ihnen hälftig aufgeteilt wurde. Sein Verkäufer war Meḥmed Efendi bin ül-Ḥāc ʿÖmer Efendi und <und (... ...) bin Ḥāc Meḥmed Efendi> Ḫıżır bin Aḥmed el-Vaṭī. Erwähnter Meḥmed Efendi verkaufte in Vertretung für (...) ʿAlī und Fāṭime bint Aḥmed el-Vaṭī, wobei die Vertretung von ihnen beiden durch Monlā İsmaʿīl bin ül-Ḥāc (...) und Şaʿbān bin Kūr ʿAbdū bezeugt wurde. Erwähnter Ḫıżır bin Aḥmed el-Vaṭī verkaufte in eigener Vertretung, was erwähnten (sich selbst Vertretenden) und den beiden erwähnten Mandantinnen gehörte und ihnen erbmäßig hinterlassen wurde. Dieses ist das gesamte Haus, das im (Viertel) (...) liegt. Dieses umfasst eine Kammer mit zwei gemauerten Steinbänken, eine kleine Küche, im Inneren des Zimmers einen Brunnen, unter ihm eine Zisterne und ein Gästezimmer (...) zwei Feuerstellen, ein Abort, darüber eine Sommerwohnung und unter ihnen ein Stall, ein Übergang, ein kleines Haus und ein Abort. Im Süden und im Norden grenzen sie [an] einen Weg, im Osten an den Besitz des

Erbes von ʿAbdülḳādir (...) und im Westen [an] den Besitz von Monlā İsmaʿīl. Der korrekte Verkauf und Kauf erfolgt zum entgegengenommenen und festgesetzten Preis von 440 Ġuruş und einem Beutel mit einer unbekannten Anzahl von Dirhams unter Zustimmung der beiden Parteien.
Eingetragen am 11. Tag des Monats des ersten Cemāẕī im Jahre 1171.

Şeyḫ Yūsuf (bin) Şeyḫ Saʿad(eddīn)
Sein Bruder Şeyḫ Maḥmūd
Muṣṭafā Çelebi bin Ḥāc Ḥuseyn
Meḥmed, Angehöriger von Ḥāc Ḥuseyn
Ḳāsim bin Meḥmed el-Ḥammāl
Ramażān bin ʿOsmān
Muṣṭafā ibn üṣ-Ṣūfī
(Unterste Zeile)
Ḥāc Meḥmed bin Ḥāc ʿAbdülḳādir

247/10/b

(1) اشترى عبد الله بك بن السيد على چلبى بالوكالة عن قبل اخته نور العين خاطون (بنت) (2)
السيد على چلبى المرقوم بمال مؤكلته نور العين خاطون المزبورة من البائع منه السيد (...) (3)
بن السيد عبد القادر فباع ما هو له و منتقل اليه بالارث المقاسمة (و ذلك) (4) جميع قطعة[!][134]
البستان المفروزة الواقعة فى الوادى النهر اسر المحدودة قبلةً و شرقاً (الى ملك) (5) المؤكلة
المرقومة و شمالاً الى ملك فاطمة و ياكنجان بنتى السيد عبد القادر المرقوم (6) الى الدره التى
ارضها مستحكرة و مائها كذلك من متولى اوقاف سلطان حمزة (...) (7) باجارة معلومة فى كل
سنة قرش واحد بجملة الحدود بثمن مقبوض قدره (8) و نصابه مائتى و سبعون غروشاً و
الرضى من الطرفين تحريراً فى اوائل شهر (...) (8) الآخر سنة احدى و سبعين و مائة و الف
شيخموسى چلبى بن شيخ (عطاران)
سيد احمد بن حآج على (...)
الحاج محمد بن سيد حسن حرينى
خليفة بن حيتم
الحاج يوسف غزيوى
مصطفى چلبى بن حآج حسين

247/10/b

ʿAbdullāh Beg bin üs-Seyyid ʿAlī Çelebi tätigte den Kauf in Vertretung für seine Schwester Nūr ül-ʿAyn Ḫāṭūn, Tochter von erwähntem Seyyid ʿAlī Çelebi mit dem Geld seiner Mandantin, erwähnter Nūr ül-ʿAyn Ḫāṭūn. Sein Verkäufer ist Seyyid (...) bin üs-Seyyid ʿAbdülḳādir. Er verkaufte was ihm gehörte und ihm durch Erbteilung übergeben wurde. Dieses umfasst den gesamten Abschnitt des im Tal des

134 قظعة

Esir-Flusses liegenden unterteilten Gartens, welcher im Süden und im Osten an den Besitz der erwähnten Mandantin, im Norden an den Besitz von Fāṭime und Yakincān, die zwei Töchter von erwähntem Seyyid ʿAbdülḳādir, bis zu ed-Dere mit allen Grenzen angrenzt, wobei dessen Boden und ebenfalls sein Wasser vom Verwalter der Sulṭān Ḥamza-Stiftungen mit einer bekannten Pacht von jährlich einem Ġuruş langzeitverpachtet ist. Der Verkauf erfolgt zum entgegengenommenen und festgesetzten Preis von 270 Ġuruş unter Zustimmung beider Parteien. Eingetragen in der ersten Dekade des Monats des letzten (...) des Jahres 1171.

Şeyḫmūsā Çelebi bin Şeyḫ (ʿAṭṭārān)
Seyyid Aḥmed bin Ḥāc ʿAlī (...)
Ḥāc Meḥmed bin Seyyid Ḥasan Ḥarīnī
Ḫalīfe bin Ḥaytam
Ḥāc Yūsuf Gazīvī
Muṣṭafā Çelebi bin Ḥāc Ḥuseyn

247/10/c

(1) medīne-ʾi Mārdīn ḳasabasına tābiʿ Ḳalʿat ül-Merʾe ḳaryesi sükkanından Bedū veled-i İylū nām-ı ẕimmī mec(lis-i şerʿ-i) (2) ḫatīr-i lāzim üt-tevḳīrde yine ḳarye-ʾi mezbūre mütemekkenlerinden bāʿiṯ ül kitab İlyāṣ veled-i Yaḥ(ya nām-ı) (3) ẕimmī müvācehesinde biṭ- ṭavʿ eṣ-ṣāf iḳrār-ı tāmm ve taḳrīr-i kelām eyleyüb üç gün muḳadde(m ḳızım) (4) Ḳüdsü nām ṣaġīre merḳūm İlyāṣıñ ḳarye-ʾi mezbūre ʿaḳarında vāḳiʿ lede 'l-ahālī ve 'l-ci(rān) (5) maʿlūme 'l-ḥudūd olan baġçesi derūnına varub bi-lā-ṣunʿ-ı ahad mezkūr bā(ġçeniñ) (6) ḥavżına düşüb bi-ḳażāʾillāhi teʿālā ḥavżınıñ ṣūyını boġulub gerek baġçe-ʾi (mezkūruñ) (7) ṣāḥibi merḳūm İlyās ve gerek ḳarye-ʾi mezbūrenıñ bil-cümle ahālīsi merḳūme ḳızımıñ (boġulması)[?] (8) ʿilim ve agāhları olmayub fīmābaʿd ḳızıñ boġulması ḫuṣūṣundan yaña merḳūm (İlyās) (8) ile ve bil-cümle ḳarye-ʾi mezkūre ahālīsi ile vechen min el-vücuh ve sebeben min el-esbā(b) (9) daʿvā ve nizāʿ ve ḫuṣūmetim yoḳdur ẕimmetlerini min küll il-vücūh-ı ibrāʾ-ı ʿāmm (ve isḳāṭ-ı tāmm) (10) eyledim dėdiginde ġıbb et-taṣdīḳ il-vicāhī el-muʿteber üş-şerʿī mā hüve el-vāḳiʿ işbu (veṯīḳa) (11) ketb ve terḳīm olındı ḥurrire fī evāsiṭ-i şehr-i Cemāẕī 'l-evvel sene ihdā (ve sebaʿīn) (12) ve miʾe ve ʾelf

faḫr ül-eşbā(h)
Muḥarrem Beg Benderzāde
Ḥāc Meḥmed Aġa
ʿAbdullāh Beg bin İsmaʿīl Aġa
Monlā İbrāhīm kātib-i ḳāssam
Meḥmed Çelebi ibn Aḥmed Beg
Nuʿmān bin Ḫālid Çelebi Şaʿrzāde Muṣṭafā

247/10/c

Der Ẕimmī namens Bedū veled-i İylū, einer der Bewohner des Dorfes Ḳalʿat ül-Merʾe, welches der Stadt Mardin angegliedert ist, gab erneut in klarem Gehorsam in der bedeutenden und ehrwürdigen Gerichtsversammlung in Anwesenheit eines der Bewohner erwähnten Dorfes und Veranlasser dieses Schreibens, des Ẕimmī İlyāṣ veled-i Yaḥya eine vollständige Bestätigung ab und machte folgende Aussage: „Vor drei Tagen ist meine kleine Tochter namens Ḳüdsü in den Garten von erwähntem İlyāṣ im Grundbesitz von erwähntem Dorf dessen Grenzen laut Einwohnern und Nachbarn bekannt sind, hineingelangt, ohne Fremdeinwirkung in den Teich erwähnten Gartens gefallen und nach Maßgabe Gottes des Allmächtigen im Wasser des Teiches ertrunken. Weder der Besitzer erwähnten Gartens İlyās noch sämtliche Einwohner erwähnten Dorfes erfuhren davon, dass meine Tochter (ertrunken ist). Von nun an strenge ich wegen des Ertrinkens der Tochter gegen erwähnten İlyās und alle Einwohner des erwähnten Dorfes in keiner Weise und aus keinem Grund irgendeine Klage oder Rechtsstreit an, noch habe ich irgendeinen Zwist." In dem er sagte, dass „ich sie ihrer Verantwortung vollständig entbinde", wurde nach der vor Zeugen bestätigten geschätzten Bestätigung dieses Dokument hinsichtlich des rechtlichen Sachverhalts niedergeschrieben. Eingetragen in der mittleren Dekade des ersten Cemāẕī im Jahre 1171.

Ihre Exzellenzen der Gefährten:
Muḥarrem Beg Benderzāde
Ḥāc Meḥmed Aġa
ʿAbdullāh Beg bin İsmaʿīl Aġa
Monlā İbrāhīm Nachlassgerichtsschreiber
Meḥmed Çelebi ibn Aḥmed Beg
Nuʿmān bin Ḫālid Çelebi Şaʿrzāde Muṣṭafā

247/10/d

(1) (عن ذكر) ما هو انه اشترى شماس حنة ولد نورى و زوجته مريم بنت هوجة حنة بمالهما لنفسهما دون غيرهما (2) (على ان يكون) المبيع الآتى ذكره بطريق المناصفة بينهما من البائعين منه ياسو و حنة و بحدو و زحقو (3) (اولاد) يوصف التفنكچى ودلالى بنت كراى[؟][135] فباعت [136][!]اصالة عن نفسها و بالوكالة عن قبل بنتها (4) (...) بنت يوصف المسفور[!][137] ما هو للاصيلين المرقمين[!][138] و للمؤكلته المزبورة و ملكهم و بيدهم (5) (و من) تصرفهم و منتقل

135 Osman. Wort, da sonst kein Zusammenhang möglich.
136 اصآلةً
137 المسقور
138 المرقمون

اليهم بطريق الارث و ذلك جميع الدار الواقعة [!][139] فى محلة الشوندك (6) (المشتملة) على مجلس ازج و داخلها بخارى و مطبخ و كنيف و حوش و (جب) الماء فى الحوش (7) (من) البائعان على العادة القديمة المحدودين قبلةً ينتهى الى ملك خضر و شرقاً الى ملك (8) (...) و شمالاً و غرباً الى الطريق بجملة الحدود و كافة المرافق و الحقوق بثمن مقبوض قدره (9) (و نصابه) مائتى و خمس و خمسون غروشاً بيعاً و اشتراء صحيحين شرعن باتين (10) (مشتملين على الايجاب و القبول و القبض و الاقباض و الرؤية و الرضى من الطرفين (11) (جرى) ذلك و حرر فى اواسط شهر جماذى الاول سنة احدى و سبعين و مائة و الف

الحاج حمزة بن عبد الله
خليل چلبى بن داود چلبى
سيد احمد بن سيد يسين
ابنه منلا محمد
الحاج بكر بن الحاج اميرحاج
هوجة حنة خان ولد عيصى
ابنه جرجس (ولد) فتحو

247/10/d
(Was den Sachverhalt anbetrifft), tätigte der christliche Diakon Ḥana veled-i Nūrī und seine Frau Meryem bint Hūca Ḥana mit ihrem eigenen Geld und keinem anderen den Kauf, (wobei) das erwähnte übergebene Verkaufte unter ihnen hälftig aufgeteilt wurde. Die Verkäufer von ihm waren Yāsū, Ḥana, Beḥdū und Zaḥḳū (die Söhne von) Yūṣuf et-Tüfenkçi sowie Delālī, Tochter des Verkaufsersuchenden. Wobei (Delālī), Tochter von erwähntem Yūṣuf sich selbst vertrat, tätigte sie in Vertretung für ihre Tochter den Verkauf, was den erwähnten sich selbst Vertretenden und der erwähnten Mandantin gehörte, sie zum Eigentum hatten und zu ihrer Verfügung stand und ihnen erbmäßig hinterlassen wurde. Dieses umfasst das gesamte Haus, das im Viertel Şavandak liegt und das sich aus einer Gewölbehalle, in ihr ein Ofen, eine Küche und wie üblich einem (Brunnen) im Hof der beiden Verkäufer zusammensetzt. Im Süden grenzen sie an den Besitz von Ḫıżır, im Osten an den Besitz von (...), im Norden und Westen an den Weg mit allen Grenzen. Der umfassende und definitive scheriatsrechtlich korrekte Verkauf und Kauf erfolgte zum entgegengenommenen und festgesetzten Preis von 255 Ġuruş unter Bestätigung und Entgegennahme der beiden Parteien. Eingetragen in der mittleren Dekade des Monats, des ersten Cemāẕī im Jahre 1171.

Ḥāc Ḥamza bin ʿAbdullāh
Ḫalīl Çelebi bin Dāvūd Çelebi
Seyyid Aḥmed bin Seyyid Yasīn
Sein Sohn Monlā Meḥmed

139 الواقع

Ḥāc Bekir bin ül-Ḥāc Emīrḥāc
Hūca Ḥana Ḫān veled-i ʿAiṣī
Sein Sohn Circis (veled-i) Fetḥū

247/10/e

(1) (اشترى) سيد رمضان بن السيد اسمعيل بن عمران بماله من البائع منه على بن حسن الصآرجة (2) (فباعه) المنتقل اليه بطريق الشراء و ذلك جميع بيت القريش و المطبخ و مخزن التحتانى (3) (و الكنيف) الواقيعين فى محلة الزراقة المحدودين قبلةً و غرباً ينتهى الى الطريق و شرقاً الى ملك (4) (الحداد) و شمالاً الى ملك اباحد قلايلى بجملة الحدود بثمن مقبوض قدره و نصابه (5) (...) و عشرون غروشاً و الرضى من الطرفين حرر فى اواسط شهر جماذى الاول سنة احدى (6) (و سبعين) و مائة و الف
شيخموسى بن سيد احمد بن حاج ادريس
حسن اغا بن ملك محمود
اسمعيل بن منصور
مرتضى بن الياس كسكى
محمد بن خضر المنير
(...) محمد بن حسن
(Unten rechts)
حسن بن بربر على

247/10/e

Seyyid Ramażān bin üs-Seyyid İsmaʿīl bin ʿÖmrān (tätigte) mit seinem eigenen Geld den (Kauf). Sein Verkäufer ist ʿAlī bin Ḥuseyn eṣ-Ṣārica. (Er verkaufte ihm), wobei dies ihm über dem Weg des Kaufs überlassen wurde, Folgendes: Dieses ist die gesamte Käserei, die Küche, unter ihr das Lager und (ein Abort), die im Viertel Zarrāḳa liegen. Im Süden und im Westen grenzen sie an den Weg, im Osten an den Besitz von (Ḥaddād) und im Norden an den Besitz von Abāḥad Ḳılaylī mit allen Grenzen. Der Verkauf erfolgte zum entgegengenommenen und festgesetzten Preis von (...) Ġuruş unter Zustimmung der beiden Parteien. Eingetragen in der mittleren Dekade des Monats des ersten Cemāẓī im Jahre 11(7)1.

Şeyḫmūsā bin Seyyid Aḥmed bin Ḥāc İdrīs
Ḥasan Aġa bin Melik Maḥmūd
İsmaʿīl bin Manṣūr
Murteżā bin İlyās Keski
Meḥmed bin Ḫıżır el-Munīr
(...) Meḥmed bin Ḥasan
(Unten rechts)
Ḥasan bin Berber ʿAlī

247/10/f

(1) (medīne)-ʾi Mārdīn mütemekkenlerinden olub bundan aḳdem hālik olan Ḳuṣṣār İshāk veled-i Yuṣuf (2) (mül)kiñ verāṣeti zevcesi Seyyidī bint ʿAbdullāh ve üç oğlu Kūrkīs ve Beḥdū ve Dāhūd (3) (ve üç) ḳızı Ḫāna ve Āra ve Mārānī nāmūn kimesnelere münḥaṣıra olub merḳūme Seyyidī ve Kūrkīs (4) (ve Dāhūd) el-merḳūmān ve Ḫāna ve Āra ve Mārānī el-mezbūrāt meclis-i şerʿ-i ḫaṭīr-i lāzim üt-tevḳīrde (5) (bāʿiṣ) ül-kitāb mezbūr Beḥdū müvācehesinde herbiri biṭ- ṭavʿ eṣ-ṣāf iḳrār-ı tāmm ve taḳrīr-i kelām (6) (ey)leyüb mūriṣimiz Ḳuṣṣār İshāk el-mesfūr ḥāl-ı ḥayātında[!][140] ve kemāl-ı ṣıḥḥat ve taṣarrüfātında (7) (...) maḥallesinde vāḳʿ ḳıbleten ṭarīḳ ve şarḳen Usta Aḥmed vereṣesi mülki ve şimālen Şemmās Abāḥad mülki (8) (ve ġarben) Şemmās Dāhūd vereṣesi mülkine müntehī ve maḥdūd olan dārını cümle[!][141] ḥudūd ve ḥuḳūḳıyla (9) (yi)rmi ġuruş ṣemen ile merḳūm oğlu Beḥdūya beyʿ-i bāt-ı ḳıṭaʿı birle beyʿ ve ḳabż-ı ṣemen ve teslīm (10) (ėd)üb ve ṣemen-i mezḳūrı daḫī ḥāl-ı ḥayātında[!][142]ümūrına ṣarf ve ḫarc ėdüb halākından (11) (bize) yirmi ġuruşa ḳıymetlü menḳūlāt ve tecemmülāt ve baḳır evāni ve yorġan döşek ve kelīm (12) (teslīm)[?] (ė)düb tereke-ʾi mezḳūre[!][143] daḫī techīz ve tekfīn ve sāʾire maṣārifāt lāzimesine ṣarf ve ḫarc (13) (ėdüb) fīmābaʿd gerek dār-ı mezḳūr ve ṣemeninde ve cüzʾi ve küllī metrūkāt ve muḫallefāt ve menḳūlātında (14) (vechen) min el-vücūh ve sebeben min el-esbāb daʿvā ve nizāʿ ve ḥaḳḳımız ḳalmayub ḫuṣūṣ-ı mezḳūrdan yaña merḳūm (15) (Beḥdūnu)ñ ẕimmetini ibrā-ʾı ʿāmm ḳāṭʿ ül-ḫıṣām ileyh ibrā ve isḳāṭ-ı tāmm eyledik baʿd el yevm ṣālif (16) (üẕ-ẕikr o)lan dār bil-cümle ḥudūd ve ḥuḳūḳıyla ḫāliṣ-i mülk müşterāsı ḳalub keyfamā yeşāʾ (17) (ve yaḫtār) ber vech-i mülkīyet mutaṣarrıf olub dėdiklerinde ġıbb et-taṣdīḳ el-vicāhī el-muʿteber (18) (üṣ-şerʿī) mā hüve el-vāḳiʿ işbu veṣīḳa biṭ-ṭaleb ketb ve terḳīm olındı ḥurrire fī evāsıṭ-i şehr-i Cemāẕī (19) ('l-evvel) sene iḥdā ve sebaʿīn ve miʾe ve ʾelf

Seyyid ʿAbdürraḥīm Efendi kātib-i maḥkeme
ibnühü Monlā Yūsuf
el-Ḥāc İbrāhīm bin Evsaṭ Aḥmed
aḫīhi Ḫalīl
Seyyid ʿAlī bin Seyyid ʿAbdullāh
ibnühü Yūsuf
Bekir bin Velī Dāʾı
aḫīhi ʿOṣmān

---

140 ḥuyūtunda
141 cümle-ʾi
142 ḥayavātında
143 mezḳūre-ʾi

Ḫızır bin Vīrdū
Yaġūb veled-i İshāk
(aḫīhi) Dāhūd

247/10/f

Der vor einiger Zeit verstorbene Ḳuṣṣār İshāk veled-i Yuṣuf, der ein Bewohner der Stadt Mardin war, hinterließ das Erbe seines Besitzes seiner Frau Seyyidī bint ʿAbdullāh und den drei Söhnen namens Kūrkīs, Beḥdū und Dāhūd sowie den (drei) Töchtern namens Ḫāna, Āra und Mārānī die alleinig erbberechtigt waren. Erwähnte Seyyidī sowie die beiden erwähnten Kūrkīs und Dāhūd sowie erwähnte Ḫāna, Āra und Mārānī gaben in Anwesenheit des Beantragenden der Urkunde, erwähntem Beḥdū in der ehrwürdigen und Gehorsam erheischenden Gerichtsversammlung – und zwar jeder einzelne – in klarem Gehorsam eine vollständige Bestätigung ab und machten folgende Aussage: „Unser Erblasser, erwähnter[144] Ḳuṣṣār İshāk hat zu seinen Lebzeiten und unter wahrheitsgetreuen Angaben seines Vermögens (...) sein Haus, das im Viertel von (...) liegt und das im Süden am Weg, im Osten am Besitz des Erbes von Usta Aḥmed, im Süden am Besitz des christlichen Diakons Eyāḫud sowie im Norden an den Besitz des christlichen Diakons Abāḥad und im Westen am Besitz des Erbes des christlichen Diakons Dāhūd angrenzt, mit allen Grenzen und Rechten mit einem Wert von 20 Ġuruş an erwähnten Sohn Beḥdū zu einem unwiderruflichen und festgesetzten Kaufpreis verkauft, den Preis erhalten und es übergeben. Den erwähnten Wert gab er für seine Angelegenheiten zu seinen Lebzeiten aus. Nach seinem Tod übergab er (uns) im Wert von 20 Ġuruş bewegliche Güter, Möbel, Kupfergeschirr sowie eine dicke Matratze und einen Teppich. Der erwähnte Nachlass wurde jedoch für dessen notwendige Leichenwaschung und Einhüllung und weitere Ausgaben verwendet. Von nun an strengen wir in keiner Weise und aus keinem Grund sowohl wegen des erwähnten Hauses und seinen Werten noch wegen sämtlichen Nachlasses und Hinterlassenschaften sowie wegen seiner beweglichen Güter irgendeine Klage oder Rechtsstreit an, noch machen wir irgendwelche sonstigen Ansprüche geltend. Zu erwähnter Angelegenheit erließen wir erwähntem (Behdu) dessen Schuld und legten den Streit bei. Von nun an bleibt das zuvor (erwähnte) Haus mit allen Grenzen und Rechten als sein legitim gekauftes Eigentum bestehen. So wie er es wollte und wünschte hält er das Eigentum inne“. Indem sie dies sagten, wurde nach der vor Zeugen abgelegten geschätzten scheriatsrechtlichen Bestätigung was den Sachverhalt anbetrifft, dieses Dokument auf

144 Abschätzig als „mesfūr“ erwähnt, da der Aussagende Behdu bevorzugt hat.

Antrag hin niedergeschrieben. Eingetragen in der mittleren Dekade des Monats des (ersten) Cemāẕī im Jahre 1171.

Seyyid ʿAbdürraḥīm Efendi, Gerichtsschreiber
Sein Sohn Monlā Yūsuf
Ḥāc İbrāhīm bin Evsaṭ Aḥmed
Sein Bruder Ḫalīl
Seyyid ʿAlī bin Seyyid ʿAbdullāh
Sein Sohn Yūsuf
Bekir bin Velī Dā'ı
Sein Bruder ʿOs̱mān
Ḫıżır bin Vīrdū
Yaġūb veled-i İshāk
(Sein Sohn) Dāhūd

247/11/a

(1) اشترى سية ولد الياص و زوجته سيدى بنت مقصو <من البا>على ان يكون المبيع الآتى
(ذكره) (2) المناصفة بينهما من البائعين منهما عبد الرحمن و عثمان و داود ابناء الياس فباع
(عبد الرحمان) (3) و عثمان اصالة عن نفسهما و باع داود المرقوم ايضاً[145][!]اصالة عن نفسه
و بالوحكالة (عن) (4) اخته مريم بنت الياس و امه يكنجان الثابت وكالة عنهما بشهادة عيسى بن
خضر و (...) (5) مراد المنتقل اليهم بالارث و ذلك جميع غرس العنب الواقيع فى وادى پاس
پانوس (الادنى) (6) قبلةً و شمالاً و غرباً ينتهى الى الطريق <و غرباً> و شرقاً الى الدجلة
بجملة الحدود بثمن (مقبوض) (7) قدره و نصابه ثلاثون غروشاً و الرضى من الطرفين تحريراً
فى 11 ج [جماذى الاخر] سنة 1171

(الياص) (...)
مرو بن بدو
موسى بن محمد
الحاج يوسف بن خاتمى
ابنه محمد

247/11/a

Siya veled-i İlyāṣ und seine Frau Seyyidā bint Maḳṣū tätigten den Kauf, <...> wobei das (erwähnte) übergebene Verkaufte unter ihnen beiden hälftig aufgeteilt wurde. Ihre Verkäufer sind ʿAbdürraḥmān, ʿOs̱mān und Dāūd, die Söhne von İlyās. (ʿAbdürraḥmān) und ʿOs̱mān tätigten den Verkauf, indem sie sich beide selbst vertraten, erwähnter Dāūd tätigte ebenso den Verkauf, indem er sich selbst vertrat sowie in Vertretung für seine Schwester Meryem bint İlyās und seine Mut-

145 اصآلة

ter Yakincān, wobei die Bestätigung der Vertretung von ihnen beiden unter Zeugenschaft von ʿİsā bin Ḫıżır, sowie (...) Murād erfolgte, wobei es ihnen erbmäßig überlassen wurde. Dieses umfasst die gesamte Weinstockpflanzung, die im Pās Pānūs (el-Ednā)-Tal liegt. Im Süden, im Norden und im Westen grenzt sie an den Weg und im Osten an den Tigris mit allen Grenzen. Der Verkauf erfolgte zum entgegengenommenen und festgesetzten Preis von 30 Ġuruş unter Zustimmung der beiden Parteien. Eingetragen am 11. Tag des letzten Cemāẕī im Jahre 1171.

(İlyāṣ) (...)
Mirū bin Bedū
Mūsā bin Meḥmed
Ḥāc Yūsuf bin Ḫātemi
Sein Sohn Meḥmed

247/11/b
(1) اشترى كوركيس ولد حنا بماله من البائعة منه عمته مارتة بنت كوركيس فباعته (المنتقل)
(2) اليها بالشراء الشرعى و ذلك جميع حصته و هى السدس من ثلث جميع (الطاحونان) (...)
(3) و الدنك الواقعان فى قضاء نصيبين فى تيل بطوش التى لا حآجة[!][146] [لتحديدها لشهرتها]
(4) لان حدودهما معلومة عند جيرانهما بجملة الحدود بثمن مقبوض قدره (و نصابه) (...) (5) و
عشرون غروشاً و الرضى من الطرفين حرر فى اواسط شهر جماذى (الاخر سنة) (6) احدى و
سبعين و ماية و الف
السيد عبد (...) افندى بن (السيد) (...)
ابنه منلا سيد عبد الغنى
عبد الله بن على الشرابى
السيد جمعة بن حيرس
مروخان ولد اباحد
كيورو ولد حنا
و غيرهم من [الحضار]

247/11/b
Kūrkīs veled-i Ḥanā tätigte den Kauf mit seinem eigenen Geld. Seine Verkäuferin ist seine Tante väterlicherseits Mārta bint Kūrkīs. Sie verkaufte ihm, was ihr über den rechtmäßigen Kauf (überlassen wurde). Dieses ist ihr gesamter Anteil von 6/3 (beider Mühlen) (...) und Ed-Denk, die im Gerichtssprengel von Nuṣaybīn auf dem Batūş-Hügel stehen und derer es keiner Bekanntmachung der Lagebeschreibung bedarf, da beider Grenzen und sämtliche Grenzen ihren Nachbarn bekannt sind. Der [Verkauf] erfolgte zum entgegengenommenen und festgesetzten Preis

146 حآجته

von (...)undzwanzig Ġuruş unter Zustimmung der beiden Parteien. Eingetragen in der mittleren Dekade des Monats des (letzten) Cemāẕī (im Jahre) 1171.

Seyyid ʿAbd(...) Efendi bin üs-Seyyid (...)
Sein Sohn Monlā Seyyid ʿAbdülġanī
ʿAbdullāh bin ʿAlī eş-Şarābī
Seyyid Cumʿa bin Ḥīris
Mirūḫān veled-i Abāḥad
Kyūrū veled-i Ḥanā
und weitere [Anwesende]

247/11/c

(1) اشترى الحاج محمد بن السيد حسن الحرينى بماله من البائع منه تقحا بن الحاج (مصطفى) (2) شعبو فباعه المنتقل اليه بطريق الشراء و ذلك جميع الدار الواقعة فى محلة (...) (3) المشتملة على حجرة ذى ثلاث صفف و داخلها بخارين و داخل البخارى (...) (4) مغارة و خب مآء و بيت قريش و مطبخ قريش و آخور و كنيف و (...) (5) المحدودين قبلةً ينتهى الى ملك عبد العزيز و تمامه الى الطريق و شرقاً (...) (6) الى الطريق و شمالاً الى ملك ورثة عمر چلبى ابن الريس و غرباً الى ملك (...) (7) يوسف ابن العزيوى و تمامه الى ملك ورثة صادق بن الحاج (احمد) (8) بثمن مقبوض قدره و نصابه ثلاثمائة و ثلاثون غروشاً و صرة (دراهم) (9) مجهولة العدد و المقدار و الرضى من الطرفين حرر فى اواسط شهر جماذى (10) الاول سنة احدى و سبعين ومائة و الف

مدمود (افندى) ابن حآج (مصطفى افندى)
منلا محمد بن شيخموسى عربو
الحاج نعمات بن سيد احمد
ابنه السيد احمد
زكريا چلبى ابن على صآئغ
حسين البعير
خليفة بن حيتم
الحاج عمر بن الحاج عبد الله

247/11/c

Ḥāc Meḥmed bin üs-Seyyid Ḥasan el-Ḥarīnī tätigte den Kauf mit seinem eigenen Geld. Sein Verkäufer war Taḳḥā bin ül-Ḥāc (Muṣṭafā) Şaʿbū. Er verkaufte ihm was ihm kaufmäßig überlassen wurde. Dieses ist das gesamte Haus, das im Viertel (...) liegt und das sich aus einer Kammer mit drei gemauerten Steinbänken zusammensetzt, in dem sich innen zwei Öfen und innerhalb des Ofens (...), eine Grotte, ein Brunnen, ein Gewölberaum für Käselagerung und eine Käserei, ein Stall, ein Abort und (...) befinden. Im Süden grenzen sie an den Besitz von ʿAbdülʿazīz und dessen Gesamtes an den Weg, im Osten an den Weg, im Norden an den Besitz des Erbes von ʿÖmer Çelebi ibn ür-Rīs und im Westen an den Besitz von (...) Yūsuf ibn ül-ʿAzīvī und dessen Gesamtes an den Besitz des Erbes von Ṣādik bin ül-Ḥāc (Aḥmed). Der Verkauf erfolgte zum entgegengenommenen und festgesetzten Preis von 330 Ġuruş und einem Beutel mit einer unbekannten Anzahl von (Dirhams) von unbekanntem Wert von unter Zustimmung der beiden Parteien. Eingetragen in der mittleren Dekade des Monats des ersten Cemāẕī im Jahre 1171.

Maḥmūd (Efendi) bin Ḥāc (Muṣṭafā Efendi)
Monlā Meḥmed bin Şeyḫmūsā ʿArbū
Ḥāc Nuʿmāt bin Seyyid Aḥmed
Sein Sohn Seyyid Aḥmed
Zekeryā Çelebi ibn ʿAlī Ṣāʾıġ
Ḥuseyn el-Baʿīr
Ḫalīfe bin Ḥaytam
Ḥāc ʿÖmer bin ül-Ḥāc ʿAbdullāh

247/11/d

(1) اشترى ابرهيم ولد غرو بماله من البائع منه حنة ولد ايشوع فباعه ما هو له و تحت تصرفه (الى حين) (2) صدور هذا البيع منه و ذلك جميع بيت القريش و قطة الحوش الواقعان فى (محلة) (3) الكولاسية المحدودان قبلةً [ينتهى الى] طريق [و] شرقاً [الى ملك] البائع [و] شمالاً [الى] صغح القلعة [و] غرباً [الى] (...) (بالجملة) (4) الحدود بثمن مقبوض قدره احدى عشر غروشاً و الرضى من الطرفين (تحريراً) (5) فى اواسط شهر جماذى الاخر سنة احدى و سبعين و مائة و الف

سيد (محمد بن) قرة داود
قاسم بن اصلان على
على بن عبوش
اصلان ولد شعبو
عبدو ولد يوسف

247/11/d

İbrahīm veled-i Ġarū tätigte den Kauf mit seinem eigenen Geld. Sein Verkäufer ist Hana veled-i İyşuʿ. Er verkaufte ihm, was ihm gehörte und ihm (bis zum Zeitpunkt) des Erlasses dieses Verkaufs zu seiner Verfügung stand. Dieses umfasst die gesamte Käserei und ein Teil vom Hof, die im (Viertel) Kulāsya liegen. Im Süden grenzen sie [an] einen Weg, im Osten an den [Besitz des Käufers], im Norden [an] Ṣaġḥ el-Ḳalʿe [und] im Westen [an] (...) (mit allen) Grenzen. [Der Verkauf] erfolgte zum entgegengenommenen und festgesetzten Preis von 11 Ġuruş unter Zustimmung der beiden Parteien. Eingetragen in der mittleren Dekade des Monats des letzten Cemāẕī im Jahre 1171.

Seyyid (Meḥmed bin) Ḳara Dāūd
Ḳāsim bin Aṣlān ʿAlī
ʿAlī bin ʿAbūş

Aṣlān veled-i Şaʿbū
ʿAbdū veled-i Yūsuf

247/11/e

(1) (عن ذكر) ما هو انه اشترى السيد على بن السيد حسين بماله لنفسه دون غيره من البائعين
(2) (منه السيد) محمود چلبى و اخيه السيد سليمان ابنى السيد مصطفى بن الحاج رضوان و
السيد محمد (3) (افندى) المدرس بمدرسة الخاتونية ابن الحاج عمر افندى فباع السيّد محمود
المزبور و اخيه (4) (...) اصالة عن نفسهما و باع السيد محمّد افندى المرقوم بالوكالة عن قبل
حميدة (5) (...) بنت السيد مصطفى المزبور الثابت وكالة عنها بشهادة الحاج الياس (6) (افندى)
ابن الحاج بكر و منلا خليل بن حمادى و منلا اسمعيل بن الحاج عمر افندى المرقوم (7) (ما هو)
للاصيلان المرقومان و للمؤكّلة المزبورة و ملكهم و بيدهم و تحت تصرفهم (8) (المنتقل) اليهما
بطريق الارث و الشرآء <و باع> و الى المؤكلة المزبورة بطريق (9) (الارث) من ابيها المرقوم
و ذلك جميع الدار الواقعة فى محلّة الزيتون (10) (المعروفة) بدار الحاج رضوان المشتملة على
حجرة ذى ثالاث صفف و داخلها (11) (بخارين) ازج و طبقة تحت بخارى الشرقى و منظرة
مهدومة و حوش (12) و مطبخ و جبّ المآء و بيت انبوب و بيت صغير مهدوم و كنيف و مطبخ
(13) (صغير) و حوش برّانى و اوده صغيرة انبوب و اخور انبوب و قريش (14) (و كنيف)
المحدودين قبلةً ينتهى الى ملك ورعثة كنعان اغا و تمامه الى (15) (الطريق) و شرقاً ايضاً الى
الطريق و شمالاً الى ملك حسن اغا ابن الزعيم (16) (تمامه) الى ملك ورثة ملا بكر ابن
الكولاهلى و غرباً الى ملك ورثة السيد ابراهيم (17) (القاطرچى) بجملة الحدود و كافة المرافق و
الحقوق بثمن مقبوض قدره و نصابه (18) (مائتي) و ستون غروشاً بيعاً و اشتراءً صحيحين
شرعين باتين مشتملين (19) (على) الايجاب و القبول و القبض و القباض و الرؤية و الرضى
من الطرفين (20) (حرر) فى اواسط شهر جماذى الاخر سنة احدى و سبعين و مائة و الف

حسن اغا بن حسين الزعيم
السيد عبد القادر بن سيد ابراهيم
بربر اسماعيل بن احمد الحصارى
حسين بن عبد الله مردم رمضان بلوكباشى
محمود بن حسين
الحاج محمد بن (السيد) عبد القادر
(...) بن (...)

(Von rechts nach links)

(...) بن عبد الله مردم الحاج حسين اغا
شعبان بشه بن كور عبدو
عرب عبد الله بن على
منلا خليل بن عبد العزيز الجوزى

(Von links nach rechts)

منلا عبد السلام بن محمد افندى
اخيه ملا عمر
و غيرهم من الحضار

247/11/e

(Was den Sachverhalt anbetrifft), tätigte Seyyid Ḥuseyn mit seinem eigenen Geld und keinem anderen den Kauf. Seine Verkäufer sind (Seyyid) Maḥmūd Çelebi und sein Bruder Süleymān, die Söhne von Seyyid Muṣṭafā bin ül-Ḥāc Riżvān, sowie Seyyid Meḥmed Efendi, der Lehrer der Medrese el-Ḫātūnīye, der Sohn von Ḥāc ʿÖmer Efendi ist. Erwähnter Seyyid Maḥmūd und sein Bruder verkauften (...) in eigener Vertretung, erwähnter Seyyid Meḥmed[147] Efendi in Vertretung für Ḥamīde (...), Tochter von erwähntem Seyyid Muṣṭafā, wobei die Bestätigung der Vertretung unter Zeugenschaft von Ḥāc İlyās Efendi, Sohn von Ḥāc Bekir, Monlā Ḫalīl bin Ḥamādī und Monlā İsmaʿīl, Sohn von erwähntem Ḥāc ʿÖmer Efendi, erfolgte, was den erwähnten sich selbst Vertretenden und der erwähnten Mandantin gehörte, zu ihrer Verfügung stand und ihnen beiden *(den sich selbst vertretenden)* über Erbe und Kauf hinterlassen wurde <...> und der erwähnten Mandantin über das Erbe von ihrem erwähnten Vater hinterlassen wurde. Dieses umfasst das ganze Haus, das im Viertel ez-Zeytūn (liegt) und unter dem Namen „Haus von Ḥāc Riżvān" bekannt ist. Es besteht aus einer Kammer mit drei gemauerten Steinbänken, in dem sich (zwei Rundöfen) befinden, einem Stockwerk unter dem östlichen Ofen, einem verfallenen Gästezimmer, einem Hof, einer Küche, einem Brunnen, einem Lagerraum, einem kleinen verfallenen Haus, einem Abort, einer (kleinen) Küche, einem Außen-Hof, einem kleinen niedrigen Raum, einem niedrigen Stall, einer Käserei und einem Abort. Im Süden grenzen sie an den Besitz des Erbes von Kanaʿān Aġa, das mit seinem Gesamten am (Weg) liegt, im Osten ebenso an den Weg, im Norden an den Besitz von Ḥasan Aġa ibn Zaʿīm, dessen Gesamtes am Besitz des Erbes von Mollā Bekir ibn Kūlāhlī liegt, und im Westen an den Besitz des Erbes von Seyyid İbrāhīm (el-Ḳāṭirçī). Der umfassende scheriatsrechtlich korrekte Verkauf und Kauf erfolgte mit allen Einrichtungen und Rechten zum angenommenen und festgesetzten Preis von (zweihundert) und sechzig Ġuruş unter Bestätigung, Entgegennahme und Zustimmung der beiden Parteien. Eingetragen in der mittleren Dekade des Monats des letzten Cemāẕī im Jahre 1171.

Ḥasan Aġa bin Ḥuseyn Ez-Zaʿīm
Seyyid ʿAbdülḳādir bin Seyyid İbrāhīm
Berber İsmāʿīl bin Aḥmed el-Ḥiṣārī
Ḥuseyn bin ʿAbdullāh merdüm Ramażān Bölükbaşı
Maḥmūd bin Ḥuseyn

147 „Muḥammad" im Originaltext geschrieben, im Unterschied zu anderen Namen mit „Meḥmed" übersetzt.

Ḥāc Meḥmed bin (Seyyid) ʿAbdülḳādir
(…) bin (…)
(Von rechts nach links)
(…) bin ʿAbdullāh, Angehöriger von Ḥāc Ḥuseyn Aġa
Şabān Beşe bin Kūr ʿAbdū
ʿArab ʿAbdullāh bin ʿAlī
Monlā Ḫalīl bin ʿAbdülʿazīz el-Cūzī
(Von links nach rechts)
Monlā ʿAbdüsselām bin Meḥmed Efendi
Sein Bruder Monlā ʿÖmer, und weitere Anwesende

247/11/f

(1) (باسم) الله الرحمن الرحيم الحمد لله الملك (2) (الذى) يملك من الانام ما يشأ و لا يملكون منه الا ما يريد و الصلوة و السلام على صاحب (3) (المنهج) السديد سيدنا مهمد الهادى الرشيد و على اله و اصحابه قاتل كل جبار عنيد اما بعد (4) (...) (...) صحيح شرعي الاصول المبانى و ذا خطاب سمعى الفصول و المعانى يعرب مضمونه (5) (...) و يدل لفظه و معناه عن ذكر ما هو انه اشترى السيد ابراهيم افندى ابن الحاج اسحاق كاتب (6) (قسام) بماله لنفسه دون غيره من البائع منه عبدين القاطرچى فباعه ما هو له و ملكه و بيده و تحت (7) (تصرفه) و منتقل اليه بطريق الارث الشرع من ابنه عبّاس المتوفاً و ذلك جميع حصته و هى السدس (8) (...) من حميع غرس العنب الواقع فى وادى الفتقة المشتمل على ماء و حوض و ابنية منهدمة (9) (و اشجار)عنب و غير ذلك من انواع استجار المثمرات الذى ارض غرس المذكور و مائه مستحكرة (10) (من مصطفى) بن عبد الغريز المنصوب من قبل الشرع متولياً على اوقاف جده عبد الله بن (11) (عيواد) باجارة معلومة مقدرة فى كل سنة مائة و عشرون قطعة و هى (عبارة عن) (12) (قرش واحد) المحدود قبلةً ينتهى الى الطريق الخاص و شرقاً الى ملك ورثة زلعو و عائشة (13) (بنت عبدو) القليونچى و تمامه الى الطريق و شمالاً الى ملك خذرشة و حنا و غرباً الى ملك (14) (ورثة لالو) المشكى بجملة الحدود و كافة المرافق و الحقوق بثمن مقبوض قدره و نصابه (15) (...) و عشرون غروشاً و نصف القرش و خلعه بخمسة غروشاً بايعا و اشتراء صحيحين (16) (شرعين) باتين مشتملين على الايجاب و القبول و القبض و الاقباض و الرؤية و الرضى (17) (من الطرفين) و حكم الحاكم الموقع خطه اعلى الكتاب بصحة <...> البيع و لزومه لايفاء الدين (18) (...) ذمة عباس المرقوم حرر من اواسط شهر جماذى الاخر سنة احدى و سبعين و مائة (و الف)

السيد عبد الرحيم كاتب محكمة
ابنه منلا يوسف
الحاج ابو بكر بك المنزلچى
حسين بن عمر البندانى
اخيه عساف
الحاج على بن الحاج اسحاق
عبد الرحمن افندى الحطيب
منلا مصطفى (بن) قاسم چلبى

(Von rechts nach links)
حسف بن محمد كوتك
سيد محمد بن قرة حسن
ن

247/11/f

(Im Namen) Gottes des Barmherzigen, des Erbarmers, gelobt sei Gott der König, (der) über die Menschen herrscht, so wie er es wünscht und sie nur über dasjenige vermögen, was er wünscht; Gebet und Frieden an den Innehabenden des trefflichen (Wegs), unserem Herrn Muhammad, rechtgeleiteter Anführer und seinen Gefährten, die jeden widerspenstigen Tyrannen bekämpfen. Was den Sachverhalt anbetrifft, wurde die richtige auf dem scheriatsrechtlich korrekten Fundament basierende (...), die Bedeutung des Inhalts der gehörten Urteile erklärt und auf seinen Wortlaut und Sinn hingewiesen. Was den Sachverhalt anbetrifft, tätigte Seyyid İbrāhīm Efendi ibn Ḥāc İshāḳ, der (Nachlassgerichtsschreiber) mit seinem eigenen Geld und keinem anderen den Kauf. Sein Verkäufer ist ʿAbdīn el-Ḳātirçi. Er verkaufte ihm was ihm gehörte, er zum Eigentum hatte und ihm (zur Verfügung) stand, wobei dieses ihm über den Weg des scheriatsrechtlichen Erbes von seinem verstorbenen Sohn ʿAbbās hinterlassen wurde. Dieses umfasst den gesamten Anteil, wobei dieses ein Sechstel (...) der gesamten Weinstockpflanzung ist, die im Fatḳa-Tal liegt. Sie besteht aus einem Gewässer, einem Becken, verfallenen Gebäuden, (Weinstöcken) und darüber hinaus Nutzbäumen, wobei Boden und Wasser von erwähnter Pflanzung von (Muṣṭafā) bin ʿAbdülʿazīz, dem rechtmäßigen Verwalter der Stiftungen seines Großvaters ʿAbdullāh bin (ʿīvād) für jährlich festgesetzte bekannte 120 Münzen, die einem Ḳirş entsprechen, langzeitverpachtet wurden. Im Süden grenzt er an den gesonderten Weg, im Osten an den Besitz des Erbes von Zalʿū und ʿĀīşe (bint ʿAbdū) el-Ḳalyunçī, wobei das Gesamte mit allen Grenzen an den Weg, im Norden an den Besitz von Ḫaẕraşa und Ḥana, und im Westen an den Besitz des (Erbes von Lālū) el-Mişḳī angrenzt. Der umfassende scheriatsrechtlich korrekte Kauf und Verkauf erfolgte mit allen Einrichtungen und Rechten zum entgegengenommenen und festgesetzten Preis von (...) und 20½ Ġuruş unter Abzug von 5 Ġuruş unter Bestätigung, Annahme, Entgegennahme und Zustimmung der beiden Parteien. Der Richter entschied mit seiner erhabenen Unterschrift des Dokuments zur Korrektheit und Notwendigkeit des scheriatsrechtlich korrekten Verkaufs zur Begleichung der Schulden (...) der Zahlungsverpflichtung von erwähntem ʿAbbās. Eingetragen in der mittleren Dekade des Monats des letzten Cemāẕī im Jahre (1)171.[148]

148 Text 11/f, der später datiert ist als Text 12/a, ist eine gerichtliche Abschrift einer Kaufbestätigung eines Grundstücks, das zuvor von Abbās, Sohn von ʿAbdīn el-Ḳātirçi, verkauft wurde.

Seyyid ʿAbdürraḥīm Gerichtsschreiber
Sein Sohn Monlā Yūsuf
Ḥāc Ebū Bekir Beg, Poststationsleiter
Ḥuseyn bin ʿÖmer el-Bandānī
Sein Bruder ʿAsāf
Ḥāc ʿAlī bin Ḥāc Isḥāḳ
ʿAbdürraḥmān Efendi, Prediger
Monlā Muṣṭafā (bin) Ḳāsim Çelebi
(Von rechts nach links)
Ḥasaf bin Meḥmed Kūtak
Seyyid Meḥmed bin Ḳara Ḥasan

247/12/a

بسم الله الرحمن الرحيم
(1) اشترى السيد ابراهيم افندى بن الحاج اسحاق كاتب القسام بماله لنفسه دون غره من (البائع)
(2) منه عبد الله بن عباس و امه فاطمة بنت زين العابدين و زوجة ابيه ايضاً (فاطمة) (...) (3)
فباع عبد الله المرقوم اصالة عن نفسه جميع حصته و هى ثمانية و ستون (سهماً من اصل) (4)
مائة و اربعة و اربعون سهام و باع ايضاً بالوصاية عن قبل اخته (مروة بنت) (5) عباس المرقوم
الصغيرة القاصرة عن درجة البلوغ و ذلك جميع حصتها (و هى) (6) (...) و ثلاثون سهماً من
اصل المذكور و باعت فاطمة المزبورة <<المذكورة>> اولاً (بالوكالة) (...) (7) حصتها و هى
تسعة اسهم من اصل المذكور و باعت فاطمة المرقومة <<المذكورة>> ثانياً (ايضاً اصالة) (8)
عن نفسها جميع حصتها و هى تسعة اسهم من اصل المذكور ما هو لهم و ملكهم و بيدهم (و
تحت) (9) تصرفهم و منتقل اليهم بطريق الارث الشرعى من مورثهم عباس المرقوم ابن (...)
(10) و انما جوز بيع حصة الصغيرة المرقومة لايفاء الدين الكائن فيما ذمته اليها المزبور (...)
(11) و اربعون غروشاً عن جهة الفرض لزوجته فاطمة بنت زين العابدين الثابت فيما (ذمته)
(12) بشهادة عبد الرحمن افندى بن عبد الفتاح افندى و الحاج داود بن حسن الشعار و (ايضاً)
(13) لايفاء الدين الثابت فيما ذمته و هو مهر زوجته الثانية فاطمة بنت عبد الله المرقومة (...)
(14) قدره اربع و عشرون غروشاً و ذلك سهامهم المذكورة من جميع الغرس العنب (الواقع)
(15) فى وادى الفتقة المشتمل على ماء و حوض و ابنية منهدمة و اشجار عنب و غير (ذلك)
(16) من انواع استجار المثمرات الذى ارضه و ماءه مستحكرة من مصطفى بن عبد (العزيز)
(17) المنصوب من قبل الشرع متوليا على اوقاف جده عبد الله بن عيواد باجارة (معلومة) (18)
مقدرة فى كل سنة مائة و عشرون قطعة و هى عبارة عن قرش واحد المحدود قبلةً (ينتهى) (19)
الى الطريق[!][149] الخاص و شرقاً الى ملك ورثة زلعوا و عائشة بنت عبدو القليونچى (و تمامه)
(20) الى الطريق و شمالاً الى ملك خذرشة و حنا و غرباً الى ملك ورثة لالو المشكى (21)

In Text 12/a wurden auch dessen Schulden spezifiziert. Text 11/f müsste eine gerichtliche Bestätigung zur Absicherung sein, da der ursprüngliche Verkäufer in Text 12/a, d.h. Abbās, Sohn von ʿAbdīn el-Ḳātirçi, inzwischen verstorben war.

149 طريق

بجملة الحدود و كافة المرافق و الحقوق بثمن مقبوض قدره و نصابه ثمانون غروشاً (و صرة
(22) دراهم مجهولة العدد و المقدار بيعاً و اشتراءً صحيحين شرعين باتين مشتملين على
(الايجاب) (23) و القبول و القبض و القباض و الرؤية و الرضى من الطرفين و حكم الحاكم
الموقع (خطه) (24) اعلى الكتاب بصحة البيع و لزومه لايفاء الدين الكائن المذكور حكماً صحيحاً
(شرعيا) (25) حرر فى اوائل شهر جماذى الاخر سنة احدى و سبعون و مائة و الف

(Von rechts nach links)

السيد عبد الرحيم افندى سر كتاب محكمة
ابنه منلا يوسف
عبد الرحمن افندى
عبد الفتاح افندى
السيد ملا موراد الخطيب بجامع ابراهيم اغا (...)

(Namen darunter von rechts nach links)

الحاج الياس افندى بن الحاج بكر
اسمعيل جند بن شيخ (فضلام)[؟]
مصطفى بن عبد العزيز
عمر بن سليمان بلوكباشى
سيد عمر بن سيد محمد (...) (...)

(Namen darunter von rechts nach links)

قاسم الدلال
سيد عثمان الامدى
عبدى القاطرجى (...)

247/12/a

Im Namen des Herrn des Allmächtigen!

Seyyid İbrāhīm Efendi bin Ḥāc İsḥāḳ, der Nachlassgerichtsschreiber tätigte mit seinem eigenen Geld und keinem anderen den Kauf. Sein (Verkäufer) ist ʿAbdullāh bin ʿAbbās, seine Mutter Fāṭime bint Zīn ül-ʿAbīdīn und (Fāṭime) die Frau seines Vaters. Erwähnter ʿAbdullāh verkaufte sich selbst vertretend all seine 68 (Anteile von insgesamt) 144 Anteilen. Er verkaufte ebenfalls in Vertretung seiner minderjährigen Schwester (Merve, Tochter) von erwähntem ʿAbbās ihre gesamten (34) Anteile von den erwähnten Gesamtanteilen. Erwähnte Fāṭime verkaufte erstens (in Vertretung von) (...) alle 9 Anteile von erwähnten Gesamtanteilen und erwähnte Fāṭime verkaufte (ebenso) zweitens sich (selbst vertretend) alle ihre 9 Anteile von den erwähnten Gesamtanteilen. Sie verkauften alles was ihnen gehörte, sie zum Eigentum hatten und (zu) ihrer Verfügung stand, wobei dies ihnen über das scheriatsrechtliche Erbe über den Erblasser, (erwähntem) ʿAbbas, (Sohn von) (...) hinterlassen wurde. Noch dazu wurde der Verkauf des Anteils der erwähnten Minderjährigen zur Begleichung der bestehenden Schulden gestattet, wonach die Begleichung seiner Schulden an erwähnte (...) von (...) und vierzig Ġuruş über einen Kredit an seine Frau Fāṭime bint Zīn ül-ʿAbīdīn erfolgte, wobei (seine Schulden) unter Zeugenschaft von ʿAbdürraḥmān Efendi bin ʿAbdülfattāh

Efendi sowie el-Hāc Dāūd bin Ḥasan eş-Ṣaʿār bestätigt wurden. Hierunter gehörten zu seinen Schulden (ebenso) die Begleichung der Brautgabe von festgesetzten 24 Ġuruş an seine zweite Frau, erwähnte Fāṭime bint ʿAbdullāh. Dieses sind ihre gesamten erwähnten Anteile der Weinstockpflanzung, die im Fatḳa-Tal (liegt) und die aus einem Gewässer, einem Becken und verfallenen Gebäuden sowie aus Weinstöcken und darüber hinaus aus verschiedenen Arten von Nutzbäumen besteht, wobei ihr Boden und Wasser von Muṣṭafā bin ʿAbdül(ʿazīz), rechtmäßiger Verwalter der Stiftungen seines Großvaters ʿAbd-ullāh bin (ʿĪvād) für jährlich festgesetzte (bekannte) 120 Münzen, die einem Ḳirş entsprechen, langzeitverpachtet wurde. Im Süden (grenzt) sie an einen gesonderten Weg, im Osten an den Besitz des Erbes von Zalʿū und ʿĀīşe bint ʿAbdū el-Ḳalyunçī, wobei (sein Gesamtes) an den Weg grenzt, im Norden an den Besitz von Ḫaẕraşa und Ḥana und im Westen an den Besitz des Erbes von Lālū el-Mişkī mit allen Grenzen. Der umfassende scheriatsrechtlich korrekte Kauf und Verkauf erfolgte mit allen Einrichtungen und Rechten zum entgegengenommenen und festgesetzten Preis von achtzig Ġuruş und einem Beutel mit einer unbekannten Anzahl von Dirhams von unbekanntem Wert unter (Bestätigung), Annahme, Entgegennahme und Zustimmung der beiden Parteien. Der Richter entschied mit seiner erhabenen Unterschrift des Dokuments zur Korrektheit und Notwendigkeit des Verkaufs zur Begleichung der bestehenden Schulden.
Eingetragen in der ersten Dekade des Monats des letzten Cemāẕī im Jahre 1171.
(Von rechts nach links)
Seyyid ʿAbdürraḥīm Efendi, oberster Gerichtsschreiber
Sein Sohn Monlā Yūsuf
ʿAbdürraḥmān Efendi
ʿAbdülfattāḥ Efendi
Seyyid Monlā Murād, Prediger der İbrāhīm Aġa-Moschee (...)
(Namen darunter von rechts nach links)
Ḥāc İlyās Efendi bin ül-Ḥāc Bekir
İsmaʿīl Cund bin Şeyḫ (Fużlām)[?]
Muṣṭafā bin ʿAbdülʿazīz
ʿÖmer bin Süleymān Bölükbaşı
Seyyid ʿÖmer bin Seyyid Meḥmed (...) (...)
(Namen darunter von rechts nach links)
Ḳāsim ed-Delāl
Seyyid Oṣmān el-Amīdī
ʿAbdīn el-Ḳāṭırcı (...)[150]

150 Verkäufer in Text 11/f.

247/12/b

(1) اشترى هوجة اسكندر ولد هوجة يوسف بماله لنفسه دون غيره من البائع (منه) (...) (2) بن سيد محمود فباعه المنتقل اليه بطريق الارث و ذلك جميع غرس العنب (الواقة فى) (...) (3) خمزة بك المحدود قبلةً [ينتهى] الى ملك بيرقدار عمر و شرقاً الى ملك احمد بن سيد (و شمالاً) (4) الى ملك المشترى و غرباً [الى] طريق بجملة الحدود و كافة المرافق و الحقوق (بثمن) (5) مقبوض قدره و نصابه مائة و خمسون غروشاً و الرضى من (الطرفين) (6) حرر فى اواخر شهر جماذى الاخر سنة احدى و سبعين و مائة (و الف)

(Von links nach rechts)

عبد (الرحمن) الخطيب

منلا ابراهيم كاتب قسام

سيد احمد بن سيد يوسف

اخيه حآج حسين

موسى بن طوارو

اخيه عيسى

(Von rechts nach links)

سيد عثمان بن سيد حسف ابن عمر حسين

صالح بن منلا يوسف (...)

247/12/b

Hūca İskander veled-i Hūca Yūsuf tätigte mit seinem eigenen Geld und keinem anderen den Verkauf. (Sein) Verkäufer ist (...) bin Seyyid Maḥmūd. Er verkaufte ihm, was ihm erbmäßig hinterlassen wurde. Dieses ist die gesamte Weinstockpflanzung, welche im (...) Ḥamza Beg (liegt). Im Süden [grenzt] sie an den Besitz von Bayraḳdār ʿÖmer, im Osten an den Besitz von Aḥmed bin Seyyid, (im Norden) an den Besitz des Käufers und im Westen [an] einen Weg mit allen Grenzen. Alle Einrichtungen und Rechte wurden zum entgegengenommenen und festgesetzten (Preis) von 150 Ġuruş unter Zustimmung der (beiden Parteien) verkauft. Eingetragen in der letzten Dekade des Monats des letzten Cemāẕī im Jahre (1)171.

(Von links nach rechts)
ʿAbd(ürraḥman), Prediger
Monlā İbrāhīm, Nachlassgerichtsschreiber
Seyyid Aḥmed bin Seyyid Yūsuf
Sein Bruder Ḥāc Ḥuseyn
Mūsā bin Ṭavāru
Sein Bruder ʿİsā
(Von rechts nach links)
Seyyid ʿOs̱mān bin Seyyid Ḥasaf ibn ʿÖmer Ḥuseyn
Ṣāliḥ bin Monlā Yūsuf (...)

247/12/c

(1) اشترى (...) (2) ولد اباحد (...) (بماله لنفسه) (3) دون غيره من (البائع منه) (...) (4) بن داود چلبى فباعه (المنتقل اليه بطريق) (5) الارث و الشراء و ذلك (جميع) (...) (6) والغرس العنب الواقعان فى وادى (...) (7) الاعلى المحدودان قبلةً ينتهى الى الجبل و (شرقاً الى ملك) (8) الحاج رمضان و شمالاً الى الدره و غرباً الى ملك (محمود بجملة الحدود) (9) بثمن مقبوض قدره و نصابه مائة و خمسة[!][151] و اربعون غروشاً (و الرضى) (10) من الطرفين تحريراً فى اواخر شعبان سنة احدى و سبعين (11) و مائة و الف

مدمد افندى بن حاج عمر (افندى)

ابنه منلا عبد السلام

يوسف بن عبد الله

شيخموسى بن حاج على دوه جى

الياس مردم شيخى زاده

حاج رمضان بن يوسف

سيد خليل بن عباس

247/12/c

(...) veled-i Abāḥad (...) tätigte mit (seinem eigenen Geld) und keinem anderen den Kauf. (Sein Verkäufer) ist (...) bin Dāvūd Çelebi. Er verkaufte ihm was ihm erbmäßig und kaufmäßig (überlassen) wurde. Dieses sind (die gesamten) (...) und die Weinstockpflanzung, die beide im (...) Aʿlā-Tal liegen. Im Süden grenzen sie beide an den Berg, (im Osten an den Besitz) von Ḥāc Ramażān, im Norden an ed-Dere und im Osten an den Besitz von (Maḥmūd mit allen Grenzen). Der Verkauf erfolgte zum entgegengenommenen und festgesetzten Preis von 145 Ġuruş unter Zustimmung der beiden Parteien. Eingetragen in der letzten Dekade des Monats Şaʿbān im Jahre 1171.

Meḥmed Efendi bin Ḥāc ʿÖmer (Efendi)
Sein Sohn Monlā ʿAbdüsselām
Yūsuf bin ʿAbdullāh
Şeyḫmūsā bin Ḥāc ʿAlī Deveci
İlyās, Angehöriger von Şeyḫī Zāde
Ḥāc Ramażān bin Yūsuf
Seyyid Ḫalīl bin ʿAbbās

247/12/d

(1) ما هو انه اشترى حنا و اخيه اباحد ولد مرزا بمالهما لنفسهما دون غيرهما على ان (2) المبيع الآتى ذكره بطريق المناصفة بينهما من البائعان منهما السيد ابراهيم (3) (...) الخراب و محمّد چلبى الصّائغ ابن ملا محمود فباع السيد ابراهيم المرقوم اصالة عن (4) (نفسه) و باع

---

151 خمس

محمد چلبی المزبور بالوكالة عن قبل حماته امينة بنت محمد الشعار و الثبت (5) (وكالة) عنها
بشهادة حسين بك ابن عبد الكريم بك و احمد بن موسى اشنون ما هو(6) (للاصيل) المرقوم و
لالمؤكلة المزبورة و ملكهما و بيدهما و تحت تصرفهما و منتقل اليهما (7) (بالطريق) الشراء
الشرع و ذلك جميع الدار الواقعة فى محلة الزراقة المشتملة (8) (على بيت) ازج و بيت قريش و
حوشين و جب المآء و كنيف و مطبخ و اوطة و معبر (9) (...) و منظرة ذى ثلاث مصاليب و
داخلها بخارى مع حق المنام (10) (للايام) الصيف قدام الشباك على سطح الاوطة المحدودين
قبلةً ينتهى (11) (الى ملك) صالح بن عيسى اشنون و شرقاً الى ملك الحاج محمد اغا و شمالاً
(12) (الى) ملك السيد زكريا و غرباً الى ملك ورثة بهنى الذمى بجملة الحدود (13) (و كافة)
المرافق و الحقوق بثمن مقبوض قدره و نصابه مائة و خمسون (14) (غروشاً) بيعاً و اشتراءً
صحيحين شرعين باتين مشتملين على (15) (الايجاب) و القبول و القبض و القباض و الرؤية و
الرضى من الطرفين (16) (حرر) فى اواخر شهر جماذى الاخر سنة احدى و سبعين و مائة و الف

(Erste Zeile von links nach rechts)

اسمعيل بن بكر غازى زاده
الحاج محمد بن عمر
اسمعيل چلبى بن ميرو چلبى
اخيه سيد خليل
منلا حسين بن شعبان
على الصّائغ بن ملا محمود
(...) بشه ابن (...)

(Zweite Zeile von rechts nach links)

(...) جمعة
محمد الحلاق بن الحاج عمر
محمد بن موسى اشنون
اخيه على
منلا على بن امين سردار

(Dritte Zeile von links nach rechts)

سيد محمد بن قرة حسن
حسين بك بن عبد الكريم بك
احمد بن موسى اشنون
و غيرهم من الحضار

247/12/d

Was den Sachverhalt anbetrifft, tätigten Ḥanā und sein Bruder Abāḥad veled-i Mirzā mit ihrem eigenen Geld und keinem anderen den Kauf. Das erwähnte Verkaufte wurde unter ihnen hälftig aufgeteilt. Ihre Verkäufer sind Seyyid İbrāhīm (...) el-Ḫarāb und Meḥmed[152] Çelebi eṣ-Ṣāʾıġ ibn Mollā Maḥmūd. Erwähnter Seyyid İbrāhīm tätigte den Verkauf sich selbst vertretend, erwähnter Meḥmed Çelebi

152 „Muḥammad" im Originaltext geschrieben, im Unterschied zu anderen Namen mit „Meḥmed" übersetzt.

tätigte den Verkauf in Vertretung für seine Schwiegermutter Emīne bint Meḥmed eş-Ṣaʿār, wobei die Bestätigung ihrer (Vertretung) durch Zeugenschaft von Ḥuseyn Beg ibn ʿAbdülkerīm Beg und Aḥmed bin Mūsā Aşnūn erfolgte. Sie verkauften, was dem erwähnten (sich selbst Vertretenden) und was der erwähnten Mandantin gehörte, sie beide zum Eigentum hatten, zu ihrer beider Verfügung stand und ihnen beiden (durch) rechtmäßigen Kauf hinterlassen wurden. Dieses ist das gesamte Haus, das im Viertel Zarrāḳa liegt und welches aus einem kuppelförmig überdachten Haus, einer Käserei, zwei Höfen, einem Brunnen, einem Abort, einer Küche, einer Kammer, einem Übergang, einem Gästezimmer mit drei Kreuzgängen, in welchen sich ein Ofen mit einem Schlafrecht für die Sommertage vor dem Fenster zum Dach der Kammer umfasst. Im Süden grenzt es (an den Besitz) von Ṣāliḥ bin ʿİsā Aşnūn, im Osten an den Besitz von Ḥasan Meḥmed Aġa, im Norden (an) den Besitz von Seyyid Zekeryā und im Westen an das Eigentum des Erbes von Behnī eẕ-Ẕimmī mit allen Grenzen. Der umfassende und rechtmäßige Kauf und Verkauf (aller) Einrichtungen und Rechte erfolgte zum festgesetzten Preis von 150 Ġuruş unter (Bestätigung), Annahme, Entgegennahme und Zustimmung der beiden Parteien. (Eingetragen) in der letzten Dekade des Monats des letzten Cemāẕī im Jahre 1171.

(Erste Zeile von links nach rechts)
İsmaʿīl bin Bekir Ġāzī Zāde
Ḥāc Meḥmed bin ʿÖmer
İsmaʿīl Çelebi bin Mīrū Çelebi
Sein Bruder Seyyid Ḫalīl
Monlā Ḥuseyn bin Şaʿbān
ʿAlī eş-Şāʾıġ bin Mollā Maḥmūd
(...) Beşe ibn (...)
(Zweite Zeile von rechts nach links)
(...) Cumʿa
Meḥmed el-Ḥallāḳ bin ül-Ḥāc ʿÖmer
Meḥmed bin Mūsā Aşnūn
Sein Bruder ʿAlī
Monlā ʿAlī bin Emīn Serdār
(Dritte Zeile von rechts nach links)
Seyyid Meḥmed bin Ḳara Ḥasan
Ḥuseyn Beg bin ʿAbdülkerīm Beg
Aḥmed bin Mūsā Aşnūn
und weitere Anwesende

247/12/e

(1) (اشترى) ياغوب ولد يوسف بماله من البائعين منه حنا و صفينا و جرجس اولاد يوسف (2)
(فباعه) المنتقل بالارث و ذلك جميع الدار الواقعة فى محلة الزراقة المشتملة على مجلس (3)
(ازج) و داخله بخارى ازج و بيت اخر صغير ازج و داخله مغارة و مطبخ قريش و جب (4)
(الماء و كنيف) و حوش و حق المجاز فى حوش برهو الحمال المحدودين قبلةً [ينتهى الى ملك]
برهو الحمال و شرقاً الى (5) (...) و شمالاً [الى] طريق و غرباً [الى ملك] حاج احمد بجملة
الحدود بثمن مقبوض قدره و نصابه (6) (...) غروشاً و الرضى من الطرفين تحريراً فى اواخر
شهر جماذى الاخر سنة احدى و سبعين (7) (و مائة) و الف
ابراهيم چلبى عره بى زاده
يوسف چلبى شيخموسى زاده
زكريا چلبى بن على الصآئغ
حآج احمد بن حآج كوزى
جرجس ولد (عامون)
(...)

247/12/e

Yāġūb veled-i Yūsuf (tätigte) mit seinem eigenen Geld den (Kauf). Sein Verkäufer sind Ḥana, Safīnā und Circis, die Söhne von Yūsuf. (Sie verkauften) ihm, was ihnen erbmäßig hinterlassen wurde. Dies ist das gesamte Haus, das im Viertel Zarrāḳa liegt. Es besteht aus einer (Gewölbe)halle, in der sich ein Rundofen befindet, einem weiteren kleinen kuppelförmig überdachten Haus, in dem sich eine Grotte befindet, einer Käserei, einem (Brunnen, einem Abort), einem Hof und einem Wegerecht zum Hof von Berhū el-Ḥammāl. Im Süden [grenzen sie an den Besitz] von Berhū el-Ḥammāl, im Osten an (...), im Norden [an] einen Weg und im Westen [an den Besitz] von Ḥāc Aḥmed mit allen Grenzen. [Der Verkauf] erfolgte zum entgegengenommenen und festgesetzten Preis von (...) Ġuruş unter Zustimmung der beiden Parteien. Eingetragen in der letzten Dekade des Monats des letzten Cemāẕī im Jahre 1(1)71.

İbrāhīm Çelebi ʿArabī Zāde
Yūsuf Çelebi Şeyḫmūsā Zāde
Zekeryā Çelebi bin ʿAlī eṣ-Ṣāʾıġ
Ḥāc Aḥmed bin Ḥāc Kūzī
Circis veled-i ʿAmūn (...)

247/12/f

(1) medīne-ʾi Mārdīn mütemekkenlerinden olub bundan aḳdem hālık olan Yuṣuf veled-i Fūlūṣ nām (2) hālikiñ verās̱eti zevcesini Delālī bint İyliyā ʿAcem ve iki oğlu Ḥanā ve Yāġub ve üç ḳızı Meryem (3) (şmʿūn)[?] ve İşmūnā ve Ḫānaya münḥaṣıra olub merḳūm Ḥanā kendi ṭarafından aṣaleten ve hemşiresi Ḥāna (4) (el-mezbū)re

ve vālidesi Delālī el-mezbūre cāniblerinden ẕātlarına ʿirfān olan Ḥanā veled-i İprahīm ve Murād veled-i (5) (Circis)[?] nāmān kimesneleriñ şehadetleriyle iḳrār ve ibrā-yı atī üẕ-ẕikre vekāleten ve Meryem el-mezbūre ṭarafından yine şāhidān-ı (6) (merḳūmā)n şehādetleriyle vekāleti s̱ābite olan ḳayını Ḥanā veled-i Rezḳū ve İşmūnā el-meẕkūre cānibinden yine şāhidān-ı (7) (merḳūmān) şehadetleriyle vekāleti s̱ābite olan İyşuʿ veled-i Şemmās Circis nāmūn kimesneler meclis-i şerʿ-i ḫaṭīr-i lāzim (8) (üt-tevḳī)rde baʿiṣ ül-kitab merḳūm Yağūb veled-i Yūṣuf el-mesfūr nām kimesne maḥżarında bil-aṣālet[!][153] ve 'l-vekālet iḳrār-ı(9) (tāmm ve taḳr)īr-i kelām eylediler ki hālık-ı mezbūr Yūṣufuñ Zarrāḳa mahallesinde vāḳiʿ ḳıbleten ṭarīḳ ve şarḳen Maḥallemī Cumʿa mülki (10) (ve şimālen) (Ḥanā)[?] mülki ve ġarben ṭarīḳihi müntehī ve maḥdūd olan dārından ve cüzʾi ve küllī metrūkat ve muḫallefāt-ı (11) (ḥāl-ı ḥayā)tından aṣīl-i merḳūm ve müʾekkilāt-ı mezbūrāta iṣābet ve intiḳāl ėden ḥiṣṣe-ʾi irs̱īye şerʿīyelerinden yaña (12) (...) şerʿi ṭarīḳiyle merḳūm Yāġūb veled-i Yūṣuf el-mezbūr aṣīl-i merḳūmı ve müʾekkilāt-ı mezbūrātı elli ġuruş (13) (üz)erine ṣulḥ ve ırżā ve mā beynden iḫrāc ėdüb merḳumūn daḫī ṣulh-ı meẕkūrı ve bedel-i ṣulḥ olan meblaġ (14) (olan elli) ġuruşı <<muḳırūn-ı mezbūrūn>> mezbūr Yāġūbuñ yedinden temāmen ve kāmilen aḫẕ ve ḳabż ve ẕimmetini mīrās̱a (15) (müteʿallıḳ) ʿāmmeten deʿāvīden ibrā şüde ḥurrire fī evāḫir-i şehr-i Rebīʿ ül-evvel sene iḥdā ve sebaʿīn ve miʾe veʾelf

Şeyḫ Maḥmūd bin Şeyḫ Meḥmed
el-Ḥāc Aḥmed el-Koçḥiṣārī
İbrāhīm bin Bekir
Aslan bölükbaşı
Ḫalīl bin Bekir
aḫīhi İsmaʿīl
İprāhīm bin ʿİsā (...)
(... ...)

247/12/f

Die vor einiger Zeit verstorbene Person namens Yuṣuf veled-i Fūlūṣ, ein Bewohner der Stadt Mardin, hinterließ für das Erbe des Verstorbenen seine Frau Delālī, Tochter von İyliyā ʿAcem und seine zwei Söhne Ḥanā und Yāġub sowie seine drei Töchter Meryem, İşmūnā und Ḥāna als alleinig erbberechtigt. Erwähnter Ḥanā vertrat sich selbst und wurde für die Vertretung seiner bereits erwähnten Schwester Ḥāna sowie erwähnter Mutter Delalī unter Zeugenschaft von Ḥanā veled-i

153 Wie im Arabischen grundsätzlich im Sicill „aṣāle" geschrieben, wird im weiteren Text nicht mehr mit Fußnoten belegt.

İpraḥīm und Murād veled-i (Circis), die sie beide gut kannten, zur im Folgenden erwähnten Bestätigung und gegenseitigen Entlastung ernannt. Ebenso wurde erwähnte Meryem, von den gleichen beiden erwähnten Zeugen bezeugt, durch ihren Schwager Ḥanā veled-i Rezḳū vertreten. Hinsichtlich erwähnter İşmūnā wurde – wiederum durch selbige Zeugen bezeugt – İyşuʿ veled-i Şemmās Circis als Vertreter bestätigt. Zusammen gaben sie in der bedeutenden und ehrwürdigen Gerichtsversammlung in Anwesenheit des Veranlassers dieses Schreibens, erwähntem[154] Yaġūb veled-i Yūṣuf in eigener Sache und in Vertretung eine vollständige Bestätigung ab und machten folgende Aussage. Sie besagt, dass vom Haus des erwähnten verstorbenen Yūsuf, das in der Ortschaft Zarrāḳa liegt und südlich am Weg, östlich am Besitz von Maḥallemī Cumʿa, (nördlich) am Besitz von (Ḥanā)[?] und westlich an seinem Weg angrenzt, ebenso wie von sämtlichem Nachlass aus seinen Lebzeiten erwähnter Yāġūb veled-i Yūṣuf wegen des an den erwähnten sich selbst Vertretenden und an die erwähnten Mandantinnen entfallenden und überlassenen scheriatsrechtlichen Erbteils über den scheriatsrechtlichen Weg 50 Ġuruş zur Schlichtung, Zufriedenstellung und Weiterem ausgezahlt habe. Erwähnte haben für den erwähnten Vergleich und für die zum Ausgleich gedachte Vergleichsentsprechung von 50 Ġuruş von erwähntem Yāġūb vollständig empfangen und erhalten und entlasten ihn vollständig von seinen Verpflichtungen hinsichtlich jeglicher in Verbindung mit dem Erbe stehenden Klagen. Eingetragen in der ersten Dekade des Monats des ersten Rebīʿ im Jahre 1171.

Şeyḫ Maḥmūd bin Şeyḫ Meḥmed
Ḥāc Aḥmed el-Kocḥiṣārī
İbrāhīm bin Bekir
Aslan, Janischarenkommandant
Ḫalīl bin Bekir
Sein Bruder İsmaʿīl
İprāhīm bin ʿĪsā (...)
(... ...)

247/13/a

(1) اشترى ايلو ولد عمو القلعة مراوى بماله من البائع منه مقصى بحدو ولد ايلو فباعه (بالوكالة)
(2) عن قبل زوجته مريم بنت داهود الثابت وكالة عنها بشهادة السيد عيسى (بن السيد خليل) (3)
و يوسف بن حاج محمد ابن الكوله و صالح بن داود مصلى زاده ما هو لمؤكلته[!][155] (من) (4)
مريم المزبورة و ملكها الى حين صدور هذا البيع منها و ذلك جميع الدار (الواقعة فى محلة) (6)

154 Mit abfälliger Konnotation da als „mesfūr“ bezeichnet.
155 لموكلته

الكولاسية المشتملة على بيت ازج ذى مصليتين و داخله بخارى و ثلثى (...) (5) و ثلث[!][156]
جب الماء و ثلث[!][157] مطبخ المحدودين قبلةً [ينتهى الى ملك] احمد بن سيد خضر و (شرقاً) (7)
[الى] ملك حنا الكحل و شمالاً و غرباً الى الطريق بجملة الحدود بثمن (مقبوض) (8) قدره و
نصابه مائة و سبعة غروشاً و الرضى من الطرفين تحريراً فى اوائل (شهر) (9) رجب الفرد سنة
احدى و سبعين و مائة و الف
ابراهيم (...) بن حاج (اسحق)
ابيه حاج اسحق
عبد القادر بن محمد
حموش بن مصطفى قصاب
نعمر بن اجميل
الياص ولد شماس مراد
سيد عيسى بن سيد خليل
(Zweite Reihe von links nach rechts)
يوسف بن حاج محمد ابن الكوله
صالح بن داود چلبى مصلى زاده

247/13/a

İylū veled-i ʿAmmū el-Ḳalʿa Muravī tätigte mit seinem Geld den Kauf. Sein Verkäufer war Maḳṣī Beḥdū veled-i İylū. Er verkaufte ihm (in Vertretung) für seine Frau Meryem bint Dāhūd unter Bestätigung ihrer Vertretung durch Zeugenschaft von Seyyid İsā (bin üs-Seyyid Ḫalīl), Yūsuf bin Ḥāc Meḥmed ibn ül-Kūla und Ṣāliḥ bin Dāūd Muṣlī Zāde, was der erwähnten Mandantin Meryem gehörte und sie bis zum Zeitpunkt des Erlasses dieses Verkaufs ihrerseits zum Eigentum hatte. Dieses ist das gesamte Haus, das im Viertel Kūlāsya liegt und das aus einem kuppelförmig überdachten Haus mit zwei Feuerstellen, in dem sich ein Ofen befindet, einem Drittel (...), einem Drittel eines Brunnens und einem Drittel einer Küche besteht. Im Süden [grenzt es an den Besitz] von Aḥmed bin Seyyid Ḫıżır, (im Osten) [an] den Besitz von Ḥanā el-Kaḥl und im Norden und im Westen an den Weg mit allen Grenzen. [Der Kauf] erfolgte zum (entgegengenommenen) und festgesetzten Preis von 107 Ġuruş unter Zustimmung der beiden Parteien. Eingetragen in der ersten Dekade (des Monats) des Receb des einzigen im Jahre 1171.

İbrāhīm (...) bin Ḥāc (İshaḳ)
Sein Vater Ḥāc İshaḳ
ʿAbdülḳādir bin Meḥmed
Ḥamūş bin Muṣṭafā Ḳaṣṣāb

156 ثلثى
157 ثلثى

Na'mr bin[158] Acmīl
İlyāṣ, Sohn des christlichen Diakons Murād
Seyyid İsā bin Seyyid Ḫalīl

(Zweite Reihe von links nach rechts)
Yūsuf bin Ḥāc Meḥmed ibn ül-Kūla
Ṣāliḥ bin Dāūd Çelebi Muṣlī Zāde

247/13/c

(1) اشترى خوكاز و اخيه ميلكو ابني نيكوغوص و سيدو ولد خوكاز (2) المزبور السشولى بمالهم على عن يكون المبائع الآتى ذكره بطريق (3) المثالثة بينهم و البائان منهم خضر <<و>> ولد جمعة و اسد ولد كرابيد (4) (فباع) خضر المزبور بالوصاية عن قبل عبدو وكريو وخاتونى و سيدى (5) القاصرون عن دراجة البلوغ و باع اسد المزبور اصالة عن نفسه ما [هو] (له) (6) المرقوم و صغيرون المذكورون و ملكهم و منتقل الى الصغيرون (بالارث) (7) و الى اسد بالشراء و ذلك جميع الدار فى محلة الزراقة المشتملة على بيت (8) ازج و نصفه قريش و داخله مغارة و اسفله طبقة و مطبخ و حوش و (كنيف و جب) (9) ماء و ايوان و يازلق المحدودين قبلةً و شمالاً [الى] طريق و شرقاً الى ملك (...) (10) و غرباً [الى ملك] ضرسو بثمن مقبوض قدره تسعة و ثلاثون غروشاً و انما جوز (بيع حصص) (11) الصغيرون الضرورة نفقتهم و الرضى من الطرفين تحريراً فى اواسط (شهر رجب) (12) الفرد سنة احدى و سبعين و مائة و الف

(حاج) (...) بن امين
منلا حسين بن حاجى غازى
سيد على بن قرة حسن
اخيه سيد محمد
صالح بن يحيى
حاج احمد بن سيد على
رمضان بن روزى

247/13/c

Ḫaukāz und sein Bruder Mīlkū, die zwei Söhne von Nikūġūṣ sowie Seyyidū, Sohn von erwähntem Ḥaukāz es-Saşūlī tätigten den Kauf mit ihrem eigenen Geld, wobei das erwähnte übergebene Verkaufte unter ihnen gedrittelt wurde. Ihre beiden Verkäufer sind Ḫıżır veled-i Cum'a und Esed veled-i Kerābīd. Erwähnter Ḫıżır (tätigte) in Vertretung für die Minderjährigen 'Abdū, Keryū, Ḫātūnī und Seyyidī den (Verkauf). Erwähnter Esed verkaufte sich selbst vertretend was Erwähntem und erwähnten Minderjährigen (gehörte) und sie zum Eigentum hatten, den Minderjährigen (erbmäßig) überlassen wurde und Esed kaufmäßig überlassen wurde. Dieses ist das gesamte Haus im Viertel Zarrāḳa, das sich aus einem kuppelförmig

158 Es müsste sich um dieselbe Person Na'mr veled-i Acmīl wie in Text 13/b handeln.

überdachten Haus, eine Hälfte davon eine Käserei, und in ihm einer Grotte, unter ihm einem Stockwerk und einer Küche, einem Hof, einem (Abort, einem Brunnen), einem Iwān und einer Sommerwohnung zusammensetzt. Im Süden und im Norden grenzt es [an] einen Weg, im Osten an den Besitz von (...) und im Westen [an den Besitz] von Żarsu. [Der Kauf] erfolgte unter dem entgegengenommenen und festgesetzten Preis von 39 Ġuruş, wobei noch dazu der (Verkauf der Anteile) der Minderjährigen, die zur Bestreitung ihrer Ausgaben notwendig waren, erlaubt waren, unter Zustimmung der beiden Parteien. Eingetragen in der mittleren Dekade (des Monats des Receb) des Einzigen im Jahre 1171.

(Ḥāc) (...) bin Emīn
Monlā Ḥuseyn bin Ḥāccī Ġāzī
Seyyid ʿAlī bin Ḳara Ḥasan
Sein Bruder Seyyid Meḥmed
Ṣāliḥ bin Yaḥyā
Ḥāc Aḥmed bin Seyyid ʿAlī
Ramażān bin Rūzī

247/13/d
(1) (اشترى) عبد الله بن عبد الله معتوق الحاج حسين اغا بماله لنفسه دون غيره من البائعين منه
داود اغا و اخيه مصطفى اغا (2) (...) (و محمد) امين بن بربر محمد اغا فباع داود اغا المرقوم
و اخيه مصطفى اغا المزبور[!][159] اصالة عن نفسهما و باع محمد امين (3) (اصالة عن نفسه) و
بالوكالة عن قبل اخته زهرة بنت مهمد اغا المذكور الوصية من قبل الشرع على بنتيها كلسون و
صافية (4) (بنتى) احمد اغا الصغيرتان القاصرتان عن دراجة البلوغ الثابت وكالة عنهما بشهادة
سيدعلى (5) (بن سيد) حسن و احمد بن شيخموسى وهب الديرى ما هو للاصيلان المرقومان و
للمؤكلة المزبورة (6) (وللصغيرتان) المرقومتان و ملكهم و بيدهم و تحت تصرفهم ومنتقل اليهم
بطريق الارث الشرع (7) (و انما جوز) بيع حصّة الصغيتان المزبورتان لضعف الثمن و ذلك
جميع الدار الواقعة فى (8) (محلة) الزيتون المشتملة على حجرة ذى صفتين و بخارين و منظرة
و اسفلهما اخور و مطبخ (9) (وجبّين) مآء و يازلق و كنيف فوقانيين و آخور آخر و بيت ازج و
مطبخ و كنيف و حوش (10) (ويزلق) تحتانيين المحدودين قبلةً ينتهى الى الطريق و شرقاً الى
ملك صالح بن عبد الله و شمالاً (11) (الى ملك) ورثة احمد چکّو و غرباً الى ملك ورثة رجّو
الكبابچى بجملة الحدود و كافة المرافق (12) (و الحقوق) بثمن مقبوض قدره و نصابه سبعمائة و
خمسون غروشاً بيعاً و اشتراءً (13) (صحيحين) شرعين باتين مشتملين على الايجاب و القبول و
القبض و القباض (14) (و الروئة) و الرضى من الطرفين حرّر فى اواسط شهر شعبان المعظم
سنة احدى (15) (و سبعين) و مائة و الف

(Erste Zeile von links nach rechts)
السيد محمد افندى المدرس بالخاتونية

159 المزبو

چوقدار اسمعيل بن سيد قاسم
شيخ محمود بن شيخ محمد
ابراهيم چلبى ابن عمر اوطه باشى
ابنه محمد چلبى
وانى زاده سيد خليل
(صالح) البقّال بن (عبد الله)
(خليل) بن (...) افندى
(Zweite Zeile von rechts nach links)
محمود اغا بن درويش اغا
اخيه صالح
منلا محرم بن الحاج يحيى
سيد على بن سيد حسن
(Dritte Zeile)
حموده بن (شيخو) (...)[؟][160]
(Rechts daneben) و غيرهم من الحضار

247/13/d

ʿAbdullāh bin ʿAbdullāh, Freigelassener von Ḥāc Ḥuseyn Aġa (tätigte) mit seinem eigenen Geld und keinem anderen den (Kauf). Seine Verkäufer sind Dāūd Aġa, sein Bruder Muṣṭafā Aġa und (...) (Meḥmed Emīn) bin Berber Meḥmed Aġa. Erwähnter Dāūd Aġa, sowie sein Bruder Muṣṭafā Aġa tätigten den Verkauf sich beide selbst vertretend, Meḥmed Emīn tätigte den Verkauf (in eigener Vertretung) und in Vertretung für seine Schwester Zahra, Tochter von erwähntem Meḥmed Aġa, die der rechtmäßige Vormund ihrer beiden Töchter Gülsün und Ṣāfiye – der beiden minderjährigen (Töchter) von erwähntem Meḥmed Aġa – ist, wobei die Vertretung durch Zeugenschaft von Seyyid ʿAlī (bin Seyyid) Ḥasan, sowie Aḥmed bin Seyḫmūsī Vahab ed-Dīrī bestätigt wurde. Sie verkauften alles was den erwähnten sich selbst Vertretenden und was der erwähnten Mandantin sowie den beiden erwähnten (Minderjährigen) gehörte, sie zum Eigentum hatten und ihnen zur Verfügung stand, wobei es ihnen über den Weg des rechtmäßigen Erbes hinterlassen wurde. (Darüber hinaus) wurde der Verkauf des Anteils der beiden erwähnten Minderjährigen unter Absenkung des Preises (gestattet). Dieses umfasst das gesamte Haus, das im (Viertel) Zeytūn liegt. Es setzt sich aus einer Kammer, die zwei gemauerte Steinbänke und zwei Öfen enthält, und einem Gästezimmer, unter ihnen beiden einem Stall, einer Küche, (zwei Brunnen), einer Sommerwohnung und einem Abort über diesen, und einem weiteren Stall, einem kuppelförmig überdachten Haus, einer Küche, einem Abort, einem Hof und einer (Sommerwohnung) unter ihnen, zusammen. Im Süden grenzt es an den Weg, im Osten

---

160 Unklar, ob احمد بن شيخموسى وهب الديرى.

an den Besitz von Ṣāliḥ bin ʿAbdullāh, im Norden an [den Besitz] des Erbes von Aḥmed Çakkū und im Westen an den Besitz des Erbes von Raccū el-Kebābçı mit allen Grenzen. Der umfassende scheriatsrechtlich korrekte Verkauf und Kauf aller Einrichtungen (und Rechte) erfolgte zum entgegengenommenen und festgesetzten Preis von 750 Ġuruş unter Bestätigung, Annahme, Entgegennahme und Zustimmung der beiden Parteien. Eingetragen in der mittleren Dekade des Monats des verehrten Şaʿbān im Jahre 11(7)1.

(Erste Zeile von links nach rechts)
Seyyid Meḥmed Efendi, Lehrer der Ḫātūnīye
Çukadar İsmaʿīl bin Seyyid Ḳāsim
Şeyḫ Maḥmūd bin Şeyḫ Meḥmed
İbrāhīm Çelebi ibn ʿÖmer Oṭabaşı
Sein Sohn Meḥmed Çelebi
Vānī Zāde Seyyid Ḫalīl
(Ṣāliḥ) el-Baḳḳāl bin (ʿAbdullāh)
Ḫalīl bin (...) Efendi
(Zweite Zeile von rechts nach links)
Maḥmūd Aġa bin Dervīş Aġa
Sein Bruder Ṣāliḥ
Monlā Muḥarrem bin ül-Ḥāc Yaḥyā
Seyyid ʿAlī bin Seyyid Ḥasan
(Dritte Zeile) Ḥamūda bin (Şeyḫū) (...)
(Rechts daneben)
... und weitere Anwesende

247/13/e

(1) (...) (الوثيقة) صحيحة شرعية نور مضمونها و نور مكتوبها عن ذكر ما هو انه اقام و نصب حاكم الشرع الشريف الواقع حطة اعلى الكتاب آتى الرجل المدعو (2) عبد الله بن سيد احمد وصياً على موسى و عيسى ابنى على المتوفى الصغيران القاصران عن درجة البلوغ ليرى مصالحهما و يدعى حقوقهما (3) (و يضبط) و يحفوظ ما عاد و انتقل اليهما بالارث الشرع من المتروكات و مخلفات ابيهما على المتوفى المرقوم و هو اى الوصى المزبور قبل (4) (الوصاية) المرسومة و يعهّد بها والدهم باداء مراسمها على النسق المسطور كما هو الواجب عليه نضباً و قبولاً صحيحاً شرعياً جرى (5) (ذلك فى اليوم) الخامس عشر شهر شعبان المعظم سنة احدى و سبعين و مائة و الف

سيد عبد الله افندى ازهرى مفتى سابق
ازهرى مفتى السابق
ملا حسن امام غرس
خليل اغا بن ابراهيم اغا

عثمان بن خالف
ابو بكر بن حسين
داود اغا بن حاج حسن
احمد بن حسن بشه
(و غيرهم من الحضار)

247/13/e

(Das Dokument ist) scheriatsrechtlich korrekt, möge sein Inhalt erleuchtet sein. Was den Sachverhalt anbetrifft, führte der Richter des erhabenen Scheriatsrechts die hohe Unterschrift aus. Im Folgenden übte der geladene Mann ʿAbdullāh bin Seyyid Aḥmed die Vormundschaft für Mūsā und İsā, die beiden minderjährigen Söhne des verstorbenen ʿAlī aus, um ihre Interessen wahrzunehmen, ihre Rechte einzuklagen, ihre Erträge (einzunehmen) und aufzubewahren und das rechtmäßige Erbe vom Nachlass ihres Vaters, erwähnten verstorbenen ʿAlī an sie beide zu übergeben. Dies besagt, dass erwähnter Vormund die beschriebene (Treuhänderschaft), die ihm ihr Vater auferlegte, durch die scheriatsrechtlich korrekte Beauftragung annahm, um ihre Vorschriften nach der klaren Anordnung durchzuführen, wie es seine Aufgabe war. Daher wurde dieses so vollzogen und am 15. Tag des Monats des verehrten Şaʿbān im Jahre 1171 eingetragen.

Seyyid ʿAbdullāh Efendi, ehemaliger Mufti der Azhar
Mollā Ḥasan Imam von Ġaras
Ḫalīl Aġa bin İbrāhīm Aġa
ʿOs̱mān bin Ḫālif
Ebubekir bin Ḥuseyn
Dāūd Aġa bin Ḥāc Ḥasan
Aḥmed bin Ḥasan Beşe
(und weitere Anwesende)

247/13/f

(1) (...) (الوثيقة) صحيحة شرعية آت اقام و نصب حاكم الشرع الشريف آت الرجل المدعو[!][161] خليل بن يسين وصياً على اخيه يوسف بن يسين المرقوم (2) (الصغير القاصر) عن درجة البلوغ ليرى مصلحه و يدعى و حقوقه و يضبط و يحفظ ما عاد و انتقل اليه بالارث الشرع من المتروكات و المخلفات (3) (...) المرقوم المتوفى و هو اى الوصى المزبور قبل الوصاية المزبورة و تعهد بها والدهم باداء مراسمها على النسق المسطور كما هو الواجب (4) (عليه نصباً و) قبولاً صحيحاً شرعياً جرى ذلك و حرر فى نصف شهر شعبان المعظم سنة احدى و سبعون و مائة و الف

161 المدعى

سيد عبد الله افندى از هرى مفتى سابق
ملا حسن امام غرس
ملا مصطفى كاتب
خليل اغا بن ابراهيم اغا
و غيرهم من الحضار

247/13/f

(Das Dokument ist) scheriatsrechtlich korrekt. Im Folgenden führte der Richter des erhabenen Scheriatsrechts die hohe Unterschrift aus. Des Weiteren übte der geladene Mann Halīl bin Yasīn die Vormundschaft für seinen minderjährigen Bruder, erwähnten Yūsuf bin Yasīn aus, um seine Interessen wahrzunehmen, seine Rechte einzuklagen, seine Erträge einzunehmen und aufzubewahren und das rechtmäßige Erbe vom Nachlass des erwähnten Verstorbenen (...) an ihn zu übergeben. Dies besagt, dass erwähnter Vormund die beschriebene Treuhänderschaft, die ihm von ihrem Vater auferlegt wurde, durch die scheriatsrechtlich korrekte Beauftragung annahm, um ihre Vorschriften nach der klaren Anordnung durchzuführen, wie es seine Aufgabe war. Eingetragen in der Hälfte des angebrochenen Monats des verehrten Şaʿbān im Jahre 1171.

Seyyid ʿAbdullāh Efendi, ehemaliger Mufti der Azhar
Monlā Ḥasan, Imam von Ġaras
Monlā Muṣṭafā Kātib
Ḫalīl Aġa bin İbrāhīm Aġa
und weitere Anwesende

247/13/g

(1) (عن ذكر) ما هو انه <استحكر رجب بن (...) و ابو بكر بن حسين> (2) (اشترى) احمد بن الحاج عبد الله اصالة عن نفسه و بالوكالة عن قبل زوجة قريش بنت ابراهيم چلبى (3) على عن يكون المبيع الآتى ذكره بطريق المناصفة بينهما من البائعة مدينة بنت سيد رجب (4) (فباعهما) اصالة و بالوصاية عن قبل بنتيها عائشة و سعيدة و عن قبل ابنها خضر اولاد سيد احمد (5) (الصغيرون) القاصرون عن درجة البلوغ ما هو للاصيله و الصغيرون المزبورون المنتقل اليهم (6) (بالارث) و انما جوز بيع حصص الصغيرون المزبورون لضرورة نفقتهم و ذلك جميع غرس العينب (7) (الواقع فى) وادى الشادول قبلةً [ينتهى الى] المشترية و هى قريش المرقومة و شرقاً الى ملك الحاج مصطفى (8) (المصرف) و شمالاً [الى ملك] الحاج احمد الفيل و غرباً الى الشا دول بجملة الحدود بثمن مضبوض (9) (...) غروشاً و الرضى من الطرفين تحريراً فى اواسط شهر ذى القعدة سنة احدى و سبعون (10) (و مائة و الف)
بكر چلبى شيخى زاده
عبد الكريم چلبى البقال
ولى البقال المعروف بقاپى قران
داود بن عبد الله مردم حاجى احمد فيل

منلا ابراهيم بن حاج بكر
سيد حسين بن سيد رجب
ابراهيم بن يوسف الخراب
(...) بن

247/13/g

(Was den Sachverhalt anbetrifft), (tätigte) Aḥmed bin ül-Ḥāc ʿAbdullāh sich selbst vertretend und in Vertretung für seine Frau Ḳarīş bint İbrāhīm Çelebi den (Kauf), wobei ihnen das erwähnte übergebene Verkaufte hälftig aufgeteilt werden sollte. Die Verkäuferin ist Medīne bint Seyyid Receb. Sie (verkaufte ihnen beiden) sich selbst vertretend und als Testamentsvollstreckerin für ihre beiden (minderjährigen) Töchter ʿĀīşe und Saʿīde und für ihren minderjährigen Sohn Ḫıżır, die Kinder von Seyyid Aḥmed, was ihren erwähnten minderjährigen Mandanten (erbmäßig) überlassen wurde. Darüber hinaus wurde der Verkauf der Anteile der erwähnten Minderjährigen zur notwendigen Bestreitung ihrer Ausgaben gestattet. Dieses umfasst die gesamte Weinstockpflanzung, welche im Şādūl-Tal liegt. Im Süden [grenzt sie an] den Besitz der Käuferin, erwähnter Ḳarīş, im Osten an den Besitz von von Ḥāc Muṣṭafā (el-Maṣraf), im Norden [an den Besitz] von Ḥāc Aḥmed el-Fīl, und im Westen an eş-Şādūl mit allen Grenzen. [Der Verkauf] erfolgte zum entgegengenommenen und festgesetzten Preis von (...) Ġuruş unter Zustimmung der beiden Parteien. Eingetragen in der mittleren Dekade des Monats des Ẕī 'l-ḳaʿde des Jahres (11)71.

Bekir Çelebi Şeyḫī Zāde
ʿAbdülkerīm Çelebi el-Baḳḳāl
Velī el-Baḳḳāl, bekannt unter Ḳapı Ḳurʾān
Dāūd bin ʿAbdullāh, Angehöriger von Ḥāccī Aḥmed Fīl
İbrāhīm bin Ḥāc Bekir
Seyyid Ḥuseyn bin Seyyid Receb
İbrāhīm bin Yūsuf el-Ḫarāb
(...) bin

247/14/a

الحمد لله رب العالمين و الصلوة و السلام على نبنا محمد خاتم الانبيآء والمرسلين و على آله و
اصحابه اجمعين امّا بعد (...)

(1) sükkanından Fīl el-Ḥāc Meḥmed bin Seyyid Muṣṭafā nām kimesne meclis-i şerʿ-i ḫaṭīr-i lāzim ül-ʿiz ve 't-tevḳīrde biṭ-ṭavʿ eṣ-ṣ(āf) (2) iḳrār-ı tāmm ve taḳrīr-i kelām eyleyüb mülk müşterām olub nefs Mārdīnde ibn-i ʿAmmār çarşusunda vāḳiʿ ḳ(ıbleten) (3) ve şarḳen Mūṣullī İsmaʿīl Aġa mülki ve şimālen Şeyḫmūsā Çelebi ibn ül-Ḥāc Ḫıżır ḳahveḫānesi ve ġarben (ilā) (4) Kīlānzāde Mollā Şeyḫmūsā

vaḳf-ı dükkanına müntehī ve maḥdūd olan baḳḳālīye dükkānımıñ senevī icā-(resi) (5) beher sene üç ġuruş rūmi olmaḳ üzere ḥālā nefs-i Mārdīnde Beg ham-māmı ḳurbında vāḳiʿ Reyḥā(nlı) (6) cāmiʿ-i şerīfī ile müsemmī olan yeni cāmiʿiñ sirācīsi[!][162] içün ki māh-ı Ramażān-ı şerīfde īḳād olunm(ağın) (7) vechi üzere ḥasbeten li-vech il-karīm ve ṭāleben li-merżātihi yevm lā-yanfaʿ māl ve lā-bunūn illā min (atā 'llāh) (8) bi-ḳalbı salīm feḥvāsınca vaḳf ve şarṭ eyledim fīmābaʿd cāmiʿ-i mez̠kūruñ mütevellīleri her kim olur (ise) (9) baṭnen baʿd baṭnın ve cīlen baʿd cīlin maḥdūd mez̠kūr olan mülk-i dükkānımıñ ber minvāl-ı muḥ(arrer) (10) üzere senevī icāresinden beher sene üç ġuruş rūmī māh-ı Ramażān-ı şerīfde (īfāʿ) (11) olunmaḳ vechi üzere sirācı içün alub bu vechile mevḳūf ve meşrūṭa olmağı(n) (12) baʿd ezīn vefātımdan ṣoñra evlādımdan her kim edāsında taʿarruż ve mümā-naʿat (...) (13) inḳıṭāʿına bāʿis̠ ve bādī olurlar ise dünyāda ve āḫiretde s̠evāb ve ecirleri (14) munḳaṭaʿ olur ve her kim ecri ve temşīyesinde saʿy ėder ise ʿāḳībeti ḫayır olur ve ʿind All(lāhu) (15) teʿālā ecr-i cezīl ve s̠avāb-ı kes̠īre nāʿil olması bir emr-i muḳarrerdir inna 'llāh lā-yażīʿ ecr ül-muḥa(ssinīn) (16) mıṣdāḳınca müced-deden ḫuṣūṣ-ı mez̠kūr içün ḳable şerʿden ḥüccet-i şerʿīye ketb ve (cāmiʿ-i)17) mez̠-kūruñ mütevellīsi yedine iʿṭā olunsun dėdikden ṣoñra ṣıḥḥat-ı vaḳf ve lü(zūm-i) (18) ḥükm birle ma hüve el-vāḳiʿ işbu ves̠īḳa biṭ-ṭaleb ketb ve terḳīm olındı ḥurrire fī evāḫir-i şehr-i Şaʿbān el-muʿaẓẓam sene iḥdā ve sebaʿīn ve miʾe ve ʾelf

ʿAbdür(raḥmān) el-ḫaṭīb
ʿAbdülfattāḥ Efendi
es-Seyyid Ḥasan Efendi ibn ül-Ḥāc Meḥmed nāʾib-i Naṣibīn
Monlā Muṣṭafā bin Ḳāsim Çelebi
ʿUrfī Efendi bin Ḫālid Çelebi
Şeyḫ Sebaʿzāde
ʿAbdullāh Beg

247/14/a

Gelobt sei Gott, Herr der Welten, Gebet und Heil unserem Propheten Muḥammad, Siegel der Propheten und Gesandten sowie all seinen Jüngern und Freunden!
Was den Sachverhalt betrifft, machte jemand aus den Reihen der Bewohner von (...) namens Fīl el-Ḥāc Meḥmed bin Seyyid Muṣṭafā in der ehrwürdigen und Respekt erheischenden Gerichtsversammlung in klarem Gehorsam eine vollständige Bestätigung und sagte Folgendes aus: „Ich war der Käufer des Besitzes. Von den jährlichen Einnahmen meines Lebensmittelladens, der in der Stadt Mardin beim İbn-ı ʿAmmār-Markt liegt und der im Süden und im Osten an den Besitz vom

162 sirācī

aus Mossul stammenden İsmaʿīl Aġa, im Norden an das Ḳaffeehaus von Şeyḫmūsā Çelebi bin Ḥāc Ḫıżır und im Westen (an) den Stiftungs-Laden von Ḳīlānzāde Mollā Şeyḫmūsā angrenzt, gehen an den Beleuchter der nahe am Beg-Bad, das derzeit in der Stadt Mardin liegt, angrenzenden ehrwürdigen Reyḥānlı-Moschee die auch „neue Moschee" genannt wird, 3 Rūmī-Ġuruş, um sie am gesegneten Ramażān zu beleuchten. In Anbetracht der Gnade und Forderung nach Zufriedenstellung – es nützt weder an Geld noch Söhnen, außer dass Gott mit reinem Herzen gibt – wandle ich ihn zu einer Stiftung um und mache ihn unverkäuflich, dass egal wer später der Verwalter *(mütevellī)* erwähnter Moschee ist, Stamm nach Stamm und Generation nach Generation von meinem Laden des mit den erwähnten Begrenzungen erwähnten Besitzes – wie niedergeschrieben – vom jährlichen Entgelt jedes Jahr 3 Ġuruş Rūmī im gesegneten Monat Ramażān gezahlt werden und für den Beleuchter genommen werden. Damit er auf diese Wiese Stiftungsgut und unverkäuflich bleibt, soll, wenn nach meinem Tod wer auch immer von meinen Söhnen der Bezahlung widersprechen und diese verweigern sollte und Verursacher für Unterbrechungen sein mag, dieser im Diesseits und im Jenseits von Verdiensten und Belohnungen ausgeschlossen werde. Für jeden der nach Belohnung und Fortschritt strebt ist, ist es entschlossener Befehl, dass es ihm am Ende wohlergeht und er bei Gott dem Erhabenen reichlich Belohnung erhalten soll. Gott der Allmächtige versäumt die Belohnung der Wohltäter nicht. Entsprechend diesem lautet es, dass „man erneut in erwähnter Angelegenheit vor dem Gesetz eine Abschrift erstellen lassen und dem erwähnten Verwalter (der Moschee) übergeben soll". Zur Gültigkeit der Stiftung und der Notwendigkeit des Urteils wurde danach dieses Dokument, was den Sachverhalt anbetrifft, auf Anforderung niedergeschrieben. Aufgezeichnet in der letzten Dekade des Monats des verehrten Şaʿbān im Jahre 1171.

ʿAbdür(raḥman), Rezitator
ʿAbdülfattāḥ Efendi
Seyyid Ḥasan Efendi ibn ül-Ḥāc Meḥmed, Nāʾib von Nuṣaybīn
Monlā Muṣṭafā bin Ḳāsim Çelebi
ʿUrfī Efendi bin Ḫālid Çelebi
Şeyḫ Sebaʿzāde
ʿAbdullāh Beg

247/14/c

(1) اشترى سلمو ولد اصلان بماله لنفسه دون غيره من البائع منه منلا بكر بن ميرو چلبى قباعه (المنتقل اليه بطريق) (2) (2) الشراء من يوثان و شماس اسهاك و شماس الياص و اختهم سيدى اولاد ايليا و ذلك جميع (...) (3) سبعة اسهم من اصل تسع اسهم من جميع الدار الواقعة فى جملة

الكولاسية المشتملة على حجرة ذى (...) (4) و داخلها بخارى و منظرة و بيت تحتانى و جب ماء و اخور و مطبخ و يزلق و كنيف و خوش (قبلةً ينتهى) (5) الى ملك داهود ولد عامون و شرقاً الى ملك فرسو ولد مرزا و شمالاً و غرباً الى الطريق بجملة (الحدود) (6) بثمن مقبوض قدره و نصابه مائة و خمسون غروشاً و الرضى من الطرفين تحريراً فى (اليوم) (...) (7) شهر ذى القعدة سنة احدى و سبعين و مائة و الف

الخطيب (...) القلعة

سيد اسمعيل چلبى بن ميرو چلبى

اخيه سيد خليل

شيخموسى بن على كتخدا

قاسم چلبى بن حاج حسين

على بك بن حسن (...)

داود (...) دايشى

محمد اغا

247/14/c

Selmū veled-i Aṣlān tätigte mit seinem eigenen Geld und keinem anderen den Kauf. Sein Verkäufer war Monlā Bekir bin Mīrū Celebī. Er verkaufte ihm, was ihm kaufmäßig von Yuṣān, dem christlichen Diakon İshāk, dem christlichen Diakon İlyāṣ und ihrer Schwester Seyyidī, den Kindern von İyliyā (überlassen wurde). Dieses ist das gesamte (...) und 7 Anteile von insgesamt 9 Anteilen des Hauses, welches im Viertel Kūlāsya liegt. Es besteht aus einer (...) Kammer, in der sich ein Ofen befindet, einem Gästezimmer, einem Haus darunter, einem Brunnen, einem Stall, einer Küche, einer Sommerwohnung, einem Abort und einem Hof. Im (Süden grenzt) es an den Besitz von Dāhūd veled-i ʿAmūn, im Osten an den Besitz von Farsū veled-i Mirzā und im Norden und Westen an den Weg mit allen (Grenzen). [Der Verkauf] erfolgte zum entgegengenommenen und festgesetzten Preis von 150 Ġuruş unter Zustimmung der beiden Parteien.
Eingetragen am (...) Tag im Monat Ẕī 'l-ḳaʿde im Jahre 1171.

Prediger (...) Ḳalʿa
Seyyid İsmaʿīl Çelebi bin Mīrū Çelebi
Sein Bruder Seyyid Ḫalīl
Şeyḫmūsā bin ʿAlī Ketḫüda
Ḳāsim Çelebi bin Ḥāc Ḥuseyn
ʿAlī Beg bin Ḥasan (...)
Dāūd (...) Dāyşī
Meḥmed Aġa

247/15/a

(1) عن ذكر ما انه اقام و نصب حاكم الشرع الشريف الواقع خطه اعلى الكتاب عامله الله بتوفيقه (المستطاب طوبيله) (2) و حسن مأب [!][163]المرأة المدعوة مدينة بنت يوسف وصية على اولادها احمد و فاطمة و عبدو و (عديلة اولاد) (3) يعقوب المتوفى الصغيرون القاصرون عن درجة البلوغ لترى مصالحهم و تدعى (حقوقهم و تضبط) (4) و تحفظ ما عاد و انتقل اليهم بالارث الشرع من متروكات و مخالفات ابيهم (المتوفى) (5) و هى اى الوصية المرقومة قبلت الوصاية المرسومة و تعهدت اليها باداء مراسمها[!][164] على (النسق) (6) المسطور كما هو الواجب عليها نصباً و قبولاً صحيحاً شرعياً و جر ذلك و حرر فى (...) (7) شهر شوال سنة سبعين و مائة و الف

سيد ابراهيم (كاتب قسام)

قطان سيد الحاجى اسمعيل

بربر شيخموسى چلبى

محضر باشى السيد محمد

كوچك حاج على

حسن تابع واعظ افندى

247/15/a

Was den Sachverhalt anbetrifft, führte der Richter des erhabenen Scheriatsrechts seine hohe Unterschrift des Dokuments mit Hilfe Gottes zu seinem Gelingen und seinem ihm (seligsprechenden) Wohl durch. Die geladene Frau Medīne bint Yūsuf war Vormund ihrer minderjährigen Kinder Aḥmed, Fātima, ʿAbdū und (Adīle, die Kinder) des verstorbenen Yaʿkūb, um ihre Interessen wahrzunehmen, ihre (Rechte) einzuklagen, ihre Erträge (einzunehmen) und aufzubewahren und das rechtmäßige Erbe vom Nachlass ihres (verstorbenen) Vaters an sie zu übergeben. Dies besagt, dass sie, erwähnter Vormund die beschriebene Treuhänderschaft, die ihr auferlegt wurde, durch die scheriatsrechtlich korrekte Beauftragung annahm, um ihre Vorschriften nach der klaren (Anordnung) durchzuführen, wie es ihre Aufgabe war. Daher wurde dieses so durchgeführt und wurde (...) im Monat Şevvāl im Jahre 1171 eingetragen.

Seyyid İbrāhīm, (Nachlassgerichtsschreiber)
Der Bewohner Seyyid el-Ḥāccī İsmaʿīl
Berber Şeyḫmūsā Çelebi
Oberster Gerichtsdiener Seyyid Meḥmed
Küçük Ḥāc ʿAlī
Ḥasan, Angehöriger von Vāiẓ Efendi

---

163 المرءة
164 مراسهما

247/15/b

(1) استبدل خاخة دور ولد خدرو الدنكچی بماله لنفسه دون غيره و ذلك جميع داره الواقعة فى محلة (...) (المشتملة) (2) على حجرة ذى صفتين و داخلها بخارين و مطبخ و جب ماء و حوش المحدودين قبلةً و غرباً (...) (3) و شرقاً الى ملك ورثة منلا شيخموسى و شمالاً الى سوق باب الصور بجملة الحدود و كافة (المرافق و الحقوق) (4) من المستبدل منه السيد يوشى چلبى بن السيد احمد فابدل منه ما هو له و ملكه و بيده و (تحت تصرفه) (5) الى حين صدور هذا لاستبدال منه و ذلك جميع الدار الواقعة ايضاً فى محلة المذكورة المشتملة (6) على حجرة ذى صفتين و داخلها بخارى واحد و اوطة و مطبخ و كنيف و جب ماء و حوش (...) (7) قبلةً و شرقاً ينتهى الى الطريق و شمالاً الى ملك ورثة الحاج خضر ابن العاصى و (غرباً) (... ...) (8) الميلحة بجملة الحدود و كافة المرافق و الحقوق و اخذ السيد يوشى چلبى المرقوم فوق دار (...) (9) خاجة دور المزبور مائة و ثلاثون غروشاً فبقى الدار المذكورة[!][165] اولاً بجملة (حدودها) (...) (10) المبلغ المذكور ملك السيد يوشى چلبى المزبور و بقى المذكورة[!][166] ثانياً بجملة حدودها[!][167] (...) (11) خالصاً لخاجة دور المرقوم فليتصرف[!][168] كل واحد فيما ابدل بطريق المكيدة[!][169] كيفما (يشآء و يختار) (12) ابدالاً صحيحاً شرعياً جر ذلك و حرر فى اواخر شهر ذى الحجة[!][170] سنة احدى و سبعين (و مائة و الف)

(Von rechts nach links erste Zeile)

محمود افندى شيخ سبعزده

خليل اغا ابن على كتخدا

اخيه ابراهيم

اخيه شيخموسى

صالح بن يحيى

صالح (بن) (يوشى)

(Von rechts nach links zweite Zeile)

سيد محمد بن قرة حسن

اخيه سيد على

منلا عمر بن يحيى چولچى

بكر چلبى شيخى زاده

(Von rechts nach links dritte Zeile)

سيد كنعان بن حاجى احمد

اخيه سيد طه

ابنه سيد اسمعيل

داود مردم فيل الحاج احمد

---

165 المذكور
166 المذكور
167 حدوده
168 فاليتصرف
169 المكيةد
170 ذ الحجة

رجب (بن) هارون

(Letzte untere Zeilen jeweils von rechts nach links)

محرم ابن الچولدوز

وغيرهم من الحضار

(Legalisierungsformel)

الامر حسبما حرر فيه نمقه الفقير اليه عز شأنه حافظ حسن بن محمد النائب بمدينة آمد المحروسة
عفى عنه

247/15/b

Ḥāca Dūr veled-i Ḫıżırū ed-Denkçī tauschte mit seinem eigenen Geld und keinem anderen Folgendes ein: Dies umfasst sein gesamtes Haus, das im Viertel (...) liegt und sich aus einem Zimmer mit zwei gemauerten Steinbänken, in dem sich zwei Öfen befinden, einer Küche, einem Brunnen und einem Hof (zusammensetzt), das im Süden und im Westen (...), im Osten an den Besitz des Erbes von Monlā Şeyḫmūsā, im Norden an den Markt Bāb eṣ-Ṣūr mit allen Grenzen angrenzt. Alle (Einrichtungen und Rechte) des Tauschgeschäfts besitzt Seyyid Yūşī Çelebi bin üs-Seyyid Aḥmed. Er tauschte bis zum Zeitpunkt des Erlasses dieses Tauschs ein, was ihm gehörte, er zum Eigentum hatte und ihm (zur Verfügung) stand. Dieses umfasst das gesamte Haus, das ebenso in erwähntem Viertel liegt und das aus einer Kammer mit zwei gemauerten Steinbänken, in der sich ein Ofen befindet, einem Zimmer, einer Küche, einem Abort, einem Brunnen und einem Hof besteht. Im Süden und im Osten grenzt es an den Weg, im Norden an den Besitz des Erbes von Ḥāc Ḫıżır ibn ül-ʿĀṣī und (im Westen) (...) von (...) Mīlḥa mit allen Grenzen, allen Einrichtungen und Rechten. Oben erwähnter Seyyid Yūşī Çelebi nahm das Haus von erwähntem Ḥāca Dūr zu 130 Ġuruş entgegen, wobei erstens das *(eine)* erwähnte Haus mit all seinen Grenzen (...) und der erwähnten Summe in das Eigentum von erwähntem Seyyid Yūşī Çelebi überging und zweitens das *(andere)* Erwähnte mit all seinen Grenzen, (Einrichtungen und Rechten) ausdrücklich an erwähnten Ḥāca Dūr überging. So konnte durch einen klugen, scheriatsrechtlich korrekten Tausch jeder Einzelne darüber verfügen, (wie er es wollte und wünschte). Dieses wurde daher so durchgeführt und in der letzten Dekade des Monats Ẕī 'l-ḥicce im Jahre (11)71 eingetragen.

(Von rechts nach links erste Zeile)
Maḥmūd Efendi Şeyḫ Sebaʿzade
Ḫalīl Aġa, Sohn von ʿAlī Ketḫüda
Sein Bruder İbrāhīm
Sein Bruder Seyḫmūsā
Ṣāliḥ bin Yaḥyā
Ṣāliḥ (bin) (Yūşī)
(Von rechts nach links zweite Zeile)
Seyyid Meḥmed bin Ḳara Ḥasan

Sein Bruder Seyyid ʿAlī
Monlā ʿÖmer bin Yaḥya Çulçī
Bekir Çelebi Şeyḫīzāde
(Von rechts nach links dritte Zeile)
Seyyid Kanʿān bin Ḥāccī Aḥmed
Sein Bruder Seyyid Ṭaha
Sein Sohn Seyyid İsmaʿīl
Dāūd, Angehöriger der Fīl el-Ḥāc Aḥmed
Receb (bin) Hārūn
(Letzte untere Zeilen jeweils von rechts nach links)
Muḥarrem ibn ül-Çūvaldūz
und weitere Anwesende
(Legalisierungsformel)
Gemäß dem hierzu eingetragenen Befehl hat es derjenige geschrieben, der Seiner – mächtig sei sein Ansehen – bedarf, Ḥāfiẓ Ḥasan bin Meḥmed, untergeordneter Richter der beschützten Stadt Amid.
Möge ihm verziehen werden.

247/15/c

(1) medīne-ʾi Āmid maḥallātından cāmiʿ üṣ-ṣafā maḥallesi sākinlerinden bāʿiṣ ül-kitāb İbrāhīm Efendi bin Monlā ʿÖmer ṭarafından Monlā Yūs(uf) (…) (2) ve Monlā Muṣṭafā bin ʿAbdullāh şehādetleriyle vekāleti s̱ābite olan Monlā Yusuf bin ʿOs̱mān meclis-i şerʿ-i ḫaṭīr-i lāzim üt-t(evḳīrde deynleri) (3) aşīretinden Girān oymaġından Abū Zeyd bin Ḥācū ve İbrāhīm bin Arslan müvācehelerinde üzerelerine bil-vekāle(t iḳrār-ı tāmm) (4) ve taḳrīr-i kelām ėdüb tārīḫ-i kitābdan altı seneden berü müʾekkelim el-merḳūm İbrāhīm Efendiniñ merḳūmān(ıñ ẕimmetini) (5) birbirine kefīlen bil-māl olmaḳ üzere mezbūr Abū Zeydiñ ẕimmetinde yüz ḳırḳ ġuruş ve mezbūr İbrāhīmiñ (ẕimmetinde) (6) ḳırḳ ġuruş ki cemʿan yüz seksen ġuruş deyni ve ḥaḳḳı olub suʾāl ve 'n-nevb alıvėrilmesi maṭlūbımdır (dėdiginde) (7) ġıbb es-suʾāl ve 'l-inkār vekīl-i merḳūmdan daʿvā-yı meşrūḥasına mūvāfıḳ-ı beyyine-ʾi şerʿīye ṭaleb olunduḳda (minvāl-ı) (8) muḥarrer daʿvāsını lede 't-taʿdīl ve tezlīme şehadetleri maḳbūl[!][171] olan Mollā Yūsuf bin ʿOs̱mān ve (Monlā Muṣṭafā) (9) bin ʿAbdullāh şehādetleriyle is̱bāt ėtmeġin mūcibince meblaġ-ı meẕkūrı merḳūmān vekīl-i merḳūm ṭarafına (edā eyleyüb) (10) mā vaḳʿa biṭ-ṭaleb ketb olındı ḥurrire fī 'l-yevm el-ḫāmis min şehr-i Muḥarrem sene iḥdā ve sebaʿīn ve miʾe ve (ʾelf)

ʿOs̱mān (…) el-Ḥāccī ʿÖmer

---

171 maḳbūle

Seyyid Muṣṭafā bin Ḥamza
ʿAbdülmannān
Yūsuf bin ʿAbdullāh
Seyfī bin ʿAbdullāh

247/15/c

Monlā Yusuf bin ʿOs̱mān, der als Bevollmächtigter des Beantragenden der Urkunde, einem der Bewohner der Stadtviertel der Stadt Āmid, İbrāhīm Efendi bin Monlā ʿÖmer, was von Monlā (Yūsuf) (...) und Monlā Muṣṭafā bin ʿAbdullāh zeugenmäßig bestätigt wurde, bestimmt wurde, gab vor der ehrwürdigen und Respekt erheischenden Gerichtsversammlung, wegen der (Schulden) vom Unterstamm des Stammes der Girān, der durch Abū Zeyd bin Ḥācū und İbrāhīm bin Arslan vertreten wurde, eine vollständige Bestätigung ab und machte folgende Aussage: So behauptete er, dass „ich verlange, dass mein erwähnter Vollmachtgeber İbrāhīm Efendi, der sechs Jahre nach Eintrag in das Register für die Schulden der beiden Erwähnten bürgt, einen Anspruch auf die Schulden von Abū Zeyd über 140 Ġuruş und auf die Schulden von İbrāhīm über 40 Ġuruş, welche zusammen 180 Ġuruş Schulden ergeben, besitzt, dass Rechtsprechung erfolgt und dass er das Geld in regelmäßigen Tranchen ohne Verzögerung erhält". Wobei nach der Befragung und der Zurückweisung seitens erwähntem Bevollmächtigten zu der vorher erwähnten Klage ein angemessener scheriatsrechtlicher Beweis gefordert worden ist, wurde, indem es nach Anpassung und Kürzung von den anerkannten Zeugen Mollā Yūsuf bin ʿOs̱mān und (Monlā Muṣṭafā) bin ʿAbdullāh bestätigt wurde, die erwähnte Summe der beiden Erwähnten erwähntem Bevollmächtigten bezahlt. Was den Sachverhalt anbetrifft, wurde dieser auf Anfrage eingetragen. Aufgezeichnet am 5. Tag des Monats Muḥarrem im Jahr 1171.

ʿOs̱mān (...) el-Ḥāccī ʿÖmer
Seyyid Muṣṭafā bin Ḥamza
ʿAbdülmannān
Yūsuf bin ʿAbdullāh
Seyfī bin ʿAbdullāh

247/15/g

(1) (عن) ذكر ما هو انه اشترى ملا محمود بن حسو شامى بماله لنفسه من البائع منه محو بن عمر (2) (...) فباعه بالوكالة عن قبل زوجته رومية بنت عيسى الثابت وكالة عنها بشهادة موسى (3) (...) البهدينى و ولى بن بازو ما هو لمؤكلته المرقومة و ملكها و بيدها و تحت تصرفها و منتقل (4) (اليها) بالطريق الارث و ذلك جميع غرس العنب الواقع فى عقار قرية قصر مزروق الحاوى على (5) (...) عشرة كرمة المحدود قبلةً ينتهى الى ملك عبدو بن عمر و شرقاً الى ملك

المشترى المزبور و شمالاً (6) (الى) الطريق و غرباً الى ملك البائع المزبور بجملة الحدود و
كافة المرافق و الحقوق بثمن مقبوض (7) (قدره و نصابه) احدى عشر غروشاً و نصف قرش بئعاً و
اشتراءً صحيحين شرعين باتين (8) (مشتملين) على الايجاب و القبول و القبض و القباض و الرؤية و
الرضى من الطرفين (9) (حرر) فى اواخر شهر ربيع الاول سنة اثنى و سبعين و ماية و الف
ولى بن بازو
كبشو بن شيخو صعد
شيخ حسين بن شيخ حسن
على سلوهندى
عثمان بن عبدو
داود بن احمد
محمد تابع محرم بك
عبد الله بك بن محرم بك
(و غيرهم من الحضار)

247/15/g
(Was) den Sachverhalt anbetrifft, tätigte Maḥmūd bin Ḥasū Şāmī mit seinem eigenen Geld den Kauf. Sein Verkäufer ist Maḥū bin ʿÖmer (...). Er verkaufte in Vertretung für seine Frau Rūmīye bint ʿİsā, wobei ihre Vertretung durch Zeugenschaft von Mūsā (...) el-Behdīnī und Velī bin Bāzū bestätigt wurde, alles was seiner Mandantin gehörte, sie zum Eigentum hatte und ihr zur Verfügung stand, wobei dieses ihr erbmäßig überlassen wurde. Dieses umfasst die gesamte Weinstockpflanzung, die im Grundstück des Dorfes Ḳasr Mezrūḳ liegt und (...) zehn Weinstöcke umfasst. Im Süden grenzt sie an den Besitz von ʿAbdū bin ʿÖmer, im Osten an den Besitz des erwähnten Käufers, im Norden [an] den Weg und im Westen an den Besitz des erwähnten Verkäufers mit allen Grenzen. Der rechtmäßig korrekte Verkauf und Kauf aller Einrichtungen und Rechte erfolgte zum entgegengenommenen und (festgesetzten) Preis von 11 Ġuruş und einem halben Ḳırş unter Zustimmung der beiden Parteien. Eingetragen in der letzten Dekade des Monats des Monats des ersten Rebīʿ im Jahre 1172.

Velī bin Bāzū
Kebşū bin Şeyḫū Ṣaʿd
Şeyḫ Ḥuseyn bin Şeyḫ Ḥasan
ʿAlī Salūhindi
ʿOs̱mān bin ʿAbdū
Dāūd bin Aḥmed
Meḥmed, Angehöriger von Muḥarram Beg
ʿAbdullāh Beg bin Muḥarram Beg
(und weitere Anwesende)

247/16/a[172]

dört piçli sīm raḫt	ʿaded 1		
ve bir piçli sīm başlıḳ	ʿaded 1	ḳıymet	ġuruş 100
sīm ḳabaralı ḥamāʾil	ʿaded 1		
sīm palaşḳa	ʿaded 1		
sīm ḥarbe (...)		ḳıymet	ġuruş 50
sīm ḳabaralı piştov	çift 1	ḳıymet	ġuruş 24
sīm ḫançer			
ve sīm bıçaḳ		ḳıymet	ġuruş 20
aġzlıġı ve birūnī sīm deyyān ḳılıç	ʿaded 1	ḳıymet	ġuruş 15
(ḥāvīzh) karī ṭopuz	ʿaded 1	ḳıymet	ġuruş 3
sīm ḫarclı tesbīḥ	ʿaded 1	ḳıymet	ġuruş 5
ḫarcsız tesbīḥ	ʿaded 2	ḳıymet	ġuruş 1
ḳoyun (...)	ʿaded 9	ḳıymet	ġuruş 7
naḳşlı uçkur	3	ḳıymet	ġuruş 2
ṭor yeşil kise	ʿaded 1	ḳıymet	para 10
sīm ḳabara	ʿaded 22	ḳıymet	para 20
çubuḳ buncuġı	ʿaded 3	ḳıymet	para 10
(...)		ḳıymet	(...)
çakmaḳlı destār	ʿaded 2	ḳıymet	ġuruş 12
cedīd neftī çuḳa biniş	ʿaded 1	ḳıymet	ġuruş 12
şālı cevzī biniş	ʿaded 1	ḳıymet	ġuruş 8
astarlı (...) çuḳa (biniş)		ḳıymet	ġuruş 15
mor şālı ḳaftan	ʿaded 1	ḳıymet	ġuruş 3

172 Defter oldur ki ḥālā Mārdīn voyvodası ḳıdvet ül-emācid ve 'l-ekārim saʿādetlü ʿÖmer Aġa dāme mecduhu ḥażretlerin(iñ taʿyīn) (2) olub bundan aḳdem bi ʿemr ullāhı teʿālā müteveffā olan Urfalı Monlā Muṣṭafā bin el-Ḥāc Ḳāsim nām müteveffānıñ ẓā(hir vereṣesi) (3) maʿrūf ve maʿrūfesi olmayub terekesi cānib-i beyt ül-māla ʿāʾid ve rāciʿ olub emīn-i beyt ü(l-māl) (4) ḳabżına meʾmūr olub voyvoda-ʾı mūmā ileyh ṭalebi maʿrifet-i şerʿle müteveffā-yı mezbūruñ bil-cümle metrūkāt ve muḫallefāt (ve) (5) defter müteveffā-yı merḳūmuñ emşehirlerinden Urfalı Süleymān Aġa bin ʿAbdullāh nām kimesneniñ yanında (olan) (6) ve müteveffā-yı mezbūruñ verāṣeti ẓuhūr edince ḥıfẓına meʾmūr olduḳdansoñra müteveffā-yı merḳūmuñ (7) sākin vereṣelerinden vālidesi Besne bint Ḳoç ve li-ebeveyn ḳarındaşları Üveys ve Meḥmed ibnatey Ḳāsim el-mer(ḳūm) (8) Fāṭime ve ʿĀīşeye ḥaṣrı lede 'ş-şerʿ el-ḳadīm ẓāhir ve nümāyān olub merḳūmān Fāṭime ve ʿĀīşe ve (merkūma Besne ve) (9) mezkūr Meḥmed ṭaraflarından Urfalı ʿAsāf bin ʿAlī ve İbrāhīm bin Aḥmed şehādetleriyle müteveffā-yı (mezbūruñ) (10) metrūkāt ve muḫallefātınıñ aḫẕ ve ḳabżına vekāleti ṣābite olan işbu ḥāżiren bil-meclis Üveys bin (Ḳāsim) (11) el-mezbūr meclis-i şerʿde merḳūm Süleymān Aġanıñ yanında olan müteveffā-yı merḳūmuñ metrūkātı (12) defter mūcibince teslīm ve tesellüm ve behāsını muḳavvimīn maʿrifetiyle baʿd el-ḳaṭʿ-ı eṣmān ve aʿyānıyla aṣāleten ve (murāḳıben) (13) ve ḳabż ẕeyl-i defterde mektūb ül-esāmī müslimīn maḥżarlarında defteridir ki ẕikr ve beyān olınur (14) el-sādis ʿaşara şehr Rebīʿ ül-evvel sene iṣnā ve sebaʿīn ve miʾe ve ʾelf. Vgl. Niemöller (2013), S. 47.

şarı çuḳa dolma	ʿaded 1	ḳıymet	ġuruş 6
çiçekli ʿanteri[173]	ʿaded 1	ḳıymet	ġuruş 5
şām alacası[174]		ḳıymet	ġuruş (...)
çuka çaḳşur[175] birisi serdāra[!][176] vėrilmişdir	ʿaded 2	ḳıymet	ġuruş 4
köhne şalvar	ʿaded 1	ḳıymet	ġuruş 4
Mārdīn kāri piştov ḳalfı	çift 1	ḳıymet	ġuruş 3
(...)		ḳıymet	ġuruş (...)
sūza ḳaftan	ʿaded 1	ḳıymet	ġuruş 6
beyāż ḳumāş ʿanteri	ʿaded 1	ḳıymet	ġuruş 4
ḥammām döşemesi	ʿaded 1		
ve gömlegi	ʿaded 1	ḳıymet	ġuruş 2
çuḳa (...)	(ʿaded)	ḳıymet	(...)
beyāż bez terlik		ḳıymet	ġuruş (...)
İstānbūl bez gömlek	ʿaded 2	ḳıymet	ġuruş 6
beyāż kalle pūş		ḳıymet	para 5
beyāż bez (...)		ḳıymet	ġuruş (...)
müsteʿamel abdest maḳraması	ʿaded 1	ḳıymet	para 10
köhne ḥalabī ḳuşaḳ[!][177]	ʿaded 1	ḳıymet	para 10
ayaġḳabı	ʿaded 2	ḳıymet	ġuruş 1
köhne hindī (...)	ʿaded (...)	ḳıymet	ġuruş 20
faġfūr-ı fincān	ʿaded 4		
maʿ ḳuṭu	ʿaded 1	ḳıymet	ġuruş 1
mavi[!][178] şālı tütün kisesi	ʿaded 1	ḳıymet	para 10
ḳahve kisesi mīşīn	ʿaded 1		
maʿ ḳah(ve) (...)	(ʿaded)	ḳıymet	para 10
ḳırmızı cedīd ḳavuḳ	ʿaded 1		
ve müsteʿamel siyāh ḳavuḳ	ʿaded 1	ḳıymet	ġuruş 1
sīm mızrāḳ	ʿaded 1	ḳıymet	ġuruş 4
şām alaca[179] boġça	ʿaded 1		
ve çā(dır) (...)		ḳıymet	para 60
(...)	ʿaded 1	ḳıymet	para 30
eger (ṭāḫmīle) müsteʿamel	ʿaded 1	ḳıymet	ġuruş 6
ḫāşa ʿanteri	ʿaded 1		
ve ḳaplan pūstı	ʿaded 1		

173 Weste oder Robe in der ʿAnteri-Mode, d.h. innere Weste mit langen engen Ärmeln.

174 Damaszener Mischgewebe aus Seide und Baumwolle.

175 Hose, die um die Taille mit einer breiten gefalteten Stoßkante versehen ist und an deren Fesseln leichte Lederschuhe angenäht sind (= çaḳşır).

176 serīdāra

177 kurşak

178 māī

179 Mischgewebe aus Seide und Baumwolle.

ve mindārī	ʿaded 1	ḳıymet	ġuruş 15
çevgān	ʿaded 1	ḳıymet	ġuruş 1
demir ḫarbe (…) (…)	ʿaded 1	ḳıymet	para 10
sāde ġayret ḳuşāġı	ʿaded 1	ḳıymet	para 30
mest	çift 1		
papuç	çift 1	ḳıymet	para 30
(…)	ʿaded 1		
ve şamʿdān	ʿaded 1	ḳıymet	para 25
mizrāḳ dibliki	ʿaded 1	ḳıymet	para 5
defter kiseleri	ʿaded 3	ḳıymet	para 15
müsteʿamel zerdave kürk	ʿaded 1	ḳıymet	ġuruş 10
(…)	(ʿaded) 1	(ḳıymet)	(ġuruş) 1
ḳumāş ʿanteri	ʿaded 1	ḳıymet	ġuruş 1
İstanbūlı gömlek	ʿaded 1	ḳıymet	para 30
naḳşlı maḳrama	ʿaded 1	ḳıymet	para 15
baḳır rīkdān	ʿaded 1	ḳıymet	para 10

fürūḫt ve s̱emenini düyūna edā ṣüd s̱emenden bāḳī ḳalan on yedi ġuruşdur

cemʿan yekūn	ġuruş 396½

şühūd ül-ḥāl
faḫr ül-ʿulemaʾ müftī es-Seyyid Ebū Bekir Efendi
Azharī el-Ḥāc ʿAbdullāh Efendi
müderris es-Seyyid Hindī Efendi
müderris Aḥmed Efendi
baş kātib es-Seyyid ʿAbdürraḥīm Efendi
Ruḥāvī Seyyid Meḥmed bin Muṣṭafā
(Azharī) Aḥmed bin (…)
(Von links nach rechts)
İbrāhīm bin Aḥmed Ruḥāvī
ʿAsāf bin ʿAlī Ruḥāvī
Ruḥāvī ʿOs̱mān bin Ḥasan
(…) ʿÖmer Aġa bin ʿAbdullāh[180]

180 247/16/b: İşbu defterde taḥrīr olınan metrūkāt ve muḥallefātınıñ s̱emenisini baʿd el-ḥisāb ve 'l-cemʿ üçyüz (2) ṭoḳsān altı buçuḳ ġurūş ėdüb tamāmen ve kāmilen merḳūm Üveys bin Ḳāsim kendi ṭarafından (3) aṣāleten ve vereṣe-i merḳūmūnuñ cānibinden vekāleten meclis-i şerʿde ḳabż ve merḳūm Süleymān Aġanıñ z̲immetini ibrā eyledigi bu maḥalle ḳayd şüd. Niemöller (2013), S. 49.

247/16/a[181]

Silbernes Galazeug mit 4 Tressen	Anzahl 1		
Silbernes Zaumzeug mit Tresse	Anzahl 1	Preis	Ġuruş 100
mit silbernen Bossen versehene Schärpe	Anzahl 1		
Silberne Patronenbüchse	Anzahl 1		
Silberne Hellebarde (...)		Preis	Ġuruş 50
Pistole mit silbernen Bossen	Paar 1	Preis	Ġuruş 24
Silberner Krummdolch			
und silbernes Messer		Preis	Ġuruş 20
Mit Schneidefläche versehenes versilbertes Herrscherschwert	Anzahl 1	Preis	Ġuruş 15
(...) gefertigte Keule	Anzahl 1	Preis	Ġuruş 3
Mit Silber gefasste Gebetskette	Anzahl 1	Preis	Ġuruş 5
ungefasste Gebetskette	Anzahl 2	Preis	Ġuruş 1
Schafs (...)	Anzahl 9	Preis	Ġuruş 7
Bestickter Hosenbund	3	Preis	Ġuruş 2
Geldbörse mit gelbem Stoff	Anzahl 1	Preis	Para 10
Silberne Bosse	Anzahl 22	Preis	Para 20
(Pfeifenperle)[?]	Anzahl 3	Preis	Para 10
(...)		Preis	(...)
(...) Turban	Anzahl 2	Preis	Ġuruş 12
Neuer dunkelgrüner Wollstoff-Umhang	Anzahl 1	Preis	Ġuruş 12
Walnußfarbener Umhang aus Kamelott	Anzahl 1	Preis	Ġuruş 8

181 Der Fall besagt, dass der derzeitige Voyvoda von Mardin, Vorbild der Glorreichsten und Großzügigsten, der glückliche ʿÖmer Aġa – möge sein Ruhm sich mehren – von seinen Exzellenzen beauftragt wurde. Zuvor starb auf Geheiß Gottes der Bürger von Urfa Monlā Muṣṭafā Bin Ḥāc Ḳāsim, wobei die offensichtlichen Erben nicht bekannt waren, so dass man sein Erbe der Schatzkammer überantwortete und der Schatzkämmerer mit der Inbesitznahme beauftragt wurde. Erwähnter Voyvoda forderte, den gesamten Nachlass des erwähnten Verstorbenen durch den Bürger von Urfa namens Süleymān Aġa Bin ʿAbdullāh nach herkömmlichen Gesetz verwalten zu lassen, nachdem er selbst mit der Verwaltung des offenkundig gewordenen Erbes beauftragt wurde. Er gab die ansässigen Erben des erwähnten Verstorbenen, die Mutter Besne Bint Koç, seine Vollgeschwister Üveys und Meḥmed und die zwei Töchter von erwähntem Ḳāsim, Fāṭime und ʿĀʾişe gemäß dem bestehenden Gesetz bekannt. Erwähnte Fāṭime, ʿĀʾişe und Besne haben neben erwähntem Meḥmed unter Zeugenschaft von ʿAsāf Bin ʿAlī und İbrāhīm Bin Aḥmed – beide Bürger von Urfa – den Nachlass des verstorbenen (Erwähnten) in ihren Besitz genommen. Hierbei wurde der Nachlass des Verstorbenen unter Treuhänderschaft des in der Gerichtsversammlung anwesenden und erwähnten Üveys, Sohn von erwähntem Ḳāsim, von erwähntem Süleymān Aġa dem Register entsprechend übergeben, nachdem die Werte des Nachlasses durch die Taxatoren gemindert wurden und dies durch die Notabeln persönlich (bezeugt wurde). Die Entgegennahme ist im Register eingetragen und die Namen der muslimischen Bürger, die anwesend waren, sind im Register aufgeführt, was unten erklärt wird. Der 16. des Rebīʿ ül-Evvel im Jahr 1172. Vgl. Niemöller (2013), S. 48.

Gefütterter (...) Wollumhang		Preis	Ġuruş 15
Violetter Kaftan aus Kamelott	Anzahl 1	Preis	Ġuruş 3
Gelber gefütterter Wollstoff	Anzahl 1	Preis	Ġuruş 6
Geblümte ʿAnteri-Robe	Anzahl 1	Preis	Ġuruş 5
Damaszener Alacā-Gewebe		Preis	Ġuruş (...)
Wollhose, wurde dem Anführer gegeben	Anzahl 2	Preis	Ġuruş 4
Alte Pluderhose	Anzahl 1	Preis	Ġuruş 4
In Mardin gefertigte Pistolenkiste	Paar 1	Preis	Ġuruş 3
(...)		Preis	Ġuruş (...)
Kaftan aus Sūza	Anzahl 1	Preis	Ġuruş 6
Weißer ʿAnteri-Stoff	Anzahl 1	Preis	Ġuruş 4
Hammam-Fliese	Anzahl 1		
und Hammam-Hemd	Anzahl 1	Preis	Ġuruş 2
Wolltuch (...)	(Anzahl)	Preis	(...)
Weißer (...) Stoffpantoffel		Preis	Ġuruş (...)
Istanbuler Stoffhemd	Anzahl 2	Preis	Ġuruş 6
Weiße Kopfbedeckung		Preis	Para 5
Weiße/r/s (...) aus Stoff		Preis	Ġuruş (...)
Gebrauchtes Handtuch f. rituelle Waschung	Anzahl 1	Preis	Para 10
Alter Gürtel aus Halab	Anzahl 1	Preis	Para 10
Schuh	Anzahl 2	Preis	Ġuruş 1
Alte(r,s) indische(r,s) (...)	Anzahl (...)	Preis	Ġuruş 20
Porzellantasse	Anzahl 4		
mit Dose	Anzahl 1	Preis	Ġuruş 1
Blaue Tabakdose aus Kamelott	Anzahl 1	Preis	Para 10
Lederne Kaffeedose	Anzahl 1		
mit Kaffee (...)	(Anzahl)	Preis	Para 10
Neue rote wattierte Kopfbedeckung	Anzahl 1		
und gebrauchte schwarze wattierte Kopfbedeckung	Anzahl 1	Preis	Ġuruş 1
Silberner Wurfspieß	Anzahl 1	Preis	Ġuruş 4
Bündeltuch aus syrischem Alaca-Gewebe	Anzahl 1		
und (Umhang) (...)		Preis	Para 60
(...)	Anzahl 1	Preis	Para 30
Gebrauchter Sattel (...)	Anzahl 1	Preis	Ġuruş 6
Satteltuch aus ʿAnteri	Anzahl 1		
und Leopardenhaut	Anzahl 1		
und (...)	Anzahl 1	Preis	Ġuruş 15
Krummstab[182]	Anzahl 1	Preis	Ġuruş 1
Eiserne Hellebarde (...) (...)	Anzahl 1	Preis	Para 10
Einfacher (...) Gürtel	Anzahl 1	Preis	Para 30

182 Entweder krummer Trommelstock oder krummer Schläger für Ballspiele.

Leichte Lederschuhe	Paar 1		
Schuhe	Paar 1	Preis	Para 30
(...)	Anzahl 1		
und Kerzenleuchter	Anzahl 1	Preis	Para 25
Wurfspieß-Griff	Anzahl 1	Preis	Para 5
Defter-Kisten	Anzahl 3	Preis	Para 15
Gebrauchtes Baummarder-Fell	Anzahl 1	Preis	Ġuruş 10
(...)	(Anzahl) 1	(Preis)	(Ġuruş) 1
Baumwoll ʿAnteri-Stoff	Anzahl 1	Preis	Ġuruş 1
İstanbūlī-Hemd	Anzahl 1	Preis	Para 30
Besticktes Tuch	Anzahl 1	Preis	Para 15
Kupferne Sandkiste	Anzahl 1	Preis	Para 10

Der Verkauf und sein Wert wurden mit den Schulden verrechnet, es verbleiben vom Wert 17 Ġuruş

Insgesamt	Ġuruş 396½

Zeugen der Angelegenheit:
Exzellenzen der Rechtsgelehrten, Mufti Seyyid Ebū Bekir Efendi
Azharī[183] el-Ḥāc ʿAbdullāh Efendi
Müderris Seyyid Hindī Efendi
Müderris Aḥmed Efendi
Leitender Schreiber Seyyid ʿAbdürraḥīm Efendi
Der aus Ruha stammende Seyyid Meḥmed bin Muṣṭafā
(Azharī) Aḥmed bin (...)
(Von links nach rechts)
İbrāhīm bin Aḥmed Ruḥāvī
ʿAsāf bin ʿAlī Ruḥāvī
Ruḥāvī ʿOs̱mān bin Ḥasan
(...) ʿÖmer Aġa bin ʿAbdullāh[184]

247/16/c

(1) (اشترى) داود چلبى بن الحاج يحيى بماله من البائعة منه عائشة بنت الحاج عمر فباعته
اصالة عن نفسها و بالوصاية (2) (عن قبل ابنيها) ابراهيم و محمد و احمد ابناء مرتضى القطان

183 Jemand, der an der Azhar-Universität studiert hat.
184 247/16/b: Die in diesem Register aufgeführten Werte der Nachlässe und des Erbes machen nach der Berechnung insgesamt 396 und einen halben Ġurūş aus. Es ist an dieser Stelle eingetragen, dass erwähnter Üveys Bin Ḳāsim selbst die Durchführung tätigt und als Vertreter der erwähnten Erben in der Gerichtsversammlung die Werte in Besitz nimmt und erwähnter Süleymān Aġa aus seiner Verpflichtung entlassen wird. Vgl. Niemöller (2013), S. 49.

ما هو لهم المنتقل بالارث و انما جوز بيع حصة (3) (عن العقار) المزبورون لضرورة نفقتهم[!][185] و ذلك جميع النصف الشائع من جميع غرس العنب الواقع (4) (فى وادى) المنزلة الذى ارضه مستحكرة من متولى اوقاف جامع يوسف چلبى باجارة فى كل سنة (5) (...) و ثلاثون قطعة المحدود قبلةً [الى ملك] يحيى الشعار و شرقاً الى الدره [و] شمالاً [الى ملك] مراد [و] غرباً [الى] طريق (6) (بثمن مقبوض و هو) خمسة و اربعون غروشاً و صرة و الرضى من الطرفين فى اواخر شهر ربيع الاول سنة اثنى (7) (و سبعين) و ماية و الف

شريف افندى
ابنه عبد الغفور
شيخ سليمان بن الحاج محمد
يحيى بن مراد
ابنه شعبان
قزاز محمد
ابنه احمد
حسين بن بكر چلبى
(...) بك
(اسمعيل) اغا (...)

247/16/c

Dāūd Celebī bin ül-Hāc Yaḥyā (tätigte) mit seinem eigenen Geld den (Kauf). Seine Verkäuferin war ʿAişe bint ül-Hāc ʿÖmer. Sie verkaufte, sich selbst vertretend und als Vormund ihrer Söhne Ibrāhīm, Meḥmed und Aḥmed, die Söhne von Murteżā el-Ḳuṭṭān, was ihnen gehörte und ihnen erbmäßig überlassen wurden. Darüber hinaus wurde der Verkauf des (Grundstück)-Anteils Erwähnten zur notwendigen Ausgabenbestreitung gestattet. Dies umfasst die gemeinsame Hälfte der gesamten Weinstockpflanzung, die im Menzila-(Tal) liegt, wobei deren Grund vom Stiftungsverwalter der Yūsuf Celebī-Moschee-Stiftungen mit einer jährlichen Pacht von (...) und dreißig Münzen langzeitverpachtet ist. Im Süden grenzt sie [an den Besitz von] Yaḥyā eş-Şaʿār, im Osten an ed-Dere und im Norden [an den Besitz von] Murād [und] im Westen [an] einen Weg. Es wurde zum [entgegengenommenen Betrag] von 45 Ġuruş und einem Beutel unter Zustimmung der beiden Parteien in der letzten Dekade des Monats des ersten Rebī im Jahre 11(7)2 [übergeben].

Şerīf Efendi
Sein Sohn ʿAbdülġafūr
Şeyḫ Süleymān bin ül-Ḥāc Meḥmed
Yaḥyā bin Murād
Sein Sohn Şaʿbān
Ḳazzāz Meḥmed

185 النفقيه

Sein Sohn Aḥmed
Ḥuseyn bin Bekir Çelebi
(...) Beg
(İsma'īl) Aġa (...)

247/16/d

(1) (اشترى) حسن بن ابراهيم الكيكى بماله من البائع منه احمد بن خالد فباعه المنتقل اليه بطريق الشراء و ذلك جميع الدار الواقعة (2) (فى محلة الشوندك) المشتملة على بيتين ازج[186] و بيت اخر قريش و مطبخ ازج و جب ماء و حوش المحدودين قبلةً (3) (الى) الطريق و شرقاً الى ملك على و شمالاً و غرباً الى ملك اليشوع الذمى بجملة الحدود بثمن المقبوض قدره و نصابه (4) (...) غروشاً و القبض و الرضى من الطرفين حرر فى اواسط شهر جماذى الاول سنة اثنى و سبعين و ماية و الف

منلا حسن بن منلا محمد الامام الغرس
خليل اغا بن قادر اغا
عبد الرحمن اوطه باشى بن احمد الدايشى
احمد ابن القلپقلى
عبد القادر بن كلش
احمد بن محمد
محمد بن قرة على
(محمد) بن جمعة الكيكى
(...) الغرسى

247/16/d

Ḥasan bin İbrāhīm el-Kīkī (tätigte) mit seinem Geld den (Kauf). Sein Verkäufer war Aḥmed bin Ḫālid. Er verkaufte ihm, was ihm kaufmäßig überlassen wurde. Dieses umfasst das gesamte Haus, das (im Viertel Şavandak) liegt und zwei kuppelförmig überdachte Häuser, eine weitere Käserei, eine Gewölbeküche, einen Brunnen und einen Hof beinhaltet. Im Süden grenzen sie (an) den Weg, im Osten an den Besitz von ʿAlī, und im Norden und im Westen an den Besitz von Yeşūʿ eẕ-Ẕimmī mit allen Grenzen. Es wurde zum entgegengenommenen und festgesetzten Preis von (...) Ġuruş unter Zustimmung der beiden Parteien übergeben. Eingetragen in der mittleren Dekade des Monats des ersten Cemāẕī im Jahre 1172.

Monlā Ḥasan bin Monlā Meḥmed, Imam von Ġaras
Ḫalīl Aġa bin Ḳādir Aġa
ʿAbdürraḥmān Oṭabaşı bin Aḥmed ed-Dāyşī
Aḥmed ibn Ḳalpaḳlı
ʿAbdülḳādir bin Kaleş

186 Vermutlich ein Haus mit einem gewölbten Dach.

Aḥmed bin Meḥmed
Meḥmed bin Ḳara ʿAlī
Meḥmed bin Cumʿa el-Kīkī
(...) el-Ġarasī

247/16/e

(1) اشترى جرجس ولد (2) عامون بماله من البائعة (3) منه جوهر بنت خذرو فباعته (4) المنتقل اليها بالشراء و ذلك جميع (5) الدار فى محلة الزراقة المشتملة على بيت (6) قريش و داخله بخارى ازج و ايوان خراب و مطبخ قريش (7) و جب ماء و حوش المحدودين قبلةً ينتهى الى ملك (8) عبد الحى ولد اخيجان و شرقاً الى ملك الياص ولد ياغوب (9) و شمالاً الى الطريق [و] غرباً الى ملك شيخ محمود بثمن (10) مقبوض قدره عشرون غروشاً و الرضى من (11) الطرفين تحريراً فى اواسط شهر رجب الفرد سنة (12) اثنى و سبعين و ماية و الف

(Von links nach rechts obere Zeile)
حاج بكر افندى بن حاج الياس
ابراهيم چلبى ابن العربى
احمد چلبى بن على ينشف
سيد محمد بن قرة حسن
(Von links nach rechts untere Zeile)
عبد القادر بن درويش احمد
حاج امين بن على چلبى بن بشير
مصطفى بن خليل ميرو

247/16/e

Circis veled-i ʿAmūn tätigte den Kauf mit seinem eigenen Geld. Seine Verkäuferin ist Cauhar bint Ḫıẕırū. Sie verkaufte ihm, was ihr kaufmäßig überlassen wurde. Dieses umfasst das gesamte Haus im Viertel Zarrāḳa, welches aus einem Gewölberaum für Käselagerung, in diesem ein Rundofen, einem verfallenen Iwān, einer Käserei, einem Brunnen und einem Hof besteht. Im Süden grenzt es an den Besitz von ʿAbdülḥayy veled-i Aḫīcān, im Osten an den Besitz von İlyās veled-i Yāġūb, im Norden an den Weg [und] im Westen an den Besitz von Şeyḫ Maḥmūd. Es wurde zum entgegengenommenen und festgesetzten Preis von 20 Ġuruş unter Zustimmung der beiden Parteien entgegengenommen. Eingetragen in der mittleren Dekade des Monats des Receb des einzigen im Jahre 1172.
(Von links nach rechts obere Zeile)
Ḥāc Bekir Efendi bin Ḥāc İlyās
İbrāhīm Çelebi ibn ül-ʿArabī
Aḥmed Çelebi bin ʿAlī Yanşif
Seyyid Meḥmed bin Ḳara Ḥasan
(Von links nach rechts untere Zeile)
ʿAbdülḳādir bin Dervīş Aḥmed

Ḥāc Emīn bin ʿAlī Çelebi bin Beşīr
Muṣṭafā bin Ḫalīl Mīrū

247/17/b

(1) اشترى فرسو ولد ثالو بماله لنفسه دون غيره من البائعان منه محمد و محمود ابنا چلو فباعاه الذى كان فى (تصرفهم الى حين) (2) صدور هذا البيع منهما و ذلك جميع <البستان السقية و لاعذية> غرس العنب الواقعة فى عقار قرية (قصر مزروق) (3) الحاوى على ثلاث مائة كرمة المحدودة قبلةً الى ملك اسمعيل ابن الطو و شرقاً [الى ملك] كوركيس (...) (و غرباً الى ملك) (4) عباس محمد [و] شمالاً [الى ملك] بائعان بثمن قدره خمسة و ثلاثون غروشاً جرى ذلك فى اواسط شهر (رجب القرد) (5) سنة اثنى و سبعين و ماية و الف

احمد (...)
منلا (...) رجب
خلف بن رمضان
حاج احمد الحفاف
حاج دالنوب
ولى بن (...)
احمد غيبو
و غيرهم

(Legalisierungsformel)

الامر حسبما رقم فيه السيد عثمان الناصح النائب بماردين المحروسة
عفو له

(Legalisierungsformel)

حرره الفقير اليه عز شأنه

247/17/b

Farsū veled-i Ṣālū tätigte mit seinem eigenen Geld und keinem anderen den Kauf. Seine beiden Käufer waren Meḥmed und Maḥmūd, die beiden Söhne von Çalū. Sie verkauften ihm, was ihnen (bis zum Zeitpunkt) des Erlasses des Verkaufs zur Verfügung stand. Dieses umfasst <den gesamten durch ein eigenes Bewässerungssystem und den Regenwasser-bewässerten Garten> die gesamte Weinstockpflanzung, die im Grundstück des Dorfes (Ḳasr Mezrūḳ) liegt und die 300 Weinstöcke umfasst. Im Süden grenzt er an den Besitz von İsmaʿīl ibn üṭ-Ṭav, im Osten [an den Besitz von] Kurkīs (...), (im Westen an den Besitz von) ʿAbbās Meḥmed [und] im Norden an den Besitz der beiden Käufer. Der Verkauf wurde zum festgesetzten Preis von 35 Ġuruş und daher in der mittleren Dekade des Monats des Receb des einzigen im Jahre 1172 durchgeführt.

Aḥmed (...)
Monlā (...) Receb
Ḫalif bin Ramażān

Ḥāc Aḥmed el-Ḥaffāf
Ḥāc Dālnūb
Velī bin (...)
Aḥmed Ġaybū
und Weitere
(Legalisierungsformel)
Was die Sache anbetrifft, wurde sie vom Ratgeber des Richters Seyyid ʿOs̱mān aus der beschützten *(Stadt)* Mardin festgehalten.
Möge ihm verziehen werden.
(Legalisierungsformel)
Geschrieben hat es derjenige, der Seiner – mächtig sei sein Ansehen – bedarf.

247/17/c

(1) medīne-ʾi Mārdīn sükkānından Seyyid İsmaʿīl bin Ḥuseyn kendi ṭarafından aṣāleten ve hemşīresi Medīne bint Ḥuseyn el-merḳū(m ṭarafından) (2) Behrāmkī Bekir bin Ḥasan ve Seyyid ʿAbdülḳādir bin Dervīş Aḥmed ve İsmaʿīl bin Murteżā Haşim Oğlu nām kimesneleriñ şehādetleriyle vekā(leten meclis-i) (3) şerʿ-i şerīf-i enverde yine medīne-ʾi mezbūre ḳażāsına tābiʿ Taḫūm ḳaryesi sükkānından bāʿis̱ ül-kitāb Ḥuseyn ketḫ(üda bin Ḥāc) (4) İlyās nām kimesne maḥżarında bil-aṣālet ve 'l-vekālet iḳrār-ı tāmm ve taḳrīr-i kelām eyleyüb ḳarye-ʾi meẕkūre ʿaḳā(rından) (5) ḳıbleten ṭarīḳ ve şarḳen cebel ve şimālen el-Ḥāc Ḳaplān veres̱esi mülki ve ġarben çāye müntehī ve maḥdūd ṣulu bağçe(de) (6) ḫams ḥiṣṣe-ʾi irs̱īye-ʾi şerʿīyemiz var iken merḳūm el-Ḥāc İlyās nām müteveffā bağçe-ʾi meẕkūreniñ cemīʿini ḥā(lā) (7) otuz seneden mütecāviz taṣarrüf ėdüb baʿd vefātihi oğlu Ḥuseyn ketḫüda el-merḳūm daḫī ḳırḳ (seneden berü) (8) ilā 'l-ān żabṭ ve taṣarrüf ve yine bağçe meẕkūreniñ küllīsi[187] üzerine vāżıʿ ül-yed olmağla bendaḫī aṣāleten (ve vekāleten) (9) bağçe-ʾi meẕkūrede olan ḫams ḥiṣṣe-ʾi irs̱īye-i şerʿīyemizi daʿvā ėtmek ṣadedinde oldığımda beynim(izde müslimūn-ı) (10) muṣliḥūn ṭavassuṭ ėdüb es-sulḥ seyyid ül-aḥkām feḥvāsınca defʿ-i nizāʿ ve ḳaṭʿ-ı ḫıṣām olmaḳ içün (...) (11) beni on beş ġuruş aḳçe üzerine muṣālaḥa eylediklerinde ben daḫī ṣulḥ-ı meẕkūrı ḳabūl ve bedel-i ṣulḥ ola(n) (...) (12) ġuruş aṣāleten ve vekāleten merḳūm Ḥuseyn ketḫüdanıñ yedinden temāmen ve kamilen aḫẕ ve ḳabż ve z̲immetini (bāġcede) (13) olan ḫams ḥiṣṣeniñ daʿvāsından ve bil-cümle ʿāmmeten deʿāvīden yaña ibrāʾ-i ʿāmm ḳāṭıʿ ül-ḫıṣām ile (ibrā ve isḳāṭ-ı) (14) tāmm eyledim fīmābaʿd gerek benim ve gerek müʾekkelem el-merḳūmenıñ bağçe-ʾi meẕkūrede vechen min el-vücūh ve sebeben min e(l-esbāb) (15) daʿvā ve nizāʿ ve ḥaḳḳımız ḳalmadı dė-

187 küllsi

diginde ġıbb et-taṣdīḳ el-vicāhī[!][188] el-muʿteber üş-şerʿ mā hüve el-vāḳiʿ işbu (iʿlām) (16) ketb ve terḳīm olındı ḥurrire fī evāḫir-i şehr-i Receb el-ferd sene is̱nā ve sebaʿīn ve miʾe ve ʾelf

(Seyyid ʿAbdürraḥīm Efendi) kātib-i (maḥkeme)
ibnuhu Mollā Yūsuf
Mollā İbrāhīm kātib ḳassām
Mollā Muṣṭafā bin Ḳāsim
Muṣṭafā bin İsḥāḳ Çelebi
Bekir bin Şeyḫmūsā et-Taḫūmī
Seyyid Meḥmed bin Ḳara Ḥasan
Behrāmkī Bekir bin Ḥasan
(...) ʿAlī
ve ġayruhum min el-ḥużżār

247/17/c
Von den Bewohnern der Stadt Mardin gab Seyyid İsmaʿīl Ḥuseyn in eigener Sache und in Vertretung für seine Schwester namens Medīne, Tochter von erwähntem Ḥuseyn, das von Behrāmkī Bekir bin Ḥasan und Seyyid ʿAbdülḳādir bin Dervīş Aḥmed sowie İsmaʿīl bin Mürtażā Haşim Oğlu bezeugt wurde und darüber hinaus in Anwesenheit des Beantragenden der Urkunde, ein Einwohner des zu der erwähnten Stadt gehörenden Dorfes Taḫūm, namens Ḥuseyn (Ketḫüda, bin Ḥāc) İlyās, in der ehrwürdigen und leuchtenden Gerichtsversammlung eine vollständige Bestätigung ab und sagte Folgendes aus: „Obwohl uns vom Gebiet des erwähnten Dorfes, dessen Gebiet im Süden durch den Weg, im Osten durch den Berg, im Norden durch das Eigentum der Erben von Ḥāc Ḳaplān und im Westen durch ihren an einen Fluss angrenzenden Bewässerungsgarten begrenzt ist, 5 erbmäßige Anteile gesetzlich zustehen, hatte erwähnter verstorbener Ḥāc İlyās den gesamten erwähnten Garten länger als 30 Jahre inne. Da nach seinem Tod der Sohn, erwähnter Ḥuseyn Ketḫüda 40 Jahre lang bis jetzt diesen innehatte und noch dazu die Gesamtheit des erwähnten Gartens beanspruchte und ich die Absicht hegte, in eigener Sache und in (Vertretung) Klage auf den mir erbmäßig ebenso zustehenden Anteil eines Fünftels vom Garten zu erheben, haben zwischen uns muslimische Schlichter die Angelegenheit ausgehandelt. Gemäß dem Vergleich, dem Besten der gerichtlichen Entscheidungen, um Uneinigkeiten abzuwehren und den Streit beizulegen, bezahlen sie mir Aḳçe im Wert von 15 Ġuruş zum Vergleich, wobei ich ebenso erwähnten Vergleich annehme und ich den

188 viçāh

Ausgleichswert von (...) Ġuruş aus Händen des erwähnten treuhänderisch handelnden und sich selbst vertretenden Ḥuseyn Ketḫüda vollständig entgegennehme. Ich entlaste ihn hinsichtlich seiner Verpflichtung in der Klage wegen des ihm verbleibenden Fünftels von erwähntem Garten, lasse sämtliche Klagen fallen und lege den Streit bei. Von nun an strenge ich und meine Auftraggeberin in keiner Weise und aus keinem Grund irgendeine Klage oder Rechtsstreit an, noch machen wir sonstige Ansprüche bezogen auf erwähnten Garten von erwähnter Auftraggeberin geltend." Indem er dies sagte, wurde nach der gültigen Übergabe vor Zeugen, was den Sachverhalt anbetrifft, diese (gerichtliche Entscheidung) niedergeschrieben. Eingetragen in der letzten Dekade des Receb des einzigen im Jahre 1172.

(Seyyid ʿAbdürraḥīm Efendi) (Gerichts)schreiber
Sein Sohn Mollā Yūsuf
Mollā İbrāhīm, Gerichtsschreiber
Mollā Muṣṭafā bin Ḳāsim
Muṣṭafā bin İsḥāḳ Çelebi
Bekir bin Şeyḫmūsā et-Taḫūmī
Seyyid Meḥmed bin Ḳara Ḥasan
Behrāmkī Bekir bin Ḥasan
(...) (ʿAlī)
und weitere Anwesende

247/17/d

(1) (اشارى عمر) چلبى بن خليل چلبى بالوكالة عن قبل اخته امينة خاتون بنت خليل چلبى المزبور بمال (2) (لنفسها) دون غيرها من البائعين منه مصطفى و بسنة و امينة اولاد منصور و باشى بنت جمعة (3) (و احمد بن مراد) فباع مصطفى المرقوم و بسنة و امينة و باشى اصالة عن نفسهم و باع احمد المرقوم (4) (بالوكالة عن) جانب قمرى بنت منصور المزبور الثابت وكالته عنها بشهادة حسين بن كور عبدو (5) (و حسين) بن مصطفى ما هو للاصيلين المرقومين و المؤكلة المزبورة و ملكهم و بيدهم و تحت تصرفهم و منتقل (6) (اليهم بالطريق) الارث الشرعى و ذلك جميع البستان السقية و العذية الواقية فى وادى النبى (7) (...) قبلةً ينتهى الى الطريق و تمامه الى ملك ورثة عبد الوهاب بك و شرقاً و غرباً الى الطريق (8) (و شمالاً الى) ملك ورثة عمر بك بجملة الحدود بثمن مقبوض قدره و نصابه ثلاثمائة و سبعون (9) (غروشاً و) الرضى من الطرفين تحريراً فى اواسط شهر جماذى الاول سنة اثنة و سبعين و مائة و الف

(Obere Zeile von links nach rechts)

السيد عبد الرحيم افندى سر كتاب محكمة
ابنه منلا يوسف
ابراهيم افندى كاتب قسام
منلا مصطفى بن قاسم چلبى

الحاج اسمعيل بن الحاج مرتضى
(سيد) مرتضى بن محمد
(Mittlere Zeile von rechts nach links)
(ابراهيم) بن العره بى
سيد احمد بن حاج على
عبد الله بك بن عمر بك
(Letzte Zeile von links nach rechts)
حسين چلبى بن حاج عمر
محمد القزاز بن حسين على
ابنه احمد
منلا احمد بن حاج محمد افندى
شيخموسى چلبى بن حاج خضر
(...)

247/17/d

ʿÖmer Celebī bin Halīl Celebī (tätigte) in Vertretung für seine Schwester Emīne Hātūn, Tochter von erwähntem Halīl Celebī mit ihrem (eigenem) Geld und keinem anderen den Kauf. Seine Verkäufer sind Muṣṭafā, Besne und Emīne, die Kinder von Manṣūr, Bāşı bint Cumʿa und (Aḥmed bin Murād). Erwähnter Muṣṭafā, sowi Besne, Emīne und Bāşı verkauften sich selbst vertretend, erwähnter Aḥmed verkaufte (in Vertretung) für Ḳamarī, Tochter von erwähntem Manṣūr, wobei die Vertretung durch Zeugenschaft von Ḥuseyn bin Kūr ʿAbdū und (Ḥuseyn) bin Muṣṭafā bestätigt wurde, alles was den erwähnten sich selbst Vertretenden und der erwähnten Mandantin gehörte, sie zum Eigentum hatten und zu ihrer Verfügung stand, wobei dieses (über) das scheriatsrechtliche Erbe (ihnen) überlassen wurde. Dieses umfasst den gesamten durch ein eigenes Kanalsystem und einen Regenwasser-bewässerten Garten, der im Nabī (...)-Tal liegt. Im Süden grenzt er an den Weg und dieser vollständig an den Besitz des Erbes von ʿAbdülvahāb Beg, im Osten und im Westen an den Weg (und im Norden) an den Besitz des Erbes von ʿÖmer Beg mit allen Grenzen. Der Verkauf erfolgte zum entgegengenommenen und festgesetzten Preis von 370 (Ġuruş) unter Zustimmung der beiden Parteien. Eingetragen in der mittleren Dekade des Monats des ersten Cemāẕī des Jahres 1172.

(Obere Zeile von links nach rechts)
Seyyid ʿAbdürraḥīm Efendi, oberster Gerichtsschreiber
Sein Sohn Monlā Yūsuf
İbrāhīm Efendi, Nachlassgerichtsschreiber
Monlā Muṣṭafā bin Kāsim Celebī
Ḥāc İsmaʿīl bin ül-Ḥāc Murteżā
(Seyyid) Murteżā bin Meḥmed

(Mittlere Zeile von rechts nach links)
(İbrāhīm) bin ül-ʿArabī
Seyyid Aḥmed bin Ḥāc ʿAlī
ʿAbdullāh Beg bin ʿÖmer Beg
(Letzte Zeile von links nach rechts)
Ḥuseyn Çelebi bin Ḥāc ʿÖmer
Meḥmed el-Ḳazzāz bin Ḥuseyn ʿAlī
Sein Sohn Aḥmed
Monlā Aḥmed bin Ḥāc Meḥmed Efendi
Şeyḫmūsā Çelebi bin Ḥāc Ḫıżır
(…)

247/17/e

(1) (عن ذكر) ما هو انه لمّا عجزت المرءة المدعوة سندس خاتون بنت ____ بعد ما كانت وصيةً من قبل الشرع (2) (...) على ابنها محمد سعيد بن حسن اغا المتوفى الصغير القاصر عن درجة البلوغ و بقى امر الوصاية (3) (...) فلاجل ما ذكر اقام و نصب الحاكم الشرع القويم الواقع خطه اعلاه دام فضله (4) (...) الرجل المدعو محمد اغا بن عبد الله وصياً على الصغير المرقوم و هو محمد سعيد (5) (بن حسن) اغا ليرى مصالحه و يدعى حقوقه و يضبط و يخفظ ما عاد و انتقل اليه (6) (بالطريق الارث) الشرع من متروكات و مخلفات ابيه[!][189] المتوفى المزبور و هو اى الوصى المرقوم (7) (قبل وصاية) المسطورة و تعهد بها و التزم باداء مراسمها على الوجوه المحرر كما هو الواجب (8) (عليه نصباً و) قبولاً صحيحاً شرعياً ثم لما تم امر الوصاية المذكورة فرض و قدره الحاكم الموما اليه (9) (النفقة) لصغير المزبور فى كل يوم يمضى فى تاريخ هذا الكتاب تسعة قطعات على ان (10) (يكون كل) مائة و عشرون قطعة عبارة عن غرش واحد لاكله و شربه و ملبوسه و سائر (11) (مصارفاته) تقديراً صحيحاً شرعياً و امر الحاكم الموما اليه للوصى المزبور بان ينفق على الصغير (12) (المرقوم من) ماله الذى انتقل اليه بالارث الشرعى من ابيه امر صحيحاً و قبل هذا التقدير (13) (...) الوصى المزبور قبولاً شرعياً حرر فى اليوم التاسع و العشرين فى شهر رجب الاصم (14) (سنة اثنى) و سبعيتن و مائة و الف

(Erste Zeile von links nach rechts)
السيد عبد الرحيم افندى سر كتاب محكمة
ابنه السيد منلا يوسف خطيب زنجرية
منلا عثمان خليفة زاده
السيد محمد بن قرة حسن
مصطفى بن خليل ميرو
(مدرس) احمد افندى
(...) افندى زاده
(...) (افندى كاتب قسام)

189 ابييه

(Untere Zeile von rechts nach links)

ولی بك بن احمد بك

عابد بك بن احمد بك

و غيرهم[190]

247/17/e

(mit dem Vermerk „annulliert" durchgestrichener Text)

(Was den Sachverhalt anbetrifft), war, als die geladene Frau Sindis Hātūn bint ____, nachdem sie vor dem Gericht (...) das Amt als Vormund ihres minderjährigen Sohnes Meḥmed Saʿīd, Sohn des verstorbenen Ḥasan Aġa nicht [durchzuführen in der Lage war], und der Befehl der Vormundschaft (...) führte der Richter des aufrechten Gerichts seine erhabene Unterschrift – möge seine Größe andauern – (...) durch. Der geladene Mann Meḥmed Aġa bin ʿAbdullāh übernahm das Amt der Vormundschaft für den erwähnten Minderjährigen, eben jenen Meḥmed Saʿīd bin Ḥuseyn Aġa, um seine Interessen wahrzunehmen, seine Rechte einzuklagen, seine Erträge einzunehmen und aufzubewahren und das rechtmäßige Erbe vom Nachlass seines verstorbenen Vaters an ihn zu übergeben. Dies besagt, dass erwähnter Vormund wie beschrieben die Treuhänderschaft, die ihm auferlegt wurde, in scheriatsrechtlich korrekter Form (annahm), um ihre Vorschriften nach der klaren Anordnung durchzuführen, wie es (seine) Aufgabe ist. Als daraufhin die Anordnung der erwähnten Treuhänderschaft zustande kam, erlegte erwähnter Richter ihm auf, für die scheriatsrechtlich korrekt geschätzten (Ausgaben) für erwähntem Minderjährigen für jeden Tag ab dem Zeitpunkt des Eintrags 9 Münzen, (wobei) 120 Münzen einem Ġuruş (entsprechen), für Essen, Trinken, Kleidung und weiteren (Ausgaben) bereitzustellen. Der erwähnte Richter ordnete erwähntem Vormund in korrekter Weise an, für (erwähnten) Minderjährigen von seinem Geld, welches ihm über das scheriatsrechtliche Erbe von seinem Vater überlassen wurde, dieses auszugeben, wobei der geschätzte Wert von erwähntem Vormund in scheriatsrechtlicher Form angenommen wurde.

Eingetragen am 29. Tag des Monats des gewaltigen Receb im Jahre 117(2).

(Erste Zeile von links nach rechts)

Seyyid ʿAbdürraḥīm Efendi, oberster Gerichtsschreiber

Sein Sohn Seyyid Monlā Yūsuf, Prediger der Zincīrīye

Monlā ʿOs̠mān Ḫalīfezāde

Seyyid Meḥmed bin Ḳara Ḥasan

Muṣṭafā bin Ḫalīl Mīrū

(Müderris) Aḥmed Efendi

(...) Efendizāde

190 Gesamter Text mit dem Vermerk بطل durchgestrichen, d.h. annulliert.

(...) (Efendi, Gerichtsschreiber)
(Untere Zeile von rechts nach links)
Velī Beg bin Aḥmed Beg
ʿĀbid Beg bin Aḥmed Beg
und Weitere

247/17/f

(1) (عن ذكر) ما هو انه خضر السيد عمر چلبى ابن السيد خليل چلبى و على بن شيخموسى اغا و داود بن عيسو مجلس الشرع الشريف و محفل الدين المنيف و شهوداً (2) الاخبار فى مواجهة امينة خاتون بنت السيد خليل چلبى بان امير اخور على اغا ابن عبد الله المتوفا قد باع (3) (...) و كمال صحته و لصرفاته اصالة عن نفسه قبل تريخ الكتاب منذ خمسة سنين لباعثة الوثيقة امينة خاتون (4) و ذلك جميع حصته و هى ثمانية و عشرون سهماً من اصل سبعمائة و ثمانية و ستون سهم المنتقلة اليه من زوجته (5) (زليخا خاتون) بنت السيد خليل چلبى المرقوم و قد باع ايضاً بالوصاية عن قبل ابنه محمد الصغير القاصر عن درجة (6) (البلوغ) و ذلك جميع حصة ابنه المرقوم و هى اثنى و اربعون سهماً من اصل المذكور المنتقلة اليه ايضاً بطريق الارث (7) (من) (زليخا) خاطون المرقومة و باع ايضاً بالوصاية والولاية جميع حصتى بنتيه زهرة و زينب الصغيرتان و هى (8) (...) منهما احدى و عشرون سهماً من اصل المزكور المنتقلة اليهما زليخا خاطون المزبورة و انما (9) (جوز بيع) حصص الصغار المرقومون لضرورة نفقتهم و ذلك جميع سهامهم المذكورة من جميع الدار الواقعة (10) (فى محلة الزراقة) المشتملة على حجرة ذى صفتين و داخلها بخارى و منظرة ازج[191] و بيت صغير و مطبخ و جب (11) (الماء و دكانتين) حياكة و حوش المحدودين قبلةً [الى] طريق و شرقاً [الى] بيت يوسف الذمى ابن السقة و شمالاً (12) (الى ملك) احمد ابن الزنكين و غرباً الى وقف مسجد الحاج قاسم بجملة الحدود و كافة المرافق و الحقوق (13) (بثمن مدفوع) فى التاريخ المذكور قدره و نصابه خمسة و سبعون غروشاً بيعاً و اشتراءً صحيحاً شرعياً (14) (...) و اخباراً صريحاً مرعياً حرر فى اوائل شهر شعبان المعظم سنة اثنى و سبعين و مائة و الف

عبد اللطيف افندى
ابن طالحة چلبى
ابنه نظام الدين افندى
بكر چلبى بن سيد خليل چلبى
احمد بن اشنون
غثمان چلبى بن سعيد عمر چلبى
اخيه منلا ابراهيم

247/17/f

(Was den Sachverhalt) anbetrifft waren Seyyid ʿÖmer Çelebi ibn üs-Seyyid Ḫalīl Çelebi, ʿAlī bin Şeyḫmūsā Aġa und Dāūd bin İsū in der der ehrwürdigen Gerichtsversammlung und im erhabenen religiösen Gremium anwesend und bezeugten

191 Wahrscheinlich ein Gästezimmer mit Gewölbedecke.

die Aussagen bei der Gegenüberstellung von Emīne Ḫātūn bint üs-Seyyid Ḫalīl Çelebi und sagten aus, dass der verstorbene sultanische Stallmeister ʿAlī Aġa ibn ʿAbdullāh unter vollständig korrekter Angabe seiner Ausgaben sich selbst vertretend fünf Jahre vor Eintrag an die Bescheinigungs-Ersuchende Emīne Ḫātūn Folgendes verkauft habe. Dieses umfasst seine sämtlichen 28 Anteile, wobei diese 28 Anteile von 768 Gesamtanteilen seien und diese ihm ebenso von seiner Ehefrau (Zalīhā Ḫātūn), Tochter von erwähntem Seyyid Ḫalīl Çelebi überlassen wurden. Ebenso hat er in Vormundschaft für seinen (minderjährigen) Sohn Meḥmed Folgendes verkauft: Dieses umfasst die gesamten Anteile seines erwähnten Sohnes, wobei dieses 42 Anteile von den erwähnten Gesamtanteilen ihm erbmäßig (von) erwähnter (Zalīhā) Hātūn überlassen wurden. Auch verkaufte er als Vormund und als Erbschaftsverwalter alle Anteile seiner beiden minderjährigen Töchter Zahra und Zeyneb (...). Dieses sind jeweils 21 Anteile von den erwähnten Gesamtanteilen, die ihnen beiden erwähnte Zalihā Ḫātūn überlassen hatte. Darüber hinaus wurde der Verkauf der Anteile der erwähnten Minderjährigen zur Notwendigkeit der Bestreitung ihrer Ausgaben gestattet. Dieses sind ihre sämtlichen erwähnten Anteile des gesamten Hauses, welches im (Viertel Zarrāḳa) liegt und das aus einer Kammer mit zwei gemauerten Steinbänken besteht, in welcher sich ein Ofen befindet, einem Gästezimmer mit Gewölbedecke, einem kleinem Haus, einer Küche, einem Brunnen, zwei kleinen Nähbedarf-(Läden) und einem Hof besteht. Im Süden grenzt es [an] einen Weg, im Osten [an] das Haus von Yūsuf eẕ-Ẕimmī ibn üs-Sıḳḳe, im Norden [an den Besitz] von Aḥmed ibn üz-Zengīn und im Westen an die Stiftung der el-Ḥāc-Ḳāsim-Moschee mit allen Grenzen. Der scheriatsrechtlich korrekte Verkauf und Kauf aller Einrichtungen und Rechte wurde (zum bezahlten Preis) zum erwähnten Zeitpunkt und zum entgegengenommenen und festgesetzten Wert von 75 Ġuruş (...) und unter klar eingehaltener Benachrichtigung durchgeführt. Eingetragen in der ersten Dekade des Monats des verehrten Şaʿbān im Jahre 1172.

ʿAbdüllaṭīf Efendi ibn Ṭalḥa Çelebi
Sein Sohn Niẓāmeddīn Efendi
Bekir Çelebi bin Seyyid Ḫalīl Çelebi
Aḥmed bin Aşnūn
ʿOs̱mān Çelebi bin Saʿīd ʿÖmer Çelebi
Sein Bruder Monlā İbrāhīm

247/18/a

(1) bizim içün Diyārbekir vālīsi es-Seyyid Nuʿmān Paşa ḥażretleri ṭarafından (2) gelēn buyuruldı-ı şerīf bu maḥalla ḳayd şüde. (3) Şerīʿat şiʿār Mārdīn ḳażısı efendi

zīde fażluhu ve ḳıdvet ül-emācid ve 'l-āʿyān voyvodası (...) (4) ve mefāḫir ül-emāṣil ve 'l-aḳrān [ve] sāʾir ahālīleri inhā olunur ki bir ay müddetden berü Dalāmān (... ...) (5) Āl Oṣmanıñ sulālesi[!][192] ḳarīn-i ʿuḳde teʾeḫḫür olmaḳdan nāşī ḥālā serīr-i edā-yı şevket ve tācd(ārī) (6) efzā-yı erīke-ʾi salṭānat ve baḫtiyār ḫurşīd-i şehr-i ḫilāfet ve aftāb-ı ʿālemtāb-ı evc-maʿadelet (7) ül-barreyn ve baḥreyn ḫādim ül-ḥarameyn üş-şerīfeyn şevketlü ḳudretlü kerāmetlü mehābetlü velī 'n-nuʿmām-(ız padışāh-ı) (8) ʿālim-penāh efendimiz ḥażretlerınıñ taḫt-ı ʿālībaḫt-ı şehriyārı üzere cülūs-ı hümāyūn meymenet(-meʾnūs) (9) ḫusrevāneleri vāḳiʿ olalıdan berü ufuḳ-ı iḳbāl-ı efzūn-ı salṭānat-ı senīyelerinden bir kevkeb-i fīr(ūz ve) (10) bir nevk-i ṭulūʿ ve irtifāʿ[!][193] ʿanh ʿuyūn-ı ʿālemīyan müteraḳḳab ve nigerān iken ṣümme inşāʾ-ı nā-muḫlaḳen āḫ(ter-ı) (11) maṭlaʿından nūr-ı ibdāʿ-ı sübḥānī sāṭıʿ ve aḫter-i mevhibe-ʾi ṣamedānī ṭāliʿ işbu biñ yüz (yetmiş iki senesi) (12) Receb şerīfiñ on beşinci gecesi ġonca-ʾı nū şükufte-ʾi ḥadīḳa-ʾı iḳbāl ve baḫtiyārı ṣemere-ʾi şüc(āʿ-ı) (13) iclāl ve tācdārı maẓhar üṭ-ṭāf rabb-i yezdān hibetullāh-ı sulṭān ʿalīye 'ş-şān ʿömrühā (Allāhü teʿālā ilā) (14) aḫır id-devrān cilve-i zīr-i mehd vücūd ve zīb-i efzā-yı şehvāra şühūd ve nümūd olub müj(de-ʾi ẓuhūr-ı) (15) meyāmin-i şūrīyla bil-cümle sākinīn-i vilāyet nāʾil-i şādmānı ve sürūr ve levāzim-i şehrāyīn ile (ḳarīn-i ziver) (16) nā-maḥṣūr oldığı ḥasebiyle işbu beşāret-i celīleniñ aḳṭār-ı memālik-i maḥrūseye tebşīri (...) (17) ibād Ullāh ḫāṣṣa-ı bāb-ı meserret ḳılınması lāzime-ʾi taḥdīṣ-i niʿmet bādı oldığı cihetden (tebşīr-i) (17) velādet-i duḫter sūr-ı aḫter-i maʿālī munīfeniñ ṭuluʿyı cümleye iʿlān ve işāʿat ve şādmānı (taḥdīṣ)[?] (18) olunmaları bābında ṣāḥib-i devlet ve keṣīr ül-mürüvvet devletlü ʿināyetlü velī 'n-naʿm efendi ḥażretleri(niñ) (19) ʿalīyeleri şerefrīz vürūd ėtmekle mūcibince divān-ı Āmidden işbu buyurıldı taḥrīr (ve ışdār) (20) ve____ileyh irsāl olunmuşdur in şāʾ Allāhü teʿālā vuṣūlunda gerekdir ki vech-i (meşrūḥ) (21) üzere ol bākūre-ʾi ḥadīḳa-ʾı salṭanetiñ imtidād-ı ʿömr ve devletiçün meşāyiḫ ve ʿulemā ve ṣuleḥā ve sā(ʾir ʿibād-ı) (22) ḫüdā mesācid ve maʿābidde edāyı levāzim-i duʿā ve taḳdīm-i merāsim-i ḥamd ve ṣenāya mübāderet o(lunub) (23) muʿtād-ı ḳadīm üzere yedi gün ve yedi gece esvāḳ ve ḳaṣabāt ve emṣār tezeyyün ve (cihetden) (24) ḳılāʿdan ṭop ve tüfenk şenlikleri ile icrā-yı muḳteżā-yı şehr-i āyīn ėtdirilü(b) (25) iẓhār-i meserret ve şādmānīye mübāderet olunub avḳ ve teʾḫīrden ve raḫāvet ve tekāsülden haẕer ve mücānebet ve mūcib-i buyuruldıyla ʿāmil olasız deyü
buyruldu fī 12 ş [Şaʿbān] sene 1172

---

192 selāsilesi
193 irtifā

247/18/a

Für uns wurde der seitens des ehrwürdigen Valis von Diyārbekir Seyyid Nuʿmān Paşa kommende ehrwürdige Buyuruldu an dieser Stelle eingetragen.
Durch die Scharia ausgezeichneter Kadi Efendi von Mardin – möge seine Tugend wachsen – und Vorbild der Mächtigen und Ehrwürdigen ihrem Voyvoda, Berühmtheiten der Vorbilder und Gleichgestellten wie auch den anderen Einwohnern sei kund: Nachdem sich (...) Dalāmān (...) wegen der Nachkommenschaft der Familie O̱smāns die bevorstehende Vereinbarung sich um einem Monat verschoben hatte und nachdem die Glück gewohnte imperiale Sitzung, Thron der Verleihung von Herrschaft, Mehrung des Throns der Herrschaft und des Glücks unseres imperialen, mächtigen, gnädigen Ehrfurcht erheischenden Herrschers des Glücks, seiner Exzellenz, (Padışāh), Zuflucht des Wissens, Diener der heiligen Stätten, Sonne des Monats der Nachfolge und weltbeleuchtenden Sonne, Höhepunkt der Gerechtigkeit zu Lande und zu Wasser, stattgefunden hat, und vom Horizont der Annäherung vermehrter imperialer Herrschaft ein siegreicher Stern, dessen Aufgehen und Erhöhung die Augen der Menschheit erhofft und erwartet hatten, später nach dem Aufgehen der Bildung eines neuen Sterns das aufkommende klare göttliche Licht und der aufgehende Stern eines göttlichen Geschenks in diesem Jahre 1(172) im Monat des 15. ehrwürdigen Receb, das neue Erblühen der Blumen im Garten von Glück und Wohlstand, Frucht der Tapferkeit des ruhmreichen Herrschers, Beispiel der Erscheinung, Herrscher der Gottverehrenden und Geschenk Gottes an den Sultan von erhabenem Ruhm – möge (Gott der Allmächtige) ihr Leben bis zum letzten Zeitpunkt andauern lassen – die Schönheit des Mutterleibs entstanden und Zierde zunehmender Herrscherfähigkeit offensichtlich und klar geworden ist und da die Bemühungen der (erwiesenen) Glücklichen des Rates zusammen mit sämtlichen Glück erzielenden Bewohnern der Provinz und die Notwendigkeiten der Illuminierung der Zeremonie und die (bevorstehenden Verschönerungen) unbegrenzt waren und das Verbreiten dieser großartigen Botschaft in die Regionen der beschützten Gebiete (...) die Diener Gottes mit dieser besonderen Angelegenheit zu erfreuen und die notwendige Botschaft der Erquickung offenkundig war, wurde, um die (Verbreitung der frohen Kunde) über die Geburt der Tochter, aufgehender Stern emporsteigender großartiger Dinge, allen (mitzuteilen), weil diese Mitteilungen von großer Beglückung sind und da seine wohlhabende Exzellenz der Großwesir, der überaus großzügige illustre tugendreiche Herrscher des Glücks eintrifft, entsprechend diesem dieser Buyuruldu von der Ratsversammlung von Āmid aufgezeichnet, herausgegeben und (entsendet). Sobald er – so Gott will – eintrifft, sollen wie (beschrieben) zur Verlängerung des Lebens der ersten Frucht des herrscherlichen

Gartens und des Staats die Weisen, Gelehrten und Aufrechten sowie weitere Gottesdiener die notwendigen Durchführungen zum Gebet wie auch zum Vornehmen von Zeremonien zum Lob und Anbetung in den Moscheen und Verehrungsorten schnellstens durchführen. Nach altem Brauch sollen 7 Tage und 7 Nächte zur Verschönerung der Märkte, Dörfer und Städte veranschlagt sowie von der Burg aus mit Kanonen und Gewehr zur Freudenbekundung die erforderlichen Durchführungen der Zeremonie zum Ausdruck der Freude und Erquickung durchgeführt werden. Man soll nicht verhindern und verzögern und dem Buyuruldu entsprechend Folge leisten.
Angeordnet am 12. Şaʿbān des Jahres 1172.

247/18/b

(1) عن ذكر ما هو انه اشترى محمد اغا و اخويه محمود و عبد القادر اولاد صالح كتخدا اغا بمالهم لنفسهم (على المبيع) (2) الآتى ذكره بطريق المثالثة بينهم من البائع منهم عبد الله چاويش بن جمعة چاويش فباعهم (بوكالة عن) (3) زوجته مدينة بنت مصطفى الثابت وكالة عنها بشهادة عبد الله افندى خطيب قلعة (ودزداراسحاق اغا) (4) ما هو لمؤكلة المزبورة و تحت تصرفها و منتقل اليها بطريق الشراء و ذلك جميع قطعة البستان (...) (5) المفروزة فى بستان عمر الهدم الواقعة فى وادى الصفا المحدودة قبلةً [ينتهى الى] بستان الرختوان [و] شرقاً (6) وشمالاً [الى] طريق و غرباً عين الصفا مع ربع ماء الفوقانى و ربع البنية و نصف ماء التحتانى فى (...) (7) بثمن مقبوض قدره خمسة و ثمانون غروشاً و الرضى من الطرفين تحريراً فى اوائل شهر شوال (المكرم سنة (...) (8) و سبعين و مائة و الف

(Erste Reihe von links nach rechts)

احمد (...) واعظ (...)
السيد عبد الرحيم افندى سر كتاب محكمة
ابنه سيد منلا يوسف خطيب زنجيرية
عبد الله افندى خطيب قلعة
اسحاق اغا دزدار
بكر بك بن سلمان بك
عبد القادر چلبى بن شيخموسى افندى
شيخموسى بك بن على بك
چوقدار محمود بن حاج شيخموسى

(Zweite Reihe von links nach rechts)

(اسمعيل) (...) احمد (...)
احمد بن صفى
قپى قرأن ولى چلبى
حاج يوسف بن سيد ابدآل
حاج على بن حاج شعبان
سيد محمد بن قرة حسن
(و غيرهم من الحضار)

247/18/b

Was den Sachverhalt anbetrifft, tätigte Meḥmed Aġa und seine beiden Brüder Maḥmūd und ʿAbdülḳādir, die Söhne von Ṣāliḥ Ketḫüda Aġa mit ihrem eigenen Geld den Kauf, wobei das erwähnte (Gekaufte) unter ihnen gedrittelt wird. Ihr Verkäufer ist ʿAbdullāh Çāvīş bin Cumʿa Çāvīş. Er verkaufte ihnen (in Vertretung) für seine Frau Medīne bint Muṣṭafā, wobei ihre Vertretung unter Zeugenschaft von ʿAbdullāh Efendi, Prediger von Ḳalʿa und dem (Wächter İsḥāk Aġa) bestätigt wurde, alles was seiner Mandantin gehörte, ihr zur Verfügung stand und ihr über den Weg des Kaufs überlassen wurde. Dieses ist der gesamte Abschnitt des unterteilten Gartens (...) des verfallenen Gartens von ʿÖmer, der im Ṣıfā-Tal liegt. Im Süden (grenzt er an) den Garten Riḫtvān, im Osten und im Norden [an] einen Weg und im Westen an die Ṣıfā-Quelle mit einem Viertel des Gewässers oberhalb, einem Viertel des Baus und die Hälfte des Gewässers unterhalb in (...). Der Verkauf erfolgte zum entgegengenommenen und festgesetzten Preis von 85 Ġuruş unter Zustimmung der beiden Parteien. Eingetragen in der ersten Dekade des Monats des (geehrten) Şevvāl im (Jahre) 117(...).

(Erste Reihe von links nach rechts)
Aḥmed, (...) Vāʿiẓ (...)
Seyyid ʿAbdürraḥīm Efendi, oberster Gerichtsschreiber
Sein Sohn Seyyid Monlā Yūsuf, Prediger der Zincīrīye
ʿAbdullāh Efendi, Prediger von Kalaʿ
İsḥāk Aġa, Wächter
Bekir Beg bin Süleymān Beg
ʿAbdülḳādir Çelebi bin Şeyḫmūsā Efendi
Şeyḫmūsā Beg bin ʿAlī Beg
Çukadar Maḥmūd bin Ḥāc Şeyḫmūsā
(Zweite Reihe von links nach rechts)
İsmaʿīl (...) Aḥmed (...)
Aḥmed bin Ṣafī
Ḳapı Ḳurʾān Velī Çelebi
Ḥāc Yūsuf bin Seyyid Abdāl
Ḥāc ʿAlī bin Ḥāc Şaʿbān
Seyyid Meḥmed bin Ḳara Ḥasan
und weitere Anwesende

247/18/c

(1) اشترى هوجة ايفيا ولد كسپار الصراف بماله من البائع منه مراد ولد مسعود فباعه الذى هو تحت تصرفه (الى حين صدور) (2) حذا البائع منه و ذلك جميع غرس العنب من قرب

قرية[!][194] المنصورية قبلةً [ينتهى الى] طريق [و] شرقاً [الى ملك] ياهو [و] شمالاً [الى ملك]
نعمى (ولد فتحوس) (3) و غرباً [الى ملك] جرجس ولد خذرثة بجملة الحدود بثمن مقبوض قدره
و نصابه اربعون غروشاً و الرضى من (الطرفين) (4) (...) صفر الخير سنة اثنى و سبعين و
مائة و الف
(...)
ابيه حاج عثمان خليفة زاده
منلا عثمان
السيد عمر افندى خطيب زنجيرية
على بن حاج بداغ
(السيد احمد) (... ...)
(... ...)

247/18/c

Hūca İfyā veled-i Kaspār eṣ-Ṣarrāf tätigte mit seinem eigenen Geld den Kauf. Sein Verkäufer war Murād veled-i Mesʿūd. Er verkaufte ihm, was ihm bis zum Zeitpunkt des Erlasses dieses Verkaufs zur Verfügung stand. Dieses von ihm Gekaufte umfasst die gesamte Weinstockpflanzung in der Nähe des Dorfes Manṣūrīye. Im Süden (grenzt sie an) einen Weg, im Osten [an den Besitz] von Yahū, im Norden an den Besitz von Naʿmī (veled-i Fatḥūs) und im Westen an den Besitz von Circis veled-i Ḫaẕraṣa mit allen Grenzen. Der Verkauf erfolgte zum entgegengenommenen und festgesetzten Preis von 40 Ġuruş unter Zustimmung der (beiden Parteien). (...) am glückbringenden Ṣafar im Jahre 1172.
(...)
Sein Vater Hāc ʿOs̱mān Ḫalīfezāde
Monlā ʿOs̱mān
Seyyid ʿÖmer Efendi, Prediger der Zincīrīye
ʿAlī bin Ḥāc Bidāġ
(Seyyid Aḥmed) (... ...)
(... ...)

247/18/f

(1) (ḥālā) Mārdīn voyvodası aġalarımızdan (2) (ʿOs̱mān Aġa) mūcibince ḫitābet ve imāmet-i meẕkūre merḳūm Süleymān Efendiye (3) (taʿyīn)[?] (olunmaġla) emr-i şerīf-i ʿālīşān vürūdına dek iḳāmet-i ṣalāt[!][195] ve cemʿ ve (...) (4) (icrā) (o)lunub şeʿāīr-i islāmīye icrā olunmaḳ buyuruldı
fī 12 ş [Şevvāl] sene 1172

194 قريت
195 ṣalvet

der cāmiʿ-i Süleymānīye Süleymān Efendi

ḫaṭīb	aḳçe	bi-yevmīye	4
ve			
imām	aḳçe	bi-yevmīye	2

(1) devletlü mürüvvetlü merḥametlü efendim Sulṭānīm ḥażretleri devlet ve iḳbāl birle saġ olsun (2) (binā'en) li-vechillāh Mārdīnde binā olınan cāmiʿ şerīfiñ āsār-ı şeʿāirine ve iḳāmet-i ṣalātına (3) (merḥamet) ve ʿinayet buyuruldur ise erbāb-ı istiḥḳaḳdan ziver-i ʿilim ve ṣalaḥīyet ile āräste (4) (behā-ı) fażl ve taḳvā ile pīrāste-i Süleyman Efendi duʿācileri maḥall-ı merḥamet ve şāyeste-i (5) (ʿāṭıfet ol)ub ḫidmet-i mezkūretine[!][196] kemāl-i mertebede[!][197] ḳābilīyeti oldığından ġayri cā(miʿ şerīfiñ) (6) (anda)n berü imāmet-i ḫidmetinde daḫī bulunub mülāzemetinde olmaġla merāḥim ʿalīyelerinden (7) (şöyle oldu)r ki dört aḳçe ḫiṭābet ve altı aḳçe imāmet ḫidmetiyle çirāġ ve fermān-ı ʿālīşān (8) (vürūdına) degin ḫidmet-i mezkūretinde[!][198] ḳıyām ve ṭaraf-ı aḫardan müdāḫele olunmamaḳ bābında (9) (ṣavb-ı) alīyelerinden ʿarżuḥāl çākeriniñ bālāsında buyuruldu-ı şerīf ıṣdār ve ʿināyet-i (10) (cezīl) ile me'cūr olunları bābında emr ve fermān-ı ṣulṭanımdir

247/18/f

Weil von einem unserer Herren des derzeitigen Voyvodas von Mardin, (ʿOṣmān Aġa) entsprechend für das erwähnte Amt des Predigers und des Imams erwähnter Süleymān Efendi ernannt wurde, ist es der Befehl, bis der ehrwürdige Fermān eintrifft, die Durchführung der Gebete, die Zusammenkünfte und (...) durchführen zu lassen und die islamischen Zeremonien weiter fortzuführen.
Am 12. [Şevvāl] des Jahres 1172.

In der Süleymānīye-Moschee Süleymān Efendi

Prediger	Aḳçe	täglich	4
und			
Imam	Aḳçe	täglich	2

Illustre, großzügige, barmherzige Exzellenz, mein Sultan Efendi – möge es ihr und ihrem Gedeihen wohl ergehen!

196 mezkūre tīne
197 mertebe
198 mezkūre tīnde

(Weil) nach dem Willen Gottes für die Tradition der Zeremonien und der Durchführung der Gebete der in Mardin erbauten ehrwürdigen Moschee (Barmherzigkeit) und Gnade angeordnet wurde und da von den verdienten Männern Süleyman Efendi mit der Zierde des Wissens und Kompetenz ausgestattet und mit (dem Geschenk) der Tugend und Gottesfurcht geziert ist und er für den Posten der Gnade und (des Wohlwollens) würdig ist und außerdem für den erwähnten Dienst gänzlich die Fähigkeit aufweist, soll er sich von nun an auch im Dienst des Imamats der ehrwürdigen Moschee befinden. Da er sich in einer Wartestellung *(mülāzemet)* befindet, sei vom hohen Gnadenerweis her (Folgendes) der Fall: Bis der edle Fermān (eintrifft), soll er mit 4 Aḳçe für das Amt des Predigers und mit 6 Aḳçe für das Amt des Imams Lehrender sein. Damit er seinen erwähnten Dienst ausübt und niemand von anderer Seite ihn daran hindert, ist es Befehl und Fermān von imperialer Seite, so wahr Du mein Sultan bist, dass obenstehender ehrwürdiger Buyuruldu zum Gesuch seines Dieners herausgegeben wird und sie mit (reichlich) Gnade entlohnt werden sollen.

247/19/b

(1) medīne-'i Mārdīn ḳażāsına tābiʿ Taḫūm ḳaryesi sükkānından Şeyḫ Maḥmūd bin Ḥāccī ʿAbdürraḥmān ve Şeyḫ ʿAbdullāh ibn Ḥāccī ʿAbdürra(ḥmān) (2) meclis-i şerʿ-i ḫaṭīr-i lāzim üt-tevḳīrde yine ḳarye-i mezbūre sükkānından ʿAlī bin Cumʿa kendi ṭarafından aṣāleten ve bundan aḳdem fevt (olan) (3) İbrāhīm bin ʿAbdülḳādir nām müteveffānıñ eytām-ı siġārı Meḥmed ve ʿOs̱mān ve ʿÖmer ve Ḥālīl üzerlerine li-ecl il-muḫā(ṣama lede 'ş-şerʿ) (4) il-enver vaṣī naṣb ve taʿyīn olunduḳdan ṣoñra üzerine daʿvā ve taḳrīr-i kelām eyleyüb mülk-i maḥżarımızda olma(ḳ üzere ḳarye-'i) (5) mez̠kūre ʿaḳārında vāḳiʿ ḳıbleten el-Ḥāc ʿAbdürraḥmān mülki ve şarḳen Ḥarābıḳ ve şimālen Şeyḫ Meḥmed mülki ve ġarben Şeyḫ Dāūd vaḳ(fı maḥdūd) (6) olan ṣulutarla on beş seneden berü taʾrīḫ-i kitābdan muḳaddem Taḫūm ḳaryesi sükkānından es-Seyyid Aḥmed bin ʿOs̱mān (nevbetini)[?] (7) iki yüz otuz ġuruşa ḫarīd-i mülk müşterāmız[!][199] olub tarla-'ı mez̠kūreniñ nevbeti ve ḥaḳḳ-ı şurb-ı māʾ (vsṭānd)[?] (...) (8) her yedi günde bir gün ki yevm-i s̱elas̱e baʿd el-ʿaṣır beynimizde maʿrūf olan Ḥāʾiṭ-i Rūmanī nām fecr-i (ibtidāʾ) (9) oldıġı vaḳtından intihā-yı fecre degin bu vech üzere on bir sene mutaṣarrıf olub baʿdehu taʾrīḫ-i mezbūrdan (soñra) (10) ʿAlī ve fevt olan amucası bizleri iġfāl ėdüb nevbet-i mez̠kūrede ḥiṣṣemiz ve ḥaḳḳ-ı şurbımız vārdır deyü (...) (11) olduḳdan nāşī bir daḫī şāyed nevbet-i mez̠būrede ḥaḳḳları varır deyü mülāḥaẓasıyla[!][200]ṣulḥ ʿanh

199 müşterām
200 mülāḥaẓasıyla

inkār-ı nevbet (...) (12) cidārı gölgesinden vaḳt-ı ʿişāya degin ber vech-i iştirāk ve vaḳt-ı ʿişādan ṭulūʿ-ı fecre degin bize ḫāṣṣaten (...) (13) geregi gibi kesb vuḳūf[!][201] ėdüb ve andan başḳa yedimizde olan mübāyaʿa ḥüccetine ıṭlāʿ-ı tāmm ėdüb ki ḫaṣm-ı mezbūr (ʿAlī ve) (14) amūcasınıñ bīvech min vücūh nevbet-i merḳūmede ḥaḳḳları yokdur bizlere ġadr-ı küllī oldığından mezbūrdan şerʿle su(ʾāl ve nevbet-i) (15) meẕkūre üzerine vāżıʿ ül-yed olmamaġa maṭlūbımızdır dėdiklerinde ġıbb es-suʾal ṣulḥ-ı meẕkūra iḳrār lākin[202] (...) (16) nevbetde ḥiṣṣeleri oldığı ḥays̱īyetle bizleri muṣālaḥa eylemişdir deyü defʿle cevāb vėrecek defʿine muṭābıḳ (üzere beyyine) (17) ṭaleb olunduḳda defʿ-i meşrūḥına[!][203] is̱bāta ḳādir olmadığından müddeʿīyān-ı mezbūrān basṭ eyledikleri daʿvālar(ına) (18) bir ḳıṭaʿ-ı fetvā-yı şerīfe ibrāz mażmūn-ı munīfesi ḳırāʾat olunduḳda

و على هذا لو ادعى على انسان مالاً (...) (19) ثم صالحه على مال فيبين انه لم يكن عليه المال
او ذلك الحق كان للمدعى عليه حق استرداد كل (المال)

(20) (...) ve muṣarraḥ olmaġın mūcibince māʾ-ı meẕkūruñ[!][204] üzerine vażʿ-ı yed ėtmemeye ḫaṣm-ı meẕkūra baʿd et-tenbīh-i müddeʿīyān (...) (21) mā hüve el-vāḳiʿ işbu ves̱īḳa biṭ-ṭaleb ketb ve taḥrīr olındı ḥurrire fī evāʾil-i şehr-i Ẕī 'l-ḳaʿde sene is̱nā ve sebaʿīn ve miʾe ve ʾelf

şuḥūd ül-ḥāl
Aḥmed (Efendi) (...)
ʿAbdullāh Efendi kātib-i fetvā
ʿAbdullāh Beg bin İsmāʿīl Aġa
Aḫīhi Maḥmūd Beg
es-Seyyid Meḥmed bin Ḳara Ḥasan
Bekir Şevke
ve ġayruhum min el-ḥużżār

247/19/b

Şeyḫ Maḥmūd bin Ḥāccī ʿAbdürraḥmān und Şeyḫ ʿAbdullāh ibn Ḥāccī ʿAbdürraḥmān, die aus dem im Gerichtssprengel von Mardin liegenden Dorf Taḥūm stammen, erhoben in der ehrwürdigen und Respekt erheischenden Gerichtsversammlung gegen jemanden namens ʿAlī bin Cumʿa, der sich selbst vertrat und der für die minderjährigen Waisen des kürzlich verstorbenen İbrāhīm bin ʿAbd-

201 vuḳūf kesb
202 lākin: Osmanische Schreibvariante des arabischen Wortes „lakin".
203 meşrūḥasına
204 meẕkūrun

ülḳādir, Meḥmed, ʿOs̱mān, ʿÖmer und Ḫālid wegen des Streits gemäß dem erleuchtenden Gesetz zum Vollstrecker nominiert und ernannt wurde und darüber aus den Reihen der Bewohner des erwähnten Dorfes stammt, Klage und behaupteten Folgendes: „Was unsere Eigentumsverhältnisse anbetrifft, haben wir (die Nutzungsrotation) des im Gebiet (von) erwähntem (Dorf) liegenden bewässerten Grundstücks, das im Süden bis zum Besitz von Ḥāc ʿAbdürraḥmān, im Osten bis zu Ḥarābıḳ, im Norden bis zum Besitz von Şeyḫ Meḥmed und im Westen bis zur (Stiftung) von Şeyḫ Dāūd (angrenzt), seit 15 Jahren vor Urkundendatierung von einem Einwohner des Dorfes Taḫūm, namens Seyyid Aḥmed bin ʿOs̱mān für 230 Ġuruş gekauft. Wir hatten die Nutzungsrotation des bewässerten Grundstückes, das bei uns unter dem Namen Ḥāʾiṭ-i Rūmanī bekannt ist, sowie das Wasserrecht (...) alle 7 Tage dienstags nachmittags vom (Anfang) bis zum Ende der Morgendämmerung auf diese Weise 11 Jahre lang inne. Danach hat nach erwähntem Zeitraum ʿAlī und sein verstorbener Onkel uns getäuscht, wobei diese behaupteten, dass sie einen Anteil und Wasserrecht besäßen, wir aber meinen, dass es wegen (...) möglicherweise Ansprüche auf eine weitere Nutzungsrotation des Grundstückes gebe. Als ein Vergleich hierzu mit ihm wegen des Bestreitens der Nutzungsrotation erwogen wurde, haben wir erfahren, dass wir (...) die Mauer wegen ihrer Beschattung bis zum Einbruch der Dunkelheit über eine Beteiligung[205] (nutzen können) und von Einbruch der Dunkelheit an bis zur Morgendämmerung (...) uns allein ausdrücklich (zusteht). Danach wurden wir durch den Kauf einer weiteren Abschrift vollständig darüber unterrichtet, dass erwähnter Gegner (ʿAlī und) sein Onkel keinerlei Ansprüche auf die erwähnte Nutzungsrotation haben. Weil er uns durch und durch getäuscht hat, fordern wir (eine) scheriatsrechtliche (Befragung) und dass ihm (die Nutzungsrotation) aberkannt wird." Auf die Fragestellung behauptete er *(der Beklagte)*, dass „ich den erwähnten Vergleich zugebe aber dass er mit uns wegen der Anteile an der (...) Nutzungsrotation einen Vergleich abgeschlossen hat". Als sie dies zurückwiesen und übereinstimmend hierzu (ein Beweis) gefordert wurde, sie aber nicht in der Lage waren, die beschriebene Zurückweisung zu untermauern, wurde, um dies den erwähnten Klägern ausführlich zu erklären, zu ihren Klagen ein Abschnitt des ehrwürdigen, erhabenen Grundton zeigenden Rechtsgutachtens vorgelesen: Wenn einer von jemandem Besitz beansprucht (...) und mit ihm später hinsichtlich des Besitzes einen Vergleich abschließt und dann erklärt, dass er keinen Besitz oder Ähnliches hat, liegt das Recht beim Beklagten. Bei ihm liegt das Recht, dennoch den gesamten (Besitz) zurückzugewinnen. Entsprechend der klaren Darstellung soll man hinsichtlich des erwähnten Wassers nach Anordnung an die beiden Kläger von

205 Möglicherweise auch im Sinne von Unterverpachtung.

erwähntem Gegner nichts beanspruchen (...).[206] Dieses Dokument wurde, was diesen Sachverhalt anbetrifft, auf Anforderung aufgezeichnet. Eingetragen in der ersten Dekade des Ẕī 'l-ḳaʿde des Jahres 1172.

Zeugen der Angelegenheit
Aḥmed (Efendi) (...)
ʿAbdullāh Efendi Fetvā-Schreiber
ʿAbdullāh Beg bin İsmāʿīl Aġa
Sein Bruder Maḥmūd Beg
Seyyid Meḥmed bin Ḳara Ḥasan
Bekir Şevke
und weitere Anwesende

247/19/c
ʿizzetmeʿab şeriʿat- nıṣāb es-Seyyid ʿAbdürraḥīm Efendi kamyāb
(1) baʿd et-taḥīye 'l-vāfīye inhā olunur ki iş bu sene is̱nā ve sebaʿīn ve ʾelf Ẕī 'l-ḳaʿde eş-şerīfeniñ[!][207] ġurresinden żabṭ ėtme(k üzere) (2) Āmid ḳażāsı mülḥaḳātından Mārdīn ḳażāsından ümūr-ı şerʿīyesiniñ ruʾyeti ṭarafımızdan size tefvīż ve sip(āriş olunmuşdur]) (3) gerekdir ki ḳażā-ʾı mezbūrı ġurre-ʾi merḳūmeden niyābeten żabṭ ėdüb beyn el-āhālī icrā-yı aḥkām-ı şe(rʿīye eyliyesiz) (4) cādde-ʾi şerʿ-i ḳavīmden inḥirāf eylemiyesiz ve ḳażā-ʾı mezbūrda vāḳiʿ mevtā ʿaskerīyeniñ muḫallef(āt taḥrīr) (5) ve beyn el-veres̱e bil-ferīża 'ş-şerʿīye tevzīʿ ve taḳsīm ėdüb ṭarīḳ-i iʿtidālıdan ʿudūldan (tevaḳḳī) (6) eyliyesiz ḥurrire fī tārīḫ il-mezbūr sene el-merḳūme
min el-ġafr Ḥ(asan el-mevlāḫilāfe)
bi-medīne-ʾi (Āmid el-maḥmīye)

247/19/c
Mittelpunkt der Ehre, dessen Würde auf der Scharia beruht, glücklicher ʿAbdürraḥīm Efendi! Nach zahlreichen Grüßen sei mitgeteilt, dass am ersten edlen Ẕī 'l-ḳaʿde dieses Jahres 1172 die Leitung der rechtlichen Angelegenheiten vom Gerichtssprengel von Mardin, der dem Gerichtssprengel von Āmid angegliedert ist, an Euch von uns übergeben wird. Es ist notwendig, dass Du erwähnten Gerichtssprengel ab dem erwähnten Ersten in Vertretung verwaltest. So sollst Du unter den Einwohnern die Gesetze der Scharia zur Ausführung bringen und nicht vom

206 Wegen zu vieler Lücken keine klare Übersetzung möglich.
207 şerīfe

Recht und vom Wege des korrekten Rechts abweichen und den in erwähntem Gerichtssprengel anfallenden Nachlass der verstorbenen ʿAskerī (verzeichnen) und unter den Erben das gesetzliche Erbteil verteilen und aufteilen. Ihr sollt Euch (hüten), vom Weg der Gerechtigkeit abzuweichen. Geschrieben zum erwähnten Zeitpunkt in erwähntem Jahr.
Möge Ḥasan, dem richterlichen Amtsinhaber, verziehen werden.
In der (wohlbehüteten) Stadt (Āmid).

247/19/e

(1) (اشترى) (...) ولد اباحد چنكرى چامى بماله لنفسه من البائع منه هوجة ايفيا الصرآف ولد كسپار (2) (المنتقل) اليه بطريق الشراء الشرعى و ذلك جميع غرس العينب الواقع فى قرب (قرية) (3) (المنصورية) المحدود قبلةً [ينتهى الى] طريق و شرقاً الى ملك ياهو و شمالاً [الى ملك] نعمى ولد فتحوس [و] غرباً [الى ملك] جرجس ولد خذرو بجملة (4) (الحدود بثمن) مقبوض قدره اربعون غروشاً و الرضى من الطرفين تحريراً فى اليوم العشرين من شهر ذى القعدة[!][208] (5) (سنة اثنى) و سبعين و مائة و الف
سعدى افندى بن الحاج محمد
شيخى زاده ابراهيم افندى
متصرف[!][209] زاده احمد اغا
هوجة اسكندر ولد هوجة يوصف
هوجة حنا ولد هوجة ابدال
هوجة يوصف الصراف
(...) ولد (...)

247/19/e

(...) veled-i Abāḥad Çankirī Çāmī (tätigte) mit seinem eigenen Geld den (Kauf). Sein Verkäufer war Hūca İfyā eṣ-Ṣarrāf veled-i Kaspār. Er verkaufte ihm, was ihm über den Weg des rechmäßigen Kaufs (überlassen) wurde. Dieses umfasst die gesamte Weinstockpflanzung, welche in der Nähe (des Dorfes) (Manṣūrīye) liegt, im Süden an einen Weg grenzt, im Osten an den Besitz von Yahū, im Norden an den Besitz von Naʿmī veled-i Fatḥūs und im Westen an den Besitz von Circis veled-i Ḫıżırū mit allen (Grenzen) angrenzt. Der Verkauf wurde zum entgegengenommenen und festgesetzten (Preis) von 40 Ġuruş unter Zustimmung der beiden Parteien durchgeführt. Eingetragen am 20. Tag des Monats Ẕī 'l-ḳaʿde im (Jahre) 117(2).

Saʿdī Efendi bin ül-Ḥāc Meḥmed
Şeyḫīzāde İbrāhīm Efendi

---

208 ذالقعدة
209 مصرف

Mutaṣarrıfzāde Aḥmed Aġa
Hūca İskander veled-i Hūca Yūsuf
Hūca Ḥanā veled-i Hūca Abdāl
Hūca Yūsraf eṣ-Ṣarrāf
(...) veled-i (...)

247/19/f

(1) (Āmid) maḥkemesiniñ baş kātibi ʿizzetmeʿab es-Seyyid ʿAbdullāh Efendi kāmyāb ġıbb et-taḥīye eṣ-ṣafīye inhā olunur ki (2) (Ā)mid mużāfātından Mārdīn ḳażāsında vāḳiʿ merḥūm Ḳāsim Padīşāh evḳāfınıñ tevlīyeti ḫaṭṭ-ı hümāyūn-ı şevketmaḳrūn ile (3) (muʿanven-i) berāt-ı ʿālīşān ile mutaṣarrıf olan silāḥşūr-ı şehriyārı ʿizzetlü İsmaʿīl Aġanıñ vaḳf-ı meẕbūra müteʿalliḳātiniç(ün) (4) (...) mezbūrede olan daʿāvī şerʿīyeleri ḫuṣemālarıyla rüʾyet ve feyṣal ve vaḳf-ı mezbūruñ taʿmīre muḥtāc müsaḳḳafā(t) (5) (...) (ve) sāʾir mālzemesin görmek içün bu ṭarafdan nāʾib taʿyīn ve irsālına ḥālā muḥāfıẓ-ı Baġdād ve Baṣra vezīri (6) (rūşen-i ża)-mīr-i āṣaf-naẓīr müşīr-i müşteri-tedbīr devletlü ʿināyetlü Süleymān Paşa ḥażretleriniñ mektūblarıyla sābıḳan (7) (Diyārbek)ir vālīsi vezīr-i mükerrem-i ẕīşān-ı aṣaf-nişān devletlü mürüvvetlü Seyyid Nuʿmān Paşa ḥażretlerinden (8) (...) olunmaġla bināʾen ʿaleyh ḫuṣūṣ-ı meẕkūre müteʿallaḳ daʿvā ve nizāʿları ve sāʾir keşf ve mālzemes(in) (9) (muḳteż)ā-yı şerʿ-i şerīf rüʾyet ve feyṣal vėrilmek içün ṭarafimizdan niyābeten size tefvīż ve sipāriş (10) (olunmuşdu)r gerekdir ki ḳażā-ʾı mezbūrda[!][210] meʾmūr oldıġıñız ḫuṣūṣ-ı meẕkūruñ rüʾyetine ber minvāl-ı (11) (muḥarrer niyā)beten ḳıyām ėdüb cādde-ʾi şerʿ-i ḳavīmden sermū-yı inḥirāfa ruḫṣat[!][211] ve cevāz göstermiyesin ḥurrire fī (12) ('l-yevm ül-ḫā)mis ʿaşr min şehr-i Ẕī 'l-ḳaʿde[!][212] şerīfe lil-sene iṣnā ve sebaʿīn ve miʾe ve ʾelf
min (il-ġafr) Ḥasan el-mevlāḫilāfe
bi-medīne-ʾi Āmid el-maḥmīye ḥāla

247/19/f

Glücklicher Haupt-Gerichtsschreiber Seyyid ʿAbdullāh Efendi, Mittelpunkt der Ehre! Nach klarem Gruß Folgendes mitgeteilt: Damit der sultanische imperiale Krieger İsmaʿīl Aġa, der das Amt des Mütevellī der Stiftungen des heimgegangenen Ḳāsim Padīşāh, die bei dem an Āmid angegliederten Gerichtssprengel von Mardin gelegen sind, mit einem mit imperialer und herrschaftlicher Zeichnung

---

210 mezbūrede
211 Ruḫsat
212 Ẕ-'l-ḳaʿde

(betitelten) erhabenen Privilegientitel innehat, für die angeschlossenen Dinge erwähnter Stiftung die (...) scheriatsrechtlichen Klagen und ihre Gegner prüfen und Entscheidungen treffen kann, sowie für die Reparatur von erwähnter Stiftung das notwendige Stiftungseinkommen (...) und weitere Notwendigkeiten vornehmen kann, wurde, um von hier aus einen Nā'ib zu ernennen und zu schicken, von uns Euch mittels Briefen von seiner Exzellenz, dem Wächter von Baġdād und Baṣra, Wesir von klarem Asaph-gleichendem Gewissen, Zeichengeber des Erwerbs von Voraussicht, illustrer, gnadenreicher Süleymān Paşa, (in denen steht), dass vom früheren Vali von Diyārbekir, dem gnadenreichen Wesir mit glorreichen klugen Maßnahmen, illustrer großzügiger Seyyid Nu'mān Paşa (...) wird, um demzufolge auf erwähnte Angelegenheit bezogene Klagen und die Rechtsstreitigkeiten sowie weitere Enthüllungen und deren Notwendigkeiten nach den Erfordernissen des ehrwürdigen Scheriatsrechts zu überprüfen und eine Entscheidung zu treffen, von unserer Seite das Amt des Nā'ibs an Euch übertragen und anvertraut. Es ist notwendig, dass Ihr, der Ihr in erwähntem Gerichtssprengel beauftragt seid, wie beschrieben die Prüfung von erwähnter Angelegenheit als Nā'ib fortsetzt. So sollst Du nicht erlauben und gestatten, dass auch nur um Haaresbreite abgewichen wird. Eingetragen am 15. des Monats des edlen Ẕī 'l-ḳa'de im Jahre 1172. Möge dem derzeitigen richterlichen Amtsinhaber Ḥasan in der beschützten Stadt Āmid verziehen werden. In der wohlbehüteten Stadt Āmid.

247/20/a

(1) medīne-'i Mārdīn ḳasabasına tābi' Taḫūm ḳaryesinden Şeyḫ Dāūd bin Şeyḫ Ḥasan kendi ṭarafından aṣ(āleten ve) (2) Mercem bint Şeyḫ Ḥasan el-merḳūm nām avreti ṭarafından Taḫūmlı Şeyḫ Meḥmed bin Şeyḫ 'Alī ve Ḳarīndelā(tlı Ḥuseyn) (3) bin Aḥmed nāmān kimesneleriñ şehādetleriyle vekāleten ve yine ḳarye-'i meẕkūre sükkānınd(an) (...) (4) bin Şeyḫ Ḥasan el-merḳūm nām kimesne yine kendi ṭarafından aṣāleten ve birāderzāde(ler) (5) Ḥasan ve Meḥmed ve 'Alī ibnā-'i 'Abdürraḥīm bin Şeyḫ Ḥasan el-mezbūr-ı nām siġār üzerl(erine vekāleten) (6) meclis-e şer'-i ḫaṭīr-i lāzim üt-tevfīḳīrde yine ḳarye-'i meẕkūre sükkānından bā'iṡ ül-kitāb (...) (7) eş-Şeyḫ Meḥmed bin üş-Şeyḫ İbrāhīm nām kimesne maḥżarında bil-aṣālet ve 'l-vekālet ve 'l-veṣāyeten ṭar(afından iḳrār-ı) (8) tāmm ve taḳrīr-i kelām eyleyüb bundan aḳdem müteveffiye olan ceddemiz 'Āīşe bint Mollā ('Abd) (...) (9) vefātıya[!][213] kendüden muḳaddem müteveffā-yı oğlu Şeyḫ İbrāhīm el-merḳūm nām müteveffānıñ Taḫūm ḳary(ede) (10) vāḳi' lede 'l-ahālī ve 'l-cirān ma'lūmāt ül-ḥudūd olan ṣulu baġçe ve ṭūlūh ve üz(erine) ('aḳarāt)[?] (11) ve cüz'i

213 müteveffiyeye

ve küllī metrūkāt ve muḫallefātından kendüye intiḳāl ėdüb südüs ḥiṣṣesinden p(ederimiz) (12) Ḥasan el-mezbūra iṣābet ėden ḥiṣṣesinden bizlere intiḳal ėdüb ḥiṣṣe-i irs̱īye-i şer'īye(si bundan) (13) aḳdem müteveffā olan pederimiz Şeyḫ Ḥasan el-mezbūruñ müteveffiye olan zevcesi Nefise bint Şey(ḫ) (Meḥmed)[?] (14) vefātıya[!][214] muḳaddemādan merḳūm Şeyḫ Meḥmediñ[!][215] pederi Şeyḫ İbrāhīm nām müteveffānıñ ter(ekesi) (15) olub ẕimmetinde mün'akid 'aleyh olan mehr-i mū'eccelinden ve yine merḳūm Şeyḫ İbrāhīmiñ (metrūkāt) (16) ve 'aḳārātından kendüye iṣābet ve intiḳāl ėden s̱emen-i ḥiṣṣe-i irs̱īyesinden bizlere iṣ(ābet) (17) ėden ḥiṣṣe-'i irs̱īyemizi da'vā ėtmek ṣadetde[!][216] oldıġımızda beynimizde müslimūn-ı muṣ(liḥūn tavassuṭ) (18) ėdüb eṣ-ṣulḥ seyyid ül-aḥkām feḥvāsinca ref'-i nizā' ve ḫıṣām olmaḳ üzere biz(lere) (...) (19) ġuruş aḳçe üzerine muṣālaḥa eylediklerinde bizler dāḫī aṣāleten ve vekāleten ve veṣāye(ten) (ṣulḥ-ı meẕkūrı)[?] (20) ḳabūl ve bedel-i ṣulḥ olan on beş ġuruş aḳçe merḳūm Şeyḫ Meḥmediñ yedinden (...) (21) ve mü'ekkele-'i mezbūre Meryem ve siġār-ı merḳūmūn içün temāmen ve kāmilen aḫẕ ve ḳabż ve ẕimmet(inde olan) (22) mezbūre ceddemiz 'Āīşeniñ südüs ḥiṣṣesi da'vāsından ve mezbūre Nefise nām müteveffiye(niñ mehr-i) (23) mü'ecceli ve s̱emen-i ḥiṣṣesi da'vāsından ve mīrās̱a müte'allıḳ 'āmmeten de'āvīden ibrā'-i 'āmm (ve ḳāṭı' ül-ḫıṣām) (24) ile ibrā' ve isḳāṭ-ı tāmm eyledik fīmāba'd ḫuṣūṣ-ı meẕkūrdan yaña merḳūm şeyḫ ile (vechen min el-vücūh) (25) ve sebeben min el-esbāb da'vā ve nizā' ve ḥaḳḳımız ḳalmadı dėdiklerinde muḳırrān-ı mezbūrānıñ (...) (26) cārī ve ṣādır olan iḳrār ve kelīmāt-ı meşrūḥelerin (el-muḳırr lahu) Şeyḫ el-mezbūr vicā(hen) (27) ve şifāhen taḥḳīḳ eyledikdensoñra ṣıḥḥat-ı ibrāya ḥükm birle mā hüve el-vāḳi' işbu ves̱(īka ketb) (28) ve terḳīm olındı ḥurrire fī 'l-yevm el-evvel min şehr-i Ẕī 'l-ḥicce eş-şerīfe sene is̱nā ve seba'īn ve (mi'e ve 'elf)

(Obere Reihe von links nach rechts)
es-Seyyid (...) Efendi bin 'Abd(...)
Monlā Muṣṭafā bin Ḳāsim Çelebi
Yūsuf Efendi ḫatīb ül-Zincīrīye
aḫihi İbrāhīm Efendi
Ḳāsim Çelebi bin ül-Ḥāc Ḥuseyn Ġatūkī
Şeyḫ Meḥmed bin Şeyḫ 'Alī Taḫūmlı
(Untere Reihe von rechts nach links)
Ḳarīndelātlı Ḥuseyn bin Aḥmed
Ḳancaḳ 'Alī bin 'Os̱mān
İbrāhīm bin Murteżā Ḳāsim Oġlu

---

214 müteveffiyeye
215 meḥmeden
216 ṣādetde

247/20/a

Şeyḫ Dāūd bin Şeyḫ Ḥasan, ein Bewohner des der Stadt Mardin angegliederten Dorfes Taḫūm, vertrat sich in eigener Sache und war Vertreter seiner Frau Mercem bint Şeyḫ Ḥasan, was zeugengemäß durch den aus Taḥūm stammenden Şeyḫ Meḥmed bin Şeyḫ ʿAlī und Ḳarīndelātlı (Ḥuseyn) bin Aḥmed bestätigt wurde. Ebenso vertrat sich der Bewohner von erwähntem Dorf (...), Sohn von erwähntem Şeyḫ Ḥasan, in eigener Sache, und übernahm die (Vertretung) der minderjährigen Söhne seines Bruders, Meḥmed und ʿAlī, die Söhne von ʿAbdürraḥīm, Sohn von erwähntem Şeyḫ Ḥasan. In Anwesenheit von Şeyḫ Meḥmed bin Şeyḫ İbrāhīm, einem der Bewohner erwähnten Dorfes, der der Beantragende der Urkunde ist, gaben sie darüber hinaus in eigener Sache, in Vertretung und als Erbschaftsverwalter in der ehrwürdigen und gehorsamheischenden Gerichtsversammlung eine vollständige Bestätigung und machten folgende Aussage: „Unsere vor einiger Zeit verstorbene Großmutter ʿĀīşe bint Mollā ʿAbd(...) hat kurz vor ihrem Tod ihrem *(inzwischen)* verstorbenen Sohn, erwähntem Şeyḫ İbrāhīm den laut Angehörigen und Nachbarn mit bekannten Grenzen im Dorf des Verstorbenen – Taḫūm – gelegenen bewässerten Garten, seine gesamte Länge und seine (Gebiete) sowie Teile oder sämtliche Hinterlassenschaften und Erbschaften überlassen. Ein Sechstel ihres Erbteils, welches an unseren Vater Şeyḫ Ḥasan entfiel, hinterließ er uns. Der gesetzliche Erbteil der Frau von unserem bereits erwähnten vor einiger Zeit verstorbenen Vater namens Şeyḫ Ḥasan, der verstorbenen Nefīse, Tochter von Şeyḫ (Meḥmed), war vor ihrem Tod der Nachlass des Vaters von erwähntem Şeyḫ Meḥmed, namens Şeyḫ İbrāhīm. Weil wir eine Klage auf den an uns entfallenden erblichen Anteil der bei Şeyḫ İbrāhīm befindlichen vertraglich beschlossenen aufgeschobenen Brautgabe und darüber hinaus den Wert seiner (Hinterlassenschaften) und Gebiete, die an ihn gingen und ihm überlassen wurden, veranlassten, wurde zwischen uns durch muslimische Mittelsmänner ein Vergleich geschaffen. Indem sie uns gemäß dem Vergleich, dem Besten der gerichtlichen Entscheidungen, zum Zwecke des Beilegens des Streits und Zanks entsprechend (...) Ġuruş Aḳçe zur Aussöhnung zahlten, wobei wir in eigener Sache, in Vertretung und als Nachlassverwalter (den erwähnten Vergleich) annahmen und die von erwähntem Şeyḫ Meḥmed kommende Vergleichssumme von 15 Ġuruş (...), für die erwähnte Mandantin Meryem und die erwähnten Minderjährigen (vollständig) an uns nahmen, ließen wir die Klage auf das Sechstel des Anteils unserer erwähnten Großmutter ʿĀīşe, das sich in seiner Obhut befindet, auf die aufgeschobene Brautgabe und den Wert ihres Anteils für erwähnte verstorbene Nefīse fallen und verzichteten auf jegliche erbbezogenen Klagen, beendeten den Streit und legten den Zwist bei. Von nun an strengen wir zu erwähnter Angelegenheit gegen erwähnten Şeyḫ in keiner Weise und aus keinem

Grund irgendeine Klage oder ein Rechtsstreit an, noch machen wir sonstige Ansprüche geltend". Indem sie dies bekundeten und nachdem die (...) der beiden Eingestehenden gültig waren und sie die beschriebenen Bekundungen und erklärten Worte dem eingestehenden Şeyḫ gegenüber von Angesicht zu Angesicht bestätigten, wurde, was den Sachverhalt anbetrifft, zur Korrektheit der Entlastung zusammen mit dem Urteil dieses Dokument geschrieben. Eingetragen am Ersten des Monats des edlen Ẕī 'l-ḥicce im Jahre 1172.
(Obere Reihe von links nach rechts)
Seyyid (...) Efendi bin ʿAbd(...)
Monlā Muṣṭafā bin Ḳāsim Çelebi
Yūsuf Efendi, Rezitator der Zincīrīye
Sein Bruder İbrāhīm Efendi
Ḳāsim Çelebi bin Ḥāc Ḥuseyn Ġatūkī
Şeyḫ Meḥmed bin Şeyḫ ʿAlī Taḫūmlı
(Untere Reihe von rechts nach links)
Ḳarīndelātlı Ḥuseyn bin Aḥmed
Ḳancaḳ ʿAlī bin ʿOs̱mān
İbrāhīm bin Murteżā Ḳāsim Oğlu

247/20/b
ʿizzetmeʿab fażīlet-kitāb es-Seyyid ʿAbdürraḥīm Efendi kāmyāb
(1) ġıbb et-taḥīye eṣ-ṣāfīye inhā olunur ki işbu sene s̱üls̱ ve sebaʿīn e miʾe ve ʾelf Muḥarremiñ[!][217] ġurresinden ż(abṭ) (2) ėtmek üzere Āmid ḳażāsı mülḥaḳātından Mārdīn ḳażāsınıñ ümūr-ı şerʿīyesi rüʾyeti meʾmūrīyetin(i) (...) (3) ṭarafımızdan kāmākān cenābiñiza tefvīż ve ibḳā olmuşdur gerekdir ki ḳażā-ʾı mezbūrı ġurre-ʾi merḳū(meden) (4) niyābeten żabṭ ėdüb beyn el-ahālī icrā-yı aḥkām-ı şerʿīye ėdüb cādde-ʾī şerʿ-i ḳavīmden (sermū-yı) (5) inḥirāfa cevāz göstermekden tevaḳḳī ve mücānebet eyliyesin ḥurrire fī 't-tārīḫ el-mezbūr lis-sene el-merḳūme
el ġafr (...)
el-mevlā(ḫilāfe) (bi-medīne-ʾi Āmid)

247/20/b
Mittelpunkt der Ehre, Tugend der Schriftenlehre, glücklicher ʿAbdürraḥīm Efendi! Nach zahlreichen Grüßen sei Folgendes mitgeteilt: In diesem Jahr 1173 ab dem Ersten des Monats Muḥarrem haben wir die Ernennung für die der durchzuführenden scheriatsrechtlichen Angelegenheiten (...) des an den Gerichtssprengel

217 Muḥarremī

von Āmid angeschlossenen Gerichtssprengel von Mardin, entsprechend dem wie es zuvor gehandhabt wurde, an Euch übertragen und anempfohlen. Es ist notwendig, dass Du erwähnten Gerichtssprengel ab erwähnten Ersten des Monats in Vertretung verwaltest und unter den Einwohnern die Gesetze der Scharia zur Ausführung bringst. So sollst Du nicht erlauben und gestatten und Vorsicht üben und Dich davor hüten, dass auch nur um Haaresbreite abgewichen wird. Geschrieben am erwähnten Datum in erwähntem Jahr. Möge (...) verziehen werden. Der richterliche Amtsinhaber von (Āmid).

247/20/c[218]

(...) (dö)şek	(...)	(...)	
ḳumāş döşek	ʿaded 1		
ve müsteʿamel yorġan	ʿaded 1	ḳıymet ġuruş 5	para 12
köhne döşek	ʿaded 1	ḳıymet	para 36
ḥammām ḫālısı	ʿaded 1	ḳıymet ġuruş 2	
orta[!][219] ḫālı köhne	ʿaded 1	ḳıymet ġuruş 2	para 1
(yo)rġan	ʿaded 1		
ve yasdıḳ	ʿaded 1	ḳıymet ġuruş 1	
ṣaḥan	ʿaded 4		
ve ṭās	ʿaded 4	ḳıymet ġuruş 2½	
ṣaġīr sīnī	ʿaded 1	ḳıymet ġuruş 1	para 10
ḳırḳ ibrīḳ	ʿaded 1		
ve leken	ʿaded 1	ḳıymet ġuruş 1	para 10
yarım leken	ʿaded 1	ḳıymet ġuruş 1	para 8
ḳurada[!][220] şamʿdān	ʿaded 1	ḳıymet ġuruş 6½	para 10
(...)			
ḳumāş sāde	ʿaded 1	ḳıymet ġuruş 1	para 10
ḫaṭāy ḳaftan	ʿaded 1	ḳıymet ġuruş 1	para 16
kebīr ḳazġan	ʿaded 1	ḳıymet ġuruş 6½	para 2
merdāne ḳavuḳ	ʿaded 1	ḳıymet	para 25
āyine	ʿaded 1	ḳıymet	para 8
(...) ayaġḳabı	ʿaded 1	ḳıymet	para 24
(şzbāb)[?] ʿanteri	ʿaded 1	ḳıymet ġuruş 4	para 6
kumaşʿanteri	ʿaded 1	ḳıymet ġuruş 2	
mūmī çit	ʿaded 1		
ve al boyama		ʿaded 1	ḳıymet para 10

218 Nachlassauflistung des Nachlasses von Ḥāc Meḥmed bin Seyyid Aḥmed. Text hierzu wurde bereits transliteriert und übersetzt. Vgl. Niemöller (2013), S. 49–50.

219 orṭa

220 ḳurada

durrātī ḳaftān	ʿaded 1	ḳıymet ġuruş 42½	para 80
(...)	ʿaded 1		
ve ḥamāylı[!][221]	ʿaded 1		
ve ḫalḫal	ʿaded 1	ḳıymet ġuruş 2½	
cām ṭās			
ve uşaḳ urubesi	ʿaded 1		
ve maḳrama	ʿaded 1		
ve uçḳur	ʿaded 1		
ve örtü	ʿaded 1	ḳıymet ġuruş 1	para 11
boġça			
ve boş sepet[!][222]	ʿaded 1	ḳıymet ġuruş 1	para 38
		ġuruş 46½	

	ġuruş	para
berā-yı dükkānīye ve delālīye ve ḥammālīye ve ḳahve		37
resmi ḳismet berā-yı efendi ḥażretleri[!][223]		60
ḳassām kātibine niyābet ve kitābet-i defter		20
Yūsuf Efendi ve muḫżır başı ve muḫżıra		25
		142
bi-ḥesāb	ġuruş 3½	para 1
lit-taḳsīm beyn el-vezne bil-ferīża 'ş-şerʿīye	ġuruş 43	

(ḥiṣṣe-ʾi uḫt)ı Saʿīde	ġuruş 14	(...)
ḥiṣṣe-ʾi uḫt Ruḳye (...)	ġuruş 14	aḳçe 40
ḥiṣṣe-ʾi ibn ʿamm ʿAlī 'ṣ-ṣaġīr	ġuruş 14	aḳçe 40
ḥiṣṣe-ʾi merḳūmeden ḫarc berā-yı ḥüccet-i veṣāye maʿ ḫuddāmīye	ġuruş 1	aḳçe 40
el-bāḳī	ġuruş 13	
vekīl-i merḳūm Ḥāc Aḥmede teslīm şüd		
ḥiṣṣe-ʾi merḳūmeden ḫarc berā-yı ḥüccet-i veṣāye maʿ ḫuddāmīye	ġuruş 1	aḳçe 40
el-bāḳī	ġuruş 13	
vaṣī-i merḳūm Monlā Ḫālide teslīm şüd		

247/20/c

(...) Decke	(...)	(...)	
Stoffmatratze	Anzahl 1		
und gebrauchte Steppdecke	Anzahl 1	Preis Ġuruş 5	Para 12

---

221 hamāylu

222 sebet

223 ḥażretlerine; die Direktiv-Form in Verbindung mit der Präposition berā-yı ist ein häufig auftretender Fehler, da berā-yı immer mit Nominativ kombiniert wird, da eine Ezafe-Verbindung.

Alte Matratze	Anzahl 1	Preis	Para 36
Hamām-Teppich	Anzahl 1	Preis Ġuruş 2	
Mittelgroßer alter Teppich	Anzahl 1	Preis Ġuruş 2	Para 1
Steppdecke	Anzahl 1		
und Polster	Anzahl 1	Preis Ġuruş 1	
Kupferschale	Anzahl 1		
und Tasse	Anzahl 4	Preis Ġuruş 2½	
Kleines rundes Sīnī[224]	Anzahl 1	Preis Ġuruş 1	Para 10
Kanne aus Damaskus-Stahl	Anzahl 1		
und Becken	Anzahl 1	Preis Ġuruş 1	Para 10
Halbes Becken	Anzahl 1	Preis Ġuruş 1	Para 8
Abgenutzter Kerzenhalter	Anzahl 1	Preis	Para 10
(...)			
Einfacher Stoff	Anzahl 1	Preis Ġuruş 1	Para 10
Kaftān aus Ḫaṭāy	Anzahl 1	Preis Ġuruş 1	Para 16
Großer Kessel	Anzahl 1	Preis Ġuruş 6½	Para 16
Männer-Ḳavuḳ[225]	Anzahl 1	Preis	Para 25
Spiegel	Anzahl 1	Preis	Para 8
(...) Schuh	Anzahl 1	Preis	Para 24
ʿAnteri[226](...)	Anzahl 1	Preis Ġuruş 4	Para 6
ʿAnteri-Stoff	Anzahl 1	Preis Ġuruş 2	
Gewachster Chintz	Anzahl 1		
und bemalter Griff	Anzahl 1	Preis	Para 10
Mit Perlen bestickter Kaftan	Anzahl 1	Preis Ġuruş 42½	Para 80
(...)	Anzahl 1		
und Schultergürtel	Anzahl 1		
und Armreif	Anzahl 1	Preis Ġuruş 2½	
Gläserne Tasse			
und Dienergewand	Anzahl 1		
und Tuch	Anzahl 1		
und Hosenband	Anzahl 1		
und Decke	Anzahl 1	Preis Ġuruş 1	Para 11
Bündel			
und leerer Korb	Anzahl 1	Preis Ġuruş 1	Para 38
		Ġuruş 46½	

	Ġuruş	Para
Für die Ladengebühr, die Ausrufergebühr, Beförderungsgebühr und Kaffee		37
Gebühren-Anteil für den Efendi		60

224 Tablett aus Kupfer oder Messing, das auf einen Dreifuß gesetzt wird.

225 Wattierte Kopfbedeckung.

226 Weste oder Robe in der ʿAnteri-Mode, d.h. innere Weste mit langen engen Ärmeln.

Für den Nachlassgerichtsschreiber, das Amt des abgeordneten Richters[227] und die Abschrift des Registers		20
Für Yūsuf Efendi, den Hauptladungsbeauftragten und den Ladungsbeauftragten		25
		142
Abgerechnet	Ġuruş 3½	Para 1
Zur Aufteilung unter Abwägung der gesetzlichen Aufteilung		Ġuruş 43
(...)	Ġuruş 14	

(Anteil für die Schwester) Saʿīde		
Anteil für die Schwester Ruḳye (...)	Ġuruş 14	Aḳçe 40
Anteil für den Sohn des Onkels väterlicherseits, den minderjährigen ʿAlī	Ġuruş 14	Aḳçe 40

Ausgaben für die Erbschaftsabschrift und Bediensteten-gebühr von erwähntem Anteil	Ġuruş 1	Aḳçe 40
Es verbleiben	Ġuruş 13	
Erwähntem Bevollmächtigten Ḥāc Aḥmed übergeben		
Ausgaben für die Erbschaftsabschrift und Bediensteten-gebühr von erwähntem Anteil	Ġuruş 1	Aḳçe 40
Es verbleiben	Ġuruş 13	
Es wurde erwähntem Vertreter Monlā Ḫālid übergeben.		

247/20/d

(ʿizzetmeʾa)b fażīlet-nıṣāb es-Seyyid ʿAbdürraḥīm Efendi kāmyāb
(1) (ġıbb et-)taḥīye el-vafīye inhā olunur ki işbu sene-i s̱ülüs̱ ve sebaʿīn ve miʾe ve ʾelf şehr-i Ṣafar ül-ḫayrıñ[!][228] ġurresinden (2) (Āmid)[?] ḳażāsı mülḥaḳātından Mārdīn ḳażāsınıñ ümūr-ı şerʿīyesiniñ rüʾyeti kemā fī 'l-evvel ṭarafımızdan (3) (size) tefvīż ve ibḳā olunmuşdur gerekdir ki ḳażā-ʾı mezbūrda kemākān niyābet-i ḫidmetinde ḳıyām (4) (ėdü)b icrā-yı aḥkām-ı şerʿīyede ihtimām ėdüb cādde-ʾi şerʿ-i ḳavīmden sermū-yı inḥirāfa cevāz göstermiyesin (5) (ve ḳaż)ā-ʾı mezbūrda vāḳiʿ mevtā-yı ʿaskerīyeniñ muḫallefātları taḥrīr ve beyn el-veres̱e tevzīʿ ve taḳsīm (6) (ėd)üb ṭarīḳ-i iʿtidāldan ʿudūldan tevaḳḳī ve mücānebet eyliyesin (8) ḥurrire fī 't-tārīḫ el-mezbūr lis-sene el-merḳūme (...)
Ḥasan el-mevlāḫilāfe bi-medīne-ʾi Āmid el-maḥmīye

227 niyābet
228 -ḫayr

247/20/d

Mittelpunkt der Ehre, dessen Würde auf dem Verdienst beruht, glücklicher ʿAbdürraḥīm Efendi! Nach zahlreichen Grüßen sei mitgeteilt In diesem Jahr 1173 am Ersten des Monats des glückbringenden Ṣafar ist die Leitung der scheriatsrechtlichen Angelegenheiten des an den Gerichtssprengel von Mardin angeschlossenen Gerichtssprengels von Āmid von uns an Euch wie es zuvor gehandhabt wurde, übertragen und anempfohlen worden. So ist es notwendig, dass in erwähntem Gerichtssprengel Du wie zuvor den Dienst des Nāʾibs weiterhin ausübst und bei der Ausübung der Gesetze der Scharia Sorgfalt walten lässt. So sollst Du nicht erlauben und gestatten, dass auch nur um Haaresbreite abgewichen wird. Des Weiteren sollst Du den in erwähntem Gerichtssprengel anfallenden Nachlass der verstorbenen ʿAskerī eintragen und unter den Erben verteilen und aufteilen. So sollst Du Dich hüten, vom Weg der Aufrichtigkeit abzuweichen. Aufgezeichnet zum erwähnten Zeitpunkt in erwähntem Jahr.
Ḥasan, richterlicher Amtsinhaber in der beschützten Stadt Āmid.

247/21/a

nişān-ı şerīf-i ʿālīşān-ı ḥükmü (oldur ki)
(1) memālik-i maḥrūsemde vāḳiʿ ehli ẕimmetden yahūd ve naṣarānıñ şerʿan rüʾūslarına mażrūb olan cizyelerin bey(t ül-māl-ı müslimīniñ) (2) emvāl-ı meşrūʿasından olmağla meẕheb-i ḥanefiye üzere āʿlā ve evsaṭ ve ednā iʿtibārıyla evrā(ḳ) (3) mūcibince küşād ve biñ yüz yetmiş üç senesi Muḥarrem el-ḥarāmıñ[!][229] ġurresinden tevzīʿine mübāderet olmaḳ (içün ḫaṭṭ-ı) (4) hümāyūn-ı şevketmaḳrūnum ṣādır olmağın bin yüz yetmiş üç senesine maḥsūb olmaḳ üzere (Bağdād vilāyetiñ) (5) ḳażalarında ve tevābıʿnda sākin ve <...> mütemekkin ve mürūr ve ʿubūr ėden ehl-i ẕimmet-i kefere (ve yahūd ve erāmine-ʾi) (6) ʿacem ṭāʾifeleriniñ[!][230] şerʿan üzerelerine edāsı lāzim gelēn bin yüz yetmiş üç senesi cizyeler(ini) (7) sene-ʾi mezbūre[!][231] Muḥarremiñ[!][232] ġurresinden mübāderet ėtmek üzere iki yüz otuz āʿlā ve biñ beşyüz (ṭoḳsan dört) (8) evsaṭ ve beşyüz yirmi ednā evrāḳı ki eṣnāf-ı s̱elās̱e iʿtibārıyla cemʿan ikibin üçyüz (ḳırḳ dört) (9) evrāḳ ile işbu dārende-ʾi mis̱āl-ı bīmis̱āl vācib ül-imtis̱āl-ı sulṭānī ve nümāyende-ʾi pur-ı lezm telezzü(z-i) (10) cihān bānī destūr-ı mükerrem müşīr-i müfaḫḫam niẓām-ül ʿālem ḥālā Bağdād vālīsi vezīrim Süleymān Paşa (edām) (11) iclāluhuya ber vech-i emānet derʿuḥde ve tefvīż olunub işbū berāt-ı ʿālışān-ı maʿdel(et-ʿunvānı) (12) vėrdüm ve

229 ḥarāmī
230 ṭāʾifeleriniñ
231 mezbūr
232 Muḥarremī

buyurdumki vezīr-i müşār ileyh ṭarafından cizyedār varub ġurre-ʾi māh-ı Muḥarrem el- ḥarām(dan) (ḥākim ül-vaḳt olan) (13) müvācehesinde mīrī mühüriyle memhūr cizye evrāḳı boġçasınıñ mühürlerīn ḳaṭʿ ve evrāḳda olan (mühürle) (14) taṭbīḳ oldunduḳdansoñra bir kiseye vażʿ ve vilāyet ḳāżīsi mühürleyüb dersaʿādetime (irsāl ve ḳażā-ʾı) (15) mezbūra tābiʿ her belde ve ḳaryede sākin ve mevcūd yėrlü ve yabancı ve mürūr ve ʿubūr ėden (ehl-i ẕimmet-i) (16) kefere ve yahūd [ve] erāmine-ʾi ʿacem ṭāʾifeleri[!][233] ve emred-i mürāhiḳ ḥükmine dāḫil olub şerʿan cizyeye müs(taḥaḳḳ olan) (17) ġulāmları geregi gibi taḳayyüd ve ihtimām ile tafaḥḥuṣ olunub bir ferdī ḫāric ve kāġıdsız (olmamaḳ şarṭıyla) (18) vech-i şerʿi üzere ahālīsi beyninde eṣnāf-ı s̱elās̱eniñ ḳanġi[!][234] ṣınıfdan ʿadd ve iʿtibār ol(unur ise) (19) ḫaṭṭ-ı ḥümāyūn-i şevketmaḳrūn ile vėrilen niẓām-ı cedīd mūcibince faḳīr muʿtemelinden ednā iʿ(tibārıyla) (20) bir zer-i maḥbūb ve vaṣaṭ ül-ḥāl olanlarından evsaṭ iʿtibārıyla iki zer-i maḥbūb ve ẓāhir ül-ġınā (müks̱ir olanlardan) (21) āʿlā iʿtibārıyla dört zer-i maḥbūb alunub zer-i maḥbūb tedārikinde ʿacız ve ʿusreti olanla(rdan zer-i maḥbūb) (22) ḥesābı üzere āʿlādan on bir ġuruş <zer-i maḥbūb ḥesābı üzere āʿlādan on bir> (ve evsaṭdan) (23) beş buçuḳ ġuruş ve ednādan iki buçuḳ ġuruş bir rubaʿ olmaḳ üzere ecnāṣ-ı nuḳūddan ne gūna aḳçe (götürürler ise) (24) ḫāliṣ ül-ʿayār ve tāmm ül-vezn olanları rāyic oldıġı vech üzere müdevver-ı cedīd-i İstanbūl altunı dör(tyüz) (...) (25) aḳçeye ve zer-i maḥbūb ile zincīrli Mıṣır altunı üçyüz otuzar aḳçeye ve ṭuġralı Mıṣır altunı üçyüz o(n beş) (26) ve ṭuġralı ṣaġ paranıñ her ḳırḳ ʿadedi bir ġuruş ḥesābıyla alunub cizyeleri[!][235] bu vechīle cibāyet ve taḥṣīl (ve şürūṭ-ı) (27) muḳarrere-ʾi mezkūre kemāl-ı ihtimām ve iʿtidāl üzere mürāʿāt olunub ḥaddı tecāvüz ve taʿaddī ile sebīl-i (sadāḳet ve ṭarīḳ-i) (28) istiḳāmetden ʿudūl ėdenlerin şerʿan müstaḥaḳḳ olduḳların cezāların[!][236] tertīb olunmaġla[!][237] ve ehl-i ẕimmet-i kefereniñ (her birine) (29) mīri mühüriyle memhūr eşkālıyla birer kāġıd vėrilüb ve ʿummāl-ı cizyeye[!][238] tevzīʿ eyledigi evrāḳıñ āʿlāsından (on iki ve evsaṭından) (30) ṭoḳuz ve ednāsından altı para maʿīşet ve bundan māʿadā her bir varaḳdan birer para cizye muḥasebecisi ve kātibler(ine ücret-i kitābet) (31) taʿyīn olunmaġla müctemiʿ olan māl-ı cizyeden ḥīn-i muḥāsebede deynlerine maḥsūb olub ve memālik-i maḥrūsemde vā(ḳīʿ olan) (32) ḳaryelerinde sākin-i ehl-i ẕimmetden (salāṭīn-i) iʿẓām ve vüzerāyı kirām ve mīr-i mīrān ve sāʾirleriniñ (ḫavāṣ) (33) ve voyvodalıḳlara dāḫil ve baʿż-ı esbāba bināʾen

233 ṭāʾifeleriniñ
234 ḳānġi
235 cizyeleriñ
236 cezāyaların
237 olunmaġīle
238 ʿimād-ı cizyeten

defterden ifrāz ve maḳtuʿ olanlar [gerek] ve batrīḳ ve (ḳasīs ve bir ṭarīḳ ile) (34) ellerine berāt alub tercümānlıḳ[!][239] ve müsellimlik ve muʿāfīyet iddiʿāsında olanlar bil-cümle refʿ ve mādemki ikti(sāba) (35) ḳādir olub iktisābdan māniʿ olur zemānda ve żarāret ve felc veyāḫūd eks̱er-i ʿāmında marīż (olmaḳ gibi) (36) aġdār-ı ṣaḥīḥesi olmıya sā'ir ehl-i ẕimmetden istis̱nā olunmayub cümlesinden vech-i şerʿī üzere (istiḥḳāḳlarına) (37) göre yed-i vāḥidden eṣnāf-i s̱elā s̱e iʿtibārıyla cizyeleri cibāyet ve cizyeye müstaḥaḳḳ olmıy(an)[!][240] (ṣabī ve ẓāhir) (38) ül-ġınā olmayub pīr u fānī ve ʿamel mānde olub bir vecihle kār u kesbe iḳtidārı olmıyanl(ardan ḫilāf-ı) (39) şerʿ-i şerīf cizye ṭaleb olunmıya ve ehl-i ẕimmetden āyende ve revende ve defʿaten edāya ḳudreti o(lanlarından) (40) māʿada ancaḳ faḳīr-i muʿtemelinden dört taḳsīṭ ile cemʿ ve taḥṣīl ėdüb lakin cizyedārlar (daḫī taḳsīṭ-i şürūṭıyla) (41) vaḳt ve zemānıyla ḫazīne-'i ʿāmireme teslīm eyliyeler ve māl-ı cizye naṣen ve ictihāden īcāb ė(den vāridāt-ı) (42) şerʿīyeden olub ehl-i ẕimmet suḳūṭ-ı cizyeyi müstelzim olur ġadrdan sālim iken (ẕil ve ṣıġār) (43) ile müstaḥaḳḳ olduḳları cizyelerin vėrmemek içün bīvech-i ġadr īrādına (...) (veyāḫūd) (44) bir ṭarīḳile ibā[241] ve bir yėrde iḫtifā' veyāḫūd āʿlāya müstaḥaḳḳ iken evsāṭ ve ev(sāṭa müstaḥaḳḳ) (45) iken ednā cizyesin vėrmegi taṣaddī ėderi olur ise cizye şerʿīyelerinde ibā[242] ve i(mtināʿ) (46) eyledikleri içün ol maḳūleleri rıḳbesi üzere mażrūb[!][243] olan cizyelerin (47) alındıḳdan soñra eşedd iḳāb ile īcāb ėden cezāların tertīb oluna ve ahālī-yi[!][244] (vilāyetden)

247/21/a (linke Seite)

(1) (baʿż-ı ẕī-)ḳudret kimesneleriñ[!][245] bāġ ve baġçe ve çiftlik ve degirmen ve mandıralarında çuban ve teroġlānı (2) (nāmıyla) ve sā'ir bahāne ile ehl-i ẕimmeti istiṣḥāb ve cizyelerin vėrdirmeyüb bu gūna ḥarekete cesāret (3) (ėdenler bā)'iṣ-i ḫiẕlān-ı ebed olub ʿuḳūbāt-ı şedīde ile muʿāḳḳab olacaḳların muḳarrer ve muḥaḳḳaḳ bilüb (4) (selāmet) ḥālları içün kemāl-ı intibāh üzere ḥareket eyliyeler ve cizyedārlar birbirleriniñ muḳāyeselerine (5) (dāḫil olmıyan)[246] reʿāyaya ḥīle ile ḫafīyeten evrāḳ gönderüb tevzīʿ olunduġı şerʿan s̱ābit olduḳda (6) (vėrdigi kā)ġıtlar gerü kendüye redd ve aḳçesi bit-temām taḥṣīl ve aṣıl cizyedārına teslīm ve

239 tercümānetlik
240 olmāyin
241 ībā
242 ībā
243 mażrūbe
244 ahāleten
245 kimesnelerin
246 Vermutlich fälschlicherweise olmaġın geschrieben.

taḥammüllerine göre (7) (evrāḳl)arı muḳāyesesine dāḫil olduḳları cizyedārlar ṭaraflarından[!][247] vėrdirilüb bir vecihle ta'allül (8) (ve muḫālefe)t ėtdirmiye ve ba'ż-ı re'āyā sākin oldıġı ḳaṣaba ve ḳurāsında mün'am ve mütemevvil ā'lāya (9) (veyāḫūd e)vsaṭa müteḥammal iken ā'lā ve evsaṭ cizyesin vėrmemek içün civārlarında vaḳ' aḫır ḳażā (10) (cizyedā)rlarından ḥīle ile evsāṭ veyāḫūd ednā kāġıd(ı) alub mīrīye ġadr ėtmek iḥtimālları olur ise (11) (ol āṣıl)larıñ[!][248] ahālısı beyninde mülk ve emlākına naẓar olunub eṣnāf-ı s̱elās̱eniñ ḳanġi[249] şınıfından (12) ('ad ve i'ti)bār olunur ise vech-i şer' üzere istiḥḳāḳlarına göre evrāḳları vėrilüb lakin (13) (bu bahāne) ile re'āya fuḳarāsına ġadr ve tecāvüz eylemiyeler ve her bir ehl-i ẕimmetiñ taḥammüllerine göre cizyeleri (14) (cibāyet) olunmaḳ muḳteżā iken ba'ż-ı maḥallāt ve ḳurānīñ ḳocabaşıları kendü cizyelerin taḫfīf (15) (içün ṭ)opdan evrāḳ alub re'āyaya istiḥḳāḳlarına göre tevzī' olunmayub mālī her ne ise beynlerinde (16) (ḥesāb) ve ḫilāf-ı şer'-i şerīf-i 'alā 's-sevīye tevzī' olunduġu sem'-i hümāyūnuma ilġā olunmaġla bu bid'at-ı (17) (kerīheyi) daḫī men' olunub her bir ehl-i ẕimmetiñ taḥammüllerine göre cizyedārlar yedinden evrāḳları (18) (alun)ub cizyeleri cibāyet oluna ḥāṣıl-ı kelām ḫilāf-ı şürūṭ-ı berāt bir-ferdī ḫāric (19) (ve kaġı)dsiz ḳalmamaḳ üzere 'ala vech-i şer'ī her biriniñ taḥammül ve istiḥḳāḳlarına [göre] evrāḳları vėrilüb (20) (ve cizye) şer'īyeleri cibāyet eyledikdensoñra ḳasaba ve ḳurā üzerlerine ṭopdan evrāḳ ṭarḥ (21) (ve tevzī' e)ylemekden ġāyet ül-ġāye iḥtirāz ve ictināb oluna ḫulāṣa-'ı kelām şürūṭ-ı berātdan (22) (ziyāde) bir aḳçe alındıġı ve ṭopdan evrāḳ ṭarḥ ve taḥmīl olunduġu ḫaberi alunur ise (23) (bi-lā-im)hāl bu gūna ḥarekete cesāret ėdenlerin cezāları tertīb olunacaġıñ muḳarrer bileler (24) (ve cib)āyetine me'mūr-ı 'āmiller cādde-'i ḥaḳḳdan 'udūl eylemeyüb kemāl-ı istiḳāmet ile (25) (ḥareket) ve ḫilāf-ı şürūṭ-ı berāt-ı 'ālīşān re'āya fuḳarāsından başḳa ma'īşet ve ẕaḫīre (26) (ve kātib)īye ve ṣarrāfīye ve ḳolçı aḳçesi nāmıyla bir ḥabbe ṭaleb eylemiyeler ve keẕālik ḳużāt ve nevvāb (27) (daḫī ḫarc-ı m)aḥkeme nāmıyla re'āyādan ve 'ummāl-ı cizyeden ḳalīl ve kes̱īr min ba'd nesne muṭālebe eylemiyeler (28) (gerekdi)r ki ḳāżīler ve cizyedārlar celb-i māl sevdāsıyla re'āyāya ẓülm ve ta'addī ėderler ise (29) (sırren) ve 'alenen tecessüs ve tafaḥḥuş olunub izdiyād aldıḳları ẓāhir olur ise ḳayd ve bend ile (30) (astān)e-'i sa'ādetime iḥżār ve şer'an muḥkem ḥaḳḳlarından gelenür[250] aña göre işbu berāt-ı 'ālīşānıñ (31) (şürūṭı) mürā'at olunub ḳāżīlar ve voyvodalar ve ḳurā żābiṭleri ve

247 ṭaraflarından
248 āṣılların
249 ḳānġi
250 „muḥkem ḥaḳḳlarından gelmek" ist hier wohl eher als vage Strafandrohung zu verstehen, die mit Bastonaden verbunden sind, vgl. Majer, Hans Georg: „Über Urkundenfälschung im Osmanischen Reich", in: *Living in the Ottoman Ecumenical Community: Essays in Honour of Suraiya Faroqhi*, hrsg. von Markus Koller und Vera Constantini, Leiden 2008, S. 45–70.

sā'ir sākin-i vilāyet (32) (bil-ittifā)ḳ cizye cibāyeti ḫuṣūṣunda cizyedārlarına i'ānet ve muḫālefet ėderi olur ise (33) (ḥaḳḳların)dan gelenmek üzere isim ve resimleriyle dersa'ādetime 'arż ve i'lām eyliyeler ve herbir (34) (neferiñ) cizye mālını edā eyledigini ma'lūm olmaḳ içün cizyedārlar başḳa defter dönüb ḳaṣabada (35) (olanlar)ı maḥallesiyle ve ḳurāda olanları ḳaryesiyle ve mürūr ve 'ubūr ėdenleri isim ve resimleriyle (36) ('alā 'l-es)āmī defter ve cizye muḥāsebesi ḳalemine teslīm eylemek üzere der-i devlet-medārıma götüreler ve cizye(dārlar) (37) (me')mūr oldıġı ḳażā ve nevāḥīye tevzī' eyledigi evrāḳı min ba'd ḳolçılar mühürlmeyüb (38) (ve işkā)lsiz kāġıd vėrmeyüb ḥīn-i iḳtiżāda def'-i iştibāh içün taṭbīḳ olunduḳda (39) (muṭābıḳ) olmaḳ üzere ḳaleminde hıfẓ olınan mühürleriyle mühürliyeler ve işbu berāt-ı 'ālīşānımda (40) (ta'yīn) ve taṣrīḥ olınan şurūt ve ḳuyūduñ tenfīẕ ve icrāsına herbirleri geregi gibi ihtimām eyleyüb (41) (ḫilāfiyl)a vaż' u ḥareketden bi-ġāyet iḥtirāz eyliyeler şöyle bileler 'alāmet-i şerīfim i'timād (42) (ḳılalar) taḥrīren fī 'l-yevm es-sāmin 'aşr min şehr-i Ẕī 'l-ḥicce sene iṯnā ve seba'īn ve mi'e ve 'elf
bi-maḳām-ı Ḳosṭanṭinīye 'l-maḥrūse

247/21/a

Das Urteil des ehrwürdigen, imperialen Zeichens ist Folgendes:
Weil die gesetzlich pro Kopf veranschlagte Cizye-Steuer von den in meinem Gebiet lebenden Juden und Christen legales Eigentum des Schatzamtes der Muslime ist und um gemäß der hanafitischen Lehre gemäß der Einstufung der Kopfsteuerscheine für die hohe, mittlere und niedrige Steuerklasse ab dem Ersten des Monats des geheiligten Muḥarrem im Jahre 1173 die Verteilung zu beginnen, soll, weil mein herrschaftliches und imperiales Zeichen eröffnet ist, gerechnet bis zum Jahre 1173 in den Gerichtssprengeln und abhängigen Gebieten (der Provinz Baġdād) die für die wohnenden und ansässigen, sowie die umherziehenden Angehörigen ungläubiger Zimmis, (Juden) und Gruppen persischer (Armenier) laut Scheriatsrecht fällige Abgabe ihrer Cizye-Steuer für das Jahr 1173 ab dem Ersten des Monats Muḥarrem des erwähnten Jahres begonnen werden. Hierzu werden 230 hohe, 15(94) mittlere und 520 niedrige Kopfsteuerscheine die insgesamt in Anbetracht der 3 Zünfte 23(44) Kopfsteuerscheine ausmachen, dem Besitzer sultanischen beispiellosen Beispiels, dem man unbedingt gehorchen muss, voll von dauerhafter herrscherlicher Erquickung, ehrwürdiger Ratgeber, hochgeachteter Befehlshaber, Richtschnur der Welt, Vali von Baġdād, mein Wesir Süleymān Paşa, möge seine Größe andauern, als Steuerbeauftragten überantwortet und übertragen. Ich erteile diesen gerechten und ehrwürdigen Berāt und ordne Folgendes an: Es soll ein seitens erwähnten Wesirs ernannter Steuereintreiber kommen und nachdem er ab dem Monat des geheiligten Muḥarrem im Beisein (des derzeitigen

Herrschers) das mit dem Mīrī-Stempel versehene Siegel des Bündels Cizye-Scheine gebrochen und mit dem Stempel auf den Scheinen verglichen hat, soll er es in einen Beutel tun und der Kadi der Provinz soll es versiegeln und an meine Hohe Pforte (schicken). Die zu erwähntem (Gerichtssprengel) gehörenden Angehörigen der in jeder Stadt und in jedem Dorf wohnenden und ansässigen, Einheimischen und Fremden, sowie der umherziehenden (Angehörigen) ungläubiger (Zimmis), Juden und Gruppen persischer Armenier sowie Jugendliche sind in diese Anordnung miteingeschlossen und die scheriatsrechtlich zur Cizye-Steuer verpflichteten Knaben sollen genau mit Vorsicht und Umsicht überprüft werden. (Damit) keine Person ohne Schein ist und zu welchem Stand der drei Stände auch immer dann scheriatsrechtlich die Angehörigen gerechnet und eingeschätzt werden, soll entsprechend der neuen Ordnung die mit imperialer und herrschaftlicher Zeichnung erteilt wurde, von der Gruppe der armen Bediensteten hinsichtlich der niedrigen eine Goldmünze, von den mittelgut gestellten hinsichtlich der mittleren zwei Goldmünzen und (von denjenigen der) offensichtlich Reichen hinsichtlich der hohen 4 Goldmünzen genommen werden. Bei denjenigen, die nicht in der Lage sind, diese zu bezahlen und sich in Schwierigkeiten befinden, sollen entsprechend der Goldmünzenberechnung von der hohen 11 Ġuruş, (von der mittleren) 5½ Ġuruş und von der niedrigen 2¾ Ġuruş genommen werden. Welche Art von Aḳçe (sie auch bringen), soll gemäß vollem Gewicht und vollem Kurs nach dem neuen Kurs für den İstanbūl Altunı mit je (440)[?] Aḳçe und einer Goldmünze, für den Zincīrli Mısır Altunı mit je 330 Aḳçe, sowie für den mit der Ṭuġra geprägten Mısır Altun mit je 31(5) Aḳçe sowie für weiteres mit der Ṭuġra geprägtes vertrauenswürdiges Geld mit je 40 Stück ein Ġuruş berechnet genommen werden. Damit auf diese Weise die Cizye-Steuer der Steuererhebung entspricht, sollen die erwähnten festgelegten (Bedingungen) mit umfassender Umsicht und vollständiger Ausgewogenheit eingehalten werden. Gleichzeitig sollen diejenigen, die Überschreitungsgrenzen übertreten und von der Beibehaltung des geduldigen Wegs abweichen, es scheriatsrechtlich verdienen, mit Strafen belegt zu werden. Es soll jedem der Angehörigen der ungläubigen Zimmis ein mit dem Stempel der Mīrī-Steuer und mit einer Aussehensbeschreibung versehener Schein gegeben werden, und für die Durchführenden der Cizye-Steuer von den zu verteilenden Scheinen von der besten Verdienstgruppe (12, von den mittleren) 9 Para und von der niedrigen 6 Para als Lebensunterhalt bleiben, darüber hinaus für jeden Schein zu je einem Para für den Cizye-Abrechner und für ihre Schreiber eine Schreibergebühr festgelegt und vom zusammengesammelten Cizye-Geld zum Zeitpunkt der Abrechnung als ihre Schulden abgerechnet werden. Abgesehen von den in den Dörfern meiner beschützten Herrschaftsgebiete wohnenden Zimmis sollen die (Domänen) und Voyvodalıḳs der großen (Herrscher), illustren

Wesire, Provinzgouverneure und Weiterer mit enthalten sein. Diejenigen, die angeben Übersetzungsdienst auszuüben, steuerbefreit oder entschuldigt zu sein, wobei sie wie diejenigen, die aus begründeter Sachlage steuerbefreit sind, wie beispielsweise Mönche, Patriarchen oder Priester, irgendwie den Privilegientitel besitzen, sollen vollständig ausgeklammert werden. Solange sie aber in der Lage sind, Gewinn abzuwerfen, soll ihnen Gewinn untersagt werden. Sie sollen nicht Jahreszeit, Blindheit, Lähmung oder die meisten Jahre krank gewesen zu sein angeben, wenn es keine echte Bedrückung war und sollen nicht zu den anderen Angehörigen der Zimmis eine Ausnahme bilden. Von ihren Gruppen soll scheriatsrechtlich entsprechend (ihrer Einstufung) aus einer Hand kommend die Cizye-Steuer der drei Stände der Steuererhebung entsprechen. Man soll nicht die fällige Cizye-Steuer (entgegen) dem ehrwürdigen Gesetz von (Knaben) oder Personen, die offensichtlich nicht reich sind oder einem alten Mann oder Leuten, die arbeitsunfähig und irgendwie nicht in der Lage sind, Verdienst zu erwirtschaften, verlangen. Abgesehen von den Zimmis, die umherziehen und denjenigen, die zu einer einmaligen Zahlung in der Lage sind, soll man dennoch von den armen Bediensteten mit 4 Ratenzahlungen die Cizye-Steuer einsammeln. Denn die Steuereintreiber sollen auch (unter Ratenzahlungsvereinbarungen) zeitig an meine herrschaftliche Schatzkammer die Cizye-Steuer übergeben, denn die Cizye-Steuer gehört zu den eifrig bestrebten rechtmäßigen Einnahmen. Wenn die Angehörigen der Zimmis einen Wegfalls der Cizye-Steuer benötigen und um zusammen mit den vor Bedrückung geschützten Personen, die niedrigen Ranges oder minderjährig sind, ihre fällig werdende Cizye-Steuer nicht zu bezahlen, es wagen, durch unrechtmäßige Bedrückung ihre Einkünfte (...) (oder) auf irgendeine Weise verweigern anzugeben oder es irgendwo zu verbergen oder wenn sie in die höhere Cizye-Klasse eingestuft worden sind, die mittlere oder wenn sie in die mittlere Cizye-Klasse (eingestuft) worden sind, die niedrige Cizye-Steuer zu bezahlen, soll man, damit sie nicht ihre scheriatsrechtliche Cizye-Steuer verweigern, nachdem man die veranschlagte Cizye-Steuer in Erwartung solch verachtenswerter Dinge genommen hat, sie mit schärfster Bestrafung belangen. Wenn einige zahlungskräftige Personen von den Einwohnern der Provinz, die bei ihren Rebbergen, Gärten und Höfen, Mühlen und Milchhöfen Angehörige der Zimmis unter der Bezeichnung Schäfer oder Handlanger und anderen Vorwänden anstellen und ihre Cizyesteuer nicht geben und es auf diese Weise wagen, diese Art von Verhalten an den Tag zu legen, soll Grund für ewige Hilflosigkeit sein. Es versteht sich als zweifelsfrei und beschlossen, dass sie mit schweren Bestrafungen gemaßregelt werden. Damit sie sich sicher währen können, sollen sie umfassende Vorsicht walten lassen. Wenn gerichtlich festgestellt ist, dass die Steuereintreiber

Untertanen, die nicht in ihrem Abgleich enthalten sind, mit einer List[251] Scheine geben, sollen die abgegebenen Scheine ihnen *(den Untertanen)* wieder zurückgegeben, die Akçe vollständig eingesammelt und dem eigentlich zuständigen Steuereintreiber übergeben werden. Gleichzeitig sollen sie *(die Untertanen)* sich von den Steuereintreibern entsprechend ihrer Steuerbelastung die in ihrem Abgleich mit einbezogenen Scheine zurückgeben lassen. Sie sollen nicht auf irgendeine Weise Ausflüchte finden oder widersprechen.[252] Wenn einige der in Kleinstädten und Dörfern wohnenden Untertanen, die finanziell gut gestellt und reich sind und die mit der hohen (oder) mittleren belastet sind, versuchen, um ihre Cizye-Steuer nicht zu bezahlen, von Steuereintreibern eines anderen Gerichtssprengels ihrer Umgebung mit einer List Scheine für die mittlere oder untere Steuerklasse zu nehmen und die Vermutung besteht, die Mīrī-Steuer zu fälschen, soll unter den Angehörigen dieser Familien ihr Eigentum und ihre Güter überprüft werden und wenn gerechnet und eingeschätzt wird, zu welcher Klasse sie gehören, sollen angesichts des Scheriatsrechts entsprechend ihrem Verdienst die Scheine herausgegeben werden. Denn sie sollen mit (diesem Vorwand) die Armen der Untertanen nicht täuschen und übervorteilen. Weil meinem großherrlichen Gehör zu Ohren gekommen, dass, um den Dorfältesten in manchen Gegenden und Dörfern die Cizye-Steuer zu vereinfachen, in Einem zusammengewürfelte Scheine genommen und nicht entsprechend der Steuerbemessung verteilt wurden, sondern egal um welche Einkünfte es sich handelte, unter ihnen die Abrechnung entgegen dem ehrwürdigen Scheriatsrecht auf gleichem Niveau vorgenommen wurde, wobei die Steuererhebung der Cizye-Steuern jedes Untertanen gemäß seiner Einstufung erforderlich ist, gilt diese (verachtungswürdige) Neuerung ebenso als verboten. Jeder einzelne Angehörige der Zimmis soll aus Händen der Steuereintreiber entsprechend ihrer Belastung die Scheine erhalten und seine Cizye-Steuer soll der Steuererhebung entsprechen. Damit kurz gesagt – entgegen den Bedingungen des Berāts kein Einziger mehr ohne Schein ist, sollen entsprechend dem Gesetz hinsichtlich ihrer Belastung und Steuerbemessung die Scheine gegeben werden. Nachdem die scheriatsrechtliche Cizye-Steuer erhoben worden ist, soll man besonders Acht geben und sich davon fernhalten, hinsichtlich Städten und Dörfern in Einem zusammengewürfelte Scheine bereitzustellen und zu verteilen. Kurz gesagt, wenn entgegen den Bedingungen des Berāts die Nachricht gemeldet wird, dass nur ein kleinster zusätzlicher Akçe genommen wird und in Einem zusammengewürfelt die Scheine bereitgestellt und verteilt werden, sollen sie wissen, dass beschlossen ist, dass für diejenigen,

251 Vermutlich gefälschte Scheine.
252 Eine Methode der Legalisierung unter Vermeidung einer Doppelbelastung der Untertanen.

die es wagen, dieses Verhalten weiterhin an den Tag zu legen, unverzüglich Strafen auferlegt werden. Die für die Erhaltung des Rechts und die für die Steuereintreibung beauftragten Verwaltungsbeamten sollen vom Weg des Rechts nicht abweichen. Mit vollständiger Beharrlichkeit sollen sie fortfahren und nicht entgegen den Bedingungen des hohen Berāts von den armen Untertanen einen wieteren Unterhalt oder auch nur ein Körnchen mit Bezeichnungen wie Vorrats-, Gerichtsschreiber-, Geldwechsel- oder Wachtposten-Aḳçe fordern. Auch sollen die Kadis und Nā'ibs ebenso nicht von den Untertanen und von Durchführenden der Cizye-Steuer danach Dinge mit Namen wie Gerichtsausgaben – sei es wenig oder viel – verlangen. Es ist notwendig, dass, wenn die Richter und Steuereintreiber mit ihrem Streben nach Auftreiben von Geldern den Untertanen Unrecht und Unterdrückung zumuten, dieses geheim und öffentlich untersucht und geprüft wird. Wenn die erhöhte Gelder Eintreibenden bekannt werden, sollen sie registriert und gefesselt zu meiner Hohen Pforte einbestellt und in Übereinstimmung mit der Scharia streng verurteilt werden. Dementsprechend sollen sie die Bedingungen dieses ehrwürdigen Berāts respektieren. Wenn die Richter, Voyvodas und Anführer der Dörfer und andere Einwohner des Dorfes hinsichtlich der Erhebung der Cizye-Steuer im Einverständnis den Steuereintreibern helfen und somit widersprechen, sollen sie zur ihrer Bestrafung mit Namen und Aussehensbeschreibung in meine Hohe Pforte einbestellt und bekannt gemacht werden. Damit bekannt ist, was die jeweilige Person an Cizye-Steuer zu zahlen hat, sollen die Steuereintreiber ein weiteres Protokoll in Umlauf bringen. Indem sämtliche in der Stadt Befindlichen mit ihrem Viertel und die in den Dörfern Befindlichen mit ihrem Dorf sowie die Umherziehenden mit Namen und Aussehensbeschreibung namentlich eingetragen werden und die Cizye-Aufstellung dem Amt übergeben wird, sollen sie es an die Pforte meines helfenden Staates bringen. Die Steuereintreiber sollen nicht die in dem angeordneten Gerichtssprengel und in den Unterbezirken zu verteilenden Scheine im Nachhinein durch Wachposten abstempeln lassen und Scheine ohne Aussehensbeschreibung verteilen. So sollen sie bei Notwendigkeit zur Zweifelbeseitigung wenn sie verglichen werden, zur Übereinstimmung mit den Stempeln, die in seinem Amt aufbewahrt werden, abgestempelt werden. Sie sollen alle die in meinen ehrwürdigen Berāt angekündigten und klar ausgesprochenen Ausführungen der Bedingungen und Eintragungen genau beachten, nicht wider dem Benehmen widersprechen und sich äußerst in Acht nehmen. So sollen sie Solches wissen und mein großherrliches Zeichen befolgen. Aufgezeichnet am 2. Tag des Monats Ẕī 'l-ḥicce im Jahr 1172.
In der beschützten Stadt Ḳosṭanṭinīye.

247/22/a

(1) destūr-ı mükerrem müşīr-i müfaḫḫam niẓām ül-ʿālem müdebbir-i ümūr ül-cumhūr bil-fikri 's-ṣāḳib mümehhid-i bünyān üd-devlet ve 'l-i(ḳbāl müşeyyid-i erkān) (2) üs-saʿādet ve 'l-iclāl el-maḥfūf bi-ṣunūfı ʿavāṭıf il-melik ül-ʿālā Bağdād vālīsi vezīrim (Pāşa edām Allāhü) (3) teʿālā iclālühü – ve ḳıdvet ül-ḳużāt ve 'l-ḥükkām maʿden ül-fażl ve 'l-kelām mevlānā Mār(dīn ḳāżīsi) (4)____zīde fażluhu tevḳīʿ-i refīʿ-i hümāyūn vāṣıl olıcaḳ maʿlūm ola ki İstanbūlda[!][253] sā(kin olan) (5) ʿAbdullāh ve Zeyneb ve ʿĀrife südde-i saʿādetime ʿarżuḥāl ėdüb bunların bābāları (Mārdīn)[?] (6) voyvodası olan Tatar Meḥmed Ağa dėmekle maʿrūf kimesneniñ Mārdīn sākinlerin(den) (ī) (7) Süleymānda sekiz biñ ve (Kīkī Mīlkīleri) Ḥuseyn Ḥallāc ve Meḥmed Şerīfde sekiz yüz (elli ve) (8) Mīlkī Ḥasan Ağa ve ʿAlī Ağa dėmekle meşhūr kimesnelerde beşyüz ve ḳaṣṣāblarda ola(n) (9) Ḥāc Meḥmedde dörtyüz[!][254] elli üç ve Ḳāsim Zülfüde biñ ikiyüz elli ve ʿAbdī (...) (10) ve Monlā İsmaʿīl ve Ḥamza ʿArafātda ikiyüz elli ve ḳaṣṣāb Ṣaliḥde ve ḳaṣṣāb (11) Behlūlda biñ iki yüz ve mūmcıbaşı Yūsufda üçyüz otuz ve Ṣulāḳ Ḳara(da) (12)ve Ḫalīl Muṣṭafā Burhānda dörtyüz elli cemʿan yekūn on üç biñ ikiyüz sek(sen) (13) üç ġuruş ve Daḳūrī Yūsuf Ağa dėmekle mevṣūf kimesnede daḫī ikiyüz elli (kīle ḥınṭa) (14) ve şaʿīr alacaḳ ḥaḳḳı olub almadan bābāları merḳūm biñ yüz yetmiş senesinde fevt olmağ(ın maʿrifet-i) (15) şerʿiyle bunlara intiḳāl ėdüb lakin mezbūrlar günāgūn-ı ʿillet ve bahāne ve ʿavḳ (ve teʾḫīr) (16) vėrmekde taʿallül ve muḫālefet ve ibṭāl-ı ḥaḳḳ sevdāsında olduḳlarından aḥvālları diger gūn (oldığın) (17) bildirüb bābālarından irṡen intiḳal ėdüb mezbūrleriñ[!][255] ẕimmetlerinde olan ḥuḳ(ūḳı) (18) alıvėrilüb icrā-yı şerʿ ve iḥḳāḳ-ı ḥaḳḳ olmaḳ bābında senki vezīr-i müşār i(leyhsin) (19) saña ḫiṭāben emr-i şerīfim ricā eyledikleri ecilden taʿyīn olınan mübāşir maʿrifetiyle şerʿ(en) (kendü)[?] (20) ber mūcib-i temessükāt merḳūmleriñ ẕimmetlerinde ṡābit ve muḥaḳḳaḳ olan ḥaḳḳları temā(men taḥṣīl) (21) ve iḥḳāk-ı ḥaḳḳ olunmaḳ emrim olmuşdur buyurdumki ṣadr-ı āʿẓam silaḥşūrlarından ḳıdv(et ül-emācid) (22) ve 'l-āʿyān ʿAbdullāh zīde mecduhu ḥükm-i şerīfimle vuṣūl bulduḳda bu bābda ṣādır o(lan) (23) emrim üzere ʿamel daḫī senki vezīr-i müşār ileyhsin maʿrifetiñ ve taʿyīn olınan (mübāşir-i) (24) mūmā ileyh maʿrifetiyle iḥżār-ı ḫuṣemā ḳılub muḳaddemā bir defʿa şerʿiyle görülüb faṣl (olınan) (25) aḥvālların temām-ı ḥaḳḳ ve ʿudūl üzere muḳayyed olub göresiz iʿlām olunduğu (üzere) (26) ise ol bābda muḳteżā-yı şerʿ-i ḳavīm ile ʿamel ėdüb daḫī ber mūcib-i temessükāt-ı mezbū(ruñ) (27) ẕimmetlerinde ṡābit ve müteḥaḳḳiḳ olan ḥaḳḳların temāmen taḥṣīl ve iḥḳāḳ-ı ḥaḳḳ eyliye(siz) (28) emr-i şerīfimle

253 İstanbūl
254 dötyüz
255 mezbūrlerin

ʿāmil olasız şöyle bilesiz ʿalāmet-i şerīfe iʿtimād ḳılasız taḥrīren fī (...) (29) şehr-i Şevvāl el-mükerrem sene iṣnā ve sebaʿīn ve mi'e ve 'elf
bi-maḳām-ı Ḳosṭanṭinīye 'l-maḥrūse

247/22/a

Ehrwürdiger Ratgeber, hochgeachteter Befehlshaber, Richtschnur der Welt, besonnener Lenker der öffentlichen Angelegenheiten mit durchdringendem Verstand, Begründer des Baus von Glück und Wohlergehen, Erbauer der Säulen des Wohlstands und Erhabenheit, die umhüllt sind von den mannigfachen Wohltaten des höchsten Königs, Vali von Baġdād, mein Wesir____Pāşa – möge Gott der Allmächtige seine Größe andauern lassen! Vorbild der Kadis und Richter, Quelle der Tugend und Beredsamkeit, unser Herr *(mevlānā)*, (Richter von Mardin) – möge seine Tugend wachsen – sobald das edle, großherrliche Namenszeichen eintrifft, sei kund: Die in İstanbūl wohnenden ʿAbdullāh, Zeyneb und ʿĀrife haben an meiner Schwelle der Glückseligkeit ein Gesuch gestellt. Ihnen zufolge hat ihr Vater, der unter dem Namen bekannte Tatar Meḥmed Aġa, der Voyvoda von (Mardin) war, bei Personen unter den Bewohnern von Mardin, nämlich bei Süleymān Anspruch auf 8000 Ġuruş, bei den (Kīkī Mīlkī) Ḥuseyn Ḥallāc und Meḥmed Şerīf auf 850, bei den als Mīlkī Ḥasan Aġa und ʿAlī Aġa bekannten Personen auf 500, bei den Metzgern Ḥāc Meḥmed auf 453 und Ḳāsim Zülfü auf 1250, bei Abdī (...), Monlā İsmaʿīl und Ḫamza ʿArafāt auf 250, bei dem Metzger Ṣaliḥ und dem Metzger Behlūl auf 1200, beim Vorsteher der Kerzenzieher Yūsuf auf 330 und bei Ṣulāḳ Ḳara und Ḫalīl Muṣṭafā Burhān Anspruch auf 450 Ġuruş. Zusammen macht dies 13283 Ġuruş aus, wobei er bei der unter dem Namen Daḳūrī Yūsuf Aġa bekannten Person noch dazu Anspruch auf 250 (Keyl Weizen) und Gerste besaß. Weil ihr Vater ohne diese Ansprüche einzutreiben im Jahre 1170 verstarb, gingen diese scheriatsrechtlich auf sie über. Nachdem sie *(die Schuldner)* jedoch, durch alle möglichen Formen von Missgeschicken, Mangel, Verzögerungs- und Hinderungsgründen nach Vorwänden, Widerspruch und Aufhebung der Ansprüche strebten, sind sie *(die Antragsteller)* in eine unmögliche Lage geraten. Da diese aber von ihrem Vater es erbmäßig übertragen bekamen, die Ansprüche auf die Schulden von Erwähnten einfach zu erhalten und damit dem Recht genüge getan wird, erbitten sie, meinen ehrwürdigen Befehl an Dich, der Du erwähnter Wesir bist, zu richten. Ich ordne an, dass durch einen ernannten Beauftragten die Ansprüche auf die mittels Schuldscheinen scheriatsrechtskonform feststehenden und wohlbekannten Schulden von Erwähnten vollständig befriedigt werden und dem Recht genüge getan wird. Ich ordne mit meinem Befehl Folgendes an: Sobald unserer Leibwaffenträger *(silaḥşūr)* unseres Großwesirs, Vorbild der Edlen und Gleichgestellten – ʿAbdullāh – möge sein Ruhm

wachsen – mit meinem ehrwürdigen Befehl eintrifft, sollst Du, der Du erwähnter Wesir bist und der ernannte erwähnte Bevollmächtigte gemäß meinem eröffneten Befehl die Prozessparteien vorladen. Ihr sollt sicherstellen, dass in erster Instanz gerichtlich geurteilt und der Sachverhalt gemäß vollständigem Recht und Gerechtigkeit eingetragen wird. Wenn es sich wie erklärt verhält, sollt Ihr gemäß dem korrekten Scheriatsrecht vorgehen und die mittels Schuldscheinen rechtsgemäß festgehaltenen und tatsächlichen Ansprüche von Erwähnten vollständig befriedigen und dem Recht genüge tun. Ihr sollt nach meinem ehrwürdigen Befehl ha̤ndeln und Solches wissen und meinem ehrwürdigen Zeichen folgen. Aufgezeichnet am (...) des Monats des geehrten Şevvāl im Jahre 1172.
In der wohlbehüteten Stadt Konstantinopel.

247/22/b

(1) ḳıdvet ül-emās̱il ve 'l-aḳrān (2) ḥālā Mārdīn voyvodası aġalarımızdan (3) ʿOs̱mān Aġa zīde ḳadruhu ve Mārdīn nāʾibi (4) şerʿīyat-şiʿār Efendi zīde fażluhu inhā olunur ki sābıḳan (5) Mārdīn voyvodası olan Tatar Meḥmed Aġanıñ eytāmī divān-ı hümāyūna (6) ʿarżuḥāl ėdüb mefhūmunda pederleri müteveffā-yı mezbūruñ voyvodalıġı eyyāmında (7) Mārdīn sākinlerinden baʿż kimesnelerde bā-mūcib-i temessükāt on üçbiñ ikiyüz seksen (8) üç ġuruş aḳçe ve ikiyüz elli kīle ḥınta beḳāyā muṭālebesi oldıġı inhā ėtmeleriyle (9) beḳā-ya merḳūma şerʿiyle görilüb taḥṣīl olunmaḳ bābīnda ṭarafımıza ḫiṭāben bir ḳıṭʿa emr-i (10) şerīf-i ʿālīşān ṣādır ve dārende-ʾi buyuruldı silaḥşūrān-i ḥażret-i ṣadr-ı āʿẓamıdan ḳıdvet ül-emās̱il ve 'l-aḳrān (...) (11) mübāşir taʿyīn olunmaġla ḥālā emr-i şerīf-i meẕkūr ṭarafıña gönderilmişdir imdi mübāşir-i mūmā ileyh maʿrifetiyle (emr-i şerīf i) (12) meẕkūrede mesṭūr ül-esāmī olan kimesneleri iḥżār ve mürāfʿa-ʾi şerʿ ve daʿvāları rüʾyet (ve baʿd el-üs̱ret) (13) temessükātları mūcibince nuḳūd ve ġılāl-ı merḳūme terettüb ėdenlerden şerʿan taḥṣīl ve keyfīyeti muf(aṣṣalen ṣıḥḥatı) (13) üzere ṭarafımıza iʿlām eylemek bābında buyuruldı <...> taḥrīr ve ıṣdār ve irsāl olun(maḳ bābında) (14) minvāl-ı muḥarrer üzere gerekdir ki mübāşir-i mūmā ileyh maʿrifetiyle emr-i şerīf-i meẕkūrda mestūr ül-esāmī ol(an kimesneleri) (15) iḥżār ve mürāfʿa-ʾi şerʿ ve daʿvāları rüʾyet ve baʿd el-üs̱ret temessükātları mūcibince (nuḳūd ve ġılāl-ı) (16) merḳūme terettüb ėdenlerden taḥṣīl ve keyfīyeti mufaṣṣalen ṣıḥḥatı üzere ṭarafımıza iʿlām (eylemek üzere) (17) buyuruldı ile ʿāmel ve ḥareket eylesin deyü
tahrīren fī 20 ẕ [Ẕī 'l-ḥicce] sene 1172

247/22/b

Dem Vorbild der Edlen und Gleichgestellten, einer der Herren des derzeitigen Voyvodas von Mardin, ʿOs̱mān Aġa – möge seine Macht zunehmen – und Nāʾib von Mardin, durch die Scharia ausgezeichneter Efendi – möge seine Tugend wachsen – sei mitgeteilt: Die zwei Waisen des früheren Voyvodas von Mardin Tatar Meḥmed Aġa stellten beim großherrlichen Divān ein Gesuch. So teilten sie mit, dass nach ihrem Verständnis sie nicht benachrichtigt worden seien, dass zu Zeiten ihres erwähnten verstorbenen Vorfahren in seiner Amtszeit als Voyvoda bei einigen aus den Reihen der Anwohner Mardins laut der Schuldscheine noch eine Restforderung in Höhe von 13283 Ġuruş und 250 Keyl Weizen ausstünden und der erwähnte Rest gerichtlich überprüft werden sollte. Damit diese eingesammelt werden, wird hierbei ein an uns gerichteter Teil des ehrwürdigen, edlen Befehls eröffnet und weil der Besitzer des Befehls des Leibwaffenträgers seiner Exzellenz des Großwesirs – Vorbild der Edlen und Gleichgestellten – (...) als Beauftragter ernannt ist, wird jetzt der ehrwürdige Befehl Dir geschickt. Demnach sollen, nachdem mit Hilfe des erwähnten Beauftragten die im ehrwürdigen Befehl aufgezählten Personen geladen werden, die gerichtlich prozessführenden Parteien sowie die Klagen geprüft werden und wie gewohnt, nachdem gemäß ihrer Schuldscheine die Gelder und das Einkommen zusammengestellt werden, hinsichtlich der gerichtlichen Eintreibung und der Modalitäten detailliert (dem Wahrheitsgehalt) entsprechend an uns berichtet werden. Hierzu wird der Erlass aufgezeichnet, ausgestellt und geschickt, wobei es wie beschrieben notwendig ist, dass durch den erwähnten Beauftragten die im erwähnten ehrwürdigen Befehl aufgezählten Personen geladen werden und die gerichtlich prozessführenden Parteien sowie die Klagen geprüft werden. Danach soll man wie gewohnt gemäß ihren erwähnten Schuldscheinen die zusammengestellten Gelder und das Einkommen einsammeln, über die Umstände detailliert wahrheitsgetreu an uns Mitteilung machen und gemäß dem Erlass handeln.
Aufgezeichnet am 20. [Ẕī 'l-ḥicce] im Jahre 1172.

247/22/c

(1) (defter oldur ki) ḥālā Mūṣul vālīsi devletü ʿināyetlü (Efendi) Nuʿmān Paşa efendimiz ḥażretleriniñ bölükbaşılarından olub nefs-i Mārdīnde yirmi bir gün (2) (maraż-ı müddetden) bi-emrillāhi teʿālā fevt olan Kütahyalı genç ʿOs̱mān Aġa bin Ḳara ʿOs̱mānıñ verās̱eti mefḳūda olan vālidesi H̱ātūna nām (3) (ẓāhir) olunmaġın müteveffā-yı mezbūruñ maʿrifet-i şerʿiyle metrūkāt ve muẖallefātını taḥrīr vech-i ātī üzere ẕikr ve beyān olunur
fī 15 Muḥarrem sene 1173

(...)		(ḳıymet ġuruş 35¼)	
köhne ḳuşaḳ	ʿaded 1	ḳıymet ġuruş 2½	para 2
köhne kürk ve ḳavuḳ	ʿaded 2	ḳıymet ġuruş 2¾	
köhne ḳuzı kürk	ʿaded 1	ḳıymet ġuruş 1½	para 2
çaḳşur köhne[!][256]	ʿaded 1	ḳıymet ġuruş ½	para 7
köhne destār	ʿaded 1	ḳıymet ġuruş ½	
(...)	ʿaded 1	ḳıymet ġuruş 25	
yalnız altmış sekiz ġuruşdur on bir paradır			6(8) ġuruş (11 para)

fī beyān il-maṣarifāt	ġuruş
berā-yı techīz ve tekfīn ve vücūh-ı ḫayrāt ve sāʾir maṣārif[!][257] lāzime	(...)
deyn-i Ḳūbāṭ Aġanıñ oṭabaşısı İbrāhīmdir ẕimmet-i müteveffā Yūnus Aġa bin (Müdric)[?] Aġa ve (Ḥasū)[?] bin ʿAbdullāh şehādetleriyle s̱ābit şüde	(...)
yirmi bir gün müteveffā-yı mezbūr maraż müddetinde beher yevm taʿyīn eyledigi yirmi para kendüye ve ḫidmetiñ yedine yėmek maṣārifātı	(...)
(kul Ḥasū) ṣarf şüd Yūnus Aġanıñ ve İbrāhīm oṭabaşınıñ şehādtetleriyle s̱ebt şüd	(...)
müddet-i marażda kendüye ḫidmet ėden pīrīye ücret ve esbāb-ı (yuymasına)[258]	(...)
voyvoda aġanıñ ṭarafından[!][259] Ḳoçḥiṣārdan ātları götürān mübāşir-i ġarīb ikide ḫidmet	(...)
resm-i ḳısmet ve kitābet ve ḫuddāmīye	(...)
marīż iken ḥakīme edvīye behā	(...)
	Aḳçe ġuruş
yalnız yirmi ṭoḳuz buçuḳ ġuruş ṭoḳuz paradır	(29½ ġuruş 9 para)

(1) (devletlü ʿinā)yetlü Nuʿmān Paşa efendimiz ḥażretleriniñ baş aġası Meḥmed Aġanıñ odabaşısı Aġvāt Meḥmed nām kimesne (2) (...) (müteveffā-yı) merḳūmuñ vālidesi üzerine ḳıyem naṣb ve taʿyīn olunub meblaġ-i merḳūm ki ālāt[!][260] behāsı daḫī (3) (...) (dā)ḫildir Ḳūbāṭ Aġa maʿrifetiyle ḳıyem-i merḳūme temāmen ve kāmilen aḫẕ ve ḳabż şüde. (4) (müteveffā-yı) merḳūm ḥāl-ı[261] ḥayātında ve kemāl-ı ṣıḥḥat ve taṣarrüfātında mülki olan serācede ālātı[!][262] çirāġ (5) (...) Aḥmede hibe-ʾi ṣaḥīḥe-ʾi şerʿīye ile hibe eyledigi merḳūm dāḫī ḳabż eyledigine İbrāhīm (odabaşı) (6) (...) Aġa ve (Kula)[?] (Ḥasū) Āʿr-ı ḳavimdan şehādtetleriyle s̱ābit şüd

şühūd ül-ḥāl

256 çaḫşur lehne
257 maṣārife
258 yuyumasına
259 ṭarafdan
260 āl āt
261 ḥalī
262 āl ātī

el-Ḥāc İlyas Efendi bin Ḥāc Bekir
ve Tamer Beg ikinci küçük ʿAlī Aġa
İbrāhīm odabaşı Āʿr-i ḳavim
Yūnus Aġa Āʿr-i ḳavim
Mollā İbrāhīm kātib-i ḳassām
Seyyid Meḥmed bin Ḳara Ḥasan

247/22/c

Der Anlass ist folgender: Nachdem bekannt wurde, dass die Erbin des in der Stadt Mardin (nach) 21 Tagen (Krankheitszeit) nach Maßgabe Gottes dem Allmächtigen verstorbenen aus Kütahya stammenden jungen ʿOs̱mān Aġa bin Ḳara ʿOs̱mān, der einer der Janitscharen-Vorsteher unseres Herren, Vali von Mossul – gnadenreicher Efendi Nuʿmān Paşa – war, seine verschollene Mutter namens Ḫātūna war, wurde der Nachlass und die Hinterlassenschaften von erwähntem Verstorbenen mit Hilfe des Gerichts eingetragen und im Folgenden angegeben.
Am 15. Muḥarrem des Jahres 1173.

(…)		(Preis Ġuruş 35¼)[263]	
Alter Gürtel	Anzahl 1	Preis Ġuruş 2½	Para 2
Altes Fell und wattierter Hut	Anzahl 2	Preis Ġuruş 2¾	
Altes Lammfell	Anzahl 1	Preis Ġuruş 1½	Para 2
Alter Çaḫşūr[264]	Anzahl 1	Preis Ġuruş ½	Para 7
Alter Turban	Anzahl 1	Preis Ġuruş 1½	
(…)	Anzahl 1	Preis Ġuruş 25	
Nur 68 Ġuruş und 11 Para			6(8) Ġuruş (11 Para)

Angegebene Ausgaben	(Ġuruş)
Für die Waschung, Einhüllung (des Leichnams), für die Notabeln religiöser Stiftungen und andere notwendige Ausgaben	(…)
Schulden an den Odabaşı von Ḳubāṭ Aġa, İbrāhīm. Die Schulden des Verstorbenen werden unter Zeugenschaft von Yūnus Aġa bin (Müdric)[?] Aġa und (Ḥasū)[?] bin ʿAbdullāh festgehalten	(…)
Für jeden Tag vorgesehene 20 Para für Essensausgaben für ihn und seinen Diener während der 21 Tage Krankheitszeit des erwähnten Verstorbenen	(…)
(Kul Ḥasū) hat es ausgegeben. Dieses wurde im Beisein der Oṭabaşıs Yūnus Aġa und İbrāhīm festgehalten	(…)
Lohn für den alten Mann, der Dienst an ihm während seiner Krankheitszeit leistete und für Wasch-Utensilien	(…)

263 Ermittelter fehlender Restbetrag.
264 Hose, um die Hüfte in Falten genäht, an deren Fessel leichte Lederschuhe genäht sind.

Zweiter Lohn für den fremden Beauftragten, der vom Aġa des Voyvodas aus Koçḥiṣār die Pferde brachte	(...)
Für die Teilungsgebühr, Kanzleigebühr und Bedienstetengebühr	(...)
Arzneimittel-Geld für den Arzt während er krank war	(...)
	Aḳçe Ġuruş
Nur 29½ Ġuruş und 9 Para	29½ Ġuruş 9 Para

Der Zimmervorsteher *(odabaşı)* von Meḥmed Aġa, Aġa-Vorsteher unseres illustren, gnadenreichen Herren, seiner Exzellenz Nuʿmān Paşa, namens Aġvāt Meḥmed wurde hinsichtlich der Werte der Mutter des Erwähnten (Verstorbenen) (zum Beauftragten)[?] ernannt. Die erwähnte Summe besagt, dass die Werte des Zubehörs ebenso (...) enthalten sind und durch Ḳūbāṭ Aġa vollständig eingezogen wurden. Es wurde festgehalten, dass erwähnter (Verstorbener) das ihm zu seinen Lebzeiten zur Verfügung stehende Zubehör in dem kleinen Herrenhaus bei vollständiger Richtigkeit dem Beleuchter[265] (...) Aḥmed zur scheriatsrechtlich korrekten Schenkung vermachte und jenem es entgegennehmen ließ, wobei dies von İbrāhīm, Zimmervorsteher von (...) Aġa und von (Kul Ḥasū) vom Stamme der Āʿr bezeugt wurde.[266]

Zeugen der Angelegenheit:
Ḥāc İlyas Efendi bin Ḥāc Bekir
und Tamer Beg der zweite kleine ʿAlī Aġa
İbrāhīm, Zimmervorsteher der Gruppe der Āʿr
Yūnus, Aġa der Gruppe der Āʿr
Mollā İbrāhīm Nachlassgerichtsschreiber
Seyyid Meḥmed bin Ḳara Ḥasan

247/23/a

(1) destūr-ı mükerrem müşīr-i mufaḫḫam muḥterem-i niẓām ül-ʿālem müdebbir-i ümūr ül-cumhūr bil-fikri 's-ṣaḳib mütemmim-i mehāmm ül-enām bir-re'yi 'ṣ-ṣā'ib mümehhid-i bün(yān üd-devlet ve 'l-iḳbāl) (2) müşeyyid-i erkān üs-saʿādet ve 'l-iclāl el-maḥfūf bi-ṣunūfı ʿavāṭıf il-melik ül-ʿālā Diyārbekir vālīsi ṣadr esba(ḳa) (ḫalef olan) (...) (3) Paşa edām Allāhü teʿālā iclālühü tevḳīʿ-i refīʿ-i hümāyūn vāṣıl olıcaḳ maʿlūm olaki Mārdīn mużāfātından (Ḫābūr sancaġı)[?] (4) ḳalemīyesine maḥsūben beşyüz ġuruş Mārdīn voyvodaları maʿrifetleriyle senki vezīr-i müşār ileyhsin beher sene (ṭarafıña) (5) vērilügelüb ve Mārdīn voyvodalıġı aḳlāmından Diyārbekirde vāḳiʿ ʿarab muḳāṭaʿasınıñ mālī daḫī (beşyüz ġuruş) (6) olmaġla

265 Diener wäre auch möglich
266 Text unvollständig, weshalb viel ermittelt werden musste.

beher sene ṭarafıñdan[!][267] daḫī Mārdīn voyvodalarına vėrilügelmekle iki muḳāṭa-ʿanıñ mālları müsāvī ('l-miḳdār oldığına) (7) ẕikr olınan iki muḳāṭaʿa mübādele ve her biri aḫırına taḳāṣ ve tefvīż olunub Diyārbekir ṭarafından Mārdīn (voyvodalarına) (8) ve Mārdīn voyvodası cānibinden daḫī Diyārbekir vālīlerine fīmābaʿd bir nesne vėrilmemek üzere ṭarafeynden (istiḥsān) (9) ve istiṣvāb ve bu vecihle ḥüccet-i şerʿīye olunub ḥüccet-i meẕkūre derʿalīyeme irsāl ve ḫazīne-ʾi ʿāmiremde (maḥfūż baş) (10) muḥāsebe defterlerine ḳayd ve s̱ebt olunmağla iʿlām-ı ḥāl içün işbu emr-i ʿālīşānım ıṣdār ve____(11) ile irsāl olunmuşdur imdi vuṣūlunda sālif üẕ-ẕikr iki muḳāṭaʿanıñ mütesāvī 'l-miḳdār olan māll(arı bir birine) (12) taḳāṣ ve tefvīż olunub vėrilen ḥüccet-i şerʿīye daḫī ḫazīne-i ʿāmirem defterlerine ḳayd olunmağla fīmā(baʿd) (13) bir nesne muṭālebe olunmamaḳ ve bu vecihle Diyārbekir ḫazīnesi defterlerine daḫī s̱ebt ve ḳayd ėtdirilmek (üzere emr-i şerīf-i) (14) ʿālīşānım ṣādır olmuşdur buyurdumki ḥükm-i [!][268] şerīfimle____var(duḳda) (15) vech-i meşrūḥ üzere şerefyāfte-ʾi ṣudūr olan işbu emr-i şerīf celīl ül-imtis̱āl ve lāzim (ül- itbāʿ) (16) ve vācib ül-imtis̱ālımıñ mażmūn-ı iṭāʿat maḳrūnıyla ʿāmil olasın şöyle bilesin ʿalāmet-i şerīfe iʿtimād (ḳılasın) (17) taḥrīren fī 'l-yevm es-sādis Ẕī 'l-ḳaʿde sene is̱nā ve sebaʿīn ve miʾe ve ʾelf
yine ʿarab muḳāṭaʿasınıñ fermānı ṣūretidir
bi-maḳām-ı Ḳosṭanṭinīye 'l-maḥrūse

247/23/a

Ehrwürdiger Ratgeber, hochgeachteter Befehlshaber, Richtschnur der Welt, besonnener Lenker der öffentlichen Angelegenheiten mit durchdringendem Verstand, Vollender der Obliegenheiten der Menschen mit treffender Ansicht, Begründer des Baus von Glück und Wohlergehen, Erbauer der Säulen des Wohlstands und Erhabenheit, die umhüllt sind von den mannigfachen Wohltaten des höchsten Königs, (Nachfolger des) ehemaligen Valis von Diyārbekir, (...) Pāşa – möge Gott der Allmächtige seine Größe wachsen lassen – Sobald das großherrliche Zeichen eintrifft, sei kund: Während für die Kanzleigebühren des an Mardin angeschlossenen (Sancak Ḫābūr) gerechnet 500 Ġuruş durch die Voyvodas von Mardin an Dich, der Du der erwähnte Wesir bist, einfach abgegeben wurden, wobei von den Kanzleigebühren des Voyvodaliks von Mardin das Vermögen der in Diyārbekir lebenden arabischen Bevölkerung ebenfalls (500 Ġuruş) betrug, wurde dieses jährlich ebenso von Dir an die Voyvodas von Mardin einfach abgegeben. Weil die Gelder der zwei Abgabeneinheiten gleich hoch waren, wurden

---

267 ṭarafından
268 ḥülm

die erwähnten beiden Abgabeneinheiten miteinander verrechnet und dem jeweiligen anderen anvertraut. Um danach nichts mehr einfach von Diyārbekir an die Voyvodas von Mardin und von den Voyvodas von Mardin zu Händen der Valis von Diyārbekir weitergeben zu lassen, wurde dieses beiderseitig gebilligt und daher eine Abschrift erstellt. Weil die erwähnte Abschrift an meine hohe Pforte geschickt, in den in meinem großherrlichen Schatzamt aufbewahrten Registern des obersten Rechnungshofes eingetragen und festgehalten werden soll, wird zur Kenntnisnahme dieser ehrwürdige Befehl herausgegeben und mit____geschickt. Sobald er eintrifft, sollen die verglichenen Gelder der zuvor erwähnten zwei Abgabeneinheiten miteinander verrechnet und dem jeweiligen anderen anvertraut werden. Weil die ausgestellte rechtmäßige Abschrift ebenso in den Registern meines großherrlichen Schatzamtes eingetragen werden soll, damit später keine Forderungen offen bleiben und dies ebenso in die Register des Schatzamtes von Diyārbekir notiert und eingetragen werden soll, ordne ich Folgendes an: Sobald mein ehrwürdiger Befehl mit____eintrifft, soll man wie beschrieben gemäß dem geehrten ausgegebenen gehorsamserheischenden Inhalt meines ehrwürdigen Befehls von großartigem Vorbild, der Gefügigkeit fordert und zur Befolgung verpflichtet, handeln und Solches wissen und dem edlen Handzeichen Vertrauen schenken. Eingetragen am 6. Tag des Monats Ẕī 'l-ḳaʿde im Jahr 1172.
Dies ist eine erneute Abschrift des Erlasses hinsichtlich der arabischen Abgabeneinheit.
In der wohlbehüteten Stadt Konstantinopel.

247/23/c
ʿAbdullāh Çāvīş ḫuṣūṣiçün gelen mektūbdur
(1) (devletlü mü)rüvvetlü mekremetlü ḳarındaş-ı aʿazzım aġa-yı celīl ül-ḳader ____ḥażretleriniñ nādī-i saʿādet-ḳarīnlerine her (2) (vecihle taʿẓīm) ve tevḳīr ile cevāhir-i daʿvāt-ı ṣāfiye meveddet-niẓām itḥāfı pürsiş-i ḫāṭır-ı ʿāṭır saʿādetmaẓāhirleriyle (3) (teẕyīl) olunduḳdansoñra nümūde-i muḫlişleri budur ki Cezīre begleriniñ ḫidmetinde olan ʿAbdullāh Çāvīş[!][269] (4) (ḳadīmīden b)erü müfsid ve yaramaz ve her vechile şaḳī ve müften olub ve 'l-ān Cezīre begleriniñ (5) (...) (iṭ)āʿatdan inḥirāfları daḫī merḳūmuñ taḥrīk-i es'ile ol saʿr ve ḫabāṣetinden nāşī bir ḥālet (6) ẓāhir ve nümāyān olunmaġla Mārdīnde merḳūmuñ ḫāne ve emvālı olunmaġla ḫānesi temhīr (7) (ve cümleten eş)yāsını żabt ve ṭarafımıza iʿlām eyliyesiz ve merḳūm ʿAbdullāh Çāvīşiñ[!][270] bir taḳrīb ile (8) (girift)[?] (ol)lur olması

269 Cāvīş
270 Çāvuşuñ

mümkün olur ise girift ve ḥabs ve bu cānibe iʿlām eylemeñiz içün (9) (...) meveddetnāme taḥrīrine bedī olunmuşdur in şāʾ Allāhü teʿālā lede şeref el-vuṣūl merḳūm (10) (ʿAbdullāh Ç)āvīşiñ[!][271] Mārdīnde olan ḫānesini temhīr ve cümleten eşyāsını żabṭ ve ele girer ise (11) (...) daḫī girift ve ḥabs ve ṭarafımıza iʿlām eylemeñiz meʾmūldur
ʿÖmer (müḥibb-i muḫliṣ) ketḫüda-yı Baġdād ḥālā

247/23/c

Wichtiges Schreiben betreffs ʿAbdullāh Çāvīş
Nachdem ich dem mit Glück verbundenen Rufer, seine Exzellenz mein illustrer, großzügiger, glorreicher, hoch geschätzter Bruder, Herr von überaus großer Fürsorge in jeder Hinsicht Ehrung und Respekt erweise und das Juwel der aufrichtigen Anrufungen, geliebte Richtschnur der Hingabe mit einer Erkundigung nach dem geschätzten Wohlergehen (hinzugefügt) hatte, sind die Offenbarungen der Getreuen Folgende: (Nachdem) der bei den Begs von Cezīre im Dienst stehende ʿAbdullāh Çāvīş sich (seit jeher) als intrigant, unbrauchbar und in jeder Hinsicht als verwerflich und korrumpiert zeigte und weil derzeit die (...) der Begs von Cezīre begannen (...) von der Gehorsamkeit abzuweichen und dies sogar zu einem Zustand führte, der auf das Anzetteln von Problemen von Provokation und Räuberei von Erwähntem zurückzuführen war und dies offensichtlich und klar wurde, sollt Ihr, da sich Wohnsitz und Vermögen von Erwähntem in Mardin befinden, seinen Wohnsitz versiegeln und (sämtlicher) Dinge habhaft werden und dieses uns melden. Um uns amtlich zu melden, ob es irgendwie möglich war, ʿAbdullāh Çāvīş (gefangen) zu nehmen, sollt Ihr zu allererst dies in das geliebte Register eintragen. Es wird erhofft, dass, wenn – so Gott der Allmächtige will, der edle Fall eintritt und der sich in Mardin befindende Wohnsitz von Abdullāh Çāvīş versiegelt worden ist und seine sämtlichen Dinge ergriffen und konfisziert worden sind und auch er gefangengenommen worden ist, Ihr dies uns meldet.
Geliebter getreuer ʿÖmer, derzeitiger Ketḫüda von Baġdād.

247/23/d

(1) (ḥālā Mā)rdīn voyvodası aġalarımızdan (2) (ʿOs̱mān Aġa m)ūcibince tevlīyet-i mez̲kūre berāt-ı şerīf-i ʿālīşānım (3) (vürūdına d)egin[?] merḳūm Seyyid İbrāhīmiñ[!][272] vekīline żabt ėtdirüb ṭarafa (3) müdāḫele ėtdirilmemek ol buyuruldı fī 14 m [Muḥarrem] sene 1173

271 Çāvuşuñ
272 İbrāhīm iñ

(1) (ʿināye)tlü mürüvetlü merḥametlü velī en-naʿm efendim sulṭānım ḥażretleriniñ ḫāk-ı pāy-ı tevlīyetlerine (hazā rüşdim) (2) (...) rū-yı niyāzım mālīde ve cebīn-i ḫāksārım (...) ḳılınub ferīża-ʾı zimmet-i bendegānem olan duʿā-yı beḳā-yı ʿömr (3) (devletlerine) (...) ve s̱enā-yı fer ve ḥaşmet ve iclālları daʿvātı tetmīm ve ikmāl ḳılındiḳdan soñra ḥaḳḳ-ı subḥāna ve teʿālā ḥażretleri (4) (efendimiz) ḥażretleriniñ ẓıll-ı ʿināyet-vāyeleri feraḳ-ı çākerān üzere ebed-merhūn eyliye bimennihi ve (kereme-i yem) (5) (çā)kerāneleri muṭallā ṭām olub bu ġarīḳe-i lücceʾi nisyān ve ḥarīḳ-i lehīb perīşānları endāḫte-i sāḥil (6) (iʿl)ām buyurulur ise māh-ı Ẕī 'l-ḥicce eş-şerīfeniñ yirmi üçüncü gününde bā ḫaṭṭ-ı hümāyūn-ı şevketmaḳrūnıyla (7) (ṣādır) oldıġım Ḳāsim Pādışāh-ı tevlīyeti maḫdūm çākeri es-Seyyid İbrāhīm bendelerine ṭayyib ḫātirim ile (8) ferāġat eyledim bendeleri pīr ve iḫtiyār oldıġim ecilden ḫāk-ı pāy-ı tevlīyetlerine arżuḥāl-ı ṣudūr (9) (üzere) taṣdīrine tecāsur ḳılınmışdur merāḥım ʿalemşümūllarından mercūdur ki ferāġet ve ḳaṣr yedime manṭūḳunca (10) (āsitā)ne-ʾi ʿalīyeye müşʿar arż-ı ʿālīleri niyāziyle derkār ve çirāġ-ı efrūḫtelerinden (...) (10) (...) ve duʿā-yı ʿācizānelerine (ġarbet)[?] buyurulmaları bābında emr ve fermān devletlü ʿināyetlü mürūvvetlü merḥāmetlü ḳarındaş-ı aʿazzım (11) sulṭānım ḥażretleriniñdir
Seyyid İsmaʿīl (mütevellī-i evḳāf-ı) Ḳāsim Padışāh

247/23/d
Gemäß dem (derzeitigen) Voyvoda von Mardin, einem unserer Herren, ʿOs̱mān Aġa soll (bis zum Eintreffen) des Priviliegientitels zur erwähnten Ernennung zum Mütevellī (...) die Vertretung erwähnter Seyyid İbrāhīm übernehmen. Damit in dieser Hinsicht nicht behindert wird, wird dies angeordnet.
Am 14. [Muḥarrem] im Jahre 1173.

Zur Ernennung zum Verwalter seitens Eurer[273] Exzellenz, meinem Herrn, dem illustren gnadenreichen, großzügigen, barmherzigen Beschützer des Glücks, meinem Sultan, mache ich meine Rechtschaffenheit (...) angesichts meines Ersuchens hinsichtlich meiner untertänigen Bitte mit scheuer Unterwürfigkeit bekannt. Nachdem, Gebete für das langdauernde Leben (seines Staates) und Anrufungen für (...) reichliches Lob im Übermaß, Pracht und Ehrungen, was die heilige Pflicht der dienenden Untertanen ist, zu Ende geführt und abgeschlossen wurden, soll beim Recht seiner Exzellenz des Erhabenen und Allmächtigen den furchtsamen untertänigen Dienern der Gnade-spendende Schatten seiner Exzellenz unseres Herrn auf ewig anteilig sein. Mit seiner Güte und übergroßen Gnade soll er meine treuen Diener überreich vergolden. Wenn angeordnet wird, dass das

273 ḫāk-ı pāy

Eintauchen in die Menge des Vergessens und das flammende Feuer die Zerstreuten an die Küste [der Gnade] drängt, wird dieses am 23. Tag des Monats, dem edlen Ẕī 'l-ḥicce durch das imperiale Namenszeichen (eröffnet): So trete ich, Euer Diener[274] die Ḳāsim Pādışāh-Stiftungsverwaltung an den Sohn des Dieners, Seyyid İbrāhīm mit gutem Gewissen ab. Da ich alt und gebrechlich bin, ersuche ich um Eure Ernennung zum Verwalter und wage hierbei einen Posten vorzuschlagen. So bitte ich Euch um Euren weltumfassenden Gnadenerweis. Gemäß diesem Wortlaut der Überlassung und des Verzichts mit der Bitte, das der hohen Pforte bekanntgemachte Gesuch der Edlen in die Tat umzusetzen und (...) von den erhellten Lehrenden (... ...) und das Gebet für die Armen anzuordnen ist es Befehl und Fermān Eurer illustren, gnadenreichen, großzügigen, barmherzigen Exzellenz, meines hochgeschätzten Bruders, meines Sultans.
Seyyid İsmaʿīl, (Verwalter der) Ḳāsim Padışāh-(Stiftungen).

247/24/a

(1) der-i maʿdelet-penāhları ḳablına marūż-ı dāʿī-devlet-i ḳarārlarıdır ki (2) Mārdīn sükkānından ʿAbdullāh bin ʿAbbās nām kimesne meclis-i şerʿde <şerʿle> (3) yine Mārdīn sükkānından bāiṡ ül-iʿlām es-Seyyid İbrāhīm Efendi bin Ḥāc İsḥaḳ (4) maḥżarında ʿalā ṭarīḳ üd-dāʿvā şöyle taḳrīr-i kelām eyleyüb ḫāric-i Mārdīnde vāḳiʿ (5) lede 'l-ahālī maʿlūm ül-ḥudūd-ı üzüm bāġında olan yüz ḳırḳ <sehm> dört (144) sehm-i aṣlīden (6) altmış sekiz sehm ḥiṣṣe-ʾi irṡīye-ʾi şerʿīyemi merḳūm es-Seyyid İbrāhīm Efendi bi-lā-vech żabṭ ve üzerine (7) vāżʿ ül-yed olub merḳūmdan şerʿle suʾal ve keff-i yedine tenbīh olunması maṭlūbımdır dėdiginde[!][275] ġıbb es-suʿāl (8) merḳūm es-Seyyid İbrāhīm Efendi cevābında müddeʿī-ʾi merḳūm bir sene ṭoḳuz māh-ı muḳaddem divān-ı Baġdādda (ḫilāf-ı inhā) ile ʿarżuḥāl ve beṡṡ-i şekvā (9) ėdüb şikāyeti mūcibince şerʿle görülüb icrā-yı ḥaḳḳ olunmaḳ bābında sābıḳan Mārdīn voyvodası Meḥmed Aġa ḳullarına ḫiṭāben buyuruldı-ı (10) emr-i ʿālī ile Mārdīne vuṣūlunda imtiṡālen li-emr min lahu el-emr fehvāsınca müddeʿī-ʾi merḳūm-ı ḫuṣūṣ-ı mezḳūr içün (...) sābıḳan Mārdīn nāʾibi el-Ḥāc (Maḥmūd) (11) Efendi ḥużūrunda terāfuʿ-ı şerʿ olub müddeʿī-ʾi merḳūm ʿAbdullāh kemāl-ı ṣıḥḥat ve taṣarrüfātında kendü ṭarafından aṣāleten sālif üẕ-ẕikr olan ḥiṣṣe(si ve ḥiṣṣe-ʾi) (12) hemşīresi Merve bint ʿAbbās ṭarafından veṣāyeten aṣl-ı mezkūrdan otuz dört sehm ṣaġīre-ʾi mezbūreniñ ḥiṣṣe-ʾi irṡīyesini (... ...) (13) şurekāsını biṭ-ṭavʿ eṣ-ṣāf ḥüsn rıżālarıyla ṣafḳa-ʾı vāḥide ile mezkūr bāġıñ cemīʿsi bil-cümle ḥudūd ve ḥuḳūḳıyla (...) (14) el-ʿaded bir sīm-i ṣurre ile baña beyʿ-i bāt birle beyʿ ve ḳabż-ı

274 bendelerine
275 dedugunda

s̱emen ve teslīm-i mebiʿ ve yedime mübāyaʿa-ı ḥücceti baña vėrdikleri lede 'ş-şerʿ ẓāhir ve s̱ābit (...) (15) eyledigi daʿvā bīvech laġv ve mübṭıla oldıġına nāṭıḳ nāʾib-i <merḳūm> mūmā ileyh ḥażretleri ṭarafından yedime bir ḳıṭaʿ iʿlām ve (...) (16) ėtmeyüb tekrāren divān-ı Baġdādda[!][276] efkār-ı iftirā üzerime ʿarżuḥāl ve ḫilāf-ı vāḳiʿ ile bes̱s̱-i şekve ėtmeġin şikāyeti mūcibince ḫaṣmeyniñ (...) (17) görülsün deyü iḥḳāḳ-ı ḥaḳḳ olunmaḳ bābında ḥālā Mārdīn voyvodası ʿOs̱mān Aġa dāme mecduhuya ḫiṭāben buyuruldı emr-i ʿālī ile (...) (18) defʿle cevāb vėrecek ikinci buyuruldı-ı şerīfi fetḥ ve ḳırāʾat ve mażmūn-ı iṭāʿat maḳrūnıla ʿamel ve imtis̱āldansoñra ḫ(aṣm-ı merḳūm es-Seyyid) (19) İbrāhīm Efendi ḳavillarından defʿ-i meşrūḥasına mūvāfıḳ-ı beyyineʾ-i şerʿīye ṭaleb olunduḳda minvāl-ı muḥarrer üzere olan defʿ mā(ʿadā) (20) Mārdīn sükkānından ʿulemādan el-Ḥāc İlyās Efendi bin üs-Seyyid Ebū Bekir eʾimmelerinden Mollā Ḫalīfezāde Monlā ʿOs̱mān ve ṭalebeʾ-i (ʿilmden) (21) es-Seyyid Mollā İsmaʿīl ve es-Seyyid Meḥmed el-Ḥāc ʿAlī bin Ḥāc İsḥaḳ şehādetleriyle s̱ebt olunduġundan māʿadā bu (ḳırāʾatda) (22) ḫasm-ı merḳūm es-Seyyid İbrāhīm Efendi ḳavilleriniñ iştirāsına ve nāʾib-i sābıḳ el-Ḥāc Maḥmūd Efendiniñ ḥükmine ʿilmim feḥ(vāsınca fetvā)

(23) لا تسمع الدعوى بعد لحوق الحكم بها[277]

fehvāsınca müddeʿī-ʾi mezbūr ḫaṣm-ı merḳūmuñ ḥaḳḳında eyledigi (daʿvā) (24) laġv ve bī-vech olmaġla kendüniñ[!][278] baʿd el-menʿ ve 'd-defʿ vuḳūʿyı üzere keyfīyet-i ḥālı ḥasbeten lillāhi teʿālā ḫāk-ı pāy (...) (25) iʿlām olındı ol bābda emr ve fermān ḥażret min lahu el-emriñdir fī 23 Muḥarrem sene 1173
min el-ġafr üd-dāʿī üd-devlet
es-Seyyid ʿAbdürraḥīm
en-nāʾib bi-Mārdīn

247/24/a
Die vorgestellten Beschlüsse des Anklägers vor dem Hause der nach Gerechtigkeit Zuflucht Suchenden, sind Folgende: Einer der Bewohner Mardins namens ʿAbdullāh bin ʿAbbās behauptete über den Weg der Klage in der Gerichtsversammlung im Beisein des Auskunft Ersuchenden Seyyid İbrāhīm Efendi bin Ḥāc İsḥaḳ, der darüber hinaus ein Bewohner von Mardin ist, Folgendes: „Von den 144 Gesamtanteilen des außerhalb Mardins laut den Angehörigen mit bekannten

276 Baġdāda
277 Im Sinne von „Revisionsklage ist nicht möglich“. Aus der Sammlung der Tatarḫānīye, eigentlicher Name: Burhān al-Dīn İbrāhīm b. Muḥammad b. İbrāhīm, stellte Werk Fatāwā Tātārkhāniyya zusammen. Vgl. Schacht, Joseph.: „al-Ḥalabī“, in: *EI*^{2}.
278 kendi-ʾi

Grenzen liegenden Weingartens hat erwähnter Seyyid İbrāhīm Efendi ohne jegliche Berechtigung meinen Erbteil von 68 Anteilen ergriffen und in Besitz genommen. Ich verlange ein Gerichtsurteil und dass ihm der Verzicht angeordnet wird.“ Nachdem er dies behauptete, gab erwähnter Seyyid İbrāhīm Efendi Folgendes zur Antwort: „Erwähnter Kläger hat ein Jahr und 9 Monate zuvor bei der Ratsversammlung in Baġdād mit einer falschen Behauptung ein Gesuch gestellt und eine Beschwerde in Umlauf gebracht. Daraufhin habe ich in der Angelegenheit erwähnten Klägers (...) in Anwesenheit des früheren Nāʾibs von Mardin Ḥāc (Maḥmūd) gemäß dem Buyuruldu des in Mardin eintreffenden ehrwürdigen Befehls, der an den Untertanen, den früheren Voyvoda von Mardin, Ömer Aġa gerichtet war, in dem es hieß, hierzu die Beschwerde gerichtlich zu überprüfen, damit Recht gesprochen wird, eine Anfechtungsklage durchgeführt. Da hierzu die gemäß Scheriatsrecht offenkundige (...) Klage dagegen, dass der erwähnte Kläger, erwähnter ʿAbdullāh unter vollständigem Wahrheitsgehalt und vollständiger Verfügungsgewalt sich selbst vertretend seinen erwähnten Anteil und (den Anteil) seiner Schwester Merve bint ʿAbbās in Vertretung von erwähnten Gesamtanteilen 34 Anteile Erbanteil der erwähnten Minderjährigen (über) (...) seiner Partner unter klarem Gehorsam und Zustimmung mit einer einzigen Abmachung von der Gesamtheit des erwähnten Gartens mit allen Grenzen und Rechten mit einer Anzahl von (...) und mit einem Geldbeutel unwiderruflich an mich verkaufte und der Verkauf, der Erhalt des Wertes und die Übergabe der Gebäude erfolgte und sie mir zu meinen Händen die Verkaufsabschrift gegeben haben, gegenstandslos war, wurde mir vom erörternden Nāʾib kein Urteilsbestätigungs-Exemplar (übergeben). Weil er erneut bei der Ratsversammlung von Baġdād mit verfälschten Überlegungen über mich ein Gesuch stellte und entgegen dem Sachverhalt eine Beschwerde in Umlauf brachte, sollten gemäß der Beschwerde die (...) der Gegner überprüft werden.“ Als man mit dem an den derzeitigen Voyvoda von Mardin ʿOs̱mān Aġa – möge sein Ruhm andauern – gerichteten Buyuruldu (...) und er dies zurückwies, wurde, damit dem Recht genüge getan wird, zusammen mit einem zweiten erhabenen Buyuruldu der gehorsamserheischende Inhalt der Gefügigkeit fordert und zur Befolgung verpflichtet und man demgemäß handeln soll, eröffnet und verlesen. Nachdem danach zur besagten Zurückweisung der Aussage von erwähntem Prozessgegner Seyyid İbrāhīm Efendi ein passender scheriatsrechtlicher Beweis gefordert wurde und über die besagte Zurückwiesung hinaus die Zeugenschaft seitens der Rechtsgelehrten der Bewohner Mardins von Ḥāc İlyās Efendi bin üs-Seyyid Ebū Bekir, seitens der Imame von Monlā Ḫalīfezāde Monlā ʿOs̱mān und seitens der Religionsschüler von Seyyid Mollā İsmaʿīl und Seyyid Meḥmed el-Ḥāc ʿAlī bin Ḥāc İsḥaḳ eingetragen wurde, lautet darüber hinaus gemäß meinem Wissen (bei dieser Lesung) zu der Behauptung von

erwähntem Prozessgegner Seyyid İbrāhīm Efendi zu seinem Kauf und zum Urteil des früheren Nā'ibs Ḥāc Maḥmūd Efendi entsprechend die Fetvā folgendermaßen: „Die Klage wird nach Einholen des Urteils nicht angehört." Weil demzufolge (die Klage) des Klägers betreffs erwähntem Streitgegner gegenstandslos war, wurden nach Klageabweisung die Umstände zu seinem Sachverhalt nach Maßgabe Gottes des Allmächtigen Dir kundgetan so wahr es hierbei Dein Befehl ist.
Am 23. Muḥarrem im Jahre 1173.
Möge dem Ankläger des Staates verziehen werden.
Seyyid ʿAbdürraḥīm, Nā'ib von Mardin

247/24/b

(1) (ḳıdvet ün-nevvāb) ve 'l-müteşerrʿīn ḥālā Mārdīn nā'ibi (2) (...) zīde ʿilmehu inhā olunur ki bu defʿa ḥālā Mārdīn (3) (voyvodası aġaları)mızdan ʿOs̱mān Aġanıñ vārid olan taḥrīrātında senıñ ḥüsn-i (4) (rıżasıyla ʿarż) ve iʿlām ėtmekle kemā fī 's-sābıḳ niyābet-i mez̲kūre ḳiyām ve icrā-yı aḥkām-ı (5) (şerʿīye) ihtimām eylemek bābında buyuruldı taḥrīr ve ıṣdār____ve irsāl olunmuşdur (6) (...) Diyārbekir nā'ibine daḫī taḥrīr olunduġu maʿlūmuñ olub minvāl-ı meşrūḥ üzere niyābet-i mez̲kūrede (7)(...) ve icrā-yı aḥkām-ı şerʿīye ve faṣl-ı ḫuṣūmātın mezīd-i diḳḳat ve ṣarf-ı maḳderet eyleyüb ahālī-'i vilāyet (8) (hüsn-i)[?] imtizāc ve muʿāşeret ve mūcib-i buyuruldıyla ʿamel ve ḥareket ve ḫilāf-ı şerʿ-i şerīf vażʿ ve ḥālātdan (9) (ḥaz̲er ve mü)cānebet eyliyesin deyü
buyuruldu fī 15 ṣ [Ṣafar ül-ḫayr] sene 1173

247/24/b

Vorbild der Nā'ibs und Gesetzestreuen, Nā'ib (...) von Mardin – möge seine Weisheit zunehmen! Es sei Folgendes mitgeteilt: Wobei in den eintreffenden offiziellen Schreiben eines unserer Herren, des derzeitigen Voyvodas von Mardin, ʿOs̱mān Aġa (...) zu Deiner (...) Zufriedenheit unterbreitet und mitgeteilt wurde, dass Du wie früher das Amt des Nā'ibs ausführen und die Gesetze der Scharia mit Bedacht zur Ausführung bringen sollst, wird der Buyuruldu ausgestellt und____ geschickt. Es ist Dir bekannt, dass (...) an den Nā'ib von Diyārbekir ebenso geschickt wurde und Du wie beschrieben beim Amt des Nā'ibs (...), der Ausführung der Gesetze und bei der Entscheidung über die Streitparteien Du vermehrte Vorsicht üben und Dich bestmöglich einsetzen sollst. Die Einwohner des Vilāyets sollen (friedlich)[?] miteinander auskommen und Du sollst gemäß dem Buyuruldu handeln, Dich vor ungesetzlichen Verhaltensweisen hüten und in Acht nehmen.
Angeordnet am 15. glückbringenden [Ṣafar] im Jahre 1173.

247/25/a

يا مفتح الابواب افتح لنا خيراً الباب قد ابتدأنا بقيد الاحكام و نتوكل على الله المستعان

(1) ḳıdvet ül-emās̱il ḫālā Mārdīnde Millīzādelerden Muḥarrem Beg zīde mecduḥu inḥā olunu(r ki) (2) bu es̱nāda Mārdīn voyvodası ʿAbdürraḥmān Begiñ ʿazluhu mūcib-i baʿż-ı ḥālātı ẓuhū(rundan) (3) nāşī ʿazl olunub Mārdīn voyovdalığı ağalarımızdan ḳıdvet ül-emās̱il ve 'l-aḳrā(n) (4) ʿÖmer Ağa zīde ḳadruhuya ṭarafımızdan tevcīh ve tefvīż ve her ḫuṣūṣ-ı ʿuhde-ʾi ihtimāmına iḥā(le eyleyüb) (5) ve ḳarīben ol ṭarafa ʿazīmet üzere oldığı maʿlūmuñ olub voyvoda-ʾı mūmā ileyh ol(ṭarafa)[?] (6) vürūd edinceye dek (ṭarafımızdan)[!][279] sen mütesellīm naṣb ve taʿyīn olunmuşsundur ağa-yı mūm(ā ileyh) (7) ol ṭarafa vürūd ėdinceye dek mütesellimligi emrinde ḳıyām ve vāḳiʿ olan ḫidemāt-ı lā(zimesi) (8) ihtimām ve reʿāyā ve berāyānıñ ḥimāyet ve ṣıyāneti ḫuṣūṣunda saʿī ve iḳdām eylemek bābın(da) (9) buyuruldı taḥrīr ve ıṣdār____ve irsāl olunmuşdur vuṣūlunda gerekd(ir ki) (10) vech-i meşrūḥ üzere voyvoda-ʾı mūmā ileyh ol ṭarafa vürūd ėdinceye dek müteselimligi emrin(de) (11) ḳıyām ve vāḳiʿ olan ḫidemāt-ı lāzimesi ihtimām eyliyesin ve sizler ki Mārdīniñ fāżī(letlü) (12) müftīsi ve nāʾibi efendilersiz ve ʿulemā ve āʿyān ve işbāh ve ahālīsisiz merḳūm-ı Muḥarrem Begi (13) üzeriñize mütesellim ve ḥākim bilüb sözine mūvāfaḳat ve rāʾine mütābaʿat ėdüb mūcib-i buyuruldıyla ʿamel ve ḥareket eyliyesiz deyü
buyuruldu fī 11 ş [Şevvāl el-mükerrem] sene 1170

247/25/a

Oh Eröffner der Pforten, öffne die Pforte zu unserem Wohl! Wir begannen bereits die Festlegung der Befehlsgewalt und verlassen uns auf Gott, den um Hilfe Gebetenen!
Dem Vorbild der derzeitigen Edlen der Millī in Mardin – Muḥarrem Beg – möge seine Größe zunehmen sei mitgeteilt, dass nun der Voyvoda von Mardin ʿAbdürraḥmān Beg auf Grund von einigen aufgetretenen Vorfällen entlassen wurde. Einem unserer Herren des Voyvodalıks von Mardin – Vorbild der Edlen und Gleichgestellten – ʿÖmer Ağa – möge seine Macht zunehmen – wurde von unserer Seite das Amt und sämtliche Sonderaufgaben übertragen. Es ist Dir bekannt, dass er in Kürze sich dorthin aufmacht. Bis der erwähnte Voyvoda dort eintrifft, sollst Du (von uns) als Mütesellim ernannt und bestimmt werden. Damit Du, bis erwähnter Ağa dort eintrifft, die Anordnung des Amts des Mütesellim umsetzt und dich um die vorhandenen notwendigen Dienste mit Gewissenhaftigkeit kümmerst und nach dem Schutz und der Absicherung der Untertanen *(reʿāyā)* und

279 ṭarafından

der freien Bürger *(berāyā)* strebst, ist der Buyuruldu eingetragen, ausgestellt und ____geschickt. Bei seinem Eintreffen, sollst Du, wie erklärt, bis erwähnter Voyvoda dort eintrifft, die Anordnung des Amts des Mütesellims umsetzen und Dich um die vorhandenen notwendigen Dienste gewissenhaft kümmern. Ihr, die Ihr die tugendreichen Herren Mufti und Nāʾib von Mardin seid und Ihr, die Rechtsgelehrten, Noblen, Gefährten und Einwohner sollt wissen, dass Muḥarrem Beg Euer Mütesellim und Gebieter ist und Ihr seinen Worten zustimmen, mit seiner Ansicht übereinstimmen und entsprechend dem Buyuruldu handeln sollt.
Angeordnet am 11. geehrten Şevvāl im Jahr 1170.

247/25/c
nişān-ı şerīf-i ʿālīşān sāmī mekān-ı sulṭānī <ve> ṭuġra-ı ġarrā-yı cihān sitān-ı ḫāḳānī ḥükmü ol(dur ki)
(1) Mārdīnde vāḳiʿ Ḳāsim Pādışāh medresesi vaḳfı zevāʾidinden almaḳ üzere senevī bir müdd-i āmed-i[!][280] ḥın(ṭayı) 2) ber vech-i duʿāgū[!][281] mutaṣarrıf olmaḳ üzere ʿulemādan işbu rāfīʿ-i tevḳīʿ-i refīʿ üş-şāʾ(n-ı) (3) şehriyārı ʿAbdullāh zīde ilmehu her vecihle lāyıḳ ve maḥall ve müstaḥaḳḳ olmaġın müceddeden tevc(īh) (4) olunub yedine berāt-ı şerīfim vėrilmek bābında ʿināyet ṭaleb ėtmeġin mūcibince mezbū(r) (ʿAbdullāha)[?] (5) ber vech-i muḥarrer ṣadaḳa ėdüb bu berāt-ı hümāyūn saʿādetmaḳrūnum vėrdüm ve buyur(dum ki) (6) baʿd el-yevm mezbūr ʿAbdullāh zīde ʿilmehu varub ẕikr olınan vaḳf-ı mezbūr(dan) (zevāʾid) (7) üzere senevī bir müdd-i āmed-i ḥınṭaya ber vech-i duʿāgū mutaṣarrıf olub vāḳ(ıfıñ) (8) rūḥı ve devām-ı ömr ve devletimçün duʿāya müdāvemet göstere bu bābda ṭaraf-ı aḫardan (bir) (9) vecihle māniʿ ve lā-mezāḥim ve muʿārıż olmayub daḫl ve taʿarruż ḳılmıyalar şöyle bileler ʿalām(et-i şerīfe) (10) iʿtimād ḳılalar taḥrīren fī evāḫir-i Cemāẕī 'l aḫır sene tisʿa ve sittīn ve miʾe ve ʾelf
bi-maḳām-ı Ḳosṭan(ṭinīye) 'l-maḥrū(se)

247/25/c
Der Erlass des hohen, ehrwürdigen, illustren Zeichens des erhabenen sultanischen Ortes und brillianten, imperialen welterobernden Monogrammes sei Folgender:
Um von den zu nehmenden Überschüssen der Stiftung der in Mardin befindlichen Ḳāsim Pādışāh-Medrese als Gebetsrezitator jährlich über ein Müdd eingehhenden Weizens zu verfügen, gewähre ich, weil von den Rechtsgelehrten der Unterbreitende der erhabenen Unterschrift herrscherlichen Ruhms, (ʿAbdullāh)

---

280 āmedi
281 Duʿāgū in diesem Sicill grundsätzlich immer duʿāgūy geschrieben.

– möge seine Weisheit zunehmen – in jeder Hinsicht berechtigt ist, ihm dieses. Indem ich zu seinen Händen meinen edlen Privilegientitel gebe und weil ich Gnade fordere, lasse ich – wie beschrieben – für erwähnten ʿAbdullāh Gnade walten. Diesen imperialen Befehl und das damit verbundene Glück erteile ich und ordne an, dass von nun an erwähnter ʿAbdullāh – möge seine Weisheit zunehmen – kommt und von den (Überschüssen) erwähnter Stiftung über jährlich einen Müdd eingehenden Weizen als Gebetsrezitator verfügt. Mögen sie für die Seele des Stifters, zur Fortdauer meines Lebens und meiner Herrschaft beflissen beten und hierbei nicht von anderer Seite irgendwie hindern oder bedrängen und sich nicht einmischen und widersprechen. So sollen sie Solches wissen und dem ehrwürdigen Zeichen Folge leisten. Aufgezeichnet in der letzten Dekade des letzten Cemāẕī im Jahre 1169.
In der wohlbeschützten Stadt Konstantinopel.

247/25/d

(1) (sābıḳan) Mārdīn voyvodası saʿādetlü necābetlü ʿAbdürraḥmān Beg ḥażretleri biñ yüz yetmiş senesi māh-ı Rebīʿ ül-aḫırıñ (2) (on a)ltıncı gününden māh-ı <<Rebīʿ>> Ramażān el-mübārekin on beşinci gününe gelince vilāyet maṣārifi içün mālından (3) (āyende) ve revendeye ve Millī Ḥuseyn Aġa teʾdībi içün Cezīre ṭarafına ve Ḫātunīye cānibine ʿazīmet eyledigінde (4) (ṣarf) eyledigi aḳçe bil-cümle ʿulemā ve aʿyān maʿrifetleriyle ḥesāb olunub ber mūcib-i defter müfredātda ẕikr (5) (ve taṣr)īḥ olındıġı minvāl üzere yalñız altı biñ yirmi beş ġurūş maṣārif olunub vaḳtıyla sālyāne (6) (tevz)īʿ olunduḳda mīr-i mūmā ileyhe edā ve teslīm olunmaḳ içün işbu defter taḥrīr ve mīr-i mūmā ileyh (7) (ḥażre)tleri yedine iʿta olındı

	Ġuruş
ṣaʿb ahālīleri iṭlāḳları ḫuṣūṣı içün Diyārbekir vālīsi çuḳadarına	(...)
çuḳadar uzun Aḥmede ḫarcırāh Baġdāda gitdikde	(...)
Rāġib Meḥmed Paşa Efendimiz tatarına[!][282] vedādet müjdesiyle geldikde	(...)
kātib Mollā Yūsufa ḫarcırāh defterler ile Baġdāda gitdikde	(...)
muḥāsibe ḫuṣūṣı içün Bekir Aġa Baġdāda gönderildikde ḫarcırāh	(...)
	(...)[283]
ṣāḥib-i[!][284] devlet efendimiziñ tatarına[!][285] İlyās [...] olınan silāb-ı ʿabā behā	(...)

282 ṭāṭārına
283 Jeweilige Zwischensummen mit obenseitiger dickerer Linie versehen.
284 ṣāḥibi
285 ṭāṭārına

ṣāḥib-i devlet efendimiziñ ḳapuçılar ketḫüdasıyla terfīḳiyle taʿyīn olınan tatar[!][286] Nūrallāha ḫarcırāh	(...)
velī 'n-naʿm efendimiziñ mehter başısı Süleymān Aġa cārīyeler ḫuṣūṣiçün nuḳūd ve urba ve kürk behā maʿ rafīḳleriyle	(...)
	1(...)
çuḳadar Süleymāna ḫarcırāh Diyārbekire gönderildikde	(...)
baş çuḳadar Ḳāsim Aġaya Baġdāda gönderildikde ḫarcırāh	(...)
evliyā-yı naʿm efendimizin tatarlarına Āstāneden ʿavdet eylediklerinde Mollā Meḥmed ve ʿOs̱mān ve tatar Cemīle	(...)
velī 'n-naʿm efendimiziñ tatarı ʿAbdürraḥmān Aġaya Diyārbekire geldikde	(...)
ketḫüda Beg efendimiziñ çuḳadarı Şāhīn Muṣṭafā Aġaya	(...)
	2(...)
çuḳadar Kurd ʿAlīye ḫarcırāh Baġdāda gönderildikde	(...)
evliyā-yı naʿm efendimizin tatarlarından İbrāhīm Aġaya Diyārbekirden ʿavdet eyledikde	(...)
çuḳadar Bekire ḫarcırāh Diyārbekire gönderildikde	(...)
çuḳadar Kürd Meḥmede ḫarcırāh Baġdāda gönderildikde	(...)
	2(...)
kātib Maḥmūd Efendiye ḫarcırāh ve eşyā behā Baġdāda gönderildikde	(...)
çuḳadar Kürd ʿAlīye ḫarcırāh Baġdāda gönderildikde	(...)
Diyārbekir vālīsi ḥażretleriniñ çuḳadarına dėdikleri maḥbūsları iṭlāḳına geldikde	(...)
Diyārbekir voyvodasınıñ çuḳadarına timār ahālīsi ḫuṣūṣuna geldikde	(...)
	2(...)
Diyārbekir Mollāsı Efendi ādemine	(...)
ketḫüda Beg efendimiziñ çuḳadara Türkmān Meḥmed	(...)
çuḳadar Süleymāna ḫarcırāh Ḥilye gönderildikde	(...)
defʿa Diyārbekir vālīsi efendimiziñ çuḳadarına	(...)
mübāyaʿacı Aḥmed Efendimiziñ çuḳadarına	(...)
	2(...)
Cerīde Bekir tatarına iki defʿada	(...)
Kürd ʿAlīye ḫarcırāh Baġdāda gönderildikde	(...)
çuḳadar Kürd Meḥmede ḫarcırāh Baġdāda gönderildikde	(...)
ṣāḥib-i devlet efendimiziñ çuḳadarına Pīriḳ fermānı gönderildikde	(...)
	3(...)
peşkirci ʿAlī Aġaya ḫarcırāh Baġdāda gönderildikde	(...)
defʿa mübāyaʿacı Aḥmed Efendimiziñ çuḳadarına	(...)
velī 'n-naʿm efendimiziñ ibrīḳdārı ʿÖmer Aġaya ve rafīḳlarına ḫidmet ve sümūr kürk ve sincār kürk ve uruba behā	1(...)
çuḳadar ʿÖmre ḫarcırāh Baġdāda gönderildikde	(...)
	4(...)
Millī Ḥuseyn Aġa teʾdībi içün Cezīre ṭarafına ve Ḫātūnīye cānibine ʿazīmet olunduḳda olan maṣārif	1(...)

286 tārtār

meḫter ketḫüdası Aḥmed Aġaya nuḳūd ve uruba behā	(...)
Diyārbekir vālīsi efendimiziñ çuḳadarına mübāya'a ḫuşūşiçün geldikde	(...)
çuḳadar Uzun Aḥmede ḫarcırāh Baġdāda gönderildikde	(...)
	5(...)
Mūṣul vālīsi Muṣṭafā Paşa ḥażretleriniñ çuḳadarına ẕaḫīre içün geldikde	(...)
çuḳadar Rustama ḫarcırāh Baġdāda gönderildikde	(...)
efendimiziñ ikinci çuḳadarına ẕaḫīre içün geldikde	(...)
	5(...)
berā-yı ḳāżī ʿOs̱mān Efendi vāʿiẓ	(...)
yalñiz altı biñ yirmi beş ġuruşdur	(6025)

şühūd ül-ḥāl
faḫr ül-ʿulemā es-Seyyid Aḥmed Efendi el-müftī-i Mārdīn
Azharī el-Ḥāc ʿAbdullāh Efendi
müderris es-Seyyid Hindī Efendi
Nuṣaybīn nāʾibi ʿAbdülbāḳī Efendi
Paşazāde ʿAlī Beg
Millīzāde Muḥarrem Beg
Paşazāde ʿAbdülḳādir Beg
İsmaʿīl Aġa mīr-i ʿaşīret Daḳūrī[287]
ve ġayruhum min el-ḥużżār

247/25/d

Für die Ausgaben der Provinz des früheren Voyvodas von Mardin, der glückliche, edle ʿAbdürraḥmān Beg vom 16. Tag des letzten Rebīʿ im Jahre 1170 bis zum 15. Tag des Monats des gesegneten Ramażān werden die aus eigenen Einkünften ausgegebenen Gelder für die Kommenden und Gehenden und für die Unternehmung nach Cezīre und nach Ḫātunīye, um Millī Ḥuseyn Aġa zu bestrafen, mit Hilfe aller Rechtsgelehrten und Notabeln berechnet. Es wurden lediglich 6025 Ġurūs ausgegeben, deren Einzelheiten im Defter erwähnt und klar dargelegt werden. Um rechtzeitig die Jahressteuer umzulegen und, um sie dem erwähnten Anführer zu bezahlen, wird dieses Defter aufgezeichnet und Erwähntem übergeben.

	Ġuruş
Speziell für den Çuḳadar des Valis von Diyārbekir für die Befreiung der Angehörigen des Stammes Ṣaʿb	(...)

287 Kurdischer Stamm der Dekkori, vgl. Bozan, Oktay, „XIX. Yüzyılın ikinciyarısına Mardin sancağında müslim-gayrimüslim ilişkileri ve ermeni olayları", in: *SBArD* Jahr 13, Nr. 25 (2015/1), S. 85–127.

Für Uzun Aḥmed die Spesen, als er nach Baġdād ging	(...)
Für die Meldereiter unseres Rāġib Meḥmed Paşa Efendi als sie mit der frohen Kunde der Freundschaft kamen	(...)
Für den Schreiber Mollā Yūsuf die Spesen, als er mit den Defters nach Baġdād ging	(...)
Speziell für Buchhalter Bekir Aġa die Spesen, als er nach Baġdād geschickt wurde	(...)
	(...)
Silāb[288]-Wollstoff-Geld für den Meldereiter unseres wohlhabenden Monarchen, İlyās	(...)
Spesen für den zur Begleitung mit den Ketḫüdas und Ḳapıçıs unseres wohlhabenden Monarchen ernannten Meldereiter, Nūrallāh	(...)
Münzen, Kleidung und Pelzgeld samt Begleitern speziell für die Dienerinnen des Vortrommlers unseres Herren, Herrschers des Glücks, Süleymān Aġa	(...)
	1(...)
Spesen für den Çuḳadar Süleymān, als er nach Diyārbekir geschickt wurde	(...)
Spesen für den Baş-Çuḳadar Ḳāsim Aġa, als er nach Baġdād geschickt wurde	(...)
Für die aus İstanbūl zurückkehrenden Meldereiter unserer Herren, Beschützer des Glücks, Mollā Meḥmed, ʿOs̱mān und den Meldereiter Cemīl	(...)
Für den Meldereiter unseres Herren, des Beschützers des Glücks, ʿAbdürraḥmān Aġa, als er nach Diyārbekir kam	(...)
Für den Çuḳadar unseres Herren Ketḫüda Beg, Şāhīn Muṣṭafā Aġa	(...)
	2(...)
Spesen für Çuḳadar Kurd ʿAlī, als er nach Baġdād geschickt wurde	(...)
Für einen der Meldereiter unseres Herren, Beschützer des Glücks, İbrāhīm Aġa, als er aus Diyārbekir zurückkehrte	(...)
Spesen für Çuḳadar Bekir, als er nach Baġdād geschickt wurde	(...)
Spesen für den Çuḳadar Kürd Meḥmed, als er nach Baġdād geschickt wurde	(...)
	2(...)
Ausgaben und Wertsachen für den Schreiber Maḥmūd Efendi, als er nach Baġdād geschickt wurde	(...)
Spesen für Çuḳadar Kürd ʿAlī, als er nach Baġdād geschickt wurde	(...)
Für den Çuḳadar des Valis von Diyārbekir, der zur Befreiung der besagten Gefangenen kam	(...)
Für den Çuḳadar des Voyvodas von Diyārbekir, als er speziell für die Timār-Angehörigen kam	(...)
	2(...)
Für den Bediensteten des Efendis Mollā von Diyārbekir	(...)
Für den Çuḳadar unseres Herren Ketḫüda Beg, Türkmān Meḥmed	(...)
Spesen für den Çuḳadar Süleymān, als er nach Ḥil geschickt wurde	(...)
Für einen weiteren Çuḳadar unseres Herren, des Valis von Diyārbekir	(...)
Für den Çuḳadar des Einkäufers unseres Herren, Aḥmed	(...)
	2(...)
Ein Zweites Mal für den Meldereiter von Cerīde Bekir	(...)
Spesen für Kürd ʿAlī, als er nach Baġdād geschickt wurde	(...)

288 Trauergewand, welches arabische Frauen im Trauerfall verwendeten.

Spesen für den Çuḳadar Kürd Meḥmed, als er nach Baġdād geschickt wurde	(...)
Für den Çuḳadar unseres wohlhabenden Monarchen, Pīriḳ, als der Fermān geschickt wurde	(...)
	3(...)
Spesen für den Serviettenhändler ʿAlī Aġa, als er nach Baġdād geschickt wurde	(...)
Ein weiteres Mal für den Einkäufer unseres Herren, Aḥmed	(...)
Lohn für den Mundschenk unseres wohlhabenden Monarchen, ʿÖmer Aġa und seine Begleiter sowie Otterpelz-, Eichhörnchenpelz- und Bekleidungsgeld	1(...)
Spesen für den Çuḳadar ʿÖmer, als er nach Baġdād geschickt wurde	(...)
	4(...)
Ausgaben für die Unternehmung nach Cezīre und Ḫātūnīye zur Bestrafung von Millī Ḥuseyn Aġa	1(...)
Münzen und Kleidungsgeld für den Trommler-Ketḫüda Aḥmed Aġa	(...)
Für den Çuḳadar unseres Herren, des Valis von Diyārbekir, als er speziell für den Ankauf kam	(...)
Spesen für den Çuḳadar Uzun Aḥmed, als er nach Baġdād geschickt wurde	(...)
	5(...)
Für den Çuḳadar des Valis von Mossul, Muṣṭafā Paşa, als er für den Kornvorrat kam	(...)
Spesen für den Çuḳadar Rustam, als er nach Baġdād geschickt wurde	(...)
Für den zweiten Çuḳadar unseres Herren, als er für den Kornvorrat kam	(...)
	5(...)
Für den Kadi ʿOs̱mān Efendi, dem Prediger	(...)
Nur 6025 Ġuruş	(6025)

Zeugen der Angelegenheit:
Exzellenzen der Rechtsgelehrten Seyyid Aḥmed Efendi, Mufti von Mardin
Der aus der Azhar stammende Ḥāc ʿAbdullāh Efendi
Der Lehrer Seyyid Hindī Efendi
Nāʾib von Nuṣaybīn ʿAbdülbāḳī Efendi
Paşazāde ʿAlī Beg
Millīzāde Muḥarrem Beg
Paşazāde ʿAbdülḳādir Beg
İsmaʿīl Aġa, Anführer des Stamms Daḳūrī
und weitere Anwesende

247/26/b

(1) vech-i taḥrīr-i ḥurūf oldur ki (2) biñ yüz yetmiş senesiniñ işbu dārende-ʾi tez̠kere İsmaʿīl Efendiye kendü ḥasan merżām ile acemīye 'l-aṣıl (olan) (3) ve ʿĀīşe isimle müsemmī olan cārīyemi efendi-i mūmā ileyhe yüz ġuruş aḳçe ile beyʿ-i bātı ṣiḥāḥ (ile) (4) beyʿ ve s̱emen-i mez̠kūr olan yüz ġuruş nuḳūd aḳçe aḫẕ ve ḳabż ėdüb baʿd el-yevm (...) (5) merḳūm ile cārīye ḫuṣūṣunda vechen min el vücūh daʿvā ve ṭalebem ḳalmadığı ecilden (6) yedine işbu sened vėrilmişdir.

fī 22 ẕā [Ẕi 'l-ḳā'de eş-şerīfe] sene 1170
ṣaḥḥ Ruḥāvī 'Abdülḳādir Beşe

şühūd-ul ḥāl
devletlü Süleymān Paşa (...) imāmı Muṣṭafā Efendi
Cemelzāde Muṣṭafā Aġa
birāderi Ḥasan Çelebi
Baġdād sālyānecisi Süleymān Çāvīş Aġa
Mollā Muḥarrem bin ül-Ḥāc Yaḥyā
'Alemdār Seyyid Zekeryā Mārdīnī
'Abdullāh ġulām-ı imām efendi-i mūmā ileyh
Baġdādlı çorbaçı[!][289] İbrāhīm Aġa
ve ġayrihim

247/26/b
Die Eintragung des Wortlauts besagt Folgendes:
Der Besitzer des Berechtigungsscheins ist zu meiner eigenen glücklichen Zufriedenheit berechtigt, an İsma'īl Efendi meine von auswärts (kommende) und 'Āīşe geheißene Sklavin – also an jenen erwähnten Efendi – zu einem festgelegten Verkaufspreis von 100 Ġuruş Aḳçe zu verkaufen und den erwähnten Wert von 100 Ġuruş Aḳçe entgegenzunehmen. Damit ich von nun an mit erwähntem (...) betreffs der Sklavin keinerlei Anrecht auf eine Klage oder einen Anspruch erheben kann, wird zu seinen Händen dieses Dokument gegeben. Am 22.[edlen Ẕī 'l-ḳā'de] im Jahre 1170.
Geprüft: Ruḥāvī 'Abdülḳādir Beşe

Zeugen der Angelegenheit:
Imam von (...) des illustren Süleymān Paşa, Muṣṭafā Efendi
Cemelzāde Muṣṭafā Aġa
Sein Bruder Ḥasan Çelebi
Der Schatzmeister der Jahressteuer von Baġdād Süleymān Çāvīş Aġa
Mollā Muḥarrem bin ül-Ḥāc Yaḥyā
'Alemdār Seyyid Zekeryā Mārdīnī
'Abdullāh, Diener des erwähnten Imam Efendis
Der Baġdāder Çorpaçı İbrāhīm Aġa, und weitere

289 Çorpaçi, Janitscharentitel

247/26/c

يا مفتح الابواب افتح لنا[290][!]خيراً الباب

(1) ʿizzetmeʿab şerīʿat-nıṣāb el-Ḥāc Maḥmūd Efendi kamyāb (2) baʿd et-taḥīye 'l-vāfīye inhā olunur ki işbu sene iḥdā ve sebaʿīn ve miʾe ve ʾelf Muḥarrem el-ḥarāmıñ[!][291] ġurresinden ż(abt) (3) ėtmek üzere Āmid ḳāżāsı mużāfātından Mārdīn niyābeti ṭarafımızdan kemākān <...> [size] tefvīż ve ib(ḳā) (4) olunmuşdur gerekdir ki ḳażā-ʾı mezbūrı ġurre-ʾi merḳūmeden żabṭ ve beyn el-ahālī icrā-yı aḥkām-ı şer(īye icrā) (5) ėdüb cādde-ʾi şerʿ-i ḳavīmdem sermū-yı inḥirāfa cevāz ve ruḫsat göstermekden tevaḳḳī ve mücānebet (...) (6) ve ḳażā-ʾı mezbūrda vāḳī mevtā-yı ʿaskerīyeniñ muḫallefātını maʿrifet-i şerʿle taḥrīr ve beyn el-vereṡe (7) bil-ferīża 'ş-şerʿīye tevzīʿ ve taḳsīm eyleyüb ṭarīḳ-i iʿtidāldan ʿudūl eylemiyesiz ve 's-selām (8) ḥurrire fī 'l-yevm eṡ-ṡāliṡ min şehr-i Muḥarrem el-ḥarām sene el-mezbūre min el-ġafr el-Ḥāc Ebū Bekir el-mevlāḫilāfe bi-medīne-ʾi Āmid el-maḥrūse

247/26/c

Oh Eröffner der Pforten, Öffne uns die Pforte zu unserem Wohl!
Mittelpunkt der Ehre, dessen Würde auf der Scharia beruht, glücklicher Ḥāc Maḥmūd Efendi! Nach zahlreicher Begrüßung sei kund: Dieses Jahr 1171 werden ab dem ersten des Monats des geheiligten Muḥarrem von den zu verwaltenden anhängigen Gebieten des Gerichtssprengels von Āmid von uns das Amt des Nāʾibs von Mardin – so wie es zuvor war – [Euch] erneut übergeben. Es ist notwendig, erwähnten Gerichtssprengel ab erwähnten Ersten zu verwalten und unter den Einwohnern die Gesetze der Scharia durchzuführen. So sollt Ihr nicht erlauben und gestatten, dass auch nur um Haaresbreite abgewichen wird und den im erwähnten Gerichtssprengel anfallenden Nachlass der verstorbenen ʿAskerī gemäß dem Gesetz eintragen und zwischen den Erben nach der heiligen Pflicht des Scheriatsrechts verteilen und nicht vom gerechten Weg abweichen und Gruß. Eingetragen am 3. Tag des Monats des geheiligten Muḥarrem im erwähnten Jahr.
Möge Ḥāc Ebū Bekir, Richter in der wohlbehüteten Stadt Āmid, verziehen werden.

247/26/d

(1) vech-i taḥrīr-i şarṭnāme budur ki biñ yüz yetmiş bir senesine maḥsūben Kūlāndan bir sene-i kāmile d(egin) (2) mūmḫāne muḳāṭaʿası iltizāma vėrilmek ṭaraf-ı mīrīye ve ʿibād Ullāh evlā ve enfaʿ olmaġla iş(bu) (...) (3) ṭālibi olan İlyās

290 خير
291 ḥarāmī

Çelebiye muḳāṭaʿa-ʾı mezkūreniñ iʿmālına ve şemʿ-i revġan ḫuṣūṣun(da) (...) (4) ʿibād Ullāh s̱ıḳlet vėrmemek üzere ve beher baṭmanı iki ġuruş on altı para ḳarā(rından) (5) ziyade bir aḳçe taḥmīl ėtmemek üzere ve beher kepçe[!][292] müstevfā mūm çārşūya[!][293] çıḳarub fürūḫ(t) (6) ve ḳaṣṣābḫānede ne miḳdār (peyem)[?] revġanı çıḳar ise beher baṭmanı sekiz (cerḳ)[?] ḳararından işt(irāʾ) (7) ve ḳaṣṣāblara behāsını ʿan naḳd edā ėtmek üzere iʿmāl ėdüb ṭaraf-ı mīrīye maḳṭu(ʿan) (...) (8) olan yüz seksen ġuruş ve beher kepçe[!][294] bir ḥuḳḳa şemʿ-i revġan (...) ḳabūl ve (...) (9) o iltizām ėtmesiyle ṭarafımızdan yedine işbu şarṭnāme[!][295] vėrilmişdir fī 17 ş [Şaʿbān] sene 1171
ṣaḥḥ behā voyvoda-ı Mārdīn ḥālā

247/26/d

Hinsichtlich des eingetragenen Vertrags sei Folgendes ausgesagt: Um gerechnet bis zum Jahr 1171 von Kūlān[?][296] ein ganzes Jahr den Wachsherstellungssteuerpachtbezirk als Steuerpacht zu vergeben, wird diesem Ersuchenden (...) İlyās Çelebi, damit es für den Staat und für alle profitabel ist, zum Betreiben von erwähnter Steuerpacht und bezüglich der Dinge, die aus Schmalz hergestellt werden, diese (übergeben). Damit er den Leuten keine Schwierigkeiten bereitet und nicht für jedes Baṭman statt den üblichen 2 Ġuruş und 16 Para einen zusätzlichen Aḳçe verlangt und pro Kelle genügend Wachs auf den Markt bringt und verkauft, soll er, damit er – gleichgültig wieviel (...) Schmalz auf dem Fleischgroßmarkt herausgebracht wird – pro Baṭman wie üblich zu 8 (...) kaufen und deren Preis in bar an die Metzger zahlen und an die Staatskasse pauschal 180 Ġuruş (zahlen) wobei jede Schale [Wachs] einer kleinen Schale Schmalz entsprechen soll (...).[297] Hierzu wird von unserer Seite ihm dieser Vertrag überreicht und das İltizām gegeben. Am 17. Şaʿbān des Jahres 1171.
Der Preis wurde vom derzeitigen Voyvoda von Mardin geprüft.

247/26/e

(1) (şerīʿat) ül-ḳużāt ve 'l-ḥükkām ve maʿādin ül-fażl ve 'l-kelām mevlānā Mārdīn ḳāżīsi zīde fażluhu (2) (ve ḳıdvet) ül-emācid ve 'l āʿyān Mārdīn voyvodası____ zīde

292 kepce
293 çāşūya
294 kepce
295 şarṭnāmesi
296 Vermutlich ein Ort in der Region.
297 Vermutlich soll eine Kelle *(kepçe)* Wachs einem ḥuḳḳa gefertigten Schmalz entsprechen.

mecduhu tevḳīʿ-i refīʿ-i hümāyūnum (3) (vāṣıl) olıcaḳ maʿlūm olaki nefs-i nefīs-i hümāyūnum içün ḳadīmīden berü beher sene Mārdīn cānibinden (4) (muʿtā)d olan yüz yirmi baṭman icāṣ işbu biñ yüz yetmiş senesine maḥsūben ġāyet iġlā ve (5) (güzīd)esinden olmaḳ üzere cemʿ ve taḥṣīl ve ḫāṣṣa-ʾı güzārıdan ḳıdvet ül-emāṣil ve 'l-aḳrān (6) (naṣb ve) taʿyīn olınan____zīde ḳadruhuya teslīm ve olageldige üzere bidār-ı mekārī bārgīrlerine (7) (taḥmīl ve) vaḳt ve zemānıyla enderūn-ı hümāyūnum kilerine teslīm olunmaḳ üzere emr-i şerīfim vėrilmek (8) (içün) ḫāṣṣa-ʾı maṣraf ḳaleminden ḳāʾime vėrilmekle ḫazīne-ʾi ʿāmiremde maḥfūẓ olan baş (9) (muḥāseb)e defterlerine naẓar olunduḳda altmış ṭoḳuz senesine maḥsūben vech-i meşrūḥ üzere (10) (ḥükm-i şe)rīfim vėrildige der kenār olunduḳda imdi der kenārı mūcibince ʿamel olunmaḳ bābında (11) (fermā)n-ı ʿālīşānım ṣādır olmuşdur buyurdumki ḥükm-i şerīfim varduḳda bu bābda (12) (ṣādır) olan emrim üzere ʿamel ėdüb daḫī vech-i meşrūḥ üzere be her sene Mārdīn (13) (cāni)binden gelmesi muʿtād olan ol miḳdār baṭman[!][298] icāṣ sene-ʾi mezbūre maḥsūben ġāyet (14) (iġlā) ve güzīdesinden olmaḳ üzere cemʿ ve taḥṣīl ve mübāşir-i merḳūm teslīm ve olageldige üzere (15) (bidā)r-ı mekārī bārgīrlere taḥmīl ve vaḳt ve zemānıyla enderūn-ı hümāyūnum kilerine (16) (teslīm) ėtdirilmesine ziyāde ihtmām ve diḳḳat eyliyesin şöyle bilesin ʿalāmet-i şerīfe (17) (iʿtimād) ḳılasın taḥrīren fī 's-sādis ʿaşr fī şehr-i Şaʿbān sene sebaʿīn ve miʾe ve ʾelf
bi-maḳām-ı Ḳosṭanṭinīye 'l-maḥrūse

247/26/e

Gesetz der Kadis und Richter, Fundgruben der Tugend und Beredsamkeit, Mevlānā, Kadi von Mardin – möge seine Tugend wachsen –, Vorbild der Ruhmvollsten – Voyvoda von Mardin – ____ – möge sein Ruhm zunehmen. Sobald mein edles großherrliches Namenszeichen eintrifft, sei kund: Damit für meine großherrliche kostbare Seele wie seit jeher für jedes Jahr von den aus Mardin kommenden 120 Baṭman Pflaumen, gerechnet bis zu diesem Jahr 1170 die besten unter den Ausgewählten gesammelt werden und um von der durchführenden Domäne sie an ernanntes und bestimmtes Vorbild der Gleichgestellten und Ranggenossen____ – möge sein Ansehen wachsen – zu übergeben und wie schon immer schnell handelnde Verleiher ihre Lastpferde beladen und diese zeitgerecht an die Vorratskammern meines Palastes übergeben zu lassen und um meinen edlen Befehl zu geben, um von der Kanzlei für die Ausgaben der Domäne eine Rechnung zu erhalten und diese in den in meinem großherrlichen Staatsschatz aufbewahrten Registern der Haupt-Rechnung zu berücksichtigen und gerechnet

298 baṭmā

bis zum Jahr 69 wie hier dargelegt, meinen edlen (Befehl) wie am Rande notiert, zu überbringen, gebe ich, um dies entsprechend der Randnotiz umzusetzen, meinen überaus edlen Erlass heraus und befehle Folgendes: Sobald mein ehrwürdiger Befehl eintrifft, soll man meinem hierzu erteilen Befehl entsprechend verfahren. Damit darüber hinaus wie beschrieben jedes Jahr von dieser aus Mardin kommenden Menge Baṭman an Pflaumen gerechnet bis zum erwähnten Jahr die besten unter den ausgewählten gesammelt werden und um diese wie schon immer erwähntem Beauftragten zu übergeben und um wie üblich schnell handelnde Verleiher die Lastpferde beladen und diese zeitgerecht an die Vorratskammern meines Palastes übergeben zu lassen, sollst Du vermehrt Sorgfalt und Vorsicht üben und Solches wissen und meinem großherrlichen Zeichen Folge leisten. Eingetragen am 16. des Monats Şaʿbān im Jahr 1170.
In der wohlbeschützten Stadt Konstantinopel.

247/26/f
(1) (ḳıdv)et ün-nevvāb ül-müteşerrʿīn Mārdīn nāʾibi mevlānā____zīde ʿilmehü (2) (tevḳī)ʿ-i refīʿ-i hümāyūn vāṣil olıcaḳ maʿlūm olaki ḳażā-ʾı mezbūr[!][299] (3) (eṣḥāb-ı ḫayrātı)ndan Şeyḫ Emīneddīn maḥallesinde Şeyḫ Emīneddīn-i mescid-i şerīfiñ cemāʿatı kes̱īr olmaġla (4) (minber) vażʿ olunub cāmiʿ-i şerīf olmaġla her vecihle maḥall-ı münāsib olmaġla eṣḥāb-ı (5) (ḫayrāt)ından işbu dārende-ʾi fermān-ı hümāyūn el-Ḥāc İsḥāḳ nām ṣāḥib ül-ḫayr kendü aṭyeb (6) (māl ile me)scid-i mez̲kūrda[!][300] müceddeden minber vażʿ ėtmek içün iz̲n-i hümāyūn-ı ricāsını istidʿāyı ʿināyet (7) (ėtmeġ)in iz̲n-i hümāyūnum erzānı ḳılub buyurdumki ḥükm-i şerīf vācib ül-itbāʿımla varduḳda (8) (...) maḥalle-ʾi mezbūrede vāḳiʿ mescid-i şerīf eʾimme-ʾi ḥanefīye ridvān İllāhi teʿālā ʿaleyhim (9) (...) tecvīz gördükleri birde ise kendü aṭyeb māl ile müceddeden minber vażʿ ėdüb (10) (şerīʿat) şerīfimle ḫaṭīb naṣb ve taʿyīn olunduḳdan ṣoñra iḳāmet-i ṣalāt-ı[301] cumʿa (11) (ʿab)idīn olunub devām-ı ʿömr ve devletimçün duʿāya müdāvemet göstere olbābda (12) (ṭaraf-ı) aḫardan hīç ferd māniʿ ve mezāḥim olmayub aṣlen daḫl ve taʿarruż ḳılmıyalar (13) (şöyle b)ileler ʿalāmet-i şerīfime iʿtimād ḳılalar taḥrīren fī 'l-yevm et-tāsīʿ min şehr-i Rebīʿ ül-evvel sene sebaʿīn ve miʾe ve ʾelf
bi-maḳām-ı Ḳosṭanṭinīye 'l-maḥrūse

299 mezbūre
300 mez̲kūr
301 Grundsätzlich in dieser Quelle „ṣalve“ geschrieben.

247/26/f

Vorbild der gesetzestreuen Nā'ibs, Nā'ib von Mardin Mevlānā____ – möge seine Weisheit zunehmen – sobald das edle großherrliche Namenszeichen eintrifft, sei kund: Da im Viertel Şeyḫ Emīneddīn, der einer der religiösen Stifter von erwähntem Gerichtssprengel ist, die religiöse Gemeinschaft der ehrwürdigen Şeyḫ Emīneddīn-Moschee zahlreich war, wurde eine Kanzel errichtet. Da es eine ehrwürdige Moschee und in jeder Hinsicht ein geeigneter Ort ist, erachte ich, damit von den Stiftungsgründern der Inhaber des imperialen Erlasses namens Ḥāc İsḥāḳ aus eigenem reinen Stiftervermögen in erwähnter Moschee wieder eine Kanzel errichtet und weil hinsichtlich seines Gesuchs um die imperiale Erlaubnis er Gnade erbat, meine imperiale Erlaubnis als angemessen und ordne Folgendes an: Sobald mein Folge zu leistender ehrwürdiger Befehl eintrifft, und wenn die hanafitischen Imame – möge Gott der Erhabene mit ihnen zufrieden sein – die sich am Ort befindende ehrwürdige Moschee ebenfalls (...) als berechtigt ansehen, soll dieser selbst aus eigenem Vermögen erneut eine Kanzel errichten. Nachdem mittels meiner erhabenen Scharia der Prediger eingesetzt und bestimmt ist, sollen sie das Freitagsgebet durchführen. So sollen sie für die Seele des Stifters und meine Herrschaft beflissen beten. Schließlich soll niemand von anderer Seite hindern und Unruhe stiften und keinesfalls sich einmischen und widersprechen und so sollen sie Solches wissen und dem hohen Zeichen Gehorsam schenken. Eingetragen am 9. Tag des Monats des ersten Rebīʿ im Jahre 1170. In der wohlbeschützten Stadt Konstantinopel.

247/26/g

nişān-ı şerīf-i ʿālīşān sāmī mekān-ı sulṭānī [ve] ṭuġra-ı ġarrā-yı cihān sitān-ı ḫāḳānī ḥükmü oldur ki

(1) Mārdīnde Şeyḫ Emīneddīn maḥallesinde vāḳiʿ (2) (olan Ş)eyḫ Emīneddīn binā ėtdigi mescid-i şerīfinde bā iẕni hümāyūnumla eṣḥāb-ı ḫayratdan el-Ḥāc (3) (İsḥāḳ) nām-ı ṣāḥib ül-ḫayr müceddeden minber vażʿ ėdüb cāmiʿ şerīf olunmaġla ḫaṭīb naṣb (4) (ve taʿ)yīn olunmaḳ lāzim ve mühim olmaġla erbāb-ı istiḥḳāḳdan işbu rāfiʿ-i tevḳīʿ-i refīʿ üş-şān-ı (5) (şehri)yārī es-Seyyid İbrāhīm Ḫalīfe her vecihle lāyıḳ ve maḥall ve müstaḥaḳḳ olmaġla vaḳf-ı mezbūrdan (6) (olmaḳ) üzere yevmī beş aḳçe vaẓīfe ile tevcīḥ olunub yedine müceddeden berāt-ı şerīf-i ʿālīşānım (7) (vėrilm)ek bābında istidʿā-yı ʿināyet ėtmeġin ṣadaḳa ėdüb bu berāt-ı hümāyūn saʿādet (8) (maḳrū)nı vėrdüm ve buyurdumki baʿd el-yevm merḳūm es-Seyyid İbrāhīm Ḫalīfe varub ẕikr (9) (olına)n cāmiʿ-i şerīfinde ḫaṭīb olub ḫidmet-i lāzimesin merʿī ve müʾeddī ḳıldıḳdan soñra (10) (yevmī) beş aḳçe vaẓīfesiyle mutaṣarrıf

olub vāḳifiñ ḫayrātı ve devām-ı ʿömr ve devletimçün[!][302] duʿāya (11) (müdā)vement göstere olbābda ṭaraf-ı aḫardan hīç ferd mānīʿ ve mezāḥim olmayub aṣlen (12) (daḫl ve) taʿarruż ḳılmıyalar şöyle bileler ʿalāmet-i şerīfe iʿtimād ḳılalar taḥrīren fī 'l-yevm (13) (ür-rābi)ʿ min şehr-i Rebīʿ ül-evvel li-sene sebaʿīn ve miʾe ve ʾelf bi-maḳām-ı Ḳosṭanṭinīye 'l-maḥrūse

247/26/g

Der Erlass des hohen, ehrwürdigen, illustren Zeichens des erhabenen sultanischen Ortes und brillianten, imperialen, welterobernden Monogrammes sei Folgender:
Weil im Viertel Şeyḫ Emīneddīn der in Mardin liegenden errichteten ehrwürdigen Şeyḫ Emīneddīn-Moschee jemand von den frommen Stiftern, der fromme Stifter namens Ḥāc İsḥāḳ mit meiner imperialen Erlaubnis kürzlich eine Kanzel *(minber)* errichtete und weil es notwendig und wichtig war, einen Prediger zu ernennen und einzustellen und da einer der verdienten Männer, Seyyid İbrāhīm Ḫalīfe, der Anspruchsteller der erhabenen Unterschrift des Sultans in jeder Hinsicht geeignet und berechtigt ist, wird ihm mit einem täglichen Gehalt von 5 Aḳçe von erwähnter Stiftung dies *(Predigeramt)* übertragen. Weil ich bezüglich seines Gesuchs, ihm zu seinen Händen erneut meinen edlen ehrwürdigen Privilegientitel zu geben Gnade walten lasse, erteile diesen edlen mit Glück verbundenen Befehl und ordne Folgendes an. Von nun an soll erwähnter İbrāhīm Ḫalīfe kommen und in der erwähnten Moschee Prediger sein. Nachdem er seinen notwendigen Dienst in gültiger Form ausgeübt hat, soll er (täglich) 5 Aḳçe Gehalt erhalten. Mögen sie für die Stiftungsgründer und die Fortdauer meiner Herrschaft beflissen beten. So soll sich niemand einmischen und widersprechen und sie sollen Solches wissen und mein großherrliches Zeichen befolgen. Aufgezeichnet am 4. Tag des Monats des ersten Rebīʿ im Jahr 1170.
In der wohlbeschützten Stadt Konstantinopel.

247/27/a

(1) defter oldur ki (2) Medīne-ʾi Āmīd sükkānından olub nefs-i Diyarbekirde Yeñi Ḳapu ḳurbında mütemekken olan Darkazanlı Mollā (Meḥmed) (3) müsāfiretle Mārdīnde Ṣādıḳ Aġa ḫānında sākin iken bi-emrillāhi teʿālā fevt olub tereke maʿ(rifet-i şerʿ ḥesāb olunub) (4) ve saʿādetlü Mārdīn voyvodası ʿÖmer Aġa dāme mecduhu ḥażretleriniñ ṭaraflarından taʿyīn olınan çu(ḳadar) (5) Süleymān Aġa maʿrifetiyle ẕeyl-i defterde mektūb ül-esāmī olan müslimīn maḥżarlarında

302 deletimçün

terekesi taḥrīr (ve techīz) (6) ve tekfīn ve sā'ir maṣārifāt lāzimesine ṣarf ve ḫarc olunduğu vech-i ātī üzere müfre(dātıyla ẕikr) (7) ve beyān olunur
fī 19 m [Muḥarrem] el-ḥarām sene 1171

		ġuruş	para
nuḳūd aḳçe		10	
köhne melbūsātı maʿrifet-i şerʿ ve mübāşir-i merḳūm maʿrifetiyle fürūḫt şüde		1	
fürūḫt olınan dārı behāsından	şinik ʿaded 7	5	10
fürūḫt olınan çeltiḳ behāsından	şinik ʿaded 57	2	30
yalñız on doḳuz ġuruşdur		18	40

Minhā el-maṣārifāt

	Ġuruş	Para
berā-yı techīz ve tekfīn ve mezār ḳazması ve ġassāl ve vücūh-ı ḫayrāt ve şu ve pembe) (...)	6	10
berā-yı resm-i ḳismet ve ḫidmet-i nā'ib ve ḳāżī çuḳadarı ve muḥżır	1½	5
berā-yı ḫidmet-i çuḳadar mübāşir-i merḳūm Süleymān Aġa	1	
berā-yı ücret-i mekārī Bilālī Şūlāḳ	1	
ücret odaḫāncıya vėrildi		10
yalñız on ġuruş beş paradır	9½	25
el-bāḳī teslīm-i voyvoda-'ı[303] mūmā ileyh ḥażretlerine[!][304] bā-yed ve maʿrifet-i çuḳadar Kurcu Süleymān Aġa el-merḳūm		

	Ġuruş	Para
el-bāḳī yalñız sekiz ġuruş otuz beş paradır	8	35

şuḥūd ül-ḥāl
Mollā Zakçī Muṣṭafā
Mollā Zakçī Şaʿbān
ḫāncı Seyyid Ḫalīl
ḫazīnedār el-Ḥāc Süleymān Aġa
Berber Ḥāc Aḥmed bin İsmaʿīl
ʿAbdürraḥmān bin Bekir, mübāşir-i çuḳadar
gözcü Süleymān Aġa
Monlā Meḥmed bin Çūçū
Muṣṭafā bin Ḫalīl Mīrū
(Von rechts nach links)
Seyyid Abdāl bin Ḳara Aḥmed
Muṣṭafā Yaykān

303 Ezāfe beim Titel „Voyvoda“ fast immer mit Hamza geschrieben.
304 ḥażretleri

el-Ḥāc Bekir Beg
ve ġayruhum min el-ḥużżār
el-ġafr el-Ḥāc Maḥmūd en-nā'ib Mārdīn *(Stempel)*

(Nachtrag)
Ṭuraclu nāḥīyesinde vāḳiʿ Dīye ḳaryesi sāk(in olan) (2) Senem bint Meḥmed <li-ebeveyn> müteveffā-yı mez(būruñ) (terekesini) (3) li-ebeveyn ḳızḳarındaşı oldıġı ve verā(s̱eti) (4) kendüye munḥaṣıra oldıġı Muṣṭafā (bin) (...) (4) ve Muṣṭafā bin Yūsuf şehādetleriyle (baʿd et-taḥlīf iş-şerʿi) (5) 's-s̱übūt temāmen meblaġ-ı mez̠kūr ola(n sekiz) (6) ġuruş otuz beş para-yı[!][305] merḳūm (çuḳadar) (7) Süleymān Aġa merḳūme Seneme teslīm (...) (8) aḫẕ ve ḳabżına iḳrār eyledigi (...) (9) ḳayd şüde
fī 11 r [Rebīʿ üs̱-s̱ānī] sene 1171

şuḥūd (ül-ḥāl)
Ḫal(īl) (...)
Ẕiyāb
Muṣṭafā Çelebi bin Ḫalīl Mīrū
Çāvīş bin Ṣūlāḳ Bilālī
ve ġayruhum min el-ḥużżār

247/27/a
Die Angelegenheit ist Folgende: Der in Diyarbekir in der Nähe von von Yeñi Ḳapu wohnende und aus Darkazan stammende Mollā Meḥmed, der ein Bewohner der Stadt Āmīd war und sich als Gast in Mardin im Haus von Ṣādıḳ Aġa befand, verstarb auf Geheiß Gottes, des Allmächtigen. Sein Nachlass wurde mit Hilfe des Gerichts und des durch den vom glücklichen Voyvoda von Mardin, ʿÖmer Aġa – möge sein Ruhm andauern – ernannten Çuḳadar[306] Süleymān Aġa in Anwesenheit der im Anhang des Registers aufgelisteten Muslime (verzeichnet) und die abgezogenen dazu notwendigen Ausgaben für Waschung, Leichentuch und wietere Ausgaben im Folgenden detailliert erklärt.
Am 19. des geheiligten [Muḥarrem] im Jahre 1171.

	Ġuruş	Para
Aḳçe-Gelder	10	
Alte Gewänder wurden mit Hilfe des Gerichts und eines Beauftragten verkauft	1	

305 bāra
306 Osmanischer Titel, wörtlich „Tuchträger".

Vom Geld der verkauften Hirse	Şinik Anzahl 7	5	10
Vom Geld vom verkauften ungeschälten Reis	Şinik Anzahl 5½	2	30
Nur 19 Ġuruş		18	40

Davon die Ausgaben:

	Ġuruş	Para
Für die Waschung, Leichentuch, Beisetzung, den Totenwäscher und die Stiftungs-Notabeln, Wasser und (Baumwolle) (...)	6	10
für die Teilungsgebühr, den Dienst des Nā'ibs, des Gefolgsmanns *(çuḳadar)* des Kadis, und des Gerichtsdieners	1½	5
Für Dienst des Çuḳadars, des erwähnten Beauftragten Süleymān Aġa	1	
Für den Lohn des Verleihers Bilālī Şūlāḳ	1	
Der Lohn für den Gästezimmerwirt wurde übergeben		10
Nur 10 Ġuruş und 5 Para	9½	25
Restbetrag: Persönliche Übergabe an seine Exzellenz, den Voyvoda durch den erwähnten Gefolgsmann Kurcu Süleymān		
	Ġuruş	Para
Der Rest beträgt nur 8 Ġuruş und 35 Para	8	35

Zeugen der Angelegenheit
Mollā Zakçī Muṣṭafā
Mollā Zakçī Şaʿbān
Gastwirt Seyyid Ḫalīl
Schatzmeister Ḥāc Süleymān Aġa
Berber Ḥāc Aḥmed bin İsmaʿīl
ʿAbdürraḥmān bin Bekir, Beauftragten-Çuḳadar
Der Wachmann Süleymān Aġa
Monlā Meḥmed bin Çūçū
Muṣṭafā bin Ḫalīl Mīrū
(Von rechts nach links)
Seyyid Ābd Āl bin Ḳara Aḥmed
Muṣṭafā Yaykān
Ḥāc Bekir Beg
und weitere Anwesende

Möge dem Nā'ib von Mardin Ḥāc Maḥmūd verziehen werden.

(Nachtrag)
Es wurde eingetragen, dass die im Unterbezirk von Ṭuraclu liegenden Dorf namens Dīye lebende Senem Tochter von Meḥmed die Schwester der gemeinsamen Eltern des erwähnten Verstorbenen ist und sie alleinig erbberechtigt ist, sowie dass erwähnter (Gefolgsmann) Süleymān Aġa unter Zeugenschaft von Muṣṭafā (bin) (...) und Muṣṭafā bin Yūsuf (nach erfolgter Vereidigung) vollständig die

erwähnte Summe von 8 Ġuruş und 35 Para an sie selbst, erwähnte Senem, (...) übergibt und zur Entgegennahme (...) bestimmt ist.
11. Rebīʿ dem Ersten im Jahre 1171.

Zeugen der Angelegenheit
Ḫal(īl) (...)
Ẕiyāb
Muṣṭafā Çelebi bin Ḫalīl Mīrū
Çāvīş bin Ṣūlāḳ Bilālī
und weitere Anwesende

247/27/b
(1) (defter old)ur ki müteveffā olan Mollā ʿÖmer bin Mollā Ḫalīliñ derūn ez īn defter-i ḳassāmīyede vech-i meşrūḥ (2) (üzere) mesṭūr ve muḳayyed olan eczā ve ḫurdavātı maʿrifet-i şerʿle dāʾinleri[!][307] olan ġuremāları ṭalebleriyle (3) (...) bil-cümlesi ʿaṭārlar çarşusunda müzāyede ile firāde firāde beyʿ ve baʿdehu cemʿ ve ḥesāb (4) (...) min ḥayṡ il-mecmūʿ[!][308]
yalñız ṭoḳsan bir buçuḳ ġuruş beş paradır ġuruş 91½ para 5
fī 27 c [Cemāzī 'l-aḫır] sene 1171
(minh)ā el-maṣārifāt

(berā)-yı delālīye ve (ḥirāsīye) ve kirā-ʾı dükkān-ı bezzāzīye ve dükkān-ı ʿaṭṭarīye ve ücret-i Şeyḫ ʿAṭṭārān ve ḥammālīye (ve k)itābet-i defter ve ücret-i kātib-i ḳassām ve muḥżırbaşıya ve muḥżırlara ve sāʾir ḫuddāmīye ve baʿż-ı maṣārifāt-ı lāzime içün baʿd el-ḥesāb	ġuruş 8	para 4
	ġuruş	para
lit-taḳsīm beyn el-ġuremā be her ġuruş başına ellişer aḳçe işābet ėdüb	83½	(1)
deyn ül-Ḥāc Aḥmeddir ẕimmet-i müteveffā Velī bin ʿAlī ve Ṣāliḥ bin ʿÖmer şehādetleriyle ġuremāʾ ve vereṡe ḥużūrunda ġıbb et-taḥlīf ṡübūt şüde	38	
defʿa deyn-i merḳūm el-Ḥāc Aḥmeddir ẕimmet-i müteveffā ʿArbūzāde Mollā Meḥmed ve Mollā Yūnus şehādetleriyle ġuremāʾ ve vereṡe müvācehesinde [ġıbb et-taḥlīf ṡübūt] şüde	28(½)	
	ġuruş 66(½)	
(ʿan) ġuremāʾ baʿd el ḥesāb	ġuruş 25½	para 3

307 dāynleri
308 mecmūʿı

deyn-i Murād Bākūsdır ẕimmet-i müteveffā ṭopçızāde Selīm ve Ḫıżır bin ʿArab ʿAbdullāh şehādetleriyle ġuremāʾ ve vereṡe müvācehelerinde ġıbb et-taḥlīf s̱ābit şüd	ġuruş 8	
ʿan ġuremāʾ	ġuruş 3	para 5
(deyn-i) Şemmās Bişāradır ẕimmet-i müteveffā Velī (bin) ʿAlī ve Ṣāliḥ bin ʿÖmer şehādetleriyle ġuremāʾ ve vereṡe ḥużūrlarında baʿd et-taḥlīf s̱ābit şüd	ġuruş 10(3/4)	
ʿan ġuremāʾ	ġuruş 4	para 5
deyn-i Ḥasan eş-Şaʿārdır ẕimmet-i müteveffā Mollā Maḥmūd bin İsmaʿīl ve Aḥmed bin Dizdār İsḥaḳ Aġa şehādetleriyle ġuremāʾlar müvācehesinde ġıbb et-taḥlīf üş-şerʿ s̱ābit şüd	ġuruş 77	para 15
(deyn-i) ʿArbūzāde Monlā Meḥmeddir ẕimmet-i müteveffā (...) İbrāhīm ve 'l-Ḥāc Bilāl şehādetleriyle ġuremāʾ müvācehelerinde baʿd et-taḥlīf s̱ābit şüde	ġuruş 28	
ʿan ġuremāʾ	ġuruş 10½	para 11
deyn-i ʿĀīşe bint Mollā Bekirdir ẕimmet-i müteveffā merḳūm Vānlizāde Ḫalīl ve Ḳalʿalı ʿAbdülḳādir Çelebi şehādetleriyle baʿd et-taḥlīf iş-şerʿi vereṡe ḥużūrlarında s̱ābit şüde	ġuruş 23	
ʿan ġuremāʾ	ġuruş 8½	para 13
deyn-i Arslan veled-i İskanderdir ẕimmet-i müteveffā ʿĀşīzāde Meḥmed ve Velī bin ʿAlī şehādetleriyle ġıbb et-taḥlīf üş-şerʿi s̱ābit şüd	ġuruş 3½	
ʿan ġuremāʾ	ġuruş 1	para 13
el-yekūn tereke-ʾi müteveffā-yı mezbūr	ġuruş 83½	para 1
el-yekūn düyūn-ı müs̱bet	ġuruş 217	para 5

247/27/b

Der Sachverhalt ist folgender: Die vom Verstorbenen Mollā ʿÖmer bin Mollā Ḫalīl in diesem Nachlassregister aufgelisteten und festgehaltenen Teile und Kleinteile werden mit Hilfe des Gerichts auf Verlangen der Gläubiger (...) Stück für Stück allesamt auf dem Kleinhändler-Markt der Kollegen mit einem Aufschlag verkauft, wobei danach die Summe (...) insgesamt nur 91½ Ġuruş und 5 Para beträgt. Am 27. [Cemāzī dem letzten] im Jahre 1171.

Davon die Ausgaben:

Für Ausrufergebühr, Betrautengebühr, Anmietung der Tuchhändler-Läden, Gewürz-Läden und Lohn für Şeyḫ ʿAṭṭārān,[309] Trägergebühr, Niederschrift des Registers, den Lohn des Nachlassgerichts-schreibers, Gebühr für den leitenden Gerichtsdiener und für die	Ġuruş 8	Para 4

309 Wohl als Eigenname zu verstehen, da dieser Name häufiger unter Beurkundungszeugen zu finden war (Text 7/e, 10/b). Er könnte aber auch als „şeyḫ-i ʿaṭṭārān", d.h. übersetzt mit „Ältester der Gewürzhändler" verstanden werden.

Gerichtsdiener sowie [Gelder], die für eine weitere Bediensteten-gebühr und einige Ausgaben notwendig sind, nach Abrechnung		
	Ġuruş	Para
Nach der Aufteilung unter den Gläubigern werden für jeden Ġuruş 50 Aḳçe gerechnet	83½	(1)
Schulden an Ḥāc Aḥmed. Die Schulden des Verstorbenen wurden unter Zeugenschaft von Velī bin ʿAlī und Ṣāliḥ bin ʿÖmer in Anwesenheit der Gläubiger und der Erben nach scheriatsrechtlicher eidesstattlicher Versicherung festgehalten	38	
Darüber hinaus die Schulden von erwähntem Ḥāc Aḥmed. Die Schulden des Verstorbenen wurden unter Zeugenschaft von ʿArbūzāde Mollā Meḥmed und Mollā Yūnus in Anwesenheit der Gläubiger und Erben [nach scheriatsrechtlicher eidesstattlicher Versicherung] festgehalten		28(½)
	Ġuruş 66½	
Für die Gläubiger nach Abrechnung	Ġuruş 25½	Para 3
Schulden an Murād Bākūs. Die Schulden des Verstorbenen wurden unter Zeugenschaft von Ṭopçızāde Selīm und Ḫıżır bin ʿArab ʿAbdullāh in Anwesenheit der Gläubiger und Erben nach scheriatsrechtlicher eidesstattlicher Versicherung festgehalten	Ġuruş 8	
Für die Gläubiger	Ġuruş 3	Para 5
(Schulden) an den christlichen Diakon Bişāra. Die Schulden des Verstorbenen wurden unter Zeugenschaft von Velī (bin) ʿAlī und Ṣāliḥ bin ʿÖmer in Anwesenheit der Gläubiger und der Erben nach scheriatsrechtlicher eidesstattlicher Versicherung festgehalten	Ġuruş 10(¾)	
Für die Gläubiger	Ġuruş 4	Para 5
Schulden an Ḥasan eş-Ṣaʿār. Die Schulden des Verstorbenen wurden unter Zeugenschaft von Mollā Maḥmūd bin İsmaʿīl und Aḥmed bin Dizdār İsḥaḳ Aġa in Anwesenheit der Gläubiger nach scheriatsrechtlicher eidesstattlicher Versicherung festgehalten	Ġuruş 77	Para 15
Schulden an ʿArbūzāde Monlā Meḥmed. Die Schulden des Verstorbenen wurden unter Zeugenschaft von İbrāhīm und Ḥāc Bilāl in Anwesenheit der Gläubiger nach scheriatsrechtlicher eidesstattlicher Versicherung festgehalten	Ġuruş 28	
Für die Gläubiger	Ġuruş 10½	Para 11
Schulden an ʿĀīşe, Tochter von Mollā Bekir. Die Schulden des Verstorbenen wurden unter Zeugenschaft von Vānlızāde Ḫalīl und Ḳalʿalı ʿAbdülḳādir Çelebi nach scheriatsrechtlicher eidesstattlicher Versicherung in Anwesenheit der Gläubiger festgehalten	Ġuruş 23	
Für die Gläubiger	Ġuruş 8½	Para 13
Schulden an Arslan veled-i İskander. Die Schulden des Verstorbenen wurden unter Zeugen von ʿĀşīzāde Meḥmed und Velī bin ʿAlī nach scheriatsrechtlicher eidesstattl. Versicherung festgehalten	Ġuruş 3½	
Für die Gläubiger	Ġuruş 1	Para 13
Gesamter Nachlass von erwähntem Verstorbenen	Ġuruş 83½	Para 1
Erwiesene Gesamtschuld	Ġuruş 217	Para 5

247/28/a

(1) defter oldur ki işbu biñ yüz yetmiş bir senesiniñ māh-ı Muḥarram el-ḥarāmıñ evāḫirinde olmaḳ üzere ḥālā Mārdīn (voyvodası) (2) ʿumde 'l-emācid ve 'l-ekārim saʿādetlü ʿÖmer Aġa ḥażretleriniñ ittibāʿlarından olub aġa-yı mūmā ileyhiñ (ittibāʿları) (3) müteveffā olan Seyfī Aḥmed bin ʿAbdullāh müteveffānıñ ẓāhirde verāṡ maʿrūf ve maʿrūfesi ol(mayub) (4) cānib-i beyt ül-māla ʿāʾid olmaġla voyvoda-ʾı mūmā ileyh ḥażretleri vāḳiʿ olan beyt ül-māl ʿāmmeten ve ḫā(ṣṣeten ḳabżına meʾmūr) (5) olmaġla ṭaraf-ı bāhir üş-şereflerinden emīn-i beyt ül-māl naṣb ve taʿyīn eyledigi Yūsuf Efendi bin ül-Ḥāc (...) (6) biṭ-ṭaleb maʿrifet-i şerʿle müteveffā-yı merḳūmuñ serāy-ı merḳūmda vāḳiʿ oṭası dāḫılında mevcūd olan (metrūkāt) (7) ve muḫallefātı ve ẕimmem-i nāsde olan düyūnātı taḥrīr ve sūḳ-ı sulṭānīde baʿd el-müzāyede s̱emen-i mis̱lü ile (fürūḫt olınan) (8) terekesiniñ defter-i müfredātıdir ki āʿyān ve es̱mānıyla ber vech-i ātī ẕikr ve beyān olunur ve ẕeyl-i defter(de mektūb) (9) olan düyūnı Ḫātim Çāvīş ve Berber Süleymān ve Buşnāḳ Muṣṭafā Aġa ve Saʿdān Çāvīş şehādetleriyle s̱ābit (şüd)

(Von rechts nach links)

fetelli beyāż sāde	ʿaded 1	ḳıymet ġuruş 1½	para 2
telsiz destār	ʿaded 1	ḳıymet ġuruş 1½	para 5
sāde	ʿaded 1	ḳıymet ġuruş 1	para 12
köhne çūḳa ḳubur	çift 1	ḳıymet ġuruş 10	para 15
köhne ḳubur	çift 1		ḳıymet para 12
tüfenk	ʿaded 1	ḳıymet ġuruş (...)	para 5
ḳaplan pūstı	ʿaded 1	ḳıymet ġuruş 4	
müsteʿamel keremsüd[310] ḳaftan	ʿaded 1	ḳıymet ġuruş 3	
köhne ḳumāş ʿanteri	ʿaded 1	ḳıymet ġuruş 2½	para 1
köhne ḳumāş beyāż ʿanteri	ʿaded 1	ḳıymet ġuruş 2	
muḥayyer caḳşur	ʿaded 1	ḳıymet ġuruş 3	para 16
şālı ḳaftan	ʿaded 1	ḳıymet ġuruş 4	para 10
köhne ḳumāş ḳaftan	ʿaded 1	ḳıymet ġuruş 3	para 6
köhne eyaġḳabı	ʿaded 1		ḳıymet para 2
müsteʿamel (...)	çift 1		ḳıymet para 26
mest	çift 1		
papuç	çift 1		ḳıymet para 31
papuç	çift 1		ḳıymet para 17
yaġmurlık kisesi	ʿaded 1	ḳıymet ġuruş 1	
ipek başlıḳ ve sīnebend[311]	ʿaded 1		
ve (zngū)[?]	çift 1	ḳıymet ġuruş 3½	para 15

310 Seidenstoff, der in Aleppo hergestellt wird, vgl. Kurz (2003), S. 868.
311 Brustzeug am Pferdegeschirr, vgl. Kurz (2003), S.872.

(zngū)[?]	çift 1		
ve külünk[312]	ʿaded 1		
ve (ḫzbrān)	ʿaded 1	ḳıymet ġuruş 2	para 2
köhne boġca	ʿaded 1		
ve mükemmel eger	ʿaded 1	ḳıymet ġuruş 3	para 10
fener	ʿaded 1		
köhne eger	ʿaded 1	ḳıymet ġuruş 4	para 17
ḥammām (mcrmsi)	ʿaded 1		ḳıymet para 17
köhne ḳavuḳ	ʿaded 1		
ve ḳurada ibrīḳ	ʿaded	ḳıymet ġuruş 1	para 11
sīm raḫt	ʿaded 1		
ve sīm başlıḳ	ʿaded 1		
ve sīm reşme	ʿaded 1	ḳıymet ġuruş 55	
sīm ẓarf	ʿaded 6	ḳıymet ġuruş 5	
ḥarbı vezne	ʿaded 1	ḳıymet ġuruş (...)	
sīm ḫancer	ʿaded 1		
ve sīm ṣaġīr kemer	ʿaded 1	ḳıymet ġuruş 11½	
beden kürki	ʿaded 1		
ve sāde ḫaşır ʿanberi	ʿaded 1	ḳıymet ġuruş 30	
çuka haşa[313]	ʿaded 1	ḳıymet ġuruş 8	
mor silāḥ	ʿaded 1	ḳıymet ġuruş (...)	
başlıḳ	ʿaded 1		
ve müsteʿamel (...) çaḳşur	ʿaded 1	ḳıymet ġuruş 5½	
şuş ḫāne tüfenk	ʿaded 1	ḳıymet ġuruş 10	
ḳahve ibrīḳi	ʿaded 1		
ve tās	ʿaded 1		
ve baḳır ve ṣaḥn	ʿaded 1	ḳıymet gurus 4	
sīm ḳılıç	ʿaded 1	ḳıymet ġuruş 12	
(...)		ḳıymet ġuruş (...)	
köhne cacim	ʿaded		
ve ḫarc	ʿaded 1		
ve boġca	ʿaded 2	ḳıymet ġuruş 1½	

el-Ḥāc Fetḥzāde Diyārbekirli Aḥmed Aġa (...) ber mūcib-i temessük (aḫẕ) ve ḳabż olınan nuḳūdāt olmaḳ üzere	ġuruş 290	
cemʿan yekūn	ġuruş 519	para 6
baʿd ül-cemʿ ve 'l-ḥesāb yalñız beşyüz on ṭoḳuz ġuruş altı paradır		
fī beyān il-maṣārifāt el-lāzime ve 'd-düyūn ʿalā infirādhim işbu defterde tafṣīl üzere beyān ol(unur)		
berā-yı techīz ve tekfīn ve vücūh-ı ḫayrāt ve delālīye ve dükkānīye baʿd el-cemʿ ve 'l-ḥesāb	ġuruş 46½	para 14

312 Brecheisen, vgl. Kurz (2003), S. 869.
313 Satteldecke, vgl Kurz (2003), S. 867.

berā-yı resm-i ḳısmet fażīletlü efendi ḥażretleri[!][314]	ġuruş 6	
berā-yı ḳassām kātibi kitābet-i defter ve ḥüccet ve ḳaydīye ve muḥżır başı ve sā'ir ḫuddāmīye	ġuruş 4	para 15
deyn-i Berber Süleymāndır ẕimmet-ı müteveffā Ḫātim Çāvīş bin ʿAbdullāh ve Buşnaḳ (Muṣṭafā şehādetleriyle s̱ābit şüd)	ġuruş 2¾	
deyn-i cevāhirci İbrāhīmdir ẕimmet-i müteveffā şāhidān-i mezbūrān şehādetleriyle (s̱ābit şüd)	ġuruş 25	
ḳaffāf başı ʿÖmrüñ deynidir ẕimmet müteveffā şāhidān-i merḳūmān şehādetleriyle (s̱ābit şüd)	ġuruş 5½	
deyn-i terzi Ẕimmīdir ẕimmet-i müteveffā şāhidān-ı mezkūrān şehādeteriyle s̱(ābit şüd)		ġuruş 2
yalñız ṭoḳsan iki ġuruş on ṭoḳuz paradır	ġuruş 92	para 19
(cemʿan yekūn)	ġuruş	(para)
	9(2)	(19)

deyn-i baḳḳāldır ẕimmet-i müteveffā şāhidān-ı merḳūmān şehādetleriyle s̱ābit şüd	(...)	(...)
deyn-i lūlecı el-Ḥāc Bilāldir ẕimmet-i müteveffā şāhidān-ı merḳūmān şehādetleriyle s̱ābit şüd	(...)	(...)
deyn-i serdārdır ẕimmet-i müteveffā şāhidān-ı mezbūrān şehādetleriyle s̱ābit şüd	(...)	(...)
deyn-i (Yemġ)[?] Meḥmeddir ẕimmet-i müteveffā yine şāhidān-ı mezkūrān şehādetleriyle s̱ābit şüd	(...)	(...)
deyn-i ḳavuḳçı başıdır ẕimmet-i müteveffā şāhidān-ı merḳūmān şehādetleriyle s̱ābit şüd	(...)	(...)
	(...)	(...)
deyn-i serrāc başıdır ẕimmet-i müteveffā şāhidān-ı merḳūmān şehādetleriyle s̱ābit şüd	(...)	(...)
deyn-i tüfenkçi Circisdir ẕimmet-i müteveffā şāhidān-ı mezbūrān şehādetleriyle s̱ābit şüd	(...)	(...)
deyn-i ḳazzāz ʿOs̱mān Çelebidir ẕimmet-i müteveffā şāhidān-ı mezbūrān şehādetleriyle s̱ābit şüd	(...)	(...)
yalñız baʿd el-ḥesāb yüz otuz üç ġuruş ṭoḳuz para maṣārıf ve düyūn şüd	(133)	(9)
baʿd isḳāṭ il-maṣārifāt ve 'd-düyūn yalñız üçyüz seksen beş buçuḳ ġuruş on yedi paradır	385½	17

der yed-i Emir-i mūmā ileyh 3(85½)

(Legalisierungsformel)
(نمقه الفقير) الحاج محمود النائب بمدينة ماردين
(Stempel)

314 ḥażretlerine

247/28/a

Der Sachverhalt ist Folgender: Was dieses Jahr 1171 in der letzten Dekade des Monats des gesegneten Muḥarram anbetrifft, geht es um einen der Getreuen seiner Exzellenz des derzeitigen Voyvodas von Mardin – Pfeiler der Glorreichen und Größten – den glücklichen ʿÖmer Aġa. Der Getreue des erwähnten Herrn, der verstorbene Seyfī Aġa bin ʿAbdullāh hat offenkundig keine Erben. Weil dessen Nachlass an das Schatzamt zurückgeht und das Schatzamt seiner Exzellenz des erwähnten Voyvodas im Allgemeinen und im Besonderen für dessen Erhalt bevollmächtigt ist, verzeichnete der seitens der überaus Edlen zum Schatzmeister ernannte Yūsuf Efendi bin ül-Ḥāc (...) auf Anforderung mit Hilfe des Gerichts den Nachlass und das Erbe des erwähnten Verstorbenen, das sich in einer am Hofe von Erwähntem liegenden Kammer befindet, sowie die bei den Leuten offenen Schuldverpflichtungen. Die Einzelheiten seines im Register nach der Auktion durch einen Makler auf dem großherrlichen Markt verkauften Nachlasses sind Folgende, wobei Gelder und Werte im Folgenden angegeben und die im Anhang des Registers angegebenen Schulden unter Zeugenschaft von Ḫātim Çāvīş, Berber Süleymān, Buşnāḳ Muṣṭafā Aġa und Saʿdān Çāvīş festgehalten werden.

Einfaches weißes (gesponnenes Garn)	Anzahl 1	Preis Ġuruş 1½	Para 2
Turban ohne Goldsaum	Anzahl 1	Preis Ġuruş 1½	Para 5
Einfacher [Turban]	Anzahl 1	Preis Ġuruş 1	Para 12
Alter Halfterstoff	Paar 1	Preis Ġuruş 10	Para 15
Alters Halfter	Paar 1	Preis	Para 12
Gewehr	Anzahl 1	Preis Ġuruş (...)	Para 5
Leopardenhaut	Anzahl 1	Preis Ġuruş 4	
Gebrauchter Kaftan aus Keremsüd[315]	Anzahl 1	Preis Ġuruş 3	
Alter ʿAnteri[316]-Stoff	Anzahl 1	Preis Ġuruş 2½	Para 1
Alter weißer Stoff im ʿAnteri-Stil	Anzahl 1	Preis Ġuruş 2	
Zusammengestellte Hosen	Anzahl 1	Preis Ġuruş 3	Para 16
Angora Kaftan	Anzahl 1	Preis Ġuruş 4	Para 10
Alter Stoff-Kaftan	Anzahl 1	Preis Ġuruş 3	Para 6
Alter Schuh	Anzahl 1		Para 2
Gebrauchter (...)	Paar 1		Para 26
Leichte Lederschuhe *(mest)*	Paar 1		
Schuhe *(pāpūç)*	Paar 1		Para 31
Schuhe *(pāpūç)*	Paar 1		Para 17
Regenmantel-Tasche	Anzahl 1	Preis Ġuruş 1	

315 Seidenstoff, der in Aleppo hergestellt wird, vgl. Kurz (2003), S. 868.
316 Weste oder Robe in der ʿAnteri-Mode, d.h. innere Weste mit langen engen Ärmeln.

Seidenes Zaumzeug und Brustzeug am Pferdegeschirr	Anzahl 1		
und (...)	Paar 1	Preis Ġuruş 3½	Para 15
(...)	Paar 1		
und Brecheisen	Anzahl 1		
und (...)	Anzahl 1	Preis Ġuruş 2	Para 2
Altes Bündeltuch	Anzahl 1		
und vollständiger Sattel	Anzahl 1	Preis Ġuruş 3	Para 10
Lampe	Anzahl 1		
Alter Sattel	Anzahl 1	Preis Ġuruş 4	Para 17
Bad (...)	Anzahl 1	Preis Para 17	
Alter Ḳavuḳ[317]	Anzahl 1		
und alte Kanne	Anzahl 1	Preis Ġuruş 1	Para 11
Silbernes Galazeug	Anzahl 1		
und silbernes Zaumzeug	Anzahl 1		
und silberner Halfterriemen	Anzahl 1	Preis Ġuruş 55	
Silberner Tassenuntersatz	Anzahl 6	Preis Ġuruş 5	
Waage für Ladestock	Anzahl 1	Preis Ġuruş (...)	
Silbernes Messer	Anzahl 1		
und kleiner silberner Gürtel	Anzahl 1	Preis Ġuruş 11½	
Fettiger Pelz	Anzahl 1		
und natürliche Bernstein-Reste	Anzahl 1	Preis Ġuruş 30	
Wollene Satteldecke	Anzahl 1	Preis Ġuruş 8	
Violettfarbene Armierung	Anzahl 1	Preis Ġuruş (...)	
Zaumzeug	Anzahl 1		
und gebrauchte (...) Hose	Anzahl 1	Preis Ġuruş 5½	
Doppelläufiges Gewehr	Anzahl 1	Preis Ġuruş 10	
Kaffeekanne	Anzahl 1		
Tasse	Anzahl 1		
und kupferne Untertasse	Anzahl 1	Preis Ġuruş 4	
Silbernes Schwert	Anzahl 1	Preis Ġuruş 12	
(...)		Preis Ġuruş (...)	
Alter Teppich	Anzahl 1		
und Rohmaterial	Anzahl 1		
und Bündeltuch	Anzahl 2	Preis Ġuruş 1½	

Von Ḥāc Fetḥzāde Diyārbekirli Aḥmed Aġa mittels Zahlungsanweisung eingenommene Gelder über	Ġuruş 290	
Insgesamt	Ġuruş 519	Para 6

Nach Zusammenstellung und Abrechnung nur 519 Ġuruş und 6 Para
Nach Darlegung der notwendigen Ausgaben und der separat ausgewiesenen Schulden in diesem Register detailliert erklärt

317 Wattierte Kopfbedeckung.

Für die Leichenwaschung die Leicheneinhüllung, für Notabeln religiöser Stiftungen, die Ausrufergebühr, die Ladengebühr nach Zusammenstellung und Abrechnung	Ġuruş 46½	Para 14
Für die Teilungsgebühr an Seine Exzellenz dem erhabenen Efendi	Ġuruş 6	
Für den Nachlassgerichts-Schreiber für die Aufzeichnung des Registers, die Abschrift, die Eintragungsgebühr, den leitenden Gerichtsdiener und eine weitere Bedienstetengebühr	Ġuruş 4	Para 15
Schulden an Berber Süleymān. Die Schulden des Verstorbenen wurden (durch Bezeugung von) Ḫātim Çāvīş bin ʿAbdullāh und Buşnaḳ (Muṣṭafā festgehalten)	Ġuruş 2¾	
Schulden an den Juwelier İbrāhīm. Die Schulden des Verstorbenen wurden durch Bezeugung beider erwähnter Zeugen (festgehalten)	Ġuruş 25	
Schulden an den Haupt-Geldwechsler ʿÖmer. Die Schulden des Verstorbenen wurden durch Bezeugung der beiden erwähnten Zeugen (festgehalten)	Ġuruş 5½	
Schulden an den Schneider Zimmi. Die Schulden des Verstorbenen wurden durch Bezeugung beider erwähnter Zeugen festgehalten	Ġuruş 2	
Nur 92 Ġuruş und 19 Para	Ġuruş 92	Para 19
(Insgesamt)	Ġuruş 9(2	(Para 19)

Schulden an den Lebensmittelhändler. Die Schulden des Verstorbenen wurden durch Bezeugung der beiden erwähnten Zeugen festgehalten	(...)	(...)
Schulden an den Pfeifenmacher Ḥāc Bilāl. Die Schulden des Verstorbenen wurden durch Bezeugung der beiden erwähnten Zeugen festgehalten	(...)	(...)
Schulden an den General. Die Schulden des Verstorbenen wurden durch Bezeugung der beiden erwähnten Zeugen festgehalten	(...)	(...)
Schulden an (Yemġ)[?] Meḥmed. Die Schulden des Verstorbenen wurden erneut durch Bezeugung der beiden erwähnten Zeugen festgehalten	(...)	(...)
Schulden an den leitenden Turbanhersteller. Die Schulden des Verstorbenen wurden durch Bezeugung der beiden erwähnten Zeugen festgehalten	(...)	(...)
	(...)	(...)
Schulden an den leitenden Sattler. Schulden des Verstorbenen wurden durch Bezeugung beider erwähnter Zeugen festgehalten	(...)	(...)
Schulden an den Büchsenmacher Circis. Die Schulden des Verstorbenen wurden durch Bezeugung der beiden erwähnten Zeugen festgehalten	(...)	(...)
Schulden an den Seidenhändler ʿOs̱mān Çelebi. Die Schulden des Verstorbenen wurden durch Bezeugung der beiden erwähnten Zeugen festgehalten	(...)	(...)
Nach Abrechnung sind es nur Ausgaben und Schulden von 133 Ġuruş und 9 Para	133	9
Nach Kürzung der Ausgaben und Schulden nur 385 Ġuruş 17 Para	385½	17

Zu Händen erwähnten Emirs 3(85½).
(Legalisierungsformel)
Geschrieben hat es derjenige, der seiner bedurfte, Ḥāc Maḥmūd der Nā'ib in der Stadt Mardin.

247/28/b

(1) الواقفون على مرسومنا هذا كهيات سريجك يوسف ابراهيم و كهيات ذنبك موسى و كهيات شعبان بنى (2) (...) علماً و تفهمون حكماً البائث لتحرير التذكرة هو انه من قبل هذا قرا يكم كان (3) (قد) التزمها محرم بك و لكن (اساع) قد اخذناهم منه و قد عيّننا[!][318] من طرفنا حاج محمد اغا (4) (ان) يكيل غلال قراياكم بوصوله اليكم من حذه السنة محصول الذى يجىء من(5) (قرا يكم) يكون بمعرفته آدمينا تكيلوه على معتاد القديم لا تعملون اهمال (6) (...) مخالفة وفيه الكفاية فى غرة ذا [ذى القعدة] سنة 1169

صح عبد الرحمان ويودةء ماردين حالا

247/28/b

Es wurden zu unserer Verordnung folgende Personen informiert: Diese sind Kahyāt Serecek Yūsūf İbrāhīm, Kahyāt Zenbeg Mūsā, sowie Kahyāt Şaʿbān Bannā (...), (die informiert wurden) und den Grund der Eintragung des Schreibens als gesetzmäßig verstanden. Dieser besagt, dass „Muḥarrem Beg Eure Dörfer zuvor als İltizām nutzte (...) aber (wegen Vernachlässigung) wir kürzlich von ihm diese genommen hatten und wir unsererseits Ḥāc Meḥmed Aġa ernannt hatten, um von den bei Euch dieses Jahr eingegangenen Erträgen Eurer Dörfer den Gewinn, der von Euren Dörfern kommt, zu bemessen, der nach dem Verständnis unsere Leute nach alter Gewohnheit bemessen wurde. Sie sollen auf keinen Fall nachlässig handeln (und) widersprechen. Am ersten Tag des Ẕī 'l-ḳaʿde im Jahr 1169.
Geprüft, ʿAbdürraḥmān, derzeitiger Voyvoda von Mardin
(Stempel)

247/29/a

(1) mefāḫir ül-ḳużāt ve 'l-ḥükkām maʿden ül-fażaʾil ve 'l-kelām Diyārbekir eyāletinde vāḳiʿ ḳāżīleri (2) zīde fażluhum ve mefāḫir ül-emāṡil ve 'l-aḳrān-ı āʿyān-i vilāyet zīde ḳadruhum tevḳīʿ-i refīʿ-i hümāyū(n vāṣıl) (3) olıcaḳ malūm ola ki biñ yüz yetmiş bir senesine maḥsūben eyālet-i Diyārbekirde ber muʿtā(d-ı ḳadīm) (4) taḥṣīl oluna gelēn yirmi biñ ġuruş imdād-ı ḥażarīye[319] senede iki taḳsīt ile tevzīʿ

318 عيّنا

319 Imdād-ı ḥażariye bzw. imdād-ı seferiye: diese wurden den Gouverneuren für die Finanzierung von Söldnern zugestanden, mit dem Ziel Istanbuls, illegale Geldeintreibung dieser zu verhindern. Vgl. Kurz (2003), S. 28.

(eylemek) (5) ve ḥālā Diyārbekir vālīsi destūr-ı mükerrem müşīr-i mufaḫḫam niẓām ül-ālem ḳā'immaḳām-ı sābıḳ (...) (6) İbrāhīm Paşa edām Allāhü te'ālā iclālühü ṭarafından ḳabżına me'mūra edā ve teslīm olunm(aḳ fermān) (7) olmağın işbu emr-i şerīfim ıṣdār ve____ile irsāl olunmuşdur imdi (vuṣulunda) (8) fermānım oldığı üzere müşār ileyhiñ eyālet-i merḳūmeden mu'ayyen olan ol miḳ-(dārıñ) (9) (ḥażarīyesi)[?][320] ibtidā'i Muḥarremden şurūṭ-i ḥażarīye[!][321] üzere senede iki taḳsīṭ ve beher taḳsī(ṭ vaḳt) (8) ve zemānıyla cümle ma'rifeti ve ma'rifet-i şer' ile tevzī' ve taḳsīm ve yėrlü yedinden cem' (ve taḥṣīl ve) (9) ziyāde idḫāl ve tevzī'den ġāyet ül-ġāye ḥaẕer ve ittiḳā olunmaḳ bābında fer(mān-ı) (10) 'ālīşānım ṣādır olmuşdur buyurdumki____vuṣūl bulduḳda bu bābında (11) vech-i meşrūḥ üzere şerefyafte-'i ṣudūr olan fermān vācib ül-itbā' ve lā(zim) (12) ül-imtiṣālimiñ mażmūn-ı iṭā'at maḳrūnıyla 'āmil olunub ḫilāfından ġāyet ül-ġāye (ḥaẕer) (13) ve mücānebet eyliyesin şöyle bilesin 'alāmet-i şerīfe i'timād ḳılasız taḥrīren fī (evāḫir-i/evā'il-i)[?] Ẕī 'l-ḳa'de[322] sene seba'īn ve mi'e ve 'elf bi-maḳām-ı Ḳosṭanṭinīye 'l-maḥrūse

247/29/a

Berühmtheiten der Kadis und Richter, Fundgruben der Tugenden und Beredsamkeit, Kadis und Nā'ibs der Provinz Diyārbekir – möge ihre Tugend wachsen – und Berühmtheiten der Gleichgestellten und Ranggenossen, Notabeln der Provinz – möge ihr Ansehen wachsen – sobald das edle großherrliche Namenszeichen eintrifft, sei kund: Da es ein Fermān ist, dass nach alter Sitte wie schon immer gerechnet bis zum Jahre 1171 in der Provinz Diyārbekir die schon immer im Jahr einzusammelnden Friedenshilfsgelder von 20 000 Ġuruş auf zwei Ratenzahlungen umgelegt, und sie an einen vom derzeitigen Vali von Diyārbekir – ehrwürdiger Ratgeber, hochgeachteter Befehlshaber, Richtschnur der Welt, Stellvertreter des früheren (...), nobler İbrāhīm Paşa – möge Gott der Allmächtige seine Größe andauern lassen – für die Annahme bestimmten Bevollmächtigten bezahlt werden sollen, wurde – weil es ein (Fermān) ist – mein ehrwürdiger Befehl erteilt und mit____geschickt. Bei seinem Eintreffen soll, gemäß meinem Fermān von der erwähnten Provinz dieser festgelegte Betrag von Friedenshilfsgeldern gemäß der Friedenshilfsgelder-Verträge ab Beginn des Monats Muḥarrem im Jahr in zwei Ratenzahlungen, wobei bei jeder Ratenzahlung rechtzeitig mit Hilfe Aller und mit Hilfe des Gerichts diese umgelegt und aufgeteilt werden sollen, durch die Ein-

320 ḥaẕerīyesi
321 ḥaẕerīye
322 Ẕī 'l-ḳa'de

heimischen eingesammelt werden. Damit Du Dich hierbei äußerst in Acht nimmst und Vorsicht übst, mehr einzuziehen oder umzulegen, ist mein ehrwürdiger Fermān erteilt und ich ordne an, dass sobald____eintrifft, Du hierbei wie beschrieben gemäß dem gehorsamserheischenden Inhalt meines ehrenvoll erlassenen Befehls, der Gefügigkeit fordert und zur Befolgung verpflichtet, handeln sollst. Vor Zuwiderhandlungen dessen sollst Du Dich äußerst in Acht nehmen und Vermeidung üben. So sollst Du Solches wissen und dem erlauchten Handzeichen Vertrauen schenken.
Aufgezeichnet in der (ersten/letzten)[?] (Dekade) des Ẕī 'l-ḳaʿde im Jahre 1170.
In der wohlbeschützten Stadt Konstantinopel.

247/29/c

(1) (eyālet-i) Diyarbekirde vāḳiʿ Mārdīn ḳażāsı nāʾibi efendi ve ʿumde-ʾi emācid voyvodası (2) (el-müke)rremān baʿd et-taḥīye 'l-vāfiye inhā olunur ki ḥālā Diyārbekir vālīsi vezīr-i mükerrem ẕīşān-ı (3) (devlet)lü ʿināyetlü İbrāhīm Paşa yeser Allāhü mā yurīd ve mā yeşāʾ ḥażretleriniñ biñ yüz (4) (yet)miş bir senesine maḥsūben eyālet-i mezbūrede taḥṣīl olunmaḳ içün vürūd ėden fermān-ı (5) (ʿālīşā)n mūcibince muʿtād-ı ḳadīm üzere imdād-ı ḥażarīyeleriñ[!][323] taḳsīṭ-i evveli[!][324] olan on biñ (6) (ġur)ūş cümle maʿrifetleri ve maʿrifet-i şerʿ ile bil-cümle ḳażā ve nevāḥī ve şarḳen ve ġarb (7) (vāḳiʿ e)snāf ṭāʾifelerine tevzīʿ ve taḳsīm olunduḳda ḳażāñıza daḫī biñ ġuruş iṣābet ėtmege (8) (mekt)ūb-ı şerʿ-i enverden bil-iltimās mürāsele taḥrīr ve ıṣdār olunmuşdur gerekdir ki ḥiṣṣeñize (9) (iṣ)ābet ėden mebların yėrlü yedinden cemʿ ve taḥṣīl ve vezīr-i müşār ileyh ḥażretleriniñ (1) (ṭa)rafından ḳabżına meʾmūra edā ve teslīm ėdüb ʿavḳ ve teʾḫīrden iḥtirāz eyliyesiz
el-ġafr ül-Ḥāc Abū Bekir el-mevlāḫilāfe bi-medīne-ʾi Āmīd el-maḥmīye ḥālā
fī 10 m [Muḥarrem el-ḥarām] sene 1171

247/29/c

Nāʾib des in der (Provinz) von Diyārbekir liegenden Gerichtssprengels von Mardin, sowie dessen Voyvoda – Stütze der Ruhmvollsten! Nach zahlreichen Grüßen sei Folgendes mitgeteilt: Damit gemäß dem eintreffenden edlen Fermān durch seine Exzellenz dem derzeitigen Vali von Diyārbekir, geehrter Wesir, illustrer, gnadenreicher İbrāhīm Paşa – möge Gott erleichtern wass er wünscht und er will – gerechnet bis zum Jahr 1171 in erwähnter Provinz nach alter Gewohnheit die erste Rate der Friedenshilfsgelder über 10 000 Ġuruş mit Hilfe Aller und mit Hilfe

323 ḥażarīyelerin
324 evvel

des Gerichts auf alle Zunft-Gruppierungen, die im Gerichtssprengel und in den Unterbezirken sowie im Osten und Westen ansässig sind, umgelegt und verteilt wird und dass an unseren Gerichtssprengel noch 1000 Ġuruş entfallen, wurde durch ein Mektūb[325] des leuchtenden Gerichts auf Anforderung ein richterliches Anordnungsschreiben ausgestellt. Es ist notwendig, dass die Summe, die Euren Anteil betrifft, von den Einheimischen gesammelt wird und an den von Seiten des erwähnten Wesirs für die Entgegennahme Bevollmächtigten bezahlt wird. Ihr sollt Euch in Acht nehmen, zu behindern oder zu verzögern.
Möge dem derzeitigen richterlichen Amtsinhaber Ḥāc Abū Bekir in der wohlbehüteten Stadt Āmīd verziehen werden.
Am 10. [geheiligten Muḥarrem] im Jahre 1171.

247/29/d
(1) (ḳıdvet) ül-ḳużāt ve 'l-ḥükkām ve maʿden ül-fażāʾil ve 'l-kelām mevlānā Mārdīn (2) (ḳāżīsi) [ve] nāʾibi zīde fażluhumā ve ḳıdvet ül-emācid ve 'l-āʿyān (3) (Mār)dīn voyvodası zīde mecduhu tevḳīʿ-i refīʿ-i hümāyūn vāṣıl olıcaḳ maʿlūm ola ki (4) (ḫā)ṣṣa-ʾı silāḥşūrlarımdan olub Mārdīn ve Diyārbekirde vāḳiʿ Ḳāsim Pādışāh (5) (ev)ḳāfinıñ ber vech-i teʾeyyüd bā-ḫaṭṭ-ı hümāyūn berāt-ı şerīfimle mütevellīsi olan ḳıdvet (6) (ül-e)mācid ve 'l-ʿāyān İsmaʿīl zīde mecduhu südde-ʾi saʿādetime ʿarżuḥāl ėdüb vaḳf-ı (7) (merḳ)ūmuñ īrādı aḳall-ı ḳalīl olub maṣārifine ve uṣūl-ı vaḳfdan olan cihātıñ (8) (vaẓī)felerine vefā ėtmez iken aḫırdan baʿżıları ḫilāf-ı şarṭ-ı vāḳif birer taḳrīb (9) (ile) vaẓāʾif iḥdāṣ ve ʿaskerī ṭarafından ėtdirdikleri berāt ile muḥdeṣ vaẓīfe (10) (muṭ)ālebesiyle mümā ileyhi rencīde ve remīde ve vaḳf-ı merḳūmuñ ümūrı ol vecihle muḫtall (11) (ve teşe)vvüş ve ḫarābīye bāʿiṣ ve bādī olmalarıyla ol maḳūle uṣūl-ı vaḳfdan olmayub (12) (ʿaskerī) berātıyla cihāt iḥdāṣ ėdenleriñ[!][326] ḳaydları maḥallından refʿ ve terḳīm ve fīmā (13) (baʿd) ʿaskerī berātıyla vaẓīfe ṭalebiyle rencide ve remīde ėtdirilmemek içün muḳaddemā (14) (...) (isti)dʿā ve uṣūl-ı[!][327]vaḳfdan olmayub ʿaskerī berātıyla ḫilāf-ı şarṭ-ı vāḳif (15) (vaẓ)āʾif iḥdāṣ ve uṣūl-ı[!][328]vaḳfa żaʿaf ṭārı olmaġla bu maḳūle ʿaskerī (16) (berā)tıyla muḥdeṣ vaẓāʾif-i ḳaydı refʿ ve terḳīn[!][329] ve fīmābaʿd vaẓāʾif ṭalebiyle taʿaddīleri (17) (menʿ) ve defʿ olunmaḳ üzere ḫüdāvendikār-ı esbāḳ merḥūm mefret-penāh sulṭān Aḥmed Ḫān (18) (ṭābe) ṣerāhü zemānında emr-i şerīf vėrildügin bildirüb tecdīdin ricā ėtmeġin vech-i (19) (meşrū)ḥ üzere ʿamel olunmaḳ

325 Hier ist ein amtliches Schreiben vom Wesir gemeint.
326 ėdenlerin
327 ve vuṣūl
328 ve vuṣūl
329 terḳīm

emrim olmuşdur buyurdumki____ḥükm-i şerīfimle (20) (vuṣ)ūl bulduḳda bu bābda ṣādır olan emrim üzere ʿamel daḫī ol maḳūle uṣūl-ı[!][330] (21) (vaḳ)fdan olmayub ʿaskerī berātıyla ciḥāt iḥdās̱ ėdenleriñ[!][331] ḳaydların maḥallından (22) (refʿ) ve terḳīm olmağla fīmābaʿd daḫī ʿaskerī berātıyla vaẓīfe muṭālebesiyle mütevellī-i (23) (müşār) ileyhi ve ṭarafından olanları bir vech ile rencīde ve remīde ėtdirmeyüb ẓāhir (24) (ola)n taʿaddīleri menʿve defʿ eyliyesiz şöyle bilesiz ʿalāmet-i şerīfe iʿtimad ḳılasız

وصل الی ماردین و قید من السجل فی 14 ضفر الخیر سنة 1171

bi-maḳām-ı Ḳosṭanṭinīye 'l-maḥrūse

(1) (uṣūl-ı) vaḳfdan ḫidmet-i muḳābilesinde vaẓīfeye mutaṣarrıf olan bir ḳaç kimesneler ber müddet-i edā-ʾi ḫidmet (2) (eylemeseler) müddet-i mezbūrede vaẓīfeye müstaḥaḳḳ olurlarmı el-cevāb Allāh aʿlam olmazlar
el-ġafr ileyh Damādzāde Feyżullāh ʿafī ʿanh
(irrtümlich begonnener Text) عن ذكر ما هو انه اقام

247/29/d

Vorbild der Kadis und Richter, Fundgruben der Tugenden und Beredsamkeit, Mevlānā, Kadi und Nāʾib von Mardin – möge ihrer beider Tugend wachsen – und Vorbild der Ruhmvollsten und Notabeln, Voyvoda von Mardin – möge sein Ruhm zunehmen! Sobald das edle, großherrliche Namenszeichen eintrifft, sei kund: Es geht und einen meiner Leibwaffenträger. Das Vorbild der Ruhmvollsten und Notabeln, İsmaʿīl – möge sein Ruhm zunehmen, der unter Bestätigung durch mein imperiales Handzeichen und durch meinen edlen Privilegientitel Stiftungsverwalter der in Mardin und Diyārbekir liegenden Ḳāsim Pādışāh-Stiftungen ist, stellte an meiner Schwelle des Glücks ein Gesuch. Als es erwähnter Stiftung an Einkünften mangelte und diese für die Ausgaben und für die Gehälter der durch die Stiftungsgrundsätze begründeten Ämter, nicht ausreichten und schließlich einige entgegen der Bedingungen des Stifters irgendwie Ämter schufen und mit der Forderung eines durch einen vom ʿAskerī-Stand ausgestellten Privilegientitels kürzlich neu geschaffenen Gehalts die Ursache waren, warum sie Erwähnten bedrückten und beunruhigten und die Angelegenheiten der Stiftung auf diese Weise durcheinandergebracht und ruiniert wurden, war diese Praxis nicht durch die Stiftungsgrundsätze begründet. Um die Eintragungen derjenigen, die ihre Gehälter über einen ʿAskerī-Privilegientitel neu geschaffen haben, stattdessen zu

330 vuṣūl
331 ėdenlerin

annullieren und damit man danach nicht mehr mit einer Gehaltsforderung mit Hilfe eines ʿAskerī-Privilegientitels gestört und beunruhigt wird, wurde dies schon früher schon einmal ersucht (...) und war nicht durch die Stiftungsgrundsätze begründet. Weil sie die Gehälter mit einem ʿAskerī-Berāt entgegen der Bedingung des Stifters neu geschaffen haben und den Stiftungsgrundsätzen Schwäche wiederfuhr und um diese Art von Eintragungen von mittels eines ʿAskerī-Berāts neu geschaffenen Gehältern aufzuheben und zu annullieren und in Zukunft denjenigen, die mit der Gehaltsforderung Übertretungen vornehmen, dieses zu verweigern und zu verbieten, ließ ich wissen, dass der verstorbene Sultan – Zufluchtsort des Verzeihens, Sulṭān Aḥmed Ḫān – möge er in Frieden ruhen – zu seiner Zeit schon einen ehrwürdigen Befehl herausgegeben hat. Weil eine Erneuerung ersucht wurde, war es mein Befehl, wie beschrieben zu verfahren. So befehlige ich, dass sobald____mit meinem ehrwürdigen Befehl eintrifft, Ihr in dieser Weise ebenso handeln sollt und Derartiges nicht durch die Stiftungsgrundsätze begründet ist. Weil denjenigen, die ihre Ämter über einen ʿAskerī-Privilegientitel geschaffen haben, statt dessen die Legalisierung ihrer Eintragungen annulliert und gekennzeichnet wird, sollen sie künftig erwähnten Stiftungsverwalter und die Seinen nicht mit der Gehaltsforderung mit Hilfe eines ʿAskerī-Berāts stören und beunruhigen. Ihr sollt diejenigen, die offenkundig Übertretungen vornehmen, daran hindern und es ihnen verbieten. So sollt Ihr Folgendes wissen und dem großherrlichen Zeichen Folge leisten. In Mardin eingetroffen und in das Register am 14. siegreichen Ṣafar im Jahre 1171 eingetragen.
In der wohlbeschützten Stadt Konstantinopel.

Nur Gott weiß, ob einige Personen, die nach den Stiftungsgrundsätzen für ihren Dienst ein angemessenes Gehalt erhielten, für den erwähnten Zeitraum, in dem sie ihren Dienst ausübten, für das Gehalt berechtigt waren oder nicht.
Möge Damādzāde Feyżullāh verziehen werden.

(Irrtümlich begonnener arabischer Text)
Es wird erwähnt, dass er (...)

247/30/a
(1) ḳıdvet ün-nevvāb ül-müteşerrʿīn Āmid ve Mārdīn ḳażāları nāʾibleri zīde ʿilmehum ve ḳıdvet (ül-emāṣil) (2) ve 'l-aḳrān Mārdīn voyvodası zīde ḳadruhu tevḳīʿ-i refīʿ-i hümāyūn vāṣil olıcaḳ (maʿlūm) (3) ola ki Mārdīnde medfūn-ı merḥūm Ḳā-

sim Padışah vaḳfınıñ ba-ḫaṭṭ-ı hümāyūn şevket (maḳrūn ile) (4) ber vech-i te'eyyüd[!][332] berāt-ı şerīfimle mütevellīsi olan ḫāṣṣa-'i silaḥşūrlarımdan ḳıdvet (ülemācid) (5) ve 'l-āʿyān İsmaʿīl zīde mecduhu südde-'i saʿādetime ʿarżuḥāl ėdüb müşār ileyh(iñ) (vaḳfı) (6) Mārdīnde vāḳiʿ medresesiniñ müderrisi ve muḳayyīdi ve sā'ir mürteziḳaları ed(ā-'ı ḫidmet) (7) ėtmedikleri eyyāmda vaẓīfe muṭālebesiyle taʿaddī olunmaḳ icāb ėtmez iken m(ezbūreler edā-'ı) (8) ḫiẕmet[333] ėtmedikleri eyyāmda vaẓīfe muṭālebesiyle ḫilāf-ı şerʿ-i şerīf renc(īdeden) (9) ve taʿcīzden ḫālī olmadıḳlarīn ve bu bābda daʿvāsına mūvāfıḳ şeyḫ ül-islāmdan fet(vā-yı) (10) şerīfe vėrildigün bildirüb fetvā-yı şerīfe mūcibince şerʿle görülüb ḫilā(f-ı) (11) şerʿ-i şerīf ve muġāyir-i fetvā-yı şerīfe ḫiẕmet ėtmedikleri eyyāmda vaẓīfe (muṭālebesi) (12) ile ṭarafından vekīlī rencīde ve taʿaddī ėtdirmeyüb ẓāhir olan taʿaddīleri men(ʿ ve defʿ) (13)olunmaḳ bābında ḥükm-i hümāyūnum ricā eyledikleri ecilden maḥallında şerʿle görülmek (emrim) (14) olmuşdur buyurdumki____ḥükm-i şerīfimle vuṣūl bulduḳda bu bāb(ında ṣādır) (15) olan emr-i şerīfim mūcibince ʿamel daḫī muḳaddemā bir defʿa şerʿle görülüb (faṣl-ı)[?] (16) ḫuṣūṣların temām-ı muḳayyed ve fetvāya naẓar ėdüb göresız iʿlām olunduġu (üzere) (17) ise bu bābda muḳteżā-yı şerʿ-i ḳavīm ve fetvā-yı şerīfesi mūcibince ʿamel ėdü(b) (18) daḫī mādāmki[334] medrese-'i mezbūreniñ müderrisi ve muḳayyidi ve sā'ir mürtezıḳasıñ[335] ʿ(uhdelerine) (19) lāzim gelēn ḫiẕmetlerin edā eylemiyeler edā-'ı ḫiẕmet eylemedikleri eyyāmda ḫ(ilāf-ı) (20) şerʿ-i şerīf ve muġāyir-i fetvā-yı şerīfe mūmā ileyhiñ vekīlini vaẓīfe muṭāleb(esiyle) (21) rencīde ve remīde ber vech-i meşrūḥ ẓāhir olan taʿaddīlerin[!][336] menʿ ve defʿ (22) min baʿd şerʿ-i şerīfe ve fetvā-yı munīfe ve emr-i ḥümāyūnuma muġāyir bir kimesneye bir d(aḫī emrim) (23) iş ėtdirmeyüb eslmeyüb ʿinād ve muḫālif üzere olunları isim ve res(imlerile) (23) āsitāne-'i saʿādetime ʿarż ve iʿlām ėdüb ḫuṣūṣ-ı mezbūr içün bir daḫī (emrim) (24) şerīfim taḥrīr ve irsālına muḥtāc ėtmiyesiz şöyle bilesiz ʿalāmet-i şerīfe (iʿtimād) (24) ḳılasız taḥrīren fī evāḫir-i Ẕī 'l-ḥicce sene sebaʿīn ve mi'e ve 'elf
bi-maḳām-ı Ḳosṭanṭinīye 'l-maḥrūse

247/30/a

Vorbild der scheriatskonformen Nā'ibs, Nā'ibs der Gerichtssprengel von Āmid und Mardin – möge ihre Weisheit zunehmen und Vorbild der Gleichgestellten und Ranggenossen, Voyvoda von Mardin, möge sein Ansehen wachsen! Sobald

332 ṣā'bīd
333 Vulgär für ḫidmet
334 madāmki
335 mürtezıḳası
336 taʿaddāların

das edle großherrliche Namenszeichen eintrifft, sei kund: İsmaʿīl – möge sein Ruhm zunehmen– einer unserer Leibwaffenträger, der unter Bestätigung durch mein imperiales Handzeichen und durch meinen Privilegientitel Stiftungsverwalter der Stiftung des heimgegangenen und in Mardin bestatteten Ḳāsim Padışah ist, stellte an meiner Schwelle des Glücks ein Gesuch. Während er mit der Ämterforderung durch die Lehrer, den Urkundenbeamten und weitere Bediensstete der in Mardin liegenden Medrese der Stiftung von Erwähntem für diejenigen Tage, an denen sie nicht Dienst taten, unerwünschte Übertretungen erlitt – ließ ich wissen, dass sie, weil sie mit ihrer Forderung nach einem Amt für die Tage, an den sie keinen Dienst taten, entgegen dem ehrwürdigen Scheriatsrecht handelten und sie nicht frei von Verdrussbereiten waren und dass hierzu in Übereinstimmung zu seiner Klage vom Şeyḫ ül-İslām ein ehrwürdiges Rechtsgutachten herausgegeben wurde. Damit dem ehrwürdigen Rechtsgutachten entsprechend dies rechtlich überprüft wird und sie entgegen dem ehrwürdigen Gericht und entgegen dem ehrwürdigen Rechtsgutachten mit (ihrer) Gehaltsforderung für die Tage, an denen sie keinen Dienst tun, ihrerseits den Bevollmächtigten nicht bedrücken und keine Überschreitungen vornehmen und damit es denjenigen, die offenkundig Überschreitungen vornehmen, verboten wird, ist es auf Grund derjenigen, die mein ehrwürdiges Urteil erhoffen, (mein Befehl), dies vor Ort vom Kadi rechtlich überprüfen zu lassen *(maḥallında şerʿle görülmek)* und ordne Folgendes an: Sobald____mit meiner ehrwürdigen Entscheidung eintrifft, sollt Ihr sicherstellen, dass gemäß meinem hierzu eröffneten ehrwürdigen Befehl der Vorgang schon zuvor rechtlich überprüft wurde, die Entscheidung der Causae vollständig eingetragen und das Rechtsgutachten überprüft wird. Wenn es bekannt gemacht worden ist, sollt Ihr gemäß dem erforderlichen ehrwürdigen Scheriatsrecht und dem ehrwürdigen Rechtsgutachten verfahren. Ebenso sollt Ihr dem Lehrer und den Urkundenbeamten erwähnter Medrese sowie weiteren Bediensteten, solange sie ihre (für ihre Verpflichtungen) erforderlichen Dienste nicht ausführen, und denjenigen, die entgegen dem ehrwürdigen Scheriatsrecht und dem ehrwürdigen Rechtsgutachten den Bevollmächtigten von Erwähntem mit der Gehaltsforderung für diejenigen Tage, an denen sie keinen Dienst tun, Verdruss bereiten und offensichtlich Überschreitungen vornehmen, es wie beschrieben untersagen und verbieten. Danach sollst Du jede Person, die sich dem ehrwürdigen Scheriatsrecht, dem erhabenen Rechtsgutachten und meinem imperialen Befehl widersetzt und die auch meinem weiteren ehrwürdigen Befehl nicht befolgt, nicht gehorcht und sich widerspenstig und opponierend verhält, mit Namen und Aussehensbeschreibung meiner hohen Pforte vorstellen und melden. Für erwähnte Causa sollt Ihr es nicht ein weiteres Mal erforderlich

machen, einen ehrwürdigen Befehl einzutragen und zu entsenden und sollt solhes wissen und meinem großherrlichen Zeichen Folge leisten. Eingetragen in der letzten Dekade des Ẕī 'l-ḥicce im Jahre 1170.
In der wohlbehüteten Stadt Konstantinopel.

247/30/b

(1) şerīʿat-ı şiʿār Mārdīn ḳāżīsi ve Āmid ḳāżīsi efendi (2) zīde fażluhumā ve ḳıdvet ül-emācid ve 'l-ʿāyān Mārdīn voyvodası (3) zīde mecduhu baʿd es-selām inhā olunur ki ḫāṣṣa-ʾi silaḥşūrlardan olub Mār(dīn) (4) ve Diyārbekirde vāḳiʿ Ḳāsim Pādışāh evḳāfınıñ ber vech-i teʾeyyüd bā-ḫaṭṭ-ı hümāyūn (berāt-ı) (5) şerīfe ile mütevellīsi olan İsmaʿīl Beg vaḳf-ı mezbūruñ īrādı[!][337] maṣārifine (ve uṣūl-ı) (6) vaḳfdan olan cihātına <...> vefā ėtdirmekten ʿāciz iken aḫırdan baʿżıl(arı) (7) ḫilāf-ı şarṭ-ı vāḳif birer taḳrīb ile vaẓāʾif iḥdāṡ ve ʿaskerī berātıyla (vaẓīfe) (8) muṭālebesiyle mūmā ileyhi taʿcīz ve rencīdeden ḫālī olmayub ol vech ile v(aḳf-ı) (9) mezbūruñ umūri muḫtall ve müşevveş ve ḫarābīye bāʿiṡ oldıġın iḫbār ėtmekle (ümūr)[?] (10) tafṣīl olunduġu vech ile ol maḳūle[338] uṣūl-ı[!][339] vaḳfdan olmayub ʿaskerī (berātıyla) (11) cihāt iḥdāṡ ėdenleriñ[!][340] ḳaydları maḥallından refʿ ve terḳīm olunmaġla fīmā(baʿd) (12) daḫī ʿaskerī berātıyla vaẓīfe muṭālebesiyle mütevellī-i mūmā ileyhi ve ṭarafından vek(īli) (13) bir vech[!][341] ile rencīde ėtdirmeyüb ẓāhir olan taʿaddīleri menʿ ve defʿ (olunmaḳ) (14) bābında ṣādır olan fermān-ı ʿālīşān-ı mūcibince mektūb taḥrīr____ve (ıṣdār ve) (15) irsāl olunmuşdur in şāʾ Allāhü teʿālā vuṣūlunda mūcib-i emr-i ʿālī ü(zere) (16) ʿamel edesiz ve selām
min el-ġafr ṣadr-ı ʿālī rāʿib Meḥmed

247/30/b

Durch die Scharia ausgezeichneter Kadi Efendi von Mardin und Āmid, – möge ihrer beider Tugend wachsen und Vorbild der Großen und Edlen, Voyvoda von Mardin – möge sein Ruhm zunehmen – sei nach dem Gruß Folgendes mitgeteilt: İsmaʿīl Beg, einer unserer Leibwaffenträger, der durch das großherrliche Namenszeichen unter Bestätigung durch einen ehrwürdigen Erlass Verwalter der in Mardin und Diyārbekir gelegenen Ḳāsim Pādışāh-Stiftungen ist, berichtete, dass die Einnahmen von erwähnter Stiftung für ihre Ausgaben und ihre durch die

337 irādını
338 olmaḳūle
339 vuṣūl
340 ėdenlerin
341 veçh

Stiftungsgrundsätze begründeten Ämter nicht ausreichten und er deswegen geschwächt war, und schließlich Einige von ihnen entgegen den Bedingungen des Stifters irgendwie Ämter geschaffen haben und mit der Gehaltsforderung mit Hilfe eines ʿAskerī-Privilegientitels Erwähnten nicht frei von Sorgen sein ließen und dies der Grund war, warum auf diese Weise die (Angelegenheiten) der Stiftung von Erwähntem beschädigt, durcheinandergebracht und ruiniert waren, wobei er die (Sachverhalte) in detaillierter Form darstellte. So ist diese Form nicht auf die Stiftungsgrundsätze begründet. Damit die Eintragungen derjenigen, die mit einem ʿAskerī-Erlass Gehälter geschaffen haben, statt dessen annulliert werden und dies verzeichnet wird und sie künftig erwähnten Stiftungsverwalter und den Bevollmächtigten an seiner Seite mit der Gehaltsforderung mit Hilfe eines ʿAskerī-Privilegientitels nicht irgendwie beunruhigen und denjenigen, die offenkundig Übertretungen vornehmen, es zu untersagen und zu verbieten, ist hierzu gemäß dem erteilten überaus edlen Erlass das Mektūb eingetragen, (ausgestellt und) entsendet. Sobald es – so Gott der Erhabene will – eintrifft, sollt Ihr gemäß diesem erhabenen Befehl handeln und seid gegrüßt.
Möge dem furchtsamen Großwesir Meḥmed verziehen werden.

247/30/c
nişān-ı şerīf-i ʿālīşān-ı sāmī-mekān-ı sulṭānī [ve] ṭuġra-yı (ġarrā-yı cihān-sitān-ı ḫāḳānī ḥükmü oldur ki)
(1) (memālik-i maḥ)rūsemde vāḳiʿ ehl-i ẕimmetden yahūd ve naṣārānıñ şerʿan rüʾūslarına mażrūb[!][342] olan (2) ([cizyele)rī beyt ül-māl müslimīniñ emvāl-ı meşrūʿasından olmaġla meẕheb-i ḥanefīye üzere āʿlā ve evsaṭ (3) (ve ednā) iʿtibārıyla evrāḳ-ı cizye sene-ʾi sābıḳdan berā-yı muḳaddem küşād ve biñ yüz yetmiş (4) (…) senesi cizyesiniñ cibāyetine işbu biñ yüz yetmiş bir senesi Rebīʿ-i evveliñ[!][343] ġurresinden (5) (mübā)şeret olunmaḳ üzere ḫaṭṭ-ı hümāyūn-ı şevketmaḳrūnum ṣādır olmaġın biñ yüz (6) (yetmi)ş iki senesine maḥsūb olmaḳ üzere Mārdīn ve Nuṣaybīn ḳażālarına (tevābiʿnda) (7) (sāk)in ve mütemekkin ve mürūr ve ʿubūr ėden ehl-i ẕimmet-i kefere ve yahūd ve erāmine-ʾi (8) (ʿacem) ṭāʾifeleriniñ şerʿan üzerelerine edāsı lāzim gelēn biñ yüz yetmiş iki (9) (sen)esi cibāyetine işbu biñ yüz yetmiş [bir] senesi Rebīʿ ül-evveliñ[!][344] ġurresinden (10) (mü)bāderet eylemek üzere ikiyüz otuz āʿlā ve biñ beşyüz ṭoḳsan dört (11) (ev)saṭ ve beşyüz yirmi ednā evrāḳı ki eṣnāf-ı ẕelāẕe iʿtibārıyla cemʿan (12) (ik)i biñ üçyüz ḳırḳ dört evrāḳ ile

342 mażrūbe
343 evvelīsi
344 evvelīsi

iftiḫār ül-emācid ve 'l-ekārim (13) (de)rgāh-ı muʿallam ḳapuçı başılarından mīr-i ʿalem el-Ḥāc Meḥmed Ṣādıḳ dāme mecduhu (14) (vek)āletiyle işbu rāfiʿ-i tevḳīʿ üş-şān-ı ḫāḳāni ḳıdvet ül-emācid ve 'l-āʿyān (15)____zīde mecduhuya derʿuhde ve tefvīż olunub işbu berāt-ı ʿālīşān-ı (16) (maʿ)delet-ʿunvānı vėrdüm ve buyurdumki cizyedār-ı merḳūm varub ġurre-ʾi Rebīʿ (17) (ül-evvel)de ḥākim ül-vaḳt olan müvācehesinde mīrī mühüriyle memhūr cizye evrāḳı (18) (boġçası)nıñ mühürlerin ḳaṭʿ ve evrāḳda olan mühürle taṭbīḳ olunduḳdan soñra (19) (bir ki)seye vażʿ ve vilāyet ḳāżīsi mühürleyüb der saʿādetime irsāl ve ḳalem-i mezbūra (20) (tābiʿ) her belde ve ḳaryede sākin ve mevcūd yėrlü ve yabancı ve mürūr ve ʿubūr (21) (ė)den ehl-i ẕimmet-i kefere ve yahūd ve erāmine-ʾi ʿacem ṭāʾifeleri ve emred-i mürāhiḳ (22) (ḥü)kmine dāḫil olub şerʿan cizyeye müstaḥaḳḳ olan ġulāmlarını geregi gibi taḳayyüd (23) (ve i)htimām ile[!][345] tafaḥḥuṣ olunub bir ferdī ḫāric ve kāġıdsız ḳalmamaḳ şarṭıyla (24) (ber ve)ch-i şerʿ-i üzere ahālīsi beyninde eṣnāf-ı s̱elās̱eniñ ḳangı ṣınıfından ʿad (25) (ve) iʿtibār olunur ise ḫaṭṭ-ı hümāyūn şevḳetmakrūnum ile vėrilen niẓām-ı cedīd (26) (m)ūcibince faḳīr-i muʿtemelden ednā iʿtibārıyla bir zer-i maḥbūb ve vasaṭ ül-ḥāl olanlardan (27) (e)vsaṭ iʿtibārıyla iki zer-i maḥbūb ve ẓāhir ül-ġınā mükṣir olanlardan āʿlā iʿtibārıyla (28) (d)ört zer-i maḥbūb alunub zer-i maḥbūb tedārikinda ʿaciz ve ʿusreti olanlardan (29) (ze)r-i maḥbūb ḥesābı üzere āʿlādan on bir ġuruş ve evsaṭdan beş buçuḳ (30) (ġu)rūş ve ednādan iki buçuḳ ġuruş bir rubaʿ olmaḳ üzere ecnās-ı nuḳūddan (31) (ne) gūna aḳçe götürürler ise ḫāliṣ ül-ʿayār ve tāmm ül-vezn olanları rāʾic (32) (ol)dıġı vech üzere müdevver-i cedīd İstanbūl altunı dörtyüz ḳırḳ (33) (a)ḳçeye ve zer-i maḥbūb ile zincīrli mıṣır-i altunı üçyüz otuz bir aḳçeye (34) (ve) ṭuġralı mıṣır altunı üçyüz on beş aḳçeye ve ṭuġralı ṣāġ paranıñ (35) (her) ḳırḳ ʿadedi bir ġuruş ḥesābıyla alunub cizyelerin bu vechile (36) cibāyet ve taḥṣīl ve şürūṭ-ı muḳarrere-ʾi meẕkūreye kemāl-ı ihtimām ve iʿtidāl (37) (üzere mü)rāʿāt olunub ḥaddı tecāvüz ve taʿaddī ile sebīl-i ṣadāḳet ve ṭarīḳ-i (38) (i)stiḳāmetden ʿudūl ėdenleriñ şerʿan müstaḥaḳḳ olduḳları cezāları tertīb (39) (oluna) ve ehl-i ẕimmet-i kefereniñ herbirine mīrī mühüriyle memhūr işkālıyla birer kāġıd (40) (mühür)ilüb ve ʿummāl-ı cizyeye tevzīʿ eyledigi evrāḳlar āʿlāsindan on iki

247/30/c (zweiter Teil auf 247/31, rechte Seite)
(1) ve evsaṭından ṭoḳuz ve ednāsından altı para maʿīşet ve bundan māʿadā herbir varaḳdan bir varaḳdan bir(er para) (2) cizye muḥāsebecisi ve kātiblarına ücret-i kitābet taʿyīn olunmaġla müctemiʿ olan mā(l-ı cizyeden) (3) ḥīn-i muḥāsebede deynlerine maḥsūb olunmaḳ ve memālik-i maḥrūsemde vāḳiʿ evḳāf-ı ḳur(ada) (4)

345 ve

sākin-i ehl-i ẕimmetden salāṭīn-i iʿẓām ve vüzerāʾ-yı[!][346] kirām ve mīr-i mīrān ve sā(ʾirleriniñ]) (5) ḫavāṣ ve ocaḳlıḳlarına [ve] voyvodalıḳlara dāḫil ve baʿż-ı esbāba bināen defterden if(rāz) (6) ve maḳṭūʿ olanlar [gerek] rāhib ve baṭrīḳ ve ḳasīs ve bir ṭarīḳ ile ellerine berāt alu(b) (7) tercümānlıḳ ve müsellimlik ve muʿāfīyet iddiʿāsında olanları bil-cümle refʿ ve mādemki ikt(isāba) (8) ve ʿamele ḳādir olub iktisābdan māniʿ olur zemānda ve żarāret ve felc ve(yāḫūd) (9) eks̱er-i ʿāmında marīż olmaḳ gibi aġdār-ı ṣaḥīḥesi olmıya sāʾir ehl-i ẕimmetden is(tis̱nā) (10) olunmayub cümlesinden vech-i şerʿ üzere istiḥḳāḳlarına göre yed-i vāḥidden eṣ(nāf-ı) (11) s̱elās̱e iʿtibārıyla cizyeleri cibāyet ve cizyeye müstaḥaḳḳ olmıyan ṣabī ve ẓ(āhir) (12) ül-ġınā olmayub pīr-i fānī ve ʿamel mānde olub bir vecihle ve kesbe iḳtidā(r) (13) olmıyanlardan ḫilāf-ı şerʿ-i şerīf cizye ṭaleb olunmıya ve ehl-i ẕimmetden āyend(e) (14) ve revende ve defʿaten edāya ḳudreti olanlarından māʿadā māl-ı cizyeyi (15) dört taḳsīṭ ile cemʿ ve taḥṣīl eyleyüb cizyedārlar daḫī taḳsī(ṭ-i) (16) şürūṭıyla vaḳt ve zemānıyla cizye-ʾi ʿāmireme teslīm eyliyeler ve māl-ı cizyeye naṣ(en) (17) ve ictihāden īcāb ėden vāridāt-ı şerʿīyeden olub ehl-i ẕimmet-i süḳ(ūṭ-ı) (18) cizyeyi müstelzim olur ġadrdan sālim iken ẕil ve ṣiġārıyla müstaḥaḳḳ (19) olduḳları cizyeleri vėrmemek içün bī-vech-i ġadr īrādına ictirā veyāḫū(d) (20) bir ṭarīḳ ile ibā ve bir yėrde iḫtifāʾ veyāḫūd āʿlāya müstaḥaḳḳ iken evsaṭ (21) ve evsāṭa müstaḥaḳḳ iken ednā cizyesin vėrmek taṣaddī ėder olur ise (22) cizye[!][347] şerʿīyelerinden imtināʿ eyledikleri içün ol maḳūleleriñ[!][348] rıḳbesini (22) üzerine mażrūbe olan cizyelerin alındıḳdan soñra[!][349] eşedd-i ʿıḳāb ile (23) icāb ėden cezāların tertīb oluna ve ahālī-i[!][350] vilāyetden baʿż-ı ẕī- (24) ḳuvvet kimesneleriñ bāġ ve baġçe ve çiftlik ve degirmenlik[!][351] ve mandıralarında çuba(n) (25) ve teroġlānı nāmıyla ve sāʾir bahāne ile ehl-i ẕimmeti istiṣḥāb ve cizyeler(in) (26) vėrdirmeyüb bu gūna ḥarekete cesāret ėdenler bāʿis̱-i ḫiẕlān-ı ebed olu(b) (27) ʿuḳūbāt-ı şedīde ile muʿāḳḳab olacaḳların muḳarrer ve muḥaḳḳaḳ bilüb selāmet ḥāllar(ı) (28) içün kemāl-ı intibāh üzere ḥareket eyliyeler ve cizyedārlar birbirleriniñ muḳāyeselerin (29) dāḫil olmıyan reʿāyaya ḥīle ile ḫafīyeten evrāḳ gönderüb tevzīʿ olunduġu şerʿ(en) (30) s̱ābit olduḳda vėrdigi kāġıdlar gerü[!][352] kendüye redd ve aḳçesi bit-temām taḥṣīl ve aṣıl (31) cizyedārına teslīm ve taḥammüllerine göre evrāḳları muḳāyesesine dāḫil olduḳları[!][353] cizyedā(r) (32) ṭarafından

346 vüzā-ı
347 cizye-ʾi
348 maḳūlelerin
349 alındıḳdansoñra
350 ahālīsi
351 degirmenliḳ
352 gerüye
353 olduḳların

vėrdirilüb bir vecihle ta'allül ve muḫālefet ėtdirilmeye ve ba'ż-ı reāya sākin (33) oldığı ḳaṣaba ve ḳurāsında mün'am ve mütemevvil a'lāya veyāḫūd evsāṭa müḥtemel iken a'l(ā) (34) ve evsaṭ cizyesin vėrmemek içün civārlarında vāḳi' aḫır ḳażā cizyedārların(dan) (35) ḥīle ile evsaṭ veyāḫūd ednā kāğıdi alub mīrīye ġadr eylemek iḥtimālları (36) olur ise ol aṣılların ahālīsi beyninde mülk ve emlākına naẓar olunub eṣn(āf-ı) (37) s̱elās̱eniñ ḳangı ṣınıfından 'ad ve i'tibār olunur ise vech-i şer' üzere istiḥḳāḳ(larına) (38) göre evrāḳları vėrilüb lakin bu bahāne ile re'āya fuḳarāsına ġadr ve tecāvüz (38) eylemiyeler ve her bir ehl-i ẕimmetiñ taḥammüllerine göre cizyeleriñ cibāyet olunmaḳ muḳteżā (39) iken ba'ż-ı maḥallāt ve ḳurānıñ ḳocabaşıları kendü cizyeleriñ taḫfīfi içün ṭopundan (40) evrāḳ alub re'āyaya istiḥḳāḳlarına göre tevzī' olunmayub mālı her ne(yse) (41) beynlerinde ḥesāb ve ḫilāf-ı şer'-i şerīf 'alā 's-sevīye tevzī' olunduġu sem('-i) (42) hümāyūnum ilġā olunmağla <<bu>> bu bid'at-ı kerīheyi[354] daḫī men' olunub her bir ehl-i ẕimm-(etiñ) (43) taḥammüllerine göre cizyedārlarından evrāḳi vėrilüb cizyeleri cibāyet ol(una)

247/30/c (dritter Teil auf 247/31, linke Seite)
(1) (ḥāṣıl-i kelām ḫilāf-ı şürūṭ-ı) berāt (2) (bir ferdī) ḫāric ve kāğıdsız (3) (ḳalmamaḳ) üzere herbirine 'alā vech-i (4) (şer' üzere her biriniñ) taḥammül ve istiḥḳāḳlarına göre evrāḳları (5) (vėrilüb ve) cizye şer'īyelerin cibāyet ėtdikden 5) (soñra) ḳasaba ve ḳurā üzerlerine ṭopundan evrāḳ ṭarḥ (6) (ve tev)zī' eylemek ġāyet ül-ġāye iḥtirāz ve ictināb olunaraḳ (7) (ḫulā)ṣa-'ı kelām şürūṭ-ı berātdan ziyāde bir aḳçe alındığı ve ṭopdan evrāḳ (8) (tevżī') ve taḥmīl-i ḫaberiñ alunur ise bi-lā-imhāl bu gūna ḥarekete cesāret ėdenleriñ cezāları (9) (tert)īb olunacaḳ muḳarrer ve muḥaḳḳaḳ bileler ve cibāyetine me'mūr-ı 'āmiller cādde-'i ḥaḳḳdan 'udūl ėtmeyüb (10) (kemāl-ı) istiḥḳāmet ile ḥareket ve ḫilāf-ı şürūṭ-ı berāt-ı 'ālīşān re'āya fuḳarāsından başḳa ma'īşet (11) (ve ẕa)ḫīre ve kātibīye ve ṣarrāfīye ve ḳolçı aḳçesi nāmıyla bir ḥabbe ṭaleb eylemiyeler ve keẕālik ḳużāt ve nevvāb daḫī (12) (ḫar)c-ı maḥkeme nāmıyla re'āyādan ve 'ummāl-ı cizyeden ḳalīl ve kes̱īr min ba'd nesne muṭālebe eylemiyeler şöyle ki ḳāżīler (13) (ve) cizyedārlar celb-i māl sevdāsıyla re'āyāya ẓülm ve ta'addī ėderler ise sırren ve 'alenen tecessüs ve tafaḥḥuṣ (14) (olu)nub izdiyād aldıḳlarıñ ẓāhir olur ise ḳayd ve bend ile astāne-'i sa'ādetime iḥżār (15) (ve şe)r'an muḥkem ḥaḳḳlarından gelenür aña göre işbu berāt-ı 'ālīşānımıñ şürūṭı mürā'at olunub (16) (ḳā)żīlar [ve] voyvodalar ve ḳurā żābiṭlārı ve sā'ir sākin-i vilāyet bil-ittifāḳ cizye cibāyeti (17) (ḫu)ṣūṣunda cizyedārlara i'ānet ve mümāna'at ėderi olur ise ḥaḳḳlarından gelenmek (18) (üze)re isim ve

354 kerīhe-'i

resimleriyle dersaʿādetime ʿarż ve iʿlām eyliyeler ve herbir neferiñ cizye mālını (19) (edā) eyledigi maʿlūm olmaḳ içün cizyedār başḳa defter ṭutub[!][355] ḳaṣabada (20) (o)lanları maḥallesiyle ve ḳaryede olanları ḳaryesiyle ve mürūr ve ʿubūr ėdenleri (21) (isi)m ve resimleriyle ʿalā 'l-esāmī defer-i cizye muḥāsebesi[!][356] ḳalemine teslīm eylemek üzere der devlet- (22) (me)dārıme göndereler ve cizyedārlar[!][357] meʾmūr oldıġı ḳażā ve nevāḥīye tevzīʿ eyledigi (19) (e)vrāḳı min baʿd ḳolçılar mühürülmeyüb ve işkālsız kāġıd vėrmeyüb ḥīn-i (20) (i)ḳtiżāda defʿ-i iştibāh içün taṭbīḳ olunduḳda muṭābıḳ [olmaḳ] üzere ḳaleminde (21) (ḫ)ıfẓ olınan mühürleriyle mühürliyeler ve işbu berāt-ı şerīf-i ʿālīşānımda taʿyīn (22) ve taṣrīḥ olınan şurūt ve ḳuyūduñ tenfīẕ ve icrāsına herbirleri geregi gibi (23) (i)htimām eyleyüb ḫilāfıyla bir dürlü vażʿ ve ḥareketden bi-ġāyet iḥtirāz ve ictināb (24) eyliyeler şöyle bileler ʿalāmet-i şerīfim iʿtimād ḳılalar taḥrīren fī 'l-yevm es̱-s̱āmin (24) (min şehr-i) Ṣafar ül-ḫayr sene iḥdā ve sebaʿīn ve miʾe ve ʾelf
bi-maḳām-ı Ḳosṭanṭinīye 'l-maḥrūse

247/30/c

Der Erlass des hohen, ehrwürdigen, illustren Zeichens des erhabenen sultanischen Ortes und brillianten, imperialen, welterobernden Monogrammes sei Folgender: Weil die gesetzlich pro Kopf veranschlagte Cizye-Steuer von den in meinem Gebiet lebenden Juden und Christen legales Eigentum des Schatzamtes der Muslime ist und um gemäß der hanafitischen Lehre gemäß der Kopfsteuerscheine für die hohe, mittlere und niedrige Steuerklasse vom letzten Jahr für das bevorstehende eröffnet wurde und die Steuereintreibung für das Jahr 117(1) ab dem Ersten des Monats des ersten Rebīʿ im Jahre 1171 beginnen soll, habe ich mein herrschaftliches und imperiales Zeichen eröffnet, dass gerechnet bis zum Jahre 1172 in den Gerichtssprengeln von Mardin und Nuṣaybīn des Vilāyets von Bagdad und für die in deren Gebieten lebenden und wohnhaften sowie die kommenden und gehenden Angehörigen der ungläubigen Untertanen ebenso für Juden und Gruppen (persischer) Armenier entsprechend für die fällig werdende Cizye-Steuer für das Jahr 1172 die gesetzlich für sie durchzuführende Steuererhebung am Ersten des Monats Rebīʿ-i Evvel im Jahre 117[1] durchzuführen ist. Um dieses zu vollziehen, werden hierzu 230 hohe, 1594 mittlere und 520 niedrige Scheine, die insgesamt in Bezug auf die 3 Zünfte 2344 Scheine ergeben, in Vertretung durch den Stolz der Mächtigen und Großen, gelehrter König der obersten Torhüter, Herr des Banners

---

355 ṭūṭūb
356 muḥābesi
357 cizyedālar

Ḥāc Meḥmed Ṣādıḳ – möge sein Ruhm andauern – dem Zeichner des herrschaftlichen Siegels, Vorbild der Großen und Notabeln____anempfohlen und übertragen. Ich erteile diesen gerechten und ehrwürdigen Berāt und ordne Folgendes an: Der erwähnte Steuereintreiber soll kommen und nachdem er am Ersten des Monats (des ersten) Rebīʿ im Beisein des derzeitigen Herrschers das Siegel des Beutels mit den Cizye-Scheinen, die mit dem Mīrī-Stempel abgestempelt sind, gebrochen und mit den auf den Scheinen befindlichen Stempel verglichen hat, soll er sie in einen Beutel tun, vom Kadi der Provinz abstempeln lassen und sie an meine hohe Pforte schicken. Die Angehörigen der in jeder Stadt und in jedem Dorf ansässigen Einheimischen und Fremden, sowie die umherziehenden Angehörigen der ungläubigen Zimmis sowie Juden, Gruppen persischer Armenier und Jugendliche sind in diese Anordnung miteingeschlossen und die scheriatsrechtlich zur Cizye-Steuer verpflichteten Knaben sollen genau mit Vorsicht und Umsicht überprüft werden. Damit keine Person ohne Schein ist und zu welchem Stand der drei Stände dann entsprechend dem Gesetz deren Angehörige auch immer gerechnet werden, soll entsprechend der neuen Ordnung, die mit imperialer und herrschaftlicher Zeichnung erteilt wurde, von der Gruppe der armen Bediensteten hinsichtlich der niedrigen eine Goldmünze, von den mittelgut gestellten hinsichtlich der mittleren zwei Goldmünzen und von den offensichtlich wohlhabenden Personen hinsichtlich der hohen 4 Goldmünzen genommen werden. Bei denjenigen, die nicht in der Lage sind, diese zu bezahlen und sich in Schwierigkeiten befinden, sollen entsprechend der Goldmünzenberechnung von der hohen 11 Ġuruş, 5½ Ġuruş von der mittleren und von der niedrigen 2¾ Ġuruş genommen werden. Welche Art von Aḳçe (sie auch bringen) sollen gemäß vollem Gewicht und vollem Kurs, nach dem neuen Kurs für den İstanbūl Altunı mit je 440 Aḳçe und einer Goldmünze, für den Zincīrli Mısır Altunı mit je 331 Aḳçe, sowie für den mit der Ṭuġra geprägten Mısır Altunı mit je 315 Aḳçe sowie für wieteres mit der Ṭuġra geprägtes vertrauenswürdiges Geld mit je 40 Stück ein Ġuruş berechnet, genommen werden. Damit auf diese Weise die Cizye-Steuer der Steuererhebung entspricht, sollen die erwähnten festgelegten Bedingungen mit umfassender Umsicht und vollständiger Ausgewogenheit eingehalten werden. Gleichzeitig sollen diejenigen, die Überschreitungsgrenzen übertreten und von der Beibehaltung des geduldigen Wegs abweichen, es scheriatsrechtlich verdienen, mit Strafen belegt zu werden. Es soll jedem der Angehörigen der ungläubigen Zimmis je ein mit dem Stempel der Mīrī-Steuer und ein mit einer Aussehensbeschreibung versehener Schein gegeben werden und für die Durchführenden der Cizye-Steuer von den zu verteilenden Scheinen von der besten Verdienstgruppe 12, von den mittleren 9 und von der niedrigen 6 Para als Lebensunterhalt bleiben, darüber hinaus für jeden Schein zu je einem Para für den Cizye-

Abrechner und für ihre Schreiber eine Schreibergebühr festgelegt und vom zusammengesammelten Cizye-Geld zum Zeitpunkt der Abrechnung als ihre Schulden abgerechnet werden. Abgesehen von den in den Dörfern meiner beschützten Herrschaftsgebiete wohnenden Zimmis sollen die Domänen und Voyvodalıḳs der großen Herrscher, illustren Wesire, Provinzgouverneure und weiterer mit enthalten sein. Diejenigen, die angeben Übersetzungsdienst auszuüben, steuerbefreit oder entschuldigt zu sein, wobei sie wie diejenigen, die aus begründeter Sachlage steuerbefreit sind, wie z.B. Mönche, Patriarchen oder Priester, irgendwie den Privilegientitel besitzen, sollen vollständig ausgeklammert werden. Solange sie aber in der Lage sind, Gewinn abzuwerfen, soll ihnen Gewinn untersagt werden. Sie sollen nicht Jahreszeit, Blindheit, Lähmung oder die meisten Jahre krank gewesen zu sein angeben, wenn es keine echte Bedrückung war und sollen nicht zu den anderen Angehörigen der Zimmis eine Ausnahme bilden. Von ihren Gruppen soll scheriatsrechtlich entsprechend ihrer Einstufung aus einer Hand kommend die Cizye-Steuer der drei Stände der Steuererhebung entsprechen. Man soll nicht die Cizye-Steuer entgegen dem ehrwürdigen Gesetz von Knaben oder Personen, die offensichtlich nicht reich sind oder einem alten Mann oder Leuten die arbeitsunfähig und irgendwie nicht in der Lage sind, Verdienst zu erwirtschaften, verlangen. Abgesehen von denjenigen umherziehenden Untertanen und denjenigen, die zu einer einmaligen Zahlung in der Lage sind, soll man mit 4 Ratenzahlungen die Cizye-Steuer einsammeln. Denn die Steuereintreiber sollen auch unter Ratenzahlungsvereinbarungen zeitig an meine herrschaftliche Schatzkammer die Cizye-Steuer übergeben, denn die Cizye-Steuer gehört zu den eifrig bestrebten rechtmäßigen Einnahmen. Wenn die Angehörigen der Zimmis einen Wegfall der Cizye-Steuer benötigen und um zusammen mit den vor Bedrückung geschützten Personen, die niedrigen Ranges oder minderjährig sind, ihre fällig werdende Cizye-Steuer nicht zu bezahlen, es wagen, durch unrechtmäßige Bedrückung mit ihren Einkünften zu spekulieren oder auf irgendeine Weise verweigern anzugeben oder irgendwie zu verbergen oder wenn sie in die höhere Cizye-Klasse eingestuft worden sind, die mittlere oder wenn sie in die mittlere Cizye-Klasse eingestuft worden sind, die niedrige Cizye-Steuer zu bezahlen, soll man, damit sie nicht ihre scheriatsrechtliche Cizye-Steuer verweigern, nachdem man die veranschlagte Cizye-Steuer in Erwartung solch verachtenswerter Dinge genommen hat, mit schärfster Bestrafung belangen. Wenn einige zahlungskräftige Personen, die bei ihren Rebbergen, Gärten und Höfen, Mühlen und Milchhöfen Angehörige der Zimmis unter der Bezeichnung Schäfer oder Handlanger und anderen Vorwänden anstellen und ihre Cizyesteuer nicht geben und es auf diese Weise wagen, diese Art von Verhalten an den Tag zu legen, sollen Grund für ewige Hilflosigkeit sein. Es versteht sich als zweifelsfrei und beschlossen, dass sie mit schweren Bestrafungen gemaßregelt werden. Damit sie sich sicher währen können, sollen sie umfassende Vorsicht walten lassen. Wenn gerichtlich festgestellt ist, dass die Steuereintreiber Untertanen, die nicht in ihrem Abgleich enthalten sind, mit einer List[358] Scheine geben, sollen die abgegebenen Scheine ihnen *(den Untertanen)* wieder zurückgegeben, die Aḳçe vollständig eingesammelt und dem eigentlich zuständigen Steuereintreiber übergeben werden. Gleichzeitig sollen sie *(die Untertanen)* sich von den Steuereintreibern entsprechend ihrer Steuerbelastung die in ihrem Abgleich mit einbezogenen Scheine zurückgeben lassen. Sie sollen nicht auf irgendeine Weise Ausflüchte finden oder widersprechen. Wenn einige in ihren Kleinstädten und Dörfern wohnenden Untertanen, die finanziell gut gestellt und reich sind, die mit der hohen oder mittleren belastet sind, versuchen, um ihre Cizye-Steuer nicht zu bezahlen, von Steuereintreibern eines anderen Gerichtssprengels ihrer Umgebung mit einer List Scheine für die mittlere oder untere Steuerklasse zu nehmen und die Vermutung, die Mīrī-Steuer zu fälschen, besteht, so soll unter den Angehörigen dieser Familien ihr Eigentum und ihre Güter überprüft werden und wenn gerechnet und eingeschätzt wird, zu welcher Klasse sie gehören, sollen angesichts des Scheriatsrechts entsprechend ihrem Verdienst die Scheine herausgegeben werden. Denn sie sollen mit diesem Vorwand die Armen der Untertanen nicht täuschen und übervorteilen. Weil meinem großherrlichen Gehör zu Ohren gekommen ist, dass, um den Dorfältesten in manchen Gegenden und Dörfern die Cizye-Steuer zu vereinfachen, in Einem zusammengewürfelte Scheine genommen und nicht entsprechend der Steuerbemessung verteilt wurden, sondern wenn es sich um Cizye-Geld handelte, unter ihnen die Abrechnung entgegen dem ehrwürdigen Gesetz auf gleichem Niveau vorgenommen wurde, wobei die Steuererhebung der Cizye-Steuern jedes Untertanen gemäß seiner Einstufung erforderlich ist, gilt diese verachtungswürdige Neuerung ebenso als verboten. Jeder einzelne Angehörige der Zimmis soll aus Händen der Steuereintreiber entsprechend seiner Belastung die Scheine nehmen und seine Cizye-Steuer soll der Steuererhebung entsprechen. Damit kurz gesagt – entgegen den Bedingungen des Berāts kein Einziger mehr ohne Schein ist, sollen entsprechend dem Gesetz hinsichtlich ihrer Belastung und Steuerbemessung die Scheine gegeben werden. Nachdem die scheriatsrechtliche Cizye-Steuer erhoben worden ist, soll man besonders Acht geben und sich davon fernhalten, hinsichtlich Städten und Dörfern in Einem zusammengewürfelte Scheine bereitzustellen und zu verteilen. Kurz gesagt, wenn entgegen den Bedingungen des Berāts die Nachricht gemeldet wird, dass

358 Vermutlich gefälschte Scheine.

nur ein kleinster zusätzlicher Akçe genommen wird und in Einem zusammengewürfelt die Scheine bereitgestellt und verteilt werden, sollen sie wissen, dass beschlossen ist, dass für diejenigen, die es wagen, dieses Verhalten weiter an den Tag zu legen, unverzüglich Strafen auferlegt werden. Die für die Erhaltung des Rechts und die für die Steuereintreibung beauftragten Verwaltungsbeamten sollen vom Weg des Rechts nicht abweichen. Mit vollständiger Beharrlichkeit sollen sie fortfahren und nicht entgegen den rechtlichen Bedingungen des hohen Berāts von den armen Untertanen einen weiteren Unterhalt oder auch nur ein Körnchen mit Bezeichnungen wie Vorrats-, Gerichtsschreiber-, Geldwechsel- oder Wachposten-Akçe fordern. Auch sollen die Kadis und Nāʾibs ebenso nicht von den Untertanen und von den Durchführenden der Cizye-Steuer danach Dinge mit Namen wie Gerichtsausgaben – sei es wenig oder viel – verlangen. Es ist notwendig, dass wenn die Richter und Steuereintreiber mit ihrem Streben nach Auftreiben von Geldern den Untertanen Unrecht und Unterdrückung zumuten, dieses geheim und öffentlich untersucht und geprüft wird. Wenn die erhöhte Gelder Eintreibenden bekannt werden, sollen sie registriert und gefesselt zu meiner Schwelle des Glücks einbestellt und gemäß der Scharia streng verurteilt werden. Dementsprechend sollen sie die Bedingungen dieses ehrwürdigen Berāts respektieren. Wenn die Richter, Voyvodas und Anführer der Dörfer *(ḳurā żābiṭleri)* und andere Einwohner des Dorfes hinsichtlich der Erhebung der Cizye-Steuer im gegenseitigem Einvernehmen den Steuereintreibern helfen und somit widersprechen, sollen sie hinsichtlich der entschiedenen Bestrafung mit Namen und Aussehensbeschreibung in meine hohe Pforte einbestellt und bekanntgemacht werden. Damit bekannt wird, was die jeweilige Person an Cizye-Steuer zu zahlen hat, sollen die Steuereintreiber ein weiteres Protokoll führen. Indem sämtliche in der Stadt Befindlichen mit ihrem Viertel und die in den Dörfern Befindlichen mit ihrem Dorf sowie die Umherziehenden mit Namen und Aussehensbeschreibung namentlich eingetragen werden und die Cizye-Aufstellung dem Amt übergeben wird, sollen sie es an die Pforte meines helfenden Staates bringen. Die Steuereintreiber sollen nicht die in dem angeordneten Gerichtssprengel und den Unterbezirken zu verteilenden Scheine im Nachhinein durch Wachposten abstempeln lassen und Scheine ohne Aussehensbeschreibung verteilen. So sollen sie bei Notwendigkeit zur Zweifelbeseitigung wenn sie verglichen werden, zur Übereinstimmung mit den Stempeln, die in seinem Amt aufbewahrt werden, abgestempelt werden. Sie sollen alle die in meinen ehrwürdigen Berāt angekündigten und klar ausgesprochenen Ausführungen der Bedingungen und Eintragungen genau beachten, nicht dem Benehmen widersprechen und sich äußerst in Acht nehmen. So sollen sie Solches wissen und meinem großherrlichen Zeichen Gehorsam schenken.

Aufgezeichnet am 8. Tag des glückbringenden Ṣafar im Jahre 1171.
In der wohlbehüteten Stadt Ḳosṭanṭinīye.

247/31/b

(1) (mefāḫir) ül-ḳużāt ve 'l-ḥükkām ma'den ül-fażā'il ve 'l-kelām Diyārbekirden Baġdād ḳal'esine varınca (2) (y)ol üzerinde vāḳi' olan ḳāżīler zīde fażluhum ve mefāḫir ül-emāṣil ve 'l-aḳrān ketḫüda (3) (y)ėrleri ve yeñiçeri[!][359] serdārları ve ā'yān-ı vilāyet [ve] iş erleri zīde ḳadruhum tevḳī'-i refī'-i (4) hümāyūn vāṣil olıcaḳ ma'lūm ola ki Diyārbekirden Baġdād ḳal'esine gidecek dergāh-ı (5) mu'allām ṭop 'arabacılarınıñ mevācibleri mālı in şā' Allāhü te'ālā Diyārbekirden ḳale'-i (6) (m)ezbūra varınca yol üzerinde her ḳanġiñiziñ taḥt-ı ḳażāsına dāḫil olur ise me'men (7) ve maḥfūẓ yėrler ḳondurub gündüzlerde ve gecelerde bekletdirüb ve yollarda yanına (8) (k)ifāyet miḳdārı yarar ve mu'temed 'aleyh tüfenk endāz ādemler ḳoşub geregi gibi fa-ḥükm-i ḫıfẓ (9) ve ḥirāset ėderek emīn ve sālim bir yėriñize ulaşdırub 'avḳ ve te'ḫīrden ve ihmāl (10) ve müsāmaḥada ve 'iyāzen billāhi te'ālā menāzil ve merāḥilde bir ṭarīḳiyle żarar ve ziyān (11) (...) düşürmekden bu bahāne ile re'āyā fuḳarāsından celb-i māl sevdāsıyla ẓülm ve ta'addī (12) (o)lmaḳdan bi-ġāyet iḫtirāz eylemegiz bābında fermān-ı 'ālīşānım ṣādir olmuşdur buyurdumki (13) (ḥ)ükm-i şerīfimle <varduḳda>____varduḳda bu bābında vech-i meşrūḥ

247/31/b (zweiter Teil auf 247/32, rechte Seite)

(1) üzere şerefyāfte-'i ṣudūr olan işbu emr-i şerīf-i celīl üş-şān-ı vācib ül-imtiṣāl ve lāzim (ül-itbā'ımıñ) (2) mażmūn-ı iṭā'at maḳrūnıyla 'āmil olub ḫilāfıyla vaż' ḥareketden bi-ġāyet iḥtirāz (eylemegiz) (3) şöyle bilesiz 'alāmet-i şerīfe i'timād ḳılasız taḥrīren fī 'l-yevm eṣ-ṣānī 'aşrīn Receb s(ene iḥdā ve seba'īn) (4) ve mi'e ve 'elf bi-maḳām-ı Ḳosṭanṭinīye 'l-maḥrūse

247/31/b

Berühmtheiten der Kadis und Richter Fundgruben der Tugenden und der Beredsamkeit! Die auf der Route von Diyārbekir zur Festung von Baġdād ansässigen Kadis – möge ihre Tugend wachsen, Berühmtheiten der Vorbilder und Ranggenossen, Ketḫüda yėris,[360] Serdārs der Janitscharen, Notabeln der Provinz und Sachverständige – möge ihr Ansehen wachsen! Sobald das edle, großherrliche Namenszeichen eintrifft, sei kund:

---

359 yenñiçeri

360 Ketḫüda yėri ist die Bezeichnung für den Oberst des 32. Janitscharen-Regiments.

Egal zu welchem Eurer Gerichtssprengel die Zuteilungen der Gewehrtransporteure meiner Hohen Pforte, die von Diyārbekir an die Festung von Baġdād gehen und – so Gott der Allmächtige will – von Diyārbekir über den Weg zur Festung von Baġdād vollständig dort ankommt, gehört, sollt Ihr sie an sicherer und geschützter Stelle aufbewahren, sie tags und nachts bewachen und an den Wegesrändern von in fähigem Maße tapferen und verlässlichen durch mit Gewehren ausgerüstete Scharfschützen angemessen eskortieren lassen. Indem Ihr dann sie zu schützen und bewachen beschließen sollt, sollt Ihr sie an einen Eurer sicheren Orte bringen und Euch ausnehmend davor hüten, unter dem Vorwand wegen Schwierigkeiten oder Behinderungen, Nachlässigkeiten und Schwächen – und Gott der Allmächtige bewahre – irgendwie unter dem Vorwand, bei den Poststationen und Tagesetappen Leid oder Schaden (...) erfahren zu haben, von den Armen meiner Untertanen mit dem Erheischen von Geldforderungen Unterdrückung und Übertretungen zu begehen. Hierzu ist mein edler Fermān herausgegeben und ich ordne an, dass sobald mein edler Befehl eintrifft, Ihr wie beschrieben gemäß diesem ehrwürdigen, großartigen Befehl, der zur Befolgung verpflichtet und Gefügigkeit fordert, handelt. Ihr (sollt Euch hüten), Euch opponierend zu verhalten und sollt Solches wissen und dem ehrwürdigen Zeichen folgeleisten.
Eingetragen am 22. Tag des Monats Receb des einzigen im Jahr 11(71).
In der wohlbehüteten [Stadt] Ḳosṭanṭinīye.

247/32/a

يا افتح الابواب افتح لنا[361][!]خيراً الباب
قد ضبط نيابت ماردين السيد عثمان افندى الواعظ بموجب المراسلة شهر ربيع الاخر سنه (...)

ʿizzetmeʾab-ı şerīʿat-nıṣāb es-Seyyid ʿOs̱mān Efendi kāmyāb
(1) ġıbb et-taḥīye eṣ-ṣāfīye inhā olunur ki işbu sene iḥdā ve sebaʿīn ve miʾe ve ʾelf Rebīʿ ül-aḫırınıñ (2) ġurresinden żabṭ ėtmek üzere Āmid ḳażāsı mülḥaḳātından Mārdīn ḳażāsınıñ niyābeti (3) ṭarafımızdan size tefvīż[!][362] ve sipāriş olmuşdur vuṣūlunda ḳāżāʾı mezbūrı ġurre-ʾi merḳūm(eden) (4) vāḳiʿ olan mevtā-yı ʿaskerīyeniñ muḫallefātını taḥrīr ve beyn el-veres̱e bil-ferīża 'ş-şerʿīy(e) (5) tevzīʿ ve taḳsīmde iʿtidāl üzere ḥareket ėdüb cādde-ʾi şerʿ-i ḳavīmden sermū-yı inḥirāfa (6) cevāz ve ruḫṣat göstermiyesin ḥurrire fī 't-tārīḫ el-mezbūr [!][363] li-sene el-merḳūme el-ġafr ül-Ḥāc Ebū Bek(ir) el-mevlāḫilāfe bi-medīne-ʾi Āmid el-maḥmīye

361 خير
362 tefvīẓ
363 mezbū

247/32/a

Oh Eröffner der Pforten, öffne für uns die Pforte zu unserem Wohl!
Soeben übernahm das Amt des Nāʾibs von Mardin Seyyid ʿO̱smān Efendi, der Prediger auf Grund der Mitteilung im Monat des letzten Rebīʿ im Jahr (...)
Mittelpunkt der Ehre, dessen Würde auf der Scharia beruht, glücklicher Seyyid ʿO̱smān Efendi! Nach zahlreichen Grüßen sei mitgeteilt: Vom Ersten des letzten Rebīʿ beginnend in diesem Jahr 1171 wird von uns an Euch das Amt des Nāʾibs des Gerichtssprengels von Mardin, einem der Unterbezirke des Gerichtssprengels von Āmid, übertragen und anempfohlen. Bei seinem Eintreffen soll man am erwähnten Ersten des Monats der Nachlass des Verstorbenen ʿAskerī eintragen und unter den Erben nach scheriatsrechlicher Erbteilung aufteilen und verteilen und hierbei aufrecht vorgehen. So sollst Du nicht erlauben und gestatten, dass vom geraden Weg auch nur um Haaresbreite abgewichen wird.
Eingetragen zum erwähnten Zeitpunkt in erwähntem Jahr.
Möge Ḥāc Ebū Bek(ir), dem Richter in der wohlbehüteten Stadt Āmid, verziehen werden.

247/32/c

(1) saʿādetlü mükerremetlü meveddetlü ḳarındaş-ı aʿazzım sulṭānım aġa-yı ḥaż(retleriniñ) (2) nādī-ʾi saʿādetmevfūrları ṣavbına mezīd-i iʿzāz ve ikrām ile ve dürer-i daʿvāt-ı ṣāfiyāt-ı maḥ(abbet-füzūn) (3) ve ġurer-i teslīmāt-ı vāfiyāt-ı meveddet-numūn itḥāfıyla istifsār-ı ḫāṭır-ı ʿāṭır saʿādet-maẓ(harıyla) (4) ʿalā vech-i tevfīr mürāʿāt olunduḳdansoñra żamīr-i münīrlerine nümāyende-ʾi muḫliṣ-i ḫāliṣ ül-ʿifā (...) (5) benim saʿādetlü mükerremetlü meveddetlü ḳarındaş-ı aʿazzım sulṭānım aġa-yı celīl ül-ḳader ḥażretleri eyā(let-i) (Diyārbekir)[?] (6) vālīleri olan vüzerā-yı iʿẓām ḥażretleriniñ bā-emr-i ʿālī īrādāt-ı muʿayyenelerinden ola(n imdād-ı) (7) ḥażarīyeniñ işbu biñ yüz yetmiş bir senesine maḥsūben taḳsīṭ-i evveli olmaḳ üzere pir(inç) (8) mūcebiyle ḳażā-ʾı Mārdīne iṣābet ėden meblaġıñ taḥṣīli içün cenābiñiz ol (...) (9) bulunmak ḥasebiyle buyuruldı iḳtiżā ėtmez idi lakin ḳadīme riʿāyet cānib-i ḥażret (10) ün-nuʿmādan buyuruldu[!][364] ʿālīleri ıṣdār ve irsāl olunmaġla meblaġ-ı meẕkūruñ muḳābele ol ṭ(arafına) (11) pirinç tedārik ve irsāl eylemegiz ḫuṣūṣı ṭaraf-ı ʿalīye-i ḥażret-i velī 'n-nuʿmādan emr ve tenbīh (birle)[?] (12) maʿlūm-ı saʿādetleri buyurılub ẕikr olınan ḥażarīye muḳābili pirinç irsālına hem(ān) (13) derkār buyurulmaḳ meʾmūlıyla mektūb-ı meveddet taḥrīr ve cebḫāneci başı Ḥasan Aġa (...) (14) ile irsāl olmuşdur in şāʾ Allāhü teʿālā lede şeref ül-vuṣūl ber vech-i muḥarrer ḫuṣūṣ-ı (meẕkūrını) (15) himmet ve mezīd-i sāʿī

---

364 buyuruldu-ʾı

ve diḳḳatları derkār buyurub cānib-i muḫlişleri daḫī (16) ḫāṭır-ı ʿāṭırdan dūr ve mehcūr buyurulmamaḳ meʾmūldur bāḳī-i hemīşe (17) eyyām-ı saʿādet ve iḳbāl-ı dāʾim abād
min el-muḫliṣ el-muḥibb (...) Behrām(kī) ve (...)

247/32/c

Mein glücklicher, geehrter, gütiger hochgeschätzter Bruder, mein Herr, Sultan und Herr von großer Fähigkeit! Nachdem ich unter reichlicher Respektbekundung gerichtet an den Versammlungsort zur Heilsvermehrung unter vermehrter Ehrerweisung und Respektzollung mit den reinen eloquenten Anrufungen vermehrter Zuneigung und erlesenen zahlreichen Begrüßungen mit bekundeter Zuneigung mich nach dem Wohlergehen seiner Exzellenz erkundigt habe, ist für die Herzen der erleuchteten Aufrichtigen von reinen Wohlstand (...). Obwohl von den festgelegten Einkünften der großherrlichen Exzellenzen der Wesire, den Valis von (Diyārbekir)[?] an seine Exzellenz, meinem glücklichen, geehrten, hochgeschätzten Bruder, Sultan und Herr von großer Fähigkeit hinsichtlich der ersten Ratenzahlung der Friedenshilfsgelder gerechnet bis zu diesem Jahr 1171 mit der geforderten Menge Reis für die Steuereintreibung der Geldsumme, die an den Gerichtssprengel von Mardin entfällt, kein Buyuruldu erforderlich ist, weil Eure Exzellenz (...) schon befindet, aber weil aus früherer Gepflogenheit von seiner Exzellenz der Wohltätigkeit ein Buyuruldu der Erhabenen herausgegeben und entsendet wurde, damit Ihr als Gegenleistung für die Summe dorthin Reis übergeben und schicken solltet, wird die Angelegenheit von seiner Exzellenz dem Beschützer des Glücks (mit einem) Befehl und einer Anordnung den bekannten Glücklichen befohlen. Mit der Erwartung, als Gegenleistung zu den erwähnten Friedenshilfsgeldern Reis zu schicken und dies mit sofortiger Wirkung durchzuführen, wird das geschätzte Mektūb eingetragen und mit dem Hauptaufseher des Munitions-Magazins, Ḥasan Aġa (...) versendet. Es ist angeordnet, dass bei seinem geschätzten Eintreffen – so Gott der Allmächtige will – sie wie beschrieben umgehend in (erwähnter) Angelegenheit besonderen Eifer, vermehrten Fleiß und Vorsicht zeigen sollen und sich die Aufrechten sich ebenso um sein Wohl kümmern. Mögen die Tage immerwährend von ewigem Glück und Wohlstand sein!
Vom geliebten getreuen (...) Behrām(kī) und (...).

247/32/d

(1) (ḳıdvet ü)l-emās̱il ve lʾ-aḳrān ḥālā Mārdīn voyvodası aġalarımızdan Ömer Aġa zīde ḳadruhu (2) (inhā ol)unur ki ḥālā devlet-i ʿalīyede ḳapu ketḫüdamız saʿādet-

lü el-Ḥāc Ṣādıḳ Aġa (3) (ḥażretle)riniñ cizye ḫuṣūṣiçün bu def'a ṭarafıñıza gönderdigi bir ḳıṭa'-ı ḳā'ime ve mektūbı (4) (ve ḫuṣ)ūṣ-ı mezbūr içün seniñ daḫī ketḫüdamıza gönderdigin mektūb vürūd ėdüb (5) (ḥiṣṣ)e-'i mefhūmunda mezkūr-ı māl-ı cizye seneteyn-i[!][365] sābıḳatayn[!][366] ḳarārından ḥuṣūla gelmiyecegi (6) (berā)tından ma'lūmuz olmuşdur aġa-yı mūmā ileyh ḥażretleriniñ her dürlü ümūr ve ḫuṣūṣunuñ (7) (...) ḥuṣūlı ve ri'āyet-ḫāṭırları maṭlūb ve maḳṣūdumuz olmaġla eger māl-ı (8) (seneteyn-i)[!] sābıḳatayn[!][367] ḳarārından ḥuṣūl-pezīr olmaz ise tekmīli ṭarafımızdan iḳtiżā (9) (ėtmeġin) altmiş iki senesi içün cizye-'i merḳūmeye[!][368] sen vekāleten żabṭ ve ma'rifet-i şer' ile (9) (ve cüml)e ma'rifetiyle māl-ı cizyeyi maḥallarından taḥṣīl ve cem' ve nihāyetine dek yanıñızda ḥıfẓ (10) (ėder) ve ne miḳdāra bāliġ olur ise ve tekmīli içün ne miḳdār iḳtiżā ėder ise ba'd el-ḫitām (11) (...) (olmaḳ) üzere ṭarafımıza i'lām ve ġāyet ül-ġāye diḳḳat ve ihtimām eylemek bābında buyuruldı (12) (taḥrīr) ve ıṣdār ve irsāl olmuşdur vuṣūlunda gerekdir ki minvāl-ı meşrūḥ üzere seneteyn-i[!][369] (13) (sābi)ḳeteyn[!][370] ḳarārından her ne miḳdār ḳuṣūr ḳalur ise ṭarafımızdan tekmīl olunacaġı ma'lūmuñ (14) (olub) aña göre ihtimām eyleyüb vekāleten ma'rifet-i şer' ile ve cümle ma'rifetleriyle māl-ı (15) (ciz)yeyi maḥallarından cem' ve taḥṣīl ve yanında ḥıfẓ ve ṣıḥḥatı üzere ṭarafımıza i'lām (16) (eyleyüb) buyurldıyla 'amel eyliyesiz deyü
ṣaḥḥ
fī 28 r [Rebī' üṣ-ṣānī] sene 1171
'an māl-ı cizye, ġuruş 1000, yalñız biñ ġuruşdur

247/32/d

Einem unserer Herren des derzeitigen Voyvodas von Mardin – Vorbild der Noblen und Gleichgestellten – 'Ömer Aġa – möge seine Stärke zunehmen – wurde Folgendes mitgeteilt: Ein dieses Mal an Euch geschicktes offizielles Schreiben und eines Mektūb unseres derzeitigen Ḳapu Ketḫüdas im hohen Staat – seiner Exzellenz des glücklichen Ḥāc Ṣādıḳ Aġa, das sich speziell auf die Cizye-Steuer bezog, sowie ein Mektūb, dass Du zu besonderer Angelegenheit an unseren Ketḫüda geschickt hast, traf ein. Der darunter verstandene Anteil des erwähnten Cizye-Geldes aus der Anordnung der letzten beiden Jahre aus dem Berāt, der nicht in Kraft treten wird, ist uns bekannt. Weil wir jedwede Belange seiner

365 senīn
366 sābıḳe
367 sābıḳe
368 merḳūmıye
369 senīn
370 sābıḳe

Exzellenz, erwähnten Herren und insbesondere die Übernahme dessen (...) und sein geschätztes Wohlbefinden fordern und wünschen, und weil, selbst wenn das Geld vom Beschluss der letzten beiden Jahre nicht vollständig eingeht, die Vervollständigung von uns benötigt wird, sollst Du für das Jahr 62 die erwähnte Cizye-Steuer in Vertretung an Dich nehmen und gemäß dem Gesetz und mit Hilfe Aller die Cizye-Gelder von ihren Vierteln einsammeln und es bis zum Schluss bei Euch aufbewahren. Hierzu ist der Buyuruldu eingetragen, ausgestellt und entsandt worden, dass, welche Höhe auch immer erreicht und wieviel zur Vervollständigung auch immer benötigt wird, Du nach Abschluss (...) an uns berichtest und äußerste Vorsicht übst. Es ist Dir bekannt, dass bei seinem Eintreffen *(des Geldes)* es notwendig ist, wie beschrieben – egal zu welchem Maße zu der Anordnung der letzten beiden Jahre Fehlbeträge verbleiben, unsererseits der Abschluss gemacht werden soll und Du gemäß Diesem Vorsicht üben sollst. Ihr sollt gemäß dem Gesetz in Vertretung und mit Hilfe Aller die Cizye-Steuer von ihren Vierteln einsammeln und dort aufbewahren und uns über die korrekte Durchführung dessen berichten und gemäß dem Buyuruldu handeln.
Geprüft
Am 28. [Rebīʿ dem Zweiten] im Jahre 1171.
Vom Cizye-Geld, 1000 Ġuruş. Nur eintausend Ġuruş.

247/32/e
(1) (bāʿis̱)-i taḥrīr-i temessük oldur ki (2) (işbu biñ y)üz yetmiş iki senesine maḥsūben Mārdīn cizyesi cibāyetinden maʿrifet-i şerʿ ve ḥālā Mārdīn voyvodası (3) (ḳıdvet) ül-emācid ve 'l-āʿyān saʿādetlü ʿÖmer Aġa maʿrifetiyle taḥṣīl olınan biñ ġuruşı yine maʿrifet-i (4) (şerʿle) mūmā ileyh ʿÖmer Aġa ḥażretleri yedinden temāmen aḫẕ ve ḳabż ėdüb aḫẕ ve ḳabżına (5) (sened)[?] olmaḳ üzere işbu temessük taḥrīr ve aġa-yı mūmā ileyh ḥażretlerine iʿṭā olındı (5) (ki vaḳt-ı) ḥācetde iḥticāc ėdine taḥrīren fī 'l-yevm es-sādis min şehr-i Cemāẕī 'l-evvel (6) (sene) iḥdā ve sebaʿīn ve miʾe ve ʾelf
ʿalā 'l-ḫafr çuḳadar Ṣādıḳ Aġa

faḫr ül-āʿyān
Millīzāde Muḥarrem Beg
Taḳī Efendizāde
Muṣṭafā Efendi
İsmaʿīl Aġa mīr-i ʿaşīret Daḳūrī
es-Seyyid ʿAbdürraḥīm Efendi kātib-i maḥkeme
Monlā Muṣṭafā bin (Ḳāsim) Çelebi
(...) İbrāhīm (kātib-i) ḳassām

247/32/e

Der Grund des Eintrags der Zahlungsanweisung ist Folgender: Von der Steuererhebung der Cizye-Steuer gerechnet bis zum diesem Jahr 1172 sollen gemäß dem Gesetz und mit Hilfe seiner Exzellenz, des derzeitigen Voyvodas von Mardin – Vorbild der Ruhmvollsten und Vornehmen – der glückliche ʿÖmer Aġa – 1000 Ġuruş eingesammelt und darüber hinaus mit Hilfe des Gerichts durch ʿÖmer Aġa vollständig empfangen und entgegengenommen werden. Zur Grundlage der Entgegennahme wird diese Zahlungsanweisung eingetragen und an seine Exzellenz, dem erwähnten Aġa überreicht, damit er zu gegebener Zeit einen Beweis hat. Eingetragen am sechsten Tag des Monats des ersten Cemāẕī im Jahre 1171.
Unter dem Schutz vom Gefolgsmann Ṣādıḳ Aġa

Exzellenzen der Notabeln:
Millīzāde Muḥarrem Beg
Taḳī Efendizāde
Muṣṭafā Efendi
İsmaʿīl Aġa Stammesanführer der Dekkori
Seyyid ʿAbdürraḥīm Efendi Gerichtsschreiber
Monlā Muṣṭafā bin (Ḳāsim) Çelebi
(...) İbrāhīm Nachlass-Schreiber

247/32/f

(1) benim saʿādetlü mükerremetlü meveddetlü (ḳarındaş-ı aʿazzım sulṭānım) (2) aġa-yı celīl ül-ḳader ḥażretleri mektūb-ı muḫālaṣatımız tehī olmamaḳ (3) içün her neḳadar sulṭānımıñ rükūbuna şāyān-ı ẕikrā[!][371] ise daḫī bir reʾs (4) ḳula-esb ṭaraf-ı saʿādete ihdā ve irsāl olunmaġla iṣtabl-ı ḳabūla merbūṭ (5) ve mevṣūl ḳılınmak meʾmūl-ı ḫāliṣānemizdir benim saʿādetlü ḳarındaş-ı aʿazzım sulṭānım (6) ḥażretleri ḥażarīye-ʾi merḳūmeniñ taḳsīṭ-i evveli buyurıldısı irsāl olunmuşdur (7) lakin taḳsīṭ-i s̱ānīniñ daḫī vaḳtī ḥulūl ėtmekle cenāb-ı saʿādetmeʾablarına (8) ziyādece s̱ıḳlet ve zaḥmet olmaz ise itmāmına himmet buyuruldugu ṣūretde ʿināyetlü (9) velī 'n-naʿm efendimizi bu vecihle[!][372] daḫī memnūn ve maḫfūẓ buyuracaḳları ve muḫallaṣları (10) bu maḳūle ġayret ve ḥamīyetlerinden minnetdār olacaġım işāret olındı
fī 20 r [Rebīʿ ül s̱ānī] sene 1171

371 dikrā
372 veçihle

247/32/f

Mein glücklicher, geehrter, gütiger hochgeschätzter Bruder mein Herr, Sultan und Herr von großer Fähigkeit! Damit das Mektūb unseres gegenseitigen Vertrauens nicht ohne Bedeutung ist und weil, wie hoch auch immer den Reitern meines Sultans der Wert der Erinnerung sei, ein Exemplar eines dunkelfarbenen Pferdes der glücklichen Seite dargeboten und an sie geschickt wird, ist es unser aufrichtiger Wunsch, es an den Stall der Aufnahme zu binden. Mein glücklicher, geehrter, gütiger hochgeschätzter Bruder seiner Exzellenz meines Sultans hat den Buyuruldu über die erste Rate der erwähnten Friedenshilfsgelder geschickt. Aber es wurde in einer Abschrift, die das Bemühen um Vervollständigung anordnet, hervorgehoben, dass ich unserem Herrn dem gnadenreichen Beschützer des Glücks darüber hinaus somit dankbar sein werde und mich zu dieser Art von Eifer und Anstrengung bezüglich der angeordneten aufzubewahrenden und zu sichernden Dinge verpflichten werde, wenn die Zeit der zweiten Rate herannaht und wenn nicht dem Mittelpunkt des Glücks seiner Exzellenz vermehrte Beschwernis und Schwierigkeit vorliegt.
Am 20. [Rebīʿ, dem zweiten] im Jahre 1171.

247/33/b

ʿizzetmeʿāb şerīat-nıṣāb el-Ḥāc Maḥmūd Efendi kāmyāb
(1) baʿd et-taḥīye 'l-vāfīye inhā olunur ki işbu biñ yüz yetmiş bir senesi māh-ı Cemāẕī 'l-āḫır ġurresinde(n żabṭ) (2) ėtmek üzere istiḫlāfına meʾẕūn oldıġı Mārdīn ḳażāsı niyābeti ṭarafımızdan cenābiñ(iza) (3) sipāriş[!][373] ve ḥavāle[!][374] olunmuşdur gerekdir ki ḳażā-ʾı mezbūr niyābetini ġurre-ʾi mezbūreden żabt (eyleyüb) (4) ve beyn el-ahālī vāḳiʿ olan daʿāvā-yı şerʿīyeyi faṣl ėdüb cādde-ʾi nebevī-i ʿalīye-i efża(l) (5) sermū-yı inḥirāfa cevāz ve ruḫsat göstermeyüb mūcib-i mürāsele birle ʿāmil olasız (7) ḥurrire fī 't-tārīḫ el-mezbūr lis-sene el-merḳūme
el-ġafr ül-Ḥāc Abū Bekir el-mevlāḫilāfe bi-medīne-ʾi Āmid el-maḥmīye

247/33/b

Mittelpunkt der Ehre, dessen Würde auf der Scharia beruht, glücklicher Ḥāc Maḥmūd Efendi! Nach zahlreichen Grüßen sei mitgeteilt: Vom ersten des letzten Cemāẕī dieses Jahres 1171 an wird betreffs der Leitung von unserer Seite das zur Nachfolge bestimmte Amt des Nāʾibs des Gerichtssprengels von Mardin an Euer

373 sipāris
374 Ḥavla

Ehren übertragen. Es ist notwendig, das Amt des Nā'ibs des erwähnten Gerichtssprengels ab dem erwähnten Ersten zu führen und die unter den Einwohnern vorliegenden scheriatsrechtlichen Klagen zu entscheiden. So sollt Ihr nicht erlauben und gestatten, dass vom herausragenden hohen prophetischen Weg auch nur um Haaresbreite abgewichen wird und gemäß dem erforderlichen Schreiben handeln. Eingetragen zum erwähnten Zeitpunkt erwähnten Jahres.
Möge dem Richter Ḥāc Abū Bekir in der beschützten Stadt Āmid verziehen werden.

247/33/d

(1) (defter oldur ki) nefs-i Mārdīnde vāḳiʿ Ṣādıḳ Aġa ḫānı dėmekle maʿrūf olan ḫānda müsāfiretiyle marīż olan (2) (Diyārbe)kir sükkānından Ḫarpūtī 'l-aṣl Süleymān ʿAlemdār bin Receb bi-emrillāhi teālā müteveffā olub verās̱eti (yine) (3) (Diyārbe)kir sükkānından zevcesi Fāṭime bint ʿAbdullāh ve kabīre ḳızı Ruḳye ve ṣaġīr oġlu Saʿdullāh ve ṣaġīre ḳızı ʿĀdilīyeye (4) (ḥas)rı[?] lede 'ş-şerʿ il-enver ẓāhir ve s̱iḳāt-ı müslimīn iḫbārıyla nümāyān olduḳdansoñra müteveffā-yı merḳūmuñ sekiz gün (5) (iʿlām-ı) muḳaddem ḳahveci Dāūd bin Ḥasan ve Āmidi İbrāhīm bin Yūsuf şehādetleriyle vaṣī muḫtārı olan birāderi Ḳūrt (6) (...) (A)ḥmed maʿrifetiyle merḳūme kabīre ḳızı Ruḳyeniñ zevcī Meḥmed bin ʿAbdullāh ḥużūrunda maʿrifet-i şerʿiyle müteveffā-yı mezbūruñ (7) (ẓā)hir olan metrūkāt ve muḫallefātını erbāb-i ḫibre maʿrifetleriyle isim ve resmiyle ʿalā infirādihim vech-i ʿātī üzere ẕikr ve beyān olunur (8) (ḥurrire fī) 'l-yevm es-sādis ʿaşr min şehr-i Muḥarrem el-ḥarām sene s̱elās̱e[375] ve sebaʿīn ve miʾe ve ʾelf

(...)	(...) 13	ḳıymet ġuruş 6 (...)
ḥammām eşyāyı	ḳat 2	ḳıymet ġuruş 12
sīm nārgile	ʿaded 1	ḳıymet ġuruş 6
Diyārbekir kāri geci	ʿaded 1	ḳıymet ġuruş ½
sīm ḫurāsān ḳılıç	ʿaded 1	ḳıymet ġuruş 30
(...)	ʿaded 1	
ve sīm vezne	ʿaded 1	ḳıymet gurus 20
fılınta sīm tüfenk	ʿaded 1	ḳıymet ġuruş 16
köhne beyāż dilim çuḳa	ʿaded 1	ḳıymet ġuruş 3
müsteʿamel ḳumāş ʿanteri	ʿaded 1	ḳıymet ġuruş 2
bez gömlek	1	
ve ayaġḳabı	1	ḳıymet ġuruş 1
(ç)uḳa biniş	ʿaded 1	
ve yaşıl	ʿaded 1	ḳıymet ġuruş 16
ḫalı	ʿaded 1	ḳıymet ġuruş 10

375 s̱üls̱

kelīm	ʿaded 1	ḳıymet ġuruş 3
müsteʿamel çaḳşur	ʿaded 1	ḳıymet ġuruş 1 rubaʿ 1
papuç ve mest	çift 11	ḳıymet ġuruş ½
altuna ḳaplu elmās ḳaşlı	şinik 3	ḳıymet ġuruş180
(sīne)bend	ʿaded 1	
ve sīm başlıḳ	ʿaded 1	ḳıymet ġuruş 100
şarı ḳancaḳ ḳaṭır	reʾs 1[!][376]	ḳıymet ġuruş 60
(ḳrāṭ)	reʾs 1	ḳıymet ġuruş 150
Beycū nāmıyla köle	reʾs 1	ḳıymet ġuruş 380
müteveffā-yı mezbūruñ [ḥīn-i] fevtinde[!][377] mevcūd olan nuḳūdāt		3
(cemʿan yekūn)		ġuruş 1000 30 Para
yalñız min ḥays̱ il-mecmūʿ biñ ġuruş otuz paradır		

(cemʿan yekūn)	ġuruş
marażī eyyāmında birāderi yediyle olan maṣārifātı baʿd el-ḥesāb	15
berā-yı techīz ve tekfīn ve vücūh-ı ḫayrāt baʿd el-ḥesāb	10
berā-yı resm-i ḳısmet ve ḥesāb-ı[!][378] ḥüccet-i veṣāye	24
berā-yı ḳassām kātibi[!][379] niyābet ve kitābet-i defter ve ḥüccet-i veṣāye	3½
berā-yı muḥżır başı[!][380]	1½
berā-yı ḫuddāmīye ve sāʾir	1
	55
el-bāḳī	merḳūm ḳudret-ʿālemdār baʿdehu teslīm şüd
yalñız ṭoḳuz yüz ḳırḳ beş buçuḳ ġuruş on paradır	945,5 10 Para

şühūd ül-ḥāl
Niẓāmeddīn Efendi bin ʿAbdüllaṭīf Efendi
Kīki Beg ʿOs̱mān Beg bin ʿÖmer Beg
ʿAbdürraḥmān bin Ḥāccī Yaḥyā
Meḥmed Çelebi bin Bekir Çelebi
Tamer Aġa bin Ḥuseyn Aġa
İbrāhīm Çelebi bin Yūsuf Çelebi Āmidi
ḳavuḳçı başı Ḥasan Çelebi
Meḥmed bin ʿAbdullāh
Meḥmed bin Ḥāc Velī

376 ʿaded
377 fevīninde
378 ḥesāb-ı
379 kātibine
380 başına

247/33/d

(Der Sachverhalt ist folgender): In dem in der Stadt Mardin liegenden Gasthaus, das unter dem Namen Ṣādıḳ Aġa-Gasthaus bekannt ist, verstarb auf Geheiß Gottes einer der Bewohner Diyārbekirs und aus der Stadt Ḫarpūt stammende Süleymān ʿAlemdār bin Receb, der während seiner Reise erkrankte. Darüber hinaus wurde, nachdem von den Bewohnern Diyārbekirs seine Frau Faṭme, Tochter von ʿAbdullāh, die ältere Tochter Ruḳye und den jüngeren Sohn Saʿdullāh, sowie die jüngere Tochter (ʿĀdilīye) offensichtliche Erben waren und über Mitteilung von glaubwürdigen Muslimen bekannt gemacht wurden, 8 Tage vor Bekanntmachung durch Zeugenschaft des Kaffeehausbesitzers Dāūd bin Ḥasan und dem Bürger Āmids İbrāhīm bin Yūsuf mit Hilfe des ausgewählten Nachlassverwalters Ḳūrt (...) Aḥmed, deren Bruder, unter Anwesenheit des Ehemannes der älteren Tochter Ruḳye, Meḥmed bin ʿAbdullāh, mit Hilfe des Gerichts der offenkundige Nachlass und die Hinterlassenschaften mit Bezeichnung und Aussehensbeschreibung einzeln durch Experten im Folgenden erwähnt und erklärt.
Aufgezeichnet am 16. Tag des Monats des geheiligten Muḥarrem im Jahre 1173.

(...)	(...) 13	Preis Ġuruş 6,5
Badzubehör	Menge *(ḳat)* 2	Preis Ġuruş 12
Silberne Wasserpfeife	Anzahl 1	Preis Ġuruş 6
In Diyārbekir gefertigter Mörtel	Anzahl 1	Preis Ġuruş ½
Silbernes Schwert aus Ḫurāsān	Anzahl 1	Preis Ġuruş 30
(...)	Anzahl 1	
und silberne Waage	Anzahl 1	Preis Ġuruş 20
Kurze silberne Pistole	Anzahl 1	Preis Ġuruş 16
Alter weißer Stoffstreifen	Anzahl 1	Preis Ġuruş 3
und gebrauchter ʿAnteri-Stoff	Anzahl 1	Preis Ġuruş 2
Hemdenstoff	1	
und Schuh	1	Preis Ġuruş 1
Umhangwollstoff	Anzahl 1	
und (...)	Anzahl 1	Preis Ġuruş 16
Teppich	Anzahl 1	Preis Ġuruş 10
Kelīm	Anzahl 1	Preis Ġuruş 3
Gebrauchte Hose	Anzahl 1	Preis Ġuruş 1, 1/4
Schuhe und leichte Lederschuhe	Paar 11	Preis Ġuruş ½
Mit Gold bedeckte Edelstein-Fassung	Şinik 3	Preis Ġuruş 180
Brustzug am Pferdegeschirr	Anzahl 1	
und silberne Kopfbedeckung	Anzahl 1	Preis Ġuruş 100
Flachsfarbene Eselin	Anzahl 1	Preis Ġuruş 60
(...)	Anzahl 1	Preis Ġuruş 150
Sklave namens Beycū	Anzahl 1	Preis Ġuruş 380
Zum Todeszeitpunkt des erwähnten Verstorbenen vorhandene Gelder		3

(Insgesamt)	1000 Ġuruş, 30 Para
Insgesamt nur 1000 Ġuruş und 30 Para	

(Insgesamt)	Ġuruş
Abrechnung für die Ausgaben des Bruders während der Krankheitstage	15
Abrechnung für die Leichenwaschung und Einhüllung des Leichnams und Notabeln religiöser Stiftungen	10
Für die Teilungsgebühr und die Rechnung der Abschrift der Testamentsvollstreckung	24
Für den Nachlassgerichtsschreiber, das Amt des Nā'ibs, den Registereintrag und Abschrift der Testamentsvollstreckung	3½
Für den leitenden Gerichtsdiener	1½
Für die Bedienstetengebühr und Weiteres	1
	55
Rest: Wird danach dem erwähnten Janitscharenoffizier übergeben	
Nur neunhundertfünfundvierzigeinhalb Ġuruş und 10 Para	945,5 10 Para

Zeugen des Verfahrens
Niẓāmeddīn Efendi bin ʿAbdüllaṭīf Efendi
Kīki Beg ʿOs̱mān Beg bin ʿÖmer Beg
ʿAbdürraḥman bin Ḥāccī Yaḥyā
Meḥmed Çelebi bin Bekir Çelebi
Tamer Aġa bin Ḥuseyn Aġa
İbrāhīm Çelebi bin Yūsuf Çelebi Āmidi
Turbanhersteller Ḥasan Çelebi
Meḥmed bin ʿAbdullāh
Meḥmed bin Ḥāc Velī

247/33/e

(1) (...) ḳurālarından ve Koçḥiṣār ve Manṣūrīye ve Ḳalʿat ül-Merʾe ve Benābīl ve Rişmil ve Ḳibāleden (2) ḳassāmīye ve mürdīye alına ḳılmışdır.

247/33/e

Von den Dörfern von (...), Koçḥiṣār, Manṣūrīye, Ḳalʿat ül-Merʾe, Benābīl, Rişmil und Ḳibāle wurde die Nachlassgebühr und Totengebühr[381] immer schon durchgeführt.[382]

381 Die Gebühr muss für die Angehörigen von nicht-muslimischen Toten gedacht sein, da das Wort vom Begriff „mürd“ abgeleitet ist.

382 Möglicherweise Vermerk zu Text 33/d.

247/34/a[383]

ʿaşīret-i	Kīkī	ġuruş	4000
ʿaşīret-i	Sürgücü[384]	ġuruş	4500
ʿaşīret-i	Ṭuraclu[385]	ġuruş	600
ʿaşīret-i	Şāh (Pesend)[386]	ġuruş	1250
ʿaşīret-i	Şeyḫānlı Meḥmed[387]	ġuruş	100
ʿaşīret-i	Şeyḫānlı Aḥmed	ġuruş	100
ʿaşīret-i	Şūhürkān[388]	ġuruş	200
ʿaşīret-i	Daḳūrī	ġuruş	100
ʿaşīret-i	Dāyşī	ġuruş	150
ʿaşīret-i	Ḳalenderān	ġuruş	100
ʿaşīret-i	Pīrān ʿAlī	ġuruş	200
ḳarye-ʾi	Kūllū	ġuruş	350
ḳarye-ʾi	Selāḫ	ġuruş	70
ḳarye-ʾi	Mezraʿa	ġuruş	30
ḳarye-ʾi	Dakūk	ġuruş	150
ḳarye-ʾi	Yüz Ḳaṭar	ġuruş	40
ḳarye-ʾi	ʿAbāndur	ġuruş	40
ḳarye-ʾi	Tüfāḥī	ġuruş	40
ḳarye-ʾi	Ḳūş	ġuruş	50
ḳarye-ʾi	ʿArabān	ġuruş	250
ḳarye-ʾi	Tīmār Mişkī	ġuruş	200
	Aġras s̱elās̱e	ġuruş	400
ḳarye-ʾi	Behfīnī	ġuruş	20
ḳarye-ʾi	Ḫavāş Mişkī	ġuruş	150
ḳarye-ʾi	(Dīrkī)[?] Miş(kī)	ġuruş	150
ḳarye-ʾi	Ḫavāruk	ġuruş	150

383 (1) Defter oldur ki biñ yüz yetmiş senesi māh Ẕī 'l-ḳaʿdeniñ yedinci gününden biñ yüz yetmiş bir senesiniñ Cemāẕi (...) (2) ġurresine değin āyende ve revende ėden aġavāt ve tātārān ve çuḳadarāna vėrilan ḫarcliḳ (ve) (...) (3) ve sene-i cedīde Mārtına maḥsūben Mārdīn ve Nuṣaybīn menzilleri iʿmālları içün ve Āmid (içün) (4) aḳçesi ve ʿAbdülcelīlzāde saʿādetlü Emīn Paşa ḥażretlerine ve sābıḳen Mūş(ūl) (5) vālīsi devletlü 'l-Ḥāc Muṣṭafā Paşa ḥażretlerine ve ḥālā Mūṣul mutaṣarrıfı Seyy(id) (6) Receb Paşa ḥażretlerine vėrilan ẕeḫāʾir bahā ve ḥālā Mārdīn voyvodası Seyyid (7) ʿÖmer Aġa dāme mecduhu ḥażretleri eylediği sāʾir maṣārıfāt-ı lāzime maʿrifet-i şerʿ (ve) (8) ahālī maʿrifetleriyle ḥesāb olunub tevzīʿ olınan sālyāne defteridir ve (ber vech-i) (9) ātī üzere ẕikr ve beyān olunur fī 7 Cemāẕī 'l-aḫır sene 1171. Vgl. Niemöller (2013), S. 68.

384 Ein in Mardin ansässiger Kurdischer Stamm der Konar-Göçer, vgl. Türkay (2001), S. 586.

385 Kurdischer Stamm aus dem Sancak Mardin. Vgl. Türkay (2001), S. 627.

386 Stamm aus dem Sancak Mardin. Vgl. Türkay (2001), S. 132.

387 Şeyḫānlı Konar-Göcer Yezidi-Stamm. Vgl. Türkay (2001), S. 135.

388 Kurdischer Stamm aus dem Sancak Mardin, zugehörig zu dem Stamm Millī Kebīir Tavān. Vgl. Türkay (2001), S. 131.

ḳarye-ʾi	Tārīn[389]	ġuruş	150
ḳarye-ʾi	ʿAin Brūd	ġuruş	130
ḳarye-ʾi	Şümrüḳ	ġuruş	150
ḳarye-ʾi	Bullūk(ān)	ġuruş	100
ḳarye-ʾi	Mindilkān	ġuruş	100
ḳarye-ʾi	Cūzāt	ġuruş	100
ḳarye-ʾi	Mīḳrī	ġuruş	130
ḳarye-ʾi	Rişmil	ġuruş	150
ḳarye-ʾi	Benābī(l)	ġuruş	70
ḳarye-ʾi	Ḳibale	ġuruş	50
ḳarye-ʾi	Taḥūm	ġuruş	120
ḳarye-ʾi	Bilālī	ġuruş	100
ḳarye-ʾi	Rammākī	ġuruş	70
ḳarye-ʾi	Ḳaṣr Mez(rūḳ)[390]	ġuruş	100
ḳarye-ʾi	Ḳara Dere	ġuruş	50
ḳarye-ʾi	Ḳoçḥiṣār	ġuruş	150
ḳarye-ʾi	İbrāhīmīye	ġuruş	20
ḳarye-ʾi	Manṣūrīye[391]	ġuruş	150
ḳarye-ʾi	Ḳalʿat (ül-Merʾe)[392]	ġuruş	100
ḳarye-ʾi	Ḳūrḳ	ġuruş	20
ḳarye-ʾi	Nārılce	ġuruş	50
ḳarye-ʾi	ʿAin Mişmiş	ġuruş	50
ḳarye-ʾi	Tumūk	ġuruş	50
çiftlik	(...)	ġuruş	30
ḳarye-ʾi	Çiftlik (Buyre)[?]	ġuruş	30
ḥiṣṣe-ʾi ẕimmīyān der nefs-i şehr		ġuruş	3000
el-yekūn			
yalñız on sekiz biñ sekiz yüz on ġuruşdur			18810

247/34/b (zweiter Teil auf 247/34, linke Seite)
(ḥesā)b ül-maṣārifāt el-meẕkūrāt[!][393] ʿalā vech ül-ātī

	ġuruş
Mārdīn ve Nuṣaybīn menzilleriniñ[!][394] iʿmāllarını[!][395] içün fī sene-ʾi kāmile	25(...)
ḥālā Diyārbekir vālīsi devletlü ʿAbdullāh Paşa efendimiz ḥażretleri ṭaraflarına vėrilen aṣl-ı māl-ı ḥażarīye aḳçesidir	2(...)

389 Ort bei Mardin. Vgl. Halaçoğlu (2009), S. 2723.
390 Vgl. Gürhan (2012), S. 229.
391 Manṣūrī
392 Heute der Ort Eskikale, vgl. Jongerden (2012), S. 338.
393 meẕkūrīn
394 menzilleri
395 iʿmālları

imdād-ı ḥażarīye aḳçesi içün mübāşir ta'yīn buyurılan cebeḫāneci Ḥasan Aġaya ve ma'an gelēn çuḳadara	(...)
sābıḳan Diyār vālīsi devletlü el-Ḥāc İbrāhīm Paşa ḥażretleri ṭarafından imdād-ı ḥażarīyeye gelēn peşkīr aġasına	(...)
ṣāḥib-i devlet efendimiziñ tatar aġasına Baġdādan 'avdetinde boġça beha ve aḳçe	(...)
	27(...)
tātār merḳūm ile ta'yīn olınān çuḳadar Ḳal'alı çuḳadar Maḥmūda ḫarcırāh	(...)
çuḳadar Kürd 'Alīye ma'rūżāt ile Baġdāda gönderildikde ḫarcırāh	(...)
devletlü el-Ḥāc Ṣādıḳ Aġa efendimiziñ çuḳadarı Baġdād-muḳarreri fermānıyla geldikde	(...)
çūḳadar-ı merḳūmuñ ḫaberiyle Baġdāda gönderilen çuḳadar Ḥuseyne ḫarcırāh	(...)
	27(...)
Baġdād ve Başra müjdesiyle gelēn cebeḫāneci Ḥasan Aġaya aḳçe ve urba ve kürk behā	1(...)
ḫazīnedār Maḥmūd aġanıñ ketḫüdalıḳ müjdesiyle gelēn oṭabaşıya[!][396] aḳçe ve urba behā	(...)
mübāşir 'Alī Aġaya ḫidmet	(...)
çuḳadar-ı velī 'n-nu'mādan şehrī Meḥmed Aġaya aḳçe ve ḳāṭır behā	(...)
	28(...)
imām-ı ḥażret velī 'n-nu'mā Muṣṭafā Efendiye Baġdāda gitdikde	(...)
def'a ma'rūżāt ile Baġdāda gönderilen çuḳadar Kürd 'Alīye	(...)
icāş aġasına	(...)
aġayān-ı enderūn-ı ḥażret velī 'n-nu'mādan Millī 'Alī Aġaya	(...)
	29(...)
ḳuşlarıyla ta'yīn olınan ḳuşçi Meḥmede ve altı nefer ḳuşçılara	(...)
azādḫān ḫuṣūṣuna gelēn tatara ve ḫaberiyle Baġdāda irsāl olınan sā'īye	(...)
Baġdāda ma'rūżāt ile gönderilen çuḳadar Kurcu Süleymāna ḫarcırāh	(...)
def'a ma'rūżāt ile Baġdāda gönderilen çuḳadar Ḥuseyne ḫarcırāh	(...)
	30(...)
Baġdāddan[!][397] 'avdet ėden tatar Ḳurbāna	(...)
aġayān-ı enderūn ḥażret velī 'n-nu'mādan Fayżullāh Aġaya Diyārbekirden 'avdetinde	(...)
def'a ma'rūżāt ile Baġdāda irsāl olınan çuḳadar Kürd Ḥasana ḫarcırāh	(...)
azādlarıyla[!][398] ta'yīn olınan çuḳadar 'Abbāsa ḫarcırāh	(...)
	30(...)
aġayān-ı enderūn-ı velī 'n-nu'mādan Süleymān Aġaya aḳçe ve ẕaḫīre behā	(...)
def'a ma'rūżāt ile Baġdāda gönderilen çuḳadar Kurcu Süleymāna ḫarcırāh	(...)
def'a Baġdāda ma'rūżāt ile gönderilen çuḳadar Kürd 'Alīye ḫarcırāh	(...)
Baġdād Mollāsı efendiye boġça behā ve Mūṣula degin ẕaḫīre behā	(...)
	30(...)

396 oṭabaşı
397 Baġdādetden
398 'azādlarıyla

enderūnīyān-ı velī 'n-nu'mādan peşkīrçi sābıḳ İsma'īl Aġaya ve mehtere Ruhādan 'avdetinde	(...)
Ḳıdem H̱ān tatarına Baġdādden[!][399] 'avdetinde	(...)
ḥālā Diyārbekir vālīsi 'Abdullāh Paşa efendimize ve ketẖüdasına ve ḳapuçı ketẖüdasına Mārdīn ve Hindkārī boġça behā	1(...)
aġayān-ı enderūn-ı ḥażret velī 'l nu'mādan Yaḥyā Aġazāde Aḥmed Aġaya	1(...)
	31(...)
ḳapuçı başı Maḥmūd Aġaya boġça behā ve Mūṣula degin ẕaḫīre behā ve ādemlerine āldan aḳçe	(...)
cānib-i ḥażret velī 'n-nu'mādan mihmāndārlıḳla me'mūr mihmāndār Muhammad Aġaya	(...)
enderūnīyān-ı ḥażret velī 'n-nu'mādan Deli H̱alīl Aġaya	(...)
Baġdāda ma'rūżāt ile gönderilen çuḳadar Uzun Aḥmede ḫarcırāh	(...)
	32(...)
tatar Mollā Meḥmed Aġaya devlet-i 'ālīye ṭarafından 'avdetinde	(...)
defterdār efendiniñ çuḳadarına ve Ca'fer Paşa çuḳadarına	(...)

'Abdülcelīlzāde sa'ādetlü emīn paşa ḥażretlerine ẕaḫīre			
eyyām bi-ġayr ez (pīşkeş)	'aded 3		
nān-ı 'azīz	baṭman 'aded 50	ġuruş 100	fī 2
pirinç	baṭman 'aded 20	ġuruş 40	fī 2
revġan	baṭman 'aded 6	ġuruş 22	fī 4
ḳoyun	'aded 10	ġuruş 45	fī 3
'alīḳ dārı	keyl 15	ġuruş 300	fī 20
sebze ve mūm ve daḳīḳ behā		ġuruş 50	
		33(...)	
sābıḳan Mūṣul vālīsi devletlü el-Ḥāc Muṣṭafā Paşaya ẕaḫīre			
eyyām bi-ġayr ez pīşkeş	3		
nān-ı 'azīz	baṭman 'aded 80	ġuruş 160	fī 2
pirinç	baṭman 'aded 60	ġuruş 120	fī 2
revġan	baṭman 'aded 15	ġuruş 40	fī 4
ḳoyun	'aded 22	ġuruş 66	fī 3
'alīḳ dārı	keyl 22	ġuruş 528	fī 24
sebze ve mūm ve daḳīḳ behā		ġuruş 50	
		34(...)	
ḥālā Mūṣul mutaṣarrıfı sa'ādetlü Receb Paşaya ẕaḫīre			
eyyām bi-ġayr ez pīşkeş	3		
nān-ı 'azīz	baṭman 'aded 50	ġuruş 100	fī 2
pirinç	baṭman 'aded 20	ġuruş 40	fī 2

399 Baġdādetden

revġan	baṭman ʿaded 6	ġuruş 22	fī 4
ḳoyun	ʿaded 10	ġuruş 30	fī 3
ʿalīḳ dārı	keyl 12	ġuruş 288	fī 24
sebze ve mūm ve daḳīḳ behā		ġuruş 20	
		34(...)	

Baġdāda giden atlar ile taʿyīn olınan ādemlere	(...)
aġayān-ı enderūn-ı ḥażret velī ʿn-nuʿmādan Aḥmed Çāvīş Aġaya	(...)
devlet-i ʿālīye ṭarafından menzil-i niẓāmī içün emr-i ʿalī ile gelēn zaʿīm Nuḥ Bege	(...)
	359(...)

247/35/a (dritter Teil auf 247/35, rechte Seite)

	ġuruş
naḳl-i yekūn	35988
berā-yı ḳāżī el-Ḥāc Maḥmūd Efendi	150
berā-yı kātib-i maḥkeme	20
berā-yı kitābet[!][400]	150
yalñız otuz altı biñ ikiyüz elli sekiz ġuruşdur	36258
tevzīʿ olınan yalñız on sekiz biñ sekiz yüz on ġuruşdur	18810
tevzīʿ olunmayub gelecek sālyāneye bāḳī ḳalan yalñız on yedi biñ (dört yüz ḳırḳ sekiz ġuruşdur)	17448
meblaġ-ı meẕkūr olan on yedi biñ dört yüz ḳırḳ sekiz ġuruşdur	

el-bāḳī ber mūcib-i mürāsele	ġuruş
berā-yı menzil-i Mārdīn ve Nuṣaybīn	15427
müşār ileyh olan paşalarıñ (...)	2021
gelecek sālyāneye bāḳī ḳalan (ġuruşdur)	17448

(Randnotiz)

حرر و وضع[!][401] بمعرفتی و معرفت الاعيان و الاهالی

(Legalisierungsformel)

نمقه الفقير الحاج محمود المولاخلافة بمدينة ماردين المحمية عفو له

sālyāne aḳçesinden bāḳī ḳalub tevzīʿ olınan aḳçe beyānındadır

el-bāḳī	ġuruş
berā-yı menzil-i Mārdīn ve Nuṣaybīn sene-ʾi cedīde Mārtına maḥsūben bāḳī ḳalan yalñız on beş biñ (dört yüz yirmi yedi ġuruşdur)	15427
sābıḳan Mūṣul vālīsi devletlü el-Ḥāc Muṣṭafā Paşa ve ḥālā Mūṣul-ı mutaṣarrıfı s(aʿādetlü) Receb Paşa ve ʿAbdülcelīlzāde saʿādetlü Emīn Paşa ḥażretleriniñ her birin(e üçer) günlük vėrilen ẕaḫāʾir aḳçesidir	2021
Yalñız on yedi biñ dörtyüz ḳırḳ sekiz ġuruşdur	17448[402]

400 kitābete

401 ودغ

402 Um 50 Ġuruş verrechnet, wahrscheinlich falsche Teilsumme übernommen.

247/34/a[403]

Stamm	Kīkī	Ġuruş	4000
Stamm	Sürgücü	Ġuruş	4500
Stamm	Ṭuraclu	Ġuruş	600
Stamm	Şāh Pesend	Ġuruş	1250
Stamm	Şeyḫānlı Meḥmed	Ġuruş	100
Stamm	Şeyḫānlı Aḥmed	Ġuruş	100
Stamm	Şūhürkān	Ġuruş	200
Stamm	Dekkori	Ġuruş	100
Stamm	Dāyşī	Ġuruş	150
Stamm	Ḳalenderān	Ġuruş	100
Stamm	Pīrān ʿAlī	Ġuruş	200
Dorf	Kūllū	Ġuruş	350
Dorf	Selāḥ	Ġuruş	70
Dorf	Mezraʿa	Ġuruş	30
Dorf	Dakūk	Ġuruş	150
Dorf	Yüz Ḳaṭar	Ġuruş	40
Dorf	ʿAbāndur	Ġuruş	40
Dorf	Tüfāḥī	Ġuruş	40
Dorf	Ḳūş	Ġuruş	50
Dorf	ʿArabān	Ġuruş	250
Dorf	Tīmār Mişkī	Ġuruş	200
	Aġras s̱elās̱e	Ġuruş	400
Dorf	Behfīnī	Ġuruş	20
Dorf	Ḫavāş Mişkī	Ġuruş	150
Dorf	(Dīyrkī)[?] Mişkī	Ġuruş	150
Dorf	Ḫavāruk	Ġuruş	150
Dorf	Tārīn	Ġuruş	150
Dorf	ʿAyn Brūd	Ġuruş	130
Dorf	Şümrüḳ	Ġuruş	150
Dorf	Bullūkān	Ġuruş	100

403 Der Fall besagt, dass vom siebten Tag des Monats Ẕī 'l-ḳaʿde des Jahres 1170 bis zum Ersten des Monats Cemāẕi (...) im Jahre 1171 die Ausgaben (und) (...) an die kommenden und gehenden Herren, Meldereiter und Gefolgsleute und die Aḳçe, die für die bis zum März des nächsten Jahres gerechneten Arbeiten an den Poststationen von Mardin, Nuṣaybīn und die (für) Amid (bestimmt sind), übergeben werden. (Ferner) sind die Vorräte für seine Exzellenz, Abdülcelīlzāde, dem glücklichen Emīn Paşa, für seine Exzellenz, dem früheren Vali von Mossul, dem erlauchten Ḥāc Muṣṭafā Paşa und für den derzeit in Mossul amtierenden Mutaṣarrıf Seyyid Receb Paşa, der Wert. Der Voyvoda von Mardin seine Exzellenz Seyyid ʿÖmer Aġa – möge sein Ruhm fortdauern – errechnet die notwendigen bleibenden Ausgaben durch das Gesetz mit Hilfe der Einwohner. Das Jahressteuerbuch geht auf die Verteilung ein, die im Folgenden dargelegt wird. Am 7. Cemāẕī, dem letzten im Jahre 1171. Vgl. Niemöller (2013), S. 68–69.

Dorf	Mindilkān	Ġuruş	100
Dorf	Cūzāt	Ġuruş	100
Dorf	Mīḳrī	Ġuruş	130
Dorf	Rişmil	Ġuruş	150
Dorf	Benābīl	Ġuruş	70
Dorf	Ḳibāle	Ġuruş	50
Dorf	Taḫūm	Ġuruş	120
Dorf	Bilālī	Ġuruş	100
Dorf	Rammākī	Ġuruş	70
Dorf	Ḳaṣr Mezrūḳ[404]	Ġuruş	100
Dorf	Ḳaradere	Ġuruş	250
Dorf	Ḳoçḥiṣār	Ġuruş	150
Dorf	İbrāhīmīye	Ġuruş	20
Dorf	Manṣūrīye	Ġuruş	150
Dorf	Ḳalʿat (ül-Merʾe)	Ġuruş	100
Dorf	Ḳūrḳ	Ġuruş	20
Dorf	Nārılce	Ġuruş	50
Dorf	ʿAin Mişmiş	Ġuruş	50
Dorf	Tumūk	Ġuruş	50
Gutshof		Ġuruş	?30
Dorf	Çiftlik Buyre	Ġuruş	30
Anteil der beiden Zimmis	im selben Monat	Ġuruş	3000
Insgesamt			
Nur achtzehntausendachthundert	und zehn	Ġuruş	18810

Summe der erwähnten Ausgaben bei Übergabe

	Ġuruş
Für Arbeiten an den Poststationen von Mardin und Nuṣaybīn im ganzen Jahr	25(...)
Die für den derzeitigen Vali von Diyārbekir, unserem Herrn, den illustren ʿAbdullāh Paşa gegebenen Aḳçe von den Friedenshilfsgeldern	2(...)
Für den zum Beauftragten ernannten Aufseher des Militärlagers, Ḥasan Aġa und seinem mit ihm kommenden Gefolgsmann für die Friedenshilfsgelder	(...)
Für den Peşkīr Aġa, der neben seiner Exzellenz, den früheren Vali von Diyār, dem illustren Ḥāc İbrāhīm Paşa für die Friedenshilfsgelder kam	(...)
Sackgeld und Aḳçe für den Tatar Aġa unserer wohlhabenden Exzellenz bei seiner Rückkehr von Baġdād	(...)
	27(...)
Ausgaben für den aus Ḳalʿa stammenden Gefolgsmann Maḥmūd, der zusammen mit dem erwähnten Boten zum Gefolgsmann bestimmt wurde	(...)
Ausgaben für mit den Gesuchen nach Baġdād geschickten Gefolgsmann Kürd ʿAlī	(...)

404 Vgl. Gürhan (2012), S. 229.

Für den Gefolgsmann unseres Herren, des illustren Ḥāc Ṣādıḳ Aġa, mit dem Fermān, als er mit dem in Baġdād festlegten Fermān kam	(...)
Ausgaben für den Gefolgsmann Ḥuseyn, der mit der Botschaft von erwähntem Gefolgsmann nach Baġdād geschickt wurde	(...)
	27(...)
Für den Aufseher des Militärlagers, Ḥasan Aġa, der mit der frohen Botschaft von Baġdād und Baṣra kam sowie Münzen, Bekleidung und Pelz-Geld	1(...)
Für den mit der frohen Botschaft über das Amt des Ketḫüdas des Schatzmeisters Maḥmūd Aġa kommenden Zimmervorsteher *(oṭabaşı)* Münzen und Bekleidungsgeld	(...)
Lohn für den Beauftragten ʿAlī Aġa	(...)
Für den Gefolgsmann seines Herrschers des Glücks, Şehrī Meḥmed Aġa Münzen und Maulesel-Geld	(...)
	28(...)
Für den Imam, seine Exzellenz, dem Herrscher des Glücks, Muṣṭafā Efendi, als er nach Baġdād ging	(...)
Für den Gefolgsmann Kürd ʿAlī, erneut mit den Gesuchen nach Baġdād geschickt	(...)
An den Pflaumen-Aġa	(...)
An Millī ʿAlī Aġa, einer des inneren Kreises seiner Exzellenz des Herrschers des Glücks	(...)
	29(...)
Für den mit Falken eingesetzten Falkner Meḥmed und sechs weitere Falkner	(...)
Für den speziell für Āzādḫān kommenden Boten und dem mit der Nachricht nach Baġdād geschickten Meldegänger	(...)
Ausgaben für den mit den Gesuchen nach Baġdād geschickten Gefolgsmann Kurcu Süleymān	(...)
Darüber hinaus Ausgaben für den nach Baġdād geschickten Gefolgsmann Ḥuseyn	(...)
	30(...)
Für den aus Baġdād zurückkehrenden Boten Ḳurbān	(...)
Für einen der aus Diyārbekir zurückkehrenden Herren des inneren Kreises des Herrschers des Glücks Fayżullāh Aġa	(...)
Darüber hinaus Ausgaben für den mit Gesuchen nach Baġdād geschickten Gefolgsmann Kürd Ḥasan	(...)
Ausgaben für den mit den Frei-Geborenen eingesetzten Gefolgsmann ʿAbbās	(...)
	30(...)
Aḳçe für einen aus dem inneren Kreis des Herrschers des Glücks, Süleymān Aġa, und Getreidegeld	(...)
Darüber hinaus Ausgaben für den mit den Gesuchen nach Baġdād geschickten Gefolgsmann Kurcu Süleymān	(...)
Darüber hinaus Ausgaben für den mit den Gesuchen nach Baġdād geschickten Gefolgsmann Kürd ʿAlī	(...)
Für den Efendi Mollā von Baġdād Sackgeld und Getreidegeld bis Mossul	(...)
	30(...)

Für den früheren Peşkīrçi[405] İsma'īl Aġa und den Musikanten vom inneren Kreis des Herrschers des Glücks für die Rückkehr von Ruhā	(...)
Dem Meldereiter Ḳıdem Ḫān bei seiner Rückkehr von Baġdād	(...)
Für unseren Herren, dem derzeitigen Vali von Diyārbekir, 'Abdullāh Paşa, seinem Ketḫüda und seinem Ḳapuçı Ketḫüda Sackgeld von Mardin und Hindkār	1(...)
Für einen der Herren aus dem inneren Kreis des Herrschers des Glücks, Yaḥyā Aġazāde Aḥmed Aġa	1(...)
	31(...)
Für den Obertorhüter Maḥmūd Aġa das Sackgeld und bis Mossul das Weizengeld sowie für die Leute die Aḳçe der Gefolgsleute	(...)
Für den seitens seiner Exzellenz des Herrschers des Glücks mit dem Amt des Unterhalters beauftragten Unterhalter Muhammad Aġa	(...)
Für einen aus dem inneren Kreis seiner Exzellenz des Herrschers des Glücks, Deli Ḫalīl Aġa	(...)
Ausgaben für den mit den Gesuchen nach Baġdād geschickten Gefolgsmann Uzun Aḥmed	(...)
	32(...)
Für Rückkehr des Meldereiters Mollā Meḥmed Aġa seitens des hohen Staates	(...)
Für den Gefolgsmann des Finanzdirektor Efendis und Gefolgsmann Ca'fer Paşa	(...)

Vorräte für seine Exzellenz 'Abdülcelīlzāde, den glücklichen Emīn Paşa:			
Tage ohne Gastgeschenk	Anzahl 3		
Hochwertiges Brot	Baṭman Anzahl 50	Ġuruş 100	Je 2
Reis	Baṭman Anzahl 20	Ġuruş 40	Je 2
Fett	Baṭman Anzahl 6	Ġuruş 22	Je 4
Lamm	Anzahl 10	Ġuruş 45	Je 3
Futter	Keyl 15	Ġuruş 300	Je 20
Gemüse-, Fett- und Mehl-Geld		Ġuruş 30	
		33(...)	
Vorräte für den früheren Vali von Mossul, den illustren Ḥāc Muṣṭafā Paşa:			
Tage ohne Gastgeschenk	3		
Hochwertiges Brot	Baṭman Anzahl 80	Ġuruş 160	Je 2
Reis	Baṭman Anzahl 60	Ġuruş 120	Je 2
Fett	Baṭman Anzahl 15	Ġuruş 40	Je 4
Lamm	Anzahl 22	Ġuruş 66	Je 3
Futter	Keyl 22	Ġuruş 528	Je 24
Gemüse, Fett und Mehl-Geld		Ġuruş 50	
		34(...)	
Für den derzeitigen Mutaṣarrıf von Mossul, den glücklichen Receb Paşa:			

405 Diener, der für die Servietten verantwortlich ist.

Tage ohne Gastgeschenk	3		
Hochwertiges Brot	Baṭman Anzahl 50	Ġuruş 100	Je 2
Reis	Baṭman Anzahl 20	Ġuruş 30	Je 2
Fett	Baṭman Anzahl 6	Ġuruş 22	Je 4
Lamm	Anzahl 10	Ġuruş 30	Je 3
Futter	Keyl 12	Ġuruş 288	Je 24
Gemüse, Fett und Mehl-Geld		Ġuruş 20	
		34(...)	

Für die eingesetzten Leute, die mit Pferden nach Baġdād gehen	(...)
Für einen des inneren Kreises des Herrschers des Glücks, Aḥmed Çavuş Aġa	(...)
Für den mit dem ehrwürdigen Befehl vom edlen Staat für die gesetzliche Poststation eintreffenden Lehensbesitzer Nuḥ Beg	(...)
	359(...)
Insgesamt übergeben	Ġuruş
	35988
Für den Richter Ḥāc Maḥmūd Efendi	150
Für den Gerichtsschreiber	20
Für das Sekretariat	150
Nur sechsunddreißigtausenddreihundertacht Ġuruş	36308
Nur achtzehntausendachthundertzehn zu verteilende Ġuruş	18810
	17448[406]
Wurden nicht verteilt. Lediglich für die nächste Jahressteuer verbleibende siebzehntausendvierhundertachtundvierzig Ġuruş	
Die erwähnte Summe beträgt siebzehntausendvierhundertachtundvierzig Ġuruş	

Der Rest anhand der Korrespondenz	Ġuruş
Für die Poststation von Mardin und Nuṣaybīn	15427
Für den/die erwähnten (...) der Paşas	2021
Verbleibender Rest (Ġuruş) für die nächste Jahressteuer	17448

(Randnotiz)
Eingetragen und dargelegt mit meiner Sachkenntnis und mit der Sachkenntnis der Notabeln und Einwohner.
(*Legalisierungsformel*)
Geschrieben hat es derjenige, der seiner bedurfte, Ḥāc Maḥmūd, richterlicher Amtsinhaber der beschützten Stadt Mardin. Möge ihm verziehen werden.

406 Um 50 Ġuruş verrechnet, wahrscheinlich falsche Teilsumme übernommen.

Es verbleibt ein Rest der Jahressteuer-Aḳçe. Die zu verteilenden Aḳçe werden dabei erklärt

Rest	Ġuruş
Für die Poststationen von Mardin und Nuṣaybīn bis zum März nächsten Jahres verbleiben lediglich fünfzehntausend(vierhundertsiebenundzwanzig Ġuruş)	15427
An den früheren Vali von Mossul, den illustren Ḥāc Muṣṭafā Paşa, den derzeitigen Mutaşarrıf von Mossul, den glücklichen Receb Paşa und ʿAbdülcelīlzāde, den glücklichen Emīn Paşa gegebene tägliche Unterhalts-Aḳçe	2021
Nur siebzehntausendvierhundertachtundvierzig Ġuruş	17448

247/35/b

(1) عن ذكر ما هو انه اقام و نصب الحاكم الشرع الشريف الواقع (حطة) (2) اعلى الكتاب عامله الله بتوفيقه المستطاب طوبى له و حسن (مأب) (3) الرجل المدعو محمود چلبى بن حسن چلبى وصياً على ابنه عبدى الصغير (4) القاصر عن درجة[!][407] البلوغ ليرى مصالحة و يدعى حقوقه و يضبط (5) و يخفظ ما عاد و انتقل و <<انتقل>> اليه بطريق الارث من امه علية بنت (6) شيخموسى اغا و هو اى الواصى المزبور قبل الوصاية المرقومة و يعهّد (7) اليها و التزم باداْء خدمتها كما هو الواجب عليه نصباً (8) و قبولاً صحيحاً شرعياً حرر فى اواخر شهر شوال المكرم سنة (9) احدى و سبعين و مائة و الف

ابراهيم افندى كاتب قسام

سيد محمد سرمحضران[!][408]

مصطفى بن خليل ميرو

منلا يوسف خطيب زنجيرية

محمد بن عبد الله

(Untere Reihe)

احمد بن ملا حسن

محمد الاسكر

خليفة بن (...)

صالح بن عبد الله

و غيرهم من الحضار

247/35/b

Was den Sachverhalt anbetrifft, führte der Richter des erhabenen Scheriatsrechts die hohe (Unterschrift) mit Hilfe Gottes, seiner Zustimmung und Billigung zu seiner Seligkeit und Zufriedenheit durch. Der geladene Mann war Maḥmūd Çelebi bin Ḥasan Çelebi, der das Amt des Vormunds seines minderjährigen Sohnes ʿAbdī durchführte, um seine Interessen wahrzunehmen, seine Rechte einzuklagen, seine Erträge einzunehmen und aufzubewahren und das Erbe seiner Mutter

---

407 درحة

408 osmanisch, d.h. ser-i muḥżirān.

ʿAlīye bint Şeyḫmūsā Aġa ihm zu übergeben. Dies besagt, dass erwähnter Vormund die erwähnte Treuhänderschaft, die ihm auferlegt wurde, durch die scheriatsrechtlich korrekte Beauftragung annahm, um deren Aufgaben nach der klaren Anordnung durchzuführen, wie es seine Aufgabe ist.
Eingetragen in der letzten Dekade des Monats des geehrten Şevvāl im Jahre 1171.

İbrāhīm Efendi, Nachlassgerichtsschreiber
Seyyid Meḥmed, oberster Gerichtsdiener
Muṣṭafā bin Ḫalīl Mīrū
Monlā Yūsuf, Rezitator der Zincīrīye
Meḥmed bin Abdullāh
(Untere Reihe)
Aḥmed bin Monlā Ḥasan
Meḥmed el-Asker
Ḫalīfe bin (...)
Ṣāliḥ bin ʿAbdullāh
und weitere Anwesende

247/35/c
(1) (vech-i taḥrīr-i) ḥurūf-i şarṭnāme budur ki menzilḫāneleriñ iʿmālı lāzim-i ümūr-ı mühimmeden olub ber kārgüẕār ve mücerrebīn (2) (li-eṭvar) ādemlere muḥtāc olmaġın dārendegān-ı şarṭnāme Şāh Basnī Mīlkī Mūsā Aġa ve dizdār ʿAbdürraḥmān Aġ(a) (3) (ve karında)şı Murād Aġa ve Şāh Başnī[409] aġalarından ʿOs̱mān Aġa ve ʿĀşūr ve Aḥmed ve Meḥmed ve Kābārī Maḥv nāmūn kimesneler (4) (varub) Nuṣaybīn menzilḫānesini işbu biñ yüz yetmiş bir senesini Mārtı ibtidāsından bir sene-ʾi kāmilīye varınca idāre (5) (ve iʿ)māl ėtmek üzere ṭālibūn olunub bu şarṭ ve bu ḳavl üzere ki vürūd ėden ulaḳlara müstevfī ve tūvānā (6) (bārg)īrler vėrüb ve żarūret çekdirmemek ve ʿalā 'd-devvām menzilḫāne-ʾi mezkūrede tūvānā bārgīrler āmāde (7) (ėtme)k üzere ve yolçı ve ḳurālardan mecānen ṭavar almamaḳ üzere ve ẓuhūr ėden vüzerā-yı iʿẓām efendilerimize (8) (ve ḳap)uçı başılara elli reʾs menzil-i bārgīri vėrmek üzere iʿmāl ve maṣārifāt-ı sāʾiresini ve iṭʿām-ı ṭaʿāmı ile (9) (işbu)[?] şürūṭ ve ʿuhūd ile on üç biñ ikiyüz yetmiş beş ġuruş ki vilāyet ṭarafından ve yedi yüz yirmi beş (10) (ġu)rūş devlet-i ʿālīye ṭarafından ki bā-ẓahrīyedir ki mecmūʿı on dört biñ ġuruş ėder ve meblaġ-ı mezkūrı (11) (ü)ç ḳısṭ ile ki beher ḳısṭı dört biñ altı yüz altmış altı ġuruş iki s̱ülüş[!][410] olub ki bir ḳısṭ dört (12) (mā)hdır ḫitām buldıġı birle o bir ḳısṭıñ daḫī aḳçesini ʿan naḳd-ı ḳısṭ bi-

409 Müsste identisch mit Şāh Basnī aus Zeile 2 in Text 35/d sein.
410 tülüt

ḳısṭ edā ve teslīm olunur ise (13) (i)dāre ve iʿmālına ṭālibūn ve rāġibūn ve birbirimize mütekeffilūn[!][411] oluruz deyü minvāl-ı meşrūḥ (14) (üzere) ẕikr olınan şürūṭ ve ʿuhūd üzere menzilḫāneniñ iʿmālını on dört biñ ġuruşa (15) (ṭ)arafımızdan merḳūmlara iltizāma vėrilmişdir ki dört māh-ı ḳısṭı temām oldıġı birle bi-lā- (16) (te)vaḳḳuf ḳısṭ-ı digeriñ aḳçesi tedārik ve ṭaraflarına teslīm ve bu vech üzere iʿmāl ve idāre ėdeler (17) ẓuhūr ėden ulaḳlarıñ fermān ve buyuruldılarına şerʿan naẓar ve ücretlerini daḫī emr-i ʿālī (18) (ü)zere ṭaleb ve aḫẕ ve Nuṣaybīnden Mārdīne ve Nuṣaybīnden Mūṣula bārgīr vėrüb el-ʿiyāẕ (19) (bi) llāhi teʿālā şarḳ cānibine sefer ẓuhūr ėder ise ḳavl-i diger olmaḳ üzere bu şürūṭ ve ʿuhūd (20) (ü)zere idāre ve yedlerine vėrilen işbu şarṭnāme-ʾi sicill-i maḥfūẓda[!][412] ḳayd ve ḥücceti ṭarafımıza (21) (ge)türeler kemāl-ı mertebe ṣarf-ı taḳayyüd ve ihtimām ėtmeleriçün şarṭnāmeleri vėrilmişdir taḥrīren fī ibtidā-ʾı Mārt sene 1171
ṣaḥḥ
ʿÖmer voyvoda-ʾı Mārdīn ḥālā

247/35/c

(Die Eintragungen) des Wortlauts des Vertrages sind folgende: Das Betreiben der Poststation von Mardin ist eine der notwendigen wichtigsten Angelegenheiten. Weil Leute benötigt wurden, die gute Händler sind und über Erfahrungen mit Vieh verfügen, kamen die Vertragsnehmer namens Şāh Basnī Mīlkī Mūsā Aġa, der Festungskommandant *(dizdār)* ʿAbdürraḥmān Aġa, sein Bruder Murād Aġa und von den Herren von Şāh Baṣnī, ʿOs̱mān Aġa, ʿĀşūr, Aḥmed, Meḥmed und Kābāri Maḥv. Sie wünschten von Anfang März dieses Jahres 1171 für ein ganzes Jahr die Poststation von Nuṣaybīn zu betreiben. Gemäß diesem Vertrag und Wortlaut lautet es, dass „wir den eintreffenden Boten kräftige und reichlich Lastpferde geben und nicht den Bedarf in die Länge ziehen und dauerhaft bei der erwähnten Poststation kräftige Lastpferde bereitstellen und wir nicht kostenlos für die Poststation von den Reisenden oder den Dörfern Tiere wegnehmen und unseren Herren, den vorbeikommenden glorreichen Wesiren sowie den eintreffenden Obertorhütern von der Poststation 50 Stück Poststations-Lastpferde geben und dass dies zusammen mit dem Betrieb und dessen weiteren Ausgaben sowie der Nahrungsversorgung mit diesen Verträgen und Vereinbarungen 13 275 Ġuruş seitens der Provinz beträgt und es 725 Ġuruş seitens des erhabenen Staates ergibt und außen auf dem Dokument vermerkt wird, dass dies insgesamt 14 000 Ġuruş ergibt. Weil erwähnte Rechnung aus drei Raten bestehen soll, wobei für jede Rate

411 mütekāfilūn
412 maḥfūẓada

4666 Ġuruş und zwei Drittel veranschlagt werden und eine Rate 4 Monate umfassen soll, wünschen wir, wenn dies erfüllt ist und von dieser Rate noch darüber hinaus die Aḳçe Rate für Rate bezahlt werden, ihr Betreiben und bürgen einander dafür." Wie beschrieben werden gemäß den Verträgen und Vereinbarungen von uns für die Arbeiten an der Poststation 14 000 Ġuruş Erwähnten als İltizām gegeben, damit, wenn die Vier-Monats-Rate endet, unverzüglich die Aḳçe der weiteren Rate an sie bezahlt werden und sie auf diese Weise sie betreiben. Die auftauchenden Fermāne und Buyuruldus der Boten sollen scheriatsrechtlich überprüft und ihre Gebühren gemäß dem hohen Befehl gefordert und genommen werden. Von Nuṣaybīn sollen nach Mardin und von Mardin sollen nach Mossul Lastpferde gegeben werden und wenn – Gott der Allmächtige bewahre – in Richtung Osten ein Feldzug geführt wird, soll gemäß einem anderen Wortlaut hinsichtlich dieser Verträge und Vereinbarungen verfahren werden und sie sollen diesen ihnen gegebenen Eintrag dieses Vertrags, der im Register aufbewahrt ist, und dessen Abschrift uns bringen. Damit sie bei allen Schritten Acht geben, werden ihnen die Verträge gegeben.
Eingetragen Anfang März des Jahres 1171.
Geprüft
ʿÖmer, derzeitiger Voyvoda von Mardin

247/35/d
(1) vech-i taḥrīr-i ḥurūf-i şarṭnāme budur ki biñ yüz yetmiş senesi Mārtına maḥsūben (2) Mārdīn menzili iʿmālı elzem-i ümūr-i mühimmeden olub kārgüzār ve mücerrebīn (3) li-eṭvār ādemlere muḥtāc olmaġın dārendegān-ı şarṭnāme Aḥmed Beg ve Muṣṭafā Aġa gelüb (4) (men)zil-i mezkūrı Mārt ibtidāsından bir sene-ʾi kāmilīye varınca iʿmāl ve idāresine[!][413] rāġibūn (5) (o)lub bu şarṭ ve bu ḳavl üzere ki tevārüd ve ẓuhūr ėden ulaḳlara tūvānā ve müstevfī bārgīrlar (6) (vė)rüb ve bir gūna żarūret (ve)[?] teʾḫīr ėtmemek üzere ve ʿalā 'd-devām <tūvānā bārgīr> menzilḫānede (7) (tū)vānā bārgīr bulunmak üzere ve yolçu ve ḳurālardan mecānen menzil içün devābları almamaḳ ve iṭāle-ʾi (8) (dest) taʿaddī ėtmemek üzere ve menzil ile ẓuhūr ėden vüzerā-yı iʿẓām ẕevī 'l-ḳadr ve 'l-iḥtirām efendilerimize (9) (ve) vārid olan ḳapuçı başılara menzilḫāneden elli reʾs menzil-i bārgīr vėrmek üzere iʿmāl (10) (ve) maṣārifāt küllī ve cüzʾüsü ve iṭʿām-ı ṭaʿāmı ile ve bu şürūṭ ve ʿuhūd ile vilāyet (11) ṭarafından on bir biñ yedi yüz yirmi beş ġuruş ve yedi yüz yirmi beş ġuruş [devlet-i ʿalīye ṭarafından] ki bā-ẓahrīyedir (12) (ki mi)n ḥayṣ il-mecmūʿ on iki biñ dörtyüz elli 12450 ġuruş ėder ve meblaġ-ı mezkūrı daḫī

413 iydāresine

ṭarafımıza (13) (üç) ḳısṭ ile edā olunmaḳ üzere ki beher ḳısṭı dört biñ yüz elli ġuruş ėder ki sene (14) (ta)māmına dek ḳısṭ bi-ḳısṭ iʿmāl-ı menzile olan on iki biñ dört yüz elli 12450 ġuruş vėrilür (15) (i)se derʿuhde ve iltizām ėderiz deyü ṭālibān olmalarıyla ṭarafımızdan menzilḫāne-ʾi meẕkūrı (16) (b)ū şurūṭ ve ʿuhūd ile merḳūmlara iltizāma vėrilmişdir menzilḫānenıñ[!][414] idāresine (17) (iḳ)tiżā ėden tāvānā bārgīrler tedārik ve amāde ėdüb Mārdīnden Diyārbekire ve Mārdīnden (18) (Nu)ṣaybīne ẓuḥūr ėden ulaḳlara tavānā (...) bārgīrler vėrüb Ruhā üzerine olan[!][415] (19) (men)zil vāḳiʿ olduḳda ücret-i ṭavarı vilāyet üzerine olub ve 'l-ʿiyāz billāhi teʿālā (20) şarḳ cānibinden sefer ẓuhūr ėder ise ḳavl-i diger olur ve tevārüd ėden menāzilleriñ (21) yedlerinde olan fermān ve buyurıldılarına şerʿan naẓar olduḳdan soñra bā-emr-i ʿālī taʿyīn olan (22) ücretlerini ulaḳlardan almaḳ üzere ve bir kimseniñ ṭavarına [almamaḳ ve] iṭāle-ʾi (23) dest taʿaddī ėtmemek üzere ve ulakları teḫīr ėtdirilmemek üzere bu (24) (ḳu)yūd ve şurūṭ ile idāre ve iʿmāle ve işbu şarṭnāmemi sicill-i maḥfūẓuna (25) (ḳ)ayd ve ḥücceti ketb ve ṭarafımıza getirmek üzere şarṭnāmeleri (26) vėrilmişdir fī ibtidā-ʾi Mārt sene 1171
ṣaḥḥ
ʿÖmer voyvoda-ʾı Mārdīn ḥālā

247/35/d

Die Eintragungen der Worte des Vertrages sind Folgende: Gerechnet bis Anfang März des Jahres 1170 ist das Betreiben der Poststation von Mardin eine der notwendigsten wichtigsten Angelegenheiten. Weil Leute benötigt wurden, die gute Händler sind und über Erfahrungen mit Vieh verfügen, kamen die Vertragsnehmer Aḥmed Beg und Muṣṭafā Aġa. Sie wünschten von Anfang März des Jahres 1170 für ein ganzes Jahr die Poststation von Nuṣaybīn zu betreiben. Gemäß diesem Vertrag und Wortlaut lautet es, dass „wir den eintreffenden Boten kräftige und reichlich Lastpferde geben und wir nicht irgendwie den Bedarf in die Länge ziehen und sich dauerhaft bei der Poststation kräftige Lastpferde befinden und wir nicht kostenlos für die Poststation von den Reisenden oder den Dörfern Tiere wegnehmen und Übertretungen durch Verletzungen vornehmen und unseren Herren, den vorbeikommenden glorreichen Wesiren, innehabenden von Macht und Wertschätzung sowie den eintreffenden Obertorhütern von der Poststation 50 Stück Poststations-Lastpferde geben und dass dies zusammen und im Einzelnen mit dem Betreiben und den Ausgaben sowie der Nahrungsversorgung mit diesen Verträgen und Vereinbarungen 11 725 Ġuruş seitens der Provinz ergibt und

414 menzilḫānıñ
415 ulaḳ

725 Ġuruş [seitens des erhabenen Staates] ergibt, sowie dass außen auf dem Dokument vermerkt wird, dass dies insgesamt 12 450 Ġuruş beträgt. Um uns erwähnte Rechnung in (drei) Raten zu bezahlen, werden für jede Rate 4150 Ġuruş veranschlagt, wobei, wenn wir zum Jahresende Rate für Rate die für das Betreiben der Poststation notwendigen 12 450 Ġuruş erhalten, wir die Sache übernehmen." Weil sie dies wünschten, wird erwähnte Poststation von uns zusammen mit den Verträgen und Vereinbarungen Erwähnten als İltizām gegeben. Sie sollen kommen und die für das Betreiben eines Viertels der Poststation benötigten kräftigen Lastpferde bereitstellen. Den von Mardin nach Diyārbekir und von Mardin nach Nuṣaybīn kommenden Boten sollen sie Lastpferde von kräftigem (...) geben, wobei bei einer auf dem Weg nach Ruhā[416] liegenden (Poststation) die Gebühr für die Lastpferde gemäß der Provinz sein soll. Wenn – Gott der Allmächtige bewahre – ein Feldzug vom Osten offenkundig wird, gibt es einen anderen Wortlaut. Nachdem die Fermāne und Buyuruldus von den bei Deinen Poststationen eintreffenden (Boten) scheriatsrechtlich überprüft werden und damit die im hohen Befehl angekündigten Gebühren von den Boten genommen werden und damit sie niemandens Lastpferde [nehmen und] nicht durch Übertretungen Verletzungen vornehmen und die Boten nicht sich verspäten lassen, wird anhand dieser Verträge zum Betreiben mein Vertrag zur Aufbewahrung im Register eingetragen und eine Abschrift erstellt und uns vorgelegt. Hierzu werden die Verträge gegeben. Zu Beginn des [Monats] März im Jahre 1171.
Geprüft
ʿÖmer, derzeitiger Voyvoda von Mardin

247/36/a
(1) defter oldur ki ḥālā ṣadr-ı āʿẓam devletlü ʿināyetlü efendimiz ḥażretleriniñ çuḳadarlarından olu(b ʿadālet) (2) fermānıyla Baġdād ṭarafından astāne-ʾi saʿādete ʿāzim iken es̱nā-ʾi rāhda medīne-ʾi Mārdīne marīżen (vuṣūl ve) (3) ḥālā Mārdīn voyvodası olan saʿādetlü ʿÖmer Aġa ḥażretleri konaġında müsāfiren sākin i(ken bi-emr) (4) illāhi teʿālā fevt olan çuḳadar Uzun Muṣṭafā Aġa ibn____nām müteveffānıñ ẓāhirde vāris̱ (maʿrūf) (5) ve maʿrūfesi olmayub terekesi cānib-i beyt ül-māla ʿāʾid olmaġla medīne-ʾi mezbūre voyvodası ol(ub vāḳiʿ) (6) olan beyt ül-māl ʿāmmeten ve ḫāṣṣaten ḳabżına meʾmūr (olan) aġa-yı mūmā ileyh ṭalebi ve maʿrifet-i şerʿ(le müteveffā-yı) (7) mezbūruñ ḥīn-i vefātında yanında mevcūd olan eşyāsını ẕeyl-i defterde mesṭūr ül-esāmī ola(n ricāl-i müslimīn) (8) ḥużūrunda taḥrīr olınan eşyānın defter-i müfredātıdır ʿala 'l-esāmī ẕikr ve beyān olunur

416 Bezeichnung für Urfa.

ḥurrire fī 5 b [Receb el-mürecceb] sene 1171

zincīrli altun	ʿaded	50
fındığı altun		6
muḥayyer altun		1
yalñız elli yedi altundur		57

beyāż aḳçe	ġuruş 19	para ʿaded 9
	3	
	16	
berā-yı maṣārifāt-ı müteveffā ḫarc şüd		
yalñız on altı ġuruş ṭoḳuz para bāḳī ḳalmışdır		

sīm ḳamçı	ḳat ʿaded 2
boğumları (...)	ʿaded 3
(...)	
yaḳut ḳaşlı altun yüzük	ʿaded 1
pīrūze ḳaşlı sīm yüzük	ʿaded 1
yemeni ḳaşlı sīm ḫātim	ʿaded 1
ṣārı maʿden-i sāʿat	ʿaded 1
maʿ sīm zincīriyle	ḳat 4
ḳalem (...) maʿ	ʿaded 1
enʿām-ı şerīf-i sīm ḳabile	ʿaded 1
aṭlās ḳablu bāzbend	ʿaded 2
maʿ sīm zincīr	ʿaded 2
ḳırmızı çitare	ṭāḳā ʿaded 1
ḳırmızı (...)	ṭāḳā ʿaded 1
ḥalab kārī (kūlklı) būṭehdār	ṭāḳā ʿaded 1
(bndī) (...)	
çakmaḳlı cedīd destār	ʿaded 2
Mūṣul bezi beyāż	ṭop ʿaded 2
ṭopuñ beri müteveffā-yı mezbūruñ kefnine ṣarf şüde	
(kvz) ketfī şāl	ʿaded 1
müste(ʿamel) çaḫ(şur)	ʿaded (...)
ḳoyun yemnisi	ʿaded 1
yaġ ḳutusı	ʿaded 2
müsteʿamel abdest maḳraması	ʿaded 1
(zfr) maḳraması müsteʿamel	ʿaded 1
iskerlet ḳaput maʿ başlıḳ	ʿaded 1
serḥaddı sincāb ḳubur kürk şālına ḳablu	ʿaded 1
duḫān kisesi (müteʾleli)[?][417]	ʿaded 2
(...)	

417 mütellī

ṣārı ḳuṭni ḳaftān	ʿaded 1
maḳrama kisesi çuḳa	ʿaded 1
beyāż curb	çift ʿaded 2
köhne uçḳur[!][418]	ʿaded 2
sīm (...)	
müsteʿamel ṣarı çuḳa diz dolaması[?][419]	ʿaded 1
müsteʿamel mavı çuḳa ṣalvar	ʿaded 1
köhne ṣārı ṣāl ḳuşaḳ	ʿaded 1
köhne destār	ʿaded 1
müsteʿamel (...)	
Ḥame kārī ḳuşaḳ	ʿaded 1
köhne uşaḳ abdest kürkü	ʿaded 1
müsteʿamel ḳumāş ʿanteri biri ḳırmızı ve biri ṣarıdır	ʿaded 2
İnglīz piştov	çift 1
piştov ḳılıfı çuḳa	çift 1
sīm ġaddare	ʿaded 1
bārgīr ḳamçısı ucıları sīm	ʿaded 1
köhne nāfe kürk[!][420]	ʿaded 1
köhne cübbe kürk	ʿaded 1
köhne hegbe mücelled	ʿaded 1
sīm zar	ʿaded 2
fincān	ʿaded 2
fincān ḳutusı	ʿaded 1
köhne ḳavuḳ	ʿaded 1
çubuḳ mekşi	ʿaded 1
eger (...)	ʿaded 1
köhne ḳaplan pūstı (ġāşīye)[!][421]	ʿaded 1
kantarma	ʿaded 1
sīm ṭoḳlu iç ḳuşaḳ	ʿaded 1
ṣaġīr ḳahve ibrīḳi	ʿaded 1

(Linke Seite)

(1) müteveffā-yı mezbūruñ şalcı zāde Bāġdādda (sākin) (2) olan Hūca İbrāhām nām ẕimmetiñ (...) (3) olan aḳçesidir eşyāsı içünde (ẓuhūr) (4) ėden temessüki mūcibince bu maḥalla (ḳayd şüd)

yalñız yedi yüz ġuruş(dur)	ġuruş 700

418 uhçur

419 Möglicherweise Schreibweisenvariante für dolaman.

420 nāfe köhne kürk

421 ġāşe

(Rechte Seite)

(1) yine müteveffā-yı mezbūruñ ḥālā Diyārbekir vālīsi devletlü (2) ʿināyetlü ʿAbdullāh Paşa efendimiziñ baş çuḳadarı el-Ḥāc Muṣṭafā Aġada (3) olan emānet aḳçesidir yine eşyāsı içünde ẓuhūr ėden (4) temessüki mūcibince bu maḥalla ḳayd olındı.

yalñız beş yüz ġuruş emānetdir	ġuruş 500

(1) Yine müteveffā-yı mezbūruñ baş çuḳadar(ı el-Ḥāc Muṣṭafā) (2) Aġada važʿ eyledigi emānetdir

sīm vezne	ʿaded 1
sīmli (...)	ʿaded 1

(1) ḥālā ṣāḥib-i devlet efendimiziñ (2) baş çuḳadarıniñ ḫidmetkārı İbrāhīm (3) ve müteveffānıñ ḫidmetkārı Ḥasan[!][422] taḳrīr ve iḫbārlarıyla bu maḥalla ḳayd şüde

şühūd ül-ḥāl
faḫr (ül-āʿyān) Millīzāde Muḥarrem (Beg)
ḥālā Baġdād sālyānecisi Süleymān Çāvīş Aġa
aġa-yı merḳūmuñ ḫidmetkārı Aḥmed Beşe
ḫāṣ āḫūrlı Muṣṭafā Aġa
devletlü ʿināyetlü velī 'n-naʿm efendimiziñ ikinci çuḳadarı ʿAlī Aġa
İsmaʿīl Aġa mīrī ʿaşīret Daḳūrī
Ṭalḥa Çelebizāde ʿAbdüllaṭīf Efendi
müteveffā-yı mezbūruñ ḫidmetkārı Ḥasan
Mişkī Begi Ḫalīl Beg
Mişkī Begi Aḥmed Beg
Benderzāde el-Ḥāc Meḥmed Aġa
ḥālā ṣāḥib-i devlet efendimiziñ baş çuḳadarınıñ ḫidmetkārı İbrāhīm
ḫazīnedār el-Ḥāc Süleymān Aġa
ve ġayruhum min el-ḥużżār
el-ʿafī el-Ḥāc Maḥmūd en-nāʾib bi-medīne-i Mārdīn
(Stempel)

247/36/a

Der Eintrag ist Folgender: Als der Gefolgsmann namens Uzun Muṣṭafā Aġa, einer der Gefolgsmänner des derzeitigen Großwesirs, unser illustrer, gnadenreicher Herr, sich mit einem gerechten Fermān von Baġdād kommend zur Schwelle des

422 Ḥasanıñ

Glücks aufmachte, traf er in der Stadt Mardin erkrankt ein und verstarb auf Geheiß Gottes des Allmächtigen, als er als Gast am Wohnsitz des glücklichen Voyvodas von Mardin, seiner Exzellenz ʿÖmer Aġa weilte. Weil offensichtlich keine Erben des Verstorbenen bekannt waren und sein Nachlass an das Schatzamt zurückging, wurde dies der Voyvoda der erwähnten Stadt. Der im Allgemeinen und im Besonderen für dessen Beschlagnahme beauftragte erwähnte Aġa hat die Forderung und die mit Hilfe des Gerichts zum Todeszeitpunkt beim Verstorbenen befindlichen Dinge unter Anwesenheit der im Anhang des Registers namentlich aufgeführten muslimischen Männer verzeichnet, wobei dies der Bestand des Registers der Dinge ist und im Anhang des Registers namentlich aufgeführt wird. Eingetragen am 5. [geschätzten Receb] im Jahre 1171.

Zincīr-Goldmünze	Anzahl	50
Fındıḳ Goldmünze		6
Muḥayyer Goldmünze		1
Nur 57 Goldmünzen		57

Beyāż Aḳçe	Ġuruş 19	Para Anzahl 9
	3	
	16	
Für die Aufwände des Verstorbenen wurde ausgegeben:		
Er verbleibt nur ein Restbetrag von 16 Ġuruş und 9 Para		

Silberne Peitsche	Garnitur Anzahl 2
Gelenke (...)	Anzahl 3
(...)	
Rubin besetzter Goldring	Anzahl 1
Türkis besetzter Silberring	Anzahl 1
Mit buntem Stoff besetzter Silberring	Anzahl 1
Gelb metallene Uhr	Anzahl 1
mit silberner Kette	Garnitur 4
Schreibfeder (...)	Anzahl 1
Surensammlung mit Silbereinband	Anzahl 1
Mit Atlasstoff überzogener Armreif	Anzahl 2
mit silberner Kette	Anzahl 2
Roter Seidenbrokat	Lage Anzahl 1
Roter (...)	Lage Anzahl 1
In Aleppo[423] gefertigter (...) Stoff mit Blumenmuster	Lage ʿaded 1
(... ...)	
Neue Pistole, Tuch	Anzahl 2
Weißer Stoff aus Mossul	Ballen Anzahl 2

423 Ḥalab

Überschuss vom Stoff wird für Leichentuch des Verstorbenen verwendet	
(...) Schulterschal	Anzahl 1
Gebrauchte Hose	Anzahl 1
Buntes Tuch für die Brusttasche	Anzahl 1
Ölflasche	Anzahl 2
Gebrauchtes Handtuch für rituelle Waschung	Anzahl 1
Gebrauchtes Tuch aus (...)	Anzahl 1
Umhang mit Kapuze aus İskerlet[424]	Anzahl 1
Halfter-Pelz aus Serhaddi Eichhörnchen mit Wollstoff bezogen	Anzahl 1
Glänzender Tabakbeutel	Anzahl 2
(...)	
Gelber Baumwoll-Kaftan	Anzahl 1
Tuchbeutel aus Wollstoff	Anzahl 1
Weiße Schafshaut	Paar Anzahl 2
Alte Hose	Anzahl 2
Silberne/r/s (...)	
Knielange Robe aus gebrauchtem gelben Wollstoff	Anzahl 1
Gebrauchte Pluderhosen aus blauem Stoff	Anzahl 1
Alter Schal aus Kamelott	Anzahl 1
Alter Turban	Anzahl 1
Gebrauchte/r/s (...)	
Ein in Ḥame gefertigter Gürtel	Anzahl 1
Alter Luchspelz für rituelle Waschungen	Anzahl 1
Gebrauchter ʿAnteri-Wollstoff, einer rot und einer weiß	Anzahl 2
Englische Pistole	Paar 1
Pistolen-Tasche aus Wollstoff	Paar 1
Silberner Krummsäbel	Anzahl 1
Silberne Spitzen einer Viehpeitsche	Anzahl 1
Altes Bauchfell	Anzahl 1
Alte Pelzrobe	Anzahl 1
Alte zusammengebundene Satteltasche	Anzahl 1
Silberner Beschlag	Anzahl 2
Tasse	Anzahl 2
Tassen-Behälter	Anzahl 1
Alte Filzkappe	Anzahl 1
(Pfeifenansatz)[?]	Anzahl 1
Sattel (...)	Anzahl 1
Altes Satteltuch aus Leopardenhaut	Anzahl 1
Trense	Anzahl 1
Silber durchwirkter Innenschal	Anzahl 1
Kleine Kaffeekanne	Anzahl 1

424 Venezianischer Stoff.

(Linke Seite)
Dies sind die Schulden des erwähnten Verstorbenen der (...) an den in Baġdād wohnenden Sohn des Tuchhändlers Hūca[425] İbrāhām. Sie wurden gemäß dem unter seinen Dingen auftauchenden Schuldschein an dieser Stelle eingetragen.

Nur siebenhundert Ġuruş	Ġuruş 700

(Rechte Seite)
Dies sind darüber hinaus die Treuhand-Aḳçe des Verstorbenen, die sich beim Haupt-Gefolgsmann unseres Herren, dem derzeitigen Vali von Diyārbekir, illustrer, gnadenreicher ʿAbdullāh Paşa, [namens] Ḥāc Muṣṭafā Aġa befinden. Sie wurden gemäß dem auftauchenden Schuldschein unter seinen Dingen an dieser Stelle eingetragen.

Nur fünfhundert Ġuruş Treuhand-Geld	Ġuruş 500

Weiteres beim Obertorhüter des erwähnten Verstorbenen, Ḥāc Muṣṭafā Aġa deponiertes Treuhand-Geld

Silberne Waage	Anzahl 1
Silberne/r/s (...)	Anzahl 1

Die Bestätigungen und Mitteilungen des Dieners des Obertorhüters unserer derzeitigen wohlhabenden Exzellenz, İbrāhīm, und des Dieners des Verstorbenen, Ḥasan, werden an dieser Stelle eingetragen.

Ẓeugen der Angelegenheit
Exzellenzen der Notabeln
Millīzāde Muḥarrem (Beg)
Derzeitiger Jahressteuereintreiber von Baġdād, Süleymān Çāvīş Aġa
Diener des erwähnten Aġas Aḥmed Beşe
Sultanischer Stallmeister Muṣṭafā Aġa
Der zweite Gefolgsmann unseres illustren, gnadenreichen Beschützers des Glücks, ʿAlī Aġa
İsmaʿīl Aġa, Anführer des Stammes der Daḳūrī
Ṭalḥa Çelebizāde ʿAbdüllaṭīf Efendi
Ḥasan, Diener des erwähnten Verstorbenen
Ḫalīl Beg, Anführer der Mişkī
Aḥmed Beg, Anführer der Mişkī
Benderzāde el-Ḥāc Meḥmed Aġa

425 Abgewandelte Form von Ḥoca, um zu markieren, dass es sich hier um eine Person christlichen Glaubens handelt.

Der Diener unseres derzeit wohlhabenden Herren, İbrāhīm
Der Schatzmeister Ḥāc Süleymān Aġa
und weitere Anwesende
Möge Ḥāc Maḥmūd, Nā'ib der Stadt Mardin verziehen werden.

247/36/b

(1) (ḳıdvet) ül-ḳużāt ve 'l-ḥükkām ve maʿādin ül-fażā'il ve 'l-kelām Üsküdārdan Anādolunuñ orta ḳolı yemīn ve yesār ile nihāyetine varınca (2) (ol)an ḳāżīlar ve nā'ibler zīde fażluhum ve mefāḫir ül-emāṣil ve 'l-aḳrān menzilciler zīde ḳadruhum tevḳī-i refī-i hümāyūn vāṣil olıcaḳ maʿlūm ola ki (3) (um)ūr-ı mühimmeyi muḥtevī ṣādır olan evāmir-i şerīfimle eṭrāf ve eknāfa irsāl olınan ricāl-i devlet-i ʿālīyeme (4) (...) (baʿ)ż ulaḳların niẓām vėrildigi vech ile inʿām ve ücret ile menzil-i evāmir şerīfesi vėrilmekle mūmā ileyhum ulaḳların[!][426] menzillerde (5) (tevaḳ-ḳuf)[?] ėtdirilmeyüb gerek inʿām ve gerek ücretleriyle lāzim gelēn bārgīrlerin[!][427] bir sāʿat evvel tedārik ve irkāb ve ṣavb-ı me'mūra irsāllarına (6) (ḫidmet) eylemek farżīyet-'i ẕimmetiñiz iken yedlerinde olan enʿām-ı evāmir[428][!] şerīfesi olanlardan ücret ṭaleb olunmayub ve ücretleriyle olanlardan (7) (sāʿat ba)şına onar aḳçe ücrete ḳanāʿat olunmayub üç dört ḳat ziyāde muṭālebesiyle derḥāl menzil bārgīri vėrilmeyüb müddet (8) (...) menzilḫānelerden mekṣ ve te'ḫīr ve kendülerine ʿadem ül-iltifāt ile taʿcīz ve tekdīr olunaraḳ me'mūr ulaḳları emr-i mühimmiñ (9) (...) ʿuḳde te'ḫīr ve taʿṭīline nāşī olduġuñuzdan dersaʿādetime gelēn ricāl-i devlet-i ʿalīyem ve çuḳadarān ve tatarān ṣaḥīḥen (10) (bārgīr)leri[?] menzilḫāneden süvar olanlara [ve] menzil-i bārgīrler içün bu gūna cevr-u cefā oldıġına bi-vech min el-vücūh rıżā'-ı mülūkānım olmayub (11) (...) inʿām emr-i şerīfi olanlara bi-lā-ücret ve ücretiyle emr-i şerīfi olanlara sāʿat başına onar aḳçe ücret ile menzil bārgīri (12) (vėrilüb)[?] ziyāde aḳçe muṭālebesiyle bir ferd azerde ve remīde olunmaḳdan bi-ġāyet ittiḳā ve iḥtirāz olunmaḳ fermānım olmaġın īfāżen (13) (...) işbu emr-i şerīfimi ıṣdār ve ḳıdvet ül-emācid ve 'l-āʿyān Kirkūklu Nūḥ zīde mecduhu ile irsāl olunmuşdur imdi keyfīyet-i (14) (...) maʿlūm[!][429] olduḳda mażmūn-ı emr-i şerīfimi maḥākim-i sicillātına baʿd el-ḳayd menzilcilere meclis-i şerʿde keyfīyeti ifāde ve ḫilāfına ḥareketden (15) (iḥtirāz) (ė)ylemelerin[!][430] geregi gibi tavṣīye ve te'kīd ve min baʿd menzil-i aḥkām şerīfesiyle varanları menzilḫānede ziyāde aḳçe almaḳ dāʿīyesiyle cefā ve iẕā (16) (...) ḳaṭʿan mekṣ ve te'ḫīr eylemeyüb

426 ulaḳlarıñ
427 bārgīrleriñ
428 evāmiri
429 maʿlūmı
430 [ė]ylemeleriñ

ber vech-i muḥarrer yedlerinde inʿām ḥükmi olanlara bi-lā-ücret ve ücretiyle menzil ḥükmi olanlara sāʿat (17) (başı)na onar aḳçe ücret ile menzil bārgīri vėrilüb ücret ḥaḳḳında ve meʾkūlāt içün vėrilegelēn ikrāmdan ġayri ziyāde (18) (aḳçe almaḳ) dāʿīyesinde olanlarını menʿ ve zecr olunaraḳ varan olduḳları ḳaṭʿan eglendirilmeyüb menzilḫāneye varduġı sāʿat (19) (başına)[?] iḳtiżā ėden bārgīrleri tehīʾye ve iḥżār ve (...) ṣavb-ı meʾmūrlarına tesyīre sāʿī bīşümār ėdüb emr-i şerīfime muḫālif-i (20) (aḥkā)m-ı ḳadīme-i muġāyir aḳçe muṭālebe eylemelerine ruḫṣat ve cevāz göstermeyüb menʿ-i küllī[!][431] ile menʿ ve defʿa ihtimām ve diḳḳat ve <...> siz ki (21) (nāʾi)bler mūmā ileyhimsiz keyfiyet-i emr-i şerīfimle bu defʿa sezā-ı tenbīh ve teʾkīd olunmaġla şöyle ki emr-i şerīfime muġāyir vażʿ-ü-ḥareketiñizden nāşī (22) (...) şikāyet olmaḳ lāzim gelür ise dirligi olanlarıñ dirligi refʿ ve ḳalʿ-e-bend olunmaġla iktifāʾ görülmeyüb ġāyet ül-ġāye[!][432] (23) (...) ḥaḳḳıñizdan gelinecegi muḥaḳḳaḳ bilüb aña göre ḥareket ve sermū-yı ḫilāfetden ġāyet ül-ġāye teḥāşī ve mücānebet eylemegiñiz bābında fermānım (24) ṣādır olmuşdur buyurdumki____vuṣūl bulduḳda bu bābda vech-i meşrūḥ üzere şerefyāfte-i ṣudūr olan fermānım vācib ül-itbāʿ (25) (ve lāzi)m ül-imtis̱ālıñ mażmūn-ı iṭāʿat maḳrūnıyla ʿāmil olub ḫılāfından bi-ġāyet iḥtirāz ve ictināb eyliyesiz şöyle bilesiz ʿalāmet-i şerīfe iʿtimād ḳılasız taḥrīren fī evāsiṭ-i şehr-i Ṣafar[!][433] ül-ḫayr sene iḥdā ve sebaʿīn ve miʾe ve ʾelf

247/36/b

Vorbild der Kadis und Richter, Fundgruben der Tugend und Beredsamkeit, Kadis und Nāʾibs, die sich zwischen Üsküdar bis zum Ende des rechten und linken Flügels Anatoliens befinden – möge ihre Tugend wachsen! Berühmtheiten der Gleichgestellten und Ranggenossen und Menzilcis[434] – möge ihr Ansehen wachsen! Sobald das edle, großherrliche Namenszeichen eintrifft, sei kund: (...) diejenigen Männer, die mit meinen eröffneten imperialen Anordnungen, die Eilbefehle enthalten, an die Grenzen geschickt wurden, an meinen erhabenen Staat (...), ließ man, obwohl (einige) Boten per gesetzlicher Verfügung entweder mit Gebührenbefreiung *(inʿām)* oder mit einer Gebühr die ehrwürdigen Post-Befehle

---

431 küllī
432 ġayret li 'l-ġayr
433 safar
434 Personen, die für die Versorgung von Poststationen zuständig sind, vgl. Kurz (2003), S. 100.

erhielten, die erwähnten Boten an den Poststationen nicht Halt machen.[435] Obwohl es Eure Pflicht ist, Dienst zu tun, indem Ihr rechtzeitig entweder per Schenkung oder gegen Gebühren die benötigten Lastpferde bereitstellen, beladen und dorthin senden solltet, wohin es Euch befohlen ist, verlangtet Ihr von denjenigen, die einen Schenkungsbefehl hatten, keine Gebühr. Wenn sie aber eine Gebühr bei sich hatten, gabt Ihr Euch aber mit einer Gebühr mit je 10 Aḳçe pro Stunde nicht zufrieden und indem Ihr drei bis vier Mal so viel gefordert habt, habt Ihr trotzdem nicht umgehend Poststations-Lastpferde hergegeben. Indem Ihr sie mit Verzögerungen und Hinhalten von den Poststationen aus (...) und mit fehlendem Respekt ihnen gegenüber beunruhigt und betrübt habt und Ihr die beauftragten Boten (...) der Verpflichtung Deines Eilbefehls hinausgeschoben und blockiert habt und es für meine nach İstanbūl gehenden Männer meines erhabenen Staates, die Gefolgsleute und Boten, die rechtmäßiger Weise von der Poststation aus die (Lastpferde) beladen haben und für die Poststations-Lastpferde eine derartige Quälerei gewesen ist, entspricht es in keinerlei Weise meiner herrschaftlichen Zufriedenheit. Weil es mein Erlass ist, dass diejenigen, die ohne Gebühr sind und einen Schenkungsbefehl besitzen und diejenigen, die eine Gebühr zu zahlen haben, pro Stunde mit einer Gebühr von je 10 Aḳçe die Lastpferde der Relaisstation (erhalten sollen) und niemand im Geringsten mehr Aḳçe fordern und sich äußerst davor hüten und sich davor in Acht nehmen soll, zu stören und zu beunruhigen, gebe ich eilig (...), diesen ehrwürdigen Befehl heraus und entsende ihn mit dem Vorbild der Ruhmvollen und Edlen, dem aus Kirkuk stammenden Nūḥ – möge sein Ruhm zunehmen. Indem sie nun über die Angelegenheit von (...) Kenntnis haben und indem nach dem Eintrag des Wortlauts meines erhabenen Befehls in die Gerichts-Register den Menzilcis in der Gerichtsversammlung der Sachverhalt mitgeteilt wurde sollen sie sich davor hüten, nach Wiederspruch zu streben und dies befürworteten und sich damit einverstanden erklären. Sie sollen fortan nicht mehr mit ihrem Vorhaben, von den mit den ehrwürdigen Poststationsbefehlen eintreffenden Personen in der Poststation mehr Aḳçe zu nehmen, diese schlecht zu behandeln und zu verletzen und (...) keinesfalls in die Länge zu ziehen oder zu verzögern. Denjenigen, die wie beschrieben Schenkungsbefehle ohne Gebühr mit sich führen und denjenigen, die mit einer Gebühr von 10 Aḳçe pro Stunde einen Poststations-Befehl mit sich führen, sollen sie die Poststations-Lastpferde geben und abgesehen von Ermäßigungen betreffs

---

435 Beispielsweise wurde im Jahr 1697 in Rumelien für die Nutzung der Pferde an den Poststationen eine Miete *(ücret)* verlangt. Ausnahmen bildeten Eilboten des Staates mit „Schenkungsbefehlen" *(in'ām ḥükmī)*, die wegen Eilsachen von der Miete befreit wurden. Vgl. Kurz (2003), S. 145.

der Gebühr und den Lebensmitteln, die einfach beigemessen wurden, soll denjenigen ihr Vorhaben, mehr Gebühren zu fordern, verboten werden, zumal dies die Eintreffenden absolut nicht erfreut. Die notwendigen Lastpferde, die in der Poststation pro Stunde eintreffen, sollen sie vorbereiten und bereitstellen und (...) unermüdlich danach streben, sie dorthin zu schicken wohin es ihnen befohlen ist. Es soll ihnen nicht entgegen meinem ehrwürdigen Befehl und entgegen den früheren (Dekreten) erlaubt und gestattet sein, Aḳçe-Beträge zu fordern. Mit dem Verbot von all diesem sollen (sie) abermals Vorsicht üben. Damit Ihr, die Ihr die erwähnten Nāʾibs seid, anhand des Sachverhalts meines ehrwürdigen Befehls dieses Mal in passender Form gewarnt seid und diesem zustimmt, ist es demgemäß, dass wenn wegen Eurem, meinem ehrwürdigen Befehl zuwiderlaufenden Verhalten (...) Beschwerden erforderlich sind, nicht etwa nur der Lohn der Lohn-Innehabenden aufgehoben und sie und eingesperrt werden sollen, sondern Ihr wissen sollt, dass Ihr (...) äußerst hart bestraft werdet. Dem entsprechend sollt Ihr Euch verhalten und kein Jota abweichen und Euch davor hüten und dieses vermeiden. Hierzu ist mein Fermān eröffnet und ich ordne an, dass sobald____eintrifft, Ihr hierbei wie beschrieben gemäß dem erhabenen Inhalt dieses erlassenen gehorsamserheischenden Befehls, der Gefügigkeit fordert und zur Befolgung verpflichtet, handeln sollt. Vor Widerspruch sollt Ihr Euch äußerst hüten und in Acht nehmen und Ihr sollt Solches wissen und dem erlauchten Handzeichen Vertrauen schenken.
Eingetragen in der mittleren Dekade des Monats dem glückbringenden Ṣafar im Jahre 1171.

247/36/c
(1) (ʿizzet)meaʾb es-Seyyid Ebū Bekir Efendi (...) baʿd es-selām inhā olunur ki (2) (ḥā)lā Mārdīn müftīsi es-Seyyid Aḥmed Şākir nā-ehl olmaġla hicr olunub seniñ ehlīyet ve istiḥḳāḳıñ (3) (led)e 'l-imtiḥān ẓāhir ve nümāyān oldıġına bināʾen ḳażāʾı mezbūrda[!][436] iftāya ṭarafımızdan saña izin (4) (vėr)ilmışdır gerekdir ki istiftā olunduḳda aṣaḥḥ-ı aḳvāl-ı eʾimme-ʾi ḥanefīye ʿaleyhim er-raḥma ile [iftā ėdüb] kütüb-i muʿtebereden (5) (na)ḳl-ı ṣarīḥ ve imżālarında ḳażā-ʾı mezbūrda müftī oldıġıñ[!][437] taṣrīḥ eylesin ve 's-selām ḥurrire fī evāʾil-i (6) (Cemā)ẕī 'l-aḫır lis-sene iḥdā ve sebaʿīn ve miʾe ve ʾelf.
el-ʿġafr Meḥmed[438] Ṣāliḥ ʿafī ʿanhu

436 mezbūrede
437 oldıġın
438 Muḥammad

247/36/c

Mittelpunkt der Ehre, Seyyid Ebū Bekir Efendi (...), nach dem Gruß sei mitgeteilt: Da der derzeitige Mufti von Mardin, Seyyid Aḥmed Şākir für das Amt nicht geeignet war und ihm dieses verwehrt wurde und Deine Fähigkeit zum Amt und Dein Verdienst laut Prüfung klar und offenkundig ist, wird Dir von uns für erwähnten Gerichtssprengel die Erlaubnis zum Rechtsgutachten-Erstellen gegeben. Es ist nötig, dass Du beim Ersuchen eines Rechtsgutachtens mit den hanafitischen Imamen – Gnade sei ihnen zuteil – [Rechtsgutachten erstellst]. Bei klarer Überlieferung der gültigen Bücher und gemäß deren Unterschrift sollst Du erklären, dass Du Mufti von Mardin bist und Gruß! Eingetragen in der ersten Dekade des letzten Cemāẕī im Jahr 1171.
Möge Meḥmed Ṣāliḥ von Gott verziehen werden.

247/36/d

(1) (ḳıd)vet ül ḳużāt ve 'l-ḥükkām maʿden ül-fażāʾil ve 'l-kelām Mārdīn ḳādısı ve Āmid ḳażāsı ḥālā (2) (nāʾib)i zīde fażāʾiluhumā ve ḳıdvet ül emācid ve 'l-āʿyān Mārdīn voyvodası____zīde mecduhu tevḳī-i refīʿ-i hümāyūn (3) (vāṣıl o)lıcak maʿlūm ola ki ḫāṣṣa-ʾi silaḥşūrlarımdan olub Mārdīn ve Diyārbekirde vāḳiʿ Ḳāsim Padışāh (4) (evḳā)fınıñ ber vech-i teʾeyyüd bā-ḫaṭṭ-ı hümāyūn berāt-ı şerīfimle mütevellīsi olan ḳıdvet ül-emācid ve 'l-āʿyān İsmaʿīl (5) (zīde) mecduhu vaḳf-ı merḳūmuñ īrādı aḳall-ı ḳalīl olub maṣārifine ve uṣūl-ı vaḳfdan olan cihātıñ vaẓīfelerine (6) (vefā ėtmez) iken aḫırdan baʿżıları ḫilāf-ı şarṭ-ı vāḳif birer taḳrīb ile vaẓāʾif iḥdās̱ ve ʿaskerī ṭarafından (7) (ėtdi)rdikleri berāt ile muḥdes̱ vaẓīfe muṭālebesiyle mūmā ileyhi rencīde ve remīde ve vaḳf-ı merḳūmuñ (8) (ümū)rı ol vecihle muḫtall ve müşevveş ve ḫarābına bāʿis̱ ve bādı olmalarıyla ol maḳūle uṣūl-ı vaḳfdan (9) (olmay)ub ʿaskerī berātıyla cihāt iḥdās̱ ėdenleriñ ḳaydların[!][439] maḥallından refʿ ve terḳīn ve fīmābaʿd (10) (ʿaske)rī berātıyla vaẓīfe ṭalebiyle rencīde ve remīde ėtdirilmemek içün muḳaddemā ʿarżuḥālıyla istidʿā (11) (ve uṣ)ūl-ı vaḳfdan olmayub ʿaskerī berātıyla ḫilāf-ı şarṭ-ı vāḳif vaẓāʾif iḥdās̱ ve uṣūl-ı (12) (vaḳf)a żaʿaf ṭārı olmağla bu maḳūle ʿaskerī berātıyla muḥdes̱ vaẓāʾif-i ḳaydı refʿ ve terḳīn (13) (fīmā)baʿd vaẓāʾif ṭalebiyle taʾaddīleri menʿ ve defʿ olmaḳ içün ḫüdāvendigār-ı sābıḳ (14) (rmācdm) merḥūm ve mağfūr-penāh[!][440] ṣulṭān Aḥmed Ḫān ṭābe s̱erāhu zemānında vėrilen (15) (emr-i şe)rīf-i merḥūm ve mağfūrunleh ʿammzādem ṣulṭān ʿOs̱mān Ḫān ṭābe s̱erāhu zemānında (16) (vech-i me)şrūḥ üzere amel olunmaḳ içün emr-i şerīf vėrildügin bildirüb tecdīdin (17)

439 ḳaydları
440 tebāh

eylemek ḫilāfına emr vėrilmemiş ise vech-i meşrūḥ üzere ʿamel olunmaḳ emrim (17) (olmu)şdur buyurdumki ḥükm-i şerīfim vuṣūl bulduḳda bu bābda ṣādır olan emrim (18) (üze)re ʿamel daḫī ol maḳūle uṣūl-ı vaḳfdan olmayub ʿaskerī berātıyla cihāt-ı (19) (iḥd)āṣ ėdenleriñ ḳaydları maḥallından refʿ ve terḳīn olunmaġla

247/36/d (zweiter Teil auf 247/37, rechte Seite)
(1) fīmābaʿd daḫī ʿaskerī berātıyla vaẓīfe muṭālebesiyle mütevellī-i mūmā ileyhi ve ṭarafından (olanları) (2) bir vecihle rencīde ve remīde ėtdirmeyüb ẓāhir olan taʿaddīlerin menʿ ve d(efʿ eyliyesiz) (3) şöyle bilesiz ʿalāmet-i şerʿfe iʿtimād ḳılasız taḥrīren [fī] evāʾil-i Receb el-ferd sene iḥ(dā ve sebaʿīn) (4) ve miʾe ve ʾelf bi-maḳām-ı Ḳosṭanṭinīye 'l-maḥrūse

247/36/d
Vorbild der Kadis und Richter, Fundgruben der Tugenden und Beredsamkeit, Kadi von Mardin und derzeitiger Nāʾib des Gerichtssprengels von Āmid – möge ihrer beider Tugend wachsen – und Vorbild der Gleichgestellten und Ranggenossen, Voyvoda von Mardin – ____möge sein Ruhm zunehmen! Sobald das edle, großherrliche Namenszeichen eintrifft, sei kund: Es geht und einen meiner Leibwaffenträger. Indem die Stiftungseinkünfte des Vorbilds der Gleichgestellten und Ranggenossen, İsmaʿīl – möge seine Größe zunehmen, der unter Bestätigung mit dem imperialen Handzeichen kraft meines Privilegientitels (berāt) Stiftungsverwalter *(mütevellī)* der in Mardin und Diyārbekir liegenden Ḳāsim Pādışāh-Stiftungen ist, äußerst gering waren und diese für die Ausgaben und für die Gehälter der durch die Stiftungsgrundsätze begründeten Ämter nicht ausreichten und schließlich einige entgegen der Bedingungen des Stifters irgendwie Ämter schufen und mit ihrer Forderung eines durch einen vom ʿAskerī-Stand ausgestellten Privilegientitel kürzlich neu geschaffenen Gehalts Erwähnten bedrückten und beunruhigten und sie die Ursache waren, warum die Angelegenheiten der Stiftung auf diese Weise durcheinandergebracht und ruiniert wurden, war diese Praxis nicht durch die Stiftungsgrundsätze begründet. Um stattdessen denjenigen, die ihre Gehälter über einen ʿAskerī-Privilegientitel geschaffen haben, ihre Eintragungen zu annullieren und zu kennzeichnen und damit danach dieser nicht mit der Forderung nach Gehalt mittels eines ʿAskerī-Privilegientitels gestört und beunruhigt wird, wurde dies zuvor schon durch einen Arżuḥāl ersucht, wobei dies alles nicht durch die Stiftungsgrundsätze begründet war. Weil sie die Gehälter mit einem ʿAskerī-Privilegientitel entgegen der Bedingung des Stifters geschaffen haben und den Stiftungsgrundsätzen Schwäche wiederfuhr und um

diese Art von Eintragungen von mittels eines ʿAskerī-Privilegientitels geschaffenen Gehältern aufzuheben und zu annullieren und in Zukunft denjenigen, die mit der Gehaltsforderung Übertretungen vornehmen, dieses zu verweigern und zu verbieten, ließ man wissen, dass der verstorbene Sohn meines Onkels väterlicherseits, Sultan ʿOṣmān Ḫān, seinerzeit einen ehrwürdigen Befehl herausgegeben hat, den der verstorbene Sultan – Zufluchtsort des Verzeihens, Sulṭān Aḥmed Ḫān – möge er in Frieden ruhen – zu seiner Zeit herausgegeben hat, um wie beschrieben zu verfahren. Wenn nicht ein Befehl entgegen der Erneuerung des Befehls herausgegeben wird, ist es mein Befehl, wie beschrieben zu verfahren. So befehlige ich, dass sobald mein ehrwürdiger Befehl eintrifft, Ihr in dieser Weise ebenso handeln sollt und darüber hinaus Derartiges nicht durch die Stiftungsgrundsätze begründet ist. Ihr sollt denjenigen, die ihre Gehälter über einen ʿAskerī-Privilegientitel geschaffen haben, ihre Eintragungen annullieren und aufheben. Danach sollt Ihr erwähnten Stiftungsverwalter und die Seinen nicht mit der Gehaltsforderung mit Hilfe eines ʿAskerī-Privilegientitels stören und beunruhigen und diejenigen, die offenkundig Übertretungen vornehmen, daran hindern und es ihnen verbieten. So sollt Ihr Solches wissen und dem großherrlichen Zeichen Folge leisten. Aufgezeichnet in der ersten Dekade des Receb des einzigen im Jahre 1171.
In der wohlbehüteten Stadt Konstantinopel.

247/37/a

(1) ḳıdvet ül-ḳużāt ve 'l-ḥükkām maʿden ül-fażāʾil ve 'l-kelām [...] ḳāżīsi ve Mārdīn ḳażāsı nāʾibi z(īde fażluhumā) (2) ve ḳıdvet ül-emācid ve 'l-āʿyān Mārdīn voyvodası zīde mecduhu tevḳīʿ-i refīʿ-i hümāyūn (vāṣıl) (3) olıcaḳ maʿlūm ola ki ḫaṣṣa-ʾi silaḥşūrlarımdan ḳıdvet ül-emācid ve 'l-āʿyān es-Seyy(id İsmaʿīl) (4) zīde mecduhu südde-ʾi saʿādetime ʿarżuḥāl ėdüb mūmā ileyhiñ Mārdīn ḳasabasında medfūn (olan) (5) Ḳāsim Padışāh evḳāfınıñ ber vech-i teʾeyyüd bā-ḫaṭṭ-ı hümāyūn-ı şevketmaḳrūn ile muʿanven-i berāt-ı şer(īf ile) (6) mütevellīsi olub biñ yüz yetmiş bir senesinde vaḳf-ı merḳūmuñ tevlīyetiniñ[!][441] [żabṭına ve] ümūr ve ḫuṣūṣ-ı (rüʾyet) (7) ve müsaḳḳafātından ḥāṣıl olan (nüḥās)[?] taḥṣīl ve edā-ʾı ḫizmet için Mārdīn ḳażā(sında) (8) Mişkili Aḥmed Beg dėmekle maʿrūf kimesne[!][442] ṭarafından vekīl naṣb ve taʿyīn ėtmekle ol daḫī (9) żabṭ ėtmek murād eyledikde aḫırdan baʿżıları ḫilāf-ı şerʿ ve muġāyir-i berāt (ile) (10) ümūrına fużūlı müdāḫele

441 tevlīyetin
442 kimesne-ʾi

ve żabtına mümānaʿat ve taʿaddī ėtmek irādesiyle vaḳf-ı ş(erīfeniñ) (11) tevlīyetiniñ[!][443] żabṭına ve ümūr ve ḫuṣūṣ-ı temşīyet rüʾyetine fużūlı mümānaʿat ve ġadr (eylemek) (12) sevdasında olduḳların bildirüb tevlīyet-i mezkūre[!][444] vekīl-i mezbūra żabṭ ve (umūr-ı) (13) rüʾyet ve edā-ʾı ḫizmet ėtdirilmeyüb aḫırdan <...> olan mezbūrları fuż(ūlı) (14) mümānaʿat ve taʿaddīlerin menʿ ve defʿ olunmaḳ bābında ḥükm-i hümayūnum ricā ve ḫazīne-ʾi ʿāmiremde (15) olan Anadolu muḥāsebesi defterlerine naẓar olunduḳda tevlīyet-i mezbūre[!][445] bir vec(ihle)[446] (16) vaẓīfe-ʾi muʿayyene ile mūmā ileyh İsmaʿīliñ üzerinde oldığı mesṭūr ve muḳayyed (olan) (17) berātı mūcibince ʿamel olunmaḳ emrim olmuşdur buyurdumki ḥükm-i şerīfim____(vuṣūl) (18) bulduḳda bu bābda ṣādır olan emrim üzere ʿamel daḫī tevlīyet-i merḳūme[!][447] bil-fıʿil (Seyyid İsmaʿīl) (19) mūmā ileyh zīde mecduhunuñ üzerinde olmağla vekīl-i mezbūra żabṭ [ve] vaḳf-ı şerīfe (...) (20) rüʾyet ėtdirilüb aḫırdan bir ferdī vekālet-i[!][448] umūrına (...) daḫl ve taʿarruż (21) ėtdirilmeyüb[!][449] mażmūn-ı emr-i şerīfimle ʿāmil olasız şöyle bilüb ʿalāmet-i şerīf(imle iʿtimād) (22) ḳılasız taḥrīren fī evāʾil-i Receb el-ferd sene iḥdā ve sebaʿīn ve miʾe ve ʾelf bi-maḳām-ı Ḳosṭanṭinīye 'l-maḥrūse

247/37/a

Vorbild der Kadis und Richter, Quell der Beredsamkeit und des Wortes, Kadi von [...] und Nāʾib des Gerichtssprengels von Mardin – möge (ihrer beider Tugend) wachsen – und Vorbild der Ruhmvollsten und Notabeln, Voyvoda von Mardin – möge sein Ruhm zunehmen! Sobald das edle, großherrliche Namenszeichen eintrifft, sei kund: Einer der Leibwaffenträger, Vorbild der der Gleichgestellten und Ranggenossen, Seyyid (İsmaʿīl) – möge seine Macht zunehmen – stellte an meiner Schwelle des Glücks ein Gesuch: Seines Wissens strebten schließlich Einige danach, entgegen dem Scheriatsrecht und entgegen dem Privilegientitel sich in seine Angelegenheiten im Übermaß einzumischen, sich seiner Leitung entgegenzusetzen und sie hatten die Absicht, die Leitung des Verwaltungsamts der (edlen) Stiftung und den Fortgang der Überprüfungs-Angelegenheiten im Übermaß zu behindern, wobei er *(der Gesuchstellende)* durch Bestätigung mit einem mit großherrlicher Unterschrift betitelten ehrwürdigen Privilegientitel Stiftungsverwalter

---

443 tevlīyetin
444 mezkūr
445 mezbūr
446 veç(ihle)
447 merḳūm
448 vekāleti
449 yėrilmeyüb

der Stiftungen des in Mardin beigesetzten Ḳāsim Padışāh war, im Jahr 1171 die Verwaltung von erwähnter Stiftung (übernahm) (und zur Überprüfung) der Angelegenheiten und für die Übernahme der angefallenen (Kupfermünzen)[?] aus den Stiftungseinnahmen sowie für die Ausübung der Dienste jemanden, der unter dem Namen Mişkili Aḥmed Beg bekannt war, zum Vertreter ernannte und wollte, dass er diese *(Dienste)* auch ausübt. Um den Erwähnten *(Zuwiderhandelnden)* (...) schließlich ihre übermäßigen Unterdrückungen und Überschreitungen zu untersagen, wurde mein ehrwürdiges Urteil ersucht. Indem in meinem großherrlichen Schatzamt die Rechnungsbücher von Anatolien gesichtet wurden, ist es mein Befehl, dass (auf welche Weise auch immer) das erwähnte Amt der Stiftungsverwaltung mit dem festgelegten Dienst erwähnten İsmaīl gemäß dem klar eingetragenen Privilegientitel zusteht. Ich ordne an, dass sobald mein ehrwürdiger Erlass eintrifft, hierbei entsprechend meinem eröffneten Befehl gehandelt wird und weil darüber hinaus das erwähnte Amt des Stiftungsverwalters sehr wohl erwähntem (Seyyid İsma'īl) – möge seine Größe zunehmen – zusteht, wobei er den erwähnten Vertreter leiten [und] (...) der erwähnten edlen Stiftung überprüfen lässt, schließlich niemand in die Dinge des Amtes der Vertretung (...) eingreifen und widersprechen soll und Ihr im Sinne meines ehrwürdigen Befehls verfahren und Solches wissen und meinem ehrwürdigen Zeichen (Folge) leisten sollt. Eingetragen in der ersten Dekade des Receb des einzigen im Jahre 1171.
In der wohlbehüteten Stadt Konstantinopel.

247/37/b

(1) ʿumde üs-sādāt ül-kirām medīne-ʾi Mārdīnde ḳāʾim maḳām-ı sābıḳ-ı şerāfetli (2) müşrif baʿd et-taḥīye 'ṣ-ṣāfīye inhā olunur ki mezbūr Mārdīn ḳāʾim maḳāmlıġı işbu sene (3) iḥdā ve sebaʿīn ve miʾe ve ʾelf māh-ı Ramażān ül-mübāreki evāsıṭından cenābıñıza tevcīh olunmuş(dur gerekdir ki sādāt-ı) (4) kirām-ı ẕū 'l-iḥtirāma ʿizāz ve ikrām ve üzerlerine şerʿan s̱ābite olan aḥkāmın[!][450] maʿrifetiñiz ile ḥu(ṣūl-pezīr) (5) olmasına iḳdām ėdüb ḳużāt ve ḳāʾim maḳāmlar senedleriyle müceddeden bir ferde bāsil serdirmiyes(iz)[!][451] (tevcīhīye) (6) ve devrīye ve ʿarūsīye ve muḥdes̱āt-ı sāʾir nāmıyla bir ḥabbelerin almayub şevketlü ḳudr(etlü mehābetlü) (7) pādışāh-ı islām ebedühü Allāhü teʿālā ve ibḳāhu ilā yevm il-ḳıyām ḥażretleriniñ beḳā-yı ʿömr [ve] devletlerine (sādāt-ı) (8) kirāmiñ daʿvātı ḫayırlarına isticlāb ėdüb bir emride şerʿ-i [şer]īfe-i imtis̱āl ile cenāb-ı resūl-ı ekrem-i (9)

450 aḥkāmıñ
451 sārdırmıyas(ız)

muḥterem ṣallā Allāhü ʿaleyhi ve sellem ḥażretleriniñ şefāʿat ʿaleyhlerine maẓhar olasız ve 's-selām
(Randnotiz)

امضى هذا المكتوب لنصب الاشراف [...] و امضى و ضم الفقير اليه عز شأنه
حافظ حسن بن محمد النائب بمدينة آمد المحمية
عفى عنه

min el-muḫliṣ (...) es-Seyyid Aḥmed naḳīb (bi-Āmid) el-maḥrūse ḥālā

247/37/b

Pfeiler der großzügigen Herren, früherer Stellvertreter, illustrer Müşrif![452] Nach zahlreichen Begrüßungen sei mitgeteilt: Erwähntes Stellvertreteramt von Mardin wird ab der mittleren Dekade des Jahres 1171 des Monats des gesegneten Ramażān Euch überantwortet. (Es ist notwendig) dass Du den edlen Herren und Innehabenden von Wertschätzung Respekt erweist und vorantreibst, ihre gemäß ihnen mit Eurer Kenntnis gerichtlich bestätigten Anordnungen in Kraft treten zu lassen. Ihr sollt niemanden erneut mit der Stützung auf Richter oder Stellvertreter Unheilvolles verbreiten lassen und nicht ein Körnchen an Gebühren wie „Amtsübertragungsgebühr“, „Inspektionsreisen-Gebühr“ oder „Brautgebühr“ oder weitere Neuerungen mit derartigen Namen annehmen. Ihr sollt die Gebete der geschätzten noblen Herren für das andauernde Leben und des Staates seiner Exzellenz des illustren, mächtigen, ehrfurchterheischenden Herrschers des Islams – möge ihn Gott der Allmächtige ewig währen lassen und ihn bis zum jüngsten Tag fortdauern lassen – zu ihrem Wohle herbeiwünschen. Bei einem Befehl sollt Ihr Euch nach Vorbild des ehrwürdigen Scheriatsrecht zum Wohle seiner Exzellenz des großherzigen Propheten – einsetzen und Gruß!
(Randnotiz)
Dieses Schreiben unterschrieb für die Vertretung der Notabeln____. Unterzeichnet und zusammengefasst hat es derjenige, der Seiner – mächtig sei sein Ansehen – bedarf. Der Nāʾib der beschützten Stadt Āmid, der Schutzherr Ḥasan bin Meḥmed. Möge ihm verziehen werden.

Vom getreuen Seyyid Aḥmed, gegenwärtiger Vorsteher der beschützten Stadt Āmid.

452 Verantwortlicher eines kleineren Amtes.

247/37/c

(1) (destūr-ı) mükerrem müşīr-i mufaḫḫam niẓām ül-ʿālem müdebbir-i umūr ül-cumhūr bil-fikri 'ṣ-ṣāḳib mütemmim-i mehāmm ül-enām (2) (bir-re'yi) 'ṣ-ṣā'ib mümehhid-i bünyān üd-devlet ve 'l-iḳbāl müşeyyid-i erkān üs-saʿādet ve 'l-iclāl (3) (el-maḥfū)f bi-ṣunūfı ʿavāṭıf il-melik ül-ʿālā Bağdād vālīsi vezīrim____Paşa dāme (4) (ic)lālehu ve ḳıdvet ül-ḳużāt ve 'l-ḥükkām maʿden ül-fażā'il ve 'l-kelām Mārdīn ḳāżīsi (5) (ve) (...) ḳażāsı nā'ibi zīde fażluhumā ve ḳıdvet ül-emācid ve-'l-āʿyān-ı ḥālā Mārdīn voyvodası (6) (zīde) mecduhu tevḳīʿ-i refīʿ-i hümāyūn vāṣil olıcaḳ maʿlūm ola ki ḫāṣṣa-'ı silaḥşūrlarımdan olub (7) (Mārdī)n ve Diyārbekirde vāḳiʿ Ḳāsim Padışāh evḳāfınıñ ber vech-i te'eyyüd bā-ḫaṭṭ-ı hümāyūn berāt-ı (8) (şerīf)imle mütevellīsi olan ḳıdvet ül-emācid ve 'l-āʿyān İsmaʿīl zīde mecduhu südde-'i saʿādetime (9) (ʿarżuḥ)āl ėdüb umūr-ı vaḳf-ı mezbūrı rü'yetiçün ṭarafından vekīl eyledigi Mārdīn sākinlerinden (10) (Mişkili Aḥmed) Beg dėmekle maʿrūf kimesne varub ṣādır olan evāmir-i şerīfeyi sicill-i maḥfūẓa (11) (...) li-ḳayd ümūr-ı vaḳfı görmek murād eyledikde Mārdīn sükkānlarından vāʿiẓ ʿOs̱mān ve süknā (12) (...) Aḥmed ve refīḳleri Azharī ʿAbdullāh nām kimesneler müteġalibeden ve birbirleriyle (13) (...) ve seniñ yedinde [olan] Bağdād vālīsinden buyurıldı [ile] olmadıḳça tevlīyet-i mez̠kūreyı[!][453] (14) [żab]ṭ ve ümūr-ı vaḳfı rü'yet ėtdirmeziz deyü ʿadem-i iṭāʿatlarından nāşī (15) (tevlīyet-i) mezbūreyı[!][454] vekīl-i merḳūma żabt ėtdirilmediklerinden māʿadā uṣūl-ı vaḳfdan (16) (olma)yub muḳaddemā bā-fermān-ı ʿalī ḳaydları terḳīn olınan ʿaskerī berātıyla (17) (muḥde)s̱ vaẓīfe ṭaleb ve mürteziḳalıḳ ʿiddiāsıyla bi-lā-iẕn-i mütevellī vaḳf-ı mez̠kūrı cebren (18) (żab)ṭ ve müsaḳḳafāt-ı vaḳfıñ nişf-i miḳdārı kendülere ʿaḳār ėdenüb ve maḥṣūl-ı (19) (müsa)ḳḳafātı fużūlī aḫẕ ve ḳabż ve hevā'-ı nefsānīyelerine ṣarf ile itlāf ve iżāʿaten (20) (...) (uṣ)ūl-ı vaḳfdan vaẓīfeye mutaṣarrıf olan mürteziḳa-'ı vaḳfa ve mütevellī-'i mūmā ileyhe (21) (...) ve vaḳfıñ ḫarābına bāʿis̱ ve ṣādır olan evāmir-i ʿalīyeme inḳıyād ėtmeyüb (22) (mezb)ūrlar Diyārāḫire nefī ile te'dīb olmadıkça yedlerinden vaḳf-ı mez̠kūruñ taḫlīṣi (23) (...) olmadığın bildirüb senki vezīr-i müşār ileyhsin ṭarafıñdan[!][455] buyurulduñ (24) (...) (M)ārdīn voyvodası mūmā ileyh maʿrifeti ve maʿrifet-i şerʿ ile mez̠kūrlarıñ[!][456] ḥesābları (25) (rüʿyet eyle)yüb ḫilāf-ı şarṭ-ı vāḳıf-ı muḥdes̱āt ile īrād-ı [va]ḳfdan aldıkları her neyse (26) (...) ve mütevellī-i mūmā ileyhe īṣālı içün vekīl-i mezbūra teslīm ve işlāḥ-ı nefs (27) (içü)n senki voyvoda-'ı mūmā ileyhsin maʿrifetiyle Diyārāḫire nefī ve eclen olunmaları

453 mez̠kūrı
454 mezbūrı
455 ṭarafından
456 mez̠kūrların

bābında (28) (emr-i şer)īfim ricā ve divān-ı hümāyūnumda maḥfūẓ-ı ḳuyūd aḥkāmına mürāca'at olunduḳda 'askerī (29) (berāt)ıyla muḥdes̱ vaẓā'if-i ḳaydı ref' ve terḳīn [ve] vaẓā'if ṭalebiyle ta'addīleri men' ve def' (30) (olunma)ḳ üzere biñ yüz yetmiş senesi evāḫir Ẕī 'l-ḥiccesinde[!][457] ḫüdāvendigār-ı sābıḳ zemānında (31) (emr-i şe)rīf vėrildige mesṭūr ve muḳayyed olmağın muḳaddemā ṣādır olan emr-i şerīf (32) (ve)ch-i[!][458] meşrūḥ üzere 'amel olunmaḳ bābında fermān-ı 'ālīşānım ṣādır olmuşdur buyurdumki (33)____vuṣūl buldukda bu bābda muḳaddemā ve ḥālā ṣādır olan evāmir-i şerīfe mūceblerince (34) daḫī senki vezīr-i müşār ileyhsin buyurulduñ ve Mārdīn voyvodası mūmā ileyh ma'rifetiyle (35) (buyu)ruldı meclis-i şer'e iḥżār ve muḳaddemā bir def'a şer' ile görilüb feyṣal olmağın[!][459] (36) (ḫuṣ)ūṣların temām-ı ḥaḳḳ ve 'adil üzere muḳayyed olub göresiz i'lām olunduğı üzere (37) (ve) ol bābda muḳteżā-yı şer'-i ḳavīm 'amel ėdüb daḫī vech-i meşrūh üzere ba'd el-ḥesāb (38) (...) ve vaḳfdan aḫẕ ėdüb ẕimmetlerinde s̱ābit olan māl-ı vaḳf her neyse (39) (...) ve bi-lā-ḳuṣūr mütevellī-i mūmā ileyhe īṣāl içün vekīl-i mezbūra teslīm (40) (iç)ün emr-i şerīfimle 'āmil olasız şöyle bilesiz 'alāmet-i (41) (şer)īfe i'timād ḳılasız taḥrīren fī evā'il-i şehr-i Receb el-ferd (42) sene iḥdā ve seba'īn ve mi'e ve 'elf
bi-maḳām-ı Ḳosṭanṭinīye 'l-maḥrūse

247/37/c

Ehrwürdiger Ratgeber, hochgeachteter Befehlshaber, Richtschnur der Welt, besonnener Lenker der öffentlichen Angelegenheiten mit durchdringendem Verstand, Vollender der Obliegenheiten der Menschen mit treffender Ansicht, Begründer des Baus von Glück und Wohlergehen, Erbauer der Säulen der Glückseligkeit und Größe, die umhüllt ist von den mannigfachen Wohltaten des höchsten Königs, Vali von Bağdād, mein Wesir____Paşa – möge Gott der Allmächtige seine Größe andauern lassen – Vorbild der Kadis und Richter, Fundgruben der Tugenden und Beredsamkeit, Kadi von Mardin und Nā'ib des Gerichtssprengels von (...) – möge ihrer beider Tugend wachsen – und Vorbild der Ruhmvollsten und Notabeln, derzeitiger Voyvoda von Mardin – möge sein Ruhm zunehmen – sobald das edle großherrliche Namenszeichen eintrifft, sei kund: Das Vorbild der Ruhmvollsten und Notabeln, İsma'īl – möge seine Größe zunehmen, der einer meiner Leibwaffenträger und unter Bestätigung mit dem imperialen Handzeichen der Besitzer eines Privilegientitles *(berāt)* über die in Mardin und Diyārbekir

457 ẕā 'l-ḥiccesinde
458 (ve)çh-i
459 olumın

liegenden Ḳāsim Pādışāh-Stiftungen ist, stellte an meiner Schwelle des Glücks ein Gesuch. Wobei zur Überprüfung der Angelegenheiten der erwähnten Stiftung der von seiner Seite bestimmte Vertreter, einer der Bewohner von Mardin, der unter dem Namen (Mişkīlī Aḥmed) Beg bekannt war, kam und um die eröffneten edlen Befehle in das Register zur Aufbewahrung einzutragen die Stiftungsangelegenheiten einsehen wollte, ließen von den Einwohnern Mardins, der Prediger ʿOs̱mān, der Mitbewohner des Viertes (...) Aḥmed und seine Begleiter namens Azharī ʿAbdullāh aus Tyrannei und untereinander (...), und trotz des in Deinen Händen befindlichen Buyuruldus des Valis von Baġdād uns immer weniger das Amt des Stiftungsverwalters leiten und uns die Stiftungsangelegenheiten prüfen." Weil bekannt wurde, dass wegen ihres fehlenden Gehorsams sie den erwähnten Vertreter das erwähnte Stiftungsverwaltungsamt nicht leiten ließen und es zudem nicht durch die Stiftungsgrundsätze begründet war und sie mit einem ʿAskerī-Berāt kürzlich neu geschaffene Gehälter, wobei dessen Eintragungen kürzlich durch einen hohen Erlass annulliert wurden, unter dem Vorwand einer Dienerschaftsverwaltung forderten, ohne jegliche Erlaubnis des Verwalters die erwähnte Stiftung gewaltsam an sich rissen, sie die Hälfte des Stiftungseinkommens unter sich abfließen ließen, sich am erhaltenen Einkommen über die Maßen bereicherten, mit Ausgaben für die pure selbstsüchtige Gier zerstörerisch (...) den nach dem Stiftungsgrundsatz die Ämter innehabenden Diener der Stiftung sowie den erwähnten Stiftungsverwalter (...),und dies der Grund für den Niedergang der Stiftung war, sie meinen eröffneten ehrwürdigen Befehlen nicht gehorchten und dass solange sie nicht mit der Verbannung nach Diyārāẖir bestraft wurden, die Stiftung aus ihren Händen (...) nicht gerettet wurde, hast Du, der Du erwähnter Wesir bist, dies angeordnet (...), wobei der Voyvoda von Mardin mit seiner Hilfe und mit Hilfe des Gerichts die Rechnungen der Erwähnten prüfen soll und damit Du, der Du der erwähnte Voyvoda bist, diejenigen, die sich entgegen den Bedingungen des Stifters mit Neuerungen bei den Stiftungseinkünften bedient haben und diese an den erwähnten Vertreter übergeben, um sie irgendwie an erwähnten (...) und Stiftungsverwalter zu schicken und sich selbst gleichzeitig besser zu stellen, nach Diyārāẖir verbannen lässt, wurde mein ehrwürdiger Befehl ersucht. Um, indem ich mich auf die in meiner imperialen Kanzlei aufbewahrten Eintragungen der Anordnungen beziehe, die Eintragungen der mit einem ʿAskerī-Privilegientitel neu geschaffenen Gehälter annullieren zu lassen und es denjenigen, die Gehälter fordern, zu untersagen und zu verbieten und weil hierzu am ersten Ẕī 'l-ḥicce des Jahres 1170 in der Zeit des früheren Sultans eingetragen wurde, dass ein ehrwürdiger Befehl eröffnet wurde, gebe ich meinen überaus ehrwürdigen Befehl heraus, damit gemäß dem früher eröffneten ehrwürdigen Befehl gehandelt wird und ordne Folgendes an: Sobald____eintrifft, sollst

Du der Du der erwähnte Wesir bist, sicherstellen, dass gemäß den früheren und den derzeit eröffneten ehrwürdigen Befehlen Du die Angelegenheiten Deines Buyuruldus, wobei der Buyuruldu mit Hilfe des Voyvodas von Mardin der Gerichtsverhandlung unterbreitet und in erster Instanz scheriatsrechtlich überprüft und entschieden wurde, gemäß vollem Recht und Gerechtigkeit eingetragen werden. Damit gemäß der Bekanntmachung hierbei gemäß dem erforderlichen korrekten Scheriatsrecht gehandelt wird, sollt Ihr darüber hinaus wie beschrieben nach Abrechnung (...), von der Stiftung nehmen, und um welches auch immer bestätigte in ihrer Obhut befindliche Vermögen der Stiftung (...) ohne Fehlbeträge dem erwähnten Stiftungsverwalter zu schicken und dem erwähnten Vertreter zu übergeben, gemäß meinem ehrwürdigen Befehl handeln. Ihr sollt Solches wissen und meinem erlauchten Handzeichen Folge leisten.
Eingetragen in der ersten Dekade des Receb des einzigen im Jahre 1171.
In der wohlbehüteten Stadt Konstantinopel.

247/38/a

(1) ḳıdvet ül-ḳużāt ül-müteşerʿīn Āmid ve Mārdīn ḳażāları nāʾibleri zīde ʿilmehumā (ve ḳıdvet) (2) ül-emās̱il ve 'l-aḳrān Mārdīn voyvodası____zīde ḳadruhu tevḳīʿ-i refīʿ-i hümāyūn (vāṣıl olıcaḳ) (3) maʿlūm ola ki Mārdīnde merḥūm Ḳāsim Pādışāh evḳāfınıñ bā-ḫaṭṭ-ı hümāyūn ş(evketmaḳrūn) (4) ber vech-i teʾeyyüd berāt-ı şerīfimle mütevellīsi olan ḫāṣṣa-ʾı silaḥşūrlarımdan ḳıdvet ül-emā(cid) (5) İsmaʿīl zīde mecduhu müşārun ileyhiñ evḳāfından Mārdīnde vāḳiʿ medresesiniñ müder(risi ve muḳayyīdi) (6) ve sāʾir mürteziḳaları edāʾ-ʾı ḫiẕmet eylemedikleri eyyāmda vaẓīfe muṭālebesiyle taʿaddī olu(nmaḳ icāb) (7) ėtmez iken mezbūreler ḫidmet eylemedikleri eyyāmda vaẓīfe muṭālebesiyle ḫilāf-ı şerʿ-i (şerīf) (7) rencīde ve taʿarrużdan ḫālī olmadıḳların ve bu bābda daʿvāsına mūvāfıḳ şeyḫ ül-islā(mdan) (8) fetvā-yı şerīfe vėrilmekle fetvā-yı şerīfe mūcibince şerʿ ile görülüb ḫilāf-ı şerʿ-i ş(erīf) (9) ve muġāyir-i fetvā-yı şerīfe ḫidmet ėtmedikleri eyyāmda vaẓīfe ṭālebiyle ṭarafından vekīli ren(cīde) (10) ve taʿcīz olunmayub ẓāhir olan taʿaddīleri menʿ ve defʿ olunmaḳ bābında muḳaddemā ʿarż(uḥāl) (11) ile istidʿā ve maḥallında şerʿ ile görülmek içün ḫüdāvendigār-ı sābıḳ ʿammzādem merḥū(m ve maġfūrunleh) (12) sulṭān ʿOs̱mān ḫān ṭābe s̱erāhu zemānında emr-i şerīf vėrildigin bildirüb tec(dīdin) (13) ricā ėtmemek maḥallında şerʿ ile görülmek emrim olmuşdur buyurdumki ḥükm-i şerīfim____(14) (vuṣūl buldukda) bu bābda ṣādır olan emrim üzere ʿamel muḳaddemā bir defʿa şer-i (şerīfi) (15) (görülüb) feyṣal olunmağın[!][460] ḫuṣūṣların temām-ı muḳayyed ve fetvā-yı şerīfeye naẓar

460 olunmayın

ėdü(b) (16) göresiz[!][461] i'lām olunduğu üzere ise ol bābda muḳteżā-yı şer'-i ḳavīm ve fetvā-yı (17) şerīfesi mūcibince 'amel ėdüb daḫī mā dām ki medrese-'i mezkūreniñ müderrisi ve m(uḳayyidi) (18) ve sā'ir mürteziḳasıñ 'uhdelerine lāzim gelēn ḫiẕmetlerin edā eylemiyeler edā-'ı (ḫiẕmet) (19) eylemedikleri eyyāmda ḫilāf-ı şer'-i şerīf ve muġāyir fetvā-yı şerīfe mūmā ileyh(iñ) (20) vekīlin[!][462] vaẓīfe muṭālebesiyle rencīde ve remīde ber vech-i meşrūḥ ẓāhir (olan) (21) ta'addīlerin men' ve def' eyliyesiz min ba'd şer'-i şerīfe ve fetvā-yı munīfe ve emr-i hümā(ūnuma) (22) muḫālif kimesne iş ėtdirmeyüb ve ḳażīyede 'alāḳa ve medḫalī olmıyanları ḳaṭa'an (ḳarışdırmayub) (23) eslemiyenleri ve 'inād ve muḫālefet üzere olanları isim ve resimleriyle yazub 'arż (ve i'lām) (24) eyleyüb ḫuṣūṣ-ı mezbūr içün bir daḫī emr-i şerīfim taḥrīr ve irsālına muḥtāc eylemiyesiz şö(yle bilesiz) (25) 'alāmet-i şerīfe i'timād ḳılasız taḥrīren fī evā'il-i şehr-i Receb el-ferd sene iḥdā ve seb(a'īn) (26) ve mi'e ve 'elf
bi-maḳām-ı Ḳosṭanṭinīye 'l-maḥrūse

247/38/a

Vorbild der gesetzestreuen Richter und Nā'ibs von den Gerichtssprengeln von Āmid und Mardin – möge ihrer beider Weisheit zunehmen und (Vorbild) der Gleichgestellten und Ranggenossen, Voyvoda von Mardin – möge seine Macht zunehmen – sobald das edle, großherrliche Namenszeichen eintrifft, sei kund: Während İsma'īl – möge sein Ruhm zunehmen – einer unserer Leibwaffenträger, der durch das imperiale Namenszeichen unter Bestätigung mit dem ehrwürdigen Berāt Verwalter der Stiftung des in Mardin heimgegangenen Ḳāsim Pādışāh ist, mit der Gehaltsforderung durch den Lehrer, den Urkundenbeamten und weitere Bedienstete der in Mardin liegenden Medrese der Stiftungen von Erwähntem für diejenigen Tage, an denen sie nicht Dienst taten, nicht erwünschte Übertretungen erlitt und die Erwähnten an den Tagen, an den sie keinen Dienst taten, wegen ihrer Gehaltsforderung entgegen dem ehrwürdigen Scheriatsrecht nicht frei von Verdrussbereiten waren, wurde, weil hierzu in Übereinstimmung zu seiner Klage vom Şeyḫ ül-İslām ein ehrwürdiges Rechtsgutachten herausgegeben wurde, dem ehrwürdigen Rechtsgutachten entsprechend diese *(Gehaltsforderung)* rechtlich überprüft. Damit sie entgegen dem ehrwürdigen Gericht und entgegen dem ehrwürdigen Rechtsgutachten mit Gehaltsforderungen an den Tagen, an denen sie keinen Dienst taten, den Bevollmächtigten nicht bedrücken und keine Überschreitungen vornehmen und es denjenigen, die offenkundig Überschreitungen

461 göresin
462 vekīliñ

vornehmen, verboten wird und als bekannt wurde, dass, um das vorher mittels eines ʿArżuḥāls gestellte Gesuch vor Ort vom Kadi rechtlich überprüfen zu lassen *(maḥallında şerʿle görülmek)*, zu Zeiten meines heimgegangenen Onkels väterlicherseits, des früheren Sultans – Verzeihung sei ihm zu teil – ʿOs̱mān Ḫān – möge er in Frieden ruhen – ein ehrwürdiger Befehl erteilt wurde, ist es mein Befehl, es vor Ort vom Kadi rechtlich überprüfen zu lassen, um keinen erneuerten Befehl zu ersuchen, und befehle Folgendes: Sobald____mit meiner ehrwürdigen Entscheidung eintrifft, sollt Ihr sicherstellen, dass gemäß meinem hierzu eröffneten ehrwürdigen Befehl der Vorgang in erster Instanz rechtlich überprüft wurde und die Entscheidung der Causae vollständig eingetragen und das ehrwürdige Rechtsgutachten überprüft wird. Wenn es bekannt gemacht worden ist, sollt Ihr gemäß dem erforderlichen ehrwürdigen Scheriatsrecht und dem ehrwürdigen Rechtsgutachten verfahren. Ebenso sollt Ihr dem Lehrer und Urkundenbeamten erwähnter Medrese sowie weiteren Bediensteten, solange sie ihre für ihre Verpflichtungen erforderlichen Dienste nicht ausführen, und denjenigen, die entgegen dem ehrwürdigen Scheriatsrecht und dem ehrwürdigen Rechtsgutachten den Bevollmächtigten von Erwähntem mit der Gehaltsforderung für diejenigen Tage, an denen sie keinen Dienst tun, Verdruss bereiten und offensichtlich Überschreitungen vornehmen, es wie beschrieben untersagen und verbieten. Künftig sollt Ihr alle, die sich danach dem ehrwürdigen Scheriatsrecht, dem erhabenen Rechtsgutachten und meinem imperialen Befehl widersetzen und in die richterliche Entscheidung Anhänge, die nichts damit zu tun haben, in gekürzter Form hineinmischen, die nicht gehorchen und sich widerspenstig und opponierend verhalten, mir mit Namen und Aussehensbeschreibung vorstellen und melden. Für erwähnte Causa sollt Ihr nicht ein weiteres Mal erfordern, einen ehrwürdigen Befehl einzutragen und zu entsenden und sollt Solches wissen und meinem großherrlichen Zeichen Folge leisten.
Eingetragen in der ersten Dekade des Receb des einzigen im Jahre 1171.
In der wohlbehüteten Stadt Konstantinopel.

247/38/b
Nişān-ı şerīf-i ʿālīşān sāmī mekān (...)
(widerrufener Berāt, zu schlecht lesbar)

247/38/c
(1) (ḳıdvet) ül-emācid ve 'l-āʿyān ḥālā Mārdīn voyvodası aġālarımızdan ʿÖmer Aġā inhā olunur (2) (ki) vārid olan taḥrīrātıñda Mārdīn müftiligi bu es̱nāda cānib-

i devlet (3) ebedī[!][463] ül-istimrārdan Seyyid [Ebu] Bekir Efendi nām kimesneye ʿināyet ve iḥsān (4) (ėtdi)rildiği taḥrīr ve iʿlām olunmuş idi keyfiyet-i mezḳūre maʿlūmumuz olmuşdur (5) (müftilig)i[?] mezḳūrı efendi-ʾi mūmā ileyhe żabṭ ėtdirüb ḫizmet-i lāzimesinde istiḫdām (6) (ėtdi)rilmek bābında buyuruldı taḥrīr ve ıṣdār ____(7) (ve irs)āl olunmuşdur vuṣūlunda maʿlūmuñ olduḳda gerekdir ki vech-i[!][464] meşrūḥ üzere (8) (efend)i-ʾi mūmā ileyhi ḫizmet-i mezḳūrede istiḫdām ėtdirüb mūcib-i buyuruldıyla (9) (ʿamel) ve ḥareket eyliyesin deyü
ṣaḥḥ fī 26 n [Ramażān el-mübārek] sene 1171

247/38/c

Einem unserer Herren, dem Voyvoda von Mardin dem Vorbild der Ruhmvollsten und Notabeln ʿÖmer Aġā sei Folgendes mitgeteilt: In Deinen eingehenden Dokumenten wurde eingetragen und bekanntgegeben, dass das Amt des Muftis von Mardin dieses Mal seitens des Staates dauerhaft jemanden namens Seyyid [Ebu] Bekir Efendi verliehen wurde. Der erwähnte Umstand ist uns bekannt. Damit man das erwähnte Amt des Muftis Erwähnten leiten und ihn in den notwendigen Dienst einsetzen lässt, wird der Buyuruldu eingetragen, erteilt und geschickt. Wobei sein Eintreffen Dir bekannt ist, ist es notwendig, dass Du wie beschrieben den erwähnten Herrn in den erwähnten Dienst einsetzt und gemäß dem Buyuruldu handelst.
Geprüft am 26. [gesegneten Ramażān] im Jahre 1171.

247/38/d

(1) (vech-i) taḥrīr-i ḥurūf vekālet-nāme oldur ki (2) (iş b)u biñ yüz yetmiş senesiniñ māh-ı Şevvāl-ı şerīfiñ on üçüncı gününden mütevellīsi oldıġım Cihāngīrīye (3) (evḳ)āfiñ ümūrını rüʾyet ve ḳurā ve zirāʿatımā keyl ve taʿşīr ve ḥāṣıl olan ʿilāveti ve īcārātı (4) (mürte)ziḳası beyninde taḳsīm eylemiye vekīl-i sābıḳım olan Ḥāc ʿOs̱mān nām kimesneyi ʿazl ve vekīl-i (5) (sābı)ḳım olan es-Seyyid Muṣṭafā Efendi vekīl-i muṭlaḳım vekālet-i devrīye ile vekīl eyledigim (6) (ṭarafımız)dan yedine işbu tezkere-i vekālet-nāme taḥrīr olunub vėrilmişdir

es-Seyyid ʿAbdülfattāḥ el-ḫafr ül-mütevellī ḥālā
faḫr ül-müderrisīn
fażīletlü Aḥmed Efendi
faḫr ül-nāṣiḥīn

463 ebeddī
464 veçh-i

es-Seyyid ʿOs̱mān Efendi
faḫr ül-eşbāh Muḥarrem Beg
Ḥāc Abū Bekir Beg
ʿAbdülḳādir Efendi müftīzāde
İlyās Çelebi merdüm-i (...)zāde
(...)ʿAbdürraḥīm Beg

247/38/d

Die Eintragung des Wortlauts der Vollmacht sei Folgendes: Weil ich seit dem dritten Tag des erhabenen Şevvāl in diesem Jahr 1170 deren Stiftungsverwalter bin, soll er nicht die Angelegenheiten der Cihāngīrīye Stiftungen prüfen, unsere Dörfer und unsere Landwirtschaft bemessen, den Zehnten geben lassen und die erhaltenen Zuschüsse und Löhne unter den Dienern aufteilen. Ich habe meinen früheren Bevollmächtigten namens Ḥāc ʿOs̱mān entlassen und meinen früheren Bevollmächtigten Seyyid Muṣṭafā Efendi, der mein uneingeschränkter Bevollmächtigter ist, mit dem Amt des Bevollmächtigten mit einem Devrīye-Rang zum Bevollmächtigen gemacht. (Von uns) wird für ihn diese Vollmacht eingetragen und ihm gegeben.

Seyyid ʿAbdülfattāḥ, schützender derzeitiger Stiftungsverwalter
Exzellenzen der Lehrer
Der tugendreiche Aḥmed Efendi
Exzellenzen der Berater
Seyyid ʿOs̱mān Efendi
Exzellenzen der Gleichgestellten Muḥarrem Beg
Ḥāc Abū Bekir Beg
ʿAbdülḳādir Efendi Müftīzāde
İlyās Çelebi Angehöriger von (...)zāde
(...) ʿAbdürraḥīm Beg

247/38/e

nişān-ı şerīf-i ʿālīşān ḥükmi oldur ki
(1) (işbu biñ) yüz altmış sekiz senesi Ṣafareyniñ yirmi sekizinci günı taḫt-ı ʿālī baḫt ʿos̱mānī üzere (2) (cülū)s-ı hümāyūn meymenet maḳrūnum vāḳiʿ olub ʿumūmen tecdīd-i berevāt olunmaḳ fermānım olmağın (3) (ve bunda)n aḳdem Mārdīnde vāḳiʿ Ḳāsim Pādışāh vaḳfi izdiyādından almaḳ üzere yevmī on aḳçe (4) (vaẓī)feye mutaṣarrıf olan işbu rāfīʿ-i tevḳīʿ-i refīʿ üş-şān-ı ḫāḳānī Seyyid İsmaʿīl yedinde (5) (olan) ʿatīḳ berātı dersaʿādetime getürüb tecdīdin ricā ėtmegin ḥaḳḳında mezīd-i (6)(ʿināyet-i) pādışāhım vücūda getürüb ʿatīḳ berātı mücebiyle tārīḫi

mezkūrdan (7) (müceddeden)[?] bu berāt-ı hümāyūnı vėrdüm ve buyurdumki mezbūr Seyyid İsmaʿīl varub üslūb-ı (8) (sābı)ġı üzere taʿyīn olınan yevmī on aḳçe vaẓīfesin evḳāf-ı mezbūre izdiyādından (9) (mütevellīsi)[?] olanlar yedinden alub mutaṣarrıf ola şöyle bileler ʿalāmet-i şerīfe iʿtimād (10) (ḳılala)r taḥrīren fī 'l-yevm es-s̱ānī ʿaşrīn fī şehr-i Cemāẕī 'l-aḫır sene sittūn ve miʾe ve ʾelf bi-maḳām-ı Ḳosṭanṭinīye 'l-maḥrūse

<(عن ذكر) ما هو انه اقام ونصب الحاكم الشرع الشريف (2) الواقع خطة اعلى الكتاب>

247/38/e

Das Urteil des ehrwürdigen, imperialen Zeichens ist Folgendes:
Am achtundzwanzigsten Tag des Monats der beiden Ṣafars in (diesem Jahre 1)168 fand hinsichtlich des hohen Throns osmanischen Glücks meine mit Glück verbundene imperiale Sitzung statt. Weil es mein Fermān ist, generell die Berāte zu erneuern, brachte dieser Darreichende der erhabenen Unterschrift des Sultans, Seyyid İsmaʿīl, der bislang von den Überschüssen der in Mardin gelegenen Ḳāsim Pādışāh-Stiftung ein Gehalt von täglich 10 Aḳçe innehatte, seinen früheren Berāt an meine Pforte des Glücks. Weil er seine Erneuerung ersuchte, lasse ich meine vermehrte herrscherliche Gunst walten und erteile gemäß dem edlen Berāt ab dem erwähnten Zeitpunkt (erneut) diesen edlen Berāt und ordne Folgendes an: Erwähnter Seyyid İsmaʿīl soll kommen und nach üblicher Praxis täglich 10 Aḳçe Gehalt erhalten und sie von denjenigen, die über die Überschüsse von erwähnter Stiftung verfügen, nehmen und diese innehaben. Sie sollen Solches wissen und dem erlauchten Handzeichen Folge leisten. Aufgezeichnet am 22. Tag des Monats des letzten Cemāẕī im Jahre 1160.[465]
In der wohlbehüteten Stadt Konstantinopel.

<Was den Sachverhalt anbetrifft, führte der Richter des Scheriatsrechts eine erhabene Unterschrift des Dokuments (...)>[466]

247/43a

(1) destūr-ı mükerrem müşīr-i müfaḫḫam niẓām ül-ʿālem müdebbir-i ümūr ül-cumhūr bil-fikri 'ṣ-ṣāḳib mütemmim-i mehāmm ül-enām bir-reʾyi 'ṣ-ṣ(āʾib mümehhid-i) (2))(b)ünyān üd-devlet ve 'l-iḳbāl müşeyyid-i erkān üs-saʿādet ve 'l-iclāl el-maḥfūf bi-ṣunūfı (ʿavātıf il-melik) (3) ül-ʿālā ḥāla Diyārbekir vālīsi vezīrim ____Paşa – edām Allāhü teʿālā iclālühü – ve ḳıdvet ün-nevvāb el-müte(şerʿīn) (4)

465 Unklar, ob es sich hier um einen Datumsfehler handelt.
466 Dieser Text wurde nicht weitergeschrieben.

Āmid ve Mārdīn ḳażāları nā'ibleri zīde ʿilmehumā tevḳī'-i refī'-i hümāyūn vāṣıl olıcaḳ ma(ʿlūm ola ki) (5) ḳıdvet ül-emācid ve 'l-āʿyān İsmaʿīl silaḥşūr zīde mecduhunuñ ḫāṣṣa[!][467] Āmid sancağınd(a) (...) (6) nāḥīyesine tābiʿ nefs-i Mārdīnde Ḳāsim Padışāh zāvīyesi ve medresesi vaḳfı yazıldığı (maḥallde ʿan) (7) maḥṣūl-ı rubaʿ-ı ḥubūbāt-ı ḳarye-'i Hārzem ḥāṣıl biñ altıyüz on (1610) akçe cemʿ-i maḥṣūlāt (8) ve ʿan ül-icārāt icāre-'i dekākīn bāb on dört ve der nefs-i Āmid yekūn eşher fī sene (...) (ve) (9) dekākīn-i bezzāzistān der nefs-i Mārdīn bāb ṭoḳsan ṭoḳuz ve ḫālī-i bāb on sekiz (...) (10) biñ beşyüz ṭoḳsan ṭoḳuz fī sene on ṭoḳuz biñ [yüz] seksen sekiz akçe ve icāre-'i dekā(kīn-i) (11) ʿaṭṭārān ve icāre-'i dekākīn-i (...) ve icāre-'i dekākīn-i kiseciyān ve icāre-'i (kefere) (...) (12) ve icāre-'i dekākīn der ḳurb-ı Ḳaysarīye ve dekākīn-(i) zergerān[!][468] ve maḥṣūl-ı resm-i bāğāt (...) (13) bāb bir mükemmel fī sene on biñ üçyüz yetmiş beş akçe ve asyāb-ı Saʿīd ve Ḳāsimīye ve (...) (14) ve ġayrihi ḫums[?][469] bāb dört fī sene yirmi biñ kırk bir akçe cemʿan iki yük altmiş a(ltı) (15) yediyüz ṭoḳsan beş minhā el-maṣārif cihet-i tedrīs-i müderris fī 'l-yevm elli akçe ve cihet-i (...) (16) fī yevm yirmi ve resm-i cihāt ve ḫarc-ı sā'ire cemʿan bir yük kırk altı biñ dörtyüz (...) (17) dört akçe bāḳī bir yük on beş biñ beşyüz on altı akçe deyü defter-i evḳāfda (muḥarrer ve) (18) taḥrīr olunduğu defter-i ḫāḳānīde muḳayyed ve mūmā ileyh vaḳf-ı mezbūruñ bil-fiʿil berāt-ı şer(īfimle) (19) mütevellīsi olub ṭaraf-ı vaḳfdan mültezimi olan____nām kimesne ẕikr olan dükkān(lar) (20) ve degirmenleri ṭamʿ-ı ḫāmından nāşı müste'cirlerine ecr-i miṯlinden nokṣan fāḥiş ile (edā) (21) ve teslīm ėdüb şimdi mūmā ileyh meẕkūruñ yėrine mütevellī olub ol dekakīniñ (...) (22) ecr-i miṯillūyini müste'cirlerine tekmīl ėtdirmek istedikde biz selefiñden (...) (23) üzere icārelerin vėrüb ecr-i miṯillerin vėrmeyüz deyü taʿaddī ve muḫālefet (...) (24) olduḳların ve bu bābda daʿvāsına mūvāfıḳ-ı şeyḫ ül-islāmdan fetvāyı şerīfe (vėrüb) (25) ol bābda defter-i ḫāḳānī mūcebiyle muḳteżā-yı ḳānūn üzere emr-i şerīf-i muḳaddem(ā) (26) istidʿā ve defterḫāne-'i ʿāmiremde maḫfūẓ defter-i aḳlāma mürācaʿat olunduḳda (vech-i) (27) meşrūḥ üzere oldığı mesṭūr ve muḳayyed olmağın defter-i ḫāḳānī mūcebiyle ʿamel ol(unmaḳ) (28) için ḫüdavendigār-ı sābiḳ ʿammzādem merḥūm ve mağfūrunleh sulṭān ʿOsmān Ḫān (ṭābe) (29) (ṯerāhü) zemānında[!][470] emr-i şerīf vėrildügin bildirüb tecdīdin ricā eylemegiñ defter-i ḫā(ḳānī) (30) mūcebiyle ʿamel olunmaḳ emrim olmuşdur buyurdumki ḥükm-i şerīfim____(31) vuṣūl bulduḳda bu bābda ṣadır olan emrim üzere ʿamel daḫī ḫuṣūṣ-ı mezbūre temām(-ı ḥaḳḳ) (32) olub göresiz ẕikr olınan (Hārzem) ḳaryesiniñ ve maḥṣūlunuñ rubaʿ

467 İsmaʿīl silaḥşūr ḫāṣṣa zīde mecduhunuñ

468 rergerān

469 ḫums beş

470 zemānda

ḥubūbātın (ve nefs-i)[?] (33) Āmid ve Mārdīnde vāḳiʿ vaḳfınıñ ve dekākīniñ icārātın ve ḳadīmī bāğlarıñ daḫī ḥāṣıl (olan) (34) üzümlerinden ʿuşra muʿādel resimlerin ve vaḳfınıñ ẕikr olınan degirmenleriniñ (...) (35) cānib-i vaḳfa ʿāʾid olan ġalleleri ṭaraf-ı vaḳfdan ber mūcib-i defter-i ḫāḳānī aḫẕ ve (ḳabż) (36) ėtdirilüb ḫilāf-ı defter-i ḫāḳānī ve muġāyir-i ḳānūn bir vecihle bir ferdī taʿaddī ve n(izāʿ) (37) ėtdirilmiyesiz min baʿd defter-i ḫāḳānīye ve ḳānūna ve emr-i hümāyūnuma muġāyir kimesne (...) (37) iş ėtdirmeyüb ḫuṣūṣ-ı mezbūr için bir daḫī emrim varmalu eylemiyesiz şöyle bile(siz) (38) ʿalāmet-i şerīfe iʿtimād ḳılasız taḥrīren fī evāʾil-i şehr-i Receb el-ferd sene iḥdā ve (sebaʿīn) (39) ve miʾe ve ʾelf bi-maḳām-ı Ḳosṭanṭinīye

247/43/a

Ehrwürdiger Ratgeber, hochgeachteter Befehlshaber, Richtschnur der Welt, besonnener Lenker der öffentlichen Angelegenheiten mit durchdringendem Verstand, Vollender der Obliegenheiten der Menschen mit treffender Ansicht, (Begründer) des Baus von Glück und Wohlergehen, Erbauer der Säulen der (Glückseligkeit) und Größe, die umhüllt ist von den mannigfachen Wohltaten des höchsten (Königs), dem gegenwärtigen Vali von Diyārbekir, mein Wesir____ Paşa – möge Gott der Allmächtige seine Größe andauern lassen – Vorbild der rechtstreuen Nāʾibs, Nāʾibs von Āmid und Mardin – möge ihrer beider Weisheit zunehmen – sobald das edle großherrliche Namenszeichen eintrifft, sei kund: Zum Konvent und zur Medrese der Domäne im Sancak von Āmid gelegenen, dem (...) Unterbezirk angegliederten in der Stadt Mardin gelegenen Ḳāsim Padışāh-Stiftung des Leibwaffenträgers İsmaʿīl – möge sein Ruhm zunehmen – ist Folgendes eingetragen: „Vom Vierten der Getreide-Erträge beläuft sich der Gesamtertrag des Dorfes Hārzem auf 1610 Aḳçe. Von den Mieten: Die Anzahl der Läden für Mieteinkünfte beläuft sich auf 14, wobei sich die Gesamtsumme in der Stadt Āmid für alle Monate im Jahr auf (...) beläuft. Die Anzahl der Läden der Markthalle in der Stadt Mardin beläuft sich auf 99 und auf 18 leere Läden, welches (monatlich) 1599 und im Jahr 19[1]88 Aḳçe ergibt. Die Mieten der Gewürzläden, der Läden (...), der Läden der Taschenhersteller, (der Läden der) Ungläubigen, der Läden in der Nähe von Ḳaysarīye, der Läden der Goldschmiede und der Erhalt von Ertrags-Abgaben für (...) Gärten mit der Anzahl von einem betragen insgesamt im Jahr 10375 Aḳçe. Die Mühlen von Saʿīd, Ḳāsimīye und (...), betragen mit allem zusammen den Fünften, sind vier Stück und ergeben pro Jahr 20041 Aḳçe, wobei die Summe insgesamt 26(6)795 ergibt. Die Ausgaben hiervon betragen für den Lohn für den Unterricht des Lehrers täglich 50 Aḳçe, für den (...) täglich 20, für Lohnabgaben und weitere Ausgaben insgesamt 1464(...)4 Aḳçe, wobei davon 115516 Aḳçe übrigbleiben.“ So steht es im Stiftungsdefter sowie im imperialen

Defter und der zuvor Erwähnte ist mittels (meines ehrwürdigen) Berāts in der Tat Stiftungsverwalter der erwähnten Stiftung. Jemand namens____der seitens der Stiftung Steuerpächter *(mültezim)* war, hat aus purer Gier statt zu ihrem angemessenen Preis zu einem weitaus geringeren Preis die erwähnten Läden und Mühlen ihren Pächtern übergeben, wobei zuvor Erwähnter nun an Stelle von Erwähntem Stiftungsverwalter ist. Als er den angemessenen Preis dieser Läden und (Mühlen) seine Pächter abschließend bezahlen lassen wollte, gaben sie an, dass „wir hinsichtlich (...) von einem Deiner Vorgänger die Pacht zahlten, aber den angemessenen Preis nicht bezahlen".[471] Da sie diesem widersprachen und hierbei zu seiner Klage eine übereinstimmende und edle Fetvā erteilt wurde und zuvor hierzu gemäß dem imperialen Defter hinsichtlich des erforderlichen Gesetzes der ehrwürdige, erhabene Befehl ersucht wurde, und indem ich mich auf die Einträge des in meinem imperialen Registeramt aufbewahrten Defters beziehe, lasse ich wissen, damit – weil dies klar beschrieben ist – gemäß dem großherrlichen Defter gehandelt wird, dass zu Zeiten meines heimgegangenen Onkels des früheren Sultans, ʿOs̱mān Ḫān Verzeihung sei ihm zuteil und möge er in Frieden ruhen - ein ehrwürdiger Befehl erteilt wurde. Es ist mein Befehl, dem ehrwürdigen Defter entsprechend Folge zu leisten, um nicht dessen Erneuerung zu ersuchen. So ordne ich an, dass sobald mein ehrwürdiger Befehl eintrifft____, Ihr Euch darum kümmern sollt, dass entsprechend dem hierzu eröffneten Befehl die Durchführungen der erwähnten Angelegenheiten auch rechtmäßig erfolgen. Ihr sollt den Vierten des Getreides des erwähnten Dorfes Härzem sowie die Mieten der in Āmid und Mardin gelegenen Stiftung und Läden ebenso wie die dem Zehnten entsprechenden Abgaben von den Trauben, die sie aus den alten Gärten gewinnen, und den erwähnten (...) der Mühlen der Stiftung sowie die Mieten, die an die Stiftung gehen, gemäß dem großherrlichen Defter einziehen lassen. So sollt Ihr nicht der ehrwürdigen Angelegenheit und dem Gesetz zuwiderlaufend widersprechen. Künftig soll niemand von Euch (...) gegen meinen ehrwürdigen Befehl vorgehen. In erwähnter Angelegenheit sollt Ihr nicht den Eingang eines weiteren Befehls verursachen. So sollt Ihr Solches wissen und dem ehrwürdigen Zeichen folgeleisten. Eingetragen am Ersten des Monats Receb des einzigen im Jahr 1171.
In der Stadt Konstantinopel

---

471 Hier wurden offiziell zu einem niedrigeren Preis von den Pächtern die Läden etc. erworben, wobei wahrscheinlich der Stiftungsverwalter ein Bestechungsgeld erhielt.

247/44/a

(1) destūr-ı mükerrem müşīr-i müfaḫḫam niẓām ül-ʿālem müdebbir-i ümūr ül-cumhūr bil-fikri 's-s̱āḳib mütemmim-i mehāmm ül-enām bir-reʾyi ('ṣ-ṣāʾib mü-mehhid-i) (2) bünyān üd-devlet ve 'l-iḳbāl müşeyyid-i erkān üs-saʿādet ve 'l-iclāl el-maḥfūf bi-ṣunūfı ʿavātıf il-melik ül-ʿ(ālā ḥālā Baġdād) (3) ve Baṣra muḥāfızı vezīrim ʿÖmer Paşa – edām Allāhü teʿālā iclālühü – tefḳīʿ-i refīʿ-i hümāyūn vāṣıl o(lıcaḳ) (4) maʿlūm ola ki senki vezīr-i müşār ileyhsin ẕātıñda mermūz olan (...) ruşd ve sedād (5) istīhāl[!][472] ve istiʿdād muḳteżāsınca bu aña dek muḥavvel-i ʿuhde-ʾi dirāyet ve seyirde[!][473] ḳabża (...) (6) ḳılınan tedbīr-i ümūr-i memleket ve tedmīr-i erbāb-ı şeḳāvet ḫuṣūṣlarında sünūḥ ėden eṭvār (...) (7) ve mesāʿi pesendīde ki mū bemū maʿlūm-ı ḫusrevāne ve baʿd ezīn daḫī rıżā-yı yumn-ı (iḳnāʿ-i) (8) şahāneme mūvāfıḳ ve maṣlaḥat-ı vaḳt ve hengām-ı[!][474] muṭābıḳ senden nice nice ḫidemāt-ı senīye ve t(edbīrāt-i)[?] (9) ṣāʾibe sitembe-i bürūzı meʾmūl ve melḥūẓ ṭabʿ-ı ṣafa ve inṭibāʿ-ı padışahānem olub her hal(de) (10) sezāvār-ı ʿināyet ve mekremet-i ṣahinşahāne ve şāyeste-i enẓār ve luṭf teveccüh-i ḫusrevā(nem oldığını) (11) buyurdumki bināʾen ḫaṭṭ-ı hümāyūn mevhib-i maḳrūnum mūcibince şerefrīz-i ʿizz-i ṣudūr olan diger (emr) (12) (...) olındığı üzere Baġdād ve Baṣra eyāletlerli ber ḳarār-ı sābıḳ saña ibḳā ve taḳrīr ve ol (ḥālde) (12) (...) ümūr ve ʿāmmeten maṣāliḥ-i cümhūrı keff-i kifāyet ve ḳabża dirāyetiñe tefvīż ḳılınmaġla (üslūb-ı) (13) sābıḳ üzere żabṭ ve rabṭ-ı ḳalʿa ve memleket ḳiyām ve naẓm-i şevārid-i ümūr-ı cümhūra iḳrār (14) bābında işbu emr-i şerīfim ıṣdār ve rikāb-ı ḳamartāb hümayūnumdan ser bavvābını (kederlü) (...) (15) sābıḳan silaḥdār Āġası ḳıdvet ül-emācid ve 'l-ekārim Aḥmed zīde mecduhu ile irsāl ol(maġın) (16) imdi vuṣūlunda ber vech-i muḥarrer eyāleteyn mezbūreteyniñ żabṭ ve rabṭı ve ol havālīn(de)[?] (17) tensīḳ-i ümūr-ı lāzimesi kemā fī 's-sābıḳ dest-i ḥamīyet ve iḫtiyār ki müḥavvel ve müfevvaż ḳı(ldıḳdanṣoñra) (18) maʿlūmuñ olduḳda bundan böyle daḫī her emride ʿāḳilāne-i ḥareket ve mütebaṣṣırāne-i tanẓīm ül-(ümūrı) (19) memleket ve ḥimāyet-i ahālī ve raʿīyet ve diḳḳat ve defʿ-i şerāreṭ-i pīşgāh-ı ḳabāʾil-i ekrād (20) ve ḳamʿ-ı ṭaffān-ı veledyāb-ı bagı ve ʿudvān ḫuṣūṣlarına (... ...) (21) teʿlīf ve istimāletlerine (... ...)[475]

472 istīhāḳ
473 seyirde-ʾi
474 hengāme
475 Text vom folgenden Teil ist ein irrtümlicherweise hineingeklebter Teil von Text 45/a.

247/44/a

Ehrwürdiger Ratgeber, hochgeachteter Befehlshaber, Richtschnur der Welt, besonnener Lenker der öffentlichen Angelegenheiten mit durchdringendem Verstand, Vollender der Obliegenheiten der Menschen mit treffender Ansicht, Begründer des Baus von Glück und Wohlergehen, Erbauer der Säulen der Glückseligkeit und Großartigkeit, die umhüllt ist von den mannigfachen Wohltaten des höchsten Königs, dem (gegenwärtigen) Wächter der Provinz (Baġdād) und Baṣra, mein Wesir ʿÖmer Paşa – möge Gott der Allmächtige seine Größe andauern lassen – sobald das edle, großherrliche Namenszeichen eintrifft, sei kund: Weil Du, der Du der erwähnte Wesir bist und Deine Persönlichkeit (...) von Aufrichtigkeit und rechtem Handeln aufweist und Du dessen würdig bist, und bis jetzt Deine sich offenbarenden Verhaltensweisen (...) und Bemühungen hinsichtlich der Maßnahmen der Angelegenheiten der Provinz und des Niederwerfens der Rebellen bei der übertragenen Verantwortung von Verstand und Fortschritt in der Besitznahme der (...), auf (mein herrscherliches Wohlgefallen) stießen, was haargenau herrscherlich bekannt ist und demnach ebenso meiner imperialen glücklichen Genugtuung und Zufriedenstellung entspricht und richtigerweise zeitgerecht von Dir sehr viele hohe Dienste und vernünftige (Maßnahmen) gegen die sich zeigende Rebellion erhofft und erwartet wurden, die meinen klar sichtbaren imperialen Stempel erhielten und Du auf jeden Fall die herrscherliche Güte und das imperiale Wohlwollen verdienst, ordne ich an, dass gestützt auf meine herrscherliche Unterschrift gemäß dem damit verbundenen Geschenk ein weiterer mit überreicher Macht ausgestellter (Befehl) (...) die Eyālets von Baġdād und Baṣra gemäß dem früheren Beschluss Dir übertragen und anvertraut werden und die Dinge (...) und grundsätzlich die Angelegenheiten der Provinz Dir, der Du fähig und im Besitz von Klugheit bist, überantwortet werden. Damit Du wie gewohnt Festung und Provinz verwaltest und die zerstreuten Angelegenheiten der Provinz ordnest und hierzu ernannt wirst, gebe ich diesen meinen ehrwürdigen Befehl heraus und sende ihn mit dem früheren Wächter-Aġa, Vorbild der Ruhmvollsten und Mächtigen, Aḥmed – möge sein Ruhm zunehmen – des Obertorhüters meines monderleuchtenden herrscherlichen Sultans zu Pferde, dem (sorgenvollen) (...). Wenn er dann eintrifft, sollst Du wie beschrieben Deine zwei Provinzen *(eyālet)* verwalten und mit diesem Mittel die notwendigen Angelegenheiten mit dem Vollbesitz der Rechtschaffenheit und freier Wahl so wie es früher war, ordnen, dass (nachdem) dies Dir anvertraut worden ist und dies Dir bekannt ist, (Du) danach ebenso bei jedem Befehl kluges Handeln und weises Ordnen der Angelegenheiten der Provinz sowie den Schutz der Einwohner und Untertanen, Vorsicht und das Abwehren von Bösartigkeit im Einflussbereich der kurdischen Stämme, das Abwehren von übermäßigen, offenkundig bösartigem rebellischen

Handeln und Hass [aufweist][?] (...) und versöhnen und guten Willen erzeugen [sollst][?] (...).[476]

247/44/b

(1) (de)stūr-ı mükerrem müşīr-i müfaḫḫam niẓām ül-ʿālem müdebbirü ümūr ül-cumhūr bil-fikri 'ṣ-ṣāḳib mütemmim-i mehāmm ül-enām bir-reʾyi 'ṣ-ṣāʾib (2) (mümehhi)d-i bünyān üd-devlet ve 'l-iḳbāl müşeyyid-i erkān üs-saʿādet ve 'l-iclāl el-maḥfūf bi-ṣunūfı ʿavāṭıf (3) (il- me)lik ül-ʿāla ḥālā Baġdād ve Baṣra eyāletlerine mutaṣarrıf vezīrim ʿÖmer Paşa (edām Allāhü teʿālā) iclālühü (4) (tev)ḳīʿ-i refīʿ-i hümāyūn vāṣil olıcaḳ maʿlūm ola ki sen vüzerā-yı uʿẓāmımıñ bidār ve nāmdārı (5) vükelā-yı fiḫāmımıñ ümūrdīde ve kargüzār ve şecāʿat-şiʿārı olub her vecihle müstaḥaḳḳ-ı (6) (ʿi)nāyet ve şāyeste-ʾi ʿāṭıfet oldıġın ecilden bundan aḳdem eyāletleyn mezbūreteyn saña (7) (tev)cīh olunub ḥālā üzeriñde olunmaġla ḥaḳḳında[!][477] mezīd-i ʿināyet-i ʿalīye-ʾi şāhāne ve mezīyet-i reʾfet-i (8) senīye-i pādışāhānım ẓuhūra getürilüb işbu biñ yüz seksen senesi işbu (Şevvāl) (9) (e)l-mükerremiñ)[!][478] beşinci gününden ʿavāṭıf-ı ʿalīye-i mülükāne ve şevārıḳ-ı behīye-i ḫusrevānemden şerefyā(fte-ʾi) (10) (ṣ)udūr olan ḫaṭṭ-ı hümāyūn-ı şevketmaḳrūnum mūcibince ẕikr olınan Baġdād ve Baṣra eyāletleri (11) (y)ine saña ibḳā ve taḳrīr ve biz-zāt maṭbūʿ oldıġıñ iṣābet-i reʾyi ve sedāda mezīyet-i (12) (m)ülükanem olmaḳdan naşī ol ḥavālīniñ bil-cümle ümūr ve ḫuṣūṣları ʿuhde-i istiḳlāl (13) ve istibdād ki tefvīż ḳılınmaḳla kemākān mutaṣarrıf olmañ emrim olmuşdur ve buyurdumki (14) ḫaṭṭ-ı hümāyūn-ı şevketmaḳrūnumla ṣādır olan fermān-ı celīl ül-ḳadrim ve ibḳā ve muḳarrer ḳılındıġı (15) (ü)zere ẕikr olınan Baġdād ve Baṣra eyāletlerine kamākān siz mutaṣarrıf olub żabṭ ve rabṭ-ı (16) memleket ve ṣiyānet-i ḳul ve raʿīyet bābında ve ol eṭrāf ve ḥavālisiniñ niẓām-ı ḥāllarında (17) (ʿıdālında) ve taḳvīyet-i emrinde żabṭ ve rabṭ-i ʿarabān ve ʿaşāʾir ve ḳabāʾilde ve defʿ-i refʿ-i eşḳiyāda (18) (...) ve emr-i muḫāfaẓada ve sāʾir ʿuhde-ʾi ihtimām ki icāb[!][479] olınan ümūr ve ḫuṣūṣlarıñ kamā yenbaġī (19) (...) mezīd-i istiḳāmete edāʾ ve temşīyet ve tekmīlinde bize iḳrār ve saʿī bīşümār eyleyüb min baʿd (20) efzā-yı raḥmet ve sükkān-ı (v)ilāyet ve ḳuṭṭān-ı memlekete bir vecihle ẓulm ve taʿaddī ve tecāvüzden (21) (bi-ġāyet iḥtirāz ve ictināb) üzere olasın şöyle bilesin ʿalāmet-i şerīfe iʿtimād (ḳılasın taḥrīren fī) (...) sene s̱emānīn ve miʾe ve ʾelf

476 Text vom folgenden Teil ist ein irrtümlicherweise hineingeklebter Teil von Text 45/a.
477 ḥaḳḳında
478 mükerreminiñ
479 icābe

247/44/b
Ehrwürdiger Ratgeber, hochgeachteter Befehlshaber, Richtschnur der Welt, besonnener Lenker der öffentlichen Angelegenheiten mit durchdringendem Verstand, Vollender der Obliegenheiten der Menschen mit treffender Ansicht, Begründer des Baus von Glück und Wohlergehen, Erbauer der Säulen der Glückseligkeit und Großartigkeit, die umhüllt sind von den mannigfachen Wohltaten des höchsten Königs, derzeitiger Innehabender von Baġdād und Baṣra, mein Wesir ʿÖmer Paşa – möge Gott der Allmächtige seine Größe andauern lassen – sobald das edle, großherrliche Namenszeichen eintrifft, sei kund: Da Du, wobei Du von meinen großen Wesiren schnell handelnd, berühmt und einer meiner erfahrenen, begabten und von Tapferkeit gezeichneter großen Vertreter bist und in jeder Hinsicht zu vermehrter Gnade und Gunst wert zu sein berechtigt bist, wurden Dir deswegen früher die beiden erwähnten Provinzen anvertraut. Weil es diesmal Dich betrifft, lasse ich vermehrt meine hohe imperiale Gunst und großartige Güte walten. Es ist mein Befehl, dass vom fünften Tag des geehrten Şevvāl des Jahres 1180 an gemäß meinem ehrenvoll erlassenen imperialen Befehl meiner großartigen imperialen Gnade und meiner schönen herrscherlichen Strahlkraft erneut die erwähnten Provinzen von Baġdād ve Baṣra Dir überlassen und anvertraut werden. Da Du als Person geeignet bist und da es treffliche Meinung meiner imperialen Tugend ist, sollen sämtliche Angelegenheiten dieser Randgebiete in Deiner Verantwortung von Herrschaft und Willkür liegen und Dir übereignet werden. So es ist mein Befehl, dass Du diese wie zuvor innehast. Ich ordne an, dass Du mit meinem imperialen und mit herrschaftlicher Zeichnung ausgestellten großherrlichen Befehl wie zuvor die erwähnten Provinzen von Baġdād ve Baṣra innenhaben sollst, die Dir überlassen und anvertraut wurden. Du sollst Dich um Herrschaft der Gebiete, den Schutzes der Diener Gottes und Untertanen und um die Ordnung der Probleme ihrer Randgebiete ausgleichend bemühen und in Gehorsam gegenüber dem Befehl die Kontrolle über die Araber und Stämme ausüben, bei Abwendung von Plünderungen (...) und zum Schutz des Befehls und Weiterem Dich darum kümmern, dass Deine notwendigen Angelegenheiten ordnungsgemäß (...) in vermehrter Aufrichtigkeit ausübst, deren Fortschritt und Vollendung uns bestätigst und in ungezählter Form hiernach strebst. Demnach sollst Du vermehrte Gnade walten lassen und Dich davor äußerst hüten, die Bewohner der Provinz und des Herrschaftsgebiets in irgendeiner Weise zu bedrücken und Überschreitungen vorzunehmen. Du sollst Solches wissen und dem erlauchten Handzeichen Folge leisten.
Eingetragen am (...) im Jahre 1180.

247/45/a

nişān-ı şerīf-i ʿālīşān (ḥükmü ki)
(1) memālik-i maḥrūsemde vāḳiʿ ehli ẕimmetden yahūd ve naṣarānıñ şerʿan rüʾūslarına mażrūb[!][480] olan cizyeleri (beyt ül-māl-ı) (2) müslimīniñ emvāl-ı meşrūʿasından olmağla meẕheb-i ḥanefīye üzere āʿlā ve evsaṭ ve ednā iʿtibār(ıyla evrāḳ mūcibince) (3) sene-ʾi sābıḳı üzere küşād ve biñ yüz seksen bir (1181) senesi Muḥarrem el-ḥarāmıñ[!][481] ġurresinden tevzīʿine mübā(deret olunmaḳ) (4) bābında ḫaṭṭ-ı hümāyūn-ı şevketmaḳrūnum ṣādır olmağın biñ yüz seksen bir senesine maḥsūben Mārdīn[!][482] (ve) (...) (5) ḳażālarında ve tevābiʿnda sākin mütemekkin ve mürūr ve ʿubūr ėden ehl-i ẕimmet-i kefere ve yahūd (ve erāmine-ʾi ʿacem) (6) ṭāʾifeleriniñ şerʿan üzerelerine edāsı lāzim gelēn biñ yüz seksen bir senesi cizyeleri (sene-ʾi) (7) (mez)būre Muḥarremiñ[!][483] ġurresinden mübāderet eylemek üzere ikiyüz otuz bir āʿlā ve biñ altyüz iki evsaṭ (ve beşyüz yirmi bir) (8) (e)dnā evrāḳī ki eṣnāf-ı s̱elās̱e iʿtibārıyla cemʿan iki biñ üçyüz elli dört evrāḳ ile (mis̱āl-ı bī-mis̱āl) (9) (vāci)b ül-imtis̱āl-ı sulṭānı ve nümāyende-i be-belīġ-i belīġ-i cihānbānī destūr-ı mükerrem müşīr-i müfaḫḫam niẓām (ül-ʿālem) (10) (Baġdād)[?] vālīsi vezīrim ʿÖmer Paşa edām Allāhü iclālühüye derʿuhde ve tefvīż olunub işbu berāt-ı ʿāl(īşān) (11) (maʿdelet)-ġāyātı vėrdüm ve buyurdumki müşār ileyh ṭarafından taʿyīn olınan cizyedār varub ġurre-ʾi Muḥarrem el-ḥ(arāmdan ḥākim ül-vaḳt olan) (12) müvācehesinde[!][484] mīrī mühürıla memhūr cizye evrāḳı boğçasınıñ mühürleri ḳatʿ ve evrāḳda olan mühüriyle (taṭbīḳ olduḳdan) (13) soñra bir kiseye vażʿ ve vilāyet ḳāżīsi mühürleyüb dersaʿādetime irsāl ve ḳalem-i mezbūra (tābiʿ) (14) her belde ve her) ḳaryede sākin ve mevcūd ve yėrlü ve yabancı ve mürūr ve ʿubūr ėden ehl-ı ẕimmet-i kefere ve (yahūd) (15) (ve erāmine-ʾi) ʿacem ṭāʾifeleri[!][485] emred-i mürāhiḳ ḥükmine dāḫil olub şerʿan cizyeye müstaḥaḳḳ olan ġulāmları (geregi gibi) (16) (taḳayyüd ve i)htimām ile tafaḥḥuṣ olunub bir ferdī ḫāric ve kağıdsız olmamaḳ şarṭıyla vech-i şerʿi ü(zere) (17) (ahālısı) beyninde eṣnāf-ı s̱elās̱eniñ ḳangı ṣınıfından ʿad ve iʿtibār olunub ḫaṭṭ-ı hümāyūn şevketm(aḳrūn ile) (18) (n)iẓām-ı cedīd mūcibince faḳīr-i muʿtemelinden ednā iʿtibārıyla bir zer-i maḥbūb ve evsaṭ ül-ḥāl olanlar(ından) (19) (evsaṭ) (i)ʿtibārıyla iki zer-i maḥbūb ve ẓāhir ül-ġınā mükṡir olanlarından aʿlā iʿtibārıyla dört zer-i maḥ[būb] (20) (alunub zer-i) maḥbūb tedārikinda ʿacız ve ʿusretleri ẓāhir olanlarından zer-

---

480 mażrūbe
481 ḥarāmī
482 mārīn
483 Muḥarremī
484 müvacehesinde
485 ṭāʾifeleriniñ

i maḥbūb (ḥesābı) üzere aʿlā(dan on bir) (21) (ve evsaṭdan) beş buçuḳ ġuruş ve ednādan (iki buçuḳ ġuruş bir rubaʿ) olmaḳ üzere ecnās-ı nuḳū(ddan ne gūna) (21) aḳçe götüreler ise ḫāliṣ ül-ʿayār ve tāmm ül-vezn olanlarını rāyic[!][486] oldıġı üzere müdevver-ı c(edīd) (22) İstanbūl altunı dörtyüz altmış beş aḳçeye ve zer-i maḥbūb ile mıṣır altunı üçyüz otu(z aḳçeye) (23) (ve ṭuġralı Mıṣır) altunı üçyüz on beş aḳçeye (ve ṭuġralı ṣaġ) paranıñ her ḳırḳ ʿadedi bir ġuruş (ḥesābıyla) (24) (alu)nub cizyeleri bu vechiyle cibāyet ve taḥṣīl ve şürūṭ-ı muḳarrere-ʾi[487] meẕkūre kemāl-ı ihtimām ve iʿ(tidal üzere) (25) (mürā)ʿāt olunub ḥaddı tecāvüz ve taʿaddī ile sebīl-i sadāḳet ve ṭarīḳ-i istiḳāmetden ʿudūl ėdenler(iñ şerʿan) (26) (müsta)ḥaḳḳ olduḳ-ları cezāları tertīb oluna ve ehl-ı ẕimmet-i kefereniñ herbirine mīrī mühüriyle memhūr eşkālıy(la birer kāġıd) (27) (vėrilüb ve) (ʿu)mmāl-ı cizyeye tevzīʿ eyledigi evrāḳıñ āʿlāsından on iki ve evsaṭından ṭoḳuz ve ednāsından altı (para maʿīşet ve) (28) (bundan mā)ʿadā her bir varaḳdan birer para cizye muḥāsebecisi ve kātiblerine ücret-i kitābet taʿyīn (olunmaġla müctemiʿ) (29) (olan māl-ı) cizyeden ḥīn-i muḥılle deynlerine maḥsūb olunmaḳ ve memālik-i (maḥrūsemde vāḳiʿ olan ḳaryelerinde sākin-i ehl-i ẕimmetden) (30) (salāṭīn-i i)ʿẓām ve vüzerā-yi kirām ve mīr-i mīrān ve sāʾirleriniñ ḫavaṣ (ve voyvodalıḳlara dāḫil ve baʿż-ı esbāba) (31) (bināen defterden ifrāz) ve maḳṭūʿ olanlar[!][488] gerek rāhib ve baṭrīḳ ve ḳasīs ve (bir ṭarīḳ ile ellerine berāt alub) (32) (tercümānlıḳ ve müsellimlik ve muʿāfiyet) iddiʿāsında olanlar bil-cümle refʿ olmaġla mādemki (iktisāb ve ʿamele ḳādir olub iktisābdan māniʿ (33) olur zemānda ve żarāret ve felç veyāḫūd ekṯer-i ʿāmın)da marīż olmaḳ gibi aġdār-ı (ṣaḥīḥesi olmıya)[489]

247/45/a

Das Urteil des ehrwürdigen, imperialen Zeichens ist Folgendes:

Weil die gesetzlich pro Kopf veranschlagte Cizye-Steuer von den in meinem Gebiet lebenden Juden und Christen legales Eigentum (des Schatzamtes) der Muslime ist und um gemäß der hanafitischen Lehre gemäß der Einstufung der Kopfsteuerscheine für die hohe, mittlere und niedrige Steuerklasse ab dem Ersten des Monats des geheiligten Muḥarrem im Jahre 1181 mit der Verteilung zu beginnen, soll, weil mein herrschaftliches und imperiales Zeichen eröffnet ist, gerechnet bis zum Jahre 1181 in den Gerichtssprengeln Mardin und (...) und für die in deren Unterbezirken lebenden und wohnenden sowie kommenden und gehenden Angehörigen ungläubiger Zimmis, Juden und Gruppen (persischer Armenier)

---

486 rāyice
487 muḳarrereyi
488 olalar
489 Vermutlich fehlender Rest wie in Text 21c.

die laut Scheriatsrecht fällige Abgabe ihrer Cizye-Steuer für das Jahr 1181 ab dem Erstens des Monats Muḥarrem des erwähnten (Jahres) begonnen werden. Hierzu werden 231 hohe, 1602 mittlere und (521) niedrige Kopfsteuerscheine, die insgesamt in Anbetracht der 3 Zünfte 2344 Kopfsteuerscheine ausmachen, dem Besitzer sultanischen beispiellosen Beispiels, dem man unbedingt gehorchen muss – offenkundig wortgewandter Herrscher, ehrwürdiger Ratgeber, hochgeachteter Befehlshaber, Richtschnur der Welt, Vali von Baġdād, mein Wesir ʿÖmer Paşa, möge seine Größe andauern – anempfohlen und übertragen. Ich erteile diesen äußerst gerechten und ehrwürdigen Berāt und ordne Folgendes an: Es soll ein seitens Erwähntem ernannter Steuereintreiber kommen und nachdem er ab dem Monat des geheiligten (Muḥarrem) im Beisein (des derzeitigen Herrschers) das mit dem Mīrī-Stempel versehene Siegel des Bündels Cizye-Scheine gebrochen und mit dem Stempel auf den Scheinen (verglichen hat), soll er es in einen Beutel tun und der Kadi der Provinz versiegeln und an meine hohe Pforte schicken. Die zu erwähntem Amt gehörenden Angehörigen der in jeder Stadt und in jedem Dorf wohnenden und ansässigen Einheimischen und Fremden, sowie der umherziehenden Angehörigen ungläubiger Zimmis, (Juden) und Gruppen persischer (Armenier) sowie Jugendliche sind in die Anordnung miteingeschlossen und die scheriatsrechtlich zur Cizye-Steuer verpflichteten Knaben sollen genau mit Vorsicht und Umsicht überprüft werden. Damit keine Person ohne Schein ist und zu welchem Stand der drei Stände auch immer dann scheriatsrechtlich (ihre Angehörigen) gerechnet werden, soll entsprechend der neuen Ordnung die mit imperialer und herrschaftlicher Zeichnung erteilt wurde, von der Gruppe der armen Bediensteten hinsichtlich der niedrigen eine Goldmünze, von den mittelgut gestellten hinsichtlich der mittleren zwei Goldmünzen und (von denjenigen der) offensichtlich Reichen hinsichtlich der hohen 4 Goldmünzen genommen werden. Bei denjenigen, die nicht in der Lage sind, diese zu übergeben und sich in Schwierigkeiten befinden, sollen entsprechend der Berechnung von der hohen (11) Ġuruş, (von der mittleren) 5½ Ġuruş und von der niedrigen (2¾) Ġuruş genommen werden. Welche Art von Aḳçe sie auch bringen, sollen gemäß vollem Gewicht und vollem Kurs nach dem neuen Kurs für den İstanbūl Altunı mit je 465 Aḳçe und einer Goldmünze, den Zincīrli Mısır Altunı mit je 3(3)(...) Aḳçe, sowie den (mit der Ṭuġra geprägten Mısır) Altunı mit je 315 Aḳçe sowie für weiteres mit der Ṭuġra geprägtes vertrauenswürdiges Geld mit je 40 Stück ein Ġuruş berechnet, genommen werden. Damit auf diese Weise die Cizye-Steuer der Steuererhebung entspricht, sollen die erwähnten festgelegten (Bedingungen) mit umfassender Umsicht und vollständiger Ausgewogenheit eingehalten werden. Gleichzeitig sollen diejenigen, die Überschreitungsgrenzen übertreten und von der Beibehaltung des geduldigen Wegs abweichen, es scheriatsrechtlich verdienen, mit

Strafen belegt zu werden. (Jedem) der Angehörigen der ungläubigen Zimmis soll ein mit dem Stempel der Mīrī-Steuer und mit einer Aussehensbeschreibung versehener (Schein) gegeben werden, und für die Durchführenden der Cizye-Steuer von den zu verteilenden Scheinen von der besten Verdienstgruppe 12, von den mittleren 9 Para und von der niedrigen 6 (Para als Lebensunterhalt) bleiben, darüber hinaus für jeden Schein zu je einem Para für den Cizye-Abrechner und für ihre Schreiber eine Schreibergebühr festgelegt und vom (zusammengesammelten) Cizye-Geld bis zum Fälligkeitsdatum als ihre Schulden abgerechnet werden. (Abgesehen von den in den Dörfern meiner beschützten Herrschaftsgebiete wohnenden Zimmis) sollen die Domänen und (Voyvodalıḳs) der großen (Herrscher), illustren Wesire, Provinzgouverneure und Weiterer (mit enthalten sein). Diejenigen, die angeben Übersetzungsdienst auszuüben, steuerbefreit oder entschuldigt zu sein, wobei sie wie diejenigen, die aus begründeter Sachlage steuerbefreit sind, wie z.B. Mönche, Patriarchen oder Priester, irgendwie den Privilegientitel besitzen, sollen vollständig ausgeklammert werden. Solange sie aber in der Lage sind, Gewinn abzuwerfen, soll ihnen Gewinn untersagt werden. Sie sollen nicht Jahreszeit, Blindheit, Lähmung oder die meisten Jahre krank gewesen zu sein angeben, wenn es keine echte Bedrückung war.[490]

247/45/b

(1) (defter oldu)r ki ḥālā ṣadr-ı āʿẓam devletlü ʿināyetlü efendimiz ḥażretleriniñ çuḳadarlarından olub ʿadālet fermānıyla (2) (bundan a)ḳdem astāne-ʾi saʿādete ʿāzim iken es̱nā-ʾi rāhda medīne-ʾi Mārdīne marīżen vuṣūl ve ḥālā (3) (Mārdīn) voyvodası saʿādetlü ʿÖmer Aġa ḥażretleri konaġında müsāferet[!][491] sākin iken biemrillāhi teʿālā (4) (fevt) olan çuḳadar Uzun Muṣṭafā Aġa nām müteveffānıñ ẓāhirde vāris̱ maʿrūf ve maʿrūfesi (5) (olmayub) medīne-ʾi mezbūre voyvodası olub vāḳiʿ olan beyt ül-māl-ı ʿāmmeten ve ḫāṣṣaten ḳabżına meʾmūr (6) (olan a)ġa-yı mūmā ileyh ṭalebi ve maʿrifet-i şerʿle müteveffā-yı mezbūruñ ḥīn-i vefātında yanında mevcūd olan (7) (tereke)yi taḥrīr olunub lakin müteveffā-yı mezbūruñ bir zevcesi ve bir vālidesi ve siġār-ı eytāmi oldıġı (8) (...) ḫaberleriyle ḥālā ṣadr-ı āʿẓam devletlü ʿināyetlü efendimizi çuḳadarlarından ʿAlī Aġa bin ʿAbdüllaṭīf nām (9) maʿrifet-i şerʿle vaṣī naṣb ve taʿyīn ve ol daḫī veṣāyeti ḳabūl ve ümūr-ı veṣāyete taʿahhüd ėtmeġin (10) (elle)rine daḫī mefāḫir ül-emās̱il ve 'l-aḳrān Süleymān Çāvīş Aġa nāẓir naṣb ve taʿyīn ve neẓāreti (11) (...) ve meʾmūr oldıġı vech üzere taʿahhüd ėtmekle vaṣī-ı mezbūr ve nāẓir-i merḳūm maʿri-

490 Vermutlich fehlender Rest wie in Text 21c.

491 müsāfere

fetleriyle (12) (bil-ṭa)leb müteveffā-yı mezbūruñ bil-cümle metrūkāt ve muḫallefātını taḥrīr ve müzāyede ile āʿyān ve es̱mānıyla (13) (ṣatmaḳ) ve nāẓiri maʿrifetiyle vaṣī-i mezbūra teslīm olındığı defteridir ki müfredātıyla ḳayd ve beyān olunur (14) (taḥrī)ren fī 'l-yevm el-ḥadī ʿaşr min şehr-i Ẕī 'l-ḥicce eş-şerīfe li-sene iḥdā ve sebaʿīn ve mi'e ve 'elf

köhne nāfe kürk	ʿaded 1	ḳīymet ġuruş 8	
köhne cübbe[492] ve şıḳḳ kürk	ʿaded 1	ḳīymet ġuruş 3½	
ḳırmızı şālı ḳablū serḥaddīye sincab kürk	ʿaded 24	ḳīymet ġuruş	para 10
köhne çuḳa yağmurluḳ kisesi	ʿaded 1		ḳīymet para 15
(Mūṣul) kāri bez ṭop biri kefne vėrilmişdir	ʿaded 4	ḳīymet ġuruş 17	
ḳırmızı çıtare[493]	ṭāḳa ʿaded 1	ḳīymet ġuruş 8	
sīm ḳabżeli çerkes biçāḳ	ʿaded 1	ḳīymet ġuruş 2½	
Kurd ʿAbbāsī alaca	ʿaded 1	ḳīymet ġuruş 2½	
sīm ḳablu enʿām-ı şerīf	cild ʿaded 1	ḳīymet ġuruş 7½	
köhne cübbe kürk		ḳīymet ġuruş 3½	para ʿaded 1
köhne hegbe mücelled	ʿaded 1		ḳīymet para 35
ḳırmızı ketfī ḳuşaḳ	ʿaded 1	ḳīymet ġuruş 30	
müsteʿamel ḳırmızı ḳumāş ʿanteri[494]	ʿaded 1	ḳīymet ġuruş 3½	
köhne ṣarı ʿanteri	ʿaded 1		ḳīymet para ʿaded 31
ḫame ḳuşağı	ʿaded 1	ḳīymet ġuruş 5	
beyāż bez terliḳ	ʿaded 1		ḳīymet para ʿaded 12
(i)skerlet ḳaput maʿ başlıḳ	ʿaded 1	ḳīymet ġuruş 17	para ʿaded 11
ṣarı köhne ḳuşaḳ	ʿaded 1	ḳīymet ġuruş	para ʿaded 1
ṣarı diz dolama çuḳa	ʿaded 1	ḳīymet ġuruş 5½	
müsteʿamel mavı çuḳa ṣalvar	ʿaded 1	ḳīymet ġuruş 5	para ʿaded 11
müsteʿamel çuḳa çaḳşur[!][495]	ʿaded 1		para ʿaded 1
maʿ uçḳur[!][496]	ʿaded 1	ḳīymet ġuruş 2½	para ʿaded 11
müsteʿamel çuḳa çaḳşur[!][497]		ḳīymet ġuruş 7½	para ʿaded 12
İnglīz piştov maʿ kise	çift 1	ḳīymet ġuruş 16	
ʿatīk çuḳa yağmurluk kisesi	ʿaded 1		ḳīymet para 12
köhne destār	ʿaded 1		ḳīymet para 36
müsteʿamel uçkur	ʿaded 1		ḳīymet para 20

492 Langärmlige Robe mit langen Schößen, die in Brusthöhe offen ist. Vgl. Kurz (2003), S. 864.

493 Leichter gestreifter Stoff oder Brokat, bei dem die Webkette zu ¼ Seide zu ¾ aus Baumwolle besteht.

494 Weste oder Robe in der ʿAnteri-Mode, d.h. innere Weste mit langen engen Ärmeln.

495 çaḫşūr

496 uçḫūr

497 çaḫşūr

cedīd çuḳa çaḳşur[!][498]	ʿaded 1	ḳīymet ġuruş 6	
müsteʿamel (zfr) maḳraması ve abdest maḳraması		ġuruş 1	para 1

247/45/b (zweiter Teil auf 247/46, rechte Seite)

müsteʿamel çakmaḳlı destār	ʿaded 1	ḳīymet ġuruş 7	para 11 ʿaded
duḫḫān kisesi tellü	ʿaded 1	ḳīymet ġuruş 2½	
ve sāde	ʿaded 1		
ṣarı çuḳa maḳrama kisesi	ʿaded 1		ḳīymet para 17
çubuk (...)	ʿaded 1	ḳīymet ġuruş 1½	
beyāż cevreb	çift 2		ḳīymet para 12
ḳoyun yemenīsi	ʿaded 3	ḳīymet ġuruş 2½	para 10
sīm tokalı iç ḳuşaḳ	ʿaded 1	ḳīymet ġuruş 1	para ʿaded 12
ṣarı ḳutnī (...)	ʿaded 1	ḳīymet ġuruş 7	
cedīd çakmaḳlı destār-ı mutaʿārif	ʿaded 1		
ve bir ḳamçı ve üci sīm	ʿaded 1	ḳīymet ġuruş 17	para ʿaded 5
ḥalebkārī ḳırmızı ṭāḳa	ʿaded 1		
ve buṭehdār ṭāḳa	ʿaded 1	ḳīymet ġuruş 10	para ʿaded 10
sīm ġaddare	ʿaded 1	ḳīymet ġuruş 1½	para ʿaded 3
ṣarı maʿden sāʿat maʿ sīm zincīr	ḳat ʿaded 3	ḳīymet ġuruş 41	
ḳahve ibrīḳ	ʿaded 2		
ve nāḳiş ül-ʿayār s(īm) fincān ḳūṭī	ʿaded 1	ḳīymet ġuruş 1½	
eger	ʿaded 1		
üzengi	çift 1		
köhne ḳaplan pūstı	ʿaded 1		
ve ʿatīḳ minder	ʿaded 1	ḳīymet ġuruş 2	para ʿaded 11

el-yekūn		ġuruş	para
yalñız ikiyüz seksen sekiz ġuruş bir paradır		288	para 1
müteveffā-yı mezbūrun yanında mevcūd olan altyüz zincīrli bi-ḥesāb ġuruş	ʿadet 50	137½	
defʿa fındıḳ altun	ʿaded 6	bi-ḥesāb ġuruş 22	
defʿa mecr altun	ʿaded 1	bi-ḥesāb ġuruş 3½	
defʿa beyāż aḳçe nuḳūdāt		ġuruş 16	para 9
meblaġ-ı merḳūmdan üç ġuruş (...) ḫizāne ṣarf olın(an)		ġuruş 19	para 9
yalñız dörtyüz altmış yedi ġuruş on paradır		467	10

498 çaḫşūr

el-maṣārifāt	ġuruş	para
berā-yı delālīye yalñız iki ġuruşdur	2	
berā-yı ḳassām kātibi[!][499] ve baş kātib ve sā'ir ḫuddām[!][500]	5	10
yalñız yedi ġuruş on paradir	7	10
el-bāḳī teslīm der dest-i vaṣī-i merḳūm ẕeyl-i defterde mesṭūr ül-esāmī müslimīn şehādetleriyle bu maḥalla ḳayd şüde	ġuruş	
yalñız dörtyüz altmış ġuruşdur	460	

(1) müteveffā-yı mezbūruñ terekesinden olub fürūḫt olunmıyan eşyālardır ki ayni vaṣī-i merḳūm ʿAlī (Aġa) (2) ile veres̱esi ṭarafına emāneten nāẓiri maʿrifetiyle teslīm ve īṣālina taʿahhüd olındığı bu maḥalla ḳayd şüde

sīm ḳamçı	ḳat ʿaded 2
boġum	ʿaded 3
boġumlarıñ zincīrī	ʿaded 33
yaḳut ḳaşlı altun yüzük	ʿaded 1
pīrūze ḳaşlı sīm yüzük	ʿaded 1
sīm ḫancer ḳabẓesi	ʿaded 1
(yemenī)[?] ḳaşlı sīm ḫātim	ʿaded 1
ḳalembeg tesbīḥ maʿ sīm ḫarc	ʿaded 1
aṭlas ḳablu bāzbend	ʿaded 1
maʿ sīm zinc(īr)	ḳat 2
müteveffā-yı merḳūm şalcı zāde Baġdādda sākin olan Hūça İbrāhām ẕimmetinde olan aḳçesidir bā-temessük	Ġuruş 700
aḳçe merḳūmuñ[!][501] temessüki yine merḳūm ʿAlī Aġaya teslīm şüde	

247/45/b (dritter Teil auf 247/46, linke Seite)
(Rechte Seite)
(müteve)ffā-yı mezbūr sābıḳan Diyārbekir vālīsi (delve)tlü ʿināyetlü ʿAbdullāh Paşa Efendimiziñ (baş) çuḳadarı el-Ḥāc Muṣṭafā Aġada (va)żʿ eylediği emānet aḳçesi temessüki (eş)yāsı içünde mevcūd olub

temessüki merḳūm ʿAlī Aġaya teslīm şüd	ġuruş 500

(Linke Seite)
yine müteveffā-yı mezbūr merḳūm baş çuḳadar el-Ḥāc Muṣṭafā Aġada vażʿ eyledigi emānetdir

499 kātibine
500 ḫuddāma
501 merḳūmeniñ

sīm vezne	ʿaded 1
ve sīmli ḥarbe	ʿaded 1

bundan aḳdem ṣāḥib-i devlet efendimiziñ baş çuḳadarınıñ ḫidmetkārı İbrāhīm ve müteveffā-yı mezbūruñ ḫidmetkārı Ḥasan taḳrīr ve ḫaber vėrdiler
şühūd ül-ḥāl
(Von links nach rechts)
faḫr ül-āʿyān Millīzāde Muḥarrem Beg
İsmaʿīl Aġa mīr-i ʿaşīret Daḳūrī
ʿAbdüllaṭīf Efendi kātib-i cizye
Nuṣaybīn nāʾibi ʿAbdülbāḳī Efendi
Benderzāde el-Ḥāc Meḥmed Aġa
es-Seyyid ʿAbdürraḥīm Efendi ser kātib-i maḥkeme
(Von rechts nach links)
(Mo)llā Muṣṭafā (kā)tib-i maḥkeme
ḳassām-kātibi İbrāhīm Efendi
ḳūşçı Bekir Aġa
Safar ʿAlī Aġa
(Zweite Zeile von rechts nach links)
kātib Yūsuf Efendi ibn ül-Ḥāc Ṭah
el-Ḥāc ʿAbdülḳādir bin ül-Ḥāc İlyās Aġa
ve ġayruhum min el-ḥużżār

247/45/b

(Der Eintrag) ist Folgendes: Als vor einiger Zeit sich einer der Gefolgsmänner des derzeitigen Großwesirs, unser illustrer, gnadenreicher Herr, mit einem gerechten Fermān zur Schwelle des Glücks aufmachte, traf er in der Stadt Mardin erkrankt ein. Als der Gefolgsmann namens Uzun Muṣṭafā Aġa als Gast im Wohnsitz des glücklichen Voyvodas von Mardin, seiner Exzellenz ʿÖmer Aġa, weilte, verstarb er auf Geheiß Gottes dem Allmächtigen, wobei offensichtlich (keine) Erben des Verstorbenen bekannt (waren) und der Voyvoda von Mardin Erbe wurde. Der im Allgemeinen und im Besonderen für das Ergreifen beauftragte erwähnte Aġa hatte die Forderung und mit Hilfe des Gerichts den zum Todeszeitpunkt beim erwähnten Verstorbenen vorhandenen Nachlass eingetragen. Weil man aber erfuhr, dass der erwähnte Verstorbene noch eine Frau, eine Mutter und zwei minderjährige Waisen hinterließ und weil einer der Gefolgsmänner des derzeitigen Großwesirs, unseres illustren Herrn, namens ʿAlī Aġa bin ʿAbdüllaṭīf mit Hilfe des Gerichts als Nachlassverwalter ernannt und eingesetzt wurde, er die Treuhänderschaft annahm und die Dinge der Treuhänderschaft vollzog und da zu seinen Händen noch einer der Berühmtheiten der Gleichgestellten und Ranggenossen,

Süleymān Çāvīş Aġa zum Nāẓir ernannt wurde und er das Aufseheramt (...) und als Beauftragter durchführte, steht im Register, dass auf Anforderung des Treuhänders und des Nāẓirs sämtlicher Nachlass des erwähnten Verstorbenen verzeichnet, bei der Auktion die Gelder und Werte (verkauft) und mit Hilfe des Nāẓirs dem erwähnten Treuhänder übergeben wurden, wobei sie einzeln eingetragen und erklärt werden.
Eingetragen am 11. des Monats, dem edlen Ẕī 'l-ḥicce des Jahres 1171.

Altes Bauchfell	Anzahl 1	Preis Ġuruş 8	
Alte Robe und Pelzhälfte	Anzahl 1	Preis Ġuruş 3½	
Mit rotem Kamelott bezogener (...) Eichhörnchenpelz	Anzahl 24	Preis Ġuruş	Para 10
Altes Futteral für Regenmantel aus feinem Wollstoff	Anzahl 1		Preis Para 15
In Mossul gefertigter Stoffballen, 1 wird für das Leichentuch gegeben	Anzahl 4	Preis Ġuruş 17	
Roter Çıtarı-Stoff	Lage Anz. 1	Preis Ġuruş 8	
Silbernes Tscherkessen Messer mit Griff	Anzahl 1	Preis Ġuruş 2½	
Kurdisches ʿAbbāsī-Gewebe	Anzahl 1	Preis Ġuruş 2½	
Silber-besetzte Surensammlung	Band Anz. 1	Preis Ġuruş 7½	
Alte Pelzrobe		Preis Ġuruş 3½	Para Anzahl 1
Alte Satteltasche, gebunden	Anzahl 1		Preis Para 35
Roter Schultergürtel	Anzahl 1	Preis Ġuruş 30	
Gebrauchter roter ʿAnteri-Stoff	Anzahl 1	Preis Ġuruş 3½	
Alte gelbe ʿAnteri-Weste	Anzahl 1		Preis Para Anzahl 31
Gürtel für Ḥume-Schwert	Anzahl 1		Preis Ġuruş 5
weiße Stoffpantoffeln	Anzahl 1		Preis Para Anzahl 12
Umhang aus venezianischem Breitgewebe mit Kapuze	Anzahl 1	Preis Ġuruş 17	Para Anzahl 11
Alter gelber Gürtel	Anzahl 1	Preis Ġuruş 1	Para Anzahl 1
Knielange Robe aus gelbem Wollstoff	Anzahl 1	Preis Ġuruş 5½	
Gebrauchte blaue Wollpluderhose	Anzahl 1	Preis Ġuruş 5	Para Anzahl 11
Gebrauchter Çaḳşūr aus Wollstoff	Anzahl 1		
mit Hosenband	Anzahl 1	Preis Ġuruş 2½	Para Anzahl 11
Gebrauchter Çaḫşūr aus Wollstoff		Preis Ġuruş 7½	Para Anzahl 12
Englische Pistole mit Etui	Paar 1	Preis Ġuruş 16	
Altes Futteral für Regenmantel aus feinem Wollstoff	Anzahl 1		Preis Para 12
Alter Turban	Anzahl 1		Preis Para 36
Gebrauchtes Hosenband	Anzahl 1		Preis Para 20
Neuer Çaḫşūr aus Wollstoff	Anzahl 1	Preis Ġuruş 6	

Gebrauchtes Handtuch für (...) und Handtuch für die rituelle Waschung		Ġuruş 6	Para Anzahl 1
Gebrauchtes Tuch für Pistole mit Feuersteinschloss	Anzahl 1	Preis Ġuruş 7	Para Anzahl 11
Tabakdose, glänzend	Anzahl 1	Preis Ġuruş 2½	
und einfach	Anzahl 1		
Gelbe Kiste für Handtuch aus Wollstoff	Anzahl 1		Preis Para 17
Lange Tabakpfeife (...)	Anzahl 1	Preis Ġuruş 1½	
Weiße Socken	Paar 2		Preis Para 12
Yemenī[502] aus Schafsleder	Anzahl 3	Preis Ġuruş 2½	Para 10
Silber-besetzter Innen-Gürtel	Anzahl 1	Preis Ġuruş 1	Para Anzahl 12
Gelbes (...) aus Baumwolle	Anzahl 1	Preis Ġuruş 7	
Bekanntes neues Tuch für Pistole mit Feuersteinschloss	Anzahl 1		
mit Peitsche und versilberte Waage	Anzahl 1	Preis Ġuruş 17	Para Anzahl 5
In Ḥalab gefertigtes rotes Stück Stoff	Anzahl 1		
und Stück Stoff mit (...)	Anzahl 1	Preis Ġuruş 10	Para Anzahl 10
Silberner Krummsäbel	Anzahl 1	Preis Ġuruş 1½	Para Anzahl 3
Gelb-metallene Uhr mit silberner Kette	Garnitur Anz. 3	Preis Ġuruş 41	
Kaffeekanne	Anzahl 2		
und silberne Schachtel für Tassen mit fehlender Reinheitsangabe	Anzahl 1	Preis Ġuruş 1½	
Sattel	Anzahl 1		
Bügel	Paar 1		
Alte Pantherhaut	Anzahl 1		
und alte Matratze	Anzahl 1	Preis Ġuruş 2	Para Anzahl 11

Insgesamt		Ġuruş	Para
Nur zweihundertachtundachtzig Ġuruş und ein Para		288	Para 1
Neben den 600 Ġuruş beim Verstorbenen weitere berechnete Zincīrli-Ġuruş	Anzahl 50	137½	1
Weitere Fındıḳ Altun	Anzahl 6	Eingerechnete Ġuruş 22	
Weitere Mecr Altun-Ġuruş	Anzahl 1	Eingerechnete Ġuruş 3½	
Weitere Beyāż Akçe-Gelder		Ġuruş 16	Para 9

502 Schuh aus rotem, gelben oder schwarzem Marokko-Leder.

Von der erwähnten Geldsumme gehen 3 Ġuruş an (… …)	Ġuruş 19	Para 9	
Nur vierhundertsiebenundsechzig Ġuruş u. zehn Para		467	10

Ausgaben	Ġuruş	Para
Nur zwei Ġuruş für die Ausrufergebühr	2	
Für den Nachlassgerichtsschreiber, den leitenden Gerichtsschreiber und weitere Bedienstete	5	10
Nur sieben Ġuruş und zehn Para	7	10
Der Rest, der dem Nachlassverwalter übergeben wird, wird unter Zeugenschaft der im Anhang des Registers aufgeführten Muslime an dieser Stelle eingetragen.	Ġuruş	
Nur vierhundertsechzig Ġuruş	460	

Es wird es an dieser Stelle eingetragen, dass dies die nicht verkauften Dinge sind und dass ihre dingliche Übergabe und Übersendung an seine Erben gemeinsam mit dem erwähnten Nachlassverwalter ʿAlī Aġa treuhänderisch mit Hilfe seines Aufsehers durchgeführt wurde, wobei dies der Nachlass von erwähnten Verstorbenen ist.

Silberne Peitsche	Menge Anz. 2
Gelenk	Anzahl 3
Gelenkkette	Anzahl 33
Rubin gefasster Goldring	Anzahl 1
Türkis gefasster Goldring	Anzahl 1
Silberner Messergriff	Anzahl 1
Mit (Yemenī)[?] besetzter silberner Ring	Anzahl 1
Gebetskette aus Ḳalembeg mit silberner Tresse	Anzahl 1
Mit Atlas-Stoff überzogenes Amulett	Anzahl 1
mit silberner Kette	Menge 2
Die Schulden-Aḳçe des erwähnten in Baġdād wohnenden Şālcızāde Hūça İbrāhām gegenüber dem erw. Verstorbenen mit einem Schuldschein	Ġuruş700
Die Aḳçe von erwähntem Schuldschein wurden darüber hinaus erwähnten ʿAlī Aġa übergeben	

(Rechte Seite)
Die Schuldscheine der treuhänderischen Aḳçe des erwähnten Verstorbenen, die dem obersten Gefolgsmann unseres Herren, dem illustren, gnadenreichen Vali von Diyārbekir ʿAbdullāh Paşa, Ḥāc Muṣṭafā Aġa anvertraut wurden, befanden sich unter den Dingen.

Die Schuldscheine wurden erwähntem ʿAlī Aġa übergeben.	Ġuruş 500

(Linke Seite)
Darüber hinaus beim erwähnten obersten Tuchträger Ḥāc Muṣṭafā Aġa hinterlegtes Treuhandvermögen von erwähntem Verstorbenen.

Silberne Waage	Anzahl 1
und versilberte Hellebarde	Anzahl 1

Zuvor hat der Bedienstete des obersten Tuchträgers unseres wohlhabenden Herren, İbrāhīm und der Bedienstete des erwähnten Verstorbenen Ḥasan dies bestätigt und bekanntgegeben.

Zeugen der Angelegenheit:
(Von links nach rechts)
Exzellenz der Notabeln Millīzāde Muḥarrem Beg
İsma'īl Aġa Anführer des Stammes der Dekkori
'Abdüllaṭīf Efendi, Kopfsteuerschreiber
Nā'ib von Nuṣaybīn, 'Abdülbāḳī Efendi
Benderzāde Ḥāc Meḥmed Aġa
Seyyid 'Abdürraḥīm Efendi, leitender Gerichtsschreiber
(Von rechts nach links)
Mollā Muṣṭafā, Gerichtsschreiber
İbrāhīm Efendi, Nachlassgerichtsschreiber
Falkner Bekir Aġa
Safar 'Alī Aġa
(Zweite Zeile von rechts nach links)
Der Schreiber Yūsuf Efendi ibn ül-Ḥāc Ṭah
Ḥāc 'Abdülḳādir bin ül-Ḥāc İlyās Aġa
und weitere Anwesende

247/46/b

(1) (ḳıdv)et ül-ḳużāt ve 'l-ḥükkām ma'den ül-fażā'il ve 'l-kelām____ḳāżīsi ve Mārdīn ḳażāsı nā'ibi zīde fażluhumā (2) (ve ḳıd)vet ül-emācid ve 'l-ā'yān Mārdīn voyvodası____zīde mecduhu tevḳī'-i refī'-i hümāyūnum vāṣıl olıcaḳ (3) (ma'l)ūm olaki Millī 'aşīreti begi ḳıdvet ül-emāṣil ve 'l-aḳrān Muḥarrem bin Ḥaydar zīde ḳadruhu südde-'i sa'ādetime (4) ('arżu)ḥāl ėdüb Āmid sancaġında Mārdīn 'an maḥṣūl-ı rüsūmāt ve ġayrīden on altı biñ beşyüz aḳçe (5) (berā)t-ı şerīfimle mutaṣarrıf oldıġı timārı mülḥaḳātından müşterikle ḳayd ve berātına dāḫil yine Kūh-ı Mārdīn (6) (nāḥ)īyesine tābi' ḥāṣıl min el-ḫums ile biñ aḳçe Pāzār-ı Zānḳraṭ nām ḳaryede dört çiftlik arāżī (7) (üç)[?] seneden berü Şeyḫ Zūlī cemā'at[!][503] ahālīleri żabṭ ve zirā'at ve ba'ż-ı maḥallarına bāġ-ı ġaras (8) (üzüm)lerile zirā'atlarıyla ḥāṣıl eyledikleri terekelerinden beşde bir 'uşurların ve bāġlarınıñ daḫī ḥāṣıl (9)

503 cemā'atı

(ola)n üzümlerinden şer'le müteveccih olan 'uşurların ṭaleb eyledikde meẕkūr cemā'at ahālīleri (10) (ḳay)d olınan dört çiftlig arāżīde ve müşteriklerinin̄ 'adedleri bu ḳadar bizler żabṭ ėdüb (11) ('uşur) ve resim vėrmeziz[504] deyü ḫilāf-ı defter-i ḫāḳānī ve muġāyir-i ḳānūn ta'allül ve muḫālefet ve ol vecihle (12) (sene)vī maḥṣūluna ġadr eyledikleri bildürüb ḳarye-'i Zānḳrat el-mezbūre mümtāz ve mu'ayyen ḥudūdı (13) (dā)ḫilinde ḳadīmīden 'uşur ve resmī eline gelēn yedleriyle ber mūcib-i defter-i ḫāḳānī müşterikleriyle (14) (...) żabṭ ve çiftlig mezbūr arāżīsinde zirā'at ėdüb cemā'at-ı mezbūr ahālīlerinin̄ zirā'atlar(ıyla) (15) (ḥāṣ)ıl eyledikleri terekelerinden beşde bir 'uşurları ve bāġlarının̄ daḫī ḥāṣıl olan üzümlerinden (16) (şer)'le müteveccih olan 'uşurları alıvėrilüb ḫilāf-ı ḳānūn ol vecihle ta'allül ve nizā' ėtdirilmemek (17) (bābın)da ḥükm-i hümayūnum ricā ve defterḫāne-'i 'āmiremde maḥfūẓ rūznāmçe-'i hümāyūn ve defter-i icmāl-i (18) (me)fāṣile mürāca'at olunduḳda Kūh-ı Mārdīn nāḥīyesine tābi' yirmi üç nefer re'āyā ve çiftlik (19) (mezbūr)ının̄ mīr-i 'aşīret-i cemā'at Millī ve ḥāṣıl min el-ḫums ḥınṭa ve şa'īr yekūn ma' ġayrihi iki bin̄ aḳçe (20) ḳarye-'i (Pā)zār-ı[!][505] Zānḳraṭ defter-i mefāṣilde muḥarrer ḳalemiyle taḥrīr ve defter-i icmālda Mārdīn ḳażāsında 'an (21) (maḥ)ṣūlı rüsūmāt ve bād-ı hevā ve resm-i 'arūsāne-'i cemā'at-ı Millūyı üye Göçlü ma' ġayrihā birikdirilüb (22) (altmı)ş dört bin̄ ṭoḳuz yüz ṭoḳsan ṭoḳuz aḳçe zi'āmetinin̄ minhā bir def'a yirmi iki bin̄ (23) (ve alt)ı def'a bin̄ beşyüz aḳçe ḥiṣṣelerin ifrāz ve 'l-bāḳī-i ḫāṣṣa-'i ḫāṣṣ-ı hümāyūn otuz üç bin̄ (24) (ṭoḳ)uz yüz ṭoḳsan ṭoḳuz aḳçesi sāl-be-sāl ḫazīne-'i 'āmireme edā eylemek üzere tevcīh olunmışdı (25)(ve) bir icmāl iken mīr-i 'aşīretlik üzere Millü Oġullarına bā-ḫāṭır-ı tevḳī'yi taṣḥīḥ ve yirmi (26) (...) (bin̄ aḳçenin̄)[!][506] (yirmi bin)[?] aḳçesinden icmāl bozulmamak üzere on bin̄ ve bir def'a daḫī (27) (iki) bin̄ aḳçesin ve üç def'a bin̄ beşyüz aḳçe ḥiṣṣeleri merḳūm Muḥarrem bin Ḥaydarin̄ (28) (yedi)ne dāḫil olunduġu mesṭūr ve muḳayyed olmaġın defter-i ḫāḳānī mūcibince 'amel olunmaḳ (29) (emri)m olmuşdur____buyurdumki (30) (emr-i) şerīfim vuṣūl buldukda bu bābda ṣādır olan emrim üzere 'amel daḫī ḳarye-'i mezbūre (27) (mümtā)z ve mu'ayyen ḥudūdı dāḫilinde ḳadīmīden 'uşur

247/39/a (Anhang von 46b)
(1) ve resmī eline gelēn yedleriyle ber-mūcib-i defter-i ḫāḳānī müşterikiyle merḳūm Muḥarrem bin Ḥaydara żabṭ ve (ḳabż) (2) ėden cemā'at-ı mezbūre ahālī-

504 Ältere Form des vern. Aorist 1. Pers. Pl..
505 (pā)zār-ı ḳarye-i Zānḳraṭ
506 aḳçe bin̄

lerinin̄ zirāʿatlarıyla ḥāṣıl eyledikleri terekelerinden beşde bir uşurlar(ı ve bāġla-rının̄) (3) daḫī ḥāṣıl olan üzümlerinden şerʿle müteveccih olan ʿuşurların ḥükm ėdüb müşterikleriyle (...) (4) ḫilāf-ı defter-i ḫāḳānı taʿallül ve nizāʿ ėtdirmiyesiz min baʿd defter-i ḫāḳānīye ve emr-i hümāyūnuma muḫālif k(imesneye iş) (5) ėtdirmeyüb ve ḳażīyede ʿalāka medḫalī olmıyanları ḳaṭʿan ḳarışdırmayub esle-meyüb ʿinā(d) (5) üzere olanları isim ve resimleriyle vuḳūʿ ve ṣıḥḥatı üzere yazub dersaʿādetime ʿarż ve iʿ(lām) (6) ḳılasız taḥrīren [fī] evāḫir-i şehr-i Receb sene iḥdā ve sebaʿīn ve miʾe ve ʾelf
bi-maḳām-ı Ḳosṭanṭinīye 'l-maḥrūse

247/46/b

Vorbild der Kadis und Nāʾibs, Quell des Wortes und der Beredsamkeit, Kadis von ____und Nāʾib vom Gerichtssprengel von Mardin – möge ihrer beider Tugend wachsen! Vorbild der Ruhmvollsten und Notabeln,____, Voyvoda von Mardin – möge sein Ruhm zunehmen! Sobald mein edles großherrliches Namenszeichen eintrifft, sei kund: Der Anfüher des Stammes der Millī, Vorbild der Gleichgestell-ten und Ranggenossen, Muḥarrem bin Ḥaydar – möge seine Größe zunehmen – stellte an meiner Schwelle des Glücks ein Gesuch: „Weil ich in Mardin im Sancak von Āmid aus Steuern und Weiteren einen Privilegientitel über 16 500 Aḳçe-Timār innehabe und mit dessen angeschlossenen Gebieten zusammen mit einem Teilhaber eingetragen bin, und indem wir darüber von den Erträgen der Angehö-rigen des Şeyḫ Zūlī-Stamms, seit (drei)[?] Jahren im Dorf namens Pāzār-ı Zānḳraṭ, das im Unterbezirk von Kūh-ı Mardin liegt, vier Çiftlik Brachland mit einem Ertrag über 1000 Aḳçe in Höhe des Fünften kultiviert und besessen haben, was im Berāt mit enthalten ist und wir bei manchen Orten für die Trauben, Pflanzungsgärten und kultivierten Ländereien den Zehnten in Höhe eines Fünftels[507] und darüber hinaus vom Trauben-Ertrag ihrer Gärten den scheriatsrechtlich anteiligen Zehn-ten verlangten, haben wir bislang die Angehörigen des erwähnten Stammes in den (eingetragenen) vier Çiftlik Brachland und eine Anzahl ihrer Halbpächter[508] kontrolliert.“ Weil bekannt wurde, dass indem sie *(die Stammesangehörigen)* sagten, „wir den Zehnten und die Steuer nicht abgeben“, sie entgegen dem impe-rialen Defter und gegen das Gesetz Ausreden suchten und widersprachen und somit den (jährlichen) Erträgen zuwiderlaufend handelten und wobei sie *(die Pächter)* innerhalb des Dorfes Zanḳrat mit bekannten und festgelegten Grenzen,

---

507 D.h. in Höhe von 20%.
508 Müşterik bedeutet eigentlich Teilhaber, kann aber in diesem Kontext nur im Sinne von „ortakçı“ oder Teilpächter verstanden werden.

seit jeher gemäß dem imperialen Defter die durch sie eingetriebenen Zehnten und Steuern mit ihren Halbpächtern (...) kontrollierten und das Brachland des erwähnten Çiftlik kultivierten, vom Ertrag der Angehörigen des Stammes durch die Landwirtschaft den Zehnten in Höhe von 20% und von Trauben-Ertrag ihrer Gärten den gesetzlich anteiligen Zehnten einfach nahmen, wurde hierzu mein imperiales Urteil ersucht, damit sie nicht gegen das Gesetz Ausreden suchen und widersprechen. Wobei ich mich auf das in meinem imperialen Defterḫāne aufbewahrte hoheitliches Pfründe-Tagebuch und auf die Einzelheiten im zusammenfassenden Verzeichnis beziehe, gehören zum Unterbezirk Kūh-ı Mardin 23 Untertanen, wobei der Anführer von erwähntem Çiftlik dem Stamm der Millī angehört und der Ertrag des Dorfes Pāzār-ı Zānḳraṭ in Höhe eines Fünften Weizen und Gerste zusammen mit allem Anderen in Höhe von 2000 Aḳçe im Einzel-Verzeichnis eingetragen ist. Im zusammenfassenden Verzeichnis des Gerichtssprengels von Mardin ist eingetragen, dass die Steuererträge der Windgebühren sowie der Brautgebühr für den Millī-Stamm ein Mitglied der Göçlü[509] mit allem Weiterem einsammelt und dieser dazu bestimmt wird, 64 999 Aḳçe, davon abzüglich von seinem Lehen einmal 22 000 und (sechs) Mal 1500 Aḳçe seiner Anteile abzuziehen und den Rest von den 33 999 Aḳçe der imperialen Domäne jährlich an mein imperiales Schatzamt zu bezahlen. Wobei dies eine Aufsummierung ist und damit dies hinsichtlich der Stammesanführerschaft für die Millü Oġulları mit gewichtiger sultanischer Unterschrift korrigiert und (von den 20 000 Aḳçe der 2(...)000 Aḳçe)[?][510] die Summe nicht verfälscht wird, ist eingetragen, dass 10 000, darüber hinaus einmal 2000 Aḳçe und drei Mal 1500 Aḳçe ihrer Anteile zu (Händen) von erwähntem Muḥarrem bin Ḥaydar enthalten sind. Weil dies so eingetragen ist, ist dies mein Befehl, gemäß dem imperialen Defter zu verfahren. Ich ordne an, dass sobald mein ehrwürdiger Befehl eintrifft, sie hierbei gemäß meinem eröffneten Befehl verfahren sollen. Darüberhinaus ist angeordnet, dass sie innerhalb des erwähnten Dorfes mit bekannten und festgelegten Grenzen wie seit jeher die durch sie eingetriebenen Zehnten und Steuern gemäß dem imperialen Defter vom Ertrag der Anbaugebiete der Angehörigen von erwähntem Stamm einen Zehnten in Höhe von 20% und von den Trauben-Erträgen ihrer Gärten den gesetzlich anteiligen Zehnten – für erwähnten Muḥarrem bin Ḥaydar und seinem Teilhaber einnehmen. (...) und Eure Halbpächter sollt nicht

509 Vermutlich der Stamm Millī-Göçer gemeint, wobei erwähnt wird, dass der Stamm der Millī für den osmanischen Staat als problematisch galt, da er für Plünderungen etc. bekannt war, vgl. Türkay (2001), S.500.

510 Wegen doppelt geschriebenener und fehlender Wörter im Original rechnerisch nicht nachvollziehbar.

gegen das imperiale Defter Ausreden finden und diesem widersprechen und in die richterliche Entscheidung nicht Anhänge, die nichts damit zu tun haben, in gekürzter Form hineinmischen. Diejenigen die nicht gehorchen und widerspenstig sind sollt Ihr mit genauer Aussehensbeschreibung hinsichtlich Sachverhalt und Wahrheitsgehalt notieren und dies meiner Pforte des Glücks unterbreiten. Eingetragen in der ersten Dekade des Monats Receb im Jahre 1171.
In der wohlbehüteten Stadt Konstantinopel

247/39/b

(1) ḳıdvet ül-ḳużāt ve 'l-ḥükkām ma'den ül-fażā'il ve 'l-kelām mevlānā Mārdīn ḳāżīsi zīde fażluhu (2) ve ḳıdvet ül-emācid ve 'l-ā'yān Mārdīn voyvodası____zīde mecduḥu tevḳī'-i refī'-i hümāyūn vāṣıl (olıcaḳ ma'lūm) (3) ola ki nefs-i nefīs-i hümāyūnum içün be her sene Mārdīn cānibinden kiler 'āmireme mu'tād olan yüz (yirmi baṭman) (4) icāṣ dersa'ādetime naḳl olunmaḳ üzere ḥelvāḫāne-'i ma'mūrem ṭarafından mübāşir ta'yīn olunagel(ēn) (...) (5) me'mūr ḳılınan mübāşirlere cānib-i mīrīden ḫarcırāh vėrilmesi mesbūḳ olmadığından naḳlında (...) (6) keṡīreye mūceb olmağla ol miḳdār icāṣıñ naḳli içün maḫṣūṣ-ı mübāşir ta'yīne ve ḫarcırāh vėr(ildigi ücretine) (7) taḥammül olmadığına binā'en senki voyvoda-'ı mūmā ileyhsin işbu yetmiş bir senesine maḥsūben ve fīmāba'd (...) (8) gönderilecek icāṣı ġāyet pāk ve ā'lā ve güzīde olmaḳ üzere tedārik ve ücret-i naḳlīyesi (...) (9) olan Mārdīn voyvodalığı muḳāṭa'ası mālından taḳāṣ olunmaḳ şarṭıyla ṭavarlara taḥmīl (ve) (10) maḫṣūṣ-ı mübāşir ta'yīn ve ba'd ezīn dersā'adetimden maḫṣūṣ-ı mübāşir ta'yīnine ḥācet-i ḳā(nūn)[?] (11) üzere vaḳt ve zemānıyla dersa'ādetime māan irsāl ve kiler 'āmireme teslīm ėtdirmek fer(mān) (12) olmağın ḫāṣṣaten işbu emr-i şerīf-i 'ālīşānım ıṣdār ve____ile irsāl olunmuş(dur) (13) vuṣūlunda işbu yetmiş bir senesine maḥsūben ve fīmāba'd beher sene yüz yirmi baṭman icāṣ (14) tedārik ve ġāyet pāk ve ā'lā olmaḳ üzere ṭavarlara taḥmīl ve ṭarafıñdan maḫṣūṣ ül-(mübāşir ta'yīn)[?] (15) ve dersa'ādetime irsāl ve kiler-i 'āmireye teslīm eylemege ihtimām ve diḳḳat ve ücret naḳlīyesi ne miḳ(dār) (...) (16) bālıġ olunur ise ḥüccet-i şer'īye ėtdirüb[!][511] muḳāṭa'a-'ı mezbūra mālından maḥsūb olmiḳ(dār) (...) (17) yediñde ḥıfẓ eyliyesin ve senki ḳāżī mūmā ileysin sen daḫī mūcib-i emr-i şerīfimle 'amel ve (ḥareket) (18) ėtmek bābında fermān-ı ālīşānım ṣādır olmuşdur buyurdumki ḥükm-i şerīfimle ____ (19) varduḳda bu bābda vech-i meşrūḥ üzere şerefyāfte-'i ṣudūr olan işbu emr-i şer(īf-i celīl) (20) üş-şān vācib ül-itbā' ve lāzim ül-imtiṡālımıñ mażmūn-ı münīfi birle 'āmil olub ḫılā(fından) (21) bi-ġāyet iḥtirāz ve ictināb eyliyesiz şöyle bilesiz 'alāmet-i şerīfe i'timād

511 ėtdirdüb

ḳıl(asız) (22) taḥrīren fī 'l-yevm el-ʿaşrīn min şehr-i Receb sene iḥdā ve sebaʿīn ve miʾe ve ʾelf
bi-maḳām-ı Ḳosṭanṭinīye 'l-maḥrūse
(*Legalisierungsformel*)
طبق اصله العاللى نمقه الفقير اليه عز شأنه الحاج ابو بكر المولاخلافة بمدينة[!][512] آمد المحمية عفى له
ṣūret berātdır

247/39/b

Vorbild der Kadis und Richter, Quell des Wortes und der Beredsamkeit, unser Herr, Richter von Mardin – möge seine Tugend wachsen – und Vorbild der Ruhmvollsten und Edlen, Voyvoda von Mardin____ – möge seine Macht zunehmen – sobald das edle, großherrliche Namenszeichen eintrifft, sei kund: Um die üblicherweise für meine eigene imperiale Exzellenz jährlich seitens Mardin für meine imperiale Vorratskammer bestimmten 1(20 Baṭman) Pflaumen an meine hohe Pforte übergeben zu lassen und (weil) seitens des Staates die Erstattung der Spesen für die durchführenden Bevollmächtigten, wobei der Bevollmächtigte schon immer seitens meines blühenden Troges der Erquickung ernannt wurde, und die Bezahlung die Spesengebühr seitens des Schatzamtes für die Bevollmächtigten noch nicht erfolgte und für deren Übergabe es vieler (...) bedarf, sollst Du der Du erwähnter Vovoda bist, um diese Menge Pflaumen zu übergeben, weil zur Ernennung eines Sonderbeauftragten und für die Spesengebühr noch nichts unternommen wurde, gerechnet bis zu diesem Jahr 71, wobei künftig (...) die zu schickenden Pflaumen besonders gut und ausgewählt sein sollen, unter der Bedingung dass das Amt des Voyvodas von Mardin (...) deren Übergabe und die Übergabe der Gebühr mit dem Vermögen seiner Abgabeneinheit verrechnet, Lastpferde beladen und einen speziellen Sonderbevollmächtigten einsetzen. Weil in Zukunft die Einsetzung eines Sonderbevollmächtigten von meiner Pforte des Glücks aus eine Notwendigkeit (des Gesetzes)[?] ist, sollst Du diese zeitig an meine hohe Pforte mit ihm zusammen schicken und an meine imperiale Vorratskammer übergeben lassen. Weil dies mein Fermān ist, erteile ich insbesondere meinen edlen imperialen Befehl und schicke ihn mit____. Bei seinem Eintreffen sollen gerechnet bis zu diesem Jahr 71 und künftig jedes Jahr 120 Baṭman Pflaumen übergeben werden, wobei diese besonders gut und ausgewählt sein und die Lastpferde beladen werden sollen. Es soll von Dir ein Sonderbevollmächtigter (ernannt werden), an meine hohe Pforte geschickt, bei der Übergabe an meine

512 بمدينهء

imperiale Vorratskammer Vorsicht geübt und für die Übergabe der Gebühr egal welche Höhe (...) sie erreicht, eine Abschrift erstellt werden, wobei Du das vom Vermögen der erwähnten Abgabeneinheit Abgezogene bei Dir aufbewahren sollst. Du, der Du der erwähnte Kadi bist, sollst auch gemäß meinem ehrwürdigen Befehl verfahren und hierbei eröffne ich meinen ehrwürdigen Befehl und ordne Folgendes an: Sobald____mit meinem ehrwürdigen Befehl eintrifft, sollt Ihr hierbei wie beschrieben gemäß dem erhabenen Inhalt dieses ehrwürdigen, großartigen Befehls, der Gefügigkeit fordert, handeln. Vor Zuwiderhandlungen dessen sollt Ihr Euch äußerst in Acht nehmen und Vermeidung üben. So sollt Ihr Solches wissen und dem erlauchten Handzeichen Vertrauen schenken.
Aufgezeichnet am zehnten Tag des Recebs im Jahre 1170. (30.03.1758)
In der wohlbeschützten Stadt Konstantinopel.
(Legalisierungsformel)
In Übereinstimmung mit dem hohen Original hat es derjenige geschrieben, der seiner – groß sei sein Ruhm – bedurfte, Ḥāc Abū Bekir, richterlicher Amtsinhaber in der wohlbehüteten Stadt Āmid – möge ihm verziehen werden.
Abschrift des Berāts

247/39/d

nişān-ı şerīf-i ʿālīşān sāmī mekān-ı sulṭānī [ve] ṭuġra-ı ġarrā-yı cihān sitān-ı ḫāḳānī ḥükmü oldur ki
(1) (sāye-ʾi) belend-i padışāhānemde vāḳiʿ memālik-i maḥrūsemde mütevaṭṭın-ı ehl-i ẕimmetden[!][513] yahūd ve naṣārānıñ[!][514] şerʿan (2) ([rüʾūs)larına mażrūb[!][515] olan cizyeleri beyt ül-māl-ı müslimīniñ emvāl-ı meşrūʿasından olmaġla meẕheb-i ḥanefīye (3) (üze)re müstaḥaḳḳ-ı cizye olanlardan āʿlā ve evsaṭ ve ednā iʿtibārıyla cibāyet olunmaḳ lāzim geldigine (4) (binā)ʾen bundan esbaḳ biñ yüz iki tārīḫinde evrāḳ ile cibāyetine niẓām vėrildikde aḥkām-ı şerʿīyede (5) (iʿti)bār olınan sene-ʾi muḥarremīyeniñ[516] mebdāʿ ve muṭallʿı olan ġurre-ʾi muḥarrem el-ḥarāmdan tevzīʿ-i evrāḳ (6) (ile c)ibāyet emvālına şürūʿ[!][517] ve mübāşeret olunmaḳ üzere ḳarār vėrilüb lakin baʿdehu senede (7) (gāh bir)er ve gāh ikişer ay taḳvīm olunaraḳ muḳaddemādan biñ yüz elli üç senesine maḥsūben (8) (taḥ)ṣīl olunacaḳ cizyeleriñ vaḳt-ı şürūʿ-ı[!][518] cibāyeti elli iki senesi ṣafarınıñ ġurresine

513 ẕimmeden
514 naṣārānı
515 mażrūbe
516 Jahr mit dem Ersten Muḥarrem beginnend.
517 şüruʿa
518 şürūʿa

gelmekle (9) (vāṣi)l-i[?] sene iʿtibār olınan ġurre-ʾi muḥarremden faḳaṭ bir ay teʾḫīri olmaḳ ḥasebiyle elli üç (10) (sene)si nāmıyla cibāyet olunacaḳ cizyelerine elli iki senesi nāmı ve sene-ʾi muṣaḥḥaḥa taʿbīri ile (11) (cib)āyet ve fīmābaʿd ġurre-ʾi muḥarremden taḫallüf ėtmemek üzere niẓām-ı merġrūba ifrāġ[!][519] (12) (olu)nmuş iken yine vaḳt tercīʿ olunaraḳ yetmiş iki senesi cizyesiniñ daḫī bir māh (13) (terc)īʿyi ile yetmiş bir senesi Rebīʿ ül-evveliñ ġurresinde bedʾ[!][520] ve mübāderet[!][521] olunmuş oldıġına bināʾen (14) (yet)miş üç senesine maḥsūben tevzīʿ olunacaḳ cizyeleriñ ḳıyās-ı sābıḳ yetmiş iki senesi (15) (Ṣa)farında küşādı iḳtiżā ėtmeġin ber vech-i muḥarrer yetmiş iki senesi Ṣafarında yetmiş üç senesi (16) (nā)mıyla tevzīʿ olunacaḳ cizyeler ḥıfẓen lin-niẓām bir ay taḳvīm ile yetmiş iki senesini ġurre-ʾi muḥarreminde (17) (fe)tḥ ve küşād ve tekrār vāhimesiniñ defʿi içün sene-ʾi mezbūre cizyesi evrāḳına ṭıbḳı olınan sene-ʾi (18) (mü)hürine ʿan evvel-i Muḥarrem lafẓı żamm ve idḫāl ve baʿd ezīn niẓām-ı mezbūr müstemirr ve merʿi ṭutulmak içün (19) sinīn-i ātīyede daḫī be her seneniñ ṭıbḳı olunacaḳ sene-ʾi mühürine bu taʿbīrin[!][522] eṣnāf ve idḫālıyla (20) (iştirā)k[?] ve istiʿmāl olunmaḳ şerʿan ve ḳānūnen emr-i müstaḥsen ve bundan soñra taḳvīm ġāʾilesi ʿavn (21) (illāhi te)ʿālā ile ber ṭaraf olmaḳ ḥasebiyle reʿāya fuḳarāsına daḫī mūcib-i asāyiş olacaġı vāżıḥ ve (müberhen) (22) (o)lmaġla cizye-ʾi cedīde vech-i meşrūḥ üzere tanẓīm ve ṭıbḳı olınan tārīḫ-i mühürine ʿan evvel-i Muḥarrem (23) (laf)ẓı żamm ve idḫāl olmaġla in şāʾ Allāhü teʿālā yetmiş iki senesi Muḥarrem el-ḥarāmı ġurresinde fetḥ ve küşād (24) (t)evzīʿine mübāderet olunmaḳ bābında ḫaṭṭ-ı hümāyūn-ı şevketmaḳrūnum ṣādır olmaġın Mārdīn (25) (ve) Nuṣaybīn ḳażālarında ve tevābiʿinda sākin ve mütemekkin ve mürūr ve ʿubūr ėden ehl-i (26) (ẕi)mmet-i kefere ve yahūd ve erāmine-ʾi ʿacem ṭāʾifeleriniñ şerʿan üzerlerine lāzim gelēn muḥarremi yüz (27) (yet)miş iki senesi cizyeleri cibāyetine sene-ʾi mezbūre Muḥarrem el-ḥarāmı ġurresinde mübāderet (28) (ė)yleyüb ve maḥallından memhūr ve mümżā defteri götürüb ḥesābı rüʾyet olunmaḳ üzere (29) (ik)iyüz otuz āʿlā ve biñ beşyüz ṭoḳsan dört evsaṭ ve beşyüz yirmi ednā ki eṣnāf-ı (30) (ẕe)lāẕe iʿtibārıyla cemʿan iki biñ üçyüz ḳırḳ dört evrāḳ ile ḥālā Mārdīn voyvodası (31) (o)lan işbu rāfīʿ-i tevḳīʿ-i refīʿ üş-ṣān-ı ḫāḳānī ḳıdvet ül-emācid ve 'l-aʿyān____(32) (z)īde mecduhuya ber vech-i emānet derʾuhde ve tefvīż olunub işbū berāt-ı ʿālīşān (33) maʿdelet-ġāyātı vėrdüm ve buyurdumki cizyedār-ı mūmā ileyh varub ġurre-ʾi Muḥarrem el-ḥarāmda (34) (ḥ)ākim ül-vaḳt müvācehesinde mīri mühürleriyle

519 ifrāġa
520 Bedʾe
521 mübāret
522 taʿbīriñ

memhūr cizye evrāḳı boġçasınıñ mühürleri ḳaṭ' ve evrāḳda (35) (o)lan mühürleriyle taṭbīḳ olduḳdansoñra bir kiseye vaż' ve vilāyet ḳāżīsi mühürleyüb (36) (ve) dersa'ādetime irsāl eyliye ve ḳalem-i mezbūr[!][523] tābi' her bir belde ve ḳaryede sākin ve mevcūd (37) (olan ye)rlü ve yabancı ve mürūr ve 'ubūr ėden ehl-i ẕimmet-i kefere ve yahūd ve erāmine-'i 'acem ṭā'ifeleri (38) ve emred-i mürāhiḳ ḥükmine dāḫil olub şer'an cizyeye müstaḥaḳḳ olan ġulāmlarını geregi gibi (39) (taḳ)ayyüd ve ihtimām ile tafaḥḥuṣ olunub ve bir ferdī ḫāric ve kāġıdsız ḳalmamaḳ şarṭıyla (40) (ber) vech-i şer' üzere ahālīsi beyninde eṣnāf-ı s̱elās̱eniñ ḳangı ṣınıfdan 'ad ve i'tibār (41) (o)lunur ise muḳaddemā ḫaṭṭ-ı hümāyūn-ı şevketmaḳrūnla vėrilen niẓām mūcibince faḳīr mü'temelinden ednā (42) (i)'tibārıyla bir zer-i maḥbūb ve vasaṭ ül-ḥāl olanlardan evsaṭ i'tibārıyla iki zer-i maḥbūb ve ẓāhir (43) (ül)-ġınā mükṡir olanlardan ā'lā i'tibārıyla dört zer-i maḥbūb alunub zer-i maḥbūb tedārikinde (44) 'acız ve 'usretleri ẓāhir olanlardan zer-i maḥbūb ḥesābı üzere ā'lādan on bir ġuruş

247/39/d (zweiter Teil auf 247/40, rechte Seite)
(1) ve evsaṭdan beş buçuḳ ġuruş ve ednāsından iki buçuḳ ġuruş bir ruba' olmaḳ üzere ecnā(s-ı nuḳūddan) (2) ne gūna aḳçe götürürler ise ḫāliṣ ül-'ayār ve tāmm ül-vezn olanlarını rāyic oldıġı vech üz(ere müdevver-i) (3) cedīd İsṭanbūl altunı dört yüz ḳırḳ aḳçeye ve zer-i maḥbūb ile zincīrlī[!][524] mıṣır altunı ü(çyüz) (4) otuz aḳçeye ve ṭuġralı mıṣır altunı üçyüz on beş aḳçeye ve ṭuġralu ṣaġ para her(ḳırḳ) (5) 'adedi bir ġuruş ḥesābıyla alunub cizyeleri bu vecihle cibāyet ve taḥṣīl ve şür(ūṭ-ı) (6) muḳarrere-'i meẕkūre kemāl-ı ihtimām ve i'tidāl üzere mürā'āt olunub ḥaddı tecāvüz (ve ta'addī) (7) ile sebīl-i ṣadāḳet ve ṭarīḳ-i istiḳāmetden 'udūl ėdenleri şer'an müstaḥaḳḳ olduḳ(larin) (8) cezāları[!][525] tertīb ve ecri oluna ve ehl-i ẕimmet-i kefereñiñ herbirine mīrī mühürleriyle memhūr (eşkālıyla) (9) birer kāġıd vėrilüb ve 'ummāl-ı cizyeye tevzī' eyledigi evrāḳıñ ā'lāsından on iki pa(ra) (10) ve evsaṭından ṭoḳuz ve ednāsından altı para maişet ve bundan mā'adā her varaḳdan bi(rer para (11) cizye muḥāsebecisi ve kātiblerine ücret-i kitābet ta'yīn olunmaġla müctem'i olan emvāl-ı cizye(den) (12) ḥīn-i muḥāsebede deynlerine maḥsūb olunub memālik-i maḥrūsemde vāḳi' evḳāf-ı ḳaryeler(de) (13) sākin-i ehl-i ẕimmetden salāṭīn-i 'iẓām vüzerā-yı kirām ve mīr-i mīrān ve sā'irleriniñ ḫ(avāṣ) (14) ve ocaḳlıḳlarına ve voyvodalıḳlara dāḫil ve ba'ż-ı esbāba binā'en ve defterden ifrāz ve maḳtū(') (15) olanlar gerek rāhib ve batrīḳ ve ḳasīs ve bir ṭarīḳ

523 mezbūre
524 zincīrikli
525 cizyeleri

ile ellerine berāt alub tercümanlıḳ (16) ve müsellimlik ve muʿāfiyet iddiʿāsında olanlar bil-cümle refʿ olunmağla mādamki iktisāb ve ʿamele (17) ḳādir olub iktisābdan māniʿ olub ezmānde ve żarāret ve felc veyāḫūd eks̱er ʿāmında (18) marīż olmaḳ gibi aġdār-ı ṣaḥīḥesi olmıya sāʾir ehl-i ẕimmetden istis̱nā olunmayub (19) cümlesiniñ vech-i şerʿi üzere istiḥḳāḳlarına göre evrāḳları yed-i vāḥidden eṣnāf-ı (20) s̱elas̱e iʿtibārıyla cizyeleri cibāyet ve cizyeye müstaḥaḳḳ olmıyan ṣabī ve ẓāhir ül-ġınā (21) olmayub pīr-i fānī ve ʿamel mānde ve kār ve kesbe iḳtidārı olmıyanlardan ḫilāf-ı (22) şerʿ-i şerīf cizye ṭaleb olunmıya ve ehl-i ẕimmetden āyende ve revende ve defʿaten edāya (23) ḳudreti olanlardan māʿadā[!][526] ancaḳ faḳīr-i muʿtemelinden dört taḳsīt ile cemʿ (24) ve taḥṣīl eyleyüb ve cizyedārlar māl-ı cizyeyi vaḳt ve zemānıyla cizye-ʾi ʿāmireme (25) teslīm eyliyeler ve māl-ı cizye naṣen ve ictihāden īcāb ėden vāridāt-ı şerʿīyeden (26) olub ehl-i ẕimmet süḳūṭ-ı cizyeyi müstelzim olub ġadrdan sālim iken (27) ẕil ve ṣiġār ile müstaḥaḳḳ olduḳları cizyeleriñ vėrmemek içün bīvech-i ġadr irādıyla (28) ictirā veyāhūd bir ṭarīḳ ile ibā ve bir yėrde iḫtifā veyāhūd āʿlāya müstaḥaḳḳ iken (29) evsaṭ ve evsaṭa müstaḥaḳḳ iken ednā cizyesin vėrmege taʿaddī ėderi olur ise (30) cizye şerʿīyelerinden imtināʿ eyledikleri içün ol maḳūleleriñ rıḳbesi üzerine (31) mażrūbe olan cizyeleri alındıḳdan soñra şerʿan eşedd-i ʿiḳāb ile icāb ėden (32) cezāları tertīb oluna ve ahālī-i vilāyetden baʿż-ı ẕī ḳudret kimesneleriñ bāġ (33) ve bağçe ve çiftlik ve degirmen ve māndıralarında çuban ve teroğlanı nāmıyla ve sāʾir (34) bahāne ile ehl-i ẕimmeti istiṣḥāb ve cizyeleri vėrdirmeyüb bu gūna ḥarekete (35) cesāret ėdenleri bāʿis̱-i ḫiẕlān-ı ebed olub ʿuḳūbāt-ı şedīde ile muʿaḳḳab (36) olunacaḳların muḳarrer ve muḥaḳḳaḳ bilüb selāmet ḥālları içün kemāl-ı intibāh üzere (37) ḥareket eyliyeler ve cizyedārlar birbirleriniñ muḳāyeselerine dāḫil olmıyan reʿāyāyı (38) ḫafīyeten ḥīle ile evrāḳ gönderüb tevzīʿ olındığı şerʿan s̱ābit olunduḳda (39) vėrdigi kāğıtlar gerü kendüye redd ve aḳçesi bit-temām taḥṣīl ve aṣıl cizyedārına (40) teslīm ve taḥammüllerine göre evrāḳları muḳāyesesine dāḫil olan cizyedār ṭarafından (41) vėrdirilüb bir vecihle taʿallül ve muḫālefet ėtdirilmeyüb ve baʿż-ı reʿayā sākin (42) oldığı ḳarye ve ḳurāsinda münʿam ve mütemevvil āʿlā veyāḫūd evsaṭ taḥammül iken āʿlā (43) ve evsaṭ cizyesin vėrmemek içün civārlarında vāḳiʿ aḫır ḳażā cizyedārlarından (44) ḥīle ile evsaṭ veyāḫūd ednā kāğıd alub mīrīye ġadr eylemek iḥtimālları (45) olur ise ol aṣıllarıñ ahālīsi beyninde mülk ve emlākına naẓar olunub

526 māʿadāsınıñ

247/39/d (dritter Teil auf 247/40, linke Seite)

(1) (eṣnāf-ı) s̱elās̱eniñ ḳangı ṣınıfdan ʿad ve iʿtibār olunur ise vech-i şerʿ üzere istiḥḳāḳlarına göre (2) (evrā)ḳları vėrilüb lakin bu bahāne ile reʿāya fuḳarāsına ġadr ve tecāvüz eylemiyeler ve beher bir ehl-i (3) (ẕimmetiñ) taḥammüllerine göre cizyeleri cibāyet olunmaḳ muḳteżā iken baʿż ül-maḥallāt ve ḳurānıñ ḳoca (4) (baş)ıları[!][527] kendü cizyelerin taḫfīf içün ṭopdan evrāḳ alub reʿāya istiḥḳāḳlarına (5) (göre) tevzīʿ olunmayub mālı her ne ise beynlerinde ḥesāb ve ḫilāf-ı şerʿ-i şerīf ʿalā 's-sevīye (6) (te)vzīʿ olunduġu semʿ-i hümāyūnuma ilġā olunmaġla bu bida-ʿat-ı kerīhe daḫī menʿ olunub (7) (her) bir ehl-i ẕimmetiñ istiḥḳāḳlarına göre cizyedārları yedinden işkālıyla evrāḳları (8) (vėr)ilüb cizyeleri cibāyet oluna ḥāṣıl-ı kelām ḫilāf-ı şerʿ-i şerīf bir ferdī (9) (ḫ)āric ve ḳāġidsiz ḳalmamaḳ üzere herbirine ʿalā vech üş-şerʿ taḥammül ve istiḥḳāḳlarına göre (10) (ev)raḳları vėri-lüb cizye-ʾi şerʿīyelerin[!][528] cibāyet eyledikden ṣoñra ḳaṣaba ve ḳarye üzerine (11) (ṭo)pdan evrāḳ ṭarḥ ve tevzīʿ eylemekden ġāyet ül-ġāye iḥtirāz ve ictināb oluna (12) (ḫ)ulāṣa-ʾı kelām şürūṭ-ı berātdan ziyāde bir aḳçe alındıġı veyāḫud ṭopdan evrāḳ (13) (ṭa)rḥ ve taḥmīl olındıġın ḫaberi alunur ise bi-lā-imhāl bu gūna ḥare-kete cesāret ėdenlerin[!][529] (14) (ce)zāları tertīb olunacaġın muḳarrer ve muḥaḳ-ḳaḳ bileler ve cibāyetine meʾmūr-ı ʿāmiller daḫī (15) (c)ādde-ʾi ḥaḳḳdan ʿudūl al-mayub kemāl-ı istiḳāmet ile ḥareket ve ḫilāf-ı şürūṭ-ı berāt-ı (16) ʿālīşān reʿayā fuḳarāsından başḳa maʿīşet ve ẕaḫīre ve kātibīye ve ṣarrāfīye (17) ve ḳolçı aḳçesi nāmıyla bir ḥabbe ṭaleb eylemiyeler kez̲ālik ḳużāt ve nevvāb daḫī <...> ḫarc-ı (18) maḥkeme nāmıyla reʿāyādan ve ʿummāl-ı cizyeden ḳalīl ve kes̱īr min baʿd nesne muṭālebe (19) eylemiyer şöyle ki ḳāżīler ve cizyedārlar celb-i māl sevdāsıyla reʿāyāya ẓülm ve taʿadd(ī) (20) ėderler ise sırren ve ʿalenen tecessüs ve tafaḥḥuṣ olunub izdiyād aldıḳları ẓāhir (21) olur ise ḳayd ve bend ile astāne-ʾi saʿādetime iḥżār ve şerʿan muḥkem ḥaḳḳlarından gelüb (22) aña göre işbu berāt-ı ʿalīşānımıñ şürūṭı mürāʿat olub ḳāżīlar ve voyvodalar (23) ve ḳurā żabıṭları ve sāʾir sākin-i vilāyet bil-ittifāḳ cizye cibāyeti ḫuṣūṣunda (24) cizyedāra iʿāneti ve muḫālefet ėderi olur ise ḥaḳḳlarından gelmek üzere (25) isim ve resimleriyle dersaʿādetime ʿarż ve iʿlām eyliyeler ve herbir neferiñ cizye mālını (26) edā eyledigi maʿlūm ol-maḳ içün cizyedār başḳa defter ṭutub[530] ḳaṣabada (27) olanları maḥallesiyle ve ḳaryede olanları ḳaryesiyle ve mürūr ve ʿubūr ėdenleri isim ve resimleriyle (28) ʿalā 'l-esāmī defter ve cizye muḥāsebesi ḳalemine teslīm eylemek üzere der dev-let- (29) medārıma götüreler [ve cizyedārlar] meʾmūr olunduġu ḳażā ve nevāḥīye

527 ḳoca başı ları
528 şerʿīyeleriñ
529 edenleriñ
530 ṭuṭub

tevzīʿ eyledigi evrāḳı min baʿd (30) ḳolçılar mühürleyüb ve işkālsız kāğıd vėrmeyüb ḥīn-i iḳtiżāda defʿ-i iştibāh içün (31) taṭbīḳ olunduḳda muṭābıḳ olmaḳ üzere ḳaleminde ḥıfẓ olınan kendü mühürleriyle mühürliyeler (32) ve işbu berāt-ı şerīf-i ʿālīşānımda taʿyīn ve tasrīḥ olınan şürūṭ ve ḳuyūduñ (33) tenfīẕ ve icrāsına herbirleri geregi gibi ihtimām-ı tāmm eyleyüb ḫilāfıyla vażʿ ve ḥareketden (34) iḥtirāz ve ictināb eyliyeler şöyle bileler ʿalāmet-i şerīfe iʿtimād ḳılalar taḥrīren fī 'l-yevm (35) eṣ-ṣānī Ẕī 'l-ḥicce sene iḥdā ve sebaʿīn ve miʾe ve ʾelf
(bi-maḳām-ı) Ḳosṭanṭinīye 'l-maḥrūse

berā-yı ḫuddām-ı cizye haftada taʿyīn olınan ücretleri beyān olunur

cizye emīnine[!][531] haftada	ġuruş	4
cizye kātibi ʿAbdüllaṭīf Efendiye haftada	ġuruş	4
cizye cibāyetine ḳable şerden taʿyīn olınan nāʾib Mollā Muṣṭafaya haftada	ġuruş	1½
cizye ṣarrafına haftada	ġuruş	1½
üç ḳolçıya haftada	ġuruş	3
el-yekūn	ġuruş	14
yalñız on dört ġuruşdur		

247/39/d

Der Erlass des hohen, ehrwürdigen, illustren Zeichens des erhabenen sulta-nischen Ortes (und) brillianten, imperialen welterobernden Monogrammes sei Folgender:
Weil die gesetzlich pro Kopf veranschlagte Cizye-Steuer für die unter meinem hohen großherrlichen (Schatten) befindlichen jüdischen und christlichen Angehörigen der Zimmis, die in meinen beschützten Gebieten leben, legales Eigentum des Schatzamtes der Muslime ist und weil von denjenigen, bei denen hinsichtlich der hanafitischen Rechtsschule die Cizye-Steuer fällig ist, hinsichtlich der hohen, mittleren und niedrigen die Steuereintreibung notwendig wird, wurde ab der Zeit um 1102, in der man mit Scheinen die Steuererhebung regelte, in den scheriatsrechtlichen Anordnungen der Beginn zur Steuereintreibung mit der Verteilung der Scheine für die Steuererhebungsgelder vom ersten geheiligten Muḥarrem an, der der Beginn des zu beurteilenden Muḥarrem-Jahres ist, beschlossen. Aber indem man danach im Jahr mal jeden Monat und mal alle zwei Monate eine kalendarische Anpassung vornahm und weil seit jeher der Beginn der Steuereintreibung der einzutreibenden Cizyegelder zum Ersten Safar des Jahres 52 gerechnet bis zum Jahr 1153 durchgeführt wurde und somit das (kommende Jahr) ab

531 emīni ne

dem zu berücksichtigenden Monat Muḥarrem an (...) sich lediglich um einen Monat nach hinten verschiebt, ist deswegen die mit dem „Jahr 53“ benannte Steuererhebung zur Cizye-Steuer, die mit der Bezeichnung „Jahr 52“ und „korrigiertes Jahr“ versehen ist, die (Steuererhebung). Damit es danach vom ersten Muḥarrem nicht differiert, hat man, indem es in die gewünschte Ordnung gegossen wurde, indem man den Zeitpunkt wiederholte und man erneut den Zeitpunkt des Cizyesteuer-Jahres 72 um einen weiteren Monat wiederholte und deswegen im Jahr 71 am ersten Rebīʿ begonnen hat, da gerechnet bis zum Jahr 73 die Eröffnung der zu verteilenden Cizye-Scheine nach vorherigem Abgleich im Ṣafar des Jahres 72 erforderlich ist, wie beschrieben die im Ṣafar des Jahres 72 und mit dem Namen „Jahr 73“ versehenen zu verteilenden Cizye-Scheine zur Beibehaltung der Ordnung mit der kalendarischen Anpassung eines Monats im Jahr 72 am ersten Muḥarrem beginnen lassen. Um die Wiederholung dieser störenden Vorstellung zu verhindern, ist es der scheriatsrechtliche und gesetzliche Befehl, auf den jeweiligen Jahresstempeln, die zu den Cizye-Scheinen passen sollen, den Ausdruck „am ersten Muḥarrem“ hinzuzufügen. Damit danach die erwähnte Ordnung für beständig und gültig gehalten wird, sollen in den kommenden zwei Jahren jedes Jahr auf den jeweiligen Jahresstempeln, die zu den Cizye-Scheinen passen sollen, zu diesem Ausdruck die Ausdrücke „Stände“ und „hinzugefügt“ versehen werden. Damit danach durch das Abwenden des Kalender-Ärgernisses mit Hilfe Gottes dem Allmächtigen auch die erforderliche öffentliche Anordnung für seine armen Untertanen klar und offenkundig wird, und damit die neue Cizye-Steuer wie beschrieben organisiert wird, soll auf dem passenden Zeitstempel der Ausdruck „am ersten Muḥarrem“ hinzugefügt werden. Damit – so Gott der Allmächtige will – am ersten geheiligten Muḥarrem des Jahres die Eröffnung zur Verteilung durchgeführt wird, wird hierzu mit meiner imperialen und herrschaftlichen Zeichnung Folgendes eröffnet: Die gesetzlich pro Kopf veranschlagte Steuererhebung der Cizye-Steuer am Muḥarrem des Jahres 172 für die Angehörigen der Stämme ungläubiger Zimmis, Juden und persischer Armenier in den Gerichtssprengeln von Mardin und Nuṣaybīn sowie in deren umliegenden Gebieten wird am ersten geheiligten Muḥarrem des erwähnten Jahres durchgeführt. Von da an wird ein gestempeltes und unterschriebenes Register geführt. Um die Kalkulation zu prüfen, werden hinsichtlich der drei Stände mit 230 von der hohen, 1594 von der mittleren und 520 von der niedrigen, welches insgesamt 2344 Scheine ergibt, sie diesem Darreichenden der erhabenen Unterschrift des Sultans, dem Voyvoda von Mardin, Stolz der Mächtigen und Großen,____ – möge sein Ruhm zunehmen –, Vorbild der Großen und Notabeln treuhänderisch anempfohlen und übertragen. So erteile ich diesen ehrwürdigen und äußerst gerechten Berāt und ordne Folgendes an: Der erwähnte Steuereintreiber soll am geheiligten Muḥarrem kommen und in Beisein des derzeitigen Herrschers die Siegel der Bündel der mit dem Mīrī-Stempel gestempelten Cizye-Scheine brechen. Nachdem er sie mit dem Stempel auf den Scheinen verglichen hat, soll er sie in einen Beutel tun und vom Kadi der Provinz abstempeln lassen und an meine hohe Pforte schicken. Die zu erwähntem Amt gehörenden Angehörigen der in jeder Stadt und in jedem Dorf Wohnenden und Ansässigen, Einheimischen und Fremden, sowie die umherziehenden Angehörigen der Zimmis, Juden und Gruppen persischer Armenier sowie Jugendliche sind in die Anordnung miteingeschlossen. Ebenso sollen die scheriatsrechtlich zur Cizye-Steuer verpflichteten Knaben genau mit Vorsicht und Umsicht überprüft werden. Damit keine Person ohne Schein ist und zu welchem Stand der drei Stände dann deren Angehörige auch immer scheriatsrechtlich gerechnet werden, soll entsprechend der Regelung, die mit imperialer und herrschaftlicher Zeichnung erteilt wurde, von der Gruppe der armen Bediensteten hinsichtlich der niedrigen eine Goldmünze, von den mittelgut gestellten hinsichtlich der mittleren zwei Goldmünzen und von denjenigen der offensichtlich Reichen hinsichtlich der hohen 4 Goldmünzen genommen werden. Bei denjenigen, die nicht in der Lage sind, diese zu bezahlen und sich in Schwierigkeiten befinden, soll entsprechend der Goldmünzenberechnung von der hohen 11 Ġuruş, von der mittleren 5½ Ġuruş und von der niedrigen 2¾ Ġuruş genommen werden. Welche Art von Aḳçe (sie auch bringen), soll gemäß vollem Gewicht und vollem Kurs nach dem neuen Kurs für den İstanbūl Altunı mit je 440 Aḳçe und einer Goldmünze, für den Zincīrli Mısır Altunı je 3(30) Aḳçe, sowie den mit der Ṭuġra geprägten Mısır Altunı mit je 315 Aḳçe sowie für weiteres mit der Ṭuġra geprägtes vertrauenswürdiges Geld für je 40 Stück ein Ġuruş berechnet werden. Damit auf diese Weise die Cizye-Steuer der Steuererhebung entspricht, sollen die erwähnten festgelegten Bedingungen mit umfassender Umsicht und vollständiger Ausgewogenheit eingehalten werden. Gleichzeitig sollen diejenigen, die Überschreitungsgrenzen übertreten und von der Beibehaltung des geduldigen Wegs abweichen, es scheriatsrechtlich verdienen, mit Strafen belegt und dafür belangt zu werden. Jedem der Angehörigen der ungläubigen Zimmis soll je ein mit dem Stempel der Mīrī-Steuer und ein mit einer Aussehensbeschreibung versehener Schein gegeben werden und für die Durchführenden der Cizye-Steuer von den zu verteilenden Scheinen von der besten Verdienstgruppe 12 Para, von den mittleren 9 und von der niedrigen 6 Para als Lebensunterhalt bleiben und darüber hinaus für jeden Schein zu je einem Para für den Cizye-Abrechner und für ihre Schreiber eine Schreibergebühr festgelegt und vom zusammengesammelten Cizye-Geld zum Zeitpunkt der Abrechnung als ihre Schulden abgerechnet werden. Abgesehen von den in den Dörfern meiner beschützten Herrschaftsgebiete wohnenden Zimmis sollen die Domänen und Voyvodalıḳs der großen

Herrscher, illustren Wesire, Provinzgouverneure und Weiterer mit enthalten sein. Diejenigen, die angeben Übersetzungsdienst auszuüben, steuerbefreit oder entschuldigt zu sein, wobei sie wie diejenigen, die aus begründeter Sachlage steuerbefreit sind, wie z.B. Mönche, Patriarchen oder Priester, irgendwie den Privilegientitel besitzen, sollen vollständig ausgeklammert werden. Solange sie aber in der Lage sind, Gewinn abzuwerfen, soll ihnen Gewinn untersagt werden. Sie sollen nicht Jahreszeit, Blindheit, Lähmung oder die meisten Jahre krank gewesen zu sein angeben, wenn es keine echte Bedrückung war und sollen nicht zu den anderen Angehörigen der Zimmis eine Ausnahme bilden. Von ihren Gruppen soll scheriatsrechtlich entsprechend ihrer Einstufung aus einer Hand kommend die Cizye-Steuer der drei Stände der Steuererhebung entsprechen. Man soll nicht die Cizye-Steuer entgegen dem ehrwürdigen Gesetz von Knaben oder Personen, die offensichtlich nicht reich sind oder einem alten Mann oder Leuten, die arbeitsunfähig und irgendwie nicht in der Lage sind, Verdienst zu erwirtschaften, verlangen. Abgesehen von den Zimmis, die umherziehen und denjenigen, die zu einer einmaligen Zahlung in der Lage sind, soll man dennoch von den armen Bediensteten mit 4 Ratenzahlungen die Cizye-Steuer einsammeln. Denn die Steuereintreiber sollen auch unter Ratenzahlungsvereinbarungen zeitig an meine herrschaftliche Schatzkammer die Cizye-Steuer übergeben denn die Cizye-Steuer gehört zu den eifrig bestrebten rechtmäßigen Einnahmen. Wenn die Angehörigen der Zimmis einen Wegfall der Cizye-Steuer benötigen und um zusammen mit den vor Bedrückung geschützten Personen, die niedrigen Ranges oder minderjährig sind, ihre fällig werdende Cizye-Steuer nicht zu bezahlen, es wagen, durch unrechtmäßige Bedrückung mit ihren Einkünften zu spekulieren oder auf irgendeine Weise verweigern anzugeben oder es irgendwo zu verbergen oder wenn sie in die höhere Cizye-Klasse eingestuft worden sind, die mittlere oder wenn sie in die mittlere Cizye-Klasse eingestuft worden sind, die niedrige Cizye-Steuer zu bezahlen, soll man, damit sie nicht ihre scheriatsrechtliche Cizye-Steuer verweigern, nachdem man die veranschlagte Cizye-Steuer in Erwartung solch verachtenswerter Dinge genommen hat, sie mit schärfster Bestrafung belangen. Wenn einige zahlungskräftige Personen, die bei ihren Rebbergen, Gärten und Höfen, Mühlen und Milchhöfen Angehörige der Zimmis unter der Bezeichnung Schäfer oder Handlanger und anderen Vorwänden anstellen und ihre Cizyesteuer nicht geben und es auf diese Weise wagen, diese Art von Verhalten an den Tag zu legen, soll Grund für ewige Hilflosigkeit sein. Es versteht sich als zweifelsfrei und beschlossen, dass sie mit schweren Bestrafungen gemaßregelt werden. Damit sie sich sicher währen können, sollen sie umfassende Vorsicht walten lassen. Wenn gerichtlich festgestellt ist, dass die Steuereintreiber Untertanen, die nicht in ihrem Abgleich enthalten sind, mit einer List[532] Scheine geben, sollen die abgegebenen Scheine ihnen *(den Untertanen)* wieder zurückgegeben, die Akçe vollständig eingesammelt und dem eigentlich zuständigen Steuereintreiber übergeben werden. Gleichzeitig sollen sie *(die Untertanen)* sich von den Steuereintreibern entsprechend ihrer Steuerbelastung die in ihrem Abgleich mit einbezogenen Scheine zurückgeben lassen. Sie sollen nicht auf irgendeine Weise Ausflüchte finden oder widersprechen. Wenn einige der in Kleinstädten und Dörfern wohnenden Untertanen, die finanziell gut gestellt und reich sind und die mit der hohen oder mittleren belastet sind, versuchen, um ihre Cizye-Steuer nicht zu bezahlen, von Steuereintreibern eines anderen Gerichtssprengels ihrer Umgebung mit einer List Scheine für die mittlere oder untere Steuerklasse zu nehmen und die Vermutung besteht, die Mīrī-Steuer zu fälschen, soll unter den Angehörigen dieser Familien ihr Eigentum und ihre Güter überprüft werden und wenn gerechnet und eingeschätzt wird, zu welcher Klasse sie gehören, sollen angesichts des Scheriatsrechts entsprechend ihrem Verdienst die Scheine herausgegeben werden. Denn sie sollen mit diesem Vorwand die Armen der Untertanen nicht täuschen und übervorteilen. Weil meinem großherrlichen Gehör zu Ohren gekommen, dass, um den Dorfältesten in manchen Gegenden und Dörfern die Cizye-Steuer zu vereinfachen, in Einem zusammengewürfelte Scheine genommen und nicht entsprechend der Steuerbemessung verteilt wurden, sondern wenn es sich um Cizye-Geld handelte, unter ihnen die Abrechnung entgegen dem ehrwürdigen Scheriatsrecht auf gleichem Niveau vorgenommen wurde, wobei die Steuererhebung der Cizye-Steuer jedes Untertanen gemäß seiner Einstufung erforderlich ist, gilt diese verachtenswürdige Neuerung ebenso als verboten. Jeder einzelne Angehörige Deiner Zimmis soll aus Händen der Steuereintreiber entsprechend seiner Belastung die Scheine nehmen und seine Cizye-Steuer soll der Steuererhebung entsprechen. Damit kurz gesagt – entgegen den Bedingungen des Berāts kein Einziger mehr ohne Schein ist, sollen entsprechend dem Gesetz hinsichtlich ihrer Belastung und Steuerbemessung die Scheine gegeben werden. Nachdem die scheriatsrechtliche Cizye-Steuer erhoben worden ist, soll man besonders Acht geben und sich davon fernhalten, hinsichtlich Städten und Dörfern in Einem zusammengewürfelte Scheine bereitzustellen und zu verteilen. Kurz gesagt, wenn entgegen den Bedingungen des Berāts die Nachricht gemeldet wird, dass nur ein kleinster zusätzlicher Akçe genommen wird und die Scheine in Einem zusammengewürfelt bereitgestellt und verteilt werden, sollen sie wissen, dass beschlossen ist, dass für diejenigen, die es wagen, dieses Verhalten weiter an den Tag zu legen, unverzüglich Strafen auferlegt werden. Die für die

532 Vermutlich gefälschte Scheine.

Erhaltung des Rechts und die für die Steuereintreibung beauftragten Verwaltungsbeamten sollen vom Weg des Rechts nicht abweichen. Mit vollständiger Beharrlichkeit sollen sie fortfahren und nicht entgegen den Bedingungen des hohen Berāts von den armen Untertanen einen weiteren Unterhalt oder auch nur ein Körnchen mit Bezeichnungen wie Vorrats-, Gerichtsschreiber-, Geldwechsel- oder Wachposten-Aḳçe fordern. Auch sollen die Richter *(ḳużāt)* und Hilfsrichter *(nevvāb)* ebenso nicht von den Untertanen und von den Durchführenden der Cizye-Steuer Dinge mit Namen wie Gerichtsausgaben, sei es wenig oder viel, verlangen. Es ist notwendig, dass, wenn die Richter und Steuereintreiber mit ihrem Streben nach Auftreiben von Geldern den Untertanen Unrecht und Unterdrückung zumuten, dieses geheim und öffentlich untersucht und geprüft wird. Wenn die erhöhte Gelder Eintreibenden bekannt werden, sollen sie registriert und gefesselt in meine Schwelle des Glücks einbestellt und gemäß dem Scheriatsrecht streng verurteilt werden. Dementsprechend sollen sie die Bedingungen dieses ehrwürdigen Berāts respektieren. Wenn die Richter, Voyvodas und Anführer der Dörfer und andere Einwohner des Dorfes hinsichtlich der Erhebung der Cizye-Steuer in gegenseitigem Einvernehmen den Steuereintreibern helfen und somit widersprechen, sollen sie hinsichtlich ihrer Bestrafung mit Namen und Aussehensbeschreibung meiner hohen Pforte vorgestellt und bekannt gemacht werden. Damit bekannt ist, was die jeweilige Person an Cizye-Steuer zu zahlen hat, sollen die Steuereintreiber ein weiteres Protokoll führen. Indem sämtliche in der Stadt Befindlichen mit ihrem Viertel und die in den Dörfern Befindlichen mit ihrem Dorf sowie die Umherziehenden mit Namen und Aussehensbeschreibung namentlich eingetragen werden und die Cizye-Aufstellung dem Amt übergeben wird, sollen sie es an die Pforte meines helfenden Staates bringen. [Die Steuereintreiber] sollen nicht die in dem angeordneten Gerichtssprengel und in den Unterbezirken zu verteilenden Scheine im Nachhinein durch Wachposten abstempeln lassen und Scheine ohne Aussehensbeschreibung verteilen. So sollen sie bei Notwendigkeit zur Zweifelbeseitigung wenn sie verglichen werden, zur Übereinstimmung mit den Stempeln, die beim Gerichtsschreiber aufbewahrt werden, abgestempelt werden. Sie sollen alle die in meinem ehrwürdigen Berāt angekündigten und klar ausgesprochenen Ausführungen der Bedingungen und Eintragungen genau beachten, nicht wider dem Benehmen widersprechen und sich äußerst in Acht nehmen. So sollen sie Solches wissen und meinem großherrlichen Zeichen Folge leisten. Aufgezeichnet am 2. Tag des Monats Ẕī 'l-ḥicce im Jahr 1172.

In der wohlbehüteten Stadt Konstantinopel.

Für die Dienste der Cizye-Steuer pro Woche veranschlagte Löhne werden angegeben:

An den Cizye-Verwalter pro Woche	Ġuruş	4
An den Cizyeschreiber ʿAbdüllaṭīf Efendi pro Woche	Ġuruş	4
Für die Cizye-Steuererhebung für den rechtmäßig ernannten Nāʾib Mollā Muṣṭafa	Ġuruş	1½
An den Cizye-Geldwechsler pro Woche	Ġuruş	1½
Für drei Wächter pro Woche	Ġuruş	3
Insgesamt	Ġuruş	14

247/41/a

(1) destūrūn-ı mükerremūn müşīrūn-ı müfaḫḫamūn niẓām ül-ʿālem müdebbirūn-ı[!][533] ümūr ül-cumhūr bil-fi(kri 'ṣ-ṣāḳib) (2) mütemmimūn-ı[!][534] mehāmm ül-enām bir-reʾyi 'ṣ-ṣāʾib mümehhidūn-ı[!][535] bünyān üd-devlet ve 'l-iḳbāl müş(eyyidūn-ı erkān) (3) üs-saʿādet ve 'l-iclāl el-maḥfūfūn bi-ṣunūfı ʿavāṭıf il-melik ül-ʿālā Üsküdā(r ve) (4) Anaṭolunuñ orta kolı yemīn ve yesārıyla nihāyetiyle varınca vāḳiʿ olan vüzerā(y-ı ʿuẓām) (5) edām Allāhü teʿālā iclālühüm ve āʿẓam ül-ümerāʾ ül-kirām efḫam ül-küberāʾ ül-fıḫām ulū 'l-ḳad(r ve ʿl iḥtirām) (6) eṣḥāb ül-ʿizz ve 'l-iḥtişām el-muḫtaṣṣūn bi-mezīd-i ʿināyet ül-meliki 'l-ʿālā m(īr-i mīran-i) (7) kirām dāme iḳbāluhum ve aḳżā ül-ḳużāt ül-müslimīn evvelī vülāt ül-mūvaḥḥidīn maʿ(den) (8) ül-fażāʾil ve 'l-yaḳīn rāfiʿ ül-aʿlām-ı şerīʿat ve 'd-dīn vāriṡū iʿlām ül-enbiyāʾ ve 'l-mür(selūn) (9) el-muḫtaṣṣūn bi-mezīd-i ʿināyet ül-melik el-muʿīn-i mevāli-ʾi fiḫām zīdet fażāʾilihim ve mefāḫir ül-ḳuż(āt) (10) ve 'l-ḥükkām maʿadin ül-fażāʾil ve 'l-kelām ḳużāt ve nevvāb zīde fażluhum ve mefāḫir ül-emāṡil ve ('l-aḳrān) (11) voyvodalar ve sāʾir żābiṭān ve āʿyān-ı vilāyet zīde ḳadruhum tevḳīʿ-i refīʿ-i hümāyūn vā(ṣil) (12) olıcaḳ maʿlūm ola ki sıkke-i hümāyūnumla meskūk ve mażrūb olan tāmm ül-vez(n) (13) fındıḳ altun ile yaldız ve yaldız-ı Venedīk altunuñ ayār ve vezn müsāvī olmaġla memālik-i maḥ(rūsem ve) (14) 'l-memālik-i pādīşāhānemde vāḳiʿ büldān ve emṣārda muḳaddemā bir behāda müsāvāt[!][536] (...) (15) mütedāvel ve rāyıc[!][537] iken baʿż-ı tācirler[!][538] ve ṣarrāflar ve yahūdī-i ṭāʾifelerin deñ ve (deger) (16) nāşī yaldīz altunuñ fındıḳ altunı ile ʿayārda farḳlı[!][539]

533 müdebbir
534 müdebbirūā
535 mümehhidūā
536 müsāvet
537 arāyıc
538 tācīrler
539 farḳī

olmaḳ mis̱illü ekāẕib işāʿe(tiñ) (...) (17) beyn el-nās yaldız altunuñ behāsı terāḳḳī bularaḳ yüz elli beş bālıġ olub fındıḳ (18) altunı ḥālī üzere ḳaldığından memālik-i maḥrūsemde olan fındıḳ altunını düşür ve (...) (19) fındıḳ[540] memleketine irsāl ve yaldız altunını ḳatʿ ve memālik-i maḥrūseme getürüb bu kār ile meʾlū(f) (20) olan naṣārī ve yahūdī ṭāʾifesi vāfir intifāʿ ėdüb ehl-i islām ve devlet-i (21) ʿalīyem ve reʿāyāsı mażrūr olduḳlarından māʿadā bu keyfīyet bilād-ı islāmīyede (22) sıkke-ʾi hümāyūnmla mażrūb olan altunuñ ḳılleti ve żarbḫāne-ʾi ʿāmiremiñ ma-żarratını (...) (23) olmağla nefʿan lil-ʿibād bu ḫuṣūṣuñ niẓāmī iḳtiżā ėtmegin żarbḫāne-ʾi ʿāmirem (24) nāẓīri vefḳ-ı ʿayāra muṭalʿa[!][541] olan ustādlar ve ḳu-yumcı başı maʿrifetleriyle yaldı(z) (25) ve fındıḳ altunları (...) ve ʿayārları miḥaḳḳ-ı terḳīḳde tecrübe ve iḫbār olunduḳda birbirinden (26) miḳdār-ı ẕerre tefāvüti olmayub ʿayārları ve veznleri-i müsāvī olunduğu aşikār-ı evāʾ(il) (27) bināʾen baʿd el-yevm tāmm ül-vezn fındıḳ altunı daḫī yaldız altunı gibi yüz elli beş para(ya) (28) memālik-i maḥrūsemde rāʾic ve cārī ve zer-i maḥbūb altunuñ kā 'l-evvel derdi on bir ġuruşa (29) ve tāmm ül-vezn macār altunuñ üçi sābıḳ üzere on bir ġuruş aḫẕ ve iʿṭā olunub (30) min baʿd bir aḳçe ziyade ve noḳṣan rāyic olmamaḳ bābında şeref-efzā-yı ṣādır olan ḫaṭṭ-ı (31) hümāyūn-ı şevketmaḳrūnum mūci-bince fermān-ı hümāyūn ṣādır olmağın fīmābaʿd memālik-i maḥrūsemd(e) (32) tāmm ül-vezn fındıḳ altunı yaldız altunı gibi yüz elli beş paraya rāyic ve cārī olma(ḳ üzere) (33) ve zer-i maḥbūb altunuñ evvelki derdi on bir ġuruşa ve tāmm ül-vezn macār altunuñ (34) daḫī ka 'l-evvel üçi on bir ġuruşa aḫẕ ve iʿṭā olmaḳ üzere maḥākim sicillātına tescī(l) (35) ve tenbīhle iḳtiżā ėdenlere geregi gibi tenbīh ve işbu niẓām ʿalā 'd-devām merʿi ṭutılub (36) cümleye iʿlān ve işāʿat ve bu ḫuṣūṣlara vülāt[!][542] ve ḥükkām ṭaraflarından taḳayyüd ve ihtimām (37) olunub sermū-yı ḫilāfına ruḫṣat ve cevāz göstermekden ġayet ül-ġāye teḥāşī ve iḥtirāz (38) tāmm ve eger ḫılāına ḥareket ėder olur ise ḥaḳḳından gelenmek için isim ve resimiyle iʿlām (39) olunmaḳ bābında fermān-ı ʿālīşānım ṣādır olmuşdur buyur-dumki ṣadr-ı āʿẓam silaḥşūrl(arından) (40) ḳıdvet ül-emās̱il ve 'l-aḳrān sancaḳdār ʿAlī zīde ḳadruhu ḥükm-i şerīfimle vuṣūl bulduḳda bu bābda (41) vech-i meşrūḥ üzere şerefyafte-ʾi ṣudūr olan fermān vācib ül-itbāʿ ve lāzim ül-imtis̱ālim(iñ) (42) mażmūn-ı iṭāʿat maḳrūnıyla ʿāmel olub ḫilāfina ġāyet ül-ġāye ḥaẕer ve ve mücānebet eyliye(siz) (43) şöyle bilesiz ʿalāmet-i şerīfe iʿtimād ḳılasız taḥrīren fī evāsiṭ Ẕī 'l-ḳaʿde[!][543] sene iḥdā ve sebaʿīn ve miʾe ve ʾelf
bi-maḳām-ı Ḳosṭanṭinīye 'l-maḥrūse

540 Venedig
541 muṣalʿı
542 vüllāt
543 ẕā 'l-Ḳaʿde

247/41/a

Ehrwürdige Ratgeber, hochgeachtete Befehlshaber, Richtschnüre der Welt, besonnene Lenker der öffentlichen Angelegenheiten mit durchdringendem Verstand, Vollender der Obliegenheiten der Menschen mit treffender Ansicht, Begründer des Baus von Glück und Wohlergehen, Erbauer der Säulen der Glückseligkeit und Großartigkeit, die umhüllt ist von den mannigfachen Wohltaten des höchsten Königs, im mittleren, rechten und linken Flügel von Üsküdār und Anatolien bis zum Ende befindliche (gewaltige) Wesire, – möge Gott der Allmächtige ihre Größe andauern lassen! Mächtigste der edlen Emire, herrlichste der herrlichen Großen, die Ansehen und Hochachtung genießen, Besitzer von Ehre und Pracht, durch die größte Huld des höchsten Königs ausgezeichnete edle Mīrī-Mirāne – möge ihr Wohlergehen andauern! Gerechteste der Richter der Muslime, vorderste Würdenträger der Rechtgläubigen, Fundgruben von Tugenden und Glaubensgewissheit, Träger des Banners des Scheriatsrechts und der Religion, Erben der Weisheit der Propheten und Gesandten, durch die Huld des helfenden Königs Ausgezeichnete, herrliche Mevlās – mögen ihre Tugenden wachsen! Berühmtheiten der Kadis und Richter, Quellen der Tugenden und der Beredsamkeit, Kadis und Richter – möge ihre Tugend wachsen! Berühmtheiten der Gleichgestellten und Ranggenossen, Voyvodas, weitere Anführer und Notabeln der Provinz – möge ihr Ansehen wachsen! Sobald das edle, großherrliche Namenszeichen eintrifft, sei kund: Obwohl der Reinheitsgehalt und das volle Gewicht des mit unserer imperialen Münzprägung geprägten und geschlagenen Fındıḳ-Goldes dem Yaldız-Gold und dem Venediger *(Fındıḳ)* Yaldız-Gold entspricht (19) und es in unseren beschützten und imperialen Herrschaftsgebieten liegenden Gebieten und großen Städten ehedem den gleichen Wert hatte (...), wobei dies allgemein üblich war, haben einige Händler und Geldwechsler sowie jüdische Gemeinschaften Lügen unter den Leuten verbreitet, dass der sich aus dem Gewicht und (dem Wert) ergebende Reinheitsgehalt des Yaldız-Goldes und des Fındıḳ-Goldes unterschiedlich war, und sich der Wert des Yaldız-Goldes erhöhte und bis zu 155 Para anstieg. Wegen der Instabilität des Fındıḳ-Goldes fiel das sich in meinen Herrschaftsgebieten befindliche Fındıḳ-Gold und (...) wurde an das Herrschaftsgebiet von Venedig geschickt, wobei das Yaldız-Gold preislich gekürzt und an meine Herrschaftsgebiete zurückgesandt wurde. Mit dieser Methode haben die Christen und Juden, für die diese Vorgehensweise üblich war, zur Genüge daran profitiert. Weil die Muslime und mein ehrwürdiger Staat und dessen Untertanen geschädigt wurden und darüber hinaus der Umstand, dass in den islamischen Gebieten die Menge Gold mit meiner imperialen Prägung gering ist, und die Schädigung meiner imperialen Münzprägestätte (...) und für den Gewinn der Diener Gottes die Regelung dieser Angelegenheit notwendig ist, soll, indem

der Vorsteher *(nāẓīr)* meiner imperialen Münzprägestätte die Übereinstimmung der Eichung mit Hilfe der Meister und Goldschmiede, die sich mit der Übereinstimmung des Reinheitsgehalts vertraut gemacht haben, das Yaldız und Fındıḳ-Gold (...) und die Eichungen bei Abrieb des Prüfsteins überprüft und informiert ist, es unter ihnen kein Gramm ungleiches Gold geben. Weil ihre gleiche Eichung und gleiches Gewicht (vor Allem) offenkundig sein soll und darauf begründet von nun an bei vollem Gewicht des Fındıḳ-Goldes wie dem des Yaldız-Goldes der Kurs sich auf 155 Para in unseren beschützten Gebieten belaufen soll und für 4 Zer-i maḥbūb Goldmünzen wie zuvor 11 Ġuruş und zum vollen Gewicht dreier Macār-Goldmünzen wie zuvor 11 Ġuruş eingenommen und gezahlt werden sollen, damit danach der Wert kein Aḳçe zuviel oder zuwenig ist, und weil ich gemäß der eröffneten ehrvermehrenden imperialen und herrschaftlichen Unterschrift den Fermān eröffne, ist es angeordnet, dass von nun an bei vollem Gewicht des Fındıḳ-Goldes wie dem des Yaldız-Goldes der Kurs sich auf 155 Para in unseren beschützten Gebieten belaufen soll und für 4 Zer-i maḥbūb Goldmünzen wie zuvor 11 Ġuruş und zum vollen Gewicht dreier Macār-Goldmünzen wie zuvor 11 Ġuruş eingenommen und gezahlt werden sollen. Weil es notwendig ist, anzuordnen, dies mit der Anweisung in die Gerichtsregister einzutragen, sollt Ihr all Euer Können aufbieten, dass dieser Regelung auf Weiteres Folge geleistet wird. Dies soll allen mitgeteilt werden und diese Angelegenheiten sollen seitens der Valis und Herrscher beachtet werden. Jedoch soll man auf keinen Fall erlauben und gestatten, dass auch nur um Haaresbreite abgewichen wird und wenn jemand dagegen handelt, soll er, um bestraft zu werden mit Namen und Aussehensbeschreibung gemeldet werden, wobei hierzu mein imperialer Fermān eröffnet ist. Ich ordne an, dass sobald einer der Leibwaffenträger des Großwesirs – Berühmtheiten der Gleichgestellten und Ranggenossen – Standartenträger ʿAlī – möge seine Macht zunehmen – mit meinem ehrwürdigen Befehl eintrifft, Ihr hierbei wie beschrieben gemäß dem gehorsamerheischenden Inhalt meines ehrenvoll erlassenen Befehls von großartigem Vorbild, der Gefügigkeit fordert und zur Befolgung verpflichtet, handeln und Euch äußerst davor hüten sollt, ihm zu widersprechen. Ihr sollt Solches wissen und dem erlauchten Handzeichen Folge leisten. Aufgezeichnet in der mittleren Dekade des Monats Ẕī 'l-ḳaʿde im Jahr 1171.
In der beschützten Stadt Ḳosṭanṭinīye

247/41/b

(1) (şöyle oldur) ki biñ yüz yetmiş senesiniñ māh-ı Muḥarrem el-ḥarāmıñ ġurresinden bir sene kāmile degin merḥūm ve maʿmūr (2) (Ḳāsim) [Pā]dışāh medresesiniñ īrād ve maṣārifātı[!][544] beyān olunur
fī ġurre-i m [Muḥarrem el-ḥarām] sene 1171 ilā sene-i kāmile

icārāt-ı bedestān

(dükkān-ı) bezzāz seyy(id) (Şeyḫ)mūsā	fī sene	ġuruş 4
dükkān-ı bezzāz Seyyid Muṣṭafā	fī sene	ġuruş 6
dükkān-ı bezzāz Seyyid Dāvūd	fī sene	ġuruş 6
dükkān-ı bezzāz ʿAbdullāh [ve] 'l-Ḥāc ʿÖmer	fī sene	ġuruş 6
dükkān-ı bezzāz Seyyid İbrāhīm	fī sene	ġuruş 6
dükkān-ı bezzāz İsmaʿīl Çelebi	fī sene	ġuruş 6
(dükk)ān-ı bezzāz (...) İlyās Çelebi	fī sene	ġuruş 6
dükkān-ı bezzāz Meḥmed ʿArbū	fī sene	[ġuruş] 6
dükkān-ı bezzāz Şeyḫmūsā Çelebi	fī sene	ġuruş 6
dükkān-ı delāl Milki Cūlūzū	fī sene	ġuruş 2
dükkān-ı delāl Mirzā	fī sene	ġuruş 2
dükkān-ı bezzāz ẕimmī Ḫālū	fī sene	ġuruş 6
dükkān-ı bezzāz Īfū <...>	fī sene	ġuruş 6
dükkān-ı bezzāz Aḥmed [ve] Şeyḫ ʿAṭarān	fī sene	ġuruş 6
dükkān-ı bezzāz Ḥuseyn [ve] Baʿīr	fī sene	ġuruş 6
dükkān-ı bezzāz ʿAbdullāh Çelebi	fī sene	ġuruş 6
dükkān-ı bezzāz ʿAbdürraḥīm Çelebi	fī sene	ġuruş 6
dükkān-ı Circis	fī sene	ġuruş 6
dükkān-ı bezzāz Ẓāhir	fī sene	ḫālī
Dükkān-ı bezzāz Seyyid ʿAlī	fī sene	ġuruş 6
dükkān	ḫālī	
dükkān	ḫālī	
dükkān-ı bezzāz Kūr Dāvūd	fī sene	ġuruş 1½
dükkān-ı bezzāz Circīs Baṭū	fī sene	ġuruş 6
dükkān-ı bezzāz Seyyid Bekir	fī sene	ġuruş 2
dükkān-ı Dāvūd	fī sene	ġuruş 2
dükkān-ı Ḥasan [ve] Ġarū [ve] ʿAbdū	fī sene	ġuruş 2
dükkān-ı Seyyid İbrāhīm	fī sene	ġuruş 2
dükkān-ı Beledū	fī sene	ġuruş 2
dükkān-ı Meḥmed [ve] İbrāhīm	fī sene	ġuruş 2
dükkān-ı İbrāhīm Şeyḫī	fī sene	ġuruş 2
dükkān-ı ʿAbdüllaṭīf	fī sene	ġuruş 2
dükkān-ı bezzāz ʿO̱smān Tiryākī	fī sene	ġuruş 2

544 maṣārifāt

dükkān-ı 'l-Ḥāc Nuʿmāt	fī sene	ġuruş 4
dükkān-ı ʿÖmer Mīnū	fī sene	ġuruş 2
dükkān-ı ʿAbdullāh Çelebi	fī sene	ġuruş 2
dükkān-ı ḳazzaz Maḥmūd	fī sene	ġuruş 2
dükkān-ı bezzāz Meḥmed Ḳapūçī	fī sene	ġuruş 2
dükkān-ı ʿAbbās Aġā, bāb 2	fī sene	ġuruş 4
dükkān-ı Ḥāccī Meḥmed ve İylī	fī sene	ġuruş 2
dükkān-ı İbrāhīm	fī sene	ġuruş 6
dükkān-ı bezzāz Monlā Muṣṭafā	fī sene	ġuruş 6
dükkān-ı bezzāz Ḫalīfe	fī sene	ġuruş 6
dükkān-ı Şeyḫ Ṭah	fī sene	ġuruş 6
dükkān-ı bezzāz Niẓāmeddīn	fī sene	ġuruş 6
dükkān-ı Seyyid Kanʿān	fī sene	ġuruş 6
dükkān-ı bezzāz Ḥuseyn Beg	fī sene	ġuruş 6
dükkān-ı bezzāz Muṣṭafā el-Ḥāc ʿÖmer	fī sene	ġuruş 6
dükkān-ı terzī Mūsā	fī sene	ġuruş 6
dükkān-ı Şemmās Rūmī	fī sene	ġuruş 3
dükkān-ı Ḫalū Rūmī	fī sene	ġuruş 3
dükkān-ı İsḥaḳ		ġuruş 4
dükkān-ı Delāl Kūrkīs	fī sene	ġuruş 3
dükkān-ı Murād [ve] ʿAbdullāh	fī sene	ġuruş 3
dükkān-ı terzi[!][545] İbrāhīm	fī sene	ġuruş 3
dükkān	ḫālī	
dükkān	ḫālī	
dükkān	ḫālī	
dükkān-ı Ḥāccī Yūsūf	fī sene	ġuruş 4
dükkān-ı Ḥana [ve] Abdāl	fī sene	ġuruş 4
dükkān-ı Ḥāc Meḥmed [ve] ʿAbdürrazāḳ	fī sene	ġuruş 4
dükkān-ı Ḥana Saʿdū	fī sene	ġuruş 4
dükkān-ı Ḥāc Aḥmed [ve] ʿAbdürrazāḳ	fī sene	ġuruş 3
dükkān-ı Ḥana [ve] Mūsā	fī sene	ġuruş 4
dükkān-ı İskander ʿĀşıḳe	fī sene	ġuruş 6
dükkān-ı Ḳaṭmī [ve] İlyās	fī sene	ġuruş 6
dükkān	ḫālī	
dükkān-ı ʿAmsīḥ [ve] Dāūd	fī sene	ġuruş 3
dükkān-ı delāl Hindī	fī sene	ġuruş 2
dükkān-ı ḳazzāz Ḥāc Yūsuf	fī sene	ġuruş 4
dükkān-ı Ḥāc İbrāhīm	fī sene	ġuruş 12
dükkān-ı Ḥāccī Yūsuf	fī sene	ġuruş 8
dükkān-ı bezzāz Ābāḥad Baṭū	fī sene	ġuruş 12
dükkān-ı bezzāz Süleymān	fī sene	ġuruş 8

545 derzi

dükkān-ı bezzāz ʿAbdullāh	fī sene	ġuruş 8
dükkān-ı bezzāz Dāvūd	fī sene	ġuruş 8
dükkān-ı köle İsmaʿīl	fī sene	ġuruş 6

cemʿan yekūn ġuruş 327½

247/41/b

(Der Sachverhalt) ist Folgender: Die Einkünfte und Ausgaben der Medrese des verstorbenen und wohlhabenden (Ḳāsim) Pādışāh ab dem Ersten des Monats des geheiligten Muḥarrem bis zu Ende des Jahres werden erklärt.
Am Ersten des geheiligten Muḥarrem des Jahres 1171 bis zum Ende des Jahres

Mieten der Markthalle

(Laden des) Stoffhändlers Seyyid Şeyḫmūsā	Im Jahr	Ġuruş 4
Laden des Stoffhändlers Seyyid Muṣṭafā	Im Jahr	Ġuruş 6
Laden des Stoffhändlers Seyyid Dāvūd	Im Jahr	Ġuruş 6
Laden der Stoffhändler ʿAbdullāh [und] Ḥāc ʿÖmer	Im Jahr	Ġuruş 6
Laden des Stoffhändlers Seyyid İbrāhīm	Im Jahr	Ġuruş 6
Laden des Stoffhändlers İsmaʿīl Çelebi	Im Jahr	Ġuruş 6
Laden des Stoffhändlers (...) İlyās Çelebi	Im Jahr	Ġuruş 6
Laden des Stoffhändlers Meḥmed ʿArbū	Im Jahr	[Ġuruş] 6
Laden des Stoffhändlers Şeyḫmūsā Çelebi	Im Jahr	Ġuruş 6
Laden des Auktionators Milki Cūlūzū	Im Jahr	Ġuruş 2
Laden des Auktionators Mirzā	Im Jahr	Ġuruş 2
Laden des Stoffhändlers, Untertan Ḫālū	Im Jahr	Ġuruş 6
Laden des Stoffhändlers Īfū <...>	Im Jahr	Ġuruş 6
Laden der Stoffhändler Aḥmed [und] Şeyḫ ʿAṭarān	Im Jahr	Ġuruş 6
Laden des Stoffhändlers Ḥuseyn Baʿīr	Im Jahr	Ġuruş 6
Laden des Stoffhändlers ʿAbdullāh Çelebi	Im Jahr	Ġuruş 6
Laden des Stoffhändlers ʿAbdürraḥīm Çelebi	Im Jahr	Ġuruş 6
Laden von Circis	Im Jahr	Ġuruş 6
Laden des Stoffhändlers Ẓāhir	Im Jahr	Leer
Laden des Stoffhändlers Seyyid ʿAlī	Im Jahr	Ġuruş 6
Laden	Leer	
Laden	Leer	
Laden des Stoffhändlers Kūr Dāūd	Im Jahr	Ġuruş 1½
Laden des Stoffhändlers Circīs Baṭū	Im Jahr	Ġuruş 6
Laden des Stoffhändlers Seyyid Bekir	Im Jahr	Ġuruş 2
Laden von Dāūd	Im Jahr	Ġuruş 2
Laden von Ḥasan, Ġarū [und] ʿAbdū	Im Jahr	Ġuruş 2
Laden von Seyyid İbrāhīm	Im Jahr	Ġuruş 2
Laden von Beledū	Im Jahr	Ġuruş 2
Laden von Meḥmed [und] İbrāhīm	Im Jahr	Ġuruş 2
Laden von İbrāhīm Şeyḫī	Im Jahr	Ġuruş 2

Laden von ʿAbdüllaṭīf	Im Jahr	Ġuruş 2
Laden des Stoffhändlers ʿO̱smān Tiryākī	Im Jahr	Ġuruş 2
Laden von Ḥāc Nuʿmāt	Im Jahr	Ġuruş 4
Laden von ʿÖmer Mīnū	Im Jahr	Ġuruş 2
Laden von ʿAbdullāh Çelebi	Im Jahr	Ġuruş 2
Laden des Seidenhändlers Maḥmūd	Im Jahr	Ġuruş 2
Laden des Stoffhändlers Meḥmed Ḳapūçī	Im Jahr	Ġuruş 2
Laden von ʿAbbās Aġā, Anzahl 2	Im Jahr	Ġuruş 4
Laden von Ḥāccī Meḥmed und İylī	Im Jahr	Ġuruş 2
Laden von İbrāhīm	Im Jahr	Ġuruş 6
Laden des Stoffhändlers Monlā Muṣṭafā	Im Jahr	Ġuruş 6
Laden des Stoffhändlers H̱alīfe	Im Jahr	Ġuruş 6
Laden von Şeyḫ Ṭah	Im Jahr	Ġuruş 6
Laden des Stoffhändlers Niẓāmeddīn	Im Jahr	Ġuruş 6
Laden von Seyyid Kanʿān	Im Jahr	Ġuruş 6
Laden des Stoffhändlers Ḥuseyn Beg	Im Jahr	Ġuruş 6
Laden der Stoffhändler Muṣṭafā [und] Ḥāc ʿÖmer	Im Jahr	Ġuruş 6
Laden des Schneiders Mūsā	Im Jahr	Ġuruş 6
Laden des christlichen Diakons Rūmī	Im Jahr	Ġuruş 3
Laden von H̱alū Rūmī	Im Jahr	Ġuruş 3
Laden von İsḥaḳ		Ġuruş 4
Laden von Delāl Kūrkīs	Im Jahr	Ġuruş 3
Laden von Murād [und] ʿAbdullāh	Im Jahr	Ġuruş 3
Laden des Schneiders İbrāhīm	Im Jahr	Ġuruş 3
Laden	Leer	
Laden	Leer	
Laden	Leer	
Laden von Ḥāccī Yūsūf	Im Jahr	Ġuruş 4
Laden von Ḥana [und] Abdāl	Im Jahr	Ġuruş 4
Laden von Ḥāc Meḥmed [und] ʿAbdürrazāḳ	Im Jahr	Ġuruş 4
Laden von Ḥana Saʿdū	Im Jahr	Ġuruş 4
Laden von Ḥāc Aḥmed [und] ʿAbdürrazāḳ	Im Jahr	Ġuruş 3
Laden von Ḥana [und] Mūsā	Im Jahr	Ġuruş 4
Laden von İskander ʿĀşıḳe	Im Jahr	Ġuruş 6
Laden von Ḳatmī İlyās	Im Jahr	Ġuruş 6
Laden	Leer	
Laden von ʿAmsıḥ [und] Dāūd	Im Jahr	Ġuruş 3
Laden des Auktionators Hindī	Im Jahr	Ġuruş 2
Laden des Seidenhändlers Ḥāc Yūsuf	Im Jahr	Ġuruş 4
Laden von Ḥāc İbrāhīm	Im Jahr	Ġuruş 12
Laden von Ḥāccī Yūsuf	Im Jahr	Ġuruş 8
Laden des Stoffhändlers Ābāḥad Baṭū	Im Jahr	Ġuruş 12
Laden des Stoffhändlers Süleymān	Im Jahr	Ġuruş 8
Laden des Stoffhändlers ʿAbdullāh	Im Jahr	Ġuruş 8
Laden des Stoffhändlers Dāvūd	Im Jahr	Ġuruş 8

Laden des Sklaven[546] İsma'īl	Im Jahr	Ġuruş 6

Insgesamt 327½ Ġuruş

247/50/a

der beyān-ı istiḥkārāt-i vaḳf-i asyāb ve bağçeler ve dekākīn

dekākīn-i Şeyḫmūsā Çelebi	bāb 3	fī sene [ġuruş] 4½
dekākīn-i el-Ḥāc Meḥmed [ve] ʿAbdürrazāḳ		fī sene [ġuruş] 3
dekākīn-i Ḥuseyn [ve] ʿAlī Sāʾıġ	bāb 5	fī sene ġuruş 7½
dükkān-ı bezzāz el-Ḥāc Meḥmed		fī sene ġuruş 1½
(...)	(...)	(...)
dekākīn-i Nāżir el-Ḥāc Yūsuf	bāb 8	fī sene ġuruş 6
dekākīn-i ʿAlī Çelebi	bāb 3	ġuruş 4½
dekākīn-i ʿAbbās Aġa	bāb 2	fī sene ġuruş 3
dükkān-ı 'l-Ḥāc (...)	bāb 6	fī sene ġuruş 9
(...)	(...)	(...)
dekākīn-i el-Ḥāc Aḥmed Kūzī	bāb 2	sene ġuruş 3
dükkān-ı Ṣāliḥ Çelebi	bāb 2	ġuruş 1½
dükkān-ı Ṣarāy-ı Kadın		fī sene ġuruş 2
dükkān-ı Meḥmed ʿArbū		fī sene ġuruş 1
dükkān-ı (...)	bāb (...)	fī sene ġuruş 3
dükkān-ı Seyyid ʿAbdürraḥīm		fī sene ġuruş 1½
dükkān-ı Ḥāc Dāūd [ve] Şaʿār		fī sene ġuruş 1½
dekākīn-i Şeyḫ Maḥmūd	bāb 2	fī sene ġuruş 3
dükkān-ı bezzāz Ḥāccī Meḥmed Vānlī		fī sene ġuruş 1½
dükkān-ı bezzāz (...)		fī sene ġuruş 1½
dükkān-ı eskici Seyyid Ḫalīl		fī sene ġuruş 1½
dükkān-ı Ḥasan Çelebi Āġazāde	bāb 3	ġuruş 3
dükkān-ı Şeyḫmūsā Çelebi		ġuruş 1
dükkān-ı köle ʿAbdullāh		fī sene ġuruş 1
dükkān-ı Müftī(zāde) Maḥmūd		fī sene ġuruş 1
ḳahveḫāne-'i Muṣṭafa Müftīzāde		fī sene ġuruş 3
dekākīn-i Ṣāliḥ Çelebi		fī sene ġuruş 2
dükkān-ı ʿAbdürraḥīm Çelebi		fī sene ġuruş 1
dükkān-ı ʿAlī Çelebi [ve] Şeyḥī[!][547]		fī sene ġuruş 1
dükkān-ı (...)		(fī sene ġuruş) 1
dükkān-ı 'l-Ḥāc Fīl		fī sene ġuruş 1
dükkān-ı 'l-Ḥāc Ḥuseyn		fī sene ġuruş 6

546 Unter bestimmten Umständen wie z.B. Freikaufabkommen mit Sklavenhalter o. anderen gegenseitigen Abmachungen konnten Sklaven eigenen Handel treiben, daher der Zusatz „köle".
Vgl. Özcan, Tahsin: *Fetvalar Işığında, Osmanlı Esnafı*, İstanbul 2003.

547 Seyḥī

dükkān-ı (...) el-Ḥāc Ḳāsim	fī sene ġuruş 7½
dükkān-ı Ḥāsan [ve] Şāh Ḳadın	fī sene ġuruş 1
dekākīn-i Ḳāsim Çelebi	fī sene ġuruş 2
dekākīn-i Şeyḫ Maḥmūd	ġuruş 1
dekākīn-i Şeyḫmūsā Çelebi	fī sene ġuruş ½
dekākīn-i ḥammāl ʿAlī	fī sene ġuruş ½
dükkān-ı köle ʿOs̱mān	ġuruş 1
dükkān-ı (...)	fī sene ġuruş ½
dükkān-ı Ḥāccī Süleymān	fī sene ġuruş 2
ḳahveḥane-ʾi ʿAbbās Āġa	fī sene ġuruş 1½
ʿan icāre-ʾi bāġ-ı Ravża	fī sene ġuruş 14
ʿan icāre-ʾi bāġ-ı Aḥmed Āġa	fī sene ġuruş 11
icāre-ʾi bāġ-ı Bereket ül-Ḥamd	fī sene ġuruş 4
bāġ-ı medrese	ġuruş 4
(Faḫrīye ve Senāsīl)	ġuruş 5
bāġ-ı Īlū	ḫalī
bāġ-ı Ḫūrta	ġuruş 45
bāġ-ı Ḫūrta el-kebīre	fī sene ġuruş 21
baġçe-ʾi Ḳażī	fī sene ġuruş 17
bāġ-ı Ḥarzem	ġuruş 1½
asyāb-ı Cedīde	ġuruş 50
asyāb-ı ʿAyn mişmiş	ġuruş 50
asyāb-ı Rişmil	fī sene ġuruş 2
asyāb-ı Ḳaradere	fī sene ġuruş 10
āb-ı Bedestān	fī sene ġuruş 1 rubaʿ 1
asyāb-ı medrese	fī sene ġuruş 1
bāġāt-ı medrese	fī sene ġuruş 3 rubaʿ 1

cemʿan yekūn ġuruş 351½

dekākīn-i serrācāt

dükkān-ı serrāc Fetḥī		fī sene ġuruş 8
dükkān-ı Cumʿa		fī sene ġuruş 12
dükkān-ı serrāc Ḥaydar		fī sene ġuruş 6
dükkān-ı serrāc Ḥāc Fetḥī		fī sene ġuruş 6
dükkān-ı serrāc Ḫıżır Verās̱		fī sene ġuruş 6
dükkān-ı (serrāc) Aḥmed (...) Çelebi		fī sene ġuruş 6
dükkān-ı serrāc Ḥuseyn Verās̱		fī sene ġuruş 9
dükkān-ı serrāc Seyyid İsmaʿīl		fī sene ġuruş 9
dükkān-ı Ṣāliḥ Çelebi		fī sene ġuruş 7
dükkān-ı serrāc Ṣeyyid ʿAbdū		fī sene ġuruş 9
dükkān-ı serrāc Ṣeyyid İsmaʿīl Verās̱		fī sene ġuruş 6
dükkān-ı Seyyid Meḥmed	ḫālī	
dekākīn-i Şeyḫ Aḥmed	bāb 2	ġuruş 10
dükkān-ı Seyyid Bekir		ġuruş 6

dükkān-ı Seyyid Aḥmed		ġuruş 3
dükkān-ı	ḫālī	
dükkān-ı (serrāc) Yaḥyā		ġuruş 3
dükkān-ı serrāc Maḥmūd Zengīn		ġuruş 3
dükkān-ı serrāc Seyyid Ṣāliḥ		ġuruş 4

el-yekūn ġuruş 119

247/50/a (zweiter Teil auf 247/50, linke Seite)

sūḳ-ı ṭavīl maʿ sūḳ-ı penbeçiyān

dükkān-ı (...) İsmaʿīl		(...)
dükkān-ı kebābçi Seyyid İsmaʿīl		ġuruş 12
dükkān-ı kebābçi İlyās		ġuruş 12
dükkān-ı Nāżir Seyyid el-Ḥāc Yūsuf		ġuruş 12
dükkān-ı kebābçi Ḥüsūn		ġuruş 12
dükkān-ı naʿlband ʿAbdū		ġuruş 12
dükkān-ı çulçı Kerābīd		ġuruş 12
dükkān-ı naʿlband Muṣṭafā		fī sene ġuruş 12
dükkān-ı çulçı el-Ḥāc Yūsuf		fī sene ġuruş 12
dükkān-ı naʿlband el-Ḥāc Ḫalīl		fī sene ġuruş 12
dükkān-ı baḳḳāl ʿAbdullāh Efendi		ġuruş 12
dükkān-ı baḳḳāl Ḫalīd		ġuruş 12
dükkān-ı baḳḳāl Seyyid Ḫalīl		ġuruş 12
dükkān-ı baḳḳāl Seyyid İbrāhīm		ġuruş 12
dükkān-ı köle Ḥasan		ġuruş 9
dükkān-ı Ḥāccī ʿOs̱mān		ġuruş 8
dükkān-ı Ḥasan Cemīl		ġuruş 6
dükkān-ı Ḥāc Süleymān		ġuruş 8
dükkān-ı Ḥāccī ʿAbdullāh		ġuruş 8
dükkān-ı Seyyid Bekir		ġuruş 8
dükkān-ı Ḥāccī Eyyüb	2kinci	fī sene ġuruş 8
dükkān-ı Abāḥad	3üncü	ġuruş 8
dükkān-ı Deli Meḥmed	3üncü	ġuruş 6
dükkān-ı (Naʿmī)[?]	3üncü	ġuruş 8
dükkān-ı (ʿAmsū Naʿmī)[?]	3üncü	fī sene ġuruş 8
dükkān-ı baḳḳāl Kūr Dāvūd		ġuruş 5
dükkān-ı Şeyḫmūsā	3üncü	fī sene ġuruş 8
dükkān-ı Mollā Aḥmed		ġuruş 2
dükkān-ı Derz Maḥmūd		ġuruş 3
dükkān-ı cedīd	ḫālī	

cemʿan yekūn ġuruş 271

sūḳ-ı ḳavāfāt

dükkān-ı ḳavāf ʿÖmer Çelebi	ġuruş 7
dükkān-ı ḳavāf Ḥāccī Mürtażā	ġuruş 7
dükkān-ı ḳavāf köle Meḥmed	ġuruş 7
dükkān-ı ḳavāf Muṣṭafā Ṭencere	ġuruş 7
dükkān-ı Ḥāccī Aḥmed ve Kubīd	ġuruş 7
dükkān-ı ḳavāf-ı sepetçi Ḫīżır	ġuruş 7
dükkān-ı Seyyid Meḥmed Ḥatībzāde	ʿaded ġuruş 7
dükkān-ı Monlā Emīn Farḥāt	ġuruş 7
dükkān-ı Ḥamūş	ġuruş 7
dükkān-ı Ḥāccī Maḥmūd	ġuruş 7
dükkān-ı ḳavāf Meḥmed [ve] Ḳara Şeyḫmūsā	ġuruş 7
dükkān-ı Zaḥḳū ve Circis	ġuruş 7
dükkān-ı Alī ve Ramażān	ġuruş 7
dükkān-ı İsḥāk ve <...> (Hidāmī)[?]	ġuruş 7
dükkān-ı ʿAsker	ġuruş 7
dükkān-ı Ābāḥad Ḥāmī	ġuruş 7
dükkān-ı Ḥāc Ṣāliḥ	ġuruş 7
dükkān-ı Yūṣī	ġuruş 7
dükkān-ı Ḥāccī Ẕalnūn Efendi	ġuruş 7
dükkān-ı Ḳarr Yūsuf	ġuruş 7
dükkān-ı Abū (...)	ġuruş 7
dükkān-ı Melkī ʿAīsī	ġuruş 7
dükkān-ı ʿAbū Meḥmed [ve] ʿAlī	ġuruş 7
dükkān-ı Seyyid Abdāl	ġuruş 7
dükkān-ı Cūʿvān ve Bastūḳa	ġuruş 7
dükkān-ı Ḥāccī Meḥmed	ġuruş 7
dükkān-ı naʿlçeçi Şeyḫmūsā	ġuruş 7
dükkān-ı ʿAbdürrazāḳ	ġuruş 7
dükkān-ı Yūzī	ġuruş 7
dükkān-ı Aḥmed Kūmlī	ġuruş 7
dükkān-ı 'l-Ḥāc Aḥmed	ġuruş 7
dükkān-ı ʿAbdullāh Çāvīş	ġuruş 7
dükkān-ı ʿAmsū ve Circis	ġuruş 7
dükkān-ı Yūsuf (Merzīb)[?]	ġuruş 7
dükkān-ı İbrāhīm Māġū	ġuruş 7
dükkān-ı Zaḥkū	ġuruş 7
dükkān-ı Murād ʿAbdū	ġuruş 7
dükkān-ı Seyyid Ḥuseyn [ve] Seyyid Ḫıżır	ġuruş 7
dükkān-ı İbrāhīm [ve] Cemel	ġuruş 7
dükkān-ı Ḥana Kūrkīs	ġuruş 7
dükkān-ı Ḥāccī Yūsuf	ġuruş 7
dükkān-ı Saʿīd	ġuruş 7
dükkān-ı Bekir Valū	ġuruş 7

dükkān-ı Meḥmed ʿArabī	ġuruş 7
dükkān-ı Meḥmed Ḥalū	ġuruş 7
dükkān-ı ʿAbdürrazāḳ	ġuruş 7
dükkān-ı Ḥāccī Ḫıżır	ġuruş 7
dükkān-ı Sirvī Tūma	ġuruş 7
dükkān-ı ʿAbdürraḥīm	ġuruş 7
dükkān-ı Maḥmūd ʿAḳlū	ġuruş 7
dükkān-ı Ḥāccī Murteżā Mūṣulı	ġuruş 7
dükkān-ı Ṣāliḥ Çāvīş	ġuruş 7
dükkān-ı Yūsuf Kūlazāde	ġuruş 7
dükkān-ı ḳazzāz ʿOs̱mān	ġuruş 7

cemʿan yekūn ġuruş 378

247/50/a (dritter Teil auf 247/51, rechte Seite)
bāġāt ve asyāb

bāġ-ı Kūze Beg	ġuruş 15
bāġ-ı Kinye	ġuruş 14
bāġ-ı[548] şehirci	ġuruş 20
bāġ-ı[549] Dan	ġuruş 33
bāġ-ı[550] ʿAşıḳ	ġuruş 18
bāġ-ı[551] Ġaras	ġuruş 35
(...)	
bāġ-ı Ziyāret	ġuruş 50
bāġ-ı İbrāhīm	ġuruş 12
asyāb-ı Cemel	ġuruş 200
asyāb-ı (...) ve Ḳāsimīye	ġuruş 170
ʿan icāre-ʾi ḥammām	ġuruş 1100

cemʿan yekūn ġuruş 1689

ʿan (ḳurā)

rubaʿ ḳarye-ʾi Şümrüḳ		fī sene ġuruş
rubaʿ ḳarye-ʾi Ḥarzem		fī sene ġuruş
rubaʿ ḳarye-ʾi Ḳızıl Kend maʿ Ḥābūşī	ḫālī	
rubaʿ ḳarye-ʾi Abū Ḳutāb	ḫālī	fī sene ġuruş
rubaʿ ḳarye-ʾi İbrāhīmīye		fī sene ġuruş
rubaʿ ḳarye-ʾi Selāḥ		fī sene ġuruş

548 bāġī
549 bāġī
550 bāġī
551 bāġī

ruba' ḳarye-'i Maltepe	ḫālī	fī sene ġuruş

el-yekūn ġuruş 100
ḥınṭa li-müdd 30

el-irād
cem'an yekūn ġuruş 3236
ḥınṭa li-müdd 30

tevcīhāt-ı müderris-i şāf'ī fażīletlü es-Seyyid Aḥmed Efendiniñ vaẓīfesi beyān olunur

çulçı dükkān-ı Ḥāccī Yūsuf		fī sene ġuruş 12
dükkān-ı na'lband Muṣṭafā		fī sene ġuruş 12
dükkān-ı ḳazzāz el-Ḥāc İbrāhīm		fī sene ġuruş 12
dükkān-ı baḳḳāl Ḫalīl		fī sene ġuruş 12
dükkān-ı bezzāz Muṣṭafā [ve] 'l-Ḥāc 'Ömer		fī sene ġuruş 6
dükkān-ı (… …)		fī (sene ġuruş) (…)
dükkān-ı bezzāz ẕimmī (Ḥalū)[?]		fī sene ġuruş 6
dükkān-ı ḳavāf 'Ömer [ve] 'l-Ḥāc Ḥıżır		fī sene ġuruş 7
dükkān-ı ḳavāf el-Ḥāc Murteżā		fī sene ġuruş 7
dükkān-ı ḳavāf Abāḥad		fī sene ġuruş 7
dükkān-ı (…) Emīn		fī sene ġuruş 7
dükkān-ı ḳavāf Murād		fī sene ġuruş 7
dükkān-ı ḳavāf İylū		fī sene ġuruş 7
dükkān-ı ḳavāf Kurkīs		fī sene ġuruş 7
dükkān-ı ḳavāf 'Abdül'azīz (ca'rh)[?] ve 'Abdürrazāḳ		fī sene ġuruş 7
dükkān-ı (…) Ḥāccī (…)		fī sene ġuruş 7
dükkān-ı Ḥāc 'Abdullāh Çāvīş		ġuruş 7
dükkān-ı ḳavāf Circis ve 'Ömer		fī sene ġuruş 7
dükkān-ı bezzāz Ḥāccī Nu'māt	bāb 2	fī sene ġuruş 4
dekākīn-i Şerāy-ı Kadın	2	ġuruş 2
dekākīn-i ḳavāf İsḥāḳ		fī sene ġuruş 7
dükkān-ı bezzāz el-Ḥāc Yūsuf		ġuruş 4

cem'an yekūn ġuruş 240
meblaġ-ı merḳūmuñ otuz ġuruşı ṭa'āmīye ve on (ġuruşı) ferace behā

tevcihāt-ı nīm-müderris-i żala'-i hanefi fażīletlü müftī es-Seyyid Aḥmed Efendiniñ vaẓīfesi beyān (olunur)

dükkān-ı bezzāz Fetḥū	fī sene ġuruş 6
dükkān-ı ḳavāf (Ramaḳ)[?]	fī sene ġuruş 7
dükkān-ı ḳavāf 'Abū [ve] Meḥmed 'Alī	fī sene ġuruş 7
dükkān-ı ḳavāf Ḥuseyn [ve] Seyyid Bekir	fī sene ġuruş 7

dükkān-ı ʿAmsū	3ümcü	fī sene ġuruş 8
dükkān-ı İsmaʿīl	3ümcü	fī sene ġuruş 8
dükkān-ı Ḥasan [ve] Cemīl	3ümcü	ġuruş 6
dükkān-ı Ṣāliḥ Çelebi Aġazāde		ġuruş 3½
dükkān-ı bezzāz Ẓāhir		fī sene ġuruş 6
dükkān-ı Ḥāccī Şeyḫmūsā		fī sene ġuruş 6
ʿan icāre-ʾi ḥammām		fī sene ġuruş 56
maʿ ferace behā		

el-yekūn ġuruş 120½

tevcihāt-ı duʿāgū fażīletlü müftī es-Seyyid Aḥmed Efendi

müdd-i āmedī ḥınṭa	li-müdd 30 ʿan ḳurā
berā-yı ṭālibān-ı ġulam ʿan icāre-ʾi ḥammām	fī sene ġuruş 250

247/50/a (vierter Teil auf 247/51, linke Seite)
(tevcīhā)t-ı nīm müderris żalaʿ-i ḥanefī fażīletlü azharī es-Seyyid ʿAbdullāh Efendi vaẓīfesi beyān [olunur]

(dükkān-ı) ḳavāf (...)		(...)
dükkān-ı ḳavāf ʿAbdürraḥīm		ġuruş 7
dükkān-ı ḳavāf İshāk		ġuruş 7
dekākīn-i bezzāz el-Ḥāccī Meḥmed ve İlī		ġuruş 3½
dükkān-ı baḳḳāl Ḫālid		ġuruş 12
(dükkān-ı) kebābçı İlyās		ġuruş 12
dükkān-ı ḳazzāz Ḥamṣū		ġuruş 3
dükkān-ı baḳḳāl Kūr Dāūd		ġuruş 5
dükkān-ı bezzāz ʿOs̱mān Tiryakī		ġuruş 2
dükkān-i 'l-Ḥāccī Aḥmed Fīl		ġuruş 1
dükkān-ı serrāc Aḥmed [ve] Ḥuseyn Çelebi		ġuruş 6
dekākīn-i (ḫadd üç sāl)	bāb 4	ġuruş 12
icāre-ʾi ḥammām		ġuruş 55
ferrāce behā ve ṭaʿāmīye dāḫildir		

cemʿan yekūn ġuruş 132 ½

(tev)cihāt-ı nāẓir-i[!][552] birūn ve muʿid-i şāfaʿī fażīletlü es-Seyyid ʿOs̱mān Efendiniñ vaẓīfesi beyān olunur

dükkān-ı ḳavāf Meḥmed [ve] Ḳara Şeyḫmūsā	ġuruş 7
dükkān-ı ḳavāf Yūsuf [ve] Buġūṣ	ġuruş 7
dükkān-ı ḳavāf İshāk Kedā	ġuruş 7
dükkān-ı ḳavāf İbrāhīm [ve] Cemel	ġuruş 7

552 nāżir

dükkān-ı ḳavāf ʿAsker	ġuruş 7
dükkān-ı ḳavāf el-Ḥāc Meḥmed Köle	ġuruş 6
dükkān-ı ḳavāf Ṣāliḥ Şemdīn	ġuruş 7
dükkān-ı bezzāz Süleymān	ġuruş 8
dükkān-ı bezzāz ʿAbū 'l- Ḥāc İlyās	ġuruş 8
dükkān-ı Dāvūd [ve] 'l-Ḥāc İlyās	ġuruş 8
dükkān-ı bezzāz Ḥanā [ve] Mūsā	ġuruş 4

cemʿan yekūn ġuruş 76

tevcīh-i mütevellī İsmaʿīl Aġa

ʿan icāre-ʾi Ak[553] ve Ḳasimīye	fī sene ġuruş 60

tevcihāt-ı duʿāgū fażīletlü es-Seyyid Aḥmed Efendi

ʿan icāre-ʾi hammām	fī sene ġuruş 22½

tevcihāt-ı cüzḫān ve duʿāgū fażīletlü es-Seyyid Aḥmed Efendi

ʿan icāre-ʾi hammām	fī sene ġuruş 96

tevcihāt-ı muʿīd-i ḥanefī es-Seyyid Ḥuseyn Efendi

dükkān-ı baḳḳāl İbrāhīm	ġuruş 12
dükkān-ı pembeci Süleymān	ġuruş 8
dükkān-ı Muḥarrem [ve] Ḥāccī Yaḥyā	ġuruş 1

cemʿan yekūn ġuruş 21

tevcihāt-ı kātib el-Ḥāc Ḥuseyn Aġa

icāre-ʾi bāġ-ı Kura Beg	ġuruş 15
dükkān-ı kitābçi Ḥasūn	ġuruş 12
dükkān-ı bezzāz Circis Baṭū	ġuruş 12
dükkān-ı ḳavāf İshāk	ġuruş 7
dükkān-ı bezzāz Meḥmed Kapuçi	ġuruş 2

cemʿan yekūn ġuruş 48
ziyāde bir ġuruş Dāvūduñ ismine tekmīl

tevcihāt-ı cābī birūn ve imām ʿAbdullāh Efendi

ʿan icāre-ʾi ḥammām	24

553 Vermutlich Ak degirmen.

tevcihāt-ı nāẓir-i[!][554] enderūn ve cüzḫān-ı Ḥāccī Yūsuf

dükkān-ı baḳḳāl-ı ḫūd[!][555]		ġuruş 12
dükkān-ı ḳavvaf-ı ḫūd[!][556]		ġuruş 7
dekākīn-i ḫūd[!][557]	bāb 8	ġuruş 6
ʿan icāre-ʾi hammām		ġuruş 11

cemʿan yekūn ġuruş 36

tevcihāt-ı cābī-i enderūn ve müʾezzin es-Seyyid İsmaʿīl

dükkān-ı naʿlband ʿAbdū	ġuruş 12
dükkān-ı naʿlband Ḥāccī Ḫalīl	ġuruş 12
dükkān-ı köle ʿOs̱mān	ġuruş ½
dükkān-ı Benderzāde Meḥmed Aġa	ġuruş ½

cemʿan yekūn ġuruş 25

tevcihāt-ı kehfḫān es-Seyyid Dāvūd

dekākīn-i Ḥāccī Ḥuseyn	bāb 6	ġuruş 9
dükkān-ı Marvan [ve] Ḥāccī Ḥuseyn		ġuruş 6
dükkān-ı bezzāz Muṣṭafā		ġuruş 6
dükkān-ı bezzāz-ı ḫūd[!][558]		ġuruş 6
dükkān-ı bezzāz Seyyid Bekir		ġuruş 2

cemʿan yekūn ġuruş 29

tevcihāt-ı kātib İbrāhīm Çelebi

dükkān-ı bezzāz-ı ḫūd[!][559]	ġuruş 2
dükkān-ı ḳavāf Ḥamūş	ġuruş 7
dükkān-ı ḳazzāz Ḥāccī Yūsuf	ġuruş 8
icāre-ʾi asyāb-ı Zinfīl	ġuruş 2
dükkān-ı bezzāz Ḫalīfe	ġuruş 3

cemʿan yekūn ġuruş 22

247/50/a (fünfter Teil auf 247/52, rechte Seite)
tevcihāt-ı imām ve nuḳṭa Seyyid İbrāhīm

dükkān-ı Meḥmed	[1]ci	fī sene ġuruş 6

554 nāżir
555 ḥūd
556 ḥūd
557 ḥūd
558 ḥūd
559 ḥūd

dükkān-ı bezzāz Seyyid Bekir	ġuruş 6
dükkān-ı bezzāz Beldū	ġuruş 2
dükkān-ı bezzāz ʿAbdülvahāb	ġuruş 2
dükkān-ı Meḥmed [ve] Ḥāccī Celīl ʿAbdī	ġuruş 2

cemʿan yekūn ġuruş 18

tevcihāt-ı miʿmār Şeyḫ Maḥmūd

dükkān-ı bezzāz Ḥuseyn [ve] ʿAlī	ġuruş 7½
dükkān-ı ḳavvaf Ḥāccī Maḥmūd	ġuruş 7
dükkān-ı ḫūd[!][560]	ġuruş 1
dükkān-ı Seyyid Kanʿān	ġuruş 3
(...)	

cemʿan yekūn ġuruş 27

tevcihāt-ı imām-ı s̱ānī es-Seyyid ʿAbdülḳādir Efendi

ʿan icāre-ʾi ḥammām	ġuruş 15

tevcihāt-ı imām-ı s̱ānī Muṣṭafā Efendi

ʿan icāre-ʾi ḥammām	ġuruş 15

tevcihāt-ı serdār-ı[!][561] ḥammām (...)

ʿan icāre-ʾi ḥammām	ġuruş 9
dükkān-ı (...) İlyās	ġuruş 6

cemʿan yekūn ġuruş 15

tevcihāt-ı neccār İsḥāk

ʿan icāre-ʾi bāġ-ı Aḥmed Aġa	ġuruş 11
ʿan bāġ-ı Ravża	ġuruş 1

cemʿan yekūn ġuruş 12

tevcihāt-ı ṭabbāḫ ʿAbdülfattāḥ Efendi

dükkān-ı bezzāz Köle İlyās	ġuruş 6
dükkān-ı bezzāz İsmaʿīl Çelebi	ġuruş 6
dükkān-ı bezzāz el-Ḥāc Aḥmed [ve] ʿAbdürrazāḳ	ġuruş 3

cemʿan yekūn ġuruş 15

560 ḥūd
561 serdīdār

tevcihāt-ı türbedār Seyyid Ḫalīl

dükkān-ı serrāc Ḫıżır	ġuruş 6

tevcihāt-ı farrāş-ı tekīye es-Seyyid Ḥuseyn Çelebi

dükkān-ı ḳavvaf Ṣarvī [ve] Tūmā	ġuruş 7
dükkān-ı 'l-Ḥāc ʿAbdürrazāḳ	ġuruş 3
dükkān-ı bezzāz Şeyḫ Ṭah	ġuruş 1½
dükkān-ı bezzāz ʿAbdullāh Ḥalcū	ġuruş 2
dükkān-ı Seyyid Ḫalīl	ġuruş 1½

cemʿan yekūn ġuruş 15

tevcihāt-ı ḥammāl ve bawwāb Ḫalīl

bāġ-ı medrese	ġuruş 4
dükkān-ı ḳavāf el-Ḥāc Meḥmed	ġuruş 7
dükkān-ı Ḫā(lid)	ġuruş 4
dükkān-ı bezzāz Dāvūd [ve] 'l-Ḥāc Yaḥyā	ġuruş 2
dükkān-ı bezzāz Dāvūd	para 30
bāġāt-ı medrese	ġuruş 3 (ru)baʿ 1

cemʿan yekūn ġuruş 21

tevcihāt-ı muʿallim-ı ḳırāʿat Meḥmed Efendi

ʿan icāre-ʾi ḥammām	ġuruş 24
icāre-ʾi Ab ʿAfīf	ġuruş 15

cemʿan yekūn ġuruş 39

tevcihāt-ı naḳīb ve ṣārıḳdār ve cüzḫān ve (...)

dükkān-ı bezzāz ḫūd[!][562]	ġuruş 6
dükkān-ı ḳavvaf Aḥmed [ve] Abū Ṭayıb	ġuruş 7
dükkān-ı delāl (...)	ġuruş 2
dükkān-ı bezzāz Buṭrūs [ve] Circis	ġuruş 6
ʿan icāre-ʾi ḥammām	ġuruş 6

cemʿan yekūn ġuruş 27

tevcihāt-ı Şeyḫ-i maṭbaḫ el-Ḥāc Yūsuf

dükkān-ı çulçı Kerābīd	ġuruş 12
dükkān-ı Aġazāde Ḥuseyn Çelebi	ġuruş 3

cemʿan yekūn ġuruş 15

562 ḥūd

tevcihāt-ı Aḥmed Efendizāde

icāre-ʾi bāġ-ı Bereket el-cemel	ġuruş 4
dekākīn-i bezzāz Seyyid ʿAbd(...)	ġuruş 2

cemʿan yekūn ġuruş 6

tevcihāt-ı kiyāl el-Ḥāc Aḥmed

dükkān-ı ḳavāf Ḥūt	ġuruş 7
ʿan icāre-ʾi bāġ-ı İbrāhīm	ġuruş 8

cemʿan yekūn ġuruş 15

tevcihāt-ı serdār-ı[!][563] bedestān ve serrāc ḫāne (...)

dükkān-ı ḳazzāz ʿOs̱mān	ġuruş 8
dükkān-ı ḳazzāz Maḥmūd	ġuruş 3
dükkān-ı ḳazzāz el-Ḥāc Yūsuf	ġuruş 4

cemʿan yekūn ġuruş 15

247/50/a (sechster Teil auf 247/52, linke Seite)
tevcihāt-ı müfettiş müftī es-Seyyid Aḥmed Efendi

(ʿan) icāre-ʾi asyāb-ı (...)	ġuruş (30)[?]

tevcihāt-ı anbārī Seyyid ʿÖmer

ʿan dükkān-ı serrāc Şeyḫ Aḥmed	ġuruş 6

tevcihāt-ı Kehrīzī İġū

dükkān-ı bezzāz ẕimmī İbrāhīm	ġuruş 6

tevcihāt-ı serdār-ı medrese Būġūṣ

dükkān-ı baḳḳāl-ı köle Ḥasan	ġuruş 9
icāre-ʾi Ab medrese ʿan icāre-ʾi ḥammām	ġuruş 3

tevcihāt-ı bawwāb-ı berekāt

dükkān-ı Seyyid Bekir	[1]cı	ġuruş 8
dükkān-ı Aḥmed Kuzı		ġuruş 1

cemʿan yekūn ġuruş 9

563 serdār

tevcihāt-ı naḳīb ve anbārī el-Ḥāc (...)

ḫafāf-ı ḫūd	ġuruş 7
dükkān-ı bezzāz terzi İbrāhīm	ġuruş 3
dükkān-ı bezzāz Meḥmed ʿArbū	ġuruş 1
dükkān-ı köle ʿAbdullāh	ġuruş 1

cemʿan yekūn ġuruş 12

tevcihāt-ı cüzḫān Seyyid Ḥuseyn

dükkān-ı bezzāz [Muṣ]ṭafā Ḳapūçı	ġuruş 6

tevcihāt-ı duʿāgū azharī el-Ḥāc ʿAbdullāh Efendi

icāre-ʾi faḫrīye	ġuruş 5
icāre-ʾi bāġ-ı Dan	ġuruş 33
icāre-ʾi dükkān-ı ḫūd[!][564]	ġuruş 2
bāġ-ı Ḫarbet el-kebīre	ġuruş 21
bāġ-ı Ḥurta	ġuruş 45
dükkān-ı ḳavāf ʿAisī	ġuruş 7

cemʿan yekūn ġuruş 90

tevcihāt-ı iḫlāṣ-ḫān ve muvaḳḳit ʿAbdülḳādir Efendi

ʿan icāre-ʾi ḥammām	ġuruş 24

tevcihāt-ı duʿāgū ʿAbdülḳādir

ʿan icāre-ʾi ḥammām	ġuruş 30

tevcihāt-ı vekīl-i ḫarc cüzḫān Maḥmūd

dekākīn-i Ḥāc Fāris	ġuruş (...)
dekākīn-i ʿAbbās Aġa ve Meḥmed Aġa	ġuruş 8½
(dükkān-ı) bezzāz (Çā)vīş	ġuruş (...)
dekākīn-i Ḳāsim Çelebi	ġuruş 2
(dükk)ān-ı ḳavāf (Ḥā)c Aḥmed ve Kerābid	ġuruş 1
(dükk)ān-ı ʿAbdürraḥīm Ṭūpal	ġuruş ½

cemʿan yekūn ġuruş 24

tevcīh-i cüzḫān ʿAlī Dahlakanzāde

dükkān-ı bezzāz seyyid Kanʿān	ġuruş 6

564 ḥūt

tevcihāt-ı cüzḫān el-Ḥāc Fetḥī

dükkān-ı ḫūd	ġuruş 2

tevcihāt-ı cüzḫān Muṣṭafā

ʿan icāre-ʾi Ḳāsimīye	ġuruş 6

tevcīhāt-i cüzḫān ve Kankan Mollā Bekir

ʿan dükkān-ı ḫūd İsmaʿīl	ġuruş 12

tevcīhāt-i cüzḫān Meḥmed ʿArbū

dükkān-ı bezzāz-ı ḫūd	ġuruş 6

tevcīhāt-i cüzḫān Dāūd

dükkān-ı ḳavāf Saʿdū	ġuruş 6

tevcīhāt-i duʿāgū Muṣṭafā

dükkān-ı ḳazzāz Maḥmūd	ġuruş 2
dükkān-ı ḳavāf Ḳulazāde Yūsuf	ġuruş 7
dükkān-ı bezzāz Aḥmed [ve] 'l-Ḥāc İlyās	ġuruş 6
dükkān-ı ḳavāf Muṣṭafā Tencere	ġuruş 7
ʿan icāre-ʾi ḥammām	ġuruş 8

cemʿan yekūn ġuruş 30

tevcīhāt-ı duʿāgū el-Ḥāc Süleymān

dükkān-ı bezzāz-ı ḫūd	ġuruş 2
dükkān-ı serrāc İsmaʿīl	ġuruş 9
icāre-ʾi bāġ-ı Ravża	ġuruş 13
dükkān-ı köle İsmaʿīl	ġuruş 6

cemʿan yekūn ġuruş 30

tevcīhāt-i fetḥ-ḫān Seyyid ʿAbdülbāḳī Efendi

dükkān-ı serrāc Ḥuseyn Verāṣ	ġuruş 9
dükkān-ı ḳavāf Meḥmed [ve] ʿAbdu	ġuruş 7
dükkān-ı delāl Kurkīs	ġuruş 3
ḳahveḫāne-ʾi Müftīzāde Muṣṭafā	ġuruş 3
dükkān-ı bezzāz Ḥuseyn Beg	ġuruş 6
dükkān-ı serrāc Ṣāliḥ	ġuruş 7
dükkān-ı bezzāz ʿAmsīḥ	ġuruş 3
dükkān-ı ḳavāf Ṣāliḥ	ġuruş 7

cemʿan yekūn ġuruş 45

tevcīhāt-i du'āgū 'Urfī

dükkān-ı bezzāz Seyyid İbrāhīm	ġuruş 6
dükkān-ı serrāc Şeyḫ Aḥmed	ġuruş 3

cem'an yekūn ġuruş 9

tevcīhāt-i du'āgū Mollā İsma'īl

dükkān-ı kitāpçı İsma'īl	ġuruş 12
dükkān-ı Seyyid Bekir	ġuruş 6
dükkān-ı serrāc (Ḥadrar)[?]	ġuruş 6
dükkān-ı terzi Mūsā	ġuruş 6

cem'an yekūn ġuruş 30

247/50/a (siebter Teil auf 247/53, rechte Seite)
tevcīhāt-i du'āgū Meḥmed Sa'īd

dükkān-ı ḳavāf Aḥmed	ġuruş 7
dükkān-ı ḳavāf köle ḫūd Meḥmed	ġuruş 7
dükkān-ı Sa'dū 'Amūn	ġuruş 1

el-yekūn ġuruş 15

tevcīhāt-i du'āgū 'Alī Efendi

dükkān-ı ḳavāf Ḫıżır Mustaçı	ġuruş 7
dükkān-ı bezzāz 'Abdüllaṭīf	ġuruş 2
dükkān-ı (...)	ġuruş 7½
dükkān-ı 'l-Ḥāc Dāvūd Ṣa'ār	ġuruş 1½

cem'an yekūn ġuruş 18

tevcīhāt-i du'āgū Meḥmed Emīn Çelebi

dükkān-ı Berber Cum'a	ġuruş 12
dükkān-ı Aġazāde Ḥasan Çelebi	ġuruş 3

cem'an yekūn ġuruş 15

tevcīhāt-i du'āgū 'Abdullāh

'an icāre-'i asyāb-ı Cedīde	ġuruş 15

tevcīhāt-i Ḫaṭībzāde Mollā Meḥmed ber vech-i du'āgū

dükkān-ı serrāc Ḫālid Ḳılıcı Ẕimmī	ġuruş 8
dükkān-ı serrāc Şeyḫ Aḥmed	ġuruş 4
dükkān-ı ḳavāf-ı ḫūd	ġuruş 7
dükkān-ı serrāc Ṣāliḥ	ġuruş 4
dükkān-ı ḳavāf Maḥmūd	ġuruş 7

cem'an yekūn ġuruş 30

tevcīhāt-i du'āgū Seyyid Meḥmed Raşīd

dükkān-ı ḳavāf 'Abdürrazāḳ		ġuruş 7
dükkān-ı Bekir [ve] Velī		ġuruş 7
dükkān-ı Müftīzāde İsma'īl Çelebi		ġuruş 1

cem'an yekūn ġuruş 15

tevcīhāt-i muḥāsib 'Abdullāh Efendi

dükkān-ı baḳḳāl-ı ḫūd		ġuruş 12
dükkān-ı bezzāz Ḫalīfe		ġuruş 3

cem'an yekūn ġuruş 15

tevcīhāt-i müderris-i 'āmm ve Fetḥ Ḫān Aḥmed Efendi vaẓīfesi

dükkān-ı Şeyḫmūsā Çelebi		ġuruş 12
dükkān-ı bezzāz 'Abdürraḥīm		ġuruş 6
dükkān-ı ḳavāf 'Āzir Māġū		ġuruş 7
dükkān-ı Mūsā ve Eyyüb	3üncü	ġuruş 8
bāġ-ı bāb ül-Gevz		ġuruş 8
dükkān-ı baḳḳāl Kūr 'Os̱mān		ġuruş 8
dükkān-ı bezzāz Ḥana [ve] Sa'dū		ġuruş 4
dükkān-ı bezzāz Īfū		ġuruş 6
dükkān-ı bezzāz Ḥuseyn Ġarū		ġuruş 2
dükkān-ı 'l-Ḥāc Aḥmed Kūzī		ġuruş 2
dükkān-ı eskici Seyyid (...)		ġuruş 3
dükkān-ı İbrāhīm Çelebi Şeyḫī		ġuruş 2
asyāb-ı 'Ain Mişmiş		ġuruş 50
asyāb-ı Cedīde		ġuruş 5

cem'an yekūn ġuruş 123

tevcīhāt-i du'āgū Şerīf İbrāhīm

dükkān-ı bezzāz Şeyḫmūsā		ġuruş 3
dükkān-ı bezzāz Şemmās Tavū		ġuruş 6
mütevellīzāde 'an icāre-'i Ḳāsimīye		ġuruş 30
dükkān-ı bezzāz Şeyḫ Ṭah		ġuruş 6
dükkān-ı serrāc Maḥmūd Zengīn		ġuruş 3
dükkān-ı serrāc Yaḥyā		ġuruş 3
dükkān-ı 'Alī Şeyḫī		ġuruş 1
dükkān-ı Şeyḫmūsā	[1]ci	ġuruş 8

cem'an yekūn ġuruş 60

tevcīhāt-i 'aşrḫān ve ser-i maḥfal ve mu'allim üṣ-ṣibyān es-Seyyid İsma'īl

dükkān-ı Abāḥad	1inci	ġuruş 8

dükkān-ı delāl Melkī Ḥūlūzū		ġuruş 2
dükkān-ı ʿAbdullāh Çelebi		ġuruş 2
dükkān-ı bezzāz ʿÖmer Mīnū		ġuruş 2
dükkān-ı Naʿmī	ci	ġuruş 8
dükkān-ı delāl Mirza		ġuruş 2
dükkān-ı (ḳavāf) Meḥmed [ve] ʿAbd(...)		ġuruş 7
dükkān-ı ḳavāf Seyyid Abdāl		ġuruş 7
dükkān-ı İskander ʿĀşıḳe		ġuruş 6
dükkān-ı Ḫālū Rūmī		ġuruş 3
dükkān-ı Şemmās Rūmī		ġuruş 3
dükkān-ı bezzāz İsḥāk		ġuruş 4

cemʿan yekūn ġuruş 54

247/50/a (achter Teil auf 247/53, linke Seite)
tevcīhāt-i (...) İsmaʿīl Efendi

(...)	ġuruş 3(0)
dükkān-ı serrāc Seyyid ʿAbdū	ġuruş 9
dükkān-ı serrāc İsmaʿīl Verāṣ	ġuruş 6

cemʿan yekūn ġuruş 45

tevcīhāt-i duʿāgū Aḥmed Beg ʿan asyāb-ı degirmen Aḳ ve Ḳāsimīye	ġuruş 30

tevcīhāt-i duʿāgū es-Seyyid ʿAbdürraḥīm Efendi

dükkān-ı ḳavāf Būġūṣ	ġuruş 7
dükkān-ı Monlā Aḥmed	ġuruş 2
dükkān-ı serrāc Aḥmed (Zebnī)[?]	ġuruş 6
icāre-ʾi bāġ-ı Kenīye	ġuruş 9
icāre-ʾi ḥammām	ġuruş 6

cemʿan yekūn ġuruş 30

tevcīhāt-i mütevellīzāde ḥāfiẓ Celīl ʿan iltizām-ı ḳurā	ġuruş 75

tevcīhāt-i duʿāgū Monlā İsmaʿīl

bāġ-ı Sehrīc	ġuruş 20
bāġı ḥūrta	ġuruş 25
bāġ-ı Kenīye	ġuruş 5

cemʿan yekūn ġuruş 50

tevcīhāt-i du'āgū azharī Efendi

('an) icāre-'i (ḥam)ām	ġuruş 7(...)

tevcīhāt-i du'āgū imām Muṣṭafā Efendi

'an icāre-'i ḥammām	ġuruş 75
'an iltizām-ı ḳurā	ġuruş 25

cem'an yekūn ġuruş 100

tevcīhāt-i du'āgū baş kātib 'Abdullāh Efendi

müdd-i Āmidī 'an asyāb-ı Cemel	ġuruş 50

tevcīhāt-i ḥaṭīb-i medrese 'Abdürraḥīm Efendizāde

'an bāġ-ı 'Aşıḳ	ġuruş 18

tevcīhāt-i müderris-i 'āmm Maḥmūd Efendizāde

'an bāġ-ı Ziyāret	ġuruş 50
'an asyāb-ı Ḳāsimīye	ġuruş 24
bāġ-ı Ṣūf 'Aīd	ġuruş 12
bāġ-ı Abrīşim	ġuruş 14

cem'an yekūn ġuruş 90

tevcīhāt-i ḥāfiẓ 'Os̱mān Efendi

asyāb-ı Cemel	ġuruş 27
tevcīhāt-i (Bengizāde) Monlā Aḥmed	31
tevcīhāt-i 'Abdürraḥīm er-Refī' Efendi	(...)

cem'an yekūn el-vaẓā'if ve 'l-maṣārif

keyl ḥınṭa 30	
el-vaẓā'if	2835
el-maṣārif	275
30	3110

(ma'an)[?] yekūn el-īrād	ġuruş
keyl ḥınṭa 30	3236
	3110
keyl ḥınṭa 30	126

lil-vaẓā'ifāt[!][565] ve 'l-maṣārifāt	60
	66
yek çeşme	23
	43
Azharī Efendiye	27
Ḥāfiẓ ʿOs̱mān Efendi	16

(*Legalisierungsformel*)

غب الكلام فى هذا[!][566] المقام نمقه الفقير اليه عز شأنه الحاج محمود المولاخلافة بمدينة ماردين المحمية عفى له

(*Stempel*)

247/50/a

Erklärte langzeitverpachtete Quellen, Gärten und Läden der Stiftung:

Läden von Şeyḫmūsā Çelebi	Anzahl 3	Im Jahr [Ġuruş] 4½
Läden von Ḥāc Meḥmed [und] ʿAbdürrazāḳ		Im Jahr [Ġuruş] 3
Läden von Ḥuseyn [und] ʿAlī Sāʾıġ	Anzahl 5	Im Jahr Ġuruş 7½
Laden des Tuchhändlers Ḥāc Meḥmed		Im Jahr Ġuruş 1½
(...)	(...)	(...)
Läden von Nāżir Ḥāc Yūsuf	Anzahl 8	Im Jahr Ġuruş 6
Läden von ʿAlī Çelebi	Anzahl 3	Ġuruş 4½
Läden von ʿAbbās Aġa	Anzahl 2	Im Jahr Ġuruş 3
Laden von Ḥāc (...)	Anzahl 6	Im Jahr Ġuruş 9
(...)	(...)	(...)
Läden von Ḥāc Aḥmed Kūzī	Anzahl 2	pro Jahr Ġuruş 3
Laden von Ṣāliḥ Çelebi	Anzahl 2	Ġuruş 1½
Laden von Ṣarāy-ı Kadın		Im Jahr Ġuruş 1
Laden von Meḥmed ʿArbū		Im Jahr Ġuruş 1
Laden von (...)	Anzahl (...)	Im Jahr Ġuruş 3
Laden von Seyyid ʿAbdürraḥīm		Im Jahr Ġuruş 1½
Laden von Ḥāc Dāūd [und] Şaʿār		Im Jahr Ġuruş 1½
Läden von Şeyḫ Maḥmūd	Anzahl 2	Im Jahr Ġuruş 3
Laden des Tuchhändlers Ḥāccī Meḥmed Vānlī		Im Jahr Ġuruş 1½
Laden des Tuchhändlers (...)		Im Jahr Ġuruş 1½
Laden des Altwarenhändlers Seyyid Ḫalīl		Im Jahr Ġuruş 1½
Laden von Ḥasan Çelebi Āġazāde	Anzahl 3	Ġuruş 3
Laden von Şeyḫmūsā Çelebi		Ġuruş 1
Laden des Sklaven ʿAbdullāh		Im Jahr Ġuruş 1
Laden von Müftī(zāde) Maḥmūd		Im Jahr Ġuruş 1

565 vaẓāʾifāt
566 هد

Kaffeehaus von Muṣṭafā Müftīzāde	Im Jahr Ġuruş 3
Läden von Ṣāliḥ Çelebi	Im Jahr Ġuruş 2
Laden von ʿAbdürraḥīm Çelebi	Im Jahr Ġuruş 1
Laden von ʿAlī Çelebi [und] Şeyḫī	Im Jahr Ġuruş 1
Laden von (...)	(Im Jahr Ġuruş) 1
Laden von Ḥāc Fīl	Im Jahr Ġuruş 1
Laden von Ḥāc Ḥuseyn	Im Jahr Ġuruş 6
Laden von (...) Ḥāc Ḳāsim	Im Jahr Ġuruş 7½
Laden von Ḥāsan Şāh Ḳadın	Im Jahr Ġuruş 1
Läden von Ḳāsim Çelebi	Im Jahr Ġuruş 2
Läden von Şeyḫ Maḥmūd	Ġuruş 1
Läden von Şeyḫmūsā Çelebi	Im Jahr Ġuruş ½
Läden vom Lastenträger ʿAlī	Im Jahr Ġuruş ½
Laden des Sklaven ʿOs̱mān	Ġuruş 1
Laden von (...)	Im Jahr Ġuruş ½
Laden von Ḥāccī Süleymān	Im Jahr Ġuruş 2
Kaffeehaus von ʿAbbās Āġa	Im Jahr Ġuruş 1½
Für die Miete des Gartens Ravża[567]	Im Jahr Ġuruş 14
Für die Miete des Garten von Aḥmed Āġa	Im Jahr Ġuruş 11
Für die Miete des Garten Bereket ül-Ḥamd	Im Jahr Ġuruş 4
Garten der Medrese	Ġuruş 4
(Faḫrīye ve Senāsīl)	Ġuruş 5
Garten Īlū	Leer
Garten Ḫūrta	Ġuruş 45
Garten Ḫūrta el-kebīre	Im Jahr Ġuruş 21
Kleiner Garten des Ḳadīs	Im Jahr Ġuruş 17
Garten Ḥarzem	Ġuruş 1½
Neue Wassermühle	Ġuruş 50
Wassermühle ʿAyn Mişmiş	Ġuruş 50
Wassermühle Rişmil	Im Jahr Ġuruş 2
Wassermühle Ḳaradere	Im Jahr Ġuruş 10
Wasser von Bedestān	Im Jahr Ġuruş 1¼
Wassermühle der Medrese	Im Jahr Ġuruş 1
Garten der Medrese	Im Jahr Ġuruş 3¼

Insgesamt 351½ Ġuruş

Läden der Sattler:

Laden des Sattlers Fetḥī	Im Jahr Ġuruş 8
Laden von Cumʿa	Im Jahr Ġuruş 12
Laden des Sattlers Ḥaydar	Im Jahr Ġuruş 6
Laden des Sattlers Ḥāc Fetḥī	Im Jahr Ġuruş 6
Laden des Sattlers Ḫıżır Verās̱	Im Jahr Ġuruş 6

567 Weide

Laden des (Sattlers) Aḥmed (...) Çelebi		Im Jahr Ġuruş 6
Laden des Sattlers Ḥuseyn Verās̱		Im Jahr Ġuruş 9
Laden des Sattlers Seyyid İsma'īl		Im Jahr Ġuruş 9
Laden von Ṣāliḥ Çelebi		Im Jahr Ġuruş 7
Laden des Sattlers Ṣeyyid 'Abdū		Im Jahr Ġuruş 9
Laden des Sattlers Ṣeyyid İsma'īl Verās̱		Im Jahr Ġuruş 6
Laden von Seyyid Meḥmed	Leer	
Läden von Şeyḫ Aḥmed	Anzahl 2	Ġuruş 10
Laden von Seyyid Bekir		Ġuruş 6
Laden von Seyyid Aḥmed		Ġuruş 3
Laden	Leer	
Laden des (Sattlers) Yaḥyā		Ġuruş 3
Laden des Sattlers Maḥmūd Zengīn		Ġuruş 3
Laden des Sattlers Seyyid Ṣāliḥ		Ġuruş 4

Insgesamt 119 Ġuruş

Großmarkt mit Baumwollmarkt:

Laden von (...) İsma'īl		(...)
Laden des Kebāb-Verkäufers Seyyid İsma'īl		Ġuruş 12
Laden des Kebāb-Verkäufers İlyās		Ġuruş 12
Laden des Nāżirs Seyyid Ḥāc Yūsuf		Ġuruş 12
Laden des Kebāb-Verkäufers Ḥusūn		Ġuruş 12
Laden des Schmieds 'Abdū		Ġuruş 12
Laden des Pferdedeckenherstellers Kerābīd		Ġuruş 12
Laden des Schusters Muṣṭafā		Im Jahr Ġuruş 12
Laden des Pferdedeckenherstellers Ḥāc Yūsuf		Im Jahr Ġuruş 12
Laden des Schmieds Ḥāc Ḫalīl		Im Jahr Ġuruş 12
Laden des Lebensmittelhändlers 'Abdullāh Efendi		Ġuruş 12
Laden des Lebensmittelhändlers Ḫalīd		Ġuruş 12
Laden des Lebensmittelhändlers Seyyid Ḫalīl		Ġuruş 12
Laden des Lebensmittelhändlers Seyyid İbrāhīm		Ġuruş 12
Laden des Sklaven Ḥasan		Ġuruş 9
Laden von Ḥāccī 'Os̱mān		Ġuruş 8
Laden von Ḥasan Cemīl		Ġuruş 6
Laden von Ḥāc Süleymān		Ġuruş 8
Laden von Ḥāccī 'Abdullāh		Ġuruş 8
Laden von Seyyid Bekir		Ġuruş 8
Laden von Ḥāccī Eyyüb	Zweiter	Im Jahr Ġuruş 8
Laden von Abāḥad	Dritter	Ġuruş 8
Laden von Deli Meḥmed	Dritter	Ġuruş 6
Laden von (Na'mī)	Dritter	Ġuruş 8
Laden von ('Amsū und Na'mī)	Dritter	Im Jahr Ġuruş 8
Laden des Lebensmittelhändlers Kūr Dāvūd		Ġuruş 5
Laden von Şeyḫmūsā	Dritter	[Im Jahr] Ġuruş 8
Laden von Mollā Aḥmed		Ġuruş 2

Laden des Schneiders Maḥmūd	Ġuruş 3
Neuer Laden	Leer

Insgesamt 271 Ġuruş

Markt der Hersteller von billigen Schuhen:

Laden des Herstellers von billigen Schuhen, ʿÖmer Çelebi		Ġuruş 7
Laden des Herstellers von billigen Schuhen, Ḥāccī Mürtażā		Ġuruş 7
Laden des Herstellers von billigen Schuhen, der Sklave Meḥmed		Ġuruş 7
Laden des Herstellers von billigen Schuhen, Muṣṭafā Ṭencere		Ġuruş 7
Laden von Ḥāccī Aḥmed und Kubīd		Ġuruş 7
Laden des Herstellers von billigen Schuhen, Sepetçi Ḫıżır		Ġuruş 7
Laden von Seyyid Meḥmed Ḥatībzāde	Anzahl	Ġuruş 7
Laden von Monlā Emīn Farḥāt		Ġuruş 7
Laden von Ḥamūş		Ġuruş 7
Laden von Ḥāccī Maḥmūd		Ġuruş 7
Laden des Herstellers von billigen Schuhen, Meḥmed [und] Ḳara Şeyḫmūsā		Ġuruş 7
Laden von Zaḥḳū und Circis		Ġuruş 7
Laden von Alī und Ramażān		Ġuruş 7
Laden von İsḥāk und <...> (Hidāmī)		Ġuruş 7
Laden von ʿAsker		Ġuruş 7
Laden von Ābāḥad Ḥāmī		Ġuruş 7
Laden von Ḥāc Ṣāliḥ		Ġuruş 7
Laden von Yūṣī		Ġuruş 7
Laden von Ḥāccī Ẓalnūn Efendi		Ġuruş 7
Laden von Ḳarr Yūsuf		Ġuruş 7
Laden von Abū (...)		Ġuruş 7
Laden von Melkī [und] ʿAīsī		Ġuruş 7
Laden von ʿAbū Meḥmed [und] ʿAlī		Ġuruş 7
Laden von Seyyid Abdāl		Ġuruş 7
Laden von Cūʿvān und Bastūḳa		Ġuruş 7
Laden von Ḥāccī Meḥmed		Ġuruş 7
Laden des Eisenabsatzherstellers Şeyḫmūsā		Ġuruş 7
Laden von ʿAbdürrazāḳ		Ġuruş 7
Laden von Yūzī		Ġuruş 7
Laden von Aḥmed Kūmlī		Ġuruş 7
Laden von Ḥāc Aḥmed		Ġuruş 7
Laden von ʿAbdullāh Çāvīş		Ġuruş 7
Laden von ʿAmsū und Circis		Ġuruş 7
Laden von Yūsuf (Merzīb)		Ġuruş 7
Laden von İbrāhīm Māġū		Ġuruş 7

Laden von Zaḥkū	Ġuruş 7
Laden von Murād ʿAbdū	Ġuruş 7
Laden von Seyyid Ḥuseyn [und] Seyyid H̱ıżır	Ġuruş 7
Laden von İbrāhīm [und] Cemel	Ġuruş 7
Laden von Ḥana Kūrkīs	Ġuruş 7
Laden von Ḥāccī Yūsuf	Ġuruş 7
Laden von Saʿīd	Ġuruş 7
Laden von Bekir Valū	Ġuruş 7
Laden von Meḥmed ʿArbū	Ġuruş 7
Laden von Meḥmed Ḥalū	Ġuruş 7
Laden von ʿAbdürrazāḳ	Ġuruş 7
Laden von Ḥāccī H̱ıżır	Ġuruş 7
Laden von Sirvī Tūma	Ġuruş 7
Laden von ʿAbdürraḥīm	Ġuruş 7
Laden von Maḥmūd ʿAḳlū	Ġuruş 7
Laden des aus Mossul stammenden Ḥāccī Murteżā	Ġuruş 7
Laden von Ṣāliḥ Çāvīş	Ġuruş 7
Laden von Yūsuf Ḳulazāde	Ġuruş 7
Laden des Seidenherstellers ʿOs̱mān	Ġuruş 7

Insgesamt 378 Ġuruş

Gärten und Wassermühlen:

Garten Kūze Beg	Ġuruş 15
Garten Kinye	Ġuruş 14
Garten Ṣehirci	Ġuruş 20
Garten Dan	Ġuruş 33
Garten ʿAşıḳ	Ġuruş 18
Garten Ġaras	Ġuruş 35
(...)	
Garten Ziyāret	Ġuruş 50
Garten İbrāhīm	Ġuruş 12
Wassermühle Cemel	Ġuruş 200
Wassermühle (...) und Ḳāsimīye	Ġuruş 170
Von der Badmiete	Ġuruş 1100

Insgesamt 1689 Ġuruş

Für die (Dörfer):

Vierter des Dorfes Şūmrūḳ		Im Jahr Ġuruş
Vierter des Dorfes Ḥarzem		Im Jahr Ġuruş
Vierter des Dorfes Ḳızıl Kend und Ḥābūşī	Leer	
Vierter des Dorfes Abū Ḳatāb		Im Jahr Ġuruş leer
Vierter des Dorfes İbrāhīmīye		Im Jahr Ġuruş
(...)		
Vierter des Dorfes Selāḥ		Im Jahr Ġuruş
Vierter des Dorfes Maltepe		Im Jahr Ġuruş leer

Insgesamt 100 Ġuruş

Weizen	Je Müdd 30

Einnahmen

Insgesamt		Ġuruş 3236
Weizen	Je Müdd 30	

Verrechnung für den schafiitischen Lehrer Seyyid Aḥmed Efendi wird erklärt:

Pferdedeckenladen von Ḥāccī Yūsuf		Im Jahr Ġuruş 12
Laden des Schmieds Muṣṭafā		Im Jahr Ġuruş 12
Laden des Seidenherstellers Ḥāc İbrāhīm		Im Jahr Ġuruş 12
Laden des Lebensmittelhändlers Ḫalīl		Im Jahr Ġuruş 12
Laden der Tuchhändler Muṣṭafā [und] Ḥāc ʿÖmer		Im Jahr Ġuruş 6
Laden des (… …)		Im Jahr Ġuruş (…)
Laden des Tuchhändlers Ẕimmī (Ḥalū)		Im Jahr Ġuruş 6
Laden der Hersteller von billigen Schuhen, ʿÖmer [und] Ḥāc		Im Jahr Ġuruş 7
Laden des Herstellers von billigen Schuhen, Ḥāc Murteżā		Im Jahr Ġuruş 7
Laden des Herstellers billiger Schuhe, Abāḥad		Im Jahr Ġuruş 7
Laden von (…) Emīn		Im Jahr Ġuruş 7
Laden des Herstellers billiger Schuhe, Murād		Im Jahr Ġuruş 7
Laden des Herstellers von billigen Schuhen, İylū		Im Jahr Ġuruş 7
Laden des Herstellers billiger Schuhen, Kurkīs		Im Jahr Ġuruş 7
Laden der Hersteller von billigen Schuhe, ʿAbdülʿazīz (Caʿrh) und ʿAbdürrazāḳ		Im Jahr Ġuruş 7
Laden des (…) Ḥāccī (…)		Im Jahr Ġuruş 7
Laden von Ḥāc ʿAbdullāh Çāvīş		Ġuruş 7
Laden der Hersteller von billigen Schuhen, Circis und ʿÖmer		Im Jahr Ġuruş 7
Laden des Tuchhändlers Ḥāccī Nuʿmāt	Anzahl 2	Im Jahr Ġuruş 4
Şerāy-ı Kadın[568]-Läden	2	Ġuruş 2
Läden des Herstellers von billigen Schuhen, İsḥāḳ		Im Jahr Ġuruş 7
Laden des Tuchhändlers Ḥāc Yūsuf		Ġuruş 4

Insgesamt 240 Ġuruş. Die Summe des Erwähnten beinhaltet 30 Ġuruş für den Lebensunterhalt und 10 Ġuruş für den Wert des Umhangs.

Verrechnung für den hanafitisch ausgerichteten, halbzeitig tätigen Lehrer *(müderris)*, der tugendreiche Muftis Seyyid Aḥmed Efendi, wird erklärt:

Laden des Tuchhändlers Fetḥū	Im Jahr Ġuruş 6
Laden des Herstellers billiger Schuhe (Ramaḳ)	Im Jahr Ġuruş 7
Laden der Hersteller billiger Schuhe, ʿAbū [u.] Meḥmed ʿAlī	Im Jahr Ġuruş 7

568 Wörtlich übersetzt: Palast der Frauen, hier möglicherweise ein Laden speziell für frauenbezogene Waren.

Laden der Hersteller von billigen Schuhen, Ḥuseyn [und] Seyyid Bekir		Im Jahr Ġuruş 7
Laden von ʿAmsū	Dritter	Im Jahr Ġuruş 8
Laden von İsmaʿīl	Dritter	Im Jahr Ġuruş 8
Laden von Ḥasan [und] Cemīl	Dritter	Ġuruş 6
Laden von Ṣāliḥ Çelebi Aġazāde		Ġuruş 3½
Laden des Tuchhändlers Ẓāhir		Im Jahr Ġuruş 6
Laden von Ḥāccī Şeyḫmūsā		Im Jahr Ġuruş 6
Für die Badmiete		Im Jahr Ġuruş 56
Mit Umhangsgeld		

Insgesamt 120½ Ġuruş

Verrechnung für den Gebetsrezitator, der tugendreiche Mufti Seyyid Aḥmed Efendi: Eingehende Müdd[569] Weizen: zu je 30 Müdd von den Dörfern

Für die jungen Schüler von der Badmiete	Im Jahr Ġuruş 250

Verrechnung für den hanafitisch ausgerichteten halbzeit tätigen Lehrer, der tugendreiche, aus der Azharī-Universität stammende Seyyid ʿAbdullāh Efendi (wird erklärt):

Laden des Herstellers von billigen Schuhen, (...)		(...)
Laden des Herstellers billiger Schuhe, ʿAbdürraḥīm		Ġuruş 7
Laden des Herstellers von billigen Schuhen, İshāḳ		Ġuruş 7
Läden der Tuchhändler Ḥāccī Meḥmed und İlī		Ġuruş 3½
Laden des Lebensmittelhändlers Ḫālid		Ġuruş 12
(Laden) des Kebabverkäufers İlyās		Ġuruş 12
Laden des Seidenhändlers Ḥamṣū		Ġuruş 3
Laden des Lebensmittelhändlers Kur Dāūd		Ġuruş 5
Laden des Seidenhändlers ʿOs̱mān Tiryakī		Ġuruş 2
Laden von Ḥāccī Aḥmed Fīl		Ġuruş 1
Laden des Sattlers Aḥmed [und] Ḥuseyn Çelebi		Ġuruş 6
Läden mit Begrenzung auf 3 Jahre	Anzahl Läden 4	Ġuruş 12
Badmiete		Ġuruş 55
Umhangs- und Verpflegungsgeld ist enthalten		

Insgesamt 132½ Ġuruş

Verrechnung für den externen Aufseher und schafiitischen Inspektor,[570] der tugendreiche Seyyid ʿOs̱mān Efendi wird erklärt:

Laden der Hersteller von billigen Schuhen, Meḥmed [und] Ḳara Şeyḫmūsā	Ġuruş 7
Laden der Hersteller von billigen Schuhen, Yūsuf [und] Buġūṣ	Ġuruş 7
Laden des Herstellers von billigen Schuhen, İshāk Kedā	Ġuruş 7

569 Maßeinheit für Getreide.
570 muʿid

Laden der Hersteller von billigen Schuhen, İbrāhīm [und] Cemel	Ġuruş 7
Laden des Herstellers billiger Schuhe, ʿAsker	Ġuruş 7
Laden des Herstellers von billigen Schuhen, Ḥāc Meḥmed Köle	Ġuruş 6
Laden des Herstellers von billigen Schuhen, Ṣāliḥ Şemdīn	Ġuruş 7
Laden des Tuchhändlers Süleymān	Ġuruş 8
Laden des Tuchhändlers ʿAbū 'l-Ḥāc İlyās	Ġuruş 8
Laden von Dāvūd [und] Ḥāc İlyās	Ġuruş 8
Laden der Tuchhändler Ḥanā [und] Mūsā	Ġuruş 4

Insgesamt 76

Verrechnung für den Verwalter İsmaʿīl Aġa:

Von der Miete von Ak und Ḳasimīye	Im Jahr Ġuruş 60 *ok*

Verrechnung für den Gebetsrezitator Seyyid Aḥmed Efendi:

Von der Badmiete	Im Jahr Ġuruş 22½

Verrechnung für den Abschnittleser und Gebetsrezitator, der tugendreiche Seyyid Aḥmed Efendi:

Von der Badmiete	Im Jahr Ġuruş 96

Verrechnung für den hanafitischen Inspektor Seyyid Ḥuseyn Efendi:

Laden des Lebensmittelhändlers İbrāhīm	Ġuruş 12
Laden des Baumwollhändlers Süleymān	Ġuruş 8
Laden von Muḥarrem [und] Ḥāccī Yaḥyā	Ġuruş 1

Insgesamt 21 Ġuruş

Verrechnung für den Schreiber Ḥāc Ḥuseyn Aġa:

Miete des Gartens von Kura Beg	Ġuruş 15
Laden des Buchhändlers Ḥasūn	Ġuruş 12
Laden des Tuchhändlers Circis Baṭū	Ġuruş 12
Laden des Herstellers von billigen Schuhen, İshāk	Ġuruş 7
Laden des Tuchhändlers Meḥmed Kapuçi	Ġuruş 2

Insgesamt 48 Ġuruş. Ein Ġuruş Gesamt-Aufschlag für jemanden namens Dāvūd.

Verrechnung für den Eintreiber externer Mieten und Imam ʿAbdullāh Efendi:

Von der Badmiete	24

Verrechnung für den internen Aufseher und Fragmentleser Ḥāccī Yūsuf:

Laden des Lebensmittelhändlers, sein Eigentum		Ġuruş 12
Laden des Herstellers leichter Schuhe, Eigentum		Ġuruş 7
Läden, die Eigentum sind	Anzahl 8	Ġuruş 6
Von der Badmiete		Ġuruş 11

Insgesamt 36 Ġuruş

Verrechnung für den Eintreiber interner Mieten und Ausrufer, Seyyid İsmaʿīl:

Laden des Schmieds ʿAbdū	Ġuruş 12

Laden des Schmieds Ḥāccī Ḫalīl	Ġuruş 12
Laden des Sklaven ʿOs̱mān	Ġuruş ½
Laden des Benderzāde Meḥmed Aġa	Ġuruş ½

Insgesamt 25 Ġuruş

Verrechnung für den Kehf[571]-Leser Seyyid Dāvūd:

Läden des Ḥāccī Ḥuseyn	Anzahl Läden 6	Ġuruş 9
Laden von Marvan [und] Ḥāccī Ḥuseyn		Ġuruş 6
Laden des Tuchhändlers Muṣṭafā		Ġuruş 6
Laden des Tuchhändlers, der Eigentum ist		Ġuruş 6
Laden des Tuchhändlers Seyyid Bekir		Ġuruş 2

Insgesamt 29 Ġuruş

Verrechnung für den Schreiber İbrāhīm Çelebi:

Laden des Tuchhändlers, der Eigentum ist	Ġuruş 2
Laden des Herstellers für billige Schuhe, Ḥamūş	Ġuruş 7
Laden des Seidenhändlers Ḥāccī Yūsuf	Ġuruş 8
Miete der Wassermühle Zinfīl	Ġuruş 2
Laden des Seidenhändlers Ḫalīfe	Ġuruş 3

Insgesamt 22 Ġuruş

Verrechnung für den Imam und Wachposten *(nuḳṭa)* Seyyid İbrāhīm:

Laden von Meḥmed	erster	Im Jahr Ġuruş 6
Laden des Seidenhändlers Seyyid Bekir		Ġuruş 6
Laden des Seidenhändlers Beldū		Ġuruş 2
Laden des Seidenhändlers ʿAbdülvahāb		Ġuruş 2
Laden von Meḥmed [und] Ḥāccī Celīl ʿAbdī		Ġuruş 2

Insgesamt 18 Ġuruş

Verrechnung für den Architekten Şeyḫ Maḥmūd:

Laden des Seidenhändlers Ḥuseyn [und] ʿAlī	Ġuruş 7½
Laden des Herstellers für billige Schuhe Ḥāccī Maḥmūd	Ġuruş 7
Laden, der Eigentum ist	Ġuruş 1
Laden von Seyyid Kanʿān	Ġuruş 3

Insgesamt 27 Ġuruş

Verrechnung für den zweiten Imam Seyyid ʿAbdülḳādir Efendi:

Von der Badmiete	Ġuruş 15

Verrechnung für den zweiten Imam Muṣṭafā Efendi:

Von der Badmiete	Ġuruş 15

571 Name des 18. Kapitels im Koran. Vgl. Redhouse Beirut, S. 1607.

Verrechnung für den Badaufseher (...):

Von der Badmiete	Ġuruş 9
Laden von (...) İlyās	Ġuruş 6

Insgesamt 15 Ġuruş

Verrechnung für den Zimmermann İsḥāk:

Von der Miete des Gartens Von Aḥmed Aġa	Ġuruş 11
Vom Garten Ravża	Ġuruş 12

Insgesamt 12 Ġuruş

Verrechnung für den Koch ʿAbdülfattāḥ Efendi:

Laden des Tuchhändlers, der Sklave İlyās	Ġuruş 6
Laden des Tuchhändlers İsmaʿīl Çelebi	Ġuruş 6
Laden des Tuchhändlers Ḥāc Aḥmed ʿAbdürrazāḳ	Ġuruş 3

Insgesamt 15 Ġuruş

Verrechnung für den Mausoleumwärter Seyyid Ḫalīl:

Laden des Sattlers Ḫıżır	Ġuruş 6

Verrechnung für den Derwisch-Kloster-Mattenhersteller Seyyid Ḥuseyn Çelebi:

Laden der Hersteller von billigen Schuhen, Ṣarvī [und] Tūmā	Ġuruş 7
Laden von Ḥāc ʿAbdürrazāḳ	Ġuruş 3
Laden des Tuchhändlers Şeyḫ Ṭah	Ġuruş 1½
Laden des Tuchhändlers ʿAbdullāh Ḥalcū	Ġuruş 2
Laden von Seyyid Ḫalīl	Ġuruş 1½

Insgesamt 15 Ġuruş

Verrechnung für den Träger und Pförtner Ḫalīl:

Schulgarten	Ġuruş 4
Laden des Herstellers von billigen Schuhen, Ḥāc Meḥmed	Ġuruş 7
Laden von (Ḫālid)	Ġuruş 4
Laden des Herstellers von billigen Schuhen, Dāvūd [und] Ḥāc Yaḥyā	Ġuruş 2
Laden des Herstellers von billigen Schuhen, Dāvūd	Para 30
Schulgärten	Ġuruş 3 Viertel 1

Insgesamt 21 Ġuruş

Verrechnung für den Lehrer für Lesungen Meḥmed Efendi:

Von der Badmiete	Ġuruş 24
Miete von Ab ʿAfīf	Ġuruş 15

Insgesamt 39 Ġuruş

Verrechnung für den Standesbeamten, den Ṣārıḳdār, den Abschnittleser und (...):

Laden des Tuchhändlers, der Eigentum ist	Ġuruş 6
Laden der Hersteller für leichte Schuhe Aḥmed [und] Abū Ṭayıb	Ġuruş 7
Laden des Auktionators	Ġuruş 2

Laden der Tuchhändler Buṭrūs [und] Circis	Ġuruş 6
Von der Badmiete	Ġuruş 6

Insgesamt 27 Ġuruş

Verrechnung für den Küchenältesten Ḥāc Yūsuf:

Laden des Satteldeckenherstellers Kerābīd	Ġuruş 12
Laden von Aġazāde Ḥuseyn Çelebi	Ġuruş 3

Insgesamt 15 Ġuruş

Verrechnung für den Aḥmed Efendizāde:

Miete des Gartens Bereket el-cemel	Ġuruş 4
Läden des Tuchherstellers Seyyid ʿAbd ül(...)	Ġuruş 2

Insgesamt 6 Ġuruş

Verrechnung für den Landvermesser Ḥāc Aḥmed:

Laden des Herstellers für alte Schuhe, Ḥūt	Ġuruş 7
Von der Miete des Garten İbrāhīm	Ġuruş 8

Insgesamt 15 Ġuruş

Verrechnung für den Bedestān-Aufseher und den Haus-Sattler (...):

Laden des Seidenhändlers ʿOs̱mān	Ġuruş 8
Laden des Seidenhändlers Maḥmūd	Ġuruş 3
Laden des Seidenhändlers Ḥāc Yūsuf	Ġuruş 4

Insgesamt 15 Ġuruş

Verrechnung für den Prüfer, Mufti Seyyid Aḥmed Efendi:

Von der Miete der Wassermühle (...)	Ġuruş (30)

Verrechnung für den Lagerhaus-Verwalter Seyyid ʿÖmer:

Vom Laden des Sattlers Şeyḫ Aḥmed	Ġuruş 6

Verrechnung für Kehrīzī İġū:

Laden des Tuchhändlers Ẕimmī İbrāhīm	Ġuruş 6

Verrechnung für den Schulaufseher Būġūṣ:

Laden des Lebensmittelhändlers, Sklave Ḥasan	Ġuruş 9
Miete der Ab-Medrese von der Badmiete	Ġuruş 3

Verrechnung für den Pförtner der Gnade:

Laden von Seyyid Bekir	erster	Ġuruş 8
Laden von Aḥmed Kuzı		Ġuruş 1

Insgesamt 9 Ġuruş

Verrechnung für den Leiter und den Lagerhaus-Verwalter Ḥāc (...):

[Laden des] Schusters, der Eigentum ist	Ġuruş 7
Laden des Tuchhändlers, Schneider İbrāhīm	Ġuruş 3

Laden des Tuchhändlers Meḥmed ʿArbū	Ġuruş 1
Laden des Sklaven ʿAbdullāh	Ġuruş 1

Insgesamt 12 Ġuruş

Verrechnung für den Abschnittleser Seyyid Ḥuseyn:

Laden des Tuchhändlers [Muş]ṭafā Ḳapūçı	Ġuruş 6

Verrechnung für den Gebetsrezitator, den aus der Azharī-Universität stammenden Ḥāc ʿAbdullāh Efendi:

Miete der Faḫrīye	Ġuruş 5
Miete vom Garten Dan	Ġuruş 33
Miete des Ladens, der Eigentum ist	Ġuruş 2
Garten Ḫarbet el-kebīre	Ġuruş 21
Garten Ḥurta	Ġuruş 45
Laden des Herstellers von billigen Schuhen, ʿAisī	Ġuruş 7

Insgesamt 90 Ġuruş

Verrechnung für den Leser der İḫlāṣ-Sure und Zeitmesser ʿAbdülḳādir Efendi:

Von der Badmiete	Ġuruş 24

Verrechnung für den Gebetsrezitator ʿAbdülḳādir:

Von der Badmiete	Ġuruş 30

Verrechnung für den Ausgabenbevollmächtigten und Abschnittleser Maḥmūd:

Läden von Ḥāc Fāris	Ġuruş (...)
Läden von ʿAbbās Aġa und Meḥmed Aġa	Ġuruş 8½
(Laden) des Tuchhändlers Çāvīş	Ġuruş (...)
Läden von Ḳāsim Çelebi	Ġuruş 2
Laden der Hersteller von billigen Schuhen, Ḥāc Aḥmed und Kerābid	Ġuruş 1
Laden von ʿAbdürraḥīm Ṭupal	Ġuruş ½

Insgesamt 24 Ġuruş

Verrechnung für den Abschnittleser ʿAlī Dahlakizāde:

Laden des Tuchhändlers Seyyid Kanʿān	Ġuruş 6

Verrechnung für den Abschnittleser el-Ḥāc Fetḥī:

Laden, der Eigentum ist	Ġuruş 2

Verrechnung für den Abschnittleser Muṣṭafā:

Von der Miete der Ḳāsimīye	Ġuruş 6

Verrechnung für den Abschnittleser Kankan Mollā Bekir:

Vom Laden İsmaʿīls, der Eigentum ist	Ġuruş 12

Verrechnung für den Abschnittleser Meḥmed ʿArbū:

Laden des Tuchhändlers, der Eigentum ist	Ġuruş 6

Verrechnung für den Abschnittleser Dāūd:

Laden des Herstellers für billige Schuhe, Sa'dū	Ġuruş 6

Verrechnung für den Gebetsrezitator Muṣṭafā:

Laden des Seidenhändlers Maḥmūd	Ġuruş 2
Laden des Herstellers für billige Schuhe, Ḳulazāde Yūsuf	Ġuruş 7
Laden der Tuchhändler Aḥmed [und] Ḥāc İlyās	Ġuruş 6
Laden des Herstellers für billige Schuhe, Muṣṭafā Tencere	Ġuruş 7
Von der Badmiete	Ġuruş 8

Insgesamt 30 Ġuruş

Verrechnung für den Gebetsrezitator Ḥāc Süleymān:

Laden des Tuchhändlers, der Eigentum ist	Ġuruş 2
Laden des Sattlers İsma'īl	Ġuruş 9
Miete des Gartens Ravża	Ġuruş 13
Laden von İsma'īl	Ġuruş 6

Insgesamt 30 Ġuruş

Verrechnung für den Eröffnungsleser Seyyid 'Abdülbāḳī Efendi:

Laden des Sattlers Ḥuseyn Verāṣ	Ġuruş 9
Laden der Hersteller für billige Schuhe, Meḥmed [und] 'Abdu	Ġuruş 7
Laden des Auktionators Kurkīs	Ġuruş 3
Kaffeehaus von Müftīzāde Muṣṭafā	Ġuruş 3
Laden des Tuchhändlers Ḥuseyn Beg	Ġuruş 6
Laden des Sattlers Ṣāliḥ	Ġuruş 7
Laden des Tuchhändlers 'Amsīḥ	Ġuruş 3
Laden des Herstellers für billige Schuhe Ṣāliḥ	Ġuruş 7

Insgesamt 35 Ġuruş

Verrechnung für den Gebetsrezitator 'Urfī:

Laden des Tuchhändlers Seyyid İbrāhīm	Ġuruş 6
Laden des Sattlers Şeyḫ Aḥmed	Ġuruş 3

Insgesamt 9 Ġuruş

Verrechnung für den Gebetsrezitator Mollā İsma'īl:

Laden des Buchhändlers İsma'īl	Ġuruş 12
Laden von Seyyid Bekir	Ġuruş 6
Laden des Sattlers (Ḥadrar)	Ġuruş 6
Laden des Schneiders Mūsā	Ġuruş 6

Insgesamt 30 Ġuruş

Verrechnung für den Gebetsrezitator Meḥmed Sa'īd:

Laden des Herstellers billiger Schuhe Aḥmed	Ġuruş 7
Laden des Herstellers billiger Schuhe, der Sklave Meḥmed, wobei der Laden Eigentum ist	Ġuruş 7

Laden von Sa'dū 'Amūn	Ġuruş 1

Insgesamt 15 Ġuruş

Verrechnung für den Gebetsrezitator 'Alī Efendi:

Laden des Herstellers billiger Schuhe Ḫıżır Mustaçı	Ġuruş 7
Laden des Tuchhändlers 'Abdüllaṭīf	Ġuruş 2
Laden von (...)	Ġuruş 7½
Laden von Ḥāc Dāvūd Ṣa'ār	Ġuruş 1½

Insgesamt 18 Ġuruş

Verrechnung für den Gebetsrezitator Meḥmed Emīn Çelebi:

Laden von Berber Cum'a	Ġuruş 12
Laden von Aġazāde Ḥasan Çelebi	Ġuruş 3

Insgesamt 15 Ġuruş

Verrechnung für den Gebetsrezitator 'Abdullāh:

Von der Miete der neuen Wassermühle	Ġuruş 15

Verrechnung für den Ḫaṭībzāde Mollā Meḥmed als Gebetsrezitator:

Laden des Sattlers Ḫālid Ḳılıcı Ẕimmī	Ġuruş 8
Laden des Sattlers Şeyḫ Aḥmed	Ġuruş 4
Laden des Herstellers billiger Schuhe, Eigentum	Ġuruş 7
Laden des Sattlers Ṣāliḥ	Ġuruş 4
Laden des Herstellers billiger Schuhe Maḥmūd	Ġuruş 7

Insgesamt 30 Ġuruş

Verrechnung für den Gebetsrezitator Seyyid Meḥmed Raşīd:

Laden des Herstellers billiger Schuhe 'Abdürrazāḳ	Ġuruş 7
Laden von Bekir [und] Velī	Ġuruş 7
Laden von Müftīzāde İsma'īl Çelebi	Ġuruş 1

Insgesamt 15 Ġuruş

Verrechnung für den Abrechner 'Abdullāh Efendi:

Laden des Lebensmittelhändlers, Eigentum	Ġuruş 12
Laden des Tuchhändlers Ḫalīfe	Ġuruş 3

Insgesamt 15 Ġuruş

Verrechnung für den Allgemein-Lehrer und Eröffnungs-Leser Aḥmed Efendi:

Laden von Şeyḫmūsā Çelebi		Ġuruş 12
Laden des Tuchhändlers 'Abdürraḥīm		Ġuruş 6
Laden des Herstellers billiger Schuhe 'Azir Māġū		Ġuruş 7
Laden von Mūsā und Eyyüb	dritter	Ġuruş 8
Garten Bāb el-Gevz		Ġuruş 8
Laden des Lebensmittelhändlers Kūr 'Os̱mān		Ġuruş 8
Laden der Tuchhändler Ḥana [und] Sa'dū		Ġuruş 4
Laden des Tuchhändlers İfū		Ġuruş 6

Laden des Tuchhändlers Ḥuseyn Ġarū		Ġuruş 2
Laden von Ḥāc Aḥmed Kūzī		Ġuruş 2
Laden des Altwarenhändlers Seyyid (...)		Ġuruş 3
Laden von İbrāhīm Çelebi Şeyḫī		Ġuruş 2
Wassermühle ʿAin Mişmiş		Ġuruş 50
Neue Wassermühle		Ġuruş 5

Insgesamt 123 Ġuruş

Verrechnung für den Gebetsrezitator Şerīf İbrāhīm:

Laden des Tuchhändlers Şeyḫmūsā		Ġuruş 3
Laden des Tuchhändlers, des christlichen Diakons Tavū		Ġuruş 6
An Mütevellīzāde, von der Miete von Ḳāsimīye		Ġuruş 30
Laden des Tuchhändlers Şeyḫ Ṭah		Ġuruş 6
Laden des Sattlers Maḥmūd Zengīn		Ġuruş 3
Laden des Sattlers Yaḥyā		Ġuruş 3
Laden von ʿAlī Şeyḫī		Ġuruş 1
Laden von Şeyḫmūsā	erster	Ġuruş 8

Insgesamt 60 Ġuruş

Verrechnung für den Zehnervers-Leser, das Versammlungsoberhaupt und den Knaben-Lehrer Seyyid İsmaʿīl:

Laden von Abāḥad	erster	Ġuruş 8
Laden des Auktionators Melkī Ḥūlūzū		Ġuruş 2
Laden von ʿAbdullāh Çelebi		Ġuruş 2
Laden des Tuchhändlers ʿÖmer Mīnū		Ġuruş 2
Laden von Naʿmī	erster	Ġuruş 8
Laden des Auktionators Mirza		Ġuruş 2
Laden des Herstellers billiger Schuhe, Meḥmed [und] ʿAbd(...)		Ġuruş 7
Laden des Herstellers billiger Schuhe, Seyyid Abdāl		Ġuruş 7
Laden von İskander ʿĀşıḳe		Ġuruş 6
Laden von Ḫālū Rūmī		Ġuruş 3
Laden des christlichen Diakons Rūmī		Ġuruş 3
Laden des Tuchhändlers İsḥāk		Ġuruş 4

Insgesamt 54 Ġuruş

Verrechnung für (...) İsmaʿīl Efendi:

(...)	Ġuruş 3(0)
Laden des Sattlers Seyyid ʿAbdū	Ġuruş 9
Laden des Sattlers İsmaʿīl Virāṣ	Ġuruş 6

Insgesamt 45 Ġuruş

Verrechnung für den Gebetsrezitator Aḥmed Beg:

Von der Wassermühle der Aḳ und Ḳāsimīye-Mühle	Ġuruş 30

Verrechnung für den Gebetsrezitator, Seyyid ʿAbdürraḥīm Efendi:

Laden des Herstellers billiger Schuhe, Būġūş	Ġuruş 7
Laden von Monlā Aḥmed	Ġuruş 2
Laden des Sattlers Aḥmed (Zebnī)	Ġuruş 6
Miete vom Garten Kenīye	Ġuruş 9
Badmiete	Ġuruş 6

Insgesamt 30 Ġuruş

Verrechnung für Mütevellīzāde Ḥāfiẓ Celīl:

Vom İltizām der Dörfer	Ġuruş 75

Verrechnung für den Gebetsrezitator, Monlā İsmaʿīl:

Garten Sehrīc	Ġuruş 20
Garten Ḥūrta	Ġuruş 25
Garten Kenīye	Ġuruş 5

Insgesamt 50 Ġuruş

Verrechnung für den Gebetsrezitator Azharī Efendi:

(von) der (Bad)miete	Ġuruş 7(...)

Verrechnung für den Gebetsrezitator Imam Muṣṭafā Efendi:

von der Badmiete	Ġuruş 75
vom İltizām der Dörfer	Ġuruş 25

Insgesamt 100 Ġuruş

Verrechnung für den Gebetsrezitator, Hauptschreiberʿ Abdullāh Efendi:

Āmidī-Müdd, von der Cemel-Wassermühle	Ġuruş 50

Verrechnung für den Redner der Medrese, ʿAbdürraḥīm Efendizāde:

vom Garten ʿAşıḳ	Ġuruş 18

Verrechnung für den Allgemein-Lehrer Maḥmūd Efendizāde:

Vom Garten Ziyāret	Ġuruş 50
Von der Wassermühle Ḳāsimīye	Ġuruş 24
Garten Ṣūf ʿAīd	Ġuruş 12
Garten Abrīşim	Ġuruş 14

Insgesamt 90 Ġuruş

Verrechnung für den Wächter ʿOs̱mān Efendi:

Cemel-Wassermühle	Ġuruş 27
Verrechnung für (Bengizāde) Monlā Aḥmed	31
Verrechnung für ʿAbdürraḥīm er-Refīʿ Efendi	(...)

Insgesamt Lohn und Ausgaben

Keyl Weizen 30

Lohn	2835
Ausgaben	275
30	3110
Insgesamt Einkünfte	ġuruş
Keyl Weizen 30	3236
	3110
Keyl Weizen 30	126
Abzüglich Lohn und Ausgaben	60
	66
Eine Quelle	23
	43
Für Azharī Efendi	27
Wächter ʿOs̱mān Efendi	16

(Legalisierungsformel)
Nach der Aussage an diesem Ort hat es derjenige geschrieben, der seiner – groß sei sein Ruhm – bedurfte, Ḥāc Maḥmūd, richterlicher Amtsinhaber in der beschützten Stadt Mardin.

247/54/a
ʿizzetmeʾab es-Seyyid ʿAbdürraḥīm Efendi kāmyāb
(1) baʿd et-taḥīye 'l-vafīye inhā olunur ki işbu sene is̱nā ve sebaʿīn ve miʾe ve ʾelf māh-ı Ṣafar ül-ḫayr ġurresinden żabṭ (2) ėtmek üzere Āmid ḳażāsı mülḥaḳātından Mārdīn ḳażāsınıñ ümūr-ı şerʿīyesiniñ rüʾyeti ṭarafımızdan (yine)[?] (3) size tefvīż ve sipāriş olunmuşdur ʿināyetlü nāʾib efendimiz vürūdlarına degin ḳażā-ʾı mezbūrı (meʾmūrīyet)[?] (4) ḥasebiyle niyābeten żabṭ ėdüb beyn el-ahālī icrā-yı aḥkām-ı şerʿīye ėdüb cādde-ʾi şerʿ-i (ḳavīmdem) (5) sermū-yı inḥirāfa cevāz göstermiyesin ḫurrire fī 't-tārīḫ el-mezbūr lis-sene el-merḳūme
el-ġafr İbrāhīm el-mevlāḫilāfe bi-medīne-ʾi Āmid ḥālā.

247/54/a
Mittelpunkt der Ehre, dessen Würde auf der Scharia beruht, Glücklicher Seyyid ʿAbdürraḥīm Efendi!
Nach zahlreichen Grüßen sei Folgendes mitgeteilt. Ab dem Ersten des Monats des glückbringenden Ṣafars dieses Jahres 1172 ist die Verwaltung und die Prüfung der scheriatsrechtlichen Dinge der an den Gerichtssprengel von Āmid angeschlossenen Gebiete des Gerichtssprengels von Mardin von unserer Seite erneut an Euch übertragen und anvertraut worden. Bis unser gnadenreicher Nāʾib Efendi

eintrifft, sollst Du erwähnten Gerichtssprengel ab der Beauftragung in Vertretung verwalten und unter den Einwohnern die Gesetze der Scharia zur Ausführung bringen. So sollst Du nicht erlauben und gestatten, dass auch nur um Haaresbreite abgewichen wird.
Geschrieben zum erwähnten Zeitpunkt in erwähntem Jahr.
Möge dem derzeitigen richterlichen Amtsinhaber der Stadt Āmid, İbrāhīm, verziehen werden.

247/54/b
(1) defter oldur ki ḥāla ṣadr-ı āʿẓam devletlü ʿināyetlü efendimiz ḥażretleriniñ silaḥşūrlarından olub bā-fermān-ı ʿalī (2) ḳalemīye ḳabżına meʾmūr olub Bağdad ṭarafından Astāne-ʾi saʿādete ʿāzim iken Mārdīn ḳażāsına tabīʿ Şeyḫzū(lī nām) (3) ḳaryesi ḳurbına marīżen vuṣūl ve bi-emrillāhi teʿālā fevt olan ʿArab Paşazāde Meḥmed Beg nām müteveffānıñ ẓāhirde (vāriṣ) (4) maʿrūf ve maʿrūfesi olmadığından beyt ül-māl ʿāmmeten ve ḫāṣṣaten ḳabżına meʾmūr olan Mārdīn voyvoda(sını) (5) saʿādetlü ʿÖmer Ağa ṭalebiyle müteveffā-yı mezbūruñ maḥall-ı mezkūrdan yedinde mevcūd olan terekesini Mārdi(ne) (6) naḳl ėtmek içün ṭaraf-ı şerʿden es-Seyyid İbrāhīm efendi nāʾib taʿyīn ve voyvoda-ʾı mūmā ileyiñ (serāyına) (7) cāniblerinden maʿan baʿiṣ olınan çuḳadar ḳuşçı Aḥmed tereke-ʾi mezkūresini voyvoda-ʾı mūmā ileyhiñ serāyına naḳl (8) olunduḳdansoñra ẕeyl-i defterde mektūb ül-esāmī olan ʿulemā ve āʿyān ve sāʾir ricāl-ı müslimīm ḥużūrlar(ında) (9) müteveffā-yı mezbūruñ ḥīn-i vefātında yanında mevcūd olan eşyā ve sīm ve zerini yegeni[!][572] ʿAbdürraḥmān Beg (10) bin Süleyman Beg ve ḫizmetkarī Ḥuseyn bin Meḥmed müvācehelerinde maʿrifet-i şerʿle bil-cümle maʿrifetleriyle (11) müfredātıyla taḥrīr ve voyvoda-ʾı mūmā ileyhiñ yanında emāneten vażʿ olunub vech-i ātī üzere ẕikr ve beyān (12) olunur ḥurrire fī 20 ṣ [Ṣafar ül-ḫayr] sene 1172

bir kisede mevżūʿ			
bi-ḥesāb	ʿadet	ğuruş	
zincīrli altun	1593	4380	para 30

bir kisede mevżūʿ			
bi-ḥesāb	ʿadet	ğuruş	
zincīrli ve zer-i maḥbūb altun	552	1518	
yaldız ve fındığı altun	340½	1319½	
mücerred altun	18	66	
mīḫ başı altun	22	57½	para ʿaded 10

572 yeygāni

ṣaġar-ı ʿacem altun	22	60½	
	954½	3021½	10

defʿaten kisede mevżūʿ			
bi-ḥesāb	ʿadet	ġuruş	aḳçe
zincīrli ve zer-i maḥbūb altun	1497½	4118	15
yaldız ve fındıḳ altun	96½	374	
	1594	4492	15

defʿaten kisede mevżūʿ			
bi-ḥesāb	ʿadet	ġuruş	para
<...> ʿacem (rpydsī) altun	47	564	
zer-i maḥbūb ve zincīrli (altun)	154½	424½	15
mīḫ başı altun	5	13	5
fındıḳ altun ve yaldız alt(un)	36½	141	17
zincīrli altun	107½	295½	5
	350½	1439	2

defʿaten bir kisede beyāż aḳçe		ġuruş	para
		127½	10
cemʿan yekūn altun	4492		
yalñız dört biñ dörtyüz ṭoḳsan iki altundır			

bi-ḥesāb	ġuruş	aḳçe
yalñız on üç bin dörtyüz altmış bir ġuruş elli bir aḳçedir	13461	51

minh

(1) müteveffā-yı mezbūruñ terekesi içünde mevcūd olan defter mūcibince ʿan ḳalemīye-ʾi ʿināyetlü ṣadr-ı āʿẓam efendimiz ḥażretleriniñ (...) (2) ve devletlü defterdār efendi ḥażretleriniñ ḳalemīyesi ez cānib-i Baġdād ve Mūṣul ve Mārdīn

(*rechte Seite*)

	ġuruş	aḳçe
ḥiṣṣe-ʾi ṣadr-ı āʿẓam ʿan muḳāṭaʿa-ʾı Baġdād gümrük	1666½	20
ḫarc-ı ḳalem ve sāʾire	48	
ʿan muḳāṭaʿa-ʾı Duceyl ḳalemīye	786½	20
ḫarc-ı ḳalem ve sāʾire	25	
ʿan muḳāṭaʿa-ʾı Mārdīn	3273	44
ḫarc-ı ḳalem ve sāʾire	107	
ʿan muḳāṭaʿa-ʾı eyālet-i Mūṣul ber mūcib-i iʿlām	205½	
ʿaded-i aġnām ʿan muḳāṭaʿa-ʾı Mūṣul maʿ ḫarc-ı ḳalem	241	40
	6353½	4

(*linke Seite*)

	ġuruş	aḳçe
ḥiṣṣe-ʾi defterdār efendi ez gümrük[!][573] Baġdād	833	40
ʿan muḳāṭaʿa-ʾı (ḫāṣhāyı) Du(ceyl ḳalemīye)	393	40
berā-yı ḫarc-ı ḳalem ve sāʾir[!][574]	27	
ḫarc-ı ḳalem ve sāʾire	12½	20
ʿan muḳāṭaʿa-ʾı Mārdīn	1634½	22
ḫarc-ı ḳalem ve sāʾire	53½	38
	2954	40
ʿan muḳāṭaʿa-ʾı eyālet-i Mūṣul maʿ ḫarc-ı ḳalem	2459	30
ʿan muḳāṭaʿa-ʾı Mūṣul ʿaded-i aġnām[!][575]	361½	
	5775	10

devletlü ṣadr-ı āʿẓam efendimiziñ ḳalemīyesi ve defterdār efendimiziñ ḳalemīyesiniñ mecmūʿı

	ġuruş	aḳçe
yalñız on iki biñ yüz yirmi sekiz buçuḳ ġuruş on dört aḳçedir	12128½	14
müteveffā-yı mezbūruñ yegeni[!][576] ʿAbdürraḥmān Beg ve ḫidmetkārı Ḥuseyn iḫbārlarıyla ve yedinde ola(n) (… …) ṣaḥḥ el-bāḳī		

	ġuruş	aḳçe
	1332½	27
müteveffā-yı merḳūmuñ ḫāṣṣaten kendü mālı oldıġına bu maḥalla ḳayd şüde s̱iḳāt-ı müslimīn ḫaber vėrmegin		

247/54/b (zweiter Teil 247/54, linke Seite)

müteveffā-yı merḳūmuñ maḫṣūṣ-ı metruḳāt ve muḫallefātı beyānındadır

(ban)dār	ṭāḳa 3	
(bandār)	ṭāḳa ʿaded 1	
çitāre	ṭāḳa 5	
(zrli)	ṭāḳa 4	
Keremsüd ḳırmızı	ṭāḳa 1	
çaḳmaklı destār-ı cedīd	ʿaded 2	
müsteʿamel (...)	ʿaded 1	ġuruş 6½ fürūḫt şüd
(...) yasdıḳ	çift 6	
ketfī ṣarı ḳuşaḳ	ʿaded 1	
yine ketfī ḳırmızı ḳuşaḳ	ʿaded 1	

573 gümrügü
574 sāʾire
575 ʿan muḳāṭaʿa-ʾı ʿaded-i aġnām-ı Mūṣul
576 yīgānī

ṣarı kerake	ʿaded 1		
mor kerake	ʿaded 1		
Mārdīn kāri ṣāde ḥarīr ḳuşaḳ	ʿaded 5		
(...) ḳuşaḳ	ʿaded 1 (...)		
Mūṣul kāri mor ġāşīye[!][577]	ʿaded 1 kesim 1		
Mārdīn karı telli seccāde	ʿaded 1		
(me)st cedid	çift 1	(ḳıyme)t (ġurū)ş (fürūḫt şüd)	
Mūṣul kāri beyāż bez	ṭop ʿaded 1		
müsteʿamel beyāż keremsüd sāde	ʿaded 1	ḳıymet ġuruş 4 fürūḫt şüd	
çit boġça	ʿaded 1		
müsteʿamel beyāż bez sāde	ʿaded 1	(ḳıyme)t (ġurū)ş (...) (fürūḫt şüd)	
Mūṣul kāri beyāż ʿaba	ʿaded 1	ḳıymet ġuruş 2¾ fürūḫt şüd	
müsteʿamel kemer bend	ʿaded 1		
müsteʿamel ḳırmızı şālı biniş	ʿaded 1	(ḳıymet ġuruş) (...) fürūḫt şüd	
müsteʿamel ḳaput	ʿaded 1	ḳıymet ġuruş 9¾ (fürūḫt şüd)	
yaldızlı sīm ḫancer	ʿaded 2		
ve bıçaḳ	ʿaded 2		
sīm nargile	ʿaded 1		
ṣarı cizme	çift 1		
ʿatīḳ londra yaġmuġlık kisesi	ʿaded 1	(ḳıymet ġuru)ş (fürūḫt şüd)	
Baġdad kāri cedīd-i kelīm	ʿaded 2	ḳıymet ġuruş 21	para 15 fürūḫt şüd
Baġdad kāri ṭoḳuz miḥrabli seccāde	ʿaded 1	ḳıymet ġuruş 5½	para ʿaded 15 fürūḫt şüd
ġarār köhne	çift 2	ḳıymet ġuruş (fürūḫt şüd)	
ʿatīḳ ḳavuḳ	ʿaded 1	ḳıymet ġuruş ½ [fürūḫt şüd]	
sīm sāʿat	ʿaded 1		
ʿatīḳ sincāb kürk	ʿaded 1	ḳıymet ġuruş 7 fürūḫt şüd	
(gārġī) mizraḳ	ʿaded 1	ḳıymet ġuruş 2 fürūḫt şüd	
aḳ tuḫumlı piştov		çift 1	ḳıymet ġuruş 7 fürūḫt şüd
mükemmel eger	ʿaded 1		

577 ġāşe

maʿ üzengi	çift 1	ḳıymet ġuruş 3 fürūḫt şüd
enʿām-ı şerīf	cild ʿaded 1	
sīm zar	ʿaded 1	
şaġīr ḳahve ibrīġi	ʿaded 1	ḳıymet ġuruş 2
mücelled hegbe	ʿaded 1	ḳıymet gurus 1 (fürūḫt şüd)
altun ḫātim	ʿaded 1	
ḳılıç (tuḫmī) demir ḳaplan pūstı müsteʿamel		ḳıymet gurus

(seitlicher Text)

maʿrifet-i şerʿle fürūḫt olınan eşyānıñ ḳıymetini yine mübaşir-i merḳūm ʿAbdullāh Aġaya teslīm merḳūm mübaşir daḫī aḫẕ ve ḳabż ile bu maḥalla ḳayd şüd

Diyārbekir ḳalemīyesine müteʿalliḳ fermān-ı ḳıṭaʿ	ʿaded 3

şühūd ül-ḥāl
faḫr ül-ʿulemaʾ es-Seyyid Ebū Bekir Efendi el-müftī bi-Mārdīn
faḫr ül-müderrisīn azharī
el-Ḥāc ʿAbdullāh Efendi
faḫr ül-müderrisīn Hindī Efendi
faḫr ül-eşbāh Millīzāde Muḥarrem Beg
Cemelzāde İbrāhīm Çelebi
Ḳara Ḥasan merdüm-i Ṣadıḳ Aġa
Seyyid Meḥmed bin Ḳara Ḥasan
Hāşimzāde İsmaʿīl
İbrāhīm efendi kātib-i ḳassām
ve ġayruhum min el-ḥużżār

(Randnotiz)

حرر بمعرفتى و معرفت العلماء و الاعيان السيد عبد الرحيم المولاخلافة بمدينة ماردين المحمية عفى له

(Legalisierungsformel)

نمقه الفقير اليه عز شأنه

247/54/b

Der Sachverhalt ist Folgender: Weil der von Baġdad zur Schwelle des Glücks sich aufmachende, in der Nähe vom Dorf (namens) Şeyḫzūlī, das dem Gerichtssprengel von Mardin angegliedert ist, erkrankt eingetroffene und nach Maßgabe Gottes, des Erhabenen verstorbene ʿArab Paşazāde Meḥmed Beg, wobei er Leibwaffenträger unseres illustren, gnadenreichen Großwesirs war, und mittels des hohen Fermāns zur Entgegennahme der Kanzleigebühren bevollmächtigt war,

keine offenkundigen Erben oder Erbinnen hinterließ und damit dem im Allgemeinen und Besonderen für die Entgegennahme für das Schatzamt Bevollmächtigten Voyvoda von Mardin, dem glücklichen ʿÖmer Aġa auf sein Verlangen der sich beim erwähnten Verstorbenen befindende Nachlass vom erwähnten Ort aus nach Mardin übergeben wird, werden, nachdem seitens des Gerichts Seyyid İbrāhīm Efendi zum Nāʾib ernannt wurde und von erwähntem Voyvoda zusammen mit dem entsendeten Gefolgsmann Ḳuşçı Aḥmed sein erwähntes Erbe dem Regierungsamt von erwähntem Voyvoda übergeben wurde, in Anwesenheit der im Anhang des Registers aufgelisteten Namen der Rechtsgelehrten und Notabeln und weiterer muslimischen Männer die zum Todeszeitpunkt bei ihm vorhandenen Dinge sowie jedes Körnchen Silber in Anwesenheit seines Neffen ʿAbdürraḥmān Beg bin Süleyman Beg und dem Diener Ḥuseyn bin Meḥmed mit Hilfe des Gerichts und mit Hilfe Aller detailliert aufgezeichnet, treuhänderisch bei erwähntem Voyvoda hinterlegt und im Folgenden erklärt.
Eingetragen am 20. [glückbringenden Ṣafar] im Jahre 1172.

In einem Beutel befindlich			
Zur Abrechnung	Anzahl	Ġuruş	Para
Zincīrli-Goldmünzen	1593	4380	30

In einem Beutel befindlich			
Zur Abrechnung	Anzahl	Ġuruş	
Zincīrli- und Zer-i maḥbūb-Goldmünzen	552	1518	
Yaldız- und Fındıḳ-Goldmünzen	340½	1319½	
Reine Goldmünzen	18	66	
Mīḫ Başı-Gold	22	57½	Para Anzahl 10
Reines Gold	22	60½	
	954½	3021½	10

Darüber hinaus in einem Beutel befindlich			
Zur Abrechnung	Anzahl	Ġuruş	Aḳçe
Zincīrli- und Zer-i maḥbūb-Goldmünzen	1497½	4118	15
Yaldız- und Fındıḳ-Goldmünzen	96½	374	15
	1594	4492	15

Darüber hinaus in einem Beutel befindlich			
Zur Abrechnung	Anzahl	Ġuruş	Para
(...) persische Goldmünzen	47	564	
Zer-i maḥbūb- und Zincīrli-Goldmünzen	154½	424½	15
Mīḫ Başı-Goldmünzen	5	13	5
Fındıḳ-Goldmünzen und Yaldız-(Goldmünzen)	36½	141	17
Zincīrli-Goldmünzen	107½	295½	5

350½	1439	2	
Darüber hinaus in einem Beutel befindliche Beyāż Akçe	Anzahl	Ġuruş	Para
		127½	10
Goldmünzen insgesamt	4492		
Nur viertausendvierhundertzweiundneunzig Goldmünzen			

Zur Abrechnung	Ġuruş	Akçe
Nur dreizehntausendvierhunderteinundsechzig Ġuruş und einundfünfzig Akçe	13461	51

Davon:

Vom vorhandenen Nachlass von erwähntem Verstorbenen gemäß dem Register für die Kanzleigebühren seiner Exzellenz unseres Herrn, des gnadenreichen Großwesirs (...) und seiner Exzellenz des Efendi Finanzverwalters seitens Baġdād, Mossul und Mardin.

(rechte Seite)

	Ġuruş	Akçe
Anteil des Großwesirs am Zoll der Abgabeneinheit von Baġdād	1666½	20
Kanzleiausgaben und Weiteres	48	
Kanzleigebühr für die Abgabeneinheit Duceyl	786	20
Kanzleiausgaben und Weiteres	25	
Für die Abgabeneinheit von Mardin	3273	44
Kanzleiausgaben und Weiteres	107	
2904	40	
Für die Abgabeneinheit der Provinz von Mossul entsprechend der Bekanntgabe	205½	
Anzahl Vieh von der Abgabeneinheit von Mossul mit Kanzleiausgaben	241	40
	6353½	4

(linke Seite)

	Ġuruş	Akçe
Anteil des Efendi Finanzverwalters aus dem Zoll von Baġdād	833	30
Kanzleigebühren (...) für die Abgabeneinheit Duceyl	393	30
Für die Kanzleiausgaben und Weiteres	27	
Kanzleiausgaben und Weiteres	12½	20
Für die Abgabeneinheit von Mardin	1634½	22
Kanzleiausgaben und Weiteres	53½	38
	2954	40
Für die Abgabeneinheit der Provinz Mossul mit Kanzleiausgaben	2409	30
Anzahl von Vieh für die Abgabeneinheit von Mossul	361½	10
	5775	10

Die Kanzleigebühren des illustren Großwesirs und unseres Efendis und Finanzverwalters insgesamt

	Ġuruş	Akçe
Nur zwölftausendeinhundertund-achtundzwanzig und ein halber Ġuruş und vierzehn Akçe	12128½	14
(mit Mitteilung an den) Neffen von erwähntem Verstorbenen ʿAbdürraḥmān Beg und den Diener Ḥuseyn, und die in ihren Händen befindlichen (... ...)[578]		
Rest geprüft		

	Ġuruş	Akçe
	1332½	27
Weil durch muslimische Vertrauenspersonen Mitteilung gemacht wurde, ist an dieser Stelle eingetragen, dass es sich um privates Geld des erwähnten Verstorbenen handelt		

Der Nachlass und das Erbe von erwähntem Verstorbenen wird hier erklärt.

(...)	Lage 3	
(...)	Lage Anzahl 1	
Çitāre-Stoff	Lage 5	
(...)	Lage 4	
Roter Seidenstoff aus Aleppo	Lage 1	
Neues Tuch für Feuersteinschloss	Anzahl 2	
Gebrauchter Turban	Anzahl 1	für 6½ Ġuruş verkauft
(...) Polster	Paar 6	
Gelber Schultergürtel	Anzahl 1	
Neuer roter Schultergürtel	Anzahl 1	
Gelber leichter Umhang	Anzahl 1	
Violetter leichter Umhang	Anzahl 1	
In Mardin gefertigter einfacher Seidengürtel	Anzahl 5	
(...) Gürtel	Anzahl 1 (...)	
In Mossul gefertigtes violettes Satteltuch	Anzahl 1, 1 Schnitt	
In Mardin gefertigter mit Gold- und Silberfäden durchwirkter Gebetsteppich	Anzahl 1	
Neuer (leichter Schuh)	Paar 1 (...) (verkauft)	
In Mossul gefertigter weiße(r) Stoff	Ballen Anzahl 1	

578 Sinn wegen zu vieler fehlender Worte nicht zu ermitteln.

Gebrauchter weißer Seidenstoff aus Aleppo	Anzahl 1	zum Preis 4 Ġuruş verkauft	
Chintz-Bündel	Anzahl 1		
Gebrauchter einfacher weißer Seidenstoff aus Aleppo	Anzahl 1	zum Preis von (...) (Ġuruş verkauft)	
Gebrauchter grober Wollstoff aus Mossul	Anzahl 1	zum Preis von 2¾ Ġuruş verkauft	
Gebrauchte Gurtschnalle	Anzahl 1		
Gebrauchter roter Kamelott-Umhang	Anzahl 1	(zum Preis von) (...) (Ġuruş) verkauft	
Gebrauchter weiter Mantel	Anzahl 1	zum Preis von 9¾ Ġuruş verkauft	
Vergoldetes großes Silbermesser	Anzahl 2		
und Messer	Anzahl 2		
Silberne Wasserpfeife		Anzahl 1	
gelbe Rohrfeder	Paar 1		
Altes Futter eines Regenumhangs aus London	Anzahl 1	zum Preis von (...) (Ġuruş verkauft)	
In Baġdad gefertigter neuer Kelīm	Anzahl 2	Preis Ġuruş 21	für 15 Para verkauft
In Baġdad gefertigter Gebetsteppich mit 9 Mihrabmotiven	Anzahl 2	Preis Ġuruş 5½	für 15 Para verkauft
Alter großer Sack aus Pferdehaar	Paar 2	zum Preis von (...) Ġuruş (verkauft)	
Alter wattierter Hut	Anzahl 1	Preis Ġuruş ½	
Silberne Uhr	Anzahl 1		
Alter Eichhörnchen-Pelz	Anzahl 1	zum Preis von 7 Ġuruş verkauft	
(...) Wurfspieß	Anzahl 1	zum Preis von 2 Ġuruş verkauft	
Pistole für weißes Schrot	Anzahl 1	zum Preis von 7 Ġuruş verkauft	
Vollständiger Sattel	Anzahl 1		
mit Steigbügel	Paar 1	zum Preis von 3 Ġuruş verkauft	
Surensammlung	Band Anzahl 1		
Silberne Membran	Anzahl 1		
Kleine Kaffeekanne	Anzahl 1	Preis Ġuruş 2	
Buchbinder-Nadel	Anzahl 1	zum Preis von 1 Ġuruş (verkauft)	
Goldring	Anzahl 1		
Gebrauchter eierfarbener eiserner Schwertknauf mit Pantherhaut überzogen		Preis Ġuruş	

(seitlicher Text)
Der entsprechend dem Recht verkaufte Wert der Dinge wird erneut dem erwähnten Beauftragen ʿAbdullāh Aġa übergeben, wobei erwähnter Beauftragter diesen wiederum entgegennimmt und er an diesem Ort eingetragen wird.

Der mit den Kanzleigebühren von Diyārbekir verbundene Fermān-Abschnitt	Anzahl 3

Zeugen des Verfahrens
Exzellenzen der Rechtsgelehrten: Seyyid Ebū Bekir Efendi, Mufti von Mardin
Exzellenzen der Azharī-Lehrer:
Ḥāc ʿAbdullāh Efendi
Exzellenzen der Lehrer:
Hindī Efendi
Exzellenzen der Gefährten:
Millīzāde Muḥarrem Beg
Cemelzāde İbrāhīm Çelebi
Ḳara Ḥasan, Angehöriger von Ṣadıḳ Aġa
Seyyid Meḥmed bin Ḳara Ḥasan
Hāşimzāde İsmaʿīl
İbrāhīm Efendi Nachlassgerichtsschreiber
und weitere Anwesende

(Randnotiz)
Mit seiner eigenen Sachkenntnis und der Sachkenntnis der Rechtsgelehrten und Notabeln hat Seyyid ʿAbdürraḥīm, richterlicher Amtsinhaber der beschützten Stadt Mardin eingetragen. Möge ihm verziehen werden!

(Legalisierungsformel)
Geschrieben hat es derjenige, der seiner – groß sei sein Ruhm – bedurfte.
(Stempel)

247/54/c
(1) bundan aḳdem fevt olan (ʿArab Paşa) (2) zāde Meḥmed Begiñ ber mūcib-i defter maʿrifetiyle (3) taḥrīr olınan altun beyaż aḳçe ve eşyāsı (4) sābıḳan Mārdīn voyvodası saʿadetlü ʿÖmer Aġada emāneten (4) vażʿ olunub ḥālā Mārdīn voyvodası saʿādetlü ʿOs̱mān Aġa (5) dāme mecduhu ḥażretleri Mārdīne teşrīflerinde yine ber mūcib-i defter (6) müteveffā-yı mezbūruñ gerek altunı ve beyaż aḳçesi ve eşyāsı (7) yine maʿrifet-i şerʿle şühūd-ı mez̠kūrūñ maḥżarlarında (8) ḫazīnedār Seyfī Aġa maʿrifetiyle mūmā ileyh saʿādetlü (9) ʿOs̱mān Aġa ḥażretlerine temāmen emāneten teslīm (9) olındıġı bu maḥalla ḳayd şüde

fī 25 c [Cemāẕī] 'l-evvel sene 1172
ṣaḥḥ
(Stempel)

247/54/c

Das entsprechend dem Register eingetragene Gold, die Beyāż-Aḳçe und die Dinge des vor einiger Zeit verstorbenen ʿArab Paşazāde Meḥmed Beg wurden beim früheren Voyvoda von Mardin, dem glücklichen ʿÖmer Aġa treuhänderisch hinterlegt. Indem seine Exzellenz, der derzeitige Voyvoda von Mardin, der glückliche ʿOs̱mān Aġa – möge sein Ruhm andauern –, Mardin die Ehre erwies, wurde an dieser Stelle eingetragen, dass darüber hinaus entsprechend dem Register das benötigte Gold und die Beyāż-Aḳçe und Dinge von erwähntem Verstorbenen mit Hilfe des Gerichts unter Anwesenheit von erwähnten Zeugen durch den Schatzmeister Seyfī Aġa seiner Exzellenz dem erwähnten glücklichen ʿOs̱mān Aġa vollständig treuhänderisch übergeben wurden. Am 25. des ersten [Cemāẕī] im Jahre 1172.[579]
Geprüft.

247/54/d

(1) devletlü ʿinayetlü el-Ḥāc Ṣādıḳ Aġa (2) ḥażretleriniñ çuḳadarı (3) ʿAbdullāh Aġa bundan aḳdem (4) Şeyḫzūlı ḳurbında marīżen (5) (fevt o)lub ṭarafında mevcūd (...) ve kendüye (...)

247/54/d

ʿAbdullāh Aġa, der Gefolgsmann seiner Exzellenz des illustren, gnadenreichen Ḥāc Ṣādıḳ Aġa erkrankte vor einiger Zeit in der Nähe [des Ortes] Şeyḫzūlı und verstarb. Das bei ihm befindliche (...) und ihm (...).[580]

247/54/e

(1) ʿizzetmeʾab faḫr üs-sādāt ül-kirām es-Seyyid Muṣṭafā Efendi dāme mūvaḳḳaran (2) baʿd et-taḥīye 'l-vāfīye inhā olunur ki işbu sene is̱nā ve sebaʿīn ve miʾe ve ʾelf māh-ı Rebīʿ ül-evveliñ ġurresinden żabṭ (3) ėtmek üzere Āmid ḳażāsı mülḥaḳātından Mārdīn ḳażāsınıñ niyābeti ṭarafımızdan size tefvīż ve sipāriş (4) olunmuşdur gerekdir ki ḳaża-ʾı mezbūrı ġurre-ʾi merḳūmeden niyābeten żabṭ ėdüb beyn el-ahālī icrā-yı aḥkām-ı (5) şerʿīyede ihtimām-ı tāmm eyliyesiz ve ḳażā-

579 Gestempelt.
580 Rest des Textes nicht lesbar.

ʾı mezbūrda[!][581] vāḳiʿ olan mevtāyı ʿaskerīyeniñ muḫallefātını (6) taḥrīr ve beyn el-vereṣe bil-ferīża 'ṣ-şerʿīye tevzīʿ ve taḳsīm eyleyüb cādde-ʾi şerʿ-i ḳavīmdem sermū-yı (7) inḥirāfa cevāz göstermiyesin
ḥurrire fī 't-tārīḫ el-mezbūr lis-sene 'l-merḳūme
el-ġafr Ḥasan el-mevlāḫilāfe bi-medīne-ʾi Āmid el-maḥmīye

247/54/e

Mittelpunkt der Ehre, Ruhm der großzügigen Herren, Seyyid Muṣṭafā Efendi – möge er ein geehrt bleiben. Nach zahlreichen Grüßen sei mitgeteilt: Das in diesem Jahr 1172 vom Ersten des Monats des ersten Rebīʿ zu verwaltende Amt des Nāʾibs des Gerichtssprengels von Mardin, welches an den Gerichtssprengel von Āmid angeschlossen ist, wird von uns an Dich übergeben und anvertraut. Es ist notwendig, dass Du vom erwähnten Ersten des Monats an in Stellvertretung erwähnten Gerichtssprengel verwaltest. Unter den Einwohnern sollst Du die Gesetze der Scharia mit Umsicht zur Ausführung bringen und den in erwähntem Gerichtssprengel anfallenden Nachlass der verstorbenen ʿAskerī eintragen und unter den Erben gemäß der scheriatsrechtlichen Erbteilung aufteilen und verteilen. So sollst Du nicht erlauben und gestatten, dass auch nur um Haaresbreite abgewichen wird. Eingetragen zum erwähnten Zeitpunkt in erwähntem Jahr.
Möge Ḥasan, dem richterlichen Amtsinhaber in der beschützten Stadt Āmid verziehen werden.

247/54/f

(1) (...) buyuruldusı Mārdīne vürūd ve imtiṣālen (2) li-emr min lahu el-emr feḥvāsınca ḥālā Mārdīn (3) voyvodası saʿādetlü ʿOṣmān Aġa dāme mecduhu (4) yedinde olmaġla maʿrifet-i şerʿ ve mübaşir-i (5) merḳūm ve bil-cümle ʿulemāʾ ve āʿyān maʿrifetleriyle (6) defter-i mezḳūrda olan ecnās-ı nuḳūdı (7) baʿd el-ʿadd on üç biñ dörtyüz altmış (8) bir ġuruşa bālıġ olub meblaġ-ı mezḳūrı (9) mübāşir merḳūmuñ ḳabżına geçdikdensoñra[!][582] (10) ber mūcib-i evāmir-i şerʿīfe maʿrifet-i şerʿle ve bil-cümle (11) maʿrifetleriyle meblaġ-ı mezḳūruñ heyʾet-i mecmūʿasını (12) mübāşır-ı mezbūr Cābīzāde Diyārbekirli Ḫalīl Aġa (13) ʿAīsī Yūsuf bin ʿAbdullāha pūliça[!][583] ṭarīḳiyle temāmen (14) teslīm ve pūliça[!][584] temessüki merḳūm Yūsufuñ yedinden (15) baʿd el-aḫẕ müteveffā-yı mezbūruñ eşyāsından bir

581 mezbūrede
582 gecdikdensoñra
583 bolca
584 bolca

miḳdār (14) eşyā maʿrifet-i şerʿle fürūḫt ve behālarını ve fürūḫt (16) olmıyan eşyāyı yine mübāşir-i merḳūm aḫẕ ve ḳabż eyledigi (17) bu maḥalla ḳayd şüd
fī 28 ş [Şaʿbān el-muʿaẓam] sene 1172

şühūd ül-ḥāl
faḫr ül-ʿulemāʾ Seyyid Aḥmed Efendi el-müftī bi-Mārdīn
Azharī el-Ḥāc ʿAbdullāh Efendi
Mārdīnli Süleymān Aġa
çuḳadar el-Ḥāc Meḥmed merdüm el-Ḥāc Ṣādıḳ Aġa
efendimiziñ Tatarı Tatar Ḥuseyn
Meḥmed Aġa
Mūṣullı Aġa (...)

247/54/f
Weil der Buyuruldu von (...) eintraf und sich übereinstimmend mit seinem Befehl (...) in Händen des derzeitigen Voyvodas von Mardin, des glücklichen ʿOsmān Aġa – möge sein Ruhm andauern – befand, ergaben die Münzsorten im erwähnten Verzeichnis nach Zählung mit Hilfe des Gerichts, des erwähnten Beauftragten und aller Rechtsgelehrten und Notabeln 13 461 Ġuruş. Es wird an dieser Stelle eingetragen, dass, nachdem die Inbesitznahme der erwähnten Summe durch den erwähnten Beauftragen überprüft wurde, entsprechend der noblen Befehle mit Hilfe des Gerichts und mit Hilfe aller die erwähnte Summe in Einem dem erwähnten Beauftragten, dem aus Diyārbekir stammenden Ḫalīl Aġa ʿAīsī Yūsuf bin ʿAbdullāh anhand einer Quittung vollständig übergeben wurde und nach Entgegennahme der Quittung von erwähntem Yūsuf, dieser nach Einbehalten der Dinge von erwähntem Verstorbenen einen kleinen Anteil der Dinge in korrekter Form mit Hilfe des Gerichts verkauft hat und die Werte und die nicht verkauften Dinge wiederum erwähnter Beauftragter entgegengenommen hat.
Am 28. [verehrten Şaʿbān] im Jahre 1172.

Zeugen der Angelegenheit:
Exzellenzen der Rechtsgelehrten: Seyyid Aḥmed Efendi, Mufti von Mardin
Der aus der Azhar-Universität stammende Ḥāc ʿAbdullāh Efendi
Der aus Mardin stammende Süleymān Aġa
Gefolgsmann Ḥāc Meḥmed, Angehöriger von Ḥāc Ṣādıḳ Aġa
Einer der Tartaren unseres Herren Tatar Ḥuseyn
Meḥmed Aġa
Der aus Mossul stammende Aġa (...)

247/55/a

(1) mefāḫir ül-ḳużāt ve 'l-ḥükkām ma'den ül-fażā'il ve 'l-kelām eyālet-i Diyārbekirde vāḳi' ḳużāt ve nevvāb z(īde fażluhum) (2) ve mefāḫir ül-emāṣil ve 'l-aḳrān ā'yān-ı vilāyet zīde ḳadruhum tevḳī'-i refī'-i hümāyūn vāṣil olıcaḳ ma'lū(m olaki iş bu) (3) biñ yüz yetmiş senesine maḥsūben eyālet-i Diyārbekirden ber mu'tād-ı ḳadīm <olunagelēn yirmi biñ> taḥṣ(īl ėde) (4) gelēn yirmi biñ ġuruş imdād-ı ḥażarīye vālī-i sābıḳ muḥsin-zāde destūr-ı mükerrem müşīr-i mufaḫḫam niẓām (ül-'ālem) (5) vezīrim Meḥmed Paşa edām Allāhü te'ālā iclālühü ṭarafına vėrilmek üzere emr-i şerīfim ṣādir olmışdı eyālet-i (Diyārbekirden) (6) müceddeden sābıḳan Raḳḳa vālīsi destūr-ı mükerrem müşīr-i mufaḫḫam niẓām ül-'ālem vezīrim Nu'mān Paşa edām Allāhü te'ālā ic(lālühü ṭarafına) (7) tevcīh ve iḥsān olmaḳdan nāşī muḳaddemā vėrilen emr ilġā olunur ḥażarīye-'i mezbūre senede iki taḳ(sīt) (8) ile tevzī' ve teslīm ve ḥālā vālīñiz müşār ileyh ṭarafından ḳabżına me'mūra edā ve teslīm olunmaḳ f(ermān) (9) olmaġın işbu emr-i şerīfim iṣdār ve____ile irsāl olunmuşdur (10) imdi vuṣūlunda fermānım oldıġı üzere müşār ileyhiñ eyālet-i mezbūreden mu'ayyen olan ol miḳ(dārıñ imdād-ı) (11) ḥażarīyesi sene-'i mezbūreniñ ibtidā'-ı Muḥarremden senede iki taḳsīṭ ve be her taḳsīṭi vaḳt ve zemānıyla (12) cümle ma'rifeti ve ma'rifet-i şer'le tevzī' ve teslīm yėrlü yedinden cem' ve taḥṣīl ve ṭarafından ḳabżına me'mū(ra) (13) edā ve teslīm ėtdirilüb 'avḳ ve te'ḫīrden ve miḳdār-ı mu'ayyenden ziyāde bir aḳçe idḫāl ve tevzī'inde(n) (...) (14) ġāyet ül-ġāye ittiḳā ve iḥtirāz olunmaḳ bābında fermān-ı 'ālīşānım ṣādir olmuşdur ve buyurdumki____ (15) ____vuṣūl bulduḳda bu bābda vech-i meşrūḥ üzere şerefyāfte-'i ṣudūr o(lan) (16) fermān-ı vācib ül-itbā' ve lāzim ül-imtiṣālimiñ mażmūn-ı iṭā'at maḳrūnıyla 'āmil olunub ḫilāfından ġā(yet) (17) ül-ġāye iḥtirāz ve ictināb eyliyesiz şöyle bilesiz 'alāmet-i şerīfe i'timād ḳılasız taḥrīren fī evāsiṭ-i (18) Ẕī 'l-ḥicce sene iḥdā ve seba'īn ve mi'e ve 'elf
Ḳosṭanṭinīye 'l-maḥrūse

247/55/a

Berühmtheiten der Kadis und Richter, Fundgruben der Tugenden und Beredsamkeit, Kadis und Nā'ibs der Provinz Diyārbekir – möge ihre (Tugend) wachsen – und die Berühmtheiten der Gleichgestellten und Ranggenossen – möge ihr Ansehen wachsen – sobald das edle großherrliche Namenszeichen eintrifft, sei kund: Ich habe meinen edlen Befehl eröffnet, dass nach alter Sitte gerechnet bis zum Jahre 1170 die schon immer von der Provinz Diyārbekir einzusammelnden Friedenshilfsgelder von 20 000 Ġuruş an den früheren Vali, wohltätergeborener ehrwürdiger Ratgeber, hochgeachteter Befehlshaber, Richtschnur der Welt, meinen Wesir Meḥmed Paşa – möge Gott der Allmächtige seine Größe andauern lassen – gegeben werden. Weil ich einen neuen Befehl dem früheren Vali von Raḳḳa –

ehrwürdiger Ratgeber, hochgeachteter Befehlshaber, Richtschnur der Welt – anvertraut habe, habe ich den vorangegangenen erteilten Befehl annulliert. Weil der Fermān besagt, dass die erwähnten Friedenshilfsgelder im Jahr in zwei Ratenzahlungen aufgeteilt und übergeben werden und an einen von Eurem erwähnten derzeitigen Vali für die Entgegennahme Beauftragten bezahlt werden sollen, gebe ich diesen ehrwürdigen Befehl heraus und entsende ihn mit____. Wenn er nun eintrifft, soll gemäß meinem Fermān von der erwähnten Provinz von Erwähntem ab Beginn des Monats Muḥarrem im Jahr in zwei Ratenzahlungen, wobei jede Zahlung zeitgerecht mit Hilfe Aller und mit Hilfe des Gerichts umgelegt und übergeben werden und seitens der Einheimischen eingesammelt und eingenommen werden soll, durch einen von ihnen zur Entgegennahme Bevollmächtigten, gezahlt und übergeben werden. Mein höchst edler Fermān wurde herausgegeben, damit Ihr Euch davor äußerst in Acht nehmt und Vorsicht übt, zu behindern und zu verzögern, von der festgelegten Menge auch nur ein Aḳçe mehr einzubehalten und von deren Verteilung (...). So ordne ich an, dass sobald____ eintrifft, Ihr hierbei auf der beschriebenen Weise gemäß dem erhabenen Inhalt dieses ehrenvoll erlassenen Befehls, der Gefügigkeit fordert und zur Befolgung verpflichtet, handeln sollt. Vor Zuwiderhandlungen dessen sollt Ihr Euch äußerst in Acht nehmen und Vermeidung üben. So sollt Ihr Solches wissen und dem erlauchten Handzeichen Vertrauen schenken. Aufgezeichnet in der mittleren Dekade des Ẕī 'l-ḥicce im Jahre 1171.
Wohlbehütete Stadt Konstantinopel.

247/55/b

(1) şerʿat-ı şiʿar Mārdīn ḳāżīsi efendi zīde fażluhu ve ḳıdvet ül-emācid ve 'l-āʿyān voyvoda-ʾı Ā(mid) (2) zīde mecduhu ve mefāḫir ül-emāṣil ve 'l-aḳrān āʿyān-ı vilāyet ve iş erleri zīde ḳadruhu inhā olun(ur ki) (3) işbu biñ yüz yetmiş iki senesine maḥsūben eyālet-i Diyārbekirden ṭarafımıza bā-fermān-ı ʿālī taʿyīn (4) ve taḫṣīṣ ḳılınan imdād-ı ḥażarīyeniñ taḳsīṭ-i evvel-i mālı Āmid maḥkemesinden muḥrece mürāsel(e-ʾi) (5) şerʿīye ve pūṣula mūceblerince ḳażā-ʾı mezḳūra[!][585] iṣābet ėden mālı taḳsīṭ-i evveli maʿrifet-i (6) şerʿ ve cümle maʿrifetiyle tevzīʿ ve taḳsīm eylemegiz bābında divān-ı Āmidden işbu buyuruldı (7) taḥrīr ve ıṣdār ḳılınub ve____ile irsāl olunmuşdur (8) in şāʾ Allāhü teʿālā vuṣūlunda gerekdir ki vech-i meşrūḥ üzere māl-ī mezḳūrī maʿrifet-i şerʿ ve cümle (ʿulemā ve āʿyān) (9) ittifāḳıʾve mübaşir-i mūmā ileyh maʿrifetiyle tevzīʿ ve taḳsīm ve yėrlü yedinden cemʿ ve taḥṣīl ve

585 mezḳūreye

bu ṭarafın(dan) (10) ḳabżına me'mūra edā ve teslīm olunub ʿavḳ ve te'ḫīrden tevaḳḳī ve mücānebet ve mūcib-i (11) emr-i ʿālī ve buyuruldıyla ʿāmil olasız deyü buyuruldu fī 7 rā [Rebīʿ ül-evvel] sene 1172

247/55/b

Dem durch die Scharia ausgezeichneter Kadi Efendi von Mardin – möge seine Tugend wachsen – und Vorbild der Mächtigen und Ehrwürdigen, Voyvoda von (Āmid) – möge sein Ruhm zunehmen – und den Berühmtheiten der Gleichgestellten und Ranggenossen, Notabeln der Provinz und Sachverständigen – möge ihre Macht zunehmen – sei kund: Weil Ihr gerechnet bis zu diesem Jahr 1172 das an uns von Diyārbekir durch den edlen Fermān zugeteilte und bestimmte Vermögen der ersten Ratenzahlung der Friedenshilfsgelder gemäß der im Gerichtshof von Āmid ausgestellten gerichtlichen Anordnung und Rechnung *(puşula)*, die auf erwähnten Gerichtssprengel entfällt, mit Hilfe des Gerichts und mit Hilfe aller verteilen und einteilen sollt, wurde dieser Buyuruldu in der Ratsversammlung von Āmid eingetragen, erteilt und mit____geschickt. Wenn er – so Gott der Erhabene will – eintrifft, ist es notwendig, das erwähnte Geld mit Hilfe des Gerichts im Einverständnis aller Rechtsgelehrten und Notabeln und mit Hilfe des erwähnten Beauftragten umlegen und einteilen zu lassen, von den Einheimischen einsammeln zu lassen und an den von ihnen für die Entgegennahme Beauftragten zu bezahlen. So sollt ihr Euch hüten zu behindern und zu verzögern und gemäß dem ehrwürdigen Befehl und seinem Buyuruldu verfahren.
Angeordnet am 7. [Rebīʿ dem Ersten] im Jahre 1172.

247/55/c

(1) eyālet-i Diyārbekirde vāḳiʿ Mardin ḳażāsında nā'ibimiz efendi ve ʿumde ülemās̱il voyvodası____ve āʿyān-ı (2) vilāyet ve iş erleri dāme ʿizzühüm ġıbb et taḥīye 'ż-żāfiye inhā olunur ki işbu biñ yüz yetmiş iki senesine (3) maḥsūben ḥālā Diyārbekir vālīsi vezīr ve şen-i żamīr-i aṣaf-naẓīr müşīr-i müşteri-tedbīr develetlü ʿināyetlü (4) Seyyid Nuʿmān Paşa seyyir Allāhü bil-ḫayr mā yeşā' ḥażretleriniñ eyālet-i mezbūreden bā-emr-i ʿālī maṭlū(b) (7) olan imdād-ı ḥażarīyeleriniñ taḳsīṭ-i evvelinden ḳażāñızıñ öteden berü ḥiṣṣe-'i muʿayyenesiñ (8) ṣūret-i sicilli iḫrāc olunduḳda ḳaydı biñ ġuruş olmaġla ṣavb-ı şerʿ-i ḳavīmden bil-i(ltimās) (9) mürāsele ıṣdār ver irsāl olunmuşdur vuṣūlunda emr-i ʿālī manṭūḳunca ve müşār ileyh ḥażretler(iniñ) (10) buyuruldı-ı şerīfleri mūcibince ḳażāñızıñ ḥiṣṣesini ber vech-i muʿtād yėrlü yedinden cemʿ (ve taḥṣīl) (11) ve ḳabżına me'mūra teslīm eyleyüb mūcib-i emr-i ʿālī birle ʿamel ve ḫilāfıyla ḥareketin(den) (12) tevaḳḳī ve mücānebet eyliyesiz

fī 5 Rebīʿ ül-evvel sene 1172
min el-ġafr Ḥasan el-mevlāḫilāfe bi-medīne-ʾi Āmid el-maḥmīye

247/55/c

Unserem Nāʾib Efendi und Pfeiler der Gleichgestellten, Voyvoda____, Notabeln der Provinz und Sachverständige des in der Provinz von Diyārbekir liegenden Gerichtssprengels von Mardin – möge ihr Ruhm andauern – sei nach umfangreichen Grüßen mitgeteilt: Weil gerechnet bis zu diesem Jahr 1172 als Anteil der von erwähnter Provinz der im hohen Befehl geforderten ersten Rate der Friedenshilfsgelder seiner Exzellenz, des derzeitigen Valis von Diyārbekir, Wesir und Freude von Asaph-gleichendem Gewissen, Zeichengeber des Erwerbs von Voraussicht, illustrer, gnadenreicher Nuʿmān Paşa – möge Gott zum Guten handeln wie er es wünscht, 1000 Ġuruş eingetragen sind, wobei eine Register-Abschrift Deines seit jeher festgelegten Anteils erstellt wurde, wurde auf Anfrage vom rechten Wege des mächtigen Scheriatsrechts eine richterliche Anordnung erteilt und geschickt. Wenn sie eintrifft, soll nach dem Wortlaut des edlen Befehls und gemäß dem von seiner Exzellenz herausgegebenen noblen Buyuruldu der Anteil unseres Gerichtssprengels nach üblicher Sitte von den Einheimischen eingesammelt und dem für die Entgegennahme bestimmten Beauftragten übergeben werden. Ihr sollt gemäß dem hohen Befehl verfahren und euch in Acht nehmen und Euch hüten, dem entgegen zu handeln. Am 5. Rebīʿ dem Ersten im Jahre 1172.
Möge dem richterlichen Amtsinhaber Ḥasan verziehen werden.
In der beschützten Stadt Āmid.

247/55/d

(1) (ḳıdv)et ül-ümerāʾ ḥālā Mārdīnde Yaʿḳūb Paşazāde ʿAlī Beg dāme ʿizzuhu inhā olunur ki (2) (bu) es̱nāda voyvoda ʿÖmer Aġa ʿazl ve sābıḳan Mārdīn voyvodası ḳıdvet ül-emās̱il ve 'l-aḳrān (3) (aġ)alarımızdan ʿOs̱mān Aġa zīde ḳadruhu Mārdīne ṭarafımızdan voyvoda naṣb ve taʿyīn ve ḫılʿatı ilbās (4) (o)lunub ancaḳ aġa-yı mūmā ileyh ol ṭarafa vārid oluncaya dek bir muʿtemed ve müstaḳīm-i vekīl (5) (ta)ʿyīn olunmaḳ lāzime-ʾi ḥālden olmaġla sen kārgüzār ve ümūr ḥükūmunda ṣāḥib-i (6) (iḳ)tidār olmaḳ ḥasebiyle aġa-yı mūmā ileyhiñ Mārdīne vürūdına dek voyvodalıḳ (7) (v)ekāleti ümūrunda ḳiyām ve ḫidemāt-ı lāzime edāsında diḳḳat ve ihtimām eylemek bābında (7) (bu)yuruldı taḥrīr ve ıṣdār____ve irsāl olunmuşdur vuṣūlunda maʿlūmuñ (8) (ol)duḳda minvāl-ı meşrūḥ üzere aġa-yı mūmā ileyh Mārdīne gelince yol sen voyvodalıḳ (9) vekāleti ümūrunda ṣarf-ı ḳudret ve beẕl-i miknet ve vāḳiʿ olan ḫidemāt-ı lāzimeniñ (10) (e)dā ve temşīyeti ḫuṣūṣunda

mezīd-i ihtimām ve sa'ī ve diḳḳat eyleyüb mūcib-i buyurulduyla 'amel (11) ve ḥareket eyliyesiz deyü
buyuruldu fī 14 r [Rebī' üs̱-s̱ānī] sene 1172

247/55/d

Dem Vorbild der Emire, dem derzeitigen Ya'ḳūb Paşazāde 'Alī Beg in Mardin – möge seine Macht fortdauern – sei mitgeteilt: Weil zum jetzigen Zeitpunkt der Voyvoda 'Ömer Aġa von seinem Amt enthoben wurde, wurde einer unserer Herren, der frühere Voyvoda von Mardin – Vorbild der Gleichgestellten und Ranggenossen, 'Os̱mān Aġa – möge seine Macht zunehmen – von uns für Mardin als Voyvoda ernannt und bestimmt und ihm das Ehrengewand angelegt. Da es jedoch notwendig ist, bis der erwähnte Aġa dort eintrifft, einen vertrauenswürdigen und aufrichtigen Vertreter zu ernennen und da Du, der Du fachkundig und der Angelegenheiten der Herrschaft mächtig bist, sollst Du, bis der Erwähnte in Mardin eintrifft, das Amt des Vertreters und dessen Angelegenheiten fortführen und bei der Ausführung der notwendigen Dienste Umsicht und Vorsicht walten lassen. Hierzu ist der Buyuruldu eingetragen, erteilt und geschickt worden. Wobei sein Eintreffen Dir bekannt ist, sollst Du, wie beschrieben, während erwähnter Aġa nach Mardin kommt, die Vertretung des Amts des Voyvodas machtvoll ausüben, sowie beim Ausführen und dem Voranbringen der notwendigen Dienste vermehrte Vorsicht walten lassen, eifrig und umsichtig sein und gemäß dem Buyuruldu verfahren und handeln.
Angeordnet am 14. [Rebī' dem zweiten] im Jahr 1172.

247/55/e

(1) şer'at-ı şi'ar fażīlet-dis̱ār ḥālā Mārdīn müftīsi ve nāibi efendiler zīde fażluhumā ve ḳıdvet (2) ül-emās̱il Mārdīniñ 'ulemā' ve ā'yān ve eşrāf ve eşbāh ve 'aşā'ir begleri ve aġaları ve melikleri (3) ve 'umūmen ahālīsi siz inhā olunur ki bu es̱nāda Mārdīn voyvodası 'Ömer Aġa bi-ḥasb il-iḳtiżā (4) 'azl olunub sābıḳan Mārdīn voyvodası ḳıdvet ül-emās̱il ve 'l-aḳrān aġalarımızdan (5) 'Os̱mān Aġa voyvoda naṣb ve ta'yīn ve irsāl olunmaġla ancaḳ voyvoda-'ı sābıḳ 'Ömer Aġanıñ tārīḫ (6) tevcīḫinden 'azlı tārīḫine gelince ḥesāb ve kitābi görülmek lāzime-'i ḥālden olmaġın rü'yet ḥesābına (7) ḥāla imāmımız fażīletlü Muṣṭafā Efendiyi[!][586] mübāşir ta'yīn olunmaġla voyvoda-'ı sābiḳ-i mūmā ileyh (8) tārīḫ-i mezkūrdan 'azlı gününe gelince Mārdīnden aldıġı nuḳūd ve ġılāl naḳīr-[ü]-ḳıṭmīr mübāşir-i mūmā (9) ileyh ma'rifetiyle ḥesābını rü'yet ve defter ṭarafımıza i'lām eyliyesin şöyle ki aġa-

586 efendi-'i

yı mūmā (ileyhiñ) (10) aldığı nuḳūd ve ġılāl ve sāʾirinden bir aḳçe ve bir ḥabbe ketm ve iḫfā ėdecek olursunuz ber vech-i (11) cevāba ḳādir olamayacağıñızı yaḳīnen bilüb aña göre ḥareket ve ḥesābıñ[!][587] meẕkūr ḫuṣūṣuna (12) kemāl-ı diḳḳat ve geregi gibi rüʾyet ḥesābına beẕl-i ḳudret eylemegiz bābında buyuruldı taḥrīr ve ıṣdār (13)____ve irsāl olunmuşdur vuṣūlunda gerekdir ki vech-i meşrūḥ üzere mübāşir-i (14) mūmā ileyh maʿrifetiyle aġa-yı mūmā ileyhiñ ḥesābını görüb naḳīr-ü-ḳıtmīr ve ṣıḥḥatī üzere (15) ṭarafımıza iʿlām eyleyüb mūcib-i buyurıldıyla ʿamel ve ḥareket ve ḫilāfından ḥaẕer ve mücānebet (16) eyliyesiz deyü buyuruldu fī 14 r [Receb] sene 1172

247/55/e

Durch die Scharia ausgezeichneter Umhang des Verdienstes – der derzeitige Mufti von Mardin und sein Nāʾib – möge ihrer beider Tugend zunehmen und Vorbild der Gleichgestellten, Rechtsgelehrte von Mardin, Notabeln, Ehrwürdige, Ebenbürtige, Stammesanführer, Aġas, Herren und gewöhnliche Einwohner! Euch sei Folgendes mitgeteilt: Weil derzeit der Voyvoda von Mardin, ʿÖmer Aġa gemäß den Erfordernissen entlassen worden ist und da der frühere Voyvoda von Mardin, Vorbild der Gleichgestellten und Ranggenossen, einer unserer Herren, ʿOsmān Aġa, ernannt und geschickt wurde, es jedoch notwendig ist, von der Zeit der Einsetzung bis zur Zeit der Entlassung des früheren Voyvodas ʿÖmer Aġa die Rechnung und das Defter überprüfen zu lassen und da zur Prüfung seiner Rechnung unser derzeitiger Imam, der tugendhafte Muṣṭafā Efendi zum Beauftragten ernannt wurde, sollst Du mit Hilfe des erwähnten Beauftragten die Rechnung der aus Mardin erhaltenen Gelder und Einkünfte von der erwähnten Zeit des früheren Voyvodas bis zum Tag seiner Entlassung genauestens prüfen und den Sachverhalt an uns berichten. Es soll folgendermaßen sein, dass Ihr gewiss wisst, dass ihr nicht in der Lage sein werdet, eine Rechtfertigung zu geben, wenn Ihr von den von erwähntem Aġa eingenommenen Geldern und Einkünften sowie von Anderen von ihnen auch nur einen Aḳçe oder ein Körnchen versteckt oder verheimlicht. Dementsprechend sollt Ihr handeln und hinsichtlich der erwähnten Rechnung mit vollkommener Umsicht und zur genauen Rechnungsprüfung Eure Befugnis ausüben. Hierzu ist der Buyuruldu verzeichnet, erteilt und geschickt worden. Bei seinem Eintreffen ist es notwendig, dass Ihr wie beschrieben durch erwähnten Beauftragten die Rechnung des erwähnten Aġas überprüft und an uns bis ins kleinste Detail und wahrheitsgetreu berichtet. Entsprechend dem Buyur-

587 ḥesābın

uldu sollt Ihr verfahren und handeln und Euch in Acht nehmen und vermeiden, diesem zu widersprechen.
Angeordnet am 14. [Receb] im Jahre 1172.

247/55/f

(1) ʿizzetmeʾab faḫr ün-nāṣiḥīn ül-kirām es-Seyyid ʿOs̱mān Efendi dāme muvaḳḳaren (2) baʿd et-taḥīye 'l-vāfiye inhā olunur ki işbu sene is̱nā ve sebaʿīn ve miʾe ve ʾelf Cemāẕī 'l-evvel ġurresinden (3) żabṭ ėtmek üzere Āmid ḳażāsı mülḥaḳātından Mārdīn ḳażāsinıñ ümūr-i şerʿīyesi ṭarafımızdan (4) size tefvīż ve sipāriş olunmuşdur gerekdir ki ḳażā-ʾı mezbūrı ġurre-ʾi merkūmeden niyābeten żabṭ (5) ėdüb beyn el-ahālī icrā-yı aḥkām-ı şerʿīye [ihtimām-ı tāmm] eyliyesin ve ḳażā-ʾı mezbūrda vāḳiʿ mevtā-yı (6) ʿaskerīyeniñ muḫallefātını taḥrīr ve beyn el-veres̱e bil-ferīża 'ş-şerʿīye tevzīʿ ve taḳsīm eyleyüb (7) cādde-ʾı şerʿ-i ḳavīmden sermū-yı inḥirāfa cevāz-ı ruḫṣat göstermiyeden tevaḳḳī ve mücānebet eyliyesin
ḥurrire fī 't-tārīḫ el-mezbūr lis-sene el-merḳūm
min el-ġafr Ḥasan el-mevlāḫilāfe bi-medīne-ʾi Āmid el-maḥrūse

247/55/f

Mittelpunkt der Ehre, Ruhm der edlen Ratgeber, Seyyid ʿOs̱mān Efendi – möge er geehrt bleiben – nach zahlreichen Grüßen sei mitgeteilt: Vom ersten des Cemāẕī des ersten dieses Jahres 1172 an werden Euch von unserer Seite zur Verwaltung die scheriatsrechtlichen Dinge des Gerichtssprengels von Mardin, der zu den angeschlossenen Gebieten des Gerichtssprengels von Āmid gehört, übertragen und anvertraut. Es ist notwendig, dass Du den Gerichtssprengel ab dem erwähnten Ersten in Stellvertretung verwaltest. Unter den Einwohnern sollst Du die Gesetze der Scharia [mit Umsicht vollenden] und den in erwähntem Gerichtssprengel anfallenden Nachlass der verstorbenen Askerī verzeichnen und unter den Erben nach der heiligen Pflicht der Scharia aufteilen und verteilen. So sollst Du nicht erlauben und gestatten, dass auch nur um Haaresbreite abgewichen wird.
Eingetragen zum erwähnten Zeitpunkt in erwähntem Jahr.
Möge dem richterlichen Amtsinhaber Ḥasan verziehen werden.
In der beschützten Stadt Āmid.

247/56/a

(1) defter oldur ki fāḥişelik ḳabāḥātıyla sürgün[!][588] olan Besneniñ ḫānesinde mevcūd olan eşyāsı (2) mütesellimi paşazāde sa'ādetlü 'Alī Beg dāme mecduhu ḥażretleriniñ ṭarafından mübaşir çuḳadar Maḥmūd (ve) (3) Monlā Muṣṭafā ma'rifetleriyle ẕeyl-i kitābda mektūb ül-esāmī maḥżarinda taḥrīr ve ikinci zāde Ḫalīl (4) ma'rifet-i şer'le emāneten vāż' olunub müfredātıyla ẕikr ve beyān olunur fī 19 cā [Cemāẕi 'l-evvel] sene 1172

çit döşek	'aded 3
çit yorġan	'aded 3
(mtīl) yorġan	'aded 2
çit yasdıḳ	'aded 5
müste'amel (...)	'aded 5
cacim	'aded 1
müste'amel destār	'aded 1
kelīm ṣuḳḳası	'aded 1
beyāż ṣuḳḳa	'aded 1
minder	'aded 2
at çulı	'aded 1
köhne (...)	'aded (...)
köhne ṣuḳḳa	'aded 2
cedīd çedik papuç	'aded 2
köhne (mtīl) yorġan	'aded 1
baḳırzar	'aded 2
(...)	(...)
ḳaşıḳ	'aded 9
boġça ma' çaputlar	çift 2
hegbe	'aded 1
köhne ḫalı	'aded 1
köhne cedik	'aded 1
arşūn	'aded 1
māşrab(a)	3
hāvun	'aded (...)
köhne çepken[!][589]	çift 1
köhne yorġan yüzü	'aded 1
köhne bez 'Anteri	'aded 1
müste'amel beyāż (...)	'aded 1
çuka başlıḳ	'aded 1
na'leyn[!][590]	çift 1

588 سرکون
589 çepkān
590 nāleyn

ibrīḳ	ʿaded 1
ṣaġīr ṭās	ʿaded 1
barud	ʿaded 1
tütün çubuḳı	ʿaded 3
enʿām-ı şerīf	ʿaded 1
müvelled-i şerīf	ʿaded 1?
şamdān	ʿaded 1
vasaṭ ṭencere maʿ ḳapaḳ	ʿaded 1
ṣaġīr ṭencere	ʿaded 1
(...)	
ṣaḥn	ʿaded 1
ṭābe	ʿaded 1
naʿlbeki	ʿaded 1
elek	ʿaded 1
revġan ber vech-i taḫmīn	ḳıyye 2
bekmez raṭl	ʿaded 1
kilitli sepet	ʿaded 1
bez (...)	
kettan gömlek	ʿaded 2
ṭon[591] maʿ çuḳur	ʿaded 1
yeşil kup	ʿaded 3
ḳıyye	ʿaded 2

şuḥūd ül-ḥāl
Seyyid Aḥmed Efendi
Şeyḫ Sebaʿzāde
Seyyid Meḥmed bin Ḳara Ḥasan
el-Ḥāc ʿAlī bin Meḥmed Şītū
ve ġayruhum min el-ḥużżār

247/56/a

Der Sachverhalt ist Folgender: Die im Haus befindlichen Dinge der wegen Prostitution und anderer Vergehen vertriebenen Besne werden neben seiner Exzellenz, dem Mütesellim und Sohn des Paşas, der glückliche ʿAlī Beg – möge sein Ruhm andauern – mit Hilfe des Beauftragten, der Gefolgsmann Maḥmūd (und) Monlā Muṣṭafā im Beisein der im Register verzeichneten Namen verzeichnet und dem zweiten Nobelgeborenen *(ikinci zāde)* Ḫalīl durch das Gericht treuhänderlisch anvertraut und einzeln aufgeführt.
Am 19. [Cemāẓi dem ersten] im Jahr 1172.

591 Im heutigen Türkisch don.

Chintz-Matratze	Anzahl 3
Chintz-Steppdecke	Anzahl 3
(...) Steppdecke	Anzahl 3
Chintz-Polster	Anzahl 5
Gebrauchtes (...)	Anzahl 5
Zottiger Teppich	Anzahl 1
Gebrauchter Turban	Anzahl 1
Teppich-Stück	Anzahl 1
Weißes Stoffstück	Anzahl 1
Kissen	Anzahl 2
Pferdedecke	Anzahl 1
Alte (...)	Anzahl (...)
Alter Stoffstreifen	Anzahl 2
Neuer marokkanischer Frauen-Hausschuh	Anzahl 2
Alte (...) Steppdecke	Anzahl 1
Kupferblende	Anzahl 2
(...)	(...)
Löffel	Anzahl 9
Bündel mit Lumpen	Paar 2
Satteltasche	Anzahl 1
Alter Teppich	Anzahl 1
Alter leichter marokkanischer Schuh	Anzahl 1
Eisenkratzer	Anzahl 1
Trinkbecher	3
Mörser	Anzahl (...)
Alte robuste Jacke mit aufgeschlitzten Ärmeln	Paar 1
Alter Steppdeckenbezug	Anzahl 1
Alter ʿAnteri-Stoff	Anzahl 1
Gebrauchter weißer (...)	Anzahl 1
Wollene Kopfbedeckung	Anzahl 1
Zwei Sandalen	Paar 1
Kanne	Anzahl 1
Kleine Tasse	Anzahl 1
Schießpulver	Anzahl 1
Lange Tabakpfeife	Anzahl 3
Surensammlung	Anzahl 1
Gedichtband von Müvelled[592]	Anzahl 1
Kerzenleuchter	Anzahl 1
Mittelgroßer Kochtopf mit Deckel	Anzahl 1
Kleiner Kochtopf	Anzahl 1
(...)	

592 Arabischer Poet aus der Frühzeit des Islam

Untertasse	Anzahl 1
(...)	Anzahl 1
Kleine Untertasse	Anzahl 1
Sieb	Anzahl 1
Wachs, geschätzt	Ḳıyye 2
Traubensirup-Kelch	Anzahl 1
Abschließbarer Korb	Anzahl 1
Stoff (...)	
Flachshemd	Anzahl 2
Gewand mit Aussparung	Anzahl 1
Grüner Becher	Anzahl 3
Ḳıyye-Gewicht	Anzahl 2

Zeugen der Angelegenheit
Seyyid Aḥmed Efendi
Şeyḫ Sebaʿzāde
Seyyid Meḥmed bin Ḳara Ḥasan
Ḥāc ʿAlī bin Meḥmed Şītū
und weitere Anwesende

247/56/b

(1) defter oldur ki Mārdīn maḥallātından Pīmāristān maḥallesinde sākināt olan bābālı İbrāhīmiñ zevc(esi) (2) Ḥamīde ve ḳızı Maġda ve diger hemşīretānī nāmūn kimesneleriñ faḥş ve fücūrları nümāyān oldığından s(ürgün) (3) olub ḥālā Mārdīn mütesellimi paşazāde saʿādetlü ʿAlī Beg dāme mecduhu ḥażretleriniñ ṭarafı(ndan) (4) taʿyīn buyurılan Monlā Bekir bin ʿAbdū Caʿfer ve o ẕeyl-i defterde mektūb ül-esāmī müs(limīniñ) (5) maḥżarlarında fāsıḳāt-ı mūmānıñ sākin olduḳları[593][!] dāriñ derūnında mevcūd olan eş(yāsı) (6) maʿrifet-i şerʿle taḥrīr olındığı defteridir ki ẕikr ve beyān olınur
fī 21 cā [Cemāẕī 'l-evvel] sene 1172

(çıḳrıḳ)[!][594]	ʿaded 3
iplik	direm 100
fincān	ʿaded 1
ḥammām peştamālı köhne	ʿaded 1
kelim[595] şaḳḳe	ʿaded 2
boş sepet	ʿaded 2
anaḫṭār	ʿaded 2

593 olduġları
594 çıḳrıġ
595 kelem

feriġ ṣaḥn	ʿaded 1
cām ṭās	ʿaded 1
piçe	ʿaded 3
ḳumāş aḳçe kisesi boş	ʿaded 1
köhne tütün kisesi	ʿaded 2
zanāne (...)	ʿaded 1
naʿleyn[!][596]	çift 1
ṣaġīr şamʿdān	ʿaded 1
mıḳrāż bıçaḳ	ʿaded 1
ṣaġīr āyine	ʿaded 1
ṣaġīr köhne yasdıḳ	ʿaded 4
döşek	ʿaded 1
hegbe	ʿaded 1
köhne (ḫāliçe)[?]	ʿaded 1
tondur kursīsi	ʿaded 1
köhne yorġan	ʿaded 1
(ḥʿr)	ʿaded 3
köhne (...)l ve yasdıḳ derūn (...)	ʿaded 1

şuḥūd (ül-ḥāl)
Monlā İsmaʿīl bin Seyyid Süleymān
Monlā Üveys bin Monlā Meḥmed
Meḥmed bin Seyyid Ḫalīl
ve ġayruhum

247/56/b

Der Sachverhalt ist Folgender: Da die Prostitution und Unzucht der im Mardiner Stadtviertel Pīmāristān lebenden Frau von Bābālı İbrāhīm, Ḥamīde und ihre Tochter Maġda sowie zwei weitere Schwestern, bekannt wurde, wurden diese vertrieben. Dies ist das Register, in welchem neben seiner Exzellenz, dem derzeitigen Mütesellim von Mardin, Sohn des Paşas, der glückliche ʿAlī Beg – möge sein Ruhm andauern – und dem durch ihn eingesetzten Monlā Bekir bin ʿAbdū Caʿfer in Anwesenheit der in diesem Anhang des Registers namentlich aufgeführten Muslime die zu verzeichnenden befindlichen Dinge im Haus der erwähnten dort gewohnt habenden Sündigen gemäß dem Gericht aufgeführt werden.
Am 21. Cemāẕī, des ersten im Jahre 1172.

Spinnrad	Anzahl 3
Garn	Dirham 100

596 nāleyn

Glas	Anzahl 1
Altes großes Badehandtuch	Anzahl 1
Teppichabschnitt	Anzahl 2
Leerer Korb	Anzahl 2
Schlüssel	Anzahl 1
Leere Schüssel	Anzahl 1
Gläserne Tasse	Anzahl 1
Stirnreif	Anzahl 3
Leerer Stoffbeutel für Aḳçe	Anzahl 1
Alter Tabakbeutel	Anzahl 2
(...) für Frauen	Anzahl 1
Zwei Sandalen	Paar 1
Kleiner Kerzenleuchter	Anzahl 1
Scheren-Messer	Anzahl 1
Kleiner Spiegel	Anzahl 1
Kleines altes Polster	Anzahl 4
Matratze	Anzahl 1
Satteltasche	Anzahl 1
Alter (kleiner Teppich)	Anzahl 1
Wärmedecke für Kursī[597]	Anzahl 1
Alte Steppdecke	Anzahl 1
(...)	Anzahl 3
Alte/r/s (...) und (...) Innenpolster	Anzahl 1

Zeugen (der Angelegenheit)
Monlā İsma'īl bin Seyyid Süleymān
Monlā Üveys bin Monlā Meḥmed
Meḥmed bin Seyyid Ḫalīl
und weitere

247/56/c

(1) (ḳıdve)t ül-emās̱il ve 'l-aḳrān sābıḳan Mārdīn voyvodası aġalarımızdan ʿOs̱mān Aġa zīde ḳadruhu (2) (inhā o)lunur ki bu es̱nālarda voyvoda ʿÖmer Aġanıñ sū-ʾı tedbīr ve nā-hemvār ve ḫilāf-ı rıżāmız ḥarekātından (3) (nāş)ī ʿazl olunub sen her vecihle yarar ve mücerreb ül-eṭvār ve raʿīyet-perver ve kārgüzār ve żabṭ ve rabṭ-ı (4) (vilā)yet ve ümūr-ı ḥükūmunda ṣāḥib-i iḳtidār olub şāyān-ı ʿāṭīfet ve sezā-yı mülāṭafa[!][598] (5) [ol]maḳdan nāşī merḳūm Mārdīn voyvodalıġı işbu biñ yüz yetmiş iki senesi māh-ı Rebīʿ ül-āḫırıñ (6) (o)n dördüncü gününden żabṭ

597 Vermutlich kleines Kohlebecken, über das eine Wärmedecke (tondur) gebreitet wird.
598 mülāṭafet

ėtmek üzere vekāleten saña tevcīh olunmaġla żabt ve rabṭ-ı memleket (7) (ve) vilāyet ve ḥimāyet ve ṣıyānet-i fuḳarā-yı ra'īyet ḫuṣūṣlarında ve sā'ir vāḳi' olan ḫidemāt-ı (8) (lā)zimeniñ edā ve temşīyeti ümūrunda mezīd-i ihtimām ve diḳḳat eyleyüb her ḥālde celb-i ḳulūb-ı (9) (re)'āya ṣarf-ı ihtimām ve niẓām-ı bilād ve refāh-ı ḥāl-ı 'ibāda vüs' ve ḳudret ve vilāyetiñ şen (10) (ve i)'māretine bez̲l-i miknet ve bir ferde cevr ve ta'addīden mücānebet eylemek bābında buyuruldı taḥrīr (11) (ve) ıṣdār____ve irsāl olunmuşdur vuṣūlunda minvāl-ı meşrūḥ (12) (ü)zere merḳūm voyvodalıḳ ümūrunda vekāleten ḳiyām ve vāḳi' olan ḫidemāt-ı lāzimede (13) ṣarf-ı ihtimām eyliyesin ve sizler ki Mārdīniñ 'umūmen müftī ve nā'ib ve sādāt ve ā'yān-ı vilāyet (14) ve 'aşā'ir ve ḳabā'il begleri ve aġaları ve ahālīsisiz aġa-yı mūmā ileyhi üzeriñize voyvoda[!][599] ve ḥākim (14) bilüb sözile 'amel ve ḥareket ve ḫilāfından ḥaẕer ve mücānebet ve mūcib-i buyurıldıyla 'amel ve ḥareket (15) eyliyesiz deyü

buyuruldu fī 14 r [Rebi' ül-āḫır] sene 1172

247/56/c

Vorbild der Gleichgestellten und Ranggenossen! Einem unserer Herren, der frühere Voyvoda von Mardin, 'Os̲mān Aġa – möge seine Größe zunehmen – sei mitgeteilt: Zu dieser Zeit wurde wegen Vorgehensweisen, die sich auf Grund von böswilligen Vorhaben und Unregelmäßigkeiten 'Ömer Aġas entgegen unserer Zufriedenheit entwickelten, dieser entlassen. Da Du in jeder Hinsicht fähig, erfahren im Auftreten, wohltätig und begabt bist und zur Übernahme des Amtes des Bevollmächtigten, der Kontrolle und Verwaltung der Provinz und der herrschaftsrelevanten Dinge mächtig und zur Güte und Großzügigkeit fähig bist, sollst Du, weil das Amt des Voyvodas am 14. Tag im Monat des letzten Rebī' dieses Jahres 1172 hinsichtlich der Verwaltung Dir in Vertretung übertragen wird, bei den Dingen, die die Kontrolle und Verwaltung der Gebiete und der Provinz und den Schutz der armen Einwohner betreffen sowie dem Ausführen und Voranbringen anderer notwendiger Dienste vermehrte Vorsicht üben. Auf jeden Fall ist der Buyuruldu in der Angelegenheit ausgestellt, ____herausgegeben und geschickt worden, dass Du zum Gewinnen der Herzen der Untertanen Umsicht aufwenden, zur Ordnung des Landes und dem Wohl der Gläubigen Macht einsetzen, und zum Wohl und Aufbau der Provinz Kraft aufwenden sollst und Dich hüten sollst gegen jemanden Tyrannei auszuüben oder Übertretungen vorzunehmen. Bei seinem Eintreffen sollst Du wie beschrieben die Angelegenheiten des Amtes des Voyvodas in Vertretung fortführen und bei den notwendigen Diensten Vorsicht üben.

---

599 voyvodaen

Ihr, die Ihr allbekannt Mufti, Nā'ib, Herren und Notabeln der Provinz, Nomaden- und Stammesführer, Aġas und Einwohner von Mardin seid, sollt erwähnten Aga als Euren Voyvoda und Herrscher anerkennen. Gemäß seiner Anordnung sollt Ihr verfahren und handeln und Euch in Acht nehmen und vermeiden, diesem zu widersprechen und sollt gemäß dem Buyuruldu entsprechend verfahren.
Angeordnet am 14. [Rebi' dem Letzten] im Jahre 1172.

247/56/d

(1) şerī'at şi'ār ve fażīlet-dis̱ār ḥālā Mārdīn müftīsi ve Mārdīn nā'ibi ve 'ulemā' ve sādāt (2) ve e'imme ve ḫuṭābā'[!][600] ve ṣuleḥā' ve sā'ir ā'yān-ı vilāyet ve iş erleri ve 'ümūmen 'aşā'ir ve ḳabā'il begleri (3) ve aġaları ve iḫtiyārları zīde ḳadruhum ve ahālīsisiz inhā olunur ki bu es̱nāda voyvoda 'Ömer Aġanıñ (4) ba'ż-ı sū'i ḥāl ve ḫilāf-ı rıżāmiz ḥareketi ẓuhūrundan nāşī 'azl olununb sābıḳan Mārdīn (5) voyvodası ḳıdvet ül-emās̱il ve 'l-aḳrān aġalarımızdan 'Os̱mān aġa zīde ḳadruhu Mārdīne ṭarafımızdan (6) voyvoda naṣb ve ta'yīn ve irsāl olunmaġla aġa-yı mūmā ileyhi üzeriñize voyvoda ve ḥākim bilüb (7) herḥālde sözine mūvāfaḳat ve ṭā'at ve re'yi üzere ḥarekete mübāderet ve vāḳi' olan (8) ḫidemātda ittiḥād ve ittifāḳ üzere olub edā ve temşīyeti ḫuṣūṣunda ṣarf-ı ḳudret (9) ve vilāyetiñ şen ve ābādān ve 'umrāne beẕl-i miknet ve zirā'at ve ḥirās̱ete mezīd-i diḳḳat eylemegiz (10) bābında buyuruldı taḥrīr ve ıṣdār____ve irsāl olunmuşdur (11) vuṣūlunda ma'lūmuñuz olduḳda minvāl-ı meşrūḥ üzere mūmā ileyh 'Os̱mān Aġayı üzeriñize voyvoda (12) ve ḥākim bilüb mūvāfıḳ-ı şer'-i şerīf ve ḳānūn-ı münīf sözile ḥareket ve vāḳi' olan ḫidemātda (13) beẕl-i ḳudret ve mezīd-i diḳḳat <<ve>> zirā'at ve ḥirās̱et ile vilāyetiñ şen ve 'imāretine sā'ī ve ṣarf-ı (14) miknet eyleyüb sözünden ḫāric ve re'yinden ṭaşra vaż'-ü-ḥareketden ḥaẕer ve mücānebet ve mūcib-i (15) buyuruldıyla 'amel ve ḥareket eyliyesiz deyü
buyuruldu fī 17 r [Rebi' ül-āḫır] sene 1172

247/56/d

Durch die Scharia ausgezeichneter Umhang des Verdienstes – derzeitiger Mufti von Mardin und sein Nā'ib, Herren, Imame, Prediger, Aufrechte, weitere Notabeln der Provinz, Sachverständige, allbekannte Nomaden- und Stammesführer, Aġas und Älteste – möge ihre Macht zunehmen – sowie Ihr, deren Einwohner! Euch sei kund: Zu dieser Zeit wurde wegen Vorgehensweisen, die auf Grund von böswilligem Verhalten von 'Ömer Aġa entgegen unserer Zufriedenheit zum Vorschein kamen, dieser entlassen. Da der frühere Voyvoda von Mardin – Vorbild

---

600 ḫuṭābā

der Gleichgestellten und Ranggenossen – einer unserer Herren, ʿOs̱mān Aġa – möge seine Größe zunehmen –, von uns für Mardin eingesetzt wurde, sollt Ihr erwähnten Aġa als Euren Voyvoda und Herrscher anerkennen. Auf jeden Fall sollt Ihr seiner Anordnung zustimmen und gehorchen und gemäß seiner Ansicht handeln und Euch einsetzen, die anfallenden Dienste einvernehmlich durchzuführen und voranzubringen und dabei für Glück und Wohlstand der Provinz Kraft aufwenden und beim Ackerbau vermehrt Umsicht walten lassen. Hierzu wurde der Buyuruldu eingetragen ausgestellt und____geschickt. Wobei sein Eintreffen Euch bekannt ist, sollt Ihr wie beschrieben ʿOs̱mān Aġa als Euren Voyvoda und Herrscher anerkennen. Ihr sollt gemäß seiner mit der erhabenen Scharia und dem hohen Gesetz übereinstimmenden Anordnung handeln und bei den anfallenden Diensten vermehrte Kraft und mit vermehrter Umsicht beim Ackerbau nach Glück und Wohlstand der Provinz streben und Kraft aufwenden. Ihr sollt Euch von Verhaltensweisen außerhalb seiner Anordnung oder Ansicht hüten und fernhalten und gemäß dem Buyuruldu verfahren und handeln.
Angeordnet am 17. [Rebiʿ dem Letzten] im Jahre 1172.

247/56/e

(1) ʿizzetmeʾab fahr ün-nevvāb ül-kirām İbrāhīm Efendi dāme muvaḳḳarren (2) ġıbb et-taḥīye eṣ-ṣāfīye inhā olunur ki işbu sene is̱nā ve sebaʿīn ve miʾe ve ʾelf māh-ı Cemāẕī 'l-aḫırınıñ ġurresinden (3) żabṭ ėtmek üzere Āmid ḳażāsı mülḥaḳātından Mārdīn ḳażāsınıñ ümūr-ı şerʿīyesiniñ rüʾyet ve inābesi (4) ṭarafımızdan size tefvīż ve sipāriş olunmuşdur gerekdir ki ḳażā-ʾı mezbūrı ġurre-ʾi merḳūmeden żabṭ (5) ve beyn el-ahālī icrā-yı aḥkām-ı şerʿīyede ihtimām-ı tāmm eyleyüb cādde-ʾi şerʿ-i ḳavīmden sermū-yı inḥirāfa (6) cevāz göstermiyesin ve ḳażā-ʾı mezbūrda vāḳiʿ mevtā-yı ʿaskerīye ve beledīyeniñ muḫallefātları taḥrīr (7) ve beyn el-veres̱e bil-ferīża 'ş-şerʿīye tevzīʿ ve taḳsīm eyleyüb ṭarīḳ-i iʿtidāldan ʿüdūl ėtmekden (8) tevaḳḳī eyliyesin ḥurrire fī 't-tārīḫ el-mezbūr lis-sene el-merḳūme min el-ġafr Ḥasan el-mevlāḫilāfe bi-medīne-ʾi Āmid el-maḥmīye

247/56/e

Mittelpunkt der Ehre, Ruhm der großzügigen Nāʾibs, İbrāhīm Efendi – möge er geehrt bleiben – nach zahlreichen Grüßen sei mitgeteilt: Was die Prüfung der scheriatsrechtlichen Dinge der angeschlossenen Gebiete des Gerichtssprengels von Āmid und die Ernennung zum Nāʾib anbetrifft, um sie ab dem ersten des letzten Cemāẕī dieses Jahres 1172 zu verwalten, wird dies von unserer Seite Euch anvertraut. Es ist notwendig, ab erwähntem Ersten den erwähnten Gerichtssprengel zu verwalten und unter den Einwohnern die Gesetze der Scharia umsichtig zu

Ende zu führen. So sollst Du nicht erlauben und gestatten, dass auch nur um Haaresbreite abgewichen wird und den in erwähnten Gerichtssprengel anfallenden Nachlass der verstorbenen ʿAskerī und Zivilpersonen zu verzeichnen und unter den Erben nach der scheriatsrechtlichen Erbaufteilung zu verteilen und aufzuteilen. Du sollst Dich hüten, vom rechten Weg abzukommen. Eingetragen zu der erwähnten Zeit in erwähntem Jahr.
Möge dem richterlichen Amtsinhaber Ḥasan der beschützten Stadt Āmid verziehen werden.

247/57/a
nişān-ı şerīf-i ʿālīşān sāmī mekān-ı sulṭānī [ve] ṭuġra-ı ġarrā-yı cihān-sitān-ı ḫāḳānī (ḥükmü oldur ki)
(1) Mārdīnde vāḳiʿ sulṭān ʿİsā vaḳfından almaḳ üzere yevmī iki aḳçe vaẓīfe ile ḫaṭīb (olan) (2) Seyyid ʿÖmer Ḫalīfe bi-lā-veled fevt olub yėri ḫalī ve ḫidmet lāzimesi muʿaṭṭal olmaġla (erbāb-ı) (3) istiḥḳāḳdan işbu rāfīʿ-i tevḳīʿ-i refīʿ üş-şān-ı ḫāḳānī Seyyid Yūsuf bin Seyyid ʿAbdürr(aḥīm) (4) Ḫalīfe zīde ṣalāḥuhu her vecihle maḥall ve müstaḥaḳḳ olmaġla ḫiṭābet-i mezbūre müteveffā-yı mezbūruñ maḥl(ūlundan) (5) merḳūma tevcīh olunub yedine berāt-ı şerīf-i ʿālīşān vėrilmek bābında ʿināyet ricāsına Āmid (nāʾibi) (6) mevlānā Ḥasan zīde ʿilmehunuñ ʿarż eyledigi pāye-i serīr-i aʿlāya telḫīṣ olunduḳda ḥaḳḳın(da) (7) ʿināyet-i padışāhānem ẓuhūra getürüb ṣādir olan ḫaṭṭ-ı hümāyūn şevketmaḳr(ūnumla berāt) (8) biñ yüz yetmiş iki senesiniñ Rebīʿ ül-aḫırınıñ yirmi beşinci güni tārīḫiyle müverraḫ (vėrildigi) (9) rüʾūs-ı hümāyūnum mūcibince tevcīh ėdüb bu berāt-ı hümāyūnum vėrdüm ve buyurdumki mezbūr es-(Seyyid Yūsuf) (10) bin üs-Seyyid ʿAbdürraḥīm Ḫalīfe zīde ṣalāḥuhu varub vech-i meşrūḥ üzere ḫatīb olub ed(ā-ʾı) (11) ḫidmet eyledikdensoñra taʿyīn olınan yevmī iki aḳçe vaẓīfesin evḳāf-ı merḳūm maḥ(ṣūluñ) (12) mütevellīsi olanlar yedinden alub mutaṣarrıf olub şöyle bileler ʿalāmet-i şerīfe iʿtimād ḳılalar (13) taḥrīren fī 'l-yevm es̱-s̱ālis̱ Cemāzī 'l-evvel sene is̱nā ve sebaʿīn ve miʾe ve ʾelf
Ḳosṭanṭinīye 'l-maḥrūse

247/57/a
Der Erlass des hohen, ehrwürdigen, illustren Zeichens des erhabenen sultanischen Ortes und brillianten, imperialen welterobernden Monogrammes sei Folgender:
Der Bruder von Seyyid ʿÖmer Ḫalīfe, der von der in Mardin liegenden Sulṭān ʿİsā-Stiftung mit einem Gehalt von täglich zwei Aḳçe als Prediger erhielt, verstarb ohne Nachkommen. Weil sein Posten leer und der notwendige Dienst unbesetzt

war und der Darreichende der erhabenen Unterschrift des Sultans, Seyyid Yūsuf bin Seyyid ʿAbdürraḥīm Ḫalīfe – möge seine Rechtschaffenheit zunehmen – in jeder Hinsicht geeignet und berechtigt ist, hat man Erwähntem das Amt des Predigers, da es wegen erwähntem Verstorbenen unbesetzt war, anempfohlen. Weil ich ihm den ehrwürdigen, noblen Privilegientitel erteile, wobei der Nāʾib von Āmid Mevlānā Ḥasan – möge seine Weisheit wachsen – zu seinem Gnadengesuch eine Darstellung zur Unterbreitung des Gesuchs an der hohen Schwelle des Throns vorlegte, habe ich hierzu meine imperiale Gnade walten lassen und ihm den mit meiner imperialen und herrschaftlichen Zeichnung versehenen (Privilegientitel) gemäß dem mit dem 25. Tag des letzten Rebīʿ des Jahres 1172 datierten erteilten imperialen Rüʾūs diesen verliehen. Ich erteile meinen imperialen Privilegientitel und ordne an, dass erwähnter (Seyyid Yūsuf) bin Seyyid ʿAbdürraḥīm Ḫalīfe – möge seine Rechtschaffenheit zunehmen – kommt und wie beschrieben als Prediger tätig sein soll. Nachdem er seinen Dienst erfüllt hat, soll er sein festgesetztes Gehalt von täglich 2 Akçe von denjenigen erhalten, die die Erträge der Stiftungen verwalten und diese innehaben. So sollen sie Solches wissen und dem erlauchten Handzeichen Folge leisten. Eingetragen am 3. Cemāzī dem Ersten im Jahre 1172.
Wohlbehütete Stadt Konstantinopel

247/57/b
(nişān-ı şerīf-i ʿālīşān sāmī mekān-ı sulṭānī [ve] ṭuġra-ı ġarrā-yı sitān- ı ḫāḳānī ḥükmü oldur ki (1) Mārdīnde vāḳiʿ sulṭān ʿĪsā evḳāf-ı şerīfi maḥṣūlundan almaḳ üzere yevmī (iki) (2) aḳçe vaẓīfe ile imām olan mevlānā Seyyid ʿÖmer fevt olmağla maḥlūlundan işbu rāfīʿ-i (tevḳīʿ-i) (3) refīʿ üş-şān-ı ḫāḳānī Seyyid İbrāhīm Ḫalīfe ibn üs-Seyyid ʿAbdürraḥīm zīde ṣalāḥuya tevc(īḥ) (4) olunub yedinde berāt-ı şerīfim vėrilmek ricāsına Āmid nāʾibi mevlānā Ḥasan zīde ʿilmehu ʿarż (5) ėtmekle mūcibince tevcīh olunmaḳ fermānım olmağın ḥaḳḳında ʿināyet-i padışahānem ẓuhū(ra) (6) getürüb biñ yüz yetmiş iki senesi Rebīʿ ül-aḫırınıñ beşinci güni tārīḫiyle müverraḫ vėr(ildigi) (7) rüʾūs-ı hümāyūnum mūcibince bu berāt-ı hümāyūn vėrdüm ve buyurdumki mezbūr Seyyid İbrāhīm Ḫal(īfe) (8) ibn üs-Seyyid ʿAbdürraḥīm zīde ṣalāḥuhu varub vech-i meşrūḥ üzere imām olub edāʾı (9) ḫidmet eyledikdensoñra taʿyīn olınan yevmī iki aḳçe vaẓīfesin evḳāf-ı mezbūre maḥṣūlundan (10) mütevellīsi olanlar yedinden alub mutaṣarrıf ola şöyle bileler ʿalāmet-i şerīfe iʿtimād ḳılalar (11) taḥrīren fī 'l-yevm eṣ-ṣānī ʿaşrīn Rebīʿ ül-aḫır sene iṣnā ve sebaʿīn ve miʾe ve ʾelf
Ḳosṭanṭinīye 'l-maḥrūse
ṣaḥḥ

247/57/b

Der Erlass des hohen, ehrwürdigen, illustren Zeichens des erhabenen sultanischen Ortes und brillianten, imperialen welterobernden Monogrammes sei Folgender:
Da Mevlānā, Seyyid ʿÖmer, der als Imam von den Erträgen der in Mardin gelegenen ehrwürdigen Sulṭān ʿİsā-Stiftungen einen Gehalt von täglich (zwei) Aḳçe erhielt, verstorben ist, wurde dem Darreichenden der erhabenen Unterschrift des Sultans Seyyid İbrāhīm Ḫalīfe ibn üs-Seyyid ʿAbdürraḥīm – möge seine Rechtschaffenheit zunehmen – der freigewordene Posten anempfohlen. Da der Nāʾib von Āmid, Mevlānā Ḥasan – möge seine Weisheit zunehmen – auf seine Bitte ihm meinen noblen Privilegientitel zu verleihen, ein Gesuch gestellt hat, lasse ich, weil es mein Fermān ist, ihn demgemäß zu erteilen, hierzu meine imperiale Gnade walten. Gemäß meinem imperialen Rüʾūs, welches auf den fünften Tag des letzten Rebīʿ des Jahres 1172 datiert ist, erteile ich diesen imperialen Privilegientitel und ordne Folgendes an: Erwähnter Seyyid İbrāhīm Ḫalīfe ibn üs-Seyyid ʿAbdürraḥīm – möge seine Rechtschaffenheit zunehmen – soll kommen und wie beschrieben als Imam tätig sein. Nachdem er seinen Dienst erfüllt hat, soll er sein festgesetztes Gehalt von täglich 2 Aḳçe von denjenigen erhalten, die die Erträge der Stiftungen verwalten und diese innehaben. So sollen sie Solches wissen und dem erlauchten Handzeichen Folge leisten.
Eingetragen am 22. des letzten Rebīʿ im Jahre 1172.
Wohlbehütete Stadt Konstantinopel
Geprüft

247/57/c

(1) (ḳıdvet) ül-emās̱il ve 'l-aḳrān ḥālā Mārdīn voyvodası aġalarımızdan Os̱mān Aġa zīde ḳadruḥu (2) (inhā) olunur ki Mārdīn ʿaşāʾiri aġalarından Sürekçi meliki Ḥāc Ḥasan Aġa bu es̱nāda (3) (ṭara)fımıza ʿarżuḥāl ve mefhūmunda Mārdīn muḳāṭaʿātından Bāfāva[601] ve Tīzyān[602] ḳaryeleri (4) (...) iltizāmında olub senevī biñ ikiyüz rūmī ġuruş māl-ı mīrīleri olmaġla (5) (üç)[?] seneye dek meẕkūr ḳaryeleriñ māl-ı mīrīsiniñ nişfi olan altyüz rūmī ġuruşı (6) (merḳūma ʿaf)v ve inʿām olmaġın ricā ve istidʿā ėtmekle merḳūmuñ iyiligi[!][603] sebḳat ve şāyeste-ʾi merḥamet (7) (ol)maġla niyāz ve ricāsına müsāʿade olunub meẕkūr ḳaryeleriñ senevī-i māl-ı mīrīsi olan (8) (bi)ñ ikiyüz rūmī ġuruşuñ üç sene temāmına dek nişfi olan

601 Das heutige Kayadere. Vgl. Jongerden (2012), S. 338.
602 Dorf in der Gegend von Mardin. Vgl. Halaçoğlu (2009), S. 2730.
603 iyilige

altyüz rūmī ġuruşı (9) (merk)ūma ʿafv ve inʿām olunnağla minvāl-ı meşrūḥ üzere üç sene temāmına dek nişf-i (10) (ücret)i olan altyüz rūmī ġuruşını alub nişf-i aḫarını ṭaleb eylememek bābında buyuruldu (11) (taḥ)rīr ve ışdār___ve irsāl olmuşdur vuṣūlunda gerekdir ki vech-i (12) (me)şrūḥ üzere üç seneye dek mez̲kūr ḳaryeleriñ senevi mālı olan biñ ikiyüz rūmī (13) (ġur)ūşuñ nişfini alub nişf-i aḫarını ṭaleb ėtmeyüb mūcib-i buyurulduyla ʿamel eyliyesin deyü
ṣaḥḥ
fī 24 cā [Cemāz̲ī 'l-evvel] sene 1172

247/57/c
Dem (Vorbild) der Gleichgestellten und Ranggenossen, einem unserer Herren, dem derzeitigen Voyvoda von Mardin, Os̲mān Aġa – möge seine Macht zunehmen – sei mitgeteilt: Von den Herren der Stämme von Mardin hat an uns der Anführer der Sürekçi, Ḥāc Ḥasan Aġa ein Gesuch gestellt, worunter ihm von den Abgabeneinheiten von Mardin die Dörfer Bāfāva und Tīzyān als İltizām gewährt wurden. Da es sich um jährlich 1200 Rūmī Ġuruş Mīrīgeld handelte und man Erwähnten drei Jahre lang die Hälfte des Mīrīgeldes von erwähnten Dörfern nämlich 600 Ġuruş aus Gefälligkeit erlassen hatte, weil dieser ein Gesuch stellte und die Güte des Erwähnten Vorrang hatte und der Gnade verdiente, wurde seiner Bitte und seinem Gesuch stattgegeben. Weil man den erwähnten Dörfern drei Jahre lang die Hälfte des Mīrīgeldes, nämlich 600 Ġuruş, aus Gefälligkeit erlassen hatte, nahm man wie beschrieben drei Jahre lang die Hälfte der Gebühr von 600 Ġuruş. Damit er nicht die andere Hälfte der Gebühr fordert, wird dieser Buyuruldu eingetragen und erteilt. Sobald er eintrifft, soll er – wie beschrieben – vom jährlichen Geld der erwähnten Dörfer, den 1200 Ġuruş, 3 Jahre lang deren Hälfte nehmen und nicht die andere Hälfte der Gebühr einfordern. So sollst Du gemäß dem Buyuruldu handeln.
Geprüft
Am 24. [Cemāz̲ī, dem ersten] im Jahre 1172

247/57/d
(ʿizzet)meʾab şerīʿat-nışāb mevlānā Seyyid ʿOs̲mān Efendi kāmyāb
(1) (baʿ)d et-taḥīye el-vāfīye inhā olunur ki işbu sene is̲nā ve sebaʿīn ve miʾe ve ʾelf receb el- ferdiñ[!][604] ġurresinden żabṭ ėtmek üzere (2) (Ā)mid ḳażāsı mülḥaḳātından Mārdīn ḳażāsınıñ ümūr-ı şerʿīyesi ṭarafımızdan size tefvīż ve sipāriş olunmuşdur (3) (ge)rekdirki ḳażā-ʾı mez̲kūrı ġurre-ʾi merḳūmeden niyābeten żabṭ

604 ferd

ėdüb beyn el-ahālī icrā-yı aḥkām-ı şer'īyede (4) (i)htimām-ı tāmm eyliyesiz ve ḳażā-'ı mezbūrda vāḳi' olan mevtā-yı 'askerīyeniñ muḫallefātını taḥrīr ve beyn (el-vereṣe) bil-ferīża (5) (üş-)şer'īye <(...) ihtimām-ı tāmm> tevzī' ve taḳsīm eyleyüb cādde-'i şer'-i ḳavīmdem sermū-yı (6) inḥirāfa cevāz göstermiyesiz ḥurrire fī 't-tārīḫ el-mezbūr lis-sene el-merḳūme
min el-ġafr Ḥasan el-mevlāḫilāfe bi-medīne-'i Āmid el-maḥmīye

247/57/d

Dem Mittelpunkt der Ehre, dessen Würde auf der Scharia beruht, Mevlānā, dem glücklichen Seyyid 'Oṣmān Efendi sei nach zahlreichen Grüßen Folgendes mitgeteilt: Hinsichtlich der Verwaltung der angeschlossenen Gebiete des Gerichtssprengels von Āmid werden Euch von uns ab dem Ersten des Receb des einzigen dieses Jahr 1172 die scheriatsrechtlichen Angelegenheiten übertragen und anempfohlen. Es ist notwendig, dass Ihr ab dem erwähnten Ersten erwähnten Gerichtssprengel als Stellvertreter verwaltet und unter den Einwohnern die Gesetze der Scharia sorgfältig zu Ende führt und den Nachlass der verstorbenen 'Askerī in erwähntem Gerichtssprengel verzeichnet und unter den Erben nach der scheriatsrechtlichen Erbfolge verteilt und aufteilt. So sollt Ihr nicht erlauben und gestatten, dass auch nur um Haaresbreite abgewichen wird. Eingetragen zur erwähnten Zeit in erwähntem Jahr.
Möge dem richterlichen Amtsinhaber Ḥasan verziehen werden.
In der beschützten Stadt Āmid.

247/57/e

(1) (v)ech-i taḥrīr-i ḥurūf olunur ki bundan aḳdem iki ḳıṭa' buyuruldular ḥażret-i velī 'n-nu'mā mūcibince ḥālā Mārdīn voyvodasını sa'ādetlü 'Oṣmān Aġa ma'rifetiyle ve şer'-i şerīf (2) ve ahālī-i vilāyet ma'rifetleriyle ḥesābım rü'yet ve bil-cümle emvāl ve eşyām ve ṭavar ve ḳıṭarım naḳīr-ü-ḳıṭmīr ma'rifet-i şer'le defter olunub (3) emvāl ve eşyāmı memhūren bir maḥallde vaż' ve cibayet ḥażret-i velī 'n-nu'māya 'arż ve i'lām olunmaḳ üzere ta'yīn buyurılan mübāşirān (4) imām-ı velī 'n-nu'mā fażīletlü Muṣṭafā Efendi ve [aġa-yı] enderūn 'izzetlü Aḥmed Çāvīş[!][605] Aġa ḥasb el-emr-i şerīf minvāl-ı meşrūḥ üzere me'mūrīyetleri (5) edā ve ḫāk-ı pāy-ı[!][606] merḥamet-peymā-yı velī 'n-nu'māya 'arż ve i'lāmdan soñra ḫāṣṣaten emr-i ḥatm bil-cümle emvāl ve eşyāmı buyuruldı-ı şerīf ile (6) kerem ve

605 Çāvuş
606 ḫāk-ı pāyıyı

iḥsān oldığından cüz'i[!][607] ve küllī ṭavar ve eşyāmı mā yaṭluk ʿaleyh isim ül-māl bil-cümle sen maʿrifet-i şerʿ-i şerīf ile bi-ġayr (7) ez ecnās-ı iġlāl ve ḥālā voyvoda-'ı mūmā ileyh ve mübaşirān mūmā ileyhumā ve āʿyān-ı vilāyet maʿrifetleriyle müvācehelerinde (8) bil-cümle emvāl ve eşyāmı ve ṭavar ve ḳıṭarımı bit-temām ve 'l-kemāl alub ḳabż ėdüb vuṣūluna muşʿar aġa-yı mūmā ileyh yedine (9) işbu sened vėrilmişdir
fī 15 ṣ [Ṣafar] sene 1172
el-muḳır bi mā fīhi ʿÖmer voyvoda-ı Mārdīn sābıḳan
(şuḥūd ül-ḥāl)
faḫr ul ʿulemā' Seyyid Aḥmed Efendi el-müftī ḥālā
es-Seyyid Ebū Bekir Efendi el-müftī sābıḳan
es-Seyyid ʿAbdullāh Efendi el-müftī sābıḳan
es-Seyyid Hindī Efendi
faḫr ül-eşbāh Paşazāde ʿAlī Beg
Paşazāde ʿAbdülḳādir Beg
Mārdīnli Süleymān Aġa
mīr-i ʿaşīret Dāḳūri İsmaʿīl Aġa
ʿAbdüllaṭīf Efendi kātib-i cizye
aġa-yı Ġarabān Maḥmūd Aġa
emīr Mişki Aḥmed Beg
(*Legalisierungsformel*)
ما فيه من النصب و مقبول حرره الفقير اليه عز شأنه السيد عثمان الناصح النائب بي ماردين
عفى عنه

247/57/e
Die Eintragungen der Worte sind folgende:
Vor einiger Zeit habe ich zwei Buyuruldu-Auszüge gemäß dem Herrscher des Glücks mit Hilfe des derzeitigen Voyvodas von Mardin, dem glücklichen ʿOṣmān Aġa und mit Hilfe des edlen Gerichts und der Einwohner der Provinz meine Rechnung prüfen und bis auf die kleinste Kleinigkeit mein sämtliches Vermögen, meine Dinge, Schafe und Lasttierherden im Verzeichnis verzeichnen lassen. Weil mein Vermögen und Dinge gesiegelt an einen Ort verwahrt werden soll, die Steuererhebung seiner Exzellenz, dem Gnade bemessenden Herrscher des Glücks unterbreitet und mitgeteilt werden soll und die zwei befohlenen ernannten Beauftragten, der Imam unseres Herrschers des Glücks, der tugendreiche Muṣṭafā Efendi und der Aġa des inneren Palastes, der ehrenvolle Aḥmed Çāvīş Aġa die Ämter der Beauftragung gemäß dem ehrwürdigen Befehl wie beschrieben durchführen sollen und weil, nachdem ich Euch, dem Gnade-bemessenden Herrscher

607 cüzvī

des Glücks dieses unterbreitet und mitgeteilt habe und insbesondere die Entscheidung des Befehls über mein gesamtes Vermögen und alle meine Dinge anhand des edlen Buyuruldus milde ist, sollst Du, wobei sämtlichen Schafen und meinen Dingen die Bezeichnung „Vermögen" gegeben werden soll, mit Hilfe des ehrwürdigen Gerichts mit Hilfe und in Gegenwart des erwähnten derzeitigen Voyvodas von Mardin, seiner beiden erwähnten Beauftragten und der Notabeln der Provinz alle meine Gelder, Dinge, Schafe und meine Lasttierherde außer den laufenden Einnahmen vollständig einziehen. Dieses Schuldversprechen wird beim Eintreffen dem bekanntgegebenen Aġa gegeben.
Am 15. [Ṣafar] des Jahres 1172.
Der hierzu Geständige, ʿÖmer, ehemaliger Voyvoda von Mardin.

(Zeugen der Angelegenheit)
Exzellenzen der Rechtsgelehrten Seyyid Aḥmed Efendi, derzeitiger Mufti
Seyyid Ebū Bekir Efendi, ehemaliger Mufti
Seyyid ʿAbdullāh Efendi, ehemaliger Mufti
Seyyid Hindī Efendi
Exzellenzen der Gefährten Paşazāde ʿAlī Beg
Paşazāde ʿAbdülḳādir Beg
Der aus Mardin stammende Süleymān Aġa
Anführer des Stammes Dāḳūri İsmaʿīl Aġa
ʿAbdüllaṭīf Efendi Cizye-Schreiber
Aġa der Ġarabān Maḥmūd Aġa
Anführer der Mişkī Aḥmed Beg
(*Legalisierungsformel*)
Was die Vertretung und Annahme anbetrifft: Geschrieben hat es derjenige, der Seiner – mächtig sei sein Ansehen – bedarf, Seyyid ʿOs̱mān, Berater des Nāʾibs von Mardin. Möge ihm verziehen werden.

247/57/f

(1) عن ذكر ما هو انه اقام و نصب الحاكم الشرع الشريف الواقعة على الكتاب عامله الله
(2) بتوفيقه المستطاب طوبي له و حسن مآب شريفة بنت ____ و صية على بنتي اليها خديجة
(3) (و) قوری بنتی الحاج عمر الصغيغتان القاصرتان عن دراجه البلوغ لترى مصالهما و تدعى
حقوقهما (4) (و تحفظ و) تضبط ما عاد و انتقال اليهما بالارث الشرعى من متروكات و مخلفات
جدهما الحاج محمد (5) (...) ابن السيد عمر المتوفى و هى اى الوصية المزبورة قبلت الوصاية
المرسومة و تعهدت بها (6) (...) باداء مراسمها كما هو الواجب عليها نصباً و قبولاً صحيحاً
شرعياً حرر فى اوائل شهر (7) (...) اثنة و سبعين و مائة و ألف
سيد احمد افندى ابن واعظ افندى
منلا عيسى بن سيد على

قاسم بن حاج محمد
سيد محمد بن قرة حسن
سيد عبد القادر بن درويش حمدو
و غيرهم من (الحضار)

247/57/f

Was den Sachverhalt anbetrifft, führte der Richter des erhabenen Scheriatsrechts eine hohe Unterschrift des Dokuments mit Hilfe Gottes zu seinem Gelingen, seinem Wohl und Glück durch. Şerīfe bint____war Vormund ihrer beiden Töchter Ḫadīce und Kūrī, die beiden minderjährigen Töchter von Ḥāc ʿÖmer, um ihre Interessen wahrzunehmen, ihre Rechte einzuklagen, ihre Erträge einzuholen und aufzubewahren und ihnen beiden das scheriatsrechtliche Erbe vom Nachlass ihres verstorbenen Großvaters Ḥāc Meḥmed (...) ibn üs-Seyyid ʿÖmer, zu übergeben. Dies besagt, dass sie, erwähnter Vormund, die beschriebene Treuhänderschaft, die ihr aufgetragen wurde, durch die scheriatsrechtlich korrekte Beauftragung annahm, um ihre Vorschriften nach der klaren Anordnung durchzuführen, wie es ihre Aufgabe ist.
Eingetragen in der ersten Dekade des Monats (...) im Jahre 1172.

Seyyid Aḥmed Efendi ibnu Vāʿiẓ Efendi
Monlā ʿİsā bin Seyyid ʿAlī
Ḳāsim bin Ḥāc Meḥmed
Seyyid Meḥmed bin Ḳara Ḥasan
Seyyid ʿAbdülḳādir bin Dervīş Ḥamdū
und weitere (Anwesende)

247/58/a

(1) defter oldur ki biñ yüz yetmiş iki senesini māh-ı receb el-ferdiñ ġurresinden[!][608] sene-ʾi cedīde Mārtına maḥs(ūben) (2) Mārdīn ve Nuṣaybīn menzilleriniñ[!][609] iʿmālı içün ve imdād-ı ḥażarīye aḳçesi ve sāʾir rüsūmat-ı (3) ʿādīye-ʾi lāzime maʿrifet-i şerʿ ve bil-cümle ahālī maʿrifetleriyle ḥesāb olunub tevzīʿ ol(ınan) (4) sālyāne defteridir vech-i ātī üzere ẕikr ve beyān olunur
fī ġurre-i Receb sene 1172

ʿaşīret-i	Kīkī	ġuruş	3750
ʿaşīret-i	Sürgücü[610]	ġuruş	5000

608 ġurresinde
609 menzilleri
610 Stamm aus dem Eyālet Mardin. Vgl. Türkay (2001), S. 131.

ʿaşīret-i	Ṭuraclu[611]	ġuruş	800
ʿaşīret-i	Şāh (Pesend)[612]	ġuruş	2000
ʿaşīret-i	Ş(ūhürkān)[613]	ġuruş	(200)
ʿaşīret-i	Şeyḫānlı Meḥmed maʿ Ḫānāt-ı (...)	ġuruş	100
ʿaşīret-i	Deḳḳorī	ġuruş	100
ʿaşīret-i	Dāyşī	ġuruş	100
ʿaşīret-i	Ḳalenderān	ġuruş	80
ʿaşīret-i	Pīrān ʿAlī	ġuruş	200
ḳarye-ʾi	Kūllū	ġuruş	500
ḳarye-ʾi	Selāḫ	ġuruş	100
ḳarye-ʾi	Mezraʿa	ġuruş	25
ḳarye-ʾi	Dakūk	ġuruş	100
ḳarye-ʾi	Tufāḥī	ġuruş	60
ḳarye-ʾi	Ḳūs	ġuruş	50
ḳarye-ʾi	Yüz Ḳaṭar	ġuruş	40
ḳarye-ʾi	ʿAbandūr	ġuruş	40
ḳarye-ʾi	ʿArabān	ġuruş	300
ḳarye-ʾi	Tīmār Mişkī	ġuruş	220
ḳarye-ʾi	S̱elās̱e	ġuruş	420
ḳarye-ʾi	Behfī(nī)	ġuruş	40
ḳarye-ʾi	Ḫavāş Mişkī	ġuruş	180
ḳarye-ʾi	(Dīrkī)[?] Mişkī	ġuruş	150
ḳarye-ʾi	Ḫavārūk	ġuruş	130
ḳarye-ʾi	Tārīn[614]	ġuruş	180
ḳarye-ʾi	ʿAin Br(ūd)	ġuruş	160
ḳarye-ʾi	Şümrüḳ	ġuruş	350
ḳarye-ʾi	Rişmil	ġuruş	150
ḳarye-ʾi	Bullūkān	ġuruş	100
ḳarye-ʾi	Mindilkān	ġuruş	140
ḳarye-ʾi	Çūzāt	ġuruş	140
ḳarye-ʾi	Mīḳrī	ġuruş	170
ḳarye-ʾi	Benābīl	ġuruş	60
ḳarye-ʾi	Ḳibale	ġuruş	60
ḳarye-ʾi	Tāḫūm	ġuruş	140
ḳarye-ʾi	Bilālī	ġuruş	100
ḳarye-ʾi	İbrāhīmīye	ġuruş	20
ḳarye-ʾi	Rammākī	ġuruş	80

611 Kurdischer Stamm aus dem Sancak Mardin. Vgl. Türkay (2001), S. 627.

612 Stamm aus dem Sancak Mardin. Vgl. Türkay (2001), S. 132.

613 Kurdischer Stamm aus dem Sancak Mardin, zugehörig zum Stamm Millī Kebīr Tavān. Vgl. Türkay (2001), S. 131.

614 Ort bei Mardin. Vgl. Halaçoğlu (2009), S. 2723.

ḳarye-ʾi	Ḳaṣr Mezrūḳ[615]	ġuruş	120
ḳarye-ʾi	Ḳara Dere	ġuruş	350
ḳarye-ʾi	Ḳoçḥiṣār	ġuruş	150
ḳarye-ʾi	Nārlice	ġuruş	100
ḳarye-ʾi	Ḳalʿat ül-Merʾe	ġuruş	100
ḳarye-ʾi	Ḳūrḳ	ġuruş	20
ḳarye-ʾi	ʿAin Mişmiş	ġuruş	50
ḳarye-ʾi	Manṣūr(īye)	ġuruş	150
ḳarye-ʾi	Tūmuk	ġuruş	60
çiftlik	Deyr Hilye	ġuruş	40
çiftlik	(Buyre)[?]	ġuruş	40

ḥesā(b-ı) ẕimmīyān der nefs-i şehr	ġuruş	3405
el-yekūn	ġuruş	21120
yalñız tevzīʿ olan yirmi bir biñ yüz yirmi ġuruşdur		

fī beyān il-maṣārifāt fī 't-tārīḫ el-meẕkūr	ġuruş
berā-yı menzil-i Mārdīn	8500
berā-yı menzil-i Nuṣaybīn	10500
berā-yı imdād-ı ḫażarīye ve ḫidmet-i mübāşirān	2800
berā-yı ḳāżī efendi	100
berā-yı meḥkeme kātibi	20
berā-yı serāy kitābı	200
yalñız yirmi iki biñ yüz yirmi ġuruşdur	22120
minh el-bāḳī ʿan tevzīʿ gelecek sālyāneye mevḳūf ḳalmışdır	
ʿan ül-maṣārifāt bāḳī ḳalan yalñız biñ ġuruşdur	ġuruş 1000

(*Randnotiz*)

حرر و وضع بمعرفتی و معرفت الاعیان و الاهالی

(*Legalisierungsformel*)

نمقه الفقير اليه عز شأنه السيد عثمان الناصح النائب بي مدينة ماردين المحروسة عفى عنه

(*Stempel*)

247/58/a

Der Sachverhalt ist Folgender: Vom Ersten des Monats des Recebs dem Einzigen im Jahre 1172 gerechnet bis zum März des neuen Jahres werden für die Arbeiten an den Poststationen von Mardin und Nuṣaybīn sowie die notwendigen Friedenshilfsgelder-Aḳçe sowie für andere notwendige laufende Gebühren mittels des Scheriatsrechts und mit Hilfe aller Einwohner berechnet. Dies ist das Register der umzulegenden Jahressteuer und wird im Folgenden dargelegt.

615 Vgl. Gürhan (2012), S. 229.

Am ersten Receb des Jahres 1172

Stamm	Kīkī	Ġuruş	3750
Stamm	Sürgücü	Ġuruş	5000
Stamm	Ṭuraclu	Ġuruş	800
Stamm	Şāh (Pesend)	Ġuruş	2000
Stamm	Ş(ūhürkān)	Ġuruş	(200)
Stamm	Şeyḫānlı Meḥmed und Ḫānāt-ı (...)	Ġuruş	100
Stamm	Deḳḳorī	Ġuruş	100
Stamm	Dāyşī	Ġuruş	100
Stamm	Ḳalenderān	Ġuruş	80
Stamm	Pīrān ʿAlī	Ġuruş	200
Dorf	Kūllū	Ġuruş	500
Dorf	Selāḫ	Ġuruş	100
Dorf	Mezraʿa	Ġuruş	25
Dorf	Dakūk	Ġuruş	100
Dorf	Tufāḥī	Ġuruş	60
Dorf	Ḳūs	Ġuruş	50
Dorf	Yüz Ḳaṭar	Ġuruş	40
Dorf	ʿAbandūr	Ġuruş	40
Dorf	ʿArabān	Ġuruş	300
Dorf	Tīmār Mişkī	Ġuruş	220
	Aġrās-ı S̱elās̱e	Ġuruş	420
Dorf	Behfīni	Ġuruş	40
Dorf	Ḫavāş Mişkī	Ġuruş	180
Dorf	(Dīrkī)[?] Mişkī	Ġuruş	150
Dorf	Ḫavārūk	Ġuruş	130
Dorf	Tārīn	Ġuruş	180
Dorf	ʿAin Brud	Ġuruş	160
Dorf	Şümrüḳ	Ġuruş	350
Dorf	Rişmil	Ġuruş	150
Dorf	Bullūkān	Ġuruş	100
Dorf	Mindilkān	Ġuruş	140
Dorf	Çūzāt	Ġuruş	140
Dorf	Mīḳrī	Ġuruş	170
Dorf	Benābīl	Ġuruş	60
Dorf	Ḳibale	Ġuruş	60
Dorf	Tāḫūm	Ġuruş	140
Dorf	Bilālī	Ġuruş	100
Dorf	İbrāhīmīye	Ġuruş	20
Dorf	Rammākī	ġuruş	80
Dorf	Ḳaşr Mezrūḳ	Ġuruş	120
Dorf	Ḳara Dere	Ġuruş	350
Dorf	Ḳoçḥiṣār	Ġuruş	150
Dorf	Nārlice	Ġuruş	100

Dorf	Ḳalʿat ül-Merʾe	Ġuruş	100
Dorf	Ḳūrḳ	Ġuruş	20
Dorf	ʿAin Mişmiş	Ġuruş	50
Dorf	Manṣūrīye	Ġuruş	150
Dorf	Tūmuk	Ġuruş	60
Gutshof	Deyr Hilye	Ġuruş	40
Gutshof	(Buyre)[?]	Ġuruş	40

Rechnung für die Ẕimmīs im selben Monat	Ġuruş	3405
Insgesamt	Ġuruş	21120
Nur umzulegende einundzwanzigtausendeinhundertzwanzig Ġuruş		

Dargelegte Ausgaben zur erwähnten Zeit	Ġuruş
Für die Poststation von Mardin	8500
Für die Poststation von Nuṣaybīn	10500
Für die Friedenshilfsgelder und den Dienst der zwei Beauftragten	2800
Für den Kadi Efendi	100
Für den Gerichtsschreiber	20
Für die Verwaltungsakte	200
Nur zweiundzwanzigtausendeinhundertzwanzig Ġuruş	22120
Davon der Rest für die umzulegende Jahressteuer zurückgestellt	
Für die Ausgaben die lediglich übrigen eintausend Ġuruş	Ġuruş 1000

(*Randnotiz*)
Eingetragen und dargelegt mit meinem Sachverstand und dem Sachverstand der Notabeln und Einwohner.

(*Legalisierungsformel*)
Geschrieben hat es derjenige, der seiner – groß sei sein Ruhm – bedurfte, Seyyid ʿOs̱mān, Berater des untergeordneten Richters der beschützten Stadt Mardin. Möge ihm verziehen werden.
(*Stempel*)

247/58/b

(1) şerīʿat şiʿār Mārdīn ḳāżīsi efendi ve ḳıdvet ül-emācid ve 'l-āʿyān voyvodası____ Aġa ve sāʾir (2) (ser)dārları zīde ḳadruhum inhā olunur ki işbu biñ yüz yetmiş iki senesine maḥsūben eyālet-i Diyārbekirden bā-fermān-ı (3) (celīl) ül-ḳadr ṭarafımıza taʿyīn ve taḫṣīṣ olınan imdād-ı ḥażarīyeniñ taḳsīṭ-i s̱ānī mālınıñ vaḳt (4) (ve zem)ān-ı[!][616] ḥulūl ve taḥṣīli bābında Āmid maḥkemesinden muḫrec puṣula mūcibince ḳażā-ʾı mezḳūra iṣābet (5) (ėde)n māl-ı mezḳūrı maʿrifet-i şerʿle tevzīʿ

616 (ve zem)ānı

ve yėrlü yedinden cem‘ ve taḥṣīl olunması içün divān-ı (6) (Āmi)dden işbu buyuruldı taḥrīr ve ıṣdār ve ḳıdvet ül-emāṣil ve 'l-aḳrān____(7) (zīd)e ḳadruhu ile irsāl olunmuşdur in şa᾽ Allāhü te‘ālā vuṣūlunda gerekdir ki vech-i meşrūḥ üzere ma‘rifet-i (8) (ş)er‘ ve ta‘yīn olınan mübāşir ma‘rifetiyle māl-ı mezkūrı ber mūcib-i mürāsele-᾽i şer‘īye ve puṣula mūceblerince (9) (ḳ)ażā-᾽ı mezkūra tevzī‘ ve yėrlü yedinden cem‘ ve taḥṣīl ve getirüb ḳabżına me᾽mūra temāmen edā (10) (ve) teslīm ve ḫilāfıyla vaż‘ ve ḥareketden nāşī [bir ḥālet ictināb] ve mūcib-i buyurldı ile ‘āmel olasız deyü
buyuruldu fī ġurre-᾽i b [Receb el-mürecceb] sene 1172

247/58/b
Dem durch die Scharia ausgezeichneten Kadi Efendi von Mardin, und Vorbild der Ruhmvollsten und Ehrwürdigen, ihrem Voyvoda____Aġa und weiteren Serdārs – möge ihre Macht zunehmen – sei mitgeteilt: Damit in Bezug auf den Eintritt des Zeitpunkts und das Einsammeln der von der Provinz Diyārbekir an uns zu entrichtenden festgelegten zweiten Rate des Vermögens der Friedenshilfsgelder gerechnet bis zu diesem Jahr 1172 mittels des überaus mächtigen Fermāns gemäß den ausgestellten gerichtlichen Urkunden vom Gerichtshof von Āmid das an den erwähnten Gerichtssprengel entfallende Geld durch die Anwohner eingesammelt wird, wird von der Ratsversammlung von Āmid dieser Buyuruldu verzeichnet, erteilt und mit dem Vorbild der Gleichgestellten und Ranggenossen____ – möge seine Macht zunehmen – geschickt. Sobald er – so Gott der Allmächtige will – eintrifft, ist es notwendig, wie beschrieben mit Hilfe des Gerichts und mit Hilfe des ernannten Beauftragten das erwähnte Geld gemäß den richterlichen Schreiben und der Rechnung auf den erwähnten Gerichtssprengel umzulegen, durch die Anwohner einsammeln und aushändigen zu lassen und dem zu ihrer Entgegennahme Bevollmächtigten vollständig zu bezahlen. Ihr sollt von Handlungsweisen, die aus widerspenstigen Verhaltensweisen entstanden, Abstand nehmen und gemäß dem Buyuruldu verfahren.
Eingetragen am Ersten [geschätzten Receb] im Jahre 1172.

247/58/c
(1) eyālet-i Diyārbekirde vāḳi‘ Mārdīn ḳażāsı ḳādīsi efendi ve ‘umde 'l-emāṣil voyvodası ve sā᾽ir iḫtiyārları (2) el-mükerremūn ba‘d et-taḥīye inhā olunur ki ḥālā vālī-i ḫıṭṭa-᾽ı Diyārbekir vezīr ve şen-i żamīr-i āṣaf-naẓīr devletlü ‘ināyetlü (3) (e)s-Seyyid Nu‘mān Paşa yeser Allāhü bil-ḫayr mā yurīd ve mā yeşa᾽ ḥażretleriniñ biñ yüz yetmiş iki senesine maḥsūben eyālet-i (4) Diyārbekirden bā-fermān-ı ‘alī mu‘ayyen olan yirmi biñ <<biñ>> ġuruş imdād-ı ḥażarīyeleriniñ taḳsīṭ-i (5) ṣānīsi

ḥulūl ėtmekle tevzīʿi bābında ṣudūr ėden buyuruldı-ı emr-i üslūbları mūcibince (6) (t)aḳsīṭ-i s̱ānī olan biñ ġuruş cümle maʿrifeti ve maʿrifet-i şerʿle bil-cümle ḳażā ve nevāḥı (7) ve şarḳ ve ġarb ve nefs-i şehirde tevzīʿ ve taḳsīm olunduḳda ḳażāñıza daḫī biñ ġuruş iṣābet (8) (ė)tmekle ṣavb-ı şerʿ-i enverden bil-iltimās mürāsele taḥrīr ve irsāl olunmuşdur vuṣūlunda gerekdir ki meblaġ-ı (9) (me)ẕkūrı yėrlü yedinden bir sāʿat aḳdem cemʿ ve taḥṣīl ve ḳabżına meʾmūra edā ve teslīme (10) saʿī ʿavḳ ve teʾḫīrden ictināb eyliyesin ve 's-selām
min el-ġafr Ḥasan el-mevlāḫilāfe bi-medīne-ʾi Āmid el-maḥmīye
fī 25 c [Cemāẕī 'l-āḫır] sene 1172

247/58/c
Dem Kadi Efendi des Gerichtssprengels von Mardin, das in der Provinz Diyārbekir liegt und der Stütze der Gleichgestellten, dem Voyvoda und weiteren angesehenen Anführern sei nach zahlreichen Grüßen mitgeteilt: Weil gerechnet bis zum Jahr 1172 die mittels eines hohen Fermāns festgelegte zweite Rate Friedenshilfsgelder der 20 000 Ġuruş seiner Exzellenz des derzeitigen Valis der Region von Diyārbekir, Wesir und Freude asaphgleichen Gewissens, illustrer, gnadenreicher Seyyid Nuʿmān Paşa – möge Gott zum Guten erleichtern was er wünscht und was er will – von der Provinz Diyārbekir eintreffen soll und gemäß der gewohnten Durchführung des Buyuruldus die 1000 Ġuruş der zweiten Rate mit Hilfe aller und mit Hilfe des Gerichts auf sämtliche Gerichtssprengel und Unterbezirke im Osten und Westen und auf die Stadt umgelegt und verteilt werden sollen und weil darüber hinaus 1000 Ġuruş an Euren Gerichtsprengel entfallen, wird nach dem erleuchteten Scheriatsrecht auf Anforderung ein richterliches Schreiben eingetragen und geschickt. Bei seinem Eintreffen ist notwendig, dass Du Dich davor hüten sollst, die Durchführung zu behindern oder zu verzögern, erwähnte Summe schnellstmöglich durch die Anwohner sammeln zu lassen und an den zum Entgegennehmen Bestimmten zu bezahlen, und Gruß.
Möge dem richterlichen Amtsinhaber Ḥasan verziehen werden. In der wohlbehüteten Stadt Āmid.
Am 25 [Cemāẕı dem letzten] im Jahre 1172.

247/58/d
(1) ḳıdvet ün-nevvab ül-müteşerrʿīn Mārdīn nāʾibi mevlānā____zīde ʿilmehu ve ḳıdvet ül-emācid ve 'l-āʿyān (2) Mārdīn voyvodası ʿÖmer zīde mecduhu tevḳīʿ-i refīʿ-i hümayūn vāṣil olıcaḳ maʿlūm ola ki ṣadr-ı āʿẓam (3) silaḥşūrlarından olub ḳalemīye taḥṣīli mübāşeretiyle Baġdād ḳoluna bundan aḳdem meʾmūren irsāl

olınan ʿArab (4) Paşazāde Meḥmed Beg ḥīn-i muʿāvedetinde Mārdīn-i civārında[!][617] vāḳiʿ Şeyḫzūlī nām ḳarye ḳurbına marīżen (5) nüzūlunda ḥulūl-ı ecil mevʿūdıyla vefāt ėtmekle yanında bulunan gerek taḥṣīl eyledigi ṣadr-ı āʿẓam (6) ve baş defterdārım ḳalemīye[!][618] aḳçeleri ve gerek kendünüñ nuḳūd ve eşyāsı sen ki voyvoda-ʾı mūmā ileyhsin (7) ihtimām-ı reʾy ve maʿrifetiñ ve maʿrifet-i şerʿle müteveffā-yı merḳūmuñ yegeni[!][619] ʿAbdürraḥmān ve ḫidmetkārı Ḥusayn (8) müvācehelerinde baʿd et-taḥrīr nuḳūd ve eşyāyı yanıñda[!][620] emāneten tevḳīf ve ḫıfẓ eyledigiñi der ʿalīyeme (9) gönderdigiñ[!][621] mektūbda taḥrīr ve memhūr ve mümżā defteriñ daḫī irsāl eylemişsin imdi müteveffā-yı (10) merḳūmuñ ḥīn-i fevtinde mevcūd olınan kendü defteri[!][622] nāṭıḳ oldıġı üzere ẓuhūr ėden (11) on üç biñ dörtyüz altmış bir ġuruş ecnās nuḳūdundan meʾmūren taḥṣīl eyledigi ḳalemīye aḳçelerinden (12) altı biñ üçyüz elli üç buçuḳ ġuruş ṣadr-ı āʿẓam ve beş biñ yediyüz yetmiş beş ġuruş daḫī başdefterdārım (13) ḥiṣṣelerine cemʿan on iki biñ yüz yirmi sekiz buçuḳ ġuruş müşār ileyhumānıñ ḳalemīyeleri olub ve ḳuṣūr (14) biñ üçyüz otuz iki buçuḳ ġuruş daḫī kendü mālı olmaḳ üzere taḥrīr ve sāʾir eşyāya mevcūdası (15) daḫī ʿalā 'l-infirād tasṭīr olunmaġla ṭarafıñdan[!][623] vürūd ėden defter-i mezkūr manṭūḳı üzere ẕikr olınan (16) ḳalemīye aḳçelerinden baş defterdārım ḥiṣṣe-ʾi ḳalemīyesi olan mārr üẕ-ẕikr beş biñ yediyüz yetmiş beş ġuruşdan[!][624] (17) (bi)r aḳçe noḳṣān olmamaḳ vechile bu defʿa mübāşir taʿyīn olınan ḳıdvet ül-emāṣil ve 'l-aḳrān (18) (...) ʿAbdī zīde ḳadruhuya teslīm ve teslīm-i ḫazīne-ʾi müşār ileyh olmaḳ içün dersaʿādetime irsāl ve īṣāl (19) (ė)ylemek fermānım olmaġın işbu emr-i celīl ül-ḳadrım ıṣdār ve____ile irsāl olunmaġla (20) (v)uṣūlunda baş defterdārım müşār ileyhiñ ḥiṣṣe-ʾi ḳalemīyesi olan meblaġ-ı mezkūrı mübāşir-i merḳūma (21) (te)slīm eylemek bābında fermān-ı ʿalīşānım ṣādır olmuşdur buyurdumki ḥükm-i şerīfimle

247/58/d (zweiter Teil auf 247/59, rechte Seite)

(1)____vardukda bu bābda vech-i meşrūḥ üzere (2) ṣudūr olan işbu emr-i celīl üş-şān-ı <...> vācib ül-iẕʿān[!][625] ve lāzim ül-imtiṣālımıñ ma(żmūn-ı) (3) münīfī birle

617 cevānda
618 ḳalemīyeleri
619 yėgāni
620 yanında
621 gönderdigin
622 defterin
623 ṭarafından
624 ġuruş
625 iẕʿyān

ʿāmil olunub ḫilāfindan ḥazer eyliyesin şöyle bilesin ʿalāmet-ı şerīfe iʿtimād (ḳılasın) (4) taḥrīren fī 'l-yevm es̱-s̱ānī ʿaşrīn Cemāẕī 'l-evvel sene is̱nā ve sebaʿīn ve miʾe ve ʾelf
bi-med(īne-ʾi) Ḳosṭ(anṭinīye) el-maḥrū(se)
mūcibince mektūb-ı[!][626]ṣadr-ı āʿẓamdır

247/58/d

Vorbild der scheriatsrechtskonformen Nāʾibs, Nāʾib von Mardin, unser Herr____ – möge seine Weisheit zunehmen – und Vorbild der Ruhmvollsten und Notabeln, Vovyoda von Mardin, ʿÖmer – möge sein Ruhm zunehmen – sobald das edle, großherrliche Namenszeichen eintrifft, sei kund: Da der vor einiger Zeit der sich zum Eintreiben der Kanzleigebühren aufmachende, zum Flügel von Baġdād befohlen entsandte ʿArab Paşazāde Meḥmed Beg, der ein Leibwaffenträger des Großwesirs war, nach seiner Rückkehr in der Nähe des in der Nachbarschaft von Mardin gelegenen Dorfes namens Şeyḫzūlī erkrankt eintraf und wegen des eintretenden vorherbestimmten Todeszeitpunkts verstarb, hast Du, der Du der erwähnte Voyvoda bist, in den Brief, den Du an meine hohe Pforte geschickt hast, geschrieben, dass Du sowohl die bei ihm befindlichen eingesammelten Kanzleigebühren für meinen Großwesir und Finanzminister als auch sein eigenes Vermögen und seine Dinge mit umsichtigem Urteilsvermögen, Deiner Kenntnis und mit Hilfe des Gerichts in Gegenwart vom Neffen ʿAbdürraḥmān und Ḥusayn, dem Bediensteten des erwähnten Verstorbenen nach Eintragung bei Dir treuhänderisch einbehalten hast, sowie Dein gestempeltes und unterschriebenes Register ebenso an uns geschickt hast. Das zum Todeszeitpunkt bei erwähntem Verstorbenen vorgefundene eigene Register erklärt sich inhaltlich folgendermaßen: Von den erwiesenen 13461 Ġuruş verschiedener Münzsorten der in Vertretung eingesammelten Kanzleigebührengelder sind 6353½ Ġuruş die Anteile für den Großwesir und 5775 Ġuruş ebenso die Anteile für meinen Finanzminister, welches insgesamt 12 128½ Ġuruş Kanzleigebühren für die beiden Erwähnten ausmacht. Weil die restlichen 1332½ Ġuruş darüber hinaus als sein eigenes Geld angegeben und seine weiteren vorhandenen Dinge detailliert verzeichnet werden sollen, und da, wobei nach dem Wortlaut des von Deiner Seite eintreffenden Registers beim vorher erwähnten Anteil der Kanzleigebühren-Aḳçe von 5775 Ġuruş für meinen Finanzminister kein einziger Aḳçe fehlen soll, ist es mein Fermān, es dieses Mal dem ernannten Beauftragten, dem Vorbild der Gleichgestellten und Ranggenossen (…) ʿAbdī – möge seine Macht zunehmen – auszuhändigen, es an

626 mektū

das Schatzamt von Erwähntem übergeben zu lassen und dieses an meine hohe Pforte schicken zu lassen. Weil ich meinen Befehl von ruhmvoller Macht herausgegeben und mir____geschickt habe, damit bei seinem Eintreffen die Summe bestehend aus dem Anteil der Kanzleigebühren für meinen erwähnten Finanzminister dem erwähnten Beauftragten übergeben wird, ordne ich an, dass Du, sobald____mit meinem ehrwürdigen Befehl eintrifft, wie beschrieben, gemäß diesem erteilten Befehl von höchstem Ruhm, der Gefügigkeit fordert und von erhabenem Inhalt ist, verfährst und dem erlauchten Handzeichen Folge leistest.
Eingetragen am 22. Tag des ersten Cemāẕī des Jahres 1172.
In der wohlbehüteten Stadt Konstantinopel.
Gemäß dem Brief des Großwesirs.

247/59/b

(1) şerīʿat meʾab Mārdīn nāʾibi efendi zīde ʿilmehu ve ḳıdvet ül-emācid ve 'l-āʿyān (2) Mārdīn voyvodası ʿÖmer Aġa zīde mecduhu baʿd es-selām inhā olunur ki silaḥşūrlar(ından olub) (3) ḳalemīye taḥṣīli mübāşeretiyle bundan aḳdem Baġdād ḳoluna meʾmūren irsāl olınan ʿArab Pā(şā) (4) zāde Meḥmed Beg ḥīn-i muʿāvedetinde Mārdīn civārında vāḳiʿ Şeyḫzūlī nām ḳarye ḳurbın(da) (5) fevt eyledikde sen ki voyvoda-ʾı mūmā ileyhsin maʿrifetiñ ve maʿrifet-i şerʿ [ile] ve müteveffā-yı merḳūmuñ (yegeni) (6) ʿAbdürraḥmān ve ḫidmetkārı Ḥusayn müvācehelerinde kendü defteri nāṭıḳ oldıġı üzere (7) baʿd et-taḥrīr ẓuhūr ėden on üç biñ dörtyüz altmış bir ġuruş ecnās-ı nuḳūdun(dan) (8) meʾmūren taḥṣīl eyledigi ḳalemīyelerden ṭarafımıza iḳtiżā ėden altı biñ üçyüz elli ü(ç) (9) (b)uçuḳ ġuruş ve ʿizzetlü defterdār efendi ṭarafına iḳtiżā ėden beş biñ yediyüz [yetmiş] b(eş) (10) ġuruş ve biñ üçyüz otuz iki buçuḳ ġuruş daḫī kendü mālı olmaḳ üzere (11) yanıñda[!][627] emāneten tevḳīf ve ḥıfẓ eyledigiñi[!][628] derʿalīyeye [gönderdigiñ mektūbunda] taḥrīr ve defteriñ daḫī tesyīr ėtmek (üzere) (12) imdi ber vech-i muḥarrer efendi müşār ileyhiñ ḥiṣṣe-ʾi ḳalemīyesi olan mārr üẕ-ẕikr beş bi(ñ) (13) yediyüz [yetmiş][629] beş ġuruş mübāşir taʿyīn olınan____teslīm ve dersaʿādete (14) tesyīre ihtimām ve diḳḳat eylemegiz bābında ṣādir olan fermān-ı ʿālīşān mūc(ibince) (15) mektūb taḥrīr ve irsāl olmuşdur in şāʾ Allāhü teʿālā vuṣūlunda mūcib-i emr-i ʿālī üzere (16) ʿamel ve ḥarekete ihtimām ve diḳḳat ve ḫilāfından ḥaẕer ve mücānebet eyliyesiz ve 's-selām
min el-muḫliṣ Meḥmed Rāġib

---

627 yanında
628 eyledigi
629 „Yetmiş“ müsste hier stehen, da sonst die Summe nicht aufgeht und sich die Summen auch auf den vorangegangenen Text beziehen.

247/59/b

Dem Mittelpunkt des Scheriatsrecht – Nāʾib Efendi von Mardin – möge seine Weisheit zunehmen – und Vorbild der Gleichgestellten und Notabeln, Voyvoda von Mardin, ʿÖmer Aġa – möge sein Ruhm zunehmen – sei nach Gruß mitgeteilt: Da der vor einiger Zeit sich zum Eintreiben der Kanzleigebühren aufmachende zum Flügel von Baġdād befohlen entsandte ʿArab Paşazāde Meḥmed Beg, einer seiner Leibwaffenträger, nach seiner Rückkehr in der Nähe des in der Nachbarschaft von Mardin gelegenen Dorfes namens Şeyḫzūlī starb, hast Du der du erwähnter Voyvoda bist, in den an meine hohe Pforte geschickten Brief geschrieben, dass Du mit Deiner Kenntnis und mit Hilfe des Gerichts in Gegenwart vom Neffen ʿAbdürraḥmān und Ḥusayn dem Diener des erwähnten Verstorbenen nach dem Wortlaut seines eigenen Registers nach Eintrag von den erwiesenen 13 461 Ġuruş verschiedener Münzsorten von den in Vertretung erworbenen Kanzleigebührengeldern die für uns benötigten 6353½ Ġuruş, die vom illustren Finanzminister Efendi benötigten 5775 Ġuruş und darüber hinaus die 1332½ Ġuruş eigenes Geld bei Dir treuhänderisch einbehalten hast, wobei Du Dein Register ebenfalls geschickt hast. Damit Ihr nun wie beschrieben den erwähnten Anteil von 57[7]5 Ġuruş der Kanzleigebühren von erwähntem Efendi dem zum Beauftragten ernannten____übergebt und bei der Übersendung an die Hohe Pforte Vorsicht walten lasst, ist gemäß meinem hohen Erlass das Mektūb geschrieben und geschickt worden. Sobald es – so Gott will – eintrifft, sollt Ihr entsprechend dem hohen Befehl vorgehen, umsichtig verfahren und Euch vor Widerspruch hüten und Gruß.

Vom treuen Freund *(muḫliṣ)* Meḥmed dem Wunschbegehrenden

247/59/c

(1) ḳıdvet ün-nevvāb ül-müteşerrʿīn nāʾibi mevlānā____zīde ʿilmehu ve ḳıdvet ül-emācid ve 'l-aʿyā(n) (2) Mārdīn voyvodasi ʿÖmer zīde mecduhu tevḳīʿ-i refīʿ-i hümāyūn vāṣıl olıcaḳ maʿlū(m) (3) ola ki ṣadr-ı āʿẓam silaḥşūrlarından olub ḳalemīye taḥṣīli mübāşeretiyle Baġdād ḳoluna (4) bundan aḳdem meʾmūren irsāl olınan ʿArab Paşazāde Meḥmed Beg ḥīn-i muʿāvededetinde (5) Mārdīn civārında vāḳiʿ şeyḫzūlī nām ḳarye ḳurbına marīżen nüzūlunda ḥulūl-ı ecil (6) mevʿūdıyla vefāt ėtmekle yanında bulunan gerek taḥṣīl eyledigi ṣadr-ı āʿẓam (7) ve baş defterdārım ḳalemīye[!][630] aḳçeleri ve gerek kendünüñ nuḳūd ve eşyāsı senki voy-

630 ḳalemīyeleri

v(oda-ʾı) (8) mūmā ileyhsin ihtimām-ı reʾy ve maʿrifetiñ ve maʿrifet-i şerʿle müteveffā-yı merḳūmuñ yegeni[!][631] ʿAbdürraḥm(ān) (9) ve ḫidmetkārı Ḥusayn müvācehelerinde baʿd et-taḥrīr nuḳūd ve eşyāya yanıñda[!][632] emāneten (10) tevḳīf ve ḥıfẓ eylediğiñi der ʿalīyeme gönderdigiñ mektūbunda taḥrīr ve memhūr ve mümżā (11) defteri daḫī irsāl ėtmişsin imdi müteveffā-yı merḳūmuñ ḥīn-i fevtinde mevcūd (12) olınan kendü defteri nāṭıḳ oldıġı üzere ẓuhūr ėden on üç biñ dört[!][633] (yüz)[?] (13) altmış bir ġuruş ecnās-ı nuḳūddan meʾmūren taḥṣīl eyledigi ḳalemīye aḳçelerinden (14) altı biñ üçyüz elli üç buçuḳ ġuruş ṣadr-ı āʿẓam ve beş biñ yedi yüz yetmiş beş ġu[rūş] (15) daḫī baş defterdārım ḥiṣṣelerine cemʿan on iki biñ yüz yirmi sekiz buçuḳ ġur(ūş) (16) müşār ileyhumāniñ ḳalemīyeleri olub ve ḳusūr biñ üçyüz otuz iki buçuḳ ġuruş daḫī (kendü) (17) mālı olmaḳ üzere taḥrīr ve sāʾir eşyāya mevcūdası daḫī ʿalā 'l-infirād tasṭ(īr)

247/59/c (zweiter Teil auf 247/59, linke Seite)
(1) (olu)nmaġla ṭarafıñdan[!][634] (2) (vür)ūd ėden defter-i meẕkūr (3) (man)ṭūḳı üzere müteveffā-yı merḳūmuñ (4) (ken)dü mālı olmaḳ üzere ẓuhūr ėden biñ (5) (ü)çyüz otuz iki buçuḳ ġuruş naḳd ile māʿadā ber mūcib-i (6) defter eşyāsı bu ṭarafda iṡbāt-ı verāṡet ėden vereṡelerine[!][635] teslīm içün (7) (h)eyʾet-i mecmūʿasıyla bu defʿa mübāşir taʿyīn olınan____zīde ḳadruhuya teslīm (8) (ve) dersaʿādetime irsāl ve īṣāl eylemek fermānım olmaġın işbu emr-i celīl ül-ḳadrım ıṣdār ve (9)____ile irsāl olunmaġla vuṣūlunda müteveffā-yı merḳūmuñ kendü mālı olmaḳ üzere ẓuhūr ėden (10) biñ üçyüz otuz iki buçuḳ ġuruş naḳd ile māʿadā ber mūcib-i defter eşyāsı bu ṭarafda iṡbāt-ı[!][636] verāṡet (11) (ẓuhūr) ėden vereṡelerine[!][637] teslīm içün heyʾet-i mecmūʿasıyla mübaşir-i merḳūma teslīm ve dersaʿādetime irsāl eylemek bābında (12) fermān-ı ʿalīşānım ṣadır olmuşdur buyurdumki ḥükm-i şerīfimle____varduḳda bu bābda (13) vech-i meşrūḥ üzere şerefyāfte-ʾi[!][638] ṣudūr olan işbu emr-i şerīf-i celīl üş-şān-ı vācib ül-iẕʿān (14) ve lāzim ül-imtiṡālimiñ mażmūn-ı iṭāʿat maḳrūnıyla ʿāmil olunub ḫilāfıyla vażʿ-ı ḥareketden biġāyet (15) iḥtirāz ve ictinab eyliyesiz şöyle bilesiz ʿalāmet-i şerīfim iʿtimād ḳılasız

631 yėgānī
632 yanında
633 altı
634 ṭarafından
635 vereṡesine
636 iṡbābet
637 vereṡesine
638 şerefyāte-i

taḥrīren fī 'l-yevm es̱-s̱ānī (16) ʿaşrīn Cemāẓī 'l-evvel sene is̱nā ve sebaʿīn ve miʾe ve ʾelf
mūcibince sadrāʿẓam mektubıdır
bi-maḳām-ı Ḳosṭanṭinīye 'l-maḥrūse

247/59/c

Vorbild der scheriatskonformen Nāʾibs, Nāʾib Mevlānā____ – möge seine Weisheit zunehmen und Vorbild der Ruhmvollsten und Notabeln, Voyvoda von Mardin, Ömer – möge sein Ruhm zunehmen! Sobald das edle, großherrliche Namenszeichen eintrifft, sei kund: Da der vor einiger Zeit sich zum Eintreiben der Kanzleigebühren aufmachende zum Flügel von Baġdād befohlen entsandte ʿArab Paşazāde Meḥmed Beg, Leibwaffenträger des Großwesirs, nach seiner Rückkehr in der Nähe des in der Nachbarschaft von Mardin gelegenen Dorfes namens Şeyḫzūlī erkrankt eintraf und wegen des eintretenden vorherbestimmten Todeszeitpunkts verstarb, hast Du, der Du der erwähnte Voyvoda bist, in den Brief, den Du an meine Hohe Pforte geschickt hast, geschrieben, dass Du sowohl die bei ihm befindlichen eingesammelten Kanzleigebühren für meinen Großwesir und Finanzminister als auch sein eigenes Vermögen und seine Dinge mit umsichtigem Urteilsvermögen, mit Deiner Kenntnis und mit Hilfe des Gerichts in Gegenwart vom Neffen ʿAbdürraḥmān und Ḥusayn, dem Bediensteten des erwähnten Verstorbenen nach Eintragung bei Dir treuhänderisch einbehalten hast, sowie Dein gestempeltes und unterschriebenes Register ebenso an uns geschickt hast. Das zum Todeszeitpunkt bei erwähntem Verstorbenen vorgefundene eigene Register erklärt sich inhaltlich folgendermaßen: Von den erwiesenen 13 461 Ġuruş verschiedener Münzsorten der in Vertretung eingesammelten Kanzleigebührengelder sind 6353½ Ġuruş die Anteile für den Großwesir und 5775 Ġuruş ebenso die Anteile für meinen Finanzminister, welches insgesamt 12 128½ Ġuruş Kanzleigebühren für die beiden Erwähnten ausmacht. Weil es mein Fermān ist, die restlichen 1332½ Ġuruş als seine eigenen Gelder zu verzeichnen und darüber hinaus seine weiteren vorhandenen Dinge detailliert aufzulisten und einzutragen und um nach dem Wortlaut des von Deiner Seite eintreffenden erwähnten Registers die erwiesenen 1362½ Ġuruş in bar und darüber hinaus seine Sachen gemäß dem Register hierbei seinen Erben, die die Erbschaft bestätigen sollen, zu übergeben und alles in Einem dem dieses Mal zum Beauftragten ernannten____ – möge seine Macht zunehmen – auszuhändigen und es an meine hohe Pforte zu senden, habe ich meinen allgewaltigen Befehl herausgegeben und geschickt. Bei seinem Eintreffen soll das eigene Vermögen von erwähntem Verstorbenen und darüber hinaus seine Sachen gemäß dem Register hierbei seinen (erwiesenen) Erben, die die Erbschaft bestätigen sollen, übergeben und alles in Einem dem erwähnten

Beauftragten ausgehändigt und an meine hohe Pforte gesendet werden. Hierzu habe ich meinen imperialen Fermān erteilt und ordne an, dass wenn____mit meinem edlen Befehl eintrifft, Ihr hierbei wie beschrieben gemäß dem gehorsamerheischenden Inhalt meines ehrenvoll erlassenen Befehls von großartigem Vorbild, der Gefügigkeit fordert und zur Befolgung verpflichtet, handeln sollt und Euch äußerst davor hüten sollt, Euch widerspenstig zu verhalten. Ihr sollt Solches wissen und meinem erlauchten Handzeichen Folge leisten. Eingetragen am 12. Tag des ersten Cemāẕī im Jahre 1172.
Gemäß dem Brief des Großwesirs.
In der wohlbehüteten Stadt Konstantinopel.

247/59/d

(1) şerīʿat meʾab Mārdīn nāʾibi efendi zīde ḳadruhu ve ḳıdvet ül-emācid ve 'l-aʿyan Mārdīn voyvodası (2) ʿÖmer Aġa zīde mecduhu baʿd es-selām inhā olunur ki silaḥşūrlarımızdan olub ḳalemīye taḥṣīli mübāşeretiyle (3) Baġdād ḳoluna muḳaddemā meʾmūr olan ʿArab Paşazāde Meḥmed Beg ʿavdetde Mārdīn civārında (4) vāḳiʿ Şeyḫzūlī nām ḳarye ḳurbında fevt olmaġla senki voyvoda-ʾı mūmā ileyhsin maʿrifet-i (5) şerʿle müteveffā-yı merḳūmuñ emvāl ve eşyāsı baʿd et-taḥrīr [nuḳūd ve eşyāyı] yanıñda[!][639] emāneten tevḳīf ėtdirildigi (6) [der ʿalīyeme gönderdigiñ mektūbunda] ṭarafıñdan[!][640] taḥrīr ve mumżā defteri dersaʿādete irsāl olunmaġla imdi ẕikr olınan defteri[!][641] (7) nāṭıḳ oldığı üzere müteveffā-yı mūmā ileyhiñ on üç biñ dörtyüz altmış bir ġuruş (8) ecnās-ı nuḳūdundan meʾmūren taḥṣīl eyledigi ḳalemīye aḳçelerinden altı biñ üçyüz elli üç (9) buçuḳ ġuruş ṭarafımıza iḳtiżā ėden ḳalemīye [aḳçeleri] ve beş biñ yediyüz yetmiş beş ġuruş daḫī ʿizzetlü (10) (baş) defterdār efendiniñ ḳalemīye aḳçeleri ve ḳuṣūr biñ üç yüz otuz iki buçuḳ ġuruş (11) kendü mālıyla māʿadā ber mūcib-i defter eşyāsı bu ṭarafda <...> vereṡelerine teslīm (12) içün heyʾet-i mecmūʿasıyla mübāşir taʿyīn olınan____maʿrifetiyle dersaʿādete (13) irsāla ihtimām ve diḳḳat olunmaḳ bābında ṣādır olan fermān-ı ʿalīşān mūcibince (14) mektūb taḥrīr ve irsāl olunmuşdur in şaʾ Allāhü teʿālā vuṣūlunda mūcib-i emr-i (15) ālī üzere ʿamel ve ḥareket ve ḫilāfından mücānebet eyliyesiz ve 's-selām
min el-muḫliṣ Meḥmed Ġārib

639 yanında
640 ṭarafından
641 defter

247/59/d

Dem Mittelpunkt des Scheriatsrecht – Nā'ib Efendi von Mardin – möge seine Macht zunehmen – und Vorbild der Ruhmvollsten und Notabeln, Voyvoda von Mardin, ʿÖmer Aġa – möge sein Ruhm zunehmen – sei nach Gruß mitgeteilt: Da der zuvor zum Eintreiben der Kanzleigebühren sich aufmachende und zum Flügel von Baġdād befohlene ʿArab Paşazāde Meḥmed Beg, einer unserer Leibwaffenträger, bei seiner Rückkehr in der Nähe des in der Nachbarschaft von Mardin gelegenen Dorfes namens Şeyḫzūlī verstarb, und da Du, der du erwähnter Voyvoda bist, in den [an meine Hohe Pforte geschickten Brief] geschrieben hast, dass Du mit Hilfe des Gerichts nach Eintragung sein eigenes Vermögen und seine Dinge treuhänderisch einbehalten und Dein gestempeltes und unterschriebenes Register ebenso an uns geschickt hast, sollst Du, um nun gemäß dem Wortlaut des erwähnten Registers von den 13 461 Ġuruş verschiedener Münzsorten der in Vertretung eingesammelten Kanzleigebühren-Akçe des erwähnten Verstorbenen die 6353½ Ġuruş Kanzleigebühren-Aḳçe, die für uns benötigt werden, die 5775 Ġuruş Kanzleigebühren-Aḳçe des illustren Finanzminister Efendis, den Restbetrag von 1332,5 Ġuruş eigenes Geld und darüber hinaus seine Dinge laut dem Register an diesem Ort den Erben zu übergeben, alles in Einem mit Hilfe des ernannten Beauftragten____an die Pforte des Glücks schicken. Damit hierbei mit Umsicht und Vorsicht verfahren wird, ist gemäß dem hohen Fermān das Mektūb geschrieben und geschickt worden. Wenn er – so Gott der Erhabene will – eintrifft, sollt Ihr entsprechend dem hohen Befehl handeln und Euch vor Widerspruch hüten und Gruß.
Vom treuen Freund Meḥmed Rāġib dem Wunschbegehrenden.

247/59/e

(1) ḳıdvet ün-nevvāb ül-müteşerrʿīn Mārdīn nā'ibi mevlānā____zīde ʿilmehu ve ḳıdvet ül-emācid (2) ve 'l-āʿyān Mārdīn voyvodası ʿÖmer zīde mecduhu tevḳīʿ-i refīʿ-i hümāyūn vāṣil olıcaḳ (3) (ma)ʿlūm ola ki ṣadr-ı āʿẓam silaḥşūrlarından olub ḳalemīye taḥṣīli mübāşeretiyle Baġdād (4) (ḳoluna) bundan aḳdem me'mūren irsāl olınan ʿArab Paşazāde Meḥmed Beg ḥīn-i (5) (m)uʿāvedetinde Mārdīn civārında vāḳiʿ Şeyḫzūlī nām ḳarye marīżen nüzūlunda (6) (ḥul)ūl-ı ecil mevʿūdıyla vefāt ėtmekle yanında bulunan gerek taḥṣīl eyledigi

247/59/e (zweiter Teil auf 247/60, rechte Seite)
(1) ṣadr-ı āʿẓam ve baş defterdārım ḳalemīye[!][642] aḳçeleri ve gerek kendünüñ nuḳūd ve eşyāsı senki voyvoda-ʾı mū(mā ileyhsin) (2) ihtimām-ı reʾy ve maʿrifetiñ ve maʿrifet-i şerʿle müteveffā-yı merḳūmuñ yegeni[!][643] ʿAbdürraḥmān ve ḫidmetkārı (Ḥusayn) (3) müvācehelerinde baʿd et-taḥrīr nuḳūd ve eşyāya yanında emāneten tevḳīf ve ḫıfẓ eyledigiñi derʿ(alīyeme) (4) gönderdigiñ[!][644] mektūbda taḥrīr ve memhūr ve mümżā defteri daḫī irsāl eylemişsin imdi (5) müteveffā-yı merḳūmuñ ḥīn-i fevtinde mevcūd bulunan kendü defteri nāṭıḳ oldıġı (6) üzere ẓuhūr ėden on üç biñ dört yüz altmış bir ġuruş ecnās-ı nuḳūdundan (7) meʾmūren taḥṣīl eyledigi ḳalemīye aḳçelerinden altı biñ üçyüz elli üç buçuḳ ġuru(ş) (8) ṣadr-ı āʿẓam ve beş biñ yedi yüz yetmiş beş ġuruş daḫī baş defterdārım ḥiṣṣeler(ine) (9) cemʿan on iki biñ yüz yirmi sekiz buçuḳ ġuruş müşār ileyhiñ ḳalemīyeleri olub (10) ve ḳuṣūr biñ üçyüz otuz iki buçuḳ ġuruş daḫī kendü mālı olmaḳ üzer(e) (11) taḥrīr ve sāʾir eşyāya mevcūdası daḫī ʿalā 'l-infirād tasṭīr olunmaġla ṭara(fıñdan) (12) vürūd ėden defter-i mezḳūr manṭūḳı üzere ẕikr olınan ḳalemīye aḳçelerinden (13) sadrāʿẓam ḥiṣṣe-ʾi ḳalemīyesi olan altı biñ üçyüz ġuruş bir aḳçe noḳṣan olma-(maḳ) (14) vecihle bu defʿa mübāşir taʿyīn olınan____zīde ḳadruhuya teslīm ve teslī(m-i) (15) ḫazīne-i müşār ileyh olmaḳ içün dersaʿādetime irsāl ve īṣāl eylemek fermānım (16) olmaġın işbu emr-i celīl ül-ḳadrım ıṣdār ve____ile irsāl (17) olunmaġla vuṣūlunda sadrāʿẓam müşār ileyhiñ ḥiṣṣe-i ḳalemīyesi olan meblaġ-ı mezḳūrı (18) mübāşir-i merḳūma teslīm eylemek bābında fermān-ı ʿālīşānım ṣādır olmuşdur (19) buyurdumki ḥükm-i şerīfimle varduḳda bu bābda vech-i meşrūḥ üzere şerefyāfte-ʾi (20) ṣudūr olan işbu emr-i şerīf-i celīl üş-şān-ı vācib ül-itbāʿ ve lāzim (21) ül-imtiṯālımıñ mażmūn-ı iṭāʿat maḳrūnıyla ʿāmil olunub ḫilāfıyla vażʿ ve ḥareketd(en) (22) bi-ġāyet iḥtirāz ve ictināb eyliyesiz şöyle bilesiz ʿalāmet-ı şerīfe iʿtimād ḳılasız (23) taḥrīren fī 'l-yevm eṯ-ṯānī ʿaşrīn Cemāẕī 'l-evvel sene iṯnā ve sebaʿīn ve miʾe ve ʾelf
bi-maḳām-ı Ḳosṭanṭinīye 'l-maḥrūse
mūcibince ṣadr-ı āʿẓam mektūbıdır

247/59/e
Vorbild der scheriatskonformen Nāʾibs, Nāʾib Mevlānā____ – möge seine Weisheit zunehmen – und Vorbild der Ruhmvollsten und Notabeln, Voyvoda von Mardin Ömer – möge sein Ruhm zunehmen! Sobald das edle, großherrliche

642 ḳalemīyeler
643 yegānī
644 gönderdigin

Namenszeichen eintrifft, sei kund: Da der vor einiger Zeit sich zum Eintreiben der Kanzleigebühren aufmachende zum Flügel von Baġdād in Beauftragung befohlen entsandte ʿArab Paşazāde Meḥmed Beg, einer der Leibwaffenträger des Großwesirs, bei seiner Rückkehr in der Nähe des in der Nachbarschaft von Mardin gelegenen Dorfes namens Şeyḫzūlī erkrankt Halt machte und wegen des eintretenden vorherbestimmten Todeszeitpunkts verstarb, hast Du, der Du der erwähnte Voyvoda bist, in dem Brief, den Du an meine Hohe Pforte geschickt hast, geschrieben, dass Du sowohl die bei ihm befindlichen eingesammelten Kanzleigebühren für meinen Großwesir und Finanzminister als auch sein eigenes Vermögen und seine Dinge mit umsichtigem Urteilsvermögen, Deiner Kenntnis und mit Hilfe des Gerichts in Gegenwart vom Neffen ʿAbdürraḥmān und (Ḥusayn), dem Bediensteten des erwähnten Verstorbenen nach Eintragung bei Dir treuhänderisch einbehalten und Dein gestempeltes und unterschriebenes Register ebenso an uns geschickt hast. Das zum Todeszeitpunkt bei erwähntem Verstorbenen vorgefundene eigene Register erklärt sich inhaltlich folgendermaßen: Von den erwiesenen 13461 Ġuruş verschiedener Münzsorten der in Vertretung eingesammelten Kanzleigebührengelder sind 6353½ Ġuruş die Anteile für den Großwesir und 5775 Ġuruş ebenso die Anteile für meinen Finanzminister, was insgesamt 12 128½ Ġuruş Kanzleigebühren für die beiden Erwähnten ausmacht. Weil der Restbetrag über 1332½ Ġuruş darüber hinaus als sein eigenes Geld angegeben werden soll und seine weiteren vorhandenen Dinge detailliert verzeichnet werden sollen, damit nach dem Wortlaut des von Deiner Seite aus eintreffenden Registers vom Anteil des Großwesirs der erwähnten Kanzleigebühren-Aḳçe von 6353½ Ġuruş kein Aḳçe fehlt und um es dieses Mal dem ernannten Beauftragten ____möge seine Macht zunehmen – auszuhändigen, um es an das Schatzamt von Erwähntem zu übergeben, soll, da es mein Fermān ist, es an meine Pforte des Glücks zu schicken und da mein allgewaltiger Befehl herausgegeben und geschickt worden ist, bei seinem Eintreffen die erwähnte Summe des Anteils der Kanzleigebühren des erwähnten Großwesirs dem erwähnten Beauftragten übergeben werden. Hierzu habe ich meinen hohen Fermān erteilt und ordne an, dass sobald mein ehrwürdiger Befehl eintrifft, Ihr hierbei wie beschrieben gemäß diesem eröffneten ehrwürdigen Befehl von höchsten Ruhm, der Gefügigkeit fordert und von erhabenem Inhalt ist, verfahrt. So sollt Ihr Solches wissen und dem erlauchten Handzeichen Folge leisten.

Eingetragen am 22. Tag des ersten Cemāẕī des Jahres 1172.

In der wohlbehüteten Stadt Konstantinopel.

Entsprechend dem Brief des Großwesirs.

247/60/b

(1) şerīʿat meʾab Mārdīn nāʾibi efendi zīdeʿilmehu ve ḳıdvet ül-emācid ve 'l-āʿyān Mārdīn (2) voyvodası ʿÖmer Aġa zīde mecduhu baʿd es-selām inhā olunur ki silaḥşūrlarımızdan olub (3) ḳalemīye taḥṣīli mübāşeretiyle Baġdād ḳoluna muḳaddemā meʾmūr olan ʿArab Paşazāde Meḥmed Beg (4) ʿavdetinde Mārdīn civārında vāḳiʿ Şeyḫzūlī nām ḳarye ḳurbında fevt olmaġla (5) senki voyvoda-ʾı mūmā ileyhsin maʿrifet-i şerʿle müteveffā-yı merḳūmuñ emvāl ve eşyāsı (6) baʿd et-taḥrīr yanıñda[!][645]emāneten tevḳīf ėtdirildigi [nuḳūd ve eşyāsın] ṭarafıñdan[!][646] [der ʿalīyeme gönderdigiñ mektūbda] taḥrīr ve mumżā defteri (7) dersaʿādete irsāl olmaġla imdi ẕikr olınan defteri[!][647] nāṭıḳ oldıġı üzere (8) müteveffā-yı mūmā ileyhiñ on üç biñ dörtyüz altmış bir ġuruş ecnās-ı nuḳūdundan (9) meʾmūren taḥṣīl eyledigi ḳalemīye aḳçelerinden altı biñ üçyüz elli üç buçuḳ ġuruş (10) ṭarafımıza iḳtiżā ėden ḳalemīye ve beş biñ yediyüz yetmiş beş ġuruş daḫī ʿizzetlü defterdā(rım) (11) efendiniñ ḳalemīye aḳçeleri ve ḳuṣūr biñ üçyüz otuz iki buçuḳ ġuruş kendü (mālı) (12) tasṭīr oldıġına bināʾen ẕikr olınan ḳalemīye aḳçelerini bir aḳçesi noḳṣan olmamaḳ v(e) (13) mübāşir taʿyīn olınan____teslīm ve dersaʿādete irsāla ihtimām ve diḳḳat (14) olunmaḳ bābında ṣādir olan fermān-ı ʿalīşān mūcibince mektūb taḥrīr ve (irsāl)

247/60/b (zweiter Teil auf 247/60, linke Seite)
(olunm)uşdur in (2) (ş)āʾ Allāhü teʿālā vuṣūlunda (3) (m)ūceb-i emr-i ʿālī ʿamel (4) (ve) ḥareket eyliyesiz ve 's-selām
min el-muḫlis Meḥmed Rāġib

247/60/b

Dem Mittelpunkt des Scheriatsrecht – Nāʾib Efendi von Mardin – möge seine Weisheit zunehmen – und Vorbild der Gleichgestellten und Notabeln, Voyvoda von Mardin, ʿÖmer Aġa – möge sein Ruhm zunehmen – sei nach Gruß mitgeteilt: Da der zuvor zum Eintreiben der Kanzleigebühren sich aufmachende und zum Flügel von Baġdād befohlene ʿArab Paşazāde Meḥmed Beg, einer unserer Leibwaffenträger bei seiner Rückkehr in der Nähe des in der Nachbarschaft von Mardin gelegenen Dorfes namens Şeyḫzūlī verstarb und weil Du, der Du der erwähnte Voyvoda bist, in dem Brief, den Du an meine hohe Pforte geschickt hast, geschrie-

645 yanında
646 ṭarafından
647 defter

ben hast, dass Du sowohl die bei ihm befindlichen eingesammelten Kanzleigebühren für meinen Großwesir und Finanzminister als auch sein eigenes Vermögen und seine Dinge mit umsichtigem Urteilsvermögen, Deiner Kenntnis und mit Hilfe des Gerichts in Gegenwart vom Neffen ʿAbdürraḥmān und Ḥusayn, dem Bediensteten des erwähnten Verstorbenen nach Eintragung bei Dir treuhänderisch einbehalten, sowie Dein gestempeltes und unterschriebenes Register ebenso an uns geschickt hast, wobei sich inhaltlich das erwähnte vorliegende Register folgendermaßen erklärt, dass von den 13461 Ġuruş Kanzleigebühren-Aḳçe verschiedener Münzsorten von erwähntem Verstorbenen die in Vertretung entgegengenommenen, für uns benötigten Kanzleigebühren über 6353½ Ġuruş, ebenso die 5775 Ġuruş für meinen illustren Finanzminister Efendi und die restlichen 1332½ Ġuruş als eigenes Geld eintragen sind, wurde, damit hinsichtlich ihrer erwähnten Kanzleigebühren kein Aḳçe fehlt und Ihr bei der Übergabe an ernannten Beauftragten____Umsicht und Vorsicht walten lasst, gemäß meinem edlen Fermān das Mektūb geschrieben und (geschickt). Wenn es – so Gott der Allmächtige will – eintrifft, sollt Ihr gemäß dem hohen Befehl handeln und vorgehen und Gruß!
Vom treuen Freund Meḥmed Rāġib dem Wunschbegehrenden

247/60/c

(1) (ḳ)ıdvet ül-emās̱il ve 'l-aḳrān ḥālā Mārdīn voyvodası aġalarımızdan (2) ʿOs̱mān Aġa zīde ḳadruhu inhā olunur ki bu defʿa ḥālā ḳapu ketḫüdamız saʿadetlü el-Ḥāc (3) Ṣādiḳ Aġa ḳarındaşımıziñ çuḳadarı dārende-ʾı buyuruldı yediyle bundan aḳdem Şeyḫzūlīde[!][648] (4) vefāt ėden ʿArab Paşazāde Meḥmed Begiñ yanında olan ḳalemīye[!][649] aḳçeleri ve kendünüñ nuḳūd (5) ve eşyāsınıñ astāne-ʾi ʿalīyeye irsālları ḫuṣūṣunda ṣādir olan üç ḳıṭʿa-ı emr-i (6) şerīf ile ʿarż-ı maḥżar ve seniñ taḥrīrātın[!][650] vārid ve vāṣil olub evāmir-i şerīfede (7) nuḳūd ve eşyā-yı mez̠kūreniñ irsālları ḫuṣūṣı emr ve fermān buyurulmaġla senki voyvoda-ʾı (8) mūmā ileyhsin ol bābda ṭarafımızdan iz̠in ve ruḫṣat ṭaleb eylemişsiñ[!][651] müteveffā-yı mūmā ileyh (9) ile olan gerek ḳalemīye[!][652] aḳçeleri[!][653] ve gerek kendüsünüñ nuḳūdı Astānede cābīzāde (10) ʿizzetlü Saʿdullāh Çelebiden ḥavāle ve bu ṭarafda

648 şeyḫzūlunda
649 ḳalemīyeler
650 taḥrīrātıñ
651 eylemişsin
652 ḳalemīyeler
653 aḳçesi

olan ḳarındaşı Ḫalīl (Aġanıñ) (11) ādemisi ile puliça temessükin[!][654] irsāl olmaġla in şā' Allāhü teʿālā ol ṭarafına vuṣūllarında (12) meblaġ-ı mezkūrı Ḫalīl Aġanıñ ādemisine teslīm ve puliça temessükin saʿadetlü Ṣādiḳ (13) Aġanıñ ḫuṣūṣ-ı merḳūme mübaşir olan çuḳadarına teslīm ve bundan māʿadā müteveffā-yı (14) mūmā ileyhiñ sā'ir eşyāsını daḫī yine çuḳadar-ı mezkūra maʿrifet-i şerʿle teslīm ve (15) irsāl eylemek bābında buyuruldı taḥrīr ve ıṣdār____ve irsāl (16) ḳılınmışdır vuṣūlunda gerekdir ki vech-i meşrūḥ üzere merḳūm ḳalemīye[!][655] aḳçelerini (17) Ḫalīl Aġanıñ ādemine[!][656] teslīm ėtdirdikdensoñra puliça temessüki kendiden aḫẕ (18) ve mübāşir-i merḳūma teslīm ve keẕalik müteveffā-yı mūmā ileyhiñ ḳuṣūr eşyāsını (19) yine mübaşir-i merḳūma teslīm ve bir gün aḳdem irsālına diḳḳat ve ihtimām eyleyüb (20) mūcib-i buyurulduyla ʿamel ve ḥareket eyliyesiz deyü buyuruldu fī 5 ş [Şaʿbān el-muʿaẓam] sene 1172

247/60/c

Dem Vorbild der Gleichgestellten und Ranggenossen, einer unserer Herren des derzeitigen Voyvoda von Mardin, ʿOs̱mān Aġa – möge seine Macht zunehmen – sei mitgeteilt: Damit dieses Mal die Kanzleigebühren-Aḳçe, sein eigenes Geld und die Dinge, die der vor einiger Zeit in Şeyḫzūlī verstorbene ʿArab Paşazāde Meḥmed Beg, der Gefolgsmann unseres Bruders, des derzeitigen Ḳapu Ketḫüda, der glückliche Ḥāc Ṣādiḳ Aġa, bei sich hatte, an die imperiale Schwelle geschickt werden, treffen drei Abschnitte des erteilten ehrwürdigen Befehls mit einem Gesuch und Deinen Schreiben ein. Damit ein Befehl und Fermān angeordnet wird, um die erwähnten Gelder und Dinge zu schicken, hast Du, der Du erwähnte Voyvoda bist, von uns eine Erlaubnis erbeten. Da sowohl die bei erwähntem Verstorbenen befindlichen Kanzleigebühren-Aḳçe als auch sein eigenes Geld von dem in der Hauptstadt weilenden Cābīzāde, dem glorreichen Saʿdullāh Çelebi in die Hand genommen werden und mit dem hier weilenden Diener seines Bruders Ḫalīl Aġa eine Quittung der Zahlungsanweisung geschickt wird, und damit bei seinem dortigen Eintreffen, sofern es Gott der Allmächtige will – die erwähnte Summe dem Diener von Ḫalīl Aġa übergeben und die Quittung der Zahlungsanweisung dem Gefolgsmann des glücklichen Ṣādiḳ Aġa, der hierzu der Beauftragte ist, ausgehändigt wird, und darüber hinaus außerdem weitere Dinge des erwähnten Verstorbenen ebenfalls noch dem erwähnten Gefolgsmann mit Hilfe des Gerichts übergeben und geschickt werden, wurde der Buyuruldu eingetragen,

654 temessük
655 ḳalemīyeler
656 āmīne

erteilt und geschickt.[657] Bei seinem Eintreffen ist es notwendig, dass Ihr, nachdem Ihr – wie beschrieben – die erwähnten Kanzleigebühren-Aḳçe dem Diener von Ḫalīl Aġa übergeben lasst, die Quittung der Zahlungsanweisung von ihm entgegennehmt und sie dem erwähnten Beauftragten übergebt, ebenso ihm die noch ausstehenden Dinge des erwähnten Verstorbenen überantwortet und schnellstmöglich schickt und hierbei Vorsicht übt, Umsicht walten lasst und gemäß dem Buyuruldu handelt.
Angeordnet am 5. [verehrten Şaʿbān] im Jahre 1172.

247/60/d

(1) bāʿis̱ üt-taḥrīr-i mürāsele oldur ki (2) Şevḳetlü ḳudretlü kerāmetlü mehābetlü velī ün-naʿmāmımız padışāh-ı ʿalim penāh es-sulṭan Muṣṭafā Ḫān ibn üs-sulṭān Aḥmed Ḫān (3) Efendimiz ḥażretleriniñ taḫt-ı ʿālī baḫt-ı şehriyārı üzere cülūs-ı hümayūn-ı meymenet-meʾnūs ḫusrevāneleri vāḳiʿ (4) (o)lalıdan berü ufuḳ-i iḳbāl-ı efzūn-ı salṭanat senīyelerinden ber-i kevkeb-i fīrūz-ı ṭulūʿ ve irtifāʿına ʿuyūn-ı ʿālemyān müteraḳḳab (5) ve nigerān iken işbū biñ yüz yetmiş iki senesi receb-i şerīfiñ on beşinci gecesi ġonca-ı nū şükufte-ʾi ḥadīḳa-ʾı (6) iḳbāl ve tācdārı maẓhar üṭ-ṭāf rabb-i yezdān hibetullāh Sulṭān ʿalīyet üş-şān ʿömrühā Allāhü teʿālā ilā (7) aḫır id-devrān cilve zīr-i mehd vücūd olub müjde-ʾi ẓuhūr-ı meyāmin-i <...> (... ...) (8) sākinīn-i vilāyet nāʾil-i şādmānī ve sürūr ve levāzim-i şehr āyīn ile ḳarīn-i ziver nā-maḥṣūr (oldıġı ḥasebiyle) (9) taḥdīs̱-i niʿmet bādī oldıġı cihetden tebşīr olan vilādet-i duḫter-i sūr-ı aḫter-i maʿālī-i ṭulūʿ cümleye (10) iʿlān ve işāʿat ve şādmānīne mübāderet ve ibrāz-ı ḥubūr ve sürūr ve muʿtād-ı ḳadīm üzere (yedi) (11) (g)ün ve yedi gece bil-cümle esvāḳ ve memālik-i maḥrūse tezeyyün olunmaḳ bābında ṣāḥib-i devlet ve kes̱(īr) (12) ül-mürūvvet devletlü ʿināyetlü velī 'n-naʿm efendimiz ḥażretleriniñ taḥrīrāt-ı ʿalīyeleri Diyārbekire vürūd (13) ve mūcibince ḥālā Diyārbekir vālīsi devletlü ʿināyetlü es-Seyyid Nuʿmān Paşa ḥażretleri ṭaraf-ı bāhir üş-şereflerin(den) (14) ḫuṣūṣ-ı meẕkūr içün irsāl buyurılan buyuruldı-ı emr-i ʿalīleri aġalarından mübāşir ʿAlī Aġa (15) yediyle Mārdīne vuṣūl ve bil-cümle mecmaʿ ʿulemāʾ ve āʿyān ve sāʾir ahālī müvācehelerinde fetḥ ve ḳırāʿat olunub (16) semʿan ve ṭāʿatan ile iḳbāl ve sicill-i maḥfūẓa baʿd es̱-s̱ebt ve 'l-ḳayd imtis̱ālen li-emr-i min lahu el-emr feḥvāsınca vech-i meşrūḥ (17) üzere fī 'l-ḥāl-ı as̱ār-ı şenlik ve işāʿat-ı şādmānī ve ibrāz-ı ḥubūr ve sürūr mübaderet ve yedi gün (18) (ve) yedi gece Mārdīn esvāḳı bil-cümle tezeyyün olunub ve mübaşir-i mūmā ileyh itmām

657 Die Summe und die Quittung wurde verschiedenen Personen übergeben, um Veruntreuungen von Geldern zu verhindern.

ḫidmetiyle ʿind el-ircāʿ (19) (m)aʿrifet-i şerʿ ve bil-cümle ʿulemāʾ ve āʿyān maʿrifetleriyle ber vech-i muʿtād edāsı lāzim gelēn mübāşir mūmā ileyhiñ (20) ḫidmetini ve nefs-i serāyda ḫuṣūṣ-ı mezkūr içün cüzʾi ve küllī ḫarc ve ṣarf olan bil-cümle maṣārifiñ (21) aḳçesini vėrmekle ve vaḳt ve zemānıyla cümleten eṣnāfdan almaġa ḥālā Mārdīn voyvodası ḳıdvet (22) ül-emāṣil ve 'l-aḳrān saʿādetlü ʿOs̱mān Aġa dāme mecduhu ḥażretleri cizye ṣarrāfından istidāneye ve ṣarfa (23) min ḳabl-ı şerʿ izin ve ruḫṣat vėrilüb aġa-yı mūmā ileyh daḫī merḳūm ṣarrāfdan baʿd el-istidāne (24___eṣnāf-ı deyni olmaḳ üzere mübaşir mūmā ileyhiñ ḫidmetini ve yedi gün ve yedi gece

247/60/d (zweiter Teil auf 247/61, rechte Seite)
(1) yine ḫuṣūṣ-ı mezkūr içün ber mūcib-i defter lāzim olan bil-cümle maṣārifātı kendi vėrüb ki (vaḳt ve zemānıyla) (2) eṣnāf ṭarafından kendüye edā ve teslīm olunmaḳ bābında min ḳabl üş-şerʿ bil-cümle ʿulemā ve āʿyān maʿrifet(leriyle) (3) işbu mürāsele taḥrīr ve ḥıfẓen lil-maḳāl sened olmaḳ üzere mūmā ileyh saʿadetlü ʿOs̱mān Aġa ḥaż(retlerine) (4) iʿṭā olındi
fī 24 ş [Şaʿbān el-muʿaẓam] sene 1172
min el-ġafr es-Seyyid ʿOs̱mān en-nāṣiḥ ün-nāʾib-i Mārdīn ḥālā

şuḥūd ül-ḥāl
faḫr ül-ʿulemāʾ
es-Seyyid Aḥmed Efendi el müftī bi-Mārdīn
faḫr ül-müderrisīn
Azharī el-Ḥāc ʿAbdullāh Efendi
faḫr ül-müderrisīn
es-Seyyid Hindī Efendi
faḫr ül-āʿyān
Paşazāde ʿAlī Beg
Paşazāde ʿAbdülḳādir Beg
İsmaʿīl Aġa mīr-i ʿaşīret Daḳūrī
Aḥmed Beg mīr-i Mişkī
ve ġayruhum min el-ḥużżār

247/60/d
Anlass des Eintrags des richterlichen Schreibens ist folgender: Nachdem hinsichtlich des herrscherlichen Hohen Throns des Glücks die imperiales Glück gewohnte herrschaftliche Zusammenkunft seiner Exzellenz, der majestätische, mächtige, gnadenreiche Padışāh, unser geliebter Beschützer des Glücks und Zuflucht des Wissens, Sultan Muṣṭafā Ḫān ibn üs-Sulṭān Aḥmed Ḫān, unseres Herrn

stattgefunden hat, ist vom Horizont der Annäherung vermehrter imperialer Herrschaft, Frucht des Schwertes des Siegs der Erhöhung, welche die Augen der Menschheit erhofft und erwartet hatte, in diesem Jahr 1172 in der 11. Nacht des Monats des edlen Receb das neue Erblühen der Blumen im Garten von Glück und Wohlstand, Frucht der Tapferkeit des ruhmreichen Herrschers, Beispiel der Erscheinung, Herrscher der Gottverehrenden und Geschenk Gottes an den Sultan von erhabenem Ruhm – möge Gott der Allmächtige ihr Leben bis zum letzten Zeitpunkt andauern lassen – die Schönheit im Mutterleib entstanden. Auf Grund dessen waren die Bemühungen der (... ...) des Rates zusammen mit sämtlichen Bewohnern der Provinz zum Erlangen von Freude und für die Notwendigkeiten der Illuminierung der Zeremonie und die bevorstehenden Verschönerungen unbegrenzt. Wegen der Kunde über das freudige Ereignis sollen, damit die Verbreitung der Freudenbekundung über die Geburt der Tochter, aufgehender Stern emporsteigender großartiger Dinge, allen mitgeteilt wird, die Darbietung der Freude und Erquickung wie gewohnt über sieben Tage und sieben Nächte erfolgen und alle Märkte und beschützte Besitzungen verschönert werden. Hierzu sollen die erhabenen Schreiben seiner Exzellenz, des wohlhabenden, äußerst großzügigen, illustren, gnadenreichen Herrschers des Glücks, unseres Herrn, in Diyarbekir eintreffen und gemäß seiner Exzellenz dem derzeitigen Vali von Diyārbekir, der illustre, gnadenreiche Seyyid Nuʿmān Paşa soll für diese erwähnte Angelegenheit aus den Reihen der erwiesenen Edlen der Aġas in Händen des Beauftragten ʿAlī Aġa der angeordnete Buyuruldu des hohen Befehls in Mardin eintreffen und in allen Versammlungen im Beisein von Rechtsgelehrten und Edlen und von anderen Einwohnern eröffnet und verlesen werden. Indem er höchst bereitwillig angenommen und nachdem er zur Aufbewahrung in ein Register eingetragen werden soll, sollen nach dem Vorbild seines Befehls wie beschrieben sofort Zeichen der Freude und die Verbreitung von Freude und das Zeigen von Erquickung durchgeführt und über die Dauer von sieben Tagen und sieben Nächten alle Märkte von Mardin verschönert werden. Damit mit der Erfüllung der Verpflichtung des erwähnten Vertreters vor der Rücksendung mit Hilfe des Gerichts und aller Rechtsgelehrten und Exzellenzen nach üblicher Gewohnheit die notwendig werdende Bezahlung des Dienstes von erwähntem Vertreter erfolgt und am selben Hof zu erwähnter Angelegenheit alle teilweise und vollständig ausgegebene Aḳçe sämtlicher Ausgaben bezahlt, allesamt von den Ständen diese rechtzeitig genommen werden und seine Exzellenz der derzeitige Voyvoda von Mardin, Vorbild der Gleichgestellten und Ranggenossen, der glückliche ʿOs̱mān Aġa – möge sein Ruhm andauern – vor dem Gericht eine Genehmigung zur Geldanleihe beim Cizye-Geldwechsler und für die Ausgaben erhält und erwähnter Aġa vom erwähnten Geldwechsler nach der Kreditan-

frage____als Schulden der Stände den Dienst von erwähntem Vertreter und darüber hinaus für die erwähnte Angelegenheit der sieben Tage und sieben Nächte sämtliche Ausgaben gemäß dem Register selbst zahlt und dass ihm rechtzeitig von allen Ständen dieses zurückbezahlt wird, wurde vor dem Gesetz dieser Eintrag mit Hilfe aller Rechtsgelehrten und Exzellenzen verzeichnet, und dem glücklichen ʿOs̱mān Aġa überreicht, um das Gesagte zu untermauern.
Am 24. [verehrten Şaʿbān] im Jahre 1172.
Möge Seyyid ʿOs̱mān, dem Berater des derzeitigen Nāʾibs von Mardin, verziehen werden.

Zeugen der Angelegenheit:
Exzellenzen der Rechtsgelehrten:
Seyyid Aḥmed Efendi, Mufti von Mardin
Exzellenzen der Lehrer der el-Azhar
Ḥāc ʿAbdullāh Efendi
Exzellenzen der Lehrer Seyyid Hindī Efendi
Exzellenzen der Noblen
Paşazāde ʿAlī Beg
Paşazāde ʿAbdülḳādir Beg
İsmaʿīl Aġa Anführer des Stammes der Dekkorī
Meḥmed Beg Anführer des Stammes Mişkī
und weitere Anwesende

247/61/b

(1) (defter) oldur ki biñ yüz yetmiş iki senesi māh-ı şaʿbān ül-muʿaẓamıñ on altinci gününden yedi gün ve yedi gece nefs-i Mārdīn(de) (2) bezme olunmaḳ bābında ḥālā Diyārbekir vālīsi devletlü ʿināyetlü es-Seyyid Nuʿmān Paşa ḥażretleri ṭaraf-ı bāhir (üş-şereflerinden) (3) buyuruldu-ı emr ʿālīleri aġalarından ʿAlī Aġa yediyle Mārdīne vürūd ve imtis̱ālen li-emr lahu el-emr feḥvā(sinca) (4) yedi gün ve yedi gece ṭop ve tüfenk aṭlub ve bil-cümle esvāḳ tezeyyün olunub aġa-yı mūmā (ileyh) (5) itmām ḫidmetiyle ircāʿ olunduḳda muʿtād-ı ḳadīm üzere aġa-yı mūmā ileyhe bil-cümle maʿrifetleriyle vėr(ildigi) (6) ḫidmet ve ḥālā Mārdīn voyovdası saʿadetlü ʿOs̱mān Aġa dāme mecduhu ḥażretleri yedi gün (7) ve yedi gece ẓarfında[!][658] eyledigi maṣārıf ḥesāb ve min ḳabl iş-şerʿ yedine vėrilen mürāsele mūc(ibince) (8) muʿtād-ı ḳadīm üzere eṣnāf müvācehesinde maʿrifet-i şerʿ ve bil-cümle ʿulemā ve āʿyān maʿrifetleriyle tevzīʿ (9) olunub vech-i ātī üzere ẕikr ve beyān olunur
fī 24 ş [Şaʿbān el-muʿaẓam] sene 1172

---

658 żarfinda

eşnāf-ı bezzazān	ġuruş 60
eşnāf-ı baḳḳālān	ġuruş 70
eşnāf-ı ipekçiyān[659]	ġuruş 60
eşnāf-ı ḥalācān	ġuruş 8½
eşnāf-ı (...)	ġuruş 30
(...)	
eşnāf-ı bāzergānān	ġuruş 100
eşnāf-ı bezzār[!][660] reşte	ġuruş 20
eşnāf-ı ḫaffāfān	ġuruş 40
eşnāf-ı ʿaṭṭārān	ġuruş 40
eşnāf-ı ḳahveçiyān	ġuruş 10
(...)	
eşnāf-ı ipekçiyān	ġuruş 20
eşnāf-ı berber ve ḥammāmcı	ġuruş 30
eşnāf-ı ḳaylāyıcı ve ḳazġançı[!][661]	ġuruş 10
eşnāf-ı ʿallāfān	ġuruş 20
eşnāf-ı serrācān	ġuruş 3
(...)	
eşnāf-ı ḳazzāzān ve terziyān	ġuruş 20
eşnāf-ı delālān maʿ oturaḳçıyān	ġuruş 30
eşnāf-ı kürkçiyān	ġuruş 15
eşnāf-ı naʿlbendān	ġuruş 15
eşnāf-ı çulçıyān	ġuruş 15
(...)	
eşnāf-ı maṭāfān	ġuruş 5
eşnāf-ı kevkebçiyān	ġuruş 3
eşnāf-ı pinedūzān	ġuruş 1
eşnāf-ı yaġçıyān ve ʿabāçıyān	ġuruş 30
eşnāf-ı keçeçiyān	ġuruş 3
(...)	
eşnāf-ı (bpbyān) ve işçiyān	ġuruş 3
eşnāf-ı tüccārān	ġuruş 4
eşnāf-ı ḳılıçı ve ḳuyumçı ve (lkmdçi)[?]	ġuruş 40
eşnāf-ı ḳaşşābān	ġuruş 20
eşnāf-ı miʿmārān ve ṭaşçıy(ān)	ġuruş 5
(...)	
eşnāf-ı ḳaşşārān ve boyaçān	ġuruş 20
eşnāf-ı demirçiyān	ġuruş 6
el-yekūn	ġuruş 830

659 Persischer Plural „ān" auch bei türkischen Wörtern mit Länge auf dem a markiert.
660 bāzār
661 kazānçi

yalñız sekiz yüz otuz ġuruşdur	
fī beyān il-maṣārifāt	ġuruş
ḫidmet ġuruş	
nuḳūd	300
boġça	100
behā bih ʿAlī Aġaya	400

	ġuruş
mübāşir ʿAlī Aġaya	400
barud ve fişek behā	55
eyyām tezeyyünde baḫşīş ve teşrīfāt ve ḫalʿ behā	185
aṣl-i ḫidmet ṣāḥibi ketḫüda-yı bawwābīn içün boġça behā	100
taḫbīr ve icāzet içün Baġdāda giden ḫarcırāh	50
mübāşir-i mūmā ileyhiñ ādemlerine ḫidmet	40
yalñız sekiz yüz otuz ġuruşdur	830

247/61/b

Der Sachverhalt ist Folgender: Weil die Stadt Mardin sieben Tage und sieben Nächte ab dem 14. Tag des Monats des verehrten Şaʿbān im Jahre 1172 geschmückt werden soll, trifft seitens der offensichtlichen Erhabenheit seiner Exzellenz des Valis von Diyārbekir, des illustren gnadenreichen Nuʿmān Paşa ein Buyuruldu des Befehls in Händen eines der Aġas der Eminenzen, ʿAlī Aġa, in Mardin ein, demgemäß nach Vorbild seines Befehls sieben Tage und sieben Nächte Kanonen- und Gewehrsalven abgefeuert und sämtliche Märkte geschmückt werden sollen. Bei Rückentsendung des erwähnten Aġas nach erfolgtem Dienst soll nach alter Sitte der für den erwähnten Aġa mit Hilfe aller gegebene Lohn und die Ausgaben während der sieben Tage und sieben Nächte, seine Exzellenz, der derzeitige Voyvoda von Mardin, der glückliche ʿOs̱mān Aġa – möge sein Ruhm andauern – (gemäß) der Rechnung und dem ihm vor dem Gericht gegebenen gerichtlichen Schreiben nach alter Sitte mit Hilfe des Gerichts und mit Hilfe der Rechtsgelehrten und Notabeln vollständig auf die Zünfte umlegen, wie es im Folgenden dargelegt wird.
Am 24. verehrten Şaʿbān im Jahre 1172.

Zunft der Tuchhändler	Ġuruş 60
Zunft der Lebensmittelhändler	Ġuruş 70
Zunft der Seidenhändler	Ġuruş 60
Zunft der Baumwoll-Garderobiers	Ġuruş 8½
Zunft der (...)	Ġuruş 30
(...)	
Zunft der Händler	Ġuruş 100
Zunft der Garnhändler	Ġuruş 20

Zunft der Stiefelmacher	Ġuruş 40
Zunft der Gewürzhändler	Ġuruş 40
Zunft der Kaffeehändler	Ġuruş 10
(…)	
Zunft der Seidenhändler	Ġuruş 20
Zunft der Barbiere und Bader	Ġuruş 30
Zunft der Verzinner und Kesselmacher	Ġuruş 10
Zunft der Futterlieferanten	Ġuruş 20
Zunft der Sattler	Ġuruş 3
(…)	
Zunft der Seidenhersteller und Schneider	Ġuruş 20
Zunft der Auktionatoren und Fertigwarenhändler	Ġuruş 30
Zunft der Kürschner	Ġuruş 15
Zunft der Hufschmiede	Ġuruş 15
Zunft der Pferdedeckenmacher	Ġuruş 15
(…)	
Zunft der Ziegenhaarspinner	Ġuruş 5
Zunft der Schwerthersteller	Ġuruş 3
Zunft der Flickennäher	Ġuruş 1
Zunft der Ölhändler und Verkäufer von heimgesponnener Wolle	Ġuruş 30
Zunft der Filzmacher	Ġuruş 3
(…)	
Zunft der (…) und Arbeiter	Ġuruş 3
Zunft der Händler	Ġuruş 4
Zunft der Schwertmacher, Goldschmiede und (…)	Ġuruş 40
Zunft der Metzger	Ġuruş 20
Zunft der Baumeister und Steinmetze	Ġuruş 5
(…)	
Zunft der Bleicher und Färber	Ġuruş 20
Zunft der Eisenschmiede	Ġuruş 6
Insgesamt	Ġuruş 830
Nur achthundertdreißig Ġuruş	

Aufgeführte Ausgaben	Ġuruş
Gehalt Ġuruş	
Münzen	300
Bündel	100
Geld davon für ʿAlī Aġa	400

	Ġuruş
Für den Beauftragten ʿAlī Aġa	400
Schießpulver und Patronengeld	55
Geschenk-, Hofzeremonie- und Abbau-Geld für de Tage des Schmückens	185
Sackgeld für den ehemals Diensthabenden, dem Torhüter der Pförtner	100
Nach Baġdād gehende Ausgaben für die Mitteilung und Legalisierung	50

Lohn für die Männer des erwähnten Beauftragten	40
Nur achthundertdreißig Ġuruş	830

247/61/c

(1) taḳrīr-i şarṭnāme budur ki (2) (işbu biñ) yüz yetmiş iki senesi Mārtı ibtidāsından nihāyetine varinca degin nefs-i Mārdīn mūmḫāne muḳāṭaʿası iltizāma (3) (vėrilme)si ṭaraf-ı mīrīye evvelā ve enfaʿ oldığından beher sene ṭaraf-ı mīrīye yüz seksen ġuruş ve yevmīye ṭarafından bir ḳıyye (4) (mūm)[?] mecānen ve izdiyād mūmī baṭmanı iki ġuruş bir rubaʿ maḥsūb olmaḳ üzere iʿmālını derʿuhde olan işbu (5) (dāren)de-ʾi şarṭnāme es-Seyyid İsmaʿīl Çelebi ṭālib ve rāġib olmaġla gerekdir ki merḳūm muḳaṭaʿacı[!][662] varub żabṭ (6) (ve taṣa)rruf[?] ve mūmḫāne muḳāṭaʿası ḫidmetinde geregi gibi ḳiyām ve ḳaṣṣāblardan revġanı ber vech-i muʿtād ve seneyn-i (7) (sā)biḳ üzere be-her baṭmanı seksen aḳçeye ḫarīd ėdüb iʿmāl eyledikden ṣoñra be-her batman şemʿ-i revġanı (8) (...) (ġ)urūş on altı paradan ziyāde fürūḫt ėtmemek üzere ve çarşuda[!][663] fuḳarāya müżāyaḳa ve żarūret (9) (ėtdi)rmeyüb mūcib-i şarṭnāme ve ḳabl-ı şerʿden mürāsele mūcibince ʿamel olunmaḳ üzere ṭarafımızdan ve ṭaraf-ı (aḫardan) (10) (ʿ)arż olunmamaḳ içün yedine işbu şarṭnāme vėrilmişdir
fī ibtidāʾ-i Mārt sene 1172
ṣaḥḥ ʿOs̱mān voyvoda-ʾi Mārdīn

247/61/c

Die Bestätigung des Vertrags ist folgender:
Da es für das Schatzamt in erster Linie besonders profitabel ist, der Abgabeneinheit der Kerzenzieherei der Stadt Mardin ab Beginn von März dieses Jahres 1172 bis zum Ende von diesem ein İltizām zu geben, und weil der Vertragsbesitzer, der für das Betreiben verantwortlich ist, Seyyid İsmaʿīl Çelebi jedes Jahr an den Staatsschatz 180 Ġuruş und von Seiten der Tagesgebühr ein Ḳiyye[664] kostenlos und für zusätzliches Wachs für den Baṭman 2¼ Ġuruş berechnet zu bekommen wünscht, ist Folgendes nötig: Der Pächter der Abgabeneinheit soll kommen und Einnahmen, Ausgaben und die Produktion der Abgabeneinheit der Kerzenzieherei wie erforderlich durchführen. Von den Metzgern soll er Wachs wie sonst auch üblich und wie in den letzten beiden Jahren zu jedem Baṭman für 80 Aḳçe kaufen.

662 muḳāṭaʿaʾ
663 carşuda
664 1 Okka entspricht 1300 Gramm.

Damit, nachdem die Herstellung durchgeführt ist, er nicht jedes Baṭman Wachskerzen zu einem Aufschlag von (...) Ġuruş und 16 Para verkauft und auf dem Markt den Armen nicht Härte und Bedürftigkeit hinzufügt und er gemäß dem Vertrag und dem Schreiben vor dem Gericht verfährt und es weder von unserer Seite noch von anderer Seite nochmal unterbreitet wird, wird dieser Vertrag zu seinen Händen ausgestellt.
Zu Beginn des März im Jahre 1172.
Geprüft ʿOs̱mān, Voyvoda von Mardin.

247/61/d

(1) (ʿizzetmeʾ)ab mevlānā es-Seyyid Aḥmed Şākir Efendi baʿd es-selām inhā olunur ki (2) (Mārd)īn ḳaṣabasında ḥālā meẕʾunen bil-iftā olan es-Seyyid Ebū Bekir Efendiniñ ahālī ile ḥüsn zindegānısı (...) (3) (olmayub) żımnında sābıḳan sen meẕʾunen olub ḥüsn muʿāşeretiñe bināʾen meʾẕūnīyetiñi bā-ʿarż ve maḥżar istidʾā (4) (...) mezbūr ḥicr olunub ṭarafımızdan iftāya saña iẕin vėrilmişdir gerekdir ki istiftāʾ olduḳda (5) (aṣaḥḥ-ı aḳv)āl eʾimme-i ḥanefīye ʿaleyhim raḥma ile iftā ėdüb kütüb-i muʿtebereden naḳl-ı ṣarīḥ ve imżā göre (6) (Mār)dīn müftīsi oldīğıñ taṣrīḥ ėdesin ve 's-selām ḥurrire fī ġurre-ʾi (şehr-i) Cemāẕī 'l-aḫır sene is̱nā (7) (ve sebaʿ)īn ve miʾe ve ʾelf
min el-ġafr Meḥmed Ṣāliḥ

247/61/d

Mittelpunkt der Ehre, Mevlānā Aḥmed Şākir Efendi, nach Gruß sei mitgeteilt: Ebū Bekir Efendi ist derzeit in der Stadt Mardin zum Rechtsgutachten-Erteilen autorisiert, aber (kommt) mit seinen Einwohnern nicht gut aus (...), weshalb Du früher autorisiert worden bist. Begründet auf Deine guten sozialen Beziehungen wurde per Unterbreitung und Protokollierung Deine Autorisierung ersucht (...) und Erwähntem[665] verwehrt. Durch uns wurde Dir die Autorisierung zum Rechtsgutachten-Erstellen gegeben. Es ist nötig, dass Du beim Ersuchen eines Rechtsgutachtens dieses mit den hanafitischen Imamen – Gnade sei ihnen zuteil – erstellst. Bei klarer Überlieferung der gültigen Bücher und gemäß der Unterschrift sollst Du erklären, dass Du Mufti von Mardin bist und Gruß! Eingetragen am Ersten des Monats dem letzten Cemāẕī im Jahre 1172.
Möge Meḥmed Ṣāliḥ verziehen werden

665 D.h. Aḥmed Şākir Efendi wurde wohl nach einem Gesuch zu einer Beschwerde – wahrscheinlich von Personen aus den Reihen der Bevölkerung – über den Amtsvorgänger Ebū Bekir die Autorisierung erteilt. Wer genau das Gesuch gestellt hat, ist leider nicht lesbar.

247/61/e

nişān-ı şerīf-i ʿālīşān

(1) (Mārdī)nde vāḳiʿ Muẓafferīye medresesi vaḳfından olmaḳ üzere vaẓīfe-ʾi muʿayyene ile müderrisi olurken Seyyid Meḥmed fevt (2) (olu)b medresesi maḫlūl olmaġla erbāb-ı istiḥḳaḳdan işbu rāfiʿ-i tevḳīʿ-i refīʿ üş-şān-ı ḫaḳānī (3) (Seyyi)d ʿAbdülḳādir zīde ʿilmehuya tevcīh ve yedine berāt-ı şerīf-i ʿālīşān vėrilmek (... ...)(4) (...) Seyyid Abdāl zīde ḳadruhu ʿarż ėtmeġin mūcibince tevcīḥ olmaḳ üzere āʿlim ül-ʿulemāʾ (...) (5) (fażīl) ül-fużalaʾ ül-müteverrʿīn bil-fıʿil şeyḫ ül-islām mevlānā Meḥmed Ṣāliḥ edām Allāhü teʿālā fażluhu (6) (...) ėtmeġin işāreti mūcibince tevcīh olmaḳ fermānım olmaġın ḥaḳḳında mezīd-i (ʿināyet-i padışāhānem) (7) (ẓuhūra) getirüb biñ yüz yetmiş iki senesi Receb-i şerīfiñ sekizinci güni tārīḫiyle müverraḫ (7) (vėr)ilen rüʾūs-ı hümāyūnum mūcibince bu berāt-ı hümāyūnı vėrdüm ve buyurdum ki fīmābaʿd Seyyid ʿAbdülḳādir (8) (zī)de ʿilmehu varub müderris olub <...> edā-ʾı ḫidmet eyledikdensoñra bundan evvel (...) (9) (...) vaẓīfe-ʾi muʿayyenesi ne vecihle mutaṣarrıf olagelmişler ise vaẓīfe-ʾi muʿayyenesi evḳāf-ı (10) (mezbū)re maḥṣūlundan mütevellī olanlar yedinden alub mutaṣarrıf ola şöyle bilesiz ʿalāmet-ı şerīfime (iʿtimād) (11) (ḳılası)z taḥrīren fī 'l-yevm et-tāsīʿ min şehr-i Receb sene iṣnā ve sebaʿīn ve miʾe ve ʾelf

bi-maḳām-ı Ḳosṭanṭinīye

247/61/e

Ehrwürdiges, hohes, Zeichen:

Der mit einem zugeteilten Dienst ernannte Müderris der in Mardin liegenden Stiftung der Muẓafferīye-Medrese, Seyyid Meḥmed ist verstorben. Weil der Posten seiner Medrese unbesetzt war, wurde einem der verdienten Männer, dem Darreichenden der erhabenen Unterschrift des Sultans – Seyyid ʿAbdülḳādir – möge seine Weisheit zunehmen – dieser übertragen und zu seinen Händen der imperiale, noble Berāt gegeben (...). Weil (...) Seyyid Abdāl – möge seine Macht zunehmen – einen Antrag gestellt hat und hinsichtlich der Amtsübertragung in der Tat der Wissende der Rechtsgelehrten (...) Tugendhaftester der Rechtschaffenen unter den aufrichtig Frommen, Şeyḫ ül-İslām Mevlānā Meḥmed Ṣāliḥ – möge Gott der Erhabene seine Tugend wachsen lassen – hierzu (...) dies befürwortete und es mein Fermān ist, ihm gemäß seinem Gutachten das Amt zu übertragen, lasse ich ihm meine vermehrte imperiale Gunst zuteilwerden. So gebe ich meinen ehrwürdigen Berāt gemäß meinem mit dem 8. Tag des Monats des edlen Receb des Jahres 1172 datierten imperialen Rüʾūs heraus und ordne an, dass in Zukunft Seyyid ʿAbdülḳādir – möge seine Weisheit zunehmen – kommt und Lehrer *(müderris)* wird. Nachdem er seinen Dienst absolviert hat, soll er von denjenigen, die die Erträge von erwähnten Stiftungen verwalteten, diese nehmen und in Besitz

dieser sein, egal auf welche Weise vorher (...) ihre zugeteilten Dienste gerade innehatten. So sollt Ihr Solches wissen und meinem hohen Zeichen Folge leisten. Aufgezeichnet am 9. Tage des Monats Receb im Jahre 1172.
In der Stadt Konstantinopel.

247/61/f

nişān-ı şerīf-i ʿālīşān
(1) (Mār)dīnde vāḳiʿ Şehīdīye medresesi ve cāmiʿ-i şerīfi vaḳfından yevmī üç aḳçe vaẓīfe ile ḫaṭīb (2) (ve) yevm)ī dört aḳçe ile imām olan ʿArfī Ḫalīfe kendü hüsn rıżāsıyla mutaṣarrıf oldıġı ancaḳ (3) (ḫiṭ)ābet-i cihetini meclis-i şerʿde erbāb-ı istiḥḳāḳdan Mārdīn sükkānından işbu rāfiʿ-ı (4) (tevḳī)ʿ-i refīʿ üş-şān-ı ḫāḳānī es-Seyyid ʿAbdülḳādir Ḫalīfe zīde ṣalāḥuya ferāġet ve ḳaṣr-ı yed (5) (ve ye)dinde olan bir ḳıṭaʿ berātını teslīm ėtmekle ḳaṣr yedinden tevcīḥ ve yedine berāt-ı ʿalīşānım (6) (vėri)lmek bābında ʿināyet ricāsına vāḳiʿ ḥālī bil-iltimās Mārdīn nāʾibi el-Ḥāc Maḥmūd ʿarż (...) (7) (...) iʿlām tafaḥḥuṣ olunduḳda ḥaḳḳında mezīd-i ʿināyet-i padışāhānem ẓuhūra getirüb biñ (8) (yüz) yetmiş iki senesi Cemāẕī 'l-aḫırınıñ yirmi yedinci güni tārīḫiyle müverraḫ vėrilen (9) (rüʾūs-ı) hümāyūnum mūcibince bu berāt-ı hümāyūnı vėrdüm ve buyurdumki mezbūr es-Seyyid ʿAbdülḳādir (10) (Ḫalīfe) zīde ṣalāḥuhu varub vech-i meşrūḥ üzere ḫaṭīb olub edā-ʾı ḫidmet eyledikdensoñra (11) (taʿy)īn olınan yevmī üç aḳçe vaẓāʾifesin evḳāf-ı mezbūr maḥṣūlundan mütevellīsi olanlar yedinde(n) (12) (alub) mutaṣarrıf ola şöyle bileler[!][666] ʿalāmet-i şerīfe iʿtimād ḳılalar taḥrīren fī 'l-yevm es-sābīʿ ʿaşrīn min (şehr-i) (13) (Cemāẕī/ Rebīʿ) ül-evvel sene isnā ve sebaʿīn ve miʾe ve ʾelf
bi-maḳām-ı Ḳosṭanṭinīye 'l-maḥrūse

247/61/f

Hohes, ehrwürdiges Zeichen:
Weil ʿArfī Ḫalīfe als Prediger mit einem Gehalt von 3 Aḳçe und als Imam täglich 4 Aḳçe als Imam von der in Mardin liegende Şehīdīye-Medrese und von der Stiftung der ehrwürdigen Moschee zu seiner Zufriedenheit inne hatte, aber er jedoch hinsichtlich des Predigeramts zugunsten von einem der verdienten Männer der Bewohner Mardins, dem Darreichenden der erhabenen Unterschrift, Seyyid ʿAbdülḳādir Ḫalīfe – möge seine Güte andauern – verzichtete und um den in seinen Händen befindlichen Auszug des Berāts zu übergeben, lasse ich, um wegen seines Verzichts ihm das Amt und den Berāt zu übergeben, auf sein Gnadengesuch, wobei Ḥāc Maḥmūd, der Nāʾib von Mardin (... ...) die Entscheidung

666 bile

prüfen ließ, meine vermehrte imperiale Gunst walten. Entsprechend dem von mir vergebenen imperialen Rü'ūs, datiert auf den Zeitpunkt des Jahres 1172 am 26. Tag des letzten Cemāẕī, erteile ich den ehrwürdigen Berāt und ordne Folgendes an: Erwähnter ʿAbdülḳādir (Ḫalīfe) – möge seine Güte andauern – soll kommen und wie beschrieben Prediger sein. Nachdem er seinen Dienst erfüllt hat, soll er ein festgesetztes tägliches Gehalt von 3 Aḳçe erhalten. Er soll, indem er dieses von denjenigen erhält, die die Erträge erwähnter Stiftungen verwalten, dieses innehaben. Sie sollen Solches wissen und dem hohen Zeichen Folge leisten.
Aufgezeichnet am 17. Tag des (Monats) (Cemāẕī/Rebīʿ) des ersten im Jahre 1172.
In der wohlbehüteten Stadt Konstantinopel.

247/62/a

nişān-ı şerīf-i ʿālīşān-ı [ḥükmü oldur ki]
(1) Mārdīnde vāḳiʿ Muẓafferīye medresesi vaḳfınıñ yevmī üç aḳçe ile mütevellīsi olan es-Seyyid ʿAbd(ullāh kendü ḥüsn) (2) rıżāsıyla tevlīyet-i meẕkūresini erbāb-ı istiḥḳāḳdan işbu rāfīʿ-i tevḳī-i refīʿ-i üş-şan-ı[!][667] ḫaḳa(nī es-Seyyid) (3) ʿAbdülḳādir zīde şeref-saʿādethuya ferağet ve ḳaṣr-ı yed ėtmekle ḳaṣr-ı yedinden tevcīḥ olunub berāt-ı (şerīf yedine) (4) vėrilmek ricāsına fārıġ meẕkūr ʿarż ėtmekle mūcibince tevcīh olunmaḳ bābında fermān-ı ʿālīşān(ım ṣādir) (5) olmağın ḥaḳḳında mezīd-i ʿināyet-i pādışāhānım vücūda getürüb fāriġ merḳūmuñ ʿarżı (mūcibince biñ) (6) yüz yetmiş iki senesi Receb el-ferdiñ onuncu güni tārīḫiyle müverraḫ vėrilen rüʾūs-ı hümā(yūnum) (6) mūcibince bu berāt-ı hümāyūnı vėrdüm ve buyurdumki mezbūr es-Seyyid ʿAbdülḳādir zīde şeref-saʿā(detuhu) (7) varub vech-i meşrūḥ üzere ḳaṣr-ı yed ėden merḳūm es-Seyyid ʿAbdullāh yėrine evḳāf-ı mezb(ūruñ) (8) mütevellīsi olub edāʾ-ı ḫidmet eyledikdensoñra taʿyīn olınan yevmī üç aḳçe vaẓīfe(siyle) (9) evḳāf-ı (mezbūr maḥṣūlundan mütevellīsi olanlar yedinden) alub mutaṣarrıf ola ol bābda ḳaṣr-ı yed eyledigi ecilden mānīʿ (olanlar)[?] (10) merḳūm (es-Seyyid ʿAbdülḳā)dira māniʿ ve mezāḥim olmayub daḫl ve taʿarruż ḳılmıyalar şöyl(e bileler) (11) ʿalāmet-i şerīfe iʿtimād (ḳılalar) taḥrīren fī 'l-yevm eṯ-ṯānī şehr-i Receb sene iṯnā ve sebaʿīn ve miʾe ve ʾelf
ṣūret-i berātdır ḳayd olınan (...) fī 23 n [Ramażān el-mübārek] sene 1172
bi-maḳām-ı Ḳosṭantınīye el-maḥrūse

667 şanı

247/62/a

(Das Urteil) des ehrwürdigen, hohen Zeichens ist Folgendes:
Weil der Stiftungsverwalter der in Mardin liegenden Stiftung der Muẓafferīye Medrese, Seyyid ʿAbdullāh mit seiner Zustimmung auf das Amt des Stiftungsverwalters zu Gunsten des Anspruchstellers der erhabenen Unterschrift herrscherlichen Ruhms – Seyyid ʿAbdülḳādir – möge sein erhabenes Glück zunehmen – verzichtet hat, habe ich diesem wegen des Verzichts das Amt übertragen. Da der erwähnte Verzichtende ein Gesuch gestellt hat mit dem Wunsch, ihm einen edlen Privilegientitel zu verleihen und ihm demgemäß das Amt zu übertragen, und weil hierzu mein erhabener Fermān eröffnet wurde, lasse ich vermehrt meine imperiale Gunst walten. (Gemäß) dem Gesuch des erwähnten Verzichtenden gebe ich meinem mit dem Zeitpunkt des 10. Tages des Receb des einzigen des Jahres (1)172 datierten imperialen Rüʾūs meinen imperialen Privilegientitel und ordne Folgendes an: Erwähnter Seyyid ʿAbdülḳādir – möge sein erhabenes Glück zunehmen – soll kommen und wie beschrieben anstatt des Verzichtenden, erwähntem Seyyid ʿAbdullāh Stiftungsverwalter sein. Nachdem er seinen Dienst verrichtet hat, soll er mit dem festgelegten Gehalt von täglich 3 Aḳçe, den er von denjenigen erhält, die die Erträge erwähnter Stiftungen verwalten, dieses innehaben. (Diejenigen) die hierbei wegen des Verzichts behindern, sollen erwähnten Seyyid ʿAbdülḳādir nicht stören und Schwierigkeiten machen und nicht einschreiten und widersprechen und Solches wissen und meinem erlauchten Handzeichen folgen. Eingetragen am 2. des Monats Receb im Jahre 1172.
Eingetragene Abschrift des Berāts (...) am 23. [gesegneten Ramażān] im Jahre 1172
In der wohlbehüteten Stadt Konstantinopel.

247/62/b

nişān-ı şerīf-i ʿālīşān ḥükmü oldur ki
(1) Mārdīnde vāḳiʿ sulṭān ʿĪsā nıñ eyledigi Zincīrīye medresesiniñ cümle evḳāfından (2) olub medīne-ʾi Āmidde vāḳiʿ asyāb icāresinden almaḳ üzere yevmī beş aḳçe vaẓīfe ile muʿidi ve y(evmi üç aḳçe) (3) vaẓīfe ile nāẓir nuẓārı olan ʿÖmer fevt olub yėri ḫālī [ve] mezbūreler maḥlūl olmaġın yėrine (...) (4) işbu rāfiʿ-i tevḳīʿ-i refīʿ üş-şān-ı[!][668] ḫāḳānī es-Seyyid Aḥmed Ḫalīfe her vecihle layıḳ ve maḥall ve müstaḥaḳḳ olmaġın (yedine) (5) mezbūreler kendüya tevcīh olunub yedine berāt-ı şerīfim vėrilmek nāʾib[!][669] mevlānā zīde ʿilmehu ʿarż et[meġin] (6) mezbūra ṣadaḳa ėdüb bu berāt-ı hümāyūnı saʿādetmaḳrūnı vėrdüm ve buyurdumki baʿd el-

668 şānı
669 nāʾibi

yevm mez(būr) (7) Meḥmed Ḫalīfe varub ẕikr olunan vaḳf-ı mezbūrda mu'īd ve nāẓir nuẓārı olub ḫiẕmet (...) (8) müra'ı ve mü'eddi ḳılındıḳdansoñra yevmī sekiz aḳçeye mutaṣarrıf olub vāḳifiñ rūḥı ve devām-ı 'ömr ve devl(etimçin) (9) du'āya müdāvemet göstere şöyle bileler 'alāmet-i şerīfime i'timād ḳılalar taḥrīren fī evāḫir-i Cemāẕī ('l-evvel/aḫır) (10) sene iṡnā ve seba'īn ve mi'e ve 'elf
bi-maḳām-ı Ḳosṭantınīye el-maḥrūse

247/62/b

Das Urteil des ehrwürdigen, hohen Zeichens ist Folgendes:
'Ömer, der als Inspektor *(mu'id)* sämtlicher Stiftungen der in Mardin gelegenen, von Sulṭān 'Isā gegründeten Zincīrīye-Medrese ein Gehalt von täglich 5 Aḳçe von der in der Stadt von Āmid gelegenen Mühle und als deren Haupt-Nāẓir ein Gehalt von (...) erhielt, verstarb auf Geheiß Gottes. Weil sein Posten leer [und] Erwähnte[670] noch unbesetzt waren und weil für seinen Posten (...) der Anspruchsteller der erhabenen Unterschrift herrscherlichen Ruhms, Seyyid Aḥmed Ḫalīfe in jeder Hinsicht geeignet und berechtigt ist, wurden ihm selbst Erwähnte[671] anvertraut. Da der Nā'ib Mevlānā – möge seine Weisheit zunehmen – ein Gesuch gestellt hat, lasse ich Diesem Gnade zuteil werden, erteile diesen imperialen und mit Glück verbundenen Privilegientitel und ordne Folgendes an: Von nun an soll erwähnter Meḥmed Ḫalīfe kommen und bei erwähnter Stiftung Inspektor und Haupt-Nāẓir sein. Nachdem er seinen Dienst (...) gehorsam ausgeübt hat, soll er täglich 8 Aḳçe erhalten. So sollen sie für die Seele des Stifters beständig beten und Solches wissen und meinem erhabenen Handzeichen folgen.
Aufgezeichnet in der letzten Dekade des Cemāẕī, dem (Ersten/Letzten) im Jahre 1172.
In der wohlbehüteten Stadt Konstantinopel.

247/62/c

(1) sa'ādetlü meveddetlü mekremetlü ḳarındaş-ı a'azzım aġa-yı celīl ül-ḳader ____ḥażretleriniñ (2) nādi-i sa'ādet iştimāllarına mezīd-i ta'ẓīm ve tevḳīr ile cevāhir-i da'vāt-ı ṣāfīyāt-i maḥabbet-niẓām itḥāfī (3) pürsiş-i ḫāṭır-ı 'āṭır sa'adet-maẓāhirlerile teẕyīl olunduḳdansoñra nümūde-'i muḫliṣi budur ki aġayān-ı enderūn-ı ḥażret-i v(elī 'n-nu'mādan) (4) 'Alī Beg bu esnāda bi-emrillāhi te'ālā fevt ve bir ḳız terk ėtmekle müteveffā-yı merḳūm fī 'l-aṣıl ketḫüda-yı sābıḳ merḥ-

670 Hier sind die Ämter für den Inspektor und den Haupt-Nāẓir gemeint.
671 Hier sind die Ämter für den Inspektor und den Haupt-Nāẓir gemeint.

(ūm) (5) Meḥmed Efendiniñ ḳulası olub merḥūm Meḥmed Efendiniñ oġlu necābetlü ʿAbdullāh Beg şerʿan ve lā-ṭarīḳiyle (müteveffā-yı) (6) merḳūmuñ ḳızıyla vāris̱ olub müteveffā-yı mezbūruñ ol ṭarafda olan cümle māl ve metrūkātını maʿrifet-i (şerʿ) (7) ve ol ṭarafda meʾmūr Mūsullı İsmaʿīl aġanıñ vekālet ve maʿrifetiyle ketb ve taḥrīr ve mez̠kūr müt(eveffānıñ) (8) mālı ve metrūkātını defter ėdüb bu cānibine irsāl eylemek meʾmūlıyla mektūb-ı meveddet taḥrīr ve irsā(l ėdüb) (9) in şāʾ Allāhü teʿālā lede 'l-vuṣūl müteveffā-yı merḳūmuñ (cümle eşyāsı) maʿrifet-i şerʿle ve aġa-yı merḳ(ūm) (10) vekāletiyle ketb ve taḥrīr ve defterini bu cānibe irsāl eylemegiz meʾmūldur
bāḳī eyyām-i ʿizzet-i dāʾim (...)
ʿÖmer müḥibb-i muḫliṣ ketḫüda-ı Baġdād ḥālā

247/62/c

Nachdem ich mit vermehrter Ehrung und Respektbekundung zur Glück umfassenden Ratsversammlung seiner Exzellenz meines illustren, großzügigen, glorreichen, hoch geschätzten Bruders____, Herr von überaus großer Fürsorge den Juwelen der aufrichtigen Einladungen zur Unterbreitung des geliebten Gesetzes eine Erkundigung nach seinem geschätzten Wohlergehen hinzugefügt hatte, gilt dem erwiesenen aufrechten Freund Folgendes:
Weil kürzlich einer der Aġas des inneren Kreises des Herrschers des Glücks, [namens] ʿAlī Beg auf Geheiß Gottes des Erhabenen verstarb und eine Tochter hinterließ und der Verstorbene ursprünglich Sklave des ehemaligen Ketḫüdas, des verstorbenen Meḥmed Efendi war, wurde der Sohn des verstorbenen Meḥmed Efendi, der edle ʿAbdullāh Beg scheriatsrechtlich und nicht über den Weg der Erbfolge gemeinsam mit seiner Tochter Erbe. Sämtliches dort vorhandene Vermögen und sämtlicher Nachlass des erwähnten Verstorbenen sollt Ihr mit Hilfe des Gerichts und des dortigen Vertreters, dem Mossuler İsmaʿīl Aġa verzeichnen und niederschreiben und das Vermögen des Verstorbenen und seinen Nachlass registrieren. Damit Ihr es erwartungsgemäß hierherschickt, ist der geliebte Brief geschrieben und geschickt worden. Wenn er – so Gott will – eintrifft, sollt Ihr sämtliche Dinge des erwähnten Verstorbenen mit Hilfe des Gerichts und durch erwähnten Aġa in der Vertretungsfunktion niederschreiben und verzeichnen und erwartungsgemäß an uns schicken.
Mögen die Tage der Macht ewig sein!
ʿÖmer geliebter treuer Freund, derzeitiger Ketḫüda von Baġdād.

247/62/d

nişān-ı şerīf-i ʿālīşān sāmī mekān-ı sulṭānī [ve] ṭuġra-ı ġarra-yı cihān-sitān-ı ḫāḳānī ḥükmü (oldur ki)
(1) Mārdīnde vāḳiʿ merḥūm Ḳāsim Padışāh evḳāfından olmaḳ üzere yevmī on aḳçe vaẓīfeye ber vech-i duʿāgū mutaṣ(arrıf) (2) olan ʿAbdürraḥmān Ḫalīfe kendü ḥüsn-i rıżāsıyla erbāb-ı istiḥḳāḳdan işbu rāfīʿ-i tevḳīʿ-i refīʿ üş-şān-ı <ḫāḳanī> şehr(iyār-ı) (3) ʿulemādan es-Seyyid ʿAbdürraḥīm zīde ʿilmehuya fāriġ ve ḳaṣr-ı yed ėdüb mezbūr daḫī her vecihle lāyıḳ ve maḥall ve müstaḥaḳḳ (4) olmaġın tevcīh olunub yedine berāt-ı şerfim vėrilmek bābında yedinde olan fāriġ mezbūruñ berātı (5) mūcibince nāʾibi es-Seyyid Meḥmed daḫī ʿarż ėtmeġin mezbūra ber vech-i muḥarrer ṣadaḳa ėdüb bu berāt-ı hümā(yūn) (6) saʿādetmaḳrūnı vėrdüm ve buyurdumki baʿd el-yevm mevlānā-yı mezbūr es-Seyyid ʿAbdürraḥīm zīde ʿilmehu (7) varub ẕikr olınan vaḳf-ı mezbūrdan almaḳ üzere fāriġ mezbūruñ mutaṣarrıf oldıġı yevmī (8) on aḳçe vaẓīfeye ber vech-i duʿāgū mutaṣarrıf olub vāḳifiñ rūḥı ve devām-ı ʿömr ve devletimçün duʿā(ya) (9) müdāvemet göstere şöyle bileler ʿalāmet-i şerīfe iʿtimād ḳılalar taḥrīren fī 'l-yevm et-tāsiʿ ʿaşr (10) şehr-i Ẕī 'l-ḳaʿde sene tisaʿ ve sittīn ve miʾe ve ʾelf
bi-ma(ḳām-ı) Ḳosṭ(anṭınīye) el-ma(ḥrūse)

247/62/d

Der Erlass des hohen, ehrwürdigen, illustren Zeichens des erhabenen sultanischen Ortes und brillianten, imperialen welterobernden Monogrammes (sei Folgender): ʿAbdürraḥmān Ḫalīfe, der von den in Mardin liegenden Stiftungen des heimgegangenen Ḳāsim Padışāh als Vorbeter ein Gehalt von 10 Aḳçe erhielt, verzichtete mit seiner Zustimmung zugunsten des Anspruchstellers der erhabenen Unterschrift herrscherlichen Ruhms der Rechtsgelehrten, eines der verdienten Männer, Seyyid ʿAbdürraḥīm – möge seine Weisheit zunehmen. Da Erwähnter in jeder Hinsicht geeignet und berechtigt ist, vertraue ich Erwähntem den Posten an. Um ihm den ehrwürdigen Berāt zu geben und da der Nāʾib, Seyyid Meḥmed darüber hinaus gemäß dem in seinen Händen befindlichen Berāt des Verzichtenden ein Gesuch unterbreitet hat, lasse ich Erwähntem wie geschildert Gnade zuteilkommen. Ich verleihe diesen imperialen mit Glück verbundenen Berāt und ordne an, dass von nun an unser erwähnter Mevlānā Seyyid ʿAbdürraḥīm – möge seine Weisheit zunehmen – kommt und als Vorbeter täglich 10 Aḳçe Gehalt, welches der erwähnte Verzichtende von erwähnter Stiftung erhielt, erhalten soll. So sollen sie für die Seele des Stifters sowie für die Dauer meines Lebens und meines Staates beständig beten und Solches wissen und meinem erlauchten Handzeichen Folge leisten. Eingetragen am 19. des Monats Ẕī 'l-ḳaʿde im Jahre 1169.
In der wohlbehüteten Stadt Konstantinopel.

247/62/e

(1) mefāḫir ül-ḳużāt ve 'l-ḥükkām maʿāden ül-fażāʾil ve 'l-kelām Diyārbekir eyāletinde vāḳiʿ Diyārbekir ṭuġancı başı (2) defterine tābıʿ olan yėrleriñ[!][672] ḳāżīleri zīde fażluhum tevḳīʿ-i refīʿ-i hümāyūn vāṣil olıcaḳ maʿlūm ola ki iftiḫār ül-emācid (3) ve 'l-ekārim bil-fiʿil ḫāṣṣa-ʾi çaḳırcı başı el-Ḥāc Meḥmed dāme mecduhu dersaʿādetime mühūrlü teẕkere gönderüb ẕikr (4) (o)lınan ḳażālarda vāḳiʿ ber mūcib-i defter-i ḫāḳānī berāt-ı şerīf ile taʿyīn olunmuş ḫāṣṣa-ʾi çaḳırcımda[!][673] (...) (5) (e)vlādları biñ yüz yetmiş bir ve yetmiş iki ve yetmiş üç senelerine maḥsūb olmaḳ üzere astāne-ʾi saʿādetime (6) (çaḳır) getürmeyüb yedlerinde mühürlü ve maʿmūlün bih edā-yı ḫiẕmet teẕkeresi olmıyan müslimānlardan yüz (7) (e)llişer aḳçe ve ẕimmīlerden üçyüz aḳçe mīrī-yi meredde behā [ve] rüsūmātı sāʾirelerin[!][674] ḳānūn-ı ḳadīm ve ola (8) gel(dikleri) üzere cemʿ ve taḥṣīl eylemek içün ḫāṣṣa-ʾi tuġancı başılarından ḳıdvet ül-emāṡil ve 'l-aḳrān (9) zīde ḳadruhu taʿyīn ve yedine emr-i şerīf vėrilmek ricāsına iʿlām ėtmeġin ẕikr olınan senelere (10) (maḥs)ūb olmaḳ üzere astāne-ʾi saʿādetime çaḳır getürmeyüb yedlerinde mühürlü ve maʿmūlün bih edā-yı ḫidmet-i (11) (teẕke)resi olmıyan müslimānlarından yüz ellişer aḳçe ve ẕimmīlerinden üçyüz aḳçe mīrī-yi meredde behāları (12) (ve r)esm-i kevāre ve resm-i ʿarūsāne ve ḫarc-ı cibāyet ve bād-ı hevā[675] ve beyt ül-māl ve sāʾir küllī ve cüzʾi (13) (ḥuḳūḳ ve) ve rüsūmların[!][676] ḳānūn-ı ḳadīm ve olageldügi üzere ṭuġancı başılar maʿrifetiyle cemʿ ve taḥṣīl (14) (eyley)üb ḫāṣṣa-ʾi çaḳırıñ ṭıʿme behā ve neferātlarınıñ mevācıblerine vėrilmek üzere evāmir-i şerīfe vėrilü (15) (gelmeġ)īn imdi ḳānūn üzere ʿamel olunmaḳ fermānım olmuşdur buyurdum ki ḥükm-i şerīfimle varduḳda bu bābda (16) (ṣād)ir olan emrim üzere ʿamel ėdüb daḫī seneyn-i meẕkūre maḥsūb olmaḳ üzere astāne-ʾi (17) (saʿ)ādetime çaḳır getürmeyüb yedlerinde mühürlü ve maʿmūlün bih edā-yı ḫiẕmet teẕkeresi vėrilmeyen müslimānlarından (18) (yüz)[?] ellişer aḳçe ve ẕimmīlerinden üçyüz aḳçe mīrī-yi meredde behā ve resm-i kevāre ve resm-i ʿarūsāne ve ḫarc-ı (19) (cibā)yet ve bād-ı hevā ve beyt ül-māl ve sāʾir küllī ve cüzʾi ḥuḳūḳ ve rüsūmların[!][677] ḳānūn-ı ḳadīm ve olageldügi (20) (üz)ere tuġanci başı-yı merḳūm maʿrifetiyle cemʿ ve taḥṣīl ve aḫẕ ve ḳabż ėtdirdüb muġāyir-i emr-i ʿalīşān (21) (...) ta-

672 yėrlerin
673 çāḳırçımda
674 sāʾireleriñ
675 Windgebühr, Hinweis darauf, dass das Gebiet serbest ist, vgl. Kurz (2003, S. 67.
676 rüsūmlarıñ
677 rüsūmlarıñ

ʿallül ve muḫālif ėtdirmiyesin şöyle bilesin ʿalāmet-i şerīfe iʿtimād ḳılasın taḥrīren el-yevm el-ʿaşrīn min şehr-i Muḥarrem el-ḥarām sene s̱elās̱e ve sebaʿīn ve miʾe ve ʾelf
Ḳosṭantınīye el-maḥrūse

247/62/e

Berühmtheiten der Kadis und Richter, Quell der Beredsamkeit und des Wortes – Kadis der Orte, die zum Defter des in der Provinz Diyārbekir sitzenden Haupt-Falkners *(ṭuġancı başı)* gehören – möge ihre Größe zunehmen! Sobald das edle, großherrliche Namenszeichen eintrifft, sei Folgendes kund: Wobei einer der Berühmtheiten der Ruhmvollsten und Mächtigen, Ḥāc Meḥmed – möge sein Ruhm andauern – der der Haupt-Falkner *(çaḳırcı başı)* der Domäne ist, in der Tat an meine Schwelle des Glücks einen gestempelten Berechtigungsschein geschickt hat, ist er in den erwähnten Gerichtssprengeln gemäß dem ehrwürdigen Defter mit einem gültigen edlen Berāt ernannt worden. Weil er als einer der Haupt-Falkner *(ṭuġancı başılar)* der Domäne das Vorbild der Gleichgestellten und Ranggenossen – möge seine Macht zunehmen – auf sein Ersuchen, zu dessen Händen ihm den ehrwürdigen Befehl zu geben und dies amtlich bekannt zu machen, bestimmt wurde, von den Muslimen, die hierzu keinen gesiegelten Bestätigungsschein haben, dass sie keinen Dienst abgeleistet haben, 150 Aḳçe in Einem und von den Ẕimmīs 300 Aḳçe Gebühren Miri-Einkommensgeld und weitere Gebühren, so wie sie nach alter Regelung schon immer eingingen, einzusammeln und einzunehmen, wobei darüber hinaus die Abkömmlinge (...) in der Dömäne meines Falkners, gerechnet über die Jahre 1171 und 72 und 73 an meine Schwelle des Glücks keine (Falken) gebracht haben, ist es mein Fermān, mittels der ehrwürdigen Befehle, die stets eintrafen, von den Muslimen 150 Aḳçe in Einem und von den Ẕimmīs 300 Aḳçe Gebühren Miri-Einkommensgeld (sowie) Wiegengeld, Brautgeld, Steuererhebungsgebühr, Windgebühr, Schatzkammergeld und weitere Gebühren ganz oder teilweise nach alter Regelung so wie sie schon immer eingingen, mit Hilfe der Haupt-Falkner *(ṭuġancı başılar)* zu sammeln und einzunehmen, um das Essensgeld und die Löhne der Leute der Falken-Domäne zu bezahlen und dies jetzt nach dem Gesetz in die Tat umzusetzen, solange sie in den eingerechneten erwähnten Jahren an meine Schwelle des Glücks keine (Falken) gebracht haben und hierzu keine gesiegelten Bestätigungsscheine haben, dass sie ihren Dienst abgeleistet haben. So ordne ich Folgendes an: Sobald mein ehrwürdiger Befehl eintrifft, sollst Du von den Muslimen 150 Aḳçe in Einem und von den Ẕimmīs 300 Aḳçe Gebühren Miri Einkommensgeld, Wiegengeld, Brautgeld, Steuererhebungsgebühr, Windgebühr, Schatzkammergeld und weitere Gebühren ganz oder teilweise nach alter Regelung so wie die

Gebühren schon immer eingingen, mit Hilfe des erwähnten Haupt-Falkners *(ṭuġancı başı)* einsammeln und einnehmen lassen, solange sie an meine Schwelle des Glücks in den eingerechneten erwähnten zwei Jahren keine (Falken) gebracht haben und hierzu keine gesiegelten Bestätigungsschein haben, dass sie ihren Dienst abgeleistet haben und wobei Du hinsichtlich dem hierzu eröffneten Befehl handeln sollst. Du sollst nicht entgegen dem hohen Befehl (...) Ausflüchte vornehmen und diesem widersprechen und sollt Solches wissen und dem erlauchten Handzeichen Folge leisten.
Eingetragen am 10. Tag des Monats des geheiligten Muḥarrem des Jahres 1173.
In der wohlbehüteten Stadt Konstantinopel.

247/62/f

(1) (medīne-ʾi) Mārdīnde sābıḳan meẕʾūn bil-iftā müderrisīn-i (2) (muslimīnden)[?] ʿizzetmeʾab fażīlet-nıṣāb es-Seyyid Aḥmed Efendi dāme mükerremen (3) (baʿd et)-taḥīye el-vāfīye inhā olunur ki medīne-ʾi mezbūrede ümūr-ı iftā ṭarāf-ı (4) (de)vlet-i ʿalīyeden Mārdīn ʿulemāsından Ebū Bekir efendiye bundan aḳdem tefvīż olunub (5) (meẕ)ʾunen ḫiẕmet meʾmūresine ʿāzimen astāne-ʾi ʿalīyeden gelürken isnāʾ-ı rāhda bi-emrillāhi teʿālā (6) (vef)āt ėdüb ḫiẕmet-i iftā muʿaṭṭal ḳalmaġla ḥattā[!][678] Bekiriñ ehlīyet ve istiḥḳāḳı iḫbār olunmamaḳdan nāşī (7) (ḫiẕmet-i)[?] (müte)veffā-yı mezbūruñ maḫlūlundan emr iftāsında tefvīż olunmaḳ niyāzıyla der devletmedāra ʿarż ve iʿlām olunmayub (8) (i)ẕn-i mektūbī ẓuhūrına[!][679]degin emr-i iftā ḫidmetinde ḳıyām eylemegiz bābında ṣavb-ı şerʿ-i ḳavīmden bil-iltimās mürāsele (9) (ış)dār ve irsāl olunmuşdur vuṣūlunda ḫiẕmet-i meẕkūrede ṣadāḳat ve istiḳāmet üzere ḳıyām ėdüb ḫilāf-ı şerʿ-i ḳavīm (10) (ḥa)reketden tevaḳḳī ve mücānebet eyliyesin
fī 23 ṣ [Ṣafar ül-ḫayr] sene 1173
Ḥasan el-mevlāḫilāfe bi-medīne-ʾi Āmid el-maḥmīye ḥālā

247/62/f

Einem der in der (Stadt) Mardin zum Rechtsgutachten-Erstellen autorisierten (muslimischen) Lehrer – Mittelpunkt der Ehre, dessen Würde auf dem Verdienst beruht – Seyyid Aḥmed Efendi – möge er geehrt bleiben – sei nach zahlreichen Grüßen mitgeteilt: In der erwähnten Stadt sind vor einiger Zeit die Angelegenheiten des Rechtsgutachten-Erstellens seitens des hohen Staates an einen der Rechtsgelehrten Mardins, Ebū (Bekir) Efendi übertragen worden. Als er sich von

678 caṣā
679 ẓihrine

der imperialen Schwelle kommend autorisiert zu seinem beauftragten Posten aufmachte, ist er unterwegs auf Geheiß Gottes verstorben. Da der Posten des Rechtsgutachten-Erstellens unbesetzt blieb, was dazu führte, dass, weil über die Eignung und Berechtigung von Bekir nicht berichtet wurde, auch das Ersuchen, wegen des unbesetzten Postens des Verstorbenen den Posten der Angelegenheiten des Rechtsgutachten-Erstellens zu übertragen, dem Mittelpunkt des Staates nicht unterbreitet und berichtet worden ist, ist bis zum Auftauchen des Erlaubnisschreibens, damit Ihr den Dienst fortführt, vom rechten Weg des Scheriatsrechts ein richterliches Ernennungsschreiben herausgegeben und geschickt worden. Bei seinem Eintreffen sollst Du erwähnten Dienst getreu und aufrichtig fortführen und Dich vor widerspenstigem Verhalten gegenüber dem mächtigen Scheriatsrecht hüten und vorsehen.
Am 23. [glückbringenden Ṣafar] im Jahre 1173.
Ḥasan, richterlicher Amtsinhaber der wohlbehüteten Stadt Āmid.

247/62/g

(1) ḥālā Mārdīnde ʿumde ül-fużalāʾ sābıḳan meẕʾūn bil-iftā Seyyid Aḥmed Efendi zīde ʿilmehu (2) (in)hā olunur ki bu defʿa ḥālā Mārdīn voyvodası ʿOs̱mān Aġanıñ ṭarafımıza baʿż-ı taḥrīrātı vürūd ve mefhūmunda bu es̱nāda Mārdīnde (3) (ḫiz-met-i fetv)āsı cānib-i devlet-i alīyeden Ebū Bekir Efendi nāmında bir kimesneye tevcīh olunub efendi-ʾi mūmā ileyh gelürken es̱nāʾ-ı rāh(da) (4) (fevt ol)ub ve ḫiẕmet-i fetvā maḥlūl ḳalmaġla seniñ ḫidmet-i meẕkūreye liyāḳat ve istiʿdād ve şāyeste-ʾi mürāʿāt olunmaġla (5) (vo)yvoda-ı mūmā ileyh ṭarafımıza ʿarż ve iʿlām ve ahālī daḫī bir ḳıṭʿa maḥżarlarıyla inhā ve iḫbār ėtmeleriyle ḫidmet-i (6) (meẕ)-kūre saña tevcīh olunmaḳiçün ḳarīben ṭarafımızdan cānib-i ʿalīyeye taḥrīr olunmaḳ üzere <olmaġla> ṭaraf-ı devlet-i ʿalīye (7) (le)de 'l-ittiṣāldan fetvā-yı menşūrı vürūd ėdinceye degin sen ḫiẕmet-i fetvāda ḳıyām ve ihtimām eylemememek (8) (bābı)nda buyuruldı taḥrīr ve ıṣdār____ve irsāl olunmuşdur vuṣūlunda gerekdir ki (9) (vech-i meş)rūḥ üzere senden[!][680] vürūd ėdinceye dek ḫidmet-i iftāda ḳıyām ve ihtimām ve saʿī (...) (10) (...) mūcib-i buyurulduyla ʿamel ve ḥareket eyliyesin deyü
buyuruldu fī 15 rā [Rebīʿ ül-evvel] sene 1173

680 sendeñ

247/62/g

Dem derzeitig in Mardin weilenden Pfeiler der Tugendreichen Seyyid Aḥmed Efendi – möge seine Weisheit zunehmen –, der früher autorisiert war, Rechtsgutachten zu erstellen, sei Folgendes mitgeteilt: Nun sind vom derzeitigen Voyvoda von Mardin an uns einige Dokumente eingetroffen, aus denen ersichtlich war, dass derzeit der Posten des Rechtsgutachten-Erstellens in Mardin seitens des Hohen Staates jemandem namens Ebū Bekir Efendi übertragen wurde. Als erwähnter Efendi kam, ist er unterwegs verstorben. Da der Posten des Rechtsgutachten-Erstellens unbesetzt blieb, und weil Du erwähnten Posten verdient hast, talentiert bist und es wert bist, erwogen zu werden, hat erwähnter Voyvoda dies uns unterbreitet und mitgeteilt und der Bevölkerung darüber hinaus einen Auszug in ihrem Beisein bekannt gegeben, dass, um erwähnten Posten Dir zu übertragen, in Kürze von uns an die erhabene Seite geschrieben wird <...> und dass Du, bis vom hohen Staat gemäß Mitteilung die Ernennungsurkunde eintrifft, den Posten der Fetvā-Erstellung fortsetzen und sorgfältig durchführen sollst. Hierzu ist der Buyuruldu verzeichnet, erteilt und____und geschickt worden. Bis zu seinem Eintreffen ist es notwendig, dass Du wie beschrieben den Posten des Rechtsgutachten-Erstellens sorgsam und bestrebt (...) durchführst und gemäß dem Buyuruldu verfährst und handelst.
Angeordnet am 15. [Rebīʿ dem Ersten] im Jahre 1173.

247/63/a

(1) Defter oldur ki biñ yüz yetmiş iki senesi māh-ı Receb el-ferdiñ[!][681] ġurresinden biñ yüz yetmiş üç senesiniñ māh-ı Rebīʿ ül-(evvel/aḫır)[?] (2) on ṭoḳuzuncu gününe degin yetmiş üç senesine maḥsūben ḥālā Diyārbekir vālīsi devletlü ʿināyetlü ʿAbdullāh Paşa Efendi ḫaż(retleri) (maḥsūb) (3) olan iki taḳsīṭle imdād-ı ḥażarīye aḳçesi ve ḫidmet mübāşirīyesi ve yetmiş iki senesine maḥsūben sālyāne olan aḳçesinden (bāḳī) (4) ḳalan aḳçe ve mezkūr sālyāne aḳçesinden (mümteniʿ) 'l-ḥuṣūl olan aḳçe ve ḥālā Mūṣul vālīsi devletlü Nuʿmān Paşa ḥażretler(ine) (5) bi-ġayr ez ḳoyun ve revġan vėrilen beş [günlük] ẕaḫīre ve pīşkeş behā ve ḥālā Rūhā vālīsi devletlü Ḥuseyn Paşa ḥażr(etleri) (6) ṭaraflarından devletlü ʿināyetlü evlīyā-yı naʿm efendimiz ḥażretlerine (ihdā) olınan atlara Nuṣaybīnden Mūṣula degin mülkinden keş(īde) (7) ücret ve yine müşār ileyh Rūhā vālīsi ḥażretleri ṭarafından Millī Maḥmūd[682] üzerine gelen ʿaskere ḥınṭa ve şaʿr-ı beh(ā) (8) maṣārifāt-ı lāzime sālyāne olunmaḳ bābında devletlü ʿināyetlü velī 'n-naʿm efendimiz ḥażretleri

681 ferdī
682 Millī Mahmud, kurdischer Stamm aus Diyarbekir und Rakka. Vgl. Türkay (2001), S. 109.

ṭaraf-ı bāhir üş-şereflerinden ḥā(lā) (9) Mārdīn voyvodası saʿādetlü ʿOs̱mān Aġa ḥażretlerine ḫiṭāben ıṣdār ve irsāl buyurılan buyuruldı-ı emr-i ʿā(līleri) (10) mūcibince maʿrifet-i şerʿ ve 'l-ʿulemāʾ ve āʿyān ve ahālī ve bil-cümle reʿāyā maʿrifetleriyle ḥesāb olunub tevzīʿ olınan sāl(yāne) (11) defterdir vech-i ātī üzere müfredātıyla ẕikr ve beyān olunur
fī 19 Rebīʿ ül-evvel sene 1173

ʿaşīret-i	Kīkī	ġuruş	1250
ʿaşīret-i	Sürgücü[683]	ġuruş	1800
ʿaşīret-i	Ṭuraclu[684]	ġuruş	250
ʿaşīret-i	Şāh Pesend	ġuruş	900
ʿaşīret-i	Şühürkān[685]	ġuruş	130
ʿaşīret-i	Şeyḫānlı Meḥmed maʿ Ḫānāt-ı (...)	ġuruş	70
ʿaşīret-i	Deḳḳorī	ġuruş	15
ʿaşīret-i	Dāyşī	ġuruş	15
ʿaşīret-i	Ḳalenderān	ġuruş	50
ʿaşīret-i	Pīrān ʿAlī	ġuruş	50
ḳarye-ʾi	Kūllū	ġuruş	240
ḳarye-ʾi	Selaḫ	ġuruş	90
ḳarye-ʾi	Mezraʿa	ġuruş	20
ḳarye-ʾi	Dakūk	ġuruş	80
ḳarye-ʾi	Tüfāḥī	ġuruş	45
ḳarye-ʾi	Ḳūs	ġuruş	35
ḳarye-ʾi	Yüz Ḳaṭar	ġuruş	25
ḳarye-ʾi	ʿArabān	ġuruş	175
ḳarye-ʾi	Tīmār Mişkī	ġuruş	150
	Aġrās s̱elās̱e	ġuruş	230
ḳarye-ʾi	(Behfīnī)[?]	ġuruş	10
ḳarye-ʾi	Ḫavāş Mişkī	ġuruş	60
ḳarye-ʾi	(Dīrkī)[?] Mişkī	ġuruş	75
ḳarye-ʾi	Ḫavārūk	ġuruş	85
ḳarye-ʾi	Tārīn	ġuruş	110
ḳarye-ʾi	ʿAin Brūd	ġuruş	100
ḳarye-ʾi	Şümrüḳ	ġuruş	200
ḳarye-ʾi	Rişmil	ġuruş	75
ḳarye-ʾi	Bullūkān	ġuruş	60
ḳarye-ʾi	Mindilkān	ġuruş	100
ḳarye-ʾi	Cūzāt	ġuruş	90
ḳarye-ʾi	Mīḳrī	ġuruş	100

683 Ein in Mardin ansässiger kurdischer Stamm der Konar-Göçer. Vgl. Türkay (2001), S. 586.
684 Kurdischer Stamm aus dem Sancak Mardin. Vgl. Türkay (2001), S. 627.
685 Kurdischer Stamm aus dem Sancak Mardin. Vgl. Türkay (2001), S. 131.

ḳarye-ʾi	Benābil	ġuruş	400
ḳarye-ʾi	Ḳıbāle	ġuruş	30
ḳarye-ʾi	Taḫūm	ġuruş	85
ḳarye-ʾi	Bilālī	ġuruş	60
ḳarye-ʾi	İbrāhīmīye	ġuruş	10
ḳarye-ʾi	Rammākī	ġuruş	60
ḳarye-ʾi	Ḳaşr Mezrūḳ	ġuruş	85
ḳarye-ʾi	Ḳara Dere	ġuruş	220
ḳarye-ʾi	Kocḥiṣār	ġuruş	100
ḳarye-ʾi	Ḳalʿat ül-Merʾe	ġuruş	50
ḳarye-ʾi	Ḳūrk	ġuruş	20
ḳarye-ʾi	ʿAin Mişmiş	ġuruş	35
ḳarye-ʾi	Manṣūrīye	ġuruş	75
ḳarye-ʾi	Tūmuk	ġuruş	35
çiftlik	Deyr Hilye	ġuruş	35
çiftlik	(Buyre)[?]	ġuruş	30
ḳarye-ʾi	ʿÖmer Şeyḫū	ġuruş	20
ḳarye-ʾi	Davd Alī (...)	ġuruş	20
ḳarye-ʾi	Tīl (...)	ġuruş	10

ḥiṣṣe-i ẕimmīyāndir nefs-i şehr	ġuruş	1350
cemʿan yekūn	ġuruş	9415
yalñız ṭoḳuz biñ dörtyüz on beş ġuruşdur tevzīʿ şüde		

(Randnotiz)

حرر و وضع[!][686] بمعرفة العلماء و الاعيان و الاهالى السيد عبد الرحيم المولاخلافة بمدينة ماردين المحروسة حرسها الله

(Legalisierungsformel)

نمقه الفقير اليه عز شأنه و تعالى

(Stempel)

247/63/a (zweiter Teil auf 247/63, linke Seite)

fī beyān il-maṣārifāt	ġuruş
yetmiş iki tārīḫinde reʿāyāya tevzīʿ olınan menāzil sālyānesi aḳçesinden ber-mūcib-i mürāsele-i Vaʿiẓ Efendi bāḳī ḳalan aḳçedir	1000
ḥālā Diyārbekir vālīsi devletlü ʿAbdullāh Paşa ḥażretlerine ʿan iki taḳsīṭ-i sālyāne olınan aṣl-ı māl-ı ḥażarīye maʿ ḫidmet-i mübāşir aḳçesidir	2800
yine yetmiş iki tārīḫinde reʿāyaya tevzīʿ olınan sālyāne aḳçesinden mümteniʿ ül-ḥuṣūl olan aḳçedir	2119

686 وزع

ḥālā Mūṣul vālīsi devletlü Nuʿmān Paşa ḥażretlerine bi-ġayr ez ḳoyun ve revġan beş günlük ẕaḫīre[!][687] ve pīşkeş behā ve ẕaḫīre-i mübāşirīye-i ḫidmet mülkinden keşīde ücret	1993
ḥālā Rūhā vālīsi devletlü Ḥuseyn Paşa ḥażretlerinden devletlü evlīyā-yı naʿm efendimize ihdā olınan ātlara Nuṣaybīnden Mūṣula mülkinden keşīde ücret	80
yine müşār ileyh Rūhā vālīsi ṭarafından Millī Maḥmūd üzerine taʿyīn olınan ʿaskere ḥınṭa ve şaʿīr aḳçesidir	663
sāʾir maṣārifāt-ı lāzimeniñ aḳçesidir ḥīn-i tevzīʿde bil-cümle ahālī ve reʿāyā maʿrifet ve rıżālarıyla bu maḥalla ḳayd şüde	599
berā-yı ḳāżī efendi	50
berā-yı kitāb-ı meḥkeme	10
berā-yı kitāb-ı serāy	100
yalñız ṭoḳuz biñ dörtyüz on beş ġuruşdur	9415

(*Randnotiz*)

حرر و وضع[!][688] بمعرفة العلماء و الاعيان و الاهالى السيد عبد الرحيم المولاخلافة بمدينة ماردين المحروسة

(*Legalisierungsformel*)

نمقه الفقير اليه عز شأنه

(*Stempel*)

247/63/a

Der Sachverhalt ist Folgender: Gerechnet vom Ersten des Monat Receb dem Einzigen des Jahres 1172 bis zum 19. Tag des Monats Rebīʿ, dem ersten des Jahres 1173 sind dies die Aḳçe, die seine Exzellenz der derzeitige Vali von Diyārbekir, der illustre, gnadenreiche ʿAbdullāh Paşa Efendi, die er als Aḳçe der Friedenshilfsgelder in zwei Raten, sowie als Beauftragtengebühren und verbleibende Aḳçe, die von den bis zum Jahr 72 gerechneten Jahressteuer-Aḳçe abgezogen werden, sowie die Aḳçe, derer man von den erwähnten Jahressteuer-Aḳçe noch nicht habhaft werden konnte, berechnet. Hinzu kommt noch, dass an den Vali von Mossul, den illustren Nuʿmān Paşa, neben Weiterem wie Fünf-Tages-Vorratsgeld für Schafe und Fett sowie dem Geschenkegeld für seine Exzellenz, und den von seiner Exzellenz, dem derzeitigen Vali von Rūhā – illustrer Ḥuseyn Paşa – für die für unseren illustren, gnadenreichen Herrscher des Glücks von Nuṣaybīn nach Mossul gebrachten Pferde dies die von seinem Vermögen abgezogene Gebühr ist. Dazu kommt noch Weizen- und Gerstengeld für die seitens der von erwähnter Exzellenz, dem derzeitigen Vali von Rūhā, gegen den Stamm der Millī Maḥmūd

687 ẕaḫīr
688 ودع

entsandten Truppen. Weil sich aus diesen notwendigen Ausgaben die Jahressteuer zusammensetzt, ist gemäß dem Buyuruldu des imperialen Fermāns von evidenter hochgeschätzter Seite, unserem Herrscher des Glücks, der an seine Exzellenz, den derzeitigen Voyvoda von Mardin gerichtet, herausgegeben und geschickt zu werden befohlen wurde, dies das Register, das mit Hilfe des Gerichts und der Rechtsgelehrten, Notabeln, Einwohner und Untertanen alles berechnet und im Einzelnen im Folgenden dargelegt wird.
Am 19. Rebīʿ dem Ersten im Jahre 1173.

Stamm	Kīkī	Ġuruş	1250
Stamm	Sürgücü	Ġuruş	1800
Stamm	Ṭuraclu	Ġuruş	250
Stamm	Şāh Pesend	Ġuruş	900
Stamm	Şühürkān	Ġuruş	130
Stamm	Şeyḫānlı Meḥmed und Ḫānāt-ı (...)	Ġuruş	70
Stamm	Dekkorī	Ġuruş	15
Stamm	Dāyşī	Ġuruş	15
Stamm	Ḳalenderān	Ġuruş	50
Stamm	Pīrān ʿAlī	Ġuruş	50
Dorf	Küllū	Ġuruş	240
Dorf	Selaḫ	Ġuruş	90
Dorf	Mezraʿa	Ġuruş	20
Dorf	Dakūk	Ġuruş	80
Dorf	Tufāḥī	Ġuruş	45
Dorf	Ḳūs	Ġuruş	35
Dorf	Yüz Ḳaṭar	Ġuruş	25
Dorf	ʿArabān	Ġuruş	175
Dorf	Tīmār Mişkī	Ġuruş	150
	Aġrās s̱elās̱e	Ġuruş	230
Dorf	(Behfīnī)[?]	Ġuruş	10
Dorf	Ḫavāş Mişkī	Ġuruş	60
Dorf	(Dīrkī)[?] Mişkī	Ġuruş	75
Dorf	Ḫavārūk	Ġuruş	85
Dorf	Tārīn	Ġuruş	110
Dorf	ʿAin Brud	Ġuruş	100
Dorf	Şümrüḳ	Ġuruş	200
Dorf	Rişmil	Ġuruş	75
Dorf	Bullūkān	Ġuruş	60
Dorf	Mindilkān	Ġuruş	100
Dorf	Cuzāt	Ġuruş	90
Dorf	Mīḳrī	Ġuruş	100
Dorf	Benābīl	Ġuruş	400
Dorf	Ḳıbāle	Ġuruş	30

Dorf	Taḫūm	Ġuruş	85
Dorf	Bilālī	Ġuruş	60
Dorf	İbrāhīmīye	Ġuruş	10
Dorf	Rammākī	Ġuruş	60
Dorf	Ḳaṣr Mezrūḳ	Ġuruş	85
Dorf	Ḳara Dere	Ġuruş	220
Dorf	Koçḥiṣār	Ġuruş	100
Dorf	Ḳalʿat ül-Merʾe	Ġuruş	50
Dorf	Ḳūrk	Ġuruş	20
Dorf	ʿAin Mişmiş	Ġuruş	35
Dorf	Manṣūrīye	Ġuruş	75
Dorf	Tūmuk	Ġuruş	35
Gutshof	Deyr Hilye	Ġuruş	35
Gutshof	(Buyre)[?]	Ġuruş	30
Dorf	ʿÖmer Şeyḫū	Ġuruş	20
Dorf	Davd Alī (...)	Ġuruş	20
Dorf	Tīl (...)	Ġuruş	10

Anteil für die Ẕimmīs, im selben Monat	Ġuruş	1350
Insgesamt	Ġuruş	9415
Nur neuntausendvierhundertfünfzehn Ġuruş werden umgelegt		

(*Randnotiz*)

Aufgezeichnet und dargelegt mit meiner Kenntnis und der Kenntnis der Rechtsgelehrten, Notabeln und Einwohner, Seyyid ʿAbdürraḥīm, richterlicher Amtsinhaber in der beschützten Stadt Mardin, möge sie Gott beschützen.

(*Legalisierungsformel*)

Geschrieben hat es derjenige, der seiner – groß und allmächtig sei sein Ruhm – bedurfte.

Dargelegte Ausgaben	Ġuruş
Von den Aḳçe der Jahressteuer für die Poststationen, die in der Zeit von 72 auf die Untertanen umgelegt wurden, die gemäß den Schreiben von Vaʿiẓ Efendi verbleiben	1000
Für die zweite Jahressteuerrate von den gesamten Aḳçe der Friedenshilfsgelder-Einnahmen zusammen mit dem Beauftragten-Lohn an seine Exzellenz, den derzeitigen Vali von Diyārbekir, illustrer ʿAbdullāh Paşa	2800
Darüber hinaus die Aḳçe von den in der Zeit von 72 auf die Untertanen umgelegte Jahressteuer-Aḳçe, derer man nicht habhaft werden konnte	2119
Für Weiteres wie Rinder-, Fett-, Fünf-Tages-Vorratsgeld sowie Geschenkegeld und Getreide für den Beauftragtendienst für seine Exzellenz, den derzeitigen Vali von Mossul, den illustren Nuʿmān Paşa, die von dessen Besitz abgezogene Gebühr	1993
Für die Pferde, die von seiner Exzellenz, derzeitiger Vali von Rūhā, illustrer Ḥuseyn Paşa, von Nuṣaybīn nach Mossul gebracht wurden, die von dessen Besitz abgezogene Gebühr	80

Darüber hinaus Weizen und Gersten-Akçe für die seitens des erwähnten Vali von Rūhā gegen *(den Stamm der)* Millī Maḥmūd geschickten Truppen	663
Akçe für weitere notwendige Ausgaben, die zum Zeitpunkt der Umlage mit Kenntnis und Zustimmung der Einwohner und Untertanen an dieser Stelle verzeichnet wurden	599
Für den Richter Efendi	50
Für die Gerichtsakte	10
Für die Verwaltungsakte *(kitāb-ı serāyı)*	100
Nur neuntausendvierhundertundfünfzehn Ġuruş	9415

(*Randnotiz*)
Aufgezeichnet und dargelegt mit meiner Kenntnis und der Kenntnis der Rechtsgelehrten, Notabeln und Einwohner, Seyyid ʿAbdürraḥīm, Richter der wohlbehüteten Stadt Mardin.

(*Legalisierungsformel*)
Geschrieben hat es derjenige, der seiner – groß sei sein Ruhm – bedurfte.

(*Stempel*)

247/63/b

(1) defter oldur ki Mārdīnde Zeytūn maḥallesinde sākin iken bi-emrillāhi teʿālā fevt olan Nuṣaybīn ḳāżīsi es-Seyyid ʿAbdülbāḳī Efendi bin Meḥmed Çelebi (2) nām merḥūmuñ verāṣetini aṣḥāb-ı furūżdan zevcesi Ḫadīce Ḫātūn bint Ḥāc Muṣṭafā Efendi ve vālidesi Ḫadīce bint (3) Seyyid Meḥmed ve ʿaṣbāndan[689] iki kebīr oğlu ʿAbdülġanī ve mefḳūd oğlu Ḫalīl ve ṣaġīr oğlu ʿAbdülġafūr ve ṣaġīre ḳızları (4) ʿĀīşe ve Ümmetullāh ve Medīne nām kimesnelere inḥiṣārı lede 'ş-şerʿ il-enver ẓāhir ve nümāyan olduḳdansoñra (5) aṣıl mesʾelesi[!][690] yirmi dört ve taṣḥīḥi bu ikiyüz on altı sehmdan olub zevce-i merḳūmeye farżīyet (6) (ṭ)arīḳiyle s̱emen olmaḳ üzere yirmi yedi sehm ve umm-ı mezbūreye yine farżīyet ṭarīḳiyle südüs olmaḳ üzere (7) (o)tuz altı sehm ve her ibne otuz dört sehm ve her binte on yedi sehm iṣābeti taḥaḳḳuḳundansoñra (8) (ibn-i) mefḳūd mezbūruñ üzerine ḳayyım ve ṣaġīr ḳızlar merḳūmūna vaṣī naṣb ve taʿyīn olınan merḳūm ʿAbdülġanī (9) maʿrifetiyle bit-ṭaleb müteveffā-yı merḳūmuñ bil-cümle metrūkāt ve muḫallefātını maʿrifet-i şerʿle taḳvīm olunub (10) āʿyān ve es̱mānıyla vech-i ātī üzere ẕikr ve beyān olunur taḥrīren fī 'l-yevm et-tāsīʿ ve aʾşrūn şehr-i Rebīʿ-i evvel sene 1173

orṭa ḫalı	ʿaded 1	
ve seccāde ḫalı	ʿaded 1	ḳıymet ġuruş 6½

689 Mittelbare Verwandtschaft, die nur das Resterbe ausbezahlt bekommt.
690 meslesi

yan	şuḳḳa 2	
ve şilte muʿaḳḳad	çift 1	ḳıymet ġuruş 5
ḳadīm yasdıḳ	ʿaded 4	
ve çit	ʿaded 6	ḳıymet ġuruş 7
ḥaṣīr ve şemʿdān	ʿaded 1	ḳıymet ġuruş 3/4?
(şi)lte yasdıḳ	ʿaded 6	
ve mübettel yorġan	ʿaded 2	ḳıymet ġuruş 4½
çit yorġan	ʿaded 2	
ve döşek	ʿaded 3	
ve minder	ʿaded 2	ḳıymet ġuruş 8¾?
ḳelīm	ʿaded 1	
ve şaḳḳa	ʿaded 1	
ve şilte muʿaḳḳad	ʿaded 1½	ḳıymet ġuruş 3, 1 rubaʿ
(...) (mīşīnli)[!][691] ḫarci	ʿaded 1	
ve ḳaplıḳ[!][692]	ʿaded 2	
ve kelīm	ʿaded 1	ḳıymet ġuruş 4½
kelīm	şıḳḳe 3	
ve (...)	ʿaded 1	
ve tüfenk	ʿaded 1	ḳıymet ġuruş 5, 1 rubaʿ
şaġīr ḳahve ibrīġi	ʿaded 2	
ve el ibrīġi	ʿaded 1	ḳıymet ġuruş 1½
(...) ṭabaḳı	ʿaded 1	
ve faġfur fincān	ʿaded 6	
ve sīm ẓarf	ʿaded 3	
ve süz	ʿaded 1	ḳıymet ġuruş 4 rubaʿ 1
sīm çubuḳ	ʿaded 5	ḳıymet ġuruş 4
kitāb mecmūaʿī		ḳıymet ġuruş 50
çīnī fincān	ʿaded 6	
ve sīm ẓarf	ʿaded 5	ḳıymet ġuruş 4
cübnī kāse	ʿaded 3	
ve ṭabaḳ	ʿaded 1	ḳıymet ġuruş 1
billūr şūşe	ʿaded 2	ḳıymet ġuruş 8¼
aġzī sīm-i gulābdān	ʿaded 1	ḳıymet ġuruş 1
şām ḳılıç	ʿaded 1	ḳıymet ġuruş 10
sincāb (...) şālına (...)	ʿaded 1	ḳıymet ġuruş 20
(...) paçe[693] kürk	ʿaded 1	ḳıymet ġuruş 10
kakım abdest kürki köhne	ʿaded 1	ḳıymet ġuruş 8
yeşil ṣūf ferace[694]	ʿaded 1	ḳıymet ġuruş 5½
ḳırmızı şālı biniş	ʿaded 1	ḳıymet ġuruş 5

691 mīşinli
692 ḳapuluḳ
693 Pelz von Schenkeln und Pfoten von Tieren.
694 Außenumhang bzw. Mantel eines bestimmten Stils.

(...) abdest kürkü	ʿaded 1	ḳıymet ġuruş 1 rubaʿ 1
yeşil çuḳaya ḳablu nāfe ferace	ʿaded 1	ḳıymet ġuruş 14 rubaʿ 1
sīm sāʿat	ʿaded 1	ḳıymet ġuruş 10
köhne çaḳşur	ʿaded 1	
ve ṣarı ḫalālīye[695] ḳaftān	ʿaded 1	ḳıymet ġuruş 3
ḳuşaḳ	ʿaded 1	
ve çit boġça	ʿaded 1	ḳıymet ġuruş 1 rubaʿ 1
ḳavuḳ	ʿaded 2	
maʿ destār	ʿaded 1	ḳıymet ġuruş 1
oṭa ḫalı	ʿaded 1	
ve ḫalı seccāde	ʿaded 1	
ve bān	ʿaded 2	ḳıymet ġuruş 5
şilte maḳʿad	çift 1	
ve (sedirbaşı)[?]	(çift) 1	ḳıymet ġuruş 4½
seccāde	ʿaded 1	
ve kelīm	şuḳḳa 1	
ve ḥaṣīr		ḳıymet ġuruş 1
peş taḫta	ʿaded 1	
ve ördek demir	çift 1	ḳıymet ġuruş 1½
köhne ḫalı	ʿaded 1	
ve cacim	ʿaded 1	ḳıymet ġuruş 2½
kebīr sīnī	ʿaded 1	ḳıymet ġuruş 10
kuzı tenceresi	ʿaded 1	ḳıymet ġuruş 6

247/63/b (zweiter Teil auf 247/64, rechte Seite)

kaḳır ṣaḥn	ʿaded 8	
ve ṣaġīr (...)	ʿaded 4	
ve ṭabaḳ	ʿaded 3	ḳıymet ġuruş 3½
ṣaġīr ṭencere ve ḳapaḳ	ʿaded 3	ḳıymet ġuruş 3 rubaʿ 1
yoġurt[!][696] saṭlı	ʿaded 1	ḳıymet ġuruş 1 rubaʿ 1
süzgeç	ʿaded 1	
ve ṭābe	ʿaded 1	
ve ṣaġīr gügüm	ʿaded 1	
ve kefçe	ʿaded 1	
ve ṭās	ʿaded 3	
ve (...)	(...)	ḳıymet ġuruş 3
ṣaġīr sīnī	ʿaded 1	
ve āl leknī	ʿaded 1	

695 Fälschlicherweise ḫalālī geschrieben, Stoff mit seidener Kette und Baumwoll-, Flachs- oder Wollschuss bei amtlichen Anlässen getragen.

696 yoġurd

ve ṣaġīr ṭencere	ʿaded 2	
ve ḳapaḳ	ʿaded 2	ḳıymet ġuruş 5½
vasaṭ ṭeşt	ʿaded 1	
ve ḳara ḳazġan	ʿaded 1	ḳıymet ġuruş 5
köhne yorġan ve döşek	ʿaded 3	ḳıymet ġuruş 5
çit yorġan	ʿaded 1	
ve şilte yasdıḳ	ʿaded 10	ḳıymet ġuruş 8
hāvan	ʿaded 1	
ve ḫurdavāt		ḳıymet ġuruş 1 rubaʿ 1
ʿatīḳ taḫt	ʿaded 1	ḳıymet ġuruş 1
merkeb	reʾs 4	ḳıymet ġuruş 20
(...) aḳ küḥeylān	nişf 1	ḳıymet ġuruş 70
ḳöle be-nām-ı Aspīr yezīdī 'l-aṣıl	reʿs 1	ḳıymet ġuruş 40

cemʿan yekūn	ġuruş
dörtyüz yedi ġuruşdur	407
el-maṣārifāt	ġuruş
berā-yı techīz ve tekfīn ve vücūh-ı ḫayrāt[!][697] baʿd el-cemʿ	30
berā-yı resm ḳāżī efendi ve ḫarc-ı ḥüccet-i ḳayyım ve veṣāye	30
berā-yı ḳassam kātibi[!][698] kitābet-i defter ve ḥüccet-i ḳayyım ve veṣāye ve niyābet yevm 2	4
berā-yı muḥżır başı Seyyid Meḥmed	2
berā-yı mūmā ileyh efendiniñ[!][699] oġlu Şūlaḳ Efendi-i ḫidmet	7
muḥżırlara ve delālīye ve dükkānīye ve sāʾire	2
ṣaḥḥ el-bāḳī lit-taḳsīm beyn el-vereṣe bil-ferīża baʿd isḳāṭ il-maṣārifāt	
üçyüz otuz sekiz ġuruşdur	338

maḥalle mezbūrede vāḳiʿ lede 'l-ahālī ve 'l-cirāna maʿlūme 'l-ḥudūd [olan] dār	ʿaded 1
bi-lā-taḳvīm mevḳūfdur	

Ḳıbāle ʿaḳārında vāḳiʿ lede 'l-ahālī ve 'l-cirāna maʿlūme 'l-ḥudūd olan Cevsaḳ baġçesi	
nıṣf 1 mevḳūfdur	
behā	
ḥiṣṣe-i zevce	ġuruş 42 rubaʿ 1
ḥiṣṣe-i umm	ġuruş 56 aḳçe 40
ḥiṣṣe-i ibn ʿAbdülġanī	ġuruş 53 para 8
ḥiṣṣe-i ibn mefḳūd Ḫalīl	ġuruş 53 para 8
ḥiṣṣe-i ibn ṣaġīr ʿAbdülġafūr	ġuruş 53 para 8

697 ḫayrāta
698 kātibine
699 efendi

ḥiṣṣe-i bint ṣaġīre ʿĀīşe	ġuruş 26½ para 4
ḥiṣṣe-i bint ṣaġīre Ümmetullāh	ġuruş 26½ para 4
ḥiṣṣe-i bint ṣaġīre Medīne	ġuruş 26½ para 4

247/63/b

Der Sachverhalt ist Folgender: Die Erben des Grundstücks des im Viertel Zeytūn in Mardin lebenden und auf Geheiß Gottes des Allmächtigen verstorbenen Kadis von Nuṣaybīn namens ʿAbdülbāḳī Efendi bin (Meḥmed) Çelebi waren seine Frau Ḫadīce Ḫātūn bint Ḥāc Muṣṭafā Efendi und seine Mutter Ḫadīce bint Seyyid Meḥmed. Nachdem offenkundig wurde, dass von seiner mittelbaren Verwandtschaft[700] die erwachsenen zwei Söhne ʿAbdülġanī und der verschollene Sohn Ḫalīl sowie der minderjährige Sohn ʿAbdülġafūr und die minderjährigen Töchter namens ʿĀīşe, Ümmetullāh und Medīne nach dem erleuchtenden Gesetz alleinig erbberechtigt waren, geht es nun bei insgesamt 24 Anteilen zur Berichtigung um 216 Anteile. Nachdem nachgewiesen wurde, dass auf erwähnte Ehefrau als Wert über den Weg der erblichen Anteile 27 Anteile, auf erwähnte Mutter über den Weg der erblichen Anteile als Sechstel 36 Anteile, auf jeden Sohn 34 Anteile und auf jede Tochter 17 Anteile entfielen, wurde hinsichtlich des Verschollenen durch den zum Verwalter und für die erwähnten minderjährigen Töchter zum Vormund ernannten ʿAbdülġanī auf Anforderung sämtlicher Nachlass und Hinterlassenschaften des erwähnten Verstorbenen mit Hilfe des Gerichts berichtigt. Im Folgenden werden Gelder und Preise dargelegt. Eingetragen am 29. Tag des Monats des ersten Rebīʿ im Jahre 1173.

Zimmerteppich	Anzahl 1	
und Gebetsteppich	Anzahl 1	Preis Ġuruş 6½
Decke	Stoffbreite 2	
und dünne geknüpfte Auflege-Matratze	Paar 1	Preis Ġuruş 5
Altes Polster	Anzahl 4	
und Chintz	Anzahl 6	Preis Ġuruş 7
Matte und Kerzenleuchter	Anzahl 1	Preis Ġuruş¾
Polster mit dünner Übermatratze	Anzahl 6	
und Steppdecke in gutem Zustand	Anzahl 2	Preis Ġuruş 4½
Chintz Steppdecke	Anzahl 2	
und Matratze	Anzahl 3	
und Kissen	Anzahl 2	Preis Ġuruş 8¾
Kelīm	Anzahl 1	
und Stoffbreite	Anzahl 1	
und geknüpfte Übermatratze	Anzahl 1½	Preis Ġuruş 3¼

700 Die mittelbare Verwandtschaft erhält laut islamischer Scharia nur das Resterbe.

Gewöhnliche/r/s (…) aus Lammfell	Anzahl 1	
und Einband	Anzahl 2	
und Kelīm	Anzahl 1	Preis Ġuruş 4½
Kelīm	Stoffbreite 3	
und (…)	Anzahl 1	
und Gewehr	Anzahl 1	Preis Ġuruş 5¼
Kleine Kanne	Anzahl 2	
und Kännchen	Anzahl 1	Preis Ġuruş 1½
(…) Teller	Anzahl 1	
und Porzellantasse	Anzahl 6	
und silberner Untersatz	Anzahl 3	
und Sieb	Anzahl 1	Preis Ġuruş 4¼
Silberne lange Tabakpfeife	Anzahl 5	Preis Ġuruş 4
Büchersammlung		Preis Ġuruş 50
Chinesische Tasse	Anzahl 6	
und silberne Untertasse	Anzahl 5	Preis Ġuruş 4
Käseschale	Anzahl 3	
und Teller	Anzahl 1	Preis Ġuruş 1
Kristallblock	Anzahl 2	Preis Ġuruş 8¼
Geöffneter silberner Flakon	Anzahl 1	Preis Ġuruş 1
Syrisches Schwert	Anzahl 1	Preis Ġuruş 10
Eichhörnchen (…)	Anzahl 1	Preis Ġuruş 20
(…) Pelz	Anzahl 1	Preis Ġuruş 10
Alter Hermelinpelz für rituelle Waschungen	Anzahl 1	Preis Ġuruş 8
Grüne Seiden-Ferāce[701]	Anzahl 1	Preis Ġuruş 5 ½
Roter Kamelott Umhang	Anzahl 1	Preis Ġuruş 5
(…) Pelz für rituelle Waschungen	Anzahl 1	Preis Ġuruş 1¼
Mit grünem Wollstoff gefütterter ḳablu Fuchsbauchfell-Ferāce	Anzahl 1	Preis Ġuruş 14¼
Silberne Uhr	Anzahl 1	Preis Ġuruş 10
Alter Çakşīr	Anzahl 1	
und gelber Kaftan aus Ḥalālīye[702]-Stoff	Anzahl 1	Preis Ġuruş 3
Gürtel	Anzahl 1	
und Beutel aus Chintz	Anzahl 1	Preis Ġuruş 1¼
Schippe	Anzahl 2	
mit Turban	Anzahl 1	Preis Ġuruş 1
Zimmerteppich	Anzahl 1	
und Gebetsteppich	Anzahl 1	
und Ladanum-Harz	Anzahl 2	Preis Ġuruş 5
Geknüpfte dünne Matratze	Paar 1	

701 Außenumhang bzw. Mantel bestimmter Mode.

702 Fälschlicherweise ḥalālī geschrieben, Stoff mit seidener Kette und Baumwoll-, Flachs- oder Wollschuss, zu amtlichen Zwecken getragen.

und (Sofakissen)[?]	(Paar) 1	Preis Ġuruş 4½
Gebetsteppich	Anzahl 1	
und Kelīm	Stoffbreite 1	
und Matten		Preis Ġuruş 1
Eck-Brett	Anzahl 1	
und eiserne Bettpfanne	Paar1	Preis Ġuruş 1½
Alter Teppich	Anzahl 1	
und zottiger Teppich	Anzahl 1	Preis Ġuruş 2½
Großer Sīnī	Anzahl 1	Preis Ġuruş 10
Lammkochtopf	Anzahl 1	Preis Ġuruş 6
Kupferschale	Anzahl 8	
und kleine/r/s (...)	Anzahl 4	
und Teller	Anzahl 3	Preis Ġuruş 3½
Kleiner Kochtopf und Deckel	Anzahl 3	Preis Ġuruş 3¼
Yoghurt-Kübel	Anzahl 1	Preis Ġuruş 1¼
Sieb	Anzahl 1	
und Pfanne	Anzahl 1	
und kleiner Kessel	Anzahl 1	
und Schöpflöffel	Anzahl 1	
und Tasse	Anzahl 3	
und (...)	(...)	Preis Ġuruş 3
Kleiner Sīnī	Anzahl 1	
und kleines Waschbecken	Anzahl 1	
und kleiner Kochtopf	Anzahl 2	
und Deckel	Anzahl 2	Preis Ġuruş 5½
Mittelgroßes Becken	Anzahl 1	
und schwarzer großer offener Kupferkessel	Anzahl 1	Preis Ġuruş 5
Alte Steppdecke und Matratze	Anzahl 3	Preis Ġuruş 5
Chintz Steppdecke	Anzahl 1	
und Polster aus dünner Matratze	Anzahl 10	Preis Ġuruş 8
Mörserkeule	Anzahl 1	
und Kleinzeug		Preis Ġuruş 1¼
Altes Brett	Anzahl 1	Preis Ġuruş 1
Lastesel	Stück 4	Preis Ġuruş 20
(...) weißer Araber-Schimmel	Hälfte 1	Preis Ġuruş 70
Sklave mit dem Namen Aspīr, yesidischer Herkunft	Person 1	Preis Ġuruş 40

Insgesamt	Ġuruş
Vierhundersieben Ġuruş	407
Ausgaben	Ġuruş
Für Leichenwaschung und Einhüllung sowie für religiöse Stiftungen nach Aufsummierung	30
Für die Gebühr des Kadi Efendis und Herausgabe der Abschrift für den Verwalter und für die Vormundschaftsausübung	30

Für den Nachlassgerichtsschreiber, die Niederschrift der Angelegenheit, die Abschrift für den Verwalter, die Vormundschaftsausübung und für die Amtsausübung des Nāʾibs für 2 Tage	4
Für den leitenden Gerichtsdiener Seyyid Meḥmed	2
Für den Lohn des Sohns von erwähntem Efendi, Ṣūlaḳ Efendi	7
Für die Gerichtsdiener, Ausrufergebühr, Ladengebühr und Weiteres	2
Rest zur Aufteilung unter den Erben nach der Erbaufteilung geprüft nach Abzug der Ausgaben	
Dreihundertachtunddreißig Ġuruş	338

An erwähntem Ort laut Nachbarn und Anwohnern mit den bekannten Grenzen liegendes Haus	Anzahl 1
Ohne Zeitangabe als Stiftung geführt	
Im Grundbesitz von Ḳıbāle mit bekannten Grenzen laut Nachbarn und Anwohnern liegender Cevsaḳ-Garten	
Eine Hälfte als Stiftung geführt	

Wert	
Anteil der Ehefrau	Ġuruş 42¼
Anteil der Mutter	Ġuruş 56 Aḳçe 40
Anteil des Sohnes ʿAbdülġanī	Ġuruş 53 Para 8
Anteil des verschollenen Sohnes Ḫalīl	Ġuruş 53 Para 8
Anteil des minderjährigen Sohnes ʿAbdülġafūr	Ġuruş 53 Para 8
Anteil der minderjährigen Tochter ʿĀʾişe	Ġuruş 26½ Para 4
Anteil der minderjährigen Tochter Ümmetullāh	Ġuruş 26½ Para 4
Anteil der minderjährigen Tochter Medīne	Ġuruş 26½ Para 4

247/64/b

mefāḫir ül-ḳużāt ve 'l-ḥükkām maʿādin ül-fażāʾil ve 'l-kelām Mūṣuldan Ḳubrusa varınca yol üzerinde vāḳiʿ o(lan) (2) ḳużāt ve nevvāb zīde fażluhum ve mefāḫir ül-emāṡil ve 'l-aḳrān żābiṭān ve aʿyān-ı vilāyet zīde ḳadruhum (tevḳīʿ-i) (3) refiʿ-i hümāyūn vāṣil olıcaḳ maʿlūm ola ki sābıḳan Mūṣul vālīsi müteḳāʿid Nuʿmān Paşa (zīde) (4) mecduhu meʾmūr iḳāmet oldıġı Ḳubrus cezīresine mübāşiri maʿrifetiyle vuṣūlı mühim ve müf(īd) (5) olmaġla imdi paşa-yı mūmā ileyh mübāşiriyle her-ḳanġiñiziñ taḥt-ı ḳażāsına dāḫil olu(r ise) (6) emīn ve maḥfūẓ maḥallara ḳondurub muḥāfaẓasına diḳḳat ve olduḳda maḫūf ve maḫ(āfet) (7) olan yėrlerde yanına ḳadr-i kefālet ādemler ḳoşub emīn ve sālim muḥāfaẓa oluna (...) (8) irsāl ve ʿicāleten ṣavb-ı meʾmūra īṣalina bil-ittifāḳ saʿī bī-hemāl olunub serm(ū-yı) (9) ḳuṣūr ve tavānīden bi-ġāyet iḥtirāz olunmaḳ bābında fermān-ı ʿālīşānım ṣādir (olmaġın) (10) buyurdumki____vuṣūl bulduḳda bu bābda ber vech-i meşrūḥ ş(erefyāfte-i) (11) ṣudūr olan fermān vācib ül-itbāʿ ve lāzim ül-imtiṡālimiñ mażmūn-ı iṭā(ʿat)

(12) maḳrūnıyla ʿāmil olub muḳarrer üzere ḫilāfından ġāyet ül-ġāye ḥaẕer ve mücānebet eyl(iyesiz) (13) şöyle bilesiz ʿalāmet-i şerīfe iʿtimād ḳılasız taḥrīren fī evāsiṭ-i Rebīʿ ül-evvel sene s̱elā(s̱e) (14) ve sebaʿīn ve miʾe ve ʾelf.
bi-maḳām-ı Ḳosṭanṭinīye 'l-maḥrūse

yevmi dāʾire ḥażret-i velī 'n-nuʿmā Nuʿmān Paşa ḥażretlerine iḳtiżā ėden ecnās-ı ẓahāʾir

(...)	ʿaded 800
nān ʿazīz	ḳıyye 400
lahm ġanam	ḳıyye 200
bulġūr	ḳıyye 200
pirinç	ḳıyye 20
revġan sāde	ḳıyye 50
ḥaṭab	(...) 20
ṣamān	(...) 8
şaʿīr	ḳıyye[!][703] 30
menzil bārgīrī	ʿaded 30
ḳul oġūz	nefer 6

fī 25 r [Rebīʿ üs̱-s̱ānī] sene (1)173

247/64/b

Berühmtheiten der Kadis und Richter, Quell der Tugenden und Beredsamkeit! Kadis und Nāʾibs, die zwischen Mossul und Zypern ansässig sind – möge ihre Tugend wachsen, Berühmtheiten der Gleichgestellten und Ranggenossen, Offiziere und Notabeln der Provinz – möge ihre Macht wachsen! Sobald mein edles, großherrliches Namenszeichen eintrifft, sei kund: Weil es wichtig und nutzenreich ist, dass der frühere Vali von Mossul, der im Ruhestand befindliche Nuʿmān Paşa – möge sein Ruhm (andauern) – der beauftragt wurde, sich zu der Insel Zypern zu begeben, mit Hilfe seines Beauftragten dort eintrifft, soll jetzt der erwähnte Paşa mit dem Beauftragten an sichere Orte gebracht werden, egal unter welcher Jurisdiktion von Euch sie sind. Indem man in den gefürchteten und (gefährlichen) Gebieten zu seinem Schutz acht gibt, sollen an seine Seite Leute gestellt werden, die des Schutzes mächtig sind. Er soll sicher und geschützt sein (...) und sie sollen unvergleichlich schnell danach streben, ihn wohin es ihnen befohlen wird, hinzubringen. Damit man sich hierbei vor geringsten Fehlern und Übertretungen hütet, habe ich den erhabenen Erlass herausgegeben und ordne an, dass, sobald er eintrifft, Ihr hierzu wie beschrieben gemäß dem gehorsams-

703 kiyye

erheischenden Inhalt meines ehrenvoll erlassenen Befehls, der Gefügigkeit fordert und zur Befolgung verpflichtet, handeln und Euch hinsichtlich dem Beschlossenen vor Widerspruch äußerst hüten und in Acht nehmen sollt. So sollt Ihr Solches wissen und dem erlauchten Handzeichen Folge leisten. Eingetragen in der mittleren Dekade des ersten Rebīʿ im Jahre 1173.
In der wohlbehüteten Stadt Konstantinopel.

Tagesplan der für seine Exzellenz den Herrscher des Glücks Nuʿmān Paşa benötigten Vorräte

(...)	Ḳıyye 800
Brot, hochwertig	Ḳıyye 400
Lammfleisch	Ḳıyye 200
Bulgur	Ḳıyye 200
Reis	Ḳıyye 20
Pures Fett	Ḳıyye 50
Brennholz	(...) 20
Stroh	(...) 80
Gerste	Ḳıyye 30
Poststationen-Lastpferde	Anzahl 30
Oghusische Sklaven	Personen 6

Am 25. [Rebīʿ dem zweiten] im Jahre (1)173.

247/64/c

(1) (saʿ)ādetlü mükerremetlü meveddetlü ḳarındaş-ı aʿazzım aġa-yı muḥterem ____ḥażretleriniñ ḥużūr (2) (ve) (saʿā)detlerine mezīd-i iʿzāz ve ikrām birle dürer-i daʿvāt-ı ṣāfiyāt maḥabbet-füzūn ve ġurer-ı teslīmāt-ı vāfiyāt (3) (meveddet)-nümūn itḥāfıyla pürsiş-i ḥāl-ı ḫāṭır-ı ʿāṭırları vücūh-ı ikrām birle mürāʿāt olunduḳdanṣoñra (4) (mü)nīr-i mihr-i incilālarına nümāyende-ʾi muḥibbleri budur ki benim saʿādetlü ḳarındaş-ı aʿazzım aġa-yı mükerrem ḥażretleri (5) (ṭaraf-ı) saʿādetde[!][704] olan ʿalāḳa-ʾı derūnīyemizden nāşī iẓhāra vesīle ḫāh iken bu esnāda bizim (6) (Beg)[?] bi-emrillāhi teʿālā merḥūm olub ancaḳ müteveffā-ı mezbūruñ ol ṭarafda olan nuḳūd ve eşyā(sı) (7) (eml)ākınıñ defterini müteveffā-yı merḳūmuñ defteri vaṣīyeti üzere ṭaraf-ı saʿādete gönderilmişdi (8) (ḫuṣ)ūṣ-ı meẕkūr bir ṭarafda geregi gibi devletlü ketḫüda Beg ḥażretleriyle müẕākere ve ifhām olunub (9) (ṭaraf-ı devletlerinden daḫī sañā müʾekked bir ḳıṭaʿ mektūbuñ taḥrīr olmaġın gerek bu ṭarafda (10) (gere)k Mārdīn ṭarafında olan emvāl ve eşyāsı maʿrifet-i şerʿ

704 saʿādete

üzere taḥrīr ve eytām-ı (11) (...) ḥiṣṣeleri ifrāz olunduḳdansoñra ḳuṣūr ḳalan emvālı bizim ṭarafımıza rāci' olmaġın (12) (ḫuṣ)ūṣ-ı mezbūresi ṭarafdan vekīl naṣb eyledim vekāletiñ ḥasebiyle devletlü efendimiziñ emr-i (13) ('ālīle)ri üzere müteveffā-yı mezbūruñ emvāl ve eyāsını [ve] defter ve emlākını cüm(le ma'rifeti) (14) (ve ma'rifet-i ş)er' ile ḳıymete taḳdīr ėtdirsin ve defterde taḥrīr olduḳdan ġayrı daḫī ne-miḳdār şey' (15) (ḥu)ṣūl ve ẓuhūr ėderse geregi gibi teftīş ve tafaḥḥuṣ ėdüb kemāl-ı mertebe ihtimām ve diḳḳat (16) (eyl)iyesin ve ṭaraf-ı sa'ādete gönderilen defterde tecmīlāt-ı ḫāne mücmelen taḥrīr olunmaḳ ma'lūm (17) (...) eger sīm-i evānī ve eger baḳır vuruşme ve sā'ir esās-ı ḫāne cümlesi buña dāḫil (18) (ė)den[?] içün sā'ir emvālı vücūda getirüb cümlesi ma'rifet-i şer'-i şerīf ile taḥrīr ve ḳıymete (19) (taḳ)dīr ėtdirdüb ne miḳdār aḳçeye bālıġ olursa bu cānibe i'lām eyliyesin bu ṭarafda (20) (ol)lan emvāl ve eşyāsı daḫī ma'rifet-i şer'le ḳıymete taḳdīr olub gerek bu ṭarafda ve gerek (21) (Mār)dīnde olan emvāl ve eşyā ve emlākı ne miḳdār aḳçeye bālıġ olur ise ma'rifet-i şer'le eytām (22) (...) ḥiṣṣesi ifrāz olunduḳdansoñra ḳuṣūrı ṭarafımıza rāci' olmaġın benim ḳarındaş-ı a'azzım (23) (ḫu)ṣūṣ-ı mezkūrda ri'āyet-ḫāṭir ėtmeyüb ḫulūṣ üzere geregi gibi ihtimām ve ḫidmetimizde (24) (itmām)[?] ėdesinki bizim daḫī[!][705] keyfīyet-i ḥālımıza ancaḳ ḫunuk-i iṭlā'añ var göreyim seni müteveffā-yı (25) (mezb)ūruñ bir aḳçe ve bir parasını [...] ėtdirmeyüb ketm ve iḫfā' ėtmek ṣadedinde olur kimse (26) (...) ise bu cānibe i'lām ėdesinki nedāmetini müşāhede ėdüb 'aẓīm-i ḫaşāret ėder (27) (...) ḫuṣūṣ-ı mezkūre[!][706] re'y ve tedbīriñize ihāle olub raḫāvet ėtmemegiz me'mūldu

247/64/c

Nachdem ich für das Wohlbefinden und Glück seiner Exzellenz meines glücklichen, großzügigen, glorreichen, hoch geschätzten Bruders und Herrn____mit vermehrter Ehrung und der Darbietung eloquenter Sätze aufrichtiger Anrufungen mit vermehrter Zuneigung und der Erlesenheit zahlreicher Begrüßungen mit sichtbarer Widmung der Erkundigung nach dem Wohlergehen der Notabeln unter Ehrerbietung Respekt gezeigt habe, sei zur Manifestierung der strahlenden Zuneigung des Glücks Folgendes mitgeteilt: Als seine Exzellenz mein glücklicher, geehrter hoch geschätzter Bruder den Wunsch hatte, von unseren in İstanbul weilenden Aġas des inneren Kreises Mittel zur Unterstützung zu bekommen, verstarb kürzlich unser (Beg) auf Geheiß Gottes. Jedoch wurde das Besitzverzeichnis über die dort befindlichen Gelder und Dinge des erwähnten Verstorbenen als Verzeichnis des erwähnten Verstorbenen zum Zwecke der Testaments-

705 bizimdaḫī
706 mezkūre

vollstreckung nach İstanbul geschickt. Erwähnte Angelegenheit wurde auf der einen Seite exakt mit seiner Exzellenz dem illustren Kethüda Beg diskutiert und erörtert. Weil von Seiten Istanbuls Dir ein deutlicher Brief geschrieben wurde, habe ich zu erwähnter Angelegenheit einen Beauftragten ernannt, damit er die verbleibenden Restbeträge uns benennt, nachdem er mit Hilfe des Gerichts das sowohl hiesige als auch das in Mardin befindliche Vermögen und die Wertsachen verzeichnet und die gesetzlichen Erb-Anteile für die Waisen abgezogen hat. Auf Grund Deiner Beauftragung sollst Du hinsichtlich des hohen Befehls unseres illustren Herrn das Vermögen und die Sachen, das Register und die Besitzungen des erwähnten Verstorbenen mit Hilfe aller und des Gerichts preislich schätzen und abgesehen von den verzeichneten Dingen, diese, egal zu welchem Wert sie eintreffen und auftauchen, exakt prüfen. Du sollst bei allen Schritten Umsicht und Vorsicht walten lassen und das Hausinventar, welches in dem an unsere Seite des Glücks zu schickenden Register präzise aufgezeichnet werden soll (...), um, seien es Silberschüsseln, Kupfergeschirr oder andere Haushaltsgegenstände, diesem hinzufügen und sämtliches weiteres auftauchendes Eigentum mit Hilfe des erhabenen Gerichts aufzeichnen und den Wert schätzen. Egal welcher Akçewert erreicht wird, sollst Du an uns berichten, nachdem Du die gesetzlichen Erb-Anteile für die Waisen abgezogen hast. Damit Du uns die restlichen Beträge zurückerstattest, sollst Du, wobei Du hinsichtlich der erwähnten Angelegenheit meines hoch geschätzten Bruders kein Gehorsam gezeigt hast, zur Aufrichtigkeit die erforderliche Vorsicht walten lassen und ebenso Euren Dienst (erfüllen), was heißt, dass jedenfalls ebenso zu unserem Sachverhalt Eure kluge Benachrichtigung vorliegt – wobei ich diese sehe möge! Du sollst uns jeden melden, der nicht jeden Akçe und Para von erwähnten Verstorbenen [angibt] und versucht, dies zu verheimlichen, und erwartet wird, dass Du Zeuge seines Bedauerns bist (wobei) er willentlich enormen Schaden angerichtet hat und (...) Ihr nicht nachlässig seid und in erwähnter Sache Euer Urteil und Vorgehen mitteilt.[707]

247/64/d

(1) عن ذكر ما هو انه اقام و نصب الحاكم الشرع الشريف الواقع خطه اعلى الكتاب عامله الله
محب مخلص[!][708] عبد الله (2) (بتوفيقه) المستطاب طوبى له و حسن مأب المرءة المدعوة
مدينة خاتون بنت حاج اعال قرة غول (3) (اغا) وصية على بنتها فاطمة بنت على بك المتوفى
الصغيرة القاصرة عن دراجة البلوغ (4) (لترى) مصالحها و تدعى حقوقها و تضبط و تحفظ ما
عاد و انتقل اليها بالارث الشرعى من متركات (5) (و مخلفات) ابيه على بك المتوفى المذكور و

707 Wegen schlechter Lesbarkeit Sinn nicht klar.
708 محلص

هى اى الوصية المذكورة مدينة خاطون قبلت الوصاية المرسومة و تعهدت (6) (بها) و التزمت بادّاء مراسمها على وجه المحرر كما هو الواجب عليها نصباً و قبولاً صحيحاً شرعياً ثم لما تم امر (7) (الوصاية) المرقومة فرض و قدر الحاكم الموما اليه نفقة الصغيرة المزبورة فى كل يوم يمضى من تاريخ هذا الكتاب (8) (...) قطعة على ان يكون كل مائة و عشرون قطعة عبارة عن قرش واحد لاكلها و شربها و (9) (ملبوسها) و سائر مصارفاتها اللازمة و ذلك بعد الطلب الوصية و رضائها بهذا التقدير (10) (الصحيح الشرعي) المذكور و امر الحاكم الموما اليه للوصاية المزبورة بان تنفق على الصغيرة المرقومة من مالها الذى (11) (انتقل) اليها بالارث الشرع من المتروكات و مخلفات ابيها المتوفى المذكور امراً و نصباً و قبولاً (12) (صحيحاً) شرعياً[!][709] جرى ذلك و حرر فى اليوم الخامس شهر شوال سنة اثنة و سبعين و مائة و الف

فخر العلماء

السيد احمد افندى المفتى

فخر الاشباه پاشازاده على بك

اسمعيل اغا الموصللى بن على اغا

السيد عبد الرحيم افندى سر كتاب محكمة

عبد الله افندى كاتب فتوى

عبد اللطيف افندى كاتب جزية

احمد افندى

(...)

247/64/d

Was den Sachverhalt anbetrifft, führte der Richter des erhabenen Scheriatsrechts seine hohe Unterschrift des Dokuments mit Hilfe Gottes – geliebte Zuflucht der Anbetenden Gottes – zu seinem Gelingen und seinem Wohl durch. Die geladene Frau Medīne Ḫātūn bint Ḥāc Aʿāl Ḳara Ġūl (Aġa) war Vormund ihrer minderjährigen Tochter Fāṭime, Tochter des verstorbenen ʿAlī Beg, um ihre Interessen wahrzunehmen, ihre Rechte einzuklagen, ihre Erträge einzunehmen und aufzubewahren und das rechtmäßige Erbe vom Nachlass ihres Vaters, ihres Vaters, erwähntem ʿAlī Beg an sie zu übergeben. Dies besagt, dass erwähnter Vormund, Medīne Ḫātūn, die beschriebene Treuhänderschaft, die ihr aufgetragen wurde, durch die scheriatsrechtlich korrekte Beauftragung annahm, um ihre Vorschriften nach der klaren Anordnung durchzuführen, wie es ihre Aufgabe ist. Als dann daraufhin die Anordnung des erwähnten (Vormundschaft) schon durchgeführt wurde, hat der erwähnte Richter ihr für tägliche Ausgaben für die erwähnte Minderjährige ab dem Zeitpunkt dieses Eintrags auf (...) Münzen, wobei 120 Münzen dem Wert von einem Ġuruş entsprechen, für Essen, Trinken, (Kleidung) und weitere notwendige Ausgaben auferlegt. Dieses erfolgte nach Ersuchen und Zustimmung des Vormunds hinsichtlich dieser erwähnten (rechtmäßig korrekten) Schätzung. Der erwähnte Richter ordnete ihr, dem erwähnten Vormund an, dass

709 (صحيحين) شرعين

sie für die erwähnte Minderjährige das Geld, welches ihr über das rechtmäßige Erbe an Nachlass von ihrem erwähnten verstorbenen Vater (überlassen wurde), unter Anordnung und scheriatsrechtlich korrekter Annahme ausgibt.
Durchgeführt und eingetragen am 5. Tag im Monat Şevvāl im Jahre 1172.

Exzellenzen der Rechtsgelehrten:
Seyyid Aḥmed Efendi, Mufti
Exzellenzen der Gefährten:
Paşazāde ʿAlī Beg
İsmaʿīl Aġa el-Mūṣullī bin ʿAlī Aġa
Seyyid ʿAbdürraḥīm Efendi, oberster Gerichtsschreiber
ʿAbdullāh Efendi, Fetvā-Schreiber
ʿAbdüllaṭīf Efendi, Cizye-Schreiber
Aḥmed Efendi
(...)

247/64/e

(1) عن ذكر ما هو انه لما كانت [710][!]المرأة المدعوة مدينة خاتون بنت حاج محمد اغا وصية على بنتها فاطمة الصغيرة القاصرة عن دراجة (2) (البلوغ) من قبل الشرع الشريف و قدر بها ثلاثون قطعة فى كل يوم لنفقتها و كسوتها و سائر مصارفاتها (3) (لازمة) و كان الرجل اقدرمن النشاء على القيام بمصالح الصغيرة فلاجل ذلك اقام و نصب الحاكم الشرع الشريف (4) (الواقع) خطه اعلى الكتاب عامله الله بتوفيقه المستطاب طوبى له و حسن مأب الرجل المدعى الحاج محمد اغا المعروف (5) (بابن) البندر ناظراً على بنته مدينة خاطون الوصاية المذكورة ليمينها فى القيام بمصالح الصغيرة المرقومة و (...) (6) (...) بالناظر المرقوم من الجميع امور الوصاية و هواى الناظر المزبور قبل النظارة المزبورة و تعهد بها (و التزم)(6) (...) ما امر به على النسق المسطور كما هو الواجب عليه نصباً و قبولاً صحيحاً شرعياً فى (شوال المكرم) سنة 1172

شهود المذكورين

247/64/e

Was den Sachverhalt anbetrifft, war die geladene Frau Medīne Ḫātūn bint Ḥāc Meḥmed Aġa Vormund ihrer (minderjährigen) Tochter Faṭime vor dem erhabenen Gericht, wobei ihr täglich 30 Münzen für ihre täglichen Ausgaben und Bekleidung, sowie anderen (notwendigen) Ausgaben auferlegt wurden. Der Mann wurde zur Interessensvertretung der Minderjährigen in der Erziehungszeit bestimmt, weshalb der Richter des erhabenen Scheriatsrechts seine hohe Unterschrift des Dokuments mit Hilfe Gottes, seiner Zustimmung und Zufriedenheit setzte. Der geladene Mann war Ḥāc Meḥmed Aġa, bekannt unter dem Namen

710 المرءة

„(ibn) ül-Bender“, der die erwähnte Vormundschaft seiner Tochter Medīne Ḫātūn zu ihrer Rechten zur Wahrung der Interessen der erwähnten Minderjährigen beaufsichtigte und ihm, erwähntem Aufseher sämtliche Angelegenheiten der Vormundschaft *(übertragen wurden)*, wobei dies besagt, dass erwähnter Aufseher die erwähnte Aufseherschaft, die ihm auferlegt wurde, durch die scheriatsrechtlich korrekte Beauftragung annahm und sich dazu verpflichtete, das was ihm aufgetragen wurde, präzise durchzuführen, wie es seine Aufgabe ist.
Im (geehrten Şevvāl) im Jahre 1172.
Erwähnte Zeugen[711]

247/65/a

(1) sābıḳan Mārdīn voyvodası merḥūm Meḥmed Efendi muʿtaḳlarından olub bundan aḳdem Kirkūkda fevt olan ʿAlī Beg ibn (ʿAbdullāh) (2) nām müteveffānıñ verās̱eti zevcesi Medīne Ḫātūn bint ül-Ḥāc Meḥmed Aġa ve ṣaġīre ḳızı Fāṭime ve Ḥalebde sākine olan v(ālidesi) (3) ʿĀīşe Ḫātūn bint ʿAbdullāh ve mevlā[!][712] ʿatāḳesiniñ ṣulbi oġlu necābetlü ʿAbdullāh Beg ibn ül-merḥūm Meḥmed Efendi el-mūmā (ileyh) (4) kimesnelere inḥiṣārı lede 'ş-şerʿ il-enver ẓāhir ve nümāyān olduḳdansoñra ṣaġīre-ʾi mezbūreniñ üzerine ḥüccet-i şerʿīye (ile vaṣīye) (5) naṣb olan vālidesi Medīne ḫātūn ül-merḳūme ṭarafından ẕātına ʿārifān olan es-Seyyid Meḥmed bin Ḳara Ḥasan ve Muṣṭafā (...) (6) nāmān kimesneleriñ şeḥādetleriyle daʿvā-yı ātī üẕ-ẕikre vekāleti s̱ābit[!][713] olan ḫatīb es-Seyyid Aḥmed Efendi ibn ül-Ḥāc Muṣṭ(afā) (7) nām kimesne meclis-i şerʿde ḫaṭīr-i lāzim ül ʿiz ve 't-tevḳīrde yine medīne-ʾi mezbūre sükkānından orta boylu açık ḳaşlı Ak Bengizli ʿac(emī 'l-aṣıl olan) (8) müslim ül-millet[714] işbu bāʿis̱ ül-kitāb Küçük Mollā Meḥmed bin ʿAbdullāh nām bāliġ maḥżarında bil-vekālet el-maḥkīye üzerine daʿvā ve (taḳrīr-i) (9) kelām eyleyüb merḳūm Küçük Mollā Meḥmed müteveffā-yı mezbūruñ mülk-i müşterā kölesi olub terekesinden maḥsūb olmaġla (...) (10) müʾekkilem el-merḳūmeye ve ṣaġīre ḳızı Fāṭime el-mezbūre ve sāʾir vere s̱e-ʾi merḳūme intiḳāl ėtmemiş iken raḳabete[!][715] inḳiyād ve iṭā(ʿat) (11) olmamaġla merḳūmdan şerʿle suʾāl ve icrā-yı ḥaḳḳ olunması maṭlūbımdir dėdiginde ġıbb es-suʾāl merḳūm Küçük Mollā (Meḥmed) (12) cevābında müteveffā-yı merḳūm ʿAlı Begiñ mülk-i müşterā kulası oldıġına iḳrār ve iʿtirāf ėdüb lakin müteveffā-yı mezbūr aġam (...)(13) nām

711 Die in Text 64/d erwähnten Zeugen.
712 mevlā-ı
713 s̱ābite
714 mille
715 refīyete

müteveffā dört sene muḳaddem ḥāl-ı ḥayātında[716] ve kemāl-ı ṣıḥḥat ve taṣarrüfātında ḥasbeten li-vech ül-kerīm ve ṭaleben li-merżāt (...) (14) ül-ḳadīm beni ve ġā'iben 'an ül-beledīyete 'acemī 'l-aṣıl olan uzun boylu açık ḳaşlı Buġday Bengizli müslim ül-millet[!][717] Ḥas(an) (15) bin 'Abdullāh nām kulasını daḫī 'ıtıḳ ve āzād ėdüb sā'ir aḥrār-ı aṣlīyeyn gibi ḥur olmasıñ deyü beyyine ve bur(hānım) (16) vardır def'le cevāb vėrecek ġıbb el-inkār merḳūm Küçük Mollā Meḥmedden def'-i meşrūḥasına mūvāfıḳ ve muṭ(ābıḳ) (17) beyyine-'i mübeyyine-'i şer'īye ṭaleb olunduḳda yine Medīne-'i Mārdīn sükkānından olub aḥrār-ı ricāl müslimīnden el-Ḥāc (...) (18) ibn Ḥuseyn Çelebi ve 's-Seyyid Aḥmed Efendi ibn üs-Seyyid 'Os̱mān Efendi ve Mollā 'Os̱mān bin Maḥmūd Beşe ve Monlā Meḥmed bin Şeyḫ-mū(sā) (19) 'Arbū ve Ṣāliḥ bin Yaḥyā nāmūn kimeseler meclis-i şer'e li-ecl iş-şehādete ḥāżirūn olub istişḥād olunduḳd(a) (20) vāḳi'an müteveffā-yı merḳūm 'Alī Beg ibn 'Abdullāh nām müteveffā dört sene muḳaddem ḥāl-ı ḥayātında[!][718] ve kemāl-ı ṣıḥḥat ve taṣarr(üfātında) (21) işbu ḥāżiren bil-meclis eşkāl-ı mez̲kūre ile müşekkel olub 'acemī 'l-aṣıl olan merḳūm Küçük Mollā Meḥmed ve ġā'ib (22) ül-meclis ve 'l-beled olan kulası Ḥasan bin 'Abdullāh nām kimesne ḥasbeten li-vechillāhi te'ālā ve ṭāleben li- merżāta ḥuş(ūṣunda) (23) 'ıtıḳ ve āzād ve ḫuṣūṣ-ı mez̲kūr içün iḳrār ve i'tirāf ve bizi işhād eyledigine bi-vech üzere şāhidleri(z) (24) daḫī ėderiz deyü her biri edā-'ı şehādet-i şer'īye ėdüb ba'd ri'āyet-i şerā'iṭ il-ḳabūl şehādetleri mes(mū'e) (25) ve maḳbūle olub mūcibince ba'd el-yevm merḳūm Küçük Mollā Meḥmed ve mezbūr Ḥasan sā'ir aḥrār-ı aṣlīyeyn gibi her (biri) (26) ḥur olub merḳūmānıñ 'ıtıḳlarına ḥükm birle mā hüve el-vāḳi' işbu ves̱īḳa bit-ṭaleb ketb ver terḳīm olındı c(arra) (27) z̲alika ve ḥurrire fī evā'il-i şehr-i Şevvāl el-mükerrem sene is̱nā ve seba'īn ve mi'e ve 'elf

faḫr ül-'ulema'
Aḥmed Efendi el-müftī
faḫr ül-ā'yān
Paşazāde 'Alī Beg
'Abdüllaṭīf Efendi ibn Ṭalḥa Çelebi
Mūṣullı İsma'īl Aġa
İbrāhīm Efendi kātib-i ḳassam
Şeyḫ Seba'zāde Mollā Maḥmūd
el-Ḥāc Falāszāde Alī Çelebi
Meḥmed Aġa bin Ṣāliḥ ketḫüda

716 ḥuyūtunda
717 mille
718 ḥuyūtunda

247/65/a

Nachdem der vor einiger Zeit in Kirkuk verstorbene ʿAlī Beg ibn ʿAbdullāh, der einer der früher freigelassenen Männer des verstorbenen Voyvodas von Mardin, Meḥmed Efendi war, als alleinberechtigte Erben seine Frau Medīne Ḫātūn bint ül-Ḥāc Meḥmed Aġa, seine minderjährige Tochter (Fāṭime), sowie seine bekanntlich in Ḥaleb lebende Mutter ʿĀīşe Ḫātūn bint ʿAbdullāh sowie den leiblichen Sohn des Herren des ehedem Freigelassenen, dem edlen ʿAbdullāh Beg, Sohn des erwähnten Verstorbenen Meḥmed Efendi rechtlich klar und offenkundig hinterließ, hat in der ehrwürdigen Respekt und Gehorsam erheischenden Gerichtsversammlung neben der (laut) scheriatsrechtlicher Abschrift zur (Erbschaftsverwalterin) ernannten Mutter der erwähnten Minderjährigen, Medīne Ḫātūn, der für die im Folgenden erwähnte Klage für das Amt des Bevollmächtigten bestätigte Prediger namens Seyyid Aḥmed Efendi ibn ül-Ḥāc Muṣṭafā unter Zeugenschaft von Personen namens Meḥmed bin Ḳara Ḥasan und (Muṣṭafā), die ihre Person kannten, gegenüber einem der Einwohner der erwähnten Stadt, den mittelgroßen, helle Augenbrauen tragenden und aus der Glaubensgemeinschaft der Muslime aus Ak Bengiz stammenden halbwüchsigen (ursprünglichen) Persers namens Küçük Mollā Meḥmed bin ʿAbdullāh,[719] der der Antragssteller der Urkunde war und in voller Anwesenheit beisaß, vertreten und erhob hinsichtlich dem Überlieferten Klage und machte folgende Aussage: „Erwähnter Küçük Mollā Meḥmed war einer über Kauf in Besitz gebrachter Sklave des erwähnten Verstorbenen. Weil er von dessen Nachlass abgezogen wurde, (...) und indem er meiner erwähnten Auftraggeberin sowie der erwähnten minderjährigen Tochter Fāṭime sowie die anderen erwähnten Erben nicht übergeben wurde und er weil er dem Sklaventum nicht gehorchte und sich ihm nicht unterwarf, fordere ich von Erwähntem eine scheriatsrechtliche Befragung und Rechtsprechung.“ Indem er dies sagte, gab Küçük Mollā Meḥmed Folgendes zur Antwort: „Es war allgemein bekannt, dass der erwähnte Verstorbene ʿAlī Beg einen Sklaven über Kauf besaß. Jedoch hat mein Herr (...) vier Jahre vor seinem Tod zu seinen Lebzeiten in vollständiger Aufrichtigkeit, weil er Gnade beimaß und Zufriedenheit wünschte, (...) mich und seinen in der Kommune nicht anwesenden großgewachsenen, helle Augenbrauen habenden aus der Glaubensgemeinschaft der Muslime aus Buġday Bengiz stammenden ursprünglich persischen Sklaven Ḥasan bin ʿAbdullāh[720] bereits freigelassen. So sagte er, dass „Du wie die anderen beiden grundlegend Freien frei sein sollst“. Dafür habe ich einen evidenten Beweis. Indem er dies zurückwies und von erwähntem Küçük Mollā Meḥmed zur zuvor beschriebenen

719 Hierbei handelt es sich vermutlich um einen zum Islam konvertierten versklavten Armenier.
720 Hierbei handelt es sich vermutlich um einen zum Islam konvertierten versklavten Armenier.

Zurückweisung ein passender scheriatsrechtlicher Beweis gefordert wurde, waren von den freien muslimischen Männern die Personen namens Ḥāc (...) ibn Ḥuseyn Çelebi, Seyyid Aḥmed Efendi ibn üs-Seyyid ʿOs̱mān Efendi, Mollā ʿOs̱mān bin Maḥmūd Beşe, Monlā Meḥmed bin Şeyḫmūsā ʿArbū und Ṣāliḥ ibn Yaḥyā, wobei diese darüber hinaus Bewohner der Stadt Mardin waren, in der Gerichtsversammlung zur Bezeugung anwesend. Indem sie bezeugten, sagten sie, dass „wir bezeugen, dass in der Tat der erwähnte Verstorbene namens ʿAlī Beg ibn ʿAbdullāh zu seinen Lebzeiten vier Jahre vor seinem Tod in vollständiger Aufrichtigkeit diesen in der Gerichtsverhandlung anwesenden erwähnte Aussehensbeschreibung besitzenden, erwähnten ursprünglich persischen Küçük Mollā Meḥmed sowie den bei der Gerichtsverhandlung abwesenden und außerhalb der Kommune befindlichen Sklaven namens Ḥasan bin ʿAbdullāh aus Uneigennützigkeit und da er Zufriedenheit wünschte, freiließ und dass in erwähnter Sache wir dieses zugeben und wir zur Bezeugung in der erwähnten Angelegenheit zur Zeugenaussage geladen wurden.“ Jeder legte seine scheriatsrechtliche Bezeugung ab. Nach Einhaltung der Regeln einer Zeugenaufnahme, wurden ihre Zeugenaussagen angehört und akzeptiert. Entsprechend diesem waren von nun an erwähnter Küçük Mollā Meḥmed und erwähnter Ḥasan genauso wie alle anderen grundsätzlich Freien (jeder) von ihnen frei. Zur Befreiung der beiden Erwähnten vom Sklaventum wird zum Urteil, was den Sachverhalt anbetrifft, dieses Dokument auf Anforderung niedergeschrieben. Dies wurde durchgeführt und in der ersten Dekade des Monats des geehrten Şevvāl im Jahre1172 eingetragen.

Exzellenzen der Rechtsgelehrten
Aḥmed Efendi, Mufti
Exzellenzen der Notabeln:
Paşazāde ʿAlī Beg
ʿAbdüllaṭīf Efendi ibn Ṭalḥa Çelebi
Mūṣullı İsmaʿīl Aġa
İbrāhīm Efendi, Nachlassgerichtsschreiber
Şeyḫ Sebaʿzāde Mollā Maḥmūd
Ḥāc Falāszāde Alī Çelebi
Meḥmed Aġa bin Ṣāliḥ, Ketḫüda

247/65/b
(1) der-i maʿdelet-penāhları ḳablına maʿrūż ʿind dāʿī-i devlet-ḳarārlarıdır ki (2) aġayan-ı enderūn ḥażret velī 'n-nuʿmādan olub ketḫüda-yı sābıḳ merḥūm Meḥmed Efendiniñ muʿtaḳı olan ʿAlī Beg ibn ʿAbdullāh (ḳullarından olub) (3) bundan aḳdem Kirkūkda bi-emrillāhi teʿālā mürtażā fevt olub verās̱eti zevcesi Medīne

Ḫātūn bint ül-Ḥāc Meḥmed Aġa ve ṣaġīre ḳızı Fā(ṭime) (4) ve nefs-i Ḥalebde sākine maʿlūme 'l-ḥayāt olan vālidesi ʿĀīşe Ḫātūn bint ʿAbdullāh ve mevlā[!][721] ʿatāḳesiniñ oġlu necābetlü ʿAbd(ullāh Beg) (5) ibn ül-merḥūm mūmā ileyh Meḥmed Efendi nāmūn kimesnelere inḥiṣārı şerʿan ẓāhir ve nümāyān olduḳdansoñra müteveffā-yı merḳūmuñ (...) (6) (Mār)dīnde mevcūd olan cüzʾi ve küllī metrūkāt ve muḫallefāt ve nuḳūdāt ve emlākı maʿrifet-i şerʿ ve ḥālā Mārdīn voyvodası saʿād(etlü) (7) ʿOs̱mān Aġa maʿrifetile ve mūmā[!][722] ileyh ʿAbdullāh Beg ṭarafından vekīl şerʿīsi Mūṣullı İsmaʿīl Aġa ḳulları maʿrifetiyle taḥrīr ve defter ol(unmaḳ) (8) bābında ṣudūr bulan emr-i ʿalīleri Mārdīne vürūd ve mūcibince müteveffā-yı merḳūmuñ sākin oldıġı ḫāneye bu ʿ(ubūd-ı)[?] (9) faḳīr dāʿīleri varub ẕeyl-i defterde mektūb ül-esāmī olan ʿulemāʾ ve āʿyān ve muḳavvimiñ ḥużūrlarında müteveffā-yı merḳū(muñ) (10) cüzʾi ve küllī nuḳūdāt ve melbūsāt ve ferş ve busṭ ve bāġ ve baġçe ve dükkān ve ḫāneleri geregi gibi teftīş ve tafaḥḥus olduḳ(dansoñra) (10) (...) ḳayldan ḳıṭmīra varınca metrūkāt ve muḫallefātını maʿrifet-i şerʿ voyvoda-ʾı mūmā ileyh ḳulları ṭarafından ḫuṣūṣ-ı meẕkūr (11) içün maḥall-ı merḳūma taʿyīn olınan Baġdādlı kātib Yūsuf Efendi ḳulları ve mūmā ileyh ʿAbdullāh Beg ḳulları cānibinden vekīli ol(an) (12) merḳūm Mūṣullı İsmaʿīl Aġa maʿrifetleriyle taḥrīr ve bil-cümle ḥużūrlarında taḳvīm ve taḳdīr olunub min ḥays̱ il-mecmūʿ üç biñ yedi (yüz)[?] (13) seksen bir buçuḳ ġuruş on paraya bālıġ olub meblaġ-ı meẕkūrdan zevce-ʾi mezbūreñiñ zevci müteveffā-yı[723] merḳūmuñ ẕimmet(inde) (14) münʿaḳid ʿaleyh müs̱bet olan ikiyüz ġuruşa ḳıymetlü yüz mis̱ḳāl-ı vasaṭ altun mehr-i müʾeccelini ve yine müteveffā-yı merḳūmuñ ẕimmet(inde) (15) müs̱bet olan üçyüz elli ġuruş düyūnı ve on bir ġuruş emlāk-ı ḥüccetleriniñ ḫarcı ve müteveffā-yı merḳūmuñ ġaybetind(e) (16) yirmi beş māh ṣarfında[!][724] beş nefer keflet ve ʿiyālına berā-yı maʾkulāt ve melbūsāt ve sāʾir maṣārifāt-ı lāzime[!][725] s̱ābi(t) (17) ül-vekālet olub müteveffā-yı mezbūruñ ṭarafından vekālet-i muṭlaḳa ile vekīli olan kayın pederi benderzāde-i merḳūm el-Ḥāc (Meḥmed Aġa) (18) ḳulları ḫarc ve ṣarf eyledigi beş yüz ġuruşı ve yine müteveffā-yı mezbūr teʾehhül eyledigi es̱nāda vilāyetiniñ ʿurf ve ʿibādetin(e) (19) yetmiş beş ġuruşa ḳıymetlü ilbās eyledigi ḳıymetlü ḳarṣaḳ kürk behāsını ẕimmetinde deyn olmaġla ber mūcib-i defter ḳ(ayd olunur) (20) müteveffā-yı merḳūnuñ taḥrīr olınan metrūkāt ve nuḳūdāt ve muḫallefātları cemʿinden baʿd et-tenzīl ṣaḥḥ (ül-bāḳī) (21) lit-taḳsīm beyn el-veres̱e ʿan nuḳūd ve bāġ ve baġce ve sāʾir tereke ḳıymetinden iki biñ

---

721 mevlā-ı
722 mūmī
723 müteveffā-ʾı
724 żarfında
725 lāzimelerine

altyüz ḳırḳ beş buçuḳ ġur(uş) (18) on para bāḳī ḳalub tereke-i mezkūre taḥrīrisoñra[!][726] gerek vekīl-i merḳūm el-Ḥāc Meḥmed Aġa ḳullarını ve zevce-ʾi mezbūre-ʾi (...) (19) şerʿan taḥlīf olmaġın ol ki vāḳiʿ ül-ḥāldır bil-iltimās ḫāk-ı pāy-ı müşīrānelerine iʿlām olındı (20) (ol bābda emr) ve fermān ḥażret min lahu el-emriñdir
fī 6 l [Şevvāl el-mükerrem] sene 1172

min el-ġafr ed-dāʿī 'd-devlet
es-Seyyid ʿOsmān (en-naṣīh) en-nāʾib bi-Mārdīn ḥālā

247/65/b

Die gemäß uns Herbeigerufenen des Staates den Zuflucht Suchenden des Hauses der Gerechtigkeit vorgestellten Beschlüsse, sind folgende: Vor einiger Zeit ist der freigelassene Sklave des früheren Ketḫüdas Meḥmed Efendi, ʿAlī Beg ibn ʿAbdullāh, einer des inneren Kreises des Palastes, seine Exzellenz der Herrscher des Glücks, einer Euer Diener in Kirkuk auf Geheiß Gottes dem Allmächtigen verstorben. Nachdem er als alleinberechtigte Erben seine Frau Medīne Ḫātūn bint ül-Ḥāc Meḥmed Aġa, seine minderjährige Tochter (Fāṭime), sowie seine in der Stadt Ḥaleb ansässige bekanntlich noch lebende Mutter ʿĀʿīşe Ḫātūn sowie den Sohn des Herrn des ehedem freigelassenen Sklaven, den edlen ʿAbdullāh Beg, Sohn des erwähnten Verstorbenen Meḥmed Efendi rechtlich klar und offenkundig hinterließ, soll (...) des Verstorbenen den in Mardin vorhandenen Nachlass, dessen Hinterlassenschaften sowie Gelder und Besitz ganz oder teilweise mit Hilfe des Gerichts und mit Hilfe des derzeitigen Voyvodas von Mardin, des glücklichen ʿOsmān Aġa und seitens erwähntem ʿAbdullāh Beg mit Hilfe des scheriatsrechtlichen Vertreters, Eurem Diener, dem Mossuler İsmaʿīl Aġa verzeichnet werden. Hierzu ist der mittlerweile erteilte Befehl der Noblen in Mardin eingegangen. Nachdem sie, diese untertänigen Diener im Haus, in dem der erwähnte Verstorbene wohnte, eingetroffen sind und in Anwesenheit der im Anhang des Registers aufgeführten Namen der Rechtsgelehrten, Notabeln und Aufrechten sämtliche Gelder, Kleidung, Auslegmaterialien, Gärten, Gebäude und Läden entsprechend überprüft haben, wurden (bis auf die) kleinste Kleinigkeit der Nachlass und die Hinterlassenschaften mit Hilfe des Gerichts und mit Hilfe des seitens Eures Dieners, erwähntem Voyvoda in erwähnter besonderer Angelegenheit für den erwähnten Posten ernannten Baġdāder Schreiber, Eurem Diener Yūsuf Efendi und dem seitens Eures Dieners, erwähntem ʿAbdullāh Beg, eingesetzten Beauftragten, erwähnten Mossuler İsmaʿīl Aġa verzeichnet und mit Hilfe aller Anwesenden

726 taḥrīrinsoñra

preislich geschätzt und fixiert. Alles in Allem bleiben noch 3781½ Ġuruş und 10 Para übrig. Weil der Schwiegervater von erwähnten Verstorbenen, mein erwähnter Sohn, Euer Diener, Ḥāc (Meḥmed Aġa), der uneingeschränkter Vertreter war, die verbrauchten Ausgaben von 500 Ġuruş und darüber hinaus zum Zeitpunkt der Heirat des Verstorbenen für Traditionelles und Religionsdienste seiner Provinz und zur aufwändigen Bekleidung 75 Ġuruş als Geld für einen wertvollen Hermelinpelz als Schulden besaß, wobei er in der Abwesenheit des Verstorbenen in der Zeit von 25 Monaten für die Ausgaben für fünf Personen für ihre Versorgung und ihren Haushalt sowie für ihre Verpflegung, Kleidung und andere notwendige Ausgaben als Vertreter bestätigt wurde und von der erwähnten Summe erwiesene 200 Ġuruş im Wert von 100 Mis̱ḳāl von mittlerem Gold für die aufgeschobene Brautgabe des verstorbenen Gatten der erwähnten Frau als seine verbindliche Schuld und darüber hinaus als Schuld des Verstorbenen erwiesene 350 Ġuruş Schulden sowie 11 Ġuruş für die Herausgabe der Eigentumsabschriften als Schulden bestanden, wurden sie gemäß dem Register eingetragen. Nach Abzug von der Summe des verzeichneten Nachlasses, den Geldern und den Hinterlassenschaften beläuft sich der geprüfte Rest zur Aufteilung unter den Erben hinsichtlich Geld, Gärten und weiterem erwähnten Nachlass auf 2645½ Ġuruş und 10 Para. Damit demgemäß nach Eintrag des erwähnten Nachlasses Dein Diener, erwähnter Vertreter Ḥāc Meḥmed Aġa und (...) der erwähnten Ehefrau dies scheriatsrechtlich bezeugen, soll es dergestalt sein, dass dieser Sachstand auf Anfrage Euren unterwürfigen Zeichengebenden mitgeteilt wird. Hierzu ist es der Befehl und Erlass Deiner Exzellenz. Am 6. Geehrten Ṣevvāl im Jahre 1172.

Möge uns Herbeigerufenen des Staates verziehen werden.
Seyyid ʿOs̱mān, Berater des derzeitigen Nāʾibs von Mardin.[727]

247/65/c

(1) (defter) oldur ki ḥālā Baġdād ve Baṣra vālīsi vezīr-i āṣef naẓīr müşteri tedbīr devletlü ʿināyetlü velī 'n-naʿm efendimiz ḥażretleriniñ (2) (ender)ūn-ı aġalarından olub bundan aḳdem Baġdāddan Mārdīne gelürken is̱nāʾi rāhda Kirkūk nām maḥalla marīżen (3) (vuṣ)ūl ve bi-emrillāhi teʿālā fevt olan ʿAlī Beg bin ʿAbdullāh nām müteveffānıñ verās̱eti eṣḥāb-ı fürūżdan zevcesi (4) (Medīn)e Ḫātūn bint ül-Ḥāc Meḥmed Aġa ve ṣaġīre ḳızı Fāṭime ve Ḥalebde maʿlūme 'l-ḥayāt olan vālidesi ʿĀīşe Ḫātūn (5) (...) sebīyesinden mevlā[!][728] ʿatāḳesiniñ oġlu necābetlü ʿAbdullāh Beg ibn ül-merḥūm Meḥmed Efendi nāmūn kimesnelere (6) (inḥi)ṣārı lede 'ş-şerʿ

727 Nachlassaufstellung hierzu in Text 65 c.
728 mevlā-ʾı

il-enver ẓāhir ve nümāyān olduḳdansoñra aṣıl mes'elesi yirmi beş[729] sehmdan olub (7) (zevc)e-'i merḳūmeye[!][730] farżīyet ṭarīḳiyle s̱emen olmaḳ üzere üç sehm ṣaġīre mezbūreye yine farżīyet ṭarīḳiyle (8) (inḥiṣā)r olmaḳ üzere on iki sehm ve umm-ı meẕkūreye yine farżīyet südüs olmaḳ üzere dört 4 sehm ve mevlā[!][731] ʿatāḳesiniñ (9) (oġlu)[?] necābetlüʿAbdullāh Bege ṭarīḳiyle beş sehm iṣābeti taḥaḳḳuḳundansoñra ṣaġīre-'i merḳūmeniñ üzerine (10) (vekāle)t-i şerʿīye-i vaṣīye naṣb ve taʿyīn olınan vālidesi Medīne Ḫātūn el-mezbūreniñ vekīl-i şerʿisi olan (11) (...) el-Ḥāc Meḥmed Aġa el-merḳūm maʿrifetiyle ve mūmā ileyh ʿAbdullāh Beg ṭarafından vekīl-i müseccili olan aġayān-ı end(erūndan) (12) (...) velī 'n-nuʿmā Mūṣullı[!][732] İsmaʿīl Aġa maʿrifetiyle müteveffā-yı merḳūmuñ Mārdīnde olan metrūkāt ve muḫallefā(tını) (13) (ḳabżına M)ārdīn voyvodası ḳıdvet ül-emācid ve 'l-ekārim saʿādetlü ʿOs̱mān Aġa dāme mecduhunuñ ṭarafından (14) (taʿyī)n ve irsāl buyurılan Baġdādlı kātib Yūsuf Efendi mübāşirīyeti ile maʿrifet-i şerʿle ẕeyl-i defterde (15) (mek)tūb ül-esāmī s̱iḳāt-ı müslimīn-i ḥużūrunda maḥall-ı yėrine varılub bil-cümle mevcūd olan terekesini (16) (ẓuhūr ė)dince erbāb-ı ḫibre maʿrifetleriyle taḳvīm olunub āʿyān ve es̱mānıyla ʿala 'l-infirād vech-i ātī üzere (17) (ẕikr ve) beyān olunur el-vāḳiʿ fī 5 l [Şevvāl el-mükerrem] sene 1172

(...) ḳafāsı köhne b(eden) kürk ṣarı Keremsüd[733] ḳablu	ʿaded 1	ḳıymet ġuruş 80
sümür ḳuyruḳ köhne beden kürk ḳırmızı keremsüd ḳablu	ʿaded 1	ḳıymet ġuruş 30
sīm ḫancer[!][734] ve bıçaḳ maʿ sīm ḫarc	çift 1	ḳıymet ġuruş 30
yeşm ḳabżalı sīm ḫancer[!][735] (...) ṣaġīr yaḳut (...)	ʿaded 1	ḳıymet ġuruş 40
(...) sīnebend	ʿaded 1	
ve sīm başlıḳ ṣaġīr	ʿaded 1	ḳıymet ġuruş 50
sīm ẓarf	ʿaded 16	
vezn	direm 180	ḳıymet ġuruş 16
fincān çīnī	ʿaded 50	ḳıymet ġuruş 11
ve (...) çīnī	ʿaded 5	ḳıymet ġuruş 2½
ṣaġīr ṭabaḳ çīnī	ʿaded 11	ḳıymet ġuruş 5½
(...) ṭabaḳı	ʿaded 23	ḳıymet ġuruş 3
naḳşlı bardaḳ	ʿaded	ḳıymet ġuruş ½
müsteʿamel yeşil çuḳa biniş ḫaṭāyı [736] astarlı	ʿaded 1	ḳıymet ġuruş 11
ḳırmızı (mʿhūd) çuḳa biniş	ʿaded 1	ḳıymet ġuruş 15

729 Müssten eigentlich 24 Anteile sein.
730 merḳūmīye
731 mevlā-'ı
732 mūṣulı
733 Seidenstoff, der in Aleppo hergestellt wird. Vgl. Kurz (2003), S. 869.
734 ḫançer
735 ḫançer
736 Gefütter Stoff mit Baumwoll- oder Leinenfutter.

mor şālı köhne biniş	ʿaded 1	ḳıymet ġuruş 10
(...) ketfī ḳurşaḳ müsteʿamel	ʿaded 1	ḳıymet ġuruş 30
müsteʿamel al şālı	ʿaded 1	ḳıymet ġuruş 11
kamūnī aṭlās ḳaftan	ʿaded 1	ḳıymet ġuruş 15
(beldār) ʿanteri	ʿaded 2	
ve (ḥāmidi) ʿanteri	ʿaded 1	ḳıymet ġuruş 12
(...) kisesi	ʿaded 1	ḳıymet ġuruş ½
çit boġça	ʿaded 3	ḳıymet ġuruş 2 para 10
(...) köhne sāde	ʿaded 1	ḳıymet ġuruş 1½
ayāġ ṭūnī kettan[!][737]	ʿaded 1	
ve milsen	ʿaded 1	ḳıymet ġuruş 2
Ḳalʿat ül-Merʾe kāri orta kelimi köhne	ʿaded 1	ḳıymet ġuruş 10
(...) yasdıḳ yüzü	çift 5	ḳıymet ġuruş 40
ḳalem kāri maḳʿad	çift 1	
ve sedirbaşı[!][738]	çift 1	ḳıymet ġuruş 12
ḳalem kāri yorġan	ʿaded 2	ḳıymet ġuruş 12
işleme (kmşe)[?] müsteʿamel	ʿaded	ḳıymet ġuruş 30
(cemʿan yekūn)		
ġuruş		481¾ (...)

(...) daḫī bir sene muḳaddem altmiş bir tārīḫinde vekīl el-Ḥāc Meḥmed Aġa vekāleti ḥasebiyle aldıġı ʿaḳārāt ve baʿż-ı eşyālar beyānındadir

(ṣa)ġīr sīnī	ʿaded 1	
ve el lekeni	ʿaded 1	ḳıymet ġuruş 5
ḫām bez[!][739] vuynuk ve yasdıḳlara ḳırmızı bez[!][740] behā cemʿan		ġuruş 25
ḫabāze ʿaḳārında Yüzüm bāġı	ʿaded 1	ḳıymet ġuruş 73
çırpı pāzārında bat dükkān	ʿaded 1	ḳıymet ġuruş 46
(...)ʿaḳārında (ṣ)ulubaġçe	ʿaded 1	ḳıymet ġuruş 240
rammāne[?] oġlandan ve Seyyid Meḥmed alınan dār	ʿaded 1	ḳıymet ġuruş 71
bāb eş-şūr çarşusunda baḳḳālīye dükkān	bāb 1	ḳıymet ġuruş 58
iki ḳapuya müsteʿamel ḳahveḫāne	ʿaded 1	ḳıymet ġuruş 102
cemʿan yekūn		ġuruş 620

737 keṣān
738 ṣadırbaşı
739 bīz
740 bīz

(1) müteveffānıñ terekesi olmaḳ üzere el-Ḥāc Meḥmed Aġa el-merḳūmuñ ẕimmetinde olan üç biñ üçyüz (2) ġuruş terekesinden bālāda taḥrīr olınan ʿaḳārāt ve eşyā behāsını altıyüz yirmi ġuruş (3) meblaġ-ı merḳūmdan baʿd et-tenzīl iki biñ altyüz seksen ġuruşı tereke-ʾi merḳūme żamm olunub (4) ber vech-i ātī ẕikr olunur

	ġuruş
bālāda taḥrīr olınan eşyā behāsı vech-i meşrūḥ üzere cemʿan	481¾
üç biñ üçyüz ġuruşdan emlāk behāsı vèrilüb vech-i meşrūḥ üzere bāḳī ḳalan terekeye żamm olunub	268(0)
yalñız üç biñ yüz altmış bir buçuḳ ġuruş on paradır	316(1¾)

247/65/c (zweiter Teil auf 247/66, rechte Seite)

ve 'l düyūn	
(minhumā) el-maṣārif	ġuruş
deyn oṭurāḳçı[!][741] Nuʿmāndir ẕimmet-i müteveffā Monlā ʿOs̱mān bin Maḥmūd Beşe ve Monlā Meḥmed bin ʿAbdullāh şehādetleriyle vekīlī müvācehesinde ġıbb et-taḥlīf üş-şerʿ s̱ābit şüde	250
deyn-i ʿArbūzāde Monlā Meḥmedir ẕimmet-i müteveffā şāhidān-ı merḳūmān şehādetleriyle vech-i şerʿī üzere s̱ābit (şüde)	150
zevce-ʾi merḳūmeniñ mehr-i müʾecceli yüz mis̱ḳāl vasaṭ altun mis̱ḳālı ikişer ġuruşa olmaḳ üzere Ṣāliḥ bin Yaḥ(yā)[?] ve Monlā ʿOs̱mān bin Maḥmūd Beşe şehādetleriyle ʿaḳīb üt-taḥlīf s̱ābit şüd	200
	500[!][742]
bālāda taḥrīr olan emlāklara maḥkemede vèrilen ḥüccetler ḫarcı baʿd el-ḥesāb	11
bezzāzlara bā-yed-i İsmaʿīl Aġa evḳāf-ı düyūnāt baʿd el-ḥesāb	35
ḫaffāf Maḥmūda ez behā-ʾı cizme ve papuç[!][743] ve mest baʿd el-ḥesāb	15
	561
ḳarsaḳ[744] kürk behāsı ʿAbdülḳādir Bege ḥīn-i zaffāfında pīşkeş ètmiş idi baʿd el-is̱bāt	75
yirmi beş māh müddetinde ʿayālı ve ḳızı ve tevābiʿlarına meʾkūl maṣrafı ve melbūs behā	500
yalñız biñ yüz otuz altı ġuruş maṣārif şüde	1136
bālāda taḥrīr olınan tereke vech-i meşrūḥ üzere yalñız üç biñ yüz altmış bir buçuḳ ġuruş on paradır	ġuruş 3161¾
ʿala 'l-infirād-ı taḥrīr olınan maṣārifāt biñ yüz otuz altı ġuruşdur	1136
baʿd et-tenzīl bāḳī ḳalan iki biñ yirmi beş buçuḳ ġuruş on paradır	2025¾
bālāda taḥrīr olınan emlāk-ı behāsı altyüz yirmi ġuruş tereke żamm olunub cemʿan	620

---

741 oṭūrāḳcı

742 Falscher Betrag, müsste 600 ergeben.

743 pabūç

744 Hermelin im Sommerpelz.

ṣaḥḥ el-bāḳī lit-taḳsīm beyn el-vereṣe bil-ferīża 'ṣ-ṣer'īye iki biñ altyüz kırḳ beş buçuḳ on paradır	2645¾

faḫr ül-ʿulemāʾ
fażīletlü 's-Seyyid Aḥmed Efendi el-müftī
Mūṣullı İsmaʿīl Aġa bin ʿAlī Aġa
es-Seyyid ʿAbdüllaṭīf Efendi kātib-i cizye
es-Seyyid ʿAbdürraḥīm Efendi ser-i kātib-i[!][745] maḥkeme
es-Seyyid İbrāhīm bin Ḥāc İsḥāk
es-Seyyid Aḥmed Efendi ibn üs-Seyyid ʿOs̱mān Efendi
es-Seyyid Mollā Yūsuf el-ḫaṭīb
(*Unterer Abschnitt*)
faḫr ül-eşbāh ve (...)
Paşazāde ʿAlī Beg
Küçük Meḥmed Aġa bin ʿAbdullāh
Monlā ʿOs̱mān bin Maḥmūd Beşe
Ṣāliḥ Çelebi bin Yaḥyā Çelebi
muḥżirbaşı Seyyid Meḥmed
ve ġayruhum
(*Randnotiz*)
mūcibince ʿamel oluna

247/65/c

(Der Sachverhalt) ist Folgender: Als vor einiger Zeit einer der Aġas des inneren Palastes seiner Exzellenz unseres Herren, den derzeitigen Valis von Baġdād und Baṣra, Asaph-gleicher Wesir, Erwerber von Vorsicht, illustrer gnadenreicher Herrscher des Glücks namens ʿAlī Beg bin ʿAbdullāh von Baġdād nach Mardin reisend auf dem Weg am Haltepunkt Kirkuk erkrankt eintraf, verstarb dieser und nach Maßgabe Gottes, dem Allmächtigen. Nachdem gemäß dem erleuchteten Gesetz die alleinigen Erben des Vermögens seine Frau (Medīne) Ḫātūn bint ül-Ḥāc Meḥmed Aġa, seine minderjährige Tochter Fāṭime, seine in Ḥaleb bekanntlich noch lebende Mutter ʿĀīşe Ḫātūn, (...) sowie der Sohn des ehedem Freigelassenen, der edle ʿAbdullāh Beg, Sohn des Verstorbenen Meḥmed Efendi, bekannt waren und es sich um insgesamt 24[!][746] Anteile handelt, entfallen an erwähnte Ehefrau über den Weg der Erbteilung 3 Anteile, an erwähnte Minderjährige darüber hinaus über den Weg der Erbteilung alleinig 12 Anteile, an erwähnte Mutter

---

745 kitāb
746 Irrtümlicherweise im Originaltext mit 25 Anteilen berechnet.

zudem über die Erbteilung als Sechstel 4 Anteile und an den Sohn des ehedem Freigelassenen, dem edlen ʿAbdullāh Beg über dem Weg der restlichen Erbfolge fünf Anteile. Nachdem dies verifiziert wurde, wurde der in Mardin vorhandene Nachlass des Verstorbenen von Seiten des bevollmächtigten Bagdader Schreibers Yūsuf Efendi, dessen Betrauung und Entsendung durch den Voyvoda von Mardin, Vorbild der Ruhmvollsten und Mächtigen, glücklicher ʿOs̱mān Aġa – möge sein Ruhm andauern – angeordnet wurde, mit Hilfe von Ḥāc Meḥmed Aġa,[747] der gesetzlicher Vertreter der Mutter von erwähnter Minderjähriger, erwähnte Medīne H̬ātūn, die als Vormund zu der scheriatsrechtlichen (Vertretung) ernannt und eingesetzt wurde, (...) und mit Hilfe eines registrierten Vertreters der Aġas des inneren Palastes (...), Herrscher des Glücks, der Mossuler İsmaʿīl Aġa in Vertretung für erwähnten ʿAbdullāh Beg, eingezogen und gemäß dem Gericht in Anwesenheit der im Anhang des Registers aufgeführten glaubwürdigen Muslime vor Ort dessen gesamter vorhandenen Nachlass mit Hilfe von Experten, wobei die Gelder und Werte einzeln im Folgenden dargelegt werden, taxiert.
Stattgefunden am 5. geehrten Şevvāl im Jahre 1172.

(... ..) Gewandpelz mit gelbem Seidenstoff überzogen	Anzahl 1	Preis Ġuruş 80
Alter Gewandpelz aus Otterschwanz mit gelbem Seidenstoff überzogen	Anzahl 1	Preis Ġuruş 30
Silbernes Schwert und Messer mit silbernem Besatz	Paar 1	Preis Ġuruş 30
Silbernes Schwert mit Jadegriff (...) kleiner Rubin) (...)	Anzahl 1	Preis Ġuruş 40
(...) Leibchen	Anzahl 1	
und kleine silberne Kopfbedeckung	Anzahl 1	Preis Ġuruş 50
Silberner Deckel	Anzahl 16	Waage
Waage	Dirham 180	Preis Ġuruş 16
Chinesisches Glas	Anzahl 50	Preis Ġuruş 11
Chinesische/r/s (...)	Anzahl 5	Preis Ġuruş 2½
Kleiner chinesischer Teller	Anzahl 11	Preis Ġuruş 5½
(...) Teller	Anzahl 23	Preis Ġuruş 3
Verzierter Becher	Anzahl	Preis Ġuruş ½
Gebrauchter gefütterter Umhang aus grünem Wollstoff	Anzahl 1	Preis Ġuruş 11
Roter (...) Umhang aus Wollstoff	Anzahl 1	Preis Ġuruş 15
Alter Umhang aus violettem Kamelott	Anzahl 1	Preis Ġuruş 10
(...) gebrauchter roter Schultergürtel	Anzahl 1	Preis Ġuruş 30
Gebrauchter roter Kamelott	Anzahl 1	Preis Ġuruş 11
Kuminfarbener Kaftan aus Atlasseide	Anzahl 1	Preis Ġuruş 15
(...) ʿAnteri-Weste	Anzahl 1	
und (...) ʿAnteri-Weste	Anzahl 2	Preis Ġuruş 12

747 Ihr Vater.

(...) Beutel	Anzahl 1	Preis Ġuruş ½
Chintz Bündel	Anzahl 3	Preis Ġuruş 2 Para10
Alte/r/s einfache/r/s(...)	Anzahl 1	Preis Ġuruş 1½
Hose aus Flachs	Anzahl 1	
und schwerer Stein	Anzahl 1	Preis Ġuruş 2
In Ḳalʿat ül-Merʾe gefertigter alter Teppich mittlerer Größe	Anzahl 1	Preis Ġuruş 10
(...) Kissenbezug	Paar 5	Preis Ġuruş 40
Mit Pinsel bemaltes Kissen	Paar 1	
und (Sofakissen)[?]	Paar 1	Preis Ġuruş 12
Mit Pinsel bemalte Steppdecke	Ġuruş 2	Preis Ġuruş 12
Bearbeitete gebrauchte (...)	Anzahl 2	Preis Ġuruş 30
(Insgesamt) Ġuruş		(...) 481¾

Die gemäß dem Vertretungsamt des Vertreters Ḥāc Meḥmed Aġa (...) ein Jahr vor dem Datum 61 erworbenen Gebiete und einige Dinge werden dazu aufgeführt:

(...) kleiner Sīnī	Anzahl 1	
und kleines Waschbecken	Anzahl 1	Preis Ġuruş 5
Voynukisches Rohleinen und rote Kissen aus rotem Leinen, Gesamtpreis		Ġuruş 25
Yüzüm-Garten im Grundstück Ḫabāze	Anzahl	Preis Ġuruş 30
Altkleiderladen im Çırpı Markt.	Anzahl 1	Preis Ġuruş 46
Bewässerter Garten im (...)-Grundstück	Anzahl 1	Preis Ġuruş 240
Von den Rammāne-Jungen[?] und Seyyid Meḥmed erworbenes Haus	Anzahl 1	Preis Ġuruş 71
Lebensmittelladen beim Bāb eş-Şūr-Markt	Objekt1	Preis Ġuruş 58
Mit 2 Anstellungsverhältnissen betriebenes Kaffeehaus	Anzahl 1	Preis Ġuruş 102
Insgesamt Ġuruş		620

Von den im Nachlass des Verstorbenen in der Obhut von erwähntem Ḥāc Meḥmed Aġa befindlichen 3300 Ġuruş ergibt der erwähnte Nachlass aufsummiert nach Abzug der Werte der oben aufgeführten Gebiete und Dinge von 620 Ġuruş 2680 Ġuruş, welches im Folgenden erläutert wird.

	Ġuruş
Wie beschrieben der Wert der oben aufgeführten Gegenstände insgesamt	481¾
Von den insgesamt 3300 Ġuruş wird der Wert der Besitztümer gezahlt und es verbleiben wie beschrieben	268(0)
Nur dreitausendeinhunderteinundsechzig ein halber Ġuruş und 10 Para	316(1¾)

Schulden	
(davon) die Ausgaben	Ġuruş
Schulden des Fertigwarenhändlers Nuʿmān: Die Schulden des Verstorbenen wurden unter Zeugenschaft von Monlā ʿOsmān bin Maḥmūd Beşe und Monlā Meḥmed bin ʿAbdullāh im Beisein des Stellvertreters nach gesetzlicher eidesstattlicher Versicherung festgehalten	250

Schulden von ʿArbūzāde Monlā Meḥmed: Die Schulden des Verstorbenen (wurden) unter Zeugenschaft der erwähnten Zeugen gemäß dem Scheriatsrecht festgehalten	150
Die aufgeschobene Brautgabe der erwähnten Ehefrau für 100 Mis̱ḳāl wurde unter Zeugenschaft von Ṣāliḥ bin (Yaḥyā)[?] und Monlā ʿOs̱mān bin Maḥmūd Beşe unter eidesstattlicher Versicherung festgehalten, wobei für jedes Mis̱ḳāl mittleren Goldes zwei Ġuruş berechnet werden	200
	500 [!][748]
Ausgaben der am Gerichtshof ausgehändigten Abschriften für die oben aufgeführten Besitztümer nach Abrechnung	11
Für die Tuchhändler die Schulden der Stiftungen im Besitz von İsmaʿīl Aġa nach Abrechnung	35
Für den Schuster Maḥmūd vom Wert für Überschuhe, Latschen und leichte Schuhe nach Abrechnung	15
	561
Wert des für ʿAbdülḳādir Beg nach dem Hochzeitsfest als Geschenk vermachten Hermelin-Pelzes nach Bestätigung	75
Unterhalt während des Zeitraums von 25 Monaten für den Haushalt, die Tochter und das Gefolge sowie Kleidungsgeld	500
Nur eintausendeinhundertsechsunddreißig Ġuruş wurden ausgegeben	1136
Der oben aufgeführte Nachlass beläuft sich – wie dargelegt – auf nur eintausendeinhunderteinundsechzigundeinhalb Ġuruş und 10 Para	Ġuruş 3161¾
Die einzeln verzeichneten Ausgaben belaufen sich auf eintausendeinhundertsechsunddreißig Ġuruş	1136
Nach Abzug verbleiben zweitausendfünfundzwanzig Ġuruş und 10 Para	2025¾
Der Wert der oben aufgeführten Besitztümer des Nachlasses von sechshunderzwanzig Ġuruş wird addiert und ergibt insgesamt	620
Geprüfter Rest nach Aufteilung unter den Erben nach der gesetzlichen Erbfolge ergibt zweitausendsechshundertfünfundvierzig Ġuruş und 10 Para	2645¾

Exzellenzen der Rechtsgelehrten der tugendreiche Seyyid Aḥmed Efendi, Mufti
Der Mossuler İsmaʿīl Aġa bin ʿAlī Aġa
Seyyid ʿAbdüllaṭīf Efendi Cizye-Schreiber
Seyyid ʿAbdürraḥīm Efendi leitender Gerichtsschreiber
Seyyid İbrāhīm bin Ḥāc İsḥāk
Seyyid Aḥmed Efendi ibn üs-Seyyid ʿOs̱mān Efendi
Seyyid Mollā Yūsuf, Prediger
(*Unterer Abschnitt*)
Exzellenzen der Gleichgestellten und (Ehrwürdigen)
Paşazāde ʿAlī Beg
Küçük Meḥmed Aġa bin ʿAbdullāh

748 Falscher Betrag, müsste 600 ergeben.

Monlā ʿOs̱mān bin Maḥmūd Beşe
Ṣāliḥ Çelebi bin Yaḥyā Çelebi
Leitender Gerichtsdiener Seyyid Meḥmed
Und weitere
(*Randnotiz*)
Es soll dementsprechend gehandelt werden.

247/66/b

(1) destūreyn-i mükerremeyn müşīreyn-i müfaḫḫameyn niẓāmey 'l-ʿālem müdebbirey[!][749] ümūr ül-cümhūr bil-fikri 's-s̱āḳib mütemmimey[!][750] mehāmm ül-enā(m) (2) bir-reʾyi 'ṣ-ṣāʾib mümehhideyn-i bünyān üd-devlet ve 'l-iḳbāl müşeyyid-i erkān üs-saʿādet ve 'l-iclāl (3) el-maḥfūf bi-ṣunūfı ʿavāṭıf il-melik ül-ʿālā ber vech-i mālikān Mārdīn voyvodalığına mutaṣarrıf (4) olub Baġdād vālīsi olan vezīrim____Paşa ve Diyārbekir vālīsi vezīrim____Paşa edām Allāhü teʿālā (5) iclāluhumā ve ḳıdvet ül-ḳużāt ve 'l-ḥükkām maʿdeney ül-fażl ve 'l-kelām Mārdīn ḳāżīsi ve Ā(mid) (6) ḳażāsı nāʾibi zīde fażluhumā tevḳīʿ-i refīʿ-i hümāyūn vāṣil olıcaḳ maʿlūm ola ki ḫāṣṣa-ʾi silaḥşūrlar(ımdam) (8) ḳıdvet ül-emācid ve 'l-āʿyān es-Seyyid İsmaʿīl zīde mecduḥu rikāb kamyābime ʿarżuḥāl ṣunub Mā(rdīnde) (9) vāḳiʿ Ḳāsim Padışāh vaḳfınıñ bā-ḫaṭṭ-ı hümāyūn ber vech-i teʾeyyüd berāt-ı şerīfimle mütevellīsi olunub ve (ḳażā-ʾı) (10) mezbūruñ ḥammām ve dükkānları ḫarābe müşterik olduḳda iʿmār ve taʿmīrine kendü mālıden vāfir ül ḥamm (11) ṣarf ve şen ve abādān ėdüb vāḳif-i mūmā ileyhiñ defter-i ḫāḳānīde muḳayyed şarṭ ve taʿ(yīn) (12) eyledigi uṣūl-ı vaḳfdan olan ehl-i vaẓāʾifiñ müstaḥaḳḳ olduḳları vaẓīfelerini temāmen e(dā) (13) ėdüb izdiyād-ı vaḳfdan vaẓāʾif iḥdās̱ına vaḳfdan müsāʿade yoġiken baʿż kimesne(ler) (14) bir taḳrīb ile ḫilāf-ı defter-i ḫāḳānī ve muġāyir-i şarṭ-ı vāḳif ʿaskerī berātıyla nice vaẓāʾif(ine) (15) iḥdās̱ ve vaḳf-ı şerīfi bi-küllīye ḫarāb ėtmeleriyle bundan aḳdem [berāt-ı] ʿaskerīden iḥdā(s̱) (16) olınan vaẓāʾif-i muḥdes̱eniñ berātları bā-fermān-ı ʿalī rūznāmçe-ʾi ʿaskerīden (17) refʿ ve terḳīn olunmuş iken bir dürlü ışġā olunmayub yine bir ṭarafdan tecdīd ve iḥdās̱ (18) olunmaḳdan ġālī olmayub ḥīn-i terḳīnden berü lā-yunḳatʿ vaẓīfelerini cebren ṭaleb (19) ve taʿaddī üzere olduḳların bildirüb defter-i ḫākānīde[!][751] muḳayyed vāḳif-i mūmā (20) ileyhiñ şarṭ ve taʿyīn eylediġi uṣūl-ı vaḳfdan olan cihātından[!][752] māʿadā ḫ(ilāf-ı)

---

749 Arabisch gehalten, daher nicht müdebbireyn-i.
750 Arabisch gehalten, daher nicht mütemmimeyn-i.
751 ḫākānīden
752 cihātdan

247/66/b (zweiter Teil auf 247/66, linke Seite)
(1) (def)ter-i ḫāḳānī (2) (ve muġ)āyir-i şurūṭ-ı vāḳif (3) (ile)[?] izdiyād-ı vaḳfdan almaḳ üzere (4) (vaẓā'if berāt-ı) 'askerīden iḥdāṡ ve bā-fermān-ı 'alī ḳaydları (5) (ref' ve) terḳīn olınan 'askerī berātıyla kimesneye vaẓīfe muṭālebesiyle (6) ta'addī ve rencīde ėtdirilmemek bābında emr-i şerīfim ricā ve defter-ḫāne-'i (7) 'āmiremde maḥfūẓ defter-i evḳāfa mürāca'at olunduḳda Āmid sancaġında Mārdīn (8) nāḥīyesinde vaḳf-ı medrese ve zāvīye-i Ḳāsim Padışāh der nefs-i <mārd nefs> Mārdīn deyü yazıldıġı (9) maḥallde 'an maḥṣūl-ı ruba' ḥububāt-ı ḳarye-'i Mīrdeme ḥāṣıl biñ altyüz on aḳçe yekūn ma' ġayrihā yetmiş biñ (10) yediyüz yetmiş altı aḳçe ve icāre-'i dekākīn-i meẕkūrīn on dört bāb[753] der nefs-i Āmid (...) fī şehr yüz altmış (11) yekūn ma' ġayrihā fī şehr biñ ṭoḳuz yüz otuz beş fī sene yirmi üç biñ ikiyüz yirmi cem'an ma' ġayrihi ikiyüz (12) altmış altı biñ yediyüz altmış beş aḳçe minhā el-maṣārif[754] 'an vaẓīfe-'i ḫaffārān [...] cihet-i tedrīs-i müderris-i ḥanefīye fī yevm[!][755] (13) elli ve cihet-i tedrīs-i şāfā'ī fī yevm elli ve cihet-i ṭalebe-'i ḥanefī altı nefer fī iki fī yevm on iki ve cihet-i ṭalebe-'i (14) şāfa'ī beş nefer fī iki fī yevm on ve cihet-i i'āde-'i ḥanāfī fī yevm dört ve cihet-i i'āde-'i şāfa'ī fī (15) yevm dört ve cihet-i bawwābī iki nefer fī yevm iki ve cihet-i tevlīyet fī yevm yirmi ve cihet-i kitābet fī yevm (16) sekiz ve cihet-i neẓāret fī yevm sekiz ve cihet-i imāmet fī yevm dört ve cihet-i mü'eẕẕin fī yevm iki ve cihet-i (17) niḳābet fī yevm [...] ve cihet-i cibāyet fī yevm dört 'an ḳurā-'ı Āmid ve cihet-i cibāyet-i enderūnī fī yevm (18) iki ve cihet-i vekīl-i ḫarc fī yevm üç ve cihet-i mi'mār[!][756] fī yevm üç ve endūh fī yevm üç (19) ve dekākīn-i ṡemānīye der Āmid fī yevm iki ve cihet-i ferrāş-ı medrese ve mesācid fī yevm üç ve cihet-i (20) cibāyet-ṣādir fī yevm dört ve cihet-i anbārdār-ı vekīller fī yevm üç ve cihet-i ṭabbāḫ (21) fī yevm beş ve cihet-i müstecid[!][757] fī yevm beş ve cihet-i ḥammālīye fī yevm bir ve cihet-i vaẓīfe-i tevzī'-i (22) eczādan mi'emmi fī yevm bir ve cihet-i nuḳṭacı Nīyām 'Īsā fī yevm bir bi-cihet-i eczāḫan (23) der türbe-'i merḥūm Ḳāsim Padışāh ṭoḳuz nefer bir fī yevm ṭoḳuz yekūn fī yevm ikiyüz yirmi altı (24) fī sene yetmiş bir biñ üçyüz altmış aḳçe ve cüzḫānlar şimdiye dek ḫilāf-ı şarṭ-ı vāḳif haftada bir kere (25) penç şenbih güni türbeye varub bir miḳdār tilāvet ḳırā'at ėderler imiş min ba'd her gün ṣabāḥnamāz (...) (26) cāmi'-i kebīrde müctem'an birer cüz' tilāvet olunub penç şenbīh güni ba'd el-'aṣır türbeye varılub birer cüz' tilāvet (27) olunub ve cum'a gecesinde

753 paraya
754 maṣraf
755 yevmī
756 mi'mārı
757 müstecide

teysīre ta'āmına ḥāżir olalar ve bi-cihet-i zevā'id-i ḫvārān[!][758] mevlānā Meceddīn behā (...) (28) fī yevm otuz yekūn ma' ġayrihi fī yevm ṭoḳsan altı fī sene otuz iki biñ beşyüz altmış aḳçe ẕikr olınan zevā'id-i (29) ḫvārāndan[!][759] biriniñ vaẓīfesi maḥlūl olduḳda cihet deyü kimesneye vėrmiye ki defter-i 'atıḳ-ı ḫāḳānīde sefīd olur (müceddeden)[?] (30) ziyāde cihet iḥdaṡ olunmuşdur ve bi-cihet-i[!][760] ḫarc-ı ṭa'ām-ı gūşt [fī] yevm ḳırḳ yekūn ma' ġayrihi fī yevm ṭoḳsan fī sene otuz iki (biñ) (31) dört yüz aḳçe ve bi-cihet-i ḫarc-ı pilav ve zerde leyālī-'i cum'a fī elli bir ketb-i behā-'ı pirinç dört buçuḳ yekūn (32) ma' ġayrihi sekiz biñ yüz yirmi dört cem'an ḫarc yüz ḳırḳ altı biñ iki yüz ḳırḳ altı ve 'l-bāḳī yüz on (33) beş biñ beşyüz on aḳçe deyü defter-i evḳāfda muḥarrer-i ḳalemiyle taḥrīr olunduğu mesṭūr ve ḫazīneme 'āmiremde maḥfūẓen (34) Anaṭolı-ı muḥāsebesi defterlerine naẓar olunduḳda tevlīyet-i mezbūre ḥālā ber vech-i te'eyyüd berāt-ı 'ālīşānımla mūmā ileyhiñ (35) üzerinde ve berātı 'unvānı mūcibince 'amel oluna deyü ḫaṭṭ-ı hümāyūn keşīde ḳılındığı muḳarrer ve vaḳf-ı mezbūruñ[!][761] īrādı (36) ḳalīl olub uṣūl-ı vaḳfdan olan īrād-ı cihātıñ vaẓīfelerine vefā' ėtmez iken aḫırdan ba'żıları ḫilāf-ı (37) şurūṭ-ı vāḳife bir taḳrīb ile vaẓā'if iḥdāṡ vaẓīfe ṭalebiyle rencide ve vaḳf-ı mezbūruñ[!][762] ümürı muḫabbel ve müşevveş (38) ve ḫarābına bā'iṡ olmağın uṣūl-ı vaḳfdan olmayub 'askerī berātıyla vaẓā'if iḥdāṡ ėdenleriñ[!][763]ḳaydları ref' ve terḳīn (39) (ve) fīmāba'd 'askerī berātıyla vaẓīfe ṭalebiyle rencide ėtdirilmemek içün muḳaddemā mütevellī-i mūmā ileyh 'arżuḥāl birle istid'ā (40) ve uṣūl-ı[!][764] vaḳfdan olmayub 'askerī berātıyla ḫilāf-ı şarṭ-ı vāḳif-ı muḥdeṡ vaẓā'if-i ḳaydları ref' ve terḳīn ve fīmāba'd (41) vaẓā'if ṭalebiyle ta'addīleri men' ve def' olunmaḳ içün muḳaddemā vėrilen emr-i şerīfim mūcibince 'amel olunmaḳ (üzere) (42) (ḫü)davendigār-ı sābıḳ ammizādem mağfūrunleh sulṭān 'Oṡmān Ḫān ṭābe ṡerāhu zemānda emr-i şerīf vėrildigi (43) (bildirüb dī)vān-ı hümāyūnum ḳaleminden ba'd el-iḫrāc fīmāba'd vaḳf-ı mezbūrdan ḫilāf-ı şarṭ-ı vāḳif muḥdeṡ (44) vaẓīfe ṭaleb ėdenlere vaẓīfe vėrilmemek içün emr-i 'ālī 'askerī rūznamçesine ḳayd ve (...) olunub (45) şerḥ vėrile deyü yüz yetmiş bir senesi Receb-i şerīfiñ (...)(46) (... ...) fermānı ḳayd olındığı vech-ı 'askerī (47) (berātıyla) (ruznamçesinden derkenār) (48) (...)

758 ḫūrān
759 ḫūrāndan
760 bī-cihet-i
761 mezbūrun
762 mezbūrun
763 ėdenleri
764 ūṣūl

247/66/b (zweiter Teil auf 247/67, rechte Seite)

(1) ḳaydlar mūcibince ʿamel olunmaḳ (2) bābında fermān-ı ʿalīşānım ṣādir olunmuşdur (3) buyurdum ki____vuṣul bulduḳda (4) bu bābda ṣādir olan emrim üzere ʿamel daḫī ber minvāl-ı (5) muḥarrer vāḳif-i mūmā ileyhiñ defter-i ḫāḳānīside[!][765] şarṭ ve taʿyīn eyledigi (6) uṣūl-ı vaḳfdan māʿadā soñradan izdiyād-ı vaḳfdan olmaḳ üzere ʿaskerīden (7) vaẓāʾif iḥdās̱ ėdenleriñ[!][766] berātlarınıñ[!][767] ḳaydları muḳaddemā rūznamçe-ʾi ʿaskerīden refʿ ve terḳīn (8) olunmaġla fīmābaʿd ḳaydları terḳīn olan ʿaskerī berātları ibrāz ile muḥdes̱ vaẓāʾif ṭalebiyle mütevellī-i (9) mūmā ileyhiñ ve ṭarafından vekīllerini bir vecihle rencīde ve remīde ėtdirmeyüb ber minvāl-ı muḥarrer ẓāhir olan müdāḫele (10) ve muʿārażalardan menʿ ve defʿ ėdüb mażmūn-ı emr-i şerīfimle ʿāmil olasız şöyle bilesiz ʿalāmet-i şerīfe iʿtimād ḳılasız taḥrīren (11) fī evāḫir şehr Cemāẕī 'l-evvel sene is̱nā ve sebaʿīn ve miʾe ve ʾelf

bi-maḳām-ı Ḳosṭanṭinīye 'l-maḥrūse

247/66/b

Ehrwürdige zwei Ratgeber, großherrliche Zeichengeber, Weltgesetz, Lenker der öffentlichen Angelegenheiten mit durchdringendem Verstand, Vollender der Angelegenheiten der Menschen mit klarer Ansicht, Begründer des Baus des Glücks und des Wohlergehens, Erbauer der Säulen der Glückseligkeit und Großartigkeit, die umhüllt sind von den mannigfachen Wohltaten des höchsten Königs! Mein Wesir____Paşa, Vali von Bağdād sowie mein Wesir____Paşa, Vali von Diyārbekir, wobei sie beide das Amt des Voyvodas von Mardin innehaben – möge Gott der Erhabene ihre Großartigkeit andauern lassen – Vorbild der Kadis und Richter, Quellen der Beredsamkeit und des Wortes – Kadi von Mardin und Nāʾib vom Gerichtssprengel von Āmid – möge ihrer beider Tugend zunehmen! Sobald das edle, großherrliche Namenszeichen eintrifft, sei kund: Einer meiner Leibwaffenträger – Vorbild der Ruhmvollsten und Edlen – Seyyid İsmaʿīl – möge sein Ruhm zunehmen – hat an meinem gedeihenden Hof ein Gesuch unterbreitet. Er hatte die in der Stadt Mardin befindliche Ḳāsim Padışāh-Stiftung mittels großherrlicher Unterschrift unter Bestätigung durch meinen ehrwürdigen Privilegientitel inne und hatte als Teilhaber zum Aufbau und zur Instandsetzung des zerstörten Hammams und der Läden reichlich eigene Mittel investiert, kultiviert und

765 ḫāḳānīde

766 ėdenleri

767 berātları

in einen guten Zustand versetzt. Die im imperialen Defter eingetragenen, von erwähntem Stifter als Bedingung festgelegten fälligen Gehälter der nach dem Stiftungszweck ernannten Gehaltsempfänger hatte er voll und ganz ausgezahlt. Obwohl zur Schaffung von Ämtern aus dem Überschuss der Stiftung seitens der Stiftung keine Erlaubnis vorlag und Einige nach und nach entgegen dem imperialen Defter und der Bedingung des Stifters mit einem ʿAskerī-Berāt Gehälter geschaffen haben und die ehrwürdige Stiftung vollständig verkommen ließen, wobei die Privilegientitel der zuvor durch einen ʿAskerī-Berāt geschaffenen Gehälter durch einem hohen Fermān vom ʿAskerī-Tagebuch gestrichen wurden, gehorchten sie irgendwie nicht und hörten andererseits nicht auf, neue zu schaffen. Es wurde bekannt, dass sie nach der Annullierung ungekürzte Gehälter gewaltsam forderten und Übertretungen vornahmen. Damit von den Ämtern, die im imperialen Defter eingetragen sind und von erwähntem Stifter gemäß dem Stiftungszweck als Bedingung festgelegt sind, keiner entgegen dem imperialen Defter mit geänderten Bedingungen des Stifters vom Überschuss der Stiftung etwas erhält und niemand wegen der Schaffung von Gehältern über einen ʿAskerī-Privilegientitel, dessen Eintragungen über einen hohen Fermān annulliert sind, mit der Forderung nach Gehältern unterdrückt und geärgert wird, wurde mein hoher Befehl mit Bezug auf das in meinem imperialen Registeramt (defterhāne) aufbewahrte Stiftungs-Defter ersucht, in dem es lautet, dass die im Sancak Āmid befindliche und dem Unterbezirk (nāḥīye) von Mardin angesiedelte Stiftung der Schule und des Refugiums (zāvīye) Ḳāsim Padışāh zur Stadt Mardin gehört. Die Eintragungen an der Stelle lauten folgendermaßen:

Vom Erhalt des Vierten an Getreide für das Dorf Mīrdeme ergeben sich 1610 Aḳçe, d.h. insgesamt mit allem Übrigen 70776 Aḳçe.
Miete der erwähnten 14 Läden in der Stadt Āmid (...) im Monat 160 Aḳçe, insgesamt mit Allem Übrigen im Monat 1935 Aḳçe, im Jahr 23220 Aḳçe, insgesamt mit allem Übrigen 266765 Aḳçe.

Davon die Ausgaben.
Für das Gehalt der Totengräber [...].
Lohn für Unterrichtung der hanafitischen Lehrer, pro Tag 50
Lohn für Unterrichtung der schafiitischen [Lehrer] pro Tag 50
Lohn der hanafitischen Studenten: 6 Personen, je 2 pro Tag 12
Lohn der schafiitischen Studenten: 5 Personen mit je 2 pro Tag 10
Lohn für die hanafitische İʿāde: pro Tag 4
Lohn für schafiitische İʿāde: pro Tag 4
Lohn für den Pförtner: 2 Personen pro Tag 2
Lohn für das Stiftungsverwalter-Amt: pro Tag 20

Lohn für das Schreibbüro: pro Tag 8
Lohn für das Aufsichtsamt: pro Tag 8
Lohn für das Amt des Imāms: pro Tag 4
Lohn für den Ausrufer: pro Tag 2
Lohn für das Registeramt: pro Tag [...]
Lohn für die Steuereintreibung: pro Tag 4 für die Dörfer von Āmid
Lohn und für die interne Steuereintreibung: pro Tag 2
Lohn für den Ausgabenbevollmächtigten: pro Tag 3
Lohn für den Architekten: pro Tag 3
Lohn für die Betreuung: pro Tag 3
Lohn für die 8 Läden in Āmid: pro Tag 2
Lohn für den Teppichausleger der Medrese- und Moschee: pro Tag 3
Lohn für den Zahlmeister der Steuereintreibung: pro Tag 4
Lohn für die Vorsteher der Lagerhausbesitzer: pro Tag 3
Lohn für den Koch: pro Tag 5
Lohn für den Ausbesserer: pro Tag 5
Lohn für die Trägerschaft: pro Tag 1
Lohn für die Abschnittverteilung des Anführers: pro Tag 1
Lohn für den Verantwortlichen der Noḳta-Steuer Nīyām ʿĪsā: pro Tag 1
Lohn für den Abschnitt-Leser beim Grab des heimgegangenen Ḳāsim Padışāh für 9 Personen, 1 pro Tag 9

insgesamt pro Tag 226, im Jahr 71 360 Aḳçe, wobei die Abschnitt-Leser bis jetzt entgegen der Bedingungen des Stifters in der Woche einmal am Donnerstag zum Mausoleum (türbe) kamen und etwas Lesung gehalten hatten. Ab jetzt soll jeder täglich beim (...) des Morgengebetes in der großen Moschee gemeinsam über einen Abschnitt Lesung halten. Am Donnerstag soll man nachmittags zum Mausoleum kommen und jeder über einen Abschnitt Lesung halten. Am Freitagabend sollen sie zur Erquickung eine Mahlzeit bereitstellen.
Lohn aus dem Lebensmittelüberschuss unseres Mevlānā Mecdeddīn (...) pro Tag 30
Insgesamt mit allem Übrigen pro Tag 96, im Jahr 32 560 Aḳçe.
Erwähnter Lebensmittelüberschuss ist Lohn, auch wenn der Posten von jemandem frei wird.
Weiter lautet es, dass niemanden, bei dem es nicht laut dem alten imperialen Defter offenkundig ist, und niemanden, der kürzlich exzessiv Posten schuf, etwas gegeben werden soll, und dass sich der Lohn für die Herausgabe von Fleisch zur Ernährung pro Tag auf 40, insgesamt mit Allem zusammen pro Tag auf 90 und im Jahr auf 32 400 beläuft, der Lohn für die Herausgabe von gekochtem Reis mit Butter und gekochtem süßem Reis Freitag abends zu je 51 zu einem registrierten Reis-Preis von 4½ insgesamt mit allem zusammen sich auf 8124, sich davon die

Ausgaben auf 14 6246 und der Rest sich auf 115 510 Aḳçe beläuft. Laut der im Stiftungs-Register eingetragenen und mit Hilfe des Schreiberamts verzeichneten, in meinem großherrlichen Schatzamt aufbewahrten Rechnungsaufstellung von Anatolien lautet es in deren Rechnungsbüchern demgemäß, dass das erwähnte Verwaltungsamt nun unter Bestätigung mit meinem ehrwürdigen Privilegientitel bezüglich Erwähntem durchgeführt und dem Privilegientitel entsprechend der Überschrift ausgeübt werden soll. Weil die Unterzeichnung des großherrlichen Handschreibens beschlossen wurde, als die Einkünfte der erwähnten Stiftung gering und während die stiftungszweckgemäßen Einnahmen für die Gehälter der Ämter knapp waren und schließlich Einige entgegen den Bedingungen des Stifters auf irgendeine Weise Ämter geschaffen hatten, mit der Gehaltsforderung verärgerten und dies der Grund war, warum die Angelegenheiten der erwähnten Stiftung durcheinandergerieten und zerstört waren, entspricht dies nicht dem Stiftungszweck. Damit man von denjenigen, deren Gehälter mit einem ʿAskerī-Privilegientitel neu geschaffen wurden und deren Eintragungen entfernt und annulliert wurden, in Zukunft mit der Forderung nach Gehälterschaffung nicht mehr verärgert wird, stellte kürzlich der zuvor erwähnte Stiftungsverwalter mit einem Gesuch eine Petition, woraufhin es nicht Stiftungszweck ist. Damit man es denjenigen Übertretenden, die mit einem ʿAskerī-Privilegientitel entgegen der Bedingung des Stifters Gehälter geschaffen haben, die dann annulliert wurden und danach Gehälter fordern, untersagt und verbietet und gemäß meinem zuvor erteilten edlen Befehl verfährt, wird mitgeteilt, dass zu Zeiten meines väterlichen Onkels Sulṭān ʿO̱smān Ḫān – möge ihm verziehen werden und möge er in Frieden ruhen – ein edler Befehl herausgegeben wurde. Damit nach Herausgabe aus meiner großherrlichen Kanzlei künftig von der erwähnten Stiftung nicht denjenigen, die entgegen den Bedingungen des Stifters Ämter geschaffen haben, Gehalt gezahlt wird, soll mein edler Befehl in das großherrliche ʿAskerī-Tagebuch eingetragen (...) und eine Erklärung gegeben werden (... ...). Um den Eintragungen entsprechend zu verfahren, wird mein edler Fermān erteilt. So ordne ich an, dass, sobald____eintrifft, hierbei meinem von mir eröffneter Befehl entsprechend gehandelt wird und hinsichtlich der Mehreinnahmen der Stiftung außer den zum Stiftungszweck gehörenden Dingen, die im imperialen Defter seitens erwähnten Stifters ausbedungen und eingetragen sind, folgendermaßen verfahren werden soll: Künftig sollen diejenigen, deren Eintragungen der Privilegientitel ihrer neu geschaffenen Posten zuvor vom ʿAskerī-Tagebuch entfernt wurden und sie deswegen danach die Eintragungen mit einem Dokument des annullierten ʿAskerī-Privilegientitels vorzeigten, nicht mehr mit der Forderung nach Schaffung von Ämtern Erwähnten und seine Vertreter (vekīl) in irgend einer Form behindern. Ihr sollt es den offenkundig Widersprechenden wie beschrieben untersagen und

verbieten und im Sinne meines ehrwürdigen Befehls handeln. So sollt Ihr Solches wissen und dem ehrwürdigen Handzeichen Folge leisten.
Eingetragen in der letzten Dekade des Monats des ersten Cemāẕī im Jahr 1172.
Am beschützten Ort Ḳosṭanṭinīye

247/67/a

(1) Şerīʿat-ı şiʿār Mārdīn nāʾibi efendi zīde ʿilmehu ve ḳıdvet ül-emācid ve 'l-āʿyān Mārdīn voyvodası aġa ve mefāḫir ül-emās̱il ve 'l-aḳ(rān) (2) āʿyān-i vilāyet ve iş erleri zīde ḳadruhum inhā olunur bu es̱nāda ʿavāṭıf-ı ʿalīye-i mülükāneden eyālet-i Mūṣul ṭarafımıza (...) (3) buyuruldıġı ḥasebiyle rāhı (reʾster)[?] ḳażāñız üzerinde vāḳiʿ oldıġından māʿadā iş bu Ẕī 'l-ḥicceniñ ġurresi yevm-i penc şenbih (...) (4) ḥareket ve nehżat olunmaḳ muṣammen olunmaġla dāʾiremiz (...) iḳtiżā ėden ẕaḫāʾirin Şeyḫzūlī ve Rişmil ve Ḳaradere ve (Nuṣaybīn) (5) nām menzillerin dört menāziliñize ber mūcib-i defter ḥāżir ve amāde ėtdirmeleri bābında ṭarafımızdan işbu buyuruldı taḥ(rīr) (6) ve ıṣdār ve aġalarımızdan ḳıdvet ül-emās̱il ve 'l-aḳrān ʿAlī Aġa zīde ḳadruhu taʿyīn ve irsāl olunmuşdur (in) (7) şāʾ Allāhü teālā vuṣūlunda gerekdir ki vech-i meşrūḥ üzere ẕikr olınan menāzilde ber mūcib-i defter ẕaḫāʾiri (ḥāżir) (8) ve āmāde olunub ʿavḳ ve teʾḫīrden ḥaẕer ve mücānebet olunub mūcib-i buyuruldıyla ʿamel ve ḥareket eyliyesiz deyü
buyuruldu fī 26 (ẕ)ā [Ẕī 'l-ḳaʿde] sene (1)172

devletlü ʿināyetlü Mūṣul vālīsi efendimiziñ ẕaḫīre defteridir bu maḥalla ḳayd şüde dāʾire-i ḥażret-i velī 'n-nuʿmāya rūzmerre iḳtiżā ėden ecnās-ı ẕaḫāʾir beyān olunur

ṣaʿīr	ḳıyye 45
nān ʿazīz	ḳıyye 682
laḥm ġanam	ḳıyye 325
bulġur	ḳıyye 307
revġan sade	ḳıyye 74½
pirinç	ḳıyye 20
noḫud	ḳıyye 2
rūzmerre	ḳıyye 5
ṣoġān	ḳıyye 15
daḳīḳ ḫāṣ	ḳıyye 5
ḥatab	yük ʿaded 50
ṣamān	yük ʿaded 300
sabze ve et kifāyet miḳdārı	
ḳul Oġūz ve yedkeşān	nefer 30
(...)	

vech-i meşrūḥ üzere ecnās-ı ẕaḫāʾir yevmīye defteridir ki bu maḥalla naḳl olındı fī 25 ẕā [Ẕī 'l-ḳaʿde] sene 1172

Mārdīn ʿaḳārında olan menāzil beyān olunur			
Şeyḫzūlī	Rişmil	Ḳaradere	Nuṣaybīn

247/67/a

Dem durch die Scharia ausgezeichneten Nāʾib Efendi – möge seine Weisheit zunehmen, dem Vorbild der Ruhmvollen und Notabeln, Voyvoda-Aġa von Mardin und den Berühmtheiten der Gleichgestellten und Ranggenossen, Notabeln der Provinz und Sachverständigen – möge ihre Macht zunehmen – sei kund: Weil nun beschlossen wurde, dass von der hohen, imperialen Güte angeordnet wurde, dass abgesehen davon, dass die Provinz Mossul an uns (...) und daher der Weg (in erster Linie) über unseren Gerichtssprengel verläuft, und weil für (...) Donnerstag den Ersten dieses Monats Ẕī 'l-ḥicce der Aufbruch und die Abreise beschlossen ist, des weiteren unser Bezirk (...) die für die Poststationen namens Şeyḫzūlī, Rişmil, Ḳaradere und (Nuṣaybīn) benötigten Vorräte für Eure vier Poststationen bereitzustellen hat und hierzu von uns dieser Buyuruldu eingetragen und erteilt wurde sowie von unseren Aġas, Vorbild der Gleichgestellten und Ranggenossen, ʿAlī Aġa – möge seine Macht zunehmen – hierzu bestimmt und geschickt wurde, ist es notwendig, dass wenn er – so Gott will – eintrifft, Ihr die gemäß dem Defter angegebenen Vorräte bei den erwähnten Poststationen bereitstellt und Ihr gewarnt sein und Euch hüten sollt, zu stören und zu behindern und gemäß dem Buyuruldu vorgehen sollt.
Angeordnet am 26. [Ẕī 'l-ḳaʿde] im Jahre (1)172.

Dies ist das Vorrats-Defter unseres Herren, des illustren, tugendreichen Valis von Mossul. Es wird an dieser Stelle eingetragen.
Der Tagesplan der benötigten Vorratssorten für den Distrikt seiner Exzellenz dem Herrscher des Glücks wird erklärt.

Gerste	Ḳıyye 45
Brot, hochwertig	Ḳıyye 682
Lammfleisch	Ḳıyye 325
Bulġur	Ḳıyye 307
Pures Fett	Ḳıyye 74½
Reis	Ḳıyye 20
Kichererbsen	Ḳıyye 2
Tagesration	Ḳıyye 5
Zwiebeln	Ḳıyye 15
Feines Mehl	Ḳıyye 5
Brennholz	Ladung Anzahl 50
Stroh	Ladung Anzahl 300

Ausreichendes Maß an Gemüse und Fleisch	
Ogusische Sklaven und Handlanger	Personen 30

Dies ist wie beschrieben das Defter über die täglichen Vorratssorten, die an diesem Ort übergeben werden.
Am 25. [Ẕī 'l-ḳaʿde] des Jahre 1172

Die in der Region Mardin gelegenen Poststationen werden aufgeführt

Şeyḫzūlī	Rişmil	Ḳaradere	Nuṣaybīn

247/67/b

nişān-ı şerīf-i ʿālīşān [ve] ṭuġra-ı ġarrā-yı cihān sitān-ı ḫāḳānī ḥükmü (oldur ki) biñ yüz yetmiş bir senesi ṣafarıñ on altıncı günü taḫt-ı ʿalī baḫt-ı ʿos̱mānī üzere cülūs-ı hümāyūn meymenet maḳrūnum vāḳiʿ ü(zere) (2) ʿumūmen tecdīd-i berevāt olunmaḳ fermānım olmaġın bundan aḳdem Mārdīnde vāḳiʿ Ḳāsim Padışāh evḳāfından aḥaḳḳ üzere s(enevī) (3) āmedī bir müdd-i ḥınṭaya ber vech-i duʿāgū mutṣarrıf olan işbu rāfiʿ-i tevḳīʿ-i refīʿ üş-şān-ı ḫāḳānī es-Seyyid ʿAbdullāh z(īde ʿṣalāhuhu) (4) yedinde olan ʿatīḳ berātın[!][768] dersaʿādetime getürüb tecdīdiñ ricā ėtmeġin ḥaḳḳında mezīd-i ʿināyet-i padışāhānem ẓuhūra (getiren) (5) ʿatīḳ berātı mūcibince tārīḫ-i mezbūrdan müceddeden bu berāt-ı hümāyūnı vėrdüm ve buyurdum ki mezbūr Seyyid (ʿAbdullāh) (6) zīde ṣalāhuhu varub üslūb-ı sābıḳ üzere taʿyīn olınan senevī-i amedī bir müdd-i ḥınṭasın ber vech-i (duʿāgū) (7) evḳāf-ı mezbūr maḥṣūlundan mütevellīsi olanlar yedinden alub mutaṣarrıf ola şöyle bilesiz ʿalāmet-ı şerīfe iʿtimād (ḳılasız) (8) taḥrīren el-yevm es̱-s̱āmin ʿaşr Rebīʿ ül-āḫır sene is̱nā ve sebaʿīn ve miʾe ve ʾelf
bi-maḳām-ı Ḳosṭanṭinīye 'l-maḥrūse

247/67/b

Der Erlass des ehrwürdigen, illustren Zeichens [und] brillianten, imperialen, welterobernden Monogrammes (sei Folgender):
Weil es mein Fermān ist, am 16. Tag des Ṣafars im Jahre 1171 gemäß meiner mit imperialem Glück verbundenen Sitzung hinsichtlich des hohen Throns osmanischen Glücks generell die Privilegientitel zu erneuern und kürzlich der Anspruchsteller der erhabenen Unterschrift herrscherlichen Ruhms Seyyid ʿAbdullāh – möge seine Rechtschaffenheit zunehmen –, der nur zu berechtigt ist, als Vorbeter jährlich ein Müdd Weizen von den in Mardin liegenden Ḳāsim Padışāh-Stiftungen zu bekommen und der den in seinen Händen befindlichen edlen Privilegientitel

768 berātıñ

an meine Pforte des Glücks brachte, um dessen Erneuerung zu ersuchen, lasse ich meine vermehrte imperiale Gnade zum Vorschein kommen und erteile gemäß dem erteilten Berāt ab dem erwähnten Zeitpunkt erneut diesen imperialen Berāt und befehlige Folgendes: Erwähnter Seyyid (ʿAbdullāh) – möge seine Rechtschaffenheit zunehmen – soll kommen und wie seit jeher üblich als (Vorbeter) jährlich einen Müdd Weizen aus Händen derjeniger, die über die Erträge der erwähnten Stiftungen verfügen, bekommen und diesen innehaben. So sollt Ihr Solches wissen und dem erlauchten Handzeichen (Folge leisten).
Eingetragen am 18. Tag des letzten Rebīʿ im Jahre 1172.
In der wohlbehüteten Stadt Konstantinopel.

247/67/c

nişān-ı şerīf-i ʿālīşān [ve] ṭuġra-ı ġarrā-yı cihān sitān-ı ḫāḳānī ḥükmü oldur ki (1) Mārdīnde vāḳiʿ merḥūm Ḳāsim Padışāh evḳāfından aḥaḳḳ üzere yevmī beş aḳçe vaẓīfe ile vaḳf-ı mezbūruñ (2) (muḥā)sebecisi olan es-Seyyid Faḥd Ḫalīfe kendü ḥüsn-i rıżāsıyla erbāb-ı istiḥḳaḳdan işbu rāfīʿ-i tevḳīʿ-i (3) (refī)ʿ üş-şān-ı ḫaḳānī es-Seyyid ʿAbdullāh Ḫalīfeye fāriġ olub merḳūm dāḫī her vecihle lāyıḳ ve maḥall ve müstaḥaḳḳ (4) (olma)ġın merḳūmuñ ferāġatından tevcīh olunub yedine berāt-ı şerīfim vėrilmek bābında niyābeti mevlānā es-Seyyid Ḥuseyn (5) (z)īde ʿilmehu ʿarż ėtmeġin ṣadaḳa ėdüb bu berāt-ı hümāyūn saʿādet-maḳrūnı vėrdüm ve buyurdum ki (6) (baʿ)d el-yevm merḳūm es-Seyyid ʿAbdullāh Ḫalīfe varub fāriġ-i mezbūr yėrine vaḳf-ı mezbūruñ muḥāsebecisi olub (7) (ḫi)dmet lāzimesin merʿī ve müʾeddī ḳıldıḳdan soñra vaḳf-ı mezbūrdan aḥaḳḳ üzere yevmī beş aḳçe vaẓīfesiyle (8) (muta)ṣarrıf olub vāḳifiñ rūḥı ve devām-ı[!][769] ʿömr ve devletimçün duʿāya müdāvemet göstere ol bābda (9) (ṭa)raf-ı aḫardan bir vechile daḫl ve taʿarruż ḳılmıyalar şöyle bileler ʿalāmet-i şerīfe iʿtimād ḳılalar taḥrīren (fī) evāṣit-i Cemāẕī 'l-evvel sene tisaʿ ve ḫamsīn ve miʾe ve ʾelf
Bi-maḳām-ı Ḳosṭanṭinīye (el-maḥrūse)

247/67/c

Der Erlass des ehrwürdigen, illustren Zeichens [und] brillianten, imperialen welterobernden Monogrammes sei Folgender:
Der Buchhalter der in Mardin liegenden Stiftungen des heimgegangenen Ḳāsim Padışāh, Seyyid Faḥd Ḫalīfe, der allzu berechtigt ist, täglich 5 Aḳçe Gehalt für seinen Dienst zu erhalten, ist mit seiner Zustimmung zu Gunsten eines der ver-

769 dāvām

dienten Männer, des Anspruchstellers der erhabenen Unterschrift herrscherlichen Ruhms, Seyyid ʿAbdullāh Ḫalīfe, von seinem Posten zurückgetreten. Weil Erwähnter darüber hinaus in jeder Hinsicht passend, geeignet und berechtigt ist, habe ich den Rücktritt von Erwähntem gewährt. Um hierzu zu seinen Händen ihm meinen ehrwürdigen Privilegientitel zu geben und da Mevlānā Seyyid Ḥuseyn, der das Amt des Nāʾibs bekleidet – möge seine Weisheit zunehmen – ein Gesuch gestellt hat, lasse ich Gnade walten, erteile diesen imperialen, mit Glück verbundenen Privilegientitel und ordne Folgendes an: Von nun an soll erwähnter Seyyid ʿAbdullāh Ḫalīfe kommen und anstatt des erwähnten Zurückgetretenen der Buchhalter der erwähnten Stiftung sein. Nachdem er seinen notwendigen Dienst gehorsam erfüllt hat, soll er nur allzu berechtigterweise 5 Aḳçe Gehalt erhalten. Mögen sie für die Seele des Stifters, zur Fortdauer meines Lebens und meiner Herrschaft beflissen beten und hierbei von keiner anderen Seite irgendwie Einmischung oder Widerspruch vornehmen. So sollen sie Solches wissen und dem ehrwürdigen Zeichen Folge leisten. Eingetragen in der mittleren Dekade des ersten Cemāẕī im Jahr 1159.
In der wohlbehüteten Stadt Konstantinopel.

247/67/d

nişān-ı şerīf-i ʿālīşān [ve] ṭuġra-ı ġarrā-yı cihān sitān- ı ḫāḳānī ḥükmü oldur ki (1) (Mā)rdīnde vāḳiʿ Ḳāsim Padışāh evḳāfından aḥaḳḳ üzere yevmī beş aḳçe vaẓīfe ile muḥāsebecisi (olan) (2) (iş)bu rāfiʿ-i tevḳīʿ-i refīʿ üş-şān-ı şehriyār es-Seyyid ʿAbdullāh Ḫalīfe bil-fiʿil berāt-ı şerīfim ile mutaṣarrıf olub (3) (lā)kin taḫt-ı ʿālī baḫt-ı ʿos̱mānī üzere cülūs-i hümāyūn saʿādetmaḳrūnum vāḳiʿ olmaġla dersaʿādetimden yedine müceddeden (4) (ber)āt-ı şerīfim vėrilmek bābında yedinde olan berāt-ı atīḳ mūcibince ʿināyetim ṭaleb ėtmeġin ṣadaḳa ėdüb (5) (bu) berāt-ı hümāyūn saʿādetmaḳrunı vėrdüm ve buyurdum ki baʿd el-yevm merḳūm es-Seyyid ʿAbdullāh Ḫalīfe varub (6) (ẕikr) olınan evḳāfiñ kāmākān muḥāsebecisi olub ḫidmet lāzimesin merʿi ve müʾeddī ḳılındıktan ṣ(oñra) (7) (yev)mī beş aḳçe vaẓīfesiyle mutaṣarrıf olub vāḳifiñ rūḥı ve devām-ı ʿömr ve devletimçün duʿā(ya) (8) (mü)dāvemet göstere ol bābda ṭaraf-ı aḫardan mānīʿ ve mezāḥim olmayub aṣla daḫl ve taʿarruż ḳılmayalar (9) şöyle bileler ʿalāmet-i şerīfe iʿtimad ḳılalar taḥrīren fī evāʾil-i Rebīʿ ül-āḫır sene is̱nā ve sebaʿīn ve miʾe ve ʾelf
buyuruldu bi-maḳām-ı Ḳosṭanṭinīye 'l-maḥrūse

247/67/d

Der Erlass des ehrwürdigen, illustren Zeichens [und] brillianten, imperialen welterobernden Monogrammes sei Folgender:

Der Anspruchsteller der erhabenen Unterschrift herrscherlichen Ruhms, Seyyid ʿAbdullāh Ḫalīfe ist in der Tat mit einem Gehalt von 5 Aḳçe Gehalt Buchhalter in den Ḳāsim Padışāh-Stiftungen von Mardin. Weil aber meine mit imperialem Glück verbundene Sitzung des Hohen Throns osmanischen Glücks stattgefunden hat, lasse ich, da er gemäß dem in seinen Händen befindlichen ehrwürdigen Privilegientitel meine Gnade ersuchte, um ihm erneut meinen ehrwürdigen Privilegientitel zu geben, Gnade walten. Ich erteile diesen imperialen, mit Glück verbundenen Privilegientitel und ordne Folgendes an: Von nun an soll erwähnter Seyyid ʿAbdullāh Ḫalīfe kommen und wie zuvor Buchhalter der (erwähnten) Stiftungen sein. Nachdem er seinen Dienst gehorsam erfüllt hat, soll er 5 Aḳçe Gehalt erhalten. Mögen sie für die Seele des Stifters, zur Fortdauer meines Lebens und meiner Herrschaft beflissen beten und hierbei nicht von anderer Seite behindern und stören und von keiner anderen Seite Einmischung oder Widerspruch vornehmen. So sollen sie Solches wissen, dass sie dem ehrwürdigen Zeichen Folge leisten. Eingetragen in der ersten Dekade des letzten Rebīʿ im Jahr 1172.

Angeordnet in der wohlbehüteten Stadt Konstantinopel

247/67/e

(1) umde 's-sādāt ül-kirām medīne-ʾi Mārdīn ḳażālarında ḳāʾimmaḳām Seyyid Şeyḫī Çelebi el-mükerrem (2) (e)dām şerefen baʿd et-taḥīye 'l-vāfīye inhā olunur ki ḳażā-ʾı merḳūmuñ ḳāʾimmaḳāmlığı işbu sene (3) (i)s̱nā ve sebaʿīn ve miʾe ve ʾelf yevm-i ʿaşrīn māh Ẕī 'l-ḥicce (üş-şerīfesinden)[!][770] cenābıñıza[!][771] tevcīh olunmuşdur gerekdir ki (4) sādāt-ı kirāma ʿizāz ve ikrām ve üzerlerine şerʿan s̱ābite olan aḥkāmıñızı[!][772] maʿrifetiñiz ile ḥuṣūl-peẕīr (5) (o)lmasına iḳdām ėdüb ḳużāt ve ḳāʾimmaḳāmlar senedleriyle müceddeden bir ferde bāsil serdirmiyesiz tevcīhīye ve dev(rīye) (6) (ve)ʿarūsīye ve muḥdes̱āt-ı sāʾire teʾemmür-(ṣīte)[?] nāmıyla bir ḥabbelerin almayub ve aḫara daḫī aldırmayub şevḳetlū ḳudre(tlü) (7) (meh)ābetlü padışāh-ı islām ebeduhu Allāh ve ibḳāhu ilā yevm il-ḳiyām ḥażretleriniñ devām-ı ʿömr ve devletler içün[!][773] sādāt-ı (8) (ki)rāmıñ edʿīye[!][774] ḫayrīyelerine isticlāb ėdüb her emride şerʿ-i şerīfe-i imtis̱āl ile cenāb-ı resūl-ı ekrem ṣall(ā) (9) ('llāhu

770 üş-şerīfesinden yigirmisinden
771 cenābıñuza
772 aḥkāmıñ
773 devletleriçün
774 edʿʾīye

teʿālā) ʿaleyhi ve sellem efendimiziñ şefāʿat ʿaleyhlerine maẓhar olasız ve 's-selām ḥurrire fī şehr-i Ẕī 'l-ḥicce yevm-i ʿaşrīn[!][775] sene (10) (i)s̲nā ve sebaʿīn ve miʾe ve ʾelf min el-muḫliṣ Lālenkzāde es-Seyyid ʿAbdülbāḳī en-naḳīb el-(...) ḥāla

247/67/e

Pfeiler der großzügigen Herren, Stellvertreter *(ḳāʾimmaḳām)* der Gerichtssprengel von Mardin, geehrter Seyyid Şeyḫī Çelebi – möge er geehrt bleiben! Nach zahlreichen Grüßen sei mitgeteilt: Das Amt des Stellvertreters von erwähntem Gerichtssprengel wird in diesem Jahr 1172 ab dem 20. Tag des Monats des edlen Ẕī 'l-ḥicce Euch überantwortet. (Es ist notwendig), dass Ihr den edlen Herren Respekt erweist und vorantreibt, die mit Eurer Hilfe gerichtlich bestätigten Anordnungen in Kraft treten zu lassen. Ihr sollt niemanden erneut mit der Stützung auf Richter oder Stellvertreter Unheilvolles verbreiten lassen und auch nur ein Körnchen von Gebühren für Dinge wie „Amtsübertragungsgebühr", „Inspektionsreisen-Gebühr" oder „Brautgebühr" oder weitere Neuerungen mit Namen (wohlbekannter) Autoritätsausübungen annehmen oder auch Andere annehmen lassen. Ihr sollt die Gebete für das andauernde Leben und des Staates seiner Exzellenz des illustren, mächtigen, ehrfurchterheischenden Herrschers des Islams – möge ihn Gott der Allmächtige ewig währen und ihn bis zum jüngsten Tag fortdauern lassen – zu seinem Wohle herbeiwünschen. Bei jedem Befehl sollt Ihr Euch nach Vorbild des ehrwürdigen Scheriatsrechts zum Wohle unserer Exzellenz des großherzigen Propheten – Gott segne ihn und schenke ihm Heil – einsetzen und Gruß!
Eingetragen am 10. Tag des Monats Ẕī 'l-ḥicce im Jahre 1172.
Vom getreuen Lālenkzāde ʿAbdülbāḳī, gegenwärtiger Vorsteher von (...).

247/67/f

vekīl ül-bint el-bākure el-merḳūme Mollā Bekir bin ʿAbdū Caʿferu
şühūd ül-vekālet
Ḫalīfezāde Mollā ʿOs̲mān
Ḥasū bin ʿAbdullāh
Ḳancaḳ ʿAlī bin ʿOs̲mān

vekīl ür-racul aḫihi ʿAbdī bin ʿOs̲mān şühūd ül-vekālet
ʿAbdī bin Ḫalīd
ve Kaleş bin Velī

775 ʿaşrūn

mehr-i müʾecceldir ẕimmet-i zevc bi-kefālet-i birāderi vekīl-i merḳūm ʿAbdī		ġuruş 25
mehr-i müʾeccel yalñız yirmi beş ġuruşdur		

mehr-i müʾecceldir ẕimmet-i[!][776] zevc-i mezbūr bi-kefālet-i birāderi ʿAbdī el-merḳūm		
Mārdīn-kāri ḳumāş urba	ḳat 1	ḳıymet ġuruş 10
yalñız on ġuruşdur		
sīm kemer	ʿaded 1	ḳıymet ġuruş 10
yalñız on ġuruşdur		

şühūd ʿalā 'l-ʿaḳd ve 'l-mehr
(Naẓīm Efendi)
İbrāhīm Efendi kātib-i ḳassām
Ḫalīfezāde Mollā ʿOs̱mān
Muṣṭafā bin Ḫalīl Mīrū
Ḥusrev bin ʿAbdullāh
ve ġayruhum min el-ḥużżār

(1) إذن لمولانا يوسف افندى المكرم بان يعقد نكاح البنت الباكرة امينة بنت مرزا على خاطبها حسين (بن) (2) عثمان بمهر مسمى و بمحضر من الشهود و بان لا يكون بينهما مانع شرعى و الرضى من الطرفين

fī 8 cā [Cemāẕī 'l-evvel] sene 1173

247/67/f
Vertreter der erwähnten jungfräulichen Tochter: Mollā Bekir bin ʿAbdū Caʿferu
Zeugen der Vertretung:
Ḫalīfezāde Mollā ʿOs̱mān
Ḥasū bin ʿAbdullāh
Ḳancaḳ ʿAlī bin ʿOs̱mān

Vertreter des Mannes: sein Bruder ʿAbdī bin ʿOs̱mān
Zeugen der Vertretung:
ʿAbdī bin Ḫalīd
und Kaleş bin Velī

Aufgeschobene Brautgabe: Die Schuld des erwähnten Ehegatten ist unter der Bürgschaft seines Bruders, erwähnten Vertreter ʿAbdī, folgende		Ġuruş 25
Die Brautgabe beträgt nur fünfundzwanzig Ġuruş		
In Mardin gefertigte Stoff-Bekleidung	Lage 1	Preis Ġuruş 10
Nur zehn Ġuruş		

776 mmt

Silberner Gürtel	Anzahl 1	Preis Ġuruş 10
Nur zehn Ġuruş		

Zeugen des Vertrages und der Brautgabe
(Nażīm Efendi)
İbrāhīm Efendi, Nachlassgerichtsschreiber
Ḫalīfezāde Mollā ʿOs̱mān
Muṣṭafā bin Ḫalīl Mīrū
Ḥusrev bin ʿAbdullāh
und weitere Anwesende

Erlaubnis für Mevlānā Yūsuf Efendi für den Vertragsabschluss der Verheiratung der jungfräulichen Tochter Emīne bint Mirzā mit ihrem Bräutigam Ḥuseyn bin ʿOs̱mān mit dem genannten Brautgeld und in Anwesenheit der Zeugen, auf dass kein scheriatsrechtliches Verbot vorliegt unter Zustimmung beider Parteien.
(...), derzeitiger (...) von Mardin.
Am 8. [Cemāẕī des ersten] im Jahre 1173.

247/68/a

(1) defter oldur ki silaḥşūrān şehriyārīden olub ve ḥālā nefs-i Mārdīnde vāḳiʿ Ḳāsim Padışāh evḳāfına bā-ḫaṭṭ-ı hümāyū(n-ı) (2) şevketmaḳrūn muaʿnven berāt ile mütevellīsi olan İsmaʿīl Aġa ibnu İbrāhīm Baġdād ṭarafından astāne-i saʿādete ʿāzim ė(tmekle) (3) Mārdīne baʿd el-vuṣūl marīż olub ve Mārdīn sükkānından el-Ḥāc Ḥuseyn Aġa konaġında müsāfireten bi-emrillāhi teʿāl(ā) (4) vefāt ėdüb verās̱eti kendü ile maʿan kebīr ṣulbī oġlu Şerīf İbrāhīm Aġaya münḥāṣira oldıġı lede 'ş-şerʿ (mal ūm) (5) olduḳdansoñra ḥīn-i vefātında yanında mevcūd olan cüzʾi ve küllī eşyāsı maʿrifet-i şerʿ ve ṣulbī oġlu merḳūm Ş(erīf İbrāhīm) (6) Aġā maʿrifetiyle ketb ve taḥrīr ve bir miḳdārını merḳūm Şerīf Aġa ṭalebiyle sūḳ-ı sulṭānīde beyʿ min yezīd ile beyʿ ve bir miḳ(dār) (7) fürūḫt olunub bi-lā-taḳvīm defterde ketb ve baʿd iḥrāc il-maṣārifāt ber mūcib-i defter bāḳī ḳalan tereke-ʾi müsāf(ir-i mezbūr) (8) Şerīf İbrāhīm Aġaya maʿrifet-i şerʿ ve ẕeyl-i defterde mektūb ül-esāmī olan ricāl-ı müslimīn maḥżarlarında[!][777] (taḥrīr ve) (9) Mārdīn voyvodası saʿādetlü ʿOs̱mān Aġa dāme mecduhu ḥażretleri ve tevlīyet-i meẕkūre ümūrı rüʾyeti içün (...) (10) ṭarafından mübāşir taʿyīn olınan Mūsā Aġa maʿrifetleriyle <maḥżarlarında> temāmen teslīm olunub vech-i ātī üzere müfre(dātıyla) (11) ẕikr ve beyān olunur
fī 24 rā [Rebīʿ l'-evvel] sene 1172

777 maʿrifetleriyle

terkeş köhne	ʿaded 1	
yeşil çuḳa ḳablu (pmltḳfā) kürk	ʿaded 1	otuz ġuruşa fürūḫt şüd
ḳırmızı şālıya ḳablu sincāb ḳubur kürk	ʿaded 1	
ṣarı ḳuş ḳuzı çīnī pūtedār	ṭāḳā ʿaded 1	
yeşil[!][778]	ṭāḳā ʿaded 1	
ṣarı çı(tāre)	ṭāḳā ʿaded 2	
çiçekli keremsüd	ṭāḳā ʿaded 2	
ṣarı çıtare	ṭāḳā ʿaded 1	
yeşil keremsüd[779]	ṭāḳā ʿaded 1	
çiçekli keremsüd	ṭāḳā ʿaded 3	
ḳırmızı keremsüd	ṭāḳā ʿaded 2	
kuz ḳuṭni	ṭāḳā ʿaded 1	
beyāż ketfī şālı (...)	ʿaded 2	
mūmyā	ḳıyye 1	
köhne kelīm	ʿaded 1	
(...) ṣaġīr	ʿaded 1	
(kūtāmīye)[?] fincāni	ʿaded 6	
baḳır zād	ʿaded 1	
kemik zād[!][780]	ʿaded 1	
ḳahve ibrīḳi	ʿaded 2	
(...) baḳır (...)	ʿaded 1	
siyāḥ ʿaba yaġmurluk	ʿaded 2	
sīm sāʿat	ʿaded 1	

fürūḫt behā-ʾı eşyā beyān olunur maʿ nuḳūd aḳçe

köhne yeşil çuḳa ferace (...)	ʿaded 1	ḳıymet ġuruş 2	para 19
mavı çuḳa	ʿaded 1	ḳıymet ġuruş 9½	para 11
beyāż ḳaftan çıtare müsteʿamel	ʿaded 1	ḳıymet ġuruş 4	
ḳuṭni ḳaftan müsteʿamel	ʿaded 1	ḳıymet ġuruş 2	para 1
ḳuṭni ḳırmızı ʿanteri	ʿaded 1	ḳıymet ġuruş 2½	para 6
ṣarı ketfī (...) ḳuşaḳ	ʿaded 1	ḳıymet ġuruş 5	para 10
şāl ḳuşaḳ müsteʿamel	(...)	ḳıymet ġuruş 1½	para 11
ḳırmızı şāl biniş müsteʿamel	ʿaded 1	ḳıymet ġuruş 2	para 11
beyāż sāde müsteʿamel	ʿaded 1	ḳıymet ġuruş 2	para 11
çiçekli terlik müsteʿamel	ʿaded 1	ḳıymet ġuruş 1½	para 6
yeşil ḳuṭnī ḳaftan müsteʿamel	ʿaded 1	ḳıymet ġuruş 2	para 9
beyāż keremsüd sāde müsteʿamel	ʿaded 1	ḳıymet ġuruş (...)	para 5
destār-ı müsteʿamel	ʿaded 1	ḳıymet ġuruş 1½	para 10

778 yāşil
779 Seidenstoff aus Aleppo.
780 kemūkzād

kettān ṭun[781] (...)	ʿaded 2	ḳıymet ġuruş 2	para 1½
mūṣul bezi ṭop	ʿaded 1	ḳıymet ġuruş 12	para 11
maḳrama	ʿaded 1	ḳıymet ġuruş 1	para 14
cedīd destār	ʿaded 1	ḳıymet ġuruş 10	para 5
çiçekli (...)	ʿaded 1	ḳıymet ġuruş 7	para 12
maḳrama	ʿaded 1	ḳıymet ġuruş (...)	para (...)
(...) ḳaput[!][782]	ʿaded 1	ḳıymet ġuruş 36	
(...) müsteʿamel	ʿaded 1	ḳıymet ġuruş 2	
ḳırmızı şāl şalvar	ʿaded 1	ḳıymet ġuruş 3½	
muḫayyer çaḳşur[!][783]	ʿaded 1	ḳıymet ġuruş 3	para 2
köhne çuḳa çaḳşur[!][784]	ʿaded 1	ḳıymet ġuruş 4	para 5
köhne vuşaḳ abdest (...)	ʿaded 1	ḳıymet ġuruş (...)½	para 1
(...) (siyāh ibrīḳ)		ḳıymet gurus 3	
ṣarı tuḫm piştov	(...) 4	ḳıymet ġuruş 5	para 12
ġaddare sīm	ʿaded 3	ḳıymet ġuruş 40	para 24
filinta ṣarı tuḫm	ʿaded 5	ḳıymet ġuruş 24	para 2
sīm ḳabaralı eger	ʿaded 1	ḳıymet ġuruş 9½	para 1
mükemmel eger	ʿaded 1	ḳıymet ġuruş (...)	para 1
(... ...) kerake müsteʿamel	ʿaded 1	ḳıymet ġuruş (...)	
yeşil şālı kerake	ʿaded 1	ḳıymet ġuruş 13½	
ṣarı şālı kerake	ʿaded 1	ḳıymet ġuruş 21½	
ṭun[785] maʿ gömlek müsteʿamel	ʿaded 1	ḳıymet ġuruş 2	para 5
nuḳūd akçe		ġuruş 18	para 10

cemʿan el-yekūn	ġuruş	para
yalñız üçyüz yirmi dört ġuruş altı paradır	324	6
defterde bi-lā-taḳvīm taḥrīr olınan eşyādan mezkūr (çlġāve) kürk otuz ġuruşa fürūḫt olunub cümme dāḫil şüd	(30)	
	(354)	

minhā el-maṣārifāt	ġuruş
berā-yı techīz ve tekfīn ve vücūh-ı ḫayrāt ve sāʾir maṣārifāt-ı lāzime	32
berā-yı (...) Efendi ve kātib-i ḳısmet ve muḥżır[!][786]	10
ücret-i dükkān ve delālīye ve ḳahve ve tütün behā ṣarf şüd	8
deyn-i müşbetdir ẕimmet-i müteveffā berā-yı (Üçe) Yunān mütemekkin-i Mārdīn	20
deyn-i müşbetdir ẕimmet-i müteveffā berā-yı terzī Būġūṣ mütemekkin-i Mārdīn	10

781 Im heutigen Türkisch don.
782 ḳapud
783 Çaḫşur
784 Çaḫşur
785 Im heutigen Türkisch don.
786 muḥżıra

yalñız seksen ġuruşdur	80	
minhā el-bāḳī ʿan ḳıymet-i eşyā-yı mebīʿ ve nuḳūd	274	para 6
yalñız ikiyüz yetmiş dört ġuruş altı paradır		

şühūd ül-ḥāl
mübāşir (...)
Ḫaṭībzāde el-Ḥāc Bekir Beg (...)
Mārdīnli cābī birūn Muṣṭafā Efendi
ʿAbdullāh Beg bin İsmaʿīl Aġa
Mollā Dāūd bin ül-Ḥāc Ḥuseyn Aġa
aḫīhi Muṣṭafā Aġa
Maḥmūd aġa-yı Ġarabān
Deli ʿAlī merdüm-i Mütevellī
Mollā Meḥmed merdüm-i Mütevellī
ʿAlī merdüm-i müftī (...)
ve ġayruhum min el-ḥużżār

247/68/a

Der Sachverhalt ist Folgender: Nachdem sich der derzeitige Stiftungsverwalter İsmaʿīl Aġa İbn İbrāhīm, der sultanische Leibwaffenträger, erkrankte, als er sich mit einem mit imperialer und herrschaftlicher Zeichnung betitelten Berāt für die in der Stadt Mardin gelegene Ḳāsim Padışāh-Stiftungen von Baġdād aus zur Schwelle des Glücks aufgemacht hatte, erkrankte er nach der Ankunft in Mardin und verstarb nach Maßgabe Gottes des Allmächtigen als Gast im Gasthaus eines der Bewohners von Mardin Ḥāc Ḥuseyn Aġa. Nachdem nach dem Gesetz bekannt wurde, dass sein mit sich geführtes Erbe seinem älteren Blutsbruder Şerīf İbrāhīm Aġa alleinig zustand, wurden sämtliche vorhandenen Dinge ab dem Todeszeitpunkt mit Hilfe des Gerichts und mit Hilfe seines Blutsbruders, erwähntem Şerīf (İbrāhīm) Aġa verzeichnet und eingetragen und ein kleiner Teil von diesen auf Verlangen erwähnten Şerīf Aġas auf dem sultanischen Markt meistbietend verkauft. Ohne Preisanpassung wurde es im Register aufgeschrieben und nach Abzug der Ausgaben der gemäß dem Register als Rest verbleibende Nachlass (des erwähnten Gastes) mit Hilfe des Gerichts und in Anwesenheit der im Anhang des Registers verzeichneten muslimischen Männer verzeichnet und mit Hilfe seiner Exzellenz, Voyvoda von Mardin, glücklicher ʿOs̱mān Aġa – möge sein Ruhm andauern – und dem durch ihn zur Vertretungsaufgabe zur Prüfung der Angelegenheiten eingesetzten Mūsā Aġa an Şerīf İbrāhīm Aġa vollständig übergeben, wobei im Folgenden die Einzelheiten dargelegt werden.
Am 24. Rebīʿ des Ersten im Jahre 1172.

Alter Köcher	Anzahl 1	
Mit grünem feinen Stoff bezogener (...) Pelz	Anzahl 1	Zu 30 Ġuruş verkauft
Mit rotem Wollstoff bezogenes Halfter aus Eichhörnchenpelz	Anzahl 1	
Gelbes Krug-Paar mit chinesischem Blumenmuster	Lage Anzahl 1	
Grüner[?]	Lage Anzahl 1	
Gelber Çıtārı-Stoff[787]	Lage Anzahl 2	
geblümter Keremsüd	Lage Anzahl 2	
Gelber Çıtāre-Stoff	Lage Anzahl 1	
Grüner Keremsüd	Lage Anzahl 1	
Geblümter Keremsüd	Lage Anzahl 3	
Roter Keremsüd	Lage Anzahl 2	
Baumwollene/r/s (...)	Lage Anzahl 1	
Weiße/r/s Schulter (...) Kamelott	Anzahl 2	
Mūmyā[788]	Ḳıyye 1	
Alter Kelīm	Anzahl 1	
Kleine/r/s (...)	Anzahl 1	
(...) Glas	Anzahl 6	
Aus Kupfer Gefertigtes	Anzahl 1	
Aus Knochen Gefertigtes	Anzahl 1	
Kaffeekanne	Anzahl 2	
Kupferne/r/s (... ...)	Anzahl 1	
Schwarzer Regenmantel aus kräftigem Wollstoff	Anzahl 2	
Silberne Uhr	Anzahl 1	

Der Preis der verkauften Dinge wurde in Aḳçe-Währung vermerkt

Alter (...) Umhang aus grünem Wollstoff	Anzahl 1	Preis Ġuruş 2	Para 19
Blauer Wollstoff	Anzahl 1	Preis Ġuruş 9½	Para 11
Weißer gebrauchter Kaftan aus Çıtarı-Stoff	Anzahl 1	Preis Ġuruş 4	
Gebrauchter Kaftan aus Baumwolle	Anzahl 1	Preis Ġuruş 2	Para 1
Roter ʻAnteri-Stoff aus Baumwolle	Anzahl 1	Preis Ġuruş 2½	Para 6
Gelber Schultergürtel (...)	Anzahl 1	Preis Ġuruş 5	Para 10
Gebrauchter Kaschmirgürtel	Anzahl 1	Preis Ġuruş 1½	Para 11
Roter gebrauchter Kaschmir-Umhang	Anzahl 1	Preis Ġuruş 2	Para 11
Gebrauchtes einfaches Papier	Anzahl 1	Preis Ġuruş 2	para 11
Gebrauchte geblümte Pantoffeln	Anzahl 1	Preis Ġuruş 1½	Para 6
Grüner gebrauchter Kaftan aus Baumwolle	Anzahl 1	Preis Ġuruş 2	Para 9
Weißer gebr. schlichter Seidenstoff aus Aleppo	Anzahl 1	Preis Ġuruş (...)	Para 5
Gebrauchter Turban	Anzahl 1	Preis Ġuruş 1½	Para 10

787 Leichter gestreifter Stoff oder Brokat, bei dem die Webkette zu ¼ aus Seide und zu ¾ aus Baumwolle besteht.

788 Medizinisches Präparat für Wunden, Hämatome etc..

Flachsbekleidung (...)	Anzahl 2	Preis Ġuruş 2	Para 1½
Ballen aus Mossuler Stoff	Anzahl 1	Preis Ġuruş 12	Para 11
Tuch	Anzahl 1	Preis Ġuruş 1	Para 14
Neuer Turban	Anzahl 1	Preis Ġuruş 10	Para 5
Geblümte/r/s (...)	Anzahl 1	Preis Ġuruş 7	Para 12
Tuch	Anzahl 1	Preis Ġuruş (...)	Para (...)
(...) Mantel	Anzahl 1	Preis Ġuruş 36	
Gebrauchte/r/s (...)	Anzahl 1	Preis Ġuruş 2	
Rote Pluderhose aus Kaschmir	Anzahl 1	Preis Ġuruş 3½	
Çaḳşur[789] aus changierendem Seidenstoff	Anzahl 1	Preis Ġuruş 3	Para 2
Alter Çaḳşur-Wollstoff	Anzahl 1	Preis Ġuruş 4	Para 5
Alter Luchs(pelz) für rituelle Waschungen	Anzahl 1	Preis Ġuruş (...)½	Para 1
(...) (Schwarze Kanne)		Preis Ġuruş 3	
Pistole für gelbe Schrotmunition	(...) 4	Preis Ġuruş 5	Para 12
Silberner Krummsäbel	Anzahl 3	Preis Ġuruş 40	Para 24
Flinte für gelbes Schrot	Anzahl 3	Preis Ġuruş 24	Para 2
Mit silbernen Bossen besetzter Sattel	Anzahl 1	Preis Ġuruş 9½	Para 1
Vollständiger Sattel	Anzahl 1	Preis Ġuruş?	Para 1
Gebrauchter Überwurf aus (... ...)	Anzahl 1	Preis Ġuruş (...)	
Grüner Kaschmir-Überwurf	Anzahl 1	Preis Ġuruş 13½	
Gelber Kaschmir-Überwurf	Anzahl 1	Preis Ġuruş 21½	
Bekleidung mit gebrauchter Decke	Anzahl 1	Preis Ġuruş 2	Para 5
Aḳçe-Münzen		Ġuruş 18	Para 10

Insgesamt	Ġuruş	Para
Nur 324 Ġuruş und 6 Para	324	6
Von im Register ohne Anpassung aufgezeichneten Dingen wurde der erwähnte (...) Pelz zu 30 Ġuruş verkauft und war als einziger mit enthalten	(30)	
	(354)	

Davon die Ausgaben	Ġuruş	
Für die Waschung, Einhüllung des Leichnams, die Notabeln religiöser Stiftungen und andere notwendige Ausgaben	32	
Für den (...) Efendi und für den Gerichtsdiener	10	
Laden und Ausrufergebühr sowie Kaffee und Tabakgeld	8	
Erwiesene Schuld: Schulden des Verstorbenen an (Üçe) Yunān, Bewohner von Mardin	20	
Erwiesene Schuld: Schulden des Verstorbenen an den Schneider Būġūş, Bewohner von Mardin	10	
Nur achtzig Ġuruş	80	
Davon verbleibender Rest des Erlöses der verkauften Dinge und Münzen	274	Para 6
Nur zweihundervierundsiebzig Ġuruş und 6 Para		

789 Hose mit angenähten Schuhen.

Zeugen der Angelegenheit
Vertreter (...)
Ḫaṭībzāde el-Ḥāc Bekir Beg (...)
Der aus Mardin stammende Cābī-birūn Muṣṭafā Efendi
ʿAbdullāh Beg bin İsmaʿīl Aġa
Mollā Davūd bin ül-Ḥāc Ḥuseyn Aġa
Sein Bruder Muṣṭafā Aġa
Maḥmūd, Aġa der Ġarabān
Deli ʿAlī vom Stamm der Mütevellī
Mollā Meḥmed vom Stamm der Mütevellī
ʿAlī vom Stamm der Müfti (...)
und weitere Anwesende

247/68/b

(1) (mer)ḥūm olan ʿAlī Begiñ Kirkūkda olan metrūkiyātī Himmet Aġa ve kölesi Ḥasan ve Kirkūk iḫtiyārları (2) (m)aʿrifetleriyle aḫẕ ve Baġdāda götürüb teslīm olan eşyā ḥālā ʿAbbās Aġa neẓāretiyle sulṭān-ı mezārında fürūḫt (3) (o)lub aḳçesi mevlā[!][790] ʿatāḳesiniñ[!][791] [oğlu] necābetlü ʿAbdullāh Beg ṭarafına teslīm

(ze)r-i maḥbūb (...)	(...)42	(ḥe)sāb ġuruş 11½
eger maʿ ṭaḳım	ʿaded 1	ġuruş 5
köhne nāfe kürk	ʿaded 1	ġuruş 2
köhne (ṣanṣār) kürk	ʿaded 1	ġuruş 12
köhne ṭırnaḳ kürk	ʿaded 1	ġuruş 4½
ḳaput[!][792] maʿ kise	ʿaded 1	ġuruş 14
(aṭ)lās ḳaftan	ʿaded 1	ġuruş 14
köhne aṭlās ḳaftan	ʿaded 1	ġuruş 6
ketfī ḳuşaḳ	ʿaded 1	ġuruş 23½
pūtedār[!][793]	ṭāḳā ʿaded 1	ġuruş 11
sefīd pūtedār[!][794]	ṭāḳā ʿaded 1	ġuruş 10
mor pūtedār[!][795]	ṭāḳā ʿaded 1	ġuruş 14
sāde köhne ʿanteri	ʿaded 1	ġuruş 8
ḳavuḳ	ʿaded 1	ġuruş 5
enʿām-ı ḥamāʾil	ʿaded 1	ġuruş 3

790 mevlā-ı
791 atāḳesi
792 ḳāpūd
793 pūtdār
794 pūtdār
795 pūtdār

çuka biniş	ʿaded 1	ġuruş 15
ḫaşa ʿanberī Ḥamāʾī	ʿaded 1	ġuruş 7
ḫaşa ʿanberī çuḳa	ʿaded 1	ġuruş 4
diger sarma ḫaşa ʿanberī	ʿaded 1	ġuruş 19
köhne keremsüd ḳuşaḳ	ʿaded 1	ġuruş 7 rubaʿ 1
köhne çuḳa çaḳşur[!][796]	ʿaded 2	ġuruş 44
ʿanteri köhne	ʿaded 1	ġuruş 2
ve köhne boġça	ʿaded 2	
el şālı biniş	ʿaded 1	ġuruş 20
sīm raḫt maʿ başlıḳ	ʿaded 1	ġuruş 90½
sīmli ġaddare[!][797] ve ṭopuz	ʿaded 1	ġuruş 21½
diger sīmli ġaddare ve Ḥavīze karı ṭopuz	ʿaded 1	ġuruş 18
piştov maʿ sīmli ḳubur	çift 1	ġuruş 34½
sīm nargile	ʿaded 1	ġuruş 12½
sīm ḳılıç maʿ kemer	ʿaded 1	ġuruş 51
filinta	ʿaded 1	ġuruş 14½
sīm mızrāḳ	(...)	ġuruş (...)
sīm palaska[!][798] vezne ḥarbī ḳabı ve ḳara (...) ve ḥamāʾil[!][799]		ġuruş 60 rubaʿ ʿaded 1
sīm zarf	ʿaded 3	
fincān	ʿaded 2	ġuruş 4
ḳuṭu	ʿaded 1	rubaʿ 1
ibrīḳ	ʿaded 1	ġuruş 4
ṭabaḳ faġfūrı	ʿaded 3	ġuruş 4
beyāż bez (...)	ʿaded 7	ġuruş 2
buber	ḳıyye ʿaded 1	ġuruş 1
şeker	ḳıyye ʿaded 1	ġuruş 2
nebāt	ḳıyye ʿaded 1	ġuruş 1
ḥınnāʾ	ḳıyye ʿaded 2	ġuruş 2 rubaʿ 1
çit yasdıḳ	ʿaded 3	ġuruş 4
şaġīr fez	ʿaded 1	ġuruş 1
müsteʿamel kelīm	ʿaded 1	ġuruş 5
leken ibrīḳ		ġuruş 5
hegbe	ʿaded 1	
köhne piştov ḳuburı	ʿaded 1	
köhne ḫaşa	ʿaded 1	ġuruş 2
ḳahve baṭman	ʿaded 3	ġuruş 18
cemʿan yekūn		690 ġuruş

796 cemşūr
797 ḳaddāre
798 palaşka
799 hamāʾil

ṣafha-ʾı muḳābilede olan maṣārifāt	274
	416

(1) vech-i meşrūḥ üzere merḥūm ʿAlī Begiñ metrukātı fürūḫt olunub altıyüz ṭoḳsan rūmī ġuruş (...) (2) olmaġla ikiyüz yetmiş dört ġuruşını maṣārifāt ve düyūnī minhā olunduḳdanṣoñra dörtyü(z on) (3) altı rūmī ġuruşı mevlā[!][800] ʿatāḳesiniñ[!][801] [oġlu] oldıġım ḥasebiyle enderūn-ı aġalarından ʿAbbās (...) (4) yediyle ṭarafıma vürūd ve vāṣil olmaġla işbu maḥalla şerḥ[!][802] vėrilüb yedlerinde (...) (5) içün vėrilmişdir
fī 12 rā [Rebīʿ ül-evvel] sene 1172
ṣaḥḥ ʿAbdullāh Meḥmed Efendizāde ḥālā

merḥūm ʿAlī Begiñ baʿż kimesnelere (vėrilmek taʿyīn ve beyān olunur)

	Ġuruş
merḥūm Ḥuseyn Yūsufuñ ṭalebi edā olındı bi-şehāde Ḳoç İsmaʿīl (...)	90
Ḳoç İsmaʿīl Aġañın ṭalebi edā şüd	15
delālīye ve ḳahveçīye ve dükkançīye	10
	115
Ḳılıçı Yūsufa ve serrāç Circīse ve cevāhirçi İbrāhīm ve ẕimmī derzīye ve bezzāz Ṣāliḥ ṭal(ebi edā şüd)	19½
merḥūmuñ Kirkūkda techīz ve tekfīne bi-maʿrifet Himmet Aġa	139½
	274

247/68/b

Der in Kirkuk liegende Nachlass des verstorbenen ʿAlī Beg wird durch Himmet Aġa, seinem Bediensteten Ḥasan und der Ältesten von Kirkuk eingezogen und nach Baġdād gebracht. Die zu übergebenden Dinge werden unter der derzeitigen Aufsicht von ʿAbbās Aġa am Grab des Sultans verkauft. Die Aḳçe von ihnen werden [dem Sohn] des ehedem Befreiten, dem edlen ʿAbdullāh Beg übergeben.

(...) Goldmünze	(...)42	Wert Ġuruş 11½
Sattel mit Gurtzeug	Anzahl 1	Ġuruş 5
Alter Bauchfell-Pelz	Anzahl 1	Ġuruş 2
Alter (Şanṣār)-Pelz	Anzahl 1	Ġuruş 12
Alter Klauen-Pelz	Anzahl 1	Ġuruş 4½
Weiter Umhang mit Beutel	Anzahl 1	Ġuruş 14
Kaftan aus Aṭlās	Anzahl 1	Ġuruş 14
Alter Kaftan aus Aṭlās	Anzahl 1	Ġuruş 6

800 mevlā-yı
801 atāḳesi
802 şarḫ

Schultergürtel	Anzahl 1	Ġuruş 23½
Stoff mit Blumenmuster	Lage Anzahl 1	Ġuruş 11
Weißer Stoff mit Blumenmuster	Lage Anzahl 1	Ġuruş 10
violetter Stoff mit Blumenmuster	Lage Anzahl 1	Ġuruş 14
Einfacher alte ʿAnteri-Weste	Anzahl 1	Ġuruş 8
Wattierter Hut	Anzahl 1	Ġuruş 5
Koran	Anzahl 1	Ġuruş 3
Wollener Umhang	Anzahl 1	Ġuruş 15
Bernsteingelbe Satteldecke aus Ḥamā	Anzahl 1	Ġuruş 7
Bernsteingelbe Satteldecke aus Wollstoff	Anzahl 1	Ġuruş 4
Weitere bernsteingelbe Winter-Satteldecke	Anzahl 1	Ġuruş 19
Alter Gürtel aus Keremsüd	Anzahl 1	Ġuruş 7¼
Alte Wollstoffhose	Anzahl 2	Ġuruş 44
Alte ʿAnteri-Weste	Anzahl 1	Ġuruş 2
und altes Bündel	Anzahl 2	
Karminroter Kamelott-Umhang	Anzahl 1	Ġuruş 20
Silbernes Galazeug für ein Pferd mit Kopfbedeckung	Anzahl 1	Ġuruş 90½
Versilberter Krummsäbel und Keule	Anzahl 1	Ġuruş 21½
Weiterer versilberter Krummsäbel und in Ḥavīze gefertigte Keule	Anzahl 1	Ġuruş 18
Pistole mit versilbertem Halfter	Paar 1	Ġuruş 34½
Silberne Wasserpeife	Anzahl 1	Ġuruş 12½
Silbernes Schwert mit Gürtel	Anzahl 1	Ġuruş 51
Flinte	Anzahl 1	Ġuruş 14½
Silberne Lanze	(...)	Ġuruş (...)
Silberner Patronengürtel, Schrotbeutel, Ladestock-Hülle und schwarzer (...) Schultergürtel	Anzahl 1	Ġuruş 60¼
Silberner Tassenuntersatz	Anzahl 2	
Glas	Anzahl 3	Ġuruş 4
Schachtel	Anzahl 1	¼
Kanne	Anzahl 1	Ġuruş 4
Porzellanteller	Anzahl 3	Ġuruş 4
Weißer (...) aus Stoff	Anzahl 7	Ġuruş 2
Ein Ḳıyye Pfeffer	Anzahl 1	Ġuruş 1
Ein Ḳıyye Zucker	Anzahl 1	Ġuruş 2
Ein Ḳıyye Pflanzen	Anzahl 1	Ġuruş 1
Ein Ḳıyye Henna	Anzahl 2	Ġuruş 2¼
Chintz-Polster	Anzahl 3	Ġuruş 2
Kleiner Fez	Anzahl 1	Ġuruş 1
Gebrauchter Kelīm	Anzahl 1	Ġuruş 5
Becken und Krug		Ġuruş 5
Satteltasche	Anzahl 1	
Altes Pistolenhalfter	Anzahl 1	
Alte Pferdedecke	Anzahl 1	Ġuruş 2
Ein Baṭman Kaffee	Anzahl 3	Ġuruş 18

Insgesamt	690 Ġuruş
Die auf der gegenüberliegenden Seite befindlichen Ausgaben	274
	416

Wie beschrieben wurde der Nachlass des verstorbenen ʿAlī Beg verkauft. Weil es 690 Rūmī-Ġuruş ergibt und nachdem 274 Ġuruş Ausgaben und Schulden davon abgezogen werden und ich, da ich [der Sohn] des ehedem Befreiten bin, 416 Rūmī-Ġuruş aus Händen eines der Herren des inneren Palastes, ʿAbbās (...), erhalte, wird an dieser Stelle eine Erklärung abgegeben. Am 12. [Rebīʿ dem Ersten] des Jahres 1172.
Geprüft, der derzeitige Efendizāde ʿAbdullāh Meḥmed Efendizāde

Die (zu gebenden Ġuruş) des verstorbenen ʿAlī Beg werden erklärt

	Ġuruş
Die Forderung des verstorbenen Ḥuseyn Yūsuf wurde unter Zeugenschaft von Ḳoç İsmaʿīl (...) bezahlt	90
Die Forderung von Ḳoç İsmaʿīl Aġa wurde bezahlt	15
Ausrufergebühr, Kaffeehausbesitzergebühr, Ladenbesitzergebühr	10
	115
Dem Schwertschmied Yūsuf, dem Sattler Circīs, dem Juwelenhändler İbrāhīm und dem Untertanen, dem Schneider und Tuchhändler Ṣāliḥ wurde die (Forderung bezahlt)	19½
Für die Leichenwaschung und Einhüllung des in Kirkuk Verstorbenen durch Himmet Aġa	139½
	274

247/69/a

ṣūret-i emr-i şerīf-i ʿālīşān

(1) destūr-ı mükerrem müşīr-i müfaḫḫam niẓām ül-ʿālem müdebbir-i ümūr ül-cumhūr bil-fikri 'ṣ-ṣāḳib mütemmim-i mehāmm ül-enām bi 'r-reʾyi 'ṣ-ṣāʾib mü-mehhid-i (bünyān) (2) üd-devlet ve 'l-iḳbāl müşeyyid-i erkān üs-saʿādet ve 'l-iclāl el-maḥfūf bi-ṣunūfı ʿavāṭıf il-melik ül-ʿālā Baġdād (ve Baṣra) (3) eyāletlerline mutaṣarrıf olan vezīrim Süleymān Paşa edām Allāhü teʿālā iclālühü tevḳīʿ-i refīʿ-i hümāyūn vā(ṣil) (4) olıcaḳ maʿlūm ola ki sen vüzerā-yı iʿẓāmımıñ bidār ve nām-dārı ve vükelā-yı fiḫāmımıñ ü(mūr-) (5) dīde ve kārgüzārı ve ḥamīyet-şiʿārı olub her vecihle müstaḥaḳḳ-i ʿināyet ve şāyeste-ı ʿāṭ(ıfet) (6) ve mekremet oldıġıñ ecil-den bundan aḳdem Baġdād ve Baṣra eyāletleri saña ʿināyet olnunub (ḥālā) (7) üzerinde olmaġla ḥaḳḳında mezīd-i ʿināyet-i şāhāne ve mezīd-i reʾfet-i senīye padışāhānem ẓuhūra (getürilüb) (8) işbu biñ yüz yetmiş iki senesi şevvāl ül-mükerremiñ altıncı gününden ʿavāṭıf-ı ʿalīye-i mülükāne ve ʿavā(rif-i) (9) senīye-ʾi ḫusrevānemden şerefyāfte-ʾi ṣudūr olan ḫaṭṭ-ı hümāyūn-ı şevketmaḳrūnum

mūc(ibince eyāleteyn) (10) mezbūreteyn yine saña ibḳā' ve muḳarrer ḳılınmağla kemākān mutaṣarrıf olumuñ emrim olmuşdur bu(yurdum ki) (11) ḫaṭṭ-ı hümāyūn-ı şevketmaḳrūnumla ṣādir olan fermān-ı celīl ül-ḳadr[!][803] ve ibḳā ve muḳarrer (ḳılındığı) (12) (ü)zere ẕikr olan Bağdād ve Baṣra eyāletlerine kemākān sen mutaṣarrıf olub (ve żabṭ) (13) (ve) rabṭ-ı memleket ve ḥimāyet ve ṣiyānet-i ḳul ve ra'īyet bābında ve ol etrāfıñ ve ḥavālınıñ (14) (...) ve taḳvīyet emrinde ve żabṭ ve rabṭ-ı 'arabānda ve def' ve ref'-i eşḳiyāda ve emr-i (...) (15) ve (...) 'arabānıñ güşmāllarında ve sā'ir fermānım olan ḫidemāt-ı 'alīyemiñ edā ve temşīyet ve (16) (tekmīlinde bi)ze iḳrār ve sa'ī-i ṣarf bīşümār eyleyüb min ba'd fuḳarā-ı ra'īyet ve sükkān-ı (vilāyet) (17) (ve ḳuṭṭān-ı mem)lekete bir vecihle ẓulüm ve ta'addī ve tecāvüzdan bi-ġāyet iḥtirāz ve ictināb üz(ere olasın) (18) (şöy)e bilesin 'alāmet-i şerīfe i'timād ḳılasın taḥrīren fī evvelīn Şevvāl el-mükerrem sene is̱nā ve s(eba'īn ve mi'e ve 'elf)
bi-maḳām-ı Ḳosṭanṭinīye 'l-maḥrūse

247/69/a
Abschrift des ehrwürdigen hohen Befehls:
Ehrwürdiger Ratgeber, hochgeachteter Befehlshaber, Richtschnur der Welt, besonnener Lenker der öffentlichen Angelegenheiten mit durchdringendem Verstand, Vollender der Obliegenheiten der Menschen mit treffender Ansicht, Begründer des Baus von Glück und Wohlergehen, Erbauer der Säulen der Glückseligkeit und Großartigkeit, die umhüllt sind von den mannigfachen Wohltaten des höchsten Königs! Mein die Provinzen Bağdād und (Baṣra) innehabender Wesir Süleymān Paşa – möge Gott der Erhabene seine Macht andauern lassen! Sobald das edle, großherrliche Namenszeichen eintrifft, sei kund: Dir, weil Du von meinen großen Wesiren schnell handelnd und berühmt und von den illustren Stellvertretern als erfahren und begabt bist und rechtens verfährst und da Du in jeder Hinsicht Gnade verdienst und des Wohlwollens würdig bist, wurden früher die Provinzen Bağdād und Baṣra gunstweise anvertraut. Weil es diesmal Dich betrifft, lasse ich vermehrt meine hohe imperiale Gunst und großartige Güte walten. So war es mein Befehl, dass ich Dir gemäß meiner eröffneten imperialen und herrschaftlichen Zeichnung seitens meiner hohen herrscherlichen Gunst und erhabenen imperialen Güte vom 6. Tag des geehrten Şevvāl an die beiden erwähnten Provinzen überlasse und anvertraue und dass Du diese wie früher innehast. Ich ordne an, dass Du gemäß dem mit herrschaftlicher Zeich-

803 ḳadren

nung ausgestellten imperialen großherrlichen Fermān die beiden erwähnten Provinzen, die Dir anvertraut wurden, wie früher innehast. Indem Du Dich um Herrschaft der Gebiete, den Schutz der Diener Gottes und Untertanen, um (...) dieser Randgebiete, die Durchsetzung der Anordnung kümmerst, die Kontrolle über die Araber ausübst, Plünderungen abwendest und (... ...) in rechtskonformer Weise die Araber ermahnst und weitere von mir angeordnete hohe Dienste ausführst und deren Fortschritt und Vollendung uns bestätigst, wobei Du in ungezählter Form hiernach strebst, sollst Du Dich künftig davor äußerst hüten, die Bewohnern der Provinz und des Herrschaftsgebiets in irgendeiner Weise zu bedrücken und Überschreitungen vorzunehmen. Du sollst Solches wissen und dem erlauchten Handzeichen Folge leisten.
Eingetragen in den ersten Tagen des geehrten Şevvāl im Jahre (117)2.
In der wohlbehüteten Stadt Konstantinopel.

247/69/b

(1) (ḳıdve)t ül-emās̱il ve 'l-aḳrān aġalarımızdan ḥālā Mārdīn voyvodası (ʿOs̱mān Aġa) (2) (zīde ḳa)druhu inhā olunur ki ʿavāṭıf-ı ʿalīye-i mülükāne ve ʿavārif-i senīye ḫusrevāneden (Başra ve)[?] (3) (Baġdād)[?] eyāletleri kāmakān ṭarafımıza ibḳā ve muḳarrer ḳılınub ol bābda şerefbaḫş-ı ṣudū(r olan) (4) (emr-i) şerīf-i ʿālīşānı ḥālā rükkāb-ı müsṭetāb cihānbānıda emīr āḫūr-ı s̱ānī ḥaż(retleri) (5) (Seyyid) Aḥmed Aġa ile ṭarafımıza vārid ve vāṣil olunmaġla iḫbār-ı behcet is̱ā[l] (6) (...) iʿlān ve işāʿatı için ṭarafımızdan iḳtiżā ėden (...) (7) (...) inhā ve işāʿat olunmaġın keyfīyet-i bāhir-i (meserrāt-ı) meẕkūreniñ (...) (8) (...) iʿlān (...) lāzim (...) olmaḳdan nāşī emr-i şerīfiñ (...) (9) (ḳıdvet) ül-emās̱il ḥālā Şamʿdancı Paşa İsmāʿīl āġā ile irsāl olunmaġla (...) (10) (...) ve ḳırāʿat[!][804] ve işbu mevhebe-i küberā ve ʿaṭīyye-i ʿuẓamānıñ cümle (11) (...) işāʿatı için şenlik ve iẓhār-ı surūr ve şādmānīye mübāderet eylemek bā(bında) (işbu buyuruldu) (12) (taḥrīr ve ıṣdār) ve irsāl olunumuşdur vuṣūlunda maʿlūmuñ olduḳda minvāl-ı meş(rūḥ) (13) (üz)ere aḫbār-ı (şāre-ʾi) meẕkūre[!][805] iʿlān ve işāʿat ve şenlik ėtdirüb bu ḫayr (...) (14) (... ...) ve ednā-yı ḥiṣṣe (...) surūr ve meserret ve devām olunur (...) (15) (... ...) mübāderet eyleyüb mūcib-i buyuruldu ile ʿamel ve ḥareket eyliyesin deyü[806]
fī ġurre ẕā [Ẕī ʿl-ḥicce] sene 1172

804 ḳırāat
805 meẕkūre-ʾi
806 Text nur zu ermitteln, da zu unvollständig.

247/69/b

Dem Vorbild der Gleichgestellten und Ranggenossen, einem unserer Herren, dem derzeitigen Voyvoda von Mardin, ʿOs̱mān Aġa sei mitgeteilt: Von der hohen imperialen Güte und hohen herrscherlichen Gunst sind die Provinzen Baṣra und (Baġdād) wie zuvor Euch anvertraut worden. Weil hierbei der geehrte hohe Befehl mit Hilfe des derzeitigen bewährten imperialen Offiziers, dem hochgeehrten Leiter der sultantischen Stallungen (Seyyid) Aḥmed Aġa zur Übermittlung und Verbreitung der geehrten frohen Botschaft Euch erreicht hat, wurde unsererseits, um die erforderlichen (… …) zu verbreiten, (… …). Weil wegen der/s notwendigen (…) des hohen Befehls das Vorbild der Gleichgestellten und Ranggenossen, der derzeitige Şamʿdancı Paşa İsmāʿīl Aġa geschickt wird (…) und um dieses Geschenk der Einflussreichsten allen kundzutun und damit Freude und offenkundige Erquickung umgehend öffentlich gezeigt wird, wird dieser Buyuruldu eingetragen, herausgegeben und geschickt. Sobald Dir sein Eintreffen bekannt wird, sollst Du erwähnte (verborgene) Neuigkeiten kundtun und verbreiten und Freudenzeremonien durchführen. (… …) zu zeigen und gemäß des Buyuruldus handeln. Am Ersten des [Ẕī ʿl-ḥicce] im Jahre 1172.[807]

247/69/c

(1) şeriʿat-meʾab Mārdīn nāʾibi zīde ilmehu (2) (ve ḳıdvet) ül-emās̱il ve 'l-aḳrān voyvodası aġa zīde ḳadruhu ve iş erleri inhā olunur ki (3) işbu biñ yüz yetmiş üç senesine maḥsūben <…> eyālet-i Diyārbekir imdād-ı ḥażarīyesiniñ i(k)i (4) (taḳsīṭ ile) cemʿ ve taḥṣīli içün şerefbaḫş-ı ṣudūr olan emr-i şerīf-i ālīşān vürūd eyledigine (5) bināʾen ḥażarīye-ʾi merḳūmeniñ taḳsīṭ-i evveli ber mūcib-i emr-i ālī maʿrifet-i şerʿ ve cümle maʿrifetiyle beyn el-ahālī (6) tevzīʿ ve taḳsīm olunduḳda ḳabl-ı şerʿden taḥrīr olınan mürāsele mūcibince ḳażā-ʾı mezbūra daḫī biñ ġuruş (7) iṣābet ėtmekle imdī meblaġ-ı mezbūrı sizler daḫī maʿrifet-i şerʿle beyn el-ahālī tevzīʿ ve taḳsīm (8) ve bir gün evvel temāmen ve kāmilen cemʿ ve taḥṣīl ve ḫazīnemize edā ve teslīm mezīd-i ihtimām eylemegiz bābında (9) işbu buyuruldı taḥrīr ve ıṣdār ve ile irsāl olunmuşdur bi-mennihi teʿālā vuṣūlunda gerekdir ki ḥażarīye-ʾi merḳūme-ʾi (10) taḳsīṭ-i evvelini[!][808] ber minvāl-ı muḥarrer tevzīʿ ve taḳsīm ve cemʿ ve taḥṣīl ve ḫazīnemize edā ve teslīmine (lāzim-i) (11) ihtimām ve diḳḳat ėdüb mūcib-i buyuruldıyla ʿamel ve ḥareket eyliyesiz deyü
buyuruldu fī 11 ṣ [Ṣafar ül-ḫayr] sene 1172

807 Es geht laut Fermān um durchzuführende Freudenzeremonien, Was der Grund dafür ist, ist aus dem Textfragment nicht zu ermitteln, da es unvollständig ist.
808 evveliniñ

247/69/c

Dem Mittelpunkt des Scheriatsrecht – Nā'ib von Mardin – möge sein Ruhm zunehmen – und Vorbild der Gleichgestellten und Notabeln, Voyvoda Aġa von Mardin – möge sein Ruhm zunehmen – und seinen Sachverständigen sei mitgeteilt: Damit gerechnet bis zu diesem Jahr 1173 von den Friedenshilfsgeldern der Provinz Diyārbekir diese in zwei Raten eingesammelt werden, wobei begründet auf den eingetroffenen ehrenvoll erlassenen ehrwürdigen edlen Befehl die erwähnten Friedenshilfsgelder mit Hilfe des Gerichts und mit Hilfe Aller auf die Einwohner umgelegt werden sollen, sollt Ihr, weil gemäß dem vor Gericht eingetragenen richterlichen Schreiben an erwähnten Gerichtssprengel noch 1000 Ġuruş entfallen, jetzt erwähnte Summe noch mit Hilfe des Gerichts auf die Einwohner umlegen und so schnell wie möglich vollständig einsammeln und unserem Schatzamt übergeben und dabei vermehrt Vorsicht walten lassen. Hierzu wurde dieser Buyuruldu eingetragen, ausgestellt und geschickt. Wenn er mit der Erlaubnis des Allmächtigen eintrifft, ist es notwendig, Eure erste Rate der erwähnten Friedenshilfsgelder wie beschrieben umzulegen, einzusammeln und an unser Schatzamt zu bezahlen und hierzu umsichtig vorzugehen, Vorsicht walten zu lassen und gemäß dem Buyuruldu zu verfahren.
Angeordnet am 11. glückbringenden Ṣafar im Jahre 1172.

247/69/d

(1) eyālet-i Diyārbekirde vāḳiʿ Mārdīn nāʾibi efendi ve faḫr ül-ems̱ālı voyvodasını el-mükerremān baʿd et-taḥiye inhā (olunur ki) (2) ḥālā Diyārbekir vālīsi vezīr-i mükerrem ẕīşān-ı safar-nişān ṣadr-ı āʿẓam işbu devletlü ʿināyetlü ʿAbd(...) (3) Paşa yeser Allāhü bil-ḫayr mā yurīd va mā yeşāʾ ḥażretleriniñ biñ yüz yetmiş üç senesine maḥsūben eyālet-i mezbūreden[!][809] (4) (bā-fermān-ı) ʿālī muʿayyen buyurılan yirmi biñ ġuruş imdād-ı ḥażarīyeleriniñ taḳsīṭ-i evveli[!][810] ḥulūl (5) (ėtmek üzere) ṭaraf-ı bāhir üş-şeref aṣefānelerinden ṣādir olan buyuruldı-ı emr-i üslūbları (6) manṭūḳunca (ḥażarīye-i taḳsī)ṭ-i evveli[!][811] olan on biñ ġuruş ber vech-i muʿtād-ı eyālet-i mezbūre (7) bil-cümle ḳażā ve nevāḥi ve şarḳ ve ġar(b) (...) (şerʿan) tevzīʿ (olınan) sālyāne (...) (8) (...) ḳażāñıza daḫī biñ ġuruş iṣābet ėtmekle ṣavb-ı şerʿ-i (ḳavīmden) bil-iltimās mürāsele (taḥrīr ve irsāl olunmuşdur) (8) vuṣūlunda gerekdir ki meblaġ-ı meẕkūrı bir sāʿat aḳdem (yėrlü yedinden)

809 mezbūrdan
810 evvelīsi
811 evvelīsi

cemʿ ve taḥṣīl ve ḳabż ve (8) edā ve teslīm eyleyüb ʿavḳ ve teḫīrden iḥtirāz eyliyesiz ve 's-selām
fī 8 ṣ [Ṣafar] sene 1172
el-ġafr Ḥasan el-mevlāḫilāfe bi-medīne-ʾi Āmid el-maḥ(mīye)

247/69/d

Dem in der Provinz Diyārbekir ansässigen Nāʾib von Mardin und der Exzellenz der Gleichgestellten, seinem großzügigen Voyvoda sei nach Gruß mitgeteilt: Weil von erwähnter Provinz die bis zum Jahre 1173 gerechnete und mittels des hohen Fermāns angeordnete festgelegte erste Rate der 20 000 Ġuruş Friedenshilfsgelder seiner Exzellenz des geehrten glorreichen Wesirs, glorreicher Zeichenträger des Safars und Großwesir, derzeitiger Vali von Diyārbekir, illustrer gnadenreicher ʿAbd(ullāh) Paşa – möge Gott zum Guten erleichtern was er will und was er wünscht – fällig wird und wie üblich 10 000 Ġuruş der ersten Rate der Friedenshilfsgelder laut dem angeordneten Befehl seitens der asaphgleichen evidenten Gnade gemäß der gewohnten Methode (...) als (rechtmäßige) Jahressteuer (...) üblicherweise auf sämtliche Gerichtssprengel, die Umgebung, auf den Norden und den Westen sowie (...) ungelegt werden soll und darüber hinaus an unseren Gerichtssprengel noch 1000 Ġuruş entfallen, wurde nach korrektem Scheriatsrecht auf Antrag ein richterliches Schreiben (eintragen und geschickt). Bei seinem Eintreffen ist es notwendig, die erwähnte Summe umgehend von den Einheimischen sammeln, in Besitz nehmen und bezahlen zu lassen. Ihr sollt Euch in Acht nehmen, dieses zu behindern und zu verzögern und Gruß!
Am 8. [Ṣafar] des Jahres 1173.
Möge dem Richter Ḥasan verziehen werden. In der wohlbehüteten Stadt Āmīd.

247/69/e

(1) (اشترى) الحاج عبد الله اغا ابن شيخموسى اغا بماله من البائع منه احمد بن شيخموسى فباعه المنتقل اليه بالطريق (الارث) (2) و ذلك جميع البستان السقية و العذية المفروزة الواقعة فى عقار قرية غرس الاعلا المحدودة قبلةً (3) [الي] البستان و شرقاً الى الطريق العام و شمالاً [الى ملك] المشترى و غرباً الى نهر الكبير بجملة الحدود بثمن مقبوض قدره (4) (و نصابه) (...) و نصف غروشات و الرضى من الطرفين تحريراً فى اوائل شهر ربيع الاخر سنة ثلاثة و سبعين (4) (و مائة) و الف
حسن البربر
شيخ ابراهيم (...)
سفر بشة بن رمضان
رسول بن رمضان
سيد بكر بن رمضان خليل

(بشار)[؟][812] بن خليل
عثمان بن خضر
رمضان بن حسين بداغ
(...) بن محمد
منلا على الامام بالحمزبان

247/69/e

Ḥāc ʿAbdullāh Aġā ibn Şeyḫmūsā Aġa (tätigte) den (Kauf) mit seinem eigenen Geld. Sein Verkäufer war Aḥmed bin Şeyḫmūsā. Er verkaufte ihm was ihm erbmäßig überlassen wurde. Dieses umfasst den gesamten unterteilten, mit einem eigenen Kanalsystem versehenen und mit Regenwasser bewässerten Garten, der im Grundstück des Dorfes Ġaras el-ʿAlā liegt. Im Süden grenzt er an den Garten, im Osten an den Hauptweg, im Norden [an den Besitz] des Käufers und im Westen an den großen Fluss mit allen Grenzen. Der Verkauf wurde zum entgegengenommenen und festgesetzten Preis von (...) und ½ Ġuruş unter Zustimmung der beiden Parteien durchgeführt.
Eingetragen in der ersten Dekade des Monats des letzten Rebīʿ im Jahre 1(1)73.

Ḥasan el-Berber
Şeyḫ İbrāhīm (...)
Sefer Beşe bin Ramażān
Rasūl bin Ramażān
Seyyid Bekir bin Ramażān Ḫalīl
Başār bin Ḫalīl
ʿOsmān bin Ḫıżır
Ramażān bin Ḥuseyn
(...) bin Meḥmed
Monlā ʿAlī, Imam der Ḥamziyān

247/69/f

(1) (اشترى) الحاج عبد الله اغا ابن شيخموسى اغا بماله من البائعان منه رسول بن محمد علي و عمته (...) بنت (عبد الله) (2) (فباعوه) المنتقل اليهما بطريق الارث و ذلك جميع النصف الشائع من جميع (البستان الواقعة فى) (3) عقار قرية غرس الاعلا [المحدودة] قبلةً <<ورثة>> الى ملك ورثة على چاويش و شرقاً (الى ملك مشترى) (...) (4) (الطاحونة) و غرباً [الى ملك] على درويش بجملة الحدود بثمن مقبوض قدره خمسة و ستون غروش (و الرضى) (5) (من) الطرفين حرر فى اوائل شهر ذى القعدة سنة اثنة و سبعيى و (مائة و الف)
احمد اغا (...)
عمر بن (...)

812 يشار

منلا عمر (...)
منلا مصطفى (...) موسى
شيخ ابراهيم بن رمضان
ولى بن شيخ ابراهيم
يسين بن شيخ خليل
اخيه بكر
بشار بن شيخ
امين بن شيخ سليمان
اخيه احمد (...)

247/69/f

Ḥāc ʿAbdullāh Aġa ibn Şeyḫmūsā Aġa (tätigte) mit seinem eigenen Geld den (Kauf). Seine beiden Verkäufer waren Resūl Meḥmed ʿAlī und seine Tante väterlicherseits (...) bint (ʿAbdullāh). (Sie verkauften ihm) was ihnen beiden erbmäßig hinterlassen wurde. Dieses umfasst die gesamte gemeinsame Hälfte des Gartens, der im Grundstück des Dorfes Ġaras el-ʿAlā liegt. Im Süden [grenzt er] an den Besitz des Erbes von ʿAlī Çāvīş, im Osten an den Besitz des Käufers (...) (Mühle) und im Westen [an den Besitz] von ʿAlī Dervīş mit allen Grenzen. Der Verkauf erfolgte zum entgegengenommenen und festgesetzten Preis von 65 Ġuruş (unter Zustimmung) der beiden Parteien.
Eingetragen in der ersten Dekade des Monats Ẕī 'l-ḳaʿde im Jahre (11)72.

Aḥmed Aġa (...)
ʿÖmer bin (...)
Monlā ʿÖmer (...)
Monlā Muṣṭafā (...) Mūsā
Şeyḫ İbrāhīm bin Ramażān
Velī bin Şeyḫ Ḫalīl
Yasīn bin Şeyḫ Ḫalīl
Sein Bruder Bekir
Başār bin Şeyḫ
Emīn bin Şeyḫ Süleymān
Sein Bruder Aḥmed (...)

247/70/a

sene 1172
Cihāngīrīye evḳāfından olan īrādı mürteziḳası maʿrifetiyle beyanındadır

(rechts oben)

	ġuruş
ʿan icāre-i degirmen-i Mehdīye	60

ʿan icāre-i Senāsīl		ġuruş 15
ve Faḫrīye		ġuruş 5
		20
ʿan icāre-i bağçe-ʾi Cihāngīrye		2
ʿan icāre-i dükkān derzi Mişkī Lapūsī	bāb 2	1½
		83½
minhā ez behā-ı ḥacr berā-yı degirmen-i merḳūm[!][813]		15
		68½

(*links oben*)

ʿan icāre-i degirmen el-vāḳiʿ fī ḳarye-ʾi Bārmān el-bāḳī maʿ ṭarla Azharīye	ġuruş 8
Senāsīl icāresinden on ġuruş resm-i muḥarremīye ve sāʾir ḫuddāmadir keyl-i mütevellīye vėrildikdensonn̄ra el-bāḳī beş ġuruş ḳalub Azharīye tevcīh olmuşdur mütevellīye tevcīh oldıġı ḳayd şüd	

(*unten*)

mektūb ül-esāmī olan erbāb-ı mürtezika ise uṣūl olanların̄ bit-terāżı[!][814] meclis-i şerʿde beynlerinde iḳsām eyledikleri beyā(nındadır)		Ġuruş
fażīletlü müftī Seyyid Ebū Bekir Efendiye ʿan icāre-i degirmen-i merḳūm on dört ġuruşdur		14
fażīletlü Azharī el-Ḥāc ʿAbdullāh Efendiye ʿan icāre-i Senāsīl		ġuruş 5
ve Faḫrīye		ġuruş 10
ve degirmene		ġuruş 19
cemʿan otuz ṭoḳu(z ġuruşdur)		ġuruş 39[815]
fażīletlü es-Seyyid Aḥmed Efendiye ʿan icāre-i asyāb-ı merḳūm altı ġuruşdur		6
fażīletlü es-Seyyid Hindi Allāhaya ʿan icāre-i asyāb-ı merḳūm iki buçuḳ ġuruşdur		2½
es-Seyyid ʿAbdürraḥīm Efendiye ʿan icāre-i degirmen		ġuruş 30
ve dükkān	bāb 2	ġuruş 1½
ve bāḫçe		ġuruş 2
cemʿan yedi ġuruşdur		7[816]
		68½

247/70/a

Jahr 1172

Die Einnahmen der Cihāngīrīye-Stiftungen werden mit Hilfe der Diener erklärt.

813 merḳūma

814 bit-terāṣı

815 Teilsumme nicht nachvollziehbar.

816 Teilsumme nicht nachvollziehbar.

(rechts oben)

		Ġuruş
Von der Miete der Mehdīye-Mühle		60
Von der Miete der Senāsīl		Ġuruş 15
und der Faḫrīye		Ġuruş 5
		20
Von der Miete des Gartens Cihāngīrīye		2
Von der Miete des Laden des Schneiders Mişkī Lapūsī	Laden 2	1½
		83½
Davon entfallen vom zurückbehaltenen Wert an die erwähnte Mühle		15
		68½

(links oben)

Von der Miete der im Dorf von Bārmān liegenden Mühle der Rest mit dem bewässerten Garten Azharī	Ġuruş 8
Von der Miete von Senāsīl entfallen 10 Ġuruş für die Neujahrsgeschenk-Gebühr und an weitere Diener. Nachdem ein Keyl an den Stiftungsverwalter gegeben wurde, verbleibt ein Rest von 5 Ġuruş. Es wird für Azharī verrechnet. Es ist eingetragen, dass es für den Stiftungsverwalter verrechnet wird.	

(unten)

Was die namentlich aufgeführten Bediensteten anbetrifft, werden die laut Stiftungspraxis Berechtigten, die in der Gerichtsversammlung einvernehmlich Eid ablegten, aufgeführt:		Ġuruş
An den tugendreichen Mufti Seyyid Ebū Bekir Efendi entfallen für die Miete der erwähnten Mühle 14 Ġuruş		14
An den tugendreichen Azharī, Ḥāc ʿAbdullāh Efendi entfallen von der Miete von Senāsīl		Ġuruş 5
und der Faḫrīye		10 Ġuruş
und für die Mühle		5 Ġuruş
Insgesamt sind es		39 Ġuruş[817]
Von der Miete der erwähnten Mühle entfallen an den tugendreichen Seyyid Aḥmed Efendi		Ġuruş 6
Von der Miete der erwähnten Mühle entfallen an den tugendreichen Seyyid Hindi Allāh		Ġuruş 2½
Von der Miete der Mühle		30 Ġuruş
und dem Laden	2 Läden	1½ Ġuruş
und dem Garten		2 Ġuruş
entfallen an Seyyid ʿAbdürraḥīm Efendi insgesamt		7 Ġuruş[818]
		68½

817 Teilsumme nicht nachvollziehbar.
818 Teilsumme nicht nachvollziehbar.

247/70/b[819] *(Fragment)*

(1) yediyüz yetmiş iki senesi māh-ı Cemāẓī 'l-evvel (...) sene-ʾi cedīdeniñ Mārtına degin (2) ḳaṣṣāb ḫāne-ʾi iʿmāl ve żarūreye (...) üzere taʿahhüd[!][820] ėden ḳaṣṣāblar beyān olu(nur)

Şeyḫ Ṣāliḥ ve Şarki Ramażān	dükkān		ʿaded 1
ḳaṣṣāb Aḥmed ve (...)	dükkān		ʿaded 1
Receb bin Behlūl	dükkān		ʿaded 1
fürūḫt olunmaḳ üzere	laḥm-ı kise (...)	para 1	ʿaded 8

247/70/b

Vom (...) vom Monat des ersten Cemāẓī des Jahres 1172 bis zum März des nächsten Jahres werden die ausführenden Metzger für die Erforderlichkeiten und Arbeiten für die Metzgerei aufgeführt.

Şeyḫ Ṣāliḥ und Şarki Ramażān	Laden		Anzahl 1
Metzger Aḥmed und (...)	Laden		Anzahl 1
Receb bin Behlūl	Laden		Anzahl 1
Zu verkaufen	Fleischkiste	(...) Para 1	Anzahl 8

247/70/c[821]

(1) destūr-ı mükerrem müşīr-i müfaḫḫam niẓām ül-ʿālem müdebbir-i ümūr ül-cumhūr bil-fikri 'ṯ-ṯāḳib mütemmim-i mehāmm ül-enām bir-reʾyi 'ṣ-ṣāʾib mü-mehhid-i bünyān üd-devleti ve 'l-iḳ(bāl müşeyyid-i erkān) (2) üs-saʿādet ve 'l-iclāl el-maḥfūf bi-ṣunūfı ʿavāṭıf il-melik ül-ʿālā Diyārbekir vālīsi vezīrim____Paşa edām Allāhü teʿālā iclālühü ve ḳıdve(t ün-nevvāb) (3) ül-müteşerrʿīn Mārdīn ḳa-żālarında nāʾib üş-şerʿ olan mevlānā____zīde ʿilmehu tevḳīʿ-i refīʿ-i hümāyūn vāṣil olıcaḳ maʿlū(m ola ki) (4) Mārdīn ḳażāsına tābiʿ____nām ḳarye sākinler-inden sādāt-ı kirāmdan es-Seyyid ʿAlī ve 's-Seyyid ʿAbdullāh ve oğulları (...) (5) (...) ve Seyyid Şeyḫmūsā ve Seyyid Ḥasan ve Seyyid Muslāyni ve Seyyid Meḥmed ve Seyyid diger Aḥmed ve Seyyid____zīde şerefuhum südde-ʾi saʿādet(ime arżu-ḥāl) (6) (ė)düb bunlar ṣaḥīḥ ün-neseb-i sādāt-ı kirāmdan olub iṯbāt-ı neseb eyle-diklerine İstanbūl nuḳabāsından (yedlerinde) (7) (maʿmūlün bih) ḥüccet ve te-messükleri bu maḳūle ṣaḥīḥ ün-neseb-i sādāt-ı kirāmdan rüsūm-ı raʿīyet alın-maḳ[!][822] ḫilāf-ı ḳ(ānūn) (8) (...) ḳarye-ʾi mezbūre żābiṭi olanlar ḫilāf-ı ḳānūn

819 Textfragment aus anderer Seite.
820 taʿahhüden
821 Text von anderer Seite.
822 olunmaḳ

bunlardan rüsūm-ı raʿīyet ṭalebiyle taʿaddī ve rencīde (9) (o)lduḳların bildirüb ḫilāf-ı ḳānūn rüsūm-ı raʿīyet muṭālebesiyle ẓāhir olan taʿaddīleri menʿ (10) (olunmaḳ bābında) ḥükm-i hümāyūnum ricā eyledikleri ecilden buyurdumki ḥükm-i şerīfimle varduḳlarında ḫuṣūṣ-ı[!][823] mer(ḳūm) (11) (temām-ı ḥaḳḳ) üzere bunlar ṣaḥīh ün-neseb-i sādāt olub is̱bāt-ı neseb eylediklerine İst(anbul) (12) (nuḳabāsından yedlerine) maʿmūlün bih ḥüccet ve temessükleri var ise bu maḳūle ṣaḥīḥ ün-neseb-i sādāt-ı kir(āmdan) (13) (rüsūm-ı raʿīyet alınmaḳ) ḫilāf-ı ḳānūndur ḳarye-ʾi mezbūre żābiṭlerine ḫilāf-ı ḳānūn-ı rüsūm-i (14) (raʿīyet ṭaleb)iyle bunları taʿaddī ve rencīde ėtdirmeyüb menʿ ve defʿ eyliyesiz min baʿd ḳānūn ve (15) (emr-i hüm) āyūnuma muġāyir kimesneye iş ėtdirmeyüb ve ḳażīyede ʿalāḳa ve medḫalī olmıyanları daʿvālar (16) (ḳaṭʿan ḳarışdırmayub) eslemeyenleri yazub ʿarż ėdüb ḫuṣūṣ-ı mezbūr içün bir daḫī emrim) (17) (varmalu eylemiyesiz) şöyle bilesiz ʿalāmet-i şerīfe iʿtimād ḳılasız taḥrīren fī evāʿil-i Receb (sene) (...) bi-maḳām-ı Ḳosṭanṭinīye 'l-maḥrūse

247/70/c

Ehrwürdiges Prinzip, großherrlicher Zeichengeber, Weltgesetz, Lenker der öffentlichen Angelegenheiten mit durchdringendem Verstand, Vollender der Angelegenheiten der Menschen mit klarer Ansicht, Begründer des Baus des Glücks und des Wohlergehens, umhüllt von den mannigfachen Wohltaten des höchsten Königs, Vali von Diyārbekir mein Wesir____āşa, möge Gott seine Größe andauern lassen! Vorbild der scheriatskonformen Nāʾibs, unser Herr____und scheriatskonformer Nāʾib des Gerichtssprengels von Mardin – möge seine Tugend wachsen – Sobald das edle, großherrliche Zeichen eintrifft, sei kund: Von den Bewohnern des Dorfes____, welches zum Gerichtssprengel von Mardin gehört, haben von den ehrwürdigen Herren, Seyyid ʿAlī, Seyyid ʿAbdullāh und deren Söhne (... ...) Seyyid Şeyḫmūsā, Seyyid Ḥasan, Seyyid Muslāyni, Seyyid Meḥmed, ein wieterer Seyyid Aḥmed sowie Seyyid____ – möge ihr Ruhm wachsen – an meiner Schwelle des Glücks (ein Gesuch gestellt). Weil diese Form, von rechtmäßigen Nachfahren der Prophetenfamilie, die zur Bestätigung ihrer Abstammung von den Abkömmlingen der Prophetenfamilie zu ihren Händen eine von den Amtsinhabern *(nuḳabāʾ)* Istanbuls ausgestellte gesiegelte Bestätigung *(temessük)* und Gerichtsurkunden *(ḥüccetleri)* mit sich führen, eine Viehsteuer zu nehmen ungesetzlich wäre, wobei deren gültige Abstammung von der Prophetenfamilie gesichert feststeht, und wir von Bedrückung und Schwierigkeiten erfuhren, weil entgegen dem Gesetz die Beamten des erwähnten Dorfes von ihnen eine Vieh-

---

823 ḫuṣūṣı

Gebühr verlangten, ordne ich wegen denjenigen, die mein ehrwürdiges Urteil erbaten, um es den mit der ungesetzlichen Forderung der Viehgebühr Bedrückenden offenkundig werdenden zu untersagen, Folgendes an: Sobald meine edle Anordnung eintrifft, sollt Ihr den Beamten des erwähnten Dorfes untersagen und verbieten, diese mit der Forderung einer Vieh-Gebühr zu bedrücken, wenn bei vollständiger Gültigkeit der erwähnten Angelegenheit sie Abkömmlinge der Prophetenfamilie sind und zur Bestätigung ihrer Abkunft eine von den Amtsinhabern Istanbuls ausgestellte versiegelte Bestätigung mit sich führen und Gerichtsurkunden vorliegen, wobei diese Praxis, von wahrhaftig von der Prophetenfamilie abstammenden eine Viehsteuer zu nehmen, ungesetzlich ist. Es soll danach niemand etwas unternehmen, was gegen das Gesetz und meinen edlen Befehl spricht und (keinesfalls) in die richterliche Entscheidung Klagen, die nichts damit zu tun haben, hineinmischen. Wobei dies denen, die gehorchen sollen, geschrieben und unterbreitet ist, sollt Ihr nicht (den Eingang) eines wieteren Befehls von mir in dieser erwähnten Angelegenheit (verursachen). So sollt Ihr Solches wissen und dem hohen Zeichen Gehorsam schenken. Aufgezeichnet in der ersten Dekade des Receb (...).
In der wohlbehüteten Stadt Konstantinopel.

Anhang

Münzen, Maße und Gewichte[1]

Münzen:	
Akçe[2]	Kleine Silbermünze: Umrechnungskurs laut Sicill von Mardin 247: 120 Akçe = 40 Para = 1 Ġuruş
Ġuruş[3]	Silbermünze: 1 Ġuruş = 40 Para = 120 Akçe
Para[4]	Silbermünze: 1/40 Ġuruş
Fındıḳ altunı	Goldmünze; Laut Text 41/a vom 16.07.1758 war der offizielle Kurs einer Fındıḳ altunı-Münze 155 Para d.h. 465 Aḳçe
Yaldız Fındıḳ altun	Goldmünze; Laut Text 41/a vom 16.07.1758 sollte der Kurs dem einer Yaldız altunı und Fındıḳ altunı-Münze entsprechen, d.h. der offizielle Kurs war 155 Para bzw. 465 Aḳçe
Yaldız altunı	Goldmünze; Laut Text 41/a vom 16.07.1758 war der offizielle Kurs einer Yaldız altunı-Münze 155 Para d.h. 465 Aḳçe
İsṭanbūl altunı	Goldmünze; Laut Text 39/d, datiert auf den 27.07.1759 und Text 30/c vom 22.10.1757 entsprach eine İsṭanbūl altunı-Münze 440 Aḳçe
Ṭuġralı Mıṣır altunı	Goldmünze; Laut Text 39/d, vom 27.07.1759 und Text 30/c, vom 22.10.1757, entsprach eine Ṭuġralı Mıṣır altunı -Münze 315 Aḳçe
Zincīrlī Mısır altunı	Goldmünze; Laut Text 39/d, vom 27.07.1759 und Text 30/c, vom 22.10.1757, entsprach eine Zincīrlī Mısır altunı -Münze 330 bzw. 331 Aḳçe
Macār altunı	Goldmünze; Laut Text 41/a vom 16.07.1758 entsprach eine Macār altunı-Münze 3,6 Ġuruş d.h. 440 Aḳçe

1 In Übereinstimmung mit folgenden Werken zusammengestellt: vgl. Schaendlinger, Anton C.: *Osmanische Numismatik: Von den Anfängen des Osmanischen Reiches bis zu seiner Auflösung 1922*, Braunschweig 1973, (Handbücher der Mittelasiatischen Numismatik Bd. III). Vgl. Gerber, Haim: *The Monetary System of the Ottoman Empire*, Cambridge 2000; vgl. Pamuk, Şevket: *A Monetary History of the Ottoman Empire*, Cambridge 2000; vgl. Redhouse Istanbul.

2 Vgl. Gerber (2000), S. 161–164.

3 Vgl. Gerber (2000), S. 161–164. Şevket Pamuk stellte fest, dass bis zum Jahr 1780 über das ganze 18. Jahrhundert hinweg der osmanische Ġuruş relativ stabil war, was sich nach den Kursangaben im Kadiamtsprotokoll von Mardin bestätigte, vgl. Pamuk (2000), S. 159– 161.

4 Vgl. Gerber (2000), S. 161–164.

https://doi.org/10.1515/9783110675146-018

Rub'īye	Ein Viertel einer Gold-Lira-Münze[5]
Zer-i maḥbūb	Goldmünze; Laut Text 41/a vom 16.07.1758 entsprach eine Zer-i maḥbūb-Münze bzw 2,75 Ġuruş, d.h. 330 Aḳçe

Maße:[6]	
Keyl/kile	Scheffel, Hohlmaß für Getreide. 1 Keyl entspricht 36,5 kg
Şinik	Getreidemaß, entspricht 1 Viertel Scheffel

Gewichte:[7]	
1 direm (dirhem)	= 3,25 Gramm
1 ḳıyye/okka	1 ḳıyye /okka = ca. 1300 Gramm
Mis̱ḳāl	Gewichtsmaß für wertvolle Steine 1 mis̱ḳāl = 1,5 direm
Müdd	Getreidemaß, entspricht doppelter Handvoll Korn
1 Baṭman	Zwischen 2 und 8 Okka

5 Vgl. Redhouse Istanbul, S. 961.

6 Maße aus Redhouse Istanbul übernommen.

7 Gewichte aus Redhouse Istanbul übernommen.

Tabellenverzeichnis

Abbildungsverzeichnis

Literaturverzeichnis

Abkürzungen

EI^2	Encyclopaedia of Islam, 2. Auflage, Leiden, 1954–.
Redhouse Istanbul	Alkım et al. (eds.): *Redhouse Turkish/Ottoman-English Dictionary*, Istanbul 1999.
Redhouse Beirut	Redhouse, Sir James W: *Turkish and English Lexicon*, Beirut 1996.
Krahl	Krahl, G. (Hrsg.): *Lehrbuch des modernen Arabisch*, Berlin 2005.

Literatur

Abou el-Rousse Slim, Souad: Le métayage et l'impot au Mont-Liban: XVIIIe et XIXe siècles, Beirut 1987.

Adanir, F.: „Woywoda“, in: *EI^2*, online im Internet: http://dx.doi.org/10.1163/1573-3912_islam_SIM_7923.

Aktepe, M. Münir et al.: „Maḥmūd“, in: *EI^2*, online im Internet: http://dx.doi.org/10.1163/1573-3912_islam_COM_0630.

Alethes, Christophilos: *Lage der Christen in der Türkei*, Berlin 1854.

Alkım et al. (Hrsg): Redhouse Turkish/Ottoman-English Dictionary, Istanbul 1999.

Altun, Ara: „Hatuniye Medresesi“, in: *Türkīye Vakfı İslam ansiklopedisi*, Bd. 16 (1997), S. 503–504.

Anschütz, H.; Harb, Paul: *Christen im Vorderen Orient*, Hamburg 1985.

Arabi, Oussama; Powers, David S; Spectorsky, Susan S. (Hrsg.): *Islamic Legal Thought: A Compendium of Muslim Jurists*, Leiden 2013.

Arsuzi-Elamir, Dalal: Arabischer Nationalismus in Syrien: Zakī al-Arsūzī und die arabisch-nationalistische Bewegung an der Peripherie Alexandretta/Antakya 1930–1938, Münster 2003.

Aydın, Suavi: *Mardin Aşiret-Cemaat-Devlet*, Istanbul 2000.

Aydın, Suavi, Verheij, Jelle: „Confusion in the Cauldron: Some Notes on Ethno-religious Groups, Local Powers and the Ottoman State in Diyarbekir Province, 1800–1870“, in: *Social Relations in Ottoman Diyarbekir, 1870–1915*, hrsg. von Joost Jongerden und Jelle Verheij, Leiden 2012, S. 15–54.

Aykan, Yavuz: *Rendre la Justice à Amid, Procédures, acteurs et doctrines dans le contexte ottoman du XVIIIème siècle*, Leiden 2016, (The Ottoman Empire and its Heritage, Politics, Society and Economy, Bd. 60).

Baer, Gabriel: „The Waqf as a Prop for the Social System (Sixteenth-Twentieth Centuries)“, in: *Islamic Law and Society*, Bd. 4, Nr. 3 (1997), S. 264–297.

Balz, Robert; Krause, Gerhard: *Theologische Realenzyklopädie, Teil 2*, Berlin 2000.

Barkley, Karen: *Bandits and Bureaucrats*, New York 1994.

Barnes, John Robert: An Introduction to Religious Foundations in the Ottoman Empire, Leiden 1986.

Bayerle, Gustav: Ottoman tributes in Hungary: according to sixteenth century Tapu registers of Novigrad, Paris 1973.

Bayerle, Gustav: Pashas, Begs, and Effendis: A historical Dictionary of Titles and Terms in the Ottoman Empire, Istanbul 1997.
Baysun, M. Cavid: „Aḥmad Pasha", in: *EI*², online im Internet: http://dx.doi.org/10.1163/1573-3912_islam_SIM_0414.
Bearman, P. et al. (Hrsg.): „Ism", in: *EI*², online im Internet: http://dx.doi.org/10.1163/1573-3912_islam_SIM_3641.
Birnbaum, Eleazar: „The Transliteration of Ottoman Turkish for Library and General Purposes", in: *Journal of the American Oriental Society*, Bd. 87, Nr. 2 (1967), S. 123ff; S. 134–156.
Blois, F.C. de; Little, D.P. et al.: „Sidjill", in: *EI*², online im Internet: http://dx.doi.org/10.1163/1573-3912_islam_COM_1069.
Boogert van den; Maurits H.: The Capitulations and the Ottoman Legal System: Qadis, Consuls, and Beraths in the 18th Century, Leiden 2005.
Bosworth, C.E. et al.: „Muḳāṭaʿa", in: *EI*², online im Internet: http://dx.doi.org/10.1163/1573-3912_islam_COM_0789.
Bosworth, C. F. et al.: „Raʿiyya", in: *EI*², online im Internet: http://dx.doi.org/10.1163/1573-3912_islam_COM_0905.
Bozan, Oktay, „XIX. Yüzyılın ikinciyarısına Mardin sancağında müslim-gayrimüslim ilişkileri ve ermeni olayları", in: *SBArD*, Jahr 13, Nr. 25 (2015/1), S. 85–127.
Bugday, Korkut: Evliyā Çelebis Anatolienreise; aus dem dritten Band des Seyāhatnāme, Leiden 1996.
Bruinessen, Martin van; Boeschoten, Hendrik: Evlīya Çelebī in Diyarbekir. The Relevant Section of the Seyahatname, Leiden 1988.
Brunschvig, Robert: „Le Système de la Preuve en Droit Musulman", in: *Recueils de la Société Jean Bodin, XVIII* (1963), S. 169–186.
Buckingham, James Silk: Reisen in Mesopotamien von Aleppo, über den Euphrat nach Orfah, dem Ur in Chaldäa, durch die Ebenen der Turkmanen, nach Diarbekr, in Kleinasien, von dort nach Mardin an den Grenzen der großen Wüste und an dem Tigris nach Mosul und Bagdad nebst Untersuchungen über die Ruinen von Babylon, Niniveh, Arbela, Ctesiphon und Seleucia, Berlin 1828.
Buğday, Korkut M.: Evliya Çelebis dritte Anatolienreise. Aus dem dritten Band des Seyāhatnāme, Leiden 1996.
Busse, H. et al.: „Farmān", in: *EI*², online im Internet: http://dx.doi.org/10.1163/1573-3912_islam_COM_0213.
Cahen, Cl.: „Dhimma", in: *EI*², online im Internet: http://dx.doi.org/10.1163/1573-3912_islam_SIM_1823.
Cahen, Claude: "À Propos des Shuhûd", in: *Studia Islamica*, Nr.. 31 (1970), S. 71–79.
Calmard, J.: „Mollā", in: *EI*², online im Internet: http://dx.doi.org/10.1163/1573-3912_islam_SIM_5255.
Canard, M.; Yinanç, Mükrimin, Halil; Sourdel-Thomine, Janine: "Diyār Bakr", in: *EI*², online im Internet: http://dx.doi.org/10.1163/1573-3912_islam_COM_0173.
Canbakal, Hülya: Society and Politics in an Ottoman Town: 'Ayntāb in the 17th Century, Leiden 2007.
Carra de Vaux, B. et al.: „Ḥadd", in: *EI*², online im Internet: http://dx.doi.org/10.1163/1573-3912_islam_SIM_2586.
Dien, Mawil et al.: „Wakāla", in: *EI*², online im Internet: http://dx.doi.org/10.1163/1573-3912_islam_SIM_7830.
Dolapönü, Hanna: Tarihte Mardin. Itr-el-Nardin fi tarih Merdin, Istanbul 1972.

Doumani, Beshara: „Endowing Family: Waqf, Property Devolution, and Gender in Greater Syria, 1800 to 1860“, in: *Comparative Study of Society and History*, Bd. 40, Nr. 1 (1998), S. 3–41.
Doumani, Beshara: Family History in the Middle East: Household, Property, and Gender, New York 2003.
Doumani, Beshara: Family and Household in the Middle East, New York 2003.
Dupré, Adrien: Voyage en Perse, Fait dans les Années 1807, 1808 et 1809, en Traversant la Natolie et la Mésopotamie, Paris 1819.
Duri, A.A.: „Baghdād“, in: *EI²*, online im Internet: http://dx.doi.org/10.1163/1573-3912_islam_COM_0084.
Ebert, Hans-Georg: „Tendenzen der Rechtsentwicklung“, in: *Der Islam in der Gegenwart: Entwicklung und Ausbreitung; Kultur und Religion; Staat, Politik und Recht*, hrsg. von Werner Ende und Udo Steinbach, München (2005), S. 199–228.
Eid, Volker: Ost-Türkei: Völker und Kulturen zwischen Taurus und Ararat, Köln 1990.
Ekinci, Mehmet Rezan: Osmanlı Devleti Döneminde Milli Aşireti XVIII.–XIX. YY., Elaziğ 2017.
Elisséeff, N.: „Ibn ʿUmar, DJazīrat, in Turkish Cezire-i Ibn Ömer or Cizre“, in: *EI²*, online im Internet: http://dx.doi.org/10.1163/1573-3912_islam_SIM_3399.
Encyclopaedia of Islam, 2. Auflage, Leiden, 1954–.
Erdem, Y. Hakan: Slavery in the Ottoman Empire and its Demise, 1800–1909, London 1996.
Ergene, Bogac A.: Local Court, Provincial Society and Justice in the Ottoman Empire: Legal Practice and Dispute Resolution in Çankırı and Kastamonu (1652–1744), Leiden 2003.
Establet C.; Pasqual, J-P.: Familles et Fortunes à Damas 450 Foyers Damascains en 1700, Damas 1994.
Faroqhi, Suraiya; McGowan, Bruce; Quaetert, Donald; Pamuk, Şevket: *An Economic and Social History of the Ottoman Empire*, Cambridge 1994.
Faroqhi, Suraiya: *Herrscher über Mekka*, Düsseldorf 2000.
Faroqhi, Suraiya: Making a living in the ottoman lands 1480 to 1820, Istanbul 1995.
Faroqhi, Suraiya: Men of Modest Substance. House Owners and House Property in Seventeenth-Century Ankara and Kayseri, Cambridge 1987.
Faroqhi, Suraiya: The Ottoman Empire and the World Around It, New York 2004.
Fekete, L.: „Berāt“, in: *EI²*, online im Internet: http://dx.doi.org/10.1163/1573-3912_islam_SIM_1371.
Filan, Kerima: „Women Founders of Pious Endowments in Ottoman Bosnia“, in: *Women in the Ottoman Balkans: Gender, Culture and History*, hrsg. von Amila Buturovic und Irvin Cemil Schick, London 2007, S. 99–126.
Findley, C.V.: „Mutaṣarrif“, in: *EI²*, online im Internet: http://dx.doi.org/10.1163/1573-3912_islam_SIM_5654.
Fischer, Rudolf: Religiöse Vielfalt im Vorderen Orient. Eine Übersicht über die Religionsgemeinschaften im Nahen Osten, Oberdorf/Schweiz 1991.
Földes, Lázló (Hrsg.): Viehwirtschaft und Hirtenkultur. Ethnographische Studien, Budapest 1969.
Galabov, Galab; Duda, Herbert (Hrsg.): *Die Protokollbücher des Kadiamtes Sofia*, München 1960, (Südosteuropäische Arbeiten, Bd. 55).
Geoffroy, E.: „Shaykh“, in: *EI²*, online im Internet: http://dx.doi.org/10.1163/1573-3912_islam_SIM_6890.
Gerber, Haim: Islamic Law and Culture 1600–1840, Leiden 1999.
Gerber, Haim: The Monetary System of the Ottoman Empire, Cambridge 2000.

Gerber, Haim: State, Society, and Law in Islam; Ottoman Law in Comparative Perspective, New York 1994.
Giladi, A.: „Ṣag̲h̲īr“, in: *EI²*, online im Internet: http://dx.doi.org/10.1163/1573-3912_islam_COM_0969.
Göcek, Fatma Müge; Baer, Marc David: „Social Boundaries of Ottoman Womens's Experience in Eighteenth-Century Galata Court Records“, in: *Women in the Ottoman Empire: Middle Eastern Women in the early Modern Era*, hrsg. von Madeline C Zilfi, Leiden 1997, S. 48–65.
Göyünç, Nejat: *XVI. yüzyılda Mardin sancağı*, İstanbul 1969.
Grant, Asahel: The Nestorians; or the Lost Tribes: Containing Evidence of their Identity; Their Manners, Customs and Ceremonies, London 1843.
Grignaschi, Mario: „La Valeur du Témoignage des Sujets Non-Musulmans (Dhimmi) dans l'Empire Ottoman“, in: *Recueils de la Société Jean Bodin*, Bd. XVIII (1963), S. 211–323.
Gürhan, Veysel: *XVIII. Yüzyılda Mardin şehri*, Ankara 2012.
Haarmann, Ulrich; Halm, Heinz (Hrsg.): *Geschichte der arabischen Welt*, München 1991.
Hage, Wolfgang: *Das orientalische Christentum*, Stuttgart, 2007.
Hachicho, Mohamad, Ali: „English Travel Books about the Arab near East in the Eighteenth Century“, in: *Die Welt des Islams*, Bd. 9, Nr. 1/4 (1964), S. 1–206.
Halaçoğlu, Yusuf: Anadolu'da Aşiretler, Cemaatlar, Oymaklar (1453–1650), Ankara 2009.
Hamidullah, Muhammad: „La Génèse du Droit de la Preuve en Islam“, in: *Recueils de la Société Jean Bodin*, XVIII (1963), S. 187–200.
Hammer-Purgstall, Joseph von: Des osmanischen Reichs Staatsverfassung und Staatsverwaltung, dargestellt aus den Quellen seiner Grundgesetze, Bd. 2, Wien 1815.
Hammer-Purgstall, Joseph von: Geschichte des osmanischen Reiches, siebenter Band, vom Carlowiczer bis zum Belgrader Frieden 1699–1739, Pest 1831.
Hartmann Klaus-Peter: Untersuchungen zur Sozialgeographie christlicher Minderheiten im Vorderen Orient, Wiesbaden 1980.
Herzog, C.: Osmanische Herrschaft und Modernisierung im Irak, Bamberg 2012.
Heyd, U.: „Buyuruldu“, in: *EI²*, online im Internet: http://dx.doi.org/10.1163/1573-3912_islam_SIM_1571.
Hoexter, Miriam: „The Waqf and the Public Sphere“, in: *The Public Sphere in Muslim Societies*, hrsg. von Miriam Hoexter, S.N. Eisenstadt und Nehemia Levtzion, New York 2002, S. 119–138.
Honigmann, E.; Faroqhi, Suraiya: „Al-Ruhā or al-Ruhāʾ“, in: *EI²*, online im Internet: http://dx.doi.org/10.1163/1573-3912_islam_COM_0936.
Honigmann, E.; Sluglett, P.: „Al-Mawṣil“, in: *EI²*, online im Internet: http://dx.doi.org/10.1163/1573-3912_islam_COM_0717.
Hütteroth, Wolf: „Between Dicle and Firat: Southeastern Turkey, Northeastern Syria, and Northwestern Iraq in the 16th Century“, in: *Papers of VIIIth International Congress on the Economic and Social History of Turkey*, hrsg. von Nurcan Abacı, Morrisville 2006, S. 15–23.
Hütteroth, Wolf: „Étude Historico-Géographique de la Gezïre Supérieure“, in: *Bulletin d'Études Orientales*, Bd. 41/42, Le Nord-Est Syrien (1989–1990), S. 59–63.
Hütteroth, Wolf: Ländliche Siedlungen im südlichen Inneranatolien in den letzten vierhundert Jahren, Göttingen 1968, (Göttinger Geographische Abhandlungen, Heft 46).
Hvezda, Susanne: Wasser und Land im klassischen islamischen Recht unter besonderer Berücksichtigung der mālkitischen Rechtsschule, Köln 2007, (Kölner Ethnologische Beiträge, Heft 22).
Imber, Colin; Kiyotaki, Keiko (Hrsg.): *Frontiers of Ottoman Studies*, Bd. 1, New York 2005.

Imran, Hatem: Das islamische Wirtschaftssystem: Normen und Prinzipien einer alternativen Ökonomie, Paderborn 2003.
İnalcik, Halil: The Ottoman Empire: Conquest, Organization and Economy, London 1978.
İnalcik, Halil: The Ottoman Empire: The Classical Age 1300–1600, London,1973.
İnalcik, Halil: An Economic and Social History of the Ottoman Empire, Volume 1: 1300–1600, Cambridge, 1994.
İnalcik, Halil; Quaetert, Donald (Hrsg.): *An Economic and Social History of the Ottoman Empire. 1600–1914*, Bd. 2, Cambridge 1994.
İslamoğlu, Huri; Faroqhi, Suraiya: „Crop Patterns and Agricultural Production Trends in Sixteenth-Century“, in: *Review* (Fernand Braudel Center) (1979), Bd. 2(3), S. 401–436.
İslamoğlu, Huri: State and Peasant in the Ottoman Empire. Agrarian Power Relations and Regional Economic Development in Ottoman Anatolia during the Sixteenth Century, Leiden 1994.
İslam Ansiklopedisi, Istanbul 1940–1994.
Issawi, Charles (Hrsg.): The Fertile Crescent 1800–1914, a Documentary Economic History, New York 1988.
Jennings; Ronald C.: Christians and Muslims in Ottoman Cyprus and the Mediterranean World, 1571–1640, New York 1993.
Jennings; Ronald C.: „Limitations of the Judicial Powers of the Kadi in 17th c. Ottoman Kayseri“, in: *Studia Islamica*, Nr. 50 (1979), S. 151–184.
Jennings, Ronald C.: „Pious Foundations in the Society and Economy of Ottoman Trabzon, 1565–1640“, in: *Journal of the Economic and Social History of the Orient*, London Bd. 33 (1990), S. 271–336.
Johansen, Baber: Contingency in a Sacred Law: Legal and Ethical Norms in the Muslim Fiqh, Leiden 1998.
Johansen, Baber: The Islamic Law on Land Tax and Rent, London 1988.
Johansen, Baber: „Formes de langage et fonctions publiques: stéréotypes, témoins et offices dans la preuve par l'écrit en droit musulman“, in: *Arabica*, Nr. 44/3 (1997), S. 333–376.
Johansen, Baber: „Le jugement comme preuve juridique et vérité religieuse dans le droit Hanéfite“, in: *Studia Islamica*, Nr. 72 (1990), S. 5–7.
Jongerden, Joost; Jelle Verheiij (Hrsg.): *Social Relations in Ottoman Dyarbekir, 1870–1915*, Leiden 2012.
Joseph, John: Muslim-Christian Relations and Inter-Christian Rivalries in the Middle East, New York 1983.
Juynboll, Th.W.: „Ḳāḍī Khān“, in: *EI*², online im Internet: http://dx.doi.org/10.1163/1573-3912_islam_SIM_3758.
Krahl, G. (Hrsg.): *Lehrbuch des modernen Arabisch*, Berlin 2005.
Kramers, J.H.: „Muṣṭafā III“, in: *EI*², online im Internet: http://dx.doi.org/10.1163/1573-3912_islam_SIM_5605.
Kütükoğlu, Mübahat Solmaz: *Osmanlı belgelerinin dili (diplomatik)*, İstanbul 1994.
Kütükoğlu, Mübahat Solmaz: Osmanlılarda nark müessesi ve 1640 tarihli narh defteri, İstanbul 1983.
Kara, Şenda: Leitbilder und Handlungsgrundlagen des modernen Städtebaus in der Türkei. Von der osmanischen zur türkischen Stadt, Berlin 2004.
Kaşgarlı, Mehlika Aktok: Mardin ve yöresi halkından Türko-Semitler, Kayseri 1991.
Keyder, Çağlar; Tabak, Faruk (Hrsg.): Landholding and Commercial Agriculture in the Middle East, New York 1991.

Kılıç, Orhan: 18. yüzyılın ilk yarısında Osmanlı Devleti'nin idari taksimatı. Eyalet ve sancak tevcihatı, Elazığ 1997.

Kreiser, Klaus; Neumann, Christoph, K.: *Kleine Geschichte der Türkei*, Stuttgart 2003.

Kuran, E. P. et al.: „Ḳāʾim-Maḳām", in: *EI²*, online im Internet: http://dx.doi.org/10.1163/1573-3912_islam_COM_0419.

Kurz, Marlene: *Das Sicill aus Skopje*, Wiesbaden 2003.

Lange Christian; Pinggéra, Karl (Hrsg.), *Die altorientalischen Kirchen. Glaube und Geschichte*, Darmstadt 2010.

Leeuwen van, Richard: Waqfs and Urban Structures: the Case of Ottoman Damascus, Leiden 1999.

Lewis, B.: „Efendi", in: *EI²*, online im Internet: http://dx.doi.org/10.1163/1573-3912_islam_SIM_2170.

Linant de Bellefonds, Y.: „Un problème de sociologie juridique: Les terres „communes" en pays d'Islam", in: *Studia Islamica*, Nr. 10 (1959), S. 111–136.

Lohlker, Rüdiger: Das islamische Recht im Wandel: Ribā, Zins und Wucher in Vergangenheit und Gegenwart, Münster 1999.

Maksudyan, Nazan: Orphans and destitute Children in the late Ottoman Empire, New York 2014.

Majer, Hans Georg: „Über Urkundenfälschung im Osmanischen Reich", in: *Living in the Ottoman Ecumenical Community: Essays in Honour of Suraiya Faroqhi*, hrsg. von Markus Koller und Vera Constantini, Leiden 2008, S. 45–70.

Majer, Hans Georg: „Ulema und „kleinere Religionsdiener" in einem Defter der Jahre vor 1683", in: *Osmanistische Studien zur Wirtschafts- und Sozialgeschichte: In memoriam Vančo Boškov*, hrsg. von Hans Georg Majer, Wiesbaden 1986, S. 104–19.

Marcus, Abraham: „Privacy in Eighteenth-Century Aleppo: The Limits of Cultural Ideals", in: *International Journal of Middle East Studies* Nr. 18 (1986), S. 165–183.

Marcus, Abraham: The Middle East on the Eve of Modernity, Aleppo in the Eighteenth Century, New York 1989.

Meriwether, Margaret L.: The Kin Who Count: Family and Society in Ottoman Aleppo, 1770–1840, Austin 1999.

Meriwether, Margaret L.: „Women and Waqf Revisited: The Case of Aleppo 1770–1840", in: *Women in the Ottoman Empire: Middle Eastern Women in the early Modern Era*, hrsg. von Madeline Zilfi, Leiden 1997, S. 128–152.

Meron, Ya'akov: „The Development of Legal Thought in Hanafi Texts", in: *Studia Islamica*, Nr. 30 (1969), S. 73–118.

Minorsky, Vladimir: „Mārdīn", in: *EI²*, online im Internet: http://dx.doi.org/10.1163/1573-3912_islam_COM_0682.

Murphey, Rhoads: „Hybridity in Ottoman Legal Tradition as a Source of Flexibility in Governing the Empire: An Overview with Particular Reference to the Application of the Ruler's Exectutive Judicial or örfi Powers", in: *Imperial lineages and legacies in the Eastern Mediterranean. Recording the imprint of Roman, Byzantine and Ottoman Rule*, hrsg. von Rhoads Murphey, New York 2017, S. 35–48.

Neumann, Christoph K.: „Arm und Reich in Qaraferye", in: *der Islam* Bd. 73 (1996), S. 259–312.

Neumann, Christoph K.: „Birey olmanın alameti olarak tüketim kalıpları: 18. Yüzyıl Osmanlı meta evreninden örnek vakalar", in: *Tarih ve toplum yeni yaklaşımlar*, Bd. 8 (2009), S. 7–47.

Neumann, Christoph K.: „Ottoman Provincial Towns from the Eighteenth to the Nineteenth Century. A Re-assessment of their Place in the Transformation of the Empire“, in: *The Empire in the City: Arab Provincial Capitals in the Late Ottoman Empire*, hrsg. von Jens Hanssen, Thomas Phillipp und Stefan Weber, Beirut 2002/2003, S. 130–144.

Neumann, Christoph K.: „Political and diplomatic developments“, in: *The Later Ottoman Empire, 1603–1839*, Bd. 3, hrsg. von Suraya N. Faroqhi, Cambridge 2006, S. 44–62.

Neumann, Christoph K.: „Selanik'te onsekizinci yüzyılın sonunda masarif-i vilayet defterleri,merkezî hükûmet, taşra idaresi ve şehir yönetimi üçgeninde mali işlemler“, in: *Tarih Ensitüsü Dergisi*, Nr. 16 (1998), S. 69.

Niebuhr, Carsten: Reisebeschreibung nach Arabien und andern umliegenden Ländern, Bd. 2, Kopenhagen 1778.

Niemöller, Isabel: Jurisdiktion als Mikrogeschichte, Transkription, Übersetzung und Kommentierung von Auszügen aus dem Kadiamtsregister 247 der Stadt Mardin um 1760, Berlin 2013, (Islamkundliche Untersuchungen, Bd. 312).

Noyan, Saadettin: *Yıldızlara yakın şehir Mardin*, Ankara 2005.

Oberhummer, Eugen: Die Türken und das osmanische Reich, Berlin 1917.

Oeldemann, Johannes: Die Kirchen des christlichen Ostens. Orthodoxe, orientalische und mit Rom unierte Ostkirchen, Regensburg 2006.

Öncel, Fatma: „Land, Tax and Power in the Ottoman Provinces: The Malikane-Mukataa of Esma Sultan in Alasonya (c. 1780–1825)“, in: *Turkish Historical Review*, Bd. 8, Nr. 1 (2017), S. 54–74.

Özcan, Ruhi: „Arşiv belgeleri diliyle su değirmenleri (Âsiyâb)“, in: *Ankara Üniversitesi Osmanlı Tarihi Araştırma ve Uygulama Merkezi Dergisi*, Nr.: 40, (2016), S. 195–203.

Özcan, Tahsin: Fetvalar Işıgında, Osmanlı Esnafı, İstanbul 2003.

Özcoşar, İbrahim; Kankal, Ahmet et al.: *183 nolu Mardin şer'īye sicili belge özetleri ve Mardin*, Istanbul 2007a.

Özcoşar, İbrahim; Kankal, Ahmet et al.: *248 nolu Mardin şer'īye sicili belge özetleri ve Mardin*, Istanbul 2007b.

Özel, Oktay: „Population Changes in Ottoman Anatolia During the 16th and 17th Centuries: The „Demographic Crisis“ Reconsidered“, in: *International Journal of Middle East Studies*, Bd. 36, Nr. 2 (May, 2004), S. 183–205.

Öztürk, Musa: „Identities Integrated in Place from Theology to Sociology“, in: *Cities in the Globalizing World and Turkey: A Theoretical and Empiricas Perspective*, hrsg. von Emin Atasoy, Sofia 2014, S. 220–234.

O'Mahony, Anthony: „Syriac Christianity in the modern Middle East“, in: *The Cambridge History of Christianity*, Bd. 5 , Kap. 21 (2006), S. 511–536.

Otter, Jean: Voyages en Turquie et en Perse. Avec une Relation des Expéditions de Tahmas Khouli Khan, Bd. 2, Paris, 1768.

Pamuk, Şevket: A Monetary History of the Ottoman Empire, Cambridge 2000.

Paret, Rudi: *Der Koran*, Stuttgart 2004.

Peirce, Leslie P.: Morality Tales: Law and Gender in the Ottoman Court of Aintab, Berkeley 2003.

Peri, Oded: „Waqf and Ottoman Welfare Policy. The Poor Kitchen of Hasseki Sultan in Eighteenth-Century Jerusalem“, in: *Journal of the Economic and Social History of the Orient*, Bd. 43 (2000), S. 167–186.

Peters, R.: „Shāhid“, in: *EI²*, online im Internet: http://dx.doi.org/10.1163/1573-3912_islam_SIM_6761.

Peters, R. et al.: „Waḳf“, in: *EI²*, online im Internet: http://dx.doi.org/10.1163/1573-3912_islam_COM_1333.

Plagemann, Gottfried: Von Allahs Gesetz zur Modernisierung per Gesetz: Gesetz und Gesetzgebung im Osmanischen Reich und der Republik Türkei, Berlin 2009.

Polat, Süleyman: „Kırım'dan Bağdat'a: 1638 Bagdat Seferinde Yardımcı Kırım kuvvetlerinin Menzil ve İaşe Organizasyonu“, in: *Karadeniz Araştırmaları*, Nr. 42 (2014), S. 85–109.

Quaetert, Donald: *The Ottoman Empire 1700–1922*, Cambridge 2000/2005.

Racib, Yusuf: „La Parole, le Geste l'Écrit dans l'Acte de Vente“, in: *Arabica*, Nr. 44(3) (1997), S. 407–422.

Redhouse, Sir James W: *Turkish and English Lexicon*, Beirut 1996.

Ritter, Carl: „Die Erdkunde im Verhältniss zur Natur und zur Geschichte des Menschen oder allgemeine verleichende Geographie als sichere Grundlage des Studiums und Unterrichts in physikalischen und historischen Wissenschaften“, Bd. 11, in: *Die Erdkunde von Asien von Carl Ritter*, Bd. VII zweite Abteilung: *Das Stufenland des Euphrat und Tigrissystems*, Berlin 1844.

Ritter, Hellmut: Ṭūrōyo: Die Volkssprache der syrischen Christen des Ṭūr ʻAbdîn, Band 1, Wiesbaden 1967.

Rizk Khoury, Dina: State and Provincial Society in the Ottoman Empire: Mosul, 1540–1834, Cambridge 1997.

Röhrborn, Klaus: *Untersuchungen zur osmanischen Verwaltungsgeschichte*, Berlin 1973, (Studien zur Sprache, Geschichte und Kultur des Islamischen Orients, Bd. 5).

Rohe, Mathias: Das islamische Recht: Geschichte und Gegenwart, München 2009.

Salzmann, Ariel: Tocqueville in the Ottoman Empire: Rival Paths to the Modern State, Leiden 2004.

Šamaisānī, Hasan: *Madinat Mardin*, Beirut 1987.

Schacht, J.: „Abu 'l-Layth al-Samarḳandī“, in: *EI²*, online im Internet: http://dx.doi.org/10.1163/1573-3912_islam_SIM_0224.

Schacht, J.: „Abū Ḥanīfa al-Nuʿmān“, in: *EI²*, online im Internet: http://dx.doi.org/10.1163/1573-3912_islam_SIM_0194.

Schacht, Joseph: „Abu 'l-Suʿūd“, in: *EI²*, online im Internet: http://dx.doi.org/10.1163/1573-3912_islam_SIM_0256.

Schacht, Joseph: „al-Ḥalabī“, in: *EI²*, online im Internet: http://dx.doi.org/10.1163/1573-3912_islam_SIM_2642.

Schacht, Joseph: Islam d'hier et d'aujourd'hu, Introduction au droit musulman, Paris 1983.

Schacht, Joseph: „Law and Justice“, in: *Cambridge History of Islam*, Bd. 2, hrsg. von P.M. Holt, Ann K.S. Lambton, und Bernard Lewis, Cambridge 1970.

Schacht, J. et al.: „Mīrāth“, in: *EI²*, online im Internet: http://dx.doi.org/10.1163/1573-3912_islam_SIM_1819.

Schaendlinger, Anton C.: *Osmanische Numismatik: Von den Anfängen des Osmanischen Reiches bis zu seiner Auflösung 1922*, Braunschweig 1973, (Handbücher der Mittelasiatischen Numismatik Bd. III).

Schimmel, Annemarie: *Islamic Names*, Edinburgh 1989.

Schimmel, Annemarie: Von Ali bis Zahra. Namen und Namensgebung in der arabischen Welt, München 1993.

Scholler, Heinrich; Tellenbach, Silvia: Position und Aufgaben des Richters nach westlichem und nach islamischem Recht, Tübingen 2007.

Selçuk, Hava: „The Application of Jizya Tax into the Sanjak of Kayseri and Jizya Beratı Dated to the Year 1699“, in: *History Studies* Bd. 2/2 (2010), S. 85–99.
Selle, Friedrich: Prozessrecht des 16. Jahrhunderts im osmanischen Reich, Wiesbaden 1962.
Sievert, H.: Zwischen arabischer Provinz und Hoher Pforte. Beziehungen, Bildung und Politik des osmanischen Bürokraten Rāgib Meḥmed Paşa (st. 1763), (Kultur, Recht und Politik in Muslimischen Gesellschaften, Bd. 11), Würzburg 2008.
Singer, Amy: Constructing Ottoman Beneficience, an Imperial Soup Kitchen in Jerusalem, New York 2002.
Singer, Amy: *Charities in Islamic Societies*, Cambridge 2008.
Southgate, Horatio: Narrative of a Visit to the Syrian Church of Mesopotamia, New York 1841.
Spuler, B.: *Orientalisches Recht*, Ergänzungsband III, Leiden 1964.
Tabak, Faruk: *The Waning of the Mediterranean*, 1550-1870, Baltimore 2008.
Talay. Shabo: *Der arabische Dialekt der Khawētna*, Band 1, Wiesbaden 1999.
Tamdoğan-Abel, Işık: „L'écrit comme échec de l'oral ? L'oralité des engagements et des règlements à travers les registres de cadis d'Adana au XVIIIe siècle“, in: *Revue du monde musulman et de la Méditerranée* (1995), Bd 75(1), S. 155–165.
Tamdoğan, Işık: „Sulh and the 18th Century Ottoman Courts of Üsküdar and Adana“, in: *Islamic Law and Society*, Bd. 15 (2008), S. 55–83.
Taş, Hülya: *XVII Yüzyılda Ankara*, Ankara 2004.
Taş, Kenan Z.; Kankal, Ahmet (Hrsg.): *195 nolu Mardin şerʿīye sicili belge özetleri ve Mardin*, Istanbul 2006.
T.C. Başbakanlık Devlet Arşivleri Genel Müdürlüğü: 998 Numaralı Muhâsebe-i Vilâyet-i Diyâr-i Bekr ve ʿArab ve Zü'l-Kâdiriyye Defteri (937/1530), Ankara, 1998.
Turki, Abdel-Magid, „Aggiornamento juridique: continuité et créativité ou fiction de la fermeture de la porte de l'Ijtihad? “, in: *Studia Islamica*, Nr. 98 (2002), S. 5–65.
Türkay, Cevdet: Osmanlı İmperatorluşunda Oymak, Aşiret ve Cemaatlar, Istanbul 2001.
Tyan, E. et al.: „Fatwā“, in: *EI*², online im Internet: http://dx.doi.org/10.1163/1573-3912_islam_COM_0219.
Tyan, E.: „Ḥakam“, in: *EI*², online im Internet: http://dx.doi.org/10.1163/1573-3912_islam_COM_0252.
Tyan, E. et al.: „Ḳāḍī“, in: *EI*², online im Internet: http://dx.doi.org/10.1163/1573-3912_islam_COM_0410.
Tyan, Émile, „La condition jurdique de „l'Absent“ (mafkūd) en droit musulman, particulièrement dans le Maḏhab Ḥanafite“, in: *Studia Islamica*, Bd. 31 (1970), S. 249–256.
Veinstein, Gilles: Etat et Société dans l'empire ottoman; XVIᵉ–XVIIIᵉ siècles, Aldershot 1994.
Veinstein, Gilles (Hrsg.): Syncrétismes et hérésies dans l'Orient seldjoukide et ottoman (XIVᵉ–XVIIIᵉ siècles), Paris 2005 (Collection Turcica Bd. IX).
Wehr, Hans: Arabisches Wörterbuch für die Schriftsprache der Gegenwart, 4. Auflage, Wiesbaden 1968.
White, Sam: The Climate of Rebellion in the Early Modern Ottoman Empire, Cambridge 2011.
Wilkins, Charles L.: Forging Urban Solidarities: Ottoman Aleppo 1640–1700, Leiden 2010.
Wilkinson, T.J.: Town and Country in Southeastern Anatolia Vol I: Settlement and Land Use at Kurban Höyük and Other Sites in the Lower Karababa Basin, Chicago 1990 (Oriental Institute Publications, Bd. 109).
Wiltsch, Johann Elieser Theodor: Handbuch der Kirchlichen Geographie und Statistik von den Zeiten der Apostel bis zum Anfange des sechszehnten Jahrhunderts, Berlin 1846.

Yılmazçelik, İbrahim: Diyarbakır Şer'iyye Sicilleri (Katalog ve Fihristleri), Ankara 2001.
Yousif, Ephrem-Isa: Les villes étoiles de la haute Mesopotamie, Paris 2009.
Zananiri, Gaston: *Catholicisme oriental*, Paris 1966.
Zdraveva, Milka: „The Menzil service in Macedonia, Particularly Around Bitolj, in the Period of Turkish Domination", in: *Études balkaniques*, Nr. 2 (1995), S. 82–88.
Zilfi, Madeline C.: *Muslim women in the early modern era*, New York 2006, (The Cambridge History of Turkey: The Later Ottoman Empire, 1603–1839).
Zilfi, Madeline C.: The politics of piety: The ottoman Ulema in the post classical age (1600–1800), Minneapolis 1988.
Zilfi, Madeline C.: Women and Slavery in the late Ottoman Empire. The Design of Difference, Cambridge 2010.

Glossar

ʿalemdār	Bannerträger
arpalıḳ	Gerstengeld
ʿarūsīye	Brautgebühr
ʿarżuḥāl	Bittschrift
bād-ı hevā	Windgebühren (irreguläre Gebührenforderungen)
baş çuḳadar	Oberster Gefolgsmann
baş kātibi	Leitender Schreiber
baş oṭabaşı	Hauptwächter
berāt	Privilegientitel
berāyā	freie Bürger eines muslimischen Staates
buyuruldu	Erlass eines höheren osmanischen Beamten
çaḳırcı başı	Haupt-Falkner
çiftlik	Gutshof
cizye	Ungläubigensteuer
cizyedār	Steuereintreiber
çuḳadar	Gefolgsmann
daʿvā	Klagen
defterhāne	Registeramt
devrīye	Inspektionsreisen-Gebühr
dizdār	Festungskommandant
duʿāgū	Vorbeter
evḳāf (Plural von vaḳf)	religiöse Stiftungen
enʿām ḥükmi	Ausnahmegenehmigung
fermān	Erlass, Dekret, Verordnung
ḫāṣṣe	Steuerpfründe
ḫatīb	Prediger
ḫazīnedār	Schatzmeister
ḥüccet	Abschrift
icāre-i mūʿaccele	Mietanzahlung bei icāreteyn-Modell
icāre-i müʾeccele	Mietzahlung von geringerer Höhe als die der icāre-i mūʿaccele zum Jahresende beim icāreteyn-Modell
icāreteyn	Zwei-Mieten-Modell zum Bewirtschaftungsanreiz
iltizām	Steuerpacht
intisāb	Patronage
istiḥkār	Langzeitpacht
ḳāʾimmaḳām	Verwalter von Gerichtssprengeln
ḳāżī (Plural ḳużāt)	Richter
ḳalemīye	Kanzleigebühren
ḳānūn	säkulares Recht
kātib-i fetvā	Fetvā-Schreiber
kātib-i ḳassām	Nachlassgerichtsschreiber
kātib-i maḥkeme	Gerichtsschreiber
kitāb-ı serāyı	Verwaltungsakte
ḳocabaşı	Vorsteher der Reʿāya

ḳul	Diener des Sultans (eig. Sklave)
levend	Kanonier
malikāne	Steuerpacht auf Lebenszeit
mehr-i müʾeccel	aufgeschobene Brautgabe
menzil	Poststation
meẕheb	Rechtsschule
minber	Kanzel
mübāşir	Beauftragter, Vertretungsperson
müderris	Lehrer in theologischen Schulen
müfettiş	Aufseher
müftī	Ersteller von Rechtsgutachten, Mufti
müftilik	Amt des Muftis
mültezim	Vertragsnehmer, Steuerpächter
muḥāsebeci	Buchhalter
muḥżırbaşı	Leitender Gerichtsdiener
mülk	staatliche Ländereien
muʿid	Inspektor
muḳāṭaʿa	Steuerpachtbezirk (bzw. in der späteren Bedeutung Abgabeneinheit)
mülāzemet	Wartestellung der Kadiamtsanwärter
mülk	staatliche Ländereien
müṣādere	Konfiszierung
müstelzim	Vertragsnehmer
mutaṣarrıf	Gouverneure von Sancaks
mütesellim	Steuereintreiber
mütevellī	Stiftungsverwalter
nāḥīye	Unterbezirk
naḳīb	Vorsteher
naṣīḥ	Berater
nāẓīr	Vorsteher
nāʾib (Plural nevvāb)	Stellvertreter des Kadis
niyābet	Amt des Nāʾibs
nuḳṭa	Wachposten
ʿurf	Gewohnheitsrecht
oṭabaşı	Zimmervorsteher (Amt bei den Janitscharen)[1]
puṣula	Rechnung
reʿāyā	Untertanen
sālyāneci	Schatzmeister der Jahressteuer
sancak	Untergliederung einer Provinz
şarṭnāme	vertragliche Spezifikationen
sicill	Kadiamtsprotokollbuch
silaḥşūr	Leibwaffenträger

1 Vgl. Kurz (2003), S. 404.

ṣulḥ	Vergleich
şühūd ül-hāl	Beurkundungszeugen
temessük	Privatvereinbarung
tevcīh	Zuwendung
tevcīhīye	Amtsübertragungsgebühr
timār	Pfründe
türbe	Mausoleum
ṭuġanci başı	Haupt-Falkner
ücret	Gebühr, Miete
ʿulemā	Religionsgelehrte
vāʿiẓ	Prediger
vakf	religiöse Stiftung
vaḳfīye	Stiftungsurkunde
vekālet	Vertretung
vekīl	Beauftragter, Vertreter
vilāyet	Provinz
voyvoda	Gouverneur
voyvodalıḳ	Amt des Voyvodas
zāvīye	Refugium
ẕimmī	nicht-muslimische Untertanen, d.h. Juden und Christen

Faksimilebeispiele

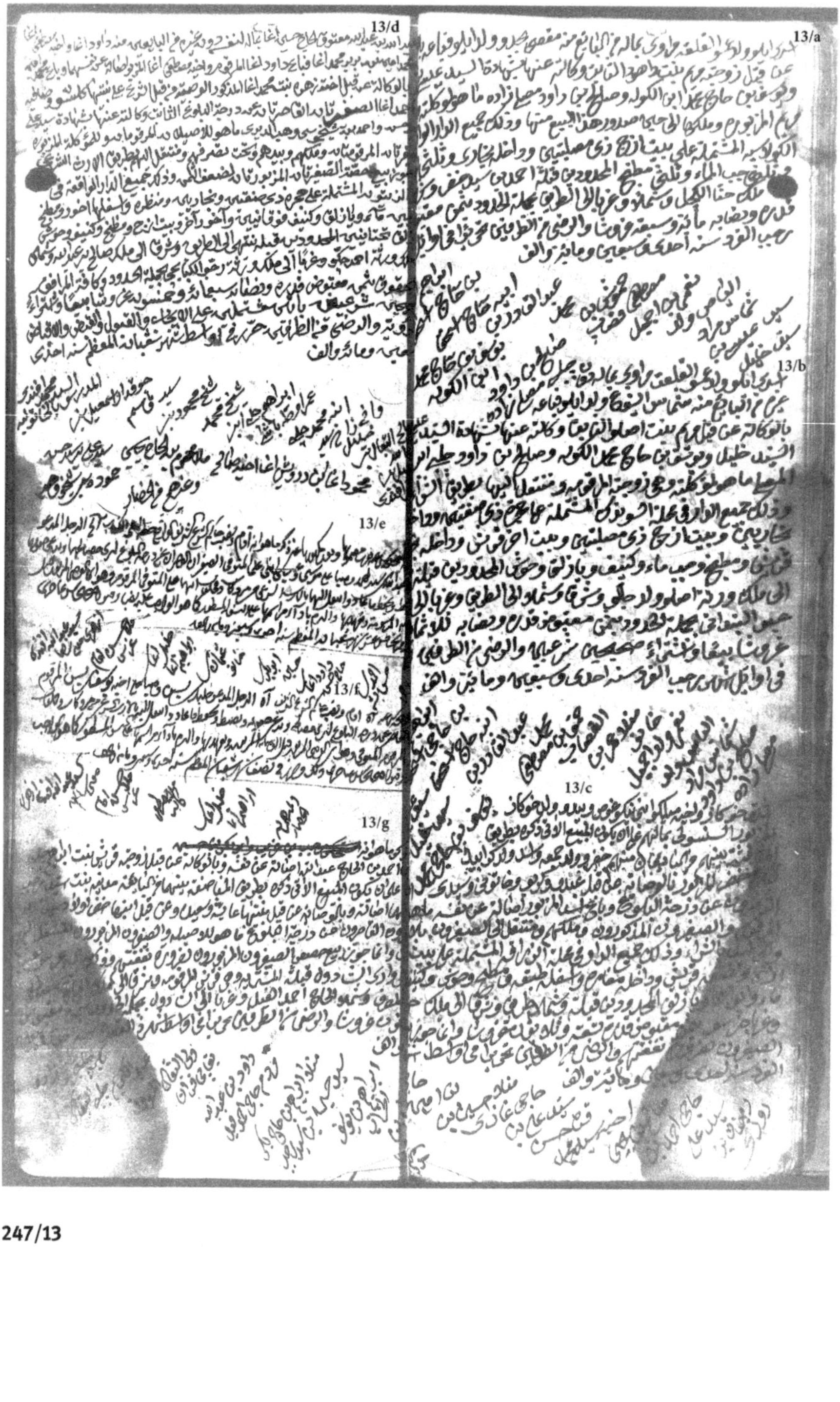

247/13

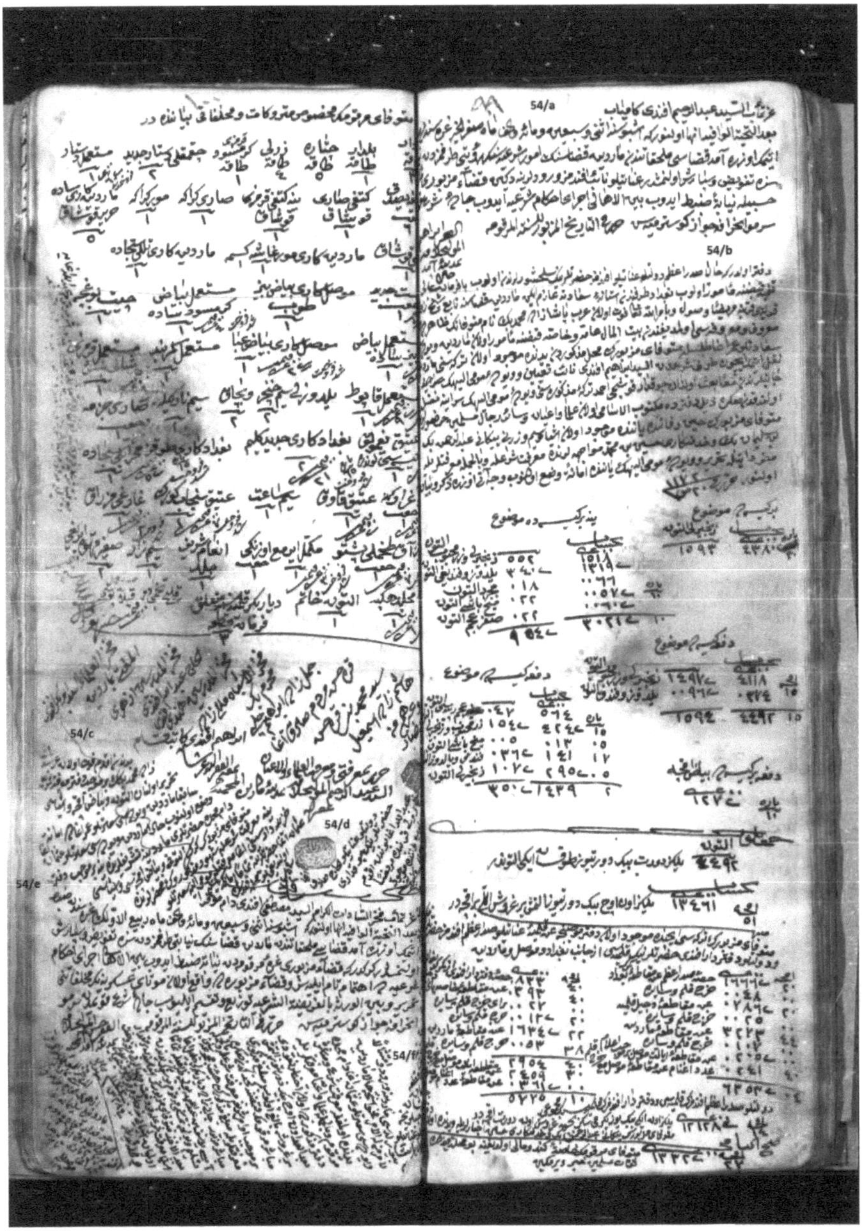

247/054

247/057

247/069

Kolibri 360 GmbH
Ferdinand-Jühlke-Straße 7
99095 Erfurt, Deutschland
produktsicherheit@kolibri360.de